WELCOME TO AMERICA

ДОБРО ПОЖАЛОВАТЬ В АМЕРИКУ

Vitaliy Demin
Olga Demin Lambert

WELCOME
TO
AMERICA

The Complete Guide for Immigrants

The English-Russian Version

ViOLa
Publishing LLC

Виталий Дёмин
Ольга Дёмина-Ламберт

ДОБРО ПОЖАЛОВАТЬ В АМЕРИКУ

Руководство для иммигрантов

Русско-Английская версия

ViOLa
Publishing LLC

Welcome to America
The Complete Guide for Immigrants
By Vitaliy Demin and Olga Demin Lambert
English-Russian Version.

The information in this book has been carefully researched, and all efforts have been made to make this guide as complete and as accurate as possible. However, there may be both typographical and content errors. All prices and other numerical data presented are for reference only and can vary significantly from region to region. Authors and Publisher assume no responsibility for any damages or losses incurred during or as a result of using this information. Readers should determine and verify the information contained herein before taking any action or expenditure.

Printed and bound in the United States of America.

Published by: ViOLa Publishing, LLC.
Post Office Box 297
Saco, ME 04072

Library of Congress Control Number: 2003103361

ISBN 0-9727888-0-8

Editor: Olga Demin Lambert
Translation to English: Olga Demin Lambert, Lisa Hayden
Jacket design: David DiOrio

"We the people of the United States, in order to form a more perfect union, establish justice, insure domestic tranquility, provide for the common defense, promote the general welfare, and secure the blessings of liberty to ourselves and our posterity, do ordain and establish this Constitution for the United States of America."

The Constitution of the United States of America.

FOREWORD

When people make a decision to emigrate to other country voluntarily or are compelled to do so by circumstances, they usually have only a vague idea of all the consequences of this step and the difficulties they will encounter on the way. The opportunity to come to America - the richest and most powerful country in the world - is justly considered a blessing by many people and in some cases leads to unrealistic expectations of guaranteed prosperity without the need to work too hard to achieve it.

It would be a big mistake to think this way. Emigration was, is and always will be full of trials and obstacles. Even legal immigrants, whose rights are protected by the governement, face many difficulties before they are able to find their place in the new country. Very often these problems are psychological, based on cultural differences and lack of English proficiency. Illegal immigrants, however, are guaranteed to spend long years living in incredibly difficult conditions.

America is often called "a melting pot" - a place where people of different races and nationalities coexist peacefully. Hard work of many generations of immigrants and their descendants combined with the democratic principles established by the founding fathers has created a country that is unique in the opportunities it offers. A country where individual rights are respected and protected by law. A country where enterprising spirit is encouraged in every possible way and hard work is rewarded sooner or later.

If you come here legally and are ready to face the difficulties that await you; if you strive to become independent as soon as possible and do not expect to get anything you did not earn; if you are able to understand and accept a new culture that may be very different from your own, then "Welcome to America!"

ПРЕДИСЛОВИЕ

Когда люди принимают решение эмигрировать в другую страну добровольно или вынуждены сделать это под давлением обстоятельств, они в большинстве своём смутно представляют все последствия этого шага и трудности, которые встретятся на их пути. Возможность эмиграции в Америку – самую богатую и могущественную страну – справедливо воспринимается как благо и у некоторых вызывает нереалистичные ожидания и ложное чувство гарантированного благополучия без необходимости прилагать большие усилия.

Было бы большой ошибкой так думать. Эмиграция была, есть и всегда будет серьёзным испытанием. Даже легальные иммигранты, имеющие поддержку со стороны государства, сталкиваются со многими трудностями, прежде чем им удаётся найти своё место в новой стране. Очень часто это трудности психологические, в основе которых лежат различие культур и незнание английского языка. Нелегальные же иммигранты обрекают себя на долгие годы жизни в невероятно тяжёлых условиях.

Америку часто называют "плавильным котлом" - местом, в котором люди различных рас и национальностей мирно сосуществуют. Самоотверженный труд многих поколений иммигрантов и их потомков в сочетании с демократическими принципами, заложенными отцами основателями, создал уникальное по своим возможностям государство. Государство, в котором уважаются и законодательно охраняются права личности. Государство, в котором предприимчивость всячески поощряется, а упорный труд рано или поздно вознаграждается.

Если вы приезжаете на законных основаниях и готовы к тем трудностям, которые вас ожидают; если вы стремитесь как можно быстрее стать независимым и не ожидаете ничего незаслуженного; если вы способны понять и принять новую культуру, которая может значительно отличаться от вашей собственной - "Добро пожаловать в Америку!"

TABLE OF CONTENTS

СОДЕРЖАНИЕ

List of Tables and Figures

Перечень таблиц и рисунков

1. Introduction

1.1. Who will benefit from this book and how to use it

First and foremost, this book is intended for those who are either seriously considering moving to the United States or have already lived in this country for some time. The book does not concern itself with the legal issues related to immigration because there is plenty of information available on this topic already. However, when it comes to adapting to everyday life in a new country, immigrants are still left to their own devices.

The contents of this book reflect almost all aspects of life that a new American resident has to face. They are described systematically by a person who has experienced every stage of adapting to a new culture and who is aware both of his own difficulties and of those experienced by other immigrants in similar situations.

The second group that will find this book especially useful includes people who come to this country on business for extended periods of time and are therefore faced with many aspects of everyday life in America.

The third group includes the ever-growing numbers of foreign students who pursue their education in American colleges and universities. A more thorough understanding of the culture that surrounds them will undoubtedly reduce the negative effects of "culture shock" and will allow the students to use their time in the US more productively. The chapter devoted to education, being the most extensive, describes the US education system, college admission process, and specifics of life on campus.

People who do not speak Russian but belong to one of the three groups mentioned above will also find this book to be of value. As far as I

1. Введение

1.1. Для кого написана эта книга, и как её читать

В первую очередь, эта книга предназначена для эмигрантов, которые только собираются перебраться в США или уже находятся в этой стране какое-то время. Она не затрагивает правовых вопросов эмиграции, поскольку существует достаточно информации, посвящённой этой теме, однако процесс приспособления иммигрантов к новой жизни является до сих пор их собственной заботой или, как выразились И.Ильф и Е. Петров, - "Спасение утопающих – дело рук самих утопающих".

Содержание этой книги отражает практически все аспекты жизни, с которыми сталкивается любой новый житель страны, изложенные в логическом порядке и описанные человеком, прошедшим через все стадии адаптации, обращая внимание на свои проблемы и проблемы, с которыми сталкиваются другие.

Второй группой, для которой эта книга будет наиболее полезна, являются люди, приезжающие в страну по служебным делам на более или менее значительный срок и поэтому сталкивающиеся со многими вопросами каждодневной жизни в Америке.

К третьей группе относится всё увеличивающееся количество иностранных студентов, получающих образование в учебных заведениях США. Расширенное знание окружающей их жизни, безусловно, облегчит действие "культурного шока", который испытывают все, недавно прибывшие в страну, и позволит более эффективно использовать свои силы. Глава, посвящённая образованию, являясь самой обширной, позволяет получить детальное представление о системе образования США, процессе поступления в высшие учебные заведения и отличительных особенностях обучения в них.

Эта книга может быть также полезна людям, не знающим русского языка, но относящимся к трём группам, упомянутым выше. Насколько мне

know, books in English that discuss this subject are few and far between, and none of them cover all the issues of interest to new American residents in any detail.

The format of this book reflects its purpose. This bilingual edition can be used both by people who have no knowledge of English and by those who are fluent in it.

Older readers, who often experience the most difficulty with learning a new language, can read this book in their native language and disregard the English version. The Russian text gives the English translations of the most important words, names, and expressions, even though the full-text English translation can be found on the opposite page. All the necessary abbreviations are located in the appropriate chapters. The book is formatted so that the readers do not have to stop to look up unfamiliar words.

Those readers who have some background in English can use the Russian text as a reference, which will allow them to save time because they will not need to use the dictionary to look up unfamiliar words and expressions. Because a detailed table of contents is provided, you can easily find a part of the book that you need at any given time. For example, before a visit to the doctor, you can skim the sections on health care, and before a meeting with a real-estate agent--the chapter on buying a home.

The readers who are fluent in English can read just the English version, learning the necessary information and practicing their reading skills at the same time. If they encounter an unfamiliar word, they can easily find its meaning in the Russian version of the text, which will make using a bilingual dictionary unnecessary. The book can also be used by less proficient readers to practice English.

In the Russian version of the book, I deliberately did not translate certain words from English. Instead, the Russian transcription of the word is used. This is done to familiarize readers with certain concepts that they will hear and use only in English. Another reason for this is the fact that in some cases it is impossible to find a Russian word that directly corresponds to the English one. One example is *campus*.

Americans use a period instead of a comma to indicate decimal points, whereas a comma is used to indicate thousands. All numbers in the book are written this way.

Although the book is intended as a reference, I occasionally use the first person, and many sections contain examples from my family's experience and that of other immigrants we came in contact with. In those cases, the text is italicized. Prices of goods and services are given for illustrative purposes only and may differ significantly in your region.

известно, книги на английском языке, посвящённые этим вопросам, очень редки, к тому же ни одна из них не освещает все жизненно важные для новых жителей вопросы настолько подробно.

Построение этой книги полностью подчинено её цели. Она издаётся в двуязычном варианте и рассчитана как на людей, не имеющих никакого знания английского языка, так и на тех, кто им свободно владеет.

Люди пожилого возраста, которые, как правило, имеют наибольшие трудности с английским, могут читать эту книгу на родном языке, не обращая внимания на английский вариант. В русскоязычном тексте приводится перевод всех наиболее важных слов, названий и выражений на английский, несмотря на то, что полный английский перевод текста расположен на соседней странице. Точно так же, как все необходимые аббревиатуры и сокращения сконцентрированы в главе, к которой они относятся. Это сделано с целью избавить читателя от необходимости постоянно отрываться от текста для поиска нужных слов.

Читатели, имеющие некоторую подготовку в английском языке, могут легко найти соответствия русскому тексту в английском его варианте. Это позволит сэкономить массу времени, избавляя от необходимости поиска нужных слов в словаре. Поскольку книга имеет подробное оглавление, вы легко можете найти ту её часть, которая вам необходима в настоящее время. Например, при подготовке к посещению врача, вы можете просмотреть разделы, посвящённые медицине, а при подготовке к встрече с агентом по продаже недвижимости – главу, посвящённую покупке дома.

Те читатели, которые свободно владеют английским языком, могут читать только английский вариант, узнавая то, что им необходимо и одновременно практикуясь в беглом чтении. При встрече с незнакомыми словами, они легко могут найти их перевод в русском варианте текста, что также избавляет от необходимости пользоваться словарём. Можно использовать эту книгу для практики в английском языке, совмещая полезное с ещё более полезным.

В русскоязычном варианте книги некоторые английские слова намеренно не переводятся на русский язык, а просто используется русская транскрипция английского слова, как, например, слова "разрешение на вождение" в главе посвящённой водительским правам заменены словом "пермит". Это делается для того, чтобы читатели постепенно привыкали к некоторым понятиям сразу на английском языке, поскольку они будут слышать и использовать их только здесь.

Другой причиной может являться то, что некоторые слова просто не имеют точного аналога в русском языке, и их пришлось бы переводить целой фразой. Например, слово *campus* (кампус), обозначающее территорию и комплекс административных, жилых и вспомогательных зданий высшего учебного заведения и которое можно приблизительно перевести как "студенческий городок".

Американцы используют точку вместо запятой для отделения десятичных дробей, тогда как запятая используется для отделения тысяч. Именно такое написание чисел принято в этой книге.

Несмотря на то, что эта книга по своей сути является справочной, некоторые

1.2. Why I wrote this book

The idea for this book first came to me long before my arrival in the US. When our family realized that immigration was a possibility, we started avidly reading everything we could find about America. To my surprise, I discovered that there was almost no useful information about everyday life in the United States and the process of acculturation all immigrants must go through.

I could find books that described any number of things in general terms, but they did not answer any specific questions. Where do I go and what will happens if . . . ?

I remember the only article, published in a Soviet magazine "Science and Technology," that gave the kind of information I was looking for. Its author talked about his first visit to the supermarket shortly after his arrival in the United States. He described in detail everything he saw and did from the moment he came through the door until the moment he left. He then described meeting an electrical engineer from the Soviet Union who had been in the United States for about ten years. In a relatively short article, the author painted a detailed picture of this man's living conditions, income, work history over the period of his immigration, etc. At the time of his conversation with the author, Boris (I think that was his name) was in charge of the Research and Development department of an engineering firm. Our family got more out of that article than out of everything we had read up to that point, and we felt confident that we, too, could successfully adjust to life in a new country.

It was then that I decided, once in the US, to gather all the possible concrete information about the issues every newcomer is bound to encounter and to write this book.

When we were already living in America, I carefully scanned the bookstore catalogs published in a Russian-language newspaper "Novoye Russkoye Slovo," hoping to find a book like this one. No such luck. In recent years, the "For Dummies" book series has been gaining popularity in America. Each of these books provides a clear and detailed introduction to a topic such as using computers, cooking, starting a business, losing weight, or dating. Some of these books have been translated into many languages, but neither they nor any other books provide any practical help for the problems faced by immigrants. There are some good books translated from English that cover certain narrow topics, such as "How to Find a Job in America" by D. Fridenberg, but you will not find anything that guides you through the challenges of everyday life in a new country.

фразы в ней написаны от первого лица и многие разделы содержат примеры из нашего опыта и опыта других иммигрантов, с которыми мы сталкивались. В этих случаях текст выделен курсивом. Цены на товары и услуги приводятся только в качестве примера и могут значительно отличаться от таковых в вашем регионе.

1.2. Почему была написана эта книга

Мысль о написании этой книги появилась у меня задолго до прибытия в США, когда в нашей семье возник вопрос о возможности эмиграции, и мы с пристальным интересом стали читать всё, что было возможно об этой стране. Тут я с удивлением обнаружил, что действительно полезной информации о реальной жизни в США и о процессе адаптации эмигрантов к жизни в этой стране практически нет.

Можно было найти книги, описывающие всё что угодно в общих чертах, но это не давало ответа ни на один конкретный вопрос. Куда я пойду и с чем я встречусь если...? Каким-то подобием информации были диалоги В. Космана для изучающих английский. В них речь шла о чем-то реальном, но в слишком короткой форме. Да он и не ставил себе такую задачу - дать исчерпывающую информацию обо всех сторонах жизни в Америке.

Я помню единственную статью в бывшем журнале "Техника и Наука", в которой автор рассказывал о том, как он, приехав в США, первый раз в жизни пошел в супермаркет и описал все свои действия с момента входа и до выхода. Потом он описал встречу с бывшим советским инженером-электроником, который прожил к этому времени в стране около 10 лет. Автор в достаточно короткой статье подробно рассказал о его жилищных условиях, доходе, рабочей биографии с момента приезда и т.д. Причём на момент беседы с автором, Борис (так его звали, если я не ошибаюсь) работал кем-то вроде начальника конструкторского бюро. Эта статья дала нам больше, чем всё прочитанное до этих пор и вселила уверенность, что мы тоже можем добиться успеха.

Тогда я решил, приехав в США, собирать всю возможную конкретную информацию о том новом и незнакомом, с чем обязательно встречается каждый вновь прибывший, и написать эту книгу.

Уже находясь в Америке, я пристально следил за каталогами книжных магазинов, публикуемыми в русскоязычной газете "Новое Русское Слово", надеясь найти что-либо подобное, но тщетно. В последнее время в США стала популярной серия книг для новичков *(for Dummies),* которые в русском переводе называются "для чайников", посвящённых самым разнообразным темам. Некоторые из них переведены на многие языки, но ни в одной из этих и многих других книг нет того, что нужно иммигранту. Можно найти иногда хорошие, переведенные с английского книги, посвященные каким-то специальным проблемам, как, например, книга Д.Фриденберг "Как найти работу в Америке", но вы не найдёте ничего подобного, посвященного самым обыденным мелочам.

This is completely understandable. It would never occur to an American author to explain how to use a coffee machine, a pay phone, or a parking meter. Everyone here learns these things as a child. Moreover, these aspects of life present no difficulties for many immigrants from developing countries. Only we, having grown up in the land of "developed socialism" and often acquired more than one advanced degree, find ourselves in awkward situations many times a day, when we don't know what to do and can't ask anyone because we don't speak English. Thus, the first two to four years of our life in America are spent under constant stress that accumulates and robs us of our already waning energy.

Eventually, we find ways to solve our simplest everyday problems: we know what to buy and where, how to ask for directions or read a map, and even where we can work for cash. Those who have an easier time with English are rapidly moving up because they now have a way of acquiring new information, which in turn further advances their language skills, which leads to better jobs and more opportunities. Others, exhausted by their initial phase of adjustment to a new life, perk up and start passing their wisdom down to newcomers. However, they either explain everything in general terms, omitting those small details that posed the most problems because of their sheer number, or go to the other extreme and overwhelm new immigrants with overly thorough explanations that are hard to understand and will be forgotten by the time they become relevant.

It is a vicious circle. The new generation of newcomers faces the same bumps in the road to the American dream. For some, this results in a nervous breakdown or depression, for others--in total disillusionment in "the most capitalist society of equal opportunity" and a yearning for their old life in "the most socialist society of equal lack of opportunity," which, although neither prosperous nor secure, was nevertheless comforting in its predictability.

What could make this path to a new life easier for immigrants is a book to turn to for support and guidance when the need arises. A book whose author has experienced and more or less successfully dealt with all the problems he is writing about and who has learned both from his own mistakes and those of others.

It so happened that during our first few years in the United States, we have experienced enough "life" to last us 15-20 years: a wedding and a few funerals, a surgery and several illnesses, high school and college graduations and graduate studies, looking for a first job and working in one's field, an apartment search and purchasing a home, and many other events.

This book is an attempt to use the knowledge and experience our family has acquired during our life in America to make the same path easier for others. It could not have been written earlier because of lack of experience, and it would be difficult to write it later because as people adjust to a new culture, their perceptions of it become less acute and their priorities begin to shift.

Only after I had started writing did I understand why a book like this had

Да это и понятно. Американцу не придет в голову описывать, как обращаться с автоматом по продаже кофе, телефоном автоматом или парковочным счётчиком. Это все знают с детства. Мало того, многие эмигранты из развивающихся стран не испытывают с этим никаких затруднений. И только мы, выросшие в стране развитого социализма и имеющие зачастую не одно высшее образование, по десять раз в день оказываемся в неловком положении, когда не знаем, что делать, и не можем спросить, потому что не говорим по-английски. Так в постоянном напряжении, которое накапливается и снижает наши и без того иссякающие силы, проходят первые 2-4 года.

И вот, наконец-то, мы с горем пополам решили на примитивном уровне чисто бытовые проблемы: мы знаем, где и что купить, куда и как проехать и даже как подработать за наличные. Те, кому английский давался быстрее, уходят вперёд, так как у них появляется канал приобретения новой информации, которая, в свою очередь, способствует улучшению языка, и колесо завертелось. Остальные же, вымотанные на первоначальном этапе, приободрились. Они, с высоты своего положения, объясняют вновь прибывшим кое-что, в общем, забывая те самые мелкие детали, которые и представляли наибольшую сложность потому, что их было много или наоборот, перегружая ненужными подробностями, которые в настоящее время не усваиваются и будут забыты к тому времени, когда в них возникнет необходимость.

Круг замкнулся. Новое поколение набивает те же шишки. Для кого-то это кончится нервным срывом или депрессией, для других - полным разочарованием в самом капиталистическом обществе равных возможностей и тоской по не очень сытной и не очень спокойной, но зато до боли знакомой с детства жизни в самом социалистическом обществе равных невозможностей.

Облегчить этот путь могла бы книга, которая всегда под рукой, к которой можно обратиться, когда есть время или необходимость. Книга, автор которой испытал на себе и более или менее успешно преодолел все, о чем он пишет, а также наблюдал опыт и ошибки, сделанные другими.

Так получилось, что за первые несколько лет жизни в США мы прошли через многие ситуации, которых было бы достаточно для 15-20 лет, как, например, свадьба и похороны, операции и болезни, окончание школы, колледжа и учеба в аспирантуре, поиски какой-нибудь работы и работа по своей непосредственной специальности, поиски квартиры и покупка дома и многое, многое другое.

Эта книга является попыткой обобщить приобретённые за годы жизни в США знания и опыт и облегчить другим путь, который проходили мы и многие до нас. Эту книгу нельзя было написать раньше, так как не было опыта и трудно написать позже, так как притупляется свежесть восприятия и начинают смещаться приоритеты.

Только начав писать, я понял, почему такая книга не существует до сих пор, несмотря на более чем двухсотлетнюю историю иммиграции в США. Дело в том, что такая книга может быть написана только иммигрантом в первом

not yet been written despite the United States' more than two-hundred-year history of immigration. The thing is, a book like this one could only be written by a first-generation immigrant. Children of immigrants who have grown up here cannot do it because, like those born in America, they don't know what to write about. However, a first-generation immigrant could not have gathered all the necessary information using old technology. Only the arrival of computers and the Internet has made this possible. Also, two other unique circumstances helped me to not only attempt this project but to complete it.

First, the idea for this book came to me long before our arrival in the US, and from the very beginning, I have tried to analyze my experiences and learn from my mistakes.

Second, our daughter Olga, having come to this country without any knowledge of English, not only graduated at the top of her high school class at the age of 17 but started teaching English at the university level six years after her arrival. Her knowledge of the language made possible the publication of a bilingual version of this book, which significantly increases the book's potential readership and enhances its effectiveness.

1.3. Is it easy being an immigrant (emigrant)?

> **"Emigrate**--to leave your own country in order to live in another."
> **"Immigrate** [Lat. *immigrare*, to go into]--to enter another country in order to live."
> Longman Dictionary of American English

The people of my generation, born and raised under the Soviet regime, knew little about the problems of emigration. We were told that members of the Russian intelligentsia who left the country after the Revolution suffered from nostalgia, not having been able to find a niche in their new life. We did not know if this was true and could not even imagine that we would have an opportunity to come to our own conclusions based on experience.

In my opinion, emigrants always leave their country out of necessity. They leave because they can no longer live the way they have been living and hope that in another country life will be better for them or, at least, their children. No one leaves a good life voluntarily.

Emigration is almost always unexpected. It is not an event people prepare for over a period of many years, even if many years pass between the decision to leave and the actual departure. Those years are spent taking care of endless formalities and waiting, not preparing for a new life. The more obstacles are overcome and the more energy spent, the less ready people feel for

поколении. Дети, выросшие здесь, не могут этого сделать потому, что не знают о чём писать точно так же, как и коренные американцы. Эмигрант же в первом поколении просто не в состоянии был охватить необходимый объём информации при старой технологии. Только появление компьютеров и сети Интернет сделало это возможным. Однако помимо этого, два уникальных обстоятельства помогли мне не только предпринять такую попытку, но и довести её до конца.

Первое – это то, что эта идея пришла мне до нашего приезда в страну, и я с самых первых шагов старался действовать как можно более активно, анализируя результаты и учась на ошибках.

Второе – то, что наша дочь Ольга, приехав без какого-либо знания английского языка, сумела не только окончить среднюю школу в числе лучших учеников (не потеряв ни одного года и даже опередив своих сверстников), но через шесть лет после приезда, окончив колледж, начала преподавать английский в университете, одновременно получая степень магистра. Её знание языка сделало возможным издание книги в двуязычном варианте, что существенно повышает эффективность книги и расширяет число потенциальных читателей.

1.3. Легко ли быть иммигрантом (эмигрантом)?

> "**Эмигранты** – лица, добровольно или вынужденно покинувшие страну, гражданами которой они являются, и поселившиеся в какой-либо другой стране".
> "**Иммигранты** (от латинского immigrants – вселяющийся), граждане одного государства, поселяющиеся постоянно или на длительное время на территории другого государства".
>
> Большой Энциклопедический Словарь

Люди моего поколения, родившиеся и выросшие при советской власти, мало что знали о проблемах эмиграции. Мы слышали о том, что уехавшие после революции русские интеллигенты страдали от ностальгии, не сумев найти своё место в новой жизни. Мы не знали правда это или нет и представить себе не могли, что сами, на своём опыте, сможем сделать соответствующее заключение.

По моему мнению, эмигранты всегда покидают страну вынужденно. Они покидают её потому, что не могут больше жить так, как они жили и надеются, что в другом месте им или, по крайней мере, их детям будет лучше. От хорошей жизни добровольно не уезжают. Слово "добровольно", в вышеприведённом определении, означает "не насильно", тогда как "вынужденно" в реальности значит "под страхом смерти".

Эмиграция почти всегда бывает неожиданной. Это не то событие, к которому готовятся годами, даже если многие годы уходят на то, чтобы

adjusting to a new culture and the greater the shock. Thus, the overwhelming majority of people who settle in a new country know very little about that country, are unprepared for what awaits them, and are often exhausted from the very process of emigration. This is even more true of those who leave regions that are torn by war. They start building their new lives not even at zero, but at a negative mark.

Despite the fact that immigrants who come to the US differ in many aspects, including country of origin, age, education, occupation, marital status, etc., all are faced with the so-called "culture shock," which is characterized by several distinct periods of adjustment to a new culture. They are:

- Excitement and euphoria

- Culture shock itself, when one becomes aware of cultural differences

- Culture stress, when some adjustment problems are solved while others continue

- Assimilation or adaptation

The duration and acuity of these periods may vary widely, but the vast majority of immigrants undoubtedly experience them.

The first weeks after arrival are filled with the joyous feeling that all the struggle and waiting have finally culminated in success and that everything frightening and unpleasant is firmly in the past. Almost all newcomers have "sponsors" who help with all the necessary formalities, finding housing, and obtaining financial assistance. Being busy with the details of settling in and a sudden absence of the difficulties that were occupying immigrants' minds for a long time before they left their native country create an illusion of a problem-free existence. The accessibility of things that were unavailable back home, such as stores filled with merchandise, cars, and adequate housing, help immigrants look to the future with confidence and hope.

I remember a letter I received from my relatives, who at that point had been living in the United States for more than a year, where they wrote that in America, there are no problems with food, clothing, or housing. Having spent our lives crammed into tiny apartments and used to standing in lines to buy food and everything else, we were perplexed and kept asking each other, What other problems can there be?

At first, very few immigrants think about how native Americans live their lives (I am talking about all Americans born in the United States rather than just people of American Indian descent who are referred to as "Native

действительно уехать. Эти годы уходят на борьбу и томительное ожидание, а не на подготовку. Чем больше препятствий и затраченных сил, тем менее вероятна какая либо подготовка и более неожиданным является результат. Так и получается, что подавляющее большинство людей, приезжающих на жительство в другую страну, мало что об этой стране знают, не имеют никакой подготовки и зачастую оказываются вымотанными самим процессом отъезда, не говоря уже о тех, кто уезжает из мест, где идёт война. Вот с этой, даже не нулевой, а отрицательной отметки и начинается строительство новой жизни.

Несмотря на то, что в своей массе иммигранты, приехавшие в США, разнятся во многом, начиная от страны, из которой они уехали, и кончая возрастом, образованием, профессией, семейным положением и так далее, существуют общие для всех закономерности преодолевания так называемого "культурного шока", характеризующиеся отчётливо выраженными периодами в процессе адаптации. Этими периодами являются:

- период восхищения и эйфории;

- период осознания реальности;

- период изучения и освоения;

- период приспособления.

Длительность и острота этих периодов может варьироваться в достаточно широких пределах, но то, что они присутствуют – не подлежит сомнению.

Первое время после прибытия заполнено радостным ощущением того, что долгие и мучительные усилия наконец-то увенчались успехом и всё страшное и неприятное осталось позади. Почти все, вновь прибывающие в страну, имеют спонсоров, помогающих с размещением, прохождением необходимых формальностей и получением денежных пособий. Многочисленные хлопоты по первоначальному обустройству и отсутствие тех забот, которые были на первом плане в течение долгого времени, предшествующего эмиграции, создают ощущение безпроблемности существования. Доступность благ, которые были ранее недоступны, таких как огромные, ломящиеся от товаров магазины, невероятное количество машин, просторное жильё и так далее, вселяют уверенность и надежды на будущее.

Я вспоминаю письмо, полученное от моих родственников, проживших к тому времени в США немного более года, в котором говорилось, что в Америке нет проблемы питания, одежды и жилья. Теснившись всю жизнь в крохотных квартирах и простаивая в очередях за продуктами и всем остальным, мы с удивлением спрашивали друг друга, какие же ещё проблемы могут быть?

В первое время мало кто из приехавших задумывается о жизни коренных американцев (имеются в виду все американцы по рождению, а не только американские индейцы, которых в США называют "коренными жителями").

Americans" in the United States). They are seen as creatures from another planet who speak their own language. To someone who does not understand that language, everything that surrounds him or her looks like a movie scene that has nothing to do with real life. The easy-to-use supermarkets and large inexpensive department stores, where no contact with the staff is necessary, make this feeling of unreality even stronger. Only your fellow countrymen and other immigrants who arrived at the same time and are going through the same formalities, as well as the few Americans who are directly involved in the resettlement process and whom you know by name, are seen as "real" people.

The euphoria experienced by many newcomers is reinforced by the fact that people who arrived in the country with nothing and have not yet worked a single day have access to good food, decent clothes, and living conditions that are often superior to those in which they spent most of their lives. You are confident that when you find a job, your standard of living will increase in proportion to your salary. In other words, if those who do not work have something, those who do must have much more.

Gradually, immigrants find their way back to reality. The first signs of how different this reality is from what they are used to do not seem significant and are often overlooked. For example, when one goes to the store to buy sour cream, she spends a good hour trying to find it and leaves with nothing because she does not know what it is called in English and cannot ask. Some time later, when first impressions lose their freshness and the most pressing problems are resolved, the picture becomes clearer. This usually coincides with the beginning of the job search.

Many immigrants, even those who were considered highly qualified professionals in their native countries, are shocked to find that their employment opportunities are either nonexistent or very limited due to their lack of English proficiency and American work experience. If, on top of everything, the unemployment rate at the moment is high, after several unsuccessful attempts to find a job, many immigrants lose all hope. They come to a frightening realization that all their previous knowledge and experience are now virtually useless. Everything we have done automatically for a long time now requires enormous effort. One is reminded of the centipede that forgot how to walk and is paralyzed by having to think which leg goes where. Some people who find unskilled jobs start thinking, after working for some time, that this is all they are capable of and suffer because it is definitely not what they expected.

These thoughts and emotions can result in depression, which drains people of any remaining energy and prevents them from acting to improve the situation. Some experience abrupt mood changes and irritability, some suffer from high blood pressure and headaches, and some turn to alcohol. Marriages

Они кажутся людьми с другой планеты, говорящими на своём языке. Без знания этого языка всё окружающее воспринимается как массовая сцена, не имеющая к реальности никакого отношения. Легкость пользования супермаркетами и большими недорогими универмагами, где нет никакой необходимости вступать в контакт с персоналом, только усиливают это ощущение. Реальными людьми кажутся только встречаемые соотечественники и другие эмигранты, прибывшие одновременно с вами и проходящие те же инстанции, а также те немногие американцы, которые непосредственно вовлечены в процесс приёма иммигрантов и которых вы знаете по имени.

Существенное влияние на эйфорические ощущения оказывает тот факт, что люди, прибывшие в страну ни с чем, не проработавшие ни дня, имеют возможность хорошо питаться, прилично одеваться и жить в условиях, зачастую, много лучше тех, в которых они провели большую часть жизни. Несомненным кажется то, что после трудоустройства ваше благосостояние будет выше ровно настолько, сколько вы заработаете. Иначе говоря, если неработающие имеют что-то, то работающие должны иметь гораздо больше.

Возвращение к реальности начинается постепенно. Первые признаки того, насколько она необычна, не привлекают большого внимания или вообще остаются незамеченными. Например, отправившись в магазин за сметаной, человек тратит битый час, пытаясь её найти, и уходит ни с чем потому, что не знает, как она называется по-английски, а спросить, тем более, не может. Несколько позже, когда улягутся первые впечатления и решены первоочередные проблемы обустройства, картина начинает проясняться. Обычно это связано с началом поиска работы.

Многие, даже считавшиеся в своей стране высококвалифицированными специалистами, вдруг с удивлением обнаруживают, что их возможности в выборе работы либо равны нулю, либо очень ограничены по причине незнания языка и отсутствия американского опыта. Если, ко всему прочему, уровень безработицы в этот момент высок, то после ряда неудачных попыток появляется ощущение полной безнадёжности. Человек с ужасом понимает, что всё, что он знал и умел в прошлом, практически бесполезно. Всё то, что мы в течение долгого времени делали машинально, не придавая этому значения, вдруг требует огромных усилий. Невольно напрашивается аналогия с сороконожкой, которая потеряла рефлекс ходьбы и сходит с ума оттого, что ей надо думать каждый раз, какой ногой и куда она должна ступить. Некоторые, устроившиеся на неквалифицированную работу и проработавшие некоторое время, начинают считать, что это всё, на что они способны и страдают оттого, что это далеко не то, чего они ожидали.

Результатом таких мыслей может быть депрессивное состояние, отнимающее последние силы и не позволяющее изменить существующее положение в лучшую сторону. У одних это проявляется резкими сменами настроения и обострением взаимоотношений с окружающими, у других – повышением кровяного давления и головными болями, у третьих – склонностью

may break up under the strain this trying time places on both spouses. Suicides among immigrants are not unheard of either. Under these conditions, comparing oneself to other immigrants who have been in the country longer and are doing better not only does not inspire, but causes more distress because the situations being compared are not equal.

Gradually, things change. Newcomers adapt to the new environment, restoring the invisible ties to the outside world that were broken when they left home. The children grow and assimilate into the local culture relatively easily; the parents' language skills improve somewhat and they find better jobs; the family's income increases, which leads to better living conditions, etc. The centipede starts walking again, still tentatively but without having to think about every step.

Finally, the children have finished their education. The grandchildren who eventually are American citizens by birth and not as a result of passing a test. The American dream has materialized in the form of a house with a green lawn and two or more cars in the garage. The American neighbors who wave when they drive by are no longer seen as extras from a familiar movie but as real people with their own good and bad qualities, joys and problems. Problems other than food, clothing, and housing, that, as it turns out, do exist in America.

Successful adjustment to a new life depends on many different factors, but two of them are especially important: expectations and being open to new experiences.

Every immigrant, whether he or she is consciously aware of it or not, arrives in the US with a certain image of America that has been created over the course of the person's life by synthesizing information received from newspapers, TV programs, movies, books, etc. I can tell you from experience that in most cases, this image has nothing to do with reality. Because the United States is the richest and the most powerful country in the world, one may unconsciously believe that people there work less and are paid much more than citizens of any other country. In reality, this is not the case. Americans spend long hours at their jobs and work very hard. Whereas in France the law mandates a 35-hour work week and five weeks of vacation time every year, in the United States the average work week lasts 46 hours, and the average worker gets no more than two or three weeks of annual vacation time.

If people come to the US expecting many problems and are psychologically ready to overcome them, if they have no way back because they left not in search of the easy life but due to the fact that they could no longer remain in their native countries, then it is very possible that they will overcome many difficulties successfully and in a short period of time. One reason for this is that at the beginning of their life in America, these people experience more pleasant surprises than unpleasant ones and achieve a lot during the initial period of euphoria and excitement, before the full complexity of the situation is clear to them. People who do not have

заглянуть в рюмку. Слабые семьи могут распасться, не выдержав испытания. Самоубийства не являются чем-то неслыханным в среде иммигрантов. В таких условиях, сравнение с более благополучными соотечественниками, приехавшими ранее, не только не вдохновляет, а, наоборот, нагоняет ещё большую тоску, поскольку сравниваются неравноценные вещи.

Постепенно положение меняется. Человек всё больше осваивается в новой среде, восполняя все те невидимые связи с окружающим его миром, оборванные в момент отъезда. Дети подрастают, вливаясь без особых проблем в местную жизнь; несколько улучшается знание языка; находится более приемлемая работа; увеличивается доход и улучшаются жилищные условия и так далее. Сороконожка снова начинает ходить, не задумываясь над каждым движением, хотя всё ещё неуверенно.

И вот, наконец, дети получили образование, появились внуки, являющееся гражданами США по праву рождения, а не в результате сдачи экзамена. Стала реальностью американская мечта в виде собственного дома с зелёной лужайкой и двумя или более машинами в гараже. Приветливо машут соседи американцы, проезжающие мимо и уже не кажущиеся массовой сценой из знакомого фильма, а являющиеся вполне конкретными людьми со своими достоинствами и недостатками, радостями и проблемами. Проблемами, помимо питания, одежды и жилья, которые, оказывается, есть и в Америке.

Успешность адаптации к новой жизни зависит от множества самых различных факторов, но наибольшую роль играют две психологические установки: уровень ожиданий и готовность к восприятию нового.

Каждый человек, задумывается он об этом или нет, до приезда в Америку имел какой-то образ, сложившийся по доступной ему в течение жизни информации, получаемой из газет, телевизионных передач, фильмов, книг и так далее. Я могу с большой долей уверенности сказать, что в подавляющем большинстве случаев этот образ ничего общего с реальностью не имеет. Поскольку США является самой богатой и могущественной страной, то подсознательно кажется, что в ней люди меньше работают, получая при этом значительно больше, чем в какой-либо другой стране. На самом деле это далеко не так. Американцы работают очень много и очень интенсивно. В то время, когда во Франции законодательным порядком вводят 35 часовую рабочую неделю при шестинедельном отпуске, в США средняя продолжительность рабочей недели составляет 46 часов, а средний отпуск не более 2-3 недель.

Если человек приезжает, ожидая большие трудности и морально готов их преодолевать; если у него нет пути назад, поскольку он уехал не в погоне за лёгкой жизнью, а потому, что не мог больше жить в своей стране, то есть большая вероятность, что этот человек успешно и в кратчайший срок преодолеет многие трудности. Это происходит хотя бы уже потому, что такой человек испытывает больше приятных сюрпризов, чем неприятных и в начальный период восхищения и эйфории успевает добиться большего, прежде чем вся сложность ситуации вырисовывается в полной мере. Люди, не

unrealistic expectations, who work hard and are grateful for everything they have can develop their full potential and achieve everything they are capable of.

Those who come looking for the easy and carefree life they have seen in beautiful American movies experience bitter disillusionment, and their period of euphoria ends before it had a chance to begin.

The perfect country, one whose population is not divided into the rich and the poor, the well-fed and the hungry, the happy and the unhappy, does not exist anywhere in the world. Citizens of every country, even if it is poor and ravaged by war, think that their homeland has something good to offer, something that cannot be found in even the richest and most prosperous country in the world. Besides, everyday life is composed of many seemingly insignificant details that are so ingrained in our view of the world that we do not notice them and take them for granted as something perfectly natural. We do not notice these things until we no longer have them.

People in different countries have different ways of greeting each other and behaving in public places, dress differently, and have different attitudes towards children, teenagers, and the elderly, as well as those of the opposite sex. They watch different movies, like different sports, etc. This list can go on and on because we are talking about many facets that comprise a society's culture. These cultural differences, in many cases, have their roots in distant or recent past, are an integral part of a given society, and sometimes no one even thinks about why things are done a certain way.

After entering another country as permanent residents, we are perplexed to find out that many things we are used to are done differently here. This new way of life does not have to be better or worse than our old one, but precisely because it is different, it makes us feel out of place for some time, until we get used to it and stop noticing it. The time frame of this period of adaptation varies considerably depending on one's readiness to openly accept the mores and customs of a different culture. After all, the written and unwritten rules of conduct and traditions are nothing more than conventions that are supposed to make our life easier, not to complicate it. They free us of the need to think about what to do every moment of our lives like the centipede that forgot how to walk. The quicker you will learn and accept the local ways, the shorter and easier your adjustment period will be.

1.4. Attitudes toward immigrants in the United States

Everyone knows that America is a country of immigrants, but few people think about what that means in practical terms before they move here. First, some statistics. Over 181 years, from 1820 to 2001, roughly 67 million immigrants from every continent arrived in the United States. Of these, 8.3 million

ожидающие многого, упорно работающие и благодарные за то, что они имеют, могут добиться всего, на что они способны.

Если же человек приезжает, настроенный на легкую и беззаботную жизнь, которую он видел в красивых американских фильмах, то он будет жестоко разочарован и период восхищения кончится не начавшись.

В мире нет идеальной страны. Страны, в которой нет разделения на бедных и богатых, сытых и голодных, счастливых и несчастливых. Каждая страна, даже самая плохая, с точки зрения её жителей, имеет что-то хорошее, чего может не быть даже в самой богатой и процветающей стране. Кроме того, существует огромное количество самых разных мелочей, которые составляют повседневную жизнь и настолько прочно укоренились в нашем сознании, что мы их просто не замечаем, воспринимая как что-то вполне естественное. Мы не замечаем такие вещи до тех пор, пока мы их не лишаемся.

В разных странах люди по-разному приветствуют друг друга, по-разному ведут себя в общественных местах, по-разному одеваются, по-разному воспринимают представителей других возрастных групп или противоположенного пола, смотрят разные фильмы, любят различные виды спорта и так далее. Этот список можно продолжать очень долго, поскольку мы говорим о многочисленных составляющих культуры того или иного общества. Эти различия, во многих случаях, уходят корнями в далёкую или недавнюю историю, прочно вросли в общество и в некоторых случаях никто даже не задумывается, почему это делается так, а не иначе.

Приехав в другую страну на постоянное жительство, мы с удивлением обнаруживаем, что многое из того, к чему мы привыкли, делается здесь по-другому. И не обязательно это должно быть хуже или лучше, достаточно того, что оно ДРУГОЕ и вынуждает нас чувствовать себя какое-то время "не в своей тарелке", до тех пор, пока мы не привыкнем к этому и не перестанем это замечать. Время этого привыкания существенно зависит от готовности с интересом и непредвзято воспринимать нравы и обычаи другого народа. В конце концов, все писаные и неписаные правила поведения и традиции – это только условности, призванные облегчить, а не усложнить жизнь, снимая с нас необходимость ежеминутно принимать решения и становиться похожими на ту сороконожку, которая разучилась ходить. Чем быстрее вы узнаете и воспримите местные правила, тем легче и короче будет процесс вашей адаптации к новой жизни.

1.4. Отношение к иммигрантам в США

Все знают, что Америка – страна эмигрантов, но мало кто до приезда сюда задумывается над тем, что это означает и в чём проявляется. Сначала немного цифр. За 181 год с 1820 г. по 2001 г. а США прибыло около 67 миллионов эмигрантов со всех континентов, из них 8.3 миллиона только за последние 10 лет, то есть около 830 тысяч в год (DHS).

came during the last ten years, which makes for a rate of about 830,000 immigrants a year (DHS).

This means not only that the US is a very ethnically diverse nation but also that it has a well-functioning system in place to help integrate newcomers into society. Without this system, the government would not be able to handle the constant stream of people who need not only the basics like shelter, food, and clothes but also help with psychological, cultural, and linguistic adjustment.

This system has many levels, from the United States Senate that creates laws to regulate immigration, to the Immigration and Naturalization Service that handles the formalities at all stages of the immigration process, culminating in naturalization, to the many charitable and volunteer organizations that directly assist immigrants with practical problems such as finding housing, language courses, and applying for financial assistance.

Unlike professionals in certain fields who receive temporary work visas in the US and have to return home once the visas expire, the vast majority of immigrants come from impoverished or unstable regions of the world and are granted permanent resident status regardless of their occupation, age, or education. It is understandable that people who escaped from their native countries for whatever reason often come with nothing and have to start at zero.

American society, while providing immigrants with shelter and financial assistance at first, is not obliged to support indefinitely people who are able to work. This country does immigrants a favor by allowing them to come and live here, and it has a right to expect that they will do everything in their power to become self-sufficient as soon as possible, so that they do not have to rely on the government for assistance. It is enough that elderly immigrants, who have never worked in this country and contributed nothing to its prosperity, are entitled to financial assistance, free health care, and subsidized housing for the rest of their lives.

It is hard to find a city or town in the United States where there are no immigrants. In places with large immigrant communities which retain some negative aspects of life in their native countries, the newcomers' relationship with the native population, local government, and police can be complicated by misunderstandings. Those who have assimilated into the mainstream culture and live among Americans usually do not feel any negative attitudes directed toward them. Americans respect people who are hardworking, honest, and independent. Despite the fact that the United States has not experienced war, famine, and other hardships for a long time, many Americans were involved to a greater or lesser degree in the events occurring elsewhere in the world, and they feel compassion toward people who have experienced those things firsthand.

Это означает не только то, что страна имеет достаточно неоднородный этнический состав, включающий представителей всех рас и большинства национальностей, но также более или менее налаженную систему интеграции вновь приезжающих в общество. Без такой системы, государство было бы не в состоянии справиться с огромным потоком людей, нуждающихся не только в крыше над головой и предметах первой необходимости, но и в психологической, культурной и языковой акклиматизации.

Система эта включает в себя множество звеньев, начиная с Сената США, принимающего законы о лимитах и условиях въезда на территорию страны, Службы Иммиграции и Натурализации, занимающейся оформлением документов на всех стадиях процесса натурализации вплоть до получения гражданства, и кончая благотворительными организациями и добровольцами, непосредственно принимающими иммигрантов на своё попечение.

В отличие от работников дефицитных специальностей, получающих временную визу с правом работы на территории США и вынужденных после окончания её действия возвращаться обратно, подавляющее большинство иммигрантов прибывает из неблагополучных районов мира и получает право на постоянное проживание в стране вне связи с их профессией, возрастом или образованием. Вполне понятно, что люди, бежавшие по той или иной причине из своей страны, чаще всего ничего не имеют и вынуждены начинать с нуля.

Американское общество, предоставляя убежище и материальную поддержку на первых порах, не берёт на себя обязательство бесконечно содержать людей работоспособного возраста. Страна делает одолжение иммигрантам, разрешая въезд и проживание на её территории, вполне закономерно ожидая, что они в свою очередь приложат максимальные усилия для того, чтобы скорее стать самостоятельными и не зависеть от помощи государства. Достаточно того, что люди пожилого возраста, ни одного дня не проработавшие в стране и ничего не вложившие в её благосостояние, получают поддержку до конца своей жизни в виде пособий, бесплатного медицинского обслуживания и субсидированного жилья.

Наверное, не существует ни одного более или менее значительного населённого пункта в США, где не проживали бы иммигранты из той или иной страны. В тех местах, где иммигранты собраны в большие общины, в которых не искоренились многие отрицательные стороны жизни их бывшей страны, взаимоотношения с коренным населением, муниципальными властями или органами правопорядка могут быть осложнены недопониманием. Те же, кто, ассимилировавшись, живёт среди американцев, вряд ли ощущают какие-либо негативные проявления по отношению к себе. К людям, честно и добросовестно работающим и стремящимся быть независимым, американцы относятся с уважением. Несмотря на то, что на территории США не было войн, голода и других невзгод в течение долгого времени, многие американцы так или иначе были вовлечены в события, происходящие в других странах и относятся с пониманием к людям, испытавшим всё это на себе.

Adoption of children from other countries is widely practiced among Americans. Quite often, special need children who were rejected by their own parents, find new family in the US.

The events of September 11, 2001 have undoubtedly affected the country's immigration policy, resulting in significantly fewer refugees being accepted during the month following the tragedy. However, they have had little effect on the attitude toward immigrants as a whole.

The majority of Americans understand, that the values on which American society is based are compromised if newly arrived residents are not accepted as equal. In my opinion, the message often heard on TV in the month after the September attacks says it best: "In America there is either room for everyone or it's not America."

Среди американцев широко распространена практика усыновления детей из других стран. Нередко, дети с теми или иными проблемами здоровья или развития, брошенные собственными родителями, находят новую семью в США.

События 11 сентября 2001 года, без сомнения, повлияли на иммиграционную политику государства, резко сократившего приём беженцев в течении многих месяцев после террористического акта. Однако, они мало повлияли на отношение к эмигрантам в целом.

Большинство американцев прекрасно сознает, что те ценности, на которых основано американское общество, оказываются под вопросом, если вновь прибывшие жители страны не принимаются как равные. Наиболее точно, по моему мнению, это отражено в патриотической рекламе, появившейся на телевидении после сентябрьских событий: "Или в Америке есть место всем, или это не Америка".

2. Learning English

The purpose of this book is not to teach you English. Its task is to provide you with useful information about American culture in your native language, helping you free up time and energy for studying "this impossible English." However, because I am in a situation similar to yours, you may find my experiences with learning the language useful.

2.1. Where we started

First, I'll tell you where I started. In school, I studied German from 5th to 7th grade and English from 8th to 10th grade. So, by the time I graduated, I have already forgotten German and have not yet learned English. Two years of studying English in college as an engineering major consisted of completing the notorious "thousands" (to pass a language course, a student had to translate a technical text that was several thousand symbols long). In the 20 years since my college graduation, I had made a couple of unsuccessful attempts to force myself to learn English in order to be able to read technical literature. However, I had found that, to put it mildly, foreign languages were not my forte.

At forty years of age, having never been abroad, not even to any of the still-socialist countries, I shared a common misconception that two or three years of the so-called "language immersion" would allow an average person to become fluent in the language without much effort on his or her part. Then, the new immigrant could read in the original the masterpieces of the world literature that had been inaccessible to Soviet readers before. Imagine my surprise when in the early nineties I read an interview in a newspaper with an owner of a Russian bookstore in New York City. He spoke of a new customer who had arrived in the US after forty, and he considered her his client forever.

At the end of 1991, even before emigration, I had the opportunity to visit my relatives in the US. In preparation for the trip, I bought an English-Russian/

2. Английский язык

Эта книга не ставит себе цель научить вас английскому языку. Её задача: дать вам знания об окружающем вас мире на вашем родном языке и тем самым сэкономить время и силы для изучения "этого невыносимого английского", но поскольку, я находился и нахожусь в ситуации аналогичной вашей, то мои наблюдения и опыт могут оказаться кому-то полезными.

2.1. Исходные условия

Вначале об исходных условиях. В школе с пятого по седьмой классы я изучал немецкий язык, а с восьмого по десятый классы - английский. Так что к моменту окончания школы, немецкий я уже забыл, а английский еще не выучил. Два года изучения английского в техническом вузе сводились к сдаче пресловутых "тысяч" (чтобы получить зачёт, студент должен был сдать перевод технического текста объёмом столько-то тысяч знаков). В течение 20 лет, прошедших с момента окончания института, я делал пару безуспешных попыток заставить себя учить английский, чтобы читать техническую литературу, но понял, что особыми способностями к языку я, мягко говоря, не обладаю.

Дожив до сорока лет, не имея возможности съездить даже в бывшие в то время социалистическими страны, я разделял общее заблуждение, что в так называемой "языковой среде" через 2-3 года средний человек может, без особых на то усилий, научиться свободно разговаривать и читать в подлиннике шедевры мировой литературы дотоле недоступные советскому читателю. Каково же было моё удивление, когда в перестроечные годы я прочитал в газете интервью с владельцем русского книжного магазина в Нью-Йорке. Он говорил о новой покупательнице, которая приехала в США после сорока, и он считал её своим клиентом навсегда.

И вот, в конце 1991 года, ещё до эмиграции, у меня появилась возможность навестить моих родственников в США. Готовясь к поездке, я купил англо-русский, русско-английский разговорник с американским флагом на обложке,

Russian-English phrasebook with the American flag on the cover. I read it through several times and, confident that I would be able to understand at least something and manage the necessary questions or answers, I was on my way.

Because during the day everyone was at work and I did not have a driver's license, I spent my time walking around the central part of the small town and flipping through 5 or 6 channels on TV. And that was when I realized that I may never reach the point of reading masterpieces in the original.

For the first two weeks, what I heard on TV sounded like one long word that had nothing in common with the language in which we told our teachers about the Trafalgar Square and the Westminster Abbey. The only sign that this was, indeed, English were the captions that sometimes slid across the screen. However, because well-known daytime talk show hosts have pretty good diction, by the end of the third week, if I really concentrated, I began to catch certain words that seemed familiar because they were frequently repeated. But while I was trying to translate them into Russian in my head, I missed the following 10 or 20 words, and I had to focus again. Eventually, I would simply watch, paying no attention to speech.

It was even worse in the little shops where I wandered occasionally, having first memorized a phrase from my book. The salesperson ran toward me because usually there were no other customers at this time of day. For some reason, he or she always said something that was not in the phrasebook, and my prepared reply turned out to be useless.

In the evening, when relatives came back from work, and on weekends, I could go to visit local sights and large department stores where no one bothers you and you almost feel like a free person. But this freedom came to an end as soon as we entered a more or less expensive store where each salesperson offered to help and asked how we intended to pay: by check or by credit card. They also asked if we had an account in this store, and if not, whether we wanted to fill out an application. We quickly said that we would pay in cash and left.

Although now I understand what the salespeople asked us, back then I relied completely on my relatives, who at that point had been living in the US for two years. I am describing this in so much detail because it seems to me that I was not alone in feeling the way I did and that many people will recognize themselves when they read this. After staying for a little over a month, having tried turkey on the first Thanksgiving of my life and not having advanced in my knowledge of English by one iota, I returned home without any hope that I would move here permanently

Fate, however, had decided otherwise. Exactly a year later, we were granted the status of refugees, four more months were spent obtaining all the necessary documents, and when almost everything was ready, with only two months left until our departure, we realized that we had not found any time to

проштудировал его глазами несколько раз и уверенный, что уж хоть что-нибудь я пойму и смогу при надобности спросить или ответить, отправился в путь.

Поскольку в дневное время все были на работе, а водительских прав у меня не было, то я коротал время в пешеходных прогулках по центральной части небольшого города и переключая 5-6 телевизионных каналов. И вот тут-то я понял, что до чтения шедевров в подлинниках дело может не дойти никогда.

Первые две недели я слышал по телевизору что-то, похожее на одно длинное слово, переходящее в другое, которое не имело никакого отношения к тому языку, на котором мы рассказывали про Трафальгарскую площадь и Вестминстерское аббатство. Единственным подтверждением, что меня, попросту говоря, не дурят, были титры, которые иногда проскакивали на экране. Но поскольку ведущие известных дневных разговорных передач для домохозяек *(talk show)* имеют достаточно хорошую дикцию, то к концу третьей недели, сильно сосредоточившись, я стал иногда улавливать какие-то отдельные слова, которые казались знакомыми потому, что часто повторялись. Но пока в уме я пытался перевести их на русский, я пропускал следующие 10 или 20 слов и нужно было сосредотачиваться снова. В конце концов, я начинал просто смотреть, пропуская речь мимо ушей.

Ещё хуже оказывалось в маленьких магазинчиках, куда я время от времени заходил, заранее заготовив фразу из разговорника. Продавец, стремительно бросавшийся ко мне навстречу, так как больше никого в это время дня обычно не было, почему-то говорил мне что-то, чего не было в разговорнике, и моя фраза оказывалась ни к чему.

Вечером, когда родственники приезжали с работы, а также в выходные дни, можно было поехать по местным достопримечательностям и большим магазинам, где до тебя никому нет дела и ты чувствуешь себя почти свободным человеком. Но эта свобода кончалась, стоило только зайти в более или менее дорогой магазин, где каждый продавец предлагал свои услуги и спрашивал, чем мы будем платить: чеком, кредитной карточкой или мы имеем счет в этом магазине, а если нет, то не хотим ли заполнить анкету (аппликацию). Торопливо сказав, что будем платить наличными, мы уходили.

Это я сейчас понимаю, о чем нас тогда спрашивали продавцы, а тогда я полностью полагался на своих родственников, которые прожили к этому моменту в США два года. Я описываю это так подробно потому, что как мне кажется, я не был одинок в своих ощущениях и многие узнают себя в аналогичных ситуациях. Погостив немногим более месяца, попробовав индюка на мой первый в жизни День Благодарения и не продвинувшись ни на йоту больше в моём познании английского, я отбыл домой безо всяких надежд на то, что я приеду сюда навсегда.

Но судьба сложилась иначе. Ровно через год мы получили статус беженцев, ещё месяца четыре ушло на утряску всех необходимых документов, и когда почти всё было готово и до отъезда оставалось всего два месяца, мы поняли, что так и не нашли времени на занятия языком. Мы успокаивали себя

study the language. We comforted ourselves with the thought that if hundreds of thousands of our compatriots who had left the country before us somehow managed to survive, we would survive as well. The most important thing was to leave. However, I clearly remembered the unease feeling that people younger than I still experienced in the most mundane of situations after several years of living in America.

I tracked down an English teacher I knew and asked her to recommend an experienced teacher for our family of three (my wife, my daughter, and I) who could give us private lessons using some special method designed to help one overcome the fear of opening one's mouth and saying something wrong. She found such a teacher and warned me that lessons would be very expensive.

And it was indeed so. We could only afford 50 hours. During these hours, we had not written a single word, but instead walked around the room in a circle and threw a ball to each other while repeating words or nursery rhymes aloud, listened to tapes, etc. Any in-depth study of the language was ruled out because all three of us started practically with nothing. My wife had studied German both in school and in college, and my teenage daughter had studied French. I cannot say anything about results, but that was all he had when we came to America.

2.2. First steps

We are in America at last. We arrived on May 30, 1993. The first two to three weeks were spent taking care of all the necessary formalities, getting a learner's driving permit, and searching for an apartment and a car (details later). My wife and I registered for English courses at an adult education center, and our daughter started attending a summer school for children of immigrants. All this was done with the help of the Refugee Resettlement Services and our relatives, who were sponsoring us.

Because the US is a country that accepts many immigrants every year, English courses for people who speak other languages *(English as a Second Language)* are available everywhere in the United States. The courses are offered free of charge, and teachers may be volunteers. Usually, such courses are offered through the adult education system, which is similar to the Soviet night schools.

The students represent many different nationalities. In our group, there were Russians, Bulgarians, Poles, Vietnamese, Cambodians, Somalis, Afghans, etc. Class sessions usually lasted two hours and included working with pictures and fill-in-the-blank exercises. From time to time we were divided into groups and asked to find out information about each other or to describe something together.

Certainly, these courses help somewhat, but their effectiveness leaves much to be desired. As you can imagine, teaching a language to people who do

тем, что сотни тысяч наших соотечественников уехали и как-то живут, выживем и мы. Главное - уехать. Но у меня в памяти отложилось то состояние скованности, которое испытывали люди моложе меня в самых простых ситуациях после нескольких лет жизни в стране.

Я нашел знакомую преподавательницу английского языка и попросил порекомендовать опытного преподавателя для занятий с нашей семьёй из трёх человек (жена, дочь и я) по какой-нибудь специальной методике, позволяющей человеку преодолеть страх открыть рот и сказать что-то неправильно. Она нашла мне такую преподавательницу, предупредив, что та берет очень дорого.

И это было действительно так. Мы смогли себе позволить только 50 часов. В течение этих часов мы не написали ни одного слова, а водили хороводы и бросали друг другу мячик, произнося одновременно слова или считалочки, слушали магнитофонные записи и т. д. Речь не шла ни о каком глубоком изучении хотя бы потому, что мы все трое были практически на нуле. Моя жена изучала в школе и институте немецкий, а дочь школьница - французский. Я не могу ничего сказать о результатах, но это было всё, с чем мы приехали.

2.2. Первые шаги

И вот мы в Америке. Прибыли мы 30 мая 1993 года. Первые две-три недели ушли на необходимые формальности, сдачу на водительский пермит, поиски квартиры и покупку машины (подробности позже), а также зачисление нас с женой на курсы английского в школу для взрослых, а дочери – в летнюю школу для детей иммигрантов. Всё это происходило при участии службы расселения беженцев и сопровождении кого-то из родственников, которые являлись нашими спонсорами.

Поскольку США - страна, принимающая ежегодно большое количество иммигрантов, то курсы английского языка для иноязычных *(English as a Second Language)* – явление, распространённое по всей территории Соединённых Штатов. Это обучение бесплатное для учащихся, да и преподаватели могут оказаться добровольцами. Обычно такие курсы организуются в системе обучения для взрослых *(Adult Education),* которая является аналогом советских вечерних школ.

Группы студентов состоят из представителей самых разных национальностей. В наших были русские, болгары, поляки, вьетнамцы, камбоджийцы, сомалийцы, афганцы и т.д. Занятия обычно продолжались два академических часа и включали в себя работу по картинкам и напечатанным фразам с пропусками, в которые нужно было вставить слова. Время от времени нас делили на группы, давая задания выяснить информацию друг о друге или описать что-то вместе.

Занятия эти, конечно, что-то дают, но их эффективность оставляет желать лучшего. Как вы понимаете, обучать языку людей на нём не говорящих и, кроме

not speak it and who differ dramatically in age and level of education is not an easy task. The age of students varied from 19 to 75, and their education – from elementary to advanced university degrees.

For a while my group had a teacher who had lived in France for several years when she was young. Although she did not know any French when she left, she had managed to complete a degree program at Sorbonne. This woman gave me two pieces of advice for which I am very grateful. First, **always read newspapers**. Second, **use an English-only dictionary instead of a bilingual one** as often as possible.

Trying to read newspapers is useful even if you do not understand anything at first. This is because almost all newspapers have the same format. They are divided into thematic sections labeled A, B, C, and so on. At the bottom of the first page you will find a brief table of contents that lists all the sections. You do not have to buy a newspaper every day. The Sunday edition, which is the thickest, will last you all week.

At first, you can simply look through all the sections, getting used to their format and layout. Despite the fact that the vocabulary used in newspapers is very extensive and complex, a lot of words of Greek or Latin origin are used in many languages and therefore have similar spelling in all of them, even though they are pronounced differently. Besides, geographical names are also fairly easy to recognize. If you add figures and photos to this, it turns out that it is possible to take in a lot of information even without knowing the language. By gradually moving from photo captions and headings to the text, you will increase your vocabulary and satisfy somewhat the information deficit that is inevitable in a new language environment.

You can start using an all-English dictionary instead of a bilingual one once you have built up some vocabulary. Such a dictionary usually explains difficult words in simpler language and gives examples of their use in different contexts. Therefore, with some effort, you can not only understand what you need without a bilingual dictionary but also remember it much better.

We attended our English class for about two months, until the middle of August. At that point, I asked my caseworker from the Refugee Resettlement Service to help me find any work that was available. Without employment, the future looked very uncertain, especially because in 1993, the United States economy was just starting to recover from a recession and getting a job was not very easy.

A more detailed description of what an American job search process is like will be given in the appropriate chapter, but for now, the only thing you need to know is that I ended up working the second shift (from 3 pm until 11:30 pm) on the conveyor line of a local food-processing plant where up to 80% of the work force at any given time was made up of immigrants from different countries, including a few Russians. Two of them were foremen, which meant that I did not have to use

того, имеющих огромный разброс в уровне образования и возрасте – задача не из лёгких. Возраст учеников варьировался от 19 лет до 75, а образование – от начального до университетского.

Некоторое время в моей группе была преподавательница, которая прожила несколько лет во Франции и получила образование в Сорбонне, уехав туда в молодости без знания языка. Она дала два совета, за которые я очень благодарен. Первое – **постоянно читать газеты**. Второе - **пользоваться толковым словарём английского языка вместо двуязычного словаря** как можно чаще.

Газеты полезно пытаться читать, даже если вы поначалу не будете понимать ничего. Дело в том, что почти все газеты организованы по одному принципу. Они разбиты на тематические секции A,B,C и так далее. В нижней части первой страницы помещено краткое оглавление с указанием названий разделов и их местонахождения. Совсем не обязательно покупать газету ежедневно, достаточно брать только воскресный выпуск, который является самым объёмным, и его хватит вам на всю неделю.

Поначалу можно просто внимательно просматривать все секции, привыкая к их оформлению и расположению материала. Несмотря на то, что газетный лексикон очень разнообразен и сложен, существует множество слов, которые проникли во многие языки из одного источника и поэтому пишутся приблизительно одинаково, хотя произносятся по-разному. Кроме того, географические названия также довольно легко распознать. Если к этому добавить цифры и фотографии, то окажется, что можно извлечь немало информации, даже не зная языка. Постепенно переходя от подписей к фотографиям и заголовков к тексту, вы будете наращивать словарный запас и несколько утолять тот дефицит новой информации, который неизбежно образуется в новой языковой среде.

Пользоваться толковым словарём английского языка вместо двуязычного словаря можно начинать, когда вы уже набрали некоторый словарный запас. В толковом словаре более сложные слова обычно объясняются с помощью менее сложных, а также приводятся в нужном контексте, поэтому, если приложить некоторые усилия, то можно не только понять то, что вам необходимо без двуязычного словаря, но и запомнить всё это гораздо надёжнее.

Мы посещали наши курсы около двух месяцев, до середины августа. После этого я попросил моего куратора из службы беженцев помочь с устройством на любую работу, так как её отсутствие вселяло полную неопределённость будущего, тем более что в 1993 году экономика США только начинала выходить из рецессии и получить работу было не так легко.

Более подробное описание процесса трудоустройства будет приведено в соответствующей главе, а здесь необходимо сказать только то, что я оказался работающим во вторую смену (с 15:00 до 11:30) на конвейере местного предприятия пищевой промышленности, где работали до 80% иммигрантов из разных стран, в том числе и несколько русских. Двое из них занимали

much English to communicate on the job. I worked there for exactly two months and learned only a few words related to the industry. I had to quit my English class because it did not fit into my work schedule.

2.3. I understand something

In early September, the Refugee Resettlement Service offered a course that taught the basics of starting and operating a small business to its clients, with interpreters available. Classes were held once a week on Saturdays. There were four Russians, so we were assigned a young man who had been living in the United States for a fairly long time and was a student at a local university.

Because I had experience running my own business and knew what topics were likely to be covered, and the same few words – business plan, profit, taxes, purchase, sale, etc. were mentioned over and over, after several class sessions I realized that I understood what was being said even before it was interpreted for us. It was also very helpful that instructors spoke clearly, in short sentences, and paused to allow time for interpretation. This experience showed me that **instead of trying to study a language itself, it is very useful to study something else in that language**. The language is then acquired serendipitously.

Every week, I bought a newspaper and carefully scanned the career section of the classifieds. One day I came across an advertisement for several electro-mechanical assembler positions. To a person with a technical education that sounded much more attractive than making chicken cutlets.

Again I asked my caseworker to help me. She called the company's personnel manager, arranged an interview, and even accompanied me there because I not only would not have been able to explain myself more or less clearly but also had no idea how to conduct myself. This is how I ended up as the first immigrant and the only employee who did not speak English at the company of about 400 people. The only person who knew a little Russian was one of the other workers – a descendant of a postrevolutionary immigration wave. He sometimes helped me in especially difficult cases.

I was hired as a second-shift temporary employee. I must mention here that in the US many companies have people always work the same shift, whether it is evening or night. To be assigned to another shift, employees must wait until a space becomes available. The difference between temporary and permanent employees will be explained later in the chapter on employment.

During initial training, all new employees were told that safety regulations require everyone to wear special footwear with metal inserts in the toe area. We were told that such footwear is available as boots, walking shoes, sneakers, and so on, and that the company will reimburse us for up to 40 dol-

должности бригадиров, поэтому большой трудности в объяснении необходимого не было. Я проработал на этом месте ровно два месяца и освоил только несколько слов, относящихся к производству. Курсы английского пришлось бросить, так как они не вписывались в моё рабочее расписание.

2.3. Я что-то понимаю

В начале сентября служба беженцев организовала курсы по основам мелкого бизнеса для своих подопечных с привлечением переводчиков. Занятия проходили раз в неделю по субботам. Русских было четверо, поэтому к нам приставили молодого человека, который жил в стране довольно давно и был студентом местного университета.

Поскольку я имел опыт ведения своего бизнеса и понимал о чём идёт речь, а в процессе занятий постоянно упоминались одни и те же слова – бизнес план, прибыль, налоги, покупка, продажа и т.д., то после нескольких занятий, я обнаружил, что понимаю, о чём говорят, ещё до того, как нам это переведут. Существенную роль играло то, что преподаватели говорили отчётливо, недлинными фразами, и делали перерывы, давая время для перевода. Так я обнаружил, что **очень полезно не просто учить язык, а учить что-то другое на этом языке**, тогда язык незаметно усваивается сам по себе.

Просматривая регулярно секцию газеты, посвящённую трудоустройству, я наткнулся на объявление о требующихся сборщиках электромехаников. Для человека с техническим образованием это было куда более привлекательным по сравнению с изготовлением котлет из курятины.

Я опять обратился к моему куратору с просьбой. Она созвонилась с начальником отдела кадров этого предприятия, договорилась о собеседовании и даже сопровождала меня на него, поскольку я не только не смог бы что-то сказать более или менее внятно, но и понятия не имел, как себя вести. Так я оказался первым эмигрантом и единственным работником, не говорящим по-английски, в компании, насчитывающей около 400 человек. Единственным, знающим немного русский язык, был один из работников – потомок послереволюционной волны эмигрантов. Он иногда помогал мне в особо трудных случаях.

Принят я был как временный работник для работы во вторую смену. Надо сказать, что в США во многих местах люди работают постоянно в одну и ту же смену, будь то вечерняя или ночная. Чтобы перевестись в другую, надо было ждать освободившегося места. Различие статусов временного и постоянного работников будет рассмотрено позднее в главе посвящённой работе.

На вводном инструктаже нам, нескольким новичкам, объяснили, что согласно требованиям техники безопасности, все обязаны носить специальную обувь с металлическими вкладышами в носках. Было сказано, что такая обувь бывает в виде ботинок, полуботинок, кроссовок и так далее, и что предприятие возместит до 40 долларов, потраченных на эту обувь по предоставлении чека.

lars spent on this footwear after we submit a receipt. We were permitted to wear regular shoes for one week. Because all this was said at normal speed, without any allowances for my lack of English proficiency and because I was too embarrassed to ask for clarification, I understood only that we needed to buy footwear of any type, including sneakers. I heard nothing about the metal inserts and marveled at the company's generosity.

Because the special footwear our company required looks exactly the same as regular shoes and is available in many styles, I did not even suspect that all my coworkers wore it. I went and bought a nice pair of boots and submitted the receipt to accounting for reimbursement, all the while still wearing sneakers. After a couple of days, when my mentor asked me why I was not wearing *steel toe boots*, I caught the word "steel," asked for more details, and realized my mistake. Thankfully, I had not yet worn the boots I had bought. I managed to return them without the receipt and to buy what was required. This is how I learned the most important lesson – **it is better to ask someone to repeat themselves ten times than to leave something unclear.** After this incident, I learned several ways to ask someone to repeat what was just said and never stopped until I understood exactly what the matter was, even if I had to be told the same thing 4 or 5 times, and sometimes more.

The work itself was not complex but gave me an idea of the level of technology and labor productivity in the US. Ten-year-old equipment with a numerical control system worked in an automatic mode 24 hours a day, seven days a week, without many problems. The team next to ours assembled in record time very complicated cabinets for the big data storage systems. We worked individually, assembling small devices, which was not especially conducive to active interaction. Therefore, I decided to force myself to ask one of my coworkers a question at least once a day.

During short breaks that we were allowed after every two hours of work, we went to a lounge where there was always a fresh newspaper available. I took this opportunity to look through photos and headings. Once, an article about Russia caught my attention. I looked at it with interest, trying to understand what it was about, but I was limited to understanding just two words: *President* and *Eltsin*. Suddenly, I heard someone ask: *"Is he able to understand anything?"* in a fairly loud voice behind my back. To my surprise, I even understood the construction *is able to*, which I studied in school a long time ago. I did not let on that I understood the comment, but I promised myself that I would understand everything else very soon. However, I still had a long way to go, so for now, I carried a pocket English-Russian/Russian-English dictionary in my toolbox and pointed my finger to the needed word if someone could not understand my pronunciation, which happened pretty often.

Нам разрешалось пользоваться обычной обувью в течение одной недели. Поскольку всё это говорилось в обычном темпе, без всякой скидки на моё незнание языка, а переспросить я постеснялся, то я успел уловить только, что речь идёт об обуви любого типа, включая кроссовки, упустив металлические вкладыши, и подивился щедрости предприятия.

Поскольку по внешнему виду такая обувь ничем не отличается от нормальной и выпускается в большом ассортименте, то я и не подозревал, что все мои соседи по работе ходят в ней. Я пошел, купил прекрасные, но самые обычные ботинки и сдал товарный чек в бухгалтерию для оплаты, продолжая ходить в кроссовках. Через пару дней, когда мой наставник спросил меня, почему я не ношу *steel toe boots*, что дословно переводится как ботинки со стальным пальцем, я уловил слово стальной, начал спрашивать подробнее и понял свою ошибку. Хорошо, что я ещё ни разу не воспользовался теми, что купил. Мне удалось их вернуть даже несмотря на отсутствие чека и купить то, что требовалось. Так я получил главный урок – **лучше десять раз переспросить, чем оставить что-то недопонятым**. После этого случая я выучил несколько вариантов просьбы повторить сказанное и никогда не останавливался до тех пор, пока не понимал точно, о чём идёт речь, даже если это требовало повторения 4-5 раз, а иногда и более.

Работа сама по себе была не сложная, но давала представление об уровне технологии и производительности труда в США. Комплекс оборудования с числовым программным управлением десятилетней на то время давности работал в автоматическом режиме 24 часа в сутки, семь дней в неделю, без особых отказов. Рядом с нашей бригадой собирали в рекордное время сложнейшие корпуса для больших накопителей информации на магнитных дисках. Мы работали на индивидуальной сборке небольших устройств, что не создавало особых условий для активного общения, поэтому я взял себе за правило хотя бы один раз в день задавать какой-то вопрос кому-нибудь из моих соседей по работе.

Во время коротких перерывов положенных после каждых двух отработанных часов мы уходили в комнату отдыха, где всегда лежала свежая газета. Я пользовался случаем и просматривал фотографии и заголовки. Однажды моё внимание привлекла заметка о России. Я углубился в неё с интересом, пытаясь понять, о чём идёт речь, но все мои попытки ограничились лишь пониманием двух слов: *President* и *Eltsin*. Внезапно за своей спиной я услышал фразу: *"Is he able to understand anything?"* (Способен ли он что-либо понимать?), сказанную достаточно громко. К своему удивлению, я понял даже оборот *is able to*, который много лет назад проходил в школе. Я не подал вида, но дал себе обещание, что буду понимать, и как можно скорее, но до этого было ещё очень далеко, а пока я носил англо-русский-русско-английский словарик карманного формата в своём ящичке с инструментами и при необходимости показывал пальцем нужное слово, если моё произношение не могли понять, что случалось довольно часто.

2.4. Life gets easier

I had been at my new job for about 6 months when I saw an announcement on the bulletin board that the company needed an electronics technician for equipment repair. This was something I could only dream of in my situation.

I talked to our personnel manager and found out who was responsible for filling the position, but I also learned that more than thirty people had applied for it. Nevertheless, I submitted my resume and also asked to arrange a meeting with this person whom I had never met before. Some time later, while I was working, I was called into his office for a conversation. Having explained the best I could that I did this sort of work after graduating from college, I expressed my belief that I could manage it despite my lack of English. The next day, he arranged for me to meet with his leading technician, who had been working at the company for 18 years. I think the technician barely understood what little I tried to tell him about my previous experience. We said good-bye and everything went on as before. I was still considered a temporary employee.

A month and a half had passed, and, having lost all hope, I started sending my resume to other companies hoping to find a job as a technician. One day, my foreman pulled me aside and told me that I would be transferred to the day-shift repair team for one month and that if I performed adequately, I would be hired as a technician on a permanent basis, with all the responsibilities and benefits the position entailed. It was so unexpected that for a long time, I could not believe my good fortune.

The maintenance and repair team consisted of four people, three of whom worked the day shift. I was paired with the one in charge of servicing the electrical and electronics systems of the equipment, and I shadowed him for some time.

I must note here that English technical vocabulary is much more extensive than the colloquial one. I had noticed early on that when people were faced with my accent for the first time, they couldn't always understand me, so I tried to speak in short phrases, imitating what I heard from those around me. Besides, I had always written out and learned words related to a certain topic in advance, before I had to use them. Fortunately, I had thought to bring with me from Russia the necessary specialized dictionaries. At first, I always had a brief bilingual technical dictionary and a sheet of paper with a pencil ready. I used everything to make myself understood: pantomime, gestures, pictures, the dictionary, etc.

After I had been in my new position for about a week, we needed a lathe to turn a detail. This machine once had an electric drive for moving a support, but it had broken down, and the machine was now used in manual mode. The

2.4. Жить становится легче

Я проработал на этой работе около 6-ти месяцев, когда увидел на информационной доске объявление о том, что компании требуется техник-электроник по ремонту оборудования. Это было то, о чём я мог только мечтать в сложившейся ситуации.

Обратившись к нашему кадровику, я узнал кому принадлежит последнее слово в принятии решения по данной кандидатуре, но в тоже время мне стало известно, что получены тридцать заявок от претендентов на эту должность. Тем не менее, я подал своё резюме и попросил устроить встречу с этим человеком, которого я до этого в глаза не видел. Через некоторое время, во время работы меня вызвали в кабинет для разговора с ним. Объяснив как мог, что я занимался такого рода работой после окончания института, я выразил убеждение, что смогу справиться несмотря на мой никакой английский. На следующий день он устроил мне беседу со своим ведущим техником, который работал на этом предприятии 18 лет. Я думаю он с большим трудом понимал то немногое, что я пытался ему рассказать о своём предыдущем опыте. Мы расстались и всё пошло по старому. Я всё ещё числился временным работником.

Прошло месяца полтора и, потеряв всякую надежду, я начал посылать своё резюме в другие компании в надежде устроиться на должность техника, как вдруг однажды, мой бригадир отозвал меня в сторону и сказал, что меня на месяц переводят в службу ремонта в первую смену и если я справлюсь с работой, то меня оставят там и примут на постоянную работу на должность техника со всеми вытекающими последствиями. Это было настолько неожиданно, что я долго не мог поверить.

Служба технического обслуживания и ремонта состояла из 4 человек, 3 из которых работали в первую смену. Меня прикрепили к тому, который занимался ремонтом электрической и электронной части оборудования и я на некоторое время стал его тенью.

Следует отметить, что технический английский гораздо более обширный, чем разговорный. Я уже давно заметил, что когда человек впервые сталкивается с моим акцентом, то далеко не всегда может понять меня, поэтому я старался говорить короткими фразами, подражая тем, которые я слышал от окружающих. Кроме того, я всегда заранее выписывал и учил слова относящиеся к какой-то определённой теме перед тем, как мне предстояло иметь с этим дело. Хорошо, что я благоразумно привёз с собой необходимые специализированные словари. В начальный период я всегда имел наготове краткий двуязычный технический словарь и лист бумаги с карандашом. Чтобы быть понятым, в ход шло всё: мимика, жесты, рисунки, словарь и т. д.

Примерно через неделю нам понадобился токарный станок, чтобы выточить деталь. Этот станок когда-то имел электропривод для перемещения суппорта, который вышел из строя, и поэтому станок использовался в ручном режиме. Электропривод не был отремонтирован по причине полного отсутствия

electric drive had not been repaired because all the manuals that came with the machine had been lost. With my mentor's permission, I dragged it to my work-station and drew the schematic over a couple of days, working on it whenever I had a free moment. After that, it was not difficult to find a faulty microchip and to replace it. The drive came to life, and the next day I was told that my proba-tion period was over and I had the job.

Interestingly, the situation I found myself in was almost exactly like the one described in the article about Boris that I mentioned earlier. When he tried to get his first job in America, he was given a broken piece of equipment with no instruction manuals and told that he would be hired if he could repair it. He succeeded. This makes me even more convinced that the book you hold in your hands is both necessary and useful.

So, three weeks after the beginning of my probation period and exactly a year after my arrival in the country, I returned to working the evening shift as a permanent staff member. I chose the evening shift on purpose in order to have some freedom during daylight hours for self-education and job searching, as I still hoped to find an engineering position sooner or later.

My new position required me to communicate with people more, both in person and over the phone. For a long time, phone calls made me shudder and tense up inside. We can say without a doubt that everyone who is not fluent in the language feels that way. Phone conversations are especially difficult because of all the possible ways to communicate with another person, the only one you can use is your voice, which drastically reduces your chances of not only being understood but most importantly, of understanding your interlocutor.

At first, while you are translating one word into your native language in your head, you miss the next two, which is a problem even in face-to-face communication. During telephone conversations, your difficulties are com-pounded by the fact that you do not know in advance what you will be talking about and are not ready to concentrate on the necessary topic quickly. Your interlocutor at the other end usually has no idea about the difficulties you are experiencing and quickly blurts out the standard conversation starters, which makes you freeze up completely. It is not surprising that many immigrants, even those who have been living in the country for several years and can com-municate in everyday situations more or less freely, experience difficulties while talking on the phone.

In such cases, I would always politely interrupt my interlocutor, warn him or her that I did not speak English well, and ask the person to speak slower. During our conversation, I would use different ways of asking to repeat what was said.

Another problem is dealing with answering machines. In the majority of US businesses and organizations, incoming phone calls are routed to an auto-

документации. Тогда, с разрешения моего наставника, я притащил его на своё рабочее место и в свободное время за пару дней нарисовал схему. После этого не составило большого труда найти неисправную микросхему и заменить её. Привод ожил, а на следующий день мне было сказано, что испытательный срок я выдержал и меня принимают на работу.

Самое интересное было в том, что эта ситуация почти в точности повторила одну из описанных в вышеупомянутой статье про Бориса. Когда он попытался устроиться на первую свою работу в Америке, ему дали неисправный станок без документации и сказали, что он будет принят если сможет этот станок починить. Он справился. Это ещё более утвердило меня в необходимости и полезности книги, которую вы держите в руках.

Итак, через три недели после начала моего испытательного срока и ровно через год с момента приезда в страну, я был зачислен в штат и вернулся в свою вторую смену в новом качестве. Я сознательно выбирал вторую смену с самого начала, чтобы иметь некоторую свободу в светлое время дня для самообразования и поисков работы инженерного характера, которую я надеялся рано или поздно получить.

По долгу моей новой службы, мне приходилось больше общаться с людьми, в том числе и по телефону. Телефонные звонки долгое время заставляли меня вздрагивать и внутренне сжиматься. Безо всякого сомнения можно сказать, что так себя чувствуют практически все не владеющие языком. Разговор по телефону представляет собой наибольшую трудность, поскольку вы лишены всего арсенала возможных средств общения за исключением голоса, что резко снижает шансы не только быть понятым, но прежде всего - самому понимать вашего собеседника.

На первых порах, пока вы переводите одно слово в уме на родной язык, вы пропускаете два последующих, что составляет проблему даже при прямом общении. В телефонном разговоре всё это осложняется тем, что вы заранее не знаете о чём пойдёт речь и не готовы быстро сконцентрироваться на нужной теме. Ваш собеседник на другом конце провода, как правило, не подозревает о трудностях, которые вы испытываете и скороговоркой выпаливает те стандартные фразы, которые предшествуют разговору, чем вгоняет вас в полное оцепенение. Не удивительно, что многие иммигранты, прожившие даже несколько лет в стране и более или менее свободно общающиеся в повседневных жизненных ситуациях, испытывают затруднения в разговорах по телефону.

В таких случаях я всегда вежливо останавливал собеседника, предупреждал, что я плохо говорю по-английски и просил говорить помедленнее. В процессе разговора я использовал различные варианты просьбы повторить сказанное, как уже упоминалось выше.

Следующей проблемой являются телефонные автоответчики. В большинстве организаций в США, входящие телефонные звонки попадают во внутреннюю компьютеризированную телефонную сеть, где заранее записанный

mated telephone network where a recorded voice offers you several choices. You have to respond by pressing this or that key on your phone. Sometimes you have to go through this process several times before you hear the information you need or are able to speak with a real person.

At most banks and credit companies, you can obtain your complete account information at any time without ever talking to an actual person, which is very convenient. Such automated telephone systems are difficult to use at first, but their advantage is that you can hang up at any moment and start all over again if you made a mistake or did not understand something, especially because the majority of such calls are made to toll-free numbers.

A little trickier are situations when a person you need is not there and you are asked to leave a message. My advice to you: hang up, write your message on a piece of paper first and read it aloud slowly several times. Once you are confident that you will not stumble over every word, call back and leave the message for your addressee.

2.5. Still a long way to go

I had been working as a technician for only about three weeks when I learned that I had an interview at the company where I had sent my resume a year before, shortly after my arrival. This small company developed, manufactured, and sold electronic instrumentation, although I did not know much about it besides the fact that the work was related to developing electronic equipment.

In preparation for the interview, in order to supplement my resume, I briefly described on one page everything I had done in the past that was related to research and development: kinds of projects, initial data, deadlines, and results, as well as my role in the projects.

This interview and its results are described in more detail in the chapter on employment. Two days after the interview, I received a job offer in writing and, feeling a bit awkward, went to give my notice to my boss. To my surprise, after I told him what I would be doing, he congratulated me and wished me all the best. I stayed at my old job for the customary two weeks, whose end coincided with the Independence Day weekend. Right after the holiday, I reported to my new position.

I was hired as an *Associate Engineer*, which is the lowest level in the engineering hierarchy and is different from a technician position (as engineers educated in the Soviet Union understand it) only in name. As in the majority of American companies, the employees' workspaces were divided by low partitions, forming the so-called *cubicles* -- individual offices that created some illusion of *privacy*. In my cubicle, there was a desk stocked with office supplies

голос предлагает несколько вариантов выбора, которые реализуются путём нажатия той или иной клавиши на вашем телефоне. Иногда приходится пройти через несколько таких уровней прежде, чем вы дойдёте до необходимой вам информации или до реального собеседника.

Практически во всех банках и кредитных компаниях вы можете таким образом получить полную информацию о своём счёте в любое время суток без какого-либо участия живого человека, что очень удобно. Автоответчики такого типа трудны на первых порах, но их достоинство состоит в том, что вы в любой момент можете повесить трубку и начать всё сначала, если вы ошиблись или чего-то не поняли, тем более, что большинство таких звонков делается по бесплатным номерам.

Несколько хуже дело обстоит в ситуациях, когда вы не застаёте нужного вам человека и вам предлагается оставить сообщение. Мой вам совет: повесьте трубку, напишите это сообщение сначала на бумаге и прочитайте для себя несколько раз вслух медленно и отчётливо, чтобы убедиться, что вы не запинаетесь на каждом слове, а затем перезвоните ещё раз и тогда уже оставьте его для вашего адресата.

2.5. До цели ещё далеко

Я проработал всего около трёх недель в моём новом качестве, как вдруг узнал, что приглашён на интервью в компанию, куда я послал своё резюме год назад – почти сразу после приезда. Эта небольшая компания занималась разработкой, изготовлением и сбытом электронных измерительных приборов используемых в промышленности, хотя я ничего точно об этом не знал, кроме того, что работа связана с разработкой электроники.

При подготовке к интервью, в дополнение к резюме, я описал на одной странице в краткой форме то, чем я занимался в прошлом что было непосредственно связанно с разработкой: характер проектов, исходные данные, сроки выполнения и результаты разработок, а также мою роль в их выполнении.

Более подробно процесс прохождения и результаты этого интервью описаны в главе посвящённой трудоустройству, а закончилось оно тем, что через два дня я получил в письменном виде предложение о работе и с несколько неловким чувством отправился уведомлять своего начальника об увольнении. К моему удивлению он, узнав чем я буду заниматься, поздравил меня и пожелал всего хорошего. Я отработал положенные две недели, окончание которых совпало с Днём Независимости, и сразу после праздника вышел на новое место.

Меня приняли на должность *Associate Engineer*, которая является самой низкой ступенькой в инженерной иерархии и только названием отличается от должности техника (как мы её понимаем). Как и в большинстве организаций в США, рабочие места сотрудников оказались разделёнными невысокими перегородками, образуя так называемые *cubicles* (кабины) – индивидуальные офисы, создающие некоторое ощущение *privacy* (уединённости). В моём – стоял

and a chair. As I was told, my personal computer was already ordered, so meanwhile I gradually started to ease myself into my new role.

It so happened that I spent the last two years before emigration running a business rather than developing new products. When I added to this the year I spent in America not working in my field, I realized that when I started my new job, I was three years behind even when compared to Russian electrical engineers. If I took into account the fact that at the time, in Russia even the information about new technologies was lagging several years behind, the amount of catching up I had to do looked overwhelming.

Several days later I was given my first product development project and started doing some preliminary research, as well as learning what my colleagues were doing and how the company's existing products worked.

As I had expected, I communicated with the help of drawings, interjections, the dictionary, and so on. I have to say that I was very lucky because both my immediate supervisor and my colleagues were patient people who did not seem to mind my long pauses and many mistakes.

At that time, I viewed the shortcomings of office *cubicles* as big advantages. Each employee had his or her own phone, but because the space above the partitions was open, I had plenty of opportunities to hear my colleagues' conversations with each other, suppliers, clients, and so on. This not only helped me practice my listening and phone skills but also allowed me to hear technical terms being pronounced correctly and used in the right context. Constant participation in technical meetings and discussing work with colleagues gradually improved my understanding of the English used in my field, although they did not do much to help me master the everyday aspects of the language. But, as before, I tried to ask one of my coworkers a non-work-related question at least once a day.

My practical language skills developed mostly because our everyday needs gradually became more complex. At that time we began looking for a house to buy and our daughter started college. The need to communicate with real estate agents and bank credit specialists, as well as all the information brochures, contracts, etc. that accompanied the process of buying a home made it necessary to learn new words and concepts. A very understandable interest in the higher education system also contributed to this process.

When I started my new job, e-mail was first becoming widespread. The first messages I received took me a long time to translate, and many weeks had passed before I got up the courage to send one of my own.

Eight months after I started, one of the engineers left the company and his position was advertised in the newspaper. Because by that point I had almost finished developing my first product and started participating in other projects, I asked to be considered for the position and was offered it some time later.

письменный стол с канцелярскими принадлежностями и стул. Как мне было сказано, персональный компьютер для меня уже заказан, а пока я постепенно начал привыкать к моей новой роли.

Так получилось, что последние два года перед эмиграцией я занимался по большей части организационной частью бизнеса, а не разработкой. Если к этому добавить год в Америке, то получалось, что я отстал даже от российского уровня электроники на три года, а если учесть, что даже по информации о новых разработках мы отставали в то время как минимум на несколько лет, то моё положение выглядело сложным.

Через несколько дней я получил задание на разработку моего первого изделия. Я начал понемногу подбирать материалы и одновременно интересоваться тем, чем занимаются мои коллеги и как работают уже существующие изделия нашей компании.

Общение, как и следовало того ожидать, происходило с помощью рисунков на бумаге, междометий, словаря и так далее. Нужно сказать, что мне исключительно повезло с непосредственным начальником и сотрудниками, которые обладали терпением и не показывали вида при моих длительных паузах и многочисленных ошибках.

В это время я воспринял недостатки офисных *cubicles* как большие достоинства. Каждый сотрудник имеет свой телефон, но поскольку звукоизоляция поверх перегородок отсутствует, я имел возможность постоянно слышать разговоры коллег друг с другом, поставщиками, клиентами и так далее. Это не только помогало мне практиковаться в понимании языка и умении разговаривать по телефону, но и давало возможность слышать технические термины в правильном произношении и нужном контексте. Постоянное участие в технических совещаниях и обсуждение работы с коллегами постепенно улучшали понимание деловой части языка, мало продвигая его бытовую сторону. Но, как и прежде, я старался хотя бы один раз в день задавать какой-либо вопрос кому-либо из моих соседей по работе.

Основной прогресс в повседневном использовании языка шел за счёт постепенного расширения чисто бытовых нужд. В это время мы занялись поиском дома для покупки, кроме того, дочь поступила в колледж. Необходимость общаться с продавцами недвижимости, сотрудниками кредитных отделов банков, а также большой объём печатной информации с этим связанной, вынуждали запоминать новые слова и понятия. Вполне объяснимый интерес к системе высшего образования также вносил свою долю в этот процесс.

Начало моей работы в этой компании совпало с началом распространения электронной почты. Первые сообщения, которые я начал получать, отнимали у меня много времени на перевод и прошла не одна неделя, прежде чем я отважился послать своё собственное.

Через восемь месяцев после моего прихода из компании уволился один из инженеров, и в газете появилось объявление о вакансии. Поскольку к этому моменту я практически закончил разработку моего первого изделия и начал

An important feature of the product development process in the US that is different from what I was used to is always trying to match or exceed the quality of similar products offered by competitors while reducing costs. Achieving that requires many hours spent searching for parts and components that satisfy the quality and cost requirements, which means looking through piles of specialized catalogues. While searching for patent information in the beginning of 1996, I began actively using the Internet, which was then only starting to gain wide popularity. Using search engines, which enable one to sift through an incredible amount of information in a short period of time and to find what is necessary for a given project, has made me a more productive researcher and allowed me to devote most of my time to reading and under-standing what I read. Several months of such work did more for my technical English than the previous two years.

It so happened that during this time the company found itself in a diffi-cult situation, with product flaws resulting in big warranty expenses and sharp reduction in demand. The company was losing money and in a short period of time laid off many employees. The majority of new projects were frozen, and even the remaining employees were thinking of leaving. Gradually, we found the weaknesses in our products and made the necessary changes.

Having made some changes, the company tried to revitalize one of the projects, for which I was the leading hardware developer. I became the acting project manager, as well as the manager of our whole research and develop-ment department, because this was our only project at that point, and a pretty labor-intensive one at that. Here, I felt the effects of my limited language profi-ciency to the fullest extent because solving technical problems was one thing, but supervising other people, reporting to administration, communicating with other departments and so on required a whole new set of skills. Nevertheless, my habit of constantly putting myself in situations where there is nowhere to go except forward helped me here, too. Six months later, we put new product samples on the market, and in a year they had completely replaced old models.

My position, which forced me to communicate with all kinds of people in many different contexts, noticeably improved my English. One of the signs that it was so, although this may seem strange, were other people's smiles when I said something incorrectly, which never happened before because peo-ple had to concentrate so much in order to understand me. However, the big-gest benefit of my new position was that I no longer tried to avoid the spotlight, embarrassed by the way I spoke. I eventually relinquished the purely adminis-trative part of my duties in order to devote most of my time to what gives me greater satisfaction - engineering, but the way I felt about myself and my posi-tion in the company have changed significantly. I freely communicate with people at all levels.

участвовать в других проектах, я обратился с просьбой рассматривать меня кандидатом на эту должность и через некоторое время её получил.

Существенным отличием процесса разработки новых изделий в США от того к чему мы привыкли, является постоянное стремление к снижению стоимости по сравнению с аналогичными изделиями конкурентов при сохранении или превышении заданных параметров. Чтобы этого добиться, приходится проводить трудоёмкие поиски комплектующих, удовлетворяющих необходимым требованиям, просматривая огромное количество промышленных каталогов. Проводя информационные и патентные поиски в начале 1996 года, я стал активно использовать Интернет, который к тому времени только начинал приобретать широкую популярность. Возможности поисковых программ, позволяющие за короткое время просеять невероятное количество информации и найти то, что непосредственно относится к делу, позволили сократить непроизводительную часть поисков и практически всё время посвятить чтению и пониманию прочитанного. Несколько месяцев такой работы сделали для моего технического английского больше, чем два предыдущих года.

Случилось так, что в этот период компания оказалась в трудной ситуации, когда недоработки в изделиях привели к большим затратам на гарантийный ремонт и резкому спаду спроса. Компания терпела убытки и в течение короткого периода времени провела несколько сокращений штатов, уволив значительное число как рабочих, так и служащих. Большинство новых проектов было заморожено, и даже те из работников, кто остался, подумывали об уходе. Постепенно мы выяснили слабые места в изделиях и внесли необходимые изменения.

Выправив положение, компания попыталась оживить один из проектов, в котором я был ведущим разработчиком аппаратной части, а поскольку это был единственный и довольно трудоёмкий проект, то я на какое-то время оказался руководителем всей группы разработчиков. Тут я в полной мере ощутил недостаток знания языка, поскольку одно дело – решать технические вопросы и совсем другое – руководить людьми, отчитываться перед администрацией, поддерживать связи с другими отделами и так далее. Тем не менее, привычка постоянно ставить себя в ситуации, когда нет другого выхода, как только идти вперёд, помогла и здесь. Через 6 месяцев мы выпустили опытные образцы новых изделий, а через год они полностью заменили старые модели.

Моё положение, вынуждавшее к общению с множеством людей по широкому кругу вопросов, существенно улучшило мой английский. Одним из признаков этого, как ни покажется странным, были улыбки, пробегавшие по лицам собеседников, когда я что-то говорил не очень правильно, чего никогда ранее не было, поскольку людям приходилось напрягаться, вслушиваясь. Но главное – оно позволило мне преодолеть постоянное желание оставаться в тени, стесняясь своего языка. В дальнейшем я освободился от чисто административных обязанностей и мог посвятить большую часть времени тому, что доставляет мне большее удовольствие - технике, но моё самочувствие и

To my shame, I have to say that in all these years, I still have not found the time for any structured language studies. I have not taken any courses and have not opened a textbook, although the habit of using a bilingual dictionary as little as possible when reading and learning new information has been very useful to me. I have no problems with everyday interactions, understand virtually 100% of the movies, television shows, or news broadcasts that I watch, read newspapers with no difficulty, and read technical literature even faster than I did in Russian. Nevertheless, I can experience difficulties when discussing topics that are new to me or in which I have not been interested before.

So how about reading the classics in the original? That goal is still far off, but, having read several books by Stephen King in his native language, I can take comfort in the fact that even Americans may need a dictionary to read Shakespeare.

2.6. Psychological difficulties

Having observed many people of different ages and educational backgrounds, I have noticed that very often, those who are more educated and capable also struggle more when trying to master the language. This is because they are embarrassed to speak in short sentences using simple words, which is inevitable at the initial stages of learning. Therefore, these people end up not having enough practice and do not improve, which leads to even greater discomfort. It is a vicious circle.

If we attempt to mentally reconstruct the process of learning our native language, we will realize that it happened gradually over a long period of time. We started by making isolated sounds, then moved on to syllables, then words and short phrases. Often, we could not pronounce half the sounds in the alphabet properly, but because our language needs at that time were simple and everyone around us expressed delight at any new word we said, we had an incentive to keep trying. Over the course of our lives, we trained our speech apparatus to pronounce the sounds that make up our native language and to combine them in specific ways. We developed our own way of speaking over many years of practice.

Now, as adults and sometimes in middle age or later, we find ourselves in a situation where we have to go through the same process again, except nobody is delighted with our inept attempts at making sounds that either do not exist in our native language at all or are associated with "uneducated" speech. It is quite natural that at first, we try to say the words of another language using only the sounds of our native one, resembling that tiny child we once were who could not pronounce half of the alphabet.

положение в компании существенно изменилось. Я свободно общаюсь с людьми на любом уровне.

К своему стыду я должен сказать, что за все эти годы я так и не нашёл времени на занятия языком, как таковым. Я не посещал никаких курсов, не открывал учебник, однако выработанная привычка к чтению и изучению всего остального с минимальным использованием двуязычного словаря сыграла свою роль. Я не имею проблем в повседневном общении, понимаю практически 100%, когда смотрю кино, телепередачи или новости, свободно читаю газеты, а техническую литературу - может быть даже быстрее чем на русском. Тем не менее, я могу испытывать трудности при обсуждении вопросов, которых я ранее никогда не касался или которые меня не интересовали.

Ну а как начёт чтения классиков в подлиннике? До цели ещё далеко, но, прочитав несколько книг Стивена Кинга на его родном языке, я могу успокаивать себя мыслью, что Шекспира американцы сами читают со словарём.

2.6. Психологические трудности

Наблюдая за многими людьми разных возрастов и уровня образования, я заметил, что очень часто люди более образованные и способные гораздо труднее осваивают язык только по той причине, что они стесняются разговаривать на примитивном уровне, который абсолютно неизбежен на начальном этапе и поэтому, не имея достаточной практики, не прогрессируют, что приводит к ещё большей скованности – круг замкнулся.

Если мы попытаемся мысленно проследить, как мы учили свой родной язык, то поймём, что это происходило постепенно на протяжении долгого времени. Мы начинали с произношения отдельных звуков, потом слогов, потом слов и словосочетаний, зачастую не выговаривая половину алфавита, но поскольку наши потребности в языке в то время были небольшими, а все окружающие были в неописуемом восторге от любого произнесённого нами нового слова, мы имели стимул к совершенствованию. В течение жизни мы приспособили свой голосовой аппарат к произнесению звуков составляющих наш родной язык в различных комбинациях, которые встречаются в словах. Мы выработали нашу собственную манеру говорить путём многократных повторений на протяжении многих лет.

Теперь, взрослыми или даже в зрелом возрасте, мы попадаем в ситуацию, когда нам необходимо пройти тот же путь с самого начала, только никто не приходит в восторг от наших неумелых попыток произнести звуки, которые либо отсутствуют в нашем языке совершенно, либо ассоциируются с не очень грамотным произношением. Вполне естественно, что мы поначалу пытаемся произносить слова другого языка, используя только звуки нашего родного, походя при этом на того малыша, не выговаривающего половину алфавита, которым мы когда-то были.

It is clear that in order to achieve a more or less acceptable level in a new language, we must spend as much time and effort as we spent on mastering our native tongue, which is literally years, and most importantly, to have the same amount of practice. The earlier you start doing that, the better, and it does not matter how "bad" your first attempts are. It is very dangerous to put off practicing the language in real-life situations until you can understand better or speak better. Believe me, no matter how long you wait, you will start at the same level. The only difference will be that you will have lost time. Learning a language can be compared to learning to swim: no matter how much you practice on dry land, you will not swim your first time in the water.

Be prepared to answer questions about when you came to the country, how long you have been here, and whether you like it for the rest of your life. If you arrived recently, it is forgivable if you do not understand a question or answer in bad English, but if you have lived in the country for many years, it is a different story. When we attended English classes right after our arrival, a rather young woman from Poland who by then had been living in the US for about eight years joined our group, which was only one step above the absolute beginner level. Although we were very surprised by this, it is a widespread phenomenon. In the US in 1990, there were about 1.7 million people over the age of 18 who did not speak English at all, and an additional 4 million did not speak it well.

This happens most often with older people and women who stay home with small children, especially if they are surrounded by people from the same country who use only their native language with each other. When the children are old enough to start school, their mothers find themselves in a difficult situation: they do not speak the language, a lot of time has been lost, and they have acquired certain habits and patterns of behavior that are difficult to change. At the same time, the family with older children needs additional income, which compels many mothers to settle for unskilled work, giving up the hopes of ever mastering the language.

In 1990, about 6 million US residents lived in so-called isolated language environments. Ethnically homogeneous communities have existed since the beginning of emigration and are one way for people who come from the same country to support each other. Over time, some of them have grown and developed to the extent of becoming almost self-sufficient, with their own stores, schools, doctors' offices, radio and TV stations, and so on. It is possible to live your whole life in the US speaking your native language and not knowing a word of English. Many new immigrants see this as a blessing, settle in such communities, and gradually become their hostages without even noticing.

The advantages of living among fellow immigrants come at a price. By avoiding problems in the beginning, people fail to make good use of the time when they are most open to learning new things, thus reducing or even com-

Совершенно очевидно, что чтобы достичь более или менее приемлемого уровня в произношении новых звуков, слов и фраз, мы должны потратить столько же времени и усилий, сколько мы потратили на освоение родного языка - то есть годы и, самое главное - повторить их такое же количество раз. Чем раньше вы начнёте это делать, тем лучше, и неважно, как плохо у вас это получается поначалу. Очень опасно откладывать это до той поры, пока вы будете лучше понимать или лучше говорить. Поверьте на слово - сколько бы вы не ждали, вы начнёте с того же уровня. Вся разница будет только в том, что вы упустили время. Освоение языка можно сравнить с обучением плаванию: сколько бы вы не тренировались на берегу, вы не поплывёте, зайдя первый раз в воду.

Будьте готовы к тому, что в течение всей вашей жизни вас будут спрашивать, когда вы приехали или как долго находитесь в стране и нравится ли вам здесь. Если вы приехали недавно, то вполне простительно, что вы не понимаете вопроса или отвечаете на плохом английском и совсем другое дело, если вы живёте в стране много лет. Когда мы ходили на курсы языка сразу после приезда, в нашу группу, которая была только чуть выше по уровню, чем самая начинающая, пришла довольно молодая женщина, приехавшая из Польши и прожившая к тому времени в США около восьми лет, что вызывало большое удивление среди нас, но как оказывается, это явление достаточно распространённое. На 1990 год в стране было около 1.7 миллионов человек старше 18 лет не говорящих по-английски совершенно и около 4 миллионов говорящих плохо.

Чаще всего это случается с пожилыми людьми и женщинами, сидящими дома с маленькими детьми, особенно если в их окружении много соотечественников, которые говорят между собой только на родном языке. Когда дети подрастают и идут в школу, матери оказываются в сложном положении: языка нет, время упущено, сложились привычки и определённый стереотип поведения, которые трудно изменить. В то же время, необходим дополнительный доход для подросшей семьи, что вынуждает соглашаться на любую неквалифицированную работу, расставаясь с надеждами на освоение языка.

В 1990 году около 6 миллионов жителей США проживали в так называемой изолированной языковой среде. Этнически однородные поселения возникли на заре эмиграции и являются одним из способов взаимной поддержки людей, прибывших из одной страны. Со временем некоторые из них разрослись и развились до такой степени, что стали в некотором роде самодостаточными, имея свои магазины, школы, врачей, радио, телевидение и так далее. Можно прожить в США всю жизнь, говоря на своём родном языке и не зная ни слова по-английски. Многие вновь прибывшие в страну эмигранты, воспринимая это как благо, вливаются в такие поселения, не замечая, как постепенно становятся их заложниками.

Как "нет худа без добра" так и "нет добра без худа". Избегая некоторых трудностей в начальный период, люди упускают момент, когда они наиболее

pletely losing their chances of adapting to a new culture. On top of that, large immigrant communities almost always foster the same negative aspects of life in the old country that contributed to many people's decision to emigrate. Very often, the more enterprising types profit from the plight of their less established fellow immigrants, compensating their labor well below its market cost. This gives rise to areas where the percentage of the population living below poverty level is higher than the average throughout the country.

Undoubtedly, the process of adapting to life in a new country is very difficult, and those who choose to do that have to be prepared for anything. Many people who come to the US achieve great success precisely because they anticipate having to overcome difficulties, are grateful for the very opportunity to come here, and do not expect society to give them anything they did not earn. In a bestseller titled *The Millionaire Next Door* that was published for the first time in 1996, the authors present data showing that the percentage of millionaires among descendants of several ethnic groups with a fairly recent immigration history is much higher than among people of English descent (who were assumed to be the wealthiest), with descendants of Russian immigrants heading the highest percentage of millionaire households (Stanley & Danko, 1996, pp.18-19).

2.7. Children and language

Children who immigrate as preschoolers or during their first few years of elementary school do not have many problems mastering the language, even if their parents do not speak English. They learn it from American peers or from older brothers and sisters who are already in school. They are more likely to have problems with their native language and communicating with their parents if the latter do not make sufficient progress in English.

Those who arrive after elementary school experience some difficulties in the beginning and may fall a year or two behind their peers, having spent that time mostly on learning the language. All depends to a significant extent on the child's individual abilities, his or her willingness to make an effort, and the atmosphere at school and at home. Because at the beginning, parents are dealing with many problems of their own, they are not always able to recognize their children's problems in time. Deficiencies in language skills can negatively affect learning in all the other disciplines, and such a student will need a long time to catch up to his or her peers. Only the most capable children, who master the language faster than others, can perform to their full potential academically during their first few years in the new country.

Teenagers who arrive during their high school years find themselves in the most difficult situation of all, especially if the foreign language they studied at

восприимчивы к усвоению нового, тем самым снижая или даже полностью теряя возможность адаптации к новому обществу. Я не говорю уже о том, что большие общины эмигрантов неизбежно приносят с собой все те негативные стороны жизни покинутой страны, от которых большинство хотело избавиться, принимая решение эмигрировать. Очень часто, более предприимчивые соотечественники извлекают немалую выгоду из зависимости менее приспособленных, оплачивая их труд значительно ниже рыночной стоимости. Таким образом, образуются районы, где процент населения, живущий за чертой бедности, выше чем в среднем по стране.

Вне всякого сомнения, процесс адаптации к жизни в новой стране очень не прост и тот, кто выбирает это путь, должен быть готов ко всему. Множество людей, приехав в США, добились больших успехов именно потому, что были настроены на преодоление трудностей, были благодарны самой возможности приехать сюда, и не ожидали ничего незаслуженного от общества. В бестселлере под названием "Сосед миллионер" *(The Millionaire Next Door),* впервые опубликованном в 1996 году, авторы приводят сведения о том, что процент миллионеров среди многих более поздних иммигрантских групп гораздо выше, чем среди потомков англичан (которые подразумевались несомненными лидерами) и на первом месте по этому показателю стоят выходцы из России *(Stanley & Danko, 1996, pp. 18-19).*

2.7. Дети и язык

Дети, привезённые в дошкольном или раннем школьном возрасте, не имеют особых проблем с освоением языка даже если их родители не говорят по-английски, постепенно перенимая его от сверстников американцев либо от более старших братьев и сестёр, учащихся в школе. У них скорее возникает проблема с родным языком и проблема общения с родителями, если те не прогрессируют в своём знании английского.

Те, кто приехал после окончания начальной школы, испытывают некоторые трудности в начальный период и могут отстать от своих сверстников на год-два, потратив это время на усиленные занятия языком. Всё существенно зависит от индивидуальных способностей ребёнка, его усидчивости, атмосферы в школе и дома. Поскольку родители в начальный период после приезда имеют массу своих собственных проблем, они не всегда могут вовремя распознать проблемы детей. Пробелы в знании языка могут оказать отрицательное влияние на изучение всех остальных дисциплин и потребуется долгое время, чтобы такой ученик мог сравняться по уровню со своими одноклассниками. Только наиболее способные, которые быстрее осваивают язык, могут реализовать свой потенциал в полной мере в первые год-два.

В наиболее сложной ситуации оказываются подростки, приехавшие в старших классах школы, особенно, если иностранный язык, который они учили

home was not English. At that age, relationships with peers are very important, and in many American high schools, new kids are not exactly welcomed. The word *bullying* means inflicting physical or mental harm in order to humiliate and intimidate the victim, what is referred to as hazing in the military or certain student organizations. This phenomenon is not rare in American schools, as well as in schools of many other countries. The only difference is that children of immigrants may become victims more often than others. Even someone with a superior command of the language will most likely never lose a trace of a foreign accent if he or she immigrated after the age of fifteen, which leads to never -ending questions about where he or she is from. If a student speaks very little English or none at all, he or she may be ignored by classmates or become an object of teasing and cruel jokes. This can make anyone hate school.

On the other hand, academically strong students with goals and aspirations can concentrate on their studies, ignoring everything that is not directly related to them. There are many examples of young people who arrived in America during high school, graduated at the top of their class, and went on to the most prestigious universities and colleges. In this case, they have an opportunity to make new friends because in college, everyone is new and in the same situation, or, as they say here, "a game field is leveled".

In any case, teenagers need a lot of attention and support because for them, adapting to a new culture is no less difficult than it is for adults, and may be even more so if we take into account the challenges of their age.

2.8. Textbooks and dictionaries

The effectiveness of studying a language largely depends not only on regular practice, but also on how material is presented--it should be explained clearly, reinforce the skills learned earlier, and move from simple to more complex concepts. There is a huge number of textbooks and self-instruction manuals for studying English, but the problem is that many of them are written in such a way that they can be used only with the guidance of a skilled instructor.

We brought with us plenty of textbooks, having correctly assumed that books in the US are expensive and also, hoping that textbooks with explanations in Russian, as opposed to those written only in English, will make studying the language easier. The problem turned out to be that all the textbooks we brought were so boring and ineffective for learning the kind of language needed in real life that we stopped using them almost right away.

In the beginning, one thing I found very useful was the so-called *Visual Dictionaries* – books with detailed drawings of many different objects and places grouped by topic,

у себя на родине не являлся английским. В этом возрасте отношение сверстников очень важно, а далеко не все американские *High School* (заключительная часть средней школы) являются образцом радушия к новичкам. Слово *bullying* означает тип поведения одного человека или группы по отношению к выбранной жертве и выражающимися в физическом или моральном воздействии с целью доставить неприятность, боль, унижение и так далее (то, что в Российской армии называется "дедовщиной"). Такое явление является не таким редким в американских школах, как впрочем и в школах многих других стран. Разница только в том, что дети иммигрантов могут оказаться жертвами чаще, чем другие. Даже при превосходном знании языка, человек приехавший в возрасте после пятнадцати лет практически не имеет шансов избавиться от акцента, что вызывает постоянные вопросы о том, откуда он приехал. Не имея никаких знаний языка или очень слабые, ученик может оказаться в изоляции со стороны одноклассников, если не предметом подтрунивания и насмешек. Это может отбить охоту учиться у любого.

С другой стороны, способные ученики, знающие чего они хотят, могут сконцентрироваться на учёбе, игнорируя всё, что непосредственно к ней не относится. Существует множество примеров, когда приехавшие в старших классах ребята успешно заканчивали школу и поступали в самые престижные университеты и колледжи. В этом случае, они имеют возможность завести новых друзей, поскольку в колледже все являются новичками и находятся в равных условиях или как здесь говорят "игровое поле выравнивается".

Как бы то ни было, старшеклассникам необходимо оказывать всяческое внимание и поддержку, поскольку их трудности нисколько не меньше, а если учесть сложности переходного возраста – даже больше, чем трудности взрослых.

2.8. Учебники и словари

Эффективность изучения языка, помимо регулярности занятий, во многом зависит от методики преподнесения материала – ясности изложения, повторения пройденного для лучшего усвоения и последовательного усложнения нового материала. Существует огромное количество учебников и самоучителей по изучению английского, но вся беда в том, что многие из них написаны так, что заниматься по ним можно только под руководством опытного преподавателя.

Мы привезли с собой большое количество учебников, справедливо предполагая, что книги в США дороги и кроме того надеясь, что учебники с объяснениями на русском облегчат изучение языка в противоположность книгам, написанном только по-английски. Проблема оказалась в том, что все привезённые нами учебники были настолько скучны и неэффективны в реальной жизни, что были заброшены почти сразу.

На первом этапе я нашел очень полезными для себя так называемые *Visual Dictionaries* (визуальные словари) – книги, в которых в виде рисунков

with captions in English. Their advantage is that you can find all the words you need in a given situation without having to search for each one separately in the regular dictionary. Such dictionaries can have different levels of sophistication – from the simplest ones, devoted to the most mundane topics, to the big, beautiful encyclopedic editions.

For example, you can often find the Concise Encyclopedia in the reference sections of bookstores. Another good visual dictionary is the

Ultimate Visual Dictionary $39.95
1995 by DK PUBLISHING, Inc.
95 Madison Avenue
New York, NY 10016
http: // www.dk.com

There are also similar bilingual dictionaries for beginners that describe actions as well as objects. For example:

"The Picture Dictionary of the English language"
Word by Word. English/Russian
Steven J. Molinsky, Bill Bliss, Gennadi G. Gorbatov
1996 by PRENTICE HALL REGENTS
ISBN 0-13-125857-5

A dictionary published by NTC, called the *Dictionary of Everyday American English Expressions* lists many variations of expressions used in different situations and groups them by topic, unlike most phrasebooks that only supply one way to say something that is for some reason almost never used in real life. In this dictionary, you can find 37 ways to explain why you are late, 14 ways to let someone know that you did not understand him or her, and many other things.

Dictionary of Everyday American English Expressions $12.95
Presented According to Topic and Situation
Richard A. Spears, Ph. D., Steven R. Kleinder, B.A.,
Betty J. Birner, Ph. D.
1994 by NTC/Contemporary Publishing Company
ISBN 0-8442-5779-6

As far as grammar textbooks, one of the best, if not the best, is a Cambridge University Press edition in two books, the first of which is actually a textbook with exercises, and the second – an answer key:

представлены различные предметы, собранные в тематическом порядке, с подписями на английском. Их достоинство состоит в том, что вы можете охватить весь набор необходимых в какой-либо конкретной ситуации слов без долгих поисков в обычном словаре. Такие словари бывают различной степени сложности – от самых простых, посвящённых чисто бытовым вещам, до больших прекрасно оформленных энциклопедических изданий.

Например:Наиболее часто встречается в разделе справочной литературы Concise Encyclopedia – Краткая Энциклопедия или:

Ultimate Visual Dictionary $39.95
1995 by DK PUBLISHING, Inc
95 Madison Avenue,
New York, NY 10016
http://www.dk.com

Существуют также подобные двуязычные словари для начинающих изучать язык, где помимо предметов описываются действия. Например:

"Картинный словарь английского языка"
Word by Word. English/Russian
Steven J. Molinsky, Bill Bliss, Gennadi G. Gorbatov
1996 by PRENTICE HALL REGENTS
ISBN 0-13-125857-5

Словарь издательства *NTC,* под названием *Dictionary of Everyday American English Expressions* (Словарь повседневных выражений американского английского), приводит многочисленные варианты выражений, используемых в той или иной ситуации и сгруппированных в тематическом порядке, что значительно восполняет пробел, который имеют все разговорники, приводящие только один вариант, почему-то никогда в реальной жизни не встречающийся. В нем вы можете найти 37 вариантов объяснения своего опоздания или 14 вариантов того, как дать понять собеседнику, что вы его не поняли и многое другое.

Dictionary of Everyday American English Expressions $12.95
Presented According to Topic and Situation
Richard A. Spears, Ph.D., Steven R. Kleinder,
B.A., Betty J. Birner, Ph.D.
1994 by NTC/Contemporary Publishing Company
ISBN 0-8442-5779-6

Что касается учебника грамматики, то одним из лучших, если не самым лучшим, является издание Кембриджского университета в двух книгах, первая из которых является собственно учебником с упражнениями, а вторая – сборником ответов:

1. GRAMMAR IN USE
Reference and Practice for Intermediate Students of English.
Raymond Murphy, Roann Altman, William E. Rutherford
CAMBRIDGE UNIVERSITY PRESS
ISBN 0-521-34843-9

2. GRAMMAR IN USE
Answer Key
Raymond Murphy, Roann Altman, William E. Rutherford
CAMBRIDGE UNIVERSITY PRESS
ISBN 0-521-35701-2

This textbook has 124 lessons, each of which takes up two opposing pages and is devoted to one grammar topic, such as a verb tense, using prepositions, and so on. The material is presented in a well-thought-out order with explanations of rules, necessary examples, and exercises for independent practice. These books cost about 30 dollars, but it probably will be money well spent. As far as I know, this textbook has been published in Russia as well, but it was combined into a single book.

Besides textbooks and dictionaries, there are personal computer software programs that aim to make studying foreign languages easier. In any software store you will find many language programs with various levels of difficulty. You will see titles such as *Learn to Speak Spanish*, *Learn to Speak French*, and so forth. These are programs for English speakers studying these languages, but there is a program called *Learn to Speak English* for those studying English as a second language. It allows you to not only listen to correct pronunciation of words and dialogues and to do grammar exercises, but also to record and listen to your own pronunciation. The computer then compares your pronunciation to a sample recorded by a native speaker and "grades" you on how closely you imitate it. The program is made by The Learning Company.

I have never used the widely advertised pocket electronic dictionaries, just as I have quickly stopped carrying a regular pocket format dictionary with me. There is a new electronic device that looks like a pen and works by allowing the user to scan any word in a text and giving its translation. I no longer needed it by the time it first appeared on the market; however, having tried it for a short time, I think that in the beginning, it could be useful to those who often work with printed texts.

1. GRAMMAR IN USE
Reference and practice for intermediate students of English.
Raymond Murphy, Roann Altman, William E. Rutherford
CAMBRIDGE UNIVERSITY PRESS
ISBN 0-521-34843-9

2. GRAMMAR IN USE
Answer Key
Raymond Murphy, Roann Altman, William E. Rutherford
CAMBRIDGE UNIVERSITY PRESS
ISBN 0-521-35701-2

В этом учебнике 124 урока, каждый из которых занимает две страницы (разворот в книге) и посвящён одной грамматической теме, будь то определённое время глагола, использование предлогов и так далее. Материал изложен в хорошо продуманной последовательности с объяснением правил, необходимыми примерами и упражнениями для самостоятельной работы. Стоимость этих книг около 30 долларов, но это вероятно будут деньги потраченные лучше всего. Насколько я знаю, этот учебник издавался и в России, но объединённый в одну книгу.

Помимо учебников и словарей, существуют программы для персональных компьютеров, облегчающие изучение иностранных языков. В любом магазине программного обеспечения вы можете увидеть множество программ по английскому языку различной степени трудности предназначенные для учеников школ и студентов колледжей. Вы также встретите такие названия как: *Learn to Speak Spanish* (учитесь говорить по-испански)*, Learn to Speak French* (учитесь говорить по-французски) и тому подобное. Это программы для изучения этих языков англо-говорящими, но существует программа под названием *Learn to Speak English* (учитесь говорить по-английски)*,* для изучения английского людьми на нём не говорящими. Она позволяет не только слушать правильное произношение слов и диалогов и делать упражнения по грамматике, но и записывать и прослушивать собственное произношение, причём компьютер сравнивает ваше произношение с образцом и выдаёт оценку – насколько близко вы ему подражаете. Программа выпущена компанией под названием "The Learning Company".

Я никогда не пользовался широко рекламируемыми карманными электронными словарями, точно также как быстро отказался от ношения с собой обычного словаря карманного формата. Новое электронное устройство, выполненное в виде авторучки, позволяющее сканировать слово из текста и дающее его перевод появилось тогда, когда для меня не было в нём большой необходимости, однако, попробовав его короткое время я думаю, что оно было бы полезно на первых порах тем, кто много работает с печатными текстами.

2.9. Acronyms and abbreviations

Abbreviation (from Late Latin **abbreviare** -- to shorten) - a shortened form of a word or phrase used chiefly in writing, such as USMC for United States Marine Corps.

The American Heritage College Dictionary

As someone who grew up in a communist country where cumbersome acronyms and abbreviations were common, I have never thought about what people in other countries did when they needed to shorten a word and how common it was.

In the US, abbreviations are used so widely and frequently that often, the same abbreviation can correspond to several different concepts which sometimes have nothing to do with each other and other times are related. You can tell what an abbreviation stands for based on the context, and this is not always easy. For example:

- **FHA - *Farmers Home Administration*** (an organization that subsidizes the construction of homes for low-income families in rural areas; it now has a different name)
- **FHA - *Forced Hot Air*** (a heating system which uses hot air forced by fans through air pipes to heat a home)

Not long ago, you could see this abbreviation in both its meanings while looking through two- or-three line advertisements of homes for sale.

Here is another example of an abbreviation that can have multiple meanings, and I did not list all the possibilities:

CD -   *compact disk* (a laser disk)
          certificate of deposit (a type of a bank account)
          cash discount (price reduction given to those paying cash),
          chief of division
          Civil Defense

You can find the most widely used abbreviations in the appendices usually placed at the end of English-Russian dictionaries, but that is only a small part of all possible abbreviations. It is best to go to a bookstore and look for a special dictionary of abbreviations in the dictionary section.

An inexpensive soft-cover edition from the 21st Century Reference series called *21-st Century Dictionary of Acronyms and Abbreviations* costs $5.99. If you

2.9. Сокращения (Аббревиатуры)

*Аббревиатура (итал. **abbreviatura** - сокращения) - слово, образованное сокращением словосочетания и читаемое по алфавитному названию начальных букв (РСФСР) или по начальным звукам (ТАСС, вуз) слов входящих в него.*

Большой Энциклопедический Словарь

Мы, выросшие в стране минмонтажспецстроев, сибэлектротяж-машей и т.д. никогда не задумывались о том, как выходят из положения люди других стран, когда им необходимо сократить название и насколько это распространено.

В США аббревиатуры используются настолько широко и часто, что нередки случаи, когда одной и той же аббревиатуре может соответствовать несколько расшифровок, относящихся к совершенно различным областям деятельности, а иногда – к одной и той же и распознать, которая из них правильная, можно только по контексту, да и то не всегда. Например:

- **FHA** - *Farmers Home Administration* - организация, субсидирующая строительство жилья в сельской местности для семей с низким доходом, в настоящее время переименованная.
- **FHA** - *Forced Hot Air* - тип системы отопления домов, когда теплоносителем является горячий воздух, нагнетаемый вентиляторами через воздухопроводы в жилые помещения.

Это сокращение можно было встретить в обоих вышеуказанных значениях в объявлениях о продаже домов, напечатанных объёмом в две-три строчки.

Ещё один пример многозначного определения сокращения:

CD -   *compact disk* (лазерный диск),
        certificate of deposit (тип банковского счёта),
        cash discount (снижение цены при оплате наличными),
        chief of division (начальник подразделения),
        Civil Defense (Гражданская Оборона)
        и это далеко не полный перечень возможных вариантов.

Наиболее распространенные сокращения вы можете найти в приложениях, обычно помещаемых в конце англо-русских словарей, но это очень незначительная их часть. Лучше всего пойти в книжный магазин и в разделе *DICTIONARIES* (словари) поискать специальный словарь аббревиатур.

Недорогое издание в мягкой обложке из серии *"21 st century Reference"* под названием *21 st Century Dictionary of Acronyms and Abbreviations* стоит $5.99. Если вы ничего не найдете, то можете попросить продавца заказать его для вас или спросить, где еще вы можете поискать. Словари аббревиатур бывают

can't find anything, you can ask a salesperson to order it for you or ask him or her where else you may find it. Dictionaries of abbreviations can be general or specialized, devoted to a particular branch of knowledge. It is absolutely necessary to have such a dictionary if you want to read technical literature.

In America, a popular way to abbreviate is substituting numbers or letters for words that sound the same.

For example:	4 Sale	means	*For sale*
	2 You	means	*To you*
	E-Z	means	*Easy*
	X-mas	means	Christmas

As far as I remember, the Soviet standards required the writer to explain each abbreviation when using it for the first time if the number of abbreviations is small or to list them in a special supplemental section if their number exceeds four or five. In American technical literature, including journal articles, tens and hundreds of abbreviations are used, but more often than not, you will not find any explanations because many abbreviations and acronyms are standard and most professionals learn them as students, but even Americans frequently experience difficulties. In this book, I will try to explain the most common abbreviations in the chapters where they are used. In the English text tables of abbreviations contain an empty column where readers whose native language is not Russian can enter meanings of abbreviations in their native language.

общие и специальные, посвященные како-то одной отрасли знаний. Иметь такой словарь совершенно необходимо, если вы хотите читать техническую литературу.

Одним из популярных способов сокращений в США является использование созвучных цифр или букв вместо слов.

Например:	4 Sale	означает	For sale
	2 You	означает	To you
	E-Z	означает	Easy
	X-mas	означает	Christmas

Насколько я помню, советские стандарты требовали приводить расшифровку сокращения в том месте, где оно встречается в первый раз, если количество сокращений небольшое или в специальном приложении, если их число превышает 4-5. В американской технической литературе, включая журналы, количество сокращений исчисляется десятками и сотнями, но чаще всего вы не найдёте никаких расшифровок, поскольку многие из них общеприняты и все знают их со студенческих лет, но даже американцы часто испытывают затруднения. В этой книге я постарался привести наиболее распространенные сокращения в тех главах, к которым они относятся. Таблицы сокращений в английском варианте содержат пустую колонку, куда читатели, не говорящие по-русски, могут вписать значение сокращений на их родном языке.

3. Rental Housing and Utilities

Having a roof over one's head is a necessary condition of normal life. The housing problems experienced by many generations of citizens of the former Soviet Union have been so strongly ingrained in our consciousness that we could hardly believe that immigrants who come to this country with nothing have an opportunity to live in decent conditions. I can say without a doubt that when I visited my relatives in America before our move, housing was what struck me most of all, although I had seen only what was by local standards the most ordinary state-subsidized apartments for low-income families.

Seeing a family of three who arrived two years before living in an apartment with two bedrooms, a family of five--in an apartment with four bedrooms, and a family of ten –in an apartment with six bedrooms convinced me that in this country, there is no need to spend the night under a bridge or in a cardboard box, which was something we repeatedly saw on TV before the perestroika.

3.1. Rental housing market in the United States

The housing market in the US is huge and is in a state of constant flux. It offers everything, from cheap apartments in neighborhoods where not everyone would be dare to live to magnificent mansions worth incredible amounts of money. As any market, it operates according to the law of supply and demand. The 6-7% vacancy rate for rented units is considered healthy. When demand exceeds supply, prices go up, and on the contrary, a decrease in demand causes prices to fall. During periods when the economy is doing well and a lot of people can afford better housing, rents inevitably increase, leading to fewer housing choices for people with fixed low incomes.

3. Аренда жилья и коммунальные услуги

Крыша над головой является непременным условием нормальной жизни. Проблемы с жильём, испытываемые многими поколениями граждан бывшего Советского Союза, настолько прочно вошли в наше сознание, что верилось с трудом, что эмигранты, прибывшие в страну не имея ничего, имеют возможность жить в приличных условиях. Я, без всякого сомнения, могу сказать, что во время моего гостевого визита в США жильё поразило меня больше всего, хотя я побывал только в самых обыкновенных по здешним меркам государственных субсидированных квартирах для малоимущих.

Семья из трёх человек, приехавшая за два года до этого, живущая в квартире с двумя спальнями (3-х комнатной); семья из пяти человек - в квартире с четырьмя спальнями (5-и комнатной) или семья из десяти человек – в квартире с шестью спальнями (7-и комнатной) вселили в меня уверенность, что в этой стране нет необходимости ночевать под мостом или в картонной коробке, как нам многократно показывали по телевидению в до-перестроечные времена.

3.1. Рынок жилья в США

Рынок жилья в США огромен и находится в постоянном движении. На нем есть всё, от дешёвых квартир в районах, где не всякий отважится жить, до роскошных особняков, стоящих баснословные деньги. Как и положено рынку, он подчиняется закону спроса и предложения. Состояние рынка, когда пустует 6-7% сдаваемого жилья, считается здоровым. Превышение спроса над предложением приводит к повышению цен и наоборот, когда спрос падает – цены снижаются. В период, когда экономика находится на подъёме и большее количество людей могут позволить себе лучшее жильё, цены неизбежно растут и люди с фиксированными низкими доходами имеют меньший выбор.

In the US, it is considered the norm when housing expenses equal 30% of the household income. There are special government programs that aim to relieve the burden of housing costs on low-income families. The most widespread are *Public Housing* and *Section 8* (an amendment to the United States Housing Act of 1937 and frequently referred to in the Russian-speaking community as "the eighth program." We will consider both these programs in more detail.

In 1937 the United States Congress passed the United States Housing Act according to which, a portion of the federal budget was allocated to specially created organizations called Public Housing Authorities that were controlled by local governments. These organizations built and maintained apartment complexes made up of units that were rented to low-income tenants at a fraction of the market price. By the mid-1970s, there were about one million such units throughout the country. Now this number is approximately 1.3 million and includes one-family homes and apartment buildings of various sizes, as well as apartment complexes for the elderly. About 3,300 Housing Authorities manage these units through grants from the U.S. Department of Housing and Urban Development (HUD). HUD establishes eligibility criteria that determine who can be placed on a waiting list for subsidized housing. These criteria vary depending on the housing situation in a given area. The basic criteria are:

- Annual income no more than 80% of the median income for a given county or metropolitan area (50% of families in a given area have incomes above and another 50%--incomes below the median income).

- Age 65 or older or a disability.

- U.S. citizenship or eligible immigration status.

For eligibility criteria in your area, contact your local Housing Authority. You may also find useful information on the Internet.

In 1974 the Congress passed an amendment to the act of 1937 that is now known as Section 8. According to this amendment, instead of building low-income housing, local governments could allocate money to pay for private-sector housing rented by low-income tenants. The program became popular very quickly, and by 1980, the number of participating units was equal to the number of government-housing units. At present, it covers about 3 million units and costs approximately 15 billion dollars a year.

There are two kinds of Section 8 subsidies: tenant-based and project-based. The tenant-based program provides vouchers that give tenants the freedom to use their subsidies to pay for a wide range of private-market housing options, and if the family changes residence within the area covered by a given

В США считается нормальным, когда расходы на жильё составляют 30% от дохода семьи. Существуют специальные государственные программы для семей с низкими доходами, позволяющие облегчить бремя жилищных расходов. Наиболее распространёнными являются *Public housing* (общественное жильё) и *Section 8* (Раздел № 8, добавленный к Закону о жилище, принятому в 1937 году и часто называемый в русскоязычной среде "восьмой программой"). Рассмотрим их подробнее.

В 1937 году Конгресс США принял закон под названием *United States Housing Act* (Закон США о жилье), согласно которому, деньги из федерального бюджета направлялись в специально созданные организации, называющиеся *Public Housing Authorities* (Общественные жилищные управления), находящиеся под управлением местных властей. Эти организации строили и обслуживали жилищные комплексы, состоящие из квартир, сдаваемых на льготных условиях жильцам с низким доходом. К середине 1970-х годов в стране насчитывалось около миллиона таких квартир. В настоящее время их число составляет приблизительно 1.3 миллиона. В их состав входят индивидуальные или многоквартирные дома различного размера, а также комплексы для пожилых. Около 3,300 *Housing Authorities* управляют этими квартирами, получая субсидии от министерства строительства жилья и развития городов *(The U.S.Department of Housing and Urban Development - HUD). HUD* устанавливает критерии, согласно которым определяется право на постановку в очередь на субсидированное жильё. Эти критерии варьируются от местности к местности в зависимости от ситуации с жильём. Основными критериями являются:

- Годовой доход должен быть не более чем 80% от медианного дохода в данной местности. (Медианный доход определяется как величина, выше и ниже которой получают по 50% семей.)

- Возраст (пенсионный) или наличие инвалидности.

- Должен быть гражданином США или легальным иммигрантом.

Конкретные сведения о критериях постановки на очередь можно узнать в местном *Housing Authority.*

В 1974 году Конгресс США принял дополнение к закону 1937 года, выделенное в "Раздел № 8" *(Section 8),* согласно которому, взамен строительства государственного жилья, стали выделяться деньги идущие на оплату жилья, снимаемого людьми с низким доходом в частном секторе. Программа очень быстро стала популярна и к 1980 году сравнялась по количеству участвующих в ней квартир с предыдущей. К настоящему времени она насчитывает около 3 миллионов единиц и обходится приблизительно в 15 миллиардов долларов ежегодно.

Существует две разновидности субсидий по "восьмой программе". В одном случае субсидируется семья, которой выдаётся специальный "ваучер", и если она меняет место жительства в пределах действия данного *Housing Authority*, то субсидия следует за ней. В другом случае субсидируется определённая квартира, и если одна семья выселяется из этой квартиры, то в неё въезжает

Housing Authority, the grant is transferred to the new unit. Under the project-based option, certain properties are subsidized, and when one family moves out of a subsidized apartment, the next family on the waiting list moves in.

The rent for government and Section 8 housing is charged on a sliding scale, so that tenants spend no more than 30% of their income, regardless of its size. Thus, as a family's income increases, its rent payment goes up as well because the portion paid by the government through Section 8 decreases. At a certain income level, living in such housing simply becomes impractical, and people move to private apartments where rents are determined by the market.

The American way of describing houses and apartments can differ from what you are used to. Apartments are seldom described by the number of rooms; in most cases, they are characterized by the number of bedrooms: two-bedroom, three-bedroom, four-bedroom, and so on. If an apartment is said to have six rooms, this number includes a kitchen and any bathrooms. A two-bedroom apartment is understood to have a kitchen, a living room, a bathroom, and two bedrooms. A bedroom with its own bathroom is called a master bedroom. The living room is almost always entered directly from the outside or a shared hallway, if it is an apartment building; there is usually no separate vestibule. The kitchen is frequently connected to the living room or is adjacent to it.

There are two kinds of apartments that are smaller and cheaper than even one-bedroom units. An efficiency is a single room that serves as a kitchen, a living room, and a bedroom, with a separate bathroom. A studio has a combined kitchen - living room and a small bedroom or alcove that is somewhat separate from the living quarters, as well as a bathroom.

There are no separate names for toilets and bathrooms. All of them are referred to as bathrooms. A full bathroom includes a bathtub with shower, a toilet, and a sink; a 3/4 bathroom has a shower stall, a toilet, and a sink; and a 1/2 bathroom is simply a room with a toilet and a sink. The same house or apartment can have several bathrooms of different types.

Kitchen shelves, cabinets, and cupboards are built in regardless of whether it is a house or an apartment, so you do not have to buy anything except a dinner table and chairs. A refrigerator, a stove, and sometimes a dishwasher are also standard in most apartments.

You will rarely see wardrobes in American houses and apartments. Each bedroom is usually equipped with spacious built-in or walk-in closets for storing clothes and other items.

Your landlord may be an owner of a so-called "duplex" (a two-family home) who lives in one unit and rents the other in order to cover part of his or her mortgage payment, or it may be a company that owns apartment complexes with hundreds or thousands of apartments.

следующая, стоящая на очереди.

Стоимость жилья в *Public housing* и по "восьмой программе" рассчитывается так, чтобы жильцы тратили 30% своего дохода на его оплату вне зависимости от его размера. Таким образом, при повышении доходов семьи её квартплата в *Public housing* повышается, поскольку понижается та часть, которую доплачивает государство по "восьмой программе". При определённом уровне дохода становится просто нецелесообразно жить в таком жилье и люди переселяются в квартиры, сдаваемые на общих основаниях.

Американская классификация домов и квартир может отличаться от того, к чему вы привыкли. Квартиры редко описываются количеством комнат, и в большинстве случаев характеризуются количеством спален: *two-bedroom* (квартира с двумя спальнями), *three-bedroom* (квартира с тремя спальнями), *four-bedroom apartment* (квартира с четырьмя спальнями) и так далее. Если говорится, что в квартире шесть комнат, то в это число включается кухня и ванные комнаты. Если говориться, что квартира с двумя спальнями, то при этом автоматически подразумевается, что квартира имеет кухню, гостиную, ванную, а также две спальни. Спальня с отдельной ванной комнатой называется *master bedroom* (хозяйская спальня). Гостиная практически всегда является проходной комнатой, в которую входят с улицы или из общего коридора без всяких прихожих. Кухня также зачастую соединена с гостиной или находится в непосредственной близости от неё.

Существуют ещё две разновидности жилья, которые являются самыми дешёвыми и маленькими по размерам: *efficiency* (эфишенси) включает в себя одну комнату, объединяющую в себе кухню-гостиную и спальню, *studio* (студия) имеет кухню-гостиную и небольшую спальню или какое-то её подобие, отгороженное от основного помещения.

Не существует отдельного названия для туалетов и ванных комнат. Они все называются *bathroom* (ванная комната). Полная ванная комната *(full bathroom)* включает собственно ванну, унитаз и умывальник, *3/4 bathroom* включает душ, унитаз и умывальник, а *1/2 bathroom* является по сути дела просто туалетом с унитазом и умывальником. В доме или квартире одновременно может быть несколько ванных комнат различных типов.

Кухонная мебель является встроенной независимо от того, дом это или квартира, поэтому нет необходимости покупать её, за исключением обеденного стола и стульев. Холодильник, плита и посудомоечная машина также чаще всего входят в оборудование квартиры.

В американских домах и квартирах вы практически не встретите платяных шкафов, как предметов меблировки. Каждая спальня обычно оборудована вместительными встроенными шкафами *(closets)* или кладовками *(walk-in closet),* где размещается одежда.

Квартирным хозяином может быть владелец так называемого "дуплекса" (дома на два хозяина), который проживает в одной его части и сдаёт вторую, покрывая часть своих расходов на дом, а может быть компания, владеющая многоквартирными комплексами с сотнями и тысячами квартир.

3.2. Finding an apartment

Even though America is a free country and anyone can live anywhere, immigrants usually have little idea where they will end up and even less control over it. It all depends on where a sponsor can be found for them. At best, they have relatives who serve as their sponsors and can give them some idea about what their destination is like.

You must not think that every family that arrives in America has a completely furnished apartment already waiting for them. Although it may seem strange, that is what some immigrants actually expect. In reality, the newly arrived immigrants go through the same process as any American who is looking for an apartment, although their sponsors provide them with a temporary living space. The apartment search begins only after arrival.

Because apartments are usually rented for a period of at least a year, you should first think about which factors are most important to you: cost, apartment size, or location.

Because the overwhelming majority of immigrants at first have no income other than assistance received from the state or charitable organizations, cost is the most important factor. In order to accurately estimate how much you can afford to spend on rent, it is best to talk to those who have already been in the same situation, such as friends or relatives who had arrived before you. Make a budget that includes all of your future expenses, including all obligatory payments. Only then will you be able to tell what you can afford.

The size of your apartment is determined not only by your preferences and the size of your family. Many newly arrived immigrants are used to crowded living quarters and would not mind enduring them for a little longer to save money. It is not always possible, however, because American housing standards may be very different from what is familiar to us. A two-bedroom apartment that has more than four people (two adults and two children) living in it is considered overcrowded. The owner of the apartment may refuse to rent to a larger family or decide to charge more money.

An apartment's location is important to different types of families for different reasons. You must decide what is the most important factor in your circumstances. For families with school-age children, the quality and proximity of schools can be a crucial factor in their apartment search. In the US, children up to a certain age are required by law to attend school. Public schools only accept children who live in the same city, town, or urban division, depending on the community's size (exceptions are sometimes made, but schools charge tuition for students who commute from other areas). Schools may differ significantly in size, quality of teaching, background of teachers and students, and general atmo-

3.2. Поиск квартиры

Несмотря на то, что Америка страна свободная и любой человек может жить где угодно, иммигранты чаще всего имеют слабое представление о том, куда они попадут, и ещё меньше имеют возможности выбирать. Всё зависит от того, где им нашли спонсора. В лучшем случае, они имеют родственников, которые являются их спонсорами и которые заранее дали им какое-то понятие о месте назначения.

Не следует думать, что к приезду каждой семьи в Америку её уже поджидает квартира, да ещё полностью обставленная. Как это не покажется странным, но некоторые иммигранты ожидают именно этого. На самом деле, вновь прибывшие вливаются в ряды ищущих жильё на общих основаниях, временно проживая на жилплощади предоставленной им спонсорами. Поиск квартиры начинается только после реального прибытия в место назначения.

Поскольку квартира обычно снимается на срок не менее года, то следует заранее подумать о том, какие из соображений являются для вас наиболее важными: стоимость аренды, размер квартиры или местоположение.

Подавляющее большинство иммигрантов в первое время не имеет никакого дохода, помимо пособий, получаемых от государства или благотворительных организаций, поэтому стоимость аренды является наиважнейшим фактором. Для того чтобы правильно оценить свои возможности, лучше всего поговорить с теми, кто уже был в аналогичном положении – ранее приехавшими друзьями, знакомыми, родственниками. Необходимо составить смету ваших будущих расходов, включая все обязательные платежи, и только после этого вы можете сказать, какой суммой вы можете располагать.

Размер квартиры определяется не только вашим желанием и размером вашей семьи. Многие приехавшие привыкли к жизни в стеснённых условиях и были бы согласны потерпеть ещё какое-то время, чтобы сэкономить деньги. Это не всегда возможно, поскольку американские жилищные стандарты существенно отличаются от тех, которые нам знакомы. Трехкомнатная квартира, в которой проживают больше четырёх человек (двое взрослых и двое детей), считается перенаселённой. Владелец квартиры может отказаться её сдавать или потребовать дополнительную плату.

Местоположение квартиры важно для различного типа семей по разным причинам и необходимо взвесить что является наиболее важным в вашем конкретном случае. Для семей с детьми школьного возраста, выбор школы может оказать решающее значение при поиске квартиры. В США дети до определённого возраста обязаны ходить в школу. Общественные школы принимают детей только по месту жительства (исключения иногда делаются, но школы взимают плату с учеников, проживающих не на территории данного округа). Школы могут существенно отличаться по размеру, качеству преподавания, контингенту учителей и учеников и общей атмосфере. Мы будем

sphere. We will discuss this in more detail in the chapter on education. If you do not like your public school, there is very little that you can do, given that you most likely cannot afford a private school and are not able to homeschool your children even if you want to because you do not speak the language.

Having arrived in late spring,, the first thing we did was ask for advice on choosing a school for our daughter, who by then had finished ninth grade in Russia. At the Refugee Resettlement Services, we were given the name of a school that by then had many children of immigrants from different countries and where there was even talk of offering native-language instruction to immigrant groups of a certain size. That was exactly what we did not want.

Having attended for some time an English course where students spoke many different languages, we had our doubts about the effectiveness of such an approach. So we simply asked about schools that had a good reputation. We were told about such a school in a nearby town. By moving there, we significantly lowered our chances of qualifying for state programs that provided rent assistance, but we made our choice, and as it turned out, it was the right one.

Because nine years of the Russian school curriculum corresponded to ten years in the American school system, our daughter was admitted to the eleventh grade. She chose subjects that were either her favorite or directly related to language study. At that time, the school had only one student besides our daughter who needed instruction in English as a second language. The school employed a good visiting English as a Second Language (ESL) teacher who spent 2-3 hours a day with the two students. Thanks to this intensive ESL curriculum and studying English on her own at home, two years later our daughter graduated from high school as one of the top ten students in her class of more than 200.

In America, as a rule, adult children who have their own families do not live with their aging parents. It is generally accepted that older people have their own interests that are often not compatible with the interests of young people, even if it is their own children or grandchildren. There are apartment or condominium complexes for older people that provide many services to make everyday life easier, such as meals, housekeeping, laundry, grocery shopping, or rides to doctor appointments or outings. For older immigrants, the most essential factor when choosing an apartment is often whether people from the same country who are close to them in age live in the neighborhood or within walking distance.

Other factors to be considered when choosing a place to live can be the proximity of a college or university for a student, a supermarket – for a family without a car, a swimming pool or a gym – for a future Olympic champion, and many other things. It is also important to remember that in the United States,

подробнее говорить об этом в главе посвящённой образованию. Если вам не нравится школа, то вы мало что можете сделать, учитывая, что частная школа вам не по карману, а обучать дома вы не в состоянии даже при всём желании из-за незнания языка.

Приехав в начале лета, мы первым делом поинтересовались, - куда бы нам посоветовали отдать нашу дочь, которая к тому времени окончила в России восемь классов. В службе расселения беженцев нам указали школу, где к тому времени училось достаточно большое количество детей иммигрантов из разных стран и в которой даже пытались организовать классы с преподаванием на родном языке для групп насчитывающих определённое число детей. Это было именно то, чего мы не хотели.

Позанимавшись некоторое время английским в составе групп, говорящих на разных языках, мы убедились в низкой эффективности такого обучения, поэтому мы просто попросили информацию о том, какая школа имеет хорошую репутацию. Нам указали такую школу в близлежащем городке. Поселившись в нём, мы существенно снижали наши шансы на государственные программы помощи в оплате жилья, но мы сделали свой выбор и, как оказалось, не зря.

По пройденному за восемь лет в русской школе материалу, дочь соответствовала десятому классу и поэтому была зачислена в одиннадцатый. Она выбрала предметы, которые были её любимыми, либо напрямую связаны с изучением языка. На тот момент в школе помимо нашей дочери был ещё только один ученик, нуждающийся в изучении английского, как второго языка. Школа имела хорошего приходящего преподавателя, специализирующегося именно на преподавании языка иностранцам, который занимался с двумя учениками по 2-3 часа ежедневно. Благодаря таким интенсивным занятиям в школе и дома, через два года дочь окончила школу в десятке лучших учеников.

В Америке не принято жить взрослым семейным детям вместе с пожилыми родителями. Считается совершенно естественным, что пожилые люди имеют свои интересы, часто не совместимые с интересами молодых, даже если это их собственные дети или внуки. Существуют комплексы домов или квартир для людей старшего возраста, в которых предоставляются различные услуги, облегчающие повседневные заботы. Для пожилых людей наиболее существенным фактором в выборе местоположения квартиры является наличие соотечественников близкого возраста, живущих по соседству или в пределах пешеходной прогулки.

Другими факторами, рассматриваемыми при выборе места жительства, могут быть близость учебного заведения - для студента, супермаркета – для семьи, не имеющей машины, плавательного бассейна или спортивного зала – для будущего олимпийского чемпиона и многое другое. Следует также помнить, что в США уровень преступности очень существенно варьируется не только от штата к

the crime rate varies significantly not only from state to state or city to city, but also from neighborhood to neighborhood or block to block. There are places where people never lock their homes, let alone cars, and where an item that was left unattended is still there several days later. However, there are enough places where a car cannot be left unlocked for even a minute, and walking alone is dangerous not only at night, but also in broad daylight.

Government housing programs for low-income people that were described above very often have long waiting lists. The length of the wait is largely determined by location. Big cities with large immigrants populations are in the worst position. Whereas the national average for time spent waiting for government housing in 1998 was 11 months, in New York it was 8 years, in Oakland – 6, and in Cleveland and Washington - 5. The time spent waiting for Section 8 vouchers averaged 28 months, while in Los Angeles it was 10 years, in New York – 8, in Houston – 7, and in Memphis and Chicago – 5. If we take into account that large numbers of the needy are concentrated in big cities, where waiting lists are very long, in less populated areas you may receive assistance much sooner than the national average suggests. However, as we already said, immigrants are not given any preference when it comes to government housing, and therefore the first apartment after arrival is usually found on the free housing market.

People who have just arrived in a new country, whether it be immigrants, international students, businessmen, or professionals with work visas, are at first completely dependent on the help of their sponsors, relatives, friends, or colleagues. Not knowing the language, a person feels almost helpless and is, in most cases, not able to find and rent an apartment without someone's help. There are several reasons for this, as we will see later.

Information about apartments for rent can be found in many sources. Some of them, such as flyers with tear-off phone numbers posted on utility poles, fences, or bulletin boards are traditional and familiar to most people; others, such as Internet listings, have only recently gained popularity and are not as common in countries where the majority of the population does not have access to personal computers.

The most popular source is classified sections of daily and Sunday newspapers, including the ones that are published in languages other than English in big cities with large immigrant communities from certain countries. Apartments are advertised in sections called *Rentals* or *Real Estate for Rent*. Advertisements are written in a very brief form, so some skill is required for their reading. Below are some examples of real ads (all abbreviations and punctuation or lack of it are the same as in the original).

штату или города к городу, но и от района к району или квартала к кварталу. Существуют места, где люди никогда не закрывают дома, не говоря уже о машинах, и где вещь, оставленная без присмотра, будет лежать на том же месте долгое время. Однако, достаточно мест, где незапертую машину нельзя оставить на минуту, а ходить в одиночку опасно не только ночью, но и при свете дня.

Государственные жилищные программы для людей с низким доходом, описанные выше, очень часто требуют длительного ожидания в очереди нуждающихся. Время ожидания существенно определяется регионом. Крупные города, в которых сконцентрировано огромное количество иммигрантов, находятся в наихудшем положении. Если среднее по стране время получения квартир в *public housing* в 1998 году составляло 11 месяцев, то в Нью-Йорке оно равнялось 8 годам, в Окленде – 6, а в Кливленде и Вашингтоне - 5. Время ожидания ваучеров по "восьмой программе" составляло в среднем 28 месяцев, в то время как в Лос-Анджелесе оно было 10 лет, в Нью-Йорке – 8, в Хьюстоне – 7, а в Мемфисе и Чикаго – 5. Если учесть, что большое число нуждающихся сосредоточено в больших городах, где время ожидания очень большое, то в менее населённых местах оно может быть значительно меньше среднего. Так или иначе, но как мы уже говорили, иммигранты участвуют во всех программах на общих основаниях, поэтому первой после приезда квартирой обычно является квартира, снятая на свободном рынке.

Люди, впервые приехавшие в страну, будь то иммигранты, студенты, бизнесмены или специалисты, прибывшие по рабочей визе, вынуждены на первых порах полностью полагаться на помощь спонсоров, родственников, друзей или коллег по работе. Без знания языка в новой стране человек чувствует себя почти беспомощным и, безусловно, в подавляющем большинстве случаев не в состоянии самостоятельно найти и арендовать квартиру. Причин этому, как мы в последствии увидим, несколько.

Информацию о сдающихся квартирах можно найти во многих источниках. Некоторые из них являются традиционными и хорошо знакомыми всем, как, например, объявления на столбе, заборе или доске объявлений с отрывными номерами телефона, другие – такие как странички на Интернете, появились только в последнее время и не так популярны в других странах по причине недоступности персональных компьютеров для большинства населения.

Наиболее распространённым является отдел объявлений в ежедневных и воскресных газетах, в том числе и не англоязычных, которые издаются в крупных городах с большими общинами иммигрантов из какой-то определённой страны. Такие объявления печатаются в разделах под названием *Rentals* (сдаётся в наём) или *Real estate for rent* (жильё для сдачи в наём). Объявления даются в очень сокращённой форме, поэтому требуется некоторый навык для их чтения. Ниже приведены несколько примеров взятых из реальных объявлений с сохранением всех сокращений, знаков препинания или их отсутствия.

**APT IN TWO FAMILY HOME. 2 BR,
LR, kit., yard. Responsible, quiet
nonsmokers. $725/mo. heat & utils incl.**

Apartment in two family home. Two bedrooms, living room, kitchen, yard. Rent is $725 a month, heat and utilities are included. The tenant must be responsible, quiet, nonsmokers.

**2 BR – 1 st flr.,hdwd flrs, LR, DR, kit.,
coin op laundry, no pets, $800+sec & utils.**

Two-bedroom apartment on the first floor. Hard-wood floors, living room, dining room, kitchen, coin operated laundry. Pets are not allowed. Rent is $800/month plus utilities. Security deposit required.

**Studio & 1/1, a/c, pkg pool,
laundry from $550-$650;
Section 8/Shelter Plus/City Miami Voucher**

Studio and one-bedroom apartment with one bathroom, air conditioner, parking, pool, laundry. Rent starts from $550 for a studio and $650 for an apartment. Participants of Section 8, Shelter Plus or City of Miami Voucher programs accepted.

The most frequently used abbreviations in ads for rental housing are given in Table 3-1 on page 100:

**APT IN TWO FAMILY HOME. 2 BR,
LR, kit., yard. Responsible, quiet
nonsmokers. $725/mo. heat & utils incl.**

Apartment in two family home. Two bedrooms, living room, kitchen, yard. Rent is $725 a month, heat and utilities are included. The tenant must be responsible, quiet, nonsmokers.

Квартира в доме на два хозяина. Сдаётся квартира с двумя спальнями, гостиной, кухней и приусадебным участком за 725 долларов в месяц, включая отопление, воду и электричество. Жильцы должны быть ответственными, тихими и некурящими.

**2 BR – 1 st flr., hdwd flrs, LR, DR, kit.,
coin op laundry, no pets, $800+sec & utils.**

Two-bedroom apartment on the first floor. Hardwood floors, living room, dining room, kitchen, coin-operated laundry. Pets are not allowed. Rent is $800/month plus utilities. Security deposit required.

Сдаётся квартира с двумя спальнями на первом этаже. Паркетные полы, гостиная, столовая, кухня и прачечная самообслуживания. Домашние животные не допускаются. Стоимость 800 долларов в месяц плюс отопление и электричество. Залог обязателен.

**Studio & 1/1, a/c, pkg pool,
laundry from $550-$650;
Section 8/Shelter Plus/City Miami Voucher**

Studio and one-bedroom apartment with one bathroom, air conditioner, parking, pool, laundry. Rent starts from $550 for a studio and $650 for an apartment. Participants of Section 8, Shelter Plus or City of Miami Voucher programs accepted.

Сдаются студии и квартиры с одной спальней и одной ванной комнатой. Кондиционер воздуха, место для парковки машин, плавательный бассейн и прачечная. Стоимость студий от 500 долларов в месяц и выше, а квартир – от 650 и выше. Участники "восьмой программы", программы "Убежище" и обладатели ваучеров города Майами принимаются.

В табл. 3-1 на стр. 101 приводятся сокращения, наиболее часто встречающиеся в объявлениях о сдаче квартир:

Table 3-1:   Abbreviations in Rental Housing Ads

apt	apartment	
a/c	air conditioner	
avail	available	
BA, bth	bathroom	
BR, br, bed	bedroom	
bsmt	basement	
DR, Din	dining room	
DW	dishwasher	
Effic	efficiency	
flrs, fl	floors	
flr	floor	
fplc	fireplace	
furn	furnished	
gar	garage	
hdwd	hard wood	
H/W, H.W.	hot water	
incl	included	
kit	kitchen	
lg	large	
LR, liv,	living room	
N/S, N.S.	non smoker	
off-st, off st	off street	
PH	penthouse	
prkg, pkg	parking	
refs	references	
sec dep, sec	security deposit	
twnhse, TH	town house	
unfurn	unfurnished	
utils,	utilities	
W/D	washer/dryer	
w/d hk-up	hook-up	
yd	yard	

Табл. 3-1: Сокращения в тексте объявлений о сдаче квартир

apt	apartment	квартира
a/c	air conditionner	кондиционер воздуха
avail	available	имеющийся в распоряжении, свободный
BA, bth	bathroom	ванная комната
BR, br, bed	bedroom	спальня
bsmt	basement	подвал
DR, Din	dining room	столовая
DW	dishwasher	посудомоечная машина
Effic	efficiency	вид квартиры
flrs, fl	floors	полы
flr	floor	этаж
fplc	fireplace	камин
furn	furnished	меблированная
gar	garage	гараж
hdwd	hard wood	твёрдые породы дерева (паркет)
H/W, H.W.	hot water	горячая вода
incl	included	включается
kit	kitchen	кухня
lg	large	большой, большая
LR, liv,	living room	гостиная
N/S, N.S.	non smoker	не курящий
off-st, off st	off street	не на проезжей части
PH	penthouse	пентхауз (верхний этаж некоторых домов)
prkg, pkg	parking	место для стоянки машин
refs	references	рекомендации
sec dep, sec	security deposit	денежный залог
twnhse, TH	town house	дом, имеющий одну или более общих стен с другими домами
unfurn	unfurnished	не меблированная (квартира)
utils,	utilities	коммунальные услуги (отопление, вода, электр.)
W/D	washer/dryer	стиральная машина и сушилка
w/d hk-up	hook-up	место для подключения ст. машины и сушилки
yd	yard	приусадебный участок

When looking for an apartment through newspaper ads, it is best to use a daily newspaper and to contact the landlord immediately if you are interested in an apartment because good apartments rented at attractive prices do not remain vacant for long. Besides, you must remember that a person who recently arrived in the country is at a disadvantage compared to others and will therefore need to spend more time and effort to find housing.

The reason for this is very simple. Landlords are interested in tenants who do not cause much trouble for them or the neighbors, keep the apartment clean, and pay rent on time. Real estate rentals, like any business in a free market environment, do not generate huge revenues, and not receiving one or two monthly payments can turn a profit into a loss. Hiring a lawyer if evicting tenants is necessary can be a substantial blow to the budget. To avoid such consequences, landlords develop certain criteria that they use for selecting tenants from a mass of applicants. Some of these criteria are as follows:

- Sufficient and steady income;
- A bank account with a certain balance;
- At least one major credit card;
- A good credit history (see the chapter on credit);
- A stable tenant history in the past (at least 6 months at the same address);
- References from former landlords;
- Personal references.

As you can see from this list, nothing except the last item is applicable to people who have been in the country for a very short time. Personal references are the only thing that can convince a landlord to rent to you. You can only get these references from your relatives, friends, or sponsors. It is even better if they can co-sign the lease agreement. An apartment search without such help can turn into a very difficult task, and you may end up paying much more than necessary only because your landlord agreed to rent you an apartment without being able to verify your ability to pay.

As we already mentioned, cost is one of the most important factors in choosing an apartment, but the monthly rent amount given in ads often does not include the cost of heat and sometimes even water. Annual heating costs can vary widely depending on the heating system efficiency in a particular apartment, the local climate, and energy prices. It can range from $400-500 to $1,500-2,000, and in cold areas the bulk of these expenses falls on the winter months. These additional costs must be taken into account when comparing

При поиске квартир по объявлениям желательно пользоваться ежедневной газетой и связываться с квартирохозяином немедленно, если квартира вас заинтересовала, поскольку хорошие квартиры, сдающиеся по сходной цене, не остаются вакантными долгое время. Кроме того, нужно помнить, что человек, недавно приехавший в страну, находится в невыгодном положении по сравнению с другими, поэтому ему потребуется больше усилий и времени для того, чтобы устроиться с жильём.

Объясняется это очень просто. Сдатчики квартир заинтересованы в жильцах, которые не причиняют много хлопот хозяину квартиры и соседям, содержат жильё в порядке и аккуратно платят арендную плату. Сдача квартир, как и всякий бизнес в атмосфере свободного рынка, не приносит баснословных доходов, и потеря одного или двух месячных платежей может превратить прибыль в убытки, а оплата услуг адвоката при необходимости принудительного выселения жильцов может пробить существенную брешь в бюджете. Для того чтобы избежать таких последствий, хозяева квартир вырабатывают определённые критерии, которыми они пользуются при отборе жильцов из общей массы претендентов. Такими критериями обычно являются:

- наличие достаточного и устойчивого дохода;

- наличие счёта в банке с определенным балансом;

- наличие хотя бы одной кредитной карты;

- хорошая кредитная история (см. главу, посвящённую кредиту);

- стабильность проживания в прошлом (не менее 6 месяцев на одном месте);

- рекомендации бывшего квартирохозяина;

- личные рекомендации.

Как видно из этого перечня, ничего кроме последнего пункта неприменимо к людям, находящимся "без году неделя" в стране. Личные рекомендации – это единственная зацепка, которая может помочь. Получить эти рекомендации вы можете только от ваших родственников, друзей, спонсоров. Ещё лучше, если они готовы поручиться за вас при подписании арендного договора. Поиски квартиры без такой помощи могут превратиться в тяжёлое занятие и кончиться тем, что вы будете вынуждены платить значительно более высокую плату только потому, что ваш хозяин согласился на риск сдать вам квартиру без возможности проверить вашу платежеспособность.

Как мы уже говорили, стоимость аренды квартиры является наиважнейшим фактором при принятии решения, но в объявлениях она зачастую указывается без включения стоимости отопления, а иногда и воды. Годовые затраты на отопление могут широко варьироваться в зависимости от эффективности системы отопления квартиры, местного климата и цен на энергоносители и составлять от $400-500 до $1,500-2,000, причём в холодных районах большая часть этих расходов приходится на зимние месяцы. Это нужно учитывать при сравнении различных вариантов. В

rent prices. In addition to heating, in hot areas you must take into account air conditioning costs during the summer.

After you have found an advertisement that you are interested in and contacted the landlord, you make an appointment to see the apartment. During your visit, pay attention to what kind of heating system is used in the building. It is best to ask the landlord about it, as well as about average heating expenses if they are not covered by rent. In the US, you will almost never see the centralized steam heating systems that immigrants from the former Soviet Union are used to. Instead, there are many different types that use different kinds of fuel, each with its own advantages and disadvantages. The type of heat used in a building can be directly related to the state of the energy market at the time of the building's construction. Homes built during the energy crisis of the 1970s and 1980s may have electric heat, which was slightly cheaper than oil heat at the time but is one of the most expensive heating systems today. If heating and hot water are not covered by rent, you must have a clear idea of what it will cost you before you sign the lease agreement.

The following kinds of heating systems are the most popular:

- *Forced Hot Water (FHW)* – hot water under pressure is forced into pipes through a heat exchanger. This system most closely resembles steam heating but is more effective.

- *Forced Hot Air (FHA)* – air is heated in a furnace and forced into a room with the help of fans through special air ducts built into walls. A disadvantage of this method is very dry air, as well as high concentration of dust in the air if the heating system outlets are close to the floor (sometimes, they are located right in the floor). People with respiratory conditions will most likely feel worse in an apartment that uses this heating method.

- *Monitor Heat* – heat from a heating device that works on liquified gas is distributed by convection. If the door to a room is closed, the heat does not reach there, which is why the Monitor Heat system is usually supplemented with electric heaters. This method works for small one-level houses and apartments.

- *Electric Heaters* – heating with the help of electric heaters is frequently used in addition to Monitor Heat. In hot climates, buildings may have a centralized electric air conditioning system that cools the air in the summer and heats it in the winter.

дополнение к отоплению, в жарких районах необходимо учитывать расходы на кондиционеры воздуха в летнее время.

После того, как вы нашли в объявлениях что-то, что вас заинтересовало и связались с квартирохозяином, вы договариваетесь о времени, когда можно посмотреть квартиру. При осмотре обратите внимание на то, какая система отопления применяется в этом доме. Лучше всего спросить об этом домовладельца, также как и о средних затратах на отопление, если они не включены в арендную плату. Дело в том, что в США практически нет привычного для нас централизованного парового отопления, вместо этого существует большое количество самых разных типов, использующих различные виды топлива, каждый из которых имеет свои особенности, достоинства и недостатки. Тип системы отопления может быть напрямую связан с состоянием рынка энергоносителей на момент строительства дома. Дома, построенные во время энергетического кризиса 70-80-х годов, могут иметь электрическое отопление, которое было в то время несколько дешевле, чем использующее нефтепродукты, но оказывается одним из самых дорогих на сегодняшний день. Если отопление и горячая вода не входят в арендную плату, то необходимо иметь чёткое представление о том, во что вам это обойдётся до того, как вы подпишете контракт.

По способу передачи тепла наиболее распространены следующие виды систем отопления:

- *Forced Hot Water* (FHW) – горячая вода под давлением циркулирует по трубам через теплообменники. Такая система наиболее близко похожа на паровое отопление, но более эффективна.

- *Forced Hot Air* (FHA) – воздух, нагреваемый в печи, с помощью вентиляторов нагнетается в жилые помещения по специальным воздуховодам проложенным в стенах. Недостатком является высокая сухость воздуха, а также наличие высокой концентрации пыли в воздухе, если выходные отверстия системы отопления находятся близко к полу (а иногда они расположены непосредственно в полу). Люди, страдающие респираторными заболеваниями, вряд ли будут чувствовать себя хорошо в такой квартире.

- *Monitor Heat* – Отопительное устройство работающее на сжиженном газе расположено в одной точке. Тепло распространяется конвекцией. Если дверь в какой либо комнате закрыта, то соответственно тепло туда не поступает, поэтому подобная система обычно дополняется электрическими обогревателями. Такая система эффективна в небольших домах и квартирах, расположенных на одном уровне.

- *Electrical Heaters* – Отопление с помощью электрических нагревателей часто используется в дополнение к *Monitor Heat*. В домах, расположенных в жарком климате, может также быть установлена центральная электрическая система кондиционирования воздуха, охлаждающая его летом и нагревающая зимой.

Pay attention to windows; check whether they can help retain heat and whether they open easily. Check the plumbing and make sure that water flows from the faucets and that the toilet works. Examine kitchen appliances and the condition of the carpet, tile, linoleum, or hardwood floors.

3.3. Signing the lease and paying rent

Sooner or later you will find an apartment that the landlord will agree to rent to you. Before moving in, you will have to sign a contract. In many cases, you are required to sign a contract for a minimum of one year that is referred to as a lease. If you move out of the apartment before the lease runs out, you will be responsible for rent payments until the end of the term or until the landlord finds a new tenant, whichever is earlier. After the year is up, the contract may be extended for another year or changed to a month-to-month rent agreement, which allows you to move out at any time as long as you give the landlord enough notice (usually one month). Sometimes, it is possible to arrange for a monthly (and in some cases even weekly) contract from the very beginning.

The lease agreement contains information about its participants, the rent amount, time constraints, and acceptable methods of payment. It describes the tenant-landlord relationship in detail, focusing primarily on the tenant's responsibilities. The basic purpose of the lease is to protect the landlord from unscrupulous tenants; therefore, most of its sections are dedicated to rules of tenant conduct and keeping the apartment clean and safe. Ideally, you should leave an apartment in the same condition in which you found it, taking into account normal wear and tear. You will be obliged to compensate the landlord for any damages you are responsible for.

Before signing the lease, carefully examine the apartment and check the condition of all appliances and equipment. If after moving in you find something that you missed at first or a defect that is not obvious at first sight, let the landlord know immediately.

After signing the lease, you must pay the first month's rent (and sometimes the last month's rent as well) and what is called a security/cleaning deposit or simply a security deposit. This deposit is equal to one monthly rent payment and is intended to partly cover the landlord's expenses in case you do not comply with the conditions of the lease when moving out or something in the apartment is damaged. If everything is in order, the money is returned to you, and if it is not, a sum necessary to cover the damages will be subtracted from your deposit. When planning a move, remember that your security deposit will be returned not on the day you move out, but 1-3 weeks later, and if you need to pay a security deposit for a new apartment, you cannot count on this money for some time.

Rent payments are usually due monthly and in most cases are expected

Обратите внимания на окна, насколько хорошо они могут держать тепло и легко ли они открываются. Проверьте состояние сантехники и убедитесь в том, что вода из кранов течёт и туалетный бачок работает. Осмотрите кухонное оборудование и состояние покрытия пола.

3.3. Подписание контракта и оплата

Рано или поздно вы найдёте квартиру, хозяин которой согласится вам её сдать. Наступает момент подписания контракта. Во многих случаях требуется подписание договора об аренде как минимум на год, что называется *Lease* (Лиз), при этом, если вы выезжаете из квартиры до истечения срока договора, то будете ответственны за квартирную плату до его окончания или до момента въезда нового жильца, в зависимости оттого, что наступит первым. После окончания года, договор может подписан на следующий год или переходит в стадию *Month-to-month rent* (помесячная аренда), при которой вы можете выехать в любое время, предупредив хозяина заранее (чаще всего за один месяц). Возможны договора на помесячную аренду с самого начала, а в некоторых случаях и понедельную.

Контракт содержит информацию о его участниках, цене, сроках, способах оплаты и подробно описывает взаимоотношения квартиросъёмщика и хозяина (называемого по-английски *landlord*), по большей части концентрируясь на обязанностях жильца. Основной смысл контракта состоит в том, чтобы защитить владельца квартиры от недобросовестных жильцов, поэтому большинство его пунктов посвящены правилам поведения и поддержания жилья в чистоте и сохранности. В идеальном случае, после выезда вы должны оставить квартиру в том состоянии, в котором вы её приняли с учётом естественного износа. Все повреждения, полученные по вашей вине, вы обязаны будете оплатить.

Внимательно осмотрите квартиру перед подписанием контракта и проверьте работоспособность всего находящегося в ней оборудования. Если уже после вселения вы обнаружите что-то, пропущенное при первоначальном осмотре или скрытый и не очевидный на первый взгляд дефект, немедленно поставьте в известность хозяина.

После подписания контракта необходимо внести плату за первый месяц проживания (а иногда и за последний) и залоговую сумму, называемую *Security/ cleaning deposit* или просто *Security deposit,* на случай, если при выселении вы не выполните что-то из условий контракта, либо что-то окажется повреждённым. Если всё нормально, то залог возвращается, а если нет, то из него удерживается сумма возмещения ущерба. При планировании переезда необходимо помнить, что залог возвращается не в день выезда, а через 1-3 недели и если вам необходимо платить *Security deposit* на новом месте, то вы временно не можете рассчитывать на эти деньги.

Оплата за квартиру обычно бывает помесячной и в большинстве случаев

on the first day of each month. Many landlords prefer to be paid by check instead of cash. Always ask for receipts that indicate the date and amount paid. Keep these receipts with a copy of the lease. If for any reason you cannot make a payment on time, it is best to let the landlord know in advance, explain the reason for the delay, and tell him or her when you expect to pay.

3.4. Renewing or breaking the lease

As was already mentioned, most apartments are leased for a certain period of time, after which the contract has to be renewed for the next year or automatically passes into the month-to-month rent stage. Usually, no formal actions are required in this case. When the lease runs out, it means that two terms of the agreement are no longer in effect: time constraints and rent. You can move out of an apartment any time you want and do not have to give your landlord more than one month's notice, and the landlord can change the rent if he or she wants or considers it necessary to do so.

Rent is usually raised if the demand for apartments or the cost of their maintenance increases. If your rent includes heat and the cost of fuel goes up, you should expect a rent increase. If the demand for apartments increases and a landlord is sure that his or her units will fill up, he or she may raise rent. Usually, landlords notify their tenants about the change in advance. One month's notice is given if the lease is monthly, and one week's – if it is weekly. You may move if you find a better deal, but often you simply must accept reality. All landlords are interested in good tenants and try to keep them at all costs, including slightly cheaper rent for long-term tenants who do not cause any trouble.

Although it sounds strange, a rent decrease is possible, too. If, for example, a large enterprise was closed in a certain region and its employees moved away and vacated many apartments, landlords will have to lower rent to fill the vacancies.

3.5. Pets

Americans love their pets. There are over 50 million dogs and even more cats in this country; however, most of them live with families that have their own homes. Pets can make your apartment search much more complicated, because many landlords include a term in their leases forbidding tenants to have pets ("no pets"). It is done for two reasons: to keep premises clean and to

ожидается первого числа каждого месяца. Многие квартирохозяева предпочитают получать квартплату чеками, а не наличными. Всегда получайте расписки об уплате с указанием даты и суммы. Храните эти расписки вместе с копией контракта. Если по какой-то причине вы не можете заплатить вовремя, то лучше всего уведомить лендлорда заранее, объяснив причину и назвав срок, когда вы ожидаете погасить задолженность.

3.4. Продление или расторжение контракта

Как уже говорилось, большинство квартир сдаются в *Lease* на определённый срок, после которого договор должен быть продлён на следующий год или автоматически переходит в стадию *Month-to-month rent* (помесячная аренда). Никаких формальных действий при этом обычно не требуется. Это практически означает, что два пункта подписанного контракта потеряли силу: сроки проживания и цена аренды. Вы можете выехать из квартиры в любое время по вашему желанию, предупредив лендлорда не более чем за месяц, а лендлорд может при желании или необходимости изменить арендную плату.

Увеличение арендной платы обычно происходит либо при увеличении спроса на квартиры либо при увеличении расходов на их содержание. Если квартирная плата включает отопление, а стоимость топлива резко увеличивается, то закономерно ожидать увеличения платы. Если спрос на жильё возрастает и лендлорд уверен, что жильё не будет пустовать, то он также может увеличить плату. Обычно, лендлорд предупреждает об изменении заранее. Если контракт помесячный, то за месяц, а если понедельный – за неделю. Вы можете съехать с квартиры, если найдёте лучшие условия, в противном случае ничего не остаётся, как примириться с реальностью. Любой лендлорд заинтересован в хороших жильцах и старается их удержать всеми средствами, включая и несколько меньшую плату для тех, кто живёт продолжительное время, не доставляя хлопот.

Снижение квартплаты тоже возможно, как это ни звучит странно. Если, к примеру, в данном регионе закрылось крупное предприятие и его работники переехали в другие места, освободив большое количество квартир, то лендлорд будет вынужден снизить плату, чтобы заполнить вакансии.

3.5. Домашние животные

Американцы любят животных. В стране насчитывается более 50 миллионов собак и ещё большее количество кошек, однако большинство из них живут в семьях, имеющих своё собственное жильё. Наличие домашних животных может существенно затруднить поиск квартиры, поскольку многие квартирохозяева включают в договор пункт, запрещающий квартиросъёмщику

avoid disturbing other tenants. To tell the truth, landlords are sometimes willing to overlook the presence of cats. However, it is not always that simple,
especially if you have a dog.

*Not knowing anything about all this, we brought with us a cat who had
been a member of our family from the moment of his birth and had stoically
endured all the hardships of the journey. While looking for an apartment, we
noticed that there was a cat in every other window of the apartment complex
where we wanted to live, although the lease said "no pets" We rented an apartment there and lived in it for about two years without any problems.*

3.6. Utilities

When renting an apartment, a tenant is usually responsible for paying for
all utility services directly to the companies that provide them, except cases
where heat is included in rent and paid for by the landlord.

After the lease is signed, the landlord provides the tenant with phone
numbers of appropriate companies, and the tenant must contact them to open
accounts in his or her name that should be paid regularly to avoid disconnection. You should do this in advance if you do not want to move into an apartment without electricity or phone service.

3.6.1. Heat

Heat usually does not require any immediate action, unless it is electric.
A gas or diesel fuel tank may be already filled, and your only responsibility is
to schedule regular fuel deliveries in the future. When you move out, fill the
tank up to the level it was at when you moved in.

To secure your fuel supply, it is possible to sign a contract with a company that will agree to monitor your level of fuel, fill the tank whenever necessary, and send bills to your home. You can also choose to monitor the level of
fuel yourself and order a one-time delivery whenever you need it. In most
areas, there are several companies that deliver fuel, and their prices may differ.
Before placing an order, it is useful to call two or three companies and compare
prices. The difference of a few cents per gallon can save you a significant
amount of money over a year.

Order a fuel delivery at least a few days before your supply runs out.
Although an urgent delivery is possible at any time of day or night, it costs
more than a planned one, so do not wait until the last minute. If fuel prices go

их иметь *(No pets)*. Делается это по двум причинам: чтобы не загрязнять помещения и чтобы не досаждать другим жильцам. Правда, иногда на наличие кошек смотрят сквозь пальцы. Однако не всегда это так просто, особенно если дело касается собаки.

Не зная ничего об этом, мы привезли с собой кота, который был полноправным членом семьи с момента своего рождения и героически перенёс все тяготы путешествия. Во время поиска жилья, мы заметили, что в квартирном комплексе, куда мы хотели поселиться, в каждом втором окне сидела кошка, в то время как контракт говорил No pets. Мы поселились там и прожили около двух лет без всяких проблем.

3.6. Коммунальные услуги

При аренде квартиры, квартиросъёмщик обычно сам несёт ответственность за оплату всех коммунальных услуг тем компаниям, которые их предоставляют, за исключением случаев, когда отопление включено в стоимость квартиры и оплачивается домовладельцем.

После подписания контракта, лендлорд даёт телефоны всех необходимых служб и постоялец должен связаться с ними самостоятельно, открыть расчётный счёт на своё имя и в дальнейшем регулярно его оплачивать, чтобы не оказаться отключённым. Сделать это нужно заранее, с таким расчётом, чтобы к моменту вселения всё было подключено, если вы не хотите оказаться в квартире без света или телефона.

3.6.1. Отопление

Отопление чаще всего не требует немедленных действий, если только оно не электрическое. Газовое или дизельное топливо может быть уже заправлено и ваша задача - только поддерживать его доставку в дальнейшем и при выселении из квартиры наполнить бак до уровня, с каким вы его приняли.

Для снабжения топливом можно заключить договор с компанией, согласно которому она будет сама следить за тем, когда доставка необходима и пополнять бак, присылая счета на оплату, а можно самому следить за уровнем и заказывать однократную доставку, когда возникает необходимость. Практически в любой местности существует несколько компаний, доставляющих топливо, цены у которых могут отличаться. Прежде чем делать заказ, полезно обзвонить 2-3 компании и сравнить цены. Разница в несколько центов за галлон может сэкономить вам значительную сумму в течение года.

Делайте заказ на доставку топлива как минимум за несколько дней до того, как оно кончится. Хотя срочная доставка возможна в любое время суток, она обходится дороже, чем запланированная, поэтому не следует тянуть до

up, it is more cost-efficient to fill up your tank; if prices drop, order the minimum.

Because fuel prices fluctuate significantly, some companies offer contracts allowing their clients to prepay a large amount of fuel in advance at a fixed price; the company then promises to deliver it even if the price goes up considerably. This may be worth it, but you must be careful. There are cases when a supplier is not able to fulfill its obligations. This usually happens when prices rise significantly in a short period of time. In these cases, the client ends up being punished twice: the bankrupt supplier is unable to refund the money already paid and the client still has to buy fuel at the current high price.

3.6.2. Electricity

Most apartments are equipped with their own electric meter which is mounted on the outside of the building. After signing the lease, you must contact the company that provides electricity to that area and open a personal account in your name. In this case, unlike with diesel or gas fuel, you have no choice: the company that owns the power grids in a given area is your source of electricity.

The power industry, although privately owned and operated, was until recently strictly regulated by the government, which limited wholesale and retail electric power prices. Deregulation of this industry and the emergence of a free market caused electric companies to specialize in either generation or distribution. Distributing companies buy electric power from generating ones at wholesale prices on the free market and deliver it to consumers through their power grids at prices sufficient to turn a profit.

Free market electric power prices vary depending on whether the power is generated by power stations using coal, nuclear energy, or water. In some cases, consumers can choose which source their electric power comes from. People who are concerned about environmental issues agree to pay more for electric power produced with the least damage to the environment.

The electric company employees regularly read power meters in their area. Based on these readings, you receive a monthly bill that indicates how much electricity you consumed and its price. Often, the price of one kilowatt-hour can vary depending on how much was consumed or the time of day. For example, the first 100 KW can cost more or less than the following 200, or the power consumed during peak hours will be priced higher.

You must pay your bills on time. If you are having financial problems and are temporarily unable to pay, you must contact the company and discuss conditions on which they would agree to continue supplying power. If you do

последнего. Если цена на топливо растёт, то выгоднее делать полную заправку, если снижается – выгоднее делать минимальный заказ.

Цены на энергоносители существенно меняются во времени, поэтому некоторые компании предлагают заключить договор, согласно которому клиент заранее оплачивает значительный объём топлива по фиксированной цене, а компания обязуется доставить его даже в случае, если цена значительно вырастет. Это выгодно с одной стороны, но следует быть осторожным. Бывают случаи, когда поставщик не в состоянии выполнить свои обязательства. Это обычно происходит при значительном и быстром росте цен. При этом клиент может быть наказан дважды: обанкротившийся поставщик не вернёт уплаченные деньги и к тому же придётся покупать топливо по текущей высокой цене.

3.6.2. Электроэнергия

В подавляющем большинстве случаев, каждая квартира оснащена отдельным электрическим счётчиком, который установлен на улице. После подписания контракта на аренду, необходимо связаться с компанией, обслуживающей электросети в данном районе и открыть лицевой счёт на имя квартиросъёмщика. В этом случае никакого выбора нет, в отличие от ситуации с дизельным или газовым топливом: та компания, которой принадлежат электрические провода в данном районе, и является вашим источником электроэнергии.

Электроэнергетическая промышленность, хоть и находится в частных руках, до недавнего времени строго регулировалась государством, которое ограничивало оптовые и розничные цены на электроэнергию. Курс на отмену государственного вмешательства и создание свободного рынка в этой отрасли обязал электрические компании разделиться на производящие и распределяющие. Распределяющие компании покупают электроэнергию по оптовой цене на свободном рынке у производящих и доставляют по своим сетям потребителям, продавая по ценам, обеспечивающим прибыль.

Цена электроэнергии на свободном рынке отличается в зависимости от того, где эта электроэнергия произведена – на электростанции, работающей на каменном угле, атомной или гидроэлектростанции. В некоторых случаях потребитель может выбирать, из какого именно источника он хочет получать электроэнергию. Люди, заботящиеся об охране окружающей среды, согласны платить больше за электроэнергию, производимую с наименьшим ущербом для экологии.

Показания счётчиков регулярно считываются работниками электрической компании и на их основе приходит ежемесячный счёт, в котором указано количество потреблённых киловатт-часов и цена. Во многих случаях цена за киловатт-час может отличаться в зависимости от объёма потребления или в зависимости от времени потребления. Например, первые 100 квт могут быть по одной цене, следующие 200 – по другой и так далее, или электроэнергия, потреблённая в часы пик, будет оцениваться дороже.

Следует аккуратно платить по счетам. Если у вас финансовые проблемы и

not do this, your power will be disconnected, and a reconnection will be possible only after you pay your debt plus interest, as well as an additional connection fee. The cost of electricity in our area is $35-$65 a month if the heat is not electric and there is not much need for an air conditioner. If you live in an apartment with electric heat in an area of the country where you need heat in the winter and the air conditioner is always on in the summer, your electric bill can be twice that, or even more.

There are special reduced rates for low-income families. As a rule, to qualify for them, you must also qualify for SSI, food stamps, Medicaid, or other forms of assistance. You must notify your electric company of your eligibility when you open your account or when you become eligible for assistance, if that happens later. If your income increases and you lose eligibility for above-mentioned programs, you also lose your right to reduced electricity prices and must notify the company.

When moving out, notify the company about your plans in advance if you do not want to pay for the next tenant. If you move within the same area, you can close one account and immediately open another for the new address. If you move to a different region, you simply close your account.

3.6.3. Telephone

About 94% of US homes have telephones. The phone service connection is usually made just days after the phone company receives your request. It is possible to install several lines simultaneously.

As with electricity, you do not have a choice whom to contact for a telephone connection. Again, this will be the company that owns telephone cables in your area. In most cases, it will also provide you with local service, but when it comes to long-distance and international calls, you have many choices. If the local company does not provide these services, it has a partner company that will serve you if you do not object. If you do not like that company's rates or terms of service, you can sign a contract with any other long-distance provider, and your local company will switch your long-distance calls to that provider for $5. When you arrange for your phone connection, you can choose whether or not you want your number listed in the local telephone directory, and if yes, whether you want the listing to contain your full or partial address.

Let's consider a typical list of services telephone companies provide:

- *Residential service* – includes all local telephone calls. Calls to telephone numbers that begin with certain number combinations (exchanges) specified in your company's telephone directory are

вы не можете временно платить, то необходимо связаться с компанией и оговорить условия, на которых они могут не прерывать подачу электроэнергии. Если вы этого не сделаете, то будете отключены, а новое подключение будет не только после уплаты всего долга с процентами, но и дополнительного сбора за подключение *(connection fee)*. Расходы на электричество в нашей местности составляют $35-65 в месяц, если отопление не электрическое и необходимость в кондиционере невелика. В тех районах страны, где зимой необходимо отопление, а летом – постоянно включен кондиционер, счета за электроэнергию могут быть в 2-4 раза больше.

Существуют специальные льготные тарифы для семей с низкими доходами. Как правило, критериями для них являются право на получение пособий по старости, фудстемпов, страховки Медикейд и так далее. Об этом необходимо уведомить при открытии счёта или после получения такого права, если это случилось позже. При увеличении дохода, если вы теряете право на указанные пособия, вы также теряете право на специальные тарифы и должны сообщить об этом компании.

При выселении из квартиры, следует заблаговременно уведомить компанию о ваших планах, если вы не хотите платить за того, кто будет жить там после вас. Если вы переселяетесь в этой же местности, то вы можете закрыть один счёт и тут же открыть другой по новому адресу. Если вы уезжаете в другой регион, вы просто закрываете счёт.

3.6.3. Телефон

Около 94% жилья в США оснащено телефонами. Подключение телефона производится в считанные дни после поступления заявки. Можно установить несколько линий одновременно.

Как и в случае с электричеством, у вас нет выбора, к кому обращаться за подключением телефона. Это также будет компания, владеющая телефонными кабелями в вашей местности. Она же, в большинстве случаев, будет вас обслуживать на местных линиях, но что касается междугородних *(long distance)* и международных *(international)* звонков, то вы тут имеете достаточно большой выбор. Если местная компания сама не предоставляет таких услуг, то у неё есть какой-то партнёр, который будет вас обслуживать в том случае, если вы не возражаете. Если вас не устраивают условия этой компании, то вы можете заключить договор с любой другой и ваша местная компания за $5 переключит ваши междугородние звонки на неё. При установке телефона вы можете выбирать, указывать или нет ваш номер в телефонной книге, а если указывать, то с полным адресом или нет.

Рассмотрим типичный набор услуг телефонной компании:

- **Residential service** – включает местные телефонные разговоры без ограничения. Местными считаются звонки по группам телефонных номеров, номера которых начинаются   с определённых цифр

considered local. You must remember, however, that whether numbers are classified as local or long-distance often depends not on actual distance but on which telephone company owns them or which administrative district they are located in. Before calling an unfamiliar number, find out whether it is local for you or not.

- *Intrastate Long-Distance Calls* - long-distance calls within the same state. In some states with low population density, such calls cost more than calls to other states, even the ones located on an opposite coast.

- *Interstate Long-Distance Calls* - long-distance calls between states.

- *International Long-Distance Calls* - international calls.

- *Toll Restriction with PIN Override* – the ability to block all long-distance calls from a certain number; a special code will be needed to make these calls. This is a useful service for families with teenagers who love to talk on the phone.

- *Toll Restriction* – blocking of all long-distance calls.

- *Operator Block* – blocking of calls that use operator assistance. All calls made with the help of operators have high rates.

- *Call Forwarding* – allows you to automatically forward calls made to your number to any other number. For example, you are expecting an important call but cannot be home at that moment. You can forward the calls received while you are out to your work phone or any number at which you can be reached.

- *Call Return* – allows you to contact the last caller to your number regardless of whether you answered the call or not. Useful if you did not make it to the phone in time to pick it up or a conversation was interrupted for any reason and you do not know your caller's phone number.

- *Call Waiting* – lets you know if someone else calls you when you are already on the phone. It is possible to switch between the two conversations without interrupting either.

- *Three-Way Calling* – allows you to talk simultaneously to two people who are at different phone numbers.

- *Call Answer Service* – replaces an answering machine and allows callers to leave messages even when your telephone line is busy.

- *Caller ID* - tells you what number every call you receive was made from. The telephone switchboard transfers information about the caller's name and number to your phone if the caller's phone is not blocked. You must have a special phone or plug-in device to use this service.

(exchanges), указанных в телефонном справочнике вашей компании. Следует помнить, что разделение на местные и междугородние звонки часто происходит не по дальности, а по принадлежности к той или иной телефонной компании или административному району. Прежде, чем звонить по телефону, принадлежность которого вы не знаете, поинтересуйтесь, является ли он местным для вас или нет.

- *Intrastate Long Distance Calls* - междугородние разговоры в пределах одного штата. В некоторых малонаселенных штатах, такие звонки стоят дороже, чем звонки в другие штаты, даже находящиеся на противоположенном побережье.

- *Interstate Long Distance Calls* - междугородние разговоры между штатами.

- *International Long Distance Calls* - международные разговоры.

- *Toll Restriction with PIN Override* – блокирование междугородных линий, доступ к которым будет возможен только с помощью специального кода. Полезная услуга в семьях с любящими поговорить по телефону подростками.

- *Tall Restriction* – блокирование междугородных линий.

- *Operator Block* – блокирование звонков с использованием помощи оператора. Все звонки с вмешательством операторов оплачиваются по высоким тарифам.

- *Call Forwarding* – позволяет автоматически переадресовать звонки с вашего телефона на любой другой. Предположим, вы ожидаете важный звонок, но не имеете возможности находиться в этот момент дома.

- *Call Return* – позволяет связаться с последним звонящим к вам абонентом не зависимо от того, отвечали вы ему или нет. Например, если вы опоздали поднять трубку или по какой-то причине разговор прервался, а вы не знаете номера телефона.

- *Call Waiting* – позволяет слышать, если вам ещё кто-то звонит в то время, когда вы уже разговариваете по телефону. Можно не прерывая одного разговора, временно переключаться на другой и обратно.

- *Three-Way Calling* – позволяет разговаривать одновременно с двумя абонентами, находящимися в разных местах.

- *Call Answer Service* – заменяет автоответчик, причём позволяет оставлять сообщения даже в то время, когда ваша телефонная линия занята.

- *Caller ID* - определитель номера. Телефонная станция передаёт информацию о номере звонящего и его имени, если его телефон не заблокирован. Необходимо иметь специальный телефон или приставку для того, чтобы пользоваться этой услугой.

- *Line Blocking* – blocks transfer of information about your phone number to phones equipped with Caller ID.

- *Call Trace* – allows you to track the numbers obscene or prank calls are made from. Traced numbers are registered by the telephone switchboard and not disclosed to the client. If the same number is registered twice within one month, the client is sent a notice based on which he or she can contact the police or take other measures. The telephone switchboard will disclose the number only to legal authorities.

- *Calling Card* - a telephone card that allows you to make long-distance calls from any phone. Their cost will be added to your phone bill. This is useful, for example, when you need to make a personal phone call from work.   Remember that the rates for the calls made using a card are much higher than those for the calls made from your home telephone number.

- *Collect Call* – allows you to call someone and have the cost added to his or her phone bill. The majority of such calls are made with the help of an operator, who asks the person receiving the call whether he or she agrees to pay for it. As with all operator-assisted services, these calls are relatively expensive.

- *Third-number Call* – allows you to make a call and charge it to a third party. For example, you can call from a hotel room to another city and have all charges added to your home telephone bill.

- *Directory Assistance* – a service that helps you locate residential and business phone and address listings. Throughout the US, the phone number for directory assistance is 555-1212, preceded by the three-digit area code that is different for each area.

Most of the services listed above are provided at an additional cost. Therefore, a telephone bill has several parts:

- A monthly charge for your telephone line and local telephone calls *(Residential service)* or the so-called *Basic service*, which usually costs about $20. Lower rates are possible for low-income families.

- Charges for any additional services.

- In-state long-distance charges.

- Interstate long-distance charges.

- International long-distance charges.

- Phone-card charges.

- *Line Blocking* – блокирует передачу информации о вашем номере телефона.

- *Call Trace* – позволяет отслеживание номеров с которых звонят нежелательные абоненты. Отслеженный номер регистрируется на телефонной станции и не сообщается клиенту. Если в течение месяца один и тот же номер будет зарегистрирован дважды, клиенту присылается уведомление, на основании которого он может обратиться в полицию или предпринять другие меры. Телефонная станция сообщит номер только органам правопорядка.

- *Calling Card* - телефонная карточка, позволяющая делать междугородние звонки с любого телефона, причём оплата за них будет включена в счёт за ваш телефон. Например, когда вам нужно позвонить со служебного телефона по личным делам и так далее. Следует помнить, что тарифы на разговоры с использованием карточки значительно выше, чем на звонки с вашего домашнего телефона.

- *Collect Call* – позволяет позвонить кому-то с отнесением затрат на его счёт. Большинство таких звонков делается с помощью оператора, который получает согласие принимающего звонок на его оплату. Как и все услуги с вмешательством операторов, оплачивается по высоким тарифам.

- *Third-number Call* – позволяет позвонить, отнеся расходы на счёт третьей стороны. Например звонок из гостиницы в другой город, с отнесением затрат на свой домашний телефон.

- *Directory Assistance* – телефонная справочная служба. По всей территории США, номер телефона справочной службы 555-1212, предшествуемый тремя цифрами *(area code)* специфическими для каждой местности.

Большинство услуг, перечисленных выше, предоставляется за отдельную плату. Таким образом, счёт за телефонные услуги будет состоять из нескольких частей:

- Плата за телефонную линию и местные телефонные разговоры *(Residential service)* или так называемый *Basic service*, который обычно стоит в пределах $20. Для семей с низким доходом обычно существуют льготы.

- Плата за дополнительные услуги.

- Плата за междугородние разговоры внутри штата.

- Плата за междугородние разговоры между штатами.

- Плата за международные разговоры.

- Плата за звонки с использованием телефонной карточки.

If your long-distance and international calls are carried by a different telephone company, these charges may appear on a separate bill, or they may be included in the bill sent by your local company.

Technological advances and cutthroat competition have resulted in telephone rates that are almost 10 times lower now than they were ten years ago. Also, telephone companies now provide many more services than they did a decade ago. This does not mean, however, that customers are paying 10 times less than before for phone service. They simply spend 10 times as much time on the phone for the same amount of money.

The majority of companies that provide long-distance and international services offer reduced rates to selected groups of clients. To take advantage of these rates, you have to subscribe to them, which requires a monthly payment, usually of about $5 or $6. This payment is charged regardless of whether or not you actually make the calls during any given month. If you do not subscribe to any such program, you will pay the maximum rate. You must decide whether it is worth it to you to pay $60 or $70 a year for reduced rates. If, for example, you make a call to another country once a year for 10 minutes, even the highest per-minute rate will cost you less than a year's worth of monthly payments for the lower rate. If you make such calls frequently, however, reduced-rate programs certainly make sense. In any case, before making any long-distance or international calls, find out the exact rates to avoid any unpleasant surprises. Unexpected bills of tens and hundreds of dollars are not that rare.

Some companies do not require a monthly payment and also give customers special numbers (access codes) that make it possible to place calls as needed without switching from your regular company. It sometimes makes sense to use such services for international calls because most people do not make them very often, and dialing several additional digits is not too inconvenient.

Phone numbers in the US consist of seven digits for local calls, for example, 123-4567, and ten digits for long-distance calls, for example (123)456-6789. The three numbers that are frequently placed in parentheses are called an *Area Code*. Before dialing a ten-digit number, you must dial "1", which allows you to access long-distance lines.

The majority of enterprises and organizations are equipped with internal telephone switchboards, which allow using one or more incoming telephone lines for all internal phones. In this case, each internal phone has an additional number called an extension, which is usually written after the main phone number; for example, (123) 456-7890 Ext. 1234 or (123) 456-7890 x1234. The extension line is dialed only after you have dialed the main number, the connection has been established, and the automated response message has told you that you may dial the extension.

Numbers beginning with 800 and 888 are toll-free, which means that the line's owner, not the caller, pays for all calls. These numbers are used by many

Если междугородние и международные звонки *(Long distance calls)* обслуживаются другой телефонной компанией, то оплата за них может быть по отдельному счёту, а может быть включена в счёт вашей местной компании.

Технический прогресс и ожесточённая конкуренция привели к снижению расценок на телефонные разговоры за последнее десятилетие почти в 10 раз, а также значительно расширили ассортимент услуг, предоставляемых телефонными компаниями. Это не означает, что люди стали платить в 10 раз меньше. Они просто стали разговаривать в 10 раз больше за те же деньги.

Большинство компаний, обслуживающих междугородние и международные линии, имеют различные льготные тарифы для тех или иных групп клиентов. Чтобы воспользоваться этими тарифами, необходимо на них подписаться, что подразумевает определённую месячную плату, которая обычно составляет около $5-6. Плата эта вносится независимо от того, звоните вы или нет. Если же вы не подписались ни на какую программу, то будете платить по максимальным расценкам. Необходимо оценить, выгодно ли вам платить $60-70 в год за такую услугу. Если вы, к примеру, звоните в другую страну один раз в год в течение 10 минут, то даже по самым высоким расценкам это будет меньше, чем плата за пониженный тариф. Если же вы звоните часто, то это имеет смысл. В любом случае, прежде чем пользоваться междугородними и международными линиями, узнайте точно расценки, чтобы не получить неприятный сюрприз. Неожиданные счета в десятки и сотни долларов – не редкость.

Некоторые компании не берут месячной платы, а также предоставляют специальные номера *(Access codes),* через которые можно звонить по мере надобности, не переключаясь со своей телефонной компании. Иногда выгоднее пользоваться такими услугами для международных разговоров, поскольку это происходит не так часто и набор нескольких дополнительных цифр не очень обременителен.

Номера телефонов в США состоят из семи цифр для местных звонков, как, например, 123-4567, и из десяти для междугородних, как, например, (123) 456-6789. Три цифры, которые часто указываются в скобках, называются *Area Code.* Перед набором десятизначного номера необходимо набрать "1", что позволяет выйти на междугородние линии.

Большинство предприятий и организаций имеют внутренние телефонные коммутаторы, позволяющие использовать одну или несколько входящих телефонных линий для всех внутренних телефонов. В этом случае, каждый внутренний телефон имеет свой добавочный номер, который называется *Extension* (расширение) и обычно указывается после основного телефона, как, например, (123) 456-7890 Ext. 1234 или (123) 456-7890x1234. Добавочный номер набирается только после того, как вы набрали основной, и после установления связи автоответчик сказал, что вы можете его набрать.

Номера, начинающиеся на 800 и 888 являются бесплатными *(Toll Free),* то есть за звонки по этим номерам платит их владелец, а не звонящий. Такие номера обычно устанавливаются в службах обслуживания клиентов.

customer-service departments.

Numbers beginning with 900 (and some other exchanges) are the exact opposite of 800 numbers. Calls to phone numbers beginning with 900 are paid for by the caller, sometimes at rates as high as several dollars per minute. Such numbers usually belong to companies that sell information or, more often, provide services such as phone sex. Many telephone companies offer a service that blocks such calls (900 Block), which is usually free.

Most businesses and organizations, as well as the majority of private phones, are equipped with answering machines – devices that allow the caller to leave a message if the person he or she is trying to reach is not there or cannot answer the phone. Their negative side is the fact that if the call is long-distance, you will be charged for it even if you do not talk to anyone and do not leave a message.

3.6.4. Television

The majority of TV programs in the US are distributed through a cable network or satellites with reception to individual satellite antennas. Only a small number of channels is broadcast over open air. These channels can be received through a traditional antenna, but the quality of reception largely depends on distance from a transmitting tower, elevation, and so on. The same channels that are broadcast over the air are sometimes also picked up by cable networks, but seldom by satellite ones. Most houses and apartments are already equipped with a TV cable. The assortment of channels you can watch with this cable depends on your preferences.

Cable networks provide five basic categories of services:

- ***Broadcast Only*** – allows you to watch only those channels that are broadcast over the air, but with high-quality images. There are usually no more than 10 such channels. This service costs about $10 a month.

- ***Basic Cable*** – offers 30-50 different channels, including all channels broadcast in open air. This package costs between $35 and $45.

- ***Premium Channels*** are the channels that offer the most popular films and programs. These are the channels such as HBO (Home Box Office), Disney, sports channels, and so on. One such channel can cost about $10 a month, but if you subscribe to more than one, the price is reduced.

Номера, начинающиеся на 900 (и на некоторые другие коды), являются полной противоположностью вышеуказанных. Звонки по номерам телефонов, начинающиеся на 900, оплачиваются тем, кто звонит в дополнение к своему обычному тарифу, причём по очень высоким расценкам, достигающим нескольких долларов в минуту. Такие номера обычно принадлежат фирмам, продающим справочную информацию или, чаще всего, оказывающим услуги типа сексуальных разговоров. Многие телефонные компании предлагают возможность заблокировать такие звонки *(900 Block)*. Эта услуга обычно бесплатная.

Практически все предприятия и организации, а также большинство частных телефонов оснащены автоответчиками *(answering machine)* — устройствами, позволяющими оставить сообщение *(message)* в том случае, если вы не застали абонента на месте. Их отрицательной стороной является то, что соединение происходит всегда, даже если абонента нет на месте, и если это междугородний звонок, то за него взимается плата, даже если вы не поговорили и не оставили сообщение.

3.6.4. Телевидение

Большая часть телевизионных программ в США распространяется с помощью кабельной сети или спутников с приёмом на индивидуальную спутниковую антенну. Только небольшое количество каналов транслируется в открытом эфире. Эти каналы можно принимать, имея обычную традиционную антенну, но качество приёма существенно зависит от удалённости от трансляционной вышки, рельефа местности и так далее. Те же каналы, которые транслируются в эфире, иногда также ретранслируются кабельными сетями, но редко спутниковыми. Большинство домов и квартир уже имеют телевизионный кабель, подведённый к ним. Набор каналов, который вы можете смотреть по этому кабелю, зависит от вашего желания.

Существует пять основных категорий услуг, которые предоставляют сети кабельного телевидения:

- *Broadcast Only* – позволяет смотреть только те каналы, которые передаются в прямом эфире, но с хорошим качеством, выполняя функции коллективной антенны. Таких каналов обычно не более 10. Такая услуга стоит в пределах $10 в месяц.

- *Basic Cable* – предлагает довольно разнообразный набор каналов в количестве 30-50 шт., включая все каналы, передаваемые в открытом эфире. Стоимость этого набора лежит в пределах $35-45.

- *Premium Channels* – это каналы, предлагающие фильмы или программы, пользующиеся повышенным спросом. Это такие каналы как *HBO (Home Box Office), Disney,* спортивные каналы и так далее. Стоимость одного из таких каналов может быть около $10 в месяц, но при подписке больше, чем на один из них, цена снижается.

- *Pay Per View Channels* are the channels broadcasting programs that need to be paid for individually; each program costs between $1 and $6. For this purpose, a special device is installed that is connected to a telephone line and unblocks a signal after you agree to pay for viewing a particular broadcast.

- *All Channels* – allows you to view all channels without restrictions.

When you ask for your cable connection to be activated, you are charged a small connection fee and need to pay for one month in advance. If you change the type of cable service you receive, a fee may also apply.

Satellite TV is serious competition for cable networks, often offering a greater variety of programs for the same price. For a long time, the cost of the equipment necessary for reception served as a deterrent for customers. However, mass production of modern satellite dishes has lowered their cost enough to make them accessible to almost anyone.

You will often see advertisements offering free installation of basic satellite equipment to cable network clients if they agree to subscribe to a certain satellite programming package for at least a year. In some cases when a home is located far from a cable network, a satellite dish offers the only access to TV programming. The cost of the required equipment rises significantly if a home has more than one TV set and the subscriber wants to be able to simultaneously watch different programs, because each TV requires a separate receiver.

In areas where the number of immigrants who speak your language is low, satellite TV is your only opportunity to watch programs in your native language, whereas places with large immigrant populations, programs in different languages may be broadcast on cable television.

3.6.5. The Internet

These days, Internet access is almost as essential as phone access simply because e-mail is rapidly replacing other forms of communication, including regular mail. I am not even talking about all the other opportunities it offers, which will be considered in more detail in the chapter on information.

Internet access is offered by so-called Internet Access Providers and requires signing a contract. The most widespread means of network access today are the telephone modem and the cable modem. The telephone modem, although not the fastest, is the cheapest of the two and is more than sufficient

- *Pay Per View Channels* – это каналы, транслирующие программы, за каждую из которых необходимо платить в индивидуальном порядке от \$1 до \$6. Для этого устанавливается специальное устройство, подключённое к телефонной сети, которое разблокирует сигнал после того, как вы подтверждаете согласие на оплату просмотра той ли иной передачи.

- *All Channels* – позволяет смотреть все каналы без ограничения.

При подключении кабельного телевидения, когда кабель уже подведён, взимается небольшая плата за собственно подключение *(connection fee)* и плата за месяц вперёд. При изменении вида услуг также может взиматься некоторая плата.

Спутниковое телевидение составляет серьезную конкуренцию кабельным сетям, предлагая часто больший выбор программ за такую же цену. Основным сдерживающим фактором долгое время была стоимость оборудования, необходимого для приёма сигнала. Массовое производство современных спутниковых антенн позволило снизить их стоимость настолько, что они стали доступны почти всем.

Нередко можно увидеть объявления, предлагающие клиентам кабельных сетей бесплатную установку минимально необходимого комплекта спутниковой антенны в обмен на обещание подписаться на определённый набор услуг не менее чем на год. В некоторых случаях, когда жилье удалено от кабельной сети, спутниковая антенна является единственным доступным средством. Стоимость требуемого оборудования значительно выше, если в доме более чем один телевизор (имеется в виду, что по ним смотрят разные программы одновременно), поскольку требуется отдельный приёмник для каждого телевизора.

В местностях, где число иммигрантов вашей национальности невысоко, спутниковое телевидение является единственной возможностью смотреть передачи на своём языке, тогда как в крупных центрах возможны национальные программы, транслируемые по кабельному телевидению.

3.6.5. Интернет

Доступ к сети Интернет в настоящее время является почти такой же необходимостью, как и телефон, уже хотя бы потому, что электронная почта *(E-Mail)* существенно потеснила почту обычную. Я уже не говорю обо всех других возможностях, которые будут более подробно рассмотрены в главе, посвящённой информации.

Доступ к Интернету обеспечивается так называемыми Интернет провайдерами *(Internet Access Providers),* с которыми необходимо заключить договор. Наиболее распространёнными на сегодняшний день техническими средствами доступа к сети являются телефонный модем и кабельный модем. Телефонный модем из них наиболее дешёвый, хотя и не самый быстрый, и

for most users. It is a standard feature of all retail-sold computers.

You can find phone numbers of Internet Access Providers in the telephone book. The monthly cost of unlimited access is a little more than $20. One of the main criteria in choosing a provider is whether it offers a local telephone number for access. If you are not sure, check with your telephone company to be certain that the number your provider gave you is not long-distance for you.

If you have Internet access and change residence, also make sure that the phone number you have been using for access is still local for you. If it is not, ask your provider whether they have another number in your area. If not, you will have to switch to another provider; otherwise, your phone bill can become astronomical.

Network access through a cable modem is much faster. Another advantage is that using the Internet does not tie up the telephone line, which is the case when you use the telephone modem. However, such connection costs 2-3 times more, and the service is not available in all areas.

более чем достаточен для большинства обычных пользователей. Он входит в стандартный набор устройств всех реализуемых в розничной продаже компьютеров.

Телефоны компаний, обеспечивающих доступ к Интернету, вы можете найти в обычном телефонном справочнике. Месячная стоимость услуг с неограниченным временем доступа составляет немногим более $20. Одним из главных критериев выбора провайдера является наличие местного телефонного номера для обеспечения доступа. Если вы точно не знаете, то удостоверьтесь в вашей телефонной компании, что номер, который вам сообщил провайдер, не является для вас *Long distance* (междугородным).

Если вы имеете доступ к Интернету и меняете место жительства, также удостоверьтесь, что номер телефона, по которому вы звонили ранее для доступа, всё ещё местный для вас. Если это не так, справьтесь у провайдера, не имеет ли он другого номера в вашем районе. Если нет, то вам придётся сменить провайдера, поскольку в противном случае ваши расходы за телефон могут быть астрономическими.

Доступ к сети с использованием кабельного модема значительно быстрее. Другим достоинством является то, что телефонная линия не занимается в отличие от телефонного модема, однако такое подключение обходится в 2-3 раза дороже, и кроме того, оно не везде возможно.

4. The Automobile

4.1. The role of automobiles in American life

Apparently, only in America is it really possible to believe that an automobile is not a luxury but a means of transportation. Henry Ford has put the country on wheels when he launched the first automobile assembly line in 1913. Automobiles became affordable for large segments of the population and quickly became popular. Construction of the National System of Interstate and Defense Highways, which began during the Great Depression and was for the most part completed in the 1970s, has made the automobile the main means of transporting both passengers and cargo that has replaced the railways in many places.

In 2000, the US population was 281,422 and had 221,475 registered vehicles, that means about 790 automobiles for each 1000 people (U.S. Census Bureau. Statistical Abstract of the United States 2002). In practical terms, the figure for America means that almost every US resident aged 16 years or older has a car. Americans, figuratively speaking, grow up in the car because children ride with their parents starting practically at birth. It is also not unusual to see people who are well into their 70s or even 80s behind the wheel. In an article discussing restrictions for elderly drivers, Walter Berry tells about an Arizona resident named George Freestone who was about to turn 102 years old in 2000 and still drove a car at his age, sometimes letting his 81-year-old wife drive (Berry, 2000).

If there is an automobile museum or an antique car show in your area, by all means go. You will see the whole history of automobile industry. Those who arrived from countries where a passenger car was still a rarity in the 1950s will be amazed by the cars that existed in the US long before then.

4. Автомобиль

4.1. Значение автомашины в жизни американца

По-видимому, только в Америке можно реально поверить, что автомобиль не роскошь, а средство передвижения. Генри Форд поставил страну на колёса, запустив сборочный конвейер в 1913 году. Автомобиль стал доступен широким слоям населения и быстро завоевал популярность. Национальная программа строительства скоростных магистралей *(National System of Interstate and Defense Highways),* начатая в годы великой депрессии и в основном завершенная в 70-е годы, привела к тому, что автомобиль стал главным средством как пассажирского, так и грузового транспорта, вытеснивши во многих местах железнодорожный.

В 2000 году население США составляло 281,422. При этом в стране было зарегистрировано 221,475 автомобилей, что составляет около 790 автомобилей на 1000 человек (U.S. Census Bureau. Statistical Abstract of the United States 2002). На практике это означает, что почти каждый житель США старше 16 лет имеет автомобиль. Американцы, фигурально выражаясь, вырастают в машине, так как родители возят детей с собой, начиная с возраста нескольких дней. Не редкость также видеть за рулём тех, кому далеко за 70 или даже за 80.

В статье, посвящённой обсуждению ограничений для пожилых водителей Walter Berry рассказывает о жителе штата Аризона по имени Джордж Фристоун, которому в 2000 году должно было исполниться 102 года и который в этом возрасте водил машину, иногда передавая управление своей 81-летней жене (Berry, 2000).

Если в вашей местности имеется автомобильный музей или будет проводиться выставка старых автомобилей *(Antique Car Show),* то непременно сходите. Вы увидите всю историю автомобилестроения. Приехавшим из стран, где ещё в пятидесятые годы легковой автомобиль являлся редкостью, покажется невероятным, какие машины существовали в США задолго до этого.

4.2. The American Automobile Association (AAA)

Widespread use of automobiles inevitably leads to situations when technical malfunctions happen on the road and require immediate repair (if the problem is easily fixed) or towing the car to the nearest garage (if the repair needed is more extensive). A simple flat tire can put a person who has never had to install a spare in a difficult position even if physically he or she is capable of doing it, and the problem will be even more serious for an elderly or disabled person. And if car insurance, which we will talk about later, is intended to cover charges related to car accidents and other events, automobile clubs or associations exist to help people in situations not related to car accidents. They charge their members an annual fee and provide free emergency services. The largest organization of this kind is the American Automobile Association, better known under the abbreviation AAA which is pronounced "triple-a".

The annual membership fee in 2003 was $44 for a single driver or $70 for a married couple. Unlike an insurance policy, an AAA membership covers the driver, not the car. In other words, no matter what car you are driving when a problem occurs, you will be provided free service. The AAA can help you:

- start your car if the battery is dead;
- open the car when the keys are locked inside;
- change a flat tire;
- deliver the gasoline you need to reach the nearest gas station (you pay for the cost of gas, but not for delivery);
- fix a simple malfunction while on the road;
- tow a broken car to a garage or a safe place. For those with a basic membership, the first 5 miles are free, and the rest of the way is subject to a price stipulated by the AAA, not by the towing company. Free towing for distances up to 100 miles is given to the members who have a AAA+ (triple-a-plus) card.

Each member of the association is given a membership card with a phone number that allows them to call for help 24 hours a day, 7 days a week. If something happens to you on the road, you can ask passing drivers to make the call for you from the nearest phone. With the spread of cell phones, calling for help is becoming easier than ever. The association's switchboard operator immediately contacts the auto repair shop nearest to you, which sends an emergency vehicle as soon as possible. In cities this can take 30-60 minutes, and in remote areas how long you have to wait depends on the distance.

4.2. Американская Автомобильная Ассоциация

Массовое использование автомобилей неизбежно приводит к ситуациям, когда технические неисправности случаются в пути и необходим может быть и не очень сложный, но немедленный ремонт или буксировка машины в ближайший гараж для более серьёзного ремонта. Простое спущенное колесо может поставить в затруднительное положение человека, которому никогда не приходилось производить установку запасного, даже если физически он способен это сделать, и я уже не говорю о пожилых или больных людях. И если страхование машины, о котором мы будем говорить ниже, предназначено для покрытия расходов связанных с автомобильными авариями и другими страховыми событиями, то для подстраховки в случаях не связанных с авариями служат автомобильные клубы или ассоциации, существующие на взносы своих членов и бесплатно оказывающие им такие услуги. Наиболее массовой организацией такого типа является Американская Автомобильная Ассоциация, чаще всего известная под сокращением ААА, которое произносится "трипл-эй".

Годовой членский взнос в 2003 году составлял \$44 с водителя или \$70 с супружеской пары. В отличие от страховки, членство в ААА покрывает водителя, а не машину. Другими словами, на какой бы машине вы ни ехали на момент возникновения проблемы, вам будут бесплатно оказаны положенные услуги. Вам помогут:

- завести машину при посаженном аккумуляторе;

- открыть машину с захлопнутыми внутри ключами;

- сменить спущенное колесо;

- доставить бензин, необходимый, чтобы доехать до ближайшей заправки (вы платите за стоимость бензина, но не за доставку);

- починить мелкую неисправность на дороге;

- отбуксировать неисправную машину в гараж или безопасное место. При этом для обычных членов первые 5 миль бесплатны, а последующие оплачиваются по цене, оговоренной ААА, а не буксировщиком. Членам, имеющим карточку ААА+ (трипл-эй-плас) предоставляется бесплатная буксировка на расстояние до 100 миль.

Каждому члену ассоциации выдаётся членская карточка с номером телефона, по которому можно позвонить в любое время суток и любой день недели, чтобы получить помощь. Если с вами что-то случилось на дороге, вы можете попросить проезжающих водителей сделать это для вас с ближайшего телефона. При широком распространении сотовых телефонов, это оказывается всё менее сложным делом. Диспетчер телефонного центра ассоциации немедленно связывается с ближайшим к вам авторемонтным предприятием, которое в кратчайший срок направляет аварийную машину. В населённых пунктах это

However, if you are a AAA member, it does not mean that you do not have to watch your gas level or can repeatedly lock your keys in the car. The number of free services you can receive during a calendar year is limited, and if you exceed this limit, you will have to pay. Nevertheless, even a single incident can be easily worth the annual membership fee. If your car breaks down 30 miles from the nearest town and you are not a AAA member, you are at a disadvantage and are forced to pay as much as you are asked to fix it or to tow it off to a garage or elsewhere.

In addition to the services described above, the AAA helps its members with travel planning, supplying free detailed maps for a particular route, as well as reserving tickets and hotel rooms.

The AAA is not the only organization that provides these services. Large insurance companies may have similar automobile clubs. In addition, some car manufacturers include free emergency service as part of a car warranty. After the warranty expires or the vehicle reaches certain mileage, the owner loses the right to these services.

4.3. Traffic rules and regulations

Traffic rules in the US differ from those in Europe. The most obvious difference is America's almost complete lack of conventional traffic signs. To be understood by everyone, rules must be very simple and clear. Therefore, most signs are simply text (in English, of course). For example:

"NO TURN ON RED." This sign requires an explanation. In the US, at intersections with traffic lights, the right turn on red light is permitted after a full stop, except when this sign is present. In these cases, you must wait for a green light.

"WRONG WAY" (on a road with one-way traffic).

"DO NOT PASS"

Most conventional signs without text are yellow warning signs, but even the few prohibiting signs that exist use text in addition to a conventional sign:

"STOP"

"YIELD"

"DO NOT ENTER"

"NO U TURN"

может занять 30-60 минут, а в удалённых местах – в зависимости от дистанции.

Однако если вы состоите членом AAA, то это не значит, что вы не должны следить за уровнем бензина в баке или можете постоянно захлопывать ключи в машине. Количество бесплатных услуг, оказываемых в течение календарного года, ограничено, и если вы это ограничение превысите, то будете вынуждены платить. Тем не менее, даже единственное происшествие может с лихвой окупить годовые затраты на членство в этой организации. Если у вас сломалась машина в 30 милях от населенного пункта, то вы оказываетесь в очень невыгодной ситуации и вынуждены заплатить столько, сколько с вас запросят, чтобы привести её в движение или отбуксировать в гараж или другое место.

Помимо вышеуказанных услуг, AAA помогает своим членам в планировании путешествий, бесплатно снабжая их подробными картами с указанием маршрутов от места отправления до места назначения, а также бронирует необходимые билеты и места в гостиницах.

AAA не единственная организация, оказывающая подобные услуги. Крупные страховые компании могут иметь свои автомобильные клубы аналогичного назначения. Кроме того, некоторые производители машин включают бесплатное обслуживание в аварийных ситуациях, как составную часть гарантии на машину. По истечении гарантийного срока или достижении обусловленного пробега, владелец машины теряет право на эти услуги.

4.3. Правила дорожного движения

Правила дорожного движения в США отличаются от европейских прежде всего почти полным отсутствием условных знаков в общепринятом их значении. Чтобы удовлетворить требованиям массовости, правила должны быть предельно простыми и понятными, поэтому большинство знаков представляют собой просто надписи (естественно, на английском языке), такие как, например:

"NO TURN ON RED"- "Не поворачивать на красный". Этот знак требует пояснения. В США на перекрёстках, оборудованных светофорами, разрешается поворот направо на красный свет после полной остановки, за исключением случаев, когда установлен вышеуказанный знак. При этом необходимо ждать зелёного света.

"WRONG WAY" – "Ошибочное направление" (на дороге с односторонним движением).

"DO NOT PASS" – "Обгон запрещён".

Большинство условных знаков без текста являются предупреждающими и имеют жёлтый цвет, но даже те немногие запрещающие знаки, которые существуют, имеют надписи в дополнение к условному знаку:

"STOP" – "Стоп",

"YIELD" – "Пропустить",

"DO NOT ENTER" – "Не въезжать",

"NO U TURN" – "Не разворачиваться".

Another difference is the rule for driving through intersections. Drivers must stop completely before each intersection where there is a "STOP" sign and can continue only after they are sure that doing so is safe. There are intersections that have "STOP" signs at entrances from all directions; these are called *4-way stops*. Drivers take turns going through such intersections on the first come, first go basis.

Books that explain traffic rules are distributed free of charge. They can be found at any Bureau of Motor Vehicles office or ordered by calling the same office.

4.4. Getting a driver's license

In the United States, it is very difficult to get around without a car, unless you are in a large city with an extensive public transportation system. Being able to drive gives people freedom. Teenagers acquire this freedom when they get a driver's license and stop being dependent on their parents to drive them where they need or want to go. For many elderly people, the day when they are forced to surrender their driver's license means the end of this freedom.

Because a driver's license has a photo and is renewed regularly, and because most adults have one, it has become the main document that establishes one's identity in the US. Your driver's license will serve as your visa when you travel anywhere in North America, including Canada and Mexico (you cannot do this if you are not a permanent US resident and do not have a green card – in this case, you may not be allowed to come back if you leave the country).

For a long time, the minimum age for getting a driver's license in most states has been 16. However, in light of the menacing motor vehicle accident statistics for young drivers when 110 out of each 100,000 sixteen-year-old drivers die in motor vehicle accidents, whereas the national average for all ages is only 32 out of each 100,000 drivers (U.S. Census Bureau. Statistical Abstract of the United States 2002), more and more states restrict young people's driving privileges. Some states require drivers under a certain age to complete a driving course under the direction of a skilled instructor. Often, young people are issued provisional licenses that restrict driving after dark and prohibit them from transporting passengers other than members of the immediate family. After a one- or two-year period, a license acquires a non-provisional status.

Driver's licenses are issued by the Bureau of Motor Vehicles. In Maine, this process occurs in two stages:

Ещё одним отличием является правило проезда перекрёстков. Водитель обязан полностью остановиться перед перекрёстком если на его пути установлен знак "СТОП" и продолжить движение только после того, как убедится в безопасности. Существуют перекрёстки, на которых знак "СТОП" установлен на подъезде с любого направления или так называемые *4-way Stop:* проезд через такой перекрёсток осуществляется по очереди по принципу – кто первый подъехал.

Книги с правилами дорожного движения распространяются бесплатно. Взять их можно в любом отделе регистрации автомобилей *(Bureau of Motor Vehicle)* или, позвонив туда, заказать прислать по почте.

4.4. Сдача экзамена на права

В США вы мало куда можете добраться без автомобиля, разве что в крупных городах с развитой системой общественного транспорта, да и то далеко не везде. Автомобиль обеспечивает человеку свободу передвижения. Получение водительских прав для подростка означает перемещение с заднего пассажирского сидения в сиденье водителя или конец зависимости от родителей и приобретение этой свободы. Для многих пожилых людей тот день, когда они вынуждены расстаться с водительскими правами, означает конец этой свободы.

Поскольку водительские права имеют фотографию, регулярно обновляются и имеются, за редким исключением, практически у всех - они превратились в главное удостоверение личности на территории США. С ними вы можете путешествовать любыми видами транспорта по всей Северной Америке, включая Канаду и Мексику (этого нельзя делать, если вы не являетесь постоянным жителем США и не имеете Гринкарты – вас могут не впустить обратно в страну, если вы её покинете).

Минимальным возрастом для получения водительских прав с давних пор и почти повсеместно являются 16 лет. Однако при угрожающей статистике дорожно-транспортных происшествий среди молодых водителей, когда в дорожных авариях погибают 110 из 100,000 шестнадцатилетних водителей, тогда как только 32 из 100,000 водителей в среднем по стране (U.S. Census Bureau. Statistical Abstract of the United States 2002), всё больше штатов вводят ограничения, при которых это возможно. Одним из условий является окончание школы вождения под руководством опытного инструктора, затем могут выдаваться условные права с ограничением вождения в тёмное время и запрещением возить в машине не являющихся членами семьи, и только после определённого времени выдаются полноценные права.

Водительские права выдаются государственной службой под названием *Bureau of Motor Vehicles* (Бюро моторизованного транспорта). В штате Мэн это происходит в два этапа:

- after passing an exam that tests your knowledge of traffic rules, you are issued a driver's permit that allows you to drive under the supervision of an experienced driver;

- after passing a driving test, also called a road test, you are issued a driver's license.

The driver's permit test is taken in written form and is administered in a multiple-choice format. You have to choose an answer to each question out of four possibilities, only one of which is correct. The exam may include as many as two or three dozen questions. It is acceptable to take the test with the help of an interpreter, who can be your friend or relative if the bureau does not have an employee who speaks your native language. This person signs a statement in which he or she agrees not to help the examinee with the answers. In many places with large populations of immigrants who speak a certain language, the test can be administered in their native language. At the time of the permit exam, the applicant's eyesight is also checked. The driving permit test fee in the state of Maine was $10 in 2000.

Once you have your permit, you may practice driving under the supervision of an experienced driver who has to occupy the front passenger seat of your car. A driver who has had a license for a certain period of time that may vary from state to state (the age of an instructor may also be specified) and has enough patience can teach you to drive. There are private driving schools that also require a driver's permit for admission. Driving lessons are usually paid for on an hourly basis, with the minimum rate being about 30-35 dollars per hour.

When you obtain your driving permit, you also receive a postcard which you must mail to the Bureau of Motor Vehicles when you are ready for the road test. Some time later you will be notified of the date, time, and location of your exam by mail. It is a good idea to visit the site beforehand and to practice driving through the nearby streets, where the test will most likely be given. The permit is valid for 18 months. If you have not taken a driving test during this time, you will need to start the whole process over again.

On the day of your test, you must be accompanied by a person with a valid license and have you car insurance card and registration certificate, your permit, and a proper ID with a photo. It is better to arrive in the car you practiced in or at least one you are familiar with. The test is administered using your car and takes about 25-30 minutes.

Before the test, you will be asked to demonstrate that all parking lights, brake lights, windshield wipers, and headlights are in good working order. After that, you get in the car with the examiner and follow his or her instructions for traveling a route that requires you to perform common driving tasks, such as entering traffic from a parking lot, right and left turns, driving through intersections with or

- дача экзамена на знание правил дорожного движения и получение Пермита *(Driver's Permit),* то есть разрешения на право вождения под присмотром опытного водителя;

- сдача теста на вождение и получение водительских прав *(Driver's License).*

Экзамен на Пермит сдаётся в письменном виде в форме *Multiple Choice* – когда вы должны выбрать правильный ответ на поставленный вопрос из четырёх возможных вариантов, только один из которых является правильным. Количество вопросов довольно большое – несколько десятков. Допускается сдача теста с переводчиком, который может являться вашим знакомым или родственником, если в бюро нет штатного сотрудника, говорящего на вашем родном языке. Этот человек подписывает обязательство не помогать экзаменуемому с ответами. Во многих местах, где процент иммигрантов той или иной национальности высок, возможна сдача экзаменов на родном языке. При сдаче теста на Пермит также проверяется зрение. Стоимость теста на получение Пермита в нашем штате - $10.

Получив Пермит, вы можете учиться вождению под руководством водителя со стажем, который обязан быть в машине вместе с вами. Обучать вождению может человек, имеющий водительские права не менее установленного в вашем штате периода (возраст также может быть оговорен) и обладающий достаточным терпением. Существуют частные школы вождения, которые также требуют наличия Пермита для зачисления. Оплата обучения – почасовая, минимальная ставка где-то около 30-35 долларов в час.

Одновременно с выдачей Пермита вы получаете также почтовую карточку, которую необходимо отправить, когда вы будете готовы сдавать тест на вождение. Через некоторое время вам придёт по почте вызов на экзамен по вождению с указанием места и времени сдачи. Полезно съездить по этому адресу заранее и потренироваться на близлежащих улицах, где по всей вероятности и будет проходить тест. Пермит действителен в течение 18 месяцев. Если вы не сдали тест на вождение в этот срок, то придётся начать всё сначала.

Для сдачи теста вы обязаны прибыть с человеком, имеющим водительские права и иметь при себе документы на машину (страховка и свидетельство о регистрации), Пермит и удостоверение личности с фотографией. Лучше приезжать на той машине, на которой вы тренировались или, как минимум, предварительно с ней ознакомиться. Тест сдаётся на вашей машине и занимает 25-30 минут.

Перед началом теста вы будете обязаны продемонстрировать, что все указатели поворота, стоп сигнал, дворники и фары функционируют нормально. После этого вы садитесь в машину с экзаменатором и выполняете его указания при движении по маршруту, который включает большинство наиболее часто встречающихся элементов, как, например, выезд с места стоянки на дорогу, повороты направо и налево, проезд перекрёстков со светофором и без, остановка и езда задним ходом, параллельная парковка и так далее.

without a traffic light, stopping and backing up, parallel parking, and so on.

Below you can find "typical reasons for road test failure" from one of the versions of the Motorist Handbook and Study Guide published in our state.

- Fails to properly observe while leaving parking area.

- Does not adjust to conditions.

- Unfamiliar with vehicle.

- Disregard for traffic rules.
    - Unnecessary stops.
    - Improper lane position.

- Turns, left and right.
    - Approaches in wrong lane position.
    - Enters in wrong lane position.
    - Fails to recover from turn.
    - Cut corner.
    - Incorrect signal when turning or failed to signal.

- Does not obey traffic lights.
    - Does not stop on red (constant or flashing).
    - Does not stop on yellow (constant).
    - Does not use caution (yellow flashing).
    - Stops and does not proceed on green light.
    - Does not make turn on green arrow with constant red light.

- Lacks parking ability.
    - Backs onto sidewalk.
    - Strikes other vehicle or fixed object forcibly.
    - Unable to properly park vehicle in two attempts (parallel).
    - Was unable to park with 18 inches of curb.
    - Fails to properly observe while parking.

- Stop and start on grade.
    - Fails to signal.
    - Fails to pull to right.
    - Rolls back on hill approximately ½ car length.

- Speed.
    - Exceeding posted limit by 5 M.P.H.
    - Too slow to judge ability.
    - Fails to adjust to conditions (State of Maine).

If you successfully pass the test, you will be photographed and issued a driver's license on the spot. A new driver's license is valid until your fifth birthday counting from the date of issue. In our state the cost of a first driver's license is $30. Its expiration date always

Ниже приводится "перечень наиболее часто встречающихся ошибок", приведённых в одной из редакций руководства по изучению правил дорожного движения опубликованного в нашем штате.

- Не обернулся назад перед началом движения.

- Неуверенное вождение.

- Незнаком с машиной.

- Не следует дорожным знакам:
  - остановка без необходимости;
  - неправильный выбор ряда движения.

- Повороты:
  - начал поворот из неправильного ряда;
  - закончил поворот не в том ряду;
  - не вписался в поворот;
  - срезал угол;
  - неправильный сигнал поворота или его отсутствие.

- Светофор:
  - не остановился на красный, горящий или мигающий свет;
  - не остановился на жёлтый свет, загоревшийся перед красным;
  - не усилил внимание при проезде мигающего жёлтого;
  - остановился на зелёный или не тронулся вовремя;
  - не повернул по зелёной стрелке.

- Парковка:
  - наехал на тротуар при сдаче назад;
  - задел другую машину или объект;
  - не припарковался с двух попыток;
  - припарковался далее, чем 45 см. от тротуара;
  - не внимателен во время парковки.

- Остановка на склоне:
  - не посигналил;
  - не взял вправо;
  - скатился назад около половины корпуса машины;

- Скорость:
  - превысил допустимую скорость более чем на 5 миль в час;
  - слишком медленно;
  - не подстраивался под обстоятельства (State of Maine).

Если вы успешно сдали тест, вас тут же сфотографируют и выдадут права. Новые водительские права действительны до вашего пятого дня рождения, считая с момента получения. В нашем штате плата за выдачу водительских прав впервые - $30. Срок окончания их действия всегда совпадает с вашим днём рождения для простоты запоминания. Таким образом, если вы сдали тест незадолго до дня рождения, то ваши права будут действительны немногим более

coincides with your birthday to make it easier to remember. Therefore, if you pass the test shortly before your birthday, your license will be valid for a little over five years, and if you pass it shortly after, it will be valid for almost six years. For older people, beginning at a certain age, the period between driver's license renewals is reduced to two or even one year.

Unless you are an elderly driver, no additional tests are required to renew your license. In many states, drivers who are 75 or older must take the driving test in order to renew their license. The renewal fee is $10. Renewals are done mostly to update the Bureau of Motor Vehicles records and your photo. If you change residence between renewals for any reason, you must notify the Bureau, and they will put a label with your new address on the back of your license. This service is free.

Suspension of driving privileges for violating traffic rules is a punishment with far-reaching consequences. The person whose license is suspended becomes vulnerable in many ways. His or her employment choices are limited not only because the workplace has to be accessible by public transportation or bicycle but also because many employers check prospective employees' driving records and can refuse to hire someone with a suspension. Besides, many jobs require a valid driver's license.

People with an international driver's license that was issued in another country can usually drive for a limited time after they pass a permit exam. If you are stopped by police while driving with such a license, be prepared for long waits while the officer establishes that your license is valid.

4.5. Finding the right car for you

The title of this section refers to finding a car not because it is difficult to find a place where cars are sold, but because it is often very difficult to find exactly what you want and need among thousands and thousands of cars being sold at any given moment. The automobile market in the US is not just large, it is enormous. About 17 million new vehicles and as many used ones are sold in this country each year.

Where can you buy a car in America? Almost at any corner. Seriously, though, there are two main ways to purchase a vehicle: through a licensed car dealer or through a private sale. You can also buy at auction or through the Internet, but that is not for everyone.

Large dealers, as a rule, are concentrated in certain areas, usually along busy roads or near highway exits and fairly close to each other, which makes your task a little easier. They usually sell new cars of different models but made by the same manufacturer or those made by different manufacturers that are not in competition with each other. They also sell used cars that have been traded in for new ones, have low mileage, and are in good condition.

пяти лет, а если вы сдаёте тест незадолго после, то почти шесть лет. Пожилым людям, начиная с определённого возраста, срок действия водительских прав снижается до двух или даже одного года.

При обновлении водительских прав никаких дополнительных тестов не требуется за исключением пожилых водителей. Во многих штатах водители старше 75 лет обязаны сдавать тест на вождение при обновлении водительских прав. Стоимость обмена - $10. Делается это больше для учёта и обновления фотографии. Если по каким-то причинам вы меняете место жительства в течение срока действия водительских прав, то вы должны обратиться в бюро автотранспорта и вам бесплатно сделают наклейку с новым адресом на обратной стороне прав.

Лишение водительских прав за нарушение правил дорожного движения, является наказанием с далеко идущими последствиями. Человек становится уязвим со многих сторон. Его выбор места работы не только ограничен пределами досягаемости общественного транспорта или велосипедной поездки, но ещё и потому, что многие работодатели интересуются водительским послужным списком *(Driving Record)* нанимаемых работников и могут отказать в приеме на работу. К тому же, очень многие профессии требуют наличия водительских прав.

Лица, имеющие водительские права международного образца, выданные в другой стране, как правило, могут ездить какое-то время, сдав экзамен на Пермит. При этом будьте готовы к долгим задержкам, если вас остановит полиция, до выяснения – действительны ли ваши права.

4.5. Поиски и выбор автомобиля

Этот раздел называется поиски автомобиля не потому, что трудно найти место, где продают машины, а потому, что зачастую очень трудно найти ту, которая вам подходит по всем показателям среди тысяч и тысяч продающихся в данный момент. Рынок автомобилей в США не просто большой, он невероятно огромен. Ежегодно в стране продаётся около 17 миллионов новых автомашин и приблизительно столько же подержанных.

Где же в Америке продаются машины? Почти на каждом углу. А если серьёзно, то основных источника всего два: Лицензированные продавцы машин *(Car Dealers)* и частники. Вы можете купить также на аукционе или через Интернет, но это на любителей.

Крупные дилеры, как правило, сконцентрированы в определённых зонах, обычно вдоль достаточно оживлённых дорог или около выходов с хайвэев, довольно близко друг к другу, что несколько облегчает задачу. Они обычно торгуют новыми машинами нескольких марок дополняющих линию одного или разных, но не конкурирующих друг с другом производителей, а также теми подержанными машинами, которые берутся в обмен на новые, имеют небольшой пробег и находятся в хорошем состоянии.

Если вы покупаете новую машину, то у крупного дилера почти наверное есть тот цвет или модель, которые вы хотите. Если нет в данный момент, то вы

If you are buying a new car, a large dealer will most likely have the color or model you want. If they don't, you can fill out an order form and will be notified when the car arrives. If you buy a used car, on average, you will pay more at a large dealership, but you can also be more certain that the car is not a "lemon."

Smaller dealers may sell both new and used cars, but their assortment of new cars is considerably smaller. There are dealers that sell and trade only used cars, in numbers ranging from 5-10 cars to several hundred and more. They usually have a repair shop where the cars are made to look presentable. Not all small dealers have valid licenses to sell cars. Their prices are lower, but they also offer fewer guarantees.

The cars sold privately are usually displayed near homes or in other accessible places with a sign **For Sale** in a window or windshield and a phone number which you can call to find out the details or set up an appointment. Besides, there are automobile sections in the Classified sections of newspapers, where private car sale ads are located alongside dealer ads. Some examples of ads with explanations are shown below:

MAZDA 626 '93 – 108K mi, auto,
a/c, recent struts, brakes, exhaust, tires,
exc cond. $5,300/best. 655-2000 eves.

Model MAZDA 626, 1993 – 108,000 miles, automatic transmission, air conditioner, recently replaced struts, brakes, exhaust, tires, in excellent condition. Asking $5,300 or best offer. Call 655-2000 in the evenings.

VW JETTA CARAT '92. Green,
gray cloth interior, 5 spd, air, PW,
sunroof, so. car, no rust, 107 K,
new battery, runs great, 32 MPG,
$3600/best offer. 442-4604x35

Model VW JETTA CARAT 1992. Green color, gray cloth interior, 5 speed standard transmission, air conditioner, power steering wheel, sunroof, Southern car, no rust, 107,000 miles, new battery, runs great, 32 miles per gallon. Asking $3600 or will accept best offer. Call 442-4604 extension 35.

As you can see, there is a lot of abbreviations, and some of them are rather difficult to understand. Therefore, the most frequently used ones are shown in Table 4-1 on page 144, grouped by function.

можете оставить заказ и вам сообщат, когда машина поступит. Если вы покупаете подержанную машину, то в среднем, вы платите больше у крупного дилера, но имеете больше гарантий, что машина не окажется "лимоном".

Более мелкие дилеры могут торговать как новыми машинами, так и подержанными, но выбор новых машин значительно уже. Существует множество дилеров, которые торгуют только подержанными машинами, причем их количество варьируется в широких пределах от 5-10 машин до нескольких сотен и более. Они, как правило, имеют ремонтную мастерскую, где придают машинам товарный вид. Далеко не все мелкие дилеры имеют лицензии на торговлю машинами. Цены у них ниже, но и гарантий меньше.

Машины, продаваемые частниками, обычно стоят около домов или в любых других доступных местах с табличкой *For Sale* (продаётся) на каком либо из стёкол и номером телефона, по которому можно позвонить и узнать необходимые подробности или договориться о встрече. Кроме того, существуют автомобильные разделы в газетной секции объявлений *Classified,* где помимо рекламы дилеров помещаются объявления частников о продаже машин. Ниже приводится несколько примеров объявлений с переводом:

MAZDA 626 '93 – 108K mi, auto,
a/c, recent struts, brakes, exhaust, tires,
exc cond. $5,300/best. 655-2000 eves.

Автомашина MAZDA 626, 1993 года выпуска, прошедшая 108,000 тысяч миль (164,800 км.), с автоматической коробкой скоростей и кондиционером. Недавно заменены амортизаторы, тормозные колодки и покрышки. В отличном состоянии. Прошу $5,300 или рассмотрю лучшее предложение. Звонить по телефону 655-2000 в вечернее время.

VW JETTA CARAT '92. Green,
gray cloth interior, 5 spd, air, PW,
sunroof, so. car, no rust, 107 K,
new battery, runs great, 32 MPG,
$3600/best offer. 442-4604x35

Автомашина Фолцваген JETTA CARAT, 1992 года выпуска. Зелёного цвета с серого цвета тканевой обивкой салона, с ручной 5-и скоростной коробкой передач, с кондиционером, гидравлическим рулевым управлением, стеклянным люком в крыше. Машина с юга, нет ржавчины, прошла 107,000 тысяч миль (164,200 км), новый аккумулятор, ходит прекрасно, 32 мили на галлон бензина (13.5 км на литр). Прошу $3,600 или рассмотрю лучшее предложение. Звонить по телефону 442-4604, добавочный 35.

Как видите, - сокращений много и на первых порах понимать их довольно трудно, поэтому в табл. 4-1 на стр. 145 приводятся наиболее часто встречающиеся из них, сгруппированные по смысловому значению.

Table 4-1:   Abbreviations in Cars for Sale Ads

Type of car, engine, and transmission		
2dr	2 door, Coup	
4dr sdn	4 door, Sedan	
Wgn, wagon	Station Wagon	
Conv.	Convertible	
4 cyl, V6, V8	4,6,8 cylinder engine	
3.1, 3.1L	3.1 Liters volume	
4spd, 5spd	4 or 5 speed std. trans.	
Auto	Automatic transmission.	
Standard, std	Standard transmission	
AWD	All Wheels Drive	
FWD, FW	Front Wheels Drive	
Options		
4 CD	4-CD changer	
17" alloys	17-inch wheels	
ABS	Antilock Brakes	
A/C, air	Air Conditioner	
Alarm	Alarm System	
am/fm	AM/FM Radio	
am/fm cass.	AM/FM Radio, Casette.	
Cruise	Cruise Control	
PB, P/B	Power. assisted brakes	
PL, P/L, PDL	Power door locks	
PW, P/W	Power windows	
Pwr seat	Power seat	
Tilt, tilt wheel	Tilt Steering Wheel	
Sunroof, moonroof		
Loaded, loaded Pkg	Many options	
Interior features		
Bench seat		
Buckets	Bucket seats	
Cloth	Cloth interior	

Табл. 4-1: **Сокращения в рекламе по продаже автомобилей**

Тип машины, двигатель и трансмиссия		
2dr	2 door, Coup	двух дверная
4dr sdn	4 door Sedan	четырех дверная
Wgn, wagon	Station Wagon	фургон
Conv.	Convertible	откидывающийся верх
4 cyl, V6, V8	4,6,8 cylinder engine	4-х, 6, 8 цилиндров. двигатель
3.1, 3.1L	3.1 Liters volume	объём двигателя в литрах
4spd, 5spd	4 or 5 speed std. trans.	4-х, 5-и скоростная ручная К.С.
Auto	Automatic transmis.	автоматическая К.С.
Standard, std	Standard transmis.	ручная коробка скоростей
AWD	All Wheels Drive	4 ведущих колеса
FWD, FW	Front Wheels Drive	передние колёса ведущие
Дополнительные устройства		
4 CD	4 CD changer	проигрыватель с 4 дисками
17" alloys	17-inch wheels	тип колесных дисков
ABS	Antilock Brakes	вид тормозов
A/C, air	Air Conditioner	кондиционер воздуха
Alarm	Alarm System	охранная сигнализация
am/fm	AM/FM Radio	радиоприёмник с СВ и УКВ
am/fm cass.	AM/FM Radio, Cas.	радиоприёмник с СВ и УКВ и проигрыватель кассет
Cruise	Cruise Control	устройство, поддерживающее постоянную скорость
PB, P/B	Pwr. assisted brakes	гидравлические тормоза
PL, P/L, PDL	Power door locks	замки с электроприводом
PW, P/W	Power windows	окна с электроприводом
Pwr seat	Power seat	сиденье с эл. приводом
Tilt, tilt wheel	Tilt Steering Wheel	регулируемый наклон рулевого колеса
Sunroof, moonroof		люк в крыше
Loaded, loaded Pkg	Many options	наличие многих из выше приведённых устройств
Особенности салона		
Bench seat		сплошное переднее сидение на три пассажира
Buckets	Bucket seats	отдельные передние сидения

Table 4-1:   Abbreviations in Cars for Sale Ads

Leather	Leather interior	
Split bench seat		
Tinted, privacy glass		
Additional information		
1 owner		
Book $2500	Retail value $2500	
Highway mi.	Highway mileage	
Low mls.	Low mileage	
mint cond.	Excellent condition	
New sticker	Recently passed State Inspection	

Most of the American automobile market is shared between the three largest domestic automobile manufacturers--General Motors, Ford, and Chrysler (which now belongs to Daimler-Chrysler), as well as a number of Japanese, German, Swedish, and Korean companies. Other countries' share in the total amount of sales is insignificant. The most popular makes are listed in Table 4-2.

Each of these makes has several models, which are usually updated every 4 to 6 years. In turn, every model is available in several styles that differ from each other in features such as engine power, transmission type, cab style, interior, and so on, which adds up to hundreds of varieties for all tastes. This makes choosing a vehicle difficult regardless of whether this is your first car or your twentieth.

Table 4-2:   The Most Popular Car Makes in the USA

Acura	Ford	Land Rover	Pontiac
Audi	GMC	Lexus	Porsche
BMW	Geo	Lincoln	Saab
Buick	Honda	Mazda	Saturn
Cadillac	Hyundai	Mercedes-Benz	Subaru
Chevrolet	Infiniti	Mercury	Suzuki
Chrysler	Isuzu	Mitsubishi	Toyota
Daewoo	Jaguar	Nissan	Volkswagen
Dodge	Jeep	Oldsmobile	Volvo
Eagle	Kia	Plymouth	

Табл. 4-1: **Сокращения в рекламе по продаже автомобилей**

Cloth	Cloth interior	гобеленовая обивка салона
Leather	Leather interior	кожаная обивка салона
Split bench seat		разделённое переднее сидение на три пассажира
Tinted, privacy glass		дымчатые стёкла
Дополнительные сведения		
1 owner		один владелец
Book $2500	Retail value $2500	стоимость по каталогу подержанных машин: $2500
Highway mi.	Highway mileage	основной пробег по хайвэям
Low mls.	Low mileage	небольшой пробег
mint cond.	Excellent condition	как новая
New sticker	Recently passed State Inspection	только что прошла техосмотр

На американском автомобильном рынке помимо трёх крупнейших отечественных производителей Дженерал Моторс, Форд и Крайслер (который принадлежит теперь компании Даймлер-Крайслер), наиболее широко представлены японские, немецкие, шведские и корейские фирмы. Доля остальных стран в общем объёме продаж незначительна. Перечень широко распространенных марок приводится в табл. 4-2.

Каждая из этих марок имеет несколько моделей, которые обычно обновляются каждые 4-6 лет. Каждая модель в свою очередь имеет несколько вариантов исполнения, отличающихся набором различных элементов, таких как мощность двигателя, тип коробки передач, тип кузова, оборудование салона и так далее, что в сумме составляет сотни одновременно существующих вариантов на все вкусы. Это делает выбор совсем непростым, независимо от того, первая это ваша машина или двадцатая.

Табл. 4-2: **Популярные в США марки машин**

Acura	Ford	Land Rover	Pontiac
Audi	GMC	Lexus	Porsche
BMW	Geo	Lincoln	Saab
Buick	Honda	Mazda	Saturn
Cadillac	Hyundai	Mercedes-Benz	Subaru
Chevrolet	Infiniti	Mercury	Suzuki
Chrysler	Isuzu	Mitsubishi	Toyota
Daewoo	Jaguar	Nissan	Volkswagen
Dodge	Jeep	Oldsmobile	Volvo
Eagle	Kia	Plymouth	

Let's review some basic criteria for choosing an automobile:

- **Purpose.** In other words, who will drive this car and where. A young single person and a family with 10 children will need very different cars. The former may choose a fuel-efficient two-door compact car, whereas the latter may need a 15-seat van.

- **Safety**. As a rule, the larger the car, the safer it is for its passengers and the more dangerous it is for another vehicle that is involved in an accident.

- **Efficiency.** The more powerful the vehicle, the more expensive it is to operate. This is especially important for those who often commute long distances.

- **Price.** This is listed after the three previous criteria because it really is not the most important factor when making a choice, as there are many options available in all price ranges, starting from several hundred dollars and up to $50,000-$70,000 or higher.

- **Reliability.** This parameter is frequently directly related to the previous one (but not always). The higher the car's mileage, the greater the possibility of breakdowns and high repair costs.

- **Your driving experience.** If you have never driven before, you will most likely choose a car equipped with an automatic transmission. They are much easier to operate.

- **Your tastes and preferences (you love a certain car).** This criterion can be as high on your list as you want, and may even be the most important consideration, depending on your financial resources.

Let's look at the above-mentioned criteria in more detail.

Purpose. The American automobile market has been saturated for many decades. Therefore, automobile manufacturers, striving to increase their share of the market in the face of stiff competition, have tried to satisfy specific demands of different groups of buyers by expanding the assortment of available models. This led to the introduction of minivans, sport-utility vehicles, small pickup trucks, and so on.

Most automobiles belong to one of the following types:

- *2 door Sedan, Coup* – a two-door car that can be any size. Many models are available in two-door versions that cost somewhat less than their four-door counterparts.

- *Family Sedan* - a four-door automobile with up to six seats that use to be the top choice for family trips in the past.

Рассмотрим основные критерии, по которым обычно выбирается автомобиль:

- **Назначение.** Иначе говоря, кто и куда будет на нём ездить. Одно дело, если это молодой человек, не имеющий семьи, и совсем другое, если это семья с 10 детьми. В первом случае это может быть экономичная двух дверная микролитражка, а во втором - автобус на 15 мест.

- **Безопасность.** Как правило, чем больше машина, тем более она безопасна для её пассажиров и более опасна при аварии для противоположенной стороны.

- **Экономичность.** Чем больше и мощнее автомобиль, тем дороже он в эксплуатации. Особенно важно это для тех, кто вынужден постоянно ездить на большие расстояния.

- **Цена.** Она стоит после трёх предыдущих критериев потому, что это действительно не самое главное в принятии решения, поскольку существует большой выбор во всём диапазоне цен, начиная от сотен долларов и кончая 50-70 тысячами и выше.

- **Надёжность.** Этот показатель зачастую является прямым следствием предыдущего (но не обязательно). Чем больше прошла машина, тем больше вероятность возможных отказов, а, следовательно - расходов на ремонт.

- **Водительский опыт.** Если вы никогда раньше не водили машину, то, скорее всего, вы будете выбирать среди тех, которые оснащены автоматической коробкой передач. Они намного проще в управлении.

- **Желание (машина просто нравится).** Этот критерий может занимать любое из предыдущих мест, начиная с первого, в зависимости от ваших финансовых возможностей.

Рассмотрим вышеперечисленные критерии более подробно.

Назначение. Автомобильный рынок США был насыщен в количественном отношении много десятилетий тому назад, поэтому автомобилестроители, стремясь увеличить свою долю в общем пироге в условиях жесткой конкуренции, старались удовлетворить специфические запросы отдельных групп покупателей, расширяя ассортимент выпускаемых моделей. Так появились маленькие грузовички, микроавтобусы, вездеходы типа Джип и так далее.

По типу автомобили подразделяются на:

- *2 door Sedan, Coup* – двух-дверная легковая машина, которая может быть любого размера. Многие модели выпускаются в двух-дверном исполнении, что несколько дешевле, чем аналогичная четырех дверная модель.

- *Family Sedan* - четырех дверная легковая машина с количеством мест до шести, чаще всего в прошлом используемая для семейных поездок.

- *Station Wagon* - a five-door car with increased luggage space or an additional seat. Many models were available in this version before minivans hit the market.

- *Convertible* – a car with a soft retractable top. Usually one of the most expensive versions of many models. New models start from $20,000 and higher.

- *Sports car* - a two-door car with a powerful engine, designed, as a rule, for wealthy buyers. Examples are a Porsche Boxter and a Chevrolet Corvette.

- *Minivan* - a minibus with up to eight seats is one of the most popular automobiles for families with children. It is now available from all manufacturers.

- *Van* - a bus with up to 15 seats, frequently used for group trips.

- *Cargo Van* - used for delivery of small cargoes or tools and materials by people in the service industry.

- *Sport Utility Vehicle (SUV)* - a car with increased clearance, usually four-wheel drive, and a powerful engine that is capable of towing a boat or a camper.

- *Pickup Truck* - a small truck used for transporting both passengers and cargo. These are made in wide assortment by all manufacturers and frequently have an extended cabin with additional passenger seats.

- *Recreational Vehicle* - a self-propelled house on wheels or camper used for recreation. These vary from small simple pop-up campers to huge vehicles with several rooms and all amenities.

Automobiles come in following sizes based on wheelbase:

- Minicompact   < 95 inches   <241 cm
- Subcompact   95-99 inches   241-251 cm
- Compact   100-104 inches   254-264 cm
- Medium Size   105-109 inches   267-277 cm
- Full Size   110-114 inches   279-290 cm
- Large Size   >115 inches   >292 cm

Safety. Despite the strict car safety requirements, about 40,000 people in the US die in car accidents every year. Even more people are injured annually. Even if this figure is less than the equivalent statistic in other countries, it is nevertheless a significant number.

- *Station Wagon* - пяти-дверная машина типа фургон с увеличенным пространством для багажа или дополнительным сидением. Многие модели выпускались в таком исполнении до появления микроавтобусов.

- *Convertible* – машина с мягким откидывающимся верхом (Кабриолет). Обычно одна из наиболее дорогих версий во многих моделях. Стоимость новых машин от 20,000 и выше.

- *Sports car* - двух дверная машина с мощным двигателем, как правило, рассчитанная на состоятельных покупателей. Примерами являются *Porsche Boxter, Chevrolet Corvette.*

- *Minivan* - микроавтобус с количеством мест до восьми является одним из самых распространённых автомобилей для семей с детьми. В настоящее время выпускается всеми ведущими автопроизводителями.

- *Van* - автобус с количеством мест до 15, часто используемый для групповых поездок

- *Cargo Van* - грузовой автобус, используемый для доставки небольших грузов или инструментов и материалов людьми, работающими в сфере услуг.

- *Sport Utility Vehicle (SUV)* - машина повышенной проходимости, часто с четырьмя ведущими колесами и мощным двигателем, способная тянуть на буксире лодку, катер или дом на колёсах.

- *Pickup Truck* - небольшой грузовик, используемый и как пассажирский и как грузовой транспорт. Выпускается в широком ассортименте всеми ведущими автопроизводителями. Зачастую имеет расширенную кабину с дополнительными пассажирскими сиденьями.

- *Recreational Vehicle* - самоходный дом на колёсах или прицеп-дача, используемые для отдыха. Варьируются от самых простых раскладных домиков до огромных с несколькими комнатами и со всеми удобствами.

В зависимости от расстояния между осями автомобили подразделяются на:

- Minicompact   < 95 inches   < 241 cm
- Subcompact   95-99 inches   241-251 cm
- Compact   100-104 inches   254-264 cm
- Medium Size   105-109 inches   267-277 cm
- Full Size   110-114 inches   279-290 cm
- Large Size   >115 inches   > 292 cm

Безопасность. Несмотря на повышение требований безопасности к автомобилям, в США ежегодно в автодорожных происшествиях погибает около 40,000 человек. Ещё большее количество людей получают травмы. Даже если это меньше, чем в других странах, в пересчёте на тысячу автомобилей, всё равно, - цифра значительная.

Several organizations in this country monitor traffic safety improvements. One is the National Highway Traffic Safety Administration (NHTSA). It carries out safety tests for all new car models that enter the market (New Car Assessment Program - NCAP) and publishes safety ratings.

Tests simulate a head-on collision of two equivalent cars moving at the speed of 35 miles per hour (56 km/hr) and a side collision at an intersection. Results of the head-on collision are reported separately for the driver and for passengers and expressed by the number of stars from 1 (the worst) to 5 (the best) as shown in Table 4-3.

Table 4-3:   Frontal Crash Safety Rating

★★★★★	10% or less chance of serious injury
★★★★	11% to 20% chance of serious injury
★★★	21% to 35% chance of serious injury
★★	36% to 45% chance of serious injury
★	46% or greater chance of serious injury

Source: NHTSA

The results of side impact tests are assessed separately for front and back seats and also expressed by the number of stars, as shown in Table 4-4.

Table 4-4:   Side crash safety rating

★★★★★	5% or less than chance of serious injury
★★★★	6% to 10% chance of serious injury
★★★	11% to 20% chance of serious injury
★★	21% to 25% chance of serious injury
★	26% or greater chance of serious injury

Source: NHTSA

A serious injury is considered to be one requiring immediate hospitalization and may be life threatening. You can check the safety ratings of most currently sold cars on the Internet at *www.nhtsa.dot.gov.* Ratings for 2001 compact cars are given in Table 4-5 on page 154.

Because car insurance is mandatory in the US, the costs of car repair and medical treatment of those injured in an accident are usually paid by the insurance. Therefore, insurance companies keep track of safety statistics for each car model, taking into account the extent of damage to the vehicle and the severity of passenger injuries. The safer the car, the lower its insurance cost with other things being equal.

В стране существует несколько организаций, которые следят за улучшениями в области безопасности дорожного движения. Одной из таких организаций является *National Highway Traffic Safety Administration (NHTSA)* (Национальная администрация безопасности дорожного движения). Она проводит испытания на безопасность всех новых моделей автомобилей, выходящих на рынок *(New Car Assessment Program - NCAP)* и публикует рейтинг безопасности.

Испытания имитируют лобовое столкновение двух равноценных машин, двигающихся со скоростью 35 миль в час (56 км в час), а также боковой удар, имитирующий столкновение на перекрёстке. Результаты лобового столкновения оцениваются отдельно для водителя и для пассажиров и выражаются количеством звёздочек от 1 (худшие) до 5 (лучшие) как показано в табл. 4-3.

Табл. 4-3: **Рейтинг безопасности при лобовом столкновении**

★★★★★	вероятность серьёзной травмы 10% или меньше
★★★★	вероятность серьёзной травмы от 11% до 20%
★★★	вероятность серьёзной травмы от 21% до 35%
★★	вероятность серьёзной травмы от 36% до 45%
★	вероятность серьёзной травмы 46% или больше

Источник: NHTSA

Результаты бокового столкновения оцениваются отдельно для переднего и заднего сидений и также выражаются количеством звёздочек, как показано в табл. 4-4.

Табл. 4-4: **Рейтинг безопасности при боковом столкновении**

★★★★★	вероятность серьёзной травмы 5% или меньше
★★★★	вероятность серьёзной травмы от 6% до 10%
★★★	вероятность серьёзной травмы от 11% до 20%
★★	вероятность серьёзной травмы от 21% до 25%
★	вероятность серьёзной травмы 26% или больше

Источник: NHTSA

Травма считается серьёзной, если человек нуждается в госпитализации. Вы можете посмотреть рейтинг большинства эксплуатируемых в настоящее время машин на Интернете по адресу *www.nhtsa.dot.gov*. В табл. 4-5 на стр. 155 приводится пример этого рейтинга для малолитражек 2001 года.

Поскольку страхование автомобилей в США является обязательным, то расходы по восстановлению машин после аварии и лечению пострадавших в подавляющем большинстве случаев оплачиваются за счёт страховки. Поэтому страховые компании ведут точную статистику по каждой марке автомобиля, учитывая серьёзность повреждения машины и тяжесть травм пассажиров. Чем более безопасна машина, тем ниже стоимость страховки при прочих равных условиях.

Table 4-5:   2001 Compact Cars Safety Rating

2001 Make & Model	Frontal Star Rating		Side Star Rating	
	Driver's	Passenger's	Front Seat	Rear Seat
Chevrolet Cavalier 2-DR	★★★	★★★★	★	★★
Chevrolet Cavalier 4-DR	★★★★	★★★★	★	★★★
Dodge Neon 4-DR	★★★★	★★★★	★★★	★★★
Ford Escort ZX2 2-DR			★	★★★★
Ford Focus 2-DR	★★★★★	★★★★★	★★★★	★
Ford Focus 4-DR	★★★★	★★★★	★★★	★★★★
Honda Civic 2-DR	★★★★★	★★★★★	★★★	★★★★
Honda Civic 2-DR (side abg)	★★★★★	★★★★★	★★★★★	★★★★★
Honda Civic 4-DR	★★★★★	★★★★★	★★★★	★★★★
Honda S 2000	★★★★★	★★★★★	★★★★	★★★★
Hyundai Elantra 4-DR	★★★★	★★★★★	★★★★★	★★★★
Kia Sephia 4-DR	★★★★	★★★★★	★★★	★★★★
Mazda 626 DX 4-DR	★★★★	★★★★★	★★★	★★★
Nissan Sentra 4-DR	★★★★	★★★★		
Plymouth Neon 4-DR	★★★★	★★★★	★★★	★★★
Pontiac Sunfire 2-DR	★★★	★★★★	★	★★
Pontiac Sunfire 4-DR	★★★★	★★★★	★	★★★
Saturn L Series 4-DR	★★★★	★★★★★	★★	★★★★
Toyota Celica 2-dr	★★★★	★★★★	★★★	
Toyota Prius 4-DR	★★★	★★★★		
Volkswagen Beetle 2DR	★★★★	★★★★	★★★★★	★★★
Volkswagen Golf 4-DR	★★★★★	★★★★★		
Volkswagen Jetta 4-DR	★★★★★	★★★★★	★★★★	★★★★

Source: NHTSA

The Insurance Institute for Highway Safety is financed by insurance companies and investigates factors that lead to car accidents, as well as their consequences:

- **drivers** - age, fatigue, alcohol consumption, and so on;
- **cars** - frontal and side collisions, reliability of safety belts and air-bags, collisions between cars of different sizes
- **the environment** - road construction and improvement

Табл. 4-5:   **Рейтинг безопасности малолитражек 2001 года**

2001 Марка и модель	Лобовой рейтинг		Боковой рейтинг	
	Водитель	Пассажир	Переднее сиденье	Заднее сиденье
Chevrolet Cavalier 2-DR	★★★	★★★★	★	★★
Chevrolet Cavalier 4-DR	★★★★	★★★★	★	★★★
Dodge Neon 4-DR	★★★★	★★★★	★★★	★★★
Ford Escort ZX2 2-DR			★	★★★★
Ford Focus 2-DR	★★★★★	★★★★★	★★★★	★
Ford Focus 4-DR	★★★★	★★★★	★★★	★★★★
Honda Civic 2-DR	★★★★★	★★★★★	★★★	★★★★
Honda Civic 2-DR (side abg)	★★★★★	★★★★★	★★★★★	★★★★★
Honda Civic 4-DR	★★★★★	★★★★★	★★★★	★★★★
Honda S 2000	★★★★★	★★★★★	★★★★	★★★★
Hyundai Elantra 4-DR	★★★★	★★★★★	★★★★★	★★★★
Kia Sephia 4-DR	★★★★	★★★★★	★★★	★★★★
Mazda 626 DX 4-DR	★★★★	★★★★★	★★★	★★★
Nissan Sentra 4-DR	★★★★	★★★★		
Plymouth Neon 4-DR	★★★★	★★★★	★★★	★★★
Pontiac Sunfire 2-DR	★★★	★★★★	★	★★
Pontiac Sunfire 4-DR	★★★★	★★★★	★	★★★
Saturn L Series 4-DR	★★★★	★★★★★	★★	★★★★
Toyota Celica 2-dr	★★★★	★★★★	★★★	
Toyota Prius 4-DR	★★★	★★★★		
Volkswagen Beetle 2-DR	★★★★	★★★★	★★★★★	★★★
Volkswagen Golf 4-DR	★★★★★	★★★★★		
Volkswagen Jetta 4-DR	★★★★★	★★★★★	★★★★	★★★★

Источник: NHTSA

Существует специальный институт *Insurance Institute for Highway Safety* (Страховой институт дорожной безопасности), содержащийся на средства страховых компаний, который исследует все аспекты, приводящие к авариям, а также их последствия:

- **водитель** - возраст, усталость, потребление алкоголя и так далее;

- **машина** - фронтальные и боковые столкновения, надёжность ремней и мешков безопасности, столкновения маленьких и больших машин;

- **окружающая среда** - строительство и улучшение дорог.

This institute also conducts tests and publishes its own ratings that can be found at *www.hwysafety.org*.

The third widely known organization that conducts tests and maintains safety ratings is the Consumer Union, which publishes Consumer Reports magazine as well as Consumer Digest and other publications. Consumer Digest can be found in the periodicals section of bookstores and libraries. It goes on sale at the beginning of the year and contains information on new cars.

You must remember that the ratings stated above can be compared only for cars in the same class. Obviously, when two cars of different sizes collide, the outcome for the smaller vehicle will be considerably less favorable even if the two have an identical safety rating.

Fuel efficiency. Gasoline costs are an inevitable aspect of vehicle ownership that should be considered before purchase. Obviously, any automobile will consume fuel. The question is, what type and how much?

The overwhelming majority of automobiles use gasoline, with a few exceptions that run on diesel fuel. Almost everywhere in the US, gasoline is sold in three grades, depending on the amount of octane: Regular, Premium, and Super. If the cost of Regular is 100%, Premium will cost 115-120%, and Super – 130-135%.

Experts say that there is no need to use higher grade gasoline than is specified in your car manual. It does not increase the mileage and, therefore, can be a waste of money.

Motor vehicle specifications usually show gas mileage as two numbers separated by a slash (/) that represent fuel consumption during city and highway driving. For example, 36/42 MPG means that the car goes 36 miles per gallon of fuel driving in the city and 42 miles per gallon driving on a highway. Average annual mileage is about 15,000 miles. Table 4-6 shows annual gasoline costs for different mileages at the gasoline price of $1.50 per gallon. It is assumed that the car accumulates half of its mileage in the city and another half on highways.

Table 4-6:   Annual Gasoline Expenses

Model	Town MPG	Highway MPG	Mileage			
			10,000	15,000	20,000	25,000
Chevrolet Metro	36	42	$384.62	$576.92	$769.23	$961.54
Nissan Altima	29	33	$483.87	$725.81	$967.74	$1,209.68
Toyota Camry	27	32	$508.47	$762.71	$1,016.95	$1,271.19
Chevrolet Blazer	16	20	$833.33	$1,250.00	$1,666.67	$2,083.33
Ford Truck 4x4	14	18	$937.50	$1,406.25	$1,875.00	$2,343.75

Этот институт также проводит испытания и публикует свой собственный рейтинг, который можно найти по адресу *www.hwysafety.org*.

Третьей широко известной организацией, проводящей испытания и ведущей свой рейтинг, является Союз Потребителей *(Consumer Union),* который издаёт журнал *Consumer Reports,* а также *Consumer Digest* и другие публикации. *Consumer Digest* можно найти в отделе периодики. Он поступает в продажу в начале года и содержит сведения о новых машинах.

Следует помнить, что вышеуказанные рейтинги можно сравнивать только для машин одного класса. Совершенно очевидно, что при столкновении легкой и тяжёлой машин, последствия для меньшей будут значительно более печальными даже если обе имеют одинаковый рейтинг.

Экономичность. Эксплуатационные расходы - это неизбежная составляющая владения автомобилем, которая должна приниматься во внимание при покупке. Само собой разумеется, что любой автомобиль расходует горючее. Вопрос состоит в том, какое и сколько?

Подавляющее большинство легковых машин работают на бензине, за исключением незначительного числа, использующих дизельное топливо. Бензин *(gasoline)* в США в большинстве регионов существует в трёх разновидностях в зависимости от октанового числа: *Regular, Premium* и *Super.* Если принять стоимость *Regular* за 100%, то *Premium* будет стоить 115-120%, а *Super* – 130-135%.

Специалисты говорят, что нет никакой необходимости использовать бензин с более высоким октановым числом, чем тот который указан в техническом описании на машину. Это не даёт увеличения пробега, и следовательно может оказаться бесполезной тратой денег.

В технических характеристиках автомашин обычно указывается через дробь расход бензина в милях на галлон при поездках по городу и хайвэю. Например: 36/42 MPG означает, что машина проходит 36 миль на галлон при езде по городу и 42 мили на галлон при езде по хайвэю. Средний пробег автомобиля в год составляет около 15,000 миль. В табл. 4-6 приводится таблица годовых затрат на бензин при цене бензина $1.50 и различном пробеге. Предполагается, что машина проходит половину пробега по городу, а вторую половину по хайвэю.

Табл. 4-6:   Годовые расходы на бензин

Модель	Город MPG	Хайвэй MPG	Пробег в милях			
			10,000	15,000	20,000	25,000
Chevrolet Metro	36	42	$384.62	$576.92	$769.23	$961.54
Nissan Altima	29	33	$483.87	$725.81	$967.74	$1,209.68
Toyota Camry	27	32	$508.47	$762.71	$1,016.95	$1,271.19
Chevrolet Blazer	16	20	$833.33	$1,250.00	$1,666.67	$2,083.33
Ford Truk 4x4	14	18	$937.50	$1,406.25	$1,875.00	$2,343.75

Additional factors that influence fuel consumption are transmission type and air conditioning. A manual transmission adds 3-6 miles per gallon compared with an automatic one, whereas a working air conditioner can lower the car's efficiency by about 3 miles per gallon when driving in the city.

Besides fuel, all cars require routine maintenance. It includes, for example, oil and oil filter changes every 3-4 thousand miles or 3-4 months (whichever comes first), air filter changes every 10-15 thousand miles, and transmission service every 30 thousand miles. Generally, the more expensive a car, the more expensive its maintenance.

Price. The price of a new car depends on its class, and the price of a used one also depends on its year, mileage, and condition. Cars in the US are not an investment. Even a car without mileage loses value with each passing year; therefore, dealers try to get rid of this year's models before the year's end.

Because the used-car market is estimated in billions of dollars, there is plenty of information available about second-hand cars. There are price catalogues for all situations. The National Automobile Dealers Association publishes the Official Used Car Price Guide with prices that are used by all the dealers in the country.

The most easily accessible source of information is the so-called Kelley Blue Book. It is a small pocket-format book with a dark blue cover that can be found in the "Automobiles" section of any bookstore. It costs about five dollars and is updated annually. It lists prices for all used cars from the previous year and earlier. The prices are for cars with the average mileage of 10-12 thousand miles per year. Correction factors are given for cases when the car has more or less mileage than the average, and also depending on its condition. You can find this information free on the Internet at *www.kbb.com*.

As I already mentioned, there are cars for sale in all price ranges. One's first car in America is usually bought for cash simply because people who have recently arrived in the country are ineligible for credit because they don't have a so-called "credit history," something we will discuss later in the book. Remember that in most cases you get what you paid for. Something that seems inexpensive at first sight is not always so. If you are sold a car very cheaply, something is not right.

Reliability. *We bought our first car directly from its owner two weeks after our arrival. We liked it immediately, and the price was acceptable; moreover, the owner was willing to sell cheaper. According to the title, the car was 8*

Дополнительными факторами, влияющими на расход горючего, являются вид трансмиссии и кондиционер воздуха. Ручная коробка скоростей даёт экономию в 3-6 миль на галлон по сравнению с автоматической, тогда как включённый кондиционер может снизить экономичность на 3 мили на галлон при езде по городу.

Помимо горючего каждая машина нуждается в техническом обслуживании. Это включает, например, замену масла и масляного фильтра через каждые 3-4 тысячи миль или 3-4 месяца в зависимости от того, что наступает скорее, воздушного фильтра – через 10-15 тысяч и обслуживания трансмиссии через 30 тысяч. В общем случае, чем дороже машина, тем дороже её техническое обслуживание.

Цена. Цена новой машины зависит от её класса, а цена подержанной ещё и от года выпуска, пробега и общего состояния. Машина в США не является каким-либо вложением капитала. Машина даже без пробега теряет цену с каждым прошедшим годом, поэтому дилеры стремятся избавиться от моделей текущего года до наступления нового.

Поскольку рынок подержанных машин исчисляется миллиардами долларов, он не обделён вниманием и информацией. Существуют каталоги цен на все возможные случаи. Ассоциация дилеров подержанных автомобилей (*National Automobile Dealers Association*) выпускает каталог *Official Used Car Price Guide* (Официальный прейскурант стоимости подержанных машин) с указанием цен, которыми пользуются дилеры по всей стране.

Наиболее легко доступным источником информации является так называемая *Kelley Blue Book* (Синяя книга Келли). Это небольшая книжечка карманного формата в синей обложке, которая продаётся в любом книжном магазине в разделе "Автомобили". Стоит она около пяти долларов и обновляется ежегодно. В ней указываются цены на все подержанные машины, начиная с предыдущего года и ранее. Цены указаны из расчёта среднего пробега 10-12 тысяч миль в год. Приводятся также поправочные коэффициенты на случай, если машина прошла больше или меньше среднего, а также в зависимости от её состояния. На Интернете вы можете найти эту информацию бесплатно по адресу *www.kbb.com*.

Как уже говорилось выше, существует рынок машин во всём диапазоне цен. Первая машина в Америке обычно покупается за наличные по той простой причине, что люди, недавно прибывшие в страну, не могут рассчитывать на кредит, так как не имеют так называемой "кредитной истории", о которой мы будем говорить позже. Следует помнить, что в большинстве случаев *you get what you paid for* (за что платишь, то и получаешь). Не всегда то, что кажется дешевым на первый взгляд, является таковым. Если вам продают очень дешево, то что-то не так.

Надёжность. *Мы купили свою первую машину у частника через две недели после приезда. Она понравилась нам сразу, и цена была приемлемая, более того, владелец достаточно быстро согласился уступить дешевле. По*

years old, but there were only 47,000 miles on its odometer. The owner told us that it was his daughter's car, which she used for shopping from time to time. Our joy at this purchase lasted exactly two months. One day, the engine quit on a busy road. Smoke was coming from under the hood, and when I pulled over and stopped, a red fluid started leaking from the engine.

When with the help of my cousin, to whose home the car was towed, we took the engine apart, it turned out that from the condition of the cylinders, it was clear that the car had a minimum of 147,000 miles on it (old cars had only five decimal places on the odometer, and after 99,999 miles, it turned back to zero).

Repairing the engine would have cost us approximately as much as replacing it with another engine from a car with lower mileage, but it had a much smaller chance of success. We ended up buying another engine and replacing it ourselves (thankfully, my relatives had done it several times) because we simply didn't have the money for professional repair. Even so, we almost doubled what we had originally paid for the car.

You buy a car so you can drive it, not spend time underneath it, unless it is your hobby. In spite of the fact that there is no shortage of spare parts in the US, repairs can be more expensive than buying another car. Also, your landlord may not like it very much if you set up a makeshift garage in his parking lot.

Consumer Reports magazine keeps track of problems with many car models and publishes annual lists of models that have performed above average as well as models that are the most risky.

Driving experience. As we already mentioned, automobiles with an automatic transmission are much easier to drive and therefore are much more preferable for beginners. The size of the car is also important from a safety standpoint, but if you live in a large city with heavy traffic and crowded parking lots, it will be difficult for you to maneuver a large car.

Personal preferences. Each person has his or her own tastes and preferences. People like different clothes, different hairstyles, they spend their free time differently, and so on. One person likes pizza, another likes pel'menis, the third likes jellied fish. This has nothing to do with income or education. Often people with identical income and education levels, who grew up in the same neighborhood or even the same family, have totally different tastes and personalities. This is completely normal.

The same principle applies to car choices. One person may like tiny sports cars, another – conservative sedans, and someone else may love Jeeps like the ones featured in movies about Africa. Car manufacturers target differ-

документам машине было 8 лет, но на одометре было всего 47,000 миль. Хозяин утверждал, что это машина его дочери, на которой она ездила время от времени в магазин. Радость от покупки продолжалась ровно два месяца. В один прекрасный день, на оживлённой дороге заглох двигатель, из него пошел дым, а когда я, вырулив на обочину, остановился – потекла красная жидкость.

Когда с помощью родственников, к одному из которых отбуксировали машину, мы разобрали двигатель, то оказалось, что провернулись вкладыши коленчатого вала. Состояние цилиндров говорило за то, что машина прошла как минимум 147,000 миль (старые машины имели только пять знаков на счётчике и после 99,999 он сбрасывался на ноль).

Восстановление двигателя стоило бы приблизительно столько же, сколько другой двигатель с разбитой машины с не очень большим пробегом, но с гораздо меньшей гарантией на успех. Пришлось покупать двигатель и менять самим (благо были люди, которые делали это не в первый раз), поскольку на ремонт в гараже денег просто не было. Даже при этом, цена, уплаченная за машину, почти удвоилась.

Вы покупаете машину для того, чтобы ездить, а не для того, чтобы проводить время под ней, если только это не является вашим любимым занятием. Несмотря на то, что в США нет никаких проблем с запчастями, ремонт может оказаться дороже, чем покупка другой машины, и кроме того, вашему лендлорду может не очень понравиться, если вы устроите ремонтную мастерскую на стоянке около дома.

Журнал *Consumer Reports* ведёт статистический учет количества проблем по многим моделям автомобилей и ежегодно публикует списки моделей, которые имели результаты выше средних и являются предпочтительными, а также модели, которые представляют наибольший риск.

Водительский опыт. Как уже было отмечено, автомобили, оснащённые автоматической коробкой передач, намного проще в управлении, поэтому гораздо более предпочтительны для начинающих водителей. Размер машины также важен с точки зрения безопасности, но если вы живёте в крупном городе с оживлённым движением и тесными парковками, то на большой машине вам будет трудно маневрировать.

Желание. Каждый человек имеет свои пристрастия или предпочтения. Люди по разному одеваются, причёсываются, проводят свободное время и так далее. Одним нравится пицца, другим – пельмени, третьим – заливная севрюга. Дело тут не в доходах или образовании. Зачастую люди с абсолютно одинаковым уровнем дохода и образования, выросшие по соседству или даже в одной семье, настолько отличаются друг от друга, что диву даешься. И это абсолютно нормальное явление.

То же самое справедливо по отношению к выбору машины. Одним нравятся крохотные спортивные машины, другим – солидные лимузины, а третьим – открытые Джипы, которые показывают в фильмах про Африку.

ent models to buyers from different age and socioeconomic status groups, trying to cover the whole range of demands. You can find what you want if you are patient.

Taking into account the criteria mentioned above and your budget, you can narrow your search down to several models and determine the acceptable age and mileage range for your car.

4.6. Buying a new car

Purchasing a car will probably be one of your largest expenses, second only to buying a home. The difference is that the value of a house, as a rule, grows over time, but the value of a car falls, no matter what kind of car it is. Despite this fact, many people make a decision to buy without any preparation. Experts say that car buyers in the US pay about four billions dollars more annually than they could have (Ross, 1992 as cited in Green, 1995). Some pay less for their cars, others pay more. In some cases, people pay up to $2000-3000 more. This happens for the following reasons:

- Not everyone knows that MSRP or Manufacturer Suggested Retail Price specified by the manufacturer is not final and you can bargain with the seller. This does not apply to a small number of dealers that sell at fixed prices.

- The huge number of models and different options available on the market can easily confuse a consumer. A professional salesperson who sells cars every day can assess the situation very quickly and therefore has a psychological advantage over a buyer who makes such a purchase once every few years at best.

- The buyer does not know beforehand what he or she wants and can afford.

With a little preparation, you can save a bundle or buy a much better equipped or more expensive car for the same money.

First of all, you should determine how much you can spend if you are paying in cash or how much credit you can afford at the current interest rate. While estimating your budget, you must remember that in addition to the cost of the car, there are other expenses such as registration and insurance. In states where the registration fee includes excise tax these expenses can be significant ($400-600 and more per year). Find out beforehand how much it costs to register a particular make and model. The excise tax decreases as the car depreciates, and if you have only owned used cars before, you have paid a small

Производители машин разрабатывают различные модели с прицелом на различные возрастные и социальные группы покупателей, стараясь перекрыть весь спектр запросов. Вы можете найти то, что хотите, если проявите терпение.

Принимая во внимание рассмотренные выше критерии, вы можете сузить круг ваших поисков до нескольких моделей, а зная, какой суммой вы располагаете, также довольно точно определить приемлемый возраст и пробег машины.

4.6. Покупка новой машины

Приобретение машины - это, пожалуй, один из наиболее крупных расходов, которые вам придётся делать, уступающий по величине только покупке дома. Разница состоит в том, что стоимость дома, как правило, возрастает со временем, а стоимость машины падает, какая бы она не была. Несмотря на это, многие люди идут на этот расход совершенно без всякой подготовки. Специалисты говорят, что ежегодно покупатели машин в США переплачивают около четырёх миллиардов долларов сверх того, что они могли бы заплатить (Ross, 1992 as quoted in Green, 1995). Одни платят меньше, другие – больше. В некоторых случаях переплата составляет 2 - 3 тысячи долларов. Происходит это по следующим причинам:

- Далеко не все знают, что цена *MSRP (Manufacturer Suggested Retail Price),* указанная производителем, не является окончательной и вы можете торговаться с продавцом, за исключением небольшого количества дилеров, которые устанавливают фиксированную цену.

- Огромное количество моделей и исполнений в каждой модели легко сбивают с толку. Профессиональный продавец, занимающийся этим ежедневно, гораздо быстрее ориентируется в ситуации и имеет психологическое преимущество перед покупателем, который в лучшем случае делает такую покупку раз в несколько лет.

- Покупатель заранее не знает, чего он хочет и сколько он может позволить себе потратить.

Проведя небольшую подготовительную работу, вы можете сэкономить значительную сумму или купить за те же деньги гораздо более оснащённую или дорогую машину.

Прежде всего, вы должны определить, сколько вы можете потратить, если платите наличными, или какой кредит, с учётом текущего процента, вы можете себе позволить. При определении ваших затрат необходимо помнить, что помимо стоимости самой машины (цена плюс налог с продаж) существуют дополнительные затраты на её регистрацию и страховку. В тех штатах, где при регистрации машин взимается акцизный налог, эти затраты могут быть значительными ($400-600 и более в год). Справьтесь заранее, сколько стоит регистрация марки машины, которую вы предполагаете купить. Акцизный налог уменьшается с возрастом автомобиля, и если вы до этого имели только

amount each year. Registering a new car can therefore be a very unpleasant surprise. Ask your insurance agent how much it will cost to insure the car you want to buy. Whereas you could have only liability insurance for a used car bought in cash, you are required to buy collision and comprehensive insurance for a car bought on credit. This will be considered in more detail in the chapter on insurance.

After you have done your homework, look through newspaper advertisements, catalogues, or magazines, and based on the criteria considered above, make a list of models that fit your requirements and are priced within the limits of your budget plus 10%.

The next step is to find out how much the dealer pays for the car--the so-called Invoice Price. This price varies over the course of a year. You can estimate it using publications such as Consumer Report Buying Guide or find out the exact numbers by calling Consumer Report Service at 1-800-205-2445. For $12, comprehensive information will be sent to you by fax or mail. It is even easier to do this over the Internet, for example, at *www.carprice.com* or *www.autoadvice.com*.

The longer a certain model is in production, the less the manufacturer costs are; therefore, many car manufacturers offer additional discounts or so-called rebates on the models that have been in production for a number of years. You can also find out about them through Consumer Report Service or on the Internet. The amount, which can vary from $300 to $2000 and higher, has to be deducted from the Invoice Price to determine the dealer's expenses. A Destination Charge will be added to the result.

After you have determined the dealer's expenses, add the dealer's profit in amount of $300-500 for a car that costs between $13,000 and $20,000 or $800-1,000 for a more expensive one. This will be the minimum price you have a chance to negotiate. In many cases it will be at least 10% lower than the specified MSRP.

A car, especially a new one, should not be an impulse purchase. Many people know that at the end of the month dealers are much easier to bargain with but still buy the day after their old car breaks down on the highway, regardless of when that was.

One of the factors you should consider is your plans regarding the new car: are you going to sell it in the near future for as much as you can or are you going to drive it for as long as possible? This is because the price you can expect to sell your car for depends on its year, mileage, and condition. However, the year indicated in the documents often does not reflect the actual date when the car was assembled and sold. In the fall, you can buy a next year's

подержанные машины, то платили небольшую сумму, а придя регистрировать новую машину, получите очень неприятный сюрприз. Поинтересуйтесь у вашего страхового агента, сколько будет стоить страховка машины. Если на подержанную машину, купленную за наличные, вы могли иметь только страховку ответственности, то на машину, взятую в кредит, вы обязаны покупать двухстороннюю страховку. Более подробно это будет рассмотрено в главе, посвящённой страхованию.

После этого, пользуясь газетными рекламами, каталогами или журналами, на основании критериев, рассмотренных выше, составьте список моделей, которые устраивают вас по своим параметрам и стоят в пределах вашей суммы плюс 10%.

Следующим шагом является определение того, сколько дилер платит за машину или так называемой цены по накладной *(Invoice Price)*. Это величина переменная в течение года. Приблизительно её можно определить, пользуясь публикациями типа *Consumer Report Buying Guide,* а точно, позвонив по телефону 1-800-205-2445 в службу сервиса *Consumer Report*. За 12 долларов вам пришлют по факсу или почтой исчерпывающую информацию. Ещё проще это сделать с помощью Интернета, например, по следующим адресам: *www.car-price.com, www.autoadvice.com, www.carseverything.com.*

Чем дольше определённая модель находится в производстве, тем меньше затраты производителя, поэтому многие производители машин делают дополнительные скидки или так называемые "рибэйт" *(rebate)* на модели, находящиеся в производстве не первый год. Вы также можете узнать о них в службе сервиса *Consumer Report* или по Интернету. Эта сумма, которая может составлять от 300 до 2,000 долларов и выше, должна быть вычтена из стоимости по накладной для определения дилерских затрат. Существуют и другие скидки, которые производители дают дилерам, но об их существовании трудно узнать. К полученному результату необходимо прибавить сбор, называемый *Destination Charge*.

После того, как вы определили дилерские затраты, прибавьте дилерскую прибыль в $300-500 при цене машины от $13,000 до $20,000 или $800-1,000 для более дорогой машины. Это будет та минимальная сумма, до которой вы имеете шанс сторговаться. Во многих случаях она будет как минимум на 10% меньше указанной *MSRP*.

Покупка машины, а тем более новой, не должна быть спонтанным событием. Многие знают, что в последние дни месяца дилеры гораздо сговорчивее в отношении цены, однако идут покупать на следующий день после того, как их старая машина сломалась на дороге вне зависимости от того, когда это случилось.

Одним из факторов, которые необходимо принимать во внимание, являются ваши планы в отношении новой машины: собираетесь ли вы продавать её в недалёком будущем и заинтересованы в максимальной остаточной цене или ваша цель – использовать её до конца. Дело в том, что остаточная стоимость машины зависит от года выпуска, пробега и состояния. Однако год выпуска, указанный в документах, часто не отражает реального времени, когда машина в

model. For example, in September 2002 you could buy a 2002 or a 2003 model. In a few years, the latter will be worth more because it is officially a year younger; however, when buying the newest model, you will pay more as well. At the same time, in early 2003 you could buy a brand-new 2002 model with zero mileage at a significant discount. During the second half of February, when most people are still paying off their Christmas bills, car dealers carry out what is probably the largest sale of the year that is often referred to as President's Day Sale. During this time, dealers try to get rid of all last year models.

In the US, it is standard practice for dealers to take an old car in exchange for a new one, the so-called trade-in, where the buyer pays the price difference between the car he or she buys and the one he or she trades in. If you are going to trade in, you must know exactly how much your old car is worth before you enter a dealership showroom. You can find this out by visiting two or three used car dealers and telling them you want to sell your car or by using the *Kelley Blue Book,* but here you should look in the *Trade-in* column, which contains two values: one for cars in fair condition, and another for those in good condition. Both of these prices will be lower than the amount for which you can sell the car to a private party or its retail value, which applies to a car in excellent condition that has been professionally prepared for sale. The difference between them reflects the dealer's potential profit.

If you want to buy a car on credit, you must also do some prep work we will talk about later. You can browse through dealers' parking lots on weekends or after closing to finalize your choice.

The next step is a test drive. For this, you will have to meet the salesperson face-to-face, but you should tell them up front that you want to try out some cars and have not decided what you will buy yet. Try two or three cars that most closely fit your requirements. It is possible that you will be disappointed and reconsider your choice. In any case, after the test drive, it is a good idea to leave without engaging in any negotiations. Only having done all this are you ready to meet a salesperson for the actual purchase.

As a rule, each region has at least 2 or 3 places where a model you have chosen is being sold. Check them all, using the price offered at one place as a reference point at another. At the first meeting, a salesperson will usually write down your name, address, and phone number and ask what you are looking for, why, and whether you will trade in your old car, as well as how much you want or are able to pay per month. For a successful purchase, use the following tips:

действительности была собрана и продана. Осенью текущего года вы можете купить машину модели следующего года. Например, в сентябре 2002 года вы могли купить машину, в документах которой указан либо 2002, либо 2003 год. Несколько лет спустя вторая из них будет оцениваться по каталогам дороже, поскольку формально является на год моложе, однако, покупая новую модель, только что появившуюся в продаже, вы заплатите большую цену. В то же время, в начале 2003 года вы могли купить новую машину с нулевым пробегом модели 2002 года со значительной скидкой. В середине февраля, когда основная масса всё ещё расплачивается за рождественские траты, продавцы машин проводят, пожалуй, крупнейшую распродажу, обычно приуроченную к Президентскому дню *(President's Day sale)*. В это время дилеры стараются полностью освободиться от оставшихся в наличии моделей прошлого года.

В США существует общепринятая дилерами практика брать старую машину в обмен на новую или так называемый *Trade-in* (трэйд-ин); при этом покупатель платит разницу между стоимостью той машины, которую он берёт и той, которую он сдаёт. Если вы собираетесь делать это, то необходимо точно знать, сколько ваша машина стоит прежде чем вы переступите порог торгового зала. Сделать это можно, заехав к двум-трём торговцам подержанными машинами под видом продажи или используя *Kelley Blue Book,* но при этом вы должны смотреть колонку *Trade-in,* в которой указано две стоимости: одна для среднего состояния машины *(fair)* и вторая для хорошего *(good)*. Эти цены будут ниже, чем при продаже частнику (private party) или розничная цена *(Retail Value),* которая относится к машине в отличном состоянии, прошедшей предпродажную подготовку. Разница между ними отражает потенциальную прибыль дилера.

Если вы хотите брать машину в кредит, необходимо также провести подготовку, о которой мы будем говорить ниже. Вы можете предварительно пройти по дилерским стоянкам в выходные дни или в рабочие после закрытия, чтобы утвердится в своём выборе.

Следующим шагом является пробная поездка *(Test Drive).* При этом вам придётся встретиться с продавцом, но вы должны сразу сказать, что хотите попробовать машины и ещё не решили, что вы будете покупать. Попробуйте две-три машины, наиболее близко отвечающие вашим требованиям. Не исключено, что вы можете разочароваться и пересмотреть свой выбор. В любом случае, после этого желательно уйти, не приступая ни к каким переговорам. Только проделав всё это, вы готовы к встрече с продавцом для реальной покупки.

Как правило, в каждой местности существует как минимум 2-3 места, где продают модель, которая вам нужна. Не поленитесь пройти по всем, используя цену, которую вы получили в одном месте как точку отсчёта в другом. При первой встрече, продавцы обычно записывают имя и фамилию, адрес и телефон, а также спрашивают, что вы ищите, почему и будете ли сдавать свою старую машину, а также сколько вы хотите или можете платить в месяц. Для достижения успеха придерживайтесь следующих правил:

- Never say that you have decided to trade in your old car until you are done bargaining about the new one and the price is recorded in writing.

- If you are offered a model with more expensive options, say that you are not going to pay for what you do not need.

- Do not show how much you like the car you've chosen.

- Ask for a copy of the invoice for the car.

- Talk about a price, not about monthly payments.

- Show that you a serious buyer and can close the deal today if you are satisfied with the price but that you are ready to leave otherwise.

- Leave if you are not satisfied with something. In most cases, the salesperson will make concessions. He or she has a chance to sell you something only while you are at the dealership. If you leave, I guarantee that you will get a call the next day or the day after with a better offer. After all, there is a lot of cars in America, and you can always find another one.

- Never buy extended warranty or additional services like an anticorrosive coating from a dealer. Most likely, you don't need it or you can do it later for less money.

If you have agreed upon the price and have it written down on paper in the salesperson's handwriting, you can say that you've changed your mind and decided to trade in your old car. This time, you act as a salesperson, and if you have negotiated a good price for the new car but trade yours in for $1,000-1,500 less than what it is worth, you will have lost money. Here is some advice about trade-ins:

- Clean up your old car before shopping for a new one. Professional cleaning (detailing) costs a little over a hundred dollars; however, if your car was in poor condition, such cleaning may make such a difference in its appearance that you will not want to sell it. If the car has worn tires, replace them with used ones in decent shape. It will cost you less than a hundred dollars but will save a couple hundred.

- Do not leave anything in the glove compartment except car manuals or invoices if you recently had something repaired or replaced (battery, tires, brakes, and so on).

- If you know the exact value of your car, stand your ground. Be ready to leave if you are not given what others have offered you. Very often, selling the old car yourself is much more profitable than trading it in, but it requires more effort.

- Никогда не говорите о том, что вы решили сдать свою старую машину до тех пор, пока вы не кончите торговаться о новой, и цена не будет зафиксирована в письменном виде.

- Точно определите, какую комплектацию вы ищете. Если вам предлагают более оснащённую модель, скажите, что вы не собираетесь платить за то, что вам не нужно.

- Если выбранная машина вам очень нравится, постарайтесь не показать этого продавцу.

- Попросите копию накладной *(Invoice)* на машину и спросите о том, есть ли на неё дополнительные скидки изготовителя.

- Всегда ведите разговор о цене, а не о месячных взносах.

- Покажите, что вы заинтересованный покупатель и можете закончить сделку сегодня, если вас устроит цена, но готовы уйти, если это не так.

- Уходите, если вас что-то не устраивает. В подавляющем большинстве случаев продавец пойдёт на уступку. Он имеет шанс что-то продать вам, только пока вы находитесь на его территории. Если вы всё же уйдёте, то можно сказать с гарантией, что вам позвонят на следующий день или через день и предложат уступку. В конце концов, машин в Америке много и вы всегда найдёте другую.

- Никогда не покупайте у дилера дополнительную гарантию или услуги вроде антикоррозионного покрытия. Скорее всего, вам это не нужно или вы можете сделать это позже и гораздо дешевле.

Если вы всё-таки договорились о цене и имеете её записанной на бумаге рукой продавца, то вы можете сказать, что вы передумали и решили сдать свою старую машину. При этом вы выступаете продавцом, и если вы сторговались до хорошей цены на новую машину, а сдадите свою на \$1,000 –1,500 дешевле, то вы в сумме прогадали. Ниже приводится несколько советов в отношении *Trade-in:*

- Приведите старую машину в порядок перед тем, как отправляетесь покупать новую. Профессиональная чистка *(Detailing)* стоит немногим более сотни, однако, если ваша машина была в запущенном состоянии, то такая чистка может настолько сильно изменить её, что вы не захотите её продавать.

- Если у машины стёртые покрышки, то замените их на сносные подержанные. Это обойдётся вам в несколько десятков долларов, но сэкономит пару сотен.

- Не оставляйте в перчаточном ящике ничего, кроме технической документации на машину и накладных на техническое обслуживание или недавний текущий ремонт (аккумулятор, покрышки, тормоза и так далее).

- Если вы точно знаете стоимость вашей машины, стойте на своём. Будьте готовы уйти, если вам не дают то, что вам предлагали другие. Чаще всего гораздо выгоднее продать старую машину самому, чем сдавать в обмен, но это стоит дополнительных хлопот.

4.7. Buying a used car

People say that the best car is a new one. Nobody doubts it. When you buy a new car, you receive manufacturer warranties for several years or up to a certain mileage, which frees you of any worries about repair. Some models now have warranties that cover the engine and transmission up to 100,000 miles (160,000 kilometers). However, most immigrants cannot afford expensive cars in the beginning and have to make do with used ones and deal with all the consequences.

In most cases, newly arrived immigrants buy their first car with the help of friends or relatives, holding them responsible for the decision and often blaming them if the purchase turns out to be unsuccessful. This is unfair to people who have agreed to help you. You should understand that when you buy a used car, you take a chance, even if it is not very old. I already mentioned my first experience, which I hope no one will repeat. Nobody is immune to mistakes, but many of them can be prevented. You must know some things and pay attention when you buy. However, in any case, you should be the one who makes the final decision and is responsible for all the consequences.

There are three main factors that affect a car's reliability:

- **Design and craftsmanship.** Different models have different reliability ratings. Some defects may be corrected free of charge while the vehicle is under warranty. However, everything that requires repair after the warranty expires has to be covered by the owner, so choosing a more reliable model makes good sense.

- **Maintenance.** Regular and timely maintenance significantly extends a car's life and decreases the probability of serious malfunctions that require extensive repair. Neglecting maintenance leads to premature deterioration of the most expensive components: the engine and transmission. Their repair or replacement can cost thousands of dollars.

- **Accidents.** A serious accident may cause many hidden defects that are not immediately apparent, which is why the owners of cars that have been repaired after an accident often try to get rid of them as soon as possible.

You can minimize the influence of the first of the above factors by doing your research. *Consumer Buying Guide* publishes information about reliability of almost all makes of cars that are sold on the American market. There you can also find information about the most reliable models of used cars in all

4.7. Покупка подержанной машины

В народе говорят, что самая лучшая машина – новая. В этой истине мало кто сомневается. Покупая новую машину, вы получаете гарантии производителя на срок в несколько лет или до прохождения машиной определённого пробега, что полностью освобождает вас от забот по её ремонту. Некоторые марки автомобилей сейчас имеют гарантии на двигатель и трансмиссию вплоть до 100,000 миль (160,000 километров). Однако большинство иммигрантов не могут позволить себе на первых порах покупать дорогие машины и вынуждены довольствоваться видавшими виды со всеми вытекающими последствиями.

В подавляющем большинстве случаев, вновь прибывшие иммигранты покупают свою первую машину с помощью друзей или родственников, возлагая на них ответственность за принятие решения, а нередко и вину, если покупка оказалась неудачной. Это несправедливо по отношению к людям, которые согласились вам помочь. Вы должны понимать, что покупая подержанную машину, вы понятия не имеете, что вас ожидает, даже если она и не очень старая. Я уже упоминал о своём первом опыте, который желательно никому не повторять. От промахов никто не застрахован, но многие из них можно предотвратить. Для этого необходимо иметь некоторые знания и быть внимательным при покупке. Однако в любом случае, вы должны сами принимать окончательное решение и быть ответственным за все последствия.

Существует три основных фактора влияющих на надёжность машины:

- **Качество разработки и изготовления.** Машины разных моделей имеют различные показатели надёжности. Часть дефектов устраняется бесплатно во время гарантийного срока, однако всё что выходит из строя после истечения гарантии оплачивается владельцем, поэтому выбор более надёжной модели имеет большой смысл.

- **Техническое обслуживание.** Хороший уход и своевременное техническое обслуживание автомобиля существенно продляют срок его службы и уменьшают вероятность серьёзных поломок требующих серьёзного ремонта. Пренебрежение профилактикой приводит к преждевременному выходу из строя наиболее дорогостоящих узлов: двигателя и трансмиссии, замена или ремонт которых может обойтись в тысячи долларов.

- **Аварии.** Серьёзная авария может быть причиной многочисленных скрытых дефектов, которые проявляются не сразу, поэтому часто владельцы автомобилей, восстановленных после аварии, стараются от них избавиться как можно быстрее.

Уменьшить влияние первого из вышеуказанных факторов можно, порывшись в литературе. *Consumer Report Buying Guide* публикует информацию о надёжности практически всех марок автомобилей, продающихся на американском рынке. В нём вы также можете найти информацию о наиболее надёжных моделях подержанных

price categories, as well as models that are best avoided.

The information about maintenance and accidents can be obtained only from the seller (who will not volunteer it to you) or based on a thorough inspection and a test-drive.

If you are using newspaper ads to look for a car, you need to make a list of questions to ask the owner before you call him or her. The information in newspaper ads is often very condensed; besides, it is a good idea to have the data specified in the ad confirmed by the owner. If you ask the same questions in the same order of all potential sellers, there is less chance that you will miss something; also, it will be easier for you to compare the results of your search. A list of questions that covers the minimal necessary information may look like this:

- Are you selling such-and-such car (model, year)?
- Is the transmission manual or automatic?
- What kind of options does it have: air conditioner, sun-roof, cruise-control, AM/FM radio, stereo casette player, CD player, power locks, power mirrors, power windows, power seats?
- What color is it?
- What is the mileage on it?
- How long have you owned it?
- What condition is it in?
- Has it ever been in an accident?
- Why are you selling it?
- How much are you asking?

If, after these questions have been answered, you are still interested and would like to see the car, you need to ask additional questions.

- How and when I can look at it? (Try to set up an appointment during daylight hours).
- Address and detailed directions.

Before looking at the car, ask a few more questions.

- How regularly has the car been serviced?
- Have there been any repairs done recently?
- Are there receipts for maintenance and repair?

Begin your visual inspection from a distance. Any asymmetry when you

машин в различных ценовых категориях и тех, которых надо избегать.

Информацию о техническом обслуживании и авариях вы можете получить только от продавца (при этом он не сообщит вам это добровольно) или сделав заключение на основании осмотра и опробования машины.

Если вы ищите машину по объявлениям, то необходимо составить перечень вопросов к продавцу прежде чем вы решили ему позвонить. Информация в объявлениях нередко очень сокращённая, и кроме того, желательно получить подтверждение указанных в объявлении сведений из уст владельца. Если вы задаёте одни и те же вопросы в одинаковом порядке всем потенциальным продавцам, менее вероятно, что вы упустите что-либо, к тому же вам будет легче сравнивать результаты поиска. Минимально необходимый список вопросов может выглядеть так.

- Продаёте ли вы такую-то машину (марка, год)?

- Какого вида трансмиссия – ручная или автоматическая?

- Какова комплектация машины: кондиционер, сан-руф, круиз-контрол, приёмник, кассетный магнитофон, проигрыватель дисков, электрическое управление замками, зеркалами, стёклами, сиденьями?

- Каков цвет машины, отделка салона?

- Сколько она прошла?

- Как долго вы ей владеете?

- В каком она состоянии?

- Была ли машина в авариях? Если "да", то подробности.

- Почему вы её продаёте?

- Сколько вы просите?

Если после ответов на эти вопросы машина вас всё ещё интересует, и вы собираетесь её посмотреть, необходимо задать дополнительные вопросы.

- Как и когда её можно посмотреть? (Постарайтесь назначить осмотр на светлое время суток.)

- Адрес и подробные инструкции, как добраться.

Прежде, чем начинать осмотр машины, задайте ещё несколько вопросов.

- Насколько регулярно машина обслуживалась?

- Выполнялся какой-либо ремонт в последнее время?

- Есть ли квитанции о техническом обслуживании и ремонте?

Если владелец утверждает, что машина не была в аварии, то в первой части осмотра попытайтесь определить, так ли это на самом деле. Собственно осмотр нужно начинать с некоторого расстояния. Любая, даже еле заметная

are looking at the front or the back, even if it is hardly noticeable, can indicate that the car has been in an accident. Also look at the general outlines of the car from both sides and pay attention to paint. Do the door, fender, hood, or trunk surfaces differ in color or apparent age? If yes, it is possible that they were replaced or repainted after an accident.

The next step is a closer look at all body surfaces for presence of scratches, dents, rust spots, and other defects. Bring a flat flexible magnet like the ones that some businesses use as business cards and press it against a few points on doors, fenders, hood, and so on. If it does not stick, it means that under the paint there is a thick layer of body filler to even out a dent. Check gaps around doors, the trunk, and the hood. They should be uniform all the way around.

If damaged parts of the body have been replaced, more than likely they were painted because new parts usually come in black and used ones seldom have the necessary color. Pay attention to places next to chrome, plastic, or rubber parts that are usually covered with masking tape during painting. If the car has been repainted, you sometimes may see new paint on these parts or old paint showing through right next to them.

After that, check how each door opens and closes. Pay attention to the inside bottom part of the doors where rust usually appears first. Open the trunk and look under the carpet on its bottom and sides for presence of rust and also for possible latent defects or traces of repair if the car was hit from behind. Presence of recently painted spots may also point to this. Check if a spare tire and a jack, which are usually stored in an indentation in the bottom of the trunk, are in place.

The next part of the inspection is aimed at finding out how well the vehicle has been maintained. Open the hood and examine the engine for oil or other fluid leaks. Even a slightly leaky gasket can cause many problems and require expensive repair. Look for rust or traces of different paint, as well as paint on rubber part surfaces, which also indicates repair after an accident or repainting. Check the belts for cracks. Pull out the oil level gauge, wipe it with a cloth or paper towel, insert it completely, and pull it out again. Pay attention to the level of oil and to how clean it is. If the engine is cold, open the radiator cap carefully, using a cloth, and look at the condition of coolant. If there is a thin film of oil on its surface, the head gasket is most likely broken, and its repair is expensive.

The next step is inspecting the bottom of the car. If you are buying it from a dealer who has a garage, you can ask to put the car on a lift. Otherwise, you will need to crawl under the car. It is a good idea to have a flashlight. First

асимметрия при взгляде сзади и спереди может указывать на то, что машина была в аварии. Посмотрите также с боков общие очертания машины и обратите внимание на окраску. Не отличаются ли по цвету или по возрасту поверхности дверей, крыльев, капота или багажника? Если да, то возможно, что они были заменены или перекрашены после аварии.

Следующий шаг – это более близкий осмотр всех поверхностей корпуса на наличие царапин, вмятин, ржавчины и других дефектов. Большинство аварий связано с выправлением дефектов кузова или заменой его частей. Если кузов выправлялся, то вмятины зашпаклёваны и закрашены. Принесите с собой плоский гибкий магнит, которые некоторые бизнесы используют в виде визитных карточек, и приложите его к разным точкам на больших плоскостях дверей, крыльев и так далее. Если он не прилипает, это означает, что под краской скрыт толстый слой шпаклёвки, выравнивающий вмятину. Проверьте зазоры вокруг дверей, багажника и капота. Они должны быть равномерными по всему периметру.

Если повреждённые части кузова были заменены, то они почти наверное были покрашены, поскольку новые части кузова бывают чёрного цвета, а части, снятые с разбитых машин, редко бывают того же цвета. Обратите внимание на места около никелированных, пластмассовых или резиновых частей, которые при покраске закрываются маскировочной лентой. Если машина перекрашивалась, то вы иногда можете увидеть либо наличие новой краски на этих частях, либо проблески старой в непосредственной близости от них.

После этого, проверьте, как открывается и закрывается каждая из дверей. Обратите внимание на нижнюю внутреннюю часть дверей, где обычно первой появляется ржавчина. Откройте багажник и загляните под покрытие на его дне и сторонах на предмет наличия ржавчины, а также на возможные скрытые деформации или следы ремонта, если машина была ударена сзади. На это может также указывать наличие свежеокрашенных участков. Проверьте наличие запасного колеса и домкрата, которые обычно хранятся в углублении днища багажника.

Вторая часть осмотра более направлена на определения качества ухода за машиной. Откройте капот и осмотрите двигатель на наличие утечек масла или других жидкостей. Даже незначительно протекающая прокладка может доставить много неприятностей и потребовать дорогостоящего ремонта. Проверьте наличие ржавчины или следов отличающейся краски, а также краски на поверхности резиновых частей, что также говорит о ремонте после аварии или перекрашивании. Проверьте состояние приводных ремней на наличие трещин. Вытащите щуп проверки уровня масла, протрите его, вставьте до конца и вытащите снова. Обратите внимание на уровень и чистоту масла. Если двигатель холодный, то осторожно, используя тряпку, откройте пробку радиатора охлаждения и посмотрите состояние охлаждающей жидкости. Если на её поверхности есть тонкая плёнка масла – скорее всего, пробита прокладка головки цилиндров, ремонт которой обходится дорого.

Следующий этап – осмотр машины снизу. Если вы покупаете её у дилера, имеющего гараж, вы можете попросить поставить машину на подъёмник. В других случаях вам придется лезть под машину. Желательно при этом иметь фонарик. Прежде

of all, look for any fluids on the ground directly under the engine. Examine the floor and the frame of the car for rust. This is especially important in regions with a cold climate where in the wintertime the roads are treated with sand and salt. Sand acts as sandpaper, scraping off paint or protective coating, and salt accelerates the corrosion of metal. If rust on the body affects only the car's appearance and not its road performance, a rusty floor or frame indicate decreased durability, and the car may not pass its next state inspection. Also pay attention to any recently painted spots. Check the condition of the exhaust pipe and the muffler. They may be rusted through and require replacement.

Finally, pay attention to the tires. Together with brakes, headlights, and parking lights, they are important for passenger safety and are checked during annual state inspections. The degree of wear is measured by the depth of grooves on the tire tread. If it is 1.5 mm or less, a tire should be replaced. If tires are worn out unevenly, it may signal problems with wheel alignment or be a result of an accident.

After inspecting the car, you need to find out who actually owns it. You can do this by looking at a document called Certificate of Title, where in the top right-hand corner you can find the Vehicle Identification Number (a unique number assigned to each car) that consists of a series of numbers and letters. Compare it to the number located on the bottom of the windshield on the driver's side. They should match. The column *Owner(s) Name and Address* lists the names of owners. Make sure that the person you are dealing with is the owner.

If the car was bought on credit, the name and address of the credit organization that financed the purchase will be specified in columns First Lienholder Name and Address or Second Lienholder Name and Address (I cannot guarantee that this is done in all states). If the car loan has been paid in full, the owner should have appropriate papers from the bank certifying this fact. If the loan has not been paid, the car does not actually belong to him or her. When you buy a car that is owned by someone else, you virtually guarantee yourself unnecessary problems. Even if you are buying a very inexpensive car, this thorough inspection is necessary for two reasons:

- You can change your mind and not buy the car if you find any significant defects or a discrepancy between what you see and what you have been told by the owner.

- you get a reason to ask for a lower price if you still like the car but have found a defect the owner did not tell you about.

Be careful when buying cars with the mileage of 65-75 thousand miles that have already had two owners. Very often the first owner, who sells the car

всего, посмотрите нет ли протекающих жидкостей на полу непосредственно под двигателем. Осмотрите днище и раму машины на наличие ржавчины. Особенно важно это в местах с холодным климатом, где в зимнее время дороги посыпают песком и солью. Песок, как наждачная бумага, счищает краску или защитные покрытия, а соль разъедает металл, во много раз ускоряя процесс ржавления. Если ржавчина на частях кузова ухудшает только внешний вид машины, не влияя на её ходовые качества, то проржавевшие днище или рама ставят под сомнение её прочность, и она может быть забракована при очередном техосмотре. Также обратите внимание на наличие свежеокрашенных или отличающихся участков. Проверьте состояние выхлопной трубы и глушителя. Они могут быть проржавевшими насквозь, что потребует замены.

И, наконец, обратите внимание на покрышки, которые как тормоза, фары и сигнальные огни, являются частями, обеспечивающими безопасность пассажиров, и проверяются при ежегодных технических осмотрах. Критерием износа является глубина канавок протектора покрышки. Если она равна 1.5 мм или менее, то покрышка должна быть заменена. Если покрышки изношены неравномерно, то это может быть признаком плохого выравнивания колёс или результатом удара при аварии.

После осмотра машины необходимо выяснить, кто в действительности владеет машиной, а для этого необходимо посмотреть документ, называемый *Certificate of Title*, в правом верхнем углу которого приведён *Vehicle Identification Number* (уникальный номер машины), состоящий из серии цифр и букв. Сравните его с номером, помещённым в нижней части лобового стекла со стороны водителя. Они должны совпадать. В графе *Owner(s) Name and Address* указывается имя владельца или владельцев. Убедитесь, что человек, с которым вы имеете дело, является владельцем. Если в документе указано два или более владельца, то возможно потребуются подписи всех.

Если машина была куплена в кредит, то в графах *First Lienholder name and Address* или *Second Lienholder Name and Address* будет указано название и адрес кредитной организации финансировавшей покупку. Я не могу гарантировать, что это делается во всех штатах. В нашем штате, например, *Certificate of Title* хранится в кредитной организации до тех пор, пока кредит не выплачен. Если кредит полностью выплачен, то владелец должен иметь соответствующее подтверждение из банка: *Release of Lien* или *Certificate of Lien,* удостоверяющую этот факт. Если же кредит не выплачен, то машина по сути дела ему не принадлежит. Купив машину, права на которую принадлежат кому-то другому, вы обрекаете себя на проблемы. Даже если вы покупаете очень недорогую машину, весь этот осмотр необходим по двум причинам:

- вы можете изменить своё решение и не брать эту машину, если обнаружите существенный недостаток, либо какое-то расхождение в том, что вы видите и что вам говорил продавец.

- вы получаете аргумент в пользу снижения цены, если машина вас всё-таки устраивает, но вы найдёте дефект, о котором продавец вам не говорил.

Будьте осторожны при покупке машин с пробегом 65-75 тысяч миль,

right after its warranty expires, does not perform all the necessary maintenance procedures, and the second owner only does the bare minimum. It is preferable that the owner have evidence of any maintenance that has been done. The mileage at which the current owner bought the car is indicated in the top part of the Certificate of Title.

After the inspection, you may want to take the car for a test drive. Pay attention to how the car starts and how the engine works before you start driving. Pay attention to exhaust fumes. Bluish smoke means that the car is burning oil and white smoke may signify a broken head gasket. Check the headlights, parking lights, windshield wipers, radio, heater, and air conditioner if there is one.

During your test drive try to find a place where you could test the car at all acceptable speeds, having tested the brakes first. During several cycles of speeding up and braking, look at how smoothly the transmission switches from one gear to another. Are there any unusual sounds in the engine or transmission? Does the car pull to one side when you brake? If you take your hands off the steering wheel on a straight stretch of the road, does the car continue to go straight or does it drift to one side? The reason for this may be bad wheel alignment or simply different tire pressures on different sides. On a bumpy road, if the car bounces for a long time after going over a bump, shock absorbers are most likely not working properly.

Stop in a safe place and, with the engine still running, open the hood. Look if there are any oil or other fluid leaks; also check under the car. Do you smell burned oil or anything else?

Pay attention to how comfortable you feel behind the wheel. If the position of the steering wheel is not adjustable, is it comfortable for you? How about the amount of effort necessary for steering (there are cars where the steering wheel is very tight or so loose that it seems not to be connected to anything). How good is visibility when you change lanes or back up?

If you are buying a car that is fairly expensive for you and are not sure of its condition, after you look at it and agree on a price, you can say that before you pay, you would like to show it to a professional mechanic. Such an inspection can cost about fifty dollars but may save you hundreds on repairs or help avoid a headache in the near future.

At the end of the transaction, the owner should give you the Certificate of Title, on the back of which should be recorded the transfer of the car to your name and current odometer reading. You also must ask for a receipt stating the sum paid. Based on this receipt, you will pay the sale tax (if it exists in your state) when you register your car. The paperwork may differ in different states. Check with the Department of Motor Vehicles to see which documents are necessary to complete your purchase.

которые уже имели двух владельцев. Очень часто первый владелец, продающий машину сразу после истечения гарантии, не делает всех положенных профилактических ремонтов, а второй – только минимально необходимые. Предпочтительно, если владелец продаваемого автомобиля имеет документальные подтверждения производимой профилактики. Величина пробега, с которой нынешний владелец приобрёл машину, указана в верхней части *Certificate of Title*.

После осмотра можно взять машину в пробную поездку. Обратите внимание на то, как машина заводится и как работает двигатель до того, как вы тронулись. Обратите внимание на выхлопные газы. Голубоватый дым говорит о том, что сгорает масло, а белый – о возможно пробитой прокладке головки цилиндров. Проверьте работу фар, сигнальных огней, стеклоочистителей, радиоприёмника, нагревателя и кондиционера воздуха, если он есть.

Во время поездки постарайтесь найти участок дороги, на котором вы могли бы проверить машину на всех приемлемых скоростях, предварительно испытав тормоза. Сделав несколько циклов разгонов и торможений, посмотрите на то, насколько плавно работает переключение с одной передачи на другую. Нет ли каких-то посторонних звуков в работе двигателя и трансмиссии? Не заносит ли машину при торможении? Если на ровном участке дороги вы отпускаете рулевое колесо, продолжает ли машина идти прямо или её ведёт в сторону? Причиной этого может быть плохое выравнивание колёс или просто разное давление в покрышках на разных сторонах. Проедьте по неровной дороге; если машина долго качается после того, как проедет кочку - скорее всего не работают амортизаторы.

Остановитесь в безопасном месте и, не выключая двигателя, откройте капот. Посмотрите, не появились ли утечки масла или других жидкостей, в том числе и под машиной. Нет ли запаха горелого масла или какого-то другого?

Посмотрите, насколько удобно вы себя чувствуете за рулём. Устраивает ли вас положение рулевого колеса, если оно не подстраивается, а также величина усилий, необходимых для управления (существуют машины с очень тугим рулевым управлением, а также с легким настолько, что кажется, что оно ни к чему не подсоединено). Насколько хорош обзор при смене линий движения или при сдаче назад?

Если вы покупаете достаточно дорогую для вас машину и не уверены в её состоянии, то после осмотра и соглашения о цене, вы можете сказать, что прежде чем платить, вы хотели бы показать её профессиональному механику. Такой осмотр может стоить несколько десятков долларов, но сэкономить вам сотни или избавить от головной боли в недалёком будущем.

При завершении сделки, продавец должен передать вам *Certificate of Title*, на обороте которого должна быть сделана запись о передаче машины на ваше имя и текущие показания счётчика пробега. Необходимо также взять расписку об уплаченной сумме. На основании этой расписки вы будете платить налог с продаж (если таковой в вашем штате существует) при регистрации машины. Документы могут отличаться в разных штатах. Справьтесь в службе регистрации автомашин о том, что необходимо для завершения сделки.

4.8. Financing

Very few people can buy an automobile and pay the full price in cash. Most will need to borrow all or part of the money from different sources. As will be explained in the appropriate chapter, being able to get credit, as well as its terms, largely depend on your so-called "credit history". Here we will only consider the possible sources of credit for purchasing a car.

In the US, you can go to a car dealer without a penny in your pocket and leave driving an expensive new car. Of course, you will have to pay for this pleasure over a certain period of time and will end up paying off not only the cost of the car, but also the interest on your loan, which, depending on the terms of the loan and interest rate, can add up to a lot of money.

Table 4-7 shows monthly payments to be made on a $10,000 loan depending on interest rates and loan terms.

Table 4-7:   **Monthly Payments for Different Loans**

Loan Term (months)	Interest Rate and Monthly Payment				
	2.0%	4.0%	6.0%	8.0%	10.0%
12	$842.39	$851.50	$860.60	$869.88	879.16
24	$425.40	$434.25	$443.21	$452.27	461.45
36	$286.43	$295.24	$304.22	$313.36	322.67
48	$216.95	$225.79	$234.85	$244.13	253.63
60	$175.28	$184.17	$193.33	$202.76	212.47

Table 4-8 shows the total amount paid on a $10,000 loan for the same interest rates and terms.

Table 4-8:   **Total Amount Paid for Different Loans**

Loan Term (months)	Interest Rate and Total Amount Paid				
	2.0%	4.0%	6.0%	8.0%	10.0%
12	$10,109	$10,218	$10,327	$10,439	$10,550
24	$10,210	$10,422	$10,637	$10,854	$11,075
36	$10,311	$10,629	$10,952	$11,281	$11,616
48	$10,414	$10,838	$11,273	$11,718	$12,174
60	$10,517	$11,050	$11,600	$12,166	$12,748

4.8. Финансирование

Далеко не многие могут купить автомобиль, заплатив полную сумму наличными. Большинство вынуждено брать часть или даже всю стоимость покупки в кредит на различных условиях. Как будет рассмотрено в соответствующей главе, сама возможность оформления кредита, а также его условия существенно зависят от так называемой "кредитной истории". Здесь мы только рассмотрим возможные источники кредита для покупки машины.

В США, вы можете зайти к автомобильному дилеру без гроша в кармане, а уехать на новой дорогой машине. За это удовольствие вы естественно должны будете платить в течение определённого периода и выплатите не только стоимость машины, но и проценты по взятому вами кредиту, которые в зависимости от срока кредита и ссудного процента, могут составить значительную сумму.

В табл. 4-7 приводится величина месячных платежей при различном ссудном проценте и продолжительности ссуды при размере займа в $10,000.

Табл. 4-7:   **Размер месячных платежей при различных условиях ссуды**

Срок ссуды в месяцах	Судный процент и месячный платёж				
	2.0%	4.0%	6.0%	8.0%	10.0%
12	$842.39	$851.50	$860.60	$869.88	879.16
24	$425.40	$434.25	$443.21	$452.27	461.45
36	$286.43	$295.24	$304.22	$313.36	322.67
48	$216.95	$225.79	$234.85	$244.13	253.63
60	$175.28	$184.17	$193.33	$202.76	212.47

В табл. 4-8 приводится величина, выплачиваемая при различном ссудном проценте и продолжительности ссуды при размере займа в $10,000.

Табл. 4-8:   **Сумма выплат при различных условиях ссуды**

Срок ссуды в месяцах	Судный процент и выплаченная сумма				
	2.0%	4.0%	6.0%	8.0%	10.0%
12	$10,109	$10,218	$10,327	$10,439	$10,550
24	$10,210	$10,422	$10,637	$10,854	$11,075
36	$10,311	$10,629	$10,952	$11,281	$11,616
48	$10,414	$10,838	$11,273	$11,718	$12,174
60	$10,517	$11,050	$11,600	$12,166	$12,748

Many financial institutions provide loans for car purchases. Loans are given for both new and used cars, but usually in the latter case the older the car, the higher the interest on a loan. Usually dealers have agreements with creditors and receive profit from each sale, and you can apply for a loan right at the dealership. As is clear from the tables above, the total amount grows quickly as the term of the loan and the interest increase. This is why salespeople ask you how much you can afford to pay each month. Varying the term of the loan, they adjust the result to your given amount, often at a high interest rate, and pocket the difference in addition to the profit they make on the sale itself.

You can often find better loan terms yourself by calling or visiting local banks or credit unions. Credit unions often offer the best interest rates, but they have some restrictions. Usually they only serve people who live in the town or county where the union is located, and besides, you need to become a member of the union, which often means opening an account with the minimal balance of $10-50.

Sometimes car manufacturers, hoping to increase sales, provide special financing at low interest rates. This financing is not necessarily available to every buyer. There are certain limitations, usually based on the customer's credit rating (his or her credit history).

When you take out a loan, make sure your contract states that you can prepay any amount (including paying the loan in full) at any time without penalty. This way you can pay off your debt at any time if your financial situation improves or you find another loan source that offers lower interest.

Loan refinancing is widespread because loan interest rates vary with the state of the economy. During the life span of a long-term loan, very often there are times when the current interest rate is much lower than it was when the loan was originally taken out. In this case, it makes sense to take out a new loan and to pay off the old one. Usually, there are no additional expenses associated with a car loan, as opposed to a mortgage (a loan for buying a home); therefore, it can be refinanced the next day if you find better terms.

4.9. Car insurance

In most states, the law requires you to insure your vehicle before you can register it. In some states, driving an uninsured car is considered a felony.

Considering that in the US approximately 200 million cars are insured every year with the average policy costing at least $500, car insurance is an industry with an annual revenue of more than $100 billion. The many compa-

Многие финансовые учреждения дают ссуды на покупку машин. Ссуды даются как на новые, так и на подержанные машины, но во втором случае обычно ссудный процент тем выше, чем старше машина. Как правило, дилеры кооперируются с кем-либо из кредиторов и получают проценты с каждой сделки, оформляя ссуду прямо на месте. Как видно из таблиц, итоговая сумма быстро растёт с увеличением срока займа и ссудного процента. Именно поэтому продавцы спрашивают, какой размер месячного платежа вас бы устроил. Варьируя сроком займа, они подгоняют результат под заданную величину, зачастую при завышенном проценте, кладя разницу в карман в дополнение к той прибыли, которую они получили при продаже.

Вы можете сами поискать приемлемые условия, позвонив или обратясь лично в местные банки или кредитные союзы *(Credit Unions)*. Кредитные союзы зачастую предлагают наилучшие условия, но они имеют свои ограничения. Как правило, они обслуживают клиентов только определённой территории, например того города или графства, на территории которого они находятся, и к тому же, требуется быть членом этого союза, что нередко сводится к открытию у них счёта с минимальным балансом в $10-50.

Иногда, производители машин, стремясь увеличить сбыт, обеспечивают льготное финансирование под низкий процент. Не обязательно, что этот процент доступен любому покупателю. Существуют всякого рода ограничения, чаще всего основанные на кредитоспособности клиента (его кредитной истории).

Когда вы оформляете кредит, в договор всегда следует включать пункт о том, что досрочная его выплата не влечёт никаких санкций. При этом вы можете его погасить в любой момент, если ваши финансовые дела улучшатся или вы найдёте другой источник с более низким ссудным процентом.

Перефинансирование займов - явление, часто встречающееся по той причине, что ссудный процент - величина переменная, зависящая от состояния экономики. На протяжении срока жизни долгосрочного займа, очень часто возникают ситуации, когда текущий ссудный процент значительно меньше, чем он был на момент оформления ссуды. В таком случае есть смысл взять новую ссуду и погасить старую. При оформлении ссуды на покупку автомашины, как правило, нет никаких дополнительных затрат, в отличие от ссуды на дом, поэтому её можно переоформить хоть на следующий день, если вы нашли лучшие условия.

4.9. Страхование

Согласно законам практически всех штатов, необходимо иметь страховку на машину прежде, чем вы её зарегистрируете. В некоторых штатах, вождение машины без страховки квалифицируется как уголовное преступление.

Если учесть, что в США приблизительно 200 миллионов машин страхуется ежегодно при стоимости страховки в среднем не менее 500 долларов, то мы говорим о бизнесе с годовым оборотом в более чем 100 миллиардов

nies involved vary widely in regards to insurance terms they offer, cost, the promptness with which claims are handled, and quality of service.

Car insurance includes several components that will be discussed below and covers a particular vehicle and not a particular driver, except in specially stipulated cases when your regular vehicle is replaced by another car, for example, if you are renting a car while on vacation or a business trip, if your car is being repaired or serviced, or if it is lost as a result of accident, theft, or other incident. However, if you have simply lent the car to a friend, in case of an accident, it is yours and not his or her insurance policy that will have to cover the damage. This topic is considered in more detail in the chapter on insurance.

4.10. Registration and re-registration

All cars in the US are registered whenever they change owners and re-registered periodically. A government agency called the Bureau of Motor Vehicles keeps track of all vehicles and issues each owner an official document called Certificate of Title that confirms the ownership of the vehicle, as well as the Vehicle Registration form, which needs to be updated annually. If a car was purchased with a loan, the Certificate of Title is issued in the owner's name, but it lists the organization that financed the purchase and owns the rights to it until the loan is paid in full.

The Certificate of Title is rarely needed in everyday life and is used only when a car changes owners or its ownership needs to be proved. However, the Vehicle Registration must be kept in the car and presented, along with your driver's license and insurance card, to any police officer who stops you.

Car registration is done at your local municipality or Bureau of Motor Vehicles and should be your next step after purchasing an insurance policy. If you bought the car from a dealer, they should supply you with the papers necessary for registration. If the car was bought from a private owner, he or she has to give you the Certificate of Title with the transfer section filled out and his or her signature on the back.

When you register your car, you are given license plates and stick-on labels indicating year and month up to which the plates are valid. Thus, your car is re-registered during the same month – the month in which it was registered for the first time. Depending on the state you live in, you must pay a registration fee or a registration fee plus excise tax. If you trade in an old car for a new one before your registration is up, the unused part of the registration fee will be applied to your new car. You can also keep your old license plates if you want.

долларов. Совершенно очевидно, что в него вовлечено огромное количество компаний с самыми различными условиями предоставления страховки, её стоимости, оперативности выплат и качества обслуживания.

Автомобильная страховка состоит из нескольких компонентов, о которых мы будем говорить ниже, и относится к какому-то конкретному автомобилю, а не к водителю, за исключением специально оговоренных случаев, когда другая машина замещает вашу, например, если вы арендуете машину, находясь в отпуске или командировке или, например, пока ваша машина находится в ремонте, техобслуживании или утеряна в результате аварии, кражи или другого происшествия. Если же вы, к примеру, просто одолжили свою машину вашему приятелю, то в случае аварии ваша, а не его страховка должна будет покрывать ущерб. Более подробно эти вопросы рассмотрены в главе, посвящённой страхованию.

4.10. Регистрация и перерегистрация

В США все машины проходят регистрацию при смене владельца и периодическую перерегистрацию. Государственная служба под названием *Bureau of Motor Vehicle* ведёт учёт и выдаёт официальный документ, подтверждающий право владения автомобилем, который называется *Certificate of Title,* а также ежегодно обновляемый документ – *Vechicle Registration*. Если машина куплена в кредит, то *Certificate of Title* выдаётся на имя владельца, но ниже указывается та организация, которая финансировала покупку и владеет правами на неё до полного погашения ссуды.

Certificate of Title в повседневной жизни практически не нужен за исключением случаев, когда машина меняет владельца или требуется доказать принадлежность её кому-либо. В отличие от него, *Vechicle Registration* обязан находиться в машине и предъявляться вместе с водительскими правами и карточкой, подтверждающей наличие страховки представителю дорожной полиции, если вас остановили.

Регистрация машин производится в муниципалитете или в Бюро автомобильного транспорта по месту жительства и является следующим шагом после приобретения страховки. Если вы купили машину у дилера, то он должен снабдить вас бумагами, необходимыми для регистрации. Если же машина была куплена у частника, то он обязан передать *Certificate of Title* с передаточной надписью и своей подписью на обратной стороне.

При регистрации машины выдаются номерные знаки и наклейки, указывающие год и месяц, до которого они действительны. Таким образом, перерегистрация производится всегда в один и тот же месяц – тот в котором машина была зарегистрирована в первый раз. При регистрации платится регистрационный сбор или сбор и налог, в зависимости от штата в котором вы живёте. Если вы сдали старую машину в обмен на более новую до истечения года, то вам засчитают неиспользованную часть регистрационного сбора в счёт новой машины. Вы также можете сохранить старые номерные знаки, если хотите.

Car registration fees in different states are shown in Table 4-9.

Table 4-9:   State Motor Vehicle Registration Fees

Arizona 1/	$8.00	Washington	$30.00
Indiana	12.00	West Virginia	30.00
Kentucky	12.00	New Hampshire	31.20
South Carolina	12.00	Florida	32.50
Mississippi	15.00	Colorado	32.74
Oregon	15.00	Nevada	33.00
Wyoming	15.00	Alaska	34.00
Nebraska	17.50	Connecticut	35.00
Montana	19.25	Pennsylvania	36.00
Delaware	20.00	Maryland 2/	38.00
Georgia	20.00	Missouri	39.00
North Carolina	20.00	New Mexico	42.00
Tennessee	21.50	South Dakota	42.00
New York	22.50	Vermont	43.00
Ohio	22.75	Wisconsin	45.00
Alabama	23.00	Hawaii	46.42
Maine	23.00	Idaho	48.00
Utah	24.50	Texas	59.80
Arkansas	25.00	New Jersey	73.50
Kansas	25.00	Illinois	78.00
Massachusetts	25.00	North Dakota	79.00
Louisiana	26.50	District of Columbia	88.00
Virginia	26.50	Oklahoma	90.00
California	30.00	Iowa	93.00
Rhode Island	30.00	Minnesota 3/	108.75

1/ There is also a $1.50 fee earmarked for air quality.
2/ Includes an $11 fee earmarked for the Emergency Medical Services System.
3/ Maximum tax.

Source: Government of District of Columbia, 2002.

License plates have the same size and shape throughout the US, but their text and design differ depending on the state. Besides, in each state there are standard license plates as well as custom-made, so-called vanity license plates, on which you can write anything you want within reasonable limits. The inscription can have

Стоимость регистрации машин в различных штатах приведена в табл. 4-9.

Табл. 4-9:   **Стоимость регистрации машин**

Arizona 1/	$ 8.00	Washington	$30.00
Indiana	12.00	West Virginia	30.00
Kentucky	12.00	New Hampshire	31.20
South Carolina	12.00	Florida	32.50
Mississippi	15.00	Colorado	32.74
Oregon	15.00	Nevada	33.00
Wyoming	15.00	Alaska	34.00
Nebraska	17.50	Connecticut	35.00
Montana	19.25	Pennsylvania	36.00
Delaware	20.00	Maryland 2/	38.00
Georgia	20.00	Missouri	39.00
North Carolina	20.00	New Mexico	42.00
Tennessee	21.50	South Dakota	42.00
New York	22.50	Vermont	43.00
Ohio	22.75	Wisconsin	45.00
Alabama	23.00	Hawaii	46.42
Maine	23.00	Idaho	48.00
Utah	24.50	Texas	59.80
Arkansas	25.00	New Jersey	73.50
Kansas	25.00	Illinois	78.00
Massachusetts	25.00	North Dakota	79.00
Louisiana	26.50	District of Columbia	88.00
Virginia	26.50	Oklahoma	90.00
California	30.00	Iowa	93.00
Rhode Island	30.00	Minnesota 3/	108.75
1/ Включает сбор $1.50 на снижение загрязнения водуха. 2/ Включает сбор $11.00 на улучшение службы скорой помощи. 3/ Максимальный налог.			

Источник: Правительство округа Колумбия, 2002.

Номерные знаки имеют одинаковый размер и форму по всей территории США, но различаются по тексту и рисунку в зависимости от штата. Кроме того, в каждом штате существуют стандартные номерные знаки и делаемые по заказу так называемые *Vanity License Plates* (номера тщеславия) на которых вы в пределах допустимого можете написать, что угодно. Надпись должна уложиться

no more than 6-8 characters, depending on the state. Vanity plates cost more but are very popular, and some people collect them. On the Internet, you can even find a special dictionary for decoding the abbreviations used on vanity license plates.

There are also special license plates that differ from the standard design and are dedicated to a certain organization or cause, for example, a local university or protecting the environment. Any extra revenue generated from sales of these plates goes into the state treasury with a special-purpose designation. There is an annual fee that must be paid in order to use these plates.

4.11. State inspection

A vehicle's condition, functioning, and safety are also checked annually. This is done by car service stations that have special licenses to conduct State Inspections. A state inspection includes:

- VIN Number / License Plates /Registration
- Windshield and Wipers/Windshield Washer
- Headlights/Headlight Aim, Turn Signals/4-Way Flashers, Tail Lamps/Brake Lights/Backup Lights/Other Lighting Devices
- Horn
- Service Brake and Parking/Emergency Brake
- Seat Belts
- Tires
- Ball Joints/Steering/Suspension and Body Panels/Fuel Tank
- Exhaust System
- Emissions Test/Emissions Components (if applicable)

The inspection in our state costs about 10 dollars. If something about your vehicle does not meet requirements, the inspector will let you know. After paying for the inspection, you can take the car elsewhere to be fixed or fix it yourself and then return to re-inspect it for free as long as you come back reasonably soon. After your vehicle passes the inspection, a special sticker indicating year and month up to which it is valid will be placed on your windshield near the rearview mirror. The sticker color varies each year, and the month is indicated by punching holes around the sticker's perimeter moving clockwise from January to December.

The state inspection date is not always related to the car registration date.

в 6-8 знаков в зависимости от штата проживания. Такие номера стоят дороже, но очень популярны и являются объектом коллекционирования. Существует даже специальный словарь для расшифровки сокращений, используемых на номерных знаках тщеславия, который вы можете найти на Интернете.

Существуют также специально разработанные номерные знаки, которые отличаются от стандартных по дизайну и посвящены чему-либо, например местному университету или охране окружающей среды. Дополнительный сбор средств от этих номерных знаков поступает в казну штата с целевым назначением. Такие номерные знаки требуют ежегодного взноса за право пользования ими.

4.11. Техосмотр

Техническое состояние машины также проверяется ежегодно. Это делается службами автосервиса, которые имеют специальные лицензии на так называемую *State Inspection* (государственную инспекцию). При техосмотре проверяются:

- соответствие машины и номерных знаков регистрационным документам;

- ветровое стекло и дворники;

- фары, подфарники, стоп-сигналы, указатели поворота и габаритные огни;

- звуковой сигнал;

- тормоза;

- ремни безопасности;

- покрышки;

- подвеска, рулевое управление, целостность кузова, бензобак;

- выхлопная система;

- чистота выхлопа (в тех местностях, где требуется правилами).

Стоимость техосмотра, как такового, не велика (в нашем штате - около 10 долларов). Если что-то не соответствует требованиям, вам скажут. Вы имеете право забрать машину, заплатив за техосмотр, и устранить недостатки сами или в любом другом месте, вернувшись вскоре после этого для завершения техосмотра уже без оплаты, однако, если между первичным осмотром и вашим возвращением пройдёт длительное время, то вам придётся платить снова. После прохождения техосмотра, на лобовое стекло наклеивается специальная наклейка *Sticker* с указанием года и месяца, до которого он действителен. Цвет стикера меняется каждый год, а месяц указывается путём перфорации по периметру по часовой стрелке.

Срок прохождения техосмотра не всегда связан со сроком регистрации. В некоторых штатах не требуется проходить обязательный техосмотр при смене

In some states it is not mandatory to pass a State Inspection when a car changes owners. In this case, if you buy a car from a dealer, it is almost guaranteed that it will have a fresh sticker valid for a year, whereas when you buy privately, all depends on when the previous owner last passed the inspection. You do not have to inspect the car until its sticker is close to its expiration date. In other states a car must pass inspection before a new owner can use it. For example, in Massachusetts motor vehicle inspection stickers are not transferable to a new owner, sellers of used vehicles must remove inspection stickers prior to transferring the vehicle to the new owner.

The Massachusetts Lemon Aid Law allows you to void or cancel a motor vehicle contract or sale if your vehicle fails to pass inspection within seven days from the date of sale AND if the estimated costs of repairs of emission- or safety-related defects exceed 10% of the purchase price. Different versions of the Lemon Aid Law exist in many states. In some cases they only protect from defects in new cars.

You can find state inspection rules on the Internet on your's state official web site at *www.state.xx.us* or *www.xx.gov*, where "xx" is a two-letter state abbreviation. You can find it in the chapter on to postal service

4.12. Gas stations

It is amazing how many gas stations there are in the US, from tiny convenience stores with one or two gas pumps scattered along country roads to the supermodern facilities that can serve twenty cars simultaneously and are located at busy intersections next to several competitors. Names of companies that own the stations and names of gasoline grades can be confusing for inexperienced people.

This reminds me of a story about two women that I heard from one of my fellow immigrants. They bought a car at a dealership and asked the salesman to fill it up. He went with them to the nearest gas station and filled the tank. The women, having memorized the name of the company that owned the gas station, subsequently got their gas only at this company's stations. Once, when they had to drive to another state and were running out of gas, they took the first highway exit they saw and drove around some town looking for a gas station with the familiar name. To their horror, they could not find it anywhere because the company did not do business in that state.

In order not to find yourself in a similar situation, you need to know at least something about the petroleum products retail industry in the US.

Most of the market belongs to several large petroleum corporations that own tens of thousands of stations. But besides them, there are many smaller

владельца машины. В этом случае, если вы покупаете машину у дилера, то почти с гарантией можно сказать, что она будет иметь свежий стикер, действительный в течение года, тогда как при покупке у частника, всё зависит от того, когда он проходил техосмотр последний раз. Вам нет необходимости проходить его до тех пор, пока срок действия стикера не будет подходить к концу. В других штатах машина обязана пройти техосмотр при переходе в другие руки. Например, в Массачусетсе продавец обязан удалить стикер при передаче машины. При этом действует так называемый *Lemon Aid Law* (закон лимона), в соответствии с которым сделка может быть признана незаконной, если машина не прошла техосмотр, проводимый в течение 7 дней с момента покупки и предполагаемые затраты на приведение её в соответствии с требованиями составляют более 10% её стоимости. Различные варианты *Lemon Aid Law* действуют во многих штатах, некоторые из них, правда, покрывают дефекты в новых, а не подержанных машинах.

Правила регистрации и прохождения техосмотра вы можете найти на официальном сайте вашего штата на Интернете по адресу *www.state.xx.us* или *www.xx.gov*, где "xx" – двухбуквенное сокращение названия вашего штата, используемое в почтовом адресе. Вы можете найти его в разделе посвящённом почте.

4.12. Бензозаправочные станции

Автозаправок в США великое множество, от крохотных с одной или двумя раздаточными колонками, стоящими на просёлочной дороге, до сверхсовременных сооружений, обслуживающих одновременно два десятка машин и стоящих на оживлённом перекрёстке по соседству с ещё нескольким такими же, но принадлежащими другим компаниям. Наименования компаний-владельцев и названия марок бензина могут несколько сбивать с толку людей, не имеющих опыта.

Мне вспоминается история о двух женщинах, которую я слышал от кого-то из соотечественников. Они купили машину у дилера и попросили его её заправить. Он проехал с ними на ближайшую автозаправку и заполнил бак до верха. Женщины, запомнив название фирмы, которой принадлежала эта заправка, впоследствии заправлялись только на станциях этой фирмы. Однажды им пришлось поехать в другой штат, и когда бензин стал подходить к концу, они съехали с хайвэя в первый попавшийся город и стали искать в нём автозаправку со знакомым названием. К своему ужасу, они никак не могли её найти, поскольку эта фирма не вела бизнес в данном штате.

Для того чтобы не оказаться в такой ситуации, необходимо иметь хотя бы элементарные представления о розничной торговле нефтепродуктами в США.

Основная часть рынка принадлежит нескольким крупным нефтяным компаниям, владеющим десятками тысяч станций. Но помимо них, существует множество более мелких владельцев разного калибра вплоть до таких, которые

enterprises of different sizes down to those that have a singe gas pump next to a small convenience store that sells basic food and personal care items.

With rare exceptions, all gas stations sell three basic grades of gasoline that differ by their octane content. These are usually referred to as Regular, Plus, and Super, and correspond to octane numbers 85-87, 88-90, and 91 and higher. You may sometimes see the word Unleaded that means "contains no lead" and is a reminder of the time when gasoline with lead was also used. Now all gasoline is made without lead, and Unleaded simply means Regular. Gasoline prices are specified per gallon and already include all taxes. Gasoline with higher octane content costs more. The difference is about 10-15% compared to a lower grade. So, for example, if Regular sells for $1.50, Plus can cost $1.70, and Super - $1.87. The majority of cars are designed for the use of Regular gasoline, and experts say that using higher grade fuel does not increase mileage or prolong the life of the engine. Therefore, if your car manual does not indicate that high-octane fuel is necessary, using it is a waste of money.

There are two types of gas stations:

- Self-Service – when you fill up the car and pay with a credit card directly at the pump or in any other form inside the building.

- Full-Service – when you stop at a pump without leaving the car, and a gas station employee does everything. Usually the cost of service is included in the gas price; therefore, prices at such stations are 10-15% higher.

Very often, both types are combined at the same gas station where one row of pumps may be Self-Service, and another - Full-Service. In this case you will see the appropriate sign on the side of the pump. In large cities and on highways you usually have to pay before pumping gas. You tell the cashier what pump your car is at, and he or she programs the meter for the appropriate amount of gasoline, after which the pump will stop automatically. In rural areas, where there are fewer unscrupulous customers, you can pump first and then pay. But even there, video cameras are monitoring and recording everything that happens.

At full-service gas stations, an attendant will often clean your windshield hoping for a tip and may also offer to check the levels of your oil and other fluids. There is a trick gas station attendants sometimes use on mechanically illiterate people, especially those from other states, who are easily recognizable by their license plates.

If you agree to an oil level check, the attendant lifts your hood, pulls out the measuring stick, wipes it, and then inserts it, but not all the way down. After pulling it out, he shows it to you and says that there is an oil leak in your engine and you need to add

имеют одну единственную раздаточную колонку в придачу к небольшому магазинчику, торгующему предметами первой необходимости.

За редким исключением, все они торгуют бензином трёх основных видов, отличающихся октановым числом. Чаще всего они называются *Regular, Plus* и *Super,* что соответствует октановым числам 85-87, 88-90 и 91 и выше соответственно. Вы можете встретить название *Unleaded,* что означает "не содержащий свинца", которое осталось с тех времён, когда использовался бензин со свинцом. В настоящее время весь бензин изготавливается без свинца, и *Unleaded* попросту означает *Regular.* Цены на бензин указываются в расчёте на галлон и уже включают все причитающиеся налоги. Бензин с более высоким октановым числом стоит дороже. Разница составляет приблизительно 10-15% от стоимости более низкой марки. Так например, если *Regular* продаётся по цене $1.50, то *Plus* может стоить $1.70, а *Super* - $1.87. Большинство машин рассчитаны на использование бензина *Regular,* и специалисты говорят, что заправка более высокооктановым топливом не даёт ни увеличения пробега, ни продления срока жизни двигателя. Поэтому если технический паспорт вашего автомобиля не оговаривает обязательное использование более высокооктанового бензина, то заправка им – пустая трата денег.

Автозаправочные станции бывают двух типов:

- *Self-Service* (самообслуживания) – когда вы сами заправляете машину и оплачиваете стоимость кредитной картой непосредственно у раздаточной колонки или в любой другой форме внутри здания.

- *Ful- Service* (с полным обслуживанием) – когда вы, подъехав к свободной колонке, не выходите из машины, а служащий заправочной станции проделывает все операции. Обычно стоимость услуг включена в стоимость бензина, поэтому цены на таких станциях выше на 10-15%.

Очень часто, оба этих типа совмещаются на одной и той же заправке, где один ряд колонок может быть *Self-Service,* а другой - *Full-Service.* В этом случае вы, когда подъезжаете, можете увидеть соответствующую надпись на торце колонок. В крупных городах и на хайвэях вы, чаще всего, должны сначала оплатить стоимость заправки, сказав около какой колонки вы стоите, и кассир запрограммирует счётчик на соответствующее количество бензина, после которого насос отключится сам. В провинции, где число недобросовестных клиентов значительно меньше, вы можете сначала заправиться, а потом уплатить. Но даже там стоят видеокамеры, постоянно снимающие все машины.

На заправках с полным обслуживанием вам нередко протрут стёкла в надежде на чаевые и предложат проверить уровень масла и других жидкостей. Существует трюк, который иногда проделывают с технически неграмотными людьми, особенно находящимися в другом штате проездом, что легко определить по номерному знаку.

Если вы соглашаетесь на проверку уровня масла, то заправщик поднимает капот, вытаскивает измерительный щуп, как положено, протирает его, а затем вставляет не на полную глубину и, вытащив, показывает его вам, говоря, что у

some oil immediately. Of course, you agree. He brings some empty oil bottles and pretends to add a significant amount, and then measures your actual oil level. This whole time, you cannot see anything he is doing because of the lifted hood. You generously compensate the attendant for the cost of oil and his work that has supposedly prevented an expensive repair, and thank him profusely. On returning home, you go to a garage to look for a leak that was never there and pay some more for the services of a mechanic.

I read about this trick somewhere and remembered a time some years ago when an acquaintance from another state stopped by for a short visit. She was very upset by the fact that at the last gas station an attendant told her that there was almost no oil in her Honda's engine. She was very surprised because she had never seen a singe drop under her car on parking lots. There is a good chance she was a victim of an attempted oil scam.

Certainly, tricks like that are the exception rather than the rule, but if you master some elementary car maintenance skills, you will not have much need for these services.

4.13. Parking

Parking a car is not always easy, especially in large cities or in the business district of even a small town. It is difficult to find free parking in such places. Never park in places where there are signs indicating that parking is not permitted. Your chances of getting a ticket are relatively high because there is no shortage of parking police.

On-street parking spaces are usually equipped with parking meters. The cost of parking is directly proportional to how much time your car spends in that parking space. All meters accept quarters, so it is a good idea to keep them with you or in the car just in case. Some new meter models also accept nickels and dimes. The maximum amount of time you can program a meter for usually does not exceed 2 hours. Remember exactly when your parking time is up. It is always better to come back before then. Fines for parking violations are one source of income for local authorities. In some places that are equipped with parking meters, parking is free in the evenings and on weekends, but the meters are still working and those who do not know when they can park for free continue to pay.

If you need to park the car for a longer period of time, you will need to find a long-term parking lot or a multi-story garage. Such parking is usually fairly expensive– several dollars an hour, but the longer your car is parked, the less you pay per hour. Paid parking does not guarantee the car's safety.

вас вытекло масло из двигателя и необходимо срочно долить. Вы, безусловно, соглашаетесь. Он приносит несколько пустых емкостей из под масла и делает вид, что доливает значительное количество, а затем производит измерение уровня, как положено. Все его действия скрыты от вас капотом. Вы щедро оплачиваете стоимость масла и работу человека, предотвратившего дорогостоящий ремонт, и долго его благодарите, а по возвращению домой, немедленно едете в гараж искать предполагаемую течь, которой там никогда не было, и оплачиваете ещё услуги механика.

Я где-то прочитал об этом фокусе и вспомнил, что несколько лет назад к нам на короткое время заезжала знакомая из другого штата. Она была очень расстроена тем, что на последней заправке ей сказали, что в двигателе её "Хонды" практически нет масла. Больше всего её поражало то, что она никогда не видела ни единой капли под машиной на местах стоянки. Судя по всему, это был тот самый случай.

Разумеется, что это скорее исключение, чем правило, но лучше, если вы сами освоите элементарные навыки обращения с машиной и у вас не будет большой необходимости пользоваться такими услугами.

4.13. Парковка

Парковка машины не всегда простое дело, особенно в крупных городах или деловой части даже небольшого городка. В таких местах трудно найти бесплатную стоянку. Никогда не паркуйтесь в местах, где висит знак, указывающий, что парковка запрещена. Гарантия штрафа достаточно высокая, поскольку нет недостатка в людях претендующих на места контролёров.

Места для парковки, расположенные вдоль дорог, как правило, оснащены парковочными счётчиками. Плата за стоянку прямо пропорциональна времени. Все счётчики принимают 25-и центовики, поэтому желательно иметь их при себе в машине на всякий случай. Некоторые новые модели счётчиков также принимают 10- и 5-центовые монеты. Максимальное время, на которое вы можете однократно запрограммировать счётчик, обычно не превышает 2 часов. Точно запоминайте, когда время вашей стоянки истекает. Всегда лучше возвращаться раньше. Штрафы за просроченное время стоянки - одна из статей дохода местных властей. В некоторых местах, оснащённых счётчиками, плата не берётся в вечернее время и выходные дни, но счётчики, тем не менее, включены, и тот, кто не знает этого - продолжает платить.

Если необходимо запарковать машину на более долгое время, то следует искать долговременную стоянку, наземный многоэтажный или подземный гараж. Стоимость стоянки обычно довольно высокая – несколько долларов в час, но понижается при длительной стоянке. Парковка на платной стоянке не является гарантией сохранности машины.

There are many places where parking is allowed only with a special permit. Violators may find that their car has been towed to a special parking lot which they must first find. In order to retrieve their vehicle, they must pay for both towing and parking.

Parking next to retail outlets is always free for the customers, but if it is a small store, you should not leave the car there for long; you will be easily found out and may not find your car when you return. Parking spots that are the most conveniently located and closest to the building entrances are usually reserved for handicapped drivers. The fine for parking in these spaces without the legal right to do so is the highest ($50 or more) of all possible fines for parking violations.

Parking with the car facing in the direction opposite to traffic is also considered a violation, as well as parking in a manner that blocks access to a fire hydrant.

If you are fined for parking in a wrong place or for an expired parking meter, you will usually find a violation notice or "ticket" on the windshield of the car, under a wiper. It will tell you what you are fined for, how much, and where to send your payment. Usually, it also explains what to do if you disagree with the penalty.

Sometimes, people distributing flyers that advertise a certain product, service, or event put them under windshield wipers of parked cars as if they were parking tickets. This definitely makes people pay attention but gives a few unpleasant moments to the owner of the car and is therefore not very effective as an advertising technique.

4.14. Roads

The automobile road network in the US is very extensive and generally is in very good condition, especially when compared to roads in countries where the majority of immigrants came from. It is based on a nation-wide grid of so-called highways or freeways that covers the entire territory of the country.

Roads that belong to this network are referred to as Interstate and are numbered in a particular order. Odd-numbered roads go from south to north, and even-numbered ones – from west to east. Road numbers increase from west to east and from south to north. Therefore, Route 5 runs along the Pacific coast, and Route 95 – along the Atlantic one; Route 10 passes along the southern border of the country, and Route 94 – along the northern border. Road numbers are indicated on dark blue signs with red tops that are shaped like shields. Main roads usually have two-digit numbers. The third digit can be added in two cases: an odd one when the road enters a city, and an even one when the road loops around a city without entering it. For example, Route 95

Существует много мест, где можно парковать машины только по специальным разрешениям. Нарушители могут обнаружить, что их машина отбуксирована на штрафную стоянку, которую ещё надо найти. В наказание придётся платить и за буксировку и за стоянку.

Парковка около торговых заведений всегда бесплатная для клиентов, но если это мелкий магазинчик, то не стоит оставлять там машину надолго, вас легко вычислят и вы можете не найти машину когда вернётесь. Места парковки, наиболее близко и удобно расположенные к входу в здания, обычно зарезервированы для инвалидов. Штраф за стоянку на таком месте без законного на то права является самым высоким ($50 и более) из всех возможных штрафов за нарушения правил стоянки.

Парковка машины в направлении противоположном движению противоречит правилам и является нарушением, также как и парковка, загораживающая подъезд к пожарному гидранту.

Если вы оштрафованы за парковку в неположенном месте или за просроченное время стоянки, то чаще всего вы найдёте штрафную квитанцию или "тикет" *(ticket)* на лобовом стекле машины, прижатую стеклоочистителем. В ней указано, за что вы оштрафованы, на сколько и куда посылать чек для оплаты. Обычно также указывается, куда можно обратиться, если вы не согласны со штрафом.

Иногда, распространители той или иной рекламы засовывают её под стеклоочистители на манер штрафной квитанции, что гарантирует внимание, но доставляет несколько неприятных секунд владельцам машин, поэтому вряд ли такая реклама является эффективной.

4.14. Дороги

Система автомобильных дорог в США очень разветвлённая и по большей части находится в очень хорошем состоянии, тем более, если сравнивать её с дорогами в странах, откуда приехало большинство иммигрантов. В её основе лежит национальная система скоростных дорог "хайвэев" или "фривэев", которая густой сеткой покрывает всю территорию страны.

Дороги, относящиеся к этой системе, называются *Interstate* (межштатными) и пронумерованы по определённой системе. Дороги с нечётными номерами направлены с юга на север, а дороги с четными номерами – с запада на восток. Номера дорог увеличиваются в направлении с запада на восток и с юга на север. Таким образом: дорога № 5 идёт вдоль Тихоокеанского побережья, а дорога № 95 – вдоль Атлантического; дорога № 10 проходит вдоль южной границы страны, а дорога № 94 – вдоль северной. Номера этих дорог указываются на синих с красным верхом знаках выполненных в форме щита. Номера основных дорог обычно двухзначные. Третья цифра может добавляться в двух случаях: нечётная – когда дорога входит в город, а чётная – когда дорога огибает город, не входя в него. Например, дорога № 95 идёт в непосредственной близости от Бостона, тогда

runs near Boston, whereas Route 495 is a loop that begins on Route 95 and ends there, but runs a significant distance from the city.

Only a very small part of these roads are toll roads in the full sense of the word, when the fare depends on the distance you go. These roads are marked in all atlases. The majority of such roads are concentrated in the northeast part of the country, as well as in Florida and Oklahoma. All entrances to such roads are equipped with tollbooths, where you either pay a certain amount or take a special coupon that indicates where you have entered and pay at the exit.

However, in addition to toll roads, there are points where local authorities collect transit taxes. In this case, toll plazas are located directly on the road and collect the same payment from all cars passing in any direction. You can travel any distance for free on both sides of these plazas, but if you pass them, you need to pay. Only cash payments are accepted, except for cases when drivers have prepaid passes or when cars are equipped with special devices for cashless toll payments. The fee is usually quite small: from 25 cents to a few dollars. Those who need to file an expense report can get a receipt that lists the amount and time of payment.

There is also an older nation-wide system of roads that are less important and not so systematically numbered, where Route 1 runs along the Atlantic coast in the Northeast. The numbers of these roads are marked on white shield-shaped signs that look slightly different from the other ones. Within each state, if local roads are numbered according to any system at all, nobody knows what it is.

Detailed road atlases are sold in all bookstores and supermarkets, as well as at many gas stations and in other places. They usually cost about $10. Using them to find your way on long trips is fairly easy. All highway entrances and exits are numbered, and as you approach them, you will see at least one or two warning signs. Those who have access to the Internet can take advantage of modern technology when planning trips. To do this, go to www.yahoo.com and choose Maps, and then enter the address of your destination, which will allow you to see it on a map. If you then request Driving directions and enter your starting address, you will be given detailed driving instructions, complete with numbers of all necessary roads and exits, as well as the length of each leg of your trip and travel time estimates that are based on the allowed speed limits on these roads.

It is much more difficult to find your way in big cities with heavy traffic, especially during rush hours. If you are learning to get around the city you live in, get a detailed map and try to remember at least where the major highways are, and also mark the place where you live in case you need to ask how to get

как дорога № 495 является петлёй, берущей своё начало от 95-й и заканчивающейся на ней, но пролегающей на значительном расстоянии от города.

Только очень небольшая часть этих дорог является платной в полном смысле этого слова, когда стоимость проезда зависит от расстояния, которое вы проезжаете. Они обозначены в дорожном атласе. Большинство таких дорог сосредоточено в северо-восточной части страны, а также в штатах Флорида и Оклахома. На всех въездах на такие дороги стоят пропускные пункты, где вы должны либо уплатить определённую сумму, либо взять специальный талон, указывающий, где вы въехали, и оплатить на выезде.

Однако помимо платных дорог, существуют пункты, в которых местные власти собирают транзитные налоги. В этом случае, пропускной пункт стоит прямо на основной дороге и взимает одинаковую плату со всех машин, проезжающих в любом направлении. Вы можете бесплатно перемещаться по любую сторону от этого пункта на любое расстояние, но при необходимости пересечь его, обязаны заплатить. Оплата принимается только наличными деньгами, за исключением случаев, когда водители имеют предоплаченные пропуска, или когда машины оборудованы специальными электронными устройствами для безналичных расчётов за проезд. Плата в большинстве случаев невысока: от 25 центов до нескольких долларов. Те, кому необходимо отчитываться за расходы, могут взять квитанцию, указывающую сумму и время оплаты.

Существует более старая национальная система дорог, меньших по значимости и не столь упорядоченно пронумерованных, в которой дорога № 1 идёт вдоль Атлантического побережья на самом северо-востоке. Номера этих дорог обозначены на белых знаках выполненных в виде щита, несколько отличающегося по форме от предыдущего. На территории каждого штата, дороги местного значения если и пронумерованы по какой-то системе, то её никто не знает.

Подробные атласы автомобильных дорог продаются во всех книжных магазинах, супермаркетах, а также на многих авто заправках и в других местах. Их стоимость обычно около $10. Ориентироваться при поездках на дальние расстояния особого труда не составляет. Все входы и выходы на скоростные дороги пронумерованы, и как минимум один или два предупреждающих знака установлены на подъездах к ним. Те, кто имеет доступ к Интернету, могут при планировании поездок воспользоваться достижениями современной техники. Для этого, на сайте *www.yahoo.com* нужно выбрать *Maps* (карты), а затем ввести адрес места назначения, что позволит вам увидеть его на карте. Если после этого вы запросите *Driving directions* (указатель маршрута) и введёте координаты места отправления, то вам будет выдана подробная инструкция с указанием номеров дорог и выходов с них, а также расстояний каждого из отрезков и ориентировочное время в пути, которое рассчитывается с учётом разрешённых скоростей на этих участках дорог.

Гораздо более трудно ориентироваться в больших городах с оживлённым движением, особенно в часы пик. Если вы осваиваете город, в котором вы живёте, то приобретите подробную карту и постарайтесь запомнить хотя бы

there. Often, when you go in one direction, the road looks completely different than it does when you come back, not to mention that in many places there is one-way traffic, and you have to come back using a different route.

This is exactly what happened during our first independent trip. After leaving home, we soon dove into a highway underpass and started going in the direction we needed without having bothered to look around. When it was time to drive back, we passed by that underpass several times without recognizing it because from the other side it looked totally different. Thankfully, I had a map on which I had marked the location of our apartment, and we were able to get directions there.

If you go to an unfamiliar city and have little driving experience, it may make sense to leave your car outside the city line and take advantage of public transportation. If you must drive to an unfamiliar place, always make sure you have a detailed map of the area. Detailed maps of individual cities, counties, or whole states are also easily accessible.

One more thing needs to be mentioned. In places where roads with different levels of traffic intersect, many traffic lights work in an automatic mode, when the green light allowing for traffic on the busier road is on most of the time. Traffic along the perpendicular road is allowed only when it is necessary - when cars approach the intersection from that side. For this purpose, there is a sensor under the pavement that detects the presence of cars. If you stop too early or late--a significant distance from the white line, the sensor will not work, and you can sit there waiting for a green light as long as you want.

Often, you will see nets that are installed along highways to keep wild animals from crossing the road. Also, in wooded areas there are often signs warning of the possible presence of deer or moose. This is not an empty warning. I know at least half a dozen people who had collisions with deer and myself witnessed several such incidents. At best, such accidents result in death of the animal and damage to the car. Collisions with moose often have fatal outcomes for both the driver and the passengers. When driving at night, try to use your high beams as much as you can. This way, you can notice an animal in time to stop, primarily by its light-reflecting eyes.

4.15. Car accidents

Given a large number of cars on American roads, car accidents are not a rare event. Almost every driver is involved in one at some point in his or her

расположение основных магистралей, а также отметьте на ней место, где вы живёте на тот случай, если придётся спрашивать, как туда добраться. Дело в том, что дорога выглядит совершенно по-разному, когда вы едете в одну сторону и когда вы возвращаетесь, не говоря уже о том, что во многих местах существует одностороннее движение и вы вынуждены возвращаться другим путём.

Наша первая самостоятельная поездка закончилась именно так. Выехав от своего дома, мы вскоре нырнули в путепровод под хайвэем и поехали в нужном направлении, не потрудившись оглядеться по сторонам. Когда пришло время возвращаться, мы несколько раз проехали мимо этого путепровода, так и не узнав его, поскольку с этой стороны он выглядел абсолютно по-другому. Благо я имел с собой карту с отметкой местоположения нашего дома – нам показали, как туда попасть.

Если вы отправляетесь в незнакомый город и у вас маленький водительский опыт, то может быть есть смысл оставить машину на въезде в него и для начала воспользоваться общественным транспортом. Если же вы вынуждены ехать по незнакомым местам, всегда позаботьтесь заранее о подробной карте данной местности. Детальные карты городов, графств или целых штатов также легко доступны.

Ещё одна особенность, о которой необходимо сказать. Многие светофоры, стоящие на пересечении неравноценных дорог, работают в автоматическом режиме, когда зелёный свет горит большую часть времени, разрешая движение по более оживлённой дороге. Движение в перпендикулярном направлении разрешается только тогда, когда в этом возникает необходимость – подъезжают машины. Для этого в дороге под асфальтом установлены датчики, чувствующие наличие машин. Если вы остановились не как положено - возле черты, а не доехали до неё или значительно переехали, то датчик не сработает и вы можете стоять, ожидая зелёного света до тех пор, пока вам не надоест.

Во многих местах вдоль хайвэев можно увидеть натянутые сетки, преграждающие путь диким животным; кроме того, на дорогах в лесистой местности нередко можно увидеть знаки, предупреждающие о возможности появления оленей или лосей. Это не пустое предупреждение. Я знаю как минимум полдюжины людей, имевших столкновение с оленями, и несколько раз был свидетелем таких происшествий. В лучшем случае дело обходится смертью животного и повреждением машины. Столкновение с лосем часто имеет фатальный исход для водителя и пассажиров. При поездках в тёмное время суток, старайтесь включать дальний свет везде, где это возможно. При этом вы можете на достаточном расстоянии заметить животное, прежде всего по отражающим свет глазам.

4.15. Дорожно-транспортные происшествия

При таком количестве машин на дорогах, как в Америке, дорожно-транспортные происшествия не редкое событие. Практически каждый водитель

life. As was already mentioned earlier, about 40,000 people die in car accidents every year, several times as many are injured, and many more than that end up with damaged cars.

If you are involved in a car accident, regardless of its seriousness, it is a good idea to call police so that the incident can be officially documented. If you are hit but for some reason do not have time to wait, in addition to asking the driver at fault for his or her name, address, telephone number, license number, and insurance information, write down a way to reach a witness who agrees to confirm the incident. However, remember that if the damage is more than $500, the insurance company may not agree to pay for repairs without an official police report.

Very often, after a bumper-to-bumper collision at a low speed, there are no visible signs of damage because the external bumper cover is made of plastic, which is crumpled by the impact and then resumes its original shape, concealing internal damage. This damage to the bumper lessens impact and prevents serious damage to both the car and the passengers.

I witnessed an incident when on a rainy day, a driver entered a busy road from a quiet street at low speed and, with not enough time to stop, hit the car in front of him, which in turn hit the one in front of it that turned out to be a Cadillac worth $50,000. Although there was no visible damage, the repair of the Cadillac was estimated at $860.

If an accident is more serious, first see if anyone was injured and needs help, and then call police if there is a phone nearby or ask passing drivers to do so.

If you do not speak English, always have phone numbers of your friends or relatives who could help you explain what happened. At the very least, learn to say your nationality in English correctly. In this case, a police officer can call a telephone company that serves international lines and ask for services of a translator who knows your native language. This is also a common practice in hospitals when patients do not speak English.

A police officer who arrives at the scene interviews the people involved in the incident and fills out a report. He or she also gives each driver forms that need to be filled out and sent to the specified address within 48 hours of the incident. In these documents, everyone states his or her version of what happened.

You will need to contact your insurance company and report the accident. After that, everything depends on whose fault the accident was and the type of insurance the participants have. If you were at fault, you will deal only with your own insurance company.

рано или поздно сталкивается с этим. Как уже упоминалось ранее, около 40,000 человек ежегодно погибают в автокатастрофах, в несколько раз больше получают травмы различной тяжести и ещё много больше отделываются только материальным ущербом в виде повреждённых машин.

При происшествии любой степени тяжести желательно вызвать полицию для официального документирования события. Если вас ударили, но по какой-то причине вы не можете ждать, помимо данных виновника происшествия, запишите данные кого-либо из посторонних свидетелей, которые согласятся подтвердить событие. Однако помните, что при ущербе более чем в $500, без рапорта полицейского страховая компания может не согласиться оплачивать ремонт.

Очень часто при столкновении бампер в бампер на небольшой скорости не остаётся никаких видимых снаружи следов повреждения, потому что наружный кожух бампера сделан из пластика, который сминается при ударе, а после возвращается в первоначальное положение, скрывая внутренние деформации. Эти деформации бампера смягчают удар и предотвращают серьёзные повреждения как машины, так и пассажиров.

Я был свидетелем, когда в дождливую погоду водитель вывернул на небольшой скорости с второстепенной улицы на оживлённую дорогу и, не успев остановиться, ударил впереди стоящую машину, которая в свою очередь ударила стоящую впереди неё, которая оказалась Кадиллаком, стоящим $50,000. Несмотря на полное отсутствие внешних признаков повреждения, ремонт был оценён в $860.

В случае, когда происшествие не такое безобидное, первым делом убедитесь, не пострадал ли кто и не нуждается ли в помощи, а затем вызовите полицию, если поблизости есть телефон или попросите проезжающих водителей сделать это, если рядом его нет.

Если вы не говорите по-английски, всегда имейте при себе номера телефонов ваших друзей или родственников, которые при случае могли бы вам помочь объясниться. Как минимум, научитесь произносить вашу национальность по-английски правильно. В этом случае полицейский может позвонить в телефонную компанию, обслуживающую международные линии и воспользоваться услугами переводчика, знающего ваш родной язык. Это также часто практикуется в госпиталях с не говорящими по-английски пациентами.

Полицейский, прибывший на место происшествия, опрашивает лиц, вовлечённых в событие и заполняет протокол. Он также выдаёт бланки каждому водителю, которые необходимо заполнить и отправить по указанному адресу в течение 48 часов с момента происшествия. В этих документах каждый излагает свою версию происшедшего.

Вам необходимо связаться с вашей страховой компанией и сообщить о происшествии. Далее всё зависит от того, кто был виноват в происшествии и какого типа страховки имеют участники пришествия. Если вина была ваша, то вы будете иметь дело только с вашей страховой компанией.

4.16. Car maintenance and repair

They say that to have peace of mind in America, you need three people you can trust: a doctor, a lawyer, and a mechanic. I would say that this is not far from the truth.

Even the most reliable cars require regular oil and filter changes, brake checks, and so on, in addition to more substantial repairs. Most car owners know very little about how their vehicles work, which means that at the first sign of car trouble they become dependent on the goodwill (or lack thereof) of a mechanic at the nearest garage.

Americans spend about $100,000,000 a year on car repair. According to some data, up to 40% of this sum is paid for repairs that were not necessary or were not performed. It is therefore not surprising that having a mechanic you can trust is so important.

Here are some basic car maintenance and repair issues:

- Maintenance and small repairs, such as oil and oil filter changes, air and fuel filter changes, brake pads changes, flushing the radiator and coolant change, greasing, and replacing exhaust pipes, headlights, windows, tires, and so on.

- Mechanical repairs of the engine and transmission, as well as electric and electronic equipment.

- Repair and restoration of the body and interior after an accident.

According to the kinds of repair listed above, there are different types of autoservice providers. Some of them specialize in a certain type of repair, while others do everything.

Maintenance and small repairs are done by numerous small enterprises specializing in fast service, many of which are part of national or regional chains, such as Jiffy Lube, Midas, Prompto, and so on. They perform the majority of tasks from the first list, except, perhaps, window repair and replacement, which is done by companies specializing only in glass. Large department store chains that sell auto parts, such as Sears, provide similar services.

In regards to more complex mechanical repairs, the picture becomes a little more complicated. Service providers vary from tiny garages with the owner doing all the work to medium-sized workshops specializing in certain makes and models to state-of-the-art enterprises associated with large automobile dealers that handle all repairs for most vehicle types.

Restorative repair of the kind needed after an accident is carried out by specialized enterprises called Body Shops. They can also be of different sizes, but, as a rule, they do not do any purely mechanical repairs.

4.16. Тех-обслуживание и ремонт автомашины

Говорят, что для того, чтобы спокойно жить в Америке, необходимо иметь трёх человек, которым вы можете доверять: врача, адвоката и автомеханика. И это, пожалуй, не сильно далеко от истины.

Даже самые надёжные и безотказные машины нуждаются в регулярной смене масла и фильтров, проверке тормозов и так далее, не говоря уже о более серьёзном ремонте. Большинство владельцев автомобилей мало что понимают в их устройстве, и поэтому при малейшей поломке они оказываются заложниками доброй (или не очень) воли автомеханика из близлежащего к месту происшествия гаража.

Американцы тратят около $100,000,000 в год на ремонт автомашин. Согласно некоторым данным, до 40% из них выплачивается за ремонт, который не был необходим или не производился. Не удивительно после этого, что автомеханик попал в тройку перечисленную выше.

Рассмотрим основные виды работ, связанные с автомобилем:

- Техническое обслуживание и мелкий ремонт, такой как замена масла и масляного фильтра, замена воздушного и топливного фильтров, замена тормозных колодок, промывка радиатора и замена антифриза, смазка и замена выхлопных труб, фар, стёкол, покрышек и так далее.

- Механический ремонт двигателя и трансмиссии (коробки скоростей), а также электрического и электронного оборудования.

- Ремонт и восстановление целостности кузова и салона после аварии.

В соответствии с вышеперечисленными видами работ, существуют различные типы предприятий автосервиса, специализирующиеся на одном из видов работ или выполняющие все без исключения.

Техническое обслуживание и мелкий ремонт выполняют многочисленные небольшие предприятия быстрого сервиса, зачастую образующие сеть по всей стране или в пределах какой-то территории и работающие под одним названием, такие как *Jiffy Lube, Midas, Prompto* и так далее. Они выполняют большинство из первого перечня работ, за исключением, пожалуй, ремонта и замены стёкол, которые выполняются фирмами, специализирующимися только на стекле. Аналогичные службы есть также в крупных сетях универмагов, торгующими автомобильными запчастями, например *Sears.*

Что касается более сложного механического ремонта, то картина несколько усложняется. Возможны варианты от крохотного гаража с одним механиком-владельцем через среднего размера мастерские, специализирующиеся на каких-то определённых моделях и до первоклассно оснащенных предприятий, выполняющих все виды работ на большинстве типов машин, при крупных автомобильных дилерах.

Восстановлением после аварии занимаются специализированные предприятия, которые называются *Body Shop.* Они также бывают различных размеров, но, как правило, не берутся за чисто механический ремонт.

4.17. Penalties for traffic rule violations

The cost of traffic rule violations in the US is high. The worst penalty is a suspension of one's driver's license for a certain period of time, because as we already mentioned, without a license a person loses his or her freedom to move about and becomes dependent on others. This penalty is applied only for serious or repeated violations, for violations that happen during the probationary period after a person receives a provisional license for the first time, or for failure to pay fines for earlier violations.

Most traffic violations are punished by fines in different amounts that range from $10 to $400 and higher. In America, this is referred to as getting a traffic ticket. However, paying the fine does not exhaust the consequences of a violation. All infractions except parking violations are reflected on your driving record for the period of up to six years and affect the cost of your car insurance. The more violations you have, the higher your insurance cost, because you are considered a higher-risk driver. A single speeding ticket affects the cost of insurance for at least 3 years.

Usually, when you break a traffic rule, you will be stopped by a patrol car with flashing lights rather than by an officer on foot. This in itself is unpleasant enough for anyone, and much worse for someone who has only recently arrived in the country and does not speak the language well. It is very easy to give in to panic and start acting the way you would act in your country. Do not do that under any circumstances.

National Highway Traffic Safety Administration in the publication *Strengthening the Citizen and Law Enforcement Partnership at the Traffic Stop* offers the following recommendations.

"Traffic Stops Are Dangerous.

Many officers are killed each year and thousands more are injured in traffic related incidences. For example, in 1999, over half of all officer, line-of-duty deaths were related to traffic incidences. In addition, when the use of weapons at the traffic stop are added, the percentage of traffic related deaths is more than 55 percent. Every stop for a traffic violation has the potential for danger.

Routine traffic stops, as they are sometimes called, sometimes turn out to be anything but routine. Officers find uninsured drivers, drivers with suspended licenses, impaired drivers, illegal firearms, drugs and fugitives. Discoveries like these are all in a day's work for many officers. This is why officers are trained to place a great deal of emphasis on their safety and take a defensive posture at the stop until the risk of confrontation or injury is diminished.

4.17. Наказания за нарушения правил движения

Нарушения правил дорожного движения в США обходятся дорого. Наихудшим вариантом наказания является лишение водительских прав на тот или иной период, поскольку как мы уже говорили, без них человек теряет свободу передвижения и становится зависимым от других. Такая мера применяется только в наказание за серьёзные или многократные нарушения, либо за нарушения сделанные в испытательный период, после получения водительских прав впервые, а также за неуплату штрафов за прошлые нарушения.

Большая часть нарушений наказывается денежными штрафами разных размеров в диапазоне от $10 до $400 и выше. В Америке это называется получить "тикет" *(traffic ticket)*. Однако оплата штрафа не исчерпывает последствий нарушения. Все они фиксируются в вашем послужном списке водителя *(driving record)* на период до шести лет и отражаются на стоимости вашей автомобильной страховки.   Чем больше нарушений, тем выше стоимость страховки, поскольку при этом вы относитесь к группе повышенного риска. Однократный штраф за превышение скорости будет влиять на стоимость страховки не менее 3-х лет.

Чаще всего, при нарушении правил вы будете остановлены не пешим полицейским, а патрульной машиной с мигающими огнями. Это само по себе достаточно неприятно для любого человека, а для того, кто плохо знает язык и недавно находится в стране - хуже во много раз. Очень легко можно поддаться панике и начать вести себя так, как вы вели бы себя в своей стране. Ни в коем случае не делайте этого.

National Highway Traffic Safety Administration в публикации "Укрепляя сотрудничество граждан и работников правопорядка во время остановок транспорта" *(Strengthening the Citizen and Law Enforcement Partnership at the Traffic Stop)* приводит следующие рекомендации:

"Остановки транспорта опасны.

Много полицейских погибает каждый год и, кроме того, тысячи получают травмы в происшествиях, связанных с дорожным движением. Например, в 1999, более половины смертей полицейских при исполнении служебных обязанностей были связаны с дорожным движением. Кроме того, если прибавить случаи использования оружия при остановках транспорта, количество смертей связанных с дорожным движением превышает 55 процентов. Каждая остановка нарушителя правил дорожного движения потенциально опасна.

"Рядовые" остановки транспорта, как они иногда называются, иногда оказываются, совсем не рядовыми. Полицейские обнаруживают незастрахованных водителей, водителей, лишённых прав, водителей, которые не в состоянии безопасно управлять автомобилем, незаконное огнестрельное оружие, наркотики и беглых преступников. Случаи подобные этим – обычное явление для многих полицейских. Вот почему, полицейские приучены уделять внимание своей безопасности и при остановках транспорта находятся настороже до тех пор, пока риск конфронтации или травмы присутствует.

What Can You Do?

Whether you are stopped by a state highway patrol or state police trooper, a county sheriff deputy, or a local police officer, under our laws and local ordinances, you are expected to cooperate. Just as the officer strives to maintain a level of professionalism during the traffic stop, drivers and other occupants can do their part, too, by following these simple guidelines.

1. Carry proper identification: a valid driver's license, proof of vehicle registration and proof of insurance.
2. When being signaled by an officer to stop, look for the nearest place to position your vehicle as far out of the lane of traffic as possible. Generally pull off to the right side of the roadway or to where the shoulder is wider, unless otherwise directed. Signal your move to the side of the roadway, stop, then turn on your flashers.
3. Never attempt to outrun the patrol vehicle or pretend not to see the lights or hear the siren.
4. Stay in your vehicle. If you are asked to exit the vehicle, do it slowly.
5. Remain calm. If there are passengers, also ask them to remain quiet and cooperative with all reasonable requests. Do not let anyone in your vehicle make threatening statements or gestures to the officers.
6. Keep your seat belt fastened until the officer has seen you wearing it.
7. Avoid automatically thinking that this stop was based on race, gender, religion, national or ethnic origin. Wait for the officer's explanation. Officers are trained to know that this type of traffic stop violates federal civil rights laws.
8. Turn on the interior lights when the stop occurs during darkness so the officer can easily see that all is in order.
9. Understand that officer will turn on the patrol car's headlights and spotlights during darkness for safety purposes. It helps illuminate the interior of your car.
10. Understand the reason that there are times when officers have to speak loudly because they are near traffic and other noisy conditions. They are not trying to intimidate you.
11. Keep your hands in view, preferably on the steering wheel. Ask your passengers to place their hands in plain view such as on their laps.
12. Do not duck down or make sudden movements, especially toward the floorboard, rear seat, or passenger side of the vehicle. The officer may interpret these movements as an attempt to hide illegal goods or to obtain a weapon.

Что вы должны делать?

Остановлены ли вы патрульным дорожной полиции штата, простым полицейским, помощником шерифа графства или местным полицейским, согласно законам и местным постановлениям вы обязаны подчиниться. Также как полицейские стремятся вести себя профессионально во время остановки транспорта, водители и пассажиры должны помогать им, следуя простым правилам, приведённым ниже.

1. Имейте при себе действующие водительские права, регистрационные документы на машину и доказательства наличия страховки.

2. При получении сигнала полицейского остановиться, найдите ближайшее место, позволяющее поместить ваше транспортное средство насколько возможно дальше от движения. В большинстве случаев примите вправо или туда, где обочина дороги наиболее широка, если вам не дано специальных указаний. Покажите направление вашего движения к краю шоссе, остановитесь, затем включите аварийные огни.

3. Никогда не пытайтесь уйти от патрульной машины или притвориться, что не видели огней или не слышали сирены.

4. Оставайтесь в машине. Если вам сказано из неё выйти, делайте это медленно.

5. Ведите себя спокойно. Если в вашей машине находятся пассажиры, попросите их оставаться спокойными и выполнять все обоснованные указания. Не позволяйте никому из них делать угрожающие заявления или жесты в адрес полицейского.

6. Оставьте ремни безопасности пристёгнутыми до тех пор, пока полицейский не убедится, что они на месте.

7. Не считайте автоматически, что причиной остановки является раса, пол, религия или национальность. Дождитесь объяснения полицейского. Он знает, что остановка по этим причинам является противозаконной.

8. Включите свет в салоне, если дело происходит в тёмное время, чтобы полицейский мог видеть, что всё в порядке.

9. Имейте в виду, что полицейский включит фары и прожектора в тёмное время из соображений безопасности. Это помогает осветить внутренность вашей машины.

10. Имейте в виду, что иногда полицейский вынужден говорить громко из-за шума, а не для того, чтобы запугать вас.

11. Держите руки всегда на виду, луче всего на рулевом колесе. Попросите ваших пассажиров также держать руки на виду, например, на коленях.

12. Не наклоняйтесь вниз и не делайте внезапных движений, особенно по направлению к полу, заднему сиденью или пассажирской стороне машины. Полицейский может воспринять эти движения как попытку спрятать что-то нелегальное или достать оружие.

13. Turn off your engine. Also, if in use, turn off your cell telephone and radio to facilitate communications.

14. Roll down your window all the way so you and the officer can communicate.

15. Ask for identification if the officer is not in uniform or does not have a marked patrol vehicle.

16. Remember the name of the officer.

17. Remember, the first words spoken by you (and the officer) may very well determine the tone of the interaction during the traffic stop.

18. Do not immediately reach into your glove box, console pocket or backseat. Wait for the officer to request your license, registration and proof of insurance. If the documents are out of reach, tell the officer where they are and reach for them slowly. Otherwise, keep your hands on the steering wheel.

19. Give the officer a chance to explain the violation. Most officers are trained to ask for identification first before providing an explanation of the stop.

20. Answer the officer's questions to the best of your knowledge.

21. If the charge or citation is not clear, ask for an explanation in a respectful manner.

22. There is no need to apologize over or to elaborate on the offense, in effect, to testify against yourself. Simply be civil and polite. If there are any special circumstances surrounding the incident, provide a straight, honest and up-front explanation.

23. Avoid provoking the officer or showing off in front of other occupants. Do not interfere with the questioning or the arresting of other occupants. Comply with the officer first and then, if needed, seek an explanation.

24. Do not argue with the officer at the roadside. If you disagree with the citation or the officer's actions, discuss it later with the law enforcement agency or the judge.

25. Let the officer know if you are carrying a properly registered weapon. In these cases, the officer may have a special procedure that, for example, may require you to identify the location of the weapon, to state if the weapon is loaded, to step out of the vehicle, etc. Also, the officer may ask for your permit number to radio in a check and compare it to the serial number on the weapon. In some states, weapons are registered for specific purposes such as hunting and target practice. So the officer may be required to ask you questions about your activities.

13. Выключите двигатель, а также радио или сотовый телефон, чтобы можно было разговаривать.

14. Опустите стекло с вашей стороны до конца, чтобы полицейский мог общаться.

15. Попросите удостоверение личности, если полицейский не в форме или его машина не имеет отличительных знаков.

16. Запомните имя полицейского.

17. Помните, что первые слова, сказанные вами (и полицейским), могут определить тон, в котором пройдёт ваше взаимодействие с полицейским во время остановки.

18. Не тянитесь немедленно в перчаточный ящик, подлокотник или на заднее сидение. Подождите, пока полицейский попросит ваши водительские права, регистрационные документы и страховую карточку. Если за ними надо куда-то тянуться, скажите полицейскому, где они находятся, и достаньте их медленно. Всё остальное время держите руки на руле.

19. Дайте полицейскому возможность объяснить нарушение. Многие полицейские сначала требуют документы, а потом объясняют причину остановки.

20. Отвечайте на вопросы полицейского правдиво и по возможности исчерпывающе.

21. Если налагаемое наказание или предупреждение вам не ясно, вежливо попросите объяснений.

22. Нет необходимости многократно извиняться или усугублять обвинение, давая показания против себя. Просто будьте вежливы. Если существуют специальные обстоятельства, сопутствующие данному случаю, объясните честно и откровенно.

23. Избегайте провоцировать полицейского или красоваться перед пассажирами. Не вмешивайтесь в опрос или задержание пассажиров. Подчиняйтесь полицейскому, а затем, если необходимо, просите объяснения.

24. Не препирайтесь с полицейским на месте происшествия. Если вы не согласны с наказанием или действиями полицейского, обратитесь позже в полицию или суд.

25. Сообщите полицейскому, если у вас имеется зарегистрированное оружие. В этом случае полицейский может следовать специальной инструкции, согласно которой вы, например, будете должны указать место нахождения оружия, сказать, заряжено ли оно, выйти из машины и т.д. Полицейский также может спросить номер вашего разрешения и связаться по радио, чтобы проверить соответствие серийного номера, указанного на оружии. В некоторых штатах при регистрации оружия указывается его назначение, как, например, охота или стрельба по мишеням, поэтому полицейский может спросить вас о том, что вы делаете.

26. Report the incident to the officer's agency, if you feel the officer has acted irresponsibly. Document the officer's specific misconduct in a written statement and submit it within a few days after the incident. Call the agency and follow their procedure. Also, since traffic enforcement procedures may vary from state to state, consult an attorney or law enforcement agency representative who are familiar with laws and agency policies.

27. If you receive a citation, in most states you will be asked to sign it. This is not an admission of guilt. It only means that you received the citation. Any refusal to sign the citation could result in an arrest or being taken to the station to post collateral and pay for the offense.

28. Don't be surprised if another patrol car appears. Since many law enforcement agencies use one-person patrol cars, this is done to assure the officer's safety.

29. Do not resist a pat down search. This will be done only if the officer has a reasonable suspicion that you may be carrying anything that would jeopardize the officer's safety.

30. Be flexible. There are many issues of safety and officer concerns that may be unique to your traffic stop. No traffic stop is routine. Cooperate with the officer and follow instructions.

31. Practice the golden rule. Treat the officer like you or a member of your family would want to be treated.

32. Treat law enforcement officers with respect. In fact, say hello to officers next time you see one around your community. Write the agency when an officer is exceptionally kind and helpful.

33. Teach your children to respect and to talk to law enforcement officers when they meet them in the community, schools, etc. Help them realize that officers serve and protect everyone in the community. We must continue to pass-on, from generation to generation, respect for professional law enforcement officers" (NHTSA).

26. Сообщите о происшествии в полицейское управление, если вы считаете, что полицейский вёл себя не так, как положено. Изложите нарушения полицейского в письменном виде и отправьте в течение нескольких дней после происшествия. Позвоните в полицию и следуйте их инструкциям. Поскольку законы регулирующие дорожно-транспортные нарушения могут различаться от штата к штату, проконсультируйтесь у адвоката или представителя органов правопорядка, знающих законы и внутренние инструкции.

27. Если вам вручается повестка, в большинстве случаев вас попросят расписаться. Это не признание вины, а только доказательство того, что вы её получили. Отказ расписаться в её получении может навлечь арест или доставку в полицию для уплаты залога и оплаты насколько возможно за нарушение.

28. Не удивляйтесь, если появится другая патрульная машина. Поскольку многие сотрудники органов правопорядка находятся в машинах поодиночке, это делается для их подстраховки.

29. Не сопротивляйтесь личному обыску. Он может быть произведён, только если полицейский имеет основания подозревать, что вы имеете что-то, что может угрожать его безопасности.

30. Будьте гибки. Существует множество причин для беспокойств полицейского о безопасности, которые могут быть уникальны для вашего случая. Не существует обычных остановок транспорта. Сотрудничайте с полицейским и следуйте его инструкциям.

31. Следуйте "золотому" правилу: относитесь к полицейскому, как вы хотели бы, чтобы относились к вам или членам вашей семьи.

32. Относитесь к полицейским с уважением. Поприветствуйте, когда увидите его следующий раз в вашем районе. Сообщите администрации о случаях, когда полицейский исключительно вежлив и полезен.

33. Учите ваших детей уважать работников правопорядка и разговаривать с ними, когда они встречаются в жилых районах, школе и т. д. Помогите им понять, что полицейские служат обществу и защищают окружающих. Мы должны передавать из поколения в поколение уважение к высокопрофессиональным работникам органов правопорядка" (NHTSA).

5. Banks and banking services

   Even before our arrival in the US, we heard a lot of inaccurate information about American banks. For some reason, I remembered movie scenes where crowds of deceived investors storm the doors of a bankrupt bank, trying unsuccessfully to get back their hard-earned money. We had lived most of our lives under the socialist regime, when the savings bank was the only financial institution that served the people, and a single branch of the State Bank handled the distribution of cash and transactions between the enterprises over a large area or even a whole city. However, we had a chance to witness the beginning of the uncontrollable proliferation of banks formed by God knows who that were intended to serve the emerging free market. Although I had some experience in managing a small business and obtaining commercial loans, I never had to use a bank for my personal needs, because such services, fortunately, did not yet exist at the time of our departure. However, when we were already in America, we often read in the press and heard from the friends and family back in Russia about situations that were very similar to those movie scenes.

   Even if American banks were also like that once, it was a very long time ago. Banks are so deeply embedded into American daily life that it is difficult to imagine a time when this was not so. The banking network is called the cardiovascular system of the market economy, and that is very true. Like any living system, it undergoes constant changes, adapting to today's needs, providing its clients with new services, and improving the quality of service in a struggle to survive.

   Banks and similar financial organizations in the US vary from tiny credit unions that serve the population of one small town to huge international corporations with branches around the world. Almost all the time, new banks are formed, existing ones merge, big ones absorb small ones, and so on. Banks

5. Банки и банковские услуги

Ещё до приезда в США, мы все многократно слышали об американских банках. Мне почему-то часто вспоминались кадры из фильмов, где толпы обманутых вкладчиков рвутся в обанкротившийся банк, безуспешно пытаясь получить свои трудом заработанные деньги. Прожив большую часть жизни при социализме, где сберегательная касса была единственным существующим финансовым институтом, обслуживающим население, а отделение Госбанка - одно на огромный район или даже город, занималось распределением наличных денег и взаиморасчётами между предприятиями, мы успели захватить период неудержимого роста количества банков, образованных неизвестно кем и обслуживающих нарождающиеся рыночные взаимоотношения. Имея некоторый опыт ведения малого предприятия и оформления коммерческого кредита, мне не приходилось пользоваться банком как индивидуальному клиенту, поскольку такие услуги, к счастью, ещё не были распространены на момент нашего отъезда. Это несколько позже - уже здесь, мы часто слышали от оставшихся там и читали в прессе о ситуациях до боли похожих на те кадры из кинофильмов.

Если американские банки и были когда-то такими, то это было очень давно и с той поры утекло много воды. Банки настолько широко и прочно внедрены в американскую повседневную жизнь, что трудно представить время, когда это было не так. Банковскую сеть называют кровеносной системой рыночной экономики, что является абсолютной правдой, и как всякая живая система, она постоянно меняется, приспосабливаясь к требованиям сегодняшнего дня, предоставляя клиентам новые услуги и повышая качество обслуживания в борьбе за выживание.

Банки и им подобные организации в США варьируются от крохотных кредитных союзов, обслуживающих население одного городка до гигантских транснациональных корпораций с отделениями по всему миру. Образуются новые банки, сливаются существующие, большие поглощают маленькие и так далее. Банки получают прибыль, пуская деньги клиентов в оборот под проценты, а, также беря плату за услуги, которые они оказывают. Разные банки

earn profit from the interest their clients' money generates, as well as by charging for the services that they offer. Different banks offer different sets of services and charge different fees; therefore, it makes sense to spend some time and find a bank that fits your current needs better than others.

5.1. Types of Services

We will review only the most basic services that almost all banks and credit unions offer. Because you will use these services in English, all terminology is presented in English first, and then in your native language.

Accounts

- *Checking Account* - an account from which money can be withdrawn using personal checks written by the account holder to the order of people or organizations in exchange for goods and services. The holder can pay by check accompanied by proper identification anywhere checks are accepted, and he or she can also send a check by mail anywhere in the US or even abroad. Money in this account can also be used with the help of ATM or Debit cards. Money in a checking account usually does not earn interest; moreover, in most cases the account holder pays a monthly fee for using the account if its balance falls below a certain minimum on any day of a given month.

- *Savings Account* - an account that is the most similar to the traditional savings account that was popular in the USSR. The balances in the account earn interest, which can vary depending on the balance. The higher the balance, the higher the interest.

- *Money Market Account* - an account that earns higher interest than a savings account. Besides, you are allowed to write up to three checks a month and use an ATM card. However, balances in such an account may not be covered by the bank's insurance.

- *Individual Retirement Account (IRA)* - a savings account for the money you plan to use after reaching retirement age. This account type has a number of tax advantages that are considered in the chapter on social security.

- *Certificate of Deposit (CD)* - a contribution invested for a certain term. Early withdrawal of the contribution is punished by the loss of the earned interest for 3-6 months. Interest earned on such investments is higher than that earned on other types because the bank has complete freedom to use the money during the agreed-upon period.

оказывают разные наборы услуг и берут различную плату, поэтому стоит потратить некоторое время и найти тот банк, который устраивает вас в данный момент времени больше других.

5.1. Виды услуг

Мы рассмотрим только наиболее распространённые услуги, которые оказываются почти всеми банками и кредитными союзами. Поскольку пользоваться этими услугами вам придётся на английском, то для лучшего запоминания, все названия приводятся сначала на английском, а потом на русском языке.

Accounts (счета)

- *Checking Account* (чековый счёт) – счёт, деньги с которого могут быть востребованы с помощью чеков, выписываемых владельцем на имя людей или организаций, оказывающих ему услуги. Владелец может расплатиться чеком с предъявлением удостоверения личности везде, где их принимают, а также послать по почте в любое место на территории США и даже за границу. Можно также использовать средства с этого счёта с помощью *ATM* или *Debit* карточек. Проценты на вклады, лежащие на чековом счёте, как правило, не начисляются, более того, в большинстве случаев владелец платит месячную плату за пользование счётом, если баланс на нём в любой из дней отчётного месяца опускается ниже определённого минимума.

- *Savings Account* (сберегательный счёт) – счёт наиболее схожий с традиционной сберегательной книжкой, распространённой в СССР. На сумму, лежащую на счету, начисляются проценты, которые могут варьироваться в зависимости от суммы. Чем больше сумма, тем больше начисляется процент.

- *Money Market Account* – счёт с повышенным процентом по сравнению со сберегательным. Кроме того, разрешается выписывать до трёх чеков в месяц и можно пользоваться *ATM* карточкой. Однако вклад на таком счету может не покрываться страховкой банка.

- *Individual Retirement Account (IRA)* (индивидуальный пенсионный счёт) – счет для сбережений, использование которых планируется после достижения пенсионного возраста. Имеет ряд налоговых льгот, которые рассматриваются в главе, посвящённой социальному обеспечению.

- *Certificate of Deposit (CD)* (сертифицированный вклад) – вклад, положенный на заранее определённый срок. Досрочное изъятие вклада наказывается потерей начисленных процентов за 3-6 месяцев. Проценты по таким вкладам выше, чем по другим, поскольку банк имеет полную свободу в использовании средств в оговоренный период. Такой вклад

The money can be invested without visiting the bank in person. You can simply call the number given in the bank brochure to order an application form, fill it out, and mail it back together with a check.

- *Holiday Club or Christmas Club Account* - a savings account that allows you to gradually save a necessary amount for the holiday season by regularly (for example, weekly, every two weeks, or monthly) transferring a certain amount from a checking account. The money is given as cash, transferred to the checking account, or sent to the account holder by check in the middle of October. Balances on such accounts earn small interest. There is a penalty for early withdrawal.

Loans

- *Auto Loan* - perhaps the most frequently used type of loan. Banks can finance up to 100% of the cost of purchasing both new and used cars, including sale tax. Interest rates vary a little from bank to bank and significantly - depending on the age of the car (the older the car, the higher the interest) and also depending on the client's credit rating (his or her credit history).

- *Consumer Loan* can be taken out for different needs, for example, for furniture purchases or to pay for dental work. The interest depends on the client's credit history.

- *Student Loan* - a loan to cover expenses related to higher education. There are several types of loans for students as well as for their parents. We will consider them in the chapter on education.

- *Home Mortgage* - a loan for purchasing a home. Loan interest and terms vary from bank to bank. The size of the loan is limited by the client's income and the price of the house. This will be considered in more detail in the chapter on real estate.

- *Home Equity Loan* - a loan that uses the borrower's home as collateral. The size of the loan can reach 80-90% of the home's market value minus the unpaid mortgage balance. Such loans have lower interest than unsecured loans or credit cards; however, you must remember that if you fail to pay the loan back, you will lose your home.

Credit Cards

- *Visa* and *MasterCard* are the most popular credit cards issued by many banks and credit unions. Credit cards will be described in more detail in the following chapter.

можно сделать без личного посещения банка. Достаточно позвонить по телефону, обычно указанную в рекламе банков, заказать бланк аппликации, заполнить её и отправить вместе с чеком по почте.

- *Holiday Club or Christmas Club Account* (праздничный клубный счёт или рождественский клубный счёт) - сберегательные счёта, позволяющиё постепенно собрать необходимую сумму к сезону праздников, регулярно (например еженедельно, раз в две недели или раз в месяц) перечисляя заранее определенную сумму с чекового счёта. Деньги выдаются на руки, переводятся на чековый счёт или высылаются владельцу в виде чека в середине октября. На сумму, лежащую на этом счету, начисляются небольшие проценты. За досрочное снятие денег платится штраф.

Loans (ссуды или займы)

- *Auto Loan* (ссуда на покупку автомобиля) – является пожалуй наиболее часто встречающимся видом ссуды. Банки могут финансировать до 100% стоимости покупки, включая налог на продажу, как новых, так и подержанных машин. Процент по ссудам варьируется несколько от банка к банку, и гораздо более - в зависимости от возраста машины. Чем старше машина, тем выше процент. Процент также зависит от кредитоспособности клиента (его кредитной истории).

- *Consumer Loan* (потребительский заем) – может быть взят на самые различные нужды, как, например, покупка мебели или оплата стоматологических услуг. Ссудный процент зависит от кредитоспособности клиента.

- *Student Loan* (студенческий заем) – ссуда на оплату образования в высшем учебном заведении. Существует несколько видов студенческих займов для учащихся, а также для их родителей. Мы будем говорить об этом в главе посвящённой образованию.

- *Home Mortgage* (ссуда на покупку дома). Ссудный процент и условия предоставления варьируются от банка к банку. Величина ссуды ограничивается в зависимости от дохода клиента и стоимости дома. Мы будем говорить об этом в главе посвящённой покупке дома.

- *Home Equity Loan* (ссуда, выдаваемая под залог дома). Размер ссуды может достигать 80-90% от рыночной стоимости дома за вычетом неоплаченной части ссуды, взятой при покупке дома *(Mortgage)*. Такие ссуды даются под пониженный процент по сравнению с необеспеченными ссудами или кредитными картами, однако необходимо помнить, что в случае неуплаты вы теряете дом.

Credit Cards (кредитные карточки)

- *Visa* и *Master Card* (Виза и Мастер кард) являются наиболее распространённым видом кредитных карточек выпускаемых многими банками и кредитными союзами. Более подробно кредитные карты будут описаны в следующей главе.

Other Services

- *Automatic Teller Machines (ATM)* - machines that give out the cash withdrawn from your account or borrowed from a credit card. To complete a transaction, you will need a card and a confidential four-digit number (PIN).

- *Debit Card* - a card that allows you to receive cash from an ATM or to pay for purchases without cash, charging the cost to your checking account.

- *Safe Deposit Boxes* -- secure places for storing valuables such as jewelry.

- *Notary Public Services.* All banks offer notary services to their clients, verifying their signatures on various documents, for example, on invitations to the US for relatives or friends abroad. Many banks provide these services for free.

- *Check Cashing Services.* Bank clients can cash checks written by other establishments or individuals free of charge.

- *Travelers Cheques* - personal checks used to safeguard money when traveling that can be exchanged for cash only with proper identification.

- *Money Order* - a financial document issued by the company Traveler Express that specifies the payment of a certain amount to the addressee. It is considered a cash equivalent almost anywhere in the world.

- *Wire Transfer* - electronic fund transfer from the payer's account to the account of the addressee, initiated by the payer. Does not require physical transfer of any documents, which allows for quick transactions.

- *U.S. Savings Bonds* - US government securities with guaranteed interest. Can be bought for as little as $25. Are safe to keep because they are personalized and can be restored if lost. The income they generate is not taxed by the federal government. U.S. savings bonds cannot be transferred to another holder without being cashed.

- *Direct Deposit* - cashless transfer of earnings to an account, which saves time and sometimes is a condition for opening a checking account on better terms.

- *Overdraft Protection.* For a fee, the bank will extend you a small short-term credit line in case you exceed your available balance. For example, you have by mistake written a check to pay for purchases in a store for a larger amount than you have in the account. Such situa-

Other Services (другие услуги)

- *Automatic Teller Machines (ATM)* (банкоматы) – автоматы, которые выдают наличные деньги, снимающиеся с вашего счёта или берущиеся взаймы с кредитной карты. Для получения денег необходима карточка и секретный четырёхзначный номер – *PIN*.

- *Debit Cards* (дебитная карта) – карта, позволяющая получить наличные деньги в *ATM* или оплачивать покупки безналичным путём, относя расходы на чековый счёт владельца.

- *Safe Deposit Boxes* (сейфы для хранения ценностей).

- *Notary Public Services* (нотариальные услуги). Все банки оказывают нотариальные услуги своим клиентам, заверяя их подписи под различными документами, например, под приглашением родственников или друзей в США. Многие при этом не берут платы со своих клиентов.

- *Check Cashing Services* (получение наличных по чекам). Клиенты банков могут бесплатно получать наличные по чекам, выданным другими учреждениями или частными лицами.

- *Travelers Cheques* (чеки для путешествий) – Именные, используемые для сохранности денег во время поездок чеки, которые можно поменять на наличные только по предъявлении удостоверения личности.

- *Money Order* – Платёжный документ, выпущенный компанией *Traveler Express*, на выплату определённой суммы получателю, указанному в нём. Приравнивается к наличным практически во всём мире.

- *Wire Transfers* – Электронный перевод средств со счёта плательщика на счёт получателя по инициативе плательщика. Не требует физической пересылки никаких документов, что позволяет быстро произвести взаиморасчёт.

- *U.S. Savings Bonds* – Государственные ценные бумаги США, с гарантированным процентом. Могут покупаться на небольшую сумму вплоть до $25. Безопасны для хранения, поскольку являются именными и могут быть восстановлены при утере. Доход не облагается федеральным налогом. Не могут передаваться из рук в руки без обналичивания.

- *Direct Deposit* – Безналичное перечисление зарплаты на какой-либо из счетов, что позволяет сэкономить время и иногда является условием открытия чекового счёта на более льготных условиях.

- *Overdraft Protection* (защита от отрицательного баланса). За определённую плату банк открывает небольшой краткосрочный кредит на случай, если вы превысите сумму, которая у вас есть на счету. Например, вы по ошибке выписали чек за покупки в магазине на большую сумму, чем вы имеете на счету. Такое достаточно часто случается из-за арифметических

tions happen frequently enough because of arithmetic errors when you calculate your current balance. Without this service, the bank can pay the check and charge you an overdraft fee or return the check unpaid and charge you for unavailable funds. In this case, you will also have to pay the store for the bounced check.

This list is not complete because each bank offers several different versions of the services listed above, which can be confusing to anyone. For example, the bank I use had nine different checking accounts that have been recently reduced to five. If you try to compare more than 2 or 3 banks, the task can seem impossible, because each one has 25-40 various service and penalty fees.

5.2. Choosing a bank

First of all, remember that despite the convenience of doing all your banking in one place, it may not be in your best financial interests. Nobody forces you to choose just one bank. You can have a checking account in one bank, a savings account in another, a car loan in a third, and a mortgage (a loan for buying a home) in a different city or even state. All depends on your circumstances and preferences.

Besides banks, you should also research credit unions. Unlike banks, which are commercial entities whose purpose is to generate profit for their shareholders, credit unions are essentially cooperative organizations formed by consumers with some sort of a common interest. This can be professional or geographical affiliation (a teachers' credit union or one that will accept anyone living in a particular city or area as a member). As was mentioned in the section on financing a car purchase, credit unions often offer lower-interest loans. I learned this through personal experience, through refinancing a loan given by a bank several times. The difference can be 1% or more. Credit unions also pay higher interest on Certificates of Deposit (CDs).

In this section we will talk about choosing a bank for opening a checking account, because this is a service that is needed the most in everyday life. Not having a checking account creates many inconveniences, forcing you to cash the weekly checks you receive at work and to buy money orders each time you need to pay any bills such as rent, electricity, gas, phone, and so on.

ошибок при подсчёте текущего баланса. Без этой услуги, банк может оплатить его и наложить на вас штраф за перерасход или вернуть чек без оплаты и наложить штраф за возврат чека, при этом вы будете вынуждены платить штраф ещё и магазину за необеспеченный чек.

Этот перечень далеко не полный хотя бы потому, что в каждом банке существует множество разновидностей вышеперечисленных услуг, способных запутать кого угодно. Например, в банке, которым я пользуюсь, было девять разновидностей чековых счетов, которые недавно сократили до пяти. Если вы возьмётесь сравнивать более чем 2-3 банка, то задача может превратиться в непосильную, учитывая, что каждый из них имеет 25-40 различных сборов за услуги и штрафов.

5.2. Выбор банка

Прежде всего, необходимо помнить, что несмотря на удобство пользования всеми видами услуг в одном месте, это может быть невыгодно с финансовой точки зрения. Никто не принуждает вас к этому. Вы можете иметь чековый счёт в одном банке, сберегательный – в другом, ссуду на покупку автомашины в третьем, а моргич (ссуду на покупку дома) – даже в другом городе или штате. Всё зависит от ваших обстоятельств и вашего желания.

Помимо банков следует обратить внимание на кредитные союзы *(Credit Unions)*. В отличие от банков, которые являются коммерческими организациями, цель которых - приносить прибыль своим акционерам, кредитные союзы являются сообществами потребителей, объединённых по какому-то признаку, то есть своего рода кооперативами. Это может быть профессиональная принадлежность (кредитный союз работников образования) или территориальная – когда членом союза может стать каждый, проживающий в определённом районе или городе. Как было отмечено в разделе о финансировании покупки автомобилей, кредитные союзы зачастую дают ссуды под меньшие проценты. Я в этом убедился на личном опыте, не один раз перефинансируя заем взятый в банке. Разница может составлять 1% и более. Кредитные союзы также платят большие проценты по *Certificate of Deposit (CD)* – сертифицированным вкладам.

В этом разделе мы поговорим о том, на что необходимо обратить внимание при выборе банка для открытия чекового счёта, поскольку это наиболее распространённая и необходимая в повседневной жизни услуга банка. Отсутствие чекового счёта создаёт массу неудобств, вынуждая еженедельно обналичивать чек, который вы получаете на работе и покупать Мани-Ордеры каждый раз, когда вам необходимо оплатить какие-то услуги, например квартплату, электроэнергию, газ, телефон и так далее.

When choosing a bank, consider the following factors.

- Convenient location and/or the number of branches of the given bank in the area where you live, work, and shop.

If you work and do not have your paychecks deposited directly into your account, you will have to go to the bank to deposit or cash every check. If this takes a lot of time, you will soon get fed up.

Most banks have Automatic Teller Machines at their branch locations, many of which work 24 hours a day, and banks do not charge for each withdrawal if you use their ATMs. However, if you use an ATM that does not belong to your bank, in many cases you will have to pay both the owner of the ATM and your bank. Therefore, a $20 bill you urgently need can cost you $23 or more. If you often make cash withdrawals, a bank with many branch locations or ATM machines is preferable.

- Direct Deposit

The overwhelming majority of banks offer this service and in some cases reduce or even completely eliminate your account maintenance fee if you use direct deposit. The money will be in your account even faster if you use the same bank as your employer.

- The annual cost of maintaining an account.

Cost of services varies widely. The Consumer Reports magazine claims that the difference between the most expensive and the cheapest bank can be more than 300 dollars a year, which is a significant savings.

Many banks establish a minimum balance, which is an amount you should have in the account on any day of a given month in order to avoid a fee for using the account. This minimum varies from zero to $1,500 at different banks. As was already mentioned, if even once during the month the account balance is less than this minimum, the bank charges a monthly fee, which can be $5-12. Many banks do not charge older people (usually 65 years and older) a monthly fee for using the checking account.

Some banks, even if you pay a monthly fee or comply with the minimum balance requirements, set a limit on the number of transactions allowed each month (for example, 50 checks, deposits, payments, ATM transactions, and so on) and charge an additional fee (for example, $0.50) for each transaction above this limit. If you pay many bills and frequently use an ATM card for purchases, this limit will not seem so generous, and you can easily find yourself in a situation where you have to pay more than a monthly fee.

При выборе банка необходимо принимать во внимание следующие факторы.

- Удобство расположения и (или) количество отделений данного банка в пределах ваших наиболее часто используемых маршрутов.

Если вы работаете и не перечисляете зарплату безналичным способом, то вам придётся ходить в банк, чтобы положить на счёт или обналичить очередной чек, выданный на работе. Если такое путешествие занимает значительное время, то вам это скоро надоест.

Большинство банков имеют в своих отделениях автоматы для получения наличных, многие из которых работают круглосуточно, причём банки не берут плату за каждую операцию, если вы пользуетесь их автоматами. Если же вы снимаете деньги в автомате, не принадлежащем вашему банку, то во многих случаях вам придётся платить как владельцу автомата, так и вашему банку. Таким образом, срочно понадобившиеся $20 могут обойтись вам в $23 и более. Если вам часто приходится снимать наличные, то банк с большим количеством отделений или банкоматов будет предпочтительней.

- Возможность безналичного перевода зарплаты на счёт *(Direct Deposit)*

Подавляющее большинство банков такую услугу оказывают, причём в некоторых случаях при этом снижают или даже полностью устраняют плату за пользование счётом. Наиболее быстро ваши деньги попадут на счёт, если вы пользуетесь тем же банком, что и ваш работодатель.

- Годовая стоимость услуг по поддержанию счёта.

Стоимость услуг варьируется в широких пределах. Журнал *Consumer Reports* утверждает, что разница между самым дорогим и самым дешёвым вариантом может составлять более чем 300 долларов в год, что довольно существенно.

Многие банки устанавливают величину минимального баланса, который должен быть на счету в любой из дней отчётного месяца, чтобы избежать платы за пользование счётом. Этот минимум варьируется в разных банках от нуля до $1,500. Как уже говорилось, если в один из дней сумма лежащая на счету становится меньше, чем этот минимум, то банк снимает со счёта месячную плату, которая в свою очередь может быть в пределах $5-12. Многие банки не берут ежемесячную плату за пользование чековым счётом с пожилых людей (обычно 65 лет и старше).

Некоторые банки, даже при наличии месячной платы или соблюдении минимального баланса, устанавливают лимит на количество операций в каждом отчётном месяце (предположим, 50 чеков, депозитов, платежей, получения наличных и так далее) и берут дополнительную плату (например, $0.50) за каждую операцию, выходящую за этот лимит. Если вы оплачиваете много счетов и часто пользуетесь дебитной карточкой при покупках, то этот лимит не покажется таким уж большим, и вы легко можете оказаться в ситуации, когда придётся платить ещё и сверх месячной платы.

- Availability of Debit Cards such as Visa or MasterCard.

There are several types of debit cards. Some allow only the withdrawal of cash from ATM machines; they are called ATM cards. Others allow to you to pay for purchases using a confidential PIN number in places that have the appropriate equipment, and still others can be used anywhere Visa and MasterCard are accepted, the only difference being that the money is deducted from your account. Remember that ATM-only cards are not accepted everywhere, while Visa and MasterCard are the most popular methods of payment worldwide.

- Fees.

We already discussed the cost of some services. Here we will review only those service and penalty fees which you will most likely have to deal with.

Overdraft Fee. Most frequently happens in real life when the account holder mistakenly believes that he or she has money in the account when there is not enough, and writes a check. This situation is called overdraft. If you are short by a small amount, as I already mentioned, the bank may pay the check and charge you the overdraft fee. The fee varies from $15 to $30. If the amount of shortage is significant, the bank will return the check unpaid and charge you a fee for a returned check (usually a little less than for overdraft; $10-20); however, you will also have to pay a store or creditor for the bounced check, which will cost you an additional $15-20.

Remember that the bank pays checks not in the order you write them, but as they are presented for payment. Therefore, the worst situation occurs when you, for example, forgot to subtract from your balance one check for $60 that reduced the real balance in the account to almost zero and wrote three checks for $15 after that. The bank will almost certainly pay them because the amount is small and charge you the fee for all three.

Deposit Items Returned. In the same way you may not have the funds to cover a check you have written, someone else's check that you want to deposit into your account may bounce. In this case, the bank returns it and charges a $2-5 fee.

Stop Payments. There are situations when you need to prevent payment of an already written check or an electronic debit transaction, for example, when an endorsed check is lost or the service for which it was intended to pay was not provided according to a prior agreement. In such cases, you can call the bank and ask to block this payment. This service usually costs about $15.

The full Fee Schedule of a certain bank can be found in booklets that are available in lobbies of any of its branches.

• Наличие *Debit Card* типа *Visa* и *Master Card*.

Дебитные карточки существуют нескольких типов. Одни позволяют только снимать наличные из банкоматов– *ATM card*. Другие позволяют расплачиваться за покупки, набирая секретный *PIN* в тех местах, где имеется соответствующее оборудование, а третьи позволяют использовать их везде, где принимаются карточки типа *Visa* и *Master Card* с той лишь разницей, что деньги берутся с вашего счёта. Дело в том, что чисто дебитные карточки принимаются далеко не везде, в то время как *Visa* и *Master Card* – самые распространённые системы расчётов по всему миру.

• Штрафы и тарифы за услуги.

О стоимости некоторых услуг мы уже говорили выше. Здесь мы рассмотрим только те тарифы за услуги и штрафы, с которыми вам вполне вероятно придётся встретиться.

Overdraft Fee (штраф за превышение баланса). Наиболее часто случается в реальной жизни, когда владелец ошибочно считает, что имеет деньги на счету, в то время как их там нет, и выписывает не обеспеченный или не полностью обеспеченный чек. Такая ситуация называется *Overdraft*. Если недостающая сумма небольшая, то, как мы уже говорили, банк может оплатить чек и наложить на вас штраф за перерасход. Сумма штрафа варьируется от $15 до $30. Если же недостающая сумма значительна, то банк вернёт чек предъявителю без оплаты и наложит штраф за возврат чека (обычно немного меньше, чем за *overdraft,* $10-20), но при этом вы будете вынуждены платить штраф ещё и магазину за необеспеченный чек, что тоже выливается в дополнительные $15-20.

Следует помнить, что банк оплачивает чеки не в том порядке, в котором вы их выписываете, а в каком их предъявляют к оплате. Поэтому, наихудшая ситуация возникает, когда вы, к примеру, не учли в балансе один чек на $60, что свело реальный баланс на счету близко к нулю, а выписали после этого три чека по $15. Банк почти наверняка оплатит их, поскольку сумма небольшая, и предъявит вам штраф за все три.

Deposit Items Returned (возврат депозита). Точно так же, как вы можете выписать необеспеченный чек, так и чей-то чек, который вы предъявляете для зачисления на счёт, может оказаться необеспеченным. В этом случае банк возвращает его и берёт плату $2-5.

Stop Payments (остановка платежа). Бывают ситуации, когда необходимо предотвратить оплату какого-то уже выписанного чека или электронного перевода денег со счёта, например, когда чек с подписью утерян или услуга, за оплату которой он предназначался, не была предоставлена на оговоренных условиях. В таких случаях вы можете позвонить в банк и попросить заблокировать данный платёж. Такая услуга обычно стоит около $15.

Полный перечень расценок на услуги конкретного банка можно найти в буклетах, которые имеются в залах обслуживания клиентов в любом из его отделений.

- Deposit insurance.

The Federal Deposit Insurance Corporation or FDIC insures the majority of banks. In case of bankruptcy or other unforeseen circumstances, clients will be compensated in full for their deposits in the amount of up to $100,000. The banks that have such insurance usually mention in their advertising materials that they are members of FDIC.

Before going to a bank to open an account, do not neglect to stop by the neighborhood banks and credit unions, collect their information brochures, and read over them at home. Then, taking into consideration the issues mentioned above, make a choice depending on what is the most important to you: convenience, cost, or something else.

Certainly, you can always close your account in one bank and open it in another or even have several of them at the same time, but this creates additional trouble and expense because you will have to pay for new checkbooks. Besides, many banks charge a fee if a new account is closed sooner than several months after it is opened. The most difficult is transferring an account to another bank if you make automatic electronic payments from this account for your house, insurance, or other services. You will have to maintain the necessary balance in both accounts until you notify those who initiate these payments and receive confirmation with the exact date of transfer to the new account.

5.3. Opening an account

To open a checking account, you have to go to a branch of your bank and bring with you an identification card with a photo (a driver's license will work) and your Social Security Card. If you are opening a joint account with someone else, you need to bring that person. Also, you must have with you your correctly written address, phone number, and, although it may seem strange, your mother's maiden name. All banks use mother's maiden name as a password during telephone calls concerning your account. It is assumed that a stranger who may try to take advantage of your account would not know it.

A certain amount of money, which you should have with you, is usually required for opening an account. This amount varies from $1 to $1,000 at different banks and for different types of checking accounts, but in most cases it is between $15 and $150. It is important not to confuse a minimum necessary for opening an account with a minimum balance at which an account maintenance fee is not charged; they are two different things.

It takes 20 to 40 minutes to open an account. During this time, a bank representative will explain in detail the terms and conditions of your account. You will also be

- Наличие страховки вкладов.

Большинство банков застраховано федеральной страховой службой под названием *Federal Deposit Insurance Corporation* или *FDIC*. В случае банкротства или других непредвиденных обстоятельств, вклады клиентов будут возмещены в полном размере вплоть до $100,000. Банки, имеющие такую страховку, обычно указывают в своей рекламе, что они являются членами *(member) FDIC*.

Прежде чем переступить порог офиса для открытия счёта, не поленитесь и пройдите по окрестным банкам и кредитным союзам, соберите информацию, ознакомьтесь с ней в спокойной обстановке и с учётом вышесказанного сделайте выбор в зависимости от того, что является для вас наиболее важным – удобство, стоимость или что-то ещё.

Разумеется, вы всегда можете закрыть счёт в одном банке и открыть его в другом или даже иметь их несколько одновременно, но это дополнительные заботы и расходы, поскольку вам необходимо будет оплачивать новые чековые книжки. К тому же многие банки берут штраф, если новый счёт закрывается раньше, чем через несколько месяцев после открытия. Наибольшую сложность доставляет перевод счёта в другой банк, когда вы производите автоматические электронные платежи с этого счёта за дом, страховку или другие услуги. Приходится в течение какого-то времени иметь необходимые суммы на обоих счетах до тех пор, пока вы не уведомите тех, кто эти платежи проводит и не получите подтверждение с точной датой перехода на новый счёт.

5.3. Открытие счёта

Для открытия чекового счёта необходимо прийти в отделение банка, имея при себе удостоверение личности с фотографией и карточку с номером социального обеспечения *(Social Security Number)*. Если счёт открывается совместно с кем-либо, то приходить надо вместе. Следует также иметь при себе правильно написанные адрес места жительства, телефон и, как это ни покажется странным, девичью фамилию вашей матери *(mother's maiden name)*. Девичья фамилия матери универсально используется всеми банками как пароль при телефонных разговорах. Предполагается, что случайный человек, который может попытаться воспользоваться вашим счётом, её не знает.

Для открытия счёта обычно требуется определённая сумма, которую вы должны иметь при себе. Эта сумма варьируется от $1 до $1,000 в различных банках и для различных типов чековых счетов, но в большинстве случаев находится в пределах $15 – $150. Не следует путать минимум, необходимый для открытия счёта, с минимумом, при котором не берётся плата за пользование счётом – это две разные вещи.

Процедура открытия счёта занимает 20 – 40 минут с учётом того, что вам

asked what type of checks (single or double) you want to order and how many, and what you want printed on the checks besides your name (your address and phone number, for example). The first set of checks is usually ordered by the bank, and you will get them in the mail within 2-3 weeks. You will be given a small checkbook (5 to 10 checks) to use until then. On average, you will need 150-200 checks a year.

Many retired immigrants do not open bank accounts because they are afraid that having money in the account will affect their eligibility to receive Supplemental Security Income (SSI), medical insurance Medicaid, or Food Stamps. So, whenever they need to pay a bill, they have to buy a Money Order, each time paying for this service. These fears are not justified. You can have a bank account and still receive benefits; the only requirement is that the balance do not exceed $2,000 at the time you receive your SSI check. We will talk about this in more detail in the chapter on social security.

5.4. Checkbooks

Finally, you are holding in your hands the checkbooks that just came in the mail, possibly for the first time. They are packed into rectangular cardboard boxes. Although they are financial documents that provide full access to your account, they are put in mailboxes, which in most cases are not locked, together with letters, magazines, and annoying advertising fliers without any special precautions. Why? There are several reasons for this.

First of all, a check is an almost perfect method of payment. Until the account holder signs it, it is a simple piece of paper, worth nothing. When it is written to a particular person or organization, nobody else can present it for payment without proper identification, and if it is deposited into an account, the bank knows exactly what account it is, which is why it is safe to mail checks as payment for services without any precautions.

The second reason is the law according to which a mailbox is considered protected property, and gaining access to its contents without the owner's knowledge is a crime punishable by imprisonment. And the third reason is leg-islation that requires penalties for check forgery. This is one of the most serious crimes that undermines the basis of the country's financial system and is there-fore severely punished. It does not mean, however, that no one commits crimes that involve forged checks - they certainly happen. Therefore, it is not a good idea to accept personal checks as payment for something from people you do not know, especially for large amounts of money.

Usually, some time after you open your account, you will be notified by mail that your checks were sent to you and that if you have not received them, you should inform your bank. If you did receive them, you do not need to do anything.

подробно объяснят условия, спросят какого типа чеки (одиночные или двойные) вы хотите заказать и сколько и какую информацию вы хотите указать на чеках помимо имени и фамилии (адрес, телефон). Первую партию чеков заказывает банк, и они приходят вам по почте через 2-3 недели. Вам выдадут небольшую книжечку (5 – 10 чеков) на первое время. При среднем использовании в год необходимо 150-200 чеков.

Многие пенсионеры иммигранты не открывают счета в банке, считая, что наличие денег на счету скажется на их возможности получать пособие *SSI*, медицинскую страховку *Medicaid* или талоны на продукты *Food-Stamps*. При этом, когда им необходимо оплатить какой-то счёт, им приходится покупать *Money Order*, платя каждый раз за эту услугу. Эти страхи ничем не оправданы. Вы можете иметь счёт в банке; единственное условие, которое вы должны выполнять – баланс на нём не должен превышать $2,000 на момент получения очередного чека *SSI*. Мы об этом поговорим подробнее в главе, посвящённой социальному обеспечению.

5.4. Чековая книжка

И вот вы держите в руках, возможно впервые, чековые книжки, которые пришли по почте. Упакованы они в прямоугольные картонные коробочки. Несмотря на то, что это денежные документы, дающие полный доступ к счёту владельца, их кладут в почтовые ящики, которые в большинстве случаев не запираются, без особой предосторожности вместе с письмами, журналами и назойливой рекламой. Почему? Причин тому несколько.

Прежде всего, сам по себе чек является прекрасным способом платежа, почти идеальным. До тех пор, пока он не подписан владельцем – это простая бумажка, ничего не стоящая. Когда же он выписан на конкретное лицо или организацию, никто другой не может предъявить его к оплате без удостоверения личности, а если он зачислен на счёт, то известно на чей, поэтому чеки безопасно пересылать в оплату за услуги без всяких предосторожностей.

Второй причиной является закон, согласно которому почтовый ящик является неприкосновенной собственностью, и посягательство на его содержимое является преступлением, ведущим к тюремному заключению. И третьей причиной является законодательство, устанавливающее наказание за подделку чеков. Это одно из самых серьёзных преступлений, подрывающее основы финансовой системы и поэтому сурово наказуемое. Это не значит, что не существует преступлений связанных с фальшивыми чеками - они, безусловно, есть, поэтому не следует принимать персональные чеки в уплату за что-то от незнакомых лиц, а тем более на значительные суммы.

Обычно некоторое время спустя, приходит почтовое уведомление, что чеки были отправлены, и если вы их не получили, необходимо сообщить в банк. Если же вы их получили – ничего делать не нужно.

The package your checks come in usually contains the following:

- Several checkbooks with 25-50 checks each, depending on whether you ordered single or double checks.

- One or several so-called transaction registers - little books for keeping track of your balance where all deposits into and withdrawals from your account are entered.

- A plastic cover that makes using your checkbook more convenient.

- Advertising for the products of the company that printed the checks, with forms you will need to order a new set of checks.

Each book of checks, as we already mentioned, contains 25-50 checks, as well as several Deposit Tickets placed at the end. The back of double checks is covered with a layer of special paint, so that when you write a check, a copy is printed on the following sheet, thus creating a record of all checks that remains in the book, making balancing your account easier. Fig. 5-1 shows a sample blank check.

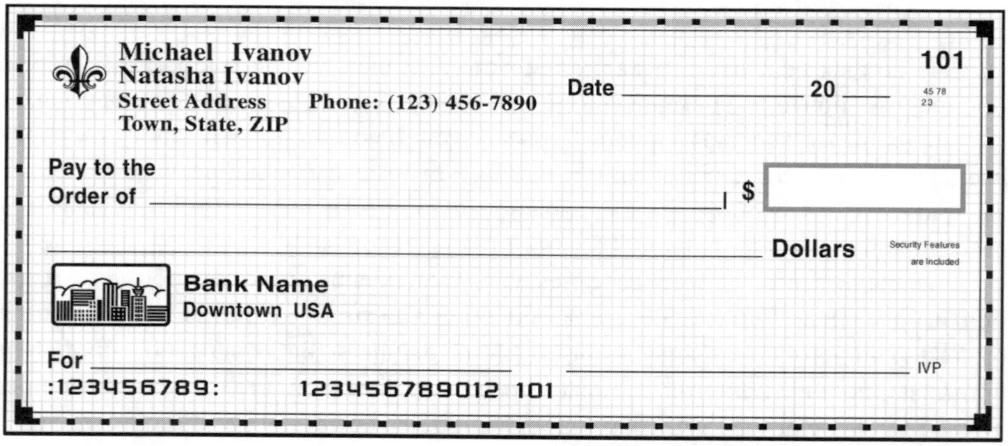

Fig. 5-1: Personal check (blank)

The account holder information is printed in the upper left-hand corner. If this is a joint account, all account holders are listed on each check. Make sure to check the spelling of everything because many immigrants have names that are difficult to pronounce in English, and mistakes are common. If something is wrong, contact the bank before using the checks.

All checks have a number that is printed in the upper right-hand corner. The first set of checks ordered after opening an account usually begins with the check number 101 because the account holder has been using the manually numbered temporary checks for some time, and the check # 1 has already been used by then. When ordering subsequent sets, you will need to specify from where the numbering should be continued.

Посылка обычно содержит следующее:

- Несколько чековых книжек по 25-50 чеков каждая в зависимости от того, одинарные или двойные чеки вы заказывали.

- Одна или несколько так называемых *Transaction registers* – книжечек для учёта текущего баланса, куда записываются все приходы и расходы по данному счёту.

- Пластиковая обложка для удобства пользования книжкой.

- Реклама продукции фирмы, печатавшей чеки, с формами необходимыми для заказа новой партии чеков.

Каждая книжка чеков, как мы уже отметили, содержит 25-50 чеков, а также несколько бланков, необходимых для внесения вкладов на счёт *(Deposit Ticket)*, помещённых в конце книжечки. Двойные чеки покрыты с обратной стороны слоем копировальной краски, которая при заполнении чека отпечатывается на следующем после чека листе, тем самым создавая копии выписанных чеков, которые остаются в книжке, упрощая учёт. Чеки выглядят, как показано на рис. 5-1.

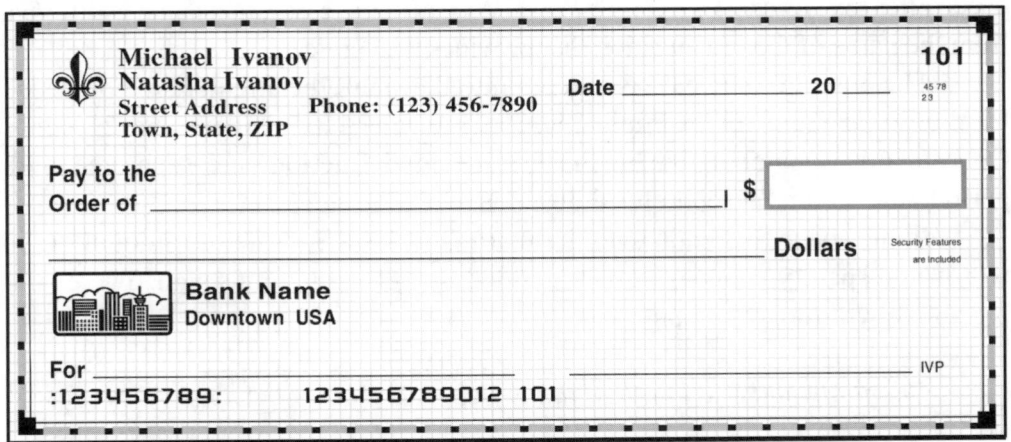

Рис. 5-1: Персональный чек (чистый)

В левом верхнем углу указаны данные владельцев счёта. Если счёт совместный, то указываются все его владельцы. Обязательно проверьте, всё ли правильно напечатано, поскольку многие эмигранты имеют трудно произносимые на английском имена и фамилии, и ошибки нередки. Если что-то неправильно – обратитесь в банк прежде, чем пользоваться чеками.

Все чеки имеют порядковый номер, который указан в правом верхнем углу. Первая партия чеков, заказанная после открытия счёта, обычно начинается с чека номер 101, поскольку владелец счёта некоторое время пользуется временными чеками, нумерованными вручную, и чек номер 1 уже к этому времени использован. При последующих заказах вы указываете, с какого номера нумерация должна быть продолжена.

At the bottom of the check, there is a line consisting of a long set of numbers printed in a fancy font, which serves as a unique ID number for each check. The first nine digits, enclosed in colons with vertical lines, are the bank number or the so-called routing number. The following part, consisting of one or several groups of digits and ending with a mark that looks like two vertical lines and a square, is your account number at that bank. The last group of three or four digits repeats the check number. Thus, the complete set of numbers on the check is unique, meaning that there are no two checks with exactly the same code, at least not within the same set of checks. The font in which this code is printed was developed to be read by electronic scanning devices.

After the words PAY TO THE ORDER OF, you enter the name of a store, organization, or person you are writing the check to. If the word CASH is written in this space, it is possible to use the check to get cash, and anyone can do this because the check in this case is anonymous -- not written to any particular person or organization. When you are paying a bill, the name of the institution you need to write the check to is usually shown on the coupon that you must return with the check after the words *Make Check Payable to.* In some cases, this name is different from the name of the organization that provides the service.

The amount to be paid is entered into the small rectangular area preceded by the dollar sign, for example $1,135.21 means 1135 dollars and 21 cents. Once again, remember that in the US, decimal fractions are separated by a period, and a comma separates thousands.

In the space that ends with the word DOLLARS, write the amount out in words and specify cents as dollars divided by 100 with a plus sign. The example above will look like this:

*One thousand one hundred thirty five + 21/100*_____   DOLLARS

Start writing with a capital letter and at the very beginning of the line, so that it is impossible to insert anything before your writing in order to change the amount.

When paying bills, the space after the word FOR (the word MEMO is sometimes used) is filled in with the account number that is shown on the coupon you are returning (Customer No., Account #), just in case the check and the coupon become separated. When paying for purchases in a store, you do not need to write anything there. When paying taxes and in some other cases, use the space to write your social security number.

In the lower right-hand corner, there is a space for the account holder's signature that is marked by a long line ending with the letters IVP. A check that is filled out but not signed is not valid, and an empty check signed by the account holder allows anyone to fill it out for any amount of money.

A check written for a credit card payment may look as shown in Fig. 5-2:

В нижней части чека расположена строка, состоящая из длинного набора цифр причудливой формы, которая однозначно определяет каждый чек. Первые девять цифр, заключённые в двоеточия с вертикальными чёрточками, являются номером банка или так называемым *Routing number (*раутинг намбер*).* Следующая часть, состоящая из одной или нескольких групп цифр вплоть до знака, состоящего из двух вертикальных чёрточек и квадратика, является номером вашего счёта в данном банке. Последняя группа из трёх или четырёх цифр повторяет номер чека. Таким образом, полная комбинация цифр на чеке является уникальной, то есть не существует двух чеков с абсолютно одинаковым кодом, по крайней мере, в пределах каждой партии чеков. Шрифт, которым этот код написан, разработан специально для электронного считывания.

В строке после слов PAY TO THE ORDER OF, указывается название магазина, организации или имя и фамилия человека, которым вы выписываете чек. Если в этой строке написать слово CASH, то по нему можно получить наличные деньги, причём это может сделать любой человек, поскольку чек безымянный. Если вы оплачиваете счёт за какие-то услуги, то на купоне, который возвращается вместе с чеком, обычно указывается, на чьё имя должен быть выписан чек после слов *Make Check Payable to*. В некоторых случаях оно не совпадает с именем организации, оказывающей услуги.

В прямоугольнике указывается сумма цифрами, например 1,135.21 означает 1135 долларов и 21 цент. Еще раз обратите внимание на то, что в США десятичные дроби отделяются точкой, а запятой отделяют тысячи.

В строке, оканчивающейся словом DOLLARS указывается сумма прописью, причём центы указываются как доллары, делённые на 100 со знаком плюс. Вышеприведённый пример будет выглядеть так:

*One thousand one hundred thirty five + 21/100*____ DOLLARS

Писать следует с заглавной буквы и с самого начала строки, чтобы не было возможности вставить что-то перед написанным, изменив тем самым сумму.

При оплате счетов за услуги, в строке после слова FOR (или иногда используется слово MEMO) обычно указывается номер оплачиваемого счёта, указанного на возвращаемом купоне (Customer No., Account #), на тот случай, если чек и купон будут разделены. При оплате покупок в магазине можно не писать ничего. При оплате налогов и в некоторых других случаях, указывается номер социального обеспечения.

В правом нижнем углу находится место для подписи владельца чека, обозначенное чертой, оканчивающейся буквами IVP. Заполненный, но неподписанный чек не имеет силы, а пустой, подписанный владельцем чек позволяет заполнить его на любую сумму.

Чек, заполненный для оплаты баланса по кредитной карте, может выглядеть как показано на рис. 5-2:

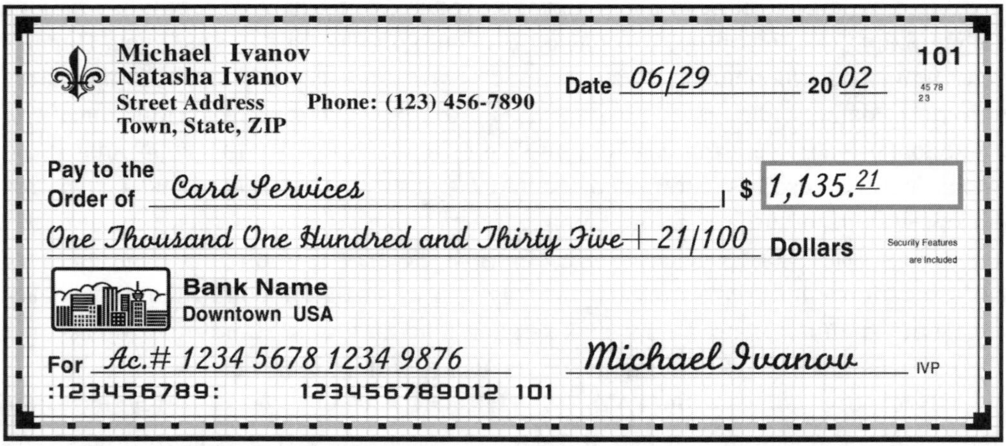

Fig. 5-2: Personal Check (filled out)

<u>Ac. #</u> means *Account number*. A "#" or *pound sign* is used very often as the equivalent of a "№" mark in Russian and other languages. The account number, as we already mentioned, should be written on the check in case the check and the returned coupon become separated. Also, there are situations when a person who writes the check and an owner of the account which is paid by this check are not the same person. For example, parents frequently pay their children's bills.

The checkbook cover has two pockets. The bottom one with a large transparent plastic flap is for the checkbook itself. The top one is for the Transaction register - a little notebook to keep track of all transactions in the account. The plastic flap mentioned above is used as a divider to put under the check you are writing, so that the text is not printed on the next check if double checks are used.

There are two ways to keep a transaction record. The first, when each transaction occupies one line in the register is shown in Table 5-3 on page 236. You write down a deposit or payment amount in the appropriate column, and then add it to or subtract it from your previous balance and write down the result as the current balance.

Table 5-3:   Sample Transaction Register (one-line method)

NUMBER	DATE	DESCRIPTION OF TRANSACTION	PAYMENT		FEE	4	DEPOSIT		BALANCE $640	60
101	6/25	Cable TV	$31	34			$		$609	26
	6/27	Gas	15	25					594	01
	6/28	Paycheck					275	58	869	59
102	7/1	Rent	650	00					219	59
103	7/3	Phone	28	98					190	61
	7/5	Paycheck					275	58	466	19

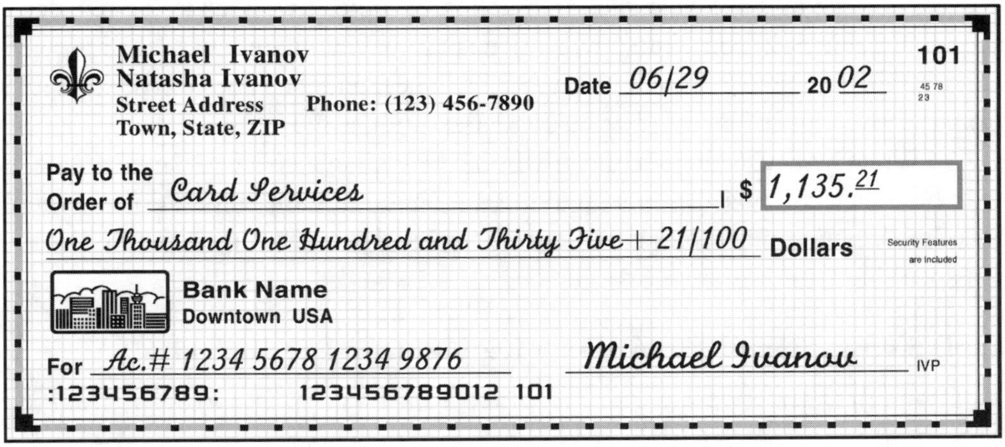

Рис. 5-2:Персональный чек (заполненный)

<u>Ac.#</u> означает *Account number* – Счёт номер…. Знак "#" или *pound sign* (знак, обозначающий фунты) используется очень часто как эквивалент знака "№" в русском и других языках. Номер счёта необходимо писать, как мы уже говорили, на случай, если чек и возвращаемый купон будут разъединены. Кроме того, часто бывают ситуации, когда владелец чека и владелец счёта, который оплачивается этим чеком – не одно и то же лицо. Например, родители часто оплачивают счета детей.

Обложка чековой книжки имеет два карманчика. В нижний, который имеет большой отгибаемый клапан из прозрачного пластика, вставляется книжечка чеков. В верхний вставляется *Transaction register* – книжечка для учёта текущего баланса, куда записываются все операции по данному счёту. Пластиковый клапан, упомянутый выше, используется как прокладка под выписываемый чек, чтобы текст не отпечатался на следующем, если используются двойные чеки.

Практикуется два способа учёта. Первый, когда каждая операция занимает одну строчку в регистре, показан в табл. 5-3 на стр. 237. Вы записываете сумму дохода или расхода в соответствующую колонку, затем складываете с или вычитаете из предыдущего баланса и записываете результат, как текущий баланс.

Табл. 5-3: **Регистр чековой книжки (одиночная строка)**

NUMBER	DATE	DESCRIPTION OF TRANSACTION	PAYMENT		FEE	4	DEPOSIT		BALANCE $ 640	60
101	6/25	Cable TV	$ 31	34			$		$ 609	26
	6/27	Gas	15	25					594	01
	6/28	Paycheck					275	58	869	59
102	7/1	Rent	650	00					219	59
103	7/3	Phone	28	98					190	61
	7/5	Paycheck					275	58	466	19

The second way when each transaction occupies two lines in the register is shown in Table 5-4. You write down a deposit or payment amount in the appropriate column, then repeat it under the current balance, and then add it to or subtract it from the previous balance and write down the result as the current balance.

When you use the second method, the register space is spent twice as fast; however, the possibility of making a mistake in your calculations is much less than when you add and subtract in your head or even on a separate sheet. I am speaking from my own experience.

Table 5-4:   Sample Transaction Register (two-line method)

NUMBER	DATE	DESCRIPTION OF TRANSACTION	PAYMENT		FEE	4	DEPOSIT		BALANCE $640 60	
101	6/25	Cable TV	$31	34			$		$31	34
									$609	26
	6/27	Gas	15	25					15	25
									594	01
	6/28	Paycheck					275	58	275	58
									869	59
102	7/1	Rent	650	00					650	00
									219	59
103	7/3	Phone	28	98					28	98
									190	61
	7/5	Paycheck					275	58	275	58
									466	19

It is useful to develop a habit of writing down transactions in the register as soon as they are made to avoid unpleasant surprises because it is very easy to forget to balance your checkbook later.

As we already mentioned, besides paying bills by mailing checks to companies that provide various services, you can pay by checks anywhere they are accepted, which eliminates the need to carry significant amounts of cash. However, remember that you may need cash when you travel because some small stores accept only checks from the same state or even the same county.

Filling out a check while standing at the cash register in a store may not be a simple task at first. If you need to pay by check, it is better to fill in the name of the store and sign the check in advance (even Americans very often experience difficulties with store names, looking around in the hope of seeing it written somewhere). Because you do not know the total amount, you often have to wait until the cashier scans all your purchases to finish filling out a check. While you do that, the cashier and people behind you in line wait

Второй, когда каждая операция занимает две строчки в регистре, показан в табл. 5-4. Вы записываете сумму дохода или расхода в соответствующую колонку, затем повторяете её под текущим балансом, а после складываете с или вычитаете из предыдущего баланса (в столбик) и записываете результат внизу, как текущий баланс.

При использовании второго способа, регистр расходуется в два раза быстрее, однако гораздо меньше вероятность того, что вы сделаете арифметическую ошибку, производя операцию в уме или даже на отдельном листе. Это многократно проверено практикой.

Табл. 5-4:   **Регистр чековой книжки (двойная строка)**

NUMBER	DATE	DESCRIPTION OF TRANSACTION	PAYMENT		FEE	4	DEPOSIT		BALANCE $ 640	60
101	6/25	Cable TV	$ 31	34			$		$ 31	34
									$ 609	26
	6/27	Gas	15	25					15	25
									594	01
	6/28	Paycheck					275	58	275	58
									869	59
102	7/1	Rent	650	00					650	00
									219	59
103	7/3	Phone	28	98					28	98
									190	61
	7/5	Paycheck					275	58	275	58
									466	19

Полезно выработать привычку записывать расходы в регистр сразу, как только они сделаны, чтобы избежать неприятных сюрпризов в дальнейшем, поскольку очень легко можно забыть это сделать.

Как уже упоминалось, помимо оплаты счетов за услуги, когда приходится посылать чеки по почте, вы можете рассчитываться чеками везде, где их принимают, что освобождает от необходимости носить с собой значительные суммы наличных денег. Однако помните, что в поездках они вам могут понадобиться, поскольку некоторые набольшие магазины принимают только чеки своего штата или даже графства.

Заполнение чека, стоя у кассы в магазине, может поначалу оказаться не простой задачей. Если вам необходимо рассчитаться чеком, то лучше всего заранее написать название магазина и расписаться (даже американцы очень часто испытывают трудности с названием, бегая глазами по стенам в надежде увидеть его где-то написанным). Поскольку вы не знаете окончательной суммы, то во многих случаях, вам приходится ждать до тех пор, пока ваши покупки не будут просканированы кассиром, чтобы закончить заполнение чека. При этом кассир и стоящие в очереди за вами терпеливо (или не очень) ждут. Как назло,

patiently (or not so patiently). As always, at this precise moment you forget how to spell the numerals you need correctly. After finding myself in this situation a few times, I printed a card with the spelling of all necessary numbers, which I placed at the end of my checkbook where I could glance at any time without attracting anyone's attention. It is shown in Fig. 5-5.

1	one	11	eleven	10	ten
2	two	12	twelve	20	twenty
3	three	13	thirteen	30	thirty
4	four	14	fourteen	40	forty
5	five	15	fifteen	50	fifty
6	six	16	sixteen	60	sixty
7	seven	17	seventeen	70	seventy
8	eight	18	eighteen	80	eighty
9	nine	19	nineteen	90	ninety
10	ten	20	twenty	100	hundred
				1000	thousand

Fig. 5-5: Spelling Numerals

5.5. Check deposits and cash withdrawals

There are special Deposit Tickets for depositing cash or checks into your account. They can usually be found in the bank lobby. You need to fill in these forms with your name, date, account number, and all deposit amounts. For the convenience of checking account holders, each checkbook contains several such forms at the end with preprinted data. All you need to enter in this case is the date and the deposit amount. A sample form is shown in Fig. 5-6.

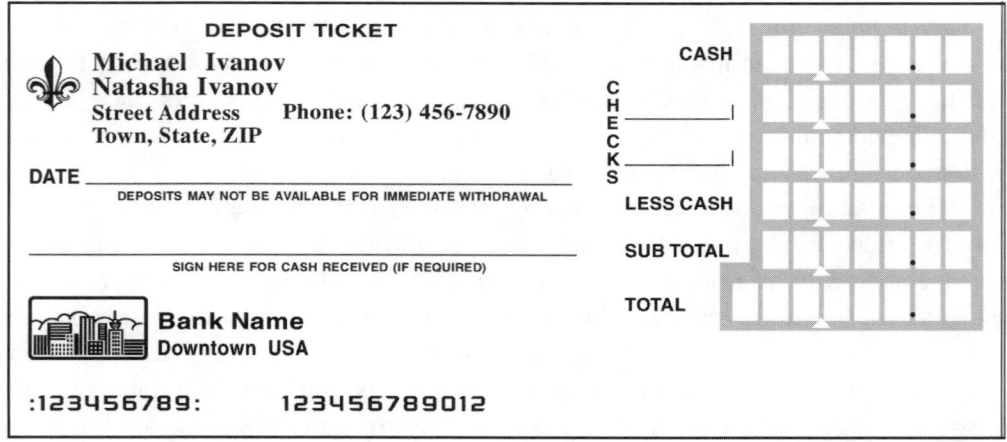

Fig. 5-6:Deposit Ticket

именно в этот момент вы забываете, как правильно пишутся слова, необходимые чтобы написать сумму прописью. Оказавшись пару раз в такой ситуации, я напечатал для себя памятку с написанием всех необходимых чисел, которую поместил в конце чековой книжки, куда мог в любой момент заглянуть, не привлекая внимания. Выглядит она как показано на рис. 5-5.

1	one	11	eleven	10	ten
2	two	12	twelve	20	twenty
3	three	13	thirteen	30	thirty
4	four	14	fourteen	40	forty
5	five	15	fifteen	50	fifty
6	six	16	sixteen	60	sixty
7	seven	17	seventeen	70	seventy
8	eight	18	eighteen	80	eighty
9	nine	19	nineteen	90	ninety
10	ten	20	twenty	100	hundred
				1000	thousand

Рис. 5-5: Памятка для написания цифр прописью

5.5. Депозит чеков и получение наличных

Для зачисления наличных или безналичных денег (чеков) на счёт используются специальные бланки приходных ордеров *(Deposit Ticket),* которые обычно лежат на столах в отделениях банка. В этих бланках необходимо вписать свои имя и фамилию, дату, номер счёта, а также вносимые суммы. Для удобства владельцев чековых счетов, каждая чековая книжка содержит в конце несколько таких бланков с заранее напечатанными данными. Вам остаётся только вписать дату и вносимые суммы. Эти бланки выглядят, как показано на рис. 5-6.

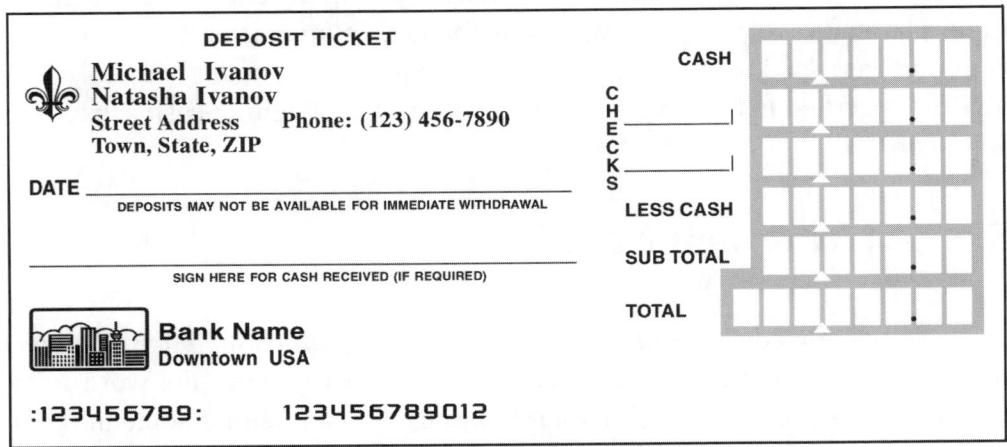

Рис. 5-6: Приходный ордер

In the space labeled *CASH* the amount of cash being deposited is entered. The following spaces are for check numbers and amounts (additional spaces for checks are located on the back side of the form). If you are depositing checks into the account but want to get a part of your deposit as cash immediately, you should add all the checks together, enter the result under *SUBTOTAL*, enter the amount you want in cash under *LESS CASH*, subtract it from the *SUBTOTAL*, and write down the result under *TOTAL*. To receive cash, you must endorse (sign the back of) the check whose amount is equal to or exceeds the amount of cash you need.

After making a deposit into the account, you will be given a receipt indicating the amount deposited and sometimes your new account balance and how much of it is available for withdrawal at the moment. Remember that if you deposit checks instead of cash into the account, you cannot use the money immediately because there is no physical money in the account yet. It will be one or two business days, sometimes longer (see your bank's rules) before this part of your balance becomes available.

Sometimes there are situations when you need to write a check for a larger amount than you have in the account at present, but you have your paycheck, which you did not have time to deposit into the account earlier. If you deposit it now and write someone a check for the necessary amount, this check may be presented for payment before the recently deposited paycheck become available. If this happens, you will pay the overdraft fee. In this situation, you can do a little trick - cash your paycheck without depositing it into the account (almost all banks allow their clients to do this free of charge) and ten minutes later deposit the cash, which is usually available immediately.

If you want to receive cash without making a deposit, you can write a check for the needed amount with the word *CASH* after the words *PAY TO THE ORDER OF* and present it to the bank. When you pay by check at a supermarket or pharmacy, you can write the check for an amount greater than the cost of your purchases and receive the difference as cash. This amount is usually limited and specified in the store's policy. Another way of getting cash is using an ATM card.

5.6. ATM & debit cards

As we already mentioned, *ATM* stands for *Automatic Teller Machine*. Automatic devices that give out cash are called this because the word *teller* usually means "bank cashier" (when it means "person telling something," it will usually be used in combination with another word, for example, "story

В графе *CASH* указывается сумма наличных денег. В последующих графах указываются номера чеков и суммы (дополнительные графы для чеков расположены на обратной стороне бланка). Если вы кладёте на счёт чеки, но хотите какую-то часть получить наличными сразу, то вы должны суммировать все чеки в графе *SUBTOTAL*, вписать нужную вам сумму в графе *LESS CASH*, вычесть её из графы *SUBTOTAL* и записать результат в графу *TOTAL*. При получении наличных вы должны расписаться на обратной стороне чека, сумма которого равна или больше суммы, которая вам необходима наличными.

При зачислении денег на счёт, вам должны выдать квитанцию с указанием положенной суммы. Иногда также указывается ваш новый баланс и та его часть, которая доступна *(available)* для востребования в данный момент. Следует помнить, что если вы зачисляете на счёт чеки, а не наличные деньги, то пользоваться сразу вы ими не можете, поскольку физически денег на счету ещё нет. Требуется один или два рабочих дня, а иногда и более (это указывается правилах банка), прежде чем эта часть вашего баланса становится доступной.

Иногда бывают ситуации, когда вам необходимо оплатить чеком сумму большую, чем вы имеете в данный момент на счету, но у вас имеется ваша зарплата в виде чеков, которые вы не успели раньше положить на счёт. Если вы положите их сейчас и выпишете кому-то чек на необходимую сумму, то может сложиться ситуация, когда этот чек будет предъявлен к оплате до истечения времени, когда сумма недавно зачисленных чеков становится доступной. Если это случится, то вы заплатите штраф за превышение баланса. В такой ситуации, вы можете сделать небольшой трюк - обналичить чеки не кладя их на счёт (что практически все банки позволяют делать своим клиентам бесплатно), а через десять минут положить наличные, которые обычно доступны к востребованию немедленно.

Если вы хотите получить наличные в то время, когда вы не делаете депозит, вы можете выписать чек на требуемую сумму, написав слово *CASH* в строке после слов *PAY TO THE ORDER OF* и предъявить его в банке. При расчёте чеком в магазине можно указать сумму большую, чем вы должны заплатить, при этом вам сдадут сдачу наличными. Величина этой суммы обычно ограничена и указана в правилах магазина. Другим способом получения наличных является использование *ATM* карты.

5.6. ATM card, debit card

Как мы уже говорили, *ATM* расшифровывается как *Automatic Teller Machine*. Автоматы, которые выдают наличные деньги, называются так потому, что слово *teller* чаще всего переводится как "банковский кассир" (в значении "рассказчик" оно скорее всего будет стоять в комбинации с другим словом, например, *story teller*). Все автоматы, независимо от принадлежности, объединены в одну электронную сеть, позволяющую получить наличные деньги

teller"). All ATMs, regardless of which bank they belong to, are part of the same electronic network, which allows you to get cash from your checking account or your credit card almost anywhere in the world. A card that allows you to use these machines is called an *ATM* card. To get money, you will need the card itself and a so-called PIN -- a confidential four-digit number.

Fairly recently, we have seen an explosion in the widespread use of debit cards, which allow you to not only get cash but also to pay for purchases with the money from your checking account. There are two types of debit cards: on-line and off-line.

An *on-line* debit card works the same as an *ATM* card. To use it, you need a PIN and a special terminal installed by the cash register. The majority of supermarkets and department stores are equipped with such terminals. At the same time you pay for your purchase, you can also get some cash. This is called cash back. The transaction is completed only after the bank acknowledges the transfer of the necessary amount into the store's account.

An *off-line* debit card, in addition to working the same way as an on-line one, can work similarly to a Visa or a MasterCard, depending on whether it is Visa Debit or MasterCard Debit, and is therefore accepted everywhere these cards are accepted. In this case, you do not need to enter a PIN, but you do need to sign a sales slip, as will be explained in the section on credit cards. The money will be withdrawn from your account some time later instead of immediately.

Banks usually establish a daily limit for amounts that can be withdrawn from an ATM (usually $200-300) and spent on purchases using debit cards ($500-600). Remember this when you travel to avoid an unpleasant surprise. If on any given day you need more than the allowed limit, withdraw it in advance over several days.

Like everything good, the ATM card has its drawbacks. First, it is not free. There can be an annual fee or a fee charged for each transaction, as well as an additional fee when you use an ATM that does not belong to your bank.

Second, as cash is replaced with electronic transactions, ATM machines attract crooks. They know that a person leaves an ATM with cash and may attack him or her, take the money, and even force the victim to withdraw as much as possible. Alternatively, they may guess the victim's PIN by watching his or her hand movements and then steal the card and use it. For this reason, ATM machines are frequently installed in crowded places or in locked booths whose locks can only be opened with an authorized ATM card. Nevertheless, it is important to be careful, especially for older people.

Besides, be careful when using an off-line debit card to pay for purchases by phone and especially over the Internet from companies you know little about. As will be explained later, if someone uses your credit card, you are responsible only for the first $50 and do not need to pay the rest of the balance

с вашего чекового счёта или с вашей кредитной карты практически в любой точке земного шара. Соответственно, карточка позволяющая пользоваться этим автоматом называется *ATM* card.   Для получения денег необходима сама карточка и так называемый *PIN* -секретный четырёхзначный номер.

Сравнительно недавно стали широко распространены дебитные карточки *(Debit cards),* которые позволяют не только получать наличные, но и рассчитываться за покупки в магазинах деньгами, которые находятся на вашем счету в банке. *Debit cards* бывают двух типов: *on-line* и *off-line.*

On-line debit card работает так же, как и *ATM* карта. При пользовании ей необходим *PIN* и специальный терминал (пульт) установленный в месте расчёта. Большинство супермаркетов и универмагов оснащены оборудованием, позволяющим производить такие расчёты. При этом помимо платы за покупку вы одновременно можете снять какую-то сумму наличными. Это называется *cash back.* Процесс расчёта при этом завершается только после подтверждения перевода банком необходимой суммы на счёт продавца.

Off-line debit card в дополнение к вышесказанному может работать также как *Visa* или *Master Card,* в зависимости от типа: *Visa Debit или Master Card Debit,* то есть принимается везде, где принимаются эти карточки. В этом случае не надо вводить *PIN*, а необходимо расписываться, как будет рассмотрено в разделе, посвящённом кредитным картам. При этом деньги снимаются с вашего счёта не сразу, а по прошествии какого-то времени.

Банки обычно устанавливают дневной лимит на суммы, которые вы можете снять в *ATM* (обычно $200-300) и потратить на покупки ($500-600) с помощью дебитной карточки. Следует как минимум помнить об этом, чтобы не оказаться застигнутым врасплох в поездке. Если вам понадобится в какой-то день больше, чем позволяет лимит, то снимите эту сумму в несколько приёмов заранее.

Как и всё хорошее, *ATM* карточка имеет свои отрицательные стороны. Во-первых, за неё надо платить. Иногда это годовая плата, иногда - плата за каждую операцию, а также дополнительная плата в случае, если вы пользуетесь автоматом, не принадлежащим вашему банку.

Во-вторых, поскольку наличные деньги всё больше заменяются электронными расчётами, банковские автоматы привлекают всякого рода проходимцев. Они заведомо знают, что человек отходит от автомата с какой-то суммой наличных и могут напасть, отобрать деньги, да ещё и принудить снять всё, что возможно. В другом варианте, определив по движению рук *PIN*, они могут выкрасть карточку и воспользоваться ей самостоятельно. По этой причине, автоматы часто ставятся в людных местах или закрытых кабинах, замок которых открывается тоже карточкой. Тем не менее, следует быть осторожным, особенно пожилым людям.

Кроме того, будьте осторожны при использовании *off-line debit card* для расчётов за покупки по телефону, а тем более по Интернету, с незнакомыми фирмами. Как мы будем рассматривать ниже, если в случае неправомерного использования вашей кредитной карты, вы ответственны только в пределах $50,

until the circumstances are investigated, but in the case of a debit card you can lose all the money you have in an account. For phone and Internet purchases, it is a good idea to have a credit card with a small credit limit.

5.7. Bank statement and balancing your checkbook

Once a month, the bank sends you a report about your account balance and current activity called Account Statement. Any checks that were presented for payment and paid usually come back with your Account Statement. You should keep them because sometimes there are situations when you must prove that you have paid something on time. In this case, you can send a photocopy of the check as proof.

Some banks, trying to reduce expenses, offer checking accounts where checks do not come back to the account holder and are instead put on micro-film and stored in an archive. Usually, these are accounts that do not have min-imal balance requirements or a monthly fee. In this case, you can request a copy of the check from the bank if necessary, but you will have to pay for it. The money you will save on fees for using the account by far exceeds possible expenses for copies of checks; therefore, it makes sense to have such an account, especially if you cannot maintain the minimal balance required for a regular account. I also strongly recommend using double checks for more accurate bookkeeping.

Although the statement is sent monthly, it does not necessarily cover the calendar month from the 1st to the 30th or the 31st. The statement can be for a 30-day period starting at any point during the month, for example, from the 7th to the 6th or from the 21st to the 20th, but it always will start at the same time give or take one day.

An account statement always has a section that summarizes your account information (Account Summary), for example:

Opening Balance
Ending Balance
Total Deposits/Credits
Total Withdrawals/Debits

Besides that, there is a section that lists all transactions in the account, indicating dates, amounts, and balances after each transaction. This section is called Account Activity or Daily Account Activity. Ideally, this section should exactly match your records in the transaction register, but this does not happen in real life for the following reasons:

а все спорные суммы вы можете не платить до выяснения обстоятельств, то в случае *debit card* вы можете потерять все свои деньги. Желательно для таких с целей иметь кредитную карту с небольшим лимитом.

5.7. Отчёт банка и балансирование чековой книжки

Один раз в месяц банк присылает отчёт о состоянии счёта и текущей активности *(Account Statement)*. Вместе с отчётом обычно возвращаются ваши чеки, которые были предъявлены к оплате и уже погашены. Их необходимо сохранять, поскольку иногда возникают ситуации, когда необходимо доказать, что вы произвели оплату чего-то своевременно. В этом случае, вы можете послать фотокопию чека, как доказательство.

Некоторые банки, стремясь сократить расходы, имеют варианты чековых счетов, где чеки не возвращаются владельцу, а микрофильмируются и хранятся в архиве. Как правило, это счета, не имеющие установленного минимального баланса и месячной платы. В этом случае вы можете при необходимости запросить копию чека в банке, но за это придётся платить. Экономия на оплате за пользование счётом намного превышает возможные затраты на копии чеков, поэтому целесообразно иметь такой счёт, особенно если вы не в состоянии поддерживать минимальный баланс, требуемый для обычного счёта. При этом я настоятельно рекомендую пользоваться двойными чеками для более аккуратного учёта.

Несмотря на то, что отчёт присылается ежемесячно, это не обязательно означает календарный месяц с 1 по 30/31 число. Это может быть любое число, например, с 7-го по 6-е или с 21-го по 20-е, но это всегда будет в одно и то же время плюс минус один день.

Account Statement всегда имеет раздел, содержащий итоговую информацию о счёте *(Account Summary),* такую, как например:

Opening Balance - баланс на начало периода.
Ending Balance - баланс на конец периода.
Total Deposits/Credits – сумма, зачисленная на счёт в отчётном периоде.
Total Withdrawals/Debits – сумма, снятая со счёта в отчётном периоде.

Помимо этого, существует раздел, включающий все до единой операции, проведенные по счёту, с указанием дат, перечисленных сумм и балансов, получившихся после проведения этих операций. Этот раздел называется *Account Activity* или *Daily Account Activity*. В идеальном случае этот раздел должен точно совпадать с вашими записями в *Transaction register,* но это не происходит на самом деле по следующим причинам:

- Dates and the order of transactions differ because you enter them in the order you write checks and make purchases, but the bank dates them in the order checks and electronic debits are presented for payment. For this reason, part of the transactions entered in your register by the time the statement is printed can be absent and appear on it only the following month.

- The balance after each transaction may be different because the order of transactions differs.

- The final balance may differ because you do not always know when the bank charges you extra, for example, for using an ATM machine that belongs to a different bank and whether your balance has fallen below the required minimum, which entails a monthly fee.

- By the time you receive the account statement, you have already made some additional transactions that are not included in it. Besides that, simple arithmetic errors (in most cases yours, but sometimes the bank's, for example, a deposit made to a wrong account) are frequent.

All this requires balancing the account regularly to confirm that your records are correct. This way, mistakes can be found and corrected, preventing undesirable consequences such as overdraft in the future. Results of your calculations should match the bank's records to a penny. Bookkeepers know from experience that even the smallest discrepancy can be a result of two or more substantial errors, which compensate for each other and temporarily mask a problem that can surface at any moment.

Balancing your account is done in five steps:

1. One by one, compare all transactions listed in the account statement with transactions in the transaction register, marking them with a check mark ($\checkmark$) in the appropriate column of the register only after you are sure that the amounts in both places match. Simultaneously, mark the appropriate transactions in the account statement with a pencil. Enter the transactions that remain unmarked in the account statement into the register if you agree that they are correct (a monthly fee, electronic transactions, ATM fees, etc.).

2. Write down on a separate sheet of paper all deposits and other credit transactions (transfers to the account) that were made but are not included in the account statement and add them up.

- Даты и порядок операций отличаются поскольку вы их вписываете в порядке выписки чеков и совершения покупок, а банк проводит операции в порядке предъявления чеков и электронных платежей к оплате. По этой причине часть операций, указанных в вашем регистре на день составления отчёта, могут в нем отсутствовать и появиться только в следующем месяце.

- Баланс после каждой операции может быть другим, поскольку порядок проведения операций отличается.

- Окончательный баланс может отличаться потому, что вы не всегда знаете, какие дополнительные вычеты банк может брать за пользование, например, банкоматом принадлежащим другому владельцу, а также – упал ли ваш баланс ниже установленного минимума, что влечёт за собой месячную плату.

- К моменту получения отчёта, вы уже произвели несколько дополнительных операций, которые в отчёт не вошли. Кроме того, нередки просто арифметические ошибки (в большинстве случаев ваши, но иногда и банковские, как, например, депозит, зачисленный на чужой счёт).

Всё это, вместе взятое, требует регулярного балансирования счёта, то есть математического подтверждения правильности учёта. При этом обнаруживаются и исправляются ошибки в записях, если они есть, предотвращая нежелательные последствия типа превышения баланса в будущем. Результаты ваших расчетов должны совпадать с банковскими до единого цента. Бухгалтеры по опыту знают, что даже минимальная разница может быть результатом двух или более существенных ошибок, которые, компенсируя друг друга, временно маскируют проблему, которая может проявить себя в любой момент.

Балансирование счёта производится в пять этапов:

1. Сверьте одну за другой все операции, указанные в *Account Statement* с операциями в *Transaction register,* помечая их галочкой (✓) в соответствующей графе регистра только после того, как вы убедились, что суммы перечислений в обоих случаях совпадают. Одновременно помечайте карандашом соответствующие операции в *Account Statement.* Впишите в регистр операции, оставшиеся не отмеченными в *Account Statement,* если вы согласны с тем, что они правильны (месячная плата, электронные переводы, плата за *ATM*).

2. Запишите на отдельном листе бумаги все депозиты и другие кредитные операции (зачисление на счёт), которые были сделаны, но не вошли в отчёт и посчитайте их общую сумму.

3. Запишите на отдельном листе бумаги все чеки, *ATM* и другие дебитные операции (снятие со счёта), которые были сделаны, но не вошли в отчёт и посчитайте их общую сумму.

3. Write down on a separate sheet of paper all checks, *ATM* withdrawals, and others debits (withdrawals from the account) which were made but were not included in the account statement and add them up.

4. Copy the final balance from the account statement, add to it the sum of credits, and subtract the sum of debits from the result.

5. Compare the result with the final balance in your register. They should match. If they do not, you will have to start over again and pay more attention. To help you find the error, calculate the difference between the two balances. It can help you see what you missed.

Keeping your checkbook balanced is important not only because it helps avoid overdraft fees. More serious consequences can result from bounced checks. There are computer databases containing names of people whose checks have been returned unpaid. If you get on such a "black" list, you may find yourself in a situation when banks refuse to let you open a checking account, which, as we already mentioned, creates a lot of inconvenience.

4. Перепишите конечный баланс из *Account Statement,* прибавьте к нему сумму кредитов и вычтите из полученного результата сумму дебитов.

5. Сравните получившуюся сумму с балансом, указанным в вашем регистре. Они должны совпадать. Если это не так, то необходимо начать всё с начала и быть более внимательным. Для упрощения поиска ошибки, посчитайте разницу между двумя балансами. Это может помочь вам понять, что было упущено.

Аккуратное ведение чековой книжки важно не только для того, чтобы избежать штрафов за превышение баланса. Возможны более серьёзные последствия выписки не полностью обеспеченных чеков. Существуют компьютерные базы данных, содержащие списки людей, чеки которых были возвращены как необеспеченные. Попав в такой "чёрный" список, можно оказаться в ситуации, когда банки отказывают вам в открытии чекового счёта, что как уже говорилось, создаёт массу неудобств.

6. Credit and credit cards

I think that most immigrants who arrive in the US have heard about credit cards. As soon as you are here, you notice that each gas station or store specifies the kinds of credit cards that are accepted as payment there. And of course, in more expensive stores you always see people writing checks or casually taking out a plastic card which is almost always treated with more respect than cash. This is understandable; credit in an expensive store somehow reflects a person's social status.

Most immigrants do not have credit cards during their first three years in the country and regard those who do with a certain amount of envy. Some people, even after they have lived here 4 or 5 years and have a more or less decent income and even a savings account in a bank, cannot understand why all the credit card applications they fill out are rejected. In this chapter we will talk about what you can do to get credit as soon as possible.

6.1. Types of credit cards

First of all, we must mention that not all plastic cards an average American carries in his or her wallet are credit cards. Some of them are identification cards such as a driver's license, workplace passes or time cards, various club membership cards, *ATM* cards we talked about earlier, etc.

A credit card (CC) certifies that its owner has a certain amount of credit at the company that issued the CC when he or she uses it to purchase goods or services. CCs first appeared in the US in the 1930s and became popular in the 1950s. They are issued by many businesses that serve consumers: department stores, chain stores, restaurants, hotels, airlines and, of course, banks. Some of them are accepted in a single store, others - in all the stores that belong to the

6. Кредит и кредитные карты

Я думаю каждый, ещё до приезда в США, что-нибудь да слышал о существовании кредитных карточек. И вот мы здесь. На каждой автозаправочной станции, на каждом магазине указаны виды кредитных карт, которые там принимаются в качестве оплаты, не говоря уже о том, что в дорогих магазинах вы неоднократно видели, как люди выписывают чеки или небрежно подают пластиковую карточку, отношение к которой почти всегда более уважительное, чем к наличным. И это понятно, кредит в дорогом магазине каким-то образом отражает социальное положение.

Большая часть эмигрантов в течение первых трех лет кредитных карт не имеет и с определённой завистью смотрит на их обладателей. Некоторые даже после того, как прожили 4-5 лет, имея более или менее приличный доход и даже сберегательный счёт в банке, никак не могут понять, почему им приходит отказ на все аппликации, которые они заполняют. В этой главе будут описаны те действия, которые помогут вам получить кредит в минимальные сроки.

6.1. Виды кредитных карточек

Прежде всего, стоит отметить, что далеко не все пластиковые карточки, которые носит с собой средний американец, являются кредитными. Часть из них выполняют функции удостоверений личности, например водительские права, пропуска с места работы *(time card)*, членские билеты разных клубов, *ATM* карточки, о которых мы говорили раньше и т. д.

Кредитная карта (КК) является удостоверением того, что её обладатель при покупке товаров или услуг имеет кредит у организации, выпустившей КК в пределах определённого лимита. КК появились в США в 30-х годах, а затем широко распространились в 50-х. Они выпускаются многими бизнесами, обслуживающими потребителей: универмагами, сетями магазинов, ресторанами, отелями, авиакомпаниями и, конечно же, банками. Некоторые из них действительны только

company that issued the CC (Filene's, Macy's), still others are accepted almost anywhere.

The most popular are the so-called general purpose CCs, especially Visa and MasterCard. These are the most widely used cards that are accepted almost anywhere in the world. Therefore, if you have one of these cards, you do not need to exchange a significant amount of cash when you go abroad. You can use a CC to pay for purchases, hotel accommodations, rental cars, and so on, and a computer will calculate your expenses at the current exchange rate. With the card's help you can also receive cash in a bank or at an ATM machine. I must say that it is very difficult to rent a car without a credit card.

It is worth noting that the name Visa (as well as all others) is not the name of the creditor that lends money through this CC. Visa is the name of a financial network that facilitates electronic transactions between those who sell goods and services to owners of CCs and those who pay for them. Therefore, it is impossible to say which CC is better. The best kind is whatever is accepted at a given retailer. For this reason, it is convenient to have one CC of each kind.

Naturally, a question arises: how do you get these coveted credit cards? It is very easy if you have a good credit history. In the witty words of a letter writer to the newspaper "Novoe Russkoe Slovo": "I don't know what a credit history is, but it is probably something very good if everyone wants to have it."

6.2. Credit bureaus and credit history

There have always been people who had money and people who did not have it but really needed it. Those who needed money looked for and found those who had it, borrowed money promising to pay back the amount plus interest, and as a result, the rich became even richer and the poor needed even more money. Usurers can argue with those who practice what is considered "the oldest profession" about who was here first. The risk that a borrower would not pay a loan back was very high; therefore, to get money, one had to have a good reputation or someone's recommendation. In any case, the usurer inquired about the borrower's state of affairs.

Over time, people streamlined the process and enacted legislation to regulate it. The whole world developed standard practices for borrowing money, for both personal and business needs. As a result, a worldwide financial market was formed, allowing capital to flow freely to where it was needed.

An integral part of this market are organizations called credit bureaus that for a small fee furnish creditors with reports that contain potential clients' credit history. The credit bureaus' databases contain information on almost every adult resident of the country who has ever applied for credit whether it

для покупок в одном магазине, другие - во всех магазинах, принадлежащих компании, выпустившей КК (Filene's, Macy's), третьи – принимаются почти везде.

Наиболее распространены так называемые КК общего назначения *(general-purpose cards)*, особенно такие, как: *Visa* и *Master Card*. Это наиболее распространённые виды КК, которые имеют хождение практически по всему миру. То есть имея такую, карточку нет особой необходимости менять значительную сумму, когда вы едете за границу. Вы можете расплачиваться КК за покупки в магазинах, проживание в гостинице, аренду машины и так далее, причём компьютер пересчитает ваши затраты по текущему курсу валют. С её помощью вы можете также получить наличные деньги в банке или в автомате. Надо сказать, что арендовать машину, не имея кредитной карты, очень трудно.

Следует отметить, что название *Visa* (как и все остальные) не обозначает имя кредитора, который ссужает деньги по этой КК. *Visa* - это название сети, по которой происходят взаиморасчёты между теми кто продаёт товары и услуги обладателю КК и теми, кто за них платит. Поэтому нельзя сказать, какая КК лучше. Лучше всего та, которая принимается в данном месте. По этой причине удобно иметь по одной КК каждого вида.

Возникает вопрос: Как получить эту вожделенную кредитную карту? Очень просто, если вы имеете хорошую кредитную историю. Как остроумно выразился один из авторов письма в газету "Новое Русское Слово": "Я не знаю, что такое кредитная история, но, наверное, что-то очень хорошее, если все хотят её иметь".

6.2. Кредитные бюро и кредитная история

Во все времена были люди, которые имели деньги и другие - которые их не имели, но сильно в них нуждались. Те, что нуждались, искали и находили тех, которые имели, брали деньги в долг под проценты и в результате, первые становились ещё богаче, а вторые нуждались ещё больше. Профессия ростовщика может поспорить о приоритете с общепризнанной древнейшей профессией. Риск невозвращения ссуды был очень большой, поэтому чтобы получить её, обычно нужна была хорошая репутация или чья-то рекомендация. В любом случае, ростовщик наводил справки о состоянии дел должника.

Со временем, цивилизация   поставила всё это на широкую основу и подвела законодательную базу. Во всём цивилизованном мире выработалась общепринятая практика получения ссуд как на личные нужды, так и для ведения бизнеса. В результате образовался всемирный финансовый рынок, позволяющий свободно перетекать капиталам туда, где они необходимы.

Как неотъемлемая часть этого рынка, появились организации, называемые кредитными бюро *(Credit Bureau),* которые за небольшую плату предоставляют кредитным учреждениям отчёты о платежеспособности   *(Credit Report)* потенциальных клиентов, содержащие их кредитную историю *(Credit History)*. В компьютерах кредитных бюро хранится информация практически о каждом

be to purchase a TV, a refrigerator, a motor vehicle, or a home.

The mechanism used to create such information banks is very simple. You come to a store or bank requesting credit. You are asked to fill out a questionnaire (application), which asks you to write down information about yourself, including your name, home address during the last two years, whether you own or rent your residence, phone number, social security number, employer, position, and income. All these data are transferred to a credit bureau and will be stored in your file. In exchange, the credit bureau gives a potential creditor all previous information about you. Based on this information, the creditor decides whether they can extend credit to you and on what terms. In any case, this decision will also be forwarded to the credit bureau and stored in your file. If you are given credit, the credit bureau will have its amount and regularly updated information on when and how much you pay. Computers perform the majority of operations in this process.

Thus, at any given moment a potential creditor can obtain a clear picture of your financial affairs: how much you earn, how much you owe or owed and to whom and how promptly you pay your debts.

There are many credit bureaus in the US, and they are located in different regions. Usually, a creditor requests information from only one of them, and you may think that after you get yourself into debt in one area of the country, you can move somewhere else and start over, but this does not happen because all credit bureaus in the country communicate with each other. Moreover, all of them rely on three main databases: Equifax, Trans Union, and TRW. These companies accumulate an incredible amount of information, which they sell to creditors and marketing companies. You can change addresses, jobs, and even your name, but you cannot change your social security number.

This is how this system works. And I must note that it works rather well. All your attempts to get credit are bound to fail until you establish a good credit history. And the earlier you can do that, the better.

6.3. How to create a credit history

There are several ways to do this in a relatively short period of time. First of all, fill out applications at one or two stores or banks as soon as possible to open a file in a credit bureau, but do that only when you have a source of income.

The simplest way is if you have some money (at least $300-500) that you do not need now and will not need for about one and a half years. Some banks

взрослом жителе страны, если он хотя бы один раз обращался куда-либо с просьбой о предоставлении кредита, будь то покупка телевизора, холодильника, автомашины или дома.

Механизм создания такого информационного банка очень прост. Вы приходите в магазин или в банк с просьбой о кредите. Вам предлагают заполнить анкету *(application),* в которой вы указываете все текущие сведения о себе, включая имя, фамилию, домашний адрес за последние два года, принадлежность вашего жилья, телефон, номер социального обеспечения, место работы, должность и доход. Все эти данные передаются в кредитное бюро и заносятся в ваш файл. В обмен кредитное бюро передает потенциальному кредитору всю предыдущую информацию о вас. На основании этой информации кредитор решает, может ли он предоставить вам кредит и на каких условиях. В любом случае, принятое решение также сообщается в кредитное бюро и заносится в ваш файл. Если кредит вам предоставлен, то там будет указана его величина, и регулярно будет отражаться информация о том, как вы его выплачиваете. Большинство операций в этом процессе выполняют компьютеры.

Таким образом, в любой момент существует ясная картина вашего финансового состояния: сколько вы зарабатываете, кому и сколько должны в настоящее время или были должны раньше и насколько аккуратно вы свои долги отдаёте.

Кредитных бюро на территории США достаточно много, и расположены они в разных регионах. Как правило, кредитор обращается только в одно из них и, казалось бы, можно, наделав долгов в одном регионе, переехать в другой и начать все с чистого листа, но этого не происходит, так как кредитные бюро на всей территории страны обмениваются информацией друг с другом. Более того, все они полагаются на три главных банка данных: *Equifax, Trans Union* и *TRW.* Эти организации накапливают невероятное количество информации, которую продают кредиторам и маркетинговым компаниям. Вы можете сменить место жительства, место работы и даже имя с фамилией, но вы не смените ваш номер социального обеспечения.

Приблизительно так работает эта система. И надо отметить, работает довольно надёжно. Все ваши попытки получить кредит обречены на неудачу до тех пор, пока вы не создадите себе кредитную историю. И чем раньше вы об этом позаботитесь, тем лучше.

6.3. Как создать кредитную историю

Есть несколько путей, которые позволяют сделать это в минимальные сроки. Прежде всего, следует, как можно раньше в одном-двух местах заполнить аппликации, чтобы просто открыть файл в кредитном бюро, но делать это стоит только после того, как у вас появится источник дохода.

Наиболее простой способ, когда у вас есть какие-то деньги, как минимум $300-500, в которых вы не нуждаетесь в настоящее время и не будете нуждаться в течение

offer the following service: you put this money in the bank as a so-called CD (Certificate of Deposit) for the period of 18 months, where it will earn small interest (4-5% annually), and the bank opens a credit line for this amount and gives you a credit card. For using the credit card you pay an annual fee of about $15-20 plus monthly interest at the rate of 20-22% annually if you do not pay your balance in full.

A question arises: why give your money to the bank at low interest and borrow as much or less from it at higher interest? The answer is, only to create a credit history. If you use the credit card responsibly for 18 months, the bank will usually return your deposit, increase your credit limit, and eliminate your annual fee. Only then will the information about your credit appear in your file at a credit bureau.

Another way of establishing a credit history is purchasing a car and paying only a part of the price up front. It is much easier to get a car loan than a credit card because the creditor's risk is minimal. A vehicle bought with a loan must be fully insured. If the car is damaged, the creditor will receive money regardless of whose fault it was.

If you fail to pay back your loan, your car will be taken away. Besides, the worse a buyer's credit history, the higher the interest on the loan, which compensates the creditor for the possible risk. Therefore, you can often hear automobile dealer commercials that try to lure buyers with a bad credit history or even those who have filed for bankruptcy.

Let's assume that you have money and you buy a car (not necessarily a new one) from a dealer. You can pay part of the cost and apply for a loan to cover the rest. In a couple of months you can pay the rest, losing a small amount of money. If you do not need full insurance, you can convert it to liability only and get back the unused portion of the money, but your credit file will reflect the amount of your loan and the fact that it was paid in full.

One more way is to use someone else's already existing credit history, for example, if you have a relative or friend who already has a good credit history and trusts you enough to co-sign a loan with you.

Let's say that you need to buy something relatively expensive (a TV, a VCR, etc.), and it is sold on credit. Even if you have enough cash, you come to the store with your relative and fill out a credit application in your name, and write him or her down as a co-applicant. The salesperson will call the credit department and give them your data, and you, naturally, will be denied. Then you tell them to check your co-applicant. If everything works out, you make your purchase and start paying for it, therefore putting the first brick in the foundation of your credit history. By doing this several times, you can considerably speed up your first independent credit approval. Having a checking and savings accounts is also a big plus when you apply for credit.

полутора лет. Некоторые банки предлагают такую услугу: вы кладёте эти деньги в банк на так называемый СД *(Certificate of Deposit)* на срок 18 месяцев под небольшие проценты (4 -5% годовых), а банк открывает кредитную линию на эту сумму и выдаёт вам кредитную карту. За пользование кредитной картой вы платите один раз в год взнос *(Annual Fee),* который обычно составляет 15-20 долларов плюс проценты ежемесячно из расчёта 20-22 % годовых, если у вас есть не оплаченный баланс.

Возникает вопрос: зачем отдавать свои деньги под маленький процент банку и брать у него столько же или меньше под большой процент? Ответ: только для того, чтобы создать себе кредитную историю. Если в течение 18 месяцев вы пользовались кредитной картой без нарушений, то обычно банк возвращает ваш вклад (депозит), увеличивает ваш лимит и отменяет *Annual Fee.*   Только после этого срока, информация о вашем кредите появится в вашем файле в кредитном бюро.

Другим путем создания кредитной истории является покупка автомобиля с частичной оплатой. Дело в том, что кредит на покупку машины получить намного легче, чем кредитную карту, т. к. риска у кредитора практически нет. Автомашина, купленная в кредит, обязана быть застрахована, причём страховка должна быть двухсторонней, т. е. если машина будет повреждена, то кредитор получит деньги независимо от того, кто был виноват.

Если же с машиной всё в порядке, то в случае невыплаты кредита, её у вас заберут. Кроме того, чем хуже кредитная история у покупателя, тем больше проценты по кредиту, что компенсирует кредитору возможный риск. Поэтому зачастую можно слышать рекламу автомобильных дилеров, приглашающих покупателей с плохой кредитной историей или потерпевших банкротство.

Предположим, у вас есть деньги, и вы покупаете машину у дилера (не обязательно новую). Вы можете заплатить часть, а на остальное оформить кредит. Через пару месяцев вы можете заплатить оставшуюся часть, потеряв на этом небольшую сумму. Если вам не нужна двухсторонняя страховка, то вы её после этого можете переделать на одностороннюю, вернув неиспользованные деньги, но в вашем файле будет запись, на какую сумму был ваш кредит, и что вы его полностью оплатили.

Ещё один известный способ - это использование чьей-то уже созданной кредитной истории, например, если у вас есть родственник или знакомый, который уже имеет хорошую кредитоспособность и который вам доверяет настолько, что может подписаться вместе с вами под долговым обязательством.

Предположим, вам нужно купить что-то более или менее значительное (телевизор, видеомагнитофон и т. д.), и это что-то продается в кредит. Даже если у вас есть наличные деньги, вы приходите в магазин с вашим родственником и заполняете кредитную аппликацию на своё имя, а его вписываете вторым. Продавец позвонит в кредитный отдел и передаст ваши данные, и вам, естественно, откажут. Тогда вы скажете, чтобы проверили второго подписавшегося. Если у него всё нормально, то вы получаете покупку и начинаете её оплачивать, тем самым укладывая первый кирпичик в основание вашей кредитной истории. Проделав это несколько раз, вы можете значительно

You must remember that although you usually specify your total family income in applications, credit bureaus maintain separate files for each applicant, that is, a credit history is associated with a particular person and not with a family. If one spouse does not work, it does not mean that he or she cannot or should not be included in the application. You can create your credit histories at the same time as insurance against unforeseen circumstances such as a death or divorce, when the spouse who was not working suddenly needs to have his or her own credit. If you do not think about this beforehand, you will have to start from scratch.

All the methods mentioned above are only ways of creating a good credit history, and they do not guarantee that you will be given credit. I must mention here that each creditor has its own criteria for evaluating a client's creditworthiness. If you do not meet these criteria, you will be denied credit, but according to regulations you will be informed about this in writing, usually (but not always) with explanations of the criteria you did not meet, and you will always be informed of the source that was used to obtain information about you.

Below are some examples of criteria on which I was denied credit when I applied for it, not because I had any idea about credit bureaus or a credit history, but because annoying salespeople offered me a 10% discount on purchases if I filled out a credit application.

As is clear from these rejections, you have to be patient because applying for credit too often can only hurt you.

- *Residential status* - living in rented housing is rated much lower than owning a home.

- *Number of bank credit references* - insufficient number of bank credit cards or not having them long enough.

- *Number of major department store references* - usually Sears gives you credit only after you have had credit at other stores for a long time.

- *Excessive number of credit bureau inquiries* - frequent attempts to obtain credit mean that your needs exceed your resources.

- *Recently opened retail installment accounts* - usually creditors are wary of people who open many credit accounts simultaneously.

- *Recently opened bank installment accounts* - see previous item.

ускорить получение первого самостоятельного кредита. Наличие чекового и сберегательного *(Savings Account)* счёта - большой плюс при получении кредита.

Необходимо помнить, что несмотря на то, что в аппликациях вы обычно указываете ваш общий семейный доход, кредитные бюро ведут отдельные файлы на лиц, указанных в них, то есть кредитная история принадлежит конкретному лицу, а не семье. Если в семье один из супругов не работает, то это не значит, что он не может или не должен быть включён в аппликацию. Вы можете создавать свои кредитные истории параллельно, страхуясь на случай непредвиденных ситуаций типа смерти или развода, когда неработающий ранее супруг вдруг нуждается в собственном независимом кредите. Если не позаботиться об этом заранее, то придется начинать всё с нуля.

Все вышеуказанные способы - это только возможные пути создания хорошей кредитной истории, но не гарантия получения кредита. Следует отметить, что каждый кредитор имеет свои собственные критерии оценки кредитоспособности клиента. Если вы не соответствуете этим критериям, то вам отказывают в кредите, но согласно правилам, вам сообщают об этом в письменном виде, как правило (но не обязательно) с указанием критериев, по которым вы не проходите и обязательно с указанием источника, из которого была получена информация о вас.

Ниже приводится несколько примеров критериев, по которым я получал в своё время отказ в кредите, когда обращался за ним, понятия не имея ни о кредитных бюро, ни о кредитной истории, а чаще всего потому, что назойливые продавцы предлагают 10% скидку на покупки, если вы заполняете кредитную аппликацию.

Как видно из этих отказов, необходимо терпение, поскольку частое обращение за кредитом может только принести вред.

- *Residential status* (занимаемое жильё) - проживание в арендованном жилье оценивается значительно ниже, чем наличие собственного.

- *Number of bank credit references* (число отзывов о кредитах банков) - недостаточное количество или длительность действующих банковских КК.

- *Number of major department store references* (число отзывов от основных универмагов) - обычно *Sears* предоставляет кредит только после того, как вы продолжительное время имеете кредит в других магазинах.

- *Excessive number of credit bureau inquiries* (чрезмерное число запросов в кредитное бюро) - частые попытки получить кредит говорят о потребностях превышающих возможности.

- *Recently opened retail installment accounts* (недавно открытые кредиты в магазинах) - обычно кредиторы с опаской относятся к людям, которые открывают много кредитов одновременно.

- *Recently opened bank installment accounts* (недавно открытый кредит в банке) - см. предыдущий пункт.

- *Length of Credit History for Retail Credit Cards* (store credit accounts of insufficient duration) - there is not enough information about how responsibly the person is able to use store credit.

- *Insufficient time in file* - see above.

- *Recent derogatory information in your credit file* - a complete surprise! We will talk about this later.

- *Number of recent requests for credit* - see above.

- *Length of credit experience* - you have not had your existing credits long enough, which makes it impossible to evaluate your creditworthiness.

- *Absence of checking and savings accounts* - this was about my not having a savings account because I did have a checking account at that time.

- *Number of Inquires in the last 6 months.*

- *Number of Department Store Accounts.*

- *Total number of Bank Revolving Accounts.*

6.4. Credit Report

If you are denied credit without any explanation, you can call and find out the reasons, but in any case your letter of denial will have the address and phone number of the credit bureau where the creditor obtained information about you. According to existing rules, you have 60 days to request a free copy of the credit report that was sent to this creditor.

To do this, you have to send a written request to the specified credit bureau. If you call the phone number given in your denial notice, you will usually get a recording that tells you what should be included in the written request. Usually it is your name, social security number, date of birth, and home addresses during the last 2 years. If you had applied for credit with someone else, you will need to provide that person's data as well. An example of a credit report request is shown below.

- *Length of Credit History for Retail Credit Cards* (недостаточный срок кредитных счетов в магазинах) - недостаточноинформации о том, насколько благоразумно и ответственно человек способен пользоваться кредитом в магазине.

- *Insufficient time in file* (недостаточное время в файле) - см. выше

- *Recent derogatory information in your credit file* (недавняя порочащая информация в файле) - совершенная новость! Мы будем говорить об этом позднее.

- *Number of recent requests for credit* (многократные недавние запросы кредита) – см. выше.

- *Length of credit experience* (продолжительность опыта кредитов) – короткий срок пользования существующими кредитами, не позволяющий сделать необходимые заключения.

- *Absence of checking and savings accounts* (отсутствие чекового и сберегательного счетов) – речь идёт об отсутствии сберегательного счёта, поскольку чековый счёт в то время был.

- *Number of Inquires in the last 6 months* (число запросов за последние 6 месяцев).

- *Number of Department Store Accounts* (число открытых счетов в универмагах).

- *Total number of Bank Revolving Accounts* (общее число кредитных счетов).

6.4. Credit report

Если вам отказали в кредите без указания причин, то вы можете позвонить и уточнить причины, но в любом случае в уведомлении об отказе будет сообщён адрес и телефон кредитного бюро, из которого кредитор запрашивал информацию о вас. Согласно существующим правилам, вы можете в течение 60 дней запросить бесплатную копию своего *Credit Report,* высланного этому кредитору.

Чтобы сделать это, вы должны послать письменный запрос в указанное кредитное бюро. Если вы позвоните по телефону, приведённому в уведомлении, то, как правило, попадёте на автоответчик, который скажет вам, какая информация должна содерхаться в письменном запросе. Обычно это ваши имя и фамилия, номер социального обеспечения, дата рождения и домашние адреса за последние 2 года. Если вы запрашивали кредит на двоих, то необходимо сообщить аналогичные сведения обоих. Ниже приводится примерное содержание такого запроса.

123 One Street, #45
Boston, MA 02127
August 8, 2002
Tel. (123) 456-7890

TRANS UNION CORPORATION
8200 East 32nd Street North
P.O.Box 789763
Wichita, KS 67278

Please send me a copy of the credit report that has been sent to *X-BANK*.

My name:	**Michael Ivanov**
S.S.#	**000-00-0000**
Birth date:	**00/00/00**
Employer:	**Lana International, Inc.**

Spouse name:	**Natasha Ivanov**
S.S.#	**000-00-0000**
Birth date:	**00/00/00**
Employer:	**Not employed**

Address:
1995- Present	**123 One Street, #45** Boston, MA 02127
1993- 1995	**123 Main Street #456F** So. Boston, MA 02065
Before 1993	**Russia**

Thank you,

Michael Ivanov

123 One Street, #45
Boston , MA 02127
August 8, 2002
Tel. (123) 456-7890

TRANS UNION CORPORATION
8200 East 32nd Street North
P.O.Box 789763
Wichita, KS 67278

Please send me a copy of the credit report that has been sent to **X-BANK**.

My name:	**Michael Ivanov**
S.S.#	**000-00-0000**
Birth date:	**00/00/00**
Employer:	**Lana Iternational, Inc**

Spouse name:	**Natasha Ivanov**
S.S.#	**000-00-0000**
Birth date:	**00/00/00**
Employer:	**Not employed**

Address:

1995- Present	**123 One Street, #45**
	Boston , MA 02127
1993- 1995	**123 Main Street #456F**
	So. Boston , MA 02065
Before 1993	**Russia**

Thank you,

Michael Ivanov

Such a request will most likely satisfy any credit bureau. You should receive your credit report in approximately two weeks. Note that you will receive it free of charge only if you request it from the credit bureau mentioned by your creditor. If you request a credit report from any other credit bureau or after the end of the term specified in the notice, you will have to pay a small fee the amount of which is specified in the credit bureau's recorded message. It usually is about $4 or $5.

You may ask why you need to see your credit report. First of all, to make sure that your file does not contain any wrong information., which can happen very easily. For example, after I was refused credit because of "recent derogatory information in your credit file," I requested a copy of my credit report for the first time and found, to my complete surprise, that it said that I have not paid a medical bill.

I finally recalled that once, soon after our arrival, we received a bill from an agency that served a hospital where our family had gone for physical exams, but because we were covered by Medicaid at that time, I presented the bill and my Medicaid card at the hospital, and the question was settled. But the agency, having not received my payment after a certain period of time, informed a credit bureau about it. I had to make two or three visits to this agency before the information that was marring my still scant credit history was removed from my file.

Usually, along with a credit report, the credit bureau sends a so-called Investigation Request Form. If you disagree with any information contained in your file, you can fill out this form and enclose copies of documents that prove that you are right.

But if you really owe money to someone, and information about it gets into your file, it will remain there for 7 years. If you file for Chapter 7 bankruptcy, it will be reflected in your credit history for 10 years; Chapter 13 bankruptcy will be in your file for 7 years. Any tax-related infractions remain on record for 7 years after the debt is paid. This is why it is better to pay all bills on time, including your loan for tickets to the US if you used that service. If you have a bad credit history, it can become a barrier to purchasing a home, getting a student loan (for you or your children), borrowing money to start a business, etc.

Lately, many creditors have been using a new system to estimate the creditworthiness of potential clients, where the degree of risk involved in lending money to a particular person is estimated by one three-digit number called a FICO score (named after the company Fair, Isaac Co. which developed this system). The higher this number, the better. The FICO score of 600 and below is considered bad, and of 750 and higher--excellent. This system makes it unnecessary for creditors to analyze your entire credit report. You can request your credit report, including your FICO score, from the credit bureau Equifax (www.equifax.com) for a small fee.

Запрос такого содержания, скорее всего, удовлетворит любое кредитное бюро. Вы должны получить свой *Credit Report* приблизительно в двухнедельный срок. Следует отметить, что вы получите его бесплатно только в том случае, если вы обращаетесь в кредитное бюро, на которое ссылается ваш кредитор. Если вы запрашиваете *Credit Report* в любом другом кредитном бюро или по истечении указанного в уведомлении срока, то вы должны заплатить определённую сумму, которую вам скажет автоответчик. Обычно это около 4-5 долларов.

Возникает вопрос, зачем вам нужен *Credit Report?* Прежде всего, чтобы убедиться, что ваш файл не содержит неправильной информации. А это может случиться очень просто. Например, прочитав в очередном отказе фразу: *Recent derogatory information in your credit file,* что означает: Недавняя порочащая информация в файле, я впервые запросил копию своего *Credit Report* и с удивлением обнаружил, что в нём указано, что я не оплатил счёт за медицинские услуги.

Я с большим трудом вспомнил, что когда-то, вскоре после приезда, нам приходил счет из агентства, обслуживающего госпиталь, где мы проходили обследование, но поскольку мы в тот момент имели страховку Медикейд, то я показал этот счёт и мою карточку Медикейда в госпитале, и вопрос был исчерпан. Но агентство, не дождавшись моего платежа, после определённого срока сообщило об этом в кредитное бюро. Мне пришлось сделать два-три визита в это агентство, прежде чем информация, порочащая мою и без того небогатую кредитную историю, была удалена из моего файла.

Обычно вместе с *Credit Report* кредитное бюро присылает так называемый *Investigation Request Form* (Запрос расследования). Если вы не согласны с какой-то информацией, содержащейся в вашем файле, то вы можете заполнить этот запрос, приложив копии документов, доказывающих вашу правоту.

Но если вы действительно задолжали кому-то, и информация попала в файл, то она будет находиться там в течение 7 лет. Если вы терпели банкротство по Разделу № 7 закона о банкротстве, то это будет отражено в вашей кредитной истории 10 лет, если по Разделу № 13, то-7 лет. Любые нарушения оплаты налогов фиксируются в течение 7 лет после погашения задолженности. Вот почему все счета лучше оплачивать вовремя, в том числе и ваш заем на билеты в США, если вы пользовались этой услугой. Если вы имеете плохую кредитную историю, то это может стать преградой при покупке дома, получении займа на образование (ваше или ваших детей), займа на ведение бизнеса и т. д.

В последние годы, многие кредиторы пользуются новой системой оценки кредитоспособности клиента, когда степень риска при выдаче ссуды оценивается одним трехзначным числом, называемым *FICO score* (по имени компании *Fair, Isaac Co.,* разработавшей эту систему). Чем выше это число, тем лучше. *FICO score* 600 и ниже считается плохим, а 750 и выше – отличным. При этом им нет необходимости анализировать весь *Credit Report.* Вы можете запросить свой *Credit Report,* включая *FICO score,* за небольшую сумму в кредитном бюро *Equifax (www.equifax.com).*

6.5. Getting a credit card; credit limit

If you want it bad enough, sooner or later you will receive that coveted credit card. How does it happen? Credit cards come in the mail, and not even in a certified letter. But they are not usable when they arrive. To be able to use your new card, you will need to call the phone number listed on a special sticker and confirm the receipt of the card (activate it). At this time, you will be asked to verify all your data, including your social security number and your mother's maiden name. Sometimes activation can be done without an actual person on the other end of the line, but you need to call from your home telephone number and know your social security number.

After activating your CC, you need to sign the paper strip located on the back of the CC. From now on, your signature is the only thing that will be verified when you use the card. Only occasionally will you be required to present any additional identification. As far as I know, only Citibank will, at the cardholder's request, place his or her photo on the front of the CC.

Usually, a few days after a CC was mailed to you, you will receive a note that it was sent, and if you have received it, you don't have to do anything, but if not, that may mean that it is stolen and you need to call the number provided immediately. In a few days, you may receive a four-digit number (PIN) that is needed to get cash from ATM machines and should be kept confidential.

6.6. Using credit cards for purchases

The procedure for paying for purchases with a CC varies depending on the type of CC and the store where you use it. First of all, you should know that the merchant pays for the right to accept general purpose CCs for transactions. The fee is usually 2-3% of the total cost of a purchase, but not less than a certain amount (for example, 30-50 cents). For this reason, in some places the minimal purchase amount for which you can pay with a CC is limited. In a supermarket, you can pay for a two-dollar newspaper with a CC, but in a small store you will have to buy at least $5 or $10 worth.

The reason for this is that in a supermarket, the percentage of total sales made up by such small purchases is insignificant, and it does not make sense to lose customers by establishing a minimum for CC purchases, but in a small store where most purchases are under 10 dollars, 50 cents for each purchase add up to at least 5% of total sales. When revenues are low, merchants simply cannot afford it. For the same reason, fast food restaurants only accept cash.

6.5. Получение КК, размер кредитной линии

Если вы очень захотите, то рано или поздно получите столь желанную карточку. Как это происходит? Кредитные карты приходят по почте, причём даже не заказным письмом. Но приходят они не действующими. Чтобы иметь возможность ей пользоваться, надо позвонить по указанному на специальной наклейке телефону и подтвердить её получение (активировать карту). При этом вас спросят все ваши данные, включая номер социального обеспечения и девичью фамилию вашей матери. Иногда активация происходит без участия человека на другом конце провода, но вы обязаны звонить со своего домашнего телефона и знать свой номер социального обеспечения *(Social Security Number)*.

После активации КК, вам необходимо расписаться на бумажной полоске, расположенной на обратной стороне КК. В дальнейшем, ваша подпись - это единственное, что будет сверяться. Только в некоторых местах требуется предъявлять дополнительное удостоверение личности. *Citibank* насколько я знаю - единственный, который по желанию владельца помещает его фотографию на лицевой стороне КК.

Обычно через несколько дней приходит сообщение, что вам была отправлена КК, и если вы её получили, то делать ничего не надо, а если нет, то значит, что она украдена и вам немедленно надо позвонить по указанному номеру. Ещё через несколько дней, вам может придти четырёхзначный номер *(PIN)*, который необходим для получения наличных денег через автоматы, и который надо хранить в секрете.

6.6. Покупка с использованием КК

Покупка с использованием КК несколько отличается в зависимости от типа КК и магазина, где вы её используете. Прежде всего, вы должны знать, что продавец платит за право пользования расчетами по КК общего назначения. Эта плата составляет 2-3% от стоимости покупки, но не меньше определённой суммы (например, 30-50 центов). По этой причине в некоторых местах ограничена минимальная сумма покупки, за которую вы можете расплатиться с помощью КК. В супермаркете вы можете расплатиться КК за газету стоимостью 2 доллара, а в маленьком магазинчике вы должны купить не менее чем на 5-10 долларов.

Дело в том, что в супермаркете удельный вес таких покупок невелик и нет смысла отпугивать покупателей, а в маленьком заведении, где большинство покупок укладываются в диапазон до 10 долларов, 50 центов с каждой покупки составляют минимум 5%. При низкой рентабельности хозяева просто не могут себе это позволить. По этой же причине рестораны быстрого обслуживания принимают только наличные.

In many stores, you hand a credit card to a cashier at the register after he or she has scanned all your purchases, and he or she performs all the necessary operations.

These operations include:

- Reading your credit card number automatically or entering it manually.

- Getting the transaction approved by the issuer of your CC.

- Printing out your receipt.

- Printing out a payment agreement, which you have to sign.

- Comparing your signature on the payment agreement with that on your CC.

- Giving back your credit card along with the receipt and sometimes a copy of the payment agreement.

Very small stores or establishments such as dry cleaners may not have the equipment to process credit card transactions automatically. In this case, a CC is inserted into a special device, covered with a blank form, and rolled over with a platen so that the embossed text on the front of the card is printed on the form. After that, the amount that you owe is entered on the form, and you sign it at the "X" in the bottom left corner. One copy of the completed form is given to you.

This process is a little different in a supermarket. Usually, there is a special terminal at the cash register with a display that tells you what you should do or what is happening. For example:

- Choose payment type - you need to press the button corresponding to the type of card you are going to pay with.

- Slide card - you need to slide the CC along the groove in the terminal. The direction in which you move it does not matter, but the magnetic strip should face the same way as shown on the picture that is usually printed near the groove.

- Enter purchase amount and press ENTER.

- Processing; Please wait.

- Authorization completed.

After that, the cash register prints the rest of your receipt and the payment agreement for you to sign.

Во многих магазинах, подойдя к кассе, вы должны вручить кредитную карту продавцу после того как он подсчитал все ваши покупки, и он производит все необходимые операции самостоятельно.

Эти операции включают:

- Считывание номера кредитной карты автоматически или ввод его вручную.

- Ожидание подтверждения, что КК действующая.

- Распечатка вашей копии чека.

- Распечатка обязательства об оплате, которое вы должны подписать.

- Сравнение вашей подписи на обязательстве с подписью на КК.

- Возврат КК карты вместе с копией чека и иногда с копией обязательства.

В очень маленьких магазинах или заведениях типа химчистки оборудование для автоматического подтверждения действительности КК может отсутствовать. В этом случае вашу КК вставляют в специальное устройство, покрывают бланком и прокатывают валиком, так что выпуклый шрифт отпечатывается на бланке. После этого в бланк вписывается стоимость, которую вы должны оплатить, и вы расписываетесь в левом нижнем углу около знака "X". Одна копия заполненного бланка отдается вам.

Несколько по-другому обстоит дело в супермаркете. Обычно около кассы стоит специальный пульт, на дисплее которого указывается, что вы должны делать или что происходит. Например:

- *Choose the payment type* (выберите тип оплаты) – вы должны нажать кнопку соответствующую типу карты которой вы собираетесь расплачиваться.

- *Slide the card* (введите карту) - вам необходимо провести КК вдоль паза, расположенного на пульте. Направление движения роли не играет, но КК должна быть ориентирована магнитной полоской, как указано на картинке обычно расположенной около паза.

- *Enter purchase amount and press ENTER* (введите стоимость покупки и нажмите клавишу *ENTER*)

- *Processing; Please wait* (пожалуйста, подождите).

- *Authorization completed* (подтверждение получено).

После этого кассовый аппарат допечатывает вашу копию чека и обязательство, которое вы должны подписать.

6.7. Using CCs to get cash

Credit card cash advances are treated by CC issuers differently than purchases of goods and services and are subject to some restrictions. The first
restriction may be concerning the amount. Sometimes, creditors specify your
Total Credit Line separately form the Cash Advance Limit; if this is not the
case, you can receive any amount of cash within your total credit line.

Another difference is that you usually pay a cash advance fee that equals
2-3% of the amount withdrawn, and interest is charged from day one, without
the so-called Grace Period, which is about 15-25 days from the billing date for
regular purchases. And interest is much higher for cash advances than for purchases. This is done, first of all, to prevent people from paying off one credit
card by taking money from another, and also because people who get cash
from a credit card are usually desperate for money, and banks take advantage
of that.

You can get a cash advance in several ways:

- From an ATM machine. The amount is limited to 200-500 dollars a day.

- At any bank that accepts this type of CC. For example, CCs such as
  Visa or MasterCard are accepted at hundreds of thousands of different financial institutions worldwide.

- With checks that you receive from your creditor. You simply specify
  the amount and write *Cash* after PAY TO:. It is easiest to do this at a
  bank where you have an account.

6.8. Credit card interest

It is clear that creditors lend money to get a profit. And I must note that
for many banks, revenue from CCs is significant and helps cover the expenses
of other, less profitable operations.

Credit interest rates vary from bank to bank and depend on the so-called
Prime Rate, i.e. the interest rate banks use when lending money to clients with
the best credit rating (usually, the most reliable enterprises and organizations).
Prime Rate varies depending on the economy, and sometimes changes several
times a year. This is an aspect you cannot control. But your interest rate also
depends on your financial situation and on how promptly you pay your bills. It
is simple: the higher your income and the more responsible you are, the lower
your interest rate when you borrow money. In other words, the less your creditor's risk, the smaller profit it is satisfied with.

6.7. Получение наличных с помощью КК

Получение наличных денег по кредитной карте учитывается кредитором отдельно от оплаты товаров и услуг и связано с некоторыми ограничениями, прежде всего количественно. Иногда кредитор указывает отдельно общий лимит *(Total Credit Line)* и лимит на наличные *(Cash Advance Limit)*. Если это не оговорено, то это означает, что вы можете получить наличными любую сумму в пределах вашего общего лимита.

Следующее различие - обычно вы платите 2-3% от взятой наличными суммы единовременно, и текущие проценты начисляются сразу с момента получения, без так называемого *Grace Period*, который для обычных покупок составляет 15-25 дней с момента выписки очередного счета. Причём ставка ссудного процента за наличные значительно выше, чем за покупки. Сделано это, прежде всего, чтобы предотвратить возможность рассчитаться с одной кредитной картой, взяв деньги с другой, а также потому, что люди, берущие наличные с кредитной карты, чаще всего вынуждены это делать и банки пользуются этим.

Получить наличные можно следующими способами:

- В автомате *(ATM Machine)*. Сумма при этом ограничена 200-500 долларами в сутки.

- В любом банке, который принимает данный вид КК. Например, КК типа *Visa* или *MasterCard* принимают сотни тысяч различных финансовых учреждений по всему миру.

- С помощью чеков, которые вы получаете от кредитора. Вы просто указываете на нем сумму, а в строке *PAY TO:* вы пишете *Cash.* Легче всего это сделать в банке, где у вас открыт счёт.

6.8. Проценты по кредиту

Совершенно очевидно, что кредитор, ссужая деньги, должен получать от этого выгоду. И нужно отметить, что доходы от КК для многих банков являются основными, помогая покрывать расходы по другим, менее прибыльным операциям.

Проценты по кредитам варьируются от банка к банку и привязаны к так называемому *Prime Rate,* т.е. к проценту под который банки ссужают деньги клиентам, имеющим наилучшую кредитоспособность (обычно это наиболее надёжные предприятия и организации). *Prime Rate* меняется в зависимости от ситуации в экономике иногда несколько раз в году. Эта часть изменений от вас не зависит. Но процент по кредиту также существенно зависит от вашего финансового состояния и от того, насколько аккуратно вы платите по счетам. Суть простая: чем выше ваши доходы и чем вы ответственнее, тем под меньший процент вам дадут деньги. Иначе говоря, чем меньше риск кредитора, тем меньшим процентом он удовлетворен.

For this reason, there are Gold, and Platinum versions of CCs, which differ in interest rates and the number of additional services they offer, and getting them depends on your credit rating (read: a credit history). Gold and platinum cards usually cover rental car insurance and include some additional services.

As competition among credit card issuers grows, banks more and more often offer low interest on purchases made in the first several months after opening a CC (Introductory Period) or on balance transferred from another CC (if it does not belong to the same creditor). However, before you are tempted with this bait, ask: what interest rate will you have when this period ends? Remember that an excessive number of open credit accounts worsens your credit rating. Sometimes it makes sense to take advantage of such an offer, but you need to be careful.

If you transfer balance from one card to another, do not use the new card for current purchases until the balance is completely paid off. You will be charged the usual, not the lowered, interest rate for all your new purchases, and all your payments will be applied first to the transferred balance. Only when it is completely paid off will you be able to pay off new purchases.

6.9. Paying current balance

Once a month, the holder of a credit card that has any outstanding balance receives a statement. This can be on any day of the month, depending on the number of your account, but it will always be around the same time. The statement has two parts separated by perforation. The top part (in most cases, but not always) is a coupon with your address and the address where you need to send a payment, and the bottom part contains information about all transactions carried out with the CC in the past month. If you use the card very frequently, the second part can contain several pages.

The coupon usually has your account number, current balance, the minimum payment amount if you cannot pay in full, and the date when your payment should be received (Due Date). It also has the name of the institution the check should be written to. In some cases this name is not the same as the name on your card.

The minimum payment (Minimum Payment Due) is usually 3-5% of the current balance and, as a rule, covers accumulating interest rather than the principal. If you only pay the minimum, it may take you ten years to pay off the full balance, and you will end up paying 2-4 times more than you borrowed.

You write the check and enter the payment amount in the appropriate space on the coupon. Always write your account number on the check in the 'Memo' area in case the check and the coupon are separated. Put the coupon and the check

По этой причине, существуют разновидности КК типа *Gold* и *Platinum,* которые отличаются величиной взимаемых процентов и количеством услуг предоставляемых её владельцам, а критерием их получения является ваша кредитоспособность (читайте: кредитная история). Золотые и платиновые карты обычно покрывают страховку арендованного пассажирского автомобиля и включают некоторые дополнительные услуги.

При усиливающейся конкуренции за клиентов, банки всё чаще предлагают пониженный процент на покупки, сделанные в первые несколько месяцев после открытия КК *(Introductory Period)* или на баланс, переведенный с другой КК (естественно, не принадлежащей данному кредитору). Однако прежде чем соблазняться этой приманкой, посмотрите: какой ссудный процент будете вы иметь по окончании этого периода. Помните, что излишнее количество открытых кредитных счетов ухудшает ваш кредитный рейтинг. Иногда имеет смысл воспользоваться этим, но следует быть осторожным.

Если вы перевели баланс с одной карты на другую, то не пользуйтесь ей для текущих покупок до тех пор, пока не оплатите баланс полностью. Дело в том, что все ваши новые покупки будут облагаться обычным, а не пониженным процентом, а все ваши выплаты будут прилагаться в первую очередь к переведённому балансу и только когда он полностью погашен, вы сможете рассчитаться за покупки.

6.9. Оплата текущего баланса

Один раз в месяц, владелец кредитной карты, которая имеет неоплаченный баланс, получает счёт. Это может быть в любой день месяца в зависимости от номера вашего счёта, но это будет всегда приблизительно в одно время. Счёт состоит из двух частей, разделённых перфорацией. Верхняя (в большинстве случаев, но не всегда) - это купон с вашим адресом и адресом, куда вы должны послать чек, а нижняя - это информация обо всех операциях проведенных по КК за прошедший месяц. Если вы пользуетесь картой очень активно, то вторая часть может содержать несколько страниц.

На купоне обычно указан номер вашего счёта, текущий баланс, минимальная сумма, которую вы должны заплатить, если вы не в состоянии оплатить полностью и дата, к которой ваш платеж должен быть получен *(Due Date)*. Там же указано, на имя кого должен быть выписан чек. В некоторых случаях это имя не совпадает с названием указанным на вашей карте.

Минимальная плата *(Minimum Payment Due)* обычно составляет 3-5% от текущего баланса, и как правило покрывает в основном набегающие проценты, а не основную сумму. Если вы будете платить только минимум, то вам понадобится лет десять на то, чтобы рассчитаться, и вы выплатите сумму в 2-4 раза превышающую ту, что вы заняли.

Вы должны выписать чек и вписать сумму чека в отведенном для этой цели месте на купоне. Обязательно укажите номер вашего счёта на чеке в стоке

in the envelope that was provided with the bill so that the creditor's address shows in the window. Pay attention because sometimes this address is printed on the back of the coupon. Never staple the check and the coupon.

Mail CC payments at least one week before the specified due date because for the slightest delay, you will not only be charged a late payment fee, but your interest rate may increase. You need to be especially careful during holiday season when the mail is overloaded with greeting cards and delays are more likely.

6.10. Problems related to credit card use

Credit cards are very convenient, but this is also why they are danger-ous. People get the impression that they always have money and easily spend more than they can afford.

Statistics tell us that at the end of 1999, the average American family had $7,000 in credit card debt. If we take into account that the average interest rate on a CC is at least 12-14%, it comes to $1,000 from each of the 70 million fam-ilies, or 70 billion dollars, which is a lot of money.

I can say from my own experience that to pay off such an amount in a short period of time is very difficult, and with a low income, it is almost impos-sible. I personally know Americans with the family income of $50,000 or $60,000 who filed for bankruptcy or came close.

If your CC has been stolen, you need to inform the creditor as soon as possible to prevent its unlawful use. The maximum amount you are responsible for is fifty dollars. Problems can arise if you lose a wallet with many CCs or if it is stolen. You need to know exactly what was in it and where to call.

Read everything that is written in fine print on the application and in the Card-member Agreement that comes with the card. There is a saying: "What large print giveth, fine print taketh away." Recently, banks have sharply raised all fees, such as late payment, returned check, overlimit fees, etc. And as we already mentioned, late payments, in addition to fees, very often result in higher interest rates.

Very often, banks change the conditions described in the *Cardmember Agreement* and mail you the changed version with the indication of a date when new conditions take effect. The majority of such new *Cardmember Agreements* do not have the name of the bank or credit card printed on them, and if you do not immediately label them or file them in the appropriate folder, it is difficult to tell which card a given agreement belongs to.

Memo на случай, если чек и купон будут разъединены. Вложите купон и чек в конверт, который прилагался к счёту так, чтобы адрес был виден в окошечко. Будьте внимательны, так как иногда адрес получателя напечатан на обратной стороне купона. Никогда не скрепляйте чек и купон.

Отправлять платежи по КК необходимо как минимум за неделю до указанного срока, поскольку за малейшее опоздание вам не только начислят штраф, но и могут повысить ссудный процент. Особенно следует быть осторожным в периоды, когда почта перегружена поздравительными открытками и возможны задержки.

6.10. Опасности, связанные с кредитными картами

Кредитные карты очень удобны, но в этом заключается одна из главных опасностей. Человек приобретает ощущение, что деньги у него есть всегда и легко тратит больше, чем он себе может позволить.

Согласно статистике, средняя американская семья на конец 1999 года имела $7,000 долга по кредитным картам. Если учесть, что средний процент по КК никак не ниже 12-14%, то это выливается в тысячу долларов с каждой из 70 миллионов семей ежегодно, то есть 70 миллиардов долларов. Кругленькая сумма.

Могу по своему опыту сказать, что погасить такую сумму в короткий срок очень трудно, а с низким доходом почти невозможно. Я лично знаю американцев с семейным доходом в 50-60 тысяч, которые подавали на банкротство или были близки к этому.

Если у вас украли КК, вы обязаны сообщить об этом кредитору как можно скорее, чтобы остановить её использование. Максимальная сумма, за которую вы несёте ответственность – пятьдесят долларов. Проблема может возникнуть, если вы потеряли или у вас украли кошелёк с множеством КК. Надо точно знать, что в нем было и куда звонить.

Читайте всё, что написано мелким шрифтом на аппликации и в Соглашении Владельца КК *(Cardmember Agreement)*, которое приходит вместе с картой. Существует выражение: "Что крупный шрифт даёт, то мелкий забирает". В последнее время, банки резко взвинтили штрафы за все нарушения, такие как просрочка платежа, необеспеченный чек, превышение лимита и т.д. Причём, как уже говорилось, при просрочке платежа, помимо одноразового штрафа, очень часто существенно повышается взимаемый процент.

Очень часто, банки меняют условия, описанные в *Cardmember Agreement,* и присылают изменённые варианты с указанием даты с которой новые условия вступают в силу. Большинство новых *Cardmember Agreement* не имеют названия банка или кредитной карты, напечатанной на них, и если вы сразу не подписали их или не положили в соответствующую папку, то после трудно разобраться, к какой конкретно карте он относится.

7. Employment

For a long time, industrious and enterprising people from all over the world have been coming to America in search of a better life, overcoming tremendous obstacles along the way. Having crossed the ocean with hopes of success, they left their old lives behind and worked tirelessly to make these hopes a reality. The hard work of many generations of immigrants combined with legislation that supports free enterprise have created the wealthiest country in the world where many would like to live and work.

Long gone are the times when the only things you needed to come to America were desire to do so and enough money to buy a ticket. Immigration into the country, as well as work visas, is strictly regulated, but that does not stop the stream of fortune seekers who arrive through many different channels. Citizens of Eastern European countries and the republics of the former USSR come as tourists or with fictitious invitations. Despite the danger to their lives, people arrive on shabby little boats from Cuba or in cargo containers from China. For many years, the government has struggled unsuccessfully to stop illegal immigration from Mexico. All these people who arrive in the country illegally find themselves in a very difficult situation and agree to any work that is available on the black labor market, regardless of terms or pay.

On the other end of the employment spectrum are people who were born and raised here. They have no problems with language, they understand local rules as well as written and unwritten laws, and they are part of a fairly extensive network of friends, classmates, and relatives. But even they often experience difficulties when looking for a job.

In the middle, between these two groups, are legal immigrants who have the right to work but often know little about what is available, how to find and keep a job, and how to succeed.

A job provides independence. Americans are taught this since childhood,

7. Работа

С давних времён, инициативные и предприимчивые люди приезжали в Америку в поисках лучшей жизни, преодолевая огромные трудности. Пересекая океан с надеждами на успех, они практически отрезали себе путь назад и работали не покладая рук, чтобы эти надежды стали реальностью. Упорный труд многих поколений переселенцев в сочетании с законодательно закрепленной атмосферой свободы предпринимательства создали самое богатое государства мира, жить и работать в котором хотели бы многие.

Давно прошли те времена, когда для приезда в страну необходимо было только желание и средства на дорогу. Въезд в страну строго регулируется, как и право на работу в ней, но это не останавливает поток искателей счастья, которые прибывают самыми различными путями. Едут под видом туристов или по фиктивным приглашениям жители восточноевропейских стран и бывших республик СССР. Несмотря на смертельную опасность, продолжаются побеги на ветхих судёнышках с Кубы или в товарных контейнерах из Китая. В течение многих лет идет малоуспешная борьба по пресечению нелегальной иммиграции из Мексики. Все эти люди, прибывая в страну нелегально, оказываются в тяжелейших условиях и согласны на любую работу, на любых условиях, пользуясь услугами теневого рынка рабочей силы.

На другом полюсе находятся люди рождённые и выросшие здесь. Они не имеют проблем с языком, не испытывают затруднений с пониманием местных правил, писаных и не писаных законов, и имеют достаточно обширную сеть знакомых, друзей, одноклассников, родственников. Но даже они зачастую испытывают затруднения с поисками работы.

В середине, между этими двумя группами, находятся легальные иммигранты, которые имеют законное право на работу, но мало что знают о том, какая она бывает, как её найти и удержать, как добиться успеха.

Работа обеспечивает независимость. Американцы приучены к этой мысли с детства и многие начинают работать, ещё учась в школе. Они разносят газеты, упаковывают продукты в магазинах, моют посуду или обслуживают в

and many start working while they are still in high school. They deliver newspapers, pack groceries in stores, wash dishes, wait tables in restaurants, etc.,
which allows them to have their own money that they can spend however they
want. In the summer, the overwhelming majority of college and university students work in many different jobs that are often underpaid, even if their parents
make good money. Education is expensive.

As in any country with a market economy, there are people in America
who are unemployed. Nevertheless, the unemployment rate in the US is much
lower than in many European countries because the state is less involved in the
economy. On the graph below, we can see that the unemployment rate changes
cyclically. The number of unemployed people is directly related to the current
situation in the economy - the better the economy, the higher the employment
rate and the fewer people are out of work. The period of prosperity that began
in 1991 and lasted until 2001 was the longest in history, and the unemployment
rate was at its lowest in three decades.

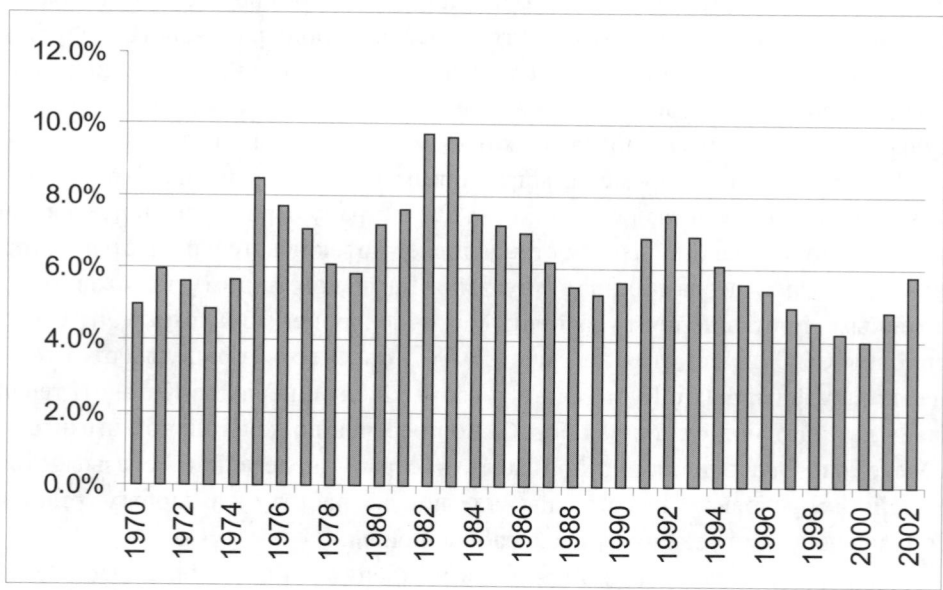

Fig. 7-1: Unemployment Rate Between 1970 and 2002 (Bureau of Labour Statistics)

But as we can see in Fig. 7-1, even during the worst years 90% of people
of working age are employed, although competition for vacancies is increased.
To be competitive, one must constantly improve one's skills and be an opti-
mist. First of all, remember that you are in a much more favorable position
than an illegal immigrant. This alone should add to your energy and confidence
that sooner or later you will find what you need.

ресторанах и так далее, что позволяет иметь собственные деньги, которые они могут тратить по своему усмотрению. Подавляющее большинство студентов колледжей и университетов работают летом на самых разных, зачастую низкооплачиваемых работах, даже если их родители имеют хороший доход. Образование достаточно дорого обходится.

Как и в любом государстве с рыночной экономикой, в США существуют безработные. Тем не менее, уровень безработицы в США значительно ниже, чем в европейских странах по той причине, что государство меньше вмешивается в экономику. На графике, приведённом ниже, видно, что уровень безработицы носит циклический характер. Количество безработных напрямую связано с состоянием экономики в данный момент - чем лучше экономическая активность, тем больше занятость и меньше безработных. Экономический подъём, начавшийся в 1991 году и продолжавшийся до 2001, был самым продолжительным за всю историю, причём уровень безработицы достиг самой низкой отметки за последние три десятилетия.

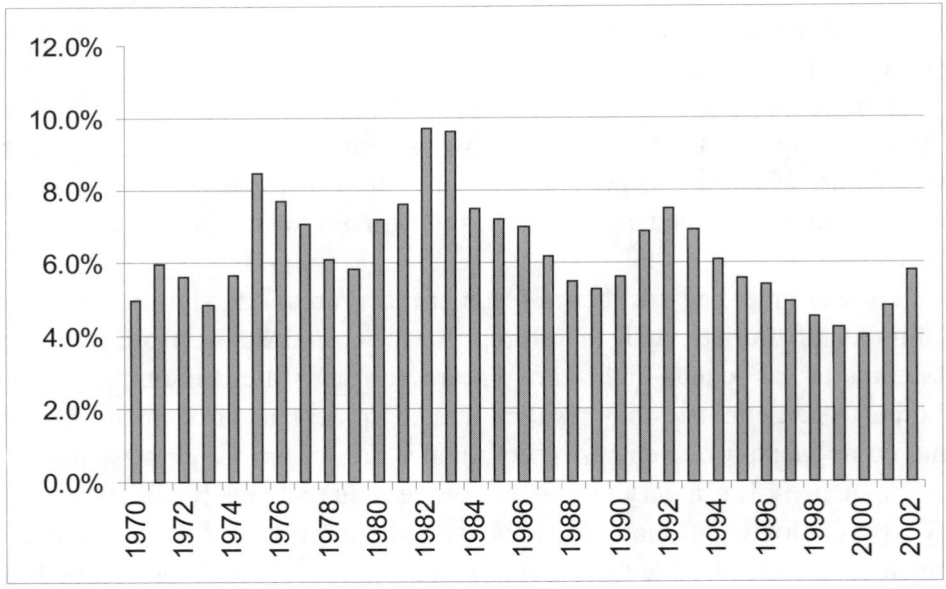

Рис. 7-1: Уровень безработицы в 1970-2002 годах (Bureau of Labour Statistics)

Но как мы видим на Рис. 7-1, даже в самые плохие годы 90% трудоспособного населения работает, только увеличивается конкуренция за освободившиеся места. Для того чтобы быть конкурентноспособным, необходимо постоянно совершенствовать свои навыки и быть оптимистом. Прежде всего, надо помнить, что вы находитесь в несравнимо более выгодном положении, чем нелегальный иммигрант. Одно это должно прибавлять вам силы и уверенности в том, что рано или поздно вы найдёте то, что вам нужно.

7.1. Employee status and types of employers

The labor market in the US is extensive and diverse, but it has its idiosyncrasies that may be unfamiliar to people who have recently arrived in the country. One of these distinct features is its unpredictability. People change jobs and even move to another part of the country fairly often, looking for something that better suits them. Many work and go to school at the same time in order to move up the socioeconomic ladder. Because of this, employee turnover in many common occupations is very high. No one finds this surprising or depressing; society has simply adapted to this. Every day, new technologies are developed that allow people to do many jobs without any special skills or with minimal training. This means that even with poor command of English or none at all, it is possible to find an unskilled job, but it will be difficult to replace it with something better.

Employment can be permanent or temporary, full-time or part-time. The difference between permanent and temporary status is significant, and it is important to know what it is.

Because of high competition and cyclical economy (economic booms are followed by recessions), there is always some uncertainty about even the nearest future of any industry. The company that is prospering today may face serious difficulties in the next quarter if the demand for its products falls unexpectedly.

For example, bad weather in summer resort areas can significantly affect the number of tourists, and, therefore, all service industries, from hotels and restaurants to car rentals and retail. The recession in the economies of Japan and other Asian countries has resulted in a sharp decrease in demand for electronic components. In such cases, companies are forced to lay off workers to reduce expenses. It is a very unpleasant process that adversely affects the company's psychological climate. Besides, when laying off permanent employees, companies have to provide them with severance pay, let alone the fact that they are obliged to pay various taxes, including unemployment tax. Many companies do not want to or cannot afford to do this. To avoid such situations, employers began to use temporary workers during periods of high demand, letting them go during recessions.

Temporary employees receive agreed-upon hourly pay for actual time worked and can be dismissed at any time without any obligations. They do not have paid holidays or vacations and also cannot expect to receive so-called benefits, which we will discuss later. There are no restrictions on how long a person can be employed as a temporary worker. Many employers abuse this practice, keeping people in temporary status for several years.

7.1. Статус работников и типы работодателей

Рынок труда в США большой и разнообразный, но имеет свои особенности, которые могут быть незнакомы людям, недавно приехавшим в страну. Одной из особенностей является динамизм. Люди довольно часто меняют место работы, и даже место жительства, стремясь найти то, что им лучше подходит. Многие учатся в свободное время, чтобы продвинуться вверх по социальной лестнице. В связи с этим, текучесть кадров во многих массовых профессиях очень высокая. Это никого не удивляет и не удручает, общество просто к этому приспособилось. Разработаны технологии, которые позволяют выполнять работу людям, не имеющим никакой квалификации или после минимального обучения. Это означает, что с плохим знанием английского языка или даже без такового можно найти работу, не требующую квалификации, но будет трудно сменить её на что-то лучшее.

Работа бывает постоянной *(permanent)* или временной *(temporary)*, на полную рабочую неделю *(full time)* или неполную *(part time)*. Разница между статусом постоянного и временного работника очень существенна и её необходимо знать.

В связи с высокой конкуренцией и цикличностью в развитии экономики (подъёмы сменяются спадами), всегда существует некоторая неопределённость даже ближайшего будущего в любой области деятельности. Компания, процветающая сегодня, может в следующем квартале столкнуться с серьёзными затруднениями, если спрос на её продукцию неожиданно упадёт.

Например, плохая погода в местах летнего отдыха может существенно повлиять на число туристов, а, следовательно, и на все службы сервиса, начиная с гостиниц и ресторанов и кончая прокатом автомобилей и торговлей. Спад в экономике Японии и других стран Азии привёл к резкому спаду спроса в электронной промышленности, производящей комплектующие изделия и т. д. В таких случаях компании вынуждены сокращать число работников, сокращая непроизводительные затраты. Это очень неприятный процесс, влияющий на психологический климат. Кроме того, при увольнении постоянных работников, компании выплачивают выходное пособие, не говоря уже о том, что они обязаны платить различные налоги, включая налог идущий на выплату пособий по безработице. Многие компании не хотят или не могут позволить себе этого. Для того чтобы избежать таких ситуаций, работодатели стали пользоваться услугами временных работников в периоды максимального спроса, освобождаясь от них в периоды спада.

Временные работники *(temporary employees)* получают оговоренную почасовую оплату за реально отработанное время и могут быть уволены в любой момент без всяких обязательств. Им не оплачиваются праздничные дни, они не имеют оплачиваемого отпуска, а также не могут рассчитывать на так называемые бенефиты *(benefits)*, о которых мы будем говорить ниже. Не существует ограничений по сроку, как долго человек может числиться временным работником. Многие предприятия злоупотребляют такой практикой, держа людей в статусе временных на протяжении нескольких лет.

Permanent employees are officially added to the company's staff. They are eligible for all benefits provided by the employer. Usually, these include paid holidays, paid vacation time, different kinds of insurance, and retirement plans where available. Very often, the only way to become a permanent employee is a long stint as a temporary worker at the company.

Because temporary jobs are very common but at the same time unpredictable as far as how long they last, there are intermediary organizations called Temporary Staffing Agencies that facilitate the search for both companies and employees. They register people looking for jobs, collect information about the staffing needs of local enterprises, and supply them with workers when the need arises, receiving 10-15% of their clients' wages. The employees often work at different jobs as required and are paid by the agency. If a company hires such a worker as a permanent employee, it pays a certain amount, which can be 10-30% of the worker's annual salary, to the temporary agency.

Jobs are available in the government, municipal, or private sector. Government employees, in addition to police officers and the employees of the Immigration and Naturalization Services and Internal Revenue Services, also include those working for the government agencies such as the US Postal Service, the Environmental Protection Agency or EPA, the National Aero Space Agency or NASA, and many others. Government employees are often paid less than those working in the private sector, but they are less vulnerable to market fluctuations and have good medical insurance and retirement plans, as well as long paid vacations. Therefore, vacancies are not frequent, and there are many people interested in filling them.

In early 1994, when the economy was just starting to recover from recession, I saw a local newspaper ad for two postal service electronic technician vacancies. The ad listed the time and location of the entrance test. Following my rule to try everything, I decided to go, secretly hoping for a miracle. My hopes were shattered as soon as I entered the room in which the test was going to be administered. By the most conservative estimate, there were more than 250 applicants. The test consisted of two parts. The first part was answering, in writing, a series of typed questions. The second part was doing the same for spoken questions that were played on a tape with no pauses. I finished the first part more or less successfully but quickly gave up on the second one.

Постоянные работники *(permanent employees)* зачисляются в штат предприятия со всеми вытекающими последствиями. На них распространяются все льготы, предусмотренные в уставе предприятия. Как правило, это включает в себя оплачиваемые праздники, оплачиваемый отпуск, различные виды страховок и пенсионные планы там, где они есть. Очень часто, единственным путём зачисления в штат является продолжительная работа на этом предприятии в качестве временного работника.

Временные работы очень распространены и в то же время, непредсказуемы по продолжительности, поэтому появились посреднические организации – агентства по найму *(Temporary Staffing Services),* которые облегчают процесс поиска как для компаний, так и для работников. Они берут на учёт нуждающихся в работе людей, собирают информацию о потребности в работниках на местных предприятиях и оперативно снабжают их рабочей силой, когда такая потребность есть, получая 10-15% от заработной платы своих подопечных. При этом работник числится и получает деньги в этом агентстве, работая иногда на нескольких предприятиях по мере необходимости. В случае зачисления такого работника на постоянную работу, предприятие-наниматель выплачивает агентству-посреднику определённую сумму, которая может составлять 10-30% от годовой зарплаты работника.

Работа возможна в государственном, муниципальном или частном секторе. Государственными служащими помимо полицейских, работников службы иммиграции и налоговой службы, являются также работники государственных агентств, таких как почта, агентство по охране окружающей среды *(Environmental Protection Agency or EPA),* аэрокосмическое агентство *(National Aero Space Agency or NASA)* и многие другие. Государственные служащие зачастую имеют заработную плату ниже, чем работники частного сектора, но они менее подвержены колебаниям рынка и кроме того обеспечены хорошей медицинской страховкой и пенсионными планами, а также продолжительными оплачиваемыми отпусками, поэтому рабочие места освобождаются не часто и желающих их занять довольно много.

В начале 1994 года, когда экономика ещё только начинала выходить из рецессии, в нашей газете появилось объявление о конкурсе на две вакансии техников электроников в почтовой службе. Было указано место и время проведения теста. Следуя своему правилу пробовать всё что возможно, я решил пойти, втайне надеясь на чудо. Мои надежды мгновенно рассеялись, как только я переступил порог помещения, в котором должна была проходить сдача теста. По самым скромным подсчётам там было более 250 претендентов. Тест состоял из двух частей: одна – ответы на письменные вопросы, вторая – на устные, проигрываемые в записи безо всяких остановок. Если с первой частью я более или менее успешно справился, то во второй – быстро сошёл с дистанции.

The municipal sector includes employees of local administration and its subordinate services, as well as public school teachers. The majority of administrative posts in this sector are elected by the citizens for a certain term.

The private sector is the largest and covers all areas of economy and public life. In addition to various industries, there are private schools and universities, hospitals and childcare centers, banks and insurance companies, publishers and mass media outlets. In the private sector, an employer can be a single entrepreneur (for example, a farmer), a small enterprise with several employees, a medium-size company, or a large firm. Many things, from the relationship between management and subordinates and dress code to pay and benefits, depend on the size of the enterprise. The overwhelming majority of companies in the US have less than 1000 employees.

7.2. Types of jobs

Most jobs fall into one of the following types:

- Unskilled jobs
- Skilled jobs
- Jobs that require professional training

There are plenty of jobs that can be performed by almost anyone after a brief explanation or a hands-on demonstration. There are large numbers of such jobs in all areas of the economy. They include, for example, janitorial work (cleaning), dish washing, assembling simple products, delivering newspapers, warehouse jobs, fruit and vegetable picking, jobs in the food-processing industry, snow removal or lawn mowing, and so forth. Most people perform such jobs when they first start working, while attending college, or while looking for something better. Some people work in such jobs temporarily in the evenings or on weekends in addition to their full-time employment, if they need extra income. The vast majority of immigrants, even those with a good education, start with such jobs.

Skilled jobs, as the name implies, require a certain level of knowledge and skills. In some cases, these can be acquired through working in entry-level unskilled positions, as in construction, for example. In other cases, employees such as equipment operators, truck drivers, assemblers of complex products, and so on must complete appropriate training. Clearly doing such jobs, as well

Муниципальный сектор включает в себя работников местного самоуправления и служб им подчинённых, а также учителей школ. Большинство административных должностей в этом секторе являются выборными на определённый срок и заполняются по конкурсу.

Частный сектор является самым большим и охватывает все области экономики и общественной жизни. Помимо производственной сферы, существуют частные школы и университеты, госпитали и детские учреждения, банки и страховые компании, книжные издательства и средства массовой информации. В частном секторе в качестве работодателя может выступать одинокий предприниматель (например, фермер), малое предприятие, насчитывающее несколько человек, предприятие средней величины или крупная фирма. От размера предприятия зависит многое, начиная от взаимоотношений между начальниками и подчинёнными и требований к одежде, и кончая оплатой труда и бенефитами. Подавляющее большинство предприятий в США насчитывают менее 1000 человек.

7.2. Виды работ

Работы в основном подразделяются на следующие виды:

- работы, не требующие квалификации

- работы, требующие квалификации

- работы, требующие профессиональной подготовки

Существует большое количество работ, которые может выполнять практически любой человек после краткого объяснения или наглядной демонстрации. Такие работы существуют в большом количестве во всех областях экономики, например уборка помещений, мытьё посуды, сборка несложных изделий, разноска газет, погрузо-разгрузочные работы, сбор овощей и фруктов, работы в пищевой промышленности, уборка снега или стрижка газонов и тому подобное. Большинство людей выполняют такие работы на начальном этапе своей трудовой деятельности, в процессе получения образования или во время поисков чего-то лучшего. Некоторые устраиваются временно на такие работы помимо своего основного занятия, при необходимости дополнительного дохода, работая по вечерам или в выходные дни. Подавляющее большинство иммигрантов, даже имеющих хорошее образование, начинают с такого типа работ.

Работы, требующие квалификации, согласно названию, подразумевают определённый уровень знаний и навыков, необходимый для их выполнения. В некоторых случаях эти качества могут быть приобретены в процессе работы на вспомогательных позициях, не требующих квалификации, как, например, строительные профессии. В других случаях требуется пройти соответствующее обучение или специальную подготовку, как, например, операторы различного

as training for them, is impossible without certain command of the English language. Employees must not only be able to communicate with others but also know appropriate terminology and often professional slang.

Jobs that require professional training include management and accounting, teaching and engineering, medicine and dentistry, law and science. Some spheres of activity are strictly regulated, and in order to work in them, one must not only complete professional training but also pass a special exam and receive an official document -- a license or certificate that establishes one's right to practice a certain profession. Professionals that are subject to these requirement include doctors and lawyers, nurses and electricians, certain engineering and financial professionals, commercial pilots and pharmacists, and many others. The fact that a person performed a similar job in another country does not exempt him or her from having to pass the necessary exams in the US. Besides, requirements can vary from state to state, and often moving to another state means taking the exams again.

7.3. Wages and salary

As we have already mentioned, temporary employees receive only agreed-upon hourly pay for actual time worked. Compensation for permanent employees consists of two parts: salary or wages and a set of benefits provided directly by the employer or another organization on its behalf.

The most common forms of payment are:

- Hourly

- Salary

- Base pay plus commission

- Per item

Hourly pay is the most common form of payment, for both unskilled and skilled jobs. There is a special term for the amount of money paid for a specific time interval -- *wage*. As a rule, the hourly rate is agreed upon at the time of employment. However, there is the legally established minimum hourly wage, and the employer cannot pay less than that minimum. Currently, the federally established minimum is $5.15 per hour. It is necessary to mention that federally established minimum wage applies to employees of federal, state or local

оборудования, водители грузовых автомобилей, сборщики сложных изделий и так далее. Совершенно очевидно, что выполнение таких работ, также как и обучение им невозможно без определённого уровня знания английского языка. Необходимо не только уметь общаться с окружающими, но и знать соответствующую терминологию, а зачастую и профессиональный жаргон.

К работам, требующим профессиональной подготовки относятся, например, управление и бухгалтерский учёт, преподавание и инженерная деятельность, медицина и стоматология, юриспруденция и наука. Некоторые области деятельности строго регламентируются, и чтобы работать в них, необходимо не только пройти профессиональную подготовку, но и выдержать специальный экзамен и получить официальный документ – лицензию или сертификат на право заниматься такими видами работ. К таким профессиям относятся врачи и адвокаты, медицинские сёстры различных уровней и электрики, некоторые области инженерной и финансовой деятельности, лётчики и фармацевты и многие другие. При этом факт, что человек выполнял подобную работу в другой стране, не освобождает от необходимости прохождения тестов или сдачи экзаменов в США. Мало того, требования могут варьироваться от штата к штату, и нередко при переезде в другой штат необходимо сдавать экзамен заново.

7.3. Оплата труда

Как мы уже говорили, временные работники *(temporary employees)* получают только оговоренную почасовую оплату за реально отработанное время. Оплата постоянных работников *(permanent employees)* складывается из двух частей: собственно заработная плата и набор дополнительных льгот и страховок, предоставляемых непосредственно работодателем или другими организациями через его посредство.

Наиболее распространёнными формами оплаты являются:

- повремённая;

- оклад;

- базовая оплата + комиссионные;

- сдельная.

Повремённая система оплаты применяется наиболее широко как при оплате работ, не требующих квалификации, так и работ, выполняемых квалифицированным персоналом. Существует специальное слово для названия суммы, выплачиваемой за определённый отрезок времени – *wage* (вэйдж). Как правило, оговаривается почасовая ставка. Существует законодательно установленный минимум почасовой оплаты, ниже которого работодатель не имеет права платить. В настоящее время, федерально установленный минимум составляет $5.15 в час. Следует отметить, что федерально установленный

government agencies, enterprises that do at least $500,000 in business a year and employees of smaller firms if the employees are engaged in interstate commerce. Some states may have a higher minimum, but they cannot have a lower one for these categories of workers. Employees in trades that involve tips, for example, restaurant waiters, may have hourly wage below the minimum. In these cases, tips make up most of their income.

The regular workweek is 40 hours. If employees work more than 40 hours for any reason, in most cases overtime is compensated at one-and-a-half rate, meaning that if a person normally earns $10.00 per hour, he or she will receive $15.00 for each hour of overtime. If instead of hourly wage, the labor contract stipulates weekly or monthly pay as well as the amount of work to be done, overtime payment may not apply regardless of the number of hours worked.

The salary system, as a rule, is used for jobs that require professional training. In most cases, salaries are established for the period of one year and reconsidered after that time during an employee's annual review. A salary change after less than a year is possible only if a person changes positions or his or her duties change significantly. Annual salary is expressed in thousands of dollars. Salaried employees are not compensated for overtime work. They have to work as much as necessary to achieve results that are expected of them.

Employees involved in sales are very frequently paid a low base salary plus bonuses based on performance (a percentage of all sales made by a given person) to increase motivation. Salespeople in expensive stores, as well as car salespeople, frequently work on such terms. This is why they are so inclined to annoy (be attentive to) everyone in their field of vision. Base salary can be paid weekly, whereas commission is paid monthly or quarterly.

Per item payment is sometimes used in line production. A worker is guaranteed fixed weekly pay for manufacturing a certain number of products and extra pay for each product over this number.

минимум оплаты относится только к работникам федеральных, штатных или местных правительственных агенств, предприятий с годовым оборотом в $500,000 и выше, а таже к работникам меньших фирм, вовлечённых в коммерческую деятельность между штатами. Отдельные штаты могут иметь более высокий минимум, но не могут иметь меньший для данных категорий работников. Работники некоторых профессий, связанных с получением "чаевых", например, официанты в ресторанах, могут иметь минимальную почасовую оплату ниже этого уровня. В действительности "чаевые" составляют в этом случае большую часть заработной платы.

Нормальная рабочая неделя продолжается 40 часов. Если рабочие, по каким-то причинам работают больше чем 40 часов, то в большинстве случаев, сверхурочные часы оплачиваются в полуторном размере, то есть, если человек получает за нормально отработанные часы по $10.00 в час, то за сверхурочные часы он получит из расчёта $15.0 в час. Если вместо почасовой условиями трудового контракта была оговорена недельная или месячная плата с указанием объёма работ, то сверхурочной оплаты может и не быть независимо от количества отработанных часов.

Система окладов, как правило, применяется для оплаты работ, требующих профессиональной подготовки. Оклады в большинстве случаев устанавливаются сроком на один год и пересматриваются по его окончании на основе результатов аттестации *(Annual review)*. Пересмотр оклада в течение года возможен только в том случае, если меняется должность или существенно изменяется круг обязанностей. Годовой оклад называется *salary* и выражается в тысячах долларов. Работники, находящиеся на окладах, не получают ничего за сверхурочную работу. Они вынуждены работать столько, сколько необходимо, для получения результатов, которые от них ожидают.

Для оплаты работников торговли и отделов сбыта предприятий, зачастую применяется форма оплаты, повышающая заинтересованность персонала в увеличении количества продаж, когда их доход складывается из небольшой постоянной составляющей и процентов с суммы продаж, произведённых данным человеком. На таких условиях часто работают продавцы в дорогих магазинах, не говоря уже о продавцах машин. Именно поэтому, они столь назойливы (внимательны) ко всем попадающим в их поле зрения. Базовая зарплата может выплачиваться еженедельно, тогда как комиссионные – по итогам месяца.

Сдельная оплата иногда применяется в поточном производстве. При этом работнику гарантируется фиксированный недельный заработок за изготовление определённого количества изделий и доплата за каждое изделие сверх этого количества.

7.4. Benefits

Besides money, employers compensate their workers with many different benefits. The benefit package largely depends on the financial situation of the company, traditions established by its founders, and the situation on the labor market (the lower the unemployment rate, the harder it is to keep employees). The range of benefits that are offered by different employers is so wide that it is impossible to list all of them here. Companies that have Human Resources managers on staff usually have official Employee Handbooks which describe in detail the set of benefits the company offers its workers. We will consider only the most common ones:

- Unemployment tax
- Paid holidays
- Paid vacation
- Sick days
- Personal time
- Bonuses
- Profit sharing
- Stock options
- Medical insurance
- Dental insurance
- Life insurance
- Disability insurance
- Retirement plans
- Education cost reimbursement

Let us consider the benefits listed above in some detail.

Unemployment tax. Every employer is required to pay each permanent employee's share of social security tax that we will discuss in the appropriate chapter, as well as the tax that is intended to provide unemployment assistance for people who have lost their jobs while they are looking for new ones. This benefit is established by law, and in this respect, there is no difference between companies.

Paid holidays. There is a number of national holidays (some of them are established at the state level) when all government employees receive a paid

7.4. Льготы и страховки (бенефиты)

Помимо оплаты, предприятия предоставляют своим работникам большое количество самых разнообразных льгот и страховок. Их набор в огромной степени зависит от финансового положения компании, традиций заложенных их основателями, а также состоянием рынка труда (чем меньше уровень безработицы, тем труднее удержать работников). Диапазон предоставляемых льгот настолько широк, что нет возможности перечислить все. Компании, имеющие в своём штате ответственных за кадры, как правило, имеют отпечатанные правила внутреннего распорядка *(Employee Handbook)*, в которых подробно описывается тот набор льгот и страховок, который компания обеспечивает своим работникам. Мы рассмотрим только те, которые наиболее широко распространены:

- оплата налога на выплаты по безработице - *unemployment tax;*
- оплачиваемые праздничные дни – *paid holydays;*
- оплачиваемый отпуск - *paid vacation;*
- оплачиваемые больничные дни – *sick days;*
- личное время – *personal time;*
- премии – *bonuses;*
- участие в прибылях – *profit sharing;*
- опцион на покупку акций – *stock option;*
- медицинская страховка – *medical insurance;*
- стоматологическая страховка – *dental insurance;*
- страхование жизни – *life insurance;*
- страхование на случай потери трудоспособности – *disability insurance;*
- пенсионные планы – *pension plans;*
- оплата образования – *education cost reimbursement.*

Теперь рассмотрим вышеуказанные льготы несколько подробнее.

Unemployment tax. Каждый работодатель обязан платить за постоянного работника свою долю налогов социального обеспечения, о которых будет рассказано в соответствующей главе, а также налога, который предназначен для выплаты пособий людям, потерявшим работу, на период поиска новой. Это установлено законом и в этом отношении разницы между предприятиями нет.

Paid holydays. Существует довольно большое количество общегосударственных праздников (некоторые из них установлены на уровне

day off. Many holidays in the US are attached not to a certain date, but to the day of the week, and their number does not vary from year to year. If a   holiday that has a set date (for example, July 4 -- Independence Day) falls on a weekend, Monday automatically becomes a holiday.

In the private sector, everything depends on the size and the financial situation of the company. On one end of the spectrum are companies that give paid time off only on Thanksgiving and Christmas, and on the other - companies that cover 10-12 holidays a year plus Christmas week (the time between Christmas and New Year's Day). Sometimes there are so-called floating holidays, when the company specifies what holidays during the year are shared by all workers (meaning that the company will be closed on those days) and gives one or several days that can be taken off on any of the national holidays that were not included as company- wide days off.

Paid vacation. The amount of paid vacation time also varies. In most cases, it is small compared to annual vacations customary in many European countries. Two weeks is typical, but at many companies the amount of vacation time depends on how long an employee has worked there. The number of vacation days employees are allowed to accumulate may be limited. For example, as of January 1 you cannot have more unused vacation days than the one-year company limit. You need to use them, or they will be forfeited. Most people take off no more than one or two weeks at a time but do this immediately before or after holidays, thus creating a fairly long period of time off.

Sick days. Most short-term disability insurance plans kick in after a certain period of time (for example, 5 days of illness). Many companies have so-called sick days. Their number per year is limited. If you are sick, you can call and ask to use a sick day if you have not reached the limit yet. You are not required to present any proof of illness or even visit a doctor. Abusing sick days usually has a negative effect on your chances of being promoted. If your sick days are used up and you are not feeling well, you can use vacation days or take time off without pay.

Personal time. Some companies allocate a certain number of hours per year (for example, 16 hours) as so-called personal time that can be used in small increments (rounded up to the nearest 30-60 minutes) for various personal needs such as waiting for a repair person, doctor appointments, or meeting with your children's teacher. This time is recorded when you fill out your weekly Time Card.

Bonuses. Many employers pay bonuses one or two times a year if business is good. Christmas bonuses are the most common. The amount can vary

штатов), когда все государственные служащие отдыхают с сохранением оплаты. Многие праздники в США приурочены не к определённому числу, а ко дню недели, поэтому их количество не меняется из года в год. Если праздничный день, приуроченный к определённому числу (например, 4 июля – День Независимости), выпадает на выходной день, то понедельник автоматически становится нерабочим.

Что касается частного сектора, то всё зависит от величины и финансового положения компании. На одном полюсе находятся компании, дающие отдых только в День Благодарения и Рождество, а на другом - предприятия, оплачивающие помимо 10-12 праздничных дней в течение года ещё и Рождественскую неделю (время от Рождества до Нового Года). Иногда практикуются так называемые плавающие праздники *(floating holidays),* когда компания указывает, какие праздники из общего списка являются общими для всех работников, то есть компания будет закрыта в эти дни, и даётся ещё один или несколько дней, которые можно взять в один из общегосударственных праздников, не вошедших в число обязательных.

Paid vacation. Длительность оплачиваемого отпуска – также величина переменная. В большинстве случаев он небольшой по сравнению с отпусками, предоставляемыми во многих европейских странах. Две недели – довольно распространённая цифра, но на многих предприятиях время оплачиваемого отпуска увеличивается с увеличением стажа работы. Количество накопленных отпускных дней может ограничиваться. К примеру, вы не можете на 1 января иметь неиспользованных дней отпуска больше, чем положено за один год. Либо вы их используете, либо они пропадают. Большинство людей берут за один раз не более одной двух недель, но присоединяют их к праздникам, получая тем самым достаточно продолжительный период времени.

Sick days. Большинство страховок по потере трудоспособности вступают в силу не с первого дня болезни, а после определённого срока (например, 5 дней). На многих предприятиях введены так называемые больничные дни. Их количество в течение года ограничено. Если вы нездоровы, то вы можете позвонить и попросить оформить больничный день, если ваш лимит ещё не исчерпан. При этом не требуется предоставлять никаких оправдательных документов, как необязательно и посещение врача. Злоупотребление больничными днями, как правило, плохо сказывается на продвижении по службе. Если ваши больничные дни исчерпаны, а вы плохо себя чувствуете, то вы можете использовать свои отпускные дни или взять время без оплаты.

Personal time. Некоторые предприятия выделяют определённое количество часов в год (предположим, 16 часов) на так называемое личное время, которое может быть использовано малыми порциями (округлёнными до 30-60 минут) на различные личные нужды, как то: ожидание техника по ремонту телефона, визит к врачу или посещение школы по вызову учителя ваших детей. Это время учитывается при заполнении еженедельного табеля *(Time Card).*

Bonus. Многие работодатели при успешно идущих делах выплачивают премии один или два раза в год. Наиболее распространённой является выплата,

from less than a hundred dollars to a week's or a month's pay. Many companies also have Christmas parties for the employees and their families, renting a banquet hall in a club or restaurant for this purpose.

Profit sharing. To increase employee investment in increasing the company's profits, some companies put a portion of the profit into a special fund which is distributed among employees according to predetermined criteria after the end of year financial balance is completed (in February or March). A part of the fund may be distributed before Christmas. Middle managers who have a significant impact on profits may have personal bonus plans that are directly related to the increase in output, revenue, or profit.

Stock options. Companies whose stocks are or soon will be publicly traded may offer their employees so-called stock options or the option to purchase company shares as incentive. This is a right to purchase a certain number of shares at a fixed price that is equal to or slightly lower than the market price at the time the option is offered. An employee can buy the shares no earlier than, say, two years after the stock options are granted, but no later than ten years after. If the company is doing well and the price of its shares is growing, an employee can receive a significant amount of money, having bought the shares at the low price stipulated earlier and having sold them at the current high rate. The company gains from the employees' commitment to doing everything in their power to improve the company's financial situation because options turn into real money only if the share price grows. Employees agree to work long hours for little money in hopes of becoming wealthy in the future. This kind of incentive is especially popular in start-ups or rapidly growing companies in high-tech industries. Many Microsoft employees became millionaires this way.

Medical insurance. Medical care is very expensive, and few people are able to pay for a major surgery that can cost $50,000--$60,000 or more. Therefore, in most cases, these charges are covered by a network of medical insurance plans, when everyone pays a certain amount regardless of whether he or she is sick. Medical insurance covers expenses associated with treating illnesses and injuries, as well as routine physical exams. Even divided among the entire population covered by insurance, premium payments are fairly high, which is why employers pick up part of the expense. Moreover, a larger group of people can be insured on more favorable terms. Therefore, the larger the company, the less expensive the insurance or the better its terms. Companies with only a few employees usually do not offer insurance or it covers a limited set of expenses. Issues related to different kinds of insurance will be considered in detail in a separate chapter.

приуроченная к Рождественским праздникам. Величина её может быть от нескольких десятков долларов до недельной или месячной зарплаты. Многие компании также проводят Рождественские вечеринки для своих сотрудников и их семей, арендуя для этой цели помещение в клубе или ресторане.

Profit sharing. Для повышения заинтересованности сотрудников в росте прибыли, некоторые предприятия отчисляют долю прибыли в специальный фонд, который распределяется среди работников по определённым критериям после подведения окончательных итогов года (в феврале-марте). При этом некоторая часть фонда может быть выдана к Рождеству. Руководители среднего звена, от которых существенно зависят результаты деятельности предприятия, могут иметь персональные, заранее оговоренные премиальные, напрямую привязанные к увеличению производства, сбыта и чистой прибыли.

Stock options. Предприятия, являющиеся акционерными обществами или собирающиеся ими стать, в качестве поощрения работников выдают так называемые опционы на покупку своих акций. Это право на приобретение определённого количества акций данного предприятия по фиксированной цене равной или немного ниже текущего курса (на момент выдачи опциона). Этим правом можно воспользоваться не раньше, предположим, чем через два года, но не позже, чем через десять. Если дела у предприятия идут хорошо и их акции растут в цене, то работник может получить значительную сумму, купив их по низкой цене, оговоренной на момент выдачи опциона, и продав по высокой, существующей на момент реальной покупки акций. Предприятие выигрывает на стремлении работников сделать всё от них зависящее для улучшения финансового положения компании, потому что опцион превращается в реальные деньги только в том случае, если акции вырастают в цене. Работники готовы работать, не считаясь со временем, за невысокую зарплату в надежде на компенсацию в будущем. Особенно такой вид стимулирования распространён в начинающих или быстро растущих компаниях, работающих в области высоких технологий. Большое число работников компании Микрософт стали миллионерами именно таким путём.

Medical insurance. Медицинские услуги очень дороги и мало кто способен оплатить серьёзную операцию, стоимость которой может составлять $50,000 – 60,000 и более, поэтому, в большинстве случаев, эти расходы покрываются с помощью системы медицинских страховок, когда каждый платит определённую сумму независимо от того, болен он или нет. Медицинская страховка покрывает затраты, связанные с лечением заболеваний, травмами или профилактическими осмотрами. Даже разбросанные на всё население, охваченное страховками, платежи достаточно высоки, поэтому работодатели берут на себя часть затрат. Кроме того, чем больше группа людей, тем на более выгодных условиях они могут получить страховку. Поэтому, чем больше предприятие, тем дешевле обходится страховка или её условия лучше при одинаковой цене. Компании, насчитывающие несколько человек, как правило, не имеют страховки или она покрывает ограниченный круг затрат. Подробно вопросы, связанные с различными видами страхования, будут рассмотрены в специальной главе.

Dental insurance. Dental and orthodontic procedures usually are not covered by medical insurance. For these purposes, there are special insurance plans that also cover preventive dental checkups and cleanings.

Life insurance. Many companies offer their employees some kind of life insurance, which provides the family with a certain amount of money in case of the breadwinner's death.

Disability insurance. As we already mentioned, medical insurance covers medical costs, but it does not compensate for the loss of wages during illness. For this purpose, there is disability insurance, which provides money to cover the necessary living expenses while a person is unable to work. There are two types of disability insurance -- short-term and long-term. The first covers periods of time ranging from 5 days to about 2-3 months, and the second -- longer periods.

Retirement plans. Various retirement plans allow employees to save a part of their salaries in a special account on favorable terms, and employers add a certain amount to the account. This money can be used without any restrictions only when one reaches retirement age. This will be considered in more detail in the chapter on social security.

Education cost reimbursement. Companies are interested in having well-trained staff; therefore, many companies pay for their employees to take various courses and send them to seminars, conferences, and trade shows. Some companies also reimburse employees for the full or partial cost of obtaining a higher education if this education is directly related to the employee's job. To be reimbursed, the employee must maintain satisfactory grades.

As you can see, there is a wide range of possible benefits. Any particular company may not offer all of them simultaneously, but there are companies where this list is even longer. These benefits are so important to some people that they do not want to trade their job for a higher-paid one only because they will lose these benefits. This is especially true of those with seriously ill family members. Often, in families with two working spouses, one person works at a company that offers good benefits despite a small salary, whereas the other looks for a position that offers maximum income regardless of benefits.

Dental insurance. Расходы на лечение и протезирование зубов медицинской страховкой не покрываются. Для этих целей существует специальная страховка, покрывающая также профилактические осмотры и чистки зубов.

Life insurance. Многие предприятия обеспечивают своих работников тем или иным видом страхования жизни, что обеспечивает семье какую-то сумму в случае потери кормильца.

Disability insurance. Как мы уже говорили, медицинская страховка оплачивает расходы на лечение, но она не компенсирует потерю заработной платы на время болезни. Для этого существуют страховки на случай потери трудоспособности, которые обеспечивают, в определённых пределах, средства на жизнь в то время, когда человек не может работать. Они бывают двух типов – кратковременные *(shor-term disability insurance)* и долговременные *(long-term disability insurance)*. Первая покрывает период от 5 дней до 2-3 месяцев, а вторая – более продолжительный период.

Pension plans. Различные пенсионные планы позволяют работнику на льготных условиях откладывать часть зарплаты на специальные счета причём, предприятия добавляют свою долю в определённой пропорции. Пользоваться этими деньгами можно без всяких ограничений только после достижения пенсионного возраста. Более подробно это будет рассмотрено в главе, посвящённой социальному обеспечению.

Education cost reimbursement. Предприятие заинтересованно в том, чтобы иметь квалифицированную рабочую силу, поэтому многие компании оплачивают различные курсы повышения квалификации для своих работников, а также посылают их на семинары, конференции и отраслевые выставки. Некоторые компании также оплачивают своим работникам расходы на получение высшего образования полностью или в какой-то доле, если это образование непосредственно связано с кругом обязанностей работника. При этом необходимо иметь оценки не ниже удовлетворительных.

Как видно из вышеперечисленного, набор льгот и страховок достаточно широк. Не все они могут быть представлены одновременно в той или иной компании, но существуют предприятия, где этот список ещё шире. Значимость этих льгот иногда такова, что люди не хотят менять работу на более высокооплачиваемую только потому, что они потеряют эти льготы. Особенно это касается тех, кто имеет серьезно больных членов семьи. Не редка ситуация в семьях с двумя работающими, когда один супруг работает в компании, обеспечивающей хорошие льготы и страховки при небольшой зарплате, тогда как второй, не связанный необходимостью иметь хорошие бенефиты, ищет место с максимальным денежным доходом.

7.5. Job search

When you arrive in the US and receive a social security number, you acquire a legal right to compete for jobs on the labor market, but you do not know what to look for, where to look for it, and when to begin. Let's start with this last question: When should you begin your job search?

Legal immigrants, when they first arrive in the country, have sponsors -- various organizations and individuals who help them to get started. Besides, legal immigrants qualify for different federal and state programs that provide assistance to people with a low income or without one. All this allows one not to work for some time (except those who arrived as Parolees or won a green card in a lottery), which provides an opportunity to get used to local customs and start studying English.

At this point, many people with advanced degrees begin to understand that it is difficult or even impossible to return to a social status or profession that they had in their native country. Because the progress in learning the language is very slow at first, there is a temptation to put off looking for a job for as long as possible and to use the time for taking various language and other courses. Some manage to live without a job for several years, and when they finally begin their search, they are disappointed when despite what they feel are promising interviews, they do not receive any job offers even if they are overqualified for a position.

As someone who is involved in the hiring process in my company, I have interviewed many potential candidates for vacant positions. I can say with confidence that a long gap in employment history is one of the biggest reasons for eliminating someone from consideration, whether it be an immigrant or a person who was born and raised in the US. This is also true according to those involved in human resources consulting and recruiting.

My personal experience, as well as that of others, shows that those who start earlier come out ahead in the end and find positions they deserve, regardless of what type of job they started with. In my opinion, for people with professional education, the fastest way to reach their goal is getting any entry-level position in their former industry or the one they would like to end up in. As we already mentioned, the situation on the labor market changes frequently, and it is much easier to be promoted inside a company than it is to be hired from the outside.

If finding a job with prospects right away is not possible, any job, even if it is not in any way related to your profession, will look better on your resume than nothing. If a future lawyer or doctor can work as a waiter at a restaurant, then why can't you, who came to this country not knowing the language and

7.5. Поиски работы

Прибыв в США и получив номер социального обеспечения, вы становитесь полноправным соискателем работы, но вы не знаете что искать, где искать и когда лучше всего начинать. Начнём с последнего: Когда начинать?

Легальные иммигранты, приехав в страну, имеют в качестве спонсоров общественные организации и частных лиц, которые помогают им на первых порах. Кроме того, легальные иммигранты имеют право на разного рода государственную помощь в виде программ, направленных на обеспечение минимально приемлемых условий жизни людям с низким доходом или без такового. Всё это позволяет существовать какое-то время, не работая (за исключением приехавших по паролю или выигравших Гринкарту в лотерею), осваиваясь с местными порядками и изучая, по мере возможности, английский язык.

Многие люди, имеющие специальное образование, только здесь начинают понимать, как трудно или даже невозможно вернуть себе то положение в обществе или профессию, которые они имели в своей стране. Поскольку прогресс в освоении языка в начальный период очень медленный, то возникает соблазн оттягивать поиски работы, как только возможно, беря различные языковые и специальные курсы. Некоторые умудряются прожить так несколько лет и только после этого начинают реальные поиски, с разочарованием обнаруживая, что несмотря на прекрасно, по их мнению, проходящие интервью, они не получают желанного места, даже если оно ниже их квалификации.

Будучи вовлечённым в процесс найма новых работников в своей компании, мне неоднократно приходилось интервьюировать потенциальных кандидатов на вакантные должности. Я могу с уверенностью сказать, что большой разрыв в трудовой биографии - одна из самых существенных причин исключения кандидата из списка реальных претендентов, среди которых происходит окончательный выбор, будь то иммигрант или человек, родившийся и выросший в США. Это также подтверждается в высказываниях профессионалов, занимающихся консультационной и посреднической деятельностью в области найма.

Мой личный опыт, как и опыт других, показывает, что тот, кто начинает раньше, в конечном счете выигрывает и занимает то место, которое он заслуживает, независимо от того, с какого типа работы он начал. На мой взгляд, для людей, имеющих специальное образование, самым быстрым путём к цели является устройство на любую начинающую позицию в компанию, деятельность которой лежит в сфере вашей бывшей профессии или той, которой вы хотите заниматься. Как уже упоминалось раньше, ситуация в области трудовых ресурсов меняется довольно часто, и гораздо проще продвинуться вверх внутри компании, чем попасть в неё со стороны.

Если невозможно сразу найти работу с перспективой, то любая работа, даже если она никак не связана с вашей профессией, в вашем резюме будет выглядеть лучше, чем ничего. Если будущий адвокат или врач может работать

without any American work experience? If you have not worked anywhere for a long time, there is a reasonable doubt about your willingness to work.

Another factor you will need to consider is the current condition of the economy as a whole. If it is currently in a recession, the unemployment rate is high, and competition for each position is more intense, it may make sense to concentrate on education for some time in order to improve your chances of getting a job. If, however, the economy is on the rise, the earlier you start your search, the better, for two reasons. First, during such periods it is much easier to be promoted because the demand for workers increases and many people change jobs to look for something better. Second, sooner or later there will be a recession, if not in the economy as a whole, then in your company, and you need to prove yourself and secure your position before it starts; otherwise, whoever came last will leave first, meaning that employees with the least seniority at the company will be let go before others.

When demand for labor is high, starting salaries rise, and some students drop out of colleges and universities and go to work if they are offered a good position. They continue their studies part-time or postpone completing their degrees.

Now let's talk about what to look for. Do not expect that your first job will be what you have dreamed about. Most importantly, your first job should give you at least partial independence, providing you with income and experience, and if you do your job well, positive references for the future.

Ideally, it is desirable to find work at a company where there are several positions that you would like to occupy in the future. To determine what those positions may be, you should examine your professional experience, skills, and preferences. You may be an expert in something, in which case the choice will be easy for you. You may have hated your job and dreamed of doing something else your entire life. You may have a hobby that can turn into a job and support you better than a profession that was important in your country but is completely useless here.

To start, you can use the list of occupations in the appendix of this book. There you can find the total number of people in the country who are working in a given occupation, their hourly wages, and their annual income. You will notice that some occupations on the list are unfamiliar to you, and you will need a dictionary or someone's explanation to understand what they are. You will also notice that the relative importance of some occupations, that is, the number of people involved in them and their income, is very different from what you are used to. For more details on various occupations, requirements

официантом в ресторане, то почему не можете вы, приехавшие в страну без знания языка и не имеющие никакого американского опыта? Если вы долго нигде не работали, возникает обоснованное сомнение в вашем трудолюбии.

Ещё одним фактором, который необходимо принимать во внимание, является текущее состояние экономики в целом. Если в этот момент она находится в рецессии, уровень безработицы высок и конкуренция за каждое место обостряется, то может быть имеет смысл сосредоточиться на какое-то время на образовании, чтобы повысить свою конкурентоспособность. Если же экономика находится на подъёме, то чем раньше вы начнёте поиск, тем лучше по двум причинам: первое – в такое время гораздо легче продвинуться, поскольку спрос на рабочую силу увеличивается, и многие меняют место работы в поисках лучших условий; второе – рано или поздно будет спад, если не в экономике в целом, то в вашей компании, и вам к этому времени необходимо проявить себя и закрепиться, иначе кто пришёл последним - уходит первым.

При высоком спросе на рабочую силу, работник, а не работодатель может ставить условия, стартовая зарплата для молодых специалистов повышается, поэтому в такие периоды довольно многие студенты старших курсов колледжей и университетов идут работать, если подворачивается хорошее предложение, продолжая учёбу по вечерам или откладывая получение диплома на более позднее время.

Теперь поговорим о том, что искать. Не ожидайте, что ваша первая работа будет тем, о чём вы мечтали. Первая работа должна, прежде всего, избавить от зависимости хотя бы частично, давая вам средства к существованию, а также некоторый опыт и, если вы хорошо работаете, положительный отзыв в будущем.

В идеальном варианте, желательно устроиться в компанию, в которой в достаточном количестве представлена та профессия, по которой вы хотели бы работать в будущем. Чтобы определить это, вы должны провести инвентаризацию своих знаний, а также практических навыков и склонностей. Возможно, вы хороший специалист в какой-то сфере и выбор для вас не составляет труда. Возможно, вы ненавидели свою прошлую работу и всю жизнь мечтали делать что-то другое. Возможно, вы имеете хобби, которое может стать основной работой и прокормить вас лучше, чем та профессия, которая была значимой в вашей стране и совершенно бесполезна здесь.

Для начала, вы можете воспользоваться списком профессий представленных в приложении. В этой таблице приводится общее количество работников данной специальности по стране, их почасовая и годовая заработная плата. Вы заметите, что часть приведённых в списке профессий совершенно вам незнакома и потребуется толковый словарь или чьи-то объяснения, чтобы понять, что они означают. Вы также заметите, что значимость некоторых профессий, то есть количество занятых в ней людей и их доход, существенно отличается от того, к чему вы привыкли. Для более подробного знакомства со списком профессий, требованиям к ним, заработной платой и перспективами тех из них, которые вас интересуют, вы можете воспользоваться справочником, издаваемым

for practicing them, and salaries, you can consult the directory issued by the Bureau of Labor Statistics called the Occupational Outlook Handbook, which you can find in a public library or on the Internet at *http: // stats.bls.gov.*

The next step is locating potential employers in your area. You can also do this in a public library by looking through the so-called "yellow pages" in the telephone book or the directories issued by your state's Chamber of Commerce (either Business Directory or Manufacturers Directory). In these directories you can find brief data on local companies, including number of employees, annual sales, addresses, and phone numbers. You can make a list of potential employers to refer to in the future.

Strategies mentioned above will give you some understanding of what you want and what is possible. The next step is finding out what companies are currently hiring. There are many ways to approach a job search, and each of them yields results only in some cases. Therefore, you need to use as many job search strategies as possible at the same time. The most common approaches to looking for a job are listed below:

- Through friends, relatives, and acquaintances;

- By approaching an employer directly;

- Through Help Wanted advertisements
  - In local and central newspapers;
  - In trade magazines;
  - On the Internet;

- Through government employment agencies;

- Through private employment agencies;

- By passing a test for a government position;

- Through various professional organizations.

Statistics show that the first three approaches account for more than three quarters of successful job searches. We will consider them in more detail.

Experts recommend involving as many people as possible in your job search. You should clearly state what kind of job you are looking for and what you can do, and ask people to tell you about every opportunity that they think might interest you. Immigrants who have recently arrived in the country usually rely on their compatriots who have already been living here for some time, which is natural, but you must not forget about the Americans you have met, even if there are only a few of them. They can be people from the charitable organization or church that sponsored you, English language teachers, and so on.

If you have a list of potential employers, the most effective way to find a job at one of these companies is a recommendation by one of their employees.

статистическим бюро министерства труда США *(Bureau of Labor Statistic)* под названием "Обзор профессий" *(Occupational Outlook Handbook),* который вы можете найти в публичной библиотеке или на Интернете по адресу *http://stats.bls.gov.*

Следующим шагом является поиск потенциальных работодателей, расположенных в пределах досягаемости от вашего места жительства. Вы также можете найти эту информацию в библиотеке, просмотрев так называемые "жёлтые страницы" телефонной книги и справочники, издаваемые торговой палатой вашего штата под названием *Business Directory* или *Manufacturers Directory.* В таких справочниках приводятся краткие сведения о компаниях, численность персонала, годовой объём продаж, адреса и телефоны. Вы можете составить себе список потенциальных работодателей на будущее.

Всё вышесказанное даст вам некоторое представление о том, чего вы хотите и что возможно в принципе. Следующим шагом является выяснение того, где именно требуются в данный момент работники. Существует много способов поиска работы, каждый из которых даёт результаты только в определённых случаях, поэтому необходимо использовать как можно большее число способов одновременно. Ниже перечислены наиболее распространённые из них:

- по рекомендации друзей, родственников и знакомых;

- обратившись непосредственно к предпринимателю;

- по объявлениям
  - в местных и центральных газетах;
  - в профессиональных журналах;
  - на Интернете;

- через государственные бюро по трудоустройству;

- через частные бюро по трудоустройству;

- сдав экзамен на получение государственной службы;

- через профессиональные объединения.

Согласно статистике, три первых способа обеспечивают более чем три четверти успешных результатов в нахождении работы. Рассмотрим их подробнее.

Специалисты рекомендуют вовлекать в поиски работы как можно большее количество знакомых вам людей. Вы должны ясно изложить, какую именно работу вы ищите, и что вы собой представляете, попросив сообщить вам обо всех возможных вариантах, которые могли бы вас заинтересовать. Эмигранты, недавно приехавшие в страну, чаще всего полагаются на соотечественников, проживших здесь уже какое-то время, и это естественно, но не стоит забывать и о тех может быть даже немногих американцах, с которыми вы познакомились. Это могут быть люди из благотворительной организации или церкви, встретившей вас, преподаватели курсов английского языка и так далее.

Если вы имеете список потенциальных работодателей, то наиболее

Show the list to people you know and ask them whether they know anyone with a connection to any of these companies. If you are known as a serious and reliable person, people will be happy to recommend you as a potential employee.

As I already mentioned, I was invited to an interview at the company where I currently work many months after I sent my resume there. However, that does not mean that someone kept this resume and eventually, when there was a vacancy, called me. What happened was something entirely different.

My caseworker from the Refugee Resettlement Services met the president of this company at one of the local trade shows and, remembering that I wanted to work there, mentioned my education and work experience, as well as the fact that I had sent a resume in response to a newspaper ad about a vacancy. The president promised to look at my resume, and that was all. Some time later, when I was already promoted to technician at my previous job, chance has brought them together a second time, and again she mentioned my name. As a result, two days later I had an interview that resulted in a job offer.

Although it may seem strange, many vacancies are actually not advertised, especially at a level where professional education is required. This happens for different reasons: sometimes because previous newspaper advertisements did not yield results, sometimes because the company lacks the human resources or time necessary for screening many applicants. In these cases, companies turn to employment services or so-called "Head Hunters" that specialize in certain occupations and have their own lists of potential candidates.

As was already mentioned, services of such intermediaries are very expensive (up to 30% of the new employee's annual salary); therefore, if you can contact the person who makes the final decision directly, you have a chance to be heard. The majority of companies now list vacancies on their Internet sites, even after they stop advertising in the newspaper or instead of it.

If you learn about an available position, try to find out who this important person is. You can do this over the phone or by visiting the company in person and asking a receptionist or administrative assistant. Write down the correct full name of the person you need to talk to and his or her phone number, prepare a cover letter addressed to him or her, and mail it together with your resume. You can call a few days later, introduce yourself, mention that you sent your resume, inquire whether or not he or she received it, and ask for an interview.

I've often heard about people who mail hundreds of copies of their resume (the same one for all occasions) to virtually every company whose

действенным способом попасть на одно из этих предприятий является рекомендация одного из работников этого предприятия. Покажите список вашим знакомым и попросите подумать, знают ли они кого бы то ни было, связанного с этими компаниями. Если вас знают как серьёзного и надёжного человека, вас с удовольствием порекомендуют.

Как я уже упоминал, я был приглашён на интервью в компанию, где я работаю в настоящее время, через много месяцев после того, как послал туда резюме. Однако это не значит, что кто-то хранил это резюме и в конце концов, когда возникла необходимость, вызвал меня. Всё было совсем по-другому.

Мой куратор из службы беженцев встретила президента этой компании на одной из местных промышленных выставок и, вспомнив, что я хочу туда устроиться, заговорила, упомянув о моём образовании и опыте работы, а также о том, что я посылал резюме в ответ на объявление о вакансии. Он пообещал его посмотреть, и на этом всё кончилось. Через некоторое время, когда я уже получил должность техника на моей предыдущей работе, судьба свела их второй раз, и опять был заведён разговор обо мне. В результате этого, через два дня мне было назначено интервью, закончившееся предложением работы.

Как это ни покажется странным, но информация о многих вакантных позициях не публикуется, особенно на уровне, требующем профессионального образования. Это происходит по разным причинам, иногда потому, что предыдущие объявления не дали результата, иногда потому, что компания не имеет людей или времени для предварительного отбора кандидатов. В этих случаях предприятия обращаются к услугам агентств по трудоустройству *(Employment Services)* или так называемых "Охотников за головами" *(Head Hunters)*, которые специализируются в тех или иных отраслях и имеют свои списки потенциальных кандидатов.

Как уже было отмечено, услуги таких посредников обходятся достаточно дорого (до 30% годовой зарплаты нанимаемого), поэтому если вы сможете напрямую выйти на человека, от которого зависит принятие решения, то вы имеете шанс быть выслушанным. Большинство компаний в настоящее время указывает об имеющихся вакансиях на своих сайтах в Интернете, даже после того, как они перестали давать объявление в газете или вместо этого.

Если вы узнали об имеющейся позиции, постарайтесь узнать, кто является тем самым нужным человеком. Сделать это можно, позвонив по телефону или зайдя в компанию и обратившись к секретарю. Аккуратно запишите имя и фамилию нужного вам лица, а также номер его телефона, подготовьте сопроводительное письмо на его имя и отправьте вместе с вашим резюме. Через несколько дней можно позвонить по телефону, представиться, упомянув о том, что вы послали резюме и узнать, ознакомился ли он с ним и попросить назначить интервью.

Я неоднократно слышал о людях, рассылающих свои резюме сотнями

address they can find. In most cases, this is a waste of time and money. I think that a more focused search has a much better chance of being successful.

Despite the fact that newspaper ads are not the most effective way to find a job (especially if you are looking for a professional position), they nevertheless play an important role in most job searches. Currently, about 14% of job seekers find jobs through newspaper ads; however, this percentage is much higher for unskilled and especially first jobs.

Help Wanted ads are usually published in special advertisement sections that are grouped (classified) by topic, and almost all newspapers and professional magazines refer to them simply as Classified. The classified section devoted to job vacancies usually has a title such as *Help wanted, Careers,* or *Employment.* The greatest number of ads appears in Sunday issues, which is one more reason to read them regularly.

Although ads inside the Help Wanted section are also grouped by kinds of jobs or by industry, such as sales, marketing, healthcare, education, and so on, you need to look through every page. Sometimes companies purposely place their ads in the most popular section for greater exposure, even if the type of job does not fit in with the contents of this section.

Ads vary greatly in content and size: from huge full-page ones, complete with a description of the company and requirements for applicants to tiny blurbs a few square centimeters each, where every word is abbreviated and you need a lot of experience and solid language skills to decipher them correctly. If you really intend to find a job that fits your criteria, you will need to spend time to be able to read any ads fluently and do it regularly, even when you have a job.

If you look through newspaper ads regularly, you will gradually get a clear picture of what occupations are most in demand in your region, what companies advertise in the paper, what skill are required of applicants, what salary and benefits packages are common, and many other things. Remember that in many cases, the ad is published once or twice and never repeated. Sometimes, this is the only way to obtain any information about private companies, especially those that offer good salary and benefits and therefore have low employee turnover. They hire new people through recommendations from their employees, resorting to ads only during periods of rapid growth or low unemployment rate in the region, when it is difficult to find suitable candidates. I worked next to one such company for about three years without having any idea what it did until I saw its ad in the paper. It was the first ad in many years.

(одно на все случаи жизни) практически во все компании, адреса которых им удалось найти. В большинстве случаев, это является напрасной тратой времени и денег. Мне кажется, что целенаправленные действия дают гораздо большую вероятность успеха.

Объявления в газетах, хотя и являются не самым действенным путём нахождения работы (особенно квалифицированной), тем не менее, играют существенную роль в процессе поисков. По статистике, около 14% соискателей находят работу при помощи объявлений, однако этот процент значительно выше при поиске не очень квалифицированной и особенно первой работы.

Объявления "Требуются" обычно печатаются в специальных разделах объявлений, сгруппированных (классифицированных) по определённым признакам, практически всех газет и профессиональных журналов, которые так и называются - *Classified*. Раздел объявлений, посвящённых работе, обычно называется *Help wanted, Careers* или *Employment*. Наибольшее количество объявлений печатается в воскресных выпусках газет, что является ещё одним аргументом в пользу регулярного их чтения.

Несмотря на то, что объявления о работе внутри раздела также сгруппированы по видам работ или областям деятельности, как, например, торговля, маркетинг, здравоохранение, образование и так далее, необходимо просматривать все секции, поскольку компании иногда преднамеренно помещают объявления в наиболее популярные секции для большей обозреваемости, даже если тип работы не совпадает с содержанием этой секции.

Объявления бывают самыми различными по содержанию и размеру: от огромных на всю страницу, с описанием компании и требований к кандидатам, до крохотных – в несколько квадратных сантиметров, где каждое слово сокращено до такой степени, что требуется большой опыт и знание языка для его правильной расшифровки. Если вы серьёзно намерены добиться успехов в поисках работы, соответствующей вашим запросам, стоит потратить время на то, чтобы научиться бегло читать любые объявления и делать это регулярно, даже когда вы имеете работу.

Если вы просматриваете объявления регулярно, то постепенно составите ясную картину того, какие профессии пользуются наибольшим спросом в вашем регионе, какие предприятия дают объявления, какие требования предъявляются к работникам, какая зарплата и какие бенефиты наиболее распространены и многое другое. Необходимо помнить, что во многих случаях объявления даются один или два раза и больше не повторяются. Иногда это единственный легко доступный способ получить какую-то информацию о частных компаниях, особенно о таких, которые имеют хорошие бенефиты и зарплату, а следовательно - низкую текучесть кадров. Они комплектуют свой штат новыми людьми по рекомендациям своих сотрудников, прибегая к объявлениям только в период бурного роста или низкого уровня безработицы в регионе, когда трудно найти подходящих кандидатов. Я проработал около трёх лет рядом с подобной компанией, понятия не имея, чем она занимается до тех пор, пока не увидел объявление в газете. Это было первое объявление за много лет.

As many people know, the cost of publishing a newspaper ad depends on how much space it takes up on the page. Therefore, ads use as few words as possible and often rely on abbreviations. A fairly easy-to-understand ad may look like this:

OFFICE CLEANING PERSON-
15-25 eve. hours/wk., exp. helpful,
refs required, $8-$9/hr, 123-4567.

Translated into everyday language, this means:

Need a person to clean offices in the evening for 15-25 hours per week. Experience is helpful, and references are required. Pay is $8-$9 per hour. Call 123-4567.

Here is another example. This ad is for a more skilled position:

NETWORK OPERATIONS MANAGER
Exp and maintain top-notch ISP network.
Req'd at least 5 yrs of technical mgmt exp.
incl. 3 yrs of hands-on syst. admin exp in a
mixed UNIX/NT env. Sal. $50-60K DOE.

This actually means:

NETWORK OPERATIONS MANAGER- Expand and maintain top-notch Internet Service Provider network. Required at least 5 years of technical management experience including 3 years of hands-on system administration experience in a mixed UNIX/NT environment. Salary $50,000-60,000 depending on experience.

Ads use so many abbreviations that you need a lot of practice before you can understand anything, let alone read them fluently. The most common abbreviations are listed in Table 7-2 on page 312.

Not all help wanted ads are published with the purpose of filling actual vacancies. Some of them are published so that the company's management can assess the situation on the local labor market and decide whether or not to raise the employees' salaries, and if yes, by how much. Others are published in order to confuse competitors or create an illusion of a fair and objective hiring process. Sometimes, ads are printed by for-profit employment agencies as bait to attract potential clients.

Как известно, стоимость публикации объявления зависит от площади газетной страницы, которое оно занимает, поэтому язык объявлений является предельно сжатым, и во многих случаях используются сокращения и аббревиатуры. Далеко не самое замысловатое объявление может выглядеть таким образом:

OFFICE CLEANING PERSON-
15-25 eve. hours/wk., exp. helpful,
refs required, $8-$9/hr, 123-4567.

Что в переводе на нормальный язык означает:

Нужен человек для уборки офисов в вечернее время на 15-25 часов в неделю, предпочтительно с опытом, требуются рекомендации. Оплата 8-9 долларов в час. Звонить по телефону 123-4567.

Ещё один пример, относящийся к более квалифицированной области деятельности:

NETWORK OPERATIONS MANAGER
Exp and maintain top-notch ISP network.
Req'd at least 5 yrs of technical mgmt exp.
incl. 3 yrs of hands-on syst. admin exp in a
mixed UNIX/NT env. Sal. $50-60K DOE.

Что на самом деле означает:

МЕНЕДЖЕР КОМПЬЮТЕРНОЙ СЕТИ - Расширять и поддерживать высококлассную сеть доступа к Интернету. Требуется как минимум 5 лет опыта руководящей работы в технической области, включая 3 года непосредственной работы по поддержке смешанной UNIX/NT сети. Годовой оклад 50-60 тысяч долларов в зависимости от опыта.

Сокращений и аббревиатур настолько много, что требуется хорошая практика, прежде чем вы сможете что-то понимать, а уж тем более читать бегло. В табл. 7-2 на стр. 313 приводятся наиболее распространённые из них.

Не все объявления о трудоустройстве, напечатанные в газете преследуют цель действительно найти необходимых работников. Некоторые из них даются для того, чтобы прощупать ситуацию на местном рынке труда и принять решение о том, повышать или нет зарплату своим работникам и если повышать, то насколько. Некоторые объявления даются с целью дезинформации конкурентов или создания видимости объективного подхода к найму работников. Некоторые из них являются приманкой платных агентств по трудоустройству, для завлечения потенциальных клиентов.

Table 7-2:   Abbreviations in the "Help Wanted" Ads

$10/hr	$10 per hour	
$25K	$25,000	
&	and	
A/P	accounts payable	
A/R	accounts receivable	
acctg	accounting	
ad	advertisement	
am, a.m., AM	before noon	
ASAP	as soon as possible	
appt	appointment	
Asst	assistant	
BA, B.A.	Bachelor of Arts	
bnfts	benefits	
BS, B.S.	Bachelor of Science	
CDL	commercial driver license	
CMA	Certified Medical Assistant	
CNA	Certified Nursing Assistant	
co	company	
coll	college	
comm	commission	
CPA	Certified Public Accountant	
CS	customer service	
cust	customer	
D	disabled	
dept	department	
div	division	
DOE	depends on experience	
EOE	Equal Opportunity Employer	
eves	evenings	
Exc	excellent	
exp a +	experience a plus	

Табл. 7-2:   Сокращения в тексте объявлений о работе

$10/hr	$10 per hour	$10 в час
$25K	$25,000	$25,000 (годовая зарплата)
&	and	и
A/P	accounts payable	бухгалтер по оплате поставщиков
A/R	accounts receivable	бухгалтер по приёму платежей
acctg	accounting	бухгалтерия
ad	advertisement	рекламное объявление
am, a.m.,AM	before noon	время до полудня
ASAP	as soon as possible	как можно скорее
appt	appointment	деловая встреча
Asst	assistant	помощник
BA, B.A.	Bachelor of Arts	бакалавр искусств
bnfts	benefits	бенефиты
BS, B.S.	Bachelor of Science	бакалавр наук
CDL	commercial driver license	профессиональные водительские права
CMA	Certified Medical Assistant	дипломированный младший медицинский персонал
CNA	Certified Nursing Assistant	дипломированный помощник медсестры
co	company	компания
coll	college	колледж
comm	commission	комиссионные
CPA	Certified Public Accountant	дипломированный бухгалтер
CS	customer service	отдел по обслуживанию клиентов
cust	customer	клиент
D	disabled	инвалид
dept	department	отдел
div	division	подразделение
DOE	depends on experience	в зависимости от опыта
EOE	Equal Opportunity Employer	работодатель, предоставляющий равные возможности для всех
eves	evenings	вечера
Exc	excellent	отличный
exp a +	experience a plus	наличие опыта – дополнительный плюс

Table 7-2:　　Abbreviations in the "Help Wanted" Ads

exp, exp'd	experienced	
F	female	
F, Fri	Friday	
flex	flexible	
FT, F/T	full time	
gd	good	
GED	General Equivalency Diploma	
Hrly	hourly	
HS, hs	High School	
HVAC	heating, ventilation, air conditioning	
ID	identification	
ins	insurance	
K	kilo	
lg	large	
lic	license	
lit	literate	
LPN	Licensed Practical Nurse	
Lt	light	
LTD	Long Term Disability Insurance	
M	male	
M, Mon	Monday	
M-F	Monday through Friday	
mfg	manufacturing	
mfr	manufacturer	
mgmt	management	
MGR, mgr	manager	
min	minimum	
ntl, nat'l	national	
off, ofc	office	
op	operator	
oppty	opportunity	
OT	overtime	

Табл. 7-2:   Сокращения в тексте объявлений о работе

exp, exp'd	experienced	опытный
F	female	женщина
F, Fri	Friday	пятница
flex	flexible	гибкий (о рабочем графике)
FT, F/T	full time	работа на полную неделю
gd	good	хороший
GED	General Equivalency Diploma	эквивалент аттестата средней школы
Hrly	hourly	почасовая (оплата)
HS, hs	High School	средняя школа
HVAC	heating, ventilation, air conditioning	отопление, вентиляция, кондиционирование воздуха
ID	identification	удостоверение личности
ins	insurance	страховка
K	kilo	тысяча
lg	large	большой
lic	license	лицензия, водительские права
lit	literate	грамотный
LPN	Licensed Practical Nurse	дипломированная практ. медсестра
Lt	light	лёгкий
LTD	Long Term Disability Insurance	страховка по долгосрочной потере трудоспособности
M	male	мужчина
M, Mon	Monday	понедельник
M-F	Monday through Friday	с понедельника по пятницу
mfg	manufacturing	производящий
mfr	manufacturer	изготовитель
mgmt	management	руководство
MGR, mgr	manager	руководитель
min	minimum	минимум
ntl, nat'l	national	национальный, государствен.
off, ofc	office	офис
op	operator	оператор, водитель
oppty	opportunity	возможность, шанс
OT	overtime	сверхурочная работа

Table 7-2:   **Abbreviations in the "Help Wanted" Ads**

P.E.	Professional Engineer	
p/hr	per hour	
pd	paid	
Perf	perfect	
perm	permanent	
pm, p.m., PM	post meridiem (afternoon)	
pref, pref'd	preferred	
prev	previous	
PT, P/T	part time	
R&D	Research and Development	
Ref's	references	
req, req'd	required	
RN	Registered Nurse	
sal	salary	
Sat	Saturday	
STD	Short Term Disability Insurance	
Sun	Sunday	
SW	software	
temp	temporary	
Thurs	Thursday	
Top $$$	top dollars	Too good to be true!
Tues	Tuesday	
V	veteran	
vac	vacation	
w/	with	
Wed	Wednesday	
wk	week	
wkplce	work place	
WPM, wpm	words per minute	
yr	year	
yrs	years	

Табл. 7-2: **Сокращения в тексте объявлений о работе**

P.E.	Professional Engineer	лицензированный инженер
p/hr	per hour	в час (об оплате)
pd	paid	оплачиваемые (например, выходные)
Perf	perfect	отличный
perm	permanent	постоянный
pm, p.m., PM	post meridiem (afternoon)	время после полудня
pref, pref'd	preferred	предпочтительно
prev	previous	предыдущий
PT, P/T	part time	работа на неполный рабочий день/неделю
R&D	Research and Development	конструкторский отдел
Ref's	references	отзывы, рекомендации
req, req'd	required	требуется, необходим
RN	Registered Nurse	дипломированная медсестра
sal	salary	зарплата (обычно годовая)
Sat	Saturday	суббота
STD	Short Term Disability Insurance	страховка по краткосрочной потере трудоспособности
Sun	Sunday	воскресенье
SW	software	программное обеспечение
temp	temporary	временный
Thurs	Thursday	четверг
Top $$$	top dollars	"большие бабки" (обычно ерунда)
Tues	Tuesday	вторник
V	veteran	участник войны
vac	vacation	отпуск
w/	with	с
Wed	Wednesday	среда
wk	week	неделя
wkplce	work place	рабочее место
WPM, wpm	words per minute	слов в минуту (печатать)
yr	year	год
yrs	years	лет

Avoid ads that look too good to be true. If an ad promises to pay you a lot for doing little, do not even waste your time reading it. In America, they say that *There is no free lunch,* and it is absolutely true.

Despite all of the above, newspaper ads are a powerful job searching tool and should be used as effectively as possible. The Sunday issue of the newspaper usually contains most of the ads that ran during the week, as well as many new ones. Start looking through this section of the Sunday newspaper as soon as possible, even if you are not looking for a job yet, and keep doing it even after you have already found work. Do not waste any time if an ad catches your attention. Call, send a resume, go to an interview, and do not be upset if you are not offered the position. Each attempt will give you valuable experience and confidence that you can learn from failure, and sooner or later, you will find what you are looking for.

7.6. Applying for a job

Over time, the US labor market has developed a certain process for screening job candidates. There is not much point in discussing whether this process is good or bad, but to succeed in your job search, you need to learn how to navigate it.

Many companies, especially small ones, either don't have a human resources department at all or staff it with a bare minimum of people. Almost always, the preliminary screening of candidates is done with the help of their application forms, resumes, and cover letters. Therefore, it is very important to learn to fill out application forms quickly and correctly and to have a well-written resume and samples of cover letters. If you do not do that, you may never reach the second round, where you would meet your potential employer face-to-face.

Materials used to apply for a job usually contain enough information so that an employer can not only learn about your education, work experience, and skills, but also get an idea of your personality. For an employer to decide to spend time meeting you, your materials will have to get his or her attention. He or she needs to see what he or she is looking for there, or at the very least, there should not be anything that may turn him or her off immediately.

7.6.1. Application forms

When registering at an employment agency or applying for many blue-collar jobs, you will need to fill out an Application For Employment form that asks for your personal information. Even though there are many possible versions of this form, almost all of them include questions listed in the example shown below.

Избегайте объявлений, которые выглядят слишком хорошо, чтобы быть правдой. Если вам обещают платить много ни за что, то даже не тратьте времени на чтение. В Америке говорят: *There is no free lunch* (бесплатных обедов не бывает), и это действительно так.

Несмотря на вышеуказанные варианты, поиск работы по объявлениям является одним из действенных способов и должен быть использован как можно более эффективно. Воскресный выпуск газеты обычно содержит практически все объявления, печатавшиеся на неделе, а также много дополнительных. Начинайте просматривать этот раздел воскресной газеты как можно раньше, даже если вы поначалу не ищете работу и продолжайте делать это, даже если вы её уже нашли. Не теряйте времени, если какое-то объявление вас заинтересовало. Звоните, посылайте документы, идите на интервью и не расстраивайтесь, если вы не получили место в этот раз. Каждая попытка будет приносить вам опыт и уверенность, если вы умеете извлекать уроки из неудач, и рано или поздно, вы найдёте то, что хотите.

7.6. Анкеты, резюме, письма и рекомендации

В США исторически сложилась определённая система трудоустройства. Нет большого смысла обсуждать - хороша она или плоха, но чтобы добиться необходимого результата, необходимо научиться ориентироваться в ней.

Во многих компаниях, особенно небольших, службы кадров либо отсутствуют совсем, либо сведены до минимума. Практически всегда, первая стадия отбора кандидатов происходит заочно по предоставляемым ими анкетам, резюме и сопроводительным письмам, поэтому очень важно научиться быстро и аккуратно заполнять анкеты, а также иметь хорошо составленное резюме и образцы сопроводительных писем. Если вы этого не сделаете, то до очного тура дело может не дойти никогда.

Предоставляемые документы обычно содержат достаточное количество информации для того чтобы не только узнать о вашем образовании, трудовом опыте и полученных навыках, но и в какой-то мере о вас как о человеке. Для того чтобы наниматель решил потратить время на встречу с вами, ваши документы должны его заинтересовать. Он должен увидеть в них то, что он ищет, или, по меньшей мере, там не должно быть того, что оттолкнёт его сразу.

7.6.1. Анкеты

При постановке на учёт в агентстве по трудоустройству, а также при трудоустройстве на многие рабочие должности, необходимо заполнить анкету *(Application For Employment),* содержащую личную информацию. Несмотря на многочисленные вариации по форме, практически все из них включают вопросы, перечисленные в приводящемся ниже примере.

APPLICATION FOR EMPLOYMENT

(PRE-EMPLOYMENT QUESTIONNAIRE)   (AN EQUAL OPPORTUNITY EMPLOYER)

PERSONAL INFORMAION

DATE

NAME _____   SOCIAL SECURITY NUMBER

LAST   FIRST   MIDDLE

PRESENT ADDRESS _____

STREET   CITY   STATE   ZIP

PERMANENT ADDRESS _____

STREET   CITY   STATE   ZIP

PHONE NO. _____   ARE YOU 18 YEARS OR OLDER   Yes   No

SPECIAL QUESTIONS

DO NOT ANSWER **ANY** OF THE QUESTIONS IN THIS FRAMED AREA UNLESS THE EMPLOYER HAS **CHECKED** A **BOX PRECEDING** A QUESTION, THEREBY INDICATING THAT THE INFORMATION IS REQUIRED FOR A BONA FIDE OCCUPATIONAL QUALIFICATION, OR DICTATED BY NATIONAL SECURITY LAWS, OR IS NEEDED FOR OTHER LEGALLY PERMISSIBLE REASONS.

☐ Height___feet___inches   ☐ Are you prevented from lawfully becoming employed in the US_____Yes_____No

☐ Weight___lbs   ☐ Date of Birth*_____

☐ What Foreign Languages do you speak fluently?_____Read?_____Write?_____

☐ Have you been convicted of felony or misdemeanor within the last 5 years?**   Yes_____No_____ Describe:

_____

*The Age Discrimination in Employment Act of 1967 prohibits discrimination on the basis of age with respect to individuals who are at least 40 but less than 70 years of age.

**You will not be denied employment solely because of a conviction record, unless the offence is related to the job for which you have applied.

EMPLOYMENT DESIRED

POSITION _____   DATE YOU CAN START _____   SALARY DESIRED _____

ARE YOU EMPLOYED NOW? _____   IF SO MAY WE INQUIRE OF YOUR PRESENT EMPLOYER?

EVER APPLIED TO THIS COMPANY BEFORE? _____   WHERE? _____   WHEN? _____

EDUCATION	NAME AND LOCATION OF SCHOOL	*NO.OF YEARS ATTENDED	*DID YOU GRADUATE	SUBJECTS STUIED
GRAMMAR SHOOL				
HIGH SCHOOL				
COLLEGE				
TRADE, BUSINESS OR CORRESPONDENCE SCHOOL				

*The Age Discrimination in Employment Act of 1967 prohibits discrimination on the basis of age with respect to individuals who are at least 40 but less than 70 years of age.

CONTINUED ON THE NEXT PAGE

LAST

FIRST

MIDDLE

АНКЕТА ПОСТУПАЮЩЕГО НА РАБОТУ
(РАБОТОДАТЕЛЬ, ПРЕДОСТАВЛЯЮЩИЙ РАВНЫЕ ВОЗМОЖНОСТИ ДЛЯ ВСЕХ)

ЛИЧНЫЕ ДАННЫЕ

ДАТА

НОМЕР СОЦИАЛЬНОГО ОБЕСПЕЧЕНИЯ

Ф.И.О.

ФАМИЛИЯ   ИМЯ   ВТОРОЕ ИМЯ

НАСТОЯЩИЙ АДРЕС

УЛИЦА   ГОРОД   ШТАТ   ИНДЕКС

ПОСТОЯННЫЙ АДРЕС

УЛИЦА   ГОРОД   ШТАТ   ИНДЕКС

ТЕЛЕФОН   ИСПОЛНИЛОСЬ ЛИ ВАМ 18 ЛЕТ?   ДА   НЕТ

СПЕЦИАЛЬНЫЕ ВОПРОСЫ

НЕ ОТВЕЧАЙТЕ НИ НА КАКИЕ ВОПРОСЫ В ЭТОМ ПРЯМОУГОЛЬНИКЕ, ЕСЛИ ТОЛЬКО РАБОТОДАТЕЛЬ НЕ ОТМЕТИЛ ИХ ГАЛОЧКАМИ, УКАЗАВ ТЕМ САМЫМ, ЧТО ЭТА ИНФОРМАЦИЯ НЕОБХОДИМА ДЛЯ ОПРЕДЕЛЕНИЯ ПРОФПРИГОДНОСТИ, ОБЯЗАТЕЛЬНА СОГЛАСНО ЗАКОНА О БЕЗОПАСНОСТИ ИЛИ НУЖНА ПО ДРУГИМ, ОГОВОРЕННЫМ ЗАКОНОМ, ПРИЧИНАМ.

☐ Рост___футов___дюймов   ☐ Мешает вам что-то законно работать в США? ____Да____Нет

☐ Вес_____Фунтов   ☐ Дата рождения*_____

☐ Какими иностранными языками свободно владеете?_____Читаете_____Пишите_____

☐ Были ли вы осуждены в последние 5 лет?** Да_____Нет_____   Поясните:

*Закон 1967 года запрещает дискриминацию по возрасту при приёме на работу соискателей, которым более 40 лет, но меньше 70.

**Вам не откажут в найме только из-за вашей судимости, если только преступление не связано с характером работы, на которую вы претендуете.

НА ЧТО ПРЕТЕНДУЕТЕ?

ДОЛЖНОСТЬ   КОГДА МОЖЕТЕ ПРИСТУПИТЬ   ОЖИДАЕМАЯ ЗАРПЛАТА

РАБОТАЕТЕ ЛИ ВЫ СЕЙЧАС?   ЕСЛИ ДА, ТО МОЖЕМ ЛИ МЫ СВЯЗАТЬСЯ С ВАШИМ РАБОТОДАТЕЛЕМ?

ПОСТУПАЛИ ЛИ ВЫ В ЭТУ КОМПАНИЮ РАНЬШЕ?   ГДЕ?   КОГДА?

ОБРАЗОВАНИЕ	НАИМЕНОВАНИЕ И МЕСТОНАХОЖДЕНИЕ УЧЕБНОГО ЗАВЕДЕНИЯ	*КОЛ-ВО ЛЕТ	*ЗАКОНЧИЛИ ЛИ ВЫ?	СПЕЦИАЛЬНОСТЬ
НАЧАЛЬНАЯ ШКОЛА				
СРЕДНЯЯ ШКОЛА				
КОЛЛЕДЖ				
ПРОФ.ТЕХНИЧ. ИЛИ ЗАОЧНОЕ ОБУЧЕНИЕ				

*Закон 1967 года запрещает дискриминацию по возрасту при приёме на работу соискателей, которым более 40 лет, но меньше 70.

ПРОДОЛЖЕНИЕ НА СЛ. СТРАНИЦЕ

(вертикальный текст на правом поле: ФАМИЛИЯ, ИМЯ, ВТОРОЕ ИМЯ)

GENERAL

SUBJECT OF SPECIAL STUDY OR RESEARCH WORK

| U.S.MILITARY OR | | PRESENT MEMBERSHIP IN |
| NAVAL SERVICES | RANK | NATIONAL GUARD OR RESERVES |

FORMER EMPLOYERS (LIST LAST FOUR EMPLOYERS, STARTING WITH LAST ONE)

DATE MONTH AND YEAR	NAME AND ADDRESS OF EMPLOYER	SALARY	POSITION	REASON FOR LEAVING
FROM				
TO				
FROM				
TO				
FROM				
TO				
FROM				
TO				

REFERENCES: GIVE THE NAMES OF THREE PERSONS NOT RELATED TO YOU, WHOM YOU HAVE KNOWN AT LEAST ONE YEAR.

	NAME	ADDRESS	BUSINESS	YEARS ACQUAINTED
1				
2				
3				

PHYSICAL RECORD:

DO YOU HAVE ANY PHYSICAL LIMITATIONS THAT PRECLUDE YOU FROM PERFORMING ANY WORK FOR WHICH YOU ARE BEING CONSIDERED? _____YES _____NO
IF YES, WHAT CAN BE DONE TO ACCOMMODATE YOUR LIMITATION?_____

PLEASE DESCRIBE:

IN CASE OF
EMERGENCY NOTIFY

| NAME | ADDRESS | PHONE NO. |

"I CERTIFY THAT THE FACTS CONTAINED IN THIS APPLICATION ARE TRUE AND COMPLETE TO THE BEST OF MY KNOWLEDGE AND I UNDERSTAND THAT, IF EMPLOYED, FALSIFIED STATEMENTS ON THIS APPLICATION SHALL BE GROUND FOR DISMISSAL.

I AUTHORIZE INVESTIGATION OF ALL STATEMENTS CONTAINED HEREIN AND THE REFERENCES LISTED ABOVE TO GIVE YOU ANY AND ALL INFORMATION CONCERNING MY PREVIOUS EMPLOYMENT AND ANY PERTINENT INFORMATION THEY MAY HAVE, PERSONAL OR OTHERWISE, AND RELEASE ALL PARTIES FROM ALL LIABILITY FOR ANY DAMAGE THAT MAY RESULT FROM FURNISHING SAME TO YOU.

CONTINUED ON THE NEXT PAGE

ДОПОЛНИТЕЛЬНЫЕ СВЕДЕНИЯ:

ПРЕДМЕТ СПЕЦИАЛЬНОГО ИЗУЧЕНИЯ ИЛИ ИССЛЕДОВАТЕЛЬСКАЯ РАБОТА

СЛУЖБА В АРМИИ
ИЛИ ФЛОТЕ США   ЗВАНИЕ

СОСТОИТЕ ЛИ В НАЦИОНАЛЬНОЙ
ГВАРДИИ ИЛИ РЕЗЕРВЕ

ПРЕДЫДУЩИЕ МЕСТА РАБОТЫ (ЧЕТЫРЕ, НАЧИНАЯ С ПОСЛЕДНЕГО):

ДАТЫ МЕСЯЦ И ГОД	НАЗВАНИЕ И АДРЕС ОРГАНИЗАЦИИ	ЗАРПЛАТА	ДОЛЖ-НОСТЬ	ПРИЧИНА УХОДА
С				
ПО				
С				
ПО				
С				
ПО				
С				
ПО				

РЕКОМЕНДАЦИИ: УКАЖИТЕ ИМЕНА ТРЕХ ЧЕЛОВЕК, НЕ ЯВЛЯЮЩИХСЯ ВАШИМИ РОДСТВЕННИКАМИ, ЗНАЮЩИХ ВАС НЕ МЕНЕЕ ГОДА.

	Ф.И.О.	АДРЕС	МЕСТО РАБОТЫ, ТЕЛЕФОН	СКОЛЬКО ЛЕТ ЗНАКОМЫ?
1				
2				
3				

ФИЗИЧЕСКОЕ СОСТОЯНИЕ:

ИМЕЕТЕ ЛИ ВЫ КАКИЕ-ЛИБО ФИЗИЧЕСКИЕ ОГРАНИЧЕНИЯ, МЕШАЮЩИЕ ВЫПОЛНЕНИЮ РАБОТЫ, НА КОТОРУЮ ВЫ ПРЕТЕНДУЕТЕ? _____ДА _____НЕТ
ЕСЛИ "ДА", ТО ЧТО НУЖНО, ЧТОБЫ ПРИСПОСОБИТЬСЯ К ВАШИМ ОГРАНИЧЕНИЯМ?_____

ПОЖАЛУЙСТА ОПИШИТЕ:

В СЛУЧАЕ БОЛЕЗНИ ИЛИ НЕСЧАСНОГО СЛУЧАЯ
СВЯЖИТЕСЬ С
                    Ф.И.О.   АДРЕС   ТЕЛЕФОН

"Я ЗАВЕРЯЮ, ЧТО ДАННЫЕ, ПРИВЕДЁННЫЕ В ЭТОЙ АНКЕТЕ, ВЕРНЫ И ПОЛНЫ НАСКОЛЬКО МНЕ ИЗВЕСТНО, И Я ПОНИМАЮ, ЧТО ЕСЛИ БУДУ ПРИНЯТ(А), ТО ФАЛЬСИФИЦИРОВАННЫЕ СВЕДЕНИЯ МОГУТ ЯВЛЯТЬСЯ ОСНОВАНИЕМ ДЛЯ УВОЛЬНЕНИЯ.

Я РАЗРЕШАЮ ПРОВЕРКУ ВСЕХ СВЕДЕНИЙ, ПРИВЕДЁННЫХ ЗДЕСЬ, И УПОЛНОМОЧИВАЮ РЕКОМЕНДУЮЩИХ УПОМЯНУТЫХ ВЫШЕ, ДАТЬ ВАМ ЛЮБУЮ ИНФОРМАЦИЮ В ОТНОШЕНИИ МОЕЙ ПРЕЖНЕЙ РАБОТЫ И ЛЮБУЮ, ОТНОСЯЩУЮСЯ К ДЕЛУ ИНФОРМАЦИЮ, КОТОРУЮ ОНИ МОГУТ ИМЕТЬ, КАК ЛИЧНУЮ, ТАК И ПРОЧУЮ И ОСВОБОЖДАЮ ВСЕ УЧАСТВУЮЩИЕ СТОРОНЫ ОТ ВСЯКОЙ ОТВЕТСТВЕННОСТИ ЗА УЩЕРБ КОТОРЫЙ ЭТО МОЖЕТ НАНЕСТИ.

ПРОДОЛЖЕНИЕ НА СЛ. СТРАНИЦЕ

I UNDERSTAND AND AGREE THAT, IF HIRED, MY EMPLOYMENT IS FOR NO DEFINITE PERIOD AND MAY, REGARDLESS OF THE DATE OF PAYMENT OF MY WAGES AND SALARY, BE TERMINATED AT ANY TIME WITHOU" ANY PRIOR NOTICE."

DATE_____SIGNATURE_____

DO NOT WRITE BELOW THIS LINE

INTERVIEWED BY _____ DATE _____

_____

_____

HIRED: ☐ Yes ☐ No   POSITION _____ DEPT. _____

SALARY/WAGE _____   DATE REPORTING TO WORK _____

APPROVED: 1. _____ 2. _____ 3. _____
    EMPLOYMENT MANAGER   DEPT. HEAD   GENERAL MANAGER

This form has been designed to strictly comply with State and Federal fair employment practice laws prohibiting employment disdrimination. This Application for Employment Form is sold for general use throughout the United States. TOPS assumes no responsibility for the inclusion in said form of any questions which, when asked by the Employer of the Job Applicant, may violate State and/or Federal Law.

TOPS Application for Employment rerinted with permission.

Я ПОНИМАЮ И СОГЛАСЕН(А), ЧТО ЕСЛИ БУДУ ПРИНЯТ(А), ТО НЕ НА ОПРЕДЕЛЁННЫЙ ПЕРИОД И МОГУ БЫТЬ УВОЛЕН(А) В ЛЮБОЕ ВРЕМЯ БЕЗ ПРЕДВАРИТЕЛЬНОГО УВЕДОМЛЕНИЯ И ВНЕ ЗАВИСИМОСТИ ОТ ДАТЫ ВЫПЛАТЫ ЗАРАБОТНОЙ ПЛАТЫ".

ДАТА_____ПОДПИСЬ_____

НЕ ЗАПОЛНЯЙТЕ НИЖЕ ЭТОЙ ЛИНИИ

СОБЕСЕДОВАНИЕ ПРОВОДИЛ_____ ДАТА

ПРИНЯТ: ☐ Да ☐ Нет   ДОЛЖНОСТЬ   ОТДЕЛ

ЗАРПЛАТА   ПРИСТУПИЛ К РАБОТЕ

УТВЕРЖДАЮ: 1.   2.   3.
РУКОВОДИТЕЛЬ КАДРОВ   НАЧАЛЬНИК ОТДЕЛА   ДИРЕКТОР

Эта анкета разработана в соответствии с требованием законов штатов и федеральным законом, запрещающим дискриминацию при трудоустройстве. Эта анкета продаётся для использования по всей территории США. Компания TOPS не несёт ответственности за включение в неё вопросов, которые, если заданы нанимателем соискателя, могут быть нарушением законов штатов и (или) федерального закона.

Анкета поступающего на работу печатается с разрешения компании TOPS.

Despite the apparent simplicity of such a form, filling it out neatly and correctly is rather difficult, especially when you take into account the fact that you must write in English and print rather than using cursive letters. Practice filling out similar questionnaires at home, and always have a correctly filled-out copy with you as a sample. Ask somebody who knows English well to check the content and grammar of your sample application.

If possible, take the application home, make one or several photocopies for practice, and fill out the original only after you have a complete final draft written down.

You must answer all questions on the application. If for any reason the question does not apply to you, put a dash in the appropriate space or write *N.A.,* which means *Not Applicable.*

7.6.2. *Resume*

When applying for positions that require special skills or education, you almost always need to have a resume. First of all, let's talk about what it is because the overwhelming majority of newcomers have never dealt with anything like it in their life.

A resume is a document that is usually one or two typed pages long and includes information about education, professional skills, and work experience of the person applying for a certain job. It also contains the necessary addresses and phone numbers, as well as specifies either a type of job you are looking for or an actual position. The difference between a resume and an Application For Employment is that, despite certain rules you must follow when writing it, a resume allows you to stress those of your attributes that, in your opinion, best reflect your strengths. As a matter of fact, a resume is a form of self-advertising for a person trying to sell himself or herself on the labor market.

There are two basic types of resumes: chronological and functional, as well as various combinations of these two. The chronological resume reflects the applicant's career in reverse chronological order, starting with the last employer and the last position with that employer, and going all the way back to the first employer and the first position, if there are not too many employers to fit on one or two pages. Education is described in a separate section in the same order. This resume type is used when you are looking for a job in the same industry where you worked earlier, and also if your career demonstrates consistent progress and has no significant gaps.

In the functional resume, the emphasis is on diverse knowledge and skills acquired as a result of education, work experience, and community service, as well as on achievements in several different areas. This type of resume

Несмотря на кажущуюся простоту приведённой анкеты, заполнить её чисто, аккуратно и без ошибок довольно трудное дело, особенно если учесть, что писать необходимо на английском и печатными буквами. Обязательно потренируйтесь в заполнении подобных анкет в спокойной домашней обстановке, а также всегда имейте аккуратно заполненную копию при себе как образец. Попросите кого-нибудь знающего язык проверить содержание и грамматику.

Если позволяют обстоятельства – возьмите бланк анкеты домой, сделайте одну или несколько фотокопий для тренировки и беритесь за оригинал только после того, как вы имеете окончательный вариант текста на черновике.

Необходимо ответить на все вопросы, указанные в анкете. Если вопрос по какой-то причине к вам не относится, можно поставить прочерк или написать *N.A.*, что означает *Not Applicable*.

7.6.2. Резюме

При трудоустройстве на должности, требующие специальной подготовки или образования практически всегда необходимо иметь резюме. Прежде всего, необходимо поговорить о том, что оно собой представляет, поскольку подавляющее большинство приезжающих в страну никогда в своей жизни с этим не сталкивались.

Резюме – это документ в одну или две печатные страницы, который включает информацию об образовании, профессиональных навыках и трудовом опыте лица претендующего на ту или иную работу. Оно также содержит необходимые адреса и телефоны, а также указывает характер работы, которую вы ищете или конкретную специальность. Отличие резюме от анкеты в том, что несмотря на определённые правила, которым необходимо следовать при его написании, оно позволяет оттенить те стороны ваших способностей, которые, по вашему мнению, наиболее полно отражают ваши достоинства. По сути дела, резюме является саморекламой человека, пытающегося выгодно продать себя на рынке труда.

Существуют два основных типа резюме: хронологическое и функциональное, а также различные комбинации этих двух. Хронологическое резюме отражает трудовую биографию владельца в обратном хронологическом порядке, начиная с последнего места работы и последней должности на этом месте и кончая первым местом работы и первой должностью (если мест работы не так много). Образование приводится в отдельном разделе в такой же последовательности. Такой тип резюме используется в тех случаях, когда вы ищете работу в той же области, где вы работали ранее, а также если ваша трудовая биография демонстрирует постоянный прогресс и не имеет значительных разрывов.

В функциональном резюме упор делается на разносторонние знания и навыки, полученные в результате образования, трудового опыта и общественной работы, а также указываются достижения во всех областях. Этот тип резюме имеет преимущество в тех случаях, когда послужной список не очень впечатляющий по причине малого стажа, неудачной карьеры или

has an advantage when a person's track record is not very impressive due to limited work experience, an unsuccessful career, or significant gaps in work history. It is also useful when a person changes careers, and his or her previous professional experience has little to do with the new field, but at the same time he or she has valuable skills that are not related to his or her previous work.

The combined resume can include a section summarizing knowledge and skills, as well as a brief list of previous positions (it is not necessary to list all of them) and an education section. This resume type makes it easier to emphasize qualities that a particular employer may be most interested in.

For those who have recently arrived in the country, the main difficulty in writing a resume is accurately translating into English the names of companies, positions held, and kinds of jobs performed in the country of origin. The problem is that a literal translation not only will not reflect reality because it will often be incomprehensible, but in some cases it can even be misleading. For example, if we translate literally the Russian equivalent of "design engineer," as it is done in the Russian translation of the book "How to Find a Job in America," (Bradley & Friedenberg, 1992) it will become "engineer-constructor," which at best will be understood as an engineer in the construction industry or a civil engineer. The expression needs to be translated as *design engineer* with the indication of the field of specialization, for example, *mechanical design engineer, electrical design engineer,* and so on. If someone performed the job of a draftsperson, it needs to be translated as *designer/drafter.* This is only one straightforward and frequently seen case that clearly demonstrates the difficulty of the task.

To make your life easier, do not invent words you are not sure of and try to find the most suitable equivalent for your positions or your occupation in the list given in the appendix of this book. This is a fairly extensive list that covers almost all career fields. If you need more specialized information, try looking through employment ads in professional magazines which can be found in a library or on the Internet. The best thing to do is to show your resume to someone who works in the field you want to be employed in or at least speaks good English.

Good translation is necessary because people who look through incoming resumes usually spend no more than 1-2 minutes on each one, selecting those with terms, words, and phrases widely used in the field and rejecting those that do not meet their requirements. Moreover, in large firms where the numbers of received resumes are estimated at hundreds and thousands, they are entered in a computer with the help of a scanner, and a special software program selects only those that contain the necessary key words, disregarding everything else that does not meet these requirements. Examples of the chronological and functional resumes are shown below.

содержит значительные разрывы, а также когда человек меняет сферу деятельности и его предыдущий профессиональный опыт имеет мало общего с новой профессией, в то время как он имеет ценные навыки, никак не связанные с его предыдущей работой.

Комбинированное резюме может включать раздел, обобщающий знания и навыки в сочетании с кратким перечнем предыдущих мест работы (не обязательно вех) и полученного образования. При этом выделяются качества, пользующиеся наибольшим спросом.

Главная трудность при составлении резюме для вновь прибывших в страну заключается в умелом переводе на английский названий предприятий, занимавшихся должностей и характера выполняемых в прошлом работ. Дело в том, что дословный перевод не только не отразит реальное положение вещей, поскольку в большинстве случаев будет непонятен, но в некоторых случаях даже может ввести в заблуждение. Например, если перевести "инженер-конструктор" словами *engineer-constructor,* как это делается в русском переводе книги "Как найти работу в Америке" (Bradley & Friedenberg, 1992), то в лучшем случае это будет понято как "инженер-строитель", поскольку *construction* переводится как "строительство". На самом деле "инженер-строитель" в большинстве случаев переводится как *civil engineer,* а "инженер-конструктор" необходимо переводить, как *design engineer* с указанием сферы деятельности, как, например, *mechanical design engineer, electrical design engineer* и так далее, а в тех случаях, когда человек выполнял в основном работу чертёжника, должность нужно переводить как *designer/drafter.* Это только один простой и часто встречающийся случай, который наглядно о демонстрирует трудность задачи.

Для того чтобы облегчить себе жизнь, не выдумывайте названий, в которых вы не уверены, а постарайтесь найти наиболее подходящий эквивалент вашим должностям или вашей специальности в списке, приводящемся в приложении. Это достаточно большой список, охватывающий практически все профессии. Если вам нужна более специализированная информация, попробуйте посмотреть объявления о найме на работу в профессиональных журналах, которые можно найти в библиотеке или на Интернете. Наилучшим вариантом является возможность показать ваше резюме человеку, работающему в той области, в которую вы хотите устроиться или по меньшей мере хорошо знающему язык.

Необходимость хорошего перевода диктуется тем, что человек, который просматривает поступающие резюме, обычно тратит не больше 1-2 минут на каждое, выискивая в первую очередь те, которые содержат привычные для этой области деятельности термины, слова и фразы и отбрасывая то, что не соответствует требованиям. Более того, в крупных фирмах, где количество получаемых резюме исчисляется сотнями и тысячами, они вводятся в компьютер с помощью сканера, и специальная программа отбирает только те, которые содержат необходимые ключевые слова, оставляя без внимания всё, что не отвечает поставленным требованиям. Ниже приводятся примеры хронологического и функционального резюме.

Natasha Ivanov
111 Main Street
Town, State, ZIP
(123) 456-7890

OBJECTIVE: Drafter or Related Position

SUMMARY: 4 years civil and mechanical engineering experience. Designed and
drafted equipment for the petroleum and chemical Industries, designed
plans for construction sites.

EMPLOYMENT:

12/93 - 07/95   **United States Postal Service,** Town, State
Casual Letter Sorter - General mail sorting, working in all
areas of mail processing.

10/90 - 12/93   **Stevenson Inc.,** Town, State
Production Worker - food products processing.

1985 - 1989   **Project Institute,** City, Russia
Civil/Mechanical Engineer - Designed and drafted equipment for the petroleum and chemical industries, designed plans for construction sites.

1980 - 1985   **Project Institute,** City, Russia
Accountant – Project budgeting/and accounts payable.

EDUCATION:

1994 - 1996   **Technical College,** Town, State
Basic Drafting, Intro to Architecture, Mechanical Drafting, AutoCAD.

1982 - 1988   **State Institute of Industrial and Civil Engineering,** City, Russia
B.S., Civil Engineering

1976 - 1980   **Technical College,** City, Russia
Construction Accounting. Certificate of Completion

1968 - 1976   **Secondary School,** City, Russia
Diploma

SPECIAL SKILLS: Russian is a native language, fluent in English.
Can type 30 words per minute

References available upon request.

Наталья Иванова
111 Main Street
Town, State, ZIP
(123) 456-7890

ЦЕЛЬ: Чертёжник или аналогичная позиция

РЕЗЮМЕ: Четыре года работы инженером гражданского строительства и инженером-механиком. Разрабатывала и исполняла чертежи оборудования для нефтяной и химической промышленностей, а также строительные чертежи.

ТРУДОВОЙ СТАЖ:

12/93 - 07/95   **Почтовая служба США,** Город, Штат
Сортировщик– сортировка писем и другие участки обработки почты.

10/90 - 12/93   **Stevenson Inc.,** Город, Штат
Рабочая - пищевая промышленность

1985 - 1989   **Проектный институт,** Город, Россия
Инженер гражданского строительства/инженер механик-
Разрабатывала и исполняла чертежи оборудования для нефтяной и химической промышленностей, а также строительные чертежи.

1980 - 1985   **Проектный институт,** Город, Россия
Бухгалтер – бюджетное планирование и бухгалтерский учёт.

ОБРАЗОВАНИЕ:

1994 - 1996   **Технический колледж,** Город, Штат
Основы черчения, введение в архитектуру, механические чертежи, AutoCAD.

1982 - 1988   **Государственный Институт Промышленного и Гражданского Строительства,** Город, Россия
Инженер гражданского строительства

1976 - 1980   **Техникум,** Город, Россия
Бухгалтерский учёт в строительстве. Диплом.

1968 - 1976   **Средняя школа,** Город, Россия
Аттестат.

ОСОБЫЕ НАВЫКИ: Русский язык – родной, свободно владею английским.
Печатаю со скоростью 30 слов в минуту.
Рекомендации - по запросу.

Michael Ivanov
111 Main Street
Town, State, ZIP
(123) 456-7890

OBJECTIVE: A position utilizing my extensive experience with MS DOS,
               MS Windows and microcomputer systems programming and diverse
               programming skills.

SUMMARY: 7 years of systems programming experience, the last 5 years of them
               programming for the IBM-compatible personal computers. Software
               specification, design, development and documenting; hardware testing
               and installation; users education and consulting.

Specialization: Specification, design and development of object-oriented and procedure-oriented programs for MS DOS and Windows environments (service programs, database management systems, CAD/CAM, educational and accounting programs).
Software: MS DOS 6.0, MS Windows 3.1, Base, Paradox, Paradox Engine, Turbo Vision, Btrieve, PCAD, AutoCAD, MicroCap.
Languages: C, C++, Pascal, Pascal with objects (Borland Pascal 7.0),
Assembler (8088/86-80386, 8080, Z80), PL/1, Basic, Fortran.

ACCOMPLISHMENTS:

- Developed software for an interface microcontroller (between mainframe and PC).
- Developed software for a multifunctional embedded server (based on Z80 microprocessor).
- Developed a program complex for a personnel department, focusing on increasing computer and staff efficiency.
- Designed and developed programs for planning of distributed date bases.
- Specified and developed a complex of additional C++ functions and routines for providing object-oriented interface with Paradox Engine. This complex expands language facilities and decreases programming expenses by 10-25%.

EDUCATION:

1986 - 1993   State Technical University, City, Russia
                 Major: M.S. in Computer Science (Electronic computers, computer systems
                 and networks). Passed the state licensing exam with highest honors.
1976 - 1986   High School, City, Russia. High School Diploma
                 (honor student)

SPECIAL SKILLS: Russian is a native language, fluent in English.

Михаил Иванов
111 Main Street
Town, State, ZIP
(123) 456-7890

ЦЕЛЬ: Должность, использующая мой значительный опыт с MS DOS и
MS Windows операционными системами, а также опыт программирования
для микропроцессорных систем и другие навыки программиста.

РЕЗЮМЕ: 7-и летний опыт системного программирования, последние 5 из которых –
программирование для IBM совместимых персональных компьютеров.
Постановка задач, программирование и документирование; тестирование и
установка аппаратного обеспечения; обучение и консультирование
пользователей.

Специализация: Постановка задач и написание объектно-ориентированных и
процедуро-ориентированных программ для MS DOS и Windows OC (служебных
программ, управления базами данных, CAD/CAM, учебного и бухгалтерского
программного обеспечения).
Пакеты: MS DOS 6.0, MS Windows 3.1, DBase, Paradox, Paradox Engine, Turbo Vision,
Btrieve, PCAD, AutoCAD, MicroCap.
Языки: C, C++, Pascal, Pascal with objects (Borland Pascal 7.0),
Assembler (8088/86-80386, 8080, Z80), PL/1, Basic, Fortran.

ДОСТИЖЕНИЯ:

- Разработал программу для интерфейса с микропроцессором
(между большой машиной и PC).
- Разработал программу для многофункционального сервера (на основе
микропроцессора Z80).
- Разработал комплекс программ для отдела кадров, направленный на повышение
эффективности использования выч. техники и производительности труда.
- Разрабатывал и писал программы для планирования распределённых баз данных.
- Определил и разработал комплекс дополнительных C++ функций и подпрограмм для
обеспечения объектно-ориентированного интерфейса с Paradox Engine, что позволило
сократить программы на 10-25%.

ОБРАЗОВАНИЕ:

1986 - 1993	Технический Университет, Город, Россия
	Специальность: Инженер вычислительной техники (Вычислительные
	машины, сети и системы). Диплом с отличием.
1976 - 1986	Средняя школа, Город, Россия

ОСОБЫЕ НАВЫКИ: Русский – родной, английский.

7.6.3. Cover Letters

The cover letter is sent together with the resume to the same person. If you do not know and have no opportunity to find out the name of the person who will be making the final hiring decision, it is acceptable to send the letter addressed to a manager who occupies a certain position, for example, Human Resources Manager or Engineering Manager.

The main purpose of this letter is to introduce yourself to a potential employer and to get his or her attention so that he or she will read your resume and interview you. To achieve this, each letter should be individually tailored, reflecting your interest in this particular company and position.

The cover letter should follow the standards for a business letter, occupy all or most of the page, and contain three or four paragraphs.

In the first paragraph, you should state why you are writing the letter, specify the source from which you learned about the vacancy, and also briefly describe why you think that you are a suitable candidate for the position you are applying for.

In the second paragraph, you need to describe in more detail your professional qualities with appropriate examples from previous work experience and show how they fit in with the position's requirements, with emphasis on your achievements.

The third paragraph usually includes a description of personal qualities, such as diligence, clear professional goals, and desire and ability to succeed in this particular company.

In the final paragraph, list ways to contact you, ask for an interview, and thank your addressee for his or her attention.

There are plenty of books devoted exclusively to the writing of cover and many other types of letters with examples that can be adapted to your needs. You can find them at any public library.

If you have access to the Internet, you can easily find the necessary information by searching for key words 'cover letter.' For example, the Californian site *www.jobsmart.org* offers plenty of information about all aspects of job searching, from resume writing to wage statistics. You can find even more information on the site of the U.S. Department of Labor, Employment and Training Administration at www.doleta.gov.

A sample cover letter is shown below.

7.6.3. Сопроводительные письма

Сопроводительное письмо посылается вместе с резюме на имя человека, которому резюме направляется. Если вы не знаете и не имеете возможности узнать имя конкретного человека – допустимо послать письмо, адресованное вниманию руководителя, занимающего определённую должность, например начальнику службы кадров *(Human Resources Manager)* или руководителю инженерной службы *(Engineering Manager)*.

Главная задача этого письма – представиться потенциальному работодателю и при этом заинтересовать его настолько, чтобы он прочитал ваше резюме и пригласил на интервью. Чтобы этого добиться, каждое письмо должно быть индивидуализировано, отражая ваш интерес к конкретной компании и конкретной работе.

Сопроводительное письмо должно соответствовать стандартам делового письма, занимать всю или большую часть страницы и содержать 3-4 абзаца.

В первом абзаце вы должны сообщить почему вы пишете, указать источник информации, из которого вам стало известно о данной вакансии, а также вкратце описать, почему вы считаете себя подходящим кандидатом на должность, на которую вы претендуете.

Во втором абзаце необходимо более подробно раскрыть свои профессиональные качества, приводя соответствующие примеры из своей предыдущей деятельности и показывая, как они соотносятся с требованиями к кандидату, делая упор на достижениях.

Третий абзац обычно включает описание личных качеств, таких как трудолюбие, целеустремленность, желание и способность преуспеть в данной конкретной компании.

В заключительном абзаце указывают способы контакта, просят об интервью и благодарят за внимание.

Существует большое количество книг, посвящённых исключительно написанию подобных и многих других писем с примерами, которые при желании могут быть адаптированы к вашим нуждам. Вы можете найти их в публичной библиотеке.

Если вы имеете доступ к системе Интернет, то нет ничего проще, чем сделать поиск по ключевым словам *cover letter,* и вы найдёте необходимую информацию. Например, калифорнийский сайт *www.jobsmart.org* предлагает большое количество информации по всем аспектам, связанным с поиском работы, начиная от написания резюме и кончая статистическими данными о заработной плате. Ещё больше информации вы можете найти на сайте министерства труда США *(U.S. Department of Labor, Employment and Training Administration)* по адресу *www.doleta.gov.* Ниже приводится пример сопроводительного письма.

14 Waterfall Drive
Town, State, ZIP
March 8, 2000

Human Resources Department
SMART DEVICES, INC.
28 Northeast Road
Town, State, ZIP

Re: Project Engineer

Dear Sir/Madam:

I was very interested to see your advertisement for a Project Engineer in the Sunday Telegram. I have been seeking just such an opportunity, and I think my background and your requirements may be a good match. My resume is enclosed for your review.

I have more than 20 years of electrical engineering experience. This includes system and board level design, analog and digital circuitry, embedded microcontrollers, and variety of sensing technologies. Most of it is related to the factory automation and precision measurement systems.

Several times I successfully have taken projects from concept through manufacturing as a participant of a group of designers and as a project leader. I have four Inventor's Certificates (Patents) and extensive experience in patenting research.

I hope that we have a chance to talk further about my background and your company's needs. I can be reached at (321) 765-1234.

Thank you for your time and consideration.

Yours truly,

Michael Ivanov

Enclosure

14 Waterfall Drive
Town, State, ZIP
March 8, 2000

Отдел кадров
SMART DEVICES, INC.
28 Northeast Road
Город, Штат, Индекс

Re: Инженер проекта

Dear Sir/Madam:

Я был очень заинтересован, увидев ваше объявление в газете "Sunday Telegram" о вакантной должности "инженер проекта". Я как раз искал подобную возможность и думаю, что мой прошлый опыт и ваши требования прекрасно совпадают. Я прикладываю моё резюме для рассмотрения.

Я имею более чем 20-летний опыт инженера-электроника, что включает в себя разработку на уровне систем и отдельных блоков, аналоговую и цифровую технику, микропроцессоры и датчики различных параметров. Большая часть разработок относилась к автоматизации технологических процессов и прецизионным измерительным системам.

Несколько раз я успешно выполнял проекты от первоначальной идеи до промышленного производства, как участник группы разработчиков или как руководитель проекта. Я имею четыре Авторских свидетельства на изобретения и значительный опыт патентных исследований.

Я надеюсь, что у нас будет возможность обсудить мой опыт и нужды вашей компании. Со мной можно связаться по телефону (321) 765-1234.

Спасибо за ваше время и внимание.

Искренне ваш,

Михаил Иванов

Приложение

7.6.4. References

Asking a potential employee for recommendations or references is common in the US, especially when a position is more or less skilled. Employers want to make sure that the applicant is really what he or she appears to be and also to confirm the information the applicant gave about him- or herself with the help of third parties who have known him or her longer. For this purpose, the employer usually asks the top applicants for a list of 2 to 4 people who could give them a positive recommendation.

These people can be friends, former teachers or classmates, colleagues or clients -- the choice is yours, but they should not be your relatives. It is good to have someone who knows you both as a professional and as a person. It is understandable that a person who has recently arrived in the country may not know many people, and his or her choices are limited. Therefore, you must work with what you have. You may list your sponsor or an instructor of any courses you have taken, a member of the church you attend, or a friend who has arrived much earlier and has already settled here, even if he or she lives in another state. You must remember, however, that the reference given by a fellow immigrant will be less valuable than that of an American. It goes without saying that before giving an employer someone's name, you should talk to that person and ask his or her permission.

Applicants are frequently asked for permission to contact their present employer. It is understandable if you do not allow this for any reason, but it is quite possible that your previous employers will be contacted without your knowledge. This is one of the reasons why people prefer to leave jobs on good terms, without slamming doors. If you worked hard and got along with colleagues, you can always expect a good reference, and a good reference from the immediate supervisor at a previous job will certainly be taken into account.

The list of references is usually given only after it has been requested, except cases when it is a necessary part of the application form that you were asked to fill out. In any case, you should think about this beforehand and have such a list ready.

7.7. Necessary paperwork

When applying for a job, you will have to present documents certifying your identity, immigration status, education, qualifications, and so on.

7.6.4. Рекомендации

Система рекомендаций или отзывов *(references)* очень широко распространена в США, особенно когда дело касается более или менее квалифицированной работы. Работодатель хочет как можно лучше удостовериться, что принимаемый на работу человек действительно является тем, чем кажется на первый взгляд, а также подтвердить с помощью третьих лиц, которые знают его более продолжительное время, сведения представляемые соискателем о себе. Для этого наниматель обычно просит реальных претендентов на место представить список из 2-4 человек, которые могли бы охарактеризовать их с положительной стороны.

Эти люди могут быть друзьями, бывшими преподавателями или соучениками, сослуживцами или клиентами - по вашему усмотрению, но они не должны быть вашими родственниками. Желательно, чтобы среди них были те, которые знают вас и как специалиста, и как человека. Вполне понятно, что человек, недавно приехавший в страну, может не иметь много знакомых и ограничен в выборе, поэтому исходите из существующей реальности. Отзыв может дать ваш спонсор или преподаватель каких-либо курсов, на которых вы учились, член религиозной общины к которой вы принадлежите или ваш знакомый, который приехал много раньше и уже укоренился здесь, даже если он живёт в другом штате. Следует правда помнить, что рекомендация соотечественника будет менее весома, чем рекомендация американца. Само собой разумеется, что прежде чем указывать чьё-то имя, вы должны поговорить с этим человеком и попросить его согласия.

Зачастую кандидатов спрашивают, можно ли связаться с их теперешним работодателем. Вполне объяснимо, если вы по какой-то причине этого не разрешаете, но вполне вероятно, что, не спросив вас, могут навести справки на предыдущих местах вашей работы. Это одна из причин, почему люди при увольнении предпочитают расставаться по-хорошему, не хлопая за собой дверью. Если вы добросовестно работали и ладили с сослуживцами, вы всегда можете рассчитывать на хороший отзыв, а хороший отзыв непосредственного начальника с предыдущего места работы безусловно будет принят во внимание.

Список людей, дающих отзывы, обычно предоставляется только после того, как его затребовали, за исключением случаев, когда это является обязательной частью анкеты, которую вам предложили заполнить. Так или иначе, но вы должны позаботиться об этом заранее и иметь такой список при себе.

7.7. Документы

При трудоустройстве всегда необходимо предъявлять документы, удостоверяющие вашу личность, иммиграционный статус, образование, квалификацию и так далее.

- **Personal Identification.** As we already mentioned, a driver's license is the most common form of identification in the US, but it is not the only one. Those who do not drive can get an ID card that looks similar to a driver's license, a so-called *Non- driving ID,* at the Bureau of Motor Vehicles. For this you will need to present your Social Security card and some form of picture ID. This can be a passport, a green card, a naturalization certificate, etc. A driver's license or its equivalent is especially important for those who have already become American citizens, because a naturalization certificate is a large document that is difficult to carry; besides, photocopying it is illegal.

- **Social Security card** is required for any employment because the number is used for tax purposes. All legal immigrants, as well as foreigners who have the right to work or study in the US have to have a Social Security number. It can be obtained at the nearest Social Security Administration office. It takes several weeks to process the necessary documents; therefore, you will need to do it before you start looking for a job, or even better - in the first few days after your arrival in the country.

- Documents that provide proof of your education will be necessary for a job that requires a degree or special training. It is a good idea to have the originals (or at the very least, copies) of these documents, as well as the appropriate translations into English.

The certificate of completion of secondary school in the republics of the former USSR is equivalent to the American High School Diploma. The technical school diploma can be equal to a two-year *Associate Degree* and sometimes more. The five -year higher education degree received in the Soviet Union can be viewed as something between a Bachelor's degree and a Master's degree received in the US. Candidates of sciences are equal to Doctors of Philosophy (Ph. D.).

Because in most cases neither names of educational institutions nor the degrees received will mean anything to people not familiar with the country, the most important thing to have is not the diploma itself, but the list of courses taken, their duration in hours, and the grade received. This can give your potential employers a real idea about your education.

- **Special certificates and licenses.** As was already mentioned, some professions are strictly regulated, and in order to practice them it is necessary to have a license issued by state authorities after passing a special examination. Information about licensing requirements can be obtained from the State Licensing Board. Unfortunately, some states do not recognize education received in other countries and do

- **Удостоверение личности.** Как мы уже говорили, водительские права являются самым распространённым удостоверением личности на территории США, но не единственным. Люди, не умеющие водить машину, могут получить удостоверение личности, сделанное наподобие водительских прав в виде карточки, так называемое *Non driving ID* в *Bureau of Motor Vehicles.* Для этого необходимо предъявить карточку с номером социального обеспечения и какое-то удостоверение личности с фотографией. Это может быть паспорт, гринкарта, сертификат о натурализации и так далее. Особенно это важно для тех, кто уже получил гражданство, поскольку сертификат о натурализации – документ большого формата, который неудобно носить с собой, кроме того, с него запрещено снимать копии.

- **Карточка с номером социального обеспечения** *(Social Security number)* требуется для устройства на любую работу, поскольку этот номер используется для отчисления налогов. Все легальные иммигранты, а также иностранцы, получившие право на работу или учёбу в США должны иметь *Social Security number.* Сделать это можно в ближайшем офисе службы социального обеспечения *(Social Security Administration).* Поскольку прохождение документов занимает несколько недель, необходимо сделать это заранее, а ещё лучше - в первые дни после прибытия в страну.

- **Документы об образовании** понадобятся при устройстве на работу требующую квалификации или специальной подготовки. Желательно иметь подлинники документов, но на крайний случай хотя бы копии, а также соответствующие переводы этих документов на английский .

Аттестат об окончании средней школы в республиках бывшего СССР эквивалентен американскому диплому об окончании двенадцатилетней школы *(High School Diploma).* Диплом об окончании техникума может быть приравнен к степени, которую дают двухгодичные колледжи – *Associate Degree,* а иногда и выше. Пятилетнее высшее образование, полученное в Советском Союзе, может быть расценено как что-то промежуточное между степенью бакалавра *(Bachelor's degree)* и магистра *(Master's degree)* принятыми в США. Кандидаты наук приравниваются к докторам философии *(Ph.D.).*

Поскольку ни названия учебных заведений, ни присвоенная квалификация в большинстве случаев ничего не говорят людям не знакомым со страной, то наиболее важно иметь не сам диплом, а выписку из него с перечнем прослушанных курсов, их продолжительностью в часах и полученной оценкой. Это позволяет дать реальное представление о характере полученного образования.

- **Специальные удостоверения, сертификаты, лицензии.** Как уже упоминалось выше, некоторые профессии строго регламентируются и для работы в таких областях необходимо иметь лицензию, выдающуюся властями штата после сдачи специального экзамена. Информацию об условиях сдачи экзаменов можно запросить в комиссии штата по лицензиям *(State Licensing Board).* К сожалению, в

not such people who have it to take examinations. Therefore, you will have to either receive an American education or move to a state with less rigid requirements. Being licensed in one state does not guarantee that the license will be recognized in another.

After completing virtually any course or training program in America, students are given certificates. If the courses you have taken were related to the job you are applying for, having such certificates can be useful.

7.8. The Interview

So far, every section of this chapter has dealt with finding a potential employer and appearing interesting enough for him or her to want to meet you personally. The interview is your only chance to transform a potential position into a real one. As a rule, interviews are scheduled for a small group of applicants whose materials give a reason to believe that their knowledge, experience, and personal qualities closely match the employer's requirements.

Most of the work needed to determine whether to hire someone is done during the interview. This decision is very often based not only on the applicant's purely professional qualities, but also on the overall impression he or she has made during the interview, and this impression is sometimes the deciding factor. Everything counts, including handshake, general demeanor, listening and asking questions, and appearance. It takes some time to start feeling more or less confident, which is why it makes sense to go to any interview you are offered, even if you know that you do not have any chance of getting the job or if you do not want it. It is very important to carefully prepare for each interview and try to think of it as a learning experience if it does not go the way you wanted it to.

7.8.1. Preparing for the interview

Sooner or later, you will be offered an interview that is very important to you, where any mistake can cost you the position. Therefore, you need to start preparing for such an event as early as possible.

The most typical situation for immigrants is when a person with an education or certain qualifications wants to get a job in the same field in which he

некоторых штатах не признают образования, полученного в других странах, и к сдаче экзаменов таких людей не допускают, поэтому нужно либо получать американское образование, либо переезжать в штат с более мягкими требованиями. Наличие лицензии в одном штате не гарантирует её признания в другом.

При окончании практически любых курсов в Америке, слушателям выдают сертификаты. Если эти курсы были связаны с той работой, на которую вы претендуете, то наличие таких сертификатов может оказаться полезным.

7.8. Собеседование при приёме на работу (интервью)

Все предыдущие разделы этой главы были направлены на то, чтобы найти потенциального работодателя и заинтересовать его настолько, чтобы он пожелал с вами встретиться лично. Интервью – это ваш единственный шанс превратить потенциальное рабочее место в реальное. Как правило, интервью назначают небольшой группе кандидатов на должность, предварительные документы которых дают основания полагать, что знания, опыт и личные качества соискателя близко соответствуют тем требованиям, которые работодатель сформулировал для себя.

Во время интервью производится основная часть работы по принятию решения: брать или не брать. Очень часто это решение принимается не только на основе чисто профессиональных качеств кандидата, а может быть даже не столько на основе этих качеств, сколько на основе того впечатления, которое он произвёл во время интервью. Сюда входит всё, начиная от рукопожатия при встрече, манеры держаться во время разговора, умения слушать собеседника и задавать вопросы и так далее и кончая внешним видом. Потребуется приобрести определённый опыт, прежде чем вы сможете более или менее уверенно себя чувствовать, поэтому имеет смысл ходить на любое назначенное вам интервью, даже если вы заранее знаете, что у вас мало шансов или наоборот, вы не очень хотите эту работу. Очень важно тщательно готовиться к каждому интервью и извлекать полезные уроки на будущее, если по какой-то причине оно прошло не так, как вам бы хотелось.

7.8.1. Подготовка к интервью

Рано или поздно, вы будете приглашены на интервью, которое будет очень важно для вас, и любой промах может стоить вам места, поэтому готовиться к такому событию необходимо как можно раньше.

Наиболее типичной для иммигрантов является ситуация, когда человек, имеющий образование или определённую квалификацию, хочет получить

or she worked in his or her native country, although possibly at a lower level.

One of the most important factors is a detailed explanation of what you did in the past and how it fits in with the position you are applying for. Most professions (with rare exceptions such as computer programmers or world-class dancers and musicians) will require you to go through additional training or acquire new knowledge before you can work effectively, and we are not even talking about learning the language here. An employer dealing with an immigrant may understand that, but to estimate how much additional training is required, he or she needs to have a clear idea of what you know and what you can do. If you were a competent professional and have strong basic knowledge and skills in your field, you can easily master the details. If this is the case, an employer may initially pay you less than an American would receive for the same job, but you will have a chance to acquire American work experience - that missing link that will allow you to compete for jobs on equal footing with others in the future.

Long before our arrival in America, I was interested in what became of the people I knew who emigrated in the late 1980s. One of them, to my luck, described to his friends in detail everything that happened to him and his family from the moment they left the USSR, which at that time was still intact, including traveling through Austria and Italy, arrival in the US, looking for a job, preparing for an interview, and the interview itself. He was a highly competent professional with a Ph.D. in engineering, but he did not speak any English at all because he had studied German in school and university.

At the first opportunity, he wrote, in Russian, a description of his whole career with detailed explanations of projects he worked on, their outcomes, and his ideas about the future of his field, which amounted to 10-12 pages of text. Then he asked friends to translate this into English and carried it everywhere, reading and re-reading it aloud, until he almost knew it by heart. After about 8 or 10 months after his arrival in the US, he was offered a senior engineer position at a company specializing in the area of engineering in which he worked in Russia. The company was so interested in him that it paid for a private English tutor. In a short time, he became a leading expert in the field.

Remembering this, I did the same before my interview for an engineering position, although in a briefer form. In addition to my resume, I described on one page the most important projects in which I participated and my role in them. I made several copies of this text, which I handed out to my prospective employers during the interview, after I had apologized for my bad English and kept one copy for myself. It made my task much easier.

работу в той же сфере деятельности (возможно начиная с более низкой ступени), в которой он работал в своей стране.

Одной из наиболее важных составляющих является развёрнутое объяснение того, чем вы занимались в прошлом и как это соотносится с той должностью, на которую вы претендуете. Большинство профессий (за редчайшим исключением таких, как программисты, танцоры и музыканты высокого класса) требуют значительной переквалификации или получения дополнительных знаний прежде чем вы сможете продуктивно работать (не говоря уже о языке). Работодатель, имеющий дело с иммигрантом, может понимать это, но чтобы оценить степень необходимого обучения, ему нужно ясно представлять, какими знаниями вы обладаете, и какой сложности работу вы способны выполнять. Если вы были хорошим специалистом и имеете прочные знания основ вашего дела, то вам не составит труда освоить тонкости. При этом наниматель может какое-то время платить вам меньше, чем американцу за аналогичную работу, но вы имеете шанс получить американский опыт – то самое недостающее звено и стать полноценным работником, что позволит в дальнейшем претендовать на другие места наравне со всеми.

Еще задолго до приезда в Америку, я интересовался судьбой знакомых, эмигрировавших в конце 80-х годов. Один из них, на моё счастье, подробно описывал друзьям всё, что происходило с ним и его семьёй с момента отъезда из СССР, который на тот момент ещё был нерушимым, включая проезд через Австрию и Италию, прибытие в США, поиски работы, подготовку к интервью и само интервью. Он был прекрасным специалистом, имеющим степень кандидата технических наук, но совершенно не говорил по-английски, поскольку в школе и институте учил немецкий.

При первом удобном случае, он написал на русском языке свою трудовую биографию с подробным изложением проблем, над которыми он работал, полученных результатов, а также своих соображений о дальнейших перспективах в этой области, что вылилось в 10-12 страниц текста. Потом он попросил знакомых перевести это на английский и не расставался с переводом, читая и перечитывая его вслух, заучив почти наизусть. Через 8-10 месяцев после приезда в США он получил место старшего инженера в фирме, специализирующейся в той области техники, которой он занимался в России. Компания настолько была в нём заинтересована, что оплачивала личного преподавателя английского языка. В короткое время он стал ведущим специалистом.

Помня об этом, перед моим интервью на инженерную должность я сделал то же самое, правда, в более короткой форме, изложив на одной странице в дополнение к резюме наиболее существенные разработки, в которых я участвовал и мою роль в них. Я сделал несколько копий этого текста, которые во время собеседования вручил моим собеседникам, извинившись за свой плохой английский и положив одну перед собой. Это намного облегчило мою задачу.

Once again, I would like to stress how important it is to rehearse what you are going to say aloud, and it is even better if you can practice with an English-speaking person who can give you feedback on your pronunciation and correct mistakes. I think that everyone who has ever tried to speak a foreign language in a situation where there was a lot at stake will agree that it is very, very difficult, and no amount of practice is too much.

If you have had professional magazine publications or patents in the past, it is definitely helpful to have copies, even if they are not translated into English. If you have samples or other materials that can demonstrate your accomplishments, bring them with you.

To be able to present yourself in the best possible light, you need to learn as much as you can about company where you have been invited to an interview. This includes areas of specialization, products, the number of employees, main competitors, the company history, and so on. This is now easy to find out with the help of the Internet because even tiny companies have their own sites with plenty of information.

If it is a company whose shares are sold on the stock exchange (a public company as opposed to a private company), you can find exhaustive information about it on the U.S. Securities and Exchange Commission web site *www.sec.com,* where all companies submit quarterly reports on their financial situation, including market reviews and prospects for the future. These data for all years that are available are stored in a database called *EDGAR (the Electronic Data Gathering, Analysis, and Retrieval system).* If you do not know whether the company is public, you can search this database for its name.

Knowledge about the company will not only help you formulate questions which you would like to ask during the interview but will also make you seem very interested in the position you are applying for. Write these questions down to help you remember them and practice them with an English-speaking person. The questions should deal with the position and the company as a whole, for example:

- Can I get a copy of the job description?
- What are you looking for in an applicant for this position?
- Why is this position vacant?
- What is the employee turnover in the company?
- What are the company's plans for the near future?
- Does the company provide any training for its employees, and if yes, what kind?
- Are there any other applicants for this position?
- How is the final decision made?

Ещё раз хочется акцентировать ваше внимание на том, как важно репетировать свои материалы вслух, а ещё лучше в диалоге с англо-говорящим человеком, который может подкорректировать произношение и исправить ошибки. Я думаю всякий, хотя бы раз попытавшийся говорить на неродном языке в ответственной ситуации, признает, что это очень, очень нелегко и никакая тренировка не будет лишней.

Если в прошлом у вас были публикации в профессиональных журналах или авторские свидетельства на изобретения (патенты), то безусловно очень желательно иметь копии, даже если они и не переведены на английский. Если вы имеете образцы или другие материалы, демонстрирующие вашу прошлую работу, то захватите их с собой.

Для того чтобы иметь возможность преподнести себя с наиболее выгодной стороны, необходимо как можно больше узнать о компании, в которую вы приглашены на интервью. Сюда включается всё: область деятельности, продукция, количество работников, главные конкуренты, история создания и так далее. Сейчас это не так трудно сделать с помощью Интернета, поскольку даже крохотные компании имеют свои сайты с достаточным количеством информации.

Если же речь идёт о компании, являющейся акционерным обществом, акции которой продаются на бирже *(public company* в отличие от *private company),* то вы можете найти исчерпывающую информацию на сайте *www.sec.com* правительственной комиссии по ценным бумагам *U.S. Securities and Exchange Commission,* куда все компании представляют ежеквартальные отчёты о финансовом положении, включающие обзор рынка и перспективы на будущее. Эти данные за все годы хранятся в базе данных под названием *EDGAR (the Electronic Data Gathering, Analysis, and Retrieval system).* Если вы не знаете, является ли компания акционерным обществом или нет, то вы можете сделать поиск в этой базе данных по названию предприятия.

Наличие знаний о компании не только поможет вам сформулировать вопросы, которые вы хотели бы прояснить во время интервью, но и к тому же позволит выглядеть глубоко заинтересованным в том месте, на которое вы претендуете. Изложите эти вопросы в письменном виде для памяти и прорепетируйте с человеком, хорошо говорящим по-английски. Вопросы должны касаться должности и организации в целом, как например:

- Могу ли я получить копию должностной инструкции?

- Какие требования вы предъявляете к кандидату на эту должность?

- Почему эта должность вакантна?

- Какова текучесть кадров в компании?

- Каковы планы компании на ближайшее будущее?

- Обучает ли компания своих работников, и если да, то чему именно?

- Есть ли другие кандидаты на должность?

- Как проходит процесс отбора?

Decide in advance what you will wear to the interview. The clothes should fit the position for which you are applying. No one wears a suit and tie to an interview for a cleaning or dishwashing job, but at the same time, an applicant for an engineering position may look inappropriate in anything else. Do not wear overly casual or workout clothes such as t-shirts, jeans, and sneakers. The clothes should be businesslike -- avoid bright colors and busy patterns. Women should wear a skirt with a blouse or jacket, and men -- slacks with a button-down shirt or a suit, depending on the season and position. In their book "Finding a job in the United States," the authors recommend dressing slightly better than you would dress every day for the job. They also say that you should not be dressed better than your employer (Bradley & Fridenberg, 1992), but the truth is that in most cases you will have no idea whom you will be dealing with and how this person will be dressed. There are companies where casual clothes are the rule, and the person interviewing you may be dressed that way, but you will not look professional if you are dressed too casually.

Buy a decent business folder and gather all the necessary documents in it, including

- copies of your resume and cover letter;
- a sample completed employment application;
- a list of people who can give you references;
- a detailed description of your career;
- information about the company;
- a list of questions that you would like to ask;
- documents pertaining to your education;
- a driver's license, passport, or another form of identification;
- your social security card;
- copies of published articles or samples of your work.

7.8.2. The Interview

On the day of the interview, try not to have any other commitments if possible because you do not know how long it will last. Depending on the position and the size of the company, several scenarios are possible:

- a one-on-one interview with your future immediate supervisor;
- an interview with a group of two to five people;
- consecutive one-on-one interviews with several people;

Заранее решите, что вы оденете на интервью. Одежда должна соответствовать должности, на которую вы претендуете. Никто не ходит наниматься на работу, связанную с уборкой помещений или мытьём посуды, в костюме с галстуком, и в то же время, кандидат на инженерную должность будет выглядеть несерьёзно в чём-либо другом. Не следует надевать рабочую одежду типа маек и джинсов, также как и спортивную, включая кроссовки. Одежда должна быть деловой, не очень ярких тонов и не бросающихся в глаза рисунков. Женщинам следует надевать юбки с блузками или жакетами, а мужчинам брюки с рубашкой или костюм в зависимости от времени года и должности. В книге "Как найти работу в Америке" авторы рекомендуют одеться чуть лучше, чем вы бы одевались каждый день на работу. Они также говорят, что не следует быть одетым лучше, чем работодатель (Bradley, Fridenberg, 1992), но всё дело в том, что вы в подавляющем большинстве случаев понятия не имеете, с кем вам придётся иметь дело и как этот человек будет одет. Есть компании, в которых повседневная одежда является правилом, и человек, интервьюирующий вас, может быть так одет, но вы будете выглядеть непрофессионально, если не оденетесь соответственно.

Купите приличную деловую папку и соберите в неё все необходимые документы, как то:

- копии резюме и сопроводительного письма;

- образец заполненной анкеты;

- список лиц, которые могут дать вам рекомендации;

- развёрнутое описание вашей трудовой биографии;

- информацию о компании;

- список вопросов, которые вы хотели бы задать;

- документы об образовании;

- водительские права, паспорт или другие удостоверения личности;

- карточку с номером социального обеспечения;

- копии печатных работ или образцы ваших изделий.

7.8.2. Интервью

В день интервью желательно быть ничем не связанным, поскольку вы не знаете, сколько оно может продлиться. В зависимости от должности и размера компании, в которую вы приглашены, возможны несколько вариантов:

- интервью один на один с будущим непосредственным начальником;

- интервью с группой в 2-5 человек;

- последовательные интервью с несколькими людьми один на один;

- an interview followed by a test;
- a telephone interview;
- a computer interview.

On the day of my first interview in the US, I arrived early and sat in the car for 10 or 15 minutes, listening to the radio and waiting for the appointed time. Five minutes before the interview, I got out, slammed the car door shut, and immediately realized that I had left the keys inside. Thankfully, the interview was for a sales position that did not really interest me; I went in order to practice my interviewing skills. If it were a really important interview, such a start would hardly help me make it successful.

Real-life interviews often begin in the company's reception area, where you are greeted by your interviewer. The first impression that you will make largely depends on your appearance - clothes, hairstyle, and the way you carry yourself, as well as the emotions you express during the introductions - your handshake, smile, eye contact, and so on. When people meet for the first time, they exchange a firm handshake even if it is a man and a woman. A friendly smile and briefly looking your interlocutor in the eye throughout the conversation mean that you are listening and interested in the topic that is being discussed.

Americans dislike long pauses in a conversation, especially with people they do not know well. For this reason, after the introductions have been made or on the way to where the interview will take place, they exchange phrases about the weather, whether the company was easy to find, how long the trip was, etc. Despite the superficial nature of such exchanges, they not only help relieve stress but also allow one to get a sense of the other person's mood and personality. Because you are undoubtedly being closely observed, it would be a good idea for you to also take advantage of the situation. Before the interview, think of a couple of questions you can ask about the company, for example: How many people work in this building? Is this the only building? What does the company make besides ...? Who are the competitors besides...? The questions should not require long explanations, but at the same time should show your interest in the company or your knowledge about it.

The small talk is followed by the most important part of the interview, during which the employer asks you questions to find out about your qualifications and personality and determine whether you are a suitable candidate for the position and if yes, whether you will be a good fit for the other employees and the company in general. The ability to get along with people and effectively work with different groups *(teamwork)* is highly valued in the US. You may be asked many different questions, for example:

- интервью с последующим тестом;

- телефонное интервью;

- компьютерное интервью.

На моё первое в США интервью я приехал заранее и, в ожидании назначенного времени, сидел в машине 10-15 минут, слушая радио. Убедившись, что до срока осталось 5 минут, я вышел, захлопнул дверцу и в ту же секунду понял, что оставил ключи от машины внутри. Хорошо, что интервью было на должность, связанную с продажей чего-то, что мало меня интересовало и было для меня тренировочным. Если бы это было действительно важное интервью, то такое начало вряд ли способствовало его успеху.

Интервью в реальной жизни нередко начинается в фойе компании, где вас встречает человек, его назначивший. Первое впечатление, которое вы произведёте, во многом зависит от внешнего вида – одежды, причёски, манеры держаться, а также эмоций, которые вы выражаете во время первого знакомства - рукопожатия, улыбки, взгляда и так далее. При первом знакомстве люди обмениваются крепким рукопожатием, даже если мужчина встречается с женщиной. Доброжелательная улыбка и кратковременная встреча взглядами на всём протяжении разговора является свидетельством внимания к собеседнику и заинтересованности в обсуждаемой теме.

Американцы не любят длительных пауз, особенно с малознакомыми людьми, поэтому в начале встречи после представления другу или на пути к месту, где будет проходить беседа, они обмениваются фразами о погоде, о том, легко ли было найти местоположение предприятия, как далеко пришлось ехать и так далее. Несмотря на малозначительность разговора, это не только помогает снять напряжение, но и позволяет почувствовать настроение и темперамент собеседника. Поскольку вы, несомненно, являетесь объектом изучения в этот момент, то неплохо будет, если вы также воспользуетесь случаем. Заготовьте пару вопросов об организации, например: Сколько человек работает в этом здании? Единственное это здание или нет? Что ещё производит компания помимо…? Кто ещё является конкурентом помимо ...? Это должны быть вопросы, не требующие слишком долгого объяснения, но в то же время показывающие ваш интерес к компании или ваши знания о ней.

После такой вступительной разминки следует основная часть интервью, во время которой работодатель с помощью вопросов пытается выяснить вашу квалификацию и черты характера, чтобы определить, являетесь ли вы подходящим кандидатом на должность и если да, то сможете ли влиться в существующий коллектив, не создавая особых проблем. В США очень высоко ценится умение ладить с людьми и эффективно работать в составе различных групп *(teamwork)*. Вопросы могут быть самого различного характера, например:

- Что вы любите или не любите делать?

- Как вы преодолеваете трудности?

- What do you like or do not like doing?

- How do you approach obstacles?

- Tell me about your previous job and your accomplishments there.

- Why are you interested in this position?

- What are your long-term career plans?

Answer all questions truthfully, but do not embark on long monologues (although this may be an unnecessary warning given many immigrants' problems with the language). At the same time, it is not a good idea to give monosyllabic answers like "yes" or "no." If the question concerns your current or previous job, never say anything negative about your former supervisors or colleagues. You may say that the job was not challenging enough, but do not say that your boss was an idiot. Your goal is to get a job offer, not to stroke your ego.

Because the brief descriptions that you see even in the most detailed ads do not always give you a good idea about the exact nature of the job, from the very beginning of the interview, try to steer your interviewer toward a more detailed description of what the position entails and what will be required of you. During his or her explanation, think about what examples from your past experience illustrate that you are a good fit for the position and try to mention these examples in your answers to subsequent questions.

The US law forbids discrimination based on gender, age, race or nationality, religion, sexual orientation, disability, marital status, and so on. The questions concerning these areas of your life are illegal, and you do not have to answer them if you do not want to, but sometimes this is not the best approach. An experienced interviewer will never ask such questions because if they were asked and answered, but the applicant was not offered the position, he or she may assume that he or she was discriminated against and sue the company. Some older people omit the years they entered and graduated from school in their resumes, indicating only the institutions' names and the degrees received, and list previous jobs only for the last 15-18 years.

If you are applying for a position that does not have much potential for growth but is a necessary step for returning to your former field, one problem is convincing your interviewer that you are qualified for the job but at the same time not over-qualified. There is no reason for an employer to hire and train you if he or she knows that you have more education and experience than is required for the given position and will start looking for something better as soon as you are settled in a little. For cases like this, it is a good idea to have an alternative, more modest version of your resume that does not showcase all your accomplishments.

During an interview, you also need to get answers to the questions that

- Ваша роль и ваши успехи на прошлых местах работы?

- Почему вы хотите получить именно это место?

- *Ваши планы на будущее?*

Отвечать на вопросы следует правдиво и по существу, но не следует пускаться в длинные монологи (хотя это может быть и излишнее предупреждение, учитывая проблемы с языком). В то же время - не следует отвечать односложно "Да" или "Нет". Если вопрос касается вашей текущей или предыдущей работы, то никогда не отзывайтесь отрицательно о ваших бывших начальниках или коллегах. Вы можете сказать, что работа была недостаточно интересная, но не говорите, что начальник был занудой. Ваша цель – получить работу, а не удовлетворить самолюбие.

Поскольку предварительная информация о должности, приводимая даже в самых развёрнутых объявлениях, далеко не всегда даёт чёткое представление о реальном круге обязанностей, постарайтесь в самом начале интервью подтолкнуть собеседника к описанию этих обязанностей и возможных специфических требований с ними связанных. Отметьте во время его объяснения, какие примеры из вашего прошлого опыта иллюстрируют ваше соответствие требованиям и постарайтесь вставить эти примеры в ваши последующие ответы на вопросы.

В США законодательно запрещена дискриминация по какому бы то ни было признаку: полу, возрасту, национальности, вероисповеданию, сексуальной ориентации, инвалидности, семейному положению и так далее. Вопросы, касающиеся этих областей вашей жизни, являются незаконными, и вы можете на них не отвечать, если не хотите, но иногда это не является наилучшим выходом. Опытный работодатель никогда не будет задавать такие вопросы по той причине, что если они были заданы и на них были получены ответы, но кандидат не был принят на это место, то он может посчитать, что причиной является дискриминация и подать на компанию в суд. Некоторые не очень молодые люди опускают в резюме годы начала и окончания учебных заведений, приводя только их названия и полученные степени, а также указывают перечень своих предыдущих мест работы только за последние 15-18 лет.

Если вы устраиваетесь на должность, которая не имеет явных перспектив роста, но является необходимой ступенькой для возвращения в мир вашей бывшей профессии, то одной из сложностей является необходимость убедить в том, что вы имеете достаточную квалификацию и в то же время не являетесь сверх-квалифицированным. Работодателю невыгодно обучать вас, если он знает, что вы имеете больше образования и опыта, чем требуется для данной должности, и начнёте искать что-либо лучшее, как только немного освоитесь. На такой случай необходимо иметь специальную более скромную версию резюме, в котором не выпячиваются все ваши заслуги.

Во время интервью вам также необходимо получить ответы на те вопросы, которые вы заготовили или которые возникли у вас в процессе интервью.

you had prepared or that arose during the interview. Try to fit them into the conversation if appropriate, which will allow to make the exchange more balanced. You can save any unanswered questions for the end of the interview. As a rule, salary is not discussed during the interview, except when the employer brings it up. Try to avoid a situation when you have to name a specific figure first. For example, you can answer the question "How much are you looking to make?" with a question of your own: "What is the salary range for this position?" The real discussion of salary and benefits usually takes place after you have been offered the job.

The decision is almost never made during the interview, even if you are the last person being interviewed. Therefore, at the end of the interview, ask how the final selection will be made and when you will find out the results. Express your sincere interest in the position. Ask your interviewer for his or her business card or write down his or her name, position, and phone number (you can find out the company's address from the receptionist). Ask your interviewer whether you may call him or her in a few days.

In many cases, the main candidate or a small number of interviewees are invited to a second interview. This time is used to allow both parties to get to know each other better, which can include a short tour of the company, a meeting with employees of the appropriate department, and a conversation with several people, including the one who actually makes the final decision. All this can take several hours or even a whole day.

7.8.3. Analyzing the results of your interview

Each interview, even if it has not resulted in a job offer, can be a lesson for the future. Try to think back on all that has taken place and decide which areas, in your opinion, need improvement. Maybe you felt uneasy or did not present yourself in the best possible light. Maybe you had trouble describing your accomplishments or past experience. Maybe you forgot to mention an important detail. Try to understand why it happened and what you can do to prevent it from happening again. Try to remember the questions you were asked that contained unfamiliar words and add these words to your vocabulary.

Also note what was successful during the interview. Think which of your answers were well received and what phrases were easier for you. What seemed to pique the interviewer's interest and how can you develop and improve this aspect in the future?

After an interview, it is customary to send a thank-you letter to the person who talked to you. An example of such a letter is given below.

Постарайтесь вставить их в разговор, если это уместно, что позволит сделать беседу более сбалансированной. Оставшиеся невыясненными вопросы вы можете задать в конце интервью. Вопрос о заработной плате во время интервью, как правило, не обсуждается, за исключением случаев, когда наниматель поднимает его сам. Постарайтесь избежать варианта, когда вы вынуждены первым назвать конкретную цифру. Например, на вопрос "Сколько вы хотели бы получать?" можно ответить вопросом: "Какой диапазон зарплаты имеет данная должность?" Реальное обсуждение зарплаты и бенефитов происходит на стадии предложения работы.

Практически никогда решение не принимается в процессе интервью, даже если вы являетесь последним, с кем назначено собеседование, поэтому после окончания интервью необходимо поинтересоваться, как будет проходить дальнейший отбор кандидатов и когда вы узнаете результат. Выразите свою горячую заинтересованность в должности. Попросите визитную карточку собеседника или запишите его фамилию, имя, должность и телефон (адрес компании вы можете узнать у секретаря). Поинтересуйтесь, не будет ли он возражать, если вы позвоните тогда-то.

Во многих случаях, главный кандидат или небольшое число реальных претендентов на должность приглашаются на второе интервью. При этом происходит более углублённое знакомство с обеих сторон, которое может включать короткую экскурсию по предприятию, встречу с сотрудниками подразделения, в котором предстоит работать и беседу с несколькими лицами, включая того, кто в действительности принимает окончательное решение. Всё это может занять несколько часов или даже целый день.

7.8.3. Анализ результатов интервью

Каждое интервью, даже если оно и не привело к получению желаемого места, должно быть уроком на будущее. Следует внимательно проанализировать всё что произошло и сделать необходимые поправки в тех составляющих, которые, по вашему мнению, были недостаточно хороши. Возможно, вы чувствовали себя неуверенно или недостаточно хорошо представили себя. Возможно, вы затруднились с описанием ваших прежних достижений или имеющегося опыта. Возможно, вы забыли упомянуть какую-то важную деталь. Постарайтесь разобраться, почему так получилось и что надо сделать, чтобы это не повторилось в следующий раз. Постарайтесь вспомнить вопросы, заданные вам, в которых были незнакомые слова и включите эти слова в свой лексикон.

Отметьте также, что во время интервью было удачным. Вспомните, какие ваши ответы были восприняты лучше, и какие фразы давались вам легче. Что вызвало интерес и как можно ещё развить и улучшить эту сторону в будущем?

После интервью принято посылать благодарственное письмо на имя человека, беседовавшего с вами. Пример такого письма приводится ниже.

14 Waterfall Drive
Town, State, ZIP
March 8, 1997

Mr. John Doe
SMART DEVICES, INC.
28 Northeast Road
Town, State, ZIP

Dear Mr. Doe

I want to thank you for giving me the opportunity to visit your company and discuss the projects you have been working on as well as my background.

I was impressed by the company's dedication to quality and customer satisfaction.This fit well with the impressions I got before the interview while reviewing materials presented on the company's web site.

I will be glad to answer any questions you might have, and I hope to hear from you soon.
Thank you for your time and consideration.

Yours truly,

Michael Ivanov

7.9. Job offers

Sooner or later, you will overcome all the obstacles mentioned above and will be offered the position you applied for. Usually, this happens during a phone call from the person you talked to or the human resources manager. The salary offer will also be made at this time. You must thank the caller for the offer and ask about the expected starting date and when they expect your answer, that is, how much time you have to make a decision. In most cases, nobody expects you to accept the job on the spot.

14 Waterfall Drive
Town, State, ZIP
March 8, 1997

Mr. John Dow
SMART DEVICES, INC.
28 Northeast Road
Town, State, ZIP

Дорогой Мистер Доу.

Я хотел бы поблагодарить вас за представленную возможность посетить вашу компанию и обсудить проекты над которыми вы работаете, а также мой прошлый опыт.

Я был впечатлён тем, насколько серьёзно ваша компания относится к качеству работы и удовлетворению запросов потребителей вашей продукции. Это подтвердило информацию, полученную мной при просмотре вашего сайта на Интернете.

Я буду рад ответить на все вопросы, которые вы возможно имеете и надеюсь на ваш скорый ответ. Спасибо за уделённое мне внимание.

Искренне ваш,

Михаил Иванов

7.9. Предложение работы

Рано или поздно, вы пройдёте все преграды на вашем пути, упомянутые выше, и получите предложение занять ту должность, на которую вы претендовали. Обычно это бывает в виде телефонного звонка человека, с которым вы беседовали или работника службы кадров. При этом указывается предлагаемая зарплата. Следует поблагодарить за предложение и спросить о предполагаемой дате начала работы, а также когда они ожидают вашего ответа, то есть, сколько времени вы имеете на принятие решения. В подавляющем большинстве случаев никто не ожидает вашего мгновенного согласия.

This moment is very important. Employment experts say that this is your opportunity to get what you want. You know that the company is interested in you, that you, for some reason, have outstripped your competitors and have an advantage. As soon as you accept the offer, you lose this advantage, and you will never have it again, except in some rare cases.

In many respects, your subsequent actions depend on your particular situation, as well as on the current situation in the economy and the labor market in your area. If the unemployment rate is high at the time, you have been out of work for a long time or do not have any other prospects, your advantage is small, and you will have to accept whatever is offered to you. However, if you currently have a job which you are more or less satisfied with and the demand for labor is high, you have a chance to negotiate more favorable conditions for yourself. But before you do that, you need to carefully consider your situation, weigh and compare all pros and cons, and also make a realistic assessment of what you want and prepare an argument in favor of what you are asking for.

Below are some examples of various factors that will influence your decision:

- the company's size and reputation;
- the nature of the job and prospects for the future;
- work schedule and hours;
- salary and benefits;
- location.

The size, age, and reputation of the company are very important. If it is a large organization that has been in business for a long time, you can easily find the information that will allow you to assess the job's potential for stability. If it is a small company or a start-up, your risk of losing a job because of circumstances you cannot control is much higher. If you can, talk to people who are already working at the company. Very often, an outsider's impression of an organization is very different from how it is seen by its own employees.

Not all jobs are created equal. It is very difficult to work in a job that you do not like or where you know there will be no opportunities for advancement. There are positions where many people do not stay for more than a few days, for example, telemarketing (selling goods and services over the phone).

Despite the fact that most people work the first day Monday through Friday, there are many jobs that require working on weekends and holidays, evening and night shifts, and so on. In some companies, overtime work is more of a rule than an exception, exceeding all reasonable limits. Refusing to work overtime may be grounds for dismissal. Think in advance whether the required

Этот момент очень важен. Специалисты по трудоустройству говорят, что это самый удобный момент для того, чтобы получить то, что вы хотите. Вы понимаете, что компания в вас заинтересована, что вы, по той или иной причине, опередили ваших конкурентов и имеете преимущество. Как только вы принимаете предложение, вы это преимущество теряете, и никогда в будущем этот момент не повторится, за исключением редчайших случаев.

Во многом ваши последующие действия зависят от конкретной ситуации, в которой вы находитесь, а также от текущего состояния экономики и рынка труда в данной местности. Если в это время уровень безработицы высок, вы находитесь долгое время без работы или других перспектив не ожидается, то ваше преимущество не велико, и вы будете вынуждены принять то, что вам предлагают. Если же вы в настоящее время имеете работу, которая вас более или менее удовлетворяет, а также спрос на рабочую силу высок – вы имеете шанс выговорить себе более выгодные условия. Но прежде вы должны всё внимательно обдумать, взвесить, сравнить все "за" и "против", а также реально оценить ту границу, которая вас устраивает, и приготовить аргументы в защиту ваших требований.

Ниже приводятся примеры различных составляющих, которые влияют на принятие решения:

- размер и репутация компании;

- характер работы и перспективы на будущее;

- расписание работы и количество рабочих часов;

- зарплата и бенефиты;

- местоположение.

Размер, возраст и репутация компании имеют большое значение. Если это большая организация, существующая длительное время, то вы легко можете найти информацию, позволяющую оценить потенциальные перспективы на будущее с точки зрения стабильности. Если это небольшая или начинающая компания, то риск потерять работу по независящим от вас обстоятельствам гораздо более высок. Поговорите, если есть возможность, с людьми уже работающими в этой компании. Очень часто внешнее впечатление от организации резко отличается от того, как её видят собственные сотрудники.

Работа работе рознь. Очень трудно выполнять работу, которая вам не нравится или заранее зная, что никаких изменений в лучшую сторону не предвидится. Существуют позиции, средняя продолжительность пребывания на которых исчисляется днями, как, например, телемаркетинг (продажа товаров и услуг по телефону).

Несмотря на то, что большинство населения работает в первую смену с понедельника по пятницу, существует значительная доля рабочих мест со специфическими требованиями, включающими работу по выходным, праздникам, вечерние и ночные смены и так далее. На некоторых предприятиях сверхурочная

hours are acceptable to you.

When comparing salaries, make sure to take benefits into account. For example, the cost of medical insurance can vary significantly. There are companies that cover the cost of insurance in full, which with the salaries being equal can mean a real income difference of about $2,000-$3,000 a year or $1-$1.50 an hour. To determine your limits for salary negotiations, you need to know the salaries of people who do the same job. You can find rough figures in the table given in the appendix, and more precise information can be found on the website of the Bureau of Labor Statistics at *http://stats.bls.gov/prog-home.htm.* There you can find not only the national averages, but also regional and industry- specific data.

The company's location is extremely important. If you have to commute an hour or hour and a half one way, in addition to car and gas expenses, this will be equal to a corresponding reduction in your hourly pay, as if you had to work overtime every day without getting anything for it. If you will need to move, estimate the cost of living (especially housing) in the new area compared to your current one. The difference can be very substantial and outweigh all the other advantages. In Silicon Valley, the average salary of engineers and computer programmers is approximately 14-20% higher than the national average, while housing costs are 3-4 times higher. On the Internet, you can find sites where special software allows you to compare the salary and cost of living in different cities throughout the country. For example, you can go to *http://verticals.yahoo.com/salary, or http://verticals.yahoo.com/cities.*

Knowing what you want and what you can manage to get during negotiations does not mean that you will get it. You should be ready to present arguments to support the legitimacy of your requests.

For example, if you have a job with lots of overtime, you have the right to compare the salary you are offered not only with your current base salary, but also with your total current income, including overtime, even if the new job does not offer overtime work. After all, you do not want your actual income to decrease.

I received my first engineering job offer one month after I was promoted to equipment maintenance technician, a position which was paid hourly. Almost every week, I had an opportunity to work several overtime hours; besides, I knew that my colleague who had been working there for a long time was being paid 30-35% more an hour than I. The offer that I received entailed a fixed annual salary. I had to decide between skilled work at a familiar and fairly large company and a professional, potentially interesting job at an unfamiliar and rather small company. At that time, I had no idea about salary ranges for similar positions, but after I estimated my potential income at my

работа является больше правилом, чем исключением, переходя все разумные пределы. Отказ от сверхурочной работы может быть причиной увольнения. Заранее подумайте о том, устраивает ли вас предлагаемый рабочий график.

При сравнении зарплаты необходимо также учитывать предоставляемые бенефиты. Например, стоимость медицинской страховки может в значительной степени варьироваться. Существуют компании, полностью покрывающие стоимость страховки, что при одинаковой зарплате может означать разницу в реальном доходе в $2,000-3,000 в год или $1-1.5 в час. Для того чтобы определить допустимые пределы в переговорах о зарплате, вам необходимо знать существующие ставки для данных профессий. Ориентировочные цифры вы можете найти в таблице, приведённой в приложении, а более точную информацию можно найти по Интернету на сайте Бюро рабочей статистики *(Bureau of Labor Statistics)* по адресу *http://stats.bls.gov/proghome.htm.* Там приводятся не только средние данные по стране, но также региональные и относящиеся к той или иной отрасли.

Местоположение компании имеет исключительно важное значение. Если вы вынуждены проводить в дороге час или полтора в один конец, то помимо затрат на машину и бензин это будет эквивалентно соответствующему снижению вашей почасовой оплаты, как если бы вы были вынуждены работать каждый день сверхурочно, не получая за это ничего. Если вы будете вынуждены сменить место жительства, то оцените стоимость жизни (в первую очередь жилья) в новой местности по сравнению с вашей нынешней. Разница может быть очень существенной и перевесить все другие возможные достоинства. В Силиконовой долине средняя зарплата инженеров и программистов приблизительно на 14-20% выше, чем в среднем по стране, в то время как стоимость жилья в 3-4 раза выше. На Интернете вы можете найти сайты, на которых специальные программы позволяют сравнить зарплату и стоимость жизни в различных городах страны по выбору. Например: *http://verti-cals.yahoo.com/salary* и *http://verticals.yahoo.com/cities.*

Знание того, что вы хотите и того, что вы можете выторговать во время переговоров не означает, что вы это получите. Вы должны быть готовы привести аргументы в доказательство справедливости ваших притязаний.

Например, если вы имеете работу с постоянными сверхурочными, вы вправе сравнивать предлагаемую вам оплату не только с вашей базовой зарплатой, но и со всем текущим совокупным доходом, включая сверхурочные, даже если новая работа не предполагает сверхурочной работы. В конце концов, для вас важно, чтобы ваш реальный доход не уменьшился.

Я получил предложение моей первой инженерной работы через месяц после того, как я был переведён на должность техника по ремонту оборудования с почасовой оплатой. Практически каждую неделю у меня была возможность работать несколько сверхурочных часов, кроме того, я знал, что мой коллега, работающий давно, получает в час на 30-35% больше, чем я. В предложении, которое я получил, речь шла о фиксированном годовом окладе. На

current job, I came to the conclusion that it was approximately the same amount I was offered at the new place. Because I felt that the company was interested in me, I politely mentioned this reason. As a result, I was offered an annual salary that was two thousand dollars higher.

There are other kinds of compensation that can be subject to negotiation, for example, moving expenses. If the company that wants to hire you is outside the acceptable commuting distance and you would have to move to another city and rent an apartment or sell your house, your employer may offer to cover all or part of your moving expenses. The amount of such compensation can be more than five thousand dollars.

In any case, after you have accepted the final offer, ask for it in written form before you notify your current supervisor that you are leaving.

7.10. Clothing, behavior, and schedule

Every country has traditions, developed over decades or even centuries, that govern how people dress and behave in various situations, and what is required of employees in the workplace. In our native country, we almost always could correctly identify someone as a foreigner by the way that person dressed and acted, even if we did not hear him or her speak and he or she did not have a different skin color or wear ethnic clothes. In the same way, I can in most cases identify other Russian immigrants, especially middle-aged or older people, in a crowd of Americans by their intent gaze and unsmiling expression, as well as by the details of their clothes. Americans, over their more than two-hundred-year history, have also developed their distinct patterns of behavior and traditions in work relationships and clothes.

7.10.1. Clothing

It is impossible to briefly describe clothing requirements for all occasions. The possibilities are virtually endless. All depends on where you work: at a fish-processing plant or a fancy restaurant, at a convenience store or an expensive department store, at a hospital or a software company, at an insurance firm or an auto-repair shop. Another important factor is location: a large city or a tiny town, the North or the South, the West or the East Coast, and so on. In this section we will talk only about some general guidelines and things to avoid.

чаше весов была знакомая и достаточно большая компания с не очень чистой работой против незнакомой и сравнительно маленькой компании с чистой, потенциально интересной работой. В то время я понятия не имел о размерах оплаты на подобных должностях, но прикинув свой возможный доход на текущем месте, пришёл к выводу, что это приблизительно такая же сумма. Поскольку я чувствовал, что во мне заинтересованы, то в вежливой форме привёл этот довод. В результате, мне предложили оклад больше на две тысячи долларов в год.

Существуют другие виды благ, которые могут быть предметом переговоров, как, например, компенсация затрат на переезд в другую местность. Если компания, приглашающая вас, находится за пределами приемлемого расстояния, и вы вынуждены перебираться в другой город, снимая квартиру или продавая дом, то вам могут предложить оплатить частично или полностью расходы по переезду. Сумма такой компенсации может составлять пять и более тысяч долларов.

В любом случае, после того, как вы приняли окончательное предложение, попросите оформить его в письменном виде прежде чем уведомите своё начальство об увольнении.

7.10. Одежда и поведение

В каждой стране есть свои, складывающиеся десятилетиями или даже веками традиции в том, как люди одеваются, ведут себя в различных ситуациях и какие требования предъявляются к персоналу на работе. Мы почти безошибочно могли распознать иностранца в своей стране по манере одеваться и держаться, даже если мы не слышали языка и у этого человека не было кожи другого цвета или характерной национальной одежды. Точно так же я могу в большинстве случаев распознать соотечественников (особенно людей среднего и старшего возрастов) в толпе американцев по сосредоточенному взгляду и отсутствию улыбки, а также по деталям одежды. Американцы, за более чем двухсотлетнюю историю, также выработали свои особенности поведения и традиции во взаимоотношениях и одежде.

7.10.1. Одежда

Невозможно вкратце описать требования к одежде на все случаи жизни. Возможных вариантов – бесконечное множество. Всё зависит от того, где вы работаете: на рыбо-перерабатывающем предприятии или в шикарном ресторане, магазине на автозаправочной станции или дорогом универмаге, госпитале или компании по разработке программного обеспечения, в страховой фирме или в авторемонтной мастерской. Следующим важным фактором является место жительства: крупный это город или крохотный, север или юг, западное побережье или восточное и так далее. В этом разделе мы поговорим только об общих правилах и о том, чего надо избегать.

First of all, I must mention that in the US, it is customary to take a bath or shower (including washing one's hair) and to change clothes daily, regardless of where you work. You probably will not see a mechanic in a greasy uniform that has not been washed for weeks, and if you do, you will never go to him again. You also will not see a bank employee wearing the same suit or tie not only two days in a row, but even twice during the same week. Underwear, shirts, jeans, and so forth are washed after one use not because they are dirty, but because they are not fresh. Americans usually do laundry once a week, which means that you need to have at least 7-10 outfits. Americans have a lot of clothes; they are relatively inexpensive and easily accessible. They can be inexpensive t-shirts, sweaters, or jeans, but there must be enough of them.

All Americans use deodorant and mouthwash, and most do not abuse perfume. Because most buildings are equipped with air conditioners, all odors are very apparent.

Americans are very democratic when clothes are concerned; they dress up only when necessary. You will rarely see a man wearing a tie on a weekend. American companies are becoming more and more accepting of comfortable casual clothes. Customer service positions are the exception. Such employees often wear formal clothes. People who are not required to wear suits and ties for work may not own them at all. I have often met men over thirty who did not own a single suit not because they could not afford it, but because they did not need it. In America, it is very easy to be wrong if you try to determine the person's financial status by his or her clothes. A multimillionaire may be dressed in a T-shirt and ripped jeans, whereas people wearing in expensive clothes may be buried in debt.

The best approach to choosing clothes for work is the following: pay attention to what people at the same level as you wear and dress similarly. Try not to look very different from others, especially by wearing ethnic clothing. If you want to advance, dress better than those at your level, but not better than your immediate supervisor.

Usually, during an interview candidates are shown around their potential workplace or the whole company. If your interviewer does not offer you a tour, you can ask for it. Pay attention to how people are dressed so that you do not have to agonize about what to wear on the first day. However, be careful if your interview falls on a Friday. In many companies, Friday is the day when casual clothes are permitted *(dress-down day),* even if a dress code is in effect during the rest of the week. In this case, it is a good idea to ask how you should dress.

Clothes with various slogans and logos deserve a special mention. Most logos serve as advertising. Advertising is very expensive in America, and it is considered poor taste to be a free walking billboard without a good reason.

Прежде всего, следует сказать о том, что в США принято мыться (включая голову) и менять одежду ежедневно, вне зависимости от того, где вы работаете. Вы вряд ли увидите автомеханика в замасленной робе, не стиранной неделями, а если увидите, то никогда не пойдёте к нему второй раз. Вы также не увидите работника банка в одном и том же костюме или галстуке не только два дня подряд, но даже дважды на одной и той же неделе. Нижнее бельё, рубашки, джинсы и тому подобное стирается после одноразового использования не потому, что оно грязное, а потому, что несвежее. Поскольку американцы обычно стирают один раз в неделю, то это означает, что необходимо иметь как минимум 7-10 комплектов одежды. Одежды у американцев много, она сравнительно недорогая и легко доступна. Это могут быть дешёвые майки, свитера, джинсы, но их должно быть в достаточном количестве.

Все американцы пользуются дезодорантами и полосканиями для рта и в большинстве своём не злоупотребляют ароматической косметикой. Поскольку почти все помещения оснащены кондиционерами воздуха, все запахи чувствуются особенно сильно.

Американцы очень демократичны в одежде, они надевают официальную одежду только тогда, когда это необходимо. Вы редко встретите мужчину в галстуке в нерабочие дни. Американские компании всё больше и больше переходят на удобную повседневную одежду. Исключением являются должности, связанные с обслуживанием клиентов. Работники таких отделов, чаще всего, носят строгую формальную одежду. Те люди, которые по роду службы не обязаны носить костюмы и галстуки, могут их вообще не иметь. Я неоднократно встречал мужчин старше тридцати, которые не имели ни одного костюма не потому, что они не могут себе это позволить, а потому, что в этом нет необходимости. В Америке очень легко ошибиться, пробуя по одежде определить финансовое положение человека. Владелец многомиллионного состояния может ходить в майке и потёртых джинсах, тогда как шикарно одетые люди могут быть по уши в долгах.

Наилучшим правилом выбора одежды для работы является следующее: посмотрите, как одеваются окружающие вас люди соответствующего уровня и одевайтесь так же. Постарайтесь не выделяться резко из окружающих, особенно чем-то чисто национальным в одежде. Если вы хотите продвинуться, то одевайтесь лучше, чем одеваются на вашем уровне, но не лучше, чем ваш непосредственный начальник.

Обычно при прохождении интервью кандидатам показывают их место работы или всю компанию. Если вам не показали, то вы можете сами попросить об этом. Обратите внимание на то, как люди одеты, чтобы не ломать голову над тем, что одевать в первый день. Только будьте осторожны, если интервью проходит в пятницу. Во многих компаниях пятница является днём, когда разрешается одеваться в неформальную одежду *(dress-down day),* даже если в другие дни форма одежды *(dress code)* регламентирована. В этом случае полезно спросить, как вам следует одеваться.

Особо следует сказать об одежде с различными надписями. Большинство

Often, the larger the advertising logo, the cheaper the item of clothing. For example, clothes that advertise sports teams from other regions of the country can be bought very cheaply, whereas a T-shirt with the logo of a local team will cost several times as much. However, you almost always will be asked whether you are a fan of the team whose shirt you are wearing. It may turn out that a team you are advertising is the biggest rival of a favorite local team.

Also try to avoid words on your clothes if you do not know exactly what they mean. I remember how shortly before my first visit to the US, I bought a pair of jeans with something embroidered on their back pocket. Without taking the trouble to look it up in the dictionary, I wore them in America. Some time later I was asked whether I knew what the embroidery meant. It turned out to be the word "spy". Nothing terrible, but I probably would not have chosen these jeans if I knew the translation. However, you may find yourself in a much more awkward situation.

7.10.2. Work etiquette

One of the most essential values for an American is what is described by the word *privacy* in English. This word can be translated into other languages as "solitude" or "private affairs," but it actually means anything that is related to someone's private life. Americans do not like anyone, including the government, intruding into their private life and personal space. This is expressed in many different ways, for example, in the US it is not considered acceptable for people to stand very close to each other during a conversation or even while waiting in line. The acceptable distance is 50-75 centimeters. If people pass each other at a distance less than this, they apologize for a possible inconvenience that they may have caused. Most Americans keep many personal mementos in their work space if they have one, and they don't like unannounced intrusions by strangers. Before entering someone's office, it is customary to announce one's presence by knocking or saying the person's name.

For the most part, Americans are very friendly and often smile when they see someone. It does not mean that they do not have problems and are always in a good mood, but it is considered bad taste to show one's problems in public.

Americans prefer to praise rather than criticize others. Therefore, if you complain about your bad English, you will be told that it is just great or, at least, that it is better than their Russian or whatever, depending on your native language. I started to realize that my English got a little better only when coworkers began smiling at my mistakes occasionally instead of trying hard to understand what I was saying.

When you see someone for the first time that day, it is customary to greet

надписей являются рекламными. Реклама в Америке стоит очень дорого и считается недостойным быть ходячей рекламой бесплатно без веских на то причин. Зачастую, чем крупнее рекламная надпись, тем дешевле стоит изделие. Вы можете очень дёшево купить, например, одежду с рекламой спортивных команд из других регионов страны (тогда как майки с эмблемами местных команд будут стоить в несколько раз дороже), но при этом вас почти обязательно спросят, являетесь ли вы болельщиком данной команды. Может оказаться, что это заклятый соперник всеми любимой местной команды.

Постарайтесь также избегать надписей, если вы не знаете точно, что они означают. Я вспоминаю, как незадолго до моего первого приезда в США, купил джинсы с какой-то вышивкой на заднем кармане. Не потрудившись заглянуть в словарь, я приехал в них в Америку. Через некоторое время меня спросили, знаю ли я что там написано. Оказалось, что слово "Spy" переводится как "шпион". Ничего страшного, но я вряд ли бы выбрал именно эти джинсы, если бы знал перевод. Однако можно оказаться и в более неловкой ситуации.

7.10.2. Поведение

Одной из самых существенных ценностей для американца является то, что в английском языке обозначено словом *privacy,* что переводится как "уединение" и "личное дело", но в действительности означает всё, что связано с личной, частной жизнью человека. Американцы не любят вторжениякого бы то ни было, включая и государство в их личную жизнь и личное пространство. Это выражается различными способами. Например, в США не принято стоять близко друг к другу при разговоре или даже в очереди. Приемлемая дистанция составляет 50-75 см. Если люди проходят мимо друг друга на расстоянии меньше чем это, то они извиняются за возможное неудобство, которое они причиняют. Большинство американцев имеют массу личных памятных вещей на своём рабочем месте, если оно есть, и не любят бесцеремонного вторжения посторонних. Принято стуком или голосом привлекать внимание владельца офиса, прежде чем входить внутрь.

В основной массе, американцы очень приветливы и часто улыбаются при встрече. Это не означает, что у них нет проблем и всегда хорошее настроение, но считается плохим тоном показывать это на людях.

Американцы предпочитают хвалить, а не ругать. Поэтому, если вы пожалуетесь на свой плохой английский, то вам скажут, что он просто великолепен и уж, по крайней мере, лучше их русского или какого-то ещё в зависимости от родного языка говорящего. Я только тогда понял, что мой английский стал несколько лучше, когда сотрудники стали время от времени улыбаться моим ошибкам, вместо того, чтобы напряженно пытаться понять, что я говорю.

При встречах впервые в течение текущего дня принято приветствовать словами *Good morning* или *Good afternoon* в зависимости от времени. Иногда

them by saying *Good morning* or *Good afternoon,* depending on the time of day. Sometimes people simply say *Morning* or *Afternoon.* At all subsequent meetings that day, people usually smile and say *Hi!* or *Hi, how are you?* or *How are you doing?* Even complete strangers may greet each other this way if they happen to make eye contact.

When meeting each other for the first time, both men and women shake hands. Also, people one sees infrequently in a business setting are greeted with a handshake as well. Handshakes among people who work with each other on a daily basis are not customary.

7.10.3. Company policies

In most cases, a regular workday lasts eight hours with a lunch break for either thirty minutes or one hour. Manufacturing personnel who are paid hourly usually have a 30-minute lunch break. Salaried employees, in most cases, have an hour-long lunch. Besides, there usually are two 15-minute breaks, one in each half of the shift, during which employees can relax, make a phone call, have a snack, smoke, or just talk. More and more American companies forbid smoking inside the buildings and also at any time except breaks.

If during lunch break, an employee is free to leave the company's premises, during a short break he or she should remain there. If the nature of your work does not allow you to leave your workstation, another employee covers for you while you are on break. If you are paid hourly, it is better not to work during such breaks, even if you are not tired. You will not look good in the eyes of your colleagues. Salaried employees are less limited by such considerations and often decide for themselves when they can take a break.

You decide what to do and what and where to eat during a lunch break. Many people who are paid hourly bring meals from home because their break is rather short. The employer usually provides a room with tables and chairs, microwaves for reheating food, a refrigerator, disposable plates, cups, and utensils, and fresh newspapers. Often such rooms have vending machines that sell soft drinks, coffee, small bags of potato chips, different kinds of candy bars, and even sandwiches. Of course, food from vending machines costs much more than the same food in the supermarket. Larger companies may have cafeterias. Some people, after they reheat their food, go to their cars to eat. It is a bad idea to always avoid your coworkers during lunch because it is really the almost time when you can really get to know your colleagues.

Salaried employees, who have longer lunch breaks and higher incomes, may eat lunch at nearby restaurants or order it to be delivered to work. Some go to the nearest supermarket and choose from many kinds of salads that are

просто говорят *Morning* или *Afternoon*. При всех последующих встречах обычно улыбаются и приветствуют словами *Hi!* или *Hi, how are you?* или *How are you doing?*. Даже совершенно незнакомые люди при встрече могут поприветствовать друг друга таким образом, если они встретились взглядом.

При первом знакомстве обмениваются рукопожатиями как мужчины, так и женщины. Также рукопожатием приветствуют людей, которых видят нечасто при деловых встречах. Не распространены рукопожатия среди людей постоянно работающих друг с другом.

7.10.3. Правила внутреннего распорядка

В большинстве случаев нормальный рабочий день длится восемь часов с перерывом на обед (ланч) длительностью тридцать минут или один час. Производственный персонал, работающий повремённо, чаще всего имеет 30-минутный перерыв. Служащие, находящиеся на окладах, в большинстве случаев имеют часовой перерыв. Кроме того, обычно имеются два 15-минутных перерыва (брэйка) – по одному в каждой из половин рабочей смены, во время которых работники могут отдохнуть, позвонить по телефону, перекусить, покурить или просто поговорить. Всё больше и больше американских предприятий запрещают курение внутри производственных зданий, а также в любое время кроме перерывов.

Если во время обеденного перерыва работник волен покинуть территорию предприятия, то во время брэйка он должен оставаться в его пределах. В тех случаях, когда характер работы не позволяет покидать рабочее место, производят временную подмену на время перерывов. На повремённой работе не следует работать во время таких перерывов, даже если вы не устали. Вы будете выглядеть некрасиво в глазах сослуживцев. Люди, находящиеся на окладах, менее связаны такими условностями и зачастую сами определяют, когда они могут сделать перерыв.

Вы свободны в том, что делать и как питаться во время обеденного перерыва. Многие работающие повремённо приносят еду с собой, поскольку перерыв довольно короткий. Работодатель обычно обеспечивает помещение, где есть столы со стульями, микроволновые печи для разогревания пищи, холодильник, одноразовая посуда и свежие газеты. Очень часто в таких помещениях стоят автоматы, продающие прохладительные напитки, кофе, маленькие упаковки картофельных чипсов, различные виды шоколадных батончиков и даже бутерброды. Разумеется, что продукты в автоматах стоят гораздо дороже, чем в магазинах. Более крупные предприятия могут иметь кафетерии. Некоторые люди, разогрев пищу, уходят есть в свои машины. Не стоит всегда избегать общества во время обеда, поскольку это практически единственное время, когда вы можете в полной мере общаться с вашими сослуживцами.

Служащие, имеющие более продолжительный перерыв и более высокие доходы, могут ходить на обед в близлежащие рестораны или заказывать его с доставкой на место работы. Некоторые ездят в ближайший супермаркет и

always available. Many also bring food from home. If you reheat food or eat in the common room, it is preferable not to bring dishes with strong odors that may be unpleasant to others.

Occasionally, work-related meetings are held during lunch break. In these cases, the company usually pays for food to be delivered from a local restaurant or pizzeria. Everyone chooses in advance what he or she wants from the menu. Some companies do this fairly often, which goes to show that Americans work hard and getting the job done is very important to them.

There are different ways to keep track of hours worked. It may be an electronic timing system, when you scan a special personal magnetic card at the beginning and end of each shift, or your supervisor may simply watch you. In most cases, hourly employees fill out special time cards at the end of each week, noting the hours worked and all deviations from a regular workday.

You should always keep on hand a phone number that you can call if for some unforeseen reason you cannot come to work or are running late. Notify your immediate supervisor if you know in advance that you will be late. In many cases, it is possible to make up the missed time by staying later for one or more days.

7.11. Labor laws

The US labor laws cover all work-related activities. The main purpose of this legislation is ensuring equal treatment for everyone on the labor market, as well as providing a certain level of protection for workers from possible abuse by employers. Some laws regulating work safety, for example, cover everyone who works for hire, whereas others can be concerned with protecting the rights of specific groups, such as minors or people with disabilities. There are federal laws that are applicable throughout the country, and also state laws that cover specific issues that are not included in federal legislation. State laws may differ from each other significantly.

Labor laws are enforced by various government structures that carry out regular inspections and respond to complaints made by individual employees or groups. Each law, if violated, carries serious administrative and judicial sanctions.

покупают салаты, продающиеся в большом ассортименте. Многие также приносят пищу с собой. Если вы разогреваете пищу или обедаете в общем помещении, не стоит приносить блюда с сильным запахом, который может быть неприятен окружающим.

Иногда производственные совещания проводятся во время обеденного перерыва. При этом обычно администрация оплачивает пищу, заказанную из местного ресторана или пиццерии, осуществляющих доставку. Каждый выбирает то, что он хочет из меню, предварительно пускаемого по кругу. Некоторые компании пользуются этим довольно часто, что лишний раз доказывает, что американцы работают упорно и добиться результата - очень важно для них.

Рабочее время учитывается разными путями. Это может быть электронная система учёта, когда вы, имея специальную личную магнитную карточку, отмечаетесь перед началом работы и по её окончании, а может быть просто визуальный контроль вышестоящим персоналом. В большинстве случаев, повремённый персонал заполняет табель *(Time card)* по окончании недели, указывая отработанное время и все отклонения от нормального рабочего дня.

Необходимо всегда иметь при себе номер телефона, по которому вы могли бы позвонить в случае если по какой-то непредвиденной причине вы не можете выйти на работу или задерживаетесь и не успеваете к положенному времени. Если же вы заранее знаете о том, что вам необходимо будет задержаться, то обязательно предупредите об этом вашего начальника. Во многих случаях можно компенсировать пропущенное время, задержавшись на работе подольше в один или несколько дней.

7.11. Трудовое законодательство

Трудовое законодательство США охватывает все аспекты, связанные с трудовой деятельностью. Основной целью законодательства является создание равных условий для всех участников рынка труда, а также гарантия определённого уровня защиты работников от возможного произвола работодателей. Одни законы, например, регламентирующие безопасность труда, охватывают всех работающих по найму, тогда как другие могут быть направлены на защиту прав каких-то специфических групп, как, например несовершеннолетних или инвалидов. Существуют федеральные законы, действующие на всей территории страны, а также законы штатов, охватывающие какие-то специфические вопросы, не вошедшие в федеральное законодательство. Законы штатов могут существенно отличаться друг от друга.

Соблюдение законов контролируется различными государственными структурами, которые проводят плановые проверки, а также реагируют на жалобы, поступившие с мест. Каждый закон предусматривает серьезные санкции за его нарушение, налагаемые в административном и судебном порядке.

It is not a purpose of this book to give even a brief explanation of the US labor legislation; that would be too difficult a task. The purpose of this section is to make it clear that such laws do exist in this citadel of capitalism, and if the need arises, you can always contact an appropriate organization that will help you protect your rights.

The most important laws that govern relationships between employers and employees are listed and briefly explained below.

Employee Retirement Income Security Act (ERISA) regulates the establishment of employee retirement funds by employers on a voluntary basis, as well as the provision of other benefits, for example, medical and disability insurance, paid vacation time, child care, and so on.

One of the major components of this law is a provision called *Continuation of Health Coverage* that defines conditions under which a person who for any reason is no longer employed by a company can continue to use its medical insurance for a certain period of time. This provision is widely known under the name *COBRA* because it is a part of something called the *Consolidated Omnibus Budget Reconciliation Act of 1985*.

The Occupational Safety and Health Act of 1970 (OSH Act) establishes safety standards for various industries in order to prevent traumas and work-related illnesses. The law requires employers to train workers in the necessary safety procedures, to provide them with the necessary protective gear and equipment, and to carry out accident-prevention training. All occupational safety legislation is enforced by an organization called *The Occupational Safety and Health Administration (OSHA)*.

Fair Labor Standards Act (FLSA) establishes a minimum wage and regulates overtime pay, the hiring and compensation of minors, and requirements for keeping track of hours worked.

- Since September 1997, the minimum wage is set at $5.15 per hour, except some trades where employees receive tips.

- Workers under 20 years of age can receive the minimum wage of $4.25 per hour for the first 90 days after hire. It is forbidden to dismiss adult workers in order to replace them with those who fall under this exception.

- Time worked in excess of 40 hours per week is considered overtime and should be compensated at one-and-a-half rate.

- There is a limit for the number of hours minors (under 16 years of age) can work in industries not related to agriculture.

Эта книга не ставит себе задачу даже вкратце осветить трудовое законодательство – это слишком объёмная задача. Цель этого раздела – дать понятие о том, что в логове капитализма такие законы существуют, и в случае необходимости вы всегда можете обратиться в соответствующую организацию, которая поможет вам защитить ваши права.

Ниже приводится краткий перечень основных законов, касающихся взаимоотношений работников и работодателей.

Employee Retirement Income Security Act (ERISA) – регулирует правила формирования работодателями на добровольной основе пенсионных фондов для своих работников, а также предоставление других льгот и страховок, как, например, медицинская страховка, страховка по потере трудоспособности, оплачиваемые отпуска, детские дошкольные учреждения и так далее.

Одной из важнейших составляющих этого закона является положение называемое *Continuation of Health Coverage,* которое определяет условия, на которых работник, по какой-то причине прекративший работу на предприятии, может продолжать пользоваться медицинской страховкой в течение определённого времени. Это положение очень часто известно под названием *COBRA* (произносится "кобра"), поскольку оно является частью постановления под названием *Consolidated Omnibus Budget Reconciliation Act of 1985.*

The Occupational Safety and Health Act of 1970 (OSH Act) – устанавливает стандарты техники безопасности в различных отраслях промышленности, предотвращающие травмы и профессиональные заболевания. Закон обязывает работодателей обучать работников безопасным методам работы, обеспечивать необходимыми средствами индивидуальной защиты и проводит профилактические мероприятия по предотвращению несчастных случаев. Контроль за соблюдением техники безопасности возложен на организацию под названием *The Occupational Safety and Health Administration (OSHA),* что произносится как "оша".

Fair Labor Standards Act (FLSA) – устанавливает уровень минимальной зарплаты, условия оплаты сверхурочных работ, правила найма и оплаты труда несовершеннолетних, а также требования к ведению учёта рабочего времени.

- С сентября 1997 года минимальная зарплата установлена в размере $5.15 в час за исключением некоторых профессий, которые получают чаевые.

- Работники моложе 20 лет могут получать минимальную зарплату $4.25 в час в течение первых 90 дней найма. Запрещается увольнять взрослых работников, замещая их теми, которые подпадают под это исключение.

- Время, отработанное сверх 40 часов в неделю считается сверхурочным и должно оплачиваться в полуторном размере.

- Ограничивается время работы несовершеннолетних (моложе 16 лет) в отраслях не связанных с сельским хозяйством.

Immigration and Nationality Act (INA) regulates conditions on which foreign citizens (not immigrants) may work in the US, as well as the appropriate types of entry visas:

- D-1 (ship crew members);

- H-1A (registered nurses);

- H-1B (workers employed in "specialty occupation" or as fashion models);

- H-2A (workers employed in temporary agricultural jobs).

Family and Medical Leave Act (FMLA) The Family and Medical Leave Act requires employers of 50 or more employees (and all public agencies) to provide up to 12 weeks of unpaid, job-protected leave to eligible employees for the birth or adoption and care of a child, or for a serious illness of the employee or a family member.

There are many laws that were developed especially for particular industries, for example construction, transportation, agriculture, mining, and so on. Companies with government contracts must comply with almost all existing laws, while those not involved in such jobs can be exempt from many of them.

7.12. Promotion

Every person is interested in receiving the maximum possible compensation for his or her work. Therefore, many people make efforts to expand their knowledge and skills, hoping to move up the corporate ladder, which, in turn, can mean not only higher income but also a more satisfying job. This is especially important for immigrants, many of whom have lost the social status they are used to and need accomplishments in order to restore their self-esteem.

To get promoted in the US, you need to understand how a market economy works. Because of the cutthroat competition for survival on the market, each company is constantly adjusting its management and manufacturing structures to maximize efficiency, productivity, and profit. This creates situations when people who contribute the most to the company and are capable of adapting to the ever-changing environment have a chance to improve their position in the company by being given a job with more responsibility or a higher salary.

I must mention that in the US, the lack of formal education or a diploma is often not an obstacle to getting a certain position. The appropriate work experience can compensate for the lack of a degree if you are able to effectively perform necessary duties. Of course, with other things being equal, a

Immigration and Nationality Act (INA) – определяет условия, на которых иностранные граждане (не иммигранты) могут работать в США, а также соответствующие типы въездных виз:

- D-1 (члены судовых команд);

- H-1A (дипломированные медсёстры);

- H- 1B (работники "особых специальностей" и манекенщицы);

- H-2A (сезонные сельскохозяйственные работники)

Family and Medical Leave Act (FMLA) – обязывает компании с численностью работников 50 или более предоставлять до 12 недель отпуска без сохранения содержания при рождении или усыновлении ребёнка, а также по болезни самого работника или члена его семьи.

Существует большое количество законов, разработанных специально для каких-то конкретных отраслей, как, например строительство, транспорт, сельское хозяйство, горное дело и так далее. Компании, имеющие государственные контракты, подпадают под действие практически всех законов, в то время как не связанные такими работами могут быть исключены из этого числа.

7.12. Продвижение по работе

Каждый человек заинтересован в том, чтобы получать максимальную компенсацию за свой труд, поэтому многие прилагают усилия к расширению своих знаний и умений, стремясь продвинуться по служебной лестнице, что в свою очередь помимо повышения заработной платы может означать также более полное моральное удовлетворение работой. Это особенно важно для эмигрантов, зачастую потерявших привычное положение в обществе и нуждающихся в достижениях для повышения самооценки.

Продвижение по службе в США имеет свои особенности. В условиях жестокой конкуренции за выживание на рынке, внутри каждой компании происходит постоянное перестройка структуры управления и производства для повышения эффективности, производительности, прибыли. Это создаёт ситуации, когда люди, дающие наибольшую отдачу и способные к приспособлению к постоянно меняющимся условиям, имеют шансы улучшить своё положение в компании, получив более ответственную должность или более высокую зарплату.

Следует отметить, что в США отсутствие формального образования (диплома) во многих случаях не является препятствием для занятия той или иной должности. Соответственный производственный опыт может компенсировать недостачу, если вы можете эффективно выполнять

person with a completed degree can negotiate a better salary, and someone who has graduated from a prestigious college or university has an even greater advantage, but only until it comes to actual performance.

One of the major prerequisites for a successful career, besides doing a good job, is the ability to get along with people and work effectively in different groups. The ability to work well with others or, as they say here, teamwork is a key quality for achieving professional success. People who can get along with others, take a leadership role in a group, quickly solve problems that arise, and finish the job despite any obstacles are in the greatest demand.

Another important feature of the promotion process is that a person him- or herself should ask for it. No matter how good of an employee you are and how much potential you have, nobody will come and ask you to accept a higher position until you say that you are able to handle it.

Most employers, before looking for outside applicants, post information about newly opened vacancies on bulletin boards throughout the company. If you are sure that you can successfully perform the duties associated with the new position, notify the person responsible for making the hiring decision. This can be done with the help of a standard form used by your company for this purpose or as a cover letter addressed to him or her with your resume attached.

More than likely, you will have a meeting with that person, during which you will need to convince him or her that you are a strong applicant capable of not only performing the job at the current level, but also of finding ways to increase efficiency and eliminate existing problems. It is very important to demonstrate that you are always concerned with quality while maintaining high productivity, and also that you do not need constant supervision and can make the necessary decisions independently.

7.13. Termination

An employee may decide to leave the company for whatever reason, or he or she may be terminated by the employer. The worst possible case is when an employee is dismissed for something he or she did, be it missing work, habitual tardiness, theft, alcohol or drug abuse, or inability to get along with people. In many states, people whose job loss was their fault are not eligible for unemployment benefits. Besides, this will have a negative effect on your ability to get another job because prospective employers often ask if they can contact your previous employer for a reference.

необходимый круг обязанностей. Разумеется, при прочих равных условиях, человек с законченным образованием может претендовать на лучшие условия, а человек, окончивший престижный колледж или университет имеет дополнительное преимущество, но только до тех пор, пока дело не коснулось реальной работы.

Одним из важнейших условий для успешного продвижения по службе помимо хорошей работы является умение ладить с людьми и эффективно работать в самых различных по составу группах. Умение работать в коллективе или, как здесь говорят, *teamwork* (работа в команде) является ключевым качеством для достижения успеха. Наибольшим спросом пользуются люди, умеющие ладить с другими, быть лидером группы, оперативно решать возникающие проблемы и доводить дело до конца, невзирая на препятствия.

Ещё одним важным отличием процесса повышения является то, что человек должен сам попросить об этом. Каким бы хорошим работником вы не были и каким бы потенциалом не обладали, никто не придёт и не попросит вас занять более высокую должность до тех пор, пока вы не заявите об этом.

Большинство компаний, прежде чем искать человека на стороне, вывешивают информацию об открывшихся вакансиях на досках объявлений внутри предприятия. Если вы уверены, что успешно справитесь с тем кругом обязанностей, который относится к новой должности, уведомите об этом человека, ответственного за принятие решений по кандидатурам. Это может быть в виде стандартной формы, принятой на вашем предприятии или в виде письма на его имя с приложением вашего резюме.

Вам, скорее всего, будет назначена встреча, во время которой вы должны будете убедить собеседника в том, что вы не только являетесь достойным кандидатом, способным выполнять работу на текущем уровне, но и видите пути повышения эффективности и устранения существующих недостатков. Очень важно доказать, что вы при высокой производительности неизменно следите за качеством работы, а также не нуждаетесь в постоянном контроле со стороны, самостоятельно принимая необходимые решения.

7.13. Увольнение

Увольнения могут быть как по собственному желанию, так и по инициативе работодателя. Наихудшим вариантом является увольнение за какие-то нарушения, будь то прогулы, опоздания, воровство, алкоголизм или наркомания, неумение ладить с людьми и так далее. Во многих штатах люди, потерявшие работу по своей вине, не могут рассчитывать на пособие по безработице. Кроме того, это негативно скажется на возможности получить следующую работу, поскольку во многих случаях наниматели спрашивают, могут ли они связаться с вашим предыдущим работодателям, чтобы получить отзыв.

To avoid this, remember that any job becomes a permanent page in your biography. Try to not only follow all company policies but also maintain friendly relationships with your coworkers, although this is not easy when your language skills are weak. A few words during breaks and a friendly smile when you see someone can go a long way. Ask for help if you need it. If you make a mistake, admit it. You will always be given a chance to correct it.

You must also remember that as a representative of your nationality or ethnic background, you influence your company's attitude toward all your compatriots who may seek employment there. I know for sure that one of the reasons that I was hired for an engineering position despite my weak English was the fact that our vice-president had experience with a company that employed a Russian immigrant. He was an excellent professional and a person who got along with everyone. After I had been working at the company for a while, people started asking me if I knew other Russians trained in certain technical fields who would also like to work there. I also know for sure that I was rejected as a candidate for a position at another company, which had also employed a Russian immigrant shortly before I applied there, but unlike the first one, he did not have very good relationships with his colleagues.

Another type of termination initiated by the employer is a layoff. Layoffs may have many different reasons, such as decreased demand for the company's products and financial difficulties, internal structural changes in the company, relocation of the company to another region, or a merger with another company.

In cases when the company as a whole or any of its divisions is closed, layoffs have nothing to do with personal or professional qualities of people being laid off. However, when the company is having financial difficulties, layoffs usually affect employees with less experience or education, those who were hired later, or those who do not get along with coworkers. Salary is also an important factor: the higher it is, the more chances you have to fall victim to a layoff if you do not have special knowledge and skills that are necessary to the company and difficult to replace.

With mass layoffs, companies are required to notify employees two weeks in advance, but small layoffs can be very unexpected: you will be given a check and told good-bye. In the past, layoff notices were printed on pink paper, so there is an expression "to get a pink slip," which means 'to get laid off." In most cases, laid-off workers receive severance pay that equals two weeks' salary, and permanent employees are also eligible for unemployment benefits while they look for a new job.

Для того чтобы избежать такого результата, помните, что любая работа – это страница вашей биографии, которая остаётся там навсегда. Постарайтесь не только выполнять все необходимые требования внутреннего распорядка, но и поддерживать ровные дружелюбные отношения с окружающими вас людьми, хотя это и не так просто при отсутствии или слабом знании языка. Несколько слов в перерывах и доброжелательные улыбки при встречах способны сделать многое. Попросите о помощи, если вы в ней нуждаетесь. Если вы совершили ошибку, признайтесь в ней. Вам всегда дадут шанс её исправить.

Необходимо также помнить, что как представитель своей национальности, вы оказываете большое влияние на всех пришедших после вас соотечественников. Я достоверно знаю, что одной из причин того, что меня приняли на инженерную позицию при очень слабом знании языка является то, что наш вице-президент имел дело с компанией, в которой работал эмигрант из России. Он был очень хорошим специалистом и коммуникабельным человеком. После не очень продолжительной работы в моей компании, ко мне обращались с вопросами, не знаю ли я других русских с определёнными техническими специальностями, которые тоже хотели бы работать в ней. Я также достоверно знаю, что я был отсеян из списка кандидатов на должность в другой компании, где незадолго до этого также работал эмигрант из России, но в отличие от первого, он имел не очень хорошие взаимоотношения с окружающими.

Следующей формой увольнения по инициативе работодателя является сокращение *(Layoff)*. Сокращения могут быть по самым разным причинам, как то: падение спроса на продукцию и финансовые затруднения, реорганизация компании, перевод компании в другое место или слияние её с другой.

В одних случаях, когда закрывается компания в целом или какое-то из её подразделений, сокращение не имеет никакой связи с личными качествами и квалификацией сокращаемых людей. В других случаях, когда предприятие испытывает финансовые трудности, сокращаются менее квалифицированные или имеющие меньший стаж на данном предприятии люди, а также неуживчивые в коллективе. При этом, немаловажным фактором является зарплата: чем выше она, тем больше шансов стать жертвой сокращения, если не обладать какими-то знаниями и умениями, необходимыми компании и трудно замещаемыми.

При массовом сокращении, компания обязана предупредить работников за две недели, но при небольшом сокращении всё может произойти неожиданно: вам выдадут чек и скажут до свидания. В прошлом, уведомления об увольнении печатались на розовой бумаге, поэтому существует выражение получить *pink slip* (розовый листок). В большинстве случаев, при сокращении работники получают выходное пособие в размере двухнедельной зарплаты; кроме того, сокращённые постоянные работники имеют право на пособие по безработице на время поисков нового места работы.

Of course, you are always free to leave your job. In this case, it is a good idea to notify your employer about your intentions beforehand because the company will need time to find a replacement. For employees who are paid hourly, it is customary to give notice two weeks before leaving (a week or several days is enough for temporary workers), and for salaried employees, a month's notice is recommended.

Keep this in mind when looking for a new job, and when you receive an offer, discuss this issue. Your new employer will most likely be understanding because he or she will expect you to do the same if you decide to leave his or her company. If for any reason you need to start your new job as soon as possible, the best way to approach this is to talk to your supervisor and try to negotiate a shorter period before you can leave. It is in everyone's best interest to part amicably: yours because in the future you will need a good reference and perhaps even a job, and your present employer's because he or she wants to preserve the company's good reputation. Some companies have a policy not to hire people who had willingly quit their jobs at that company in the past. This is known as 'no rehire policy.'

Само собой разумеется, что вы всегда можете уволиться по собственному желанию. В этом случае рекомендуется заранее уведомить работодателя о вашем намерении, поскольку ему необходимо будет время, чтобы подыскать замену. Для работников с почасовой оплатой уведомление обычно делается за две недели до предполагаемого ухода (для временных работников достаточно недели или нескольких дней), а для работников с фиксированным окладом – за один месяц.

Имейте это в виду, когда ищете новое место и получив предложение работы, обсудите этот вопрос. Ваш новый наниматель, скорее всего, отнесётся к этому с пониманием, ожидая, что вы поступите точно также, если будете увольняться в следующий раз. Если по каким-то причинам на новом месте необходимо приступить к работе как можно быстрее, лучше всего поговорить со своим начальником и попытаться сократить время отработки. В том, чтобы расстаться по-хорошему, заинтересованы все: вы - потому, что будете нуждаться в хорошем отзыве в будущем, а может даже и в работе, а ваш теперешний работодатель - потому, что не хочет портить репутацию компании. Некоторые компании имеют правило не брать на работу людей, когда-то уволившихся по собственному желанию. Это называется *No rehire policy*.

8. Income

In this chapter, we will talk about something you may have wanted to discuss for a long time but are either embarrassed or do not have anyone to ask: money. Americans consider it inappropriate to ask others about their income. It is a more personal matter than even age or health. You can work side by side with someone for many years and not know how much he or she makes. You may be able to guess how much that could be with about 20% accuracy or even less precisely, but the exact figures are usually not disclosed.

Moreover, if at the bottom of the pay scale, where the most common occupations are, everything is more or less straightforward, at the professional level, the range is very wide. In some families, members do not always know exactly how much the head of the household makes. A husband and wife may have separate bank accounts and file separate tax returns while sharing joint expenses.

To some extent, income defines a person's position in society. Someone who was raised here has a rather clear idea of his or her place on this social ladder, just as we did in our country of origin. After arriving in the US, many lose this reference point, and a lot of time is needed to understand how this new social structure works, but you must do this in order to know what you are worth and what you need to do to increase your own income.

One difficulty is that in the US many professions are valued differently than they are in other countries. For example, being a retail salesperson in many countries without a market economy provides access to goods and therefore, a relatively high standard of living, whereas in the US, it is one of the most common and poorly paid occupations, where employee turnover can reach 30-50% a year. In the same way, being a driver or owning a car in a country where only 10% of the population have driver's licenses is valued differently than here, where almost everyone over the age of 16 or 18 can drive and has a car.

Despite the fact that it is very difficult to find out how much your coworker earns, it is quite possible to learn the average income for any occupation, how many positions in the given field exist in a region, state, or the coun-

8. Доходы

В этой главе мы поговорим о том, что вы давно хотели бы спросить, но стесняетесь или вам не у кого это спросить: о деньгах. У американцев не принято спрашивать о доходах. Это более личный вопрос, чем даже возраст или здоровье. Вы можете работать с человеком бок о бок много лет и не знать, сколько он получает. Вы можете догадываться, в каких пределах это может быть, с точностью +/- 20% или даже ещё менее определённо, но точная сумма обычно не разглашается.

И если на нижней шкале оплаты, где находятся наиболее массовые профессии, всё более или менее просто, то на уровне профессионалов разброс очень велик. Более того, в некоторых семьях члены семьи не всегда знают какой точно доход у главы семьи. Муж и жена могут иметь отдельные банковские счета и подавать отдельную налоговую декларацию, деля совместные расходы пополам.

Доход определяет в какой-то мере положение человека в обществе. Человек, выросший здесь, довольно отчётливо представляет, где его место на этой социальной шкале точно также, как мы знали это в своей стране. Приехав в США, многие теряют этот ориентир, и требуется довольно много времени, чтобы понять, что к чему, но сделать это совершенно необходимо для того, чтобы знать чего вы стоите и в каком направлении вам нужно совершенствоваться, чтобы увеличить ваш собственный доход.

Дело в том, что в США многие профессии имеют совершенно не такое значение, как в других странах. Например, профессия продавца во многих странах с ненасыщенным рынком обеспечивает доступ к товарам и, соответственно, относительно неплохой уровень жизни, тогда как в США это одна из самых массовых и низко оплачиваемых профессий, где текучесть кадров может достигать 30-50% в год. Точно также как профессия водителя или наличие автомашины в стране, где только 10% населения имеют водительские права, оценивается не так как здесь, где практически каждый с возраста 16-18 лет водит и имеет машину.

Несмотря на то, что очень трудно узнать, сколько получает ваш сосед по рабочему месту, вполне возможно узнать, сколько получают в среднем люди любой профессии, сколько позиций данной профессии существует в регионе,

try as a whole, and many other figures, as well as how these data vary from year to year. Statistics in the US is at a level unthinkable in many others countries. All this information not only exists, but it is basically accessible to anyone who knows about its existence or who tries to look for it. You can find statistical data in a local library or take advantage of the fact that most information that is collected and processed by the government is available on the Internet.

8.1. Pay scale and social structure

In many cases, societies are thought of as composed of three social classes: the poor, the middle class, and the rich. Stability of a society largely depends on how big the middle class is relative to the whole population. The concept "middle class" has no exact definition in the US. The middle class covers most of the population and in turn is often divided into three levels: lower middle class, middle class, and upper middle class.

In the 1970s, there was a very simple rule for determining whether a person belonged to the upper middle class: his or her annual income in thousands of dollars had to equal or exceed the person's age. Thus, a thirty-year-old would have been considered upper middle class with the income of $30,000 a year, and a sixty-year-old – with that of $60,000. Because of inflation, now this amount has to be multiplied by 3 or 4.

Statistical reports usually divide the population into five groups, each containing 20% of all Americans. In this case, the lowest 20% are considered poor, the top 20% are considered rich, and the middle 60% are middle class. Sometimes the wealthiest 5% are analyzed separately from the top group.

Table 8-1 on page 386 shows incomes of the various segments of the population over the last 31 years in current dollars, i.e. the exact amount earned, and Table 8-2 on page 388 - in 2001 dollars adjusted for inflation.

As you can see, real income growth is not as significant as it seems at first sight and is much more pronounced for high-income families.

Remember that in the US, whenever income is discussed, what is meant is income before taxes (gross income), not after taxes (net income).

штате, стране и многие другие подробности, а также как эти цифры меняются из года в год. Статистика в США находится на недосягаемом для многих других стран уровне. Мало того, что эта информация существует, она в принципе доступна любому, кто знает о её существовании или кому придёт в голову её поискать. Вы можете посмотреть статистические справочники в местной библиотеке или воспользоваться тем, что большинство информации, которую собирают и обрабатывают государственные органы, доступно через Интернет.

8.1. Шкала доходов и социальная структура

Во многих случаях, общество условно делится на три класса: бедные, средний класс и богатые. Устойчивость общества во многом зависит от того, насколько велик средний класс в процентном отношении ко всему населению. Понятие "средний класс" в США не имеет точного определения, помимо того, что эта часть населения имеет доход, превышающий черту бедности. Средний класс охватывает большую часть населения и в свою очередь часто делится на три группы: низ среднего класса, средний класс и верх среднего класса.

В 70-е годы существовало очень простое правило определения принадлежности человека к верху среднего класса: его годовой доход, выраженный в тысячах долларов, должен был быть не менее его возраста. Таким образом, тридцатилетний должен был иметь доход в $30,000, а шестидесятилетний – $60,000. В связи с инфляцией, в настоящее время эта сумма должна быть увелиена в 3-4 раза.

В статистических данных общество обычно разбивается на пять равных частей, содержащих по 20% от общего количества участников рассматриваемых групп каждая. В этом случае низшие 20% относятся к бедноте, верхние 20% - к богатым, а средние 60% -к среднему классу. Иногда из верхней части выделяют 5% самых богатых.

Ниже приводятся таблицы годового дохода различных групп населения за 31 год в текущих долларах (табл. 8-1 на стр. 387), т.е. в сумме, которая была на момент получения, и в пересчёте на 1998 год с учётом инфляции (табл. 8-2 на стр. 389).

Как можно заметить, рост реальных доходов не такой уж стремительный, как кажется на первый взгляд, и существенно больше у семей с большим доходом.

Помните, что во всех случаях, когда в США говорят о доходе, имеется в виду доход до уплаты налога *(Gross Income)* в отличие от "чистого дохода" *(Net Income)*.

Table 8-1:   **Mean Income for Different Groups of Families in Current Dollars**

Year	First 20%	Second 20%	Third 20%	Fourth 20%	Fifth 20%	Top 5%
2001	$10,136	$25,468	$42,629	$66,839	$145,970	$260,464
2000	10,157	25,361	42,233	65,653	142,269	252,400
1999	9,940	24,436	40,879	63,555	135,401	235,392
1998	9,223	23,288	38,967	60,266	127,529	222,283
1997	8,872	22,098	37,177	57,582	122,764	215,436
1996	8,596	21,097	35,486	54,922	115,514	201,220
1995	8,350	20,397	34,106	52,429	109,411	188,828
1994	7,762	19,224	32,385	50,395	105,945	183,044
1993	7,412	18,656	31,272	48,599	101,253	173,784
1992	7,288	18,181	30,631	47,021	91,110	144,608
1991	7,263	18,149	30,147	45,957	88,130	137,532
1990	7,195	18,030	29,781	44,901	87,137	138,756
1989	7,021	17,401	28,925	43,753	85,529	138,185
1988	6,504	16,317	27,291	41,254	78,759	124,215
1987	6,167	15,584	26,055	39,383	74,897	118,000
1986	5,944	14,961	24,979	37,622	70,340	107,444
1985	5,797	14,330	23,735	35,694	65,841	98,946
1984	5,606	13,634	22,547	33,944	61,648	90,629
1983	5,239	12,796	21,105	31,667	57,303	83,943
1982	5,003	12,238	20,195	30,026	54,164	78,945
1981	4,836	11,589	19,141	28,512	49,942	71,095
1980	4,483	10,819	17,807	26,219	46,053	66,617
1979	4,114	10,021	16,495	24,193	42,990	64,197
1978	3,807	9,112	15,010	21,980	38,791	57,625
1977	3,513	8,291	13,671	20,018	35,091	51,792
1976	3,278	7,780	12,762	18,521	32,320	47,805
1975	3,034	7,204	11,787	17,117	29,809	43,940
1974	2,911	6,973	11,206	16,181	28,259	41,669
1973	2,568	6,366	10,402	14,954	26,521	40,417
1972	2,316	5,898	9,625	13,817	24,806	38,447
1971	2,126	5,529	8,965	12,745	22,583	34,637

Source: U.S. Census Bureau

Табл. 8-1: **Средний семейный годовой доход в текущих долларах**

Год	Нижние 20%	Вторые 20%	Третьи 20%	Четвёртые 20%	Пятые 20%	Верхние 5%
2001	$10,136	$25,468	$42,629	$66,839	$145,970	$260,464
2000	10,157	25,361	42,233	65,653	142,269	252,400
1999	9,940	24,436	40,879	63,555	135,401	235,392
1998	9,223	23,288	38,967	60,266	127,529	222,283
1997	8,872	22,098	37,177	57,582	122,764	215,436
1996	8,596	21,097	35,486	54,922	115,514	201,220
1995	8,350	20,397	34,106	52,429	109,411	188,828
1994	7,762	19,224	32,385	50,395	105,945	183,044
1993	7,412	18,656	31,272	48,599	101,253	173,784
1992	7,288	18,181	30,631	47,021	91,110	144,608
1991	7,263	18,149	30,147	45,957	88,130	137,532
1990	7,195	18,030	29,781	44,901	87,137	138,756
1989	7,021	17,401	28,925	43,753	85,529	138,185
1988	6,504	16,317	27,291	41,254	78,759	124,215
1987	6,167	15,584	26,055	39,383	74,897	118,000
1986	5,944	14,961	24,979	37,622	70,340	107,444
1985	5,797	14,330	23,735	35,694	65,841	98,946
1984	5,606	13,634	22,547	33,944	61,648	90,629
1983	5,239	12,796	21,105	31,667	57,303	83,943
1982	5,003	12,238	20,195	30,026	54,164	78,945
1981	4,836	11,589	19,141	28,512	49,942	71,095
1980	4,483	10,819	17,807	26,219	46,053	66,617
1979	4,114	10,021	16,495	24,193	42,990	64,197
1978	3,807	9,112	15,010	21,980	38,791	57,625
1977	3,513	8,291	13,671	20,018	35,091	51,792
1976	3,278	7,780	12,762	18,521	32,320	47,805
1975	3,034	7,204	11,787	17,117	29,809	43,940
1974	2,911	6,973	11,206	16,181	28,259	41,669
1973	2,568	6,366	10,402	14,954	26,521	40,417
1972	2,316	5,898	9,625	13,817	24,806	38,447
1971	2,126	5,529	8,965	12,745	22,583	34,637

Источник: U.S. Census Bureau

Table 8-2:   **Mean Income for Different Groups of Families in 2001**
                   CPI-U-RS adjusted dollars

Year	First 20%	Second 20%	Third 20%	Fourth 20%	Fifth 20%	Top 5%
2001	$10,136	$25,468	$42,629	$66,839	$145,970	$260,464
2000	10,440	26,069	43,412	67,485	146,240	259,445
1999	10,558	25,956	43,422	67,509	143,825	250,037
1998	10,003	25,257	42,262	65,362	138,313	241,079
1997	9,758	24,304	40,888	63,330	135,019	236,943
1996	9,656	23,699	39,862	61,695	129,758	226,033
1995	9,631	23,527	39,340	60,475	126,202	217,807
1994	9,171	22,713	38,262	59,541	125,172	216,264
1993	8,942	22,506	37,725	58,628	122,148	209,647
1992	9,011	22,480	37,874	58,139	112,653	178,801
1991	9,206	23,003	38,210	58,248	111,701	174,315
1990	9,449	23,679	39,111	58,968	114,437	182,228
1989	9,679	23,989	39,876	60,318	117,911	190,503
1988	9,352	23,461	39,239	59,316	113,241	178,598
1987	9,190	23,223	38,826	58,687	111,610	175,840
1986	9,159	23,054	38,491	57,973	108,390	165,565
1985	9,096	22,485	37,242	56,007	103,310	155,254
1984	9,089	22,106	36,557	55,036	99,955	146,944
1983	8,833	21,575	35,584	53,393	96,617	141,534
1982	8,786	21,492	35,465	52,730	95,119	138,638
1981	8,995	21,556	35,603	53,033	92,894	132,239
1980	9,122	22,014	36,232	53,349	93,705	135,547
1979	9,295	22,642	37,269	54,662	97,133	145,048
1978	9,410	22,522	37,100	54,328	95,880	142,433
1977	9,057	21,374	35,244	51,606	90,465	133,520
1976	8,990	21,337	35,000	50,795	88,639	131,108
1975	8,798	20,891	34,181	49,637	86,443	127,421
1974	9,141	21,896	35,188	50,810	88,735	130,844
1973	8,863	21,970	35,899	51,608	91,528	139,485
1972	8,493	21,629	35,296	50,669	90,967	140,991
1971	8,036	20,900	33,888	48,177	85,365	130,930

Source: U.S. Census Bureau

Табл. 8-2: **Средний семейный годовой доход в долларах 1998 года**

Год	Нижние 20%	Вторые 20%	Третьи 20%	Четвёртые 20%	Пятые 20%	Верхние 5%
2001	$10,136	$25,468	$42,629	$66,839	$145,970	$260,464
2000	10,440	26,069	43,412	67,485	146,240	259,445
1999	10,558	25,956	43,422	67,509	143,825	250,037
1998	10,003	25,257	42,262	65,362	138,313	241,079
1997	9,758	24,304	40,888	63,330	135,019	236,943
1996	9,656	23,699	39,862	61,695	129,758	226,033
1995	9,631	23,527	39,340	60,475	126,202	217,807
1994	9,171	22,713	38,262	59,541	125,172	216,264
1993	8,942	22,506	37,725	58,628	122,148	209,647
1992	9,011	22,480	37,874	58,139	112,653	178,801
1991	9,206	23,003	38,210	58,248	111,701	174,315
1990	9,449	23,679	39,111	58,968	114,437	182,228
1989	9,679	23,989	39,876	60,318	117,911	190,503
1988	9,352	23,461	39,239	59,316	113,241	178,598
1987	9,190	23,223	38,826	58,687	111,610	175,840
1986	9,159	23,054	38,491	57,973	108,390	165,565
1985	9,096	22,485	37,242	56,007	103,310	155,254
1984	9,089	22,106	36,557	55,036	99,955	146,944
1983	8,833	21,575	35,584	53,393	96,617	141,534
1982	8,786	21,492	35,465	52,730	95,119	138,638
1981	8,995	21,556	35,603	53,033	92,894	132,239
1980	9,122	22,014	36,232	53,349	93,705	135,547
1979	9,295	22,642	37,269	54,662	97,133	145,048
1978	9,410	22,522	37,100	54,328	95,880	142,433
1977	9,057	21,374	35,244	51,606	90,465	133,520
1976	8,990	21,337	35,000	50,795	88,639	131,108
1975	8,798	20,891	34,181	49,637	86,443	127,421
1974	9,141	21,896	35,188	50,810	88,735	130,844
1973	8,863	21,970	35,899	51,608	91,528	139,485
1972	8,493	21,629	35,296	50,669	90,967	140,991
1971	8,036	20,900	33,888	48,177	85,365	130,930

Источник: U.S. Census Bureau

8.2. Income geography

Average incomes vary substantially depending on the economic situation in the region. Heavily industrial states have much higher incomes than agricultural states. However, we must take into account the cost of living, which is much higher in metropolitan areas. Table 8-3 shows average incomes for a family of 4 in different states.

Table 8-3:   Median Income for a Family of 4 by State in 2001

1	Alabama	$51,156	27	Montana	44,737
2	Alaska	59,726	28	Nebraska	56,692
3	Arizona	49,397	29	Nevada	53,054
4	Arkansas	44,471	30	New Hampshire	61,014
5	California	55,209	31	New Jersey	70,983
6	Colorado	63,428	32	New Mexico	43,829
7	Connecticut	75,534	33	New York	57,142
8	Delaware	65,157	34	North Carolina	54,331
9	District of Columbia	60,674	35	North Dakota	51,002
10	Florida	52,581	36	Ohio	60,169
11	Georgia	55,989	37	Oklahoma	47,436
12	Hawaii	61,838	38	Oregon	55,892
13	Idaho	49,174	39	Pennsylvania	58,507
14	Illinois	61,672	40	Rhode Island	62,339
15	Indiana	55,284	41	South Carolina	52,111
16	Iowa	53,230	42	South Dakota	49,702
17	Kansas	55,341	43	Tennessee	50,310
18	Kentucky	49,108	44	Texas	51,148
19	Louisiana	49,037	45	Utah	54,946
20	Maine	51,059	46	Vermont	53,691
21	Maryland	71,404	47	Virginia	60,860
22	Massachusetts	68,958	48	Washington	61,059
23	Michigan	59,019	49	West Virginia	43,239
24	Minnesota	67,140	50	Wisconsin	57,890
25	Mississippi	43,907	51	Wyoming	50,989
26	Missouri	54,190			

Source: U.S. Department of Health and Human Services

8.2. География доходов

Средняя величина дохода существенно варьируется в зависимости от того, насколько экономически развита территория проживания. Штаты с высокоразвитой промышленностью существенно превосходят по доходу сельскохозяйственные штаты. Следует правда делать поправку на стоимость жизни, которая значительно выше в крупных промышленных центрах. В табл. 8-3 приводятся данные о среднем уровне дохода семьи из 4-х человек в различных штатах.

Табл. 8-3: Средний доход семьи из 4-х человек в 2001 году

1	Alabama	$51,156	27	Montana	44,737
2	Alaska	59,726	28	Nebraska	56,692
3	Arizona	49,397	29	Nevada	53,054
4	Arkansas	44,471	30	New Hampshire	61,014
5	California	55,209	31	New Jersey	70,983
6	Colorado	63,428	32	New Mexico	43,829
7	Connecticut	75,534	33	New York	57,142
8	Delaware	65,157	34	North Carolina	54,331
9	District of Columbia	60,674	35	North Dakota	51,002
10	Florida	52,581	36	Ohio	60,169
11	Georgia	55,989	37	Oklahoma	47,436
12	Hawaii	61,838	38	Oregon	55,892
13	Idaho	49,174	39	Pennsylvania	58,507
14	Illinois	61,672	40	Rhode Island	62,339
15	Indiana	55,284	41	South Carolina	52,111
16	Iowa	53,230	42	South Dakota	49,702
17	Kansas	55,341	43	Tennessee	50,310
18	Kentucky	49,108	44	Texas	51,148
19	Louisiana	49,037	45	Utah	54,946
20	Maine	51,059	46	Vermont	53,691
21	Maryland	71,404	47	Virginia	60,860
22	Massachusetts	68,958	48	Washington	61,059
23	Michigan	59,019	49	West Virginia	43,239
24	Minnesota	67,140	50	Wisconsin	57,890
25	Mississippi	43,907	51	Wyoming	50,989
26	Missouri	54,190			

Источник: U.S. Department of Health and Human Services

8.3. Poverty level

Despite the fact that the US are the richest country in the world and spend a lot of money on aid to other countries, there is a significant segment of the population (about 12%) whose standard of living is below the established minimum due to low income.

This minimum, referred to as poverty level, is established based on the cost of housing, goods, and services (a consumer basket) that are necessary to support a family and varies depending on the number of family members and their age.

Table 8-4:   Poverty Thresholds in 2001

Size of family unit	Related children under 18 years								
	0	1	2	3	4	5	6	7	>/=8
One person									
Under 65 years	9,214								
Over 65 years	8,494								
Two people									
Householder under 65 years	11,859	12,207							
Householder 65 years and over	10,705	12,161							
Three people	13,853	14,255	14,269						
Four people	18,267	18,566	17,960	18,022					
Five people	22,029	22,349	21,665	21,135	20,812				
Six people	25,337	25,438	24,914	24,411	23,664	23,221			
Seven people	29,154	29,336	28,708	28,271	27,456	26,505	25,462		
Eight people	32,606	32,894	32,302	31,783	31,047	30,112	29,140	28,893	
Nine people or more	39,223	39,413	38,889	38,449	37,726	36,732	35,833	35,610	34,238

Source: U.S. Census Bureau (Proctor, Dalaker)

The official poverty level does not vary from region to region but is adjusted for inflation every year. The ratio of the family's income to this standard determines eligibility for various state and federal aid programs, such as food stamps, Medicaid, subsidized housing, etc.

The distribution of those living below poverty level throughout the US is not uniform. There are more or less prosperous cities, counties, and states.

Below are the state averages for 1999-2001.

8.3. Черта бедности

Несмотря на то, что США являются самой богатой страной мира и тратят огромные средства на помощь другим странам, здесь существует значительная группа населения (около 12%), жизненный уровень которой не отвечает установленному стандарту по причине низкого дохода.

Этот стандарт, который называется *Poverty Level* (черта бедности), устанавливается с учётом реальной стоимости минимально необходимого для жизни семьи набора жилья, товаров и услуг (потребительской корзины) и варьируется в зависимости от количества членов семьи, а также их возраста.

Табл. 8-4:   Официальная черта бедности в 2001 году

Размер семьи	Количество детей до 18 лет								
	0	1	2	3	4	5	6	7	>/=8
Одинокий									
Моложе 65 л.	9,214								
Старше 65 л.	8,494								
2 человек									
Глава семьи моложе 65 л.	11,859	12,207							
Глава семьи старше 65 л.	10,705	12,161							
3 человек	13,853	14,255	14,269						
4 человек	18,267	18,566	17,960	18,022					
5 человек	22,029	22,349	21,665	21,135	20,812				
6 человек	25,337	25,438	24,914	24,411	23,664	23,221			
7 человек	29,154	29,336	28,708	28,271	27,456	26,505	25,462		
8 человек	32,606	32,894	32,302	31,783	31,047	30,112	29,140	28,893	
9 человек и более	39,223	39,413	38,889	38,449	37,726	36,732	35,833	35,610	34,238

Источник: U.S. Census Bureau (Proctor, Dalaker)

Величина официального уровня бедности не зависит от места жительства семьи, но меняется из года в год с учётом инфляции. Соотношение дохода семьи с этой величиной определяет право на помощь со стороны государства в виде различных программ, таких как фудстемпы, Медикейд, субсидированное жильё и т.д.

Распределение живущих ниже уровня бедности по территории США очень неоднородно. Существуют более и менее благополучные города, графства, штаты.

Ниже приводятся данные, усредненные за 1999-2001 годы, с разбивкой по штатам.

Table 8-5:   Percent of People Below Poverty Line by State: Average 1997-1998

	State	%			State	%
1	USA	11.6		27	Missouri	10.2
2	Alabama	14.8		28	Montana	14.4
3	Alaska	7.9		29	Nebraska	9.7
4	Arizona	12.9		30	Nevada	9.0
5	Arkansas	16.3		31	New Hampshire	6.2
6	California	13.1		32	New Jersey	7.7
7	Colorado	9.0		33	New Mexico	18.8
8	Connecticut	7.4		34	New York	14.1
9	Delaware	8.5		35	North Carolina	12.9
10	District of Columbia	16.1		36	North Dakota	12.4
11	Florida	12.0		37	Ohio	10.8
12	Georgia	12.6		38	Oklahoma	14.3
13	Hawaii	10.4		39	Oregon	11.8
14	Idaho	12.7		40	Pennsylvania	9.2
15	Illinois	10.2		41	Rhode Island	10.0
16	Indiana	7.9		42	South Carolina	12.7
17	Iowa	7.7		43	South Dakota	9.0
18	Kansas	10.1		44	Tennessee	13.2
19	Kentucky	12.4		45	Texas	15.2
20	Louisiana	17.5		46	Utah	8.0
21	Maine	10.3		47	Vermont	9.8
22	Maryland	7.3		48	Virginia	8.0
23	Massachusetts	10.2		49	Washington	10.4
24	Michigan	9.7		50	West Virginia	15.6
25	Minnesota	6.8		51	Wisconsin	8.6
26	Mississippi	16.8		52	Wyoming	10.3

SOURCE: U.S. Census Bureau (Proctor, Dalaker, 2002)

Age and ethnic composition of this segment of the population is also not homogeneous. First-generation immigrants account for part of it. In 1998, of the 34.5 million of the American poor, 4.7 million were people who had been born outside the US. We must note that what is considered poverty level in the US may be above the average standard of living in many countries where immigrants come from. Therefore, many of them are quite satisfied with their income, at least for a short time after their arrival, and some forever, because plenty of government aid is available.

Табл. 8-5:   Процент населения, живущий ниже черты бедности

	Штат	%			Штат	%
1	USA	11.6		27	Missouri	10.2
2	Alabama	14.8		28	Montana	14.4
3	Alaska	7.9		29	Nebraska	9.7
4	Arizona	12.9		30	Nevada	9.0
5	Arkansas	16.3		31	New Hampshire	6.2
6	California	13.1		32	New Jersey	7.7
7	Colorado	9.0		33	New Mexico	18.8
8	Connecticut	7.4		34	New York	14.1
9	Delaware	8.5		35	North Carolina	12.9
10	District of Columbia	16.1		36	North Dakota	12.4
11	Florida	12.0		37	Ohio	10.8
12	Georgia	12.6		38	Oklahoma	14.3
13	Hawaii	10.4		39	Oregon	11.8
14	Idaho	12.7		40	Pennsylvania	9.2
15	Illinois	10.2		41	Rhode Island	10.0
16	Indiana	7.9		42	South Carolina	12.7
17	Iowa	7.7		43	South Dakota	9.0
18	Kansas	10.1		44	Tennessee	13.2
19	Kentucky	12.4		45	Texas	15.2
20	Louisiana	17.5		46	Utah	8.0
21	Maine	10.3		47	Vermont	9.8
22	Maryland	7.3		48	Virginia	8.0
23	Massachusetts	10.2		49	Washington	10.4
24	Michigan	9.7		50	West Virginia	15.6
25	Minnesota	6.8		51	Wisconsin	8.6
26	Mississippi	16.8		52	Wyoming	10.3

ИСТОЧНИК: U.S. Census Bureau (Proctor, Dalaker, 2002)

Также не однороден возрастной и этнический состав этой группы населения. Часть её составляют иммигранты в первом поколении. В 1998 году из 34.5 миллионов бедных 4.7 миллиона были люди, рождённые за пределами США. Следует отметить, что уровень жизни, считающийся чертой бедности в США, вероятно выше, чем средний уровень жизни во многих странах, откуда прибывают эмигранты, поэтому многие из них вполне удовлетворены таким положением, как минимум временно, а некоторые навсегда, тем более что государство оказывает существенную помощь.

8.4. Socio economic status

This section will be of the greatest interest to those who want to achieve success in the US or at the very least regain the social status they had in their native country. What factors influence one's income, and what is the most important? Which occupations are better paid, and what industries are the most promising? You need to know all this if you are serious about your desire to succeed.

First of all, you need to understand that the US are a global leader because of constant competition in both the economic and the political spheres. This, as a foundation of a well-developed market economy, allows the most creative and enterprising people to introduce their ideas on a large scale. Every year, countless new businesses are created and almost as many go bankrupt. Only the most effective ones survive.

For this reason, the most important quality for achieving success is not knowledge itself, but the ability to acquire new knowledge and adapt to new conditions. Many immigrants do this very well.

Another major factor is education, and although there is not always a direct relationship between education and income, the highest-paid professions require a lot of training before entering the field and constant honing of one's professional skills. In many fields, one must be constantly learning even to simply keep up with new developments in the industry.

The choice of an occupation is very important. With technological progress, and also because of globalization of the economy and increase in labor productivity, the number of jobs in traditional industries and agriculture is decreasing, and the number of those in the service industry is increasing throughout the US. An additional factor in this process is the increase of life expectancy as well as the aging population, which is causing a sharp increase in the number of jobs in health care and residential care.

Americans' incomes vary widely. On one end of the spectrum, there are teenagers who work after school and on weekends and are paid the minimum wage of $5.15 per hour, and on the other – movie stars making 15-20 million dollars a film, executive directors of large firms who earn hundreds of millions a year in bonuses and stock options, or star athletes, who in addition to their multi-million-dollar contracts, earn even more through advertising certain products. But these are the extremes that do not apply to many people, and the overwhelming majority, as we have seen in the previous sections of this chapter, earn in the range of 12-140 thousand dollars a year.

In the appendix of this book, there is a table that lists different occupations and the number of people employed, their average and median hourly pay, and

8.4. Связь доходов с профессией и образованием

Этот раздел представляет наибольший интерес для тех, кто хочет добиться успеха в США или как минимум вернуть себе то положение в обществе, которое вы занимали в своей стране. Какие факторы влияют на уровень дохода, и что является определяющим? Какие профессии более высоко оплачиваемы, и какие отрасли являются более перспективными? Всё это необходимо знать, если вы серьёзны в своих намерениях.

Прежде всего, следует понимать, что США являются мировым лидером потому, что в стране созданы и поддерживаются условия постоянной конкуренции в экономической и политической сферах деятельности при развитом рынке капитала. Это позволяет наиболее передовым и предприимчивым людям внедрять свои идеи в широких масштабах. Огромное количество новых предприятий возникает ежегодно и почти столько же прекращают своё существование. Выживают наиболее эффективные.

Именно поэтому, наиболее важным качеством для достижения успеха являются не знания, как таковые, а умение приобретать новые знания и приспосабливаться к новым условиям. Многие иммигранты прекрасно с этим справляются.

Следующим важнейшим фактором является образование, и хотя между образованием и доходом нет прямой связи, наиболее оплачиваемые профессии требуют длительного обучения до начала карьеры и постоянного повышения квалификации в дальнейшем. Но даже чтобы просто поддерживать существующий уровень во многих областях деятельности необходимо постоянно учиться.

Очень важен выбор сферы деятельности. С развитием техники и новых технологий, а также в связи с глобализацией экономики и повышением производительности труда, на территории США сокращается количество рабочих мест в традиционной производственной сфере и сельском хозяйстве, а увеличивается в сфере обслуживания. Дополнительным фактором в этом процессе является увеличение продолжительности жизни при относительном старении населения, что вызывает резкое увеличение количества рабочих мест по уходу за больными и престарелыми.

Доходы людей в США варьируются в огромных пределах. На одном полюсе находятся подростки, работающие в свободное от школы время и получающие минимальную зарплату $5.15 в час, а на другом – кинозвёзды с гонораром в 15-20 миллионов долларов за фильм, исполнительные директора крупнейших фирм, получающие сотни миллионов в год в виде бонусов и опционов на акции, или звёзды спорта, которые помимо прямых многомиллионных контрактов за игру зарабатывают ещё больше на рекламе. Но это крайности, касающиеся не очень многих, а подавляющее большинство, как мы увидели из предыдущих частей этой главы, укладывается в диапазоне 12-140 тысяч долларов в год.

В приложении приводится таблица профессий по состоянию на 2001 год с указанием количества работающих, их средней и медианной почасовой ставки, а

their annual income based on 2080 working hours per year as of 2001. No translation is given for the table because the names of many occupations do not translate directly, and also to give some additional language practice for readers. The occupations in the table are grouped by field, which allows one to easily find the necessary information even without much knowledge of the language.

8.5. Sources of income

Americans work a lot. While in France the legislation limiting the work-week to 35 hours takes effect, the average American works about 45 hours per week, often at two or more jobs. And although the main source of income for the majority of Americans is wages or salary, there are other sources that are supplemental for most people but provide most of the income for a small segment of the population.

First of all, we must mention the income generated by various small businesses. In America, the formalities necessary to register and run a business are minimal. In many cases, when there are no hired employees, registration is not required at all. It is enough to include the additional income in one's tax return and to pay taxes on it quarterly.

Many people, besides having a day job, do something else in their free time, which cannot fully support them but provides much needed extra income. This may be home appliance repair or construction work, selling cosmetics or weight loss products, doing other people's tax returns or designing personal web pages, cleaning homes or delivering newspapers, and many other things.

Income properties is fairly common. Owners of so-called "duplexes" or two-family homes may rent out the second half, helping to pay the mortgage that was taken out to buy the house. With a three- or four-apartment building, it is possible to cover one's housing expenses completely or even have a little extra income. If the number of apartments is more than four, the building is considered commercial, and loan terms change.

People who have savings earn interest by putting their money in a bank or investing it in stocks, bonds, and other securities.

8.6. Saving and investing

According to the authors of the book *The Millionaire Next Door*, mentioned earlier, the expected net worth of a working-age person should equal his or her age multiplied by his or her annual income before taxes and divided by ten (Stanley, Danko, 1998, pp. 13-14). Thus, a forty-year-old earning $30,000

также годового дохода из расчёта 2080 рабочих часов в году. Таблица приводится без перевода, прежде всего потому, что названия многих профессий не имеют прямого перевода, а также с целью дополнительной языковой практики для читателей. Профессии в таблице сгруппированы по видам деятельности, что позволяет легко ориентироваться даже без особого знания языка.

8.5. Источники доходов

Американцы работают много. В то время как во Франции законодательным порядком вводят рабочую неделю, ограниченную 35 часами, средний американец работает около 45 часов в неделю, зачастую в двух и более местах. И хотя основным источником доходов большинства жителей США является зарплата, существуют другие источники, являющиеся дополнительными для большинства населения и основными – для небольшой его части.

Прежде всего, следует упомянуть доходы от своего бизнеса. В Америке предельно упрощены формальности, связанные с регистрацией и отчётностью индивидуальных предпринимателей. Во многих случаях, когда речь не идёт о наёмных работниках, регистрация вообще не требуется. Достаточно включить дополнительный доход в свою налоговую декларацию и платить ежеквартально ожидаемую долю налогов.

Многие люди в свободное от основной работы время делают что-то ещё, что не может полностью обеспечить потребности, но является существенным подспорьем. Это может быть ремонт бытовой техники или строительные работы, продажа косметики или средств для похудения, заполнение налоговых деклараций или разработка персональных страниц на Интернете, уборка квартир или доставка газет и многое другое.

Довольно широко распространена сдача жилья в наём. Хозяева так называемого "дуплекса" или дома на два хозяина, сдавая вторую половину, облегчают оплату ссуды, взятой на покупку дома. Имея три или четыре квартиры в доме, можно жить, не тратя на жильё ничего или даже имея небольшой дополнительный доход. При количестве квартир больше, чем четыре, здание рассматривается как коммерческое и правила предоставления ссуды меняются.

Люди, имеющие сбережения, получают проценты, положив их на хранение в банк или вкладывая в акции и другие ценные бумаги.

8.6. Сбережения и инвестирование

Согласно авторам книги *The Millionaire Next Door* (Сосед миллионер), упоминавшейся ранее, ожидаемое финансовое состояние человека в трудоспособном возрасте должно равняться его возрасту, умноженному на его

per year should have $120,000 in various assets. This is possible to achieve only by saving 10-15% of one's income throughout one's entire life.

Certainly, immigrants are at a disadvantage because they often have to start at zero when they are no longer young. Nevertheless, those who have 20-30 years before retirement (in the US, retirement age is 65-67 years for both men and women) must plan for their future, and the earlier, the better. I realize that to many people who have just arrived in the country, this may not seem important. In the beginning, there are many other, more pressing needs, but after you have settled in a little, you must devote some attention to this issue. At least, such critical decisions as purchasing a home, for example, should not be made without a clear understanding of your financial situation for some years to come and even up to retirement age if it is not far off.

It has been noted that the country's economy goes through cycles of booms and recessions that last about ten years each. During recessions, many companies have to reduce the number of employees even if they remain in business. Thus, the unemployment rate rises, and as a consequence, it takes more time to find a new job. It is recommended that each household have four months' worth of living expenses in the bank in case of unforeseen circum-stances.

There are many financial vehicles besides a bank savings account that allow people to increase their savings at much faster rates with an acceptable degree of risk, for example, insurance policies, mutual funds, stocks and bonds, retirement plans and retirement accounts, and so on. As we already know from the chapter on credit cards, the higher the risk, the higher the possi-ble return may be. There is a wealth of literature that examines in detail all aspects of financial planning at all stages of life. Besides, there is a whole industry of financial consulting firms with an army of employees called finan-cial advisors.

Nobody can transform you into successful investors but you; the purpose of this book is just to draw your attention to these aspects of life. In the chapter "Social security, welfare, and retirement programs," we will consider some issues related to retirement accounts in order to present you with a clearer pic-ture of what they are, which will, in turn, allow you to take maximum advan-tage of the years of your employment, without losing precious time, which in this case is really "money."

годовой доход до уплаты налогов и разделённому на десять (Stanley, Danko, 1998, pp. 13-14). Таким образом, предполагается, что сорокалетний человек, получающий $30,000 в год должен иметь $120,000 в различного рода собственности. Это возможно лишь при условии сбережения 10-15% своего дохода на протяжении всей жизни.

Разумеется, что иммигранты находятся в неравном положении, вынужденные зачастую начать с абсолютного нуля в возрасте далёком от юного. Тем не менее, те, кто имеет впереди 20-30 лет работоспособного возраста (в США выходят на пенсию в возрасте 65-67 лет как женщины, так и мужчины) должны позаботиться о своём будущем, и чем раньше, тем лучше. Я прекрасно понимаю, что для многих людей, только что приехавших в страну, это не звучит актуально. В первое время очень много других, более насущных забот, но после того, как вы немного обустроитесь, необходимо уделить этому вопросу достаточное внимание. По крайней мере, такие ответственные решения, как покупка дома, например, не должны приниматься без ясного представления о вашем финансовом состоянии на несколько лет вперёд и даже вплоть до пенсионного возраста, если он не за горами.

Жизнь показывает, что экономика страны проходит через своеобразные циклы подъёма и спада с периодом около десяти лет. Во время спада многие предприятия вынуждены сокращать количество работников, даже если они остаются на плаву и не выходят из бизнеса. При этом уровень безработицы растёт, а как следствие – растёт время, необходимое для того, чтобы найти другую работу. Рекомендуется иметь четырёхмесячный запас средств на случай непредвиденных обстоятельств.

Помимо сберегательного счёта в банке существует множество финансовых механизмов, позволяющих приумножить сбережения гораздо более быстрыми темпами с приемлемой степенью риска, например страховые полисы, различные фонды, акции и облигации, пенсионные планы и пенсионные счета и так далее. Как мы уже знаем из главы о кредитных картах – чем выше риск, тем больше может быть процент возврата. Существует огромное число литературы, подробно рассматривающей все аспекты планирования финансового будущего на всех этапах жизни. Кроме того, финансовые консультационные фирмы - эта целая отрасль с многочисленной армией работников называющихся *Financial Advisors* (финансовые советчики).

Никто не сделает вас удачливыми инвесторами, кроме вас самих, однако цель этой книги – обратить ваше внимание на эти аспекты жизни. В главе "Социальное обеспечение" будут рассмотрены некоторые вопросы, касающиеся пенсионных счетов, позволяющие понять их сущность, что в свою очередь позволит получить максимальную отдачу от вашего трудоустройства не теряя драгоценного времени, которое в данном случае действительно "деньги".

9. Expenses

The topic of this chapter is even more important than that of the previous one. The allocation of living expenses in the US is most likely very different from what most immigrants were used to in their countries of origin. The percentage of income spent on housing, food, transportation, health care, and so forth may be several times more or less than what you are used to. Besides, many expenses will be completely new to you.

The abundance of goods in America amazes even those who come from European countries, let alone immigrants who come from the most troubled areas of the world. You will find everything you have ever dreamed of, and also many things you did not even know existed or, things you managed to live without all these years. The American way of life assumes a higher level of consumption compared to most other countries. Americans have larger homes and more furniture, more clothes and footwear, appliances and automobiles, computers and telephones, TV channels and sporting goods, food and personal care items than people in other countries and replace all that more frequently. American economy works that way: the more people consume, the more it is necessary to produce and, accordingly, the more jobs are available. This is what allows newcomers to quickly achieve an acceptable standard of living, having started practically at zero.

In the US, earning money is relatively difficult; however, most people will have no problems spending it. Moreover, it is possible to spend all the money you have no matter how much you earn, or even money that has not been earned yet. We mentioned this in the chapter on credit cards. Inability to budget often has sad consequences. Every year, more than one million people in the US file for bankruptcy, and many of them have a more than decent income. I know at least two families with an income of about $60,000 a year who found themselves in this situation. At the same time, it is not unusual to

9. Расходы

По своему значению, тема этой главы является более важной, чем даже тема предыдущей. Структура расходов на жизнь в США существенно отличается от той, к которой привыкли люди в своей стране. Доля дохода в процентном отношении, затрачиваемая на жильё, питание, транспорт, медицинское обслуживание и тому подобное, может быть в несколько раз больше или меньше по сравнению с той, к которой вы привыкли. Кроме того, многие статьи расходов будут для вас совершенно новыми.

Изобилие товаров в Америке поражает даже тех, кто приезжает из европейских стран, не говоря уже о иммигрантах, прибывших из самых неблагополучных районов мира. Вы увидите всё, о чём вы могли только мечтать, и множество вещей, о существовании которых вы не подозревали или назначение которых вы не знаете и без которых прекрасно обходились всю вашу предыдущую жизнь. Американский образ жизни подразумевает гораздо более высокий уровень потребления по сравнению с большинством стран мира. Американцы имеют более просторное жильё и больше мебели, больше одежды и обуви, бытовых приборов и автомобилей, компьютеров и телефонов, телевизионных каналов и спортивного инвентаря, продуктов и предметов первой необходимости, и всё это гораздо более часто обновляется. Так устроена американская экономика: чем больше люди потребляют, тем больше нужно производить и, соответственно, больше рабочих мест. Именно это позволяет вновь приехавшим жителям страны быстро достичь приемлемого уровня жизни, начав практически с нуля.

В США довольно трудно заработать деньги, потратить же их нет никаких проблем. Причём потратить можно сколько угодно большие деньги или даже те, которые ещё не заработаны. Мы говорили об этом в разделе, посвящённом кредитным картам. Неумение рационально вести свой бюджет часто приводит к печальным результатам. Ежегодно более миллиона человек в США терпит банкротство, причём многие из них имеют более чем приличный доход. Я знаю как минимум две семьи с годовым доходом около $60,000, которые оказались в таком положении. В то же время, не редкость увидеть семьи недавно приехавших иммигрантов с доходом в $25,000 –

see families of recently arrived immigrants with an income of $25,000 – $30,000 a year who own their homes, drive decent cars, and even manage to send their children to private schools. Frequently, what makes a difference is not how much money the person earns, but how he or she spends it.

9.1. Allocation of expenses

A typical allocation of expenses in an American family is shown in the table below. I must note that this table is based on national averages. Low-income families, as a rule, spend more of their money on housing and food and less on taxes and health care than families with higher incomes.

Table 9-1:   Itemized Family Expenses

Taxes	22.0%
Healthcare	14.3%
Food	12.4%
Shelter	17.4%
Transport	9.5%
Entertainment	6.9%
Clothing	5.3%
Miscellaneous	3.7%
Utilities	2.7%
Religion and charity	2.4%
Education	1.9%
Telephone	1.6%
	100.0%

9.2. Fixed expenses

Some expenses stay approximately the same from month to month and must be paid no matter what. They are called fixed expenses. They include the minimum set of needs that must be met.

They are:

- Rent if you rent an apartment or a mortgage payment if you own a house. The payment is due on the first day of each month. Late payments can incur additional charges, and non-payment will result in eviction.

30,000, которые живут в собственных домах, ездят на приличных машинах и даже умудряются учить детей в частных школах. Зачастую, разница состоит не в том, сколько денег человек зарабатывает, а в том, как он их расходует.

9.1. Структура расходов

Приблизительная структура расходов американской семьи показана в таблице, приведённой ниже. Следует отметить, что это усреднённые данные по всей стране. Семьи с низким уровнем дохода, как правило, больше тратят в процентном отношении на жильё и питание и меньше на налоги и медицинские услуги, чем семьи с более высоким доходом.

Табл. 9-1:   Статьи расходов семейного бюджета

Налоги	22.0 %
Медицина	14.3 %
Питание	12.4 %
Жильё	17.4 %
Транспорт	9.5 %
Развлечения	6.9 %
Одежда	5.3 %
Разное	3.7 %
Отопление, электричество	2.7 %
Религия и благотворительность	2.4 %
Образование	1.9 %
Телефон	1.6 %
	100.0 %

9.2. Фиксированные расходы

Некоторые статьи расходов являются приблизительно постоянными из месяца в месяц и обязаны быть сделаны независимо ни от чего. Такие расходы принято называть фиксированными. Они включают в себя тот минимальный набор благ, без которого человек обойтись практически не может.

К ним относятся:

- Квартирная плата, если вы снимаете квартиру или выплата ссуды или mortgage (моргич), если вы имеете дом. Плата вносится первого числа каждого месяца. Опоздание с уплатой чревато штрафами, а неуплата приведёт к выселению.

- Utilities such as electricity, gas, heat (if it is not included in the rent), and phone. Non-payment for utilities will result in disconnection. To restore a service, you will need to pay not only everything you owe, but also an additional connection fee.

- Food expenses can vary, but the absolute minimum should be included in fixed expenses.

- Transportation expenses can include public transportation fare if you live in a large city, expenses for gasoline and automobile mainte-nance if you live where there is no public transportation, or both if you work in a large city and live in a suburb.

- Automobile, health, property, and life insurance. You cannot drive a car without insurance, and not having a vehicle may result in job loss.

No matter what your income is, it should first be used to cover the expenses listed above, and only whatever is left can be used for other purposes. For this reason, you need to pay special attention to each item in this group because you will need to pay it monthly, no matter what.

9.3. Variable expenses

As we already mentioned, all other expenses are variable; that is, you choose when and how much to spend for these purposes. These expenses are:

- clothing;

- furniture and household items;

- education;

- dental procedures;

- leisure and entertainment;

- savings.

In the US, there are countless goods and services to choose from, and their prices vary so widely that with some knowledge, skill, and patience, you can save a lot of money without compromising the quantity or quality. We will discuss this in more detail in the chapter on purchases.

- Коммунальные услуги, такие как электроэнергия, газ, отопление (если оно не включено в квартплату), телефон. Неуплата за коммунальные услуги приведёт к их отключению. Чтобы восстановить их снова, вам не только понадобиться заплатить все, что вы должны, но ещё и дополнительный сбор за подключение.

- Расходы на питание могут варьироваться по величине, но безусловный минимум должен быть включен в фиксированные расходы.

- Расходы на транспорт могут включать стоимость проезда в общественном транспорте, если вы живёте в крупном городе, расходы на бензин и содержание автомобиля, если вы живёте там, где общественный транспорт отсутствует, или то и другое вместе взятое, если вы работаете в крупном городе, а живёте за его пределами.

- Страхование автомобиля, здоровья, имущества и жизни. Вы не можете пользоваться автомобилем, не имея страховки. Отсутствие транспорта может привести к потере работы.

Какими бы ни были ваши доходы, они в первую очередь должны быть направлены на оплату вышеперечисленных расходов, а только то, что останется, может быть использовано на другие цели. Именно поэтому, внимательно относитесь к каждой из составляющих этой группы доходов, помня, что вы будете вынуждены оплачивать её ежемесячно, несмотря ни на что.

9.3. Переменные расходы

Как мы уже говорили, все остальные расходы являются переменными, то есть вы сами выбираете время и сумму, которую вы можете себе позволить потратить на эти цели. К таким расходам относятся:

- одежда;

- мебель и предметы домашнего обихода;

- расходы на образование;

- стоматологические услуги;

- отдых и развлечения;

- сбережения.

В США существует огромный выбор товаров и услуг, цена которых варьируется в таком широком диапазоне, что при некоторых знаниях, навыке и терпении вы можете сэкономить значительные суммы, ничуть не теряя в количестве или качестве приобретённого. Мы будем говорить об этом подробно в главе посвящённой покупкам.

The key rule for variable expenses is to buy only what is necessary and only when the price is right. If you buy something because you need it immediately, you almost always pay more compared with a purchase that is planned in advance, when you can choose a better time and pay less. Never make any rush purchases, especially shortly after your arrival. Your needs, as well as your attitude toward many things can change substantially during the process of adapting to a new culture. Never think that you have missed something. In the US, it is easy to buy anything, but it is very difficult to sell at a profit. Every year, countless stores, from tiny shops with one salesperson/owner to department store chains with stores all over the country, go out of business because they are unable to compete, but new ones come to replace them. What is bad for retail is good for you. Stores come and go, but goods and services are always easily accessible and plentiful.

Основное правило, применимое к переменным расходам, – покупать только то, что необходимо и только тогда, когда это выгодно. Если вы покупаете что-то, когда вам это срочно понадобилось, то вы практически всегда переплачиваете по сравнению с заранее запланированной покупкой, когда вы можете выбрать удачное время и заплатить меньшую цену. Никогда не торопитесь с покупками, особенно в первое после приезда время. Ваши потребности могут существенно измениться в процессе адаптации, также как и отношение ко многим вещам. Никогда не жалейте о том, что вы что-то упустили. В США легко купить что угодно, но очень трудно продать с выгодой. Ежегодно огромное число магазинов разоряются, не выдержав конкуренции, начиная от крохотных с одним продавцом-владельцем и кончая сетями универмагов с филиалами по всей стране, но им на смену приходят новые. То, что плохо для торгующих – хорошо для вас. Магазины приходят и уходят, а товарное изобилие остаётся.

10. Taxes

Everyone must pay taxes. Tax evasion is a serious crime that may lead to imprisonment, and paying less than one owes is punished by substantial fines. For those who apply for American citizenship, tax law violations may prove to be a permanent obstacle on the way to their goal.

The US tax system is very complex and has many branches. It covers all aspects of life for both people and companies, from regular citizens and small businesses with 1 or 2 employees to international corporations. It has grown from fourteen pages of legislation in 1914 to 2,000 pages of legislation plus 6,000 pages of regulations and hundreds of thousands pages that interpret these laws.

The Internal Revenue Service or IRS – a powerful organization with many rights that has numerous branches throughout the country -- is responsible for tax collection. We will review only the basic types of taxes that all working US residents deal with.

10.1. Federal income tax

Everyone who lives and receives income in the US pays federal income tax. This tax covers operational expenses of the federal government and nation-wide programs such as defense, foreign aid, space flights, etc.

For everyone with a regular income, federal tax is usually withheld on a percentage basis for each pay period. Federal income tax has a progressive scale; in other words, the higher your income, the more tax you pay. At the same time, the more dependents you have, the less tax you pay.

Tax deductions are calculated based on the form W-4, which is usually

10. Налоги

Налоги обязаны платить все. Умышленное уклонение от уплаты налогов является серьезным преступлением, грозящим тюремным заключением, а недоплата наказывается чувствительными штрафами. Для лиц, которые претендуют на получение американского гражданства, нарушение налогового законодательства может послужить непреодолимым препятствием на пути к заветной цели.

Налоговая система США очень разветвленная и сложная. Она охватывает все стороны жизни как физических, так и юридических лиц от простых граждан и бизнесов с 1-2 работниками до международных корпораций. Из четырнадцати страниц закона в 1914 году она разрослась до 2,000 страниц законов плюс 6,000 страниц постановлений и сотен тысяч страниц толкований.

Ответственным за сбор налогов является Внутренний Департамент Государственных Сборов *(Internal Revenue Service* или *IRS)* – мощная организация с огромными возможностями и правами, имеющая многочисленные отделения по всей стране. Мы рассмотрим только основные виды налогов, с которыми встречается каждый работающий житель США.

10.1. Федеральный подоходный налог

Федеральный подоходный налог выплачивается каждым, кто живёт и получает доход в США. Поступления от этого налога идут на оплату текущих расходов федерального правительства и общегосударственные программы, такие как оборона, помощь другим странам, космические полёты и т.д.

У лиц с регулярной оплатой труда федеральный налог обычно взимается на процентной основе за каждый платёжный период. Федеральный подоходный налог является прогрессивным налогом, иначе говоря, чем выше ваш доход, тем больший процент дохода вы платите в качестве налога. В то же время, чем больше иждивенцев вы имеете, тем меньше платите налог.

Процент рассчитывается на основе формы удержания налога *(W-4),*

completed every time one starts a new job or at beginning of each year, and in which the number of an employee's dependents is indicated. You can change the size of your tax deduction before the end of the year if there have been changes in the size of your family.

Tax deductions are calculated so that if your income is the only income in your family, at the end of the year your tax balance will be close to zero, meaning that you do not owe anything to the state, and it doesn't owe you anything, or the debt is minimal.

The final federal tax balance is calculated in the U.S. Individual Tax Return.

10.1.1. U.S. Individual Tax Return

Everyone who has had taxable income during the past year needs to submit the tax return annually. This is done regardless of the fact that the tax has been withheld from every paycheck. As was already mentioned above, the amount withheld is calculated based on your application and is approximate, based on the assumption that this source of income is the only one you have. The tax return calculates the final balance, taking into account all sources of income as well as all possible taxable income exemptions.

The tax return for the past year is filed during the period from the end of January until April 15. It cannot be filed earlier simply because the documents necessary for filling it out are sent out by companies and financial institutions starting approximately during the second week of January. And of course, it should not be filed any later because this automatically results in a penalty. The IRS determines each return's filing date by the postmark on the envelope, which is why on April 15 those who have waited until the last minute form long lines at the post office.

We already mentioned that the US tax legislation is extremely complicated; however, changing it is a favorite pastime of American legislators, which makes it even more complex. A huge volume with interpretations of the laws and instructions for filing the tax return is published annually. The IRS instruction manual for filing the 1999 tax return contained 275 pages.

It is not surprising, then, that about half of all taxpayers use professional assistance in filing their tax returns. The price of services varies widely from $50 to $500 and higher, depending on the complexity of the job and qualifications of the preparer. One of the largest firms specializing in filing of tax returns and tax consulting is H&R Block.

There are volunteers who help low-income people, i.e. those who cannot afford such services, free of charge. The author of this book filed his first-ever tax return this way, after seeing an announcement at a local public library. You can find out about *Volunteer Income Tax Assistance* by calling your local IRS

которая обычно заполняется при поступлении на работу или в начале каждого года и в которой указывается количество лиц, находящихся на иждивении работника. Можно изменить величину удержания и в течение года, если у вас произошли изменения в составе семьи.

Процент удержания рассчитывается таким образом, что если ваш доход единственный в семье, то по окончании года ваш налоговый баланс будет близок к нулю, то есть вы не будете должны государству, и оно вам не будет должно, или эта сумма будет минимальной.

Окончательный баланс федерального налога подводится при подаче ежегодной федеральной налоговой декларации *(U.S. Individual Tax Return)*.

10.1.1. Налоговая декларация

Налоговая декларация подаётся ежегодно всеми, кто имел облагаемые налогом доходы в течение года. Это делается независимо от того факта, что налог удерживался из каждого чека при его получении. Как уже говорилось выше, удерживаемая сумма налога рассчитывается на основании вашего заявления и является величиной приблизительной, основанной на предположении, что этот источник дохода является единственным. Налоговая декларация подводит окончательный баланс, учитывая все источники дохода, а также все возможные исключения из налогооблагаемого дохода.

Декларация за прошедший год подается в период с конца января до 15 апреля. Она не может быть подана раньше по той простой причине, что документы, необходимые для её заполнения, рассылаются предприятиями, организациями и финансовыми учреждениями приблизительно со второй недели января. И она не должна быть подана позже так как это автоматически приводит к штрафным санкциям. Дата определяется по штемпелю на конверте, поэтому 15 апреля на почте выстраиваются длинные очереди тех, кто тянет до последней минуты.

Мы уже отмечали, что налоговое законодательство США исключительно сложно, тем не менее, его изменение является любимым занятием американских законодателей, что делает его ещё более сложным. Ежегодно издаётся огромный том с толкованиями законов и пояснениями о заполнении декларации. Инструкция *IRS* по заполнению декларации за 1999 год содержит 275 страниц.

Не удивительно, что около половины налогоплательщиков пользуются услугами профессиональных помощников. Плата за услуги широко варьируется от $50 до $500 и много выше, в зависимости от сложности работы и квалификации исполнителя. Одной из крупнейших фирм, специализирующихся на заполнении налоговых деклараций и консультациях, связанных с налогами, является *H&R Block*.

Для помощи людям с низким доходом, т.е. тем, кто не может себе позволить такие услуги, существуют добровольцы (волонтеры), которые делают это бесплатно. Автор этих строк заполнял первую в своей жизни декларацию именно таким путём, увидев объявление в местной публичной библиотеке. Узнать о таких помощниках *(Volunteer Income Tax Assistance)* можно позвонив в местное отделение

office. If your situation does not change significantly the following year, you can do it on your own with some effort, using this return as an example.

There is computer software that guides you through the process by asking you questions and does all the calculations automatically. For $40-60, you can buy software that does your federal and state taxes, including electronic filing (not to be confused with E-mail). The catch is that you have to buy a new software package every year. As your income increases and your financial situation becomes more complex, this is worth it because it costs less than professional help.

10.1.2. Who needs to file a tax return?

If you are a US citizen or live in the US, whether you are required to file a tax return depends on three factors: your income, family status, and age.

In 2002, there were the following criteria: You are required to file if your income was equal to or greater than the limit specified in Table 10-1.

For married couples with children, filing jointly is often the most favorable. For couples without children, filing separately can mean paying less taxes. Everything depends on the family's particular circumstances. Computer software usually calculates all the possibilities and suggests which one is the best. You can do this manually too, but it takes more time and it is easier to make mistakes.

Table 10-1:   1999 Filing Requirements for Most Taxpayers

Filing Status	under 65	One spouse 65 or older	65 or older
Single	$7,700		$8,850
Married, joint return	$13,850	$14,750	$15,650
Married, separate return	$3,000	$3,000	$3,000
Head of household	$9,900		$11,050
Widow(er) with dependent child	$10,850		$11,750

Source: Internal Revenue Service.

The income limit which makes filing the return necessary varies from year to year. Although it is possible that you are not required to file if you do not fall under the specified criteria, it is better if you do if:

IRS. Если ваша ситуация не сильно изменится в следующем году, при некоторых усилиях, вы можете сделать это самостоятельно по образу и подобию.

Существуют компьютерные программы, которые ведут вас через процесс заполнения декларации, задавая вопросы, и делают всю расчетную часть автоматически. За $40-60 вы можете иметь программу, которая считает федеральный налог и налог штата, включая пересылку по электронной почте (не путайте с *E-mail*). Трюк заключается в том, что вы должны покупать новую программу ежегодно. При повышении вашего дохода и усложнении ваших финансовых дел оно стоит того, поскольку это дешевле профессиональной помощи.

10.1.2. Кто обязан подавать декларацию?

Если вы гражданин США или проживаете на территории США, то ваша обязанность подавать декларацию зависит от трёх факторов: вашего дохода, семейного положения и возраста.

Для подачи декларации за 2002 год были следующие критерии: вы обязаны её подавать, если ваш доход был равен или больше, чем указанный в табл. 10-1.

Для семейных пар с детьми, совместная декларация чаще всего самая выгодная. Для бездетных пар – раздельная может означать меньший налог. Всё зависит от конкретных обстоятельств. Компьютерная программа обычно рассчитывает все варианты, и подсказывает, какой из них является самым лучшим. Можно это сделать и вручную, но это занимает больше времени и легко ошибиться.

Табл. 10-1:   Минимум дохода для подачи налоговой декларации

Семейное положение на 31 декабря	До 65 лет	Один из супругов старше 65 лет	Старше 65 лет
Одинокий	$7,700		$8,850
Состоящие в браке и подающие совместную декларацию	$13,850	$14,750	$15,650
Состоящие в браке и подающие раздельные декларации	$3,000	$3,000	$3,000
Глава семейства	$9,900		$11,050
Вдовец (а) с иждивенцами	$10,850		$11,750

Источник: Internal Revenue Service.

Лимит дохода, при котором заполнение декларации обязательно – величина переменная из года в год. Возможно, вы и не обязаны заполнять декларацию, если вы не подпадаете под указанные критерии, но вам лучше её заполнить в том случае, если:

- You had tax withheld from your paychecks.

- You satisfy the criteria for earned income credit.

- You satisfy the criteria for additional child tax credit.

In the first case, you will receive a refund of the withheld federal tax, and in the second and third – even an additional amount of money.

10.1.3. Where do I get forms and instructions, and which ones?

Depending on your family status and the complexity of your financial situation, you will need to fill out one of the three possible forms: 1040EZ, 1040A, or 1040. Forms and instructions can be found in speciall bins at any post office.

The form 1040EZ contains only one page and is the simplest to fill out (EZ is pronounced like the word *easy*). A single taxpayer or a married couple filing jointly can file this form if:

- They are under 65 years of age.

- They have no dependents.

- Total income is less than $50,000.

- The income is only from wages or salary, tips, or unemployment benefits.

- They have not received advance payments for earned tax credit

- They are not applying for other kinds of tax credit.

If even one of these conditions is not met, you must file another form. The form 1040A is the next easiest and also has restrictions:

- Total income is less than $50,000.

- Only standard deductions are used (see below).

- There are no sources of income that cannot be reflected in this form.

In all other cases the form 1040 is used.

10.1.4. What documents will I need?

Before filling out the forms yourself or going to a tax consultant, you must have ready:

- У вас удерживали налог из вашей зарплаты

- Вы удовлетворяете критериям заработанного налогового кредита *(earned income credit)*

- Вы удовлетворяете критериям дополнительного налогового кредита на детей *(additional child tax credit)*

В первом случае вы получите возврат удержанного федерального налога, а во втором и в третьем – ещё и дополнительную сумму.

10.1.3. Где взять бланки и инструкции, и какие именно?

В зависимости от семейного положения и сложности ваших финансовых дел, возможно заполнение одной из трёх форм: 1040EZ, 1040A или 1040. Формы с инструкциями можно найти в специально отведённых местах в любом почтовом отделении.

Форма 1040EZ содержит всего одну страницу; она самая простая для заполнения - EZ произносится ИЗИ, также как слово *easy* (просто). Эта форма заполняется одиноким налогоплательщиком или женатой парой, подающей совместную декларацию в случае если:

- Они моложе 65 лет.

- Не имеют иждивенцев.

- Суммарный доход менее 50,000.

- Доход только в виде зарплаты, чаевых, пособия по безработице.

- Не получали авансов в счёт заработанного налогового кредита.

- Не претендуют на другие виды налогового кредита.

Если хотя бы одно из этих условий не выполняется, то необходимо заполнять другую форму.

Форма 1040A следующая по сложности и тоже имеет ограничения:

- Суммарный доход менее 50,000.

- Используется только *Standard deductions* (см. ниже).

- Нет источников дохода, которые не могут быть отражены в этой форме.

Во всех остальных случаях используется форма 1040.

10.1.4. Какие документы надо подготовить?

Прежде чем заполнять декларацию самому или идти к консультанту, необходимо подготовить:

- All W-2 forms or their equivalents received from all the places where you have worked over the past year.

- All 1099 forms that are mailed by banks and other financial institutions and reflect income from interest on investments.

- All 1098 forms that are mailed by banks and other financial institutions and reflect your expenses for interest payment on loans such as mortgages or education loans.

- Documents or records confirming other sources of income.

- Your social security number or numbers.

- Documents confirming expenses that can be included in *Itemized deductions* if these expenses are significant and may be more than *Standard deductions* (see below).

Most of these documents come in the mail sometime in January. Documents that reflect your expenses must be collected in a separate folder throughout the year.

10.1.5. *What is income, and what is not?*

Your taxable income includes everything that you receive for your work in any form – money, food, housing, car, etc. In addition, it includes the following:

- Alimony, but not child support.

- Tips.

- Commission and bonuses.

- Insurance paid for by the employer.

- Prizes and awards.

- Canceled debts.

- Lottery and casino winnings.

- Money or property that you found.

- Unemployment benefits

- State tax refunds.

Taxable income does not include:

- Child support

- Welfare benefits.

- Все формы W-2 или их эквиваленты, которые присылаются из всех мест, где вы работали.

- Все формы 1099, которые присылаются банками и другими финансовыми учреждениями и отражают доход за счет процентов по вкладам.

- Все формы 1098, которые присылаются банками и другими финансовыми учреждениями и отражают ваши расходы на выплату процентов по займам, например, на покупку дома или образование ваших детей.

- Документы или записи, подтверждающие другие источники дохода.

- Ваш(и) номер(а) социального обеспечения.

- Документы, подтверждающие расходы, которые могут быть включены в *Itemized deductions,* если эти расходы существенны и могут быть больше, чем *Standard deductions* (см. ниже).

Большая часть этих документов приходит по почте в течение января. Документы о расходах необходимо собирать в отдельную папку в течение всего года.

10.1.5. Что включается, и что не включается в доход?

В облагаемый налогом доход включается всё, что вы получаете за свой труд, в какой бы форме это ни выплачивалось – деньги, продукты, предоставление жилья или машины и т.д. Помимо этого туда включаются:

- Алименты на супруга, но не на детей.

- Чаевые.

- Комиссионные, бонусы.

- Страховка, оплачиваемая работодателем.

- Призы и награды.

- Прощенные долги.

- Выигрыши в лотерее и казино.

- Деньги или собственность, которую вы нашли.

- Пособие по безработице

- Возврат переплаченного налога штата.

В доход не включаются:

- Алименты на детей.

- Выплаты по вэлферу.

- Federal tax refunds.

- Income from the sale of your home if you buy or build another within a certain period of time.

This is only a short sample of what is included and what is not included in taxable income. It is possible to add "etc." to both these lists, but explaining this "etc." would take several pages.

10.1.6. What are exemptions and deductions?

An exemption is a portion of income per family member that is not taxed. Family, in this sense, is not simply a group of people who live together. It is defined as the taxpayer, his or her spouse, and their dependents who meet certain criteria.

Exemptions were first established in 1913 in the amount of $3,000, which was a lot of money in those times. The original intention was to give each family a fixed minimum income that was not taxable. Gradually, because of the country's economic situation, this amount was reduced in its relative and absolute value, especially during the two world wars. By 1986, this amount was $1,080, and by 2002 it has gradually increased to $3,000. To provide families with even more non-taxable income, the Congress established the so-called *standard and itemized deductions*.

A standard deduction is a fixed amount that is subtracted from total income, thus lowering its taxable amount. Standard deductions, like everything else, depend on ones family status and type of tax return form. In the 2002 tax return, standard deductions were established as follows:

Single	$4,700
Married, filing joint return	$7,850
Married, filing separate returns	$3,925
Head of household	$6,900
Widow(er) with dependent child	$7,850

Itemized deductions mean certain expense categories that can be subtracted from one's income if they exceed the minimum established by law. These categories include the following:

- Medical and dental expenses.

- Taxes.

- Loan interest (usually only for mortgages).

- Charitable contributions

- Losses that are a result of unforeseen circumstances.

- Business and investment expenses.

- Возврат переплаченного федерального налога.

- Доход от продажи дома, если вы покупаете или строите другой в течение определённого срока.

Это лишь короткий пример того, что включается и что не включается в облагаемый налогом доход. К обоим этим перечням можно добавить фразу … и многое другое (только перечень этого другого занимает несколько страниц).

10.1.6. Что такое "Exemptions" и "Deductions"?

Exemption – это величина дохода, которая исключается из налога на каждого члена семьи. Под семьёй подразумеваются не просто те, кто живут вместе. Согласно определению, это сам налогоплательщик, его супруг (а) и отвечающие определённым критериям иждивенцы.

Exemptions впервые были установлены в 1913 г. в размере $3,000, что было достаточно много по тем временам. Изначальный смысл был дать каждой семье определенный фиксированный минимум дохода, не облагаемый налогом. Постепенно, из-за экономического положения страны, эта величина снижалась в относительном и абсолютном значении, особенно во время двух мировых войн. К 1986 г. эта величина была в размере $1,080, а к 2002 году постепенно доросла до $3,000. Чтобы ещё как-то компенсировать это, Конгресс ввёл так называемые *standard and itemized deductions.*

Standard deductions - это фиксированная величина, которая вычитается из совокупного дохода, понижая тем самым его облагаемую налогом величину. *Standard deductions,* как и всё остальное, зависят от семейного положения и типа налоговой декларации. В декларации за 2002 г. *Standard deductions* были установлены в следующем размере:

Одинокий	$4,700
Состоящие в браке и подающие совместную декларацию	$7,850
Состоящие в браке и подающие раздельные декларации	$3,925
Не состоящий в браке глава семейства	$6,900
Вдовец (а) с иждивенцами	$7,850

Itemized deductions означает определённые категории расходов, которые могут вычитаться из доходов, если они превышают установленный законодательством минимум. К таким категориям относятся:

- Медицинские и стоматологические расходы.

- Налоги.

- Проценты по кредиту (обычно только на жильё).

- Благотворительные пожертвования.

- Потери в результате непредвиденных обстоятельств.

- Расходы на бизнес и инвестиции.

Itemized deductions are used if they are larger than standard deductions.

Deductions cannot include expenses that were deducted from your income before taxes or paid using a so-called *Tax Shelter.*

One example of such expenses is medical insurance payments through your employer. Let's assume that you earn $500 a week, and your annual salary is $26,000. You pay $40 a week for medical insurance, which comes to $40 x 52 weeks = $2,080. These payments are subtracted from your paycheck before tax: $500-$40 = $460, and your weekly taxable income is $460.

At the end of the year, you will receive the W-2 form, which will show your income as $23,920, which is equal to $460 x 52. This means that you have already gotten tax relief on your health insurance expenses, and you cannot include them in *Itemized deductions.* You can include only those medical expenses that you have paid in addition to the insurance if their amount exceeds 7.5% of your annual income.

10.1.7. IRS audits

In 2002, about 129.5 million individual tax returns were filed, and about 743 thousand of them had undergone an audit, more than 80% of those audited end up paying additional taxes (Internal Revenue Service).

Most tax return processing operations are automated. A computer evaluates each tax return according to a certain system and marks those that have potential problems. A controller looks through the marked tax returns and decides whether or not to conduct an audit. The criteria the computer uses to choose its victims are shrouded in more mystery than the recipe for Coca-Cola. Nobody knows these exact criteria, but there are things you can do to reduce your chances of being audited. Some of them are given in the article *How to Avoid a Tax Audit:*

- Fill out your tax return forms neatly and clearly. If the computer cannot read what is written, a person interferes and decides whether or not this carelessness is deliberate.

- Include all sources of income. All employers who send you *W-2* forms or banks that send 1099 forms indicating any interest your investments gain that is more than $10 send a copy to the IRS. It is very easy to compare these figures automatically. This applies to almost all possible situations, whether it be the sale of your house or income from stocks.

- Include appropriate documentation if your non-taxable income (deductions) exceeds 35% of your total income or if you have had large medical expenses.

- Do not include unnecessary forms.

Itemized deductions используются в том случае, если они больше по величине, чем *standard deductions.*

В *Deductions* нельзя включать те расходы, которые были вычтены из вашего дохода до того, как с него взят налог или оплачены из так называемого налогового убежища *(Tax Shelter).*

Одним из примеров таких расходов является плата за медицинскую страховку по месту работы: Предположим, что вы получаете $500 в неделю, и ваша годовая зарплата составляет $26,000. Вы платите $40 в неделю за медицинскую страховку, что составит $40 x 52 недели = $2,080. Эти платежи вычитаются из вашего чека до того как берется налог: $500-$40 = $460, и налог берётся с 460 долларов.

По окончании года вы получите форму W-2, в которой ваш доход указан как 23,920, что равняется $460 x 52. Это означает, что ваши расходы на медицинскую страховку уже получили льготу, и вы не можете включать их в *Itemized deductions.* Вы можете включить только те медицинские расходы, которые вы оплатили помимо страховки, если их сумма превысила 7.5% вашего дохода.

10.1.7. Проверки налоговой службы

В 2002 году было заполнено около 129.5 миллионов индивидуальных деклараций и около 743 тысяч из них подверглось проверке, причём более 80% проверок заканчивается дополнительными налогами (Internal Revenue Service).

Большинство операций по обработке деклараций автоматизировано. Компьютер оценивает каждую декларацию по определённой системе и помечает те, которые имеют потенциальные проблемы.   Контролёр просматривает отмеченные декларации и решает, назначать проверку или нет. Критерии, по которым компьютер выбирает жертвы, хранятся в большем секрете, чем рецепт Кока-колы. Никто точно не знает эти критерии, но существуют рекомендации, как понизить вероятность такой проверки. Некоторые из них приведены в статье "Как избежать налоговой проверки":

- Заполняйте декларацию чисто и аккуратно. Если машина не может прочесть написанное, то вмешивается человек и решает, умышленна или нет эта неаккуратность.

- Указывайте все источники дохода. Все работодатели, которые присылают вам формы *W-2* или банки, которые присылают формы 1099 на проценты по вашим вкладам более чем $10, посылают копии в IRS. Не составляет никакой проблемы автоматически сравнить эти цифры. Это касается практически всех возможных ситуаций, будь то продажа дома или доход с акций.

- Приложите подтверждающие документы, если ваш исключаемый из налога доход *(deductions)* превышает 35% вашего дохода или вы имеете крупные медицинские расходы.

- Не прилагайте ненужных форм.

- If you own a business, keep accurate records.

- Keep all necessary documents (bank statements, cleared checks, copies of tax returns, etc.) a minimum of 6 years from the time you file your return.

- Use a computer for filing (Callahan, 1998)

Most frequently, the IRS audits people with the income of $100,000 and higher, those who are self-employed, investors who show losses in their tax returns, and also those who receive a significant part of their income as tips or own a business with a large number of cash transactions (restaurants, hair salons, etc.). The IRS is perfectly capable of estimating the amount of tips one can receive +/-10%, and their absence or a very small amount on a tax return may cause an audit.

Table 10-2 shows examined in 2002 returns breakdown.

Table 10-2:   Returns examined by IRS

Income	Nonbusiness returns	Business returns
Under $25,000	0.66%	2.67%
$25,000-$50,000	0.23%	1.18%
$50,000-$100,000	0.28%	1.18%
$100,000 or more	0.75%	1.45%

Source: Internal Revenue Service

There are three kinds of audits, depending on how serious the situation is:

- A request to send documented proof of a single fact.

- A request to report to a local IRS office for an interview.

- A visit from an auditor to a taxpayer's office or home (Bernstein, Ma, 1997).

One way of investigating a possible tax evasion is checking whether a person's lifestyle corresponds to his or her income. If you, for example, bought a house for $200,000 and paid all or most of the price in cash, and your income does not exceed $20,000-$30,000, it is reasonable to expect questions.

And one way such investigations are initiated is following up on tips from "well-wishers." It was said that the notorious Aldrich Ames, who spied for Russia, was caught because he lived much more lavishly than he could afford on his CIA agent's salary. The overwhelming majority of Americans regularly pay their taxes despite the fact that they consider them high. They also believe, not ureasonably, that everyone else should pay taxes too.

- Если вы владеете бизнесом, ведите учёт аккуратно.

- Храните все необходимые документы (банковские отчёты, погашенные чеки, копии деклараций и т.д.) минимум 6 лет с момента подачи декларации.

- Используйте компьютер при заполнении декларации (Callahan, 1998).

Наиболее часто налоговая служба проверяет лиц с доходом менее $25,000, а также $100,000 и выше, работающих на себя *(self-employed)*, инвесторов показывающих в декларации убытки, а также тех, кто имеет значительную часть дохода в виде чаевых или частный бизнес с оборотом наличных (рестораны, парикмахерские и т.д.). IRS прекрасно знает сколько чаевых может иметь тот или иной работник с точностью вероятно не хуже +/-10%, поэтому их отсутствие в декларации или значительное занижение навлекает проверку.

В 2002 году проверки налоговой службы рапределились таким образом:

Табл. 10-2:   Процент налоговых деклараций, подвергшихся проверке

Доход	Не ведущие бизнес	Ведущие бизнес
меньше $25,000	0.66%	2.67%
$25,000-$50,000	0.23%	1.18%
$50,000-$100,000	0.28%	1.18%
$100,000 или больше	0.75%	1.45%

Источник: Налоговая служба США.

Проверки бывают следующих трех видов в порядке возрастания серьёзности подозрений:

- Запрос прислать документальное подтверждение какого-то одиночного факта.

- Вызов в местный офис IRS для беседы.

- Приход ревизора на дом или в офис налогоплательщика (Bernstein, Ma, 1997).

Одним из способов расследования нарушений налогового законодательства является проверка соответствия уровня жизни человека с его доходами. Если вы, предположим, купили дом стоимостью 200,000 долларов, заплатив всё или большую часть наличными, а ваш доход не превышает 20-30 тысяч, то вполне уместно ожидать вопросов.

А одним из способов инициирования таких расследований являются сигналы "доброжелателей". Писали, что известный *Aldrich Ames,* который шпионил в пользу России, попался потому, что жил гораздо роскошнее, чем мог себе позволить на свою зарплату сотрудника ЦРУ. Американцы в подавляющем большинстве исправно платят свои налоги, несмотря на то, что они считают их высокими. Они также не без оснований полагают, что другие тоже обязаны платить.

10.2. State income tax

This tax does not exist in all states. Where it does (see Table 10-3), it is deducted similarly to the federal tax but is lower. The final state income tax balance is calculated in the State Individual Tax Return of the state you live in.

This tax covers operational expenses of the state. Some states do not impose taxes for each payment period but collect them separately and for definite purposes.

Table 10-3:   Characteristics of State Individual Income Taxes

Jurisdiction	Federal Income Tax Deductible	No Income Tax	With-Holding	Federal Definition Of Income For State Tax Base	State Definition Of Income For State Tax Base	Federal Tax Liability For State Tax Base
Alabama	AL		AL		AL	
Alaska		AK				
Arizona			AZ		AZ	
Arkansas			AR		AR	
California			CA	CA		
Colorado			CO	CO		
Connecticut			CT	CT		
Delaware			DE	DE		
District of Col.			DC	DC		
Florida		FL				
Georgia			GA	GA		
Hawaii			HI	HI		
Idaho			ID	ID		
Illinois			IL	IL		
Indiana			IN	IN		
Iowa	IA		IA	IA		
Kansas			KS	KS		
Kentucky			KY	KY		
Louisiana	LA		LA	LA		
Maine			ME	ME		

10.2. Подоходный налог штата

Этот налог взимается не во всех штатах. Там где он есть (см. табл. 10-3), он рассчитывается аналогично федеральному налогу, но ниже его по величине. Окончательный баланс подоходного налога штата подводится при подаче ежегодной налоговой декларации штата, в котором вы живёте *(State Individual Tax Return)*.

Поступления от этого налога идут на текущие расходы штата. Некоторые штаты не взимают налоги за каждый платежный период, а собирают отдельно и для определённых целей.

Табл. 10-3: **Характеристика подоходного налога штатов**

Штат	Фед. налог исключается из облагаемого дохода	Нет подоходного налога штата	Кем удерживается	Ооблагаемый доход, берётся из фед. налоговой декларации	Доход, облагаемый налогом, рассчит. по законам штата	Федеральная ответственность за налог штата
Alabama	AL		AL		AL	
Alaska		AK				
Arizona			AZ		AZ	
Arkansas			AR		AR	
California			CA	CA		
Colorado			CO	CO		
Connecticut			CT	CT		
Delaware			DE	DE		
District of Col.			DC	DC		
Florida		FL				
Georgia			GA	GA		
Hawaii			HI	HI		
Idaho			ID	ID		
Illinois			IL	IL		
Indiana			IN	IN		
Iowa	IA		IA	IA		
Kansas			KS	KS		
Kentucky			KY	KY		
Louisiana	LA		LA	LA		
Maine			ME	ME		

Table 10-3:   Characteristics of State Individual Income Taxes

Maryland			MD	MD		
Massachusetts			MA	MA		
Michigan			MI	MI		
Minnesota			MN	MN		
Mississippi			MS		MS	
Missouri	MO		MO	MO		
Montana	MT		MT	MT		
Nebraska			NE	NE		
Nevada		NV				
New Hampshire 1/						NH
New Jersey			NJ		NJ	
New Mexico			NM	NM		
New York			NY	NY		
North Carolina			NC	NC		
North Dakota			ND			
Ohio			OH	OH		
Oklahoma 2/	OK		OK	OK		
Oregon 3/	OR		OR	OR		
Pennsylvania			PA		PA	
Rhode Island			RI			RI
South Carolina			SC	SC		
South Dakota		SD				
Tennessee					TN	
Texas		TX				
Utah 3/	UT		UT	UT		
Vermont			VT			
Virginia			VA	VA		
Washington		WA				
West Virginia			WV	WV		
Wisconsin			WI	WI		
Wyoming		WY				
1/ Tax only on interest and dividends.						
2/ Method 2 only.						
3/ Federal deductibility is limited.						

Source: Government of District of Columbia, 2002.

Табл. 10-3:   Характеристика подоходного налога штатов

Maryland			MD	MD		
Massachusetts			MA	MA		
Michigan			MI	MI		
Minnesota			MN	MN		
Mississippi			MS		MS	
Missouri	MO		MO	MO		
Montana	MT		MT	MT		
Nebraska			NE	NE		
Nevada		NV				
New Hampshire 1/						NH
New Jersey			NJ		NJ	
New Mexico			NM	NM		
New York			NY	NY		
North Carolina			NC	NC		
North Dakota			ND			
Ohio			OH	OH		
Oklahoma 2/	OK		OK	OK		
Oregon 3/	OR		OR	OR		
Pennsylvania			PA		PA	
Rhode Island			RI			RI
South Carolina			SC	SC		
South Dakota		SD				
Tennessee					TN	
Texas		TX				
Utah 3/	UT		UT	UT		
Vermont			VT			VT
Virginia			VA	VA		
Washington		WA				
West Virginia			WV	WV		
Wisconsin			WI	WI		
Wyoming		WY				

1/ Налогом облагаются только дивиденты и проценты на вклады.
2/ Только метод 2.
3/ Исключение федерального наллога из дохода ограничено.

Источник: Правительство округа Колумбия, 2002.

10.3. Social Security taxes

The Federal Income Contribution Act (F.I.C.A.) that went into effect in 1935 has established two kinds of taxes for the purposes of social security:

- The Old-Age, Survivors, and Disability Insurance (OASDI) or so-called Social Security Tax.

- Hospital Insurance (HI) or Medicare Tax.

These taxes are paid in equal amounts by the employee and the employer.

Social Security Tax is a percentage of total income for each pay period. These contributions determine an employee's future retirement benefits (*Social Security benefits*) after he or she reaches retirement age or becomes unable to work.

If a recipient of these benefits dies first, his or her spouse continues to receive a portion of the benefits. Social security tax has an annual limit. Any income that exceeds this limit is not taxed. To be eligible for Social Security benefits, a person has to work for at least 10 years. This will be considered in more detail in the chapter "Social Security."

Medicare Tax is also a percentage of total income for each pay period, but it does not have an established limit. This tax is used to maintain *Medicare,* a form of medical insurance for people of retirement age.

The tax rate and the maximum taxed income vary from year to year. Table 10-4 on page 432 shows these changes from the time this tax was established to the present.

We must mention that the F.I.C.A. tax must be paid even when an individual employs a maid or a baby-sitter and pays them more than the established limit ($1,400 in 2003) in a calendar year. One of the candidates for a high-ranking government post in the Clinton administration had violated this law, and as a result, her nomination was rejected.

If you hire someone, you also have to pay other taxes required by law (the unemployment tax, for example). I think that the point of view of the employer is probably not something you can relate to yet, but I mention this here so that if you are hired by an individual, you know his or her obligations to you.

10.3. Налоги социального обеспечения

Акт о федеральных страховых вкладах (F.I.C.A.), принятый в 1935 году, установил два вида налогов, предназначенных на цели социального страхования:

- Страховка по старости, потере трудоспособности, потере кормильца *(The Old-Age, Survivors, and Disability Insurance) (OASDI)* или так называемый, Налог Социального Обеспечения *(Social Security Tax)*

- Налог Медицинского страхования *(Hospital Insurance) (HI)* или *Medicare Tax.*

Эти налоги выплачиваются в равной сумме работником и работодателем.

Налог социального обеспечения *(Social Security Tax)* взимается в процентном отношении с полной суммы начисленной заработной платы за каждый платежный период. Эти взносы определяют будущее пенсионное пособие работника (*Social Security benefits)* после достижения пенсионного возраста или при потере трудоспособности.

Если получатель этого пособия умирает первым, то его супруг продолжает получать долю этого пособия. Налог социального обеспечения имеет годовой лимит. С суммы зарплаты, превышающей этот лимит налог не взимается. Для получения права на *Social Security benefits* человек должен проработать около 10 лет. Более подробно это будет рассмотрено в главе "Социальное обеспечение".

Налог медицинского страхования *(Medicare Tax)* – также взимается в процентном отношении с полной суммы начисленной заработной платы за каждый платежный период, но без максимально установленного лимита. Этот налог направлен на обеспечение медицинской страховки *Medicare* людям пенсионного возраста.

Ставка налога и максимум облагаемой зарплаты меняются из года в год. В табл. 10-4 на стр. 433 приводятся данные, отражающие эти изменения с момента установления этого налога до настоящего времени.

Следует отметить, что налог F.I.C.A. должен выплачиваться даже в том случае, если частное лицо нанимает прислугу или няню и платит в течение года сумму больше определённого лимита ($1,400 в 2003 году). Нарушение этого закона было поставлено в вину одному из кандидатов на высокопоставленный государственный пост в администрации президента Клинтона и явилось причиной отклонения кандидатуры.

Если вы нанимаете работника, то вы также должны платить другие налоги, которые положены по закону (налог по безработице, например). Я думаю, что это пока не очень актуально для вас с точки зрения нанимателя, но эти сведения приводятся здесь для того, чтобы если вы окажетесь нанятым частным лицом, то знали обязанности этого человека по отношению к вам.

Table 10-4: FICA Tax Rates

Years	OASDI Covered Wage Base	FICA Tax Rates for Employer and Employee			FICA Tax Rates for Self-employed		
		OASDI	HI	Total	OASDI	HI	Total
1973	10,800	4.850	1.000	5.850	7.000	1.000	8.000
1974	13,200	4.950	0.900	5.850	7.000	0.900	7.900
1975	14,100	4.950	0.900	5.850	7.000	0.900	7.900
1976	15,300	4.950	0.900	5.850	7.000	0.900	7.900
1977	16,500	4.950	0.900	5.850	7.000	0.900	7.900
1978	17,700	5.050	1.000	6.050	7.100	1.000	8.100
1979	22,900	5.080	1.050	6.130	7.050	1.050	8.100
1980	25,900	5.080	1.050	6.130	7.050	1.050	8.100
1981	29,700	5.350	1.300	6.650	8.000	1.300	9.300
1982	32,400	5.400	1.300	6.700	8.050	1.300	9.350
1983	35,700	5.400	1.300	6.700	8.050	1.300	9.350
1984	37,800	5.700	1.300	7.000	11.400	2.600	14.000
1985	39,600	5.700	1.350	7.050	11.400	2.700	14.100
1986	42,000	5.700	1.450	7.150	11.400	2.900	14.300
1987	43,800	5.700	1.450	7.150	11.400	2.900	14.300
1988	45,000	6.060	1.450	7.510	12.120	2.900	15.020
1989	48,000	6.060	1.450	7.510	12.120	2.900	15.020
1990	51,300	6.200	1.450	7.650	12.400	2.900	15.300
1991	53,400	6.200	1.450	7.650	12.400	2.900	15.300
1992	55,500	6.200	1.450	7.650	12.400	2.900	15.300
1993	57,600	6.200	1.450	7.650	12.400	2.900	15.300
1994	60,600	6.200	1.450	7.650	12.400	2.900	15.300
1995	61,200	6.200	1.450	7.650	12.400	2.900	15.300
1996	62,700	6.200	1.450	7.650	12.400	2.900	15.300
1997	65,400	6.200	1.450	7.650	12.400	2.900	15.300
1998	68,400	6.200	1.450	7.650	12.400	2.900	15.300
1999	72,600	6.200	1.450	7.650	12.400	2.900	15.300
2000	76,200	6.200	1.450	7.650	12.400	2.900	15.300
2001	80,400	6.200	1.450	7.650	12.400	2.900	15.300
2002	84,900	6.200	1.450	7.650	12.400	2.900	15.300
2003	87,000	6.200	1.450	7.650	12.400	2.900	15.300

Source: Social Security Administration.

Табл. 10-4: **Ставка налога FICA**

Календарные годы	OASDI Максимум Облагаемой зарплаты	Ставка налога FICA					
		Ставка налога для работников и работодателей			Ставка налога для работающих на себя		
		OASDI	HI	Всего	OASDI	HI	Всего
1973	10,800	4.850	1.000	5.850	7.000	1.000	8.000
1974	13,200	4.950	0.900	5.850	7.000	0.900	7.900
1975	14,100	4.950	0.900	5.850	7.000	0.900	7.900
1976	15,300	4.950	0.900	5.850	7.000	0.900	7.900
1977	16,500	4.950	0.900	5.850	7.000	0.900	7.900
1978	17,700	5.050	1.000	6.050	7.100	1.000	8.100
1979	22,900	5.080	1.050	6.130	7.050	1.050	8.100
1980	25,900	5.080	1.050	6.130	7.050	1.050	8.100
1981	29,700	5.350	1.300	6.650	8.000	1.300	9.300
1982	32,400	5.400	1.300	6.700	8.050	1.300	9.350
1983	35,700	5.400	1.300	6.700	8.050	1.300	9.350
1984	37,800	5.700	1.300	7.000	11.400	2.600	14.000
1985	39,600	5.700	1.350	7.050	11.400	2.700	14.100
1986	42,000	5.700	1.450	7.150	11.400	2.900	14.300
1987	43,800	5.700	1.450	7.150	11.400	2.900	14.300
1988	45,000	6.060	1.450	7.510	12.120	2.900	15.020
1989	48,000	6.060	1.450	7.510	12.120	2.900	15.020
1990	51,300	6.200	1.450	7.650	12.400	2.900	15.300
1991	53,400	6.200	1.450	7.650	12.400	2.900	15.300
1992	55,500	6.200	1.450	7.650	12.400	2.900	15.300
1993	57,600	6.200	1.450	7.650	12.400	2.900	15.300
1994	60,600	6.200	1.450	7.650	12.400	2.900	15.300
1995	61,200	6.200	1.450	7.650	12.400	2.900	15.300
1996	62,700	6.200	1.450	7.650	12.400	2.900	15.300
1997	65,400	6.200	1.450	7.650	12.400	2.900	15.300
1998	68,400	6.200	1.450	7.650	12.400	2.900	15.300
1999	72,600	6.200	1.450	7.650	12.400	2.900	15.300
2000	76,200	6.200	1.450	7.650	12.400	2.900	15.300
2001	80,400	6.200	1.450	7.650	12.400	2.900	15.300
2002	84,900	6.200	1.450	7.650	12.400	2.900	15.300
2003	87,000	6.200	1.450	7.650	12.400	2.900	15.300

Истоник: Social Security Administration.

10.4. Sales tax

Residents of most states pay sales tax, which is assessed on almost all purchases made in the given state. The rate of this tax, which frequently consists of several components, varies for different states and can be changed through local legislature.

You must remember that prices in stores do not include sales tax. The tax amount is calculated and added to the price of the purchase at the time of payment. Some goods are not taxed. This may be the case with, for example, basic food items or certain services, in which case the tax-exempt amount will be specified in the receipt. Few people remember what exactly is not taxed; therefore, just in case, you must have enough money to pay the cost of the goods plus tax.

Example: you buy a TV that costs $700, and the tax rate in your state is 7%. You will have to pay $749.

Some states, for example New Hampshire, do not assess sales tax, and people from neighboring states often go shopping there. Before doing this, compare the prices. Sometimes the price plus tax in one place can be less than the price without the tax in another. Also, the no-tax trick cannot be done with cars. If you buy a car in a state without sales tax, you will pay the tax when registering it in your state of residence.

Sales tax in each particular state is made up of several components and may not be the same throughout the state. One part of the tax can be established at the state level, and another - at the city and (or) county level. Table 10-5 shows sales tax in the states where it is assessed. The highest tax rate is usually found in the state's largest cities.

Table 10-5:   Comparison of State and Local Sales Taxes on July 1, 2001

	State	State Rate	Local Rate	Maximum State/ Local Rate
1	Alabama	4.00	5.00	9.00
2	Alaska	---	6.00	
3	Arizona	5.60	3.00	8.60
4	Arkansas	5.13	3.00	8.13
5	California	5.75	2.50	8.25
6	Colorado	2.90	4.50	7.40
7	Connecticut	6.00	---	6.00
8	District of Columbia	5.75	---	5.75
9	Florida	6.00	2.50	8.50
10	Georgia	4.00	3.00	7.00
11	Hawaii	4.00	---	4.00

10.4. Налог с продаж *(Sale Tax)*

Жители большинства штатов платят налог с продаж, которым облагаются почти все покупки на территории данного штата. Ставка этого налога, которая зачастую складывается из нескольких составляющих, различна для разных штатов и может меняться по решению местных законодательных органов.

Следует помнить, что цены в магазинах указаны без учёта налога. Сумма налога рассчитывается и добавляется к стоимости покупки во время её оплаты. Некоторые товары налогом не облагаются. Это, к примеру, могут быть основные продукты питания или некоторые услуги; в этом случае в кассовом чеке будет указано, на какую сумму товары исключены из налога. Мало кто точно помнит, что именно не облагается налогом, поэтому чтобы не ошибиться, вы должны быть готовы оплатить стоимость товара с налогом.

Пример: Вы покупаете телевизор, на котором указана цена – 700 долларов, а ставка налога в вашем штате 7%. Вы будете должны заплатить 749 долларов.

В некоторых штатах налог на продажу отсутствует, например в Нью-Гемпшире, поэтому люди из соседних штатов едут туда за покупками. Прежде, чем делать это, сравните цены. Иногда цена с налогом в одном месте может быть меньше цены без налога в другом. Этот трюк не проходит с машинами. Если вы купили машину в штате, где нет налога, то вы его заплатите, когда будете её регистрировать по месту жительства.

Налог с продаж в каждом конкретном штате состоит из нескольких составляющих и может быть не одинаков на всей территории штата. Одна часть налога может быть установлена на уровне штата, а другая – на уровне городов и(или) графств. В табл. 10-5 приводятся ставки налога с продаж в тех штатах, где он взимается. Максимальный процент налога обычно бывает в крупнейших городах штатов.

Табл. 10-5:   Ставка налога с продаж по состоянию на 1 июля 2001 г.

	Штат	Процент на уровне штата	Процент на местном уровне	Макс. процент на территории штата
1	Alabama	4.00	5.00	9.00
2	Alaska	---	6.00	
3	Arizona	5.60	3.00	8.60
4	Arkansas	5.13	3.00	8.13
5	California	5.75	2.50	8.25
6	Colorado	2.90	4.50	7.40
7	Connecticut	6.00	---	6.00
8	District of Columbia	5.75	---	5.75
9	Florida	6.00	2.50	8.50
10	Georgia	4.00	3.00	7.00
11	Hawaii	4.00	---	4.00

Table 10-5:   Comparison of State and Local Sales Taxes on July 1, 2001

12	Idaho	5.00	2.00	7.00
13	Illinois	6.25	2.50	8.75
14	Indiana	5.00	---	5.00
15	Iowa	5.00	2.00	7.00
16	Kansas	4.90	3.00	7.90
17	Kentucky	6.00	---	6.00
18	Louisiana	4.00	5.50	9.50
19	Maine	5.00	---	5.00
20	Maryland	5.00	---	5.00
21	Massachusetts	5.00	---	5.00
22	Michigan	6.00	---	6.00
23	Minnesota	6.50	1.00	7.50
24	Mississippi	7.00	---	7.00
25	Missouri	4.23	4.00	8.23
26	Nebraska	5.00	1.50	6.50
27	Nevada	6.50	0.75	7.25
28	New Jersey	6.00	---	6.00
29	New Mexico	5.00	2.19	7.19
30	New York	4.00	4.50	8.50
31	North Carolina	4.00	2.00	6.00
32	North Dakota	5.00	2.00	7.00
33	Ohio	5.00	2.00	7.00
34	Oklahoma	4.50	5.25	9.78
35	Pennsylvania	6.00	1.00	7.00
36	Rhode Island	7.00	---	7.00
37	South Carolina	5.00	1.00	6.00
38	South Dakota	4.00	2.00	6.00
39	Tennessee	6.00	2.75	8.75
40	Texas	6.25	2.00	8.25
41	Utah	4.75	2.00	6.75
42	Vermont	5.00	---	5.00
43	Virginia	3.50	1.00	4.50
44	Washington	6.50	2.30	8.80
45	West Virginia	6.00	---	6.00
46	Wisconsin	5.00	0.60	5.60
47	Wyoming	4.00	2.00	6.00

Source: Federation of Tax Administrators.

Табл. 10-5:   Ставка налога с продаж по состоянию на 1 июля 2001 г.

12	Idaho	5.00	2.00	7.00
13	Illinois	6.25	2.50	8.75
14	Indiana	5.00	---	5.00
15	Iowa	5.00	2.00	7.00
16	Kansas	4.90	3.00	7.90
17	Kentucky	6.00	---	6.00
18	Louisiana	4.00	5.50	9.50
19	Maine	5.00	---	5.00
20	Maryland	5.00	---	5.00
21	Massachusetts	5.00	---	5.00
22	Michigan	6.00	---	6.00
23	Minnesota	6.50	1.00	7.50
24	Mississippi	7.00	---	7.00
25	Missouri	4.23	4.00	8.23
26	Nebraska	5.00	1.50	6.50
27	Nevada	6.50	0.75	7.25
28	New Jersey	6.00	---	6.00
29	New Mexico	5.00	2.19	7.19
30	New York	4.00	4.50	8.50
31	North Carolina	4.00	2.00	6.00
32	North Dakota	5.00	2.00	7.00
33	Ohio	5.00	2.00	7.00
34	Oklahoma	4.50	5.25	9.78
35	Pennsylvania	6.00	1.00	7.00
36	Rhode Island	7.00	---	7.00
37	South Carolina	5.00	1.00	6.00
38	South Dakota	4.00	2.00	6.00
39	Tennessee	6.00	2.75	8.75
40	Texas	6.25	2.00	8.25
41	Utah	4.75	2.00	6.75
42	Vermont	5.00	---	5.00
43	Virginia	3.50	1.00	4.50
44	Washington	6.50	2.30	8.80
45	West Virginia	6.00	---	6.00
46	Wisconsin	5.00	0.60	5.60
47	Wyoming	4.00	2.00	6.00

Источник: Federation of Tax Administrators.

Although some states have no sales tax in its true meaning, it can exist in a different form. For example, in New Hampshire, restaurant food and hotel rooms are taxed.

10.5. Automobile taxes

All states tax gasoline and assess some form of automobile registration tax. Because cars are reregistered annually, registration fees are actually taxes.

The gasoline tax is always included in the price specified at the dispenser when you fill up your car, and you do not need to pay anything more than that. The rate of this tax affects the price of gasoline in your area.

The vehicle registration fee may be fixed regardless of the model and age of a car or variable, based on a car's value.

Table 10-6:   Summary of Types of Automobile Registration taxes in 2001

TYPE OF REGISTRATION	NUMBER OF STATES
Flat Rate Only	28
Weight Only	13
Weight and Age	3
Horsepower Only	1
Age Only	2
Value Only	2
Value and Age	1
Value and Weight	1
Total:	51
OTHER AUTO TAXES (INCLUDING LOCAL)	
Personal Property	14
Excise: Value Based	8
Age Based	2
Local: Flat Rate	2

Source: Government of District of Columbia, 2002.

Несмотря на то, что в некоторых штатах нет налога с продаж в общепринятом его смысле, он может существовать в другой форме. Например, в Нью-Гэмпшире налогом облагается пища в ресторанах и комнаты в отелях.

10.5. Автомобильные налоги *(Automobile Taxes)*

Во всех штатах взимаются налоги на бензин и в той или иной форме регистрационные сборы на автомобили. Поскольку перерегистрация машин происходит ежегодно, то регистрационные сборы, по сути, являются налогом.

Налог на бензин всегда включен в стоимость, указанную на бензозаправочном счётчике, когда вы заправляете машину, и ничего сверх этого платить не приходится. Ставка этого налога отражается на цене бензина в вашей местности.

Регистрационный сбор на автомобили может быть фиксированной сумой, не зависящей от марки и возраста машины, или величиной переменной, основанной на стоимости машины.

Табл. 10-6:   **Регистрационные сборы на автомобили в 2001 году**

ТИП РЕГИСТРАЦИОННОГО СБОРА	ЧИСЛО ШТАТОВ
Только фиксированная сумма	28
Только вес	13
Вес и возраст	3
Только мощность двигателя	1
Только возраст	2
Только стоимость	2
Стоимость и возраст	1
Стоимость и вес	1
Итого:	51
ДРУГИЕ АВТОМОБИЛЬНЫЕ НАЛОГИ (Включая местные)	
Налог на собственность	14
Акцизный сбор: Основан на стоимости	8
Основан на возрасте	2
Местный: Фиксированная сумма	2

Источник: Правительство округа Колумбия, 2002.

Table 10-7:   Motor Vehicle Sales and Excise Taxes

Alabama (.125-2.5%)	2.75%	Massachusetts	5.0%
Delaware	2.75%	Mississippi	5.0%
Colorado	2.9%	Nebraska	5.0%
North Carolina	3.0%	North Dakota	5.0%
New Mexico	3.0%	Ohio (0%-3%)	5.0%
South Dakota	3.0%	South Carolina 2/	5.0%
Virginia	3.0%	West Virginia	5.0%
Wyoming (1%)	3.0%	Wisconsin (.6%)	5.0%
Oklahoma	3.25%	California (1.25%-2.5%)	6.0%
Georgia (3%)	4.0%	Connecticut	6.0%
Hawaii	4.0%	Florida	6.0%
Louisiana (1%-5%)	4.0%	Kentucky	6.0%
New York (2%-4.5%)	4.0%	Michigan	6.0%
Missouri (.375-3%)	4.225%	New Jersey	6.0%
Arkansas (1%)	4.625%	Pennsylvania	6.0%
Utah (1.85%)	4.75%	Tennessee (2.75%) 3/	6.0%
Kansas (0%-2%)	4.9%	Vermont	6.0%
Arizona (1.0%-3%)	5.0%	Illinois (.25%-1%)	6.25%
Idaho	5.0%	Texas	6.25%
Indiana	5.0%	Minnesota	6.5%
Iowa	5.0%	Nevada	6.5%
Maine	5.0%	Washington (.5%-2.3%)	6.5%
MARYLAND	5.0%	Rhode Island	7.0%

DISTRICT OF COLUMBIA: 1/
6% of fair market value - 3,499 pounds or less
7% of fair market value - 3,500 pounds or more

NO TAX 4 STATES

Alaska
Montana
New Hampshire
Oregon

1/ Tax does not apply to vehicles previously titled in another jurisdiction, when owners move to the District.
2/ Maximum of $300.00
3/ Maximum of $44.00 (2.75% on 1 st $1,600)

Source: Government of District of Columbia, 2002.

Табл. 10-7:   **Акцизный налог и налог с продаж на автомобили**

Alabama (.125-2.5%)	2.75%	Massachusetts	5.0%
Delaware	2.75%	Mississippi	5.0%
Colorado	2.9%	Nebraska	5.0%
North Carolina	3.0%	North Dakota	5.0%
New Mexico	3.0%	Ohio (0%-3%)	5.0%
South Dakota	3.0%	South Carolina 2/	5.0%
Virginia	3.0%	West Virginia	5.0%
Wyoming (1%)	3.0%	Wisconsin (.6%)	5.0%
Oklahoma	3.25%	California (1.25%-2.5%)	6.0%
Georgia (3%)	4.0%	Connecticut	6.0%
Hawaii	4.0%	Florida	6.0%
Louisiana (1%-5%)	4.0%	Kentucky	6.0%
New York (2%-4.5%)	4.0%	Michigan	6.0%
Missouri (.375-3%)	4.225%	New Jersey	6.0%
Arkansas (1%)	4.625%	Pennsylvania	6.0%
Utah (1.85%)	4.75%	Tennessee (2.75%) 3/	6.0%
Kansas (0%-2%)	4.9%	Vermont	6.0%
Arizona (1.0%-3%)	5.0%	Illinois (.25%-1%)	6.25%
Idaho	5.0%	Texas	6.25%
Indiana	5.0%	Minnesota	6.5%
Iowa	5.0%	Nevada	6.5%
Maine	5.0%	Washington (.5%-2.3%)	6.5%
MARYLAND	5.0%	Rhode Island	7.0%

 DISTRICT OF COLUMBIA: 1/
6% рыночной цены, если вес 3,499 фунтов или менее
7% рыночной цены , если вес 3,500 фунтов или более

NO TAX 4 STATES

Alaska
Montana
New Hampshire
Oregon

1/ Налог не взимается с машин ранее зарегистрированных в другой местности, когда владелец переезжает в Округ Колумбия.
2/ Максимум $300.00
3/ Максимум $44.00 (2.75% на первые $1,600)

Источник: Правительство округа Колумбия, 2002.

10.6. Property tax

This tax is paid by owners of real estate, which includes land and residential as well as commercial buildings. The tax amount depends on the property's value and the tax rate. The value of the property is determined by a tax assessor of a municipality where it is located. The estimated value is not necessarily equal to the current market price.

The tax rate is set as a sum paid per hundred dollars of the appraised property value and varies from $0.37 to $4.00 and higher, depending on the area, as you can see in Table 10-8. The main portion of this tax is used to fund local schools, police force, etc.

Table 10-8: Residential Property Tax Rates in the Largest City in Each State in 2001

Rank	City	State	Nominal Rate per $100/1	Assessment Level /2	Effective Rate /3
1.	Bridgeport	CT	6.50	70.0%	4.55
2.	Des Moines	IA	4.44	90.0%	4.00
3.	Providence	RI	3.59	100.0%	3.59
4.	Newark	NJ	26.40	11.8%	3.12
5.	Manchester	NH	3.07	100.0%	3.07
6.	Milwaukee	WI	2.84	93.4%	2.65
7.	Philadelphia	PA	8.26	32.0%	2.64
8.	Houston	TX	2.62	100.0%	2.62
9.	Portland	ME	2.40	100.0%	2.40
10.	Baltimore	MD	2.33	100.0%	2.33
11.	Detroit	MI	6.46	34.5%	2.23
12.	Fargo	ND	49.14	4.2%	2.06
13.	Burlington	VT	2.41	82.9%	2.00
14.	Jacksonville	FL	1.97	100.0%	1.97
15.	Omaha	NE	2.01	95.0%	1.91
16.	Chicago	IL	8.35	22.2%	1.86
17.	Phoenix	AZ	18.20	10.0%	1.82
18.	Memphis	TN	7.02	25.0%	1.76
19.	Atlanta	GA	4.30	40.0%	1.72
20.	New Orleans	LA	17.00	10.0%	1.70
21.	Jackson, City	MS	16.91	10.0%	1.69

10.6. Налог на недвижимость *(Property Tax)*

Этот налог взимается с владельцев недвижимого имущества, к которому относятся земельные участки, жилые и нежилые строения. Величина налога зависит от стоимости собственности и ставки налога. Стоимость собственности определяется представителем муниципальной службы *(Tax Assessor)* на территории которой она находится. Оценка не обязательно равна рыночной стоимости.

Ставка налога устанавливается как сумма в долларах, выплачиваемая с каждой сотни долларов оценённой собственности и варьируется от $0.37 до $4.00 и выше, в зависимости от местности, как видно из табл. 10-8. Основная доля этого налога идёт на нужды местного образования, содержание полиции и т.д.

Табл. 10-8: Ставка налога на недвижимость в крупнейших городах штатов в 2001

Место	Город	Штат	Ном. ставка на $100 /1	Уровень оценки /2	Реальная ставка /3
1.	Bridgeport	CT	6.50	70.0%	4.55
2.	Des Moines	IA	4.44	90.0%	4.00
3.	Providence	RI	3.59	100.0%	3.59
4.	Newark	NJ	26.40	11.8%	3.12
5.	Manchester	NH	3.07	100.0%	3.07
6.	Milwaukee	WI	2.84	93.4%	2.65
7.	Philadelphia	PA	8.26	32.0%	2.64
8.	Houston	TX	2.62	100.0%	2.62
9.	Portland	ME	2.40	100.0%	2.40
10.	Baltimore	MD	2.33	100.0%	2.33
11.	Detroit	MI	6.46	34.5%	2.23
12.	Fargo	ND	49.14	4.2%	2.06
13.	Burlington	VT	2.41	82.9%	2.00
14.	Jacksonville	FL	1.97	100.0%	1.97
15.	Omaha	NE	2.01	95.0%	1.91
16.	Chicago	IL	8.35	22.2%	1.86
17.	Phoenix	AZ	18.20	10.0%	1.82
18.	Memphis	TN	7.02	25.0%	1.76
19.	Atlanta	GA	4.30	40.0%	1.72
20.	New Orleans	LA	17.00	10.0%	1.70
21.	Jackson City	MS	16.91	10.0%	1.69

Table 10-8:   Residential Property Tax Rates in the Largest City in Each State in 2001

22.	Boise	ID	1.73	95.6%	1.65
23.	Anchorage	AK	1.80	90.8%	1.63
24.	Columbus	OH	5.19	30.6%	1.59
25.	Columbia	SC	37.93	4.0%	1.52
26.	Indianapolis	IN	10.00	15.0%	1.50
27.	Portland	OR	2.07	72.1%	1.50
28.	Sioux Falls	SD	1.73	85.0%	1.47
29.	Billings	MT	1.83	79.0%	1.45
30.	Salt Lake City	UT	1.46	99.0%	1.44
31.	Little Rock	AR	6.90	20.0%	1.38
32.	Wilmington	DE	2.38	54.8%	1.31
33.	Albuquerque	NM	3.76	33.3%	1.25
34.	Minneapolis	MN	1.37	86.4%	1.18
35.	Louisville	KY	1.17	100.0%	1.17
36.	Charlotte	NC	1.31	88.1%	1.15
37.	Kansas City	MO	6.00	19.0%	1.14
38.	Virginia Beach	VA	1.22	92.1%	1.12
39.	Oklahoma City	OK	10.10	11.0%	1.11
40.	Boston	MA	1.11	100.0%	1.11
41.	Los Angeles	CA	1.07	100.0%	1.07
42.	Wichita	KS	1.17	91.7%	1.07
43.	Seattle	WA	1.19	89.4%	1.06
44.	Las Vegas	NV	3.03	35.0%	1.06
45.	Charleston	WV	1.52	60.0%	0.91
46.	WASHINGTON	DC	0.96	89.8%	0.86
47.	New York City	NY	11.18	6.9%	0.77
48.	Cheyenne	WY	7.33	9.5%	0.70
49.	Birmingham	AL	6.95	10.0%	0.70
50.	Denver	CO	5.68	9.2%	0.52
51.	Honolulu	HI	0.37	100.0%	0.37
	UNWEIGHTED AVERAGE		**$6.58**	**59.0%**	**$1.69**
	MEDIAN				**$1.50**

1/ SOURCE: City Assessor.
2/ SOURCE: City Assessor or State Board of Equalization.
3/ Census Bureau estimated assessment level used.

Source: Government of District of Columbia, 2002.

Табл. 10-8: Ставка налога на недвижимость в крупнейших городах штатов в 2001

22.	Boise	ID	1.73	95.6%	1.65
23.	Anchorage	AK	1.80	90.8%	1.63
24.	Columbus	OH	5.19	30.6%	1.59
25.	Columbia	SC	37.93	4.0%	1.52
26.	Indianapolis	IN	10.00	15.0%	1.50
27.	Portland	OR	2.07	72.1%	1.50
28.	Sioux Falls	SD	1.73	85.0%	1.47
29.	Billings	MT	1.83	79.0%	1.45
30.	Salt Lake City	UT	1.46	99.0%	1.44
31.	Little Rock	AR	6.90	20.0%	1.38
32.	Wilmington	DE	2.38	54.8%	1.31
33.	Albuquerque	NM	3.76	33.3%	1.25
34.	Minneapolis	MN	1.37	86.4%	1.18
35.	Louisville	KY	1.17	100.0%	1.17
36.	Charlotte	NC	1.31	88.1%	1.15
37.	Kansas City	MO	6.00	19.0%	1.14
38.	Virginia Beach	VA	1.22	92.1%	1.12
39.	Oklahoma City	OK	10.10	11.0%	1.11
40.	Boston	MA	1.11	100.0%	1.11
41.	Los Angeles	CA	1.07	100.0%	1.07
42.	Wichita	KS	1.17	91.7%	1.07
43.	Seattle	WA	1.19	89.4%	1.06
44.	Las Vegas	NV	3.03	35.0%	1.06
45.	Charleston	WV	1.52	60.0%	0.91
46.	WASHINGTON	DC	0.96	89.8%	0.86
47.	New York City	NY	11.18	6.9%	0.77
48.	Cheyenne	WY	7.33	9.5%	0.70
49.	Birmingham	AL	6.95	10.0%	0.70
50.	Denver	CO	5.68	9.2%	0.52
51.	Honolulu	HI	0.37	100.0%	0.37
	Средний арифметический		**$6.58**	**59.0%**	**$1.69**
	Медианный				**$1.50**

1/ ИСТОЧНИК: Городской оценщик.
2/ ИСТОЧНИК: Городской аоценщик или совет штата по налогообложению.
3/ Использованы оценочные данные Бюро переписи населения.

Источник: Правительство округа Колумбия, 2002.

If real estate prices in your region go up, your municipality can reassess your property. If you make substantial improvements (build a garage, for example) that increase the property value, this will also be reflected in the tax.

The real estate tax is paid twice a year in equal amounts. In some cases this tax is included in monthly mortgage payments, but after the mortgage is paid off, it is the owner's responsibility to pay this tax.

Example: If your house is appraised at $100,000 and the tax rate in your city is $2.25 per $100, your tax will be $2,250, which you will pay twice a year in equal amounts of $1,125. The bill from your municipality, indicating the amount and the date by which the payment must be received, comes in the mail.

Если стоимость недвижимости в вашей местности растёт, то муниципалитет может пересмотреть оценку. Если вы производите существенные улучшения (предположим, пристраиваете гараж), которые повышают стоимость собственности, то это также отразится на налоге.

Налог на недвижимость платится дважды в год равными долями. В некоторых случаях этот налог включён в ежемесячные платежи по ссуде на покупку дома - моргич *(Mortgage)*, но после того как ссуда выплачена, обязанности по уплате этого налога лежат на владельце.

Пример: Если ваш дом оценен в $100,000 и ставка налога в вашем городе $2.25 на каждые $100, то налог будет $2,250, который вы должны будете платить дважды в год равными долями по $1,125. Счёт из вашего муниципалитета приходит по почте с указанием даты, к которой налог должен быть уплачен.

11. Education

Most people agree that education plays an important role in today's life. Without appropriate education, it is almost impossible to find a more or less well-paying job and especially feel secure about the future. One of the reasons for emigration is parents' desire to give a better future to their children. Many of them, when they arrive in the new country, work tirelessly and sacrifice everything trying to create opportunities for the next generation to get a good education.

To succeed at this, you will need some knowledge of the American education system, its strengths and weaknesses, and features that make it different from the education system of the country you came from. Children, as well as adults, struggle to adapt to a new culture, and usually, the older a child, the greater these difficulties. However, age aside, much depends on the personality characteristics of individual children, as well as on the atmosphere in the family and the parents' ability to notice any problems that arise early on and help resolve them. Immigrant children who attend American schools gradually adapt to their new environment and soon, because their English improves rapidly, become one of the most important sources of information for their parents. However, you must remember that because they have a limited amount of life experience, they need their parents' guidance and support not less, but much more than if they were living in their home country.

This chapter describes the most important aspects of the American education system. And if sections devoted to primary and secondary school are meant mainly for parents, the part that describes postsecondary and professional education is addressed directly to high school students who are considering furthering their education. It was written in the first person by my daughter, who, having arrived in the US two years before her high school graduation without any knowledge of English, six year later, after graduating from college, taught both English as a Second Language and composition courses for native English speakers at the university level while working on her master's degree.

11. Образование

О роли образования в современной жизни нет двух разных мнений. Без соответствующего образования практически невозможно получить более или менее хорошо оплачиваемую работу, а тем более быть твёрдо уверенными в завтрашнем дне. Одним из побудительных мотивов эмиграции является стремление родителей обеспечить лучшее будущее своим детям. Многие из них, приехав в новую страну, работают не покладая рук и, жертвуя всем, стараются создать возможности для получения хорошего образования следующему поколению.

Для достижения успеха в этом, необходимы знания американской системы образования, её достоинств и недостатков, а также особенностей, отличающих её от системы образования страны, откуда вы приехали. Дети, как и взрослые, приехав в другую страну, испытывают трудности адаптации, которые обычно тем больше, чем старше ребёнок. Но помимо возраста, многое зависит от индивидуальных особенностей детей, а также от морального климата в семье и способности родителей вовремя заметить возникающие проблемы и помочь в их разрешении. Дети, обучающиеся в американской школе, постепенно осваиваются и через некоторое время, имея лучшие знания языка, начинают служить одним из важнейших источников информации для родителей. Однако необходимо помнить, что не имея достаточного жизненного опыта, они нуждаются в авторитете и моральной поддержке родителей нисколько не меньше, а намного больше, чем если бы они жили в своей стране.

В этой главе описываются основные особенности американской системы образования. И если разделы, посвящённые школе, предназначены в основном для родителей, то та часть, которая относится к высшему и специальному образованию, адресована непосредственно старшеклассникам, думающим о продолжении учёбы. Она написана от первого лица моей дочерью, которая, приехав за два года до окончания школы без какого-то ни было знания языка, через шесть лет, окончив колледж, преподавала английский в университете как иностранным студентам, так и американцам, одновременно получая степень магистра.

The US school curriculum takes 13 years to complete and consists of two parts: nine years of elementary education and four years of secondary education. However, you may hear many different terms describing school levels, most of which will be explained below.

11.1. Types of schools

11.1.1. Public Schools

Public schools are schools controlled and supported by local, state, or Federal governmental agencies. They accept students who live in a given School Administrative District (SAD). Public school education is free. Eighty-five percent of all school-age children attend public schools.

Because public schools are supported mainly by local taxes, their financial situation and the quality of education they provide depend largely on the economic situation in a district, city, or state where they are located.

11.1.2. Magnet schools

Magnet schools are those designed to attract students of different racial/ethnic backgrounds for the purpose of reducing racial isolation, or to provide an academic or social focus in a specific area (e.g., performing arts).

11.1.3. Charter Schools

Charter schools are a type of public schools. The main difference is that charter schools come into existence through a contract with either a state agency or local school board. The "charter" establishing each such school is a performance contract detailing the school's mission, program, goals, students served, methods of assessment, and ways to measure success. Charter schools exercise much greater control over their curriculum and teaching methods in return for greater accountability because most charters are granted for only 3-5 years. At the end of the term, the entity granting the charter reviews the school's performance and determines whether to renew its contract.

Charter schools are created as an alternative to the existing public school system and are subject to state laws. In 2000, such schools existed in only 34 states. Charter schools accept students regardless of their religious affiliation. In 1998-99, charter schools enrolled less than 1% of all school-age children. The average number of students in such a school was 250. Education in charter schools is free.

Школьная программа в США рассчитана на 13 лет и состоит из 2-х частей: девятилетнего начального образования (*Elementary Education)* и четырёхлетнего среднего образования *(Secondary Education)*. Однако вы можете услышать много различных терминов, относящихся к названию школ, которые будут объяснены ниже.

11.1. Виды школ

11.1.1. Общественные школы (Public Schools)

Общественные школы *(public schools)* содержатся и управляются муниципалитетами, штатами или агентствами федерального правительства. Они принимают учеников, живущих в данном административном районе *(School Administrative District- SAD)*. Образование в *public schools* – бесплатное. В них обучается около 85% общего количества детей школьного возраста.

Поскольку общественные школы содержатся чаще всего за счёт местных налогов, то их финансовое состояние и возможности существенно зависят от благополучия того района, города или штата, в котором они находятся.

11.1.2. Школы со специальным уклоном (Magnet schools)

Magnet schools - это школы, созданные для привлечения учеников различной расовой и этнической принадлежности в целях снижения расовой изоляции или обеспечивающие специализированное обучение в какой-то области (например, искусство или музыка).

11.1.3. Чартерные школы (Charter Schools)

Чартерные школы являются разновидностью общественных школ. Основным их отличием от обычных школ является то, что своим появлением они обязаны контракту с органами образования (местными или на уровне штата). Их устав *(Charter)* определяет цели школы, её программы, контингент учащихся, способы оценки успеваемости учеников и так далее. Чартерные школы имеют значительно большую самостоятельность в организации процесса обучения в обмен на большую ответственность за его конечные результаты, поскольку договор о создании таких школ обычно пересматривается каждые 3-5 лет.

Чартерные школы создаются как альтернатива существующей системе общественного образования и подчиняются законам штатов, на территории которых они находятся. В 2000 году такие школы существовали только в 34 штатах. Чартерные школы принимают учеников вне зависимости от вероисповедания. В 1998-99 годах в чартерных школах обучалось менее 1% от общего числа учащихся. Среднее число учеников в таких школах было около 250. Обучение в них бесплатное.

11.1.4. Private Schools

Private schools are controlled and supported mainly by religious organizations or by private persons or organizations. They are financed through tuition fees and support from sponsors.

11.1.5. Home Schooling

In the last decade, teaching children at home (home schooling) has been gaining popularity. Some estimates indicate that 4% of all school-age children are home schooled. Most families that choose home schooling are middle-class, with parents who cannot afford to send their children to private schools but at the same time are not satisfied with the quality of education or the atmosphere in public schools. In these cases, one parent usually does not work outside the home and is responsible for most of the teaching.

The public school system in the US is funded by local taxes; however, families that home school their children are not exempt from paying their share of taxes and at the same time must cover all expenses for necessary books and materials. Home schooling is legal in all 50 states, but the exact rules and requirements may differ significantly.

Studies show that children who are home schooled perform better on college-entrance tests; however, for immigrant families whose first language is not English, home schooling is not a viable option primarily because it can place their children at a severe disadvantage compared to their peers and make it much more difficult for them to adapt to the new culture.

11.2. Elementary education

Elementary education is in turn divided into several levels, each of which has a separate name, and these levels may be different in different cities depending on the system that is accepted in a given area. The differences concern mostly the name of the last level of elementary education.

- *Kindergarten* -- preparatory level
- *Elementary School (Grade School)* – an elementary school that includes the first 6 or 8 grades
- *Middle School* – a school for students between 11 and 14 years of age
- *Junior High School* – a school for students between 12 and 14 years of age

11.1.4. Частные школы (Private Schools)

Частные школы в своём большинстве организуются и управляются религиозными и другими не государственными организациями, а также частными лицами. Они финансируются за счёт платы, взимаемой с родителей за обучение детей и спонсорской поддержки.

11.1.5. Домашнее обучение (Home Schooling)

В последнее десятилетие широко распространилась практика обучения детей дома *(Home Schooling)*. По некоторым оценкам их число достигает 4% от общего количества учеников всех возрастов. Основную массу семей, выбравших домашнее обучение, составляют семьи, принадлежащие к среднему классу, которые не могут себе позволить обучение детей в частных школах, но в то же время не удовлетворены качеством преподавания в общественных школах или обстановкой, царящей в них. В этом случае чаще всего один из родителей не работает и берёт на себя большую часть нагрузки по обучению.

Общественная система образования в США существует на средства от уплаты налогов, однако семьи обучающие детей дома не освобождаются от уплаты своей доли налогов и в то же время вынуждены полностью покрывать расходы на необходимые книги и пособия из своего кармана. Домашнее обучение узаконено во всех 50 штатах, однако конкретные правила и требования могут существенно отличаться.

Дети, обучаемые дома, показывают лучшие результаты тестов, необходимых для поступления в вузы, однако для семей иммигрантов, родным языком которых не является английский, домашнее обучение не подходит, прежде всего, потому, что может поставить детей в очень невыгодное положение по сравнению с окружающими и затруднит процесс адаптации.

11.2. Начальное образование

Начальное образование в свою очередь делится на несколько частей, имеющих свои названия, причём в разных городах это деление может быть несколько отличным, в зависимости от принятой в данной местности системы. Отличия, в основном, касаются названия последней ступени начального образования.

- *Kindergarten* – подготовительный класс;

- *Elementary School (Grade School)* – начальная школа, включающая первые 6 или 8 классов;

- *Middle School* – неполная средняя школа для учеников в возрасте 11-14 лет;

- *Junior High School* – неполная средняя школа для учеников в возрасте 12-14 лет.

After finishing kindergarten, which is often denoted by the letter K, students advance to the first grade, and all subsequent grades are numbered consecutively until the end of secondary school. Grade 12 is the last year of secondary school. Often, the whole 13 years of school are referred to as "K-12" (pronounced "K through twelve").

11.2.1. Kindergarten

Until relatively recently, many American women did not work outside the home, which meant that there was no need for a well-developed preschool system. As women's involvement in the workforce increased and they were no longer able to spend the whole day with their children, this need became apparent. There are many different preschool programs where children younger than 5 years can develop some of the skills that are necessary to succeed in school. Many of these groups charge tuition; however, mandatory schooling for American children begins at age 5, when they enter kindergarten.

A kindergarten program may be full-day, when a child attends school each weekday for approximately six hours. Two other types of programs are half-day kindergarten programs, when the child attends school each weekday for about 3 hours in either the morning or the afternoon, and alternate-day kindergarten programs, in which the child attends school every other weekday for 6 hours.

Because 5-year-old children are still too young for "real" school, kindergarten programs focus primarily on developing appropriate classroom behavior skills and the ability to concentrate for long periods of time. Children are taught largely through game-like activities rather than formal lessons. Students who are behind their peers may receive additional tutoring. Children of immigrants who are growing up in families that do not speak English have the opportunity to improve their language skills by spending more time with English-speaking peers or an ESL teacher.

11.2.2. Elementary School

At about six years of age, children enter first grade at an elementary school. During the first several years, one teacher is responsible for most subjects, including reading, writing, and math. Students also spend most of their day in the same classroom. However, subjects like physical education and art are taught by different teachers. Although some children are driven to school by their parents, many others take special yellow-and-black school buses. There are multiple school bus stops throughout most communities, and your child will wait at the one that is closest to your home. The bus arrives at and

После окончания подготовительного класса, который обозначается буквой "К", ученики переводятся в первый класс *(grade 1)* и в дальнейшем применяется последовательная нумерация классов, вплоть до окончания средней школы. Выпускным считается 12-й класс *(grade 12)*. Нередко весь период школьного обучения обозначается сокращением "К-12"(произносится *"kay trough twelve"*).

11.2.1. Подготовительный класс (Kindergarten)

До недавнего времени, многие женщины в США не работали, и поэтому в стране не существовало системы дошкольного воспитания детей. С увеличением занятости женщин в экономике, когда они не могут уделять детям достаточного внимания, такая потребность появилась. Существуют различные группы, называющиеся *Preschool,* в которых дети дошкольного возраста могут получить некоторые навыки, необходимые для обучения в школе. Многие из этих групп являются платными, однако обязательное обучение начинается в возрасте 5 лет, когда дети зачисляются в подготовительный класс *(kindergarten).*

Программа подготовительного класса может быть рассчитана на полный день, когда дети проводят в школе около 6 часов ежедневно. В других случаях, это может быть ежедневная трёхчасовая программа или шестичасовые занятия через день.

Поскольку в 5 лет дети ещё слишком малы для настоящего обучения, то основные усилия в подготовительном классе направлены на укрепление навыков организованного поведения и умения сосредотачиваться продолжительное время. Занятия происходят в виде различных игр, а не в виде формальных уроков. Ученики, отстающие от общего уровня, могут иметь дополнительные занятия в отличие от тех, кто соответствует среднему уровню или превышает его. Дети иммигрантов, воспитывающиеся в семьях, где не говорят по-английски, имеют возможность улучшить своё знание языка, проводя больше времени с англо-говорящими сверстниками или получая дополнительные уроки.

11.2.2. Начальная школа (Elementary School)

Приблизительно в шестилетнем возрасте, дети переходят в первый класс начальной школы. В течение первых нескольких лет, один учитель преподаёт большинство предметов, включая чтение, письмо и математику. Ученики также проводят большую часть их дня в одной и той же классной комнате. Однако такие предметы как физкультура и искусство преподаются другими учителями. Хотя некоторых детей привозят в школу родители, многие другие пользуются специальными черно-желтыми школьными автобусами *(school buses).* Существует множество остановок школьного автобуса в жилых районах, и ваш ребенок будет ожидать на той, которая находится ближе всего к вашему дому. Автобус приходит и уходит с каждой остановки в обозначенное время, так что

leaves each stop at a designated time, so it is important that your child be there on time. Many elementary schools expect parents, guardians, or other adults to accompany children to the bus stop and wait with them until the bus arrives. When children are dropped off in the afternoon, someone should be there to meet them. If you live very close to the bus stop, it is possible for your child to walk home by him- or herself, but the school will often require you to write a note giving your permission for your son or daughter to do so. Many schools' policies do not allow the bus driver to leave the child alone at the stop after dropping him or her off, so it is important that the person picking up the child be there on time. If your child usually takes the bus, but on a particular day you need to drive him or her to school or pick him or her up, it is your responsibility to notify the bus driver. The same goes for a child who is usually driven to school by his or her parents but needs to take the bus on a certain day. The bus driver is responsible for the safety of everyone in his or her vehicle and has the authority to assign seats, to ask a child to move if he or she is being rude or disruptive, and to let the parents know if their child is having problems or misbehaving. If your child is being teased or bullied on the bus, let the driver know; it is his or her responsibility to try to remedy the situation.

If your child is unable to attend school on any given day because of illness or special family circumstances, it is your responsibility to call the school and let the administration know the reason for your child's absence. If you fail to do so, you will most likely get a call from the school's principal's office, asking you why your child is not in class. If your child is sick for more than one day, you have to call the school every day of his or her absence. This may seem unusual or unreasonable to many parents from countries where schools do not have similar policies; after all, if you called yesterday to let the school know that your child has a sore throat and high fever, why should today be any different? However, the school is responsible for the safety of all its students, and if one of them does not arrive in the morning, it is the administration's duty to find out why, however annoying, overbearing, or repetitive that may seem to parents. By the way, the same policy applies to older children up to the last year of high school.

As you probably already know, in the United States, it is customary to change one's clothing every day. This applies to children as well as adults. Your child should not wear the same outfit two days in a row, and preferably, he or she should not wear an outfit twice during the same week. Because in many countries people do not have as many clothes as Americans, parents and children may see nothing wrong with wearing a favorite dress or shirt for several days in a row. Even if a child has enough clothes to be able to change every day, parents may see not wearing clothes that are still clean as wasteful. However, wearing the same clothes may lead your child to be teased, and, even

важно, чтобы ваш ребенок был там вовремя. Многие начальные школы требуют, чтобы родители, опекуны или другие взрослые сопровождали детей к автобусу и ждали, пока автобус не приедет. Когда дети возвращаются днем, кто - то должен быть там, чтобы встретить их. Если вы живете очень близко к остановке автобуса, ваш ребенок может самостоятельно идти домой, но школы часто требуют, чтобы вы написали записку, что вы даёте на это разрешение вашему сыну или дочери. Правила многих школ не позволяют водителю автобуса оставлять ребенка одного после высадки из автобуса, так что важно, чтобы человек, встречающий ребенка, появлялся там вовремя. Если ваш ребенок обычно пользуется автобусом, но в определённый день вам необходимо отвезти его в школу или забрать его после школы, вы обязаны уведомить водителя автобуса. Тот же самое относится к ситуации, когда ребенку, который обычно приводится в школу родителями, необходимо воспользоваться автобусом. Водитель автобуса отвечает за безопасность каждого пассажира и имеет право назначать места, потребовть, чтобы ребенок пересел, если он груб и нарушает порядок, и может сообщить родителям, если их ребенок имеет проблемы или плохо ведёт себя. Если вашего ребенка дразнят или обижают в автобусе, сообщите водителю; его ответственность - попытаться исправить ситуацию.

Если ваш ребенок не может прийти в школу в какой-то день из-за болезни или семейных обстоятельств, вы обязаны позвонить в школу и сообщить администрации причину отсутствия вашего ребенка. Если вы не сделаете этого, то вам скорее всего позвонят из офиса директора школы и спросят, почему ваш ребенок не в классе. Если ваш ребенок болен более чем один день, вы должны звонить в школу каждый день его отсутствия. Это может казаться необычным или неблагоразумным многим родителям из стран, где школы не имеют подобных правил; в конце концов, если вы звонили вчера, чтобы сообщить, что у вашего ребенка воспаленное горло и высокая температура, что могло измениться сегодня? Однако школа ответственна за безопасность всех учеников, и если один из них не прибывает утром, это обязанность администрации - выяснить почему, независимо от того, насколько назойливо, властно или ненужно это может казаться родителям. Между прочим, эти правила относятся и к более старшим детям, вплоть до последнего класса школы.

Как вы уже вероятно знаете, в Соединенных Штатах общепринято менять одежду каждый день. Это относится к детям также как и ко взрослым. Ваш ребенок не должен носить то же самое два дня подряд, и лучше не одевать то же самое дважды в течение одной недели. Поскольку во многих странах у людей нет столько одежды сколько у американцев, родители и дети могут не видеть ничто плохого в том, чтобы носить любимое платье или рубашку в течение нескольких дней подряд. Даже если ребенок имеет достаточно одежды, чтобы менять её каждый день, родители могут воспринимать смену одежды, которая все еще чистая, как расточительство. Однако ношение той же самой одежды может послужить причиной, что вашего ребенка будут дразнить, и даже более того, преподаватели и другие взрослые в школе могут предположить, что ваша семья не может позволить

worse, teachers and other adults at the school may assume that your family cannot afford enough clothing for the children. We know of cases where recent immigrants sent their children to school wearing the same clothes for several days simply because this was how things were done in their home country and received clothing donations, which they did not need, from the church that was sponsoring them! The sponsors were told by the school that the family obviously could not afford to buy enough clothing for their children because they wore the same outfits more than once.

Usually, the school will provide lunch for the students. The parents are expected to either pay the school periodically or give their children lunch money every day. Children from low-income families may be eligible to receive lunch at school at no cost. The school may expect parents to give children snacks to bring with them, to be eaten several hours before or after lunch. The usual items include fruit, juice or milk, and cookies. If your child has special nutritional needs or simply cannot eat unfamiliar American food, we strongly encourage you to discuss the situation with your child's teacher or a school administrator so that accommodations may be made. Your child may be allowed to bring lunch from home or substitute soy or rice milk for cow's milk, for example.

Constant and close communication between the school and parents is the norm in American education. Parents attend periodic Parent-Teacher Association (PTA) meetings, and many are very active at their children's school, volunteering to assist teachers in the classroom, coaching sports teams, or helping with special events such as bake sales to raise money for the school, holiday celebrations, or activities like plays, contests, or field trips. This is true for fathers as well as mothers. If a child is having problems with academics or other children, his or her teacher will usually want to meet with the parents to discuss the situation. The purpose of such meetings is not to blame parents for their children's problems, but to try to find a solution that will be in the child's best interest. If you have any concerns about your child's academic performance, assignments, or behavior, or if your child is being teased or mistreated by other students, do not hesitate to let his or her teacher know. Getting to know your child's teacher early in the year, before any problems come up, will ensure that you have an important resource for helping your child cope with any school-related difficulties that may arise.

Some immigrant parents are surprised by how little American elementary schools emphasize discipline. Public schools in the US do not have uniforms, and children are not required to get up when a teacher enters the room. During lessons, especially in the early grades, children may move around the room instead of sitting motionlessly at their desks, work in groups, or receive one-on-one attention from the teacher or teacher's assistant. Children may appear to have an informal and friendly relationship with their teacher instead

себе достаточно одежды для детей. Мы знаем о случаях, когда недавние иммигранты посылали детей в школу в той же самой одежде в течение нескольких дней просто потому, что так было заведено в их родной стране и получали пожертвования одежды, в которой они не нуждались, от церкви, которая являлась их спонсором! Школа сообщила спонсорам, что семья очевидно не может позволить себе купить достаточно одежды для детей, потому что они носили то же самое больше чем один раз.

Обычно, школа обеспечивает учеников обедами. Ожидается, что родители или периодически платят школе или дают детям деньги каждый день. Дети из семей с низким доходом могут иметь право получать обед в школе бесплатно. Школа может требовать чтобы родители давали детям с собой что-то перекусить за несколько часов до или после обеда. Обычные это включает фрукты, сок или молоко и печенье. Если ваш ребенок нуждается в специальной пище или просто не может есть незнакомые американские продукты, мы настоятельно советуем вам обсудить ситуацию с учителем вашего ребенка или школьным администратором, чтобы необходимые меры были приняты. Вашему ребенку могут позволить принести обед из дома или заменят коровье молоко соевым или рисовым, например.

Постоянная и тесная связь между школой и родителями - норма в американском образовании. Родители периодически посещают родительские собрания *(Parent-Teacher Association* или *PTA),* и многие принимают активное участие в школьной жизни, помогая преподавателям в классах, тренируя спортивные команды, или помогая во время специальных событий, например кулинарного базара, чтобы собрать деньги для школы, праздники или мероприятия вроде пьес, соревнований и поездок на экскурсии. Это относится к отцам также как к матерям. Если у ребенка есть проблемы с учёбой или другими детьми, его преподаватель захочет встретиться с родителями, чтобы обсудить ситуацию. Цель таких встреч - не винить родителей за проблемы их детей, а попытаться найти решение, которое будет в интересах ребенка. Если вы беспокоитесь об успеваемости вашего ребенка, домашних заданиях или поведении, а также если вашего ребенка дразнят или плохо обращаются с ним другие ученики, не стесняйтесь сообщить об этом учителю. Знакомство с учителем вашего ребенка заранее, до того, как возникли проблемы, обеспечит важный источник помощи вашему ребёнку в преодолении связанных со школой трудностей, которые могут возникнуть.

Некоторые родители иммигранты удивлены тем, как мало американские начальные школы уделяют внимания дисциплине. Общественные школы в США не имеют школьной формы, и не требуется, чтобы дети вставали, когда преподаватель входит в класс. В течение уроков, особенно в начальных классах, дети могут перемещаться с места на место вместо того, чтобы сидеть неподвижно за партами, а также работать в группах или один на один с помощником преподавателя или преподавателем. Может казаться, что дети имеют неофициальные и дружественные отношения с их преподавателем вместо того, чтобы приближаться к нему со смесью благоговения и страха, как принято в некоторых странах. Учителя, в основном, не

of approaching him or her with a mixture of awe and fear, which is common in some countries. Teachers generally do not yell at students, call them insulting names, or imply that they are stupid, lazy, or unable to learn, and they never, under any circumstances, hit their students. Doing any of these things could result in a reprimand, suspension, termination, or even a lawsuit. Teachers address students by their first names, not their last names like in some countries. In class, children may play games or do group projects to learn reading or math concepts instead of being required to memorize long lists of vocabulary words or multiplication tables. Although this approach may be very different from what you are used to, remember that it does not mean that your child is not learning anything or is not encouraged to respect adults or behave properly.

The amount of homework children receive varies from school to school and even from teacher to teacher, but there are general guidelines schools are encouraged to follow. Experts recommend that children be assigned ten minutes of homework per grade level, meaning that a first-grader can expect to have ten minutes of homework a night (this includes all subjects) and a six-grader will spend an hour a night. This may be much more or less homework than your child got in his or her native country and may take a while to get used to. If your child seems overwhelmed and cannot complete his or her assignments, talk to his or her teacher, who will work with you to find a solution.

11.2.3. Middle School and Junior High School

A transition to middle or junior high school is an important event for children. Typically, students move to a different building that may or may not be close to their old elementary school, which means that many will find themselves attending classes with children they do not know. At this stage, each subject is taught in a different room by a different teacher. Academic work becomes more rigorous, and the amount of homework increases. Extracurricular activities such as sports, music, art, or drama become more important to students. Participation in these activities will help your child meet new people and develop self-confidence and useful social skills, so encouraging your son or daughter to explore several things that interest him or her is a good idea, but it is important to find a balance between extracurricular activities, academics, and family life. Although children are becoming more independent, parents are still encouraged to be involved in school life and to communicate with their children's teachers.

At this stage, physical appearance and popularity become important to children. Many form exclusive groups of friends, or cliques. Children who are very different from others may have a more difficult time finding friends or even social acceptance. These and related issues are discussed in more detail in the section on high school.

кричат на учеников, не оскорбляют их, и не показывают, что они глупы, ленивы или неспособны учиться, и они никогда, ни при каких обстоятельствах, не бьют учеников. Любое из этого перечня может кончиться выговором, отстранением от работы, увольнением или даже судебным иском. Преподаватели обращаются к ученикам по именам, а не по фамилиям, как это делается в некоторых странах. В классе дети могут играть или выполнять групповые задания по чтению или математике вместо требования запомнить длинные списки словарных слов или таблицу умножения. Хотя этот подход может очень отличаться от того, к чему вы привыкли, помните, что это не значит, что ваш ребенок не узнает ничего или не научится уважать взрослых или вести себя должным образом.

Объём домашних заданий отличается от школы к школе и даже от учителя к учителю, но есть общие рекомендации, которым школы должны следовать. Эксперты рекомендуют, чтобы в каждом последующем классе количество домашней работы увеличивалось на десять минут. Это означает, что первоклассник может иметь десять минут домашней работы в день (что включает все предметы), а шестиклассник будет тратить час в день. Это может быть гораздо большее или меньшее количество домашней работы по сравнению с тем, что ваш ребенок имел в его родной стране, и может потребоваться время, чтобы привыкнуть к этому. Если ваш ребенок кажется перегруженным и не может выполнить домашние задания, поговорите с учителем, чтобы найти выход из положения.

11.2.3. Неполная средняя школа

Переход в *middle* или *junior high school* - важное событие для детей. Как правило, ученики перемещаются в другое здание, которое может оказаться близко к их старой начальной школе, а может быть и нет, что означает, что многие из них будут посещать занятия с детьми, которых они не знают. На этом этапе все предметы преподаются в различных кабинетах разными преподавателями. Академические требования становятся более строгими, и количество домашней работы увеличивается. Внеклассная активность типа спортивных состязаний, музыки, искусства или драмы становится более важной для учеников. Участие в этом поможет вашему ребенку познакомиться с новыми людьми и развить уверенность в себе и полезные социальные навыки, поэтому неплохо будет, если вы будете поощрять вашего сына или дочь искать новые интересы, но важно найти равновесие между внеклассными занятиями, учёбой и жизнью семьи. Хотя дети становятся более независимыми, все еще поощряется родительское участие в школьной жизни и поддержание связи с преподавателями.

На этой стадии внешность и популярность становятся важными для детей. Многие образуют группы, так называемые клики *(cliques)*. Дети, очень отличающиеся от других, могут иметь трудности в приобретении друзей или даже проблемы с принятием в общество. Эти и другие аналогичные проблемы обсуждены более подробно в разделе, посвященном средней школе.

11.3. Secondary education

11.3.1. High School

The last four years of school in America (grades 9 through 12) are known as high school. High school students usually have classes in their own school building, separately from elementary and middle school students. Although numerical grade designations are still used, high schools normally adopt the same hierarchy as four-year colleges. Thus, nine-grade students are known as freshmen, tenth-graders are called sophomores, eleventh-graders juniors, and twelfth-graders--seniors.

All states have certain academic requirements students must fulfill before they can receive their high school diploma. However, the classes each individual student takes in high school depend mostly on the student's academic abilities, aspirations (whether he or she plans to go to college or start working immediately after graduation), interests, and the school's resources and course offerings. Each student has his or her own class schedule and may find him- or herself with different students every class period. Parents and students who come from countries where everyone takes the same classes may find this unusual or confusing. You may be unsure about which classes to choose or concerned about finding the right room for each class.

This is where a guidance counselor comes in. Each school employs several of them, depending on the number of students. Every student is assigned to a particular counselor and ideally stays with that person throughout his or her high school years. A guidance counselor is a person who will help the student choose appropriate courses each semester or year, monitor his or her academic progress, and eventually guide the student through the college application process. Guidance counselors are also an excellent resource when it comes to deciding whether to participate in extracurricular activities and dealing with adjustment issues. Although they usually cannot take the place of a psychologist or psychotherapist, many high school guidance counselors are highly sensitive to emotional and social difficulties high school students are likely to encounter and can be very helpful in navigating what is often a very trying time for both students and parents. This is especially important for recent immigrants who have to deal with culture shock in addition to the usual teenage concerns such as physical appearance, popularity, and self-esteem. Getting to know his or her guidance counselor as early as possible can be instrumental for making a student's high school experience more rewarding than traumatic.

11.3. Среднее образование

11.3.1. Средняя школа (High School)

Последние четыре года школы (классы с 9 по 12) в Америке известны как *high school* (средняя школа). Студенты средней школы обычно занимаются в собственном здании, отдельно от учеников начальной школы. Хотя числовые обозначения классов все еще используются, средние школы обычно принимают ту же самую иерархию, как и четырехгодичные колледжи. Таким образом, ученики девятого класса известны как *freshmen* (новички), ученики десятого класса называются *sophomores* (второкурсниками), одиннадцатого - *juniors* (студент предпоследнего курса) и двенадцатого - *seniors* (старшими).

Все штаты имеют определённые академические требования, которые ученики обязаны выполнить прежде, чем они могут получать диплом об окончании средней школы. Однако занятия, которые посещает каждый отдельный ученик средней школы, зависят главным образом от академических способностей ученика, его стремлений (планирует ли он поступать в колледж или собирается идти работать немедленно после окончания), интересов, возможностей школы и выбора предметов. Каждый ученик имеет собственное расписание уроков и может оказаться с разными детьми на каждом уроке. Родители и ученики, прибывшие из стран, где каждый посещает одни и те же занятия, могут находить это необычным или сбивающим с толку. Вы можете быть не уверены, какие предметы выбрать или беспокоиться о том, чтобы не ошибиться в нахождении места очередного урока.

В этом может помочь так называемый *guidance counselor* (руководитель-консультант). Каждая школа имеет их несколько, в зависимости от числа учеников. Каждый ученик прикрепляется к определённому *guidance counselor* и, в идеале, остается с этим человеком в течение всех четырёх лет средней школы. *Guidance counselor* - человек, который помогает ученику выбрать соответствующие предметы каждый семестр или год, контролирует его академический прогресс и, в конечном счете, ведёт студента через процесс поступления в колледж. *Guidance counselor* - также хороший советчик, когда необходимо принять решение, участвовать ли во внеклассной активности или необходима помощь в процессе адаптации. Хотя они обычно не могут заменить психолога или психотерапевта, многие *guidance counselors* средней школы очень чувствительны к эмоциональным и социальным трудностям, с которыми могут столкнуться подростки этого возраста, и могут быть очень полезны в прохождении периода, который часто является очень трудным и для учеников, и для родителей. Это особенно важно для недавних иммигрантов, которым приходится иметь дело с культурным шоком в дополнение к обычным подростковым заботам о внешности, популярности и самооценке. Знакомство с *guidance counselors* на как можно более ранней стадии может оказаться определяющим в превращении времени пребывания в средней школе из травмирующего в доставляющее удовлетворение.

11.3.1.1. Immigrant Teenagers

Although some high school students will undoubtedly read this section and may find it useful, it is written primarily for parents. Despite the fact that you may not speak English well or at all, you are one of the most essential resources your child has in helping him or her adjust to this new culture and succeed as an American. Relationships with parents and family are important for all teenagers, and they become more so, not less, when a family immigrates to a new country. Even if your child is learning English quickly and seems to be adjusting to life in America without any problems, he or she is facing challenges that are as real and serious as the ones your are dealing with, and perhaps even more so.

Many people believe that those who move to another country between the ages of 14 and 18 make this transition at the best possible age. Because they have mastered their native language and can remember a lot about life in their home country, they do not risk "losing" their language and culture completely, but at the same time, they are young enough to learn English fully and become "real" Americans, something that may not be possible for their parents, grandparents, and even older siblings. Although there may be some truth to this belief, it is also true that in many ways, teenagers have a harder time adjusting to a new culture than people who are older or younger.

First of all, this is an age where relationships with peers are extremely important. Even if you come from a culture where children do not traditionally "break away" from their parents they way they do in America, chances are that back in your native country, your child had still spent a lot of time with his or her friends, some of whom he or she may have known since early childhood, and these friendships were important to him or her. Moving away, even if it is just to a different neighborhood (and school) in the same town, is very stressful for teenagers because it severs this network of peer friendships. Just imagine how much harder moving to a different *country*, in some cases literally halfway across the world, is for young people. You may think that because "children adjust quickly," your son or daughter will have no problems fitting in at an American school. However, he or she is no longer a child, and while for some young people the transition is relatively smooth, many others struggle with it.

Unfortunately, teenagers can be cruel to those who are different from them. Of course, so can adults, but remember that for young people, the acceptance of their peers is much more important, and an adolescent can be devastated by something an adult can shrug off as ignorance or rudeness. Because many teenagers' self-esteem depends on their peers' opinion of them, a student who is made fun of or simply ignored at school may feel that he or she is unworthy, bor-

11.3.1.1. Иммигранты старшеклассники

Хотя некоторые ученики средней школы, несомненно, будут читать этот раздел и могут найти его полезным, написан он, прежде всего, для родителей. Несмотря на тот факт, что вы не говорите хорошо по-английски или не говорите вообще, вы являетесь одним из наиболее существенных источников помощи, в которой нуждается ваш ребенок, чтобы приспособиться к этой новой культуре и преуспеть как американец. Отношения с семьёй и родителями важны для всех подростков, и они становятся более, а не менее важными, когда семья иммигрирует в новую страну. Даже если ваш ребенок быстро осваивает английский язык и кажется, что он приспосабливается к жизни в Америке довольно легко, он сталкивается с проблемами, которые являются столь же реальными и серьезными, как и ваши, и, возможно, даже более серьезными.

Многие люди полагают, что те, кто приезжают в другую страну в возрасте от 14 до 18 лет, делают это в лучшем возможном возрасте. Поскольку они освоили свой родной язык и много помнят о жизни в их родной стране, они не рискуют "потерять" свой язык и культуру полностью, но в то же самое время, они достаточно молоды, чтобы в совершенстве изучить английский язык и стать "настоящими" американцами, что может быть невозможным для их родителей, бабушки и дедушки, и даже старших братьев и сестёр. Хотя в этом может быть есть некоторая доля правды, также справедливо то, что во многих аспектах, подросткам более трудно приспособиться к новой культуре чем тем, кто старше или моложе.

Прежде всего, это - возраст, когда отношения со сверстниками чрезвычайно важны. Даже если вы прибываете из общества, где дети традиционно не "отдаляются" от родителей так, как они делают это в Америке, высока вероятность, что в вашей родной стране, ваш ребенок, тем не менее, проводил много времени с друзьями, зная некоторых из них с раннего детства, и эта дружба была важна для него. Переезд, даже если это только в другой район (и школу) в том же самом городе, является очень трудным для подростков, потому что при этом разрываются дружеские связи. Только вообразите, насколько более тяжёлым является для молодых людей переезд в другую **страну,** в некоторых случаях буквально на другой конец земного шара. Вы можете думать, что поскольку "дети приспосабливаются быстро", ваш сын или дочь не будут иметь никаких проблем приспособления в американской школе. Однако, он или она больше не ребенок, и в то время как для некоторых молодых людей переход относительно гладок, многим другим это даётся нелегко.

К сожалению, подростки могут быть жестокими по отношению к тем, кто отличается от них. Конечно, так ведут себя и взрослые, но помните, что для молодых людей, принятие их сверстниками гораздо более важно, и подросток может быть глубоко ранен чем-то, от чего взрослый может отмахнуться как от невежества или грубости. Поскольку чувство самооценки многих подростков зависит от мнения которое о них имеют их сверстники, ученик, которого

ing, or ugly, no matter how interesting, intelligent, accomplished, or attractive he or she really is.

Most importantly, your child may speak little or no English, which not only makes communicating with peers difficult or impossible for him or her, but also may cause other students to label him or her as "stupid" or "weird." Many high school students (and some adults) think that a person's command of English reflects his or her intelligence, even if they themselves cannot speak any foreign language. Even if your child does speak some English, other students may make fun of his or her accent or occasional errors.

Although language is a major factor that contributes to teenage immigrants' difficulties, it is not the only one. Appearance is also very important, and that includes facial features and skin color as well as clothes, hairstyle, and accessories. Although in America, there are people of all races and ethnic backgrounds, teenagers who do not look Caucasian and are different in other ways as well may have a more difficult time being accepted by their peers.

Clothes, hair, and grooming are also very important to young people. In judging whether something is acceptable, teenagers are more concerned with whether it is fashionable at the moment than with whether it meets some objective standard of attractiveness. Of course, a young person who has recently moved from another country has no way of knowing what is considered "cool" among his or her American peers. Because of this, your child may find that his or her favorite clothes and accessories are considered "weird" or even ugly by other students. He or she may beg you for a new wardrobe or refuse to wear something that you spent your last money on before coming to America. Your child may also want to wear something you culture regards as inappropriate or indecent. What should you do?

Although it is easy to say that clothes and makeup are superficial things no intelligent person should be concerned about, and although I do not mean to suggest that parents should let their children wear whatever they want regardless of their own values, please remember that what seems trivial to you is very important to your child. A "wrong" outfit or hairstyle can cause a young person to be ignored or even ridiculed by his or her peers.

An important aspect of physical appearance is personal hygiene. Different cultures have different standards of what is acceptable, and in America, it is generally expected that people bathe or shower and wash their hair daily, brush their teeth, use mouthwash, and apply antiperspirant after each shower or bath. Undergarments and clothes are changed daily and washed frequently. Many women also shave their underarm area and legs. Although you may see your child's attempts to groom "the American way" as an excessive preoccupation with physical appearance, it is merely a necessary part of becoming socially acceptable. If, on the other hand, your culture's grooming rituals are very dif-

высмеивают или просто игнорируют в школе, может чувствовать, что он не достоин дружбы, скучен или уродлив, независимо от того, насколько он интересен, умён, воспитан или привлекателен на самом деле.

Более того, ваш ребенок может плохо говорить или совсем не говорить по-английски, что не только делает общение со сверстниками трудным или невозможным, но также может давать повод другим ученикам прозвать его "глупым" или "странным". Многие ученики средней школы (и некоторые взрослые) думают, что владение английским языком отражает интеллект человека, даже если сами они не могут говорить ни на каком иностранном языке. Даже если ваш ребенок немного говорит по-английски, другие ученики могут высмеивать его акцент или случайные ошибки.

Хотя язык - главный источник трудностей подростков иммигрантов, он не является единственным. Внешность также очень важна, и это включает особенности лица и цвет кожи также как одежду, прическу и украшения. Хотя в Америке проживают люди всех рас и этнических групп, подростки, которые не выглядят белыми и отличаются чем-то другим, могут иметь больше проблем с вхождением в коллектив.

Одежда, волосы и уход за кожей также очень важны для молодых людей. Чтобы решить, является ли что-то приемлемым, подростки больше рукодствуются тем, является ли это модным в настоящее время чем тем, соответствует ли это какому-то объективному стандарту привлекательности. Конечно, молодой человек, приехавший недавно из другой страны, понятия не имеет, что считается "крутым" среди его американских сверстников. Поэтому ваш ребенок может обнаружить, что его любимую одежду и украшения другие ученики считают "странными" или даже уродливыми. Он может попросить у вас новую одежду или отказаться носить что-то, на что вы потратили ваши последние деньги перед прибытием в Америку. Ваш ребенок может также захотеть носить что-то, что в вашей культуре считается некрасивым или неприличным. Что вам делать?

Хотя легко говорить, что одежда и косметика - пустяки, о которых никакой умный человек не должен беспокоиться, и я не предлагаю, чтобы родители позволяли детям носить то, что они хотят, независимо от их собственных ценностей, пожалуйста, помните, что то, что кажется незначительным для вас, может быть очень важным для вашего ребенка. "Не та" одежда или прическа могут быть причиной того, что молодого человека игнорируют или даже высмеивают его сверстники.

Важным аспектом внешности является личная гигиена. Различные культуры имеют различные стандарты того, что считается приемлемым. В Америке считается само собой разумеющимся, что люди принимают ванну или душ и моют голову ежедневно, чистят зубы, используют жидкость для полоскания рта и применяют дезодорант после каждого принятия душа или ванны. Нижнее бельё и одежда меняются ежедневно и стираются часто. Многие женщины также бреют подмышечные впадины и ноги. Хотя вы можете воспринимать попытки вашего ребенка ухаживать за собой "по-американски" как чрезмерную озабоченность своей внешностью, на самом деле - это просто необходимая составляющая вхождения в

ferent from those in America but your son or daughter makes no attempt to change his or her habits, you may want to gently point out to him or her that washing often is important to people here, and following these conventions may make getting along with other students at school easier for him or her.

Teenagers in the United States, as well as in many other countries, tend to form closely knit groups, sometimes called "cliques," whose members spend most of their free time together, often socialize outside of school, and are not very open to accepting new people into their circle. These groups are formed according to appearance, social status, and interests, and may include "jocks" or athletes, "preppy" kids or students who come from affluent families, tend to do well academically, and place a lot of importance on financial and career success, "geeks" or "nerds"--students who are usually smart and studious, with many specialized interests such as computers, history, or music but may be seen by others as somewhat socially awkward or less than attractive, "artsy" students who may paint, sculpt, or write poetry, teenagers who use drugs, drink, and skip school, and many others. Belonging to a particular group largely determines how a student is seen by his or her peers, and although this division is less pronounced in some schools and some teenagers have friends in many different cliques, once a student becomes a part of a group, that affiliation is often difficult to change.

Even among American-born students, these groups are often formed along racial lines. In schools with large numbers of immigrant students, newcomers usually create their own cliques, and immigrants from the same country or region often stick together. Although this may initially make the transition easier for your child, it has its drawbacks. For one, spending all day with people who either speak his or her native language or are just learning to speak English will slow down your child's language progress. Also, by choosing to socialize exclusively with other immigrants, your teenager may come across to American peers as unfriendly or even hostile. A smaller, more rural school with few, if any, immigrant students presents a different challenge. By the time your child arrives, the American students have known each other for a long time, the different peer groups have been established, and no one is particularly eager to get to know a shy newcomer with a "funny" accent and "weird" clothes. How do you help your son or daughter through this difficult and potentially traumatic time?

First of all, be sympathetic when your child tells you about his or her problems and anxieties around fitting in at school. Sometimes, immigrant parents may be so overwhelmed with problems and stress in their own lives that they desperately want to believe that their children are happy, which in turns makes them feel

коллектив. Если, с другой стороны, традиции личной гигиены в вашей культуре очень отличаются от американских, но ваши дети не делают никакой попытки изменить свои привычки, вы можете мягко указать им, что здесь для людей важно часто мыться, и следование этому обычаю может упростить их общение с другими учениками в школе.

Подростки в Соединенных Штатах, также как в многих других странах, имеют тенденцию формировать тесные группы, иногда называемые "кликами" *(cliques),* чьи члены проводят большую часть свободного времени вместе, часто встречаясь вне школы, и не очень открыты для принятия новых людей в их круг. Эти группы формируются в соответствии с внешним видом, социальным статусом или интересами, и могут включать "jocks" – спортсменов; "preppy" – детей из богатых семей, склонных преуспевать академически и уделять много внимания финансовому успеху и карьере; "geeks" или "nerds" - учеников, которые обычно способны и прилежны, со многими специализированными интересами типа компьютеров, истории или музыки, но кого сверстники могут считать несколько неуклюжими или в общении не привлекательными; "artsy"- учеников, которые могут рисовать, ваять или писать стихи; подростков, употребляющих наркотики, спиртные напитки и пропускающих занятия; и многие другие. Принадлежность к специфической группе в значительной степени определяет то, как ученик оценивается его сверстниками, и хотя это разделение менее явно выражено в некоторых школах, и некоторые подростки имеют друзей в самых различных кликах, коль скоро ученик становится членом группы, то такую принадлежность трудно изменить.

Даже среди учеников-американцев, эти группы часто формируются по расовым линиям. В школах с большим количеством студентов иммигрантов, вновь прибывшие обычно создают собственные клики, и иммигранты из одной страны или региона часто держатся вместе. Хотя это и может облегчить первоначальный переходный период для вашего ребенка, такая ситуация имеет свои недостатки. Общение в основном с людьми, которые или говорят на его родном языке, или только учатся говорить по-английски, замедлит прогресс освоения английского языка вашего ребёнка. Также, предпочитая общаться исключительно с другими иммигрантами, ваш подросток может показаться американским сверстникам недружелюбным или даже враждебным. Маленькая, провинциальная школа с немногими, если таковые вообще имеются, студентами иммигрантами представляет другую проблему. К тому времени, когда ваш ребенок прибывает, ученики-американцы уже знали друг друга в течение долгого времени, сложились различные группы, и никто особенно не стремится знакомиться с застенчивым новичком с "забавным" акцентом и "нелепой" одеждой. Как вы можете помочь вашему сыну или дочери преодолеть этот трудный и возможно травмирующий период?

Прежде всего, относитесь сочувственно, когда ваш ребенок рассказывает вам о своих проблемах и неприятностях в процессе приспособления к школе. Иногда родители иммигранты могут быть настолько обременены проблемами и напряжением в

that moving to America was the right decision for their family. So when a child comes home from school upset or complains that other students are ignoring him or her, they may brush it off as run-of-the-mill "teenage troubles" or simply tell the child that everything will be fine. However, the pain your child is feeling is very real. Any major transition, even if it is ultimately for the best, is painful, stressful, and uncomfortable at first. Even if you cannot do anything to help your child fit in at school, simply listening and assuring him or her that he or she is still a wonderful, lovable, and worthy person will go a long way toward helping your teenager cope with the stresses of the adjustment process. Spending as much time as possible as a family will give your child the sense of belonging that he or she is missing at school.

Although you do not want to discount your son or daughter's feelings of isolation, gently remind him or her that they will pass. As your child learns English and adapts to the new culture, forming relationships with peers will get easier. Also, teenagers become more open-minded and accepting of differences as they get older, so the same kids who teased your child at 15 may become friends with him or her when they are 17 or 18. Finally, when your son or daughter graduates from high school and goes to college, he or she will find that almost every first-year student on campus is feeling equally homesick, out of place, and unsure of him- or herself. Once your child is in the same situation as everyone else instead of being "the new kid," he or she will find his or her niche on campus and make friends. Try not to lecture, but do tell your teenager that high school popularity is transitory and has no bearing on a person's future success and relationships.

Another aspect of social life in American high schools that may make the adjustment process more difficult for your child is the fact that the qualities American teenagers value in their peers may be completely different from what was considered important in the country you came from. While in some cultures, very intelligent children are praised and admired by their teachers and peers alike, in the US, academic achievement often takes a backseat to athletic prowess. Students who are good at sports are often very popular with their classmates and may be seen as having better social skills by their teachers. Table 11-1 on page 472 shows the percentage of high school students who value certain characteristics in their peers.

As you can see, relatively few students see "knowing a lot about intellectual matters" as valuable, but most boys and half the girls value "being a good athlete." Although these attitudes may encourage a teenager who has always done well academically to shift his or her attention from grades to sports in an effort to become more popular, remind your child that education is still the most valuable asset one can have when it comes to getting a good job and being successful in the future. If, however, your son or daughter is good at a

своей собственной жизни, что им хочется верить, что их дети счастливы, и переезд в Америку был правильным решением для их семьи. Когда ребенок приходит домой из школы расстроенный или жалуется, что другие ученики игнорируют его, они могут отмахиваться от этого, как от обычных "подростковых неприятностей" или просто говорить ребенку, что все будет прекрасно. Однако боль, которую ваш ребенок чувствует, очень реальна. Любые серьезные перемены, даже если они, в конечном счете, к лучшему, могут быть болезненными, трудными и неприятными сначала. Даже если вы не можете ничего сделать, чтобы помочь вашему ребенку акклиматизироваться в школе, просто выслушайте его и заверьте что он тем не менее замечательный, любимый и достойный человек. Это существенно поможет вашему подростку справиться со стрессом процесса адаптации. Как можно больше общения в семейном кругу даст вашему ребенку чувство принадлежности, которого он не испытывает в школе.

Не умаляя значимости чувства изоляции вашего сына или дочери, мягко напомните им, что оно пройдёт. По мере освоения вашим ребенком английского языка и приспособления к новой культуре, установление отношений со сверстниками станет более легким делом. К тому же подростки, взрослея, становятся менее предубежденными против различий, и те же самые дети, которые дразнили вашего ребенка в 15 лет, могут стать друзьями с ним, когда им будет 17 или 18. Наконец, когда ваш сын или дочь окончат среднюю школу и поступят в колледж, они обнаружат, что почти каждый студент первокурсник в университетском городке чувствует себя одинаково тоскующим по дому, "не в своей тарелке" и неуверенным в себе. Как только ваш ребенок окажется в той же самой ситуации, как и все окружающие, вместо того, чтобы считаться "новичком", он найдёт свою нишу на кампусе и заведёт друзей. Попытайтесь не читать мораль, однако скажите вашему подростку, что популярность в средней школе является временной и не определяет будущий успех человека и его взаимоотношения.

Другим аспектом общественной жизни в американских средних школах, который может сделать процесс приспособления более трудным для вашего ребенка, является тот факт, что качества, которые американские подростки ценят в сверстниках, могут полностью отличаться от того, что считалось важным в стране, из которой вы прибыли. В то время как в некоторых культурах, очень умных детей высоко ценят преподаватели и сверстники, в США спортивное мастерство часто предпочитается академическим достижениям. Ученики, проявляющие себя в спорте, часто очень популярны среди одноклассников и могут оцениваться их преподавателями, как имеющие более развитые навыки общения. В табл. 11-1 на стр. 473 показано отношение учеников средней школы к различным характеристикам своих сверстников.

Как вы можете заметить, относительно немногие ученики рассматривают "быть интеллектуалом" как достоинство, но большинство мальчиков и половина девочек высоко оценивают "быть хорошим спортсменом". Хотя это может заставить подростка, который всегда преуспевал академически, переключить своё внимание с оценок на спортивные соревнования, чтобы стать более популярным, напомните вашему ребенку, что образование является наиболее ценным приобретением, когда дело касается получения хорошей работы и достижения

particular sport, by all means encourage him or her to pursue that interest. Joining a team will allow your child to meet other students with similar interests
and may ease his or her transition into the new culture.

Table 11-1:   Characteristics Valued by 12th Grade Students

	Characteristics Valued by Students		
	Characteristics	Male	Female
1	Being a good athlete	56%	50%
2	Planning to attend college	43%	53%
3	Getting good grades	42%	49%
4	Leading student activities	40%	43%
5	Coming from the right family	33%	35%
6	Having a nice car	32%	28%
7	Knowing a lot about intellectual matters	29%	26%

Source: U.S. Department of Education, 2001.

Teachers and guidance counselors can be another important resource for
students who are recent immigrants. Many of them are very sensitive to the
challenges of adolescence and depending on the school, some may have experience working with immigrant or international students. Even for a teenager
whose parents are very supportive, having someone at school who speaks
English, is in a position of authority, and can advocate for him or her when
necessary is very helpful and reassuring. English as a Second Language and
foreign language teachers may be especially sensitive to the issues faced by
students from other cultures. Encourage your child to get to know his or her
counselor and teachers. If your son or daughter is being teased, bullied, or
harassed by other students on a regular basis, he or she should report it to an
adult, who can be a teacher, counselor, school nurse or social worker, assistant
principal, or principal. School authorities have a responsibility to provide a
safe learning environment for all students, and any situation that affects your
child's physical or psychological well-being is something they should be made
aware of. Emphasize to your child that reporting bullying and harassment is
not tattling; it is taking care of him- or herself. Very often, immigrant students
feel that the treatment they get from their American peers is their fault, that
they did something to deserve the harassment, and that anyone who hears
about it will side with the bullies. As a result, these young people may feel
completely alone, which can lead to low self-esteem and depression. Talking to

успехов в будущем. Если, однако, ваш сын или дочь хороши в том или ином виде спорта, во что бы то ни стало поощряйте их продолжать свои занятия. Участие в команде позволит вашему ребенку познакомиться с другими учениками с похожими интересами и может облегчить его приспособление к новой культуре.

Табл. 11-1: **Качества, ценимые выпускниками средних школ**

Качества, ценимые выпускниками средних школ		
Качество	Мальчики	Девочки
1 Быть хорошим спортсменом	56%	50%
2 Планировать поступление в колледж	43%	53%
3 Хорошая успеваемость	42%	49%
4 Возглавлять школьные команды и клубы	40%	43%
5 Быть из "хорошей семьи"	33%	35%
6 Иметь хорошую машину	32%	28%
7 Быть интеллектуалом	29%	26%

Источник: U.S. Department of Education, 2001.

Преподаватели и *guidance counselors* могут быть другим важным источником помощи для учеников, приехавших в страну недавно. Многие из их очень чувствительны к подростковым проблемам и, в зависимости от школы, некоторые могут иметь опыт работы с иммигрантами или иностранными учениками. Даже для подростка, чьи родители ему помогают, иметь кого-то в школе, кто говорит по-английски, обладает полномочиями и может вступиться за него, когда необходимо, очень полезно. Преподаватели английского языка как второго и преподаватели иностранного языка могут быть особенно чувствительны к проблемам, с которыми сталкиваются студенты из других культур. Посоветуйте вашему ребенку познакомиться с его *guidance counselors* и преподавателями. Если вашего сына или дочь постоянно дразнят, преследуют или третируют другие ученики, он должен сообщить об этом взрослому, который может быть преподавателем, *guidance counselor,* школьной медсестрой или социальным работником, завучем или директором школы. Школьные власти обязаны обеспечить безопасную обстановку для всех учеников, и любые ситуации, затрагивающие физическое или психологическое благосостояние вашего ребенка, должны быть доведены до их сведения. Объясните вашему ребенку, что сообщая о запугивании и преследованиях, он не ябедничает; а проявляет заботу о себе. Очень часто ученики иммигранты считают, что плохое отношение американских сверстников к ним происходит по их собственной вине, что они сделали что-то, чем заслужили это, и что любой, кто услышит об этом, встанет на сторону их преследователей. В результате, эти молодые люди могут чувствовать себя в полном одиночестве, что может привести к низкой самооценке и депрессии. Возможность

a sympathetic American adult can be a great relief to a teenager who until now has felt isolated and misunderstood.

Although most teachers and school administrators are sympathetic to the struggles of immigrant students to fit in and will do anything to help your child, a word of caution is in order here. Some adults who work at schools, just like some people from all walks of life, may fear and distrust "foreigners" or simply be unwilling to deal with someone who does not speak good English or whose behavior they cannot understand. They often do not realize just how difficult and overwhelming adjusting to a new culture and learning a new language can be.

If your child encounters adults who shrug off his or her concerns or say that the harassment is his or her fault, remind him or her that not everyone is sensitive and open-minded, but that does not mean that no one will be sympathetic to his or her problems.

11.3.1.2. Choosing a High School.

A Strong ESL Program or Total Immersion?

The number of immigrant students or students with limited English proficiency at any given high school largely depends on the school's location. Schools in large urban areas often have many students who come from different cultures and need help learning English. On the other hand, schools located in rural or suburban areas, where there are not many immigrants, may have only a few ESL (English as a Second Language) students. In some cases, your child may be the first ESL student the school has had in years (or ever).

Schools that serve large numbers of immigrants typically have well-structured ESL programs that offer several different levels of English classes, ESL instruction in some academic subjects such as math and sciences (textbooks and other materials used in such classes are usually written in simple English and the subject matter is presented at a slower pace), and even, if the school has enough students who speak the same language, native-language instruction. Such schools have several specially trained ESL teachers on staff and may also employ facilitators--people who speak both English and a language spoken by many students (for example, Spanish or Vietnamese) and can help students in the classroom or with their homework assignments. Every incoming student who speaks limited English is tested and placed into a combination of ESL and "regular" classes. Ideally, as a student's English proficiency increases, he or she is moved to higher-level ESL classes and eventually "mainstreamed"--placed in the same classes as his or her American peers.

поговорить с сочувствующим взрослым американцем может оказать большую помощь подростку, который до сих пор чувствовал себя изолированным и непонятым.

Хотя большинство преподавателей и школьных администраторов сочувствуют усилиям учеников иммигрантов, чтобы приспособиться, и сделают всё от них зависящее, чтобы помочь вашему ребенку, необходимо также слово предостережения. Некоторые взрослые, которые работают в школе, точно так же как некоторые люди во всех слоях общества, могут бояться "иностранцев" и не доверять им или просто не желать иметь дело с кем-то, кто не говорит хорошо по-английски или чьё поведение им не понятно. Они часто не осознают, насколько трудными и болезненными могут быть приспособление к новой культуре и изучение нового языка.

Если ваш ребенок сталкивается со взрослыми, которые отмахиваются от его беспокойств или говорят, что в насмешках виноват он сам, напомните ему, что не все люди чувствительны и свободны от предрассудков, но это не значит, что никто не посочувствует его проблемам.

11.3.1.2. Выбор школы.

Сильная ESL программа или полное "погружение"?

Число учеников иммигрантов или учеников с ограниченным знанием английского языка в любой конкретной средней школе в значительной степени зависит от её местоположения. Школы в больших городах часто имеют много учеников, которые прибывают из различных стран и нуждаются в помощи при изучении английского языка. С другой стороны, школы, расположенные в сельской местности или пригородах, где не так много иммигрантов, могут иметь только несколько ESL (английский как второй язык) учеников. В некоторых случаях, ваш ребенок может быть первым ESL учеником, которого школа имела за много лет (или когда-либо).

В школах, в которых учится большое количество иммигрантов, обычно есть хорошо организованные ESL программы с несколькими различными уровнями изучения английского языка, ESL преподавание по другим предметам типа математики и естественных наук (учебники и другие материалы, используемые на таких занятиях обычно написаны на упрощённом английском языке, и предмет преподаётся в более медленном темпе), а если школа имеет достаточно учеников, говорящих на одном языке, то и преподавание на родном языке. Такие школы имеют несколько специально обученных ESL преподавателей в штате и могут также нанимать помощников - людей, которые говорят по-английски и на языке, которым владеют многие ученики (например, испанском или вьетнамском) и могут помогать им в классе или с домашними заданиями. Каждые вновь прибывший ученик, плохо говорящий по-английски, проверяется и помещается в соответствующую комбинацию ESL и "обычных" занятий. В идеале, по мере освоения английского, он переводится в более высокий уровень ESL классов и в конечном счете вливается в те же самые классы, что и его американские сверстники.

Schools with few immigrant students, on the other hand, do not have the resources for such elaborate programs. Often, they employ a visiting ESL teacher as needed. The teacher may spend two or three hours each day at the school, giving lessons to a small group of students. The rest of the time, ESL students attend mainstream classes.

Which system is better? This question may at first seem silly to many immigrant parents (and students!). The answer is obvious: the more help a student gets with English, the better. The educators and social workers at your local refugee resettlement office may also strongly advise you to enroll your child in a school where there are many immigrant students and extensive "ESL support" is available. They may argue that "sheltered" classes, where your child will learn other academic subjects in simple English under the guidance of a trained ESL teacher, will allow him or her to keep up academically while he or she masters the language. Then, when your son or daughter has acquired solid language skills, he or she can move into mainstream classes.

Sounds good? It may be, but do not jump to conclusions just yet. Although structured ESL programs do work for many students, they have their drawbacks. Often, instead of being "mainstreamed" as soon as possible, students are kept in ESL classes for months, years, and sometimes until they graduate. The class your child is placed into may prove to be too slow or easy for him or her, but changing classes midsemester or midyear is often difficult or impossible. As far as keeping up academically, many immigrant students find that rudimentary math and science taught in "sheltered" academic ESL classes is several years behind the curriculum they were following in their native country. Also, spending most of the school day exclusively with other immigrants will further isolate your child from his or her American peers and make the inevitable transition into the English-speaking social environment even more difficult.

One person I talked to who attended a high school with many immigrant students and an extensive ESL program told me that many teachers and guidance counselors at the school seemed to think that immigrants were incapable of getting accepted to a prestigious college. Instead of discussing college options with these students the same way they would with their American peers, the counselors would either avoid the subject altogether or tell the students about vocational training, technical colleges, or at best, the local university, which was by no means a highly selective institution. Thus, instead of helping these students become successful and productive members of the American society, all this "ESL support" seemed to actually keep some of them out of prestigious universities and possibly high-paying jobs.

Школы с немногими учениками иммигрантами, с другой стороны, не имеют ресурсов для таких детально проработанных программ. Часто, они используют приходящих ESL преподавателей по мере необходимости. Такой преподаватель может проводить два или три часа каждый день в школе, занимаясь с маленькой группой учеников. Остальную часть времени, ESL ученики посещают обычные занятия.

Какая же из систем лучше? Этот вопрос может поначалу показаться глупым многим родителям иммигрантам (и ученикам!). Ответ очевиден: чем больше помощи с английским языком получает ученик, тем лучше. Педагоги и социальные работники в вашем местном офисе службы расселения беженцев могут также настоятельно советовать вам зарегистрировать вашего ребенка в школе, где учится много студентов иммигрантов, и обширная "ESL поддержка" является доступной. Они могут доказывать, что "облегчённые" занятия, где ваш ребенок будет изучать другие академические предметы на упрощённом английском языке под руководством опытного ESL преподавателя, позволит ему не отстать академически, в то время как он справляется с языком. Когда же ваш сын или дочь приобретёт твердые языковые навыки, они могут перейти в обычные классы.

Звучит хорошо? Может быть и так, но не делайте выводов так быстро. Хотя структурированные ESL программы помогают многим ученикам, они имеют свои недостатки. Часто вместо перевода в "обычные" классы как можно скорее, ученики остаются в ESL классах в течение многих месяцев, лет, а иногда и до окончания школы. Класс, в который ваш ребенок помещен, может оказаться слишком медленным или легким для него, но поменять класс в середине семестра или года часто трудно или невозможно. Что касается "не отстать академически", то многие ученики иммигранты находят, что элементарная математика и естественные науки, преподаваемые в "облегчённых" ESL классах на несколько лет отстают от учебного плана, которому они следовали в их родной стране. Также, проведение большей части школьного дня исключительно с другими иммигрантами ещё более изолирует вашего ребенка от его американских сверстников и сделает неизбежный переход в англо-говорящую социальную среду более трудным.

Я разговаривала с одним иммигрантом, который посещал среднюю школу с большим количеством учеников иммигрантов и обширной ESL программой. Он говорил, что многие преподаватели и guidance counselors в школе, казалось, думали, что иммигранты были неспособны к поступлению в престижный колледж. Вместо обсуждения выбора колледжа с этими учениками таким же образом, как бы они делали это с их американскими сверстниками, guidance counselors или избегали этой темы вообще, или говорили о профтехнической подготовке, технических колледжах или, в лучшем случае, о местном университете, который совсем не являлся высоко котируемым заведением. Таким образом, вместо того чтобы помогать ученикам стать преуспевающими и продуктивными членами американского общества, "ESL поддержка" фактически удерживала некоторых из них от поступления в престижные университеты и получения высокооплачиваемых рабочих мест.

On the other hand, the somewhat "sink-or-swim" approach taken by schools with few ESL students and resources may ultimately work better by giving a student no choice but to learn the language as quickly as possible if he or she is to succeed. I know it did for me.

11.3.2. *General Equivalency Diploma (GED)*

It is possible to receive one's high school diploma without attending school for the full twelve years by passing a special exam that determines whether a person's competence in reading, writing, math, and social studies is equivalent to that of someone who has finished his or her senior year of high school. This option may work well for people who did not have a chance to complete their education because of personal or family circumstances or for students who do not do well in traditional school settings. There is no age limit for taking a GED exam. Many high schools and adult education centers offer GED preparation classes that teach the skills necessary to pass the exam, and are a good starting resource if you are considering taking the test. The GED is considered equivalent to a traditional high school diploma by employers and some colleges. At other colleges, however, applicants with a GED may be at a disadvantage compared to those with traditional high school degrees.

11.4. Higher education

Today is the first day of your senior year of high school. In nine months, diploma in hand, you will be ready to go out into the "real word." If you are tired of school and can't wait to become independent and self-sufficient, you can get a job and move out of your parents' house. In this case, your probably won't find this chapter of the book very interesting or useful. However, if you are even considering going to college, read on.

You may have known that college was in your future since you were a small child. You parents, who both have advanced degrees, might have expected you to further your education, and as you grew up, their expectations became your own. Or maybe you have always been an outstanding student who was determined to go on, regardless of your family's expectations. It may even be that you never had much interest in school until you came to America, but now you want to make the most of the opportunities available to you here. Whatever the case, before you embark on your college adventure, you have to know a few things about the way higher education works in the United States, what you have to do to make your dreams reality, and what to expect along the way.

С другой стороны, подход "тони или плыви", принятый школами с небольшим количеством ESL учеников и ресурсов, может, в конечном счете, сработать лучше, не давая ученику никакого выбора, кроме как изучать язык настолько быстро, насколько возможно, если он хочет преуспеть. Я знаю, что так получилось со мной.

11.3.2. Эквивалент Аттестата Зрелости

Те, кто не посещал школу в течение полных двенадцати лет, могут получить диплом об окончании средней школы, сдав специальный экзамен *General Equivalency Diploma* или *GED,* который определяет, являются ли знания и навыки человека в чтении, письме, математике и общественных науках равными уровню выпускного класса средней школы. Эта альтернатива может подойти тем, кто не смог завершить своё образование по личным или семейным обстоятельствам или для учеников, которым не подходит традиционная школьная обстановка. На сдачу *GED* экзамена нет никаких возрастных ограничений. Многие средние школы и центры обучения взрослых предлагают классы подготовки к *GED*, где преподаются навыки, необходимые для сдачи экзамена; эти классы дадут вам хорошую основу, если вы рассматриваете такую возможность. *GED* приравнивается к эквиваленту традиционного диплома средней школы как нанимателями, так и некоторыми колледжами. Однако в других колледжах, абитуриенты с GED могут оказаться в неравном положении по сравнению с теми, кто имеет традиционные дипломы средней школы.

11.4. Общее высшее образование (Бакалавр)

Сегодня первый день учёбы в последнем классе школы. Через девять месяцев, с аттестатом зрелости в руках, вы будете готовы к вступлению во взрослую жизнь. Если вам надоела учеба, и вы с нетерпением ждёте момента, когда вы станете самостоятельным и независимым, вы можете устроиться на работу и даже уехать из родительского дома. В таком случае, вы скорее всего не найдёте эту главу особенно интересной и полезной. Однако, если вы планируете поступать в колледж - продолжайте читать.

Возможно, высшее образование было в ваших планах с самого детства, поскольку ваши родители его имеют и не мыслили иного для вас, и постепенно их ожидания стали вашими собственными. Возможно, вы всегда были хорошим учеником и хотели продолжать учёбу, независимо от мнения своей семьи. Возможно также, что вы не проявляли большого интереса к учёбе до тех пор, пока вы не приехали в Америку, но сейчас хотите воспользоваться представившимися возможностями в полной мере. В любом случае, вам необходимо познакомиться с системой высшего образования в США, а также с тем, что надо сделать для воплощения своей мечты и чего ожидать на своём пути.

11.4.1. Overview of Higher Education in the U.S.

Since it is only September, you have plenty of time to get ready for college, right? Wrong. In many countries, possibly including your own, students apply to a college or university of their choice in May or June, after they have finished high school. In America, however, the application process starts early in a student's senior year of high school, if not before. What's more, this is probably not the only aspect of higher education in the U.S. that you will find surprising or strange. Here are a few more things you need to know.

11.4.1.1. Colleges and Universities

In the U.S., there are two basic types of colleges – two-year colleges, often called "junior" or "community" colleges, and four-year colleges and universities. Two-year colleges typically offer associate degree or certification (non-degree) programs in fields like accounting, business management, office administration, and computer science. However, general education courses that will prepare you for study in a four-year institution are available as well.

Four-year colleges are what most people think of when they hear the words "higher education," and in the rest of this chapter, I will assume that you have decided to attend a four-year institution. Now is also the time to clarify the difference between a college and a university. Both colleges and universities offer bachelor of arts and bachelor of science degree programs in natural and social sciences, mathematics, humanities, and the arts. However, colleges usually have fewer students and faculty and fewer academic departments than universities and are less focused on research and more focused on undergraduate education. Also, most universities offer graduate programs, whereas many colleges don't.

11.4.1.2. Liberal Arts

In many countries, students graduating from high school have to know what they want to do with the rest of their life. When they apply to college, they are entering a training program for a specific profession, and admission requirements depend on the nature of that profession. Usually, students have to pass several oral or written exams in subjects relevant to their future occupation. For example, a seventeen-year-old who wants to be a doctor in Russia will probably have to pass exams in biology and chemistry in order to get into

11.4.1. Обзор высшего образования в США

Поскольку сейчас только сентябрь, вы можете думать, что у вас более чем достаточно времени для подготовки. Это не совсем так. Во многих странах, возможно, включая и ту, из которой вы прибыли, ученики подают заявления в высшие учебные заведения в мае - июне, после окончания школы. В США, однако, процесс поступления начинается в начале выпускного учебного года, если не раньше. Более того, это вероятно не единственное отличие здешней системы высшего образования, которое может удивить вас или показаться вам странным. Ниже приводится краткий обзор того, что вам необходимо знать.

11.4.1.1. Колледжи и университеты

В США существуют два основных типа учебных заведений: 2-х годичные колледжи, которые часто называются *junior colleges* или *community colleges,* а также 4-х годичные колледжи и университеты. Двухгодичные колледжи обычно предлагают программы в таких областях, как бухгалтерский учёт, основы управления бизнесом, канцелярское дело, информационные системы и так далее, а также общенаучные дисциплины, необходимые для подготовки к специальным курсам, преподаваемым только в четырехгодичных колледжах или университетах. После окончания такого колледжа обычно выдаётся сертификат или присваивается так называемая *associate degree* (степень помощника), эквивалентная диплому техникума.

Четырехгодичные колледжи и университеты составляют систему высшего образования, и остаток этой главы будет посвящён именно им, но прежде необходимо пояснить, в чём состоит разница между колледжем и университетом. Они оба присваивают степени бакалавра наук или искусств и предлагают программы по естественным и общественным наукам, а также различным видам литературы и искусства. Однако колледжи обычно меньше по размеру и имеют меньше факультетов по сравнению с университетами, и их главная цель - общее высшее образование, а не научные исследования. Кроме того, большинство университетов имеют программы специального высшего образования и аспирантуры, в то время как многие колледжи их не имеют.

11.4.1.2. Либеральные искусства

Во многих странах ученики, оканчивающие школу, обязаны знать, чем они хотели бы заниматься в будущем. Когда они поступают в высшее учебное заведение, то они сдают соответствующие вступительные экзамены и зачисляются на определённую специальность. Обычно необходимо сдать несколько устных и письменных экзаменов по предметам, относящимся к этой области деятельности. Например, семнадцатилетний выпускник школы в России, желающий выучиться на врача, должен сдать экзамены по химии и биологии, чтобы поступить в медицинский

medical school. In the U.S., however, most four-year colleges and universities offer programs in what is known as liberal arts, and the purpose of going to college is not acquiring a profession, but finding out what you are most interested in by taking a variety of courses.

Usually, during the first two years, students take introductory courses in many different subjects. Then they choose a "major" – an area of study they would like to focus on, such as psychology or physics – and for the remaining two years, take most of their courses in that subject. Therefore, a college graduate is not trained in any one occupation, but does possess a deep understanding of one area of human knowledge and the skills necessary to learn just about anything. He or she may then choose to enter a graduate or professional school to prepare for practicing medicine or law, conducting scientific research and teaching at the college level, or working in a field such as social work or public policy.

"So, am I going to really learn anything useful in college?" you may ask. It is an important question that often troubles students and parents unfamiliar with the American system of education. To people used to viewing college as training for a future career, spending four years (four expensive years!) studying art history and French literature, trying to figure out where one's interests lie, may seem like a waste of time. They are scared by the very name "liberal arts," which suggests a pursuit free of any structure, discipline, or relevance to "real life". So, ARE you going to learn anything useful in college? The answer is yes, for two reasons.

First of all, the word "career" has a slightly different meaning in America than it does in some other countries. In the U.S., if you start out working in advertising, you don't have to stay in advertising. At different points in your life, you may find yourself working in marketing, finance, education, or graphic design. It has been estimated that an average American changes careers seven times in his or her lifetime. Therefore, to stay employable in a current job market, you must be flexible, creative, and most importantly, able to learn new skills fast. And that's where your liberal arts education comes in. True, it does not really teach you how to do any particular job, but it teaches you how to learn.

Second, the vast majority of jobs in America today do not require years of specialized training. Many positions in publishing, sales, marketing, advertising, and other fields are open to college graduates with any major; you simply have to be intelligent, creative, hardworking, and willing to learn.

But what if you want to be a doctor, a lawyer, or a college professor, and will need to go to graduate school after college? Would not it be so much better if you could start your training four years earlier? There's no "right" answer to this question, but at least college will give you a chance to think long and hard about your career choice. How would you feel if you found out you hated

институт. Однако в США большинство четырехгодичных колледжей и университетов предлагают программы гуманитарных наук известные под названием *liberal arts,* и цель обучения в колледже состоит не в получении конкретной специальности, а в определении своего призвания путем прослушивания самых разнообразных курсов.

Обычно в первые два года, студенты выбирают обзорные курсы по различным наукам и только после этого выбирают *major,* то есть область, в которой они хотели бы специализироваться, например психология, физика и так далее, и оставшиеся два года слушают курсы, относящиеся к этой области. Таким образом, выпускник колледжа не является специалистом в той или иной профессии, но обладает достаточно глубокими знаниями в какой-то области человеческой деятельности, а также навыками, необходимыми для изучения чего угодно. После этого, он или она могут поступить в так называемые *graduate* или *professional schools* для получения профессии врача или адвоката, подготовки к ведению научных исследований и преподаванию в колледже, работе в общественной или политической сферах и так далее.

Вы можете задаться вопросом: "Почерпну ли я что-то полезное в колледже?" Этот вопрос нередко ставит в тупик студентов и родителей не знакомых с американской системой высшего образования. Для людей, которые смотрят на колледж как на подготовку к будущей карьере, трата четырёх лет (очень дорогих в финансовом смысле) на изучение истории искусства или французской литературы, пытаясь выяснить своё призвание, кажется бессмысленной тратой времени. Они пугаются названия *liberal arts,* которое представляется очень расплывчатым и оторванным от реальной жизни. "Так ПОЧЕРПНУ ли я что-то полезное в колледже?" Ответ на этот вопрос - положительный по двум причинам.

Во-первых, слово "карьера" имеет несколько другое значение в Америке, чем в некоторых других странах. В США, если вы начали свою трудовую деятельность в области рекламы, вы не обязательно будете работать там всегда. В какой-то момент своей жизни, вы можете оказаться работающим в маркетинге, финансах, образовании или графическом дизайне. По некоторым оценкам, средний американец меняет область деятельности семь раз в течение жизни. Поэтому, чтобы быть конкурентно-способным на рынке труда, вы должны обладать способностью приспосабливаться, изобретательностью и, что самое важное, уметь быстро приобретать новые знания и навыки. Именно на это и направлены программы *liberal arts,* которые, хотя они и не учат какой-то конкретной специальности, учат учиться.

Во-вторых, подавляющее большинство рабочих мест в Америке не требуют многих лет специализированной подготовки. Большая часть рабочих мест в издательском деле, сбыте, маркетинге, рекламе и других областях деятельности открыты для выпускников колледжей с любой специализацией. Вам просто нужно быть умным, изобретательным, трудолюбивым и иметь желание учиться.

Ну а как быть, если вы хотите быть врачом, юристом или профессором в колледже, и вам необходимо будет продолжать учёбу после окончания колледжа? Не лучше ли было бы начать конкретную подготовку к этому на четыре года раньше? На этот вопрос нет однозначного ответа, но как минимум,

chemistry in your second semester of medical school or realized that you've always wanted to teach second grade after getting your law degree?

11.4.2. Choosing a College

This first part of the application process is also one of the hardest. There are literally thousands of colleges in the U.S., and they differ widely in size, number and type of programs they offer, availability of financial aid, admission criteria, cost, etc. The list goes on and on. So how do you decide which schools to apply to?

11.4.2.1. Resources to Help You Choose

First of all, get to know your high school guidance counselor. He or she can help you decide what qualities you should look for in a college, recommend specific schools, and provide you with brochures published by admission offices of different colleges, so that you can decide for yourself whether you like what you see. Also, your high school's guidance office or any library will have several college guides (such as *Barron's College Guide*) – thick books that list all U.S. colleges and universities and provide basic information about each one. These guides are updated every year (sort of like phone books), so look for the latest edition to ensure that the information you get is current.

Occasionally, representatives from colleges across the country will come to your high school to talk to interested students. These information sessions are a good opportunity to find out about schools you might not have considered otherwise. At the end of the session, a college representative will usually answer questions, open up an informal discussion, or hand out the school's brochures and applications to interested students. Contact your guidance office to find out when and where the presentations are scheduled.

If you have older siblings or friends in college, talk to them on the phone and when they come home for breaks. That way, you can learn about college life from a student's perspective. Also, if possible, try to visit them at their schools, sit in on some of the classes, stay in the dorm, and eat at the dining hall. This is one of the best ways to determine what kind of a college environment feels "right" to you (a small school in a rural setting, a large city university, a single-sex school, etc.).

колледж даёт вам возможность утвердиться в правильности своего выбора. Как бы вы себя чувствовали, если бы во втором семестре медицинского института обнаружили, что ненавидите химию или поняли что вы всегда мечтали обучать детей, после того, как получили юридическую степень?

11.4.2. Выбор колледжа

Начальная часть процесса поступления является одной из самых трудных. В США существуют тысячи колледжей, существенно отличающихся по размеру, количеству и разнообразию предлагаемых программ, доступности финансовой помощи, требованиям к поступающим, стоимости обучения и так далее. Этот перечень можно продолжать бесконечно. Как выбрать учебные заведения, в которые подавать документы?

11.4.2.1. Помощь в выборе

Прежде всего, познакомьтесь с вашим школьным *guidance counselor* (консультантом по выбору профессии). Он может помочь Вам решить, на какие именно качества вы должны обратить внимание при выборе колледжа, порекомендовать определенные учебные заведения и снабдить вас буклетами, издаваемыми приёмными комиссиями различных колледжей, чтобы вы могли решить самостоятельно, нравится ли вам то, что вы видите. В его офисе или любой библиотеке вы можете найти несколько справочников по высшим учебным заведениям, например *Barron's College Guide* - толстые книги, которые содержат перечень всех американских колледжей и университетов с краткой необходимой информацией о каждом из них. Эти справочники переиздаются каждый год (почти как телефонные книги), так что ищите самое последнее издание, чтобы быть уверенным, что информация, которую вы получаете, не устарела.

Иногда представители колледжей с другого конца страны приезжают в вашу школу, чтобы встретиться с заинтересованными студентами. Эти информационные встречи - хорошая возможность узнать о колледжах, на которые вы иначе не обратили бы внимание. В конце встречи представитель колледжа обычно отвечает на вопросы, устраивает неформальную беседу или раздаёт рекламные брошюры и бланки заявлений заинтересованным студентам. Узнайте у вашего *guidance counselor*, когда и где намечены такие встречи.

Если у вас есть старшие братья, сестры или знакомые, учащиеся в колледже, поговорите с ними по телефону или во время каникул. Таким образом, вы можете узнать о колледже с точки зрения студента. Если это возможно, постарайтесь навестить их во время учёбы, посидеть на занятиях, побывать в общежитии и поесть в студенческой столовой. Это один из лучших способов определить, какого типа обстановка вам по душе: небольшое заведение в глубинке, большой университет в огромном городе, заведение со студентами одного пола или что-то ещё.

11.4.2.2. Factors to Consider

When choosing a college, you need to pay particular attention to the following four factors:

- the kind of academic programs a school offers;
- its size;
- location;
- the cost of education there.

Which of these factors are more or less important is different for every student and depends on his or her personality and priorities.

Academic Programs. If you already have an idea of what you want to study, this should be the most important consideration. Try to apply only to schools that have good programs in your chosen subject. Go to a college's web site and see if the department that interests you has its own web page. If it does, you might be able to check out current course offerings, faculty's research interests, and recent senior thesis topics. During your campus visit, try to meet with the faculty in your prospective department and maybe even sit in on a class. That way, you will be able to get an idea of how well a particular school fits your academic needs.

If you don't know what interests you, instead of looking at specific programs, you need to assess a college's overall academic level. The easiest way to do it is to check out college ratings that are published annually by many sources, including *The U.S. News and World Report*. The higher a school's rating, the more selective and academically challenging it probably is.

Look at GPA averages and SAT scores of incoming freshmen. How do they compare with yours? Another useful figure is a percentage of applicants who are accepted each year. A school that accepts only 30% of applicants is bound to be more academically rigorous than the one that accepts 85%. Also, don't neglect more subtle indicators of how challenging a school curriculum is: do many students conduct independent or supervised research, and are they encouraged to do so? Is a senior thesis required for graduation? Is there an honors program?

Cost. Unfortunately, this is a deciding factor for many students and their families. Higher education in America is very expensive, and many people choose schools based on their cost rather than on their academic reputation, live at home to save money, or attend college while working part- or full-time. Still more spend the first ten years after graduation paying back loans they took out to finance their education.

11.4.2.2. Что принимать во внимание

При выборе колледжа, необходимо принимать во внимание следующие четыре фактора:

- предлагаемые академические программы;
- стоимость обучения;
- местоположение;
- размер учебного заведения

Важность этих факторов различна для разных людей и зависит от их личных качеств и склонностей.

Академические программы. Если вы уже знаете, что вы хотели бы изучать, это наиболее важный фактор. Постарайтесь подавать документы только в колледжи, предлагающие хорошую подготовку по выбранной вами специальности. Посмотрите на Интернете, если интересующие вас факультет или кафедра имеют собственный сайт. Если да, то вы, скорее всего, можете посмотреть список предлагаемых курсов, направления исследовательских работ преподавателей и темы дипломных работ недавних выпускников. Во время посещения колледжа, постарайтесь побывать в помещениях этой кафедры или даже на занятиях, и встретиться с преподавателями. В этом случае вы сможете почувствовать, насколько данное заведение отвечает вашим запросам.

Если вы не знаете точно, что вас интересует, то вместо каких-то определённых программ, обратите внимание на общий академический уровень колледжа. Наиболее просто это можно сделать, посмотрев его рейтинг в ежегодных публикациях, одной из которых является *The U.S. News and World Report*. Чем выше рейтинг, тем выше, скорее всего, уровень программ и конкурс на поступление.

Обратите внимание на средние результаты недавно поступивших студентов по тесту *SAT* и сравните их со своим. Другой полезной информацией является процент принятых от общей массы подающих заявления. Заведение, которое принимает 30% желающих, несомненно, более солидное, чем то, которое принимает 85%. Не пренебрегайте также менее явными показателями того, насколько сложной является учебная программа: много ли студентов участвуют в исследовательской работе или ведут её самостоятельно, поощряется ли это? Необходимо ли представлять дипломную работу для получения степени? Есть ли специальная программа для особо сильных студентов *(honors program)?*

Стоимость обучения. К сожалению, это определяющий фактор для многих поступающих и их семей. Высшее образование в США очень дорого, и многие выбирают учебное заведение, основываясь на стоимости обучения, а не академической репутации. Они живут дома, чтобы сэкономить деньги или учатся и одновременно работают на полный или неполный рабочий день. Многие также выплачивают взятые на обучение займы в течение 10 лет после окончания учёбы.

Many immigrants, especially from countries where higher education is free or relatively cheap, have a hard time understanding why American colleges charge so much for tuition, room, and board, and deciding whether the expenses are worth it. Although at first glance, it might seem to you that getting a job right out of high school makes more financial sense, going to college is ultimately a more solid investment in your future. On average, college graduates have substantially higher incomes than people with only a high school diploma. Now, let's consider the first part of the question: Why are colleges in America so expensive?

In the U.S., education is not financed completely by the government – colleges and universities must generate their own revenue. Public schools do receive government subsidies, which is why they are usually much cheaper than private institutions, but they are still not fully funded. Colleges have to erect new academic buildings, purchase new and often state-of-the-art equipment for their science classrooms and laboratories, buy computers, and pay competitive salaries to their faculty. Some of this money comes from grants and alumni gifts, but a substantial portion has to be contributed by the students and their families.

As we have already said, despite the fact that education in America is generally expensive, schools differ widely in cost. A large state university will usually charge much less than a small, private liberal arts college. On the other hand, more expensive schools often offer better financial aid packages, and it is not unusual for students to receive a full scholarship from a small, selective college, while their state university can only offer loans. See section on financial aid for more about this topic.

Although money will probably play a part in your college selection process, it is important to weigh cost against other factors such as academic reputation, location, and a good fit between a particular school and your personality and interests. Often, financial sacrifices are more than worth it if they mean attending just the right school.

Location. While for some people, it does not matter much where they go to school, others find location to be a very important part of their college experience. College brochures tend to capitalize on the beauty or uniqueness of the school's locale to attract potential students. Sometimes, choosing a college feels more like planning a long vacation. Would you like to spend four years only a short drive away from the beautiful coast of Maine? What about the White Mountains of New Hampshire? Would you enjoy a metropolitan setting, with shops, restaurants, and art galleries within walking distance? Or do you prefer the rolling green hills of Vermont countryside? Do you like to spend your weekends skiing or lying on a beach? The possibilities are endless.

Многие иммигранты, особенно те, которые приехали из стран с бесплатным или недорогим высшим образованием, не могут понять, почему американские колледжи берут такую высокую плату за учёбу, проживание и питание, пытаясь решить, стоит оно того или нет. Несмотря на то, что на первый взгляд кажется, что пойти работать после окончания школы имеет больше смысла с финансовой точки зрения, поступление в колледж, в конечном итоге, является более надёжным "вложением капитала" в ваше будущее. В среднем, выпускники колледжа зарабатывают намного больше по сравнению с выпускниками средней школы. А теперь давайте ответим на вопрос: "Почему американские колледжи так дороги?"

В США образование по большей части не финансируется правительством – колледжи и университеты обязаны сами обеспечивать своё существование. Да, общественные учебные заведения получают государственные субсидии, поэтому они чаще всего намного дешевле, чем частные, но даже они не финансируются полностью. Колледжи должны строить новые здания, приобретать новое, суперсовременное оборудование для научных лабораторий, покупать компьютеры и платить конкурентно-способную зарплату своим сотрудникам. Некоторая часть необходимых средств поступает в виде подарков от бывших выпускников и других лиц, но существенная часть должна покрываться студентами и их семьями.

Как уже было сказано, несмотря на то, что, в общем, образование в США дорого, учебные заведения существенно отличаются по цене. Большие университеты штатов обычно взимают меньшую плату, чем маленькие частные *liberal arts* колледжи. С другой стороны, более дорогие колледжи часто предлагают больше финансовой помощи, и нередко студент может получить в таком колледже полную стипендию, в то время как университет штата предлагал только займы, которые необходимо возвращать. Мы будем об этом говорить в разделе, посвящённом финансовой помощи.

Хотя финансовая сторона играет свою роль в процессе выбора, очень важно взвесить такие факторы, как репутация заведения, местоположение и соответствие вашим интересам. Очень часто финансовые жертвы стоят того, если они означают учёбу именно в таком заведении, которое вам нужно.

Местоположение. В то время как для одних людей не имеет большого значения, куда они едут учиться, для других местоположение колледжа является неотъемлемой частью процесса получения образования. Рекламные буклеты колледжей склонны акцентировать внимание на красоте или уникальности местности, в которой они расположены, для привлечения потенциальных студентов. Иногда выбор колледжа становится похожим на планирование продолжительного отпуска. Не хотели бы вы провести четыре года в непосредственной близости от живописного побережья штата Мэн? А может быть вам больше по душе Белые горы в штате Нью-Гэмпшир? Не хотели бы вы наслаждаться достоинствами большого города с магазинами, ресторанами и картинными галереями в пределах пешеходной прогулки? Или вы предпочитаете зелёные холмы в сельской местности Вермонта? Любите ли вы проводить выходные на лыжных прогулках или валяясь на пляже? Возможности бесконечны.

Although being in a place you like is certainly a nice bonus, choosing your school's location involves much more than picking a brochure with the prettiest pictures. For one thing, how far from home do you want to be?

First of all, DON'T rule out a school only because it is far from where you live. In many countries, children, especially daughters, live either at home or nearby until they are considerably older than 18, the age of a typical college freshman. Not so in America. Americans place high value on independence and self-sufficiency, and parents actually expect children to leave home when they finish high school or shortly after. Parents want their children to have the best possible opportunities for studying whatever they are interested in, and these opportunities may not be available close to home. Of course, this has its negative aspects – some American families are not as close as families in some other cultures, and students often start their college careers homesick and unprepared for life on their own. However, the benefits of following your dreams are not to be ignored either. See the section on moving away from home for more information about coping with campus life and helping your parents deal with the fears and reservations they might have about letting you be on your own.

Size. Do you want to spend four years in a place where everybody knows everybody else by name and it is not unusual for students to come to their professors' houses for dinner and spend hours talking in their offices? Or would you prefer a relative anonymity of being one of many students and an opportunity to meet new and interesting people every day? Whatever your preferences, there's the right school for you somewhere in the U.S. Some private colleges have only a few hundred students, while large public universities often number tens of thousands. Are small or large schools necessarily better than the other kind? It all depends on what better suits your personality, as we have already mentioned, and on what you are looking for in a college. Both types of schools have their advantages and shortcomings, which usually balance out.

Small colleges often have a higher ratio of faculty to students, which means fewer people in each class and more personal attention from instructors. Your professors usually know you by name and are able to answer your questions after class or during office hours without you having to wait in line or make appointments far in advance. Besides, knowing most of the other students on campus may give you a feeling of comfort and safety. However, a small school often means fewer academic programs, and small departments mean only a few courses in each subject to choose from during any particular semester. The research facilities may not be state-of-the-art, either.

The faculty members of large public schools, on the other hand, often conduct research commissioned by the state or federal government, and stu-

Несмотря на то, что учиться в местности, которая вам нравится, несомненно приятно, выбор местоположения колледжа не должен сводиться к выбору брошюры с самыми красивыми фотографиями. Подумайте о том, как далеко от дома вы согласны уехать?

Прежде всего, не отвергайте колледж только на том основании, что он далеко от места, где вы живёте. Во многих странах дети, особенно дочери, живут дома или неподалеку от него до возраста, значительно превышающего 18 лет, что является типичным возрастом американского первокурсника. В Америке всё несколько иначе. Американцы высоко ценят независимость и самостоятельность, поэтому родители готовы к тому, что дети могут уехать из дома сразу после окончания школы или вскоре после этого. Родители хотят дать своим детям наилучшие возможности для развития их склонностей, а такие условия не всегда возможны неподалеку от дома. Разумеется, это имеет свою отрицательную сторону – в некоторых американских семьях не такие близкие отношения, как это бывает в странах с другой культурой, и студенты часто начинают учёбу скучая по дому и не готовыми к самостоятельной жизни. Однако не нужно забывать о том, как важно пытаться воплотить свои мечты в жизнь. Смотрите раздел об отъезде из родительского дома для дополнительной информации о привыкании к жизни в колледже и о том, как помочь родителям побороть страхи и сомнения, которые они чувствуют, позволяя вам пуститься в самостоятельную жизнь.

Размер колледжа. Хотите ли вы провести четыре года в месте, где все знают друг друга по имени и нередко студенты приглашаются на ужин в дома своих профессоров и часами беседуют с ними в их офисах? Или вы предпочитаете относительную анонимность, будучи одним из многих и имея возможность знакомиться с новыми и интересными людьми каждый день? Какими бы ни были ваши предпочтения, где-то в США существует отвечающее им учебное заведение. В некоторых частных колледжах учится всего несколько сотен студентов, тогда как большие общественные университеты зачастую насчитывают десятки тысяч. Что лучше: маленькое или большое учебное заведение? Всё зависит от того, какой вы человек и чего вы ожидаете от колледжа. Оба типа имеют свои достоинства и недостатки, которые уравновешивают друг друга.

Маленькие колледжи часто имеют большее соотношение количества сотрудников к количеству студентов, что означает меньшие по размеру группы и больше личного внимания преподавателей к каждому из студентов. Ваш профессор обычно знает вас по имени и способен ответить на ваши вопросы после занятий или во время индивидуальных встреч в его кабинете без необходимости долгого ожидания в очереди. Кроме того, чувство, что вы знаете большинство студентов в студенческом городке, создаёт ощущение безопасности и комфорта. Однако маленький колледж часто означает меньший выбор специальностей и меньшую численность преподавателей на кафедрах, что сокращает возможный выбор курсов на каждый семестр. Научные лаборатории могут быть оснащены не по последнему слову техники.

Сотрудники больших университетов, с другой стороны, часто проводят научные

dents sometimes have an opportunity to participate in this work or use first-rate research laboratories and equipment to work on their own projects. Also, large universities usually offer many different programs and many courses are taught simultaneously in each department. However, classes are large, and popular introductory courses in mathematics and natural and social sciences often have enrollments of two or even three hundred. Professors are difficult to get a hold of, and you may have to make an appointment a week or so in advance. Also, you may find sharing a campus with several thousand other students intimidating or impersonal.

Other factors. Although the above sections have covered the most important things you should consider when choosing a college, several other factors might influence your decision as well. Does a school have many international and/or minority students? Do they feel comfortable and accepted there? Are there resources available to them on campus, such as clubs, organizations, and support groups? I should note here that I am NOT assuming that all immigrants will want to be part of these organizations, socialize with people from other countries, or publicize their ethnic origin and place of birth. While some of you will be glad to meet other students with similar experiences, others will want to become as "American" as possible as soon as possible, in which case you might resent being classified as a minority or mistaken for an international student, as recent immigrants so often are. (An international student is somebody who is a permanent resident of another country and has only come to the U.S. to study). Neither of these two approaches is right or wrong; all depends on what you feel comfortable with.

Another less obvious factor to think about is whether you want to attend a single-sex (for only men or only women) or a coed (for men AND women) school. Although most colleges and universities in the United States today are coed, there are still quite a few single-sex schools (most of them are all-female, however). The origin of single-sex education dates back many years, when it was thought improper for young men and women to spend a lot of unsupervised time together. Also, because men and women had very different roles in society, it was practical for them to attend institutions that would prepare them for their respective life paths. While young men were trained to serve in the military or practice medicine, business, or law, their female peers were prepared to become nurses, teachers, or secretaries. Often a liberal arts education was seen as simply a way to broaden the horizons of a future wife and mother who would never have to work for a living.

Although men and women in modern America are free to interact with each other as much as they wish and often work together in the same profession, single-sex education remains fairly popular, especially for young women. Many people believe that in coed educational settings, girls and women don't

исследования по заказам правительства штата или федерального правительства, и студенты иногда имеют возможность участвовать в этих проектах или использовать первоклассное оборудование для своих собственных работ. Большие университеты также предлагают одновременно множество различных программ и курсов на каждой кафедре. Тем не менее, группы многочисленны, а популярные курсы по основам математики и естественных наук насчитывают до двухсот-трехсот студентов. К профессорам трудно пробиться, а на приём может быть необходимо записываться за неделю и более. Вы также можете найти, что жить в городке с несколькими тысячами студентов несколько страшновато и обезличивающе.

Другие факторы. Несмотря на то, что выше мы коснулись наиболее важных аспектов, которые вы должны учитывать при выборе колледжа, несколько других факторов могут также повлиять на ваше решение. Много ли там иностранных (или принадлежащих к национальным меньшинствам) студентов? Чувствуют ли они себя уютно и равноправно? Существуют ли в городке необходимые для них клубы, организации или группы поддержки?

Я допускаю, что не все иммигранты захотят участвовать в этих организациях, общаться с людьми из других стран или оглашать свою национальность или место рождения. В то время как некоторые из вас будут рады встретиться с другими студентами, находящимися в аналогичной ситуации, другие захотят стать настолько "американцами", насколько возможно и как можно быстрее. При этом вы можете не захотеть чтобы вас считали представителем национального меньшинства или принимали за иностранного студента, что нередко происходит с недавними иммигрантами (иностранные студенты - те, кто являются жителями другой страны и приезжают в США только на время учёбы). Никакой из этих двух подходов не является правильным или неправильным; всё зависит от того, как вы себя при этом чувствуете.

Другим, менее очевидным фактором, о котором можно подумать, является ваше желание учиться в "однополом" (только для мужчин или только для женщин) или совместном (для мужчин и женщин) учебном заведении. Хотя большинство колледжей и университетов в США в настоящее время являются совместными, сохранилось достаточное количество "однополых" (большинство из которых являются женскими). Возникновение таких заведений уходит в те времена, когда считалось недопустимым для молодых юношей и девушек проводить длительное время вместе без надзора. Кроме того, поскольку мужчины и женщины играли совершенно разные роли в обществе, было закономерным для них поступать в заведения, подготавливающие их для соответствующей карьеры. В то время как мужчины обучались военному делу, медицине, бизнесу или юриспруденции, их сверстницы готовились стать медицинскими сёстрами, учителями или секретаршами. Нередко обучение гуманитарным наукам рассматривалось как способ расширения кругозора будущей жены и матери, которой никогда не придётся зарабатывать на жизнь.

Несмотря на то, что мужчины и женщины в США свободно общаются и нередко работают в одной и той же профессии, раздельное обучение остаётся довольно популярным, особенно среди девушек. Многие считают, что при

get enough attention and encouragement to pursue traditionally "male" areas of knowledge, such as mathematics, science, and engineering. Also, most of the teachers and professors in these subjects are men, so women who are interested in these fields don't have enough role models they can identify with. In an all-female college, students are encouraged to do their best in any subject, and can develop their confidence and academic skills without the fear of being unfavorably compared to men. However, this point of view also has many opponents who argue that young women educated in single-sex schools are poorly prepared to deal with the "real" world, where they will most likely have to work with men and compete with them for jobs, promotions, and raises. The proponents of all-male schools claim that a single-sex setting gives young men an opportunity to focus more on their studies and become more disciplined. The opponents' arguments are similar to those against all-female schools.

Whether you choose a coed or a single-sex college may also depend on the way men and women interact in your culture. In coed institutions, men and women often live in the same buildings, eat together in the dining halls, study together, and go to movies, parties, coffeehouses, and bars. You or your parents may find this objectionable and feel that a single-sex school is a better way to get an education while at the same time behaving according to the standards of your culture. Again, you should make a decision based on what works for you and what you are comfortable with, not on what other people think you should do.

11.4.2.3. How Many Schools to Apply to?

By now you have probably realized that you will have to apply to more than one school. There are several reasons for keeping your options as open as possible. Your first-choice college may not accept you. It may accept you but not offer you enough (or any) financial aid. Unexpected family circumstances such as an illness or a substantial decrease in income may make it impossible for you to attend a school that's expensive or far from home. Your may visit your chosen campus after receiving your acceptance letter and realize that you don't like the place or the people, or that it just doesn't feel "right".

What is a reasonable number of colleges to apply to? It depends on your individual circumstances, but in general, four or five should be enough. Applying to fewer schools may limit your options, and applying to more will take too much time and effort, and you will be less likely to do a good job on any one application. Out of these four or five, one school should be your "dream" college – possibly a highly selective institution with an excellent reputation that you would love to go to. Besides that, you should apply to two or three good schools

совместном обучении, девочки и женщины не получают достаточно внимания и не поощряются к занятиям в типично мужских областях знаний, таких как математика, естественные науки и инженерное дело. Также, поскольку большинство преподавателей этих дисциплин - мужчины, женщины, интересующиеся ими, не имеют наглядного примера для подражания. В женских учебных заведениях студентки поощряются к достижениям успехов в любой области и могут выработать уверенность в себе и приобрести знания без боязни невыгодных сравнений с мужчинами. Однако такая точка зрения имеет много противников, которые говорят, что образование в раздельных колледжах плохо готовит к жизни в "настоящем" мире, где они должны конкурировать с мужчинами в получении работы и продвижении по службе. Защитники мужских заведений утверждают, что такая обстановка позволяет молодым людям сосредоточиться на учёбе и стать более дисциплинированными. Аргументы их противников во многом аналогичны противникам женских школ.

Выберете вы совместное или раздельное обучение может также зависеть от того, какие традиции взаимоотношения полов приняты в вашей культуре. В совместных учебных заведениях, мужчины и женщины часто живут в одних и тех же общежитиях, питаются вместе в столовой, ходят на занятия, в кино, на вечеринки, кафе или бары. Вы или ваши родители можете посчитать это предосудительным и решить, что раздельное обучение предпочтительнее для получения образования, поскольку оно обеспечивает возможность поведения в соответствии с нормами вашей культуры. Вне всякого сомнения, вы должны принимать решение на основании того, что лучше для вас, а не в зависимости от того, что другие люди думают об этом.

11.4.2.3. Во сколько ВУЗов подавать документы?

Дойдя до этого места, вы вероятно уже поняли, что целесообразно пытаться поступить более чем в одно учебное заведение. Существует несколько причин, чтобы подавать документы в ниболее широкий диапазон ВУЗов. Колледж, в который вы хотите попасть больше всего, может вас не принять. Вас могут принять, но не предложить приемлемую (если вообще предложат) финансовую помощь. Неожиданные семейные обстоятельства, такие как болезнь или значительное снижение дохода могут не позволить вам поехать в дорогой колледж или расположенный далеко от дома. Вы можете поехать на ознакомительную экскурсию, после того как вас зачислили, и увидеть, что вам не понравилось место или люди, или вы просто чувствовали себя "не в своей тарелке".

В какое количество колледжей подавать документы? Всё зависит от ваших индивидуальных обстоятельств, но в среднем - четыре или пять должно быть достаточно. Меньшее количество может ограничить вам выбор, а большее может потребовать много усилий и времени, и вам будет трудно качественно подготовить все необходимые документы. Из этих 4-5 заведений, одно должно быть вашей "мечтой"; возможно, оно будет с прекрасной репутацией и с высоким конкурсом, но куда вы хотели бы попасть. Помимо этого вы должны подать документы в два или три колледжа, куда вас скорее всего примут, и в

that would most likely accept you and to one "safety" school – the one you are absolutely confident you will get into, even if you won't be particularly thrilled to be there. This may be a state university close to home. It is important to choose schools that are appropriate to your abilities and academic record. For one student, the "dream" school may be Yale, and for another, it may be the University of Southern Mississippi. Also, make sure that your selection of colleges offers you a nice range of possibilities – don't just apply to Harvard and a state school that accepts 99.9% of applicants. Apply to Boston University, University of Michigan, or Oberlin College as well. That way, if Harvard rejects you, you won't spend four years of your life being bored to tears.

11.4.3. The Application Process

After hours of research and many conversations with your guidance counselor, you have finally chosen four schools that you would like to attend and have a shot at getting into. You are now ready for the most important part of the application process and the one that recent immigrants find the most confusing – filling out application forms and writing essays. What do you have to know before you start?

If I'm not taking any entrance exams to get into college, you may ask, then how are they going to know if they want me? Well, college admission officers base their decisions on four things: your application, your essay, your high school academic record, and your standardized test scores. Let's now look at each of these components in more detail.

11.4.3.1. Application Forms

The official college application form is the first and probably the most important document your admission officer is going to see when he or she starts considering you for acceptance. These forms may be available from your guidance counselor, or you can write or call the school's admissions office and ask them to send you one. Now many colleges also let you fill out an application on line. Simply go to the school's web site and follow instructions. Whatever you do, there are a few things to keep in mind.

First of all, keep your application form neat. Use a black or blue pen – no colored pens or pencils. Make sure that everything is legible – it is a good idea to print instead of using your regular handwriting. If you make a mistake, use correction fluid or even get a new form; don't clutter your application with cross-outs or try to write over the mistake.

The first part of the application usually asks you to provide basic infor-

один "на всякий случай" - в который вы абсолютно уверены, что вас примут, даже если возможность учиться в нём не вызывает в вас восторга. Это может быть государственный университет поблизости от дома. Очень важно выбирать учебные заведения в соответствии с вашими способностями и школьными оценками. Для одного абитуриента "мечтой" может быть Йельский университет, а для другого – университет Южного Миссисипи. Убедитесь также, что ваш выбор охватывает достаточно широкий спектр возможностей – не поступайте, например, только в Гарвард и университет, зачисляющий 99.9% подавших заявления. Можно также подать документы в Бостонский Университет, Университет Мичигана или Оберлинский колледж. В этом случае, если вас не примет Гарвард, вы не проведёте четыре года свой жизни в смертельной скуке.

11.4.3. Подача документов

После многочасовых поисков и долгих разговоров с *guidance counselor* вы, наконец-то, выбрали колледжи, в которых вы хотели бы учиться и куда вас могут принять. Теперь вы готовы для наиболее ответственной части этого процесса, которую недавние иммигранты находят наиболее сбивающей с толку – заполнению необходимых анкет и написанию эссе (сочинений). Что вы должны знать, прежде чем приступать?

Если мне не нужно сдавать никаких вступительных экзаменов, спросите вы, как они определят, подхожу я или нет? Члены приёмной комиссии основывают свои решения на четырёх факторах: вашей анкете, вашем эссе, вашем школьном табеле успеваемости и результатах стандартных тестов. Давайте подробнее рассмотрим каждую из этих составляющих в отдельности.

11.4.3.1. Анкеты

Официальная анкета для поступления в колледж является первым и вероятно наиболее важным документом, который член приёмной комиссии увидит, когда начнёт рассматривать вашу кандидатуру. Бланк её может оказаться у вашего *guidance counselor* или вы можете позвонить или написать в колледж и попросить его вам прислать. Сейчас многие колледжи позволяют заполнять эти анкеты через Интернет. Просто выйдите на сайт того или иного колледжа и следуйте инструкциям. Однако чтобы вы ни делали, необходимо помнить несколько вещей.

Прежде всего, заполняйте форму аккуратно. Используйте ручку с чёрными или синими чернилами, но ни в коем случае не ручки других цветов и не карандаш. Убедитесь, что всё написано разборчиво - лучше всего писать печатными буквами, а не обычным письмом. Если вы сделали ошибку, используйте корректирующую жидкость или даже найдите другой бланк; не перегружайте вашу анкету зачеркиваниями или исправлениями поверх написанного.

Первая часть анкеты обычно посвящена общей информации о вас: фамилия и имя, место жительства, номер социального обеспечения, дата

mation about yourself: your name, address, social security number, date of birth, the names of your parents, etc. Always double-check everything to make sure it is correct: you don't want the admissions office to lose a part of your file, send your acceptance or rejection letter to the wrong address, or misspell your name. Don't skip any questions: failure to answer any one may be interpreted as carelessness or an attempt to conceal something. However, there is one exception to this rule: sometimes, one or more questions on the application form are marked "optional," which means that you don't have to answer them. These questions are usually about your race or ethnic origin, and the answers (if you choose to provide them) are used only for statistical purposes and do not affect your chances of being accepted.

The next part of the application is concerned with your academic record. You will be asked to give the names of all the schools you have attended and dates when you attended them. You also may be asked to give your approximate grade point average in high school and your standardized test scores (more on that later). It is important that you answer this question truthfully: you will have to have your official high school transcript, as well as official reports of your test scores, sent to all the colleges you apply to. If your application says that you have an A- average, but your transcript indicates that it is only a B or so, the admission officer will consider you a liar and automatically reject your application. Having grades that are less than perfect may not hurt your chances, but lying about it definitely will.

Finally, most applications will ask you about your extra-curricular activities, volunteer work, employment, and any awards or scholarships you may have won. This part often presents difficulties for students who are recent immigrants. If in your country college acceptance is based on strictly academic criteria, you may find it strange or silly that playing on the school's soccer team or working at McDonald's may improve your chances. Also, in many countries, after-school activities such as sports, drama, student-published newspapers and magazines, and various clubs either don't exist or are limited. The same goes for volunteer work. As for employment, in many cultures, young people don't have jobs until they finish most or all of their schooling, be it high school or even college. Let's say all these things apply to your country, and you moved to the U.S. one or two years ago and did not have much time to "Americanize" yourself in that respect. What do you do?

First of all, don't worry. Your application will probably make it clear that you have not been here very long, and the admission officer is more likely to be impressed by your command of English and scholastic achievements than put off by your lack of "extras." However, it is a good idea to join one or two school activities once you feel comfortable with the language. Besides looking good on a college application, it might help you meet American students who

рождения, сведения о родителях и так далее. Всегда перепроверяйте данные, чтобы убедиться в их правильности: вы не хотели бы, чтобы приёмная комиссия потеряла часть информации, послала письмо с уведомлением о приёме или отказе по неправильному адресу или сделала ошибку в написании вашего имени. Не пропускайте никаких вопросов: отсутствие ответа на какой-нибудь из них может быть воспринято как небрежность или попытка что-то скрыть. Однако существуют исключения из этого правила: иногда, один или более вопросов в анкете помечены словом *optional,* что означает, что вы не обязаны на них отвечать. Это обычно вопросы о вашей расе или национальности и ответы (если вы решили ответить на них) используются только для статистических целей и не влияют на вероятность вашего поступления.

Следующая часть анкеты посвящается вашей успеваемости. Вас попросят указать названия всех школ, в которых вы учились с указанием дат. Вас также могут спросить о приблизительном среднем балле за последние классы школы и результатах стандартного теста (об этом позже). Очень важно отвечать на эти вопросы правдиво: вам необходимо будет позднее послать официальный табель успеваемости и результаты теста во все колледжи, в которые вы поступаете. Если ваша анкета говорит, что вы учитесь только на "А", а ваш табель показывает "В", то вас посчитают лжецом и не будут рассматривать как претендента. Не очень высокие оценки могут вам и не повредить, но ложь повредит совершенно точно.

И, наконец, большинство анкет задают вопросы о внеклассной работе, участии в безвозмездной благотворительной работе, трудовой деятельности, а также о наградах и стипендиях, которые вы возможно получали. Эта часть является наиболее трудной для недавних иммигрантов. Если в вашей стране приём в высшие учебные заведения основывается только на академических критериях, вам может показаться странным или глупым то, что игра в школьной футбольной команде или работа в Макдональдсе может увеличить ваши шансы быть принятым. К тому же, во многих странах внеклассные занятия, такие как спорт, драматические кружки, школьные газеты или журналы и различные клубы не существуют вообще или ограничены. То же самое можно сказать и о добровольческой работе, а уж что касается оплачиваемой работы, то во многих культурах, молодые люди не принимаются на работу до тех пор, пока они не закончат учёбу, будь это школа или даже колледж. Допустим, всё это справедливо в отношении страны, из которой вы приехали год или два тому назад, и у вас не было достаточно времени, чтобы "американизироваться" в этом отношении. Что вам делать?

Прежде всего – успокойтесь. Из вашей анкеты будет ясно, что вы живёте здесь не так давно и работник приёмной комиссии, скорее всего, будет впечатлён вашими успехами в английском и достижениями в учёбе, чем отбросит вас из-за отсутствия внеклассной активности. Однако неплохо поучаствовать в одном или двух клубах или кружках, коль скоро вы несколько освоитесь с языком. Помимо того, что это хорошо смотрится в анкете при поступлении, это может помочь вам познакомиться с американцами у которых общие с вами интересы. А что касается наград и почётных заслуг, перечислите те, что вы получили в вашей родной

are interested in the same things you are. And as far as honors and awards go, feel free to list any that you have won in you native country, as long as it was during the years that correspond to American high school. If you can find a part-time job the summer before your senior year or even during that year, that's great, but if not, that's OK, too.

One final tip that may help you save time: ask your guidance counselor about something called a "common application." Because students who apply to one small, highly selective liberal arts college usually apply to several other similar schools at the same time, the admission offices of these schools got together and created a form that is accepted at all colleges participating in this "common application" program. Some of the schools that accept the common application are Bates, Bowdoin, and Colby, three very selective liberal arts colleges in Maine. Other participating colleges are listed at the top of the common application form. If you are applying to two or more of these schools, it's worth a shot.

So how does a common application work? You simply fill out the form, photocopy it two or more times, and send a photocopy to each school you are applying to. It will make no difference to the admission officer whether you use a college's own application form or a common application, and you will only have to answer each question once instead of two, three, or more times.

11.4.3.2. Essays

The next part of the application process is the essay. The list of possible topics or questions you might want to consider is usually given at the end of the application form. The form also provides you with some space for the essay, but it is generally better to write it on a separate sheet (or sheets) and enclose it with your application. Most people type their college essays on a computer and print them out, but if your handwriting is very neat and legible, it is probably okay to send in a hand-written essay. Just make sure to write on only one side of the sheet and number your pages. As with the application form, use a black or blue pen.

Ironically, when it comes to the essay, immigrant students usually have a distinct advantage over their American peers. At least one of the suggested topics on your application will sound something like this: "Describe a significant event or experience in your life and explain how and why it was significant." Of course, some American students will have had a life-changing or traumatic experience by the time they are seventeen – death of a loved one, a serious accident or illness, a natural disaster, etc. However, most of them will not, which is why admissions offices across the country receive so many essays about summer camp, joining the soccer team, breaking up with a boyfriend or girlfriend, or a first "real" job at a fast-food restaurant. And many people have to think long and hard before coming

стране, если они были получены в годы соответствующие американской *high school*. Если вы можете найти временную работу летом перед вашим выпускным годом – прекрасно, если нет - тоже не беда.

Один заключительный совет: спросите вашего *guidance counselor* о так называемой *common application*. Поскольку студенты, подающие документы в какой-либо небольшой гуманитарный колледж, в который трудно поступить, обычно подают документы в другие аналогичные заведения в одно и то же время, их приемные комиссии собрались вместе и разработали анкету, называемую *common application* (общее заявление о приёме), которая принимается всеми колледжами, участвующими в этой программе. К колледжам, принимающим такую общую анкету, относятся *Bates, Bowdoin,* и *Colby* – три высоко котирующихся колледжа гуманитарных наук и искусств в штате Мэн. Другие участники этой программы перечислены в начале бланка общей анкеты. Если вы подаёте документы в два или более таких заведений, то стоит попробовать.

Как же эта общая анкета работает? Вы просто её заполняете, делаете фотокопии и рассылаете во все заведения, в которые вы поступаете. Для приёмной комиссии нет разницы – используете ли вы их анкету или общую, а вам необходимо ответить на каждый вопрос только однажды, а не два, три или более раз.

11.4.3.2. Сочинение *(Essays)*

Следующей частью процесса подачи документов, является эссе. Перечень возможных тем или вопросов, из которых вы можете выбирать, обычно даётся в конце бланка анкеты, в которой также отводится место для его написания, но лучше всего написать его на отдельном листе (или листах) и приложить к анкете. Большинство учеников готовят эссе на компьютере, а потом печатают на принтере, но если вы имеете хороший почерк, то вполне можно послать рукописный вариант. Только пишите на одной стороне листа и нумеруйте страницы, используя, как и в случае с анкетой, ручку с чёрными или синими чернилами.

По иронии судьбы, когда дело касается эссе, недавние иммигранты имеют заметное преимущество перед своими американскими сверстниками. Как минимум одна предлагаемая тема эссе будет звучать так: "Опишите значительное событие или опыт в вашей жизни и объясните, почему вы считаете его значительным". Разумеется, некоторые ученики-американцы пережили поворотные или драматические события к возрасту 17 лет – смерть близкого человека, серьёзную аварию или болезнь, стихийное бедствие и так далее. Однако, таких учеников очень немного. Вот почему приёмные комиссии по всей стране получают множество сочинений о летних лагерях, футбольных командах, разрывах с другом или подругой или первой "настоящей" работе в ресторане быстрого обслуживания. Очень многим приходится думать долго и упорно над выбором темы. Вы же, с другой стороны, пережили значительное событие, которое выделяет вас из общего числа поступающих в этом году – вы

up with these topics. You, on the other hand, have had a significant experience that is sure to set you apart from most students who will apply to the same school during the same year – you moved to another country, possibly without even speaking its language, and successfully started a new life! You can focus on any aspect of your experience – the long process of getting permission to enter the U.S. as a permanent resident, the journey itself, the first few days in a new country, learning English, or dealing with culture shock. Just be honest, try to keep your essay under five pages, and have an English teacher or your guidance counselor read it and make suggestions on how you can improve your grammar, punctuation, or style.

Remember, the essay is your opportunity to show the admission officer what makes you unique. Colleges use the essay to get a glimpse of your personality, to learn things about you that cannot be learned by looking at your academic record and the list of your extra-curricular activities. So, while you will probably try to present yourself in the best possible light, do not attempt to guess what the admission officer wants to hear – write from the heart. Your sincerity will come through and make a much better impression than big words and contrived phrases that are supposed to make you sound sophisticated.

11.4.3.3. Academic Transcripts

Each college you apply to will require one or two copies of your high school transcript. If you have attended more than one high school, you will need to have a transcript sent from each one. Many times, the application packet includes one or two envelopes that you will give to your guidance counselor. He or she will then print out the necessary number of copies of your transcript, put one copy into each envelope, seal and sign the envelopes, and either mail them to the college's admission office or give them to you to be mailed with the rest of the application materials. You are usually not allowed to see the transcripts before the envelopes are sealed, to ensure that you do not tamper with the transcript.

11.4.3.4. Test Scores

Although colleges in the U.S. don't ask students to pass entrance exams in specific subjects to be accepted, many do require certain standardized test scores. All students usually have to take the SAT (Scholastic Aptitude Test), and all students whose native language is not English have to take the TOEFL (Test of English as a Foreign Language). Let's look at each of these tests in more detail.

SAT. Most schools require this test in order to assess how well prepared you are for college-level academic work. Most, but not all – some very selective colleges and universities do not ask applicants to submit SAT scores. Why is that?

приехали в другую страну, возможно, даже не зная языка, и успешно начали новую жизнь! Вы можете остановиться на любом аспекте вашего опыта – длинном процессе получения разрешения на въезд в США в качестве постоянного жителя, самом переезде, первых нескольких днях в новой стране, изучении английского языка или проблеме "культурного шока". Только будьте честны и постарайтесь уложиться не более чем в пять страниц, а также попросите учителя английского или *guidance counselor* прочитать ваше сочинение и посоветовать, как вам улучшить грамматику и пунктуацию или стиль.

Помните, что эссе – это ваша возможность показать приемной комиссии, что отличает вас от других. Колледжи используют эссе, чтобы получить представление о вашей личности, узнать что-то, что не может быть определено по вашему табелю успеваемости или перечню внеклассной активности. Стараясь выставить себя в самом лучшем свете, не пробуйте угадать, что приёмная комиссия хотела бы услышать - пишите от чистого сердца. Ваша искренность произведёт намного более приятное впечатление, чем громкие слова и натянутые фразы, цель которых – показать вашу неординарность.

11.4.3.3. Табель успеваемости

Каждый колледж, в который вы подаёте документы, потребует одну или две копии вашего школьного табеля успеваемости. Если вы учились более чем в одной *high school,* то вам придётся посылать копии табелей из каждой школы. Очень часто, пакет документов, присылаемый из колледжа, содержит один или два конверта, которые надо отдать вашему *guidance counselor.* Он отпечатает необходимое количество копий вашего табеля, запечатает в конверты и подпишет их, а после этого, отправит по почте сам или отдаст вам для присоединения к общему пакету документов. Вам обычно табель не показывается во избежание попыток подделать что-то.

11.4.3.4. Результаты тестов

Хотя колледжи в США не требуют от поступающих сдавать специальные экзамены, чтобы быть принятыми, многие из них требуют определённого количества баллов, набранных при сдаче стандартных тестов. Все ученики обычно сдают тест называемый *Scholastic Aptitude Test* или *SAT* (эс-эй-ти), а те, родной язык которых не является английским, должны также сдавать тест по английскому как иностранному языку, называемый *Test of English as a Foreign Language* или *TOEFL* (то-и-эф-эл). Давайте рассмотрим каждый из них более подробно.

SAT. Большинство учебных заведений требуют результаты этого теста, чтобы оценить, насколько вы подготовлены к учёбе на уровне колледжа. Большинство, но не все: некоторые высоко котирующиеся колледжи и университеты не требуют сдачи этого теста. Почему?

In recent years, there has been a lot of controversy about whether standardized test scores really measure anything (a standardized test is a test that requires you to answer a large number of multiple-choice questions in a short period of time. Your answers are scanned and scored by a machine, and your scores are compared with those of other students across the country.). Because these tests focus on the answers instead of on how you arrived at those answers, some experts believe that they do not provide any information about a student's capacity for critical and analytical thinking. After all, you may reason through a complex math problem correctly and make a mistake in a simple calculation at the end. Or you can guess the correct answer without having a clue about how to approach the question. Also, many people do not work well under time constraints, no matter how intelligent they may be and how much they know. Students with certain learning disabilities do not test well regardless of their intelligence and performance in school. Fortunately, the education system now is more sensitive to such disabilities, and students who have them are usually accommodated – they may be given more time to take the test, be tested in a separate room, have the questions read to them, etc. However, the jury is still out on whether standardized tests should be used at all.

Even if you don't think SAT tests are any good, chances are, you will have to take one. At least one of the schools you are applying to is bound to require the scores for admission. Here is what you have to know to do your best.

First, some general information about the test itself. The SAT is actually two tests in one – it has a math part and a verbal part. On both sections, if you answer all the questions correctly, you get the score of 800. If you don't answer any questions correctly, your score will be 200 (it is impossible to get a score below 200 on the SAT). Most people will have scores somewhere in between these two extremes (hopefully, yours will be closer to the 800 end). The average score is about 500, and many schools look for scores that are close to or higher than this. Very selective colleges that require applicants to take the SAT will often look for scores in the 600-700 range or higher.

Often, when people talk about SAT scores, they only mention one number – the sum of the math score and the verbal score. Thus, the average combined SAT score is around 1000, and some schools will be looking for scores of 1200-1400 or higher. The lowest possible score is 400, while the perfect score is 1600. Although how much weight the SAT scores have in the decision to admit or reject an applicant depends on the school, they are very rarely a deciding factor. Most admission officers these days realize that test scores are not a perfect predictor of academic performance in college and will carefully consider other aspects of your application before making a decision.

В последние годы идёт много полемики о том, отражают ли результаты стандартизированных тестов что-либо. (Стандартизированный тест – это тест, во время которого вы отвечаете на большое количество вопросов, выбирая правильный ответ из нескольких предложенных вариантов, за короткий отрезок времени. Ваши ответы сканируются и оцениваются компьютером, а затем сравниваются с результатами других учеников по всей стране.) Поскольку эти тесты делают упор на ответы, а не на то, как вы их получили, некоторые эксперты считают, что они не дают никакого представления о способности ученика критически или аналитически мыслить. В конце концов, вы можете правильно разобраться в сложной математической задаче, но сделать ошибку в простейших вычислениях в самом конце. Или вы можете угадать правильный ответ без всякого понятия о том, как его получить. К тому же, многие люди не очень хорошо работают под давлением времени, как бы умны они не были и какими бы знаниями не обладали. Ученики с некоторыми проблемами обучения *(learning disabilities)* не могут хорошо сдать тест вне зависимости от их знаний или успехов в школе. К счастью, система образования сейчас более чувствительна к таким проблемам и ученикам, у которых они есть, идут навстречу: им могут предоставить больше времени, принимать тест в отдельной комнате, читать им вопросы вслух и так далее. Однако эксперты так и не могут прийти к общему мнению по вопросу о том, должны ли результаты этих тестов использоваться или нет.

Даже если вы считаете, что *SAT* тест совершенно бесполезен, скорее всего, вам придётся его сдавать. Как минимум один колледж, в который вы будете подавать документы, потребует его результаты. Ниже описывается то, что вы должны знать, чтобы сдать тест как можно лучше.

Для начала, немного информации о самом тесте. Тест *SAT* – это на самом деле два теста, объединённые в один. Он включает математическую часть и языковую часть. В каждой из этих частей, если вы ответите на все вопросы правильно, вы получите по 800 баллов. Если вы не ответите ни на один вопрос правильно, вы получите по 200 баллов (в этом тесте не возможно получить менее 200 баллов). Большинство людей получают результаты в середине этого диапазона (я надеюсь, что ваши результаты окажутся ближе к 800 балльной отметке). Средний результат – около 500, и многие учебные заведения ищут кандидатов с такими результатами или выше. Наиболее престижные заведения, которые требуют сдачи этого теста, отбирают кандидатов с 600-700 баллами или выше.

Очень часто, когда люди говорят о результатах теста *SAT,* они упоминают только одно число – суммарное количество баллов по математике и по языковой части. В этом случае, средний суммарный результат этого теста будет около 1000 баллов, а некоторые колледжи ожидают результатов 1200-1400 или выше. Наименьший возможный результат – 400, тогда как наивысший – 1600. Несмотря на то, что влияние результатов этого теста на решение о приёме или отказе соискателю различно для различных школ, он редко является определяющим фактором. Многие члены приёмных комиссий сейчас осознают, что результаты теста не идеальный предсказатель успехов при учёбе в колледже, поэтому они будут внимательно рассматривать другие данные, приведённые в

As mentioned above, the SAT has a verbal part and a math part. These larger parts, in turn, are divided into smaller sections. Often, all the problems in a given section are of the same type. The test is usually three and a half hours long and has eight sections that vary in length between 15 and 35 minutes. The order in which the sections are administered is random – that is, you may start by working through a math section, then move on to two verbal sections, then another math section, etc. Each test is ordered differently, so you should be able to quickly "switch" between doing verbal and math problems. Out of eight sections, only seven count toward your score; the eighth section is "experimental," which means that people who develop these tests want to try out some new material or a new type of questions. Because they are not sure whether these new questions "work," they want to see how students do on them before including them in the "real" test, and your performance on these questions will provide the test makers with this information without affecting your score. However, you do not know which section of your particular test is experimental; it may be verbal or math, and may be placed at the beginning or the end of the test, or anywhere in between. Therefore, you should try to do your best on each and every section.

All SAT questions are multiple-choice. This format, although it is very familiar to most American students by the time they are in junior high, may be difficult for students who were educated in other countries. It looks like this: each question or problem is followed by a list of four or five possible answers, only one of which is correct. Each answer is marked with a letter – a, b, c, etc. Your task is to find this one correct answer. As we already said, tests of this type are not concerned with how you arrive at your answer, and for most students, at least some guessing is involved.

Regardless of whether you think these tests are valid, it is a good idea to practice answering multiple-choice questions, because they are often used in American college courses as well. And if you ever decide to go to graduate school, the exam you have to take – the Graduate Record Examination (GRE) – is in a format very similar to that of the SAT.

You are probably wondering what exactly you have to know in order to do well on the SAT. The math part is fairly easy, or at least straightforward, for many immigrant students. The questions use basic algebra and geometry – nothing more. You will not need to know calculus or do anything you have not done in your college-preparatory math courses. In many countries, students learn math earlier and at more advanced levels than in the U.S., which is why you may actually have an edge over many American SAT-takers. Even if you are not a "math person" and don't like numbers, remember that there will be nothing on the test that is completely "over your head." Most people who do poorly on this part of the SAT do so because they are overly anxious and con-

ваших документах, прежде чем принять окончательное решение.

Как было уже упомянуто выше, тест SAT содержит языковую и математическую части. Эти крупные разделы, в свою очередь, делятся на более мелкие секции. Очень часто, задачи в каждой из секций походят одна на другую. Тест обычно длится три с половиной часа и включает 8 секций, продолжительность которых варьируется от 15 до 35 минут. Порядок, в котором секции подаются - случайный, то есть вы можете начать с математической секции, потом вам попадутся две языковые, потом опять математическая и так далее. Каждый тест преподносится по-разному, поэтому вы должны быть способны быстро переключаться между решениями математических и языковых задач. Из восьми секций, только семь идут в зачёт; восьмая секция является экспериментальной, она используется разработчиками теста для проверки новых тем или вопросов. Поскольку не известно, насколько хорошо эти новые вопросы составлены, авторы хотят проверить, как ученики справляются с ними, прежде чем включать их в реальный тест, и ваши ответы дают им необходимую информацию, не оказывая влияния на результаты. Однако вы не знаете, какая именно секция вашего теста является экспериментальной; это может быть языковая или математическая; она может располагаться в начале или в конце или где угодно между ними. Поэтому вы должны стараться выполнить все секции как можно лучше.

Все вопросы *SAT* теста относятся к так называемому *multiple-choice* (множественному выбору). Этот формат, хорошо знакомый американским школьникам к 7-8 классу, может вызвать затруднения у учеников, обучавшихся в других странах. Это выглядит следующим образом: каждый вопрос или задача сопровождаются четырьмя или пятью ответами, только один из которых является правильным. Каждый ответ обозначен буквой a, b, c и т. д. Ваша задача – отыскать этот правильный ответ. Как мы уже говорили, тесты такого типа не отражают того, каким путём вы пришли к ответу, поэтому многие ученики, как минимум в некоторых случаях, просто гадают.

Независимо оттого, что вы думаете о полезности такого теста, стоит попрактиковаться отвечать на такого типа вопросы, поскольку они также широко используются в американских колледжах, а если вы решите продолжать учёбу после колледжа, вам придётся сдавать тест под названием *GRE (the Graduate Record Examination)* – очень близкий по форме к тесту *SAT*.

Вы, наверное, недоумеваете - что же вы должны знать, чтобы хорошо сдать этот тест? Математическая часть довольно проста или, как минимум, понятна для большинства учеников иммигрантов. В вопросах используются основы алгебры и геометрии и ничего больше. Вам не нужно знать высшую математику или что-то такое, чего вы не учили в подготовительном к колледжу курсе математики. Во многих странах ученики изучают математику в более раннем возрасте и на более высоком уровне, чем американцы, сдающие *SAT* тест. Если даже вы не обладаете математическим складом ума и не любите вычисления, помните, что в тесте не будет ничего сверхтрудного. Многие не очень хорошо справляются с этой частью теста только потому, что слишком волнуются или внушили себе, что им не даётся

vinced that they are just bad at math. You will be allowed to bring rulers or cal-
culators, but you will not need them. The calculations needed to answer the
questions can be easily performed in your head or on a piece of paper – no ugly
decimals or multiplying huge numbers are involved!

The verbal part is usually more difficult for students whose first language is not English. To tell the truth, it is more difficult for American students
as well. Most people's verbal scores are lower than their math scores. The possible reason for this is that schools often emphasize math and science over subjects like English, social studies, and history, which many students (and some
parents) consider easy, "fluffy," and somehow less serious. As a result, students may not study as hard for these classes, which leaves than less prepared
for the part of the SAT that tests vocabulary and reading skills. Immigrant students, especially those who have only been in the U.S. for a few years, have an
added difficulty in having to take the test in what may still essentially be a foreign language. However, getting a high verbal score on the SAT as a recent
immigrant is possible. The first step is becoming familiar with the types of
questions the verbal part of the SAT consists of.

The first type of questions tests your vocabulary. In each question, you
are given a sentence a part of which is missing, and four or five words or
phrases that can be used to fill in the blank. You have to choose the only appropriate "filler." Although this does not sound difficult, most words in these
questions are not everyday words. They are used mostly in scientific or formal
writing, and many may be unfamiliar to you. Also, two or more answers will
often appear correct, but only one is, and to find it, you have to recognize very
subtle distinctions in the meaning of words.

Another kind of questions tests how well you are able to understand academic texts of the type you will have to read for your college courses. You are
given a passage of about 500 words, which can be about science, literature, history, art, or any other area of knowledge (you don't need to have any specific
knowledge about the subject to understand the passage). The passage is followed by several questions about its main idea, the author's opinion on a certain topic, the way the argument is presented, etc. Again, there is usually no
one answer that is obviously correct, so read carefully.

The hardest questions for students whose first language is not English
are usually so-called "analogies," which are supposed to test analytical skills as
well as vocabulary. You are given a pair of words that are related to each other
in a certain way. For example, DOCTOR::STETHOSCOPE (a stethoscope is a
tool a doctor uses in his work). This pair is followed by several other word
pairs, and you have to find one that expresses the same relationship as the first
pair. CONDUCTOR::BATON may be the correct answer for the pair in our
example, because a baton is a tool a conductor uses in his work. Of course, the

математика. Вам позволят пользоваться калькулятором или линейкой, но вам они не понадобятся. Расчёты, необходимые для получения ответа, могут быть легко выполнены в уме или на листочке бумаги – без страшных десятичных дробей или больших чисел!

Языковая часть обычно более трудна для тех, чей родной язык не английский. Сказать по правде – она более трудна и для американских учеников тоже. У большинства людей результаты языковой части теста ниже, чем математической. Возможной причиной этого является усиленное внимание математике и естественным наукам в школах в ущерб английскому языку и общественным наукам, которые многие ученики (да и некоторые родители) считают лёгкими и менее серьёзными. В результате, ученики не прилагают достаточных усилий на этих уроках, что оставляет их не подготовленными к этой части теста, которая проверяет словарный запас и умение читать. Иммигранты, особенно недавно приехавшие в США, испытывают дополнительные трудности, выполняя тест на языке, который для них всё ещё является иностранным. Однако получить высокие результаты по языковой части теста *SAT* возможно и для недавних иммигрантов. Первым шагом к этому является ознакомление с типом вопросов, которые в неё включены.

Первый тип вопросов проверяет словарный запас. В каждом вопросе вам даётся предложение, часть которого пропущена, и четыре или пять слов или фраз, которые могут быть использованы для его завершения. Вы должны выбрать правильную "вставку". Хотя это и не кажется трудным, большинство используемых слов не являются повседневно употребляемыми. Они в основном используются в научных работах или официальных документах, и многие из них могут быть вам незнакомы. Кроме того, два или более варианта часто кажутся правильными, но только один из них верен, и вы должны уловить очень незначительную разницу в значении слов.

Другой тип вопросов проверяет, насколько хорошо вы способны понимать научные тексты, подобные тем, которые вы будете обязаны читать в колледже. Вам даётся отрывок примерно в 500 слов, который может касаться науки, литературы, истории, искусства или любой другой области знаний (вам не нужны никакие специальные знания для понимания отрывка). Он сопровождается несколькими вопросами о его основной идее, мнении автора в отношении предмета, форме, в которой приведены аргументы и тому подобное. Опять таки, ответ совершенно не очевиден, поэтому читайте внимательно.

Наиболее трудными вопросами для учеников, родной язык которых не английский, являются так называемые *analogies* (аналогии), которые проверяют аналитические способности и словарный запас в одно и то же время. Вам даётся пара слов, которые соотносятся каким-то образом. Например: DOCTOR::STETHOSCOPE (ДОКТОР::СТЕТОСКОП) (стетоскоп – инструмент, который доктор использует в своей работе). Эта пара сопровождается нескольким другими парами, и вы должны выбрать из них ту, которая связана таким же соотношением, что и первая пара. В нашем случае, CONDUC-

real SAT questions use words that are less familiar, and the relationships between them are usually much more obscure as well. The difficulty for many immigrant students here is that although they are perfectly capable of determining which relationships are similar, sometimes they can't answer the question simply because they don't know what some or all of the words mean!

So, how do you study for the SAT? Well, once again, your guidance counselor's office is a good place to start. Because you will have to register for the test by mail several weeks in advance, you will need a special form which your counselor can give you. He or she will also explain the registration process, tell you when and where you can take the test (you can usually do it at your high school, and it is offered several times a year), and wave the payment if necessary (the tests have a processing fee, but low-income students can be exempted from it). The registration form usually comes in an SAT preparation booklet. After you have filled out the form and mailed it in, the booklet is yours to keep. It usually includes information about the test, sample questions, and, most importantly, a brief review of math concepts you need to know, a list of most common "SAT words" with definitions, and a full-length sample test with an answer sheet, answer key, and scoring directions. You can take this test at home and score it yourself, which will give you an idea of how you may do on an actual test. This will also help you pinpoint your specific strengths and weaknesses, so that you can spend most of your study time on the material that is difficult for you.

During the SAT test, all questions and possible answers will be printed in a test booklet. In addition to this booklet, you will be given a separate answer sheet on which you will mark your answers. Although you can write in your booklet, for example if you want to make some notes as you work through a math problem, **your answer will not be counted unless you clearly mark it on the answer sheet.** Remember, the tests are scored by a machine, so nothing you write in your booklet will help you. When you think you know the correct answer, find the appropriate section and question number on your answer sheet. Next to the question number, there will be several circles or ovals, or "bubbles", marked with the same letters of the alphabet as the possible answers in your booklet. You should completely fill in, or darken, the oval corresponding to your answer. You can only use No. 2 pencils, and it is a good idea to bring several well-sharpened pencils to the test with you, as they will quickly get dull and may break. If you change your mind about the answer and erase the previously darkened oval, make sure to erase completely.

TOR::BATON (ДИРИЖЁР::ДИРИЖЁРСКАЯ ПАЛОЧКА) может быть правильным ответом, поскольку палочка – инструмент, который дирижёр использует в работе. Разумеется, настоящие вопросы используют менее распространённые слова, и смысловая связь между ними может быть гораздо более туманной. Проблема для многих иммигрантов состоит в том, что хотя они прекрасно способны определить, какая связь является аналогичной, зачастую они не могут ответить потому, что не знают, что означает то или иное слово, а иногда и все приведённые слова!

Как же подготовиться к *SAT* тесту? Опять-таки, кабинет вашего *guidance counselor* – подходящее место для начала. Поскольку вы должны по почте зарегистрироваться для прохождения теста за несколько недель до него, вам понадобится специальный бланк, который вы можете взять у вашего *guidance counselor*. Он также может объяснить вам процедуру регистрации, сказать когда и где вы можете сдать тест (обычно вы можете сделать это прямо в вашей школе, несколько раз в году) и оплатить его стоимость (за сдачу теста необходимо платить, но ученики из семей с низким доходом могут быть освобождены от платы). Регистрационные формы обычно являются частью буклета для подготовки к тесту. После заполнения и отправки формы, буклет остаётся вам. Он обычно включает информацию о тесте, примеры вопросов и, главное, краткий обзор математических понятий, которые вам необходимо знать, лист наиболее часто встречающихся в тесте слов с их значениями и полнометражный пример теста с ответами (*answer key and scoring directions*). Вы можете выполнить этот тест дома и оценить его самостоятельно, что позволит вам почувствовать, каковы ваши шансы при выполнение настоящего теста. Это также позволит вам определить свои сильные и слабые стороны, чтобы вы могли сосредоточить свои усилия на том, что для вас трудно.

Во время теста, все вопросы и возможные ответы будут напечатаны в буклете. В дополнение к нему, вам дадут специальный контрольный лист, на котором вы будете отмечать выбранные вами ответы. Хотя вы можете делать записи и пометки в буклете, когда, к примеру, решаете математическую задачу, **ваш ответ не будет засчитан, если вы не отметите его на этом листе.** Помните, что тест проверяется машиной, поэтому ничего из того, что вы написали в буклете, вам не поможет. Если вам кажется, что вы знаете правильный ответ, найдите соответствующую секцию и номер ответа на контрольном листе. Рядом с номером вопроса будет несколько кружочков или овалов или "пузырьков", обозначенных такими же буквами, как и возможные ответы в вашем буклете. Вы должны будете полностью зачернить овал, соответствующий вашему ответу. Вы можете использовать только карандаш с грифелем № 2, и неплохо, если вы принесёте их несколько и хорошо подточенных, поскольку карандаши имеют свойство ломаться в самое неподходящее время. Если вы переменили решение относительно ранее выбранного ответа, сотрите зачернённый ранее овал, но убедитесь, что вы стёрли карандаш полностью.

TOEFL. The TOEFL (Test of English as a Foreign Language) measures whether a student's English proficiency is enough to allow him or her to do college-level coursework in this language. All applicants whose first language is not English are required to take the test. It is a standardized, multiple-choice test much like the SAT, and the minimum score is again 200. However, the highest score one can get on the TOEFL is about 670, not 800. Most colleges and universities look for scores of 500 or 550.

The TOEFL is offered both in a traditional paper-and-pencil format and on the computer. The computer version is scored differently, so the previously mentioned figures of 500 and 550 do not apply here. The school's application materials may specify the computer score they are looking for. Taking the test on the computer may be less stressful, because instead of being crammed into a room with many other test-takers, you have your own cubicle with a desk and a personal computer. The questions are displayed to you on a monitor and you answer them by clicking on an appropriate icon with a mouse. Another advantage of this option is that you can get your score immediately after completing the test – no weeks of anxious waiting! You don't need any specialized computer knowledge to take the TOEFL this way, but if you feel really uncomfortable with computers, it may be a good idea to opt for a paper-and-pencil version of the test. Both versions are equally valid, and colleges do not have a preference for either one. Should you decide to go the computer route, your ESL teacher or guidance counselor can tell you where you can get more information about this option. You can also buy software programs that teach you the skills you will need to take the test on the computer and provide tutorials and full-length sample tests to help you study. If you have access to a personal computer, such a program may be a good investment.

The paper version of the test works much like the SAT. To prepare, you can buy a set that contains a book with vocabulary and grammar reviews, several sample tests with answer sheets, and correct answers with explanations, and audio-cassettes for the listening comprehension section. Many such sets can be found at any major bookstore – ask your ESL teacher which one he or she recommends. You can also take commercial preparation courses, but they are expensive and teach you nothing you can't learn on your own. Allow at least a month, preferably more, to prepare for the test. Of course, how much time you will need depends on your proficiency level, how well you do on standardized tests, and how anxious you are. However, it is better to study too much than not enough – as Americans say, better safe than sorry!

The TOEFL tests your listening comprehension, vocabulary, knowledge of Standard English grammar, and reading skills. The texts used in the reading section are very similar to the ones on the SAT – they are written in academic English and deal with academic subjects, although you don't need any special-

TOEFL. Тест по английскому языку, как иностранному *(Test of English as a Foreign Language)* или *TOEFL* проверяет, достаточно ли хорошо ученик знает английский язык для того, чтобы выполнять на этом языке задания по предметам, изучаемым на уровне колледжа. Все абитуриенты, чей первый язык не является английским, обязаны сдавать этот тест. Это стандартизированный *multiple-choice* тест подобный *SAT,* и минимальный возможный результат по нему также равен 200. Однако максимально возможный результат в тесте *TOEFL* равен приблизительно 670, а не 800. Большинство колледжей и университетов ожидают результата в диапазоне от 500 до 550.

Тест *TOEFL* предлагается к сдаче как в традиционном формате с бумагой и карандашом, так и на компьютере. Компьютерная версия оценивается по-другому, поэтому ранее упомянутые результаты от 500 до 550 не верны в этом случае. В анкетах колледжа может быть оговорено, какие результаты компьютерного теста считаются приемлемыми. Сдача теста на компьютере может быть несколько менее напряжённой, поскольку вместо переполненной комнаты с множеством учеников, вы находитесь в отдельной кабине со столом и персональным компьютером. Вопросы высвечиваются на экране монитора, а ответы вы выбираете, "кликнув" мышкой на соответствующую иконку. Другим достоинством является то, что вы узнаёте результаты теста немедленно после его окончания – без томительных недель ожидания. Вам не требуется каких-либо знаний компьютера, чтобы сдать TOEFL таким образом, но если вы чувствуете себя при этом не очень уютно, то может быть бумага и карандаш будет правильным выбором. Оба варианта одинаково действительны, и колледжи не отдают предпочтения ни одному из них. Если вы выберете компьютерный вариант, ваш учитель *ESL* или *guidance counselor* может подсказать, где вы можете узнать о такой возможности. Вы также можете купить программу, обучающую необходимым навыкам для сдачи теста на компьютере и предлагающую полный вариант теста для практики. Если у вас есть доступ к компьютеру, такая программа может оказаться небесполезной тратой денег.

Бумажная версия теста во многом походит на тест *SAT.* Для подготовки, вы можете купить комплект, включающий книгу с обзором слов и грамматики, несколько примеров теста с контрольным листом и перечнем правильных ответов с пояснениями, а также магнитофонной кассетой с секцией, посвящённой восприятию на слух. Множество таких комплектов можно найти в книжных магазинах. Спросите своего учителя *ESL,* какой именно он может порекомендовать. Вы также можете поступить на коммерческие подготовительные курсы, но они дороги и не научат вас ничему такому, чего бы вы не могли выучить самостоятельно. Отведите себе как минимум месяц, а лучше – больше, на подготовку к тесту. Разумеется, что количество необходимого времени зависит от уровня вашего владения языком, насколько хорошо вам даются стандартизированные тесты, а также насколько сильно вы волнуетесь. Однако лучше переучить, чем недоучить, или как говорят американцы, *better safe than sorry!*

ized knowledge to understand them. Because the TOEFL is concerned with how ready you are for college-level reading, writing, and lectures, your speaking or communication skills are not tested and generally do not predict what your score will be. It is possible to speak what is considered to be "good English" by Americans and get a low score on the TOEFL; on the other hand, some students who speak haltingly and with heavy accents get nearly perfect scores.

The paper version of the TOEFL generally needs to be taken at the beginning of your senior year – in September or October – to ensure that the score can be mailed to all the schools you are applying to before their application deadlines. As soon as you come back to school in August or September, talk to your ESL teacher or guidance counselor about when and where the test is offered and when you need to register. Taking the test at your high school is not always possible, but you usually won't have to travel far from home. Your ESL teacher may be able to arrange transportation for you and other students who are taking the test at the same time. With the computer version, the registration process may take less time, but again, be sure to check first.

11.4.4. Making a Final Decision

Sooner or later, you will receive either an acceptance or a rejection letter from each school you have applied to. You may find that you have been accepted into all, or at least into several schools. This is the moment when you will have to make your final choice. In the overwhelming majority of cases, aside from the purely academic and geographical factors that influence a student's decision, the financial aspect has the most weight: how much will this cost us?

Despite the relative accessibility of higher education--almost anyone can find a college or university that will accept him or her, for most people its cost is one of the biggest expenses of their life that can be compared only to the cost of purchasing a home. The process of making the final decision is made easier by the fact that together with your acceptance letter, you will receive a printout that shows you not only how much your education will cost in general, but also how much it will cost you and your family. Fortunately, these two numbers may be totally different.

Тест *TOEFL* проверяет вашу способность воспринимать язык на слух, словарный запас, знания грамматики и способность читать. Тексты, используемые в секции чтения, очень похожи на аналогичные из теста *SAT*. Они написаны на академическом английском и посвящены научным темам, однако вам не нужны специальные знания, чтобы понимать их. Поскольку тест *TOEFL* больше направлен на то, чтобы выяснить, насколько вы подготовлены читать, писать и слушать лекции на уровне колледжа, ваша разговорная речь и способность общаться не проверяются и в большинстве случаев, не могут предсказать успех или неудачу в тесте. Вполне возможно говорить на "неплохом", по американским меркам, английском и получить невысокий результат по тесту; с другой стороны, некоторые ученики, которые разговаривают запинаясь и с сильным акцентом, получают чуть ли не максимально возможные результаты.

Бумажный вариант теста TOEFL в большинстве случаев должен быть сдан в начале выпускного учебного года – в сентябре или октябре, чтобы обеспечить возможность рассылки его результатов во все учебные заведения, куда вы поступаете, до прекращения приема заявлений. Как только вы возвратитесь с летних каникул в августе-сентябре, спросите своего учителя *ESL* или *guidance counselor*, где и когда такие тесты принимаются и когда вам необходимо зарегистрироваться. Сдача теста непосредственно в вашей школе не всегда возможно, но, скорее всего, вам не придется ехать слишком далеко от дома. Ваш учитель ESL может организовать транспорт для вашей поездки вместе с другими учениками, которые сдают тест в то же время. При сдаче компьютерной версии, регистрационный процесс может занять меньше времени, но необходимо уточнить всё заранее.

11.4.4. Окончательный выбор

Рано или поздно вы получите уведомление о том, приняли вас или нет, из каждого учебного заведения, куда вы подали документы. Может случиться так, что вас примут во все или, по крайней мере, в несколько. Наступает момент, когда необходимо делать окончательный выбор. В подавляющем большинстве случаев, помимо чисто академических и географических факторов, влияющих на принятие решения, наибольший вес имеет финансовая сторона дела: во сколько же всё это нам обойдётся?

Несмотря на относительную доступность образования, с точки зрения возможности поступить в колледж, стоимость его получения является одним из самых больших расходов совершаемых в течение всей жизни и сравнимых только со стоимостью покупки квартиры или дома. Проблема принятия решения облегчается тем, что одновременно с уведомлением о зачислении вы получаете бумагу, в которой указано не только, сколько стоит обучение, но также и информация о том, во что это обойдётся лично вам. К счастью, это могут быть две совершенно разные цифры.

11.4.4.1. Cost of Education

The cost of higher education in the US has increased substantially over the last two decades. The rate of its growth has been two or three times the rate of inflation and has far exceeded the rate of salary growth. However, despite its high cost, higher education is a good investment because it is a necessary condition for achieving a more or less comfortable lifestyle in today's society.

When estimating the annual cost of education, the following components are taken into account:

- The cost of courses and any necessary equipment (*Tuition, Fees*);

- Food and housing expenses (*Room and Board*);

- The cost of textbooks, other materials, notebooks, etc. *(Books and Supplies)*;

- Travel and Personal Expenses.

If a student lives on campus and eats in the dining hall, the first two expense categories are added together and divided into two equal parts payable to the college or university before the beginning of each of the two semesters. When discussing paying for education, we will focus on this situation because living at home while attending a local university is not always the best option from the financial point of view, as we will see shortly.

The cost of education varies significantly depending on a variety of factors such as the size of a school, its academic rank and reputation, the faculty-student ratio, resources and facilities available to students, etc.

The annual cost of books and supplies may reach $300-$800, with most of the money being spent at the beginning of each semester. Travel and personal expenses vary between $1000 and $2500 depending on the school's distance from the student's home. It is assumed that the student visits home several times a year, but these expenses are not mandatory.

The annual cost of undergraduate education in the 2000-2001 academic year excluding 10% least expensive and 10% most expensive institutions was as follows:

- $3,321 - 6,895 at community colleges;

- $6,503 - 11,611 at public colleges and universities;

- $13,966 - 37,715 at private colleges and universities.

Source: U.S. Department of Education, National Center for Education Statistics.

If we multiply these numbers by the four years necessary for earning a bachelor's degree, even without taking into account annual tuition increases, it

11.4.4.1. Стоимость обучения

Стоимость высшего образования в США за последние два десятилетия выросла невероятно. Темпы её роста в два-три раза превышали темпы инфляции и темпы роста заработной платы. Однако несмотря на его высокую стоимость, высшее образование является выгодным вложением капитала, поскольку это непременное условие достижения более или менее обеспеченного существования в современном обществе.

При расчёте годовой стоимости образования берутся во внимание следующие её составляющие:

- собственно плата за обучение (*Tuition, Fees);*
- расходы на жильё и питание (*Room and Board);*
- расходы на учебники и канцтовары *(Books and Supplies);*
- дорожные расходы и личные нужды *(Travel and Personal Expenses).*

Если студент живёт в общежитии и питается в студенческой столовой, то первые две статьи расходов объединяются и делятся на две равные части, которые должны быть внесены на счёт учебного заведения до начала каждого из двух семестров. Говоря о плате за обучение, мы будем иметь в виду именно этот вариант, поскольку проживание и питание дома при учёбе в местном университете далеко не всегда выгодно с финансовой стороны, как мы увидим в дальнейшем.

Плата за обучение существенно варьируется в зависимости от многих факторов, таких как размер учебного заведения, его статус и репутация, соотношение количества преподавателей и сотрудников к количеству студентов, современность оборудования лабораторий и так далее.

Годовые расходы на книги могут составлять $300-800, основная часть которых приходится на начала семестров. Дорожные и личные расходы варьируются в пределах $1,000-2,500 в зависимости от удалённости колледжа от дома. Считается, что студент приезжает домой несколько раз в году, но это - не обязательные расходы.

Годовая стоимость обучения в 2000 – 2001 учебном году, исключая 10% наиболее дешёвых и 10% наиболее дорогих заведений, составляла:

- $3,321 - 6,895 в муниципальных колледжах;
- $6,503 - 11,611 в государственных колледжах и университетах;
- $13,966 - 37,715 в частных колледжах и университетах.

Источник: Министерство образования США, Национальный центр статистики образования.

Если умножить эти цифры на четыре года, необходимые для получения степени бакалавра, то даже без учёта их ежегодного увеличения, получается очень существенная сумма. Если же к ней добавить расходы на получение

is a very significant amount of money. If we add the cost of graduate or profes-sional education --a master's, doctor of philosophy, medical, or law degree, this amount will increase by another 50% to 100%. Legitimate questions arise: "Who can afford these expenses?" and "How can a person without a significant income get an education?" Clearly, it is impossible without some form of financial aid, which is the subject of our next section.

11.4.4.2. Financial Aid

Financial aid for undergraduate and graduate higher education is widely avail-able in the US, which makes education accessible to most people. This aid allows even the poorest person to obtain the very best education if he or she is motivated and capable. Moreover, non-citizen U.S. residents are also eligible for it, and low-income immigrants can attend an American college or university almost free. In this book, we will consider only the basic principles underlying the financial aid system.

Financial aid usually consists of three components:

- Scholarships and Grants
- Loans
- Work-Study

Scholarships and Grants (here referred to simply as scholarships) are a part of financial aid that the recipient is not expected to pay back. Some sources of this type of aid are the federal or local budget, commercial or non-profit organizations, and individuals. Many schools have special funds (endowment funds) that invest charitable contributions by alumni and other people. The interest is then used for financial aid.

Scholarships are usually given to recipients who meet certain criteria established by their founders. For example, federal Pell grants are not given to students attending private colleges and universities, and Teacher Association scholarships are available only to those who study education.

Scholarship can be need-based or merit-based. Most scholarships (90-95%) are need-based, and the majority of these are given out by the schools themselves or through them.

There are two kinds of student **loans** that may be used to pay for higher education: subsidized and non-subsidized. Loans are usually given for 10 years from the beginning of the repayment period and are typically low-interest. Subsidized loans do not need to be repaid until a degree is completed. The first payment is due several months after graduation. If a student enters a graduate

специального образования – степени магистра, доктора философии, медицины или права, то она увеличивается в полтора-два раза. Возникают закономерные вопросы: "Кто может себе позволить такие расходы?" и "Как человек, не имеющий значительного дохода, может получить образование?". Совершенно очевидно, что это практически невозможно сделать без той или иной формы финансовой помощи, о которой мы поговорим ниже.

11.4.4.2. Финансовая помощь

Финансовая помощь в получении общего и специального высшего образования в США широко развита и делает образование доступным практически для любых слоёв населения. Такая помощь позволяет даже самому бедному человеку, имеющему желание и способности, получить самое лучшее образование. Более того, граждане других стран могут ей воспользоваться и, при отсутствии средств, закончить учебное заведение в США практически бесплатно. В этой книге мы рассмотрим только основные принципы, лежащие в основе системы оплаты образования.

Финансовая помощь обычно состоит из трёх составляющих:

- *Scholarships and Grants* – стипендии и субсидии
- *Loans* - займы
- *Work-Study* – работа при учебном заведении

Scholarships and Grants (в дальнейшем просто сколаршипы) – это часть финансовой помощи, которая предоставляется её получателю безвозмездно и не подлежит возврату. Источниками этой помощи могут быть государственный или местный бюджет, коммерческие или общественные организации и частные лица. Многие учебные заведения имеют специальные фонды *(Endowment Funds)*, создаваемые из частных пожертвований бывших выпускников и других симпатизирующих лиц, которые вложены в ценные бумаги, доход от которых используется для финансовой помощи.

Сколаршипы обычно предоставляются получателям, отвечающим определённым критериям, установленным их основателями. Например, федеральные Пел-гранты не предоставляются студентам частных колледжей или университетов, а сколаршип ассоциации учителей выделяется только тем, кто специализируется в области образования.

Сколаршипы предоставляются на основе необходимости *(need)* и на основе достижений или заслуг *(merit)*. Сколаршипы на основе необходимости составляют подавляющее большинство (90-95%), и большая их часть предоставляется самими учебными заведениями или через их посредство.

Loans или денежные займы для студентов, предназначенные на оплату образования, существуют двух видов: субсидированные и не субсидированные. Займы предоставляются под проценты обычно на срок 10 лет с момента начала выплаты. Субсидированные займы не подлежат оплате до окончания учебного

degree program after college, repayment of the loan is deferred until he or she completes the program, and the loan does not accumulate any interest during that entire period. Non-subsidized loans require payments as soon as they are received, or at least, they start accumulating interest.

There are also loans for parents that can be used to pay for their children's education. These loans differ from any other ones only in their interest rate, which is 1-1.5% lower.

Work-study or jobs available on college and university campuses usually help cover a student's personal expenses. These can be working in the library or washing dishes in the dining hall, assisting a faculty member with teaching or research, or staffing the front desk at a gym or dormitory. Work-study students are paid hourly, and the pay is usually low, but they can choose hours that fit into their class schedule.

The size and composition of financial aid packages offered to individual students vary widely not only depending on the school and the family's financial situation, but also on how interested the school is in a given student. Colleges and universities, especially prestigious ones, are very interested in attracting the best students who are likely to succeed in the future and bring not only money, but also fame to their *alma mater.* Wealthy schools can afford to invest their money into promising students by giving them generous scholarships. For this very reason, an expensive private college or university on the opposite coast may be less expensive for a particular student than a state school a block away.

Financial aid decisions are made based on the information furnished by the student in a form called the FAFSA (Free Application for Federal Student Aid) that all students must complete as part of their college application process. Some colleges also require applicants to complete another form called the CSS/Financial Aid Profile. These forms are completed every year and include detailed information about the family's income over the past year, as well as any savings and real estate. In addition, you must include copies of the parents' and the student's tax returns.

There are special formulas that are used to calculate the so-called EFC (Expected Family Contribution). This is the portion of total education expenses that the family is able to cover out of its current income. To calculate the EFC, the following is taken into account:

- Parents' income;

- The income of the student (or students, if there is more than one in the family)

- Parents' assets (money, stocks, real estate, etc.)

- Assets invested into a business;

- Student's assets (money, stocks, real estate, etc.).

заведения. Срок первого платежа наступает через несколько месяцев после получения диплома. Если студент после окончания колледжа продолжает учёбу в аспирантуре, то выплата займов откладывается до её окончания, причём проценты по ним не набегают в течение всего этого срока. Не субсидированные займы подлежат выплате с момента их получения или, по крайней мере, начинают аккумулировать проценты.

Существуют также займы для родителей на оплату обучения детей. Эти займы отличаются от обычных, взятых на другие цели, только немного меньшим взимаемым процентом (1-1.5% разницы).

Work-Study или работа, предоставляемая при учебном заведении, является в большинстве случаев подспорьем в покрытии личных расходов. Это может быть работа в библиотеке или мытьё посуды в столовой, помощь преподавателям при проведении занятий или научных исследований, дежурство в спортивном зале или студенческом общежитии. Оплата при этом почасовая и достаточно низкая, но часы работы можно подобрать с учётом расписания занятий.

Величина и структура финансовой помощи очень широко варьируются не только в зависимости от учебного заведения и финансового состояния семьи студента, но и от того, насколько сильно учебное заведение хочет заполучить данного ученика. Колледжи и университеты, особенно высокого уровня, глубоко заинтересованы в привлечении сильнейших студентов, которые имеют большие шансы преуспеть в будущем и тем самым принести своей *Alma Mater* не только деньги, но и славу. Богатые учебные заведения имеют возможность вкладывать свои деньги в перспективных учеников, предоставляя им значительные сколаршипы. Именно поэтому дорогой частный колледж или университет, расположенный на противоположном побережье, может обойтись конкретному студенту в итоге дешевле, чем государственный, находящийся в соседнем квартале.

Решения о выделении финансовой помощи принимаются на основе информации, предоставляемой студентом в обязательной для всех анкете, называемой *FAFSA (Free Application for Federal Student Aid)*. Некоторые колледжи также требуют заполнения другой анкеты, называемой "профайл" *(CSS/Financial Aid Profile)*. Эти анкеты заполняются ежегодно и включают подробную информацию о доходах семьи за предыдущий год, а также о сбережениях и недвижимости. В дополнение к этому, требуется предоставить копии налоговых деклараций родителей и студента.

Существуют специальные формулы, по которым рассчитывается так называемый *EFC (Expected Family Contribution)* или "Ожидаемый вклад семьи". Так называется часть расходов, которую семья способна покрыть из текущих доходов. При расчёте EFC принимается во внимание следующее:

- доходы родителей;
- доходы студента (или студентов, если учится более чем один);
- сбережения родителей (деньги, акции, недвижимость и т.д.);
- средства, вложенные в бизнес;
- сбережения студента (деньги, акции, недвижимость и т.д.).

The incomes of the parents and the student are taken from the *Adjusted Gross Income* line of the tax return and adjusted up if any part of the total income was not taxed (for example, the money invested into a retirement account) or was written off as business operating expenses. All taxes that were paid and a certain amount necessary for the family to live above the established poverty level are then subtracted from the result. The remainder is called Available Income.

The parents' assets and 40% of the money invested into a business minus the minimally necessary savings are called the Discretionary Net Worth. This amount multiplied by 0.12 plus the student's assets multiplied by 0.35 are called the Income Supplement. As you may have noticed, the portion of the student's assets that is considered in financial aid decisions is almost three times larger than the portion of the parents' assets. For this reason, the popular among grandparents practice of giving their grandchildren money for school in their own name is not the wisest option. In the same way, if a student works, it is much more practical for him or her to keep any savings in the parents' account.

By adding the Available Income and the Income Supplement, we get an amount that a family can expect to spend on education. Divided by the number of students in the family, this amount yields the EFC. This amount is usually printed in the upper right corner of a document called the Student Aid Report, which is sent out after the FAFSA and the Financial Aid Profile have been processed, long before the actual bill comes from the school. "EFC: 07020" means that the expected contribution is $7,020.

This amount is a guideline for the school and can be increased or decreased depending on the school's financial situation and on how much it is interested in a given student. Colleges that used to be single-sex have trouble recruiting equal numbers of men and women even after they become coed, so they may give better financial aid packages to members of the opposite sex. Universities with strong sports teams give more money to promising athletes. Institutions cultivating diversity and those that try to avoid being suspected of discrimination attempt to attract minority students. The list goes on and on.

Only after receiving forms called the Financial Aid Award from the financial aid offices of all the schools you have been accepted to and subtracting the portion of your financial aid that does not need to be repaid can you really compare the cost of education at different institutions. As was already mentioned, this comparison may not favor the schools with the lowest tuition cost that only seem inexpensive at first glance. What is important is not the cost itself but what you will have to spend. Remember that if your financial situation improves, the amount of financial aid given to you will be decreased accordingly.

Доходы родителей и студента берутся из строчки *Adjusted Gross Income* налоговой декларации, корректируются в сторону увеличения, если какая-то часть дохода имела льготы по налогам (например, отчисления в пенсионные фонды) или имело место списание части дохода на затраты на ведение бизнеса. Из полученной суммы вычитаются уплаченные налоги всех типов и определённая сумма, необходимая для существования семьи не менее чем установленная черта бедности (см. главу, посвящённую доходам). Оставшаяся часть называется *Available Income* (доступный доход).

Сумма сбережений родителей и 40% от средств вложенных в бизнес за вычетом некоторой суммы минимально необходимых сбережений называется *Discretionary Net Worth* (свободное состояние). Эта сумма, умноженная на 0.12 плюс сумма сбережений студента, умноженная на 0.35 называется *Income Supplement* (дополнительным доходом). Как можно заметить, доля сбережений студента, включаемая в доход почти в три раза больше, чем доля сбережений родителей, поэтому практикуемые дедушками и бабушками подарки денег внукам на образование, с зачислением на их собственное имя, не являются мудрым решением. Точно так же, как если студент работает, то гораздо выгоднее хранить сбережения на счету родителей.

Сложив *Available Income* (доступный доход) с *Income Supplement* (дополнительным доходом), можно получить сумму, которая ожидается быть потраченной на образование. Разделённая на количество студентов в семье, она и составляет тот самый *EFC (Expected Family Contribution)* или "Ожидаемый вклад семьи". Эта величина обычно печатается в правом верхнем углу документа под названием *Student Aid Report* (Отчёт о помощи студенту), присылаемый после рассмотрения анкет *FAFSA* и "Профайл" задолго до прихода реального счёта из учебного заведения. Обозначение *EFC: 07020* означает, что ожидаемая плата составляет $7,020.

Эта сумма является ориентиром для учебного заведения и может быть изменена в ту или другую сторону, зависимости от финансового состояния учебного заведения и от того, насколько оно заинтересовано в данном студенте. Множество различных факторов берётся во внимание. Учебные заведения, бывшие в прошлом только мужскими или только женскими, даже став смешанными, испытывают трудности с уравновешением состава и предоставляют большие льготы противоположенному полу. Университеты, имеющие сильные спортивные команды, дают дополнительные стипендии подающим надежды спортсменам. Заведения, культивирующие разнообразный студенческий состав, а также чтобы не быть обвинёнными в дискриминации, привлекают представителей национальных меньшинств и так далее.

Только получив бумаги под названием *Financial Aid Award* из финансовых офисов всех учебных заведений и вычтя из стоимости обучения ту часть финансовой помощи, которая не подлежит возвращению, можно реально сравнивать стоимость обучения в том или ином учреждении. Как уже говорилось, это сравнение может быть далеко не в пользу тех, которые имеют самую низкую стоимость обучения, которая является таковой только на первый

Below is an actual example of a financial aid package offered by a private college to a first-year student from a low-income family.

FINANCIAL NEED ANALYSIS AND FINANCIAL AID AWARD

March 29, 1999

1999-2000 Expenses

Tuition, Fees, Room and Board	$26,300
Books (estimate)	650
Travel and Personal Expenses	1,150

Total Expenses	$28,100

FAMILY RESOURCES

Parental Contribution	800
Student Contribution	1,300

Total Family Contribution	$2,100

FINANCIAL NEED	$26,000

FINANCIAL AID AWARD

College Scholarship	$20,000
Federal Perkins Loan	1,700
Recommended Federal Stafford Loan	2,600
Federal Work Study	1,400

Total:	$26,000

Please sign one copy of this award letter and return it to the Financial Aid Office with the enclosed Required Student Statements by May 1, 1999.

I acknowledge and accept the provisions and contents of my award. I will submit my Student Aid Report and complete, signed copies of 1998 family tax returns as required. If I qualify for a Federal Pell Grant and/or state grant assistance, the amount(s) received will substitute for my college scholarship. I understand that adjustments may be made to this award if I receive local or private scholarships, and I agree to promptly notify the college's Financial Aid Office of any such awards.

Name (print) _____ Signature _____
Date _____

взгляд. Вам важна не стоимость сама по себе, а ваши будущие затраты на получение образования. Следует помнить о том, что если ваше финансовое положение улучшится, то финансовая помощь будет соответственно снижена.

Ниже приводится реальный пример финансовой помощи, выделенной частным колледжем студенту первого курса из семьи с низким доходом.

АНАЛИЗ НУЖДАЕМОСТИ И ВЫДЕЛЕНИЕ ФИНАНСОВОЙ ПОМОЩИ

29 марта 1999 года

1999-2000 РАСХОДЫ:

Обучение, другие сборы, жильё и питание	$26,300
Книги (ориентировочно)	650
Дорожные и личные расходы	1,150
Итого расходов:	$28,100

СЕМЕЙНЫЕ РЕССУРСЫ:

Вклад родителей	800
Вклад студента	1,300
Итого семейных ресурсов:	$2,100

НЕОБХОДИМО: $26,000

ВЫДЕЛЕНИЕ ФИНАНСОВОЙ ПОМОЩИ:

Сколаршип от колледжа	$20,000
Federal Perkins заем	1,700
Рекомендуемый *Federal Stafford* заем	2,600
Работа на кампусе	1,400
Итого:	$26,000

Пожалуйста подпишите одну копию этого письма и отошлите обратно в отдел финансовой помощи с приложением требуемых документов не позднее 1 мая 1999 года.

Я подтверждаю и принимаю содержание и условия финансовой помощи. Я представлю мой *Student Aid Report* и заполненные и подписанные копии налоговых деклараций моей семьи за 1998 год, как положено. Если я имею право на федеральные гранты и (или) гранты штата, то сумма, которую я получу, заменит часть сколаршипа, выделенного колледжем. Я понимаю также, что изменения могут быть внесены в выделение финансовой помощи, если я получу сколаршипы из частных фондов и обещаю своевременно уведомить о них отдел финансовой помощи колледжа.

Имя (разборчиво) _____ Подпись _____

Дата _____

As we can see from this example, the parents' contribution is only $800, but at the same time, it is expected that the student will earn $1,300 during the summer plus $1,400 during the academic year. He will receive $20,300 in scholarships and $4,200 in loans. Assuming that the family's financial situation does not change in the next four years, we can estimate that the student will graduate from college with a debt of about $17,000. This is close to average student debt after graduation from four-year college. Taking into account the fact that the total cost of his education exceeds $100,000, it is not very much.

Another important point is reflected in the last paragraph of the financial aid award letter. It states that if the student receives any other scholarships, the initially offered $20,300 will be reduced by that amount. You need to know this to avoid unnecessary expenses because parents of high school graduates often receive offers of scholarship searches for their children that are similar to the following (of course, the services advertised are not free and offered only after the applications have been mailed and the family is impatiently awaiting results):

Dear Parent,

By reason of recent additions to our files, your student may be eligible for many college scholarships, grants and financial aid programs available in the private sector.

We are able to process only a limited number of student applications on a first come, first served basis. Call our office NOW for information and IMMEDIATE CONFIRMATION!

The company that sends the letter will undoubtedly have an important-sounding acronym as its name, and to make it look legitimate, the letter will list the phone number that supposedly belongs to one of the company's departments, for example, "Student Financial Advisory Department." If you call, the person on the other line, citing urgency, will begin by asking you for your credit card number. The cost of these services may be as high as $300-600. At best, you will get something that you could find anyway without spending a cent.

Of course, there are competent counselors who really know what they are doing and for the same amount of money can help you choose a school and complete all the necessary paperwork, but you should either seek their assistance at the very beginning, before you mail any applications, or not seek it at all. In any case, these should be real people who do business in your area, not some mysterious company at the other side of the country.

Как видно из вышеприведённого примера, родительский вклад составляет всего $800, но в то же время ожидается, что студент должен заработать $1,300 в летнее время плюс $1,400 во время учёбы. Ему даётся безвозмездно $20,300 и в долг $4,200. Предполагая, что финансовое положение семьи не изменится за четыре года, можно примерно сказать, что студент окончит колледж с долгом около $17,000. Это приблизительно равно средней по стране величине студенческого долга после окончания четырёхгодичного колледжа. Учитывая, что общая стоимость обучения превышает $100,000, это не так много.

Следующий важный момент отражён в последнем абзаце подписываемого документа. Он заключается в том, что если студент получит какие-то другие сколаршипы, то $20,300 выделенные первоначально будут уменьшены на эту сумму. Это необходимо знать, чтобы избежать ненужных затрат, поскольку родители выпускников школ получают предложения о поисках сколаршипов для их детей приблизительно такого содержания (естественно за плату и особенно после того, как все документы отосланы и с нетерпением ожидаются результаты).

Дорогой родитель,

Как указывают недавние дополнения к нашим файлам, ваш студент возможно имеет право на множество сколаршипов, грантов и программ финансовой помощи имеющихся в частном секторе.

Мы способны обработать только ограниченное число студенческих заявок по принципу "первый пришёл, первый получил". Позвоните в наш офис НЕМЕДЛЕННО для получения информации и НЕМЕДЛЕННОГО ПОДТВЕРЖДЕНИЯ!

Фирма, безусловно, будет иметь звучное сокращённое название, а для того, чтобы выглядеть солидно, будет указан телефон якобы её подразделения, например "Отдел Финансовых Советов Студентам". Если вы позвоните, то, напирая на срочность, вас прежде всего спросят номер кредитной карты. Стоимость таких услуг оценивается в $300-600. В лучшем случае, вы получите взамен то, что вы и так получили бы, не затратив ни цента.

Безусловно, существуют прекрасные консультанты, которые действительно знают своё дело и за такие же деньги могут помочь в выборе учебного заведения и оформлении документов, но к их услугам стоит прибегать с самого начала, до того, как вы послали какие-либо заявления, или не прибегать вообще. В любом случае это должны быть настоящие люди, ведущие бизнес в вашей местности, а не какая-то таинственная компания на другом конце страны.

11.4.5. *Choosing a Major*

Contrary to what many immigrant students (and parents) believe, a person's college major usually does not determine the course of his or her career. In the U.S., there are English majors who go on to medical school, history majors who work in finance, and psychology majors who teach high school. Exceptions include high-tech occupations – engineering majors usually become engineers, and computer science majors end up working with computers, and fields like social work, nursing, and exercise science or physical education – these majors usually get jobs in their fields after graduation or go on to graduate school in the same specialty. These "career-oriented" majors are usually available at universities, but not small, purely liberal-arts colleges. Therefore, how soon you have to choose a major and what it will be depends not only on your interests and abilities, but also on the kind of school you choose to attend.

Almost all college applications ask you to indicate your possible major. They do it mostly to get a better idea of your interests – what you write carries no obligation to follow through once you are accepted. However, many big universities ask incoming freshmen to declare a major. There are two main reasons for this. First, because these schools are so big, freshman advising is easier to manage when students are broken up into groups according to their intended field of study – biology majors will get biology professors as their academic advisors, and so on. Second, these schools usually have programs like nursing or engineering, where the course load is extensive and students do have to know early on that this is what they want to study. If you chose such a university and are not sure what you want to major in, don't worry – many schools have an "undeclared liberal arts" or "general studies" option, which allows you to take time figuring out where your interests lie. You usually have to declare a major by the end of your sophomore year.

In small liberal arts colleges, however, declaring a major at the end of sophomore year is a standard practice. The main purpose of liberal arts education is to give students a broad and solid base of knowledge with a concentration in one area, and so many such colleges actually encourage students to take a wide variety of courses in the first two years. Many students who come in thinking they know what they want end up changing their minds before their junior year begins.

So how do you choose a major? Many immigrant parents urge their children to pick something "practical", like engineering, economics, or computer science, thinking that this will guarantee a good job after graduation. This approach has some merit – these fields are certainly hot and growing rapidly

11.4.5. Выбор профилирующего предмета (специальности)

В противоположность тому, что многие студенты иммигранты (и их родители) думают, профилирующий предмет в колледже или так называемый *major* не определяет будущую профессию человека. В США таким предметом может быть английский – у будущего врача; история – у финансиста; психология – у учителя школы. Исключениями являются технические специальности – изучающие инженерные дисциплины становятся инженерами, а вычислительную технику – специалистами по компьютерам, а также такие профессии, как социальные работники, медицинские сёстры, преподаватели физкультуры – студенты этих направлений устраиваются на работу по своей специальности после окончания колледжа или продолжают учёбу в этом же направлении. Эти "целенаправленные" профилирующие дисциплины обычно доступны в университетах, но не в небольших чисто гуманитарных колледжах. Поэтому как скоро вам необходимо выбирать профилирующий предмет и чем именно он будет зависит не только от ваших интересов и способностей, но и от типа учебного заведения, которое вы выбрали.

Почти все анкеты колледжей просят вас указать ваш возможный профилирующий предмет. Они делают это больше для того, чтобы иметь понятие о ваших интересах, и то, что вы укажете, ни к чему вас не обязывает, если вы будете приняты. Однако многие большие университеты просят объявить ваш профилирующий предмет. Для этого существуют две причины. Первой является то, что эти университеты слишком велики, и чтобы лучше организовать ориентацию первокурсников, их разбивают на группы в соответствии со специальностями – студенты биологи получат в наставники профессоров биологии и так далее. Второй причиной является то, что, как мы уже говорили, некоторые профессии типа медсестёр и инженеров имеют очень высокую учебную нагрузку, и студенты должны рано определиться, что именно они хотят изучать. Если вы выбрали такой университет, но не совсем уверены в том, что вы хотите изучать, не беспокойтесь – многие из них предлагают возможность указать *undeclared liberal arts* или *general studies,* что позволяет вам иметь достаточно времени для определения своих интересов. Вы обычно должны будете объявить свой профилирующий предмет в конце второго курса.

В небольших колледжах гуманитарных наук, объявление профилирующего предмета в конце второго курса является обычной практикой. Главная цель гуманитарного образования – дать студенту обширный и надёжный фундамент общих знаний с углубленным изучением одной области, и многие такие колледжи поощряют студентов слушать как можно больше самых разнообразных курсов в первые два года обучения. Многие студенты, поступавшие с уверенностью, что они знают, чего хотят, меняют свой профилирующий предмет до начала третьего курса.

Итак, как выбрать *major?* Многие иммигранты родители уговаривают своих детей выбирать какую-нибудь "практическую" специальность типа инженера, экономиста или программиста, считая, что это гарантирует хорошую работу после окончания учёбы. Такой подход имеет некоторые достоинства –

right now, and many seniors with these majors do get job offers even before they have their diplomas. However, being happy with what you do is just as important as making good money, if not more so. Say, your parents are telling you to study computer programming. If you love computers and there's nothing you'd rather do, by all means go for it. However, if your passions have always been writing and reading, and the only things on your PC that you know how to use are e-mail and word processor, then heeding your parents' advice would probably be a mistake. True, if you study ten hours a day for four years, you may learn to program a computer, and do it reasonably well. After college, you may get a decently paying job relatively quickly. However, think what your life will be like: would you rather be a so-so computer programmer who can barely get out of bed every morning and spends the day counting the hours left until 5 p.m., or a newspaper editor, writer, or teacher who may not make a lot of money but who loves coming to work most of the time? Besides, a humanities major will be an advantage in many well-paying fields such as public relations, advertising, and marketing. There is also no reason why you can't change careers at any point in your life. Your parents may have a hard time believing this, because in many countries what you study in college does determine your career path for the rest of your life. It may take time and effort for them to adjust to the realities of American life. Meanwhile, do what you feel is right for you, not what someone else tells you to do.

If your school does not require you to declare a major right away, it is a good idea to take courses in as many different disciplines as possible during your first two years. This is the time to try things you may have been curious about but never seriously considered. Take introductory courses in philosophy, psychology, anthropology, sociology, foreign languages. Maybe you will discover a new passion, but even if you don't, you'll be more well-rounded and probably more sure that the major you do choose is the right one for you.

11.4.6. Life on Campus

Going to college is a big transition, and not only for the student, but for the whole family. Immigrant families face additional challenges because of their cultural differences, including attitudes toward children leaving home, finances, drugs and alcohol, and sexuality. Besides, life on American college campuses often seems to exemplify values and behaviors many parents, immigrant or not, find wrong, dangerous, unhealthy, or distasteful. This section cov-

эти профессии, безусловно, пользуются спросом сейчас, и многие их соискатели получают предложения работы ещё до получения диплома. Тем не менее, получать удовлетворение от того, что вы делаете, так же важно, как и зарабатывать хорошие деньги, если не важнее. К примеру, ваши родители советуют вам изучать программирование. Если вам нравятся компьютеры, и нет ничего, чем бы вы хотели заниматься помимо этого, приложите все свои силы к этому. Однако если вашей страстью всегда было писательство и чтение книг, а всё что вы знаете о компьютере – это как послать Е-мэйл и напечатать текст, то следование совету ваших родителей, вероятно, будет ошибкой. Это правда, что если вы будете эаниматься 10 часов в день в течение 4 лет, вы можете освоить программирование сравнительно хорошо. После окончания колледжа вы можете получить неплохо оплачиваемую работу достаточно быстро. Тем не менее подумайте, какой будет ваша жизнь: лучше ли быть посредственным программистом, который с трудом заставляет себя подняться утром и проводит день, отсчитывая оставшееся до окончания работы время, или редактором газеты, писателем или учителем, который может быть не получает много денег, но, в большинстве случаев, с удовольствием идёт на свою работу? Кроме того, гуманитарное образование может быть преимуществом во многих хорошо оплачиваемых областях деятельности, таких как связи с общественностью, реклама, и маркетинг. Также нет причин, мешающих вам изменить свою карьеру в любое время. Ваши родители могут этому не поверить, поскольку во многих странах то, что вы изучаете в колледже, определяет род ваших занятий на всю вашу будущую жизнь. Им может потребоваться время и много усилий, чтобы приспособиться к американской действительности. Тем временем поступайте так, как вы считаете лучше для себя, а не как кто-то говорит вам.

Если ваш колледж не обязывает вас выбирать профилирующий предмет с самого начала, неплохо будет прослушать как можно больше самых разных курсов в течение первых двух лет. Это время для того, чтобы попробовать многое из того, что вас интересовало, но вы никогда серьёзно об этом не задумывались. Запишитесь на обзорные курсы по философии, психологии, антропологии, социологии, иностранным языкам. Может быть, вас заинтересует что-то новое, а если нет – вы будете более разносторонне образованны и вероятно более уверены в том, что специальность, которую вы выбрали, вас полностью устраивает.

11.4.6. Студенческая жизнь

Поступление в колледж – резкое изменение в жизни не только студента, но и всей семьи. Однако иммигрантские семьи встречаются с дополнительными трудностями из-за разницы в культурах, включая отношение к отъезду детей из дома, финансам, наркотикам, алкоголю и сексу. Вдобавок к этому, жизнь в американских студенческих городках часто кажется иллюстрацией ценностей и поведения, которые многие родители, независимо от того, иммигранты они или нет, считают неправильными, опасными, нездоровыми или неприятными. Этот

ers the issues most likely to cause difficulties, confusion, or conflicts for immigrant students and their families. It also gives practical tips on adjusting to college life with a minimum of discomfort.

11.4.6.1. Leaving Home

If you do decide to go to a school where you'll have to live on campus because it is too far to commute, both you and your parents might need time to adjust to the idea. Your parents may be worried that being exposed to drinking, drugs, and sexual promiscuity that are, unfortunately, widespread on American college campuses will lower your moral standards. They may worry about your health and safety or think that you are not ready to handle adult responsibilities such as managing money, paying bills, doing your own laundry and grocery shopping, and so on. If your chosen college is in a big city, they may be afraid of urban crime. These are all legitimate concerns that many American parents have as well. So, how do you convince your family to let you go to Boston University if you live in Iowa?

The most important thing is to communicate openly with your parents. Listen to their concerns and share your own. Tell them that they have raised you well, and that you are mature and responsible enough to make good choices and will not be pressured into abusing drugs, alcohol, or sex. Just remember that actions speak louder than words. If you dismiss everything your parents say as "old-fashioned" or "not American," come home at 3 am, and get arrested for illegal transportation of liquor, nothing will convince them that you are able to handle campus life.

Your campus may have resources to help you cope with the challenges of your new life. Many colleges and universities have substance-free dormitories, the residents of which are prohibited from possessing or using tobacco products and liquor in the building. If living in an alcohol- and drug-free environment is important to you, such a dormitory may be the answer. Most dorms on American campuses are coed, meaning that men and women live in the same building, but single-sex residences are available at most colleges. These and other housing options will be discussed in more detail in the section on housing. Your school's health or counseling center may have support groups for freshmen or international students, where you can meet other students dealing with the same problems and challenges as you. And if the college you have chosen to attend is within driving distance from where your parents live, you can always go home on weekends.

раздел освещает вопросы, которые чаще всего вызывают трудности, непонимание или конфликты у студентов иммигрантов и их семей. Он также даёт практические советы по приспособлению к студенческой жизни с минимальным дискомфортом.

11.4.6.1. Покидая дом

Если вы решили поступить в колледж и вынуждены жить в общежитии, поскольку он находится слишком далеко, чтобы ездить на занятия, вам и вашим родителям необходимо время, чтобы свыкнуться с этой мыслью. Ваши родители могут беспокоиться о том, что, будучи окружены пьянством, употреблением наркотиков и сексуальной неразборчивостью, которые, к сожалению, широко распространены в американских студенческих городках, вы снизите свои моральные стандарты. Они могут беспокоиться о вашем здоровье и безопасности или думать, что вы не готовы к выполнению взрослых обязанностей, таких как учёт денег, оплата счетов, стирка, покупка продуктов и так далее. Если вы выбрали университет в крупном городе, они могут бояться городской преступности. Это всё обоснованные страхи, которые американские родители также испытывают. Итак, как вы убедите вашу семью позволить вам поступить в Бостонский университет, если вы живёте в Айове?

Наиболее важно откровенно разговаривать с вашими родителями. Выслушайте их тревоги и поделитесь своими. Скажите им, что они вас хорошо воспитали и вы достаточно взрослы и ответственны, чтобы делать правильный выбор и способны противостоять злоупотреблениям алкоголем и наркотиками или сексуальной распущенности. Только помните, что поступки говорят больше, чем слова. Если вы отвергаете всё, что говорят ваши родители как "старомодное" и "не американское", возвращаетесь домой в 3 часа утра, и вас арестовывают за наличие алкоголя в машине (что является нелегальным в Америке до совершеннолетнего возраста 21 года), ничто не убедит их в том, что вы действительно способны жить в студенческом городке.

Студенческий городок может предоставить возможности, которые помогут вам справиться с трудностями вашей новой жизни. Во многих колледжах и университетах существуют общежития, в которых запрещаются алкоголь и табачные изделия. Если жить в такой обстановке важно для вас, то такое общежитие может решить проблему. Большинство общежитий в американских студенческих городках совместные. Это означает, что мужчины и женщины живут в одном здании, но раздельные общежития также существуют в большинстве из них. Эти и другие варианты жилья будут обсуждаться подробнее в соответствующем разделе. Ваша университетская клиника или консультационный центр может иметь группы поддержки для первокурсников или иностранных студентов, где вы можете встретиться с другими, испытывающими те же проблемы, что и вы. Если же колледж, который вы выбрали, расположен сравнительно недалеко от родительского дома, вы всегда сможете ездить домой в выходные дни.

11.4.6.2. What to Bring

Packing for college may seem overwhelming. You will need bed linens, toiletries, clothes, school supplies, and decorations for your room. What about a computer? Should you bring a microwave oven or not? And will your favorite halogen lamp fit in your room?

You probably won't be able to take everything you want with you, but you do need to bring the necessities that are not easily available on campus. Often, the department of housing will send you a welcome letter that includes a list of suggested items to bring with you. This list is a good place to start planning for what you need. When reviewing it, pay particular attention to items not permitted by your school's housing regulations (there goes your favorite lamp – many campuses do not allow halogen lamps in their dorm rooms because they are considered a fire hazard). These rules often limit the size of microwave ovens and mini-refrigerators students can bring to campus (some schools prohibit these items altogether) and regulate the type and amount of wall decorations and electric appliances. Candles are usually not allowed because of fire safety concerns. Even if all or some of the rules and regulations seem unreasonable to you, do not attempt to break them! Housing officials create these guidelines keeping in mind the health and safety of all students who live on campus, and violations are always punished, sometimes by not allowing the offender to remain in campus housing.

The vast majority of student rooms on American college campuses have a phone connection. Sometimes the college will also provide the phone itself; other times, you will need to bring your own – check with your housing office if their letter does not mention it. Your room is assigned its own phone number, which you will share with any roommates you may have. However, you usually don't need to worry about keeping track of each person's calls and splitting the phone bill. Each student is assigned a personal phone access code – a series of numbers that has to be dialed before a call can go through. All the calls made from campus phones with the access code issued to a particular student are assumed to be made by that student. At the end of each month, he or she will receive an itemized bill listing the numbers called, the duration of each call, and the amount due. You are responsible for all the calls made with your access code, so make sure to keep it in a safe place – treat it as you would you ATM card pin number or your Social Security number. Do not give your access code out to other people. You may think that you are just helping someone in an "emergency" but then end up being charged hundreds of dollars for long-distance calls you didn't make.

Many dorm rooms also have connections to the campus computer network. If you want to bring a personal computer with you, find out what types,

11.4.6.2. Что брать с собой

Сборы в колледж могут показаться утомительными. Вам понадобятся: постельное бельё, туалетные принадлежности, одежда, тетради, канцелярские товары, а также украшения для комнаты. Ну а как быть с компьютером? Везти ли вам с собой микроволновую печь или нет? Поместится ли ваш любимый галогенный светильник в вашу комнату?

Вы, вероятно, не сможете взять с собой всё, что вы хотите, но вы должны привезти всё необходимое, что не всегда легко найти на кампусе. Зачастую, отдел общежитий присылает вам письмо, в котором советуют, что с собой привезти. Этот список является хорошей отправной точкой при составлении перечня необходимого. При его чтении, обратите особое внимание на предметы, не разрешаемые в общежитии установленными правилами (ваш любимый светильник может оказаться в их числе, поскольку на многих кампусах запрещается иметь галогенные лампы по соображениям противопожарной безопасности). Правилами часто ограничивается мощность микроволновых печей и холодильников, которые студенты могут привезти с собой (некоторые колледжи вообще запрещают их иметь), а также оговаривается вид и количество декоративных украшений и электрических приборов. Свечи обычно также запрещены из-за опасности пожаров. Даже если все или некоторые из правил кажутся вам необоснованными, не пытайтесь их нарушить. Администрация общежитий разрабатывает эти правила исходя из требований санитарии и безопасности всех студентов, живущих на кампусе, и нарушители всегда наказываются, иногда - выселением из общежития.

Большинство комнат в студенческих общежитиях имеют телефонные линии. Иногда колледжи обеспечивают и телефонные аппараты; в других случаях вам необходимо привезти свой собственный. Поинтересуйтесь в отделе общежитий, если в письме это не указано. Вашей комнате отведён телефонный номер, который вы будете делить со своими соседями, если они есть. Однако вам нет необходимости вести учёт количества и продолжительности разговоров для оплаты телефонного счёта. Каждому студенту присваивается персональный код – серия цифр, которые вы набираете, прежде чем происходит соединение. Предполагается, что все звонки, сделанные с использованием кода того или иного студента, сделаны им самим. В конце месяца вы получите подробный счёт с перечнем всех телефонных номеров, продолжительности разговоров и их стоимости. Вы отвечаете за оплату всех звонков, сделанных с использованием вашего кода, поэтому постарайтесь держать его в секрете так же, как *PIN* для *ATM* машины или ваш номер социального обеспечения. Не передавайте код другим людям. Вам может казаться, что вы просто помогаете кому-то в срочной ситуации, но впоследствии вы можете быть вынуждены платить сотни долларов за междугородние звонки, которых вы не делали.

Многие общежития также оснащены розетками для подключения к компьютерной сети. Если вы хотите привести с собой компьютер, узнайте какие

models, or features your school recommends. Sometimes you can purchase a new or used computer inexpensively from your school. However, if you don't have a computer and can't afford one, don't worry. All colleges and universities have personal computers the students can use free of charge in academic buildings and other public spaces. Some of these facilities are open 24 hours a day, so if you want to start writing that paper at two in the morning on the day it's due, you can (although I don't recommend it).

When deciding what clothes to bring, think about what the weather is like in the area where your school is located. If the winters are long and harsh, make sure to pack warm sweaters, coats, shoes, hats, and gloves. Remember that while in the "real world" most people drive everywhere, on campus you will most likely have to walk between your dorm, the dining hall, and the buildings where your classes are, as well as to the convenience store, pharmacy, or the local cafe. Therefore, even if you are going to college in your home state, the clothes that kept you warm when your longest walk was to the school bus stop may not be enough on campus.

Finally, when packing, don't worry too much about whether you have everything you need. No matter how careful you are, you are bound to forget something. If you do, you can always buy the item on or near your campus, have your parents mail it to you, or wait until the first time you go home to pick it up.

11.4.6.3. Housing

As far as places to live go, you have three options – live at home, rent an apartment close to campus, or live in campus-owned housing (which may include large residence halls, smaller houses, and sometimes even on-campus apartment complexes). The last option is by far the most popular one among American students, and I am going to assume here that you plan to live on campus. In fact, many colleges and universities require all first-year students, unless they are living with parents or relatives, to live in campus housing. At Bates College, the school I went to, normally only seniors were allowed to rent apartments or houses off-campus, and campus housing was guaranteed to all students for four years.

Living on campus has many advantages. First of all, you are usually only a short walk away from the dining hall, academic and administrative buildings, athletic facilities, student health services, etc. Many very large campuses, where walking might sometimes be impractical, have a shuttle bus service that runs between most campus locations. Second, it is much easier to meet people and make friends when you are living with your classmates. Finally, it teaches you to get along with many different people, be independent and self-suffi-

параметры рекомендуется иметь. Иногда вы можете недорого купить новый или бывший в употреблении компьютер в вашем колледже. Однако если вы не имеете компьютера и не можете себе его позволить – не переживайте. Все колледжи и университеты имеют персональные компьютеры, которыми студенты могут пользоваться бесплатно, в учебных зданиях и других общественных местах. Некоторые из таких зданий открыты 24 часа в сутки, поэтому, если вам захотелось начать писать заданную работу в два часа утра в тот день, когда её необходимо сдавать, вы можете это сделать (хотя я бы не рекомендовала это).

Когда вы будете решать, какую одежду взять с собой, подумайте о том, какая погода будет в той местности, где находится колледж. Если зима там долгая и суровая, позаботьтесь взять с собой свитера, куртки, шапки и перчатки. Помните, что хотя в "настоящем мире" большинство людей везде ездят на машинах, на кампусе вы, скорее всего, будете ходить пешком между своим общежитием, столовой и учебными зданиями, а также в ближайший магазин, аптеку или кафе. Поэтому, даже если вы поступаете в колледж, расположенный в вашем штате, вам может понадобиться более тёплая одежда, чем та, в которой вы ходили до остановки школьного автобуса.

В конце концов, не следует слишком переживать по поводу того, взяли ли вы с собой всё необходимое. Как бы вы не готовились, вы непременно забудете что-нибудь. Если это случилось, вы всегда можете купить это на кампусе, попросить родителей выслать вещь по почте или захватить её во время следующей поездки домой.

11.4.6.3. Жильё

Что касается жилья, у вас есть три возможности – жить дома, снимать квартиру неподалеку от кампуса или жить в общежитиях, принадлежащих колледжу (которые могут включать большие здания в несколько этажей, маленькие дома или даже квартирные комплексы). Последний вариант является наиболее распространённым среди американских студентов, и я полагаю, что вы планируете жить на кампусе. Более того, многие колледжи и университеты требуют, чтобы студенты первокурсники жили на кампусе, если они не живут с родителями или другими родственниками. В *Bates* колледже, где я училась, общежитиями обеспечивались все студенты на всё время обучения, и только студентам последнего курса разрешалось снимать квартиру вне кампуса.

Жизнь на кампусе имеет много преимуществ. Прежде всего, вы обычно находитесь в пределах пешеходной прогулки до столовой, учебных и административных зданий, спортивных залов, медицинской части и так далее. Многие большие кампусы, где ходьба может занимать много времени, имеют челночные автобусные маршруты между основными частями кампуса. Во-вторых, гораздо проще познакомиться и подружиться с людьми, когда вы живёте со своими одноклассниками. И, наконец, это учит вас сосуществовать с

cient, and contributes to the "total college experience" that you will remember fondly for the rest of your life (or at least I hope so).

On the other hand, campus living has its drawbacks. During your first year, you will usually be sharing a very small room with one or more people you did not choose and have never even met before. You and your roommates may have different ideas about cleanliness, noise, or when is the appropriate time to go to bed, or you may simply have nothing in common. At times, you may feel lonely or think that no one likes you, and your friends and family will be far away. You may be annoyed, disgusted, or shocked by the drinking, drug use, and casual sex you see in your and other dorms. You may not feel comfortable sharing a bathroom and kitchen with twenty other people, and you may miss the home-cooked meals and your parents doing your laundry. However, while it is good to be prepared for dealing with these difficulties when you move into your dormitory, remember that you have everything you need to make living on campus a rewarding and enjoyable experience. It may take a little getting used to, but most students soon begin to enjoy living on their own and being surrounded by friends.

Shortly after you get your admission letter in the mail, the housing office of your school will send you an on-campus housing application. It will usually contain at least the following forms (or their equivalents): a housing preference form and a roommate selection form. The housing preference form usually lists several on-campus housing options and asks you to rate them in order of your preference, starting with the one you would like the most. The options offered to you may include a residence hall, a house (a smaller dormitory), all-freshman residence hall or house (a dormitory for first-year students only), single-sex housing, international student/multicultural housing, and substance-free housing. Housing options for first-year students will depend on the size and type of the school and its housing policies. Below, we will discuss in some more detail two of the options listed above: single-sex housing and substance-free housing.

Single-sex housing is just that: a dormitory where all the residents are of the same sex. Most buildings on American college and university campuses house both men and women. Sometimes, men and women live on different floors, sometimes on different wings of the same floor, and sometimes male and female rooms are next to each other on the same floor (men and women are not allowed to share the same room). However, most schools recognize that some students may not be comfortable living in the same building with members of the opposite sex and offer single-sex housing options. If the thought of bumping into a member of the opposite sex on your way to the bathroom when you are wearing your pajamas makes you uncomfortable, if men and women are traditionally separated in your native culture, or if your parents adamantly

множеством других людей, быть независимым и самостоятельным, а также являются важной частью ваших студенческих лет, которые вы с любовью будете вспоминать до конца своей жизни (по крайней мере, я надеюсь на это).

С другой стороны, жизнь на кампусе имеет свои отрицательные стороны. В течение первого года, вы, вероятно, будете жить в небольшой комнатке с одним или более соседями, которых вы не выбирали и даже никогда в глаза до этого не видели. Вы и ваши соседи могут иметь разное отношение к чистоте, шуму, времени отхода ко сну или просто не иметь ничего общего. Иногда вы можете чувствовать себя одиноким и никому не нужным, а ваши друзья и семья будет далеко. Вас может раздражать или шокировать пьянство, употребление наркотиков или случайные сексуальные отношения, которые вы видите в своём и других общежитиях. Вы можете чувствовать себя не очень уютно, деля туалетные комнаты и кухню с двадцатью другими или скучать по домашней пище и выстиранными родителями вещам. Однако, эти трудности полезно предвидеть заранее, помните, что у вас есть всё, чтобы получать удовольствие от жизни на кампусе. Требуется некоторое время, чтобы привыкнуть, но большинство студентов вскоре входят во вкус самостоятельной жизни в окружении друзей.

Вскоре после получения уведомления о приёме, отдел общежитий пришлёт вам бланки для подачи заявления на место в общежитии. Обычно, это как минимум две формы: анкета о предпочтительном виде жилья и анкета для выбора соседей по комнате. Анкета о предпочтительном виде жилья перечисляет все возможные варианты общежитий и просит вас пронумеровать их в порядке предпочтительности, начиная с наиболее устраивающего вас. Предлагаемые варианты могут включать большое или маленькое общежитие, общежитие только для первокурсников, раздельные (только мужское или женское) общежития, общежитие иностранных студентов (интернациональное) или безалкогольное. Выбор будет зависеть от размера учебного заведения и принятых в нем правил проживания. Ниже мы рассмотрим поподробнее две разновидности из перечисленных выше: раздельные и безалкогольные общежития.

Раздельные общежития – здания, где проживают только мужчины или только женщины. Большинство общежитий в американских студенческих городках являются смешанными. Иногда мужчины и женщины живут на разных этажах одного здания, иногда в разных крыльях одного этажа, а иногда в соседних комнатах на одном этаже (не допускается совместное проживание в одной комнате). Однако в большинстве учебных заведений допускают, что не все студенты могут чувствовать себя комфортно, живя в одном здании с лицами противоположенного пола, и предлагают возможность выбора раздельного общежития. Если вам становится неуютно при мысли о том, что вы столкнётесь с лицом противоположного пола на пути в умывальник, будучи в пижаме, если мужчины и женщины в вашей культуре традиционно разделены или если ваши родители настоятельно протестуют против вашего проживания в совместном

oppose your living in a coed dorm, requesting the single-sex option may be a good idea. Then again, living in the same dorm with people of both sexes can be fun and lead to many close friendships. Some people who are not used to young men and women living in close quarters without adult supervision may need to realize that students who do so are not making any statements about their attitude towards sex, relationships, or marriage. They simply have had friends and classmates of both sexes since they were little children, and they see coed campus housing as natural. Many people in America have close friends of the opposite sex for years without ever becoming romantically or sexually involved with them. Ultimately, however, you have to do what feels right to you. Do not let anyone tell you that your choice of where to live makes you a bad person or means that you are old-fashioned and "repressed" (or promiscuous and shameless).

Another option that may be of interest to students who are recent immigrants is substance-free housing. Students living in substance-free dormitories are prohibited from possessing or using any alcohol and tobacco products in the building. Of course, as many of you know, people under the age of 21 are not allowed to purchase or drink alcohol in the United States. However, those living in substance-free dorms agree to keep alcohol out of the building regardless of their age. Also, underage students living in such dorms are much less likely to violate alcohol-related laws and policies. Students choose the substance-free housing option mostly because alcohol use in a college setting and what goes along with it make them uncomfortable. Contrary to popular belief, the majority of these students are not extremely religious, socially awkward, or recovering alcoholics, although some of them are (as are some students living in "regular" housing). Some residents of substance-free dorms may even drink socially. However, they see alcohol as something to be enjoyed occasionally and in moderation, not as a way of life or as necessary for the "real" college experience. Therefore, these dorms have no wild parties with bottles of beer and plastic cups strewn everywhere, no drunk people getting sick in the bathroom at three in the morning, and they are usually much cleaner and quieter than the rest of campus housing. However, this option may not be right for everyone, and many non-drinkers are perfectly happy living in "regular" dormitories. You (and perhaps your parents) will have to think and decide what is best for you.

Depending on your school, you may be offered an option of living in an international student/multicultural dorm. Although these dorms are usually open to anyone interested in living with people from different cultures, they tend to attract mostly international students, who are in the United States for the four years it will take them to get their college degree, and exchange students, who may be here for only a semester or a year. This option may seem tempting to you, especially if you are a recent immigrant and have not had many American friends. Being surrounded by students who must adjust to a new culture, just like

общежитии, подача заявления на раздельное общежитие будет правильным выбором. В то же время, проживание в совместном общежитии может оказаться интересным и послужить началом многих дружеских отношений. Людям, которые не привыкли к тому, что молодые люди обоих полов живут рядом без присмотра взрослых нужно понять, что это ничего не говорит об их отношении к сексу, взаимоотношениям или браку. Они просто имели друзей и одноклассников обоих полов с детства и смотрят на совместные общежития как на нечто само собой разумеющееся. Многие в Америке имеют близких друзей противоположного пола годами, не будучи в романтических или сексуальных отношениях с ними. В конечном счете, однако, вы должны делать то, что на ваш взгляд является правильным. Не позволяйте никому говорить, что ваш выбор места проживания делает вас плохим или означает, что вы старомодны и "зажаты" (или неразборчивы и бесстыдны).

Другой возможностью, которая может заинтересовать недавних иммигрантов, являются "безалкогольные" общежития. Проживающим в них студентам запрещается иметь или употреблять алкоголь и табак на территории здания. Разумеется, большинство из вас знают, что в США лицам моложе 21 года запрещено законом покупать или употреблять спиртные напитки. Однако те, кто живут в "безалкогольных" общежитиях согласны на вышеуказанные правила вне зависимости от возраста. Студенты, проживающие в таких общежитиях, гораздо менее склонны нарушать законы и установленные в отношении алкоголя порядки. Они выбирают такие общежития в основном потому, что им не нравится употребление алкоголя в обстановке колледжа и всё, что с этим бывает связано. В противоположность распространенному мнению, большинство этих студентов не являются чересчур религиозными, неприспособленными к общению или бывшими алкоголиками, хотя такие бывают (как и среди жильцов обычных общежитий). Некоторые из них даже выпивают по случаю, однако они смотрят на алкоголь как на что-то, что можно употреблять иногда в умеренном количестве, а не как на обязательный атрибут "настоящей" студенческой жизни. Таким образом, в этих общежитиях нет диких вечеринок с разбросанными везде пивными бутылками и пластиковыми стаканами, нет пьяных, оккупирующих туалет в три часа ночи, и они гораздо чище и тише, чем остальное жильё на кампусе. Однако такой вариант может не устраивать всех, и многие непьющие прекрасно живут в "обычных" общежитиях. Вы (и вероятно ваши родители) должны будете решить, что для вас лучше всего.

В зависимости от колледжа, вам может быть предложена возможность жить в интернациональном общежитии. Несмотря на то, что такие общежития открыты для всех желающих пожить вместе с людьми из разных культур, они в основном привлекают интернациональных студентов, которые приехали в США на четыре года для получения образования или на короткое время по программам обмена. Такая возможность может соблазнять вас, особенно если вы приехали недавно и не имели много друзей американцев. Быть окружённым студентами, которым необходимо приспособиться к новой культуре также как и вам, может казаться привлекательным и успокаивающим, однако такой вариант,

you do, may sound appealing and comforting. However, this option, like the others, has its pluses and minuses. On the one hand, living with people you can relate to can ease your transition into college life and keep you from feeling homesick and misunderstood. On the other hand, living with "foreign" students may isolate you from Americans and make forming close friendships with them more difficult. So, if your goal is to integrate into the American culture as quickly as possible, you probably won't choose the "multicultural" housing option. If, however, you feel more strongly about preserving your original cultural identity than forging a new one, this may be a way to go.

Now that you have considered your housing options and chosen the ones you think would best fit you, let's move on to the roommate selection form. In case you know somebody who is going to the same school you are and would like to room with him or her, most colleges and universities give you the option of requesting a roommate. You simply write the person's name in the appropriate space on the form (keep in mind that some schools allow freshmen to room only with other freshmen). Most likely, however, you will have to rely on the housing office's good judgement to match you up with a suitable roommate. For this purpose, the form will ask you many questions about your habits, lifestyle, and what you consider important in a roommate. Do you smoke? Do you mind living with a smoker? When do you normally go to bed and get up? Do you take naps during the day? How much time do you spend listening to music and watching TV every day? What kind of music do you listen to? Do you like your windows open or closed? The list seems endless. Remember to answer all the questions completely and truthfully. Do not write what you think housing officers want to hear. Their goal is not judging you but finding you a compatible roommate with whom you can comfortably share a very small living space for almost a year. Most first-year students live in two-person rooms, but some have two or even three roommates (these three- or four-person rooms are proportionally larger). Usually, freshmen are not eligible for single rooms; however, in some cases, such as certain health problems, the housing office may make an exception and assign a single room to a first-year student. If you think you may be eligible for a single, check with you housing office.

11.4.6.4. Dining

If you live on campus, you will most likely want to purchase a meal plan from your school's dining services (and again, many schools require first-year students to eat on campus). Meal plans vary in prices and the number of meals per day, week, or semester that they provide (as a freshman, you may be restricted in your choice of a plan). What plan you choose will depend partly on your eating habits and how much cooking you are willing and able to do in your dormitory's kitchen. Some plans charge you a certain amount per semes-

как и все другие, имеет свои плюсы и минусы. С одной стороны, проживание с людьми, которых вы понимаете, может облегчить ваше привыкание к колледжу и сгладить чувство тоски по дому и непонимание окружающих. С другой стороны, проживание с "иностранными" студентами может изолировать вас от американцев и сделать возможность подружиться с ними более трудной. Поэтому, если ваша цель – как можно быстрее интегрироваться в американскую культуру, вы, вероятно, не выберете интернациональное общежитие. Если же вы более заинтересованы в сохранении своей национальной самобытности, чем в переделке на новый лад, это может быть подходящим вариантом.

Теперь, когда вы рассмотрели варианты общежитий и выбрали тот, который, по вашему мнению, подходит вам более всего, перейдём к анкете по выбору соседей. В том случае, если вы знаете кого-либо, кто поступил в это же заведение и хотели бы жить с ним или с ней, большинство колледжей позволяют выбрать соседа. Вы просто вписываете его имя в соответствующую графу анкеты (не забывайте, что некоторые колледжи позволяют первокурсникам жить только с первокурсниками). Наиболее вероятно, однако, что вам придётся полагаться на то, что отдел общежитий подберёт вам подходящего соседа. Для этой цели, анкета содержит множество вопросов о ваших привычках, стиле жизни и о том, что вы считаете важным при выборе соседа. Курите ли вы? Не возражаете ли вы жить с курящим? Когда вы обычно ложитесь спать и встаёте? Спите ли вы днём? Сколько времени вы слушаете музыку и смотрите телевизор? Какого рода музыку вы слушаете? Любите ли вы чтобы окна были открыты или закрыты? Список вопросов кажется бесконечным. Постарайтесь ответить на все вопросы честно. Не пишите того, что вам кажется, от вас хотели бы услышать. Целью является не одобрить или осудить вас, а подобрать вам подходящего соседа, с которым вы смогли бы делить комнату почти в течение полного года. Большинство первокурсников живут в двухместных комнатах, однако кое-кто имеет двух или даже трёх соседей (трёх- или четырехместные комнаты соответственно больше). Обычно, первокурсники не имеют прав на одноместные комнаты, однако, в некоторых случаях, например проблем со здоровьем, делаются исключения. Если вам кажется, что вы нуждаетесь в отдельной комнате, свяжитесь с отделом общежитий.

11.4.6.4. Питание

Если вы живёте на кампусе, то, скорее всего, захотите питаться в студенческой столовой, приобретая так называемый *meal plan* (опять же многие учебные заведения обязывают первокурсников питаться на кампусе). Планы существуют различные по стоимости и по количеству посещений столовой в течение дня, недели или семестра (выбор первокурсников может быть ограничен). Выбор такого плана зависит частично от ваших привычек в питании, а также от того, насколько вы хотите обременить себя самостоятельным приготовлением пищи на кухне общежития. Некоторые планы

ter for unlimited access to the dining hall, as many times a day as you'd like. Others offer three meals a day during the week and two meals a day on the weekends (brunch and dinner). You can also buy plans that offer two meals a day all week, two meals a day on weekdays only, a certain number of meals per semester, and many other combinations. Some schools have systems that have you purchase "points" instead of meals, and each food item is worth a certain number of these points. Each time you eat, points are deducted from your total. When you run out, you can purchase more. Your college will send you the necessary information about dining.

As you may already know, most college students eat in dining halls, buildings that normally have a kitchen where the food is prepared, an area where the food is served, several dining rooms, and a dish washing room. Depending on the size of the school, the number of dining halls on campus may range from one to three or more. Dining halls serve hot entrees as well as salads, soups, beverages, cereal, pizza, etc. The food is usually served buffet-style, which means that you decide what you want and how much, and you can go back for seconds (or more). Most dining halls are open from 7:00 AM until 2:00 PM for breakfast and lunch (breakfast ends and lunch starts at around 11:00 AM), and from 4:30 PM to 7:30 PM for dinner. These times vary slightly depending on the school. Some schools, especially the larger universities, offer between- or after-hours dining options such as food courts and snack bars, where you can use your meal plan to purchase food when the dining halls are closed. On most campuses, there are also places where you can buy food with "regular" money. These are usually subsidized by the school and are therefore less expensive than even the cheapest restaurants.

You may be wondering how the dining halls keep track of the number of meals each of many students has or uses. Enter the Student ID Card, something that will be essential to many aspects of your life for the next four years. In many schools today (and all the others are rapidly moving in this direction), the student ID card looks like a cross between you driver's license or state ID and a credit card. On the front, it has your name, photo, and often a student ID number assigned to you by the school. On the back, there is a magnetic strip that can be read by a card reader -- a machine through which you swipe your card, like you would a credit card in a store. In this strip, your school can encode information about your student status, the dorm you live in, your meal plan, etc. When you purchase a meal plan, the number of meals you buy is encoded into your card. Each time you come to the dining hall, the person at the door takes your card and swipes it through a card reader. This subtracts one meal (or a certain number of points) from your total, and sometimes the machine will show your remaining balance. Your ID card may also be used to check books out of the library, to facilitate financial transactions at the business office, to access athletic facilities, to

берут с вас определённую сумму за неограниченный доступ в столовую столько раз в день, сколько вы хотите. Другие предлагают трехразовое питание в рабочие дни и двухразовое в выходные дни (поздний завтрак и ужин). Вы также можете купить план с двухразовым питанием в течение всей недели или только в рабочие дни, определённое количество посещений в течение семестра или какую-то другую комбинацию. В некоторых учебных заведениях вы покупаете "очки" вместо посещений, и каждое блюдо оценивается определённым количеством очков. Каждый раз, когда вы едите, определённое количество очков вычитается из вашей общей суммы. Когда очки заканчиваются, вы можете купить дополнительные. Ваш колледж пришлёт вам необходимую информацию о питании.

Как вы уже вероятно знаете, большинство студентов питаются в студенческих столовых, включающих в себя кухню для приготовления пищи, раздачу, несколько залов для приёма пищи и посудомойку. В зависимости от размера учебного заведения, количество столовых может варьироваться от одной до трёх и более. Столовые предлагают вторые блюда, а также салаты, супы, различные сорта кукурузных хлопьев, напитки, пиццу и так далее. Пища обычно предлагается в виде "шведского стола", когда вы сами выбираете то, что вы хотите и сколько хотите, а также можете повторить и даже не раз. Большинство столовых открыты с 7 утра до 2 часов дня для завтрака и обеда (завтрак заканчивается, а обед начинается около 11 часов) и, к примеру, с 16:30 до 19:30 для ужина. Время может несколько варьироваться в зависимости от колледжа. Некоторые заведения, особенно большие университеты, предлагают возможности поесть в промежуточные или поздние часы в кафетериях или закусочных, используя оплаченные вами планы. На большинстве кампусов есть также заведения, где вы можете поесть за "обычные" деньги. Они обычно субсидируются учебным заведением и поэтому дешевле, чем даже самые дешёвые рестораны.

Вы можете удивляться тому, как же столовые ведут учет того, сколько посещений тот или иной студент купил или использовал. С помощью студенческого удостоверения личности – карточки, которая будет играть большую роль во многих аспектах вашей жизни в последующие четыре года. Во многих учебных заведениях в настоящее время (а в остальных дело быстро идёт к тому же), студенческая карточка похожа на гибрид между водительскими правами и кредитной картой. На одной стороне размещается фотография, фамилия и имя и нередко, ваш личный номер, присвоенный колледжем. На обратной стороне – магнитная полоска, которая может быть прочитана считывателем - специальным устройством, через которое вы проводите карточку аналогично кредитной карте в магазине. В этой полоске может быть запрограммирована информация о вас, включая общежитие, в котором вы живёте, ваш план посещения столовой и так далее. Когда вы оплачиваете питание, число посещений, которое вы купили, записывается на вашей карте. Каждый раз, когда вы приходите в столовую, человек, стоящий на входе, берёт вашу карточку и проводит её через считывающее устройство, вычитывая тем самым одно посещение

open the door of your dormitory much as a key would, and to do laundry. If your card is lost or stolen, you will usually be required to report it to your school's security office in order to be issued a replacement.

Back in the dining hall, after your card is swiped through a reader, you will go inside the serving area and get a plastic tray on which you will put all the food and silverware you need. The way food is served is different at every school, but first, there is usually a hot entree line with several choices. Still in the serving area or in the dining area itself, there may be a salad bar, a deli bar, beverage dispensers, and fruit and dessert stations. You will eat in a dining room, and after you are done, you will bring your tray to a specially designated area. No dish washing required!

11.4.6.5. Finances

If you are like most college students, you will find that money is tight for the next four years. You may be working part-time, and your parents will probably give you some money, but you will have to budget it carefully to cover your expenses, and you most likely won't have much left after everything is paid. "What is there to pay?" you may ask. "My tuition bill covers everything." True, your tuition bill covers your room and board, which means that you won't have to buy groceries or pay rent. However, there will be many expenses you would have never even thought about before you came to college.

Most of your money will probably be spent on books and phone bills. In American colleges, students have to buy their own books. You will most likely take four courses a semester, and some courses, especially the advanced-level ones in the humanities, may require as many as nine books! If all your courses during the first year are introductory-level science and math, you're still not out of the woods because some science textbooks cost as much as seventy or eighty dollars. Some foreign-language courses require you to buy tapes and workbooks in addition to a basic textbook. You can easily spend three to five hundred dollars a semester on books, and you don't have much choice in the matter. However, you can usually buy used books for less, and sometimes, you can re-sell your books to the store at the end of the semester (be aware that the money you get back will be less than what you spent). If you prefer, you can buy books one by one as you need them during the semester instead of buying them all in one day. You may find that spending fifty dollars every other week is easier for you than spending three or four hundred on the first day of the semester and than not being able to pay for laundry for two or three weeks. Many students use credit cards to buy books, and while this is certainly an attractive option, credit card debt is a big problem on college campuses, and we will discuss it in more detail later in this section.

Phone bills are another big expense for many college students. If your

(или определённое количество очков) из общего количества. Иногда считыватель показывает оставшееся количество. С помощью этой же карточки вы можете брать книги в библиотеке, производить денежные операции в административном офисе, посещать спортивные залы, открывать дверь в вашем общежитии как ключом и пользоваться прачечной. Если ваша карточка украдена или потеряна, необходимо заявить об этом в ваш отдел безопасности, чтобы получить новую.

Вернёмся назад в столовую. После считывания карточки вы проходите внутрь и берёте поднос и прочие принадлежности. В каждом колледже раздача пищи производится по-разному, но вначале обычно находится линия с выбором из нескольких горячих блюд, затем тут же или в обеденном зале могут быть расположены стойки с гарнирами и салатами, напитки и десерты. После еды вы относите посуду в отведённое для этого место. Мыть её не заставляют!

11.4.6.5. Финансы

Если вы похожи на многих других студентов, то вы обнаружите, что вам постоянно не хватает денег в последующие четыре года. Вы можете работать в свободное время, и ваши родители, вероятно, будут давать вам какие-то суммы, но вы должны аккуратно планировать, чтобы покрыть все необходимые расходы и скорее всего мало, что останется после того, как они оплачены. "Что же ещё оплачивать?" можете вы спросить. "Мой счёт за колледж покрывает всё". Это правда, ваш счет за обучение покрывает жильё и питание, что означает что вам не нужно покупать продукты или платить за квартиру, однако вы столкнётесь со множеством затрат, о которых вы даже не подозревали до поступления в колледж.

Большая часть ваших денег, вероятно, будет потрачена на книги и телефонные счета. В американских колледжах студенты обязаны покупать учебники. Скорее всего, вы будете изучать четыре различных предмета в течение семестра, и некоторые из них, особенно относящиеся к гуманитарным наукам, на старших курсах могут потребовать до девяти книг! Даже если все ваши курсы в первом году являются вводными, вы не отделаетесь легко, поскольку некоторые учебники по естественным наукам стоят по $70-80. Некоторые курсы иностранных языков требуют приобретения кассет и книг с упражнениями в дополнение к основному учебнику. Вы легко можете потратить $300-500 на книги за семестр, и у вас нет особого выбора. Однако вы можете купить подержанные книги несколько дешевле и продать свои после окончания курса (разумеется, получив меньше, чем вы заплатили). Если вы хотите, вы можете покупать книги по одной по мере надобности в течение семестра вместо того, чтобы покупать их все в один день. Вам может быть легче будет потратить пятьдесят долларов каждые две недели, чем несколько сотен в первый день занятий, а потом не иметь денег даже на стирку. Многие студенты пользуются кредитными картами для покупки книг и, хотя это выглядит заманчиво, долги по кредитным картам являются большой проблемой в студенческой среде, и мы поговорим об этом подробнее ниже в этом разделе.

Счета за телефонные разговоры – другая существенная статья расходов для

family lives in another state, or even in the same state but outside of your immediate calling area, you will have to spend money every time you talk to them. If you have friends and a boyfriend or girlfriend back home or in other schools, you will spend even more. Although colleges usually offer very reasonably priced long-distance calling plans (many charge 10 cents a minute for all calls, any time of day or night), you will be amazed at how quickly those cents add up. It is a good idea to allocate a specific amount you can spend on phone calls each month (say, $50) or place a limit on the duration and frequency of calls, depending on how close you are to the person you're calling. However, make sure that these self-imposed limits are realistic. In your zeal to save money, you may decide to limit yourself to five minutes once a week when you call your parents, which will be impossible if you are close to your family or if they want you to call often. You will end up exceeding your self-imposed limit and feeling frustrated, which may in turn lead you to forget about trying to monitor your calls and spend even more money. Try to allocate a little more money and time for the phone than you think you need. It sounds counterintuitive, but we usually underestimate how much we really talk on the phone, and setting any limits, even if they seem too generous, will help you control how much money you spend.

Besides books and the phone, there are many other expenses that you will need to be aware of and control. Laundry is one of them, and it always ends up costing more than you expect. On most campuses, there are washers and dryers in every dormitory, and you can use them for a fee. Some of the machines are coin-operated, and others can take money from your student ID card when you swipe it through the reader. Although washing a load of laundry usually costs only a dollar or less, and drying it is even less expensive, the money adds up quickly, so you may want to earmark three or four dollars a week for this purpose. Other expenses include buying school supplies such as pens and notebooks, necessities like soap, shampoo, and toothpaste, makeup if you are a woman and wear it on a regular basis, and entertainment. This last category includes tickets for movies and campus events such as concerts, ordering pizza, and occasional snacks and trips to restaurants. "Occasional" is the key word here. If you have a full meal plan, you may think that you won't spend any money on food. However, when you start college, pizza, sandwiches from a convenience store across the street, and even McDonald's become much more tempting than before. You will be tired of the somewhat tasteless dining hall food that's often the same from one day to the next. You will get hungry at midnight, when everything on campus is closed. You will want to get off campus for an hour or two. All your friends will decide to go out to eat and invite you along. All of these things are fun and even necessary, as long as you indulge in them in moderation. Do not fall into a habit of eating at the nearest restaurant just because you "don't feel like" going to the dining hall and eating Plain Chicken with

студентов колледжей. Если ваша семья живёт в другом штате или даже в том же самом, но вне пределов местных телефонных линий, вы будете вынуждены платить за разговоры с ними. Если у вас есть друзья дома или в другом колледже, вы будете тратить ещё больше. Несмотря на то, что колледжи предлагают телефонные услуги по умеренным ценам (к примеру 10 центов в минуту в любое время), вы будете поражены, насколько быстро эти центы набегают. Будет неплохо, если вы установите лимит на телефонные разговоры по стоимости, предположим $50 в месяц, или количеству звонков и их продолжительности в зависимости от того, насколько близок вам тот или иной человек, которому вы звоните. Однако убедитесь, что установленный лимит выполним. В своём стремлении сэкономить деньги, вы можете решить ограничить себя пятью минутами один раз в неделю, когда вы звоните родителям, что может быть неосуществимо, если у вас близкие отношения с семьёй или если они хотят, чтобы вы звонили чаще. Дело кончится тем, что вы превысите лимит и будете разочарованы, что в свою очередь приведёт к тому, что вы перестанете вообще вести учёт звонкам и потратите ещё больше денег. Постарайтесь отвести несколько больше денег на телефонные разговоры, чем, по вашему мнению, вам необходимо. Это звучит противоестественно, но мы обычно недооцениваем, сколько мы в действительности разговариваем по телефону, и установка любого лимита, даже чересчур щедрого, позволит вам контролировать затраты.

Помимо книг и телефона, будет множество других расходов, о которых необходимо знать и держать их под контролем. Стирка белья – один из них, и всегда оказывается, что вы тратите больше, чем ожидали. На большинстве кампусов стиральные машины и сушилки белья установлены в каждом общежитии, и вы можете использовать их за плату. Некоторые из них оплачиваются монетами, а другие могут быть оплачены с помощью студенческой карточки, снимая деньги предварительно положенные на неё. Хотя одна загрузка стиральной машины может стоить около доллара, а сушка и того меньше, вам придётся отвести на эти цели $3-4 в неделю. Прочие расходы включают покупку канцелярских принадлежностей, туалетные принадлежности, косметику, если вы женщина и пользуетесь ей регулярно, а также развлечения. Последняя категория включает билеты в кино и на другие мероприятия, например концерты, заказ пиццы на дом или посещение ресторана время от времени. "Время от времени" – ключевая фраза. Если вы имеете полностью оплаченное питание, то вы, возможно, думаете, что вам не придётся вообще тратиться на пищу. Однако, когда вы начнёте учиться в колледже, пицца, сандвичи из забегаловки напротив и даже Макдональдс становятся намного более соблазнительными, чем раньше. Вам надоест в какой-то мере безвкусная столовская пища, которая нередко однообразна изо дня в день. Вы проголодаетесь посреди ночи, когда на кампусе всё закрыто. Вам захочется поехать за пределы кампуса на час или два. Все ваши друзья решат пойти и пригласят вас. Все эти вещи приятны и даже необходимы, коль скоро вы предаётесь им умеренно. Не вырабатывайте привычку питаться в соседнем

Harvest Rice for the fourth time this week. On weekends, make an effort to get up before 1:00 PM so you can get to the dining hall before it closes. Generally, no more than three of your meals each week should come from a place other than the dining hall. And if your friends go to a "real" restaurant more than once every couple of weeks, sometimes you will have to say no. Late at night, remember that those little bags of chips, cookies, or pretzels from the vending machine in your dorm cost much less than ordering pizza. You may also want to have ramen noodles, cookies, and tea bags in you room, so that you can make a quick snack in your dorm's kitchen (or your own microwave oven, if you have it). Also, remember that renting movies costs less than going to the theater, and many movies can be found in your college library for free. Look at fancy coffee drinks such as latte and cappuccinos as occasional treats, not as something you need every day to be awake for your morning class. And use your credit card with caution.

Speaking of credit cards, although they can be convenient and allow you to buy things you would otherwise not be able to afford, they are very dangerous for many college students who have little experience with managing their finances. Credit card companies know this and often prey on students right on campus, at the time when they are the most vulnerable – the beginning of the academic year. When you get to your school in the fall, you may see colorful "information" tables set up by credit card companies all around campus – in the dining hall, in the student center, by the mailboxes. Many offer students free T-shirts, CDs, posters, and other goods just for filling out their applications. Some advertise special "college student" credit cards with lower interest rates and try to convince you that using their card will give you freedom, the ability to do things you otherwise would not be able to do, and a good credit history. All of this is true if you use your card responsibly, but many college students don't know what that means. Don't be one of them.

It starts innocently enough. You fill out an application, get your "free gift" in return, and forget about it. Several weeks later, a credit card arrives in the mail, and you realize that you're no longer limited by the allowance your parents give you or by what you earn shelving books in your school's library. First, you put a semester's worth of books on your card. Then you become fond of eating at the local restaurant every few days, ordering dessert after each meal, and sometimes even treating a friend who does not have this magic piece of plastic to a nice dinner. Then you go to the mall with your friends and see the perfect leather jacket that costs $200 and would have been out of your reach a couple of weeks ago, but now…

Then your first bill arrives and you see that you now owe the credit card company $800. However, you think that all is not lost because all you have to pay this month is a minimum payment of fifteen dollars. You send in the

ресторане только потому, что вам не хочется идти в столовую и есть обычную курятину с рисом в четвертый раз на этой неделе. В выходные, сделайте над собой усилие встать до 13:00, чтобы успеть в столовую до закрытия. Как правило, вы не должны есть вне столовой более трёх раз в неделю. А если ваши друзья ходят в "настоящий" ресторан чаще чем раз в две недели, то иногда вам придётся отказаться. Поздно ночью помните, что пакетик картофельных чипсов, печенья и тому подобного из автомата в общежитии стоит намного дешевле, чем заказанная пицца. Вы можете также иметь запас консервированных или сухих супов, печенья, и чая в своей комнате, чтобы иметь возможность быстро что-то приготовить в общежитской кухне (или в вашей микроволновой печи, если она есть). Помните также, что дешевле взять кассету напрокат, чем покупать билеты в кино, а многие фильмы вы можете найти в вашей библиотеке бесплатно. Рассматривайте затейливые кофейные напитки типа *latte* или *cappuccino* как лакомства, а не что-то необходимое ежедневно, чтобы проснуться к утренним занятиям. И пользуйтесь вашей кредитной картой с осторожностью.

Кстати о кредитных картах. Они, безусловно, удобны и позволяют вам покупать вещи, которые в противном случае вы не могли бы себе позволить, однако, они чрезвычайно опасны для студентов, которые не имеют опыта в управлении своим бюджетом. Кредитные компании знают это и нередко охотятся за студентами прямо на кампусах в то время, когда они наиболее уязвимы – в начале учебного года. Когда вы приезжаете в ваш колледж осенью, вы можете увидеть красочные "информационные" столы, расставленные кредитными компаниями по всему кампусу – в столовых, в студенческом центре, около почтовых ящиков. Многие предлагают студентам бесплатные майки, лазерные диски, настенные афиши и плакаты только за заполнение анкеты на кредитную карту. Некоторые рекламируют специальные "студенческие" карты с низким ссудным процентом и убеждают вас, что использование их карты даёт вам свободу, возможность делать то, что вы не могли бы делать, не имея её, и вдобавок хорошую кредитную историю. Всё это правда, если вы пользуетесь картой разумно и ответственно, но многие студенты не знают, что это такое. Не будьте одним из них.

Начинается всё достаточно невинно. Вы заполняете анкету, получаете свой бесплатный сувенир и забываете об этом. Несколькими неделями позже, кредитная карта приходит по почте, и вы осознаёте, что вы больше не ограничены теми суммами, которые родители вам дают или которые вы зарабатываете, раскладывая книги в университетской библиотеке. Прежде всего, вы покупаете на карту книги на весь семестр. Затем вы начинаете есть в местных ресторанах каждые несколько дней, каждый раз заказывая десерт и иногда угощая друга, не имеющего магического кусочка пластика, хорошим обедом. После этого вы отправляетесь в магазин с друзьями и видите прекрасную кожаную куртку стоимостью $200, которая была бы за пределами ваших возможностей две недели назад, но сейчас….

Когда приходит ваш первый счёт, вы видите, что должны кредитной компании $800. Однако, думаете вы, не всё потеряно, поскольку всё, что вам необходимо платить в этом месяце - это минимальную сумму всего в $15. Вы

money and continue using your card. After several months, you card is maxed out, you are several thousand dollars in debt, and your interest rate has gone from the introductory 2.9% to 20% or more. If you can't keep up with monthly payments, the company representatives are calling you and demanding money. You're too embarrassed to tell your parents about the mess you have gotten yourself into, but you are unable to pay off your debt on your own.

How do you avoid ending up in this situation? First, decide that you will limit yourself to only one card. Many students apply for a credit card every time they are offered something for free or every time they shop at a store and are told that they will get a discount on their purchase for opening a credit account. Some end up with as many as seven or ten credit cards, all of which they use and must then pay off. If you think you need a credit card, get a Visa or a Mastercard (not both!). These major cards are accepted everywhere and have lower interest rates than the cards issued by individual stores.

Second, use your card only for necessities and emergencies, such as buying books or in situations where you need to pay for something but have no cash. Try to always use cash or checks for everything else, including eating out and shopping for clothes. When real money is taken directly from your hands or your checking account, you will be more conscious of how much you spend than when you charge your purchases to a piece of plastic to be paid off "sometime."

Third, when you pay your bill, never send just the minimum payment. Doing so covers only the interest (at best), and you're not even making a dent in your balance. If you continue using the card, you will eventually reach your limit and won't be able to charge anything else to it. Ideally, you should be able to pay off your balance in full each month. However, for a college student that may not be realistic, especially if you use your card to buy books. In any case, try to pay at least double the amount of your minimum payment each month, and when you can afford to pay more, do it!

Contrary to what you may think, it is not a bad idea to have your bill mailed to your parents' address. They may offer to pay some or all of your balance if you use the card responsibly. Even if you pay the whole amount, the thought of your parents seeing how much you spend and what you buy will keep you from making impulsive purchases. Yes, you may see this arrangement as unfair and childish and resent giving up some of your freedom and privacy. However, the truth is that as a college student with little or no disposable income, you cannot really afford a credit card. But because you cannot afford living without it either, you have to compromise in order to find a solution that both allows you to have the card and keeps you from getting into major debt. Having your parents' help will allow you to build a good credit history and teach you good money management at the same time. If they do offer to pay

отсылаете деньги и продолжаете пользоваться картой. После нескольких месяцев ваш лимит исчерпан, у вас несколько тысяч долларов долга, и ссудный процент подскочил с предварительных 2.9% до обычных 20% или выше. Если вы не можете платить вовремя, на счёт начисляются штрафы и процент повышается ещё, а представители кредитной компании звонят и требуют денег. Вы боитесь сказать родителям, в какую переделку вы попали, но не способны погасить долги самостоятельно.

Как предотвратить подобную ситуацию? Прежде всего, решите, что вы ограничитесь одной картой. Многие студенты заполняют анкеты каждый раз, когда им предлагают что-то бесплатно или когда при покупке им обещают скидку, если они откроют кредитный счёт в данном магазине. Некоторые оказываются с семью или даже десятью картами, все из которых использовались и должны быть оплачены. Если вы считаете, что вам нужна кредитная карта, получите "Визу" или "Мастер кард" (но не обе сразу). Эти карты принимаются везде и имеют ссудный процент ниже, чем карты, выпускаемые отдельными магазинами.

Во-вторых, используйте кредитную карту только для необходимых и срочных нужд, например покупки книг или когда вам необходимо заплатить за что-то, но у вас нет наличных. Постарайтесь всегда платить наличными или чеками во всех остальных случаях, включая посещение ресторанов и покупку одежды. Когда вы платите настоящими деньгами или снимаемыми с вашего чекового счёта, вы будете более внимательны к тому, сколько вы тратите, чем когда вы покупаете с помощью кусочка пластика, который можно будет оплатить "когда-нибудь".

В третьих, когда вы оплачиваете счёт, то никогда не посылайте минимальную сумму. Это покрывает только проценты (в лучшем случае) и вы не снижаете вашего баланса. Если вы продолжаете пользоваться картой, то, в конце концов, достигните лимита и не сможете больше рассчитываться ей. В идеале, вам лучше оплачивать баланс полностью каждый месяц, однако, для студентов это может быть нереально, особенно, если вы покупаете на кредитную карту книги. В любом случае, постарайтесь платить максимум того, что вы можете.

В противоположность тому, что вы думаете, совсем не плохо, чтобы счета приходили на адрес родителей. Они могут предложить оплатить часть вашего баланса или даже всё полностью, если вы пользуетесь картой ответственно. Даже если вы оплачиваете всё самостоятельно, мысль о том, что родители видят, сколько вы тратите и на что именно, может удержать вас от необдуманных покупок. Конечно, вам такие условия могут показаться несправедливыми и ребяческими, возмущая потерей свободы и независимости, однако, правда состоит в том, что как студент колледжа с небольшим доходом или без такового, вы на самом деле не можете себе позволить иметь кредитную карту. Но, поскольку вам также трудно обойтись без неё, вы должны найти компромисс, позволяющий вам иметь кредитную карту, но в тоже время удерживающий вас от больших долгов. Помощь ваших родителей позволит вам создать кредитную историю и одновременно научиться обращаться с деньгами. Даже если они

your bill, remember that you still have to keep track of your balance and payment due dates. Do not use your parents' generosity as an excuse to avoid learning about your finances.

11.4.6.6. Student Clubs and Organizations

Shortly after you arrive on campus, you will see posters advertising something called the Activities Fair. The event may have a different name at your school, but there will most likely be something of the sort. During this event, all student organizations on your campus will have information booths set up where you can learn about them, take some information home to read, or even sign up for activities that interest you. Although you do not have to attend the Activities Fair, I highly recommend it. It will give you an idea of what you can do on campus besides academics, and even if you decide not to get involved right now, you will know where to go later if you change your mind.

So, what kinds of activities are available on most college campuses? The diversity may surprise you. You can get involved in athletics, music, dance, theater, fine arts, special-interest organizations such as an international club, various religious and women's groups, organizations that serve students of certain racial or ethnic backgrounds (you can find Black and Asian student groups on most campuses), environmental and political groups, the school newspaper or literary magazine, and many others. You can develop a talent or interest you already have or learn something new. In any case, you will definitely not be bored unless you choose to be.

What if you are a shy person who does not feel very comfortable with big groups of people, and besides, you are not sure what activities you may be interested in? In high school, you may have pushed yourself to get involved to enhance your college application, but now that you have been accepted, do you still have to force yourself into extracurricular activities? The answer is, probably not. Although college extracurricular activities will look good on your resume, graduate schools and employers don't care that much whether you played soccer or performed poetry. If you prove that you can do the job or schoolwork you are applying to do, you will be accepted or hired, period. However, precisely because the pressure to get involved is no longer there, you may find that you want to. My advice to you is, go to the fair, check out what's out there, and if there is something that interests you, sign up. You can quit any time if you don't like it. I would recommend that you get involved in at least one activity during college; there will never be another time in your life when you have so many opportunities to explore new things and do something besides work and spending time with your family and friends.

предложат оплатить ваш счёт, вы самостоятельно должны следить за балансом и своевременностью оплаты. Не пользуйтесь щедростью ваших родителей как поводом для того, чтобы не учиться управлять вашими финансами.

11.4.6.6. Студенческие клубы и организации

Вскоре после прибытия на кампус, вы увидите объявления, рекламирующие мероприятие, иногда называемое *Activities Fair* (ярмарка увлечений). Название может быть другим, но, скорее всего, на вашем кампусе будет что-то в этом роде. Во время этого мероприятия, все студенческие организации вашего студенческого городка оформляют информационные стенды, где вы можете получить необходимую информацию о них или записаться в те из них, которые вас интересуют. Хотя вы не обязаны посещать эту ярмарку, я вам рекомендую туда сходить. Это позволит вам узнать, что ещё, помимо академических занятий, существует на кампусе, и даже если вы решите не принимать участие сейчас, вы будете знать, куда обращаться, если позже измените своё решение.

Итак, какие же клубы и организации существуют на кампусе? Разнообразие может удивить вас. Вы можете заниматься спортом, музыкой, танцами, театром, искусствами, а также принимать участие в таких организациях как интернациональный клуб, различные религиозные или женские группы, организации которые объединяют студентов различных национальностей или рас (вы можете найти группы чернокожих студентов или азиатов на большинстве кампусов), клубы, занимающиеся политикой или охраной окружающей среды, редакции студенческой газеты или журнала и многие другие. Вы можете развивать имеющиеся таланты или освоить что-то новое. В любом случае, вам не будет скучно, если только вы сами этого не хотите.

Ну а что, если вы стеснительный человек и не чувствуете себя уютно в большом обществе и, кроме того, вы не знаете, чем бы вы хотели заниматься? В школе вы, может быть, заставляли себя быть вовлечённым во что-то только для того, чтобы было что писать в анкете при поступлении в колледж, но теперь, когда вы уже приняты, нужно ли заставлять себя заниматься внеклассной работой? Скорее всего, нет. Несмотря на то, что внеклассная активность будет неплохо выглядеть в вашем резюме, аспирантуру и работодателей не сильно интересует, играли ли вы в футбол или сочиняли стихи. Если вы можете доказать, что пригодны к учёбе или работе, на которую претендуете – вас примут и точка. Однако, именно потому, что вас больше ничто не принуждает, вы можете обнаружить, что вам хочется чем-то заняться. Мой вам совет, сходите на эту ярмарку, посмотрите, что там есть, и если вас что-то заинтересовало – запишитесь. Вы можете бросить в любое время, если вам не понравится. Я рекомендую принимать участие хотя бы в одном виде деятельности в колледже; вряд ли когда-либо в вашей жизни представится другой случай иметь такой большой выбор возможностей узнать и делать что-то новое помимо работы и времяпровождения с друзьями и семьёй.

However, it is possible to get <u>too</u> involved in extracurricular activities, sometimes to the point where they don't leave you enough time for studying, relaxing, or friendships. How many is too many? I would say that you should take on no more than three different activities per semester. This way, they will enrich your life instead of taking over it and adding to your list of obligations.

11.4.6.7. Alcohol and Drugs

In the United States, young people are not allowed to buy cigarettes until they are 18, and they cannot purchase, possess, transport, or consume alcohol until they are 21. Regardless of age, it is illegal to buy, sell, possess, or use other drugs, including marijuana. These laws are strictly enforced, and penalties for breaking them range from monetary fines and community service to long prison sentences. Regardless of their severity, these infractions will go on your criminal record, which may affect your reputation and your chances of getting a job or becoming an American citizen if you are not one yet. However, many college students break alcohol and drug-related laws, some on a regular basis, and you are likely to find yourself in a situation where you feel pressure to do the same.

Depending on the culture you grew up in, this situation may shock you in two different ways. Some of you may be horrified at the thought of young people drinking and using drugs and unable to imagine yourself ever thinking about doing it. Others may not understand how something like beer and wine, freely enjoyed by people of all ages in your culture, can be forbidden to people who are old enough to leave home, vote, and get married. However, in America, alcohol consumption is strictly regulated, but at the same time, drinking, and to some extent, illegal drugs are part of college culture. This situation is not necessarily better or worse than the one in your native country; it is just different. You do not have to agree with the way alcohol and drug use is handled here; however, you do have to behave in accordance with both your personal values and the laws of this country. Many international and recent immigrant students get in trouble for alcohol-related offenses simply because they are not aware of American liquor laws or of how serious breaking these laws is. Remember, if you get arrested for underage drinking or even having alcohol in your car (yes, this is illegal, too, until you are 21), "I didn't know" will not be a valid excuse. If you live here, you have an obligation to know and follow the laws.

Your college or university has its own alcohol and drug policy, and students who are caught violating it, even if they are never discovered by police, are penalized by the school's officials. They can be given a verbal or written

Однако возможно чересчур увлечься внеклассной работой вплоть до того, что у вас не останется времени на учёбу, отдых или дружбу. Сколько будет "слишком" много? Я думаю, что вы не должны участвовать в более чем трёх различных организациях в семестр. В этом случае, вы можете разнообразить вашу жизнь вместо того, чтобы перестараться и превратить это в непосильную обязанность.

11.4.6.7. Алкоголь и наркотики

В США молодежь, не достигшая 18 лет, не имеет права покупать табачные изделия, а покупать, иметь, перевозить или употреблять алкогольные напитки запрещается всем, кто моложе 21 года. Вне зависимости от возраста, противозаконно покупать, продавать, иметь или употреблять наркотики, включая марихуану. Эти законы строго соблюдаются, и наказания за их нарушение варьируются от штрафов и общественных работ до больших сроков тюремного заключения. Вне зависимости от их тяжести, эти нарушения фиксируются в вашем так называемом *criminal record* (судебном файле), который может испортить вам репутацию и возможность получить работу или американское гражданство, если вы его ещё не имеете. Тем не менее, многие студенты нарушают законы, связанные с алкоголем или наркотиками и вы, скорее всего, окажетесь в ситуациях, где вам будут предлагать делать то же самое.

В зависимости от культуры, в которой вы росли, эти ситуации могут шокировать вас по двум разным причинам. Некоторые из вас могут прийти в ужас от мысли о пьющей и употребляющей наркотики молодёжи и не смогут представить себя делающими то же самое. Другие могут недоумевать, как такие вещи как пиво или вино, свободно и с наслаждением употребляемые людьми всех возрастов в вашей культуре, могут быть запрещены людям достаточно взрослым, чтобы покинуть родительский дом, голосовать и вступать в брак. Однако в США употребление алкоголя строго регулируется. Несмотря на это, пьянство и в какой-то степени наркотики являются частью студенческой среды. Эта ситуация не обязательно лучше или хуже, чем в стране откуда вы приехали; она просто другая. Вы не обязаны соглашаться с тем как употребление алкоголя и наркотиков воспринимается здесь, однако вы должны вести себя в соответствии с вашими собственными ценностями и законами этой страны. Многие студенты-иностранцы и недавние иммигранты попадают в трудные ситуации, связанные с употреблением алкоголя, просто потому, что они не знают соответствующих американских законов и насколько серьезно расценивается их нарушение. Учтите, что если вас арестуют за употребление алкоголя до совершеннолетнего возраста или даже за наличие его в вашей машине (да, это тоже противозаконно до достижения 21 года), то "Я не знал" не будет достаточным оправданием. Если вы живёте здесь, вы должны знать и соблюдать законы.

В вашем колледже или университете есть свои собственные правила в отношении алкоголя и наркотиков, и студенты, замеченные в их нарушении, даже если в это не была вовлечена полиция, наказываются администрацией. Они могут

warning, suspended, asked to leave campus housing, or even expelled, depending on the severity of the offense and on whether a student is a repeat offender. The school policy and consequences for each infraction are printed in the student handbook, a copy of which you will receive when you arrive on campus. Make sure to read the policy and follow it.

Even if you decide to follow all alcohol and drug laws and policies, you will meet many students who do not do so. Some of them may try to convince you to drink or use drugs with them, promising you that you will not get caught and making you feel that by not joining them, you are missing out on a good time. Some may imply that people who do not drink or do drugs are boring, nerdy, or unpopular. Do not let yourself be influenced by these people. You do not need to do anything dangerous, illegal, or harmful to your health in order to be accepted by your peers and have friends. Real friends respect your values and choices, even if these values and choices are different from their own, and do not pressure you to do anything you are not comfortable doing. If a situation makes you feel scared, guilty, or uncomfortable, get out. Many students get in trouble with the law, cause pain and embarrassment to their families, and get sick or even die of alcohol or drug overdoses trying to fit in and be "cool." Before you make any alcohol- or drug-related decision, ask yourself: Is what I will gain from this experience worth potential problems if something goes wrong?

Asking older friends to buy alcohol is a popular way to avoid being caught breaking the law. However, this is also dangerous. If you are found in possession of the liquor someone bought for you, you will still get in trouble. In addition, your friend may be punished for supplying liquor to a minor, which is a serious offense. So do not ask anyone to buy you alcohol, and when you are finally 21, do not buy it for anybody who is younger. Do not feel guilty about refusing – you are not being a bad friend; in fact, you are being a good one by protecting both yourself and the younger student.

Another popular "trick" students use to get alcohol is the fake ID. Some change the year of birth on their driver's licenses, some artistically talented students actually make ID cards that look "just like the real thing" for themselves and their friends, filling in any date of birth they want, but most borrow the ID of an older friend who looks similar. This may seem like a good idea, but it is not. The people who check IDs in bars, restaurants, and stores can easily recognize a fake. At best, they will turn you away or refuse to serve you, embarrassing you in front of other patrons. However, they may notify a law-

получить устное или письменное предупреждение, а также отстранены от занятий, выселены из общежития или исключены из учебного заведения в зависимости от серьёзности нарушения и от того, первый это случай или повторный. Правила и наказания за их нарушения приводятся в студенческом справочнике, который вы получите, прибыв на кампус. Не забудьте прочитать их и следовать им.

Даже если вы решите строго следовать правилам, связанным с употреблением алкоголя и наркотиков, вы встретитесь со многими студентами, которые этого не делают. Некоторые из них могут попытаться уговорить вас выпить или принять наркотики с ними, обещая, что вас не поймают, и могут убеждать вас, что, не присоединяясь к ним, вы много теряете. Некоторые могут давать понять, что те, кто не пьёт или не употребляет наркотиков скучны, тупы, и непопулярны. Не позволяйте себе попасть под влияние таких людей. Вам нет необходимости делать что-то опасное, противозаконное или действующее на ваше здоровье для того, чтобы быть принятыми вашими сверстниками и иметь друзей. Настоящие друзья уважают ваши ценности и выбор, даже если они отличаются от их собственных и не принуждают вас делать то, что вы не хотите. Если ситуация пугает вас, вызывает чувство вины или неудобства - уходите. Многие студенты вступают в противоречие с законом, приносят боль и унижение своим близким, заболевают или даже умирают от употребления алкоголя или наркотиков в больших дозах, стараясь быть принятыми сверстниками и выглядеть современными и независимыми (cool). Прежде чем вы примете какое бы то ни было решение в отношении алкоголя и наркотиков, задайте себе вопрос: "Стоит ли то, что я получу от этого, тех потенциальных проблем, которые возникнут, если что-то пойдёт не по плану?"

Одним из распространённых способов не быть пойманным при покупке алкоголя является использование услуг более старших друзей, достигших необходимого возраста. Однако это также опасно. Если вас застали с алкоголем, купленным для вас кем-то, то для вас это ничего не меняет, кроме того, ваш друг может быть наказан за снабжение алкоголем несовершеннолетних, что является серьёзным преступлением. Поэтому, не просите никого покупать вам алкоголь, а когда вам исполнится 21 год – не покупайте его никому, кто моложе этого возраста. Не чувствуйте себя виноватым при отказе – вы не плохой друг, а наоборот хороший, защищающий себя и своего более молодого товарища.

Другим популярным трюком, используемым студентами при покупке алкоголя, является использование поддельного удостоверения личности. Некоторые меняют год рождения на своих водительских правах, другие художественно одарённые студенты могут изготовить удостоверение, которое выглядит "как настоящее" для себя и своих друзей, вписывая любую дату рождения, какую им заблагорассудится, но многие берут на время удостоверения старших друзей, выглядящих похоже. Это может казаться неплохой идеей, но это не так. Люди, проверяющие удостоверения личности в барах, ресторанах и магазинах, могут легко распознать подделку. В лучшем случае, вас откажутся обслуживать, поставив в неловкое положение перед другими посетителями, однако, хозяева заведения также могут вызвать

enforcement official, who will impose the appropriate penalty. Remember, the only sure way to avoid being caught is not to break the law, which means no drinking until you are 21, and no drugs – ever.

11.4.6.8. Sex and Relationships

Different cultures have different customs and different ideas of what is appropriate when it comes to sexual and romantic relationships between men and women. Some cultures do not permit any sexual involvement or even dating before marriage, families choose spouses for their children, and the bride and groom see each other for the first time on their wedding day. In others, men and women tend to marry relatively late in life, if at all, and being sexually involved or even living with someone outside of marriage is perfectly acceptable. In some cultures, homosexuality is seen as sinful or even punished by law, while in others, same-sex relationships are recognized by both legal authorities and the general public. Regardless of where they are from, many people have strong feelings about the "right" way to handle romantic relationships, and may consider those who do not agree with them immoral, sexually repressed, or stupid. Because your own ideas of what is appropriate may be very different from those of American students, it is important that you keep an open mind while behaving according to your personal values.

If you went to high school in the United States, you probably know that here, young men and women, including teenagers, are relatively free to date, spend time alone together, become sexually involved, and break up when they feel that the relationship is no longer working. I say "relatively free" because some American parents have rules for their children that restrict their dating activities, and some teenagers' religious beliefs or personal values prevent them from dating at an early age or becoming sexually active before a certain age or even marriage. These early romantic relationships are usually not seen as serious or leading to marriage, even though some young people are seriously involved with each other and some do marry their high school boyfriend or girlfriend. It is generally expected that a person will have a number of romantic partners before settling down with one person and getting married.

In college, young people have much more freedom than in high school. Their parents can no longer control what they do, when they come home, or whom they spend their free time with. Meeting new people, many of whom have different backgrounds and ideas about life, also influences their views and behavior. Young men and women are together in classes, dorms, dining halls, and extracurricular activities. This inevitably leads to many close friend-

полицию, которая наложит соответствующее наказание. Помните, что единственным надёжным способом не быть пойманным является следование законам, что означает: не пить до 21 года и никогда не употреблять наркотиков.

11.4.6.8. Секс и взаимоотношения

В разных культурах существуют различные традиции и различное понимание того, что приемлемо в личных и интимных взаимоотношениях между мужчиной и женщиной. Некоторые из них не допускают не только никаких сексуальных отношений, но даже знакомства или дружбы до свадьбы. Родители выбирают супругов своим детям, и жених с невестой видят друг друга в первый раз в день бракосочетания. В других культурах, мужчины и женщины склонны вступать в браки достаточно поздно и ведут сексуально активную жизнь или даже живут вместе вне брака, что считается приемлемым. В некоторых культурах гомосексуализм рассматривается как грех или преступление, наказываемое законом, в то время как в других, взаимоотношения лиц одного пола принимаются как властями, так и публикой. Вне зависимости, откуда они, многие люди имеют твёрдые убеждения о том как "правильно" следует себя вести в личных отношениях, и могут считать несогласных с ними аморальными, сексуально подавленными или глупыми. Поскольку ваши взгляды на то, что является приемлемым, могут существенно отличаться от таковых у американских студентов, очень важно проявлять понимание и в то же время вести себя в соответствии с вашими личными ценностями.

Если вы окончили школу в США, то вы, вероятно, знаете, что здесь девушки и юноши, включая подростков, относительно свободны в возможностях встречаться, проводить время наедине, вступать в сексуальные отношения и расставаться, если они чувствуют, что взаимоотношения не складываются, как того хочется. Я сказала "относительно свободны" потому, что некоторые родители американцы устанавливают правила для своих детей, ограничивающие их действия в отношении свиданий, а также религиозные убеждения или личные ценности некоторых подростков не позволяют им встречаться или начинать половые отношения до определённого возраста или даже вступления в брак. Эти ранние романтические отношения обычно не рассматриваются как серьёзные или ведущие к браку, даже если некоторые молодые люди сильно увлечены друг другом и, в конце концов, женятся или выходят замуж за своих школьных друзей. В основном подразумевается, что у человека будет несколько романтических увлечений, прежде чем он остановится на ком-то и вступит в брак.

В колледже молодые люди имеют гораздо больше свободы, чем в школе. Их родители больше не могут контролировать, что они делают, когда они возвращаются домой или с кем проводят своё свободное время. Знакомство с новыми людьми, многие из которых имеют другое воспитание и отношение к жизни совершенно отличное от их собственного, влияет на их взгляды и поведение. Молодые мужчины и женщины находятся вместе на занятиях, в общежитиях,

ships, as well as many romantic and sexual relationships. Some last a few days or less, others lead to marriage, usually after both people have graduated from college. While you do not have to agree with what you may see as promiscuous sex and indiscriminate dating, you have to accept it as a choice some people make, and you can act according to your own values without changing your views or being pressured into doing things you do not want to do.

Because you are at a point in your life when romantic relationships become very important, and because you will be surrounded by many peers with whom you will interact closely in many different situations, you will inevitably develop romantic attractions and have many chances to become involved with someone. Sometimes, you may find yourself in a situation where you feel pressure to become more sexually involved than you want to. This pressure may come from your partner, your friends, or even yourself. Your partner may feel that by refusing further sexual intimacy, you are rejecting him or her. Your friends may tell you that you're being prudish or silly, and some people may make fun of your "morals." You may feel uncomfortable being the only virgin in your group of friends, doubt your values, or feel ashamed of your inexperience. Do not let yourself be swayed by what other people think or may think about you. You should only do what you feel comfortable with, regardless of what others tell you. As I have said before, true friends will not think any less of you if your thoughts or behavior differ from theirs. And your romantic partner should respect your values and your comfort level; if he or she does not, that person was not right for you in the first place.

There is one more issue you have to be aware of when you get romantically involved with someone, and that is consent. Remember that no one has a right to force another person to engage in sexual behavior (including kissing). Unless the other person agrees to do something, you cannot do it. And if someone says yes while under the influence of alcohol or drugs, this does not count as consent, so you should avoid any romantic or sexual situations if you or the other person have been drinking. Also, in some cultures, women who dress provocatively, flirt, or accept an offer to walk them home from a man are considered to be looking for sex. In the United States, however, if a woman did not verbally agree to have sex, forcing her to do so is considered rape, even if she was wearing a short skirt and sat on the man's lap. Some people think that rapes only happen in dark alleys and involve armed strangers, but in fact, any time a person is forced to engage in sex against their will, it is rape. You have a right to say no at any moment, and so does your partner. Remember and respect that.

столовых и на внеклассных занятиях. Это неизбежно приводит к тесной дружбе, а также к романтическим и сексуальным отношениям. Некоторые из них длятся всего несколько дней или даже меньше, другие ведут к браку, обычно после окончания колледжа. И хотя вы не обязаны соглашаться со многим из того, что вы возможно рассматриваете как беспорядочные связи и неразборчивые взаимоотношения, вы должны относиться к этому как к выбору, сделанному людьми, и поступать в соответствии с вашими ценностями без изменения своих взглядов, не чувствуя себя принуждаемым делать то, что вам не хочется.

Поскольку вы находитесь в возрасте, когда романтические взаимоотношения становятся очень важными и поскольку вы будете окружены многочисленными сверстниками, с которыми вы будете близко общаться во многих самых различных ситуациях, вам неизбежно кто-то понравится, и у вас будут многочисленные возможности подружиться. Иногда вы можете оказаться в ситуации, когда вы ощутите давление вступить в более близкие отношения, чем вам того хочется. Это давление может исходить от вашего партнёра, ваших друзей или даже от вас самих. Ваши друзья могут говорить вам, что вы ханжа или несмышлёныш, а некоторые могут насмехаться над вашей "моральностью". Не нужно стесняться быть единственным девственником или девственницей среди ваших друзей, сомневаться в ваших ценностях или стыдиться своей неопытности. Не позволяйте себе колебаться в зависимости оттого, что другие люди могут подумать о вас. Вы должны делать только то, что считаете правильным, вне зависимости от того, что другие говорят. Как я уже говорила раньше, настоящие друзья не будут думать о вас хуже, если ваши мысли или поведение отличаются от их собственных. И ваш партнер обязан уважать ваши ценности и пределы, поставленные вами; если он или она не делают этого, то они вам вообще не подходят.

Существует ещё одна сторона, о которой необходимо знать, когда вы вступаете в близкие отношения - это согласие. Помните, что никто не имеет права принуждать другого человека к сексуальной близости (включая поцелуи). Если человек не хочет, вы не можете этого делать. И если кто-то сказал "да" под воздействием алкоголя или наркотиков, это не считается согласием, поэтому вы должны избегать каких-либо романтических или сексуальных ситуаций, когда вы или ваш партнёр не трезвы. Хотя в некоторых культурах женщины, одетые вызывающе, флиртующие или принимающие предложение мужчины проводить их домой, воспринимаются как напрашивающиеся на секс, в США, тем не менее, если женщина не подтвердила словами своё согласие, принуждение её к сексуальным отношениям считается изнасилованием, даже если она была одета в мини-юбку и сидела у мужчины на коленях. Некоторые люди считают, что изнасилования происходят только в тёмных аллеях и совершаются вооружёнными незнакомцами, тогда как на самом деле, любой случай принуждения к сексу против воли является изнасилованием. Вы имеете право сказать "нет" в любой момент, также как и ваш партнёр. Помните об этом.

11.4.6.9. Resources

If you need help with anything when you are in college, there are many resources available to you right on campus. For any health problems, your student health center is the place to go. You can get physical exams, treatment for some illnesses, and certain lab tests right there, and for anything that cannot be done on campus, you will be referred to a nearby hospital or doctor's office. In many cases, you can also fill your medication prescriptions right at the health center, as well as get over-the-counter medicines such as pain relievers and cough syrup. All college health clinics have educational pamphlets on topics that are relevant to young people, such as safe sex, birth control, eating disorders, alcohol, tobacco, and drug use, and mental health issues.

In addition to health clinics, colleges and universities have counseling centers where students can get help for any psychological or mental health problems, including anxiety, stress, depression, eating disorders, relationship and roommate problems, low self-esteem, and any other issues that concern or upset them. These counseling centers are staffed by trained professionals such as psychiatrists, psychologists, and clinical social workers who have experience working with young people. Usually, a student is entitled to a certain number of free sessions (for example, nine or ten) each academic year. If you need more sessions, they may be covered by your health insurance or you may be able to pay on a sliding scale, meaning that you only pay what you can afford. Normally, you will see your psychologist or counselor once a week for an hour, but more frequent sessions can be arranged if necessary.

In many cultures, there is a stigma attached to having mental health problems or seeing mental health professionals. People who have psychological problems and seek treatment for them are sometimes seen as crazy, unstable, lacking willpower, or strange. Even in America, many people, especially young people, are concerned that if they admit to seeing a psychologist, others will see and treat them differently. However, you have to remember that mental health problems such as anxiety and depression are illnesses that often have a biological origin and can be treated with psychotherapy and/or medication. You would see a doctor for persistent headaches or stomach problems; you should do the same if you feel depressed or anxious much of the time. Even if you are just having a hard time coping with academic stress, a break-up, or a family problem, talking to a counselor can help you sort through your feelings, see the situation in a new light, and develop some healthy strategies for dealing with the daily stresses of life. College is probably the best time of your life to see a mental-health professional -- your first several sessions are free and the

11.4.6.9. Куда обратиться за помощью или информацией

Если вам необходима помощь с чем-либо в то время, когда вы находитесь в колледже, для этих целей существуют многочисленные организации прямо на кампусе. Для всех проблем, связанных со здоровьем, существует медсанчасть. Там вы можете пройти медосмотр, получить лечение от некоторых заболеваний, сделать анализы, а если что-то не может быть выполнено на кампусе, вам дадут направление к ближайший госпиталь или к нужному врачу. В большинстве случаев, там же вы можете по рецепту выкупить необходимые лекарства либо получить свободно продаваемые медикаменты типа болеутоляющих средств или микстуры от кашля. Все медсанчасти колледжей имеют информационные буклеты по вопросам, представляющим интерес для молодых людей, например безопасному сексу, предотвращению беременности, расстройствам питания, алкоголизму, курению, употреблению наркотиков и психологическим проблемам.

В дополнение к медсанчасти, колледжи и университеты имеют консультационные центры, где студенты могут получить помощь в преодолении психологических или психических отклонений, таких как страхи, стрессы, депрессии, нарушения питания, проблемы взаимоотношений с окружающими, низкая самооценка и любые другие, которые их беспокоят. Консультационные центры укомплектованы специалистами: психологами, психиатрами и социальными работниками, имеющими опыт работы с молодёжью. Обычно студенты имеют право на определённое количество бесплатных консультаций (например, 9 или 10) в течение каждого академического года. Если вы нуждаетесь в большем количестве, то они могут быть оплачены вашей медицинской страховкой или в том размере, который позволяют ваши доходы. Как правило, вы встречаетесь с психологом или консультантом раз в неделю на один час, но более частые встречи могут назначаться, если необходимо.

Во многих культурах, обращение к психиатрам или наличие психологических и психиатрических проблем накладывают своего рода "клеймо". Такие люди иногда воспринимаются как "сумасшедшие", неуравновешенные, слабовольные или "странные". Даже в Америке многие, особенно среди молодёжи, боятся того, что если они признаются в том, что ходят к психологу, то отношение окружающих к ним изменится. Тем не менее, вы должны помнить, что психологические проблемы типа страхов и депрессии являются заболеваниями, имеющими биологическую природу, и могут поддаваться лечению с помощью психотерапии и (или) лекарств. Вы бы обратились к врачу с постоянными головными болями или расстройством желудка; вам также необходимо обратиться к нему, если вы часто испытываете страхи или депрессию. Даже если вам просто тяжело справиться со стрессом, вызванным академической нагрузкой, размолвкой или семейными проблемами, разговор с консультантом может помочь разобраться в своих чувствах, увидеть ситуацию в новом свете и выработать более здоровое отношение к

additional ones are likely to be inexpensive, whereas later on, your insurance may not adequately cover mental health care and you may end up paying a lot of money. If you want to see a counselor but are concerned about what other people will think of you, remember that you don't have to tell anyone where you are between 1:00 and 2:00 pm every Wednesday.

Other campus resources include crisis hotlines such as sexual assault, substance abuse, and suicide hotlines, campus police and safety departments that often provide escort services to help you get to your dorm safely after dark, specialized groups and organizations for disabled, minority, or gay and bisexual students

11.4.7. Academics

Amidst filling out college applications and financial aid forms, writing essays, and anxiously awaiting decision letters, it is easy to forget the real reason you are going to college, which is to learn. In this section, we will talk about how the American higher education system works and what to expect in the classroom, in the laboratory, and during exams. Many immigrant and international students enter American colleges and universities with clearly defined ideas of what higher education "should" be, and when their experiences do not conform to these expectations, they may feel angry, confused, unprepared, or think that American education is "bad" or "unfair." It is important to remember that cultural differences extend beyond food, clothing, and holidays, and every education system has its own strengths and weaknesses. Learning about what to expect and keeping an open mind will go a long way in helping you avoid unnecessary frustration and make the most of your American college experience.

11.4.7.1. You Are Not Alone: Advisors and Advising

When you register for your first-semester college courses, you will be assigned an advisor -- a professor who will guide you through the academic aspects of college, helping you choose appropriate courses, decide on a major (see below), and make sure you fulfill the school's requirements for graduation. It is very important that you get to know your advisor as early as possible. A faculty member who knows you personally and is familiar with your academic record, strengths, and weaknesses can be an indispensable resource in helping you become a successful student, especially at a large school where not many professors have a chance to develop personal relationships with students. He or she is there to help you, but only if you actively seek help. So many stu-

повседневным стрессам. Годы учёбы в колледже, вероятно, являются наилучшим временем для обращения за помощью к профессионалам, поскольку ваши первые несколько приёмов являются бесплатными да и последующие, скорее всего, обойдутся недорого, в то время как в дальнейшем, ваша страховка может не в достаточной мере покрывать расходы на такое лечение, и вам придётся тратить значительные суммы. Если вы хотите обратиться за помощью, но беспокоитесь о том, что подумают другие, помните, что вам нет необходимости сообщать всем, где вы бываете с 13:00 до 14:00 каждую среду.

Другие источники помощи на кампусе включают "горячие" телефонные линии, связанные с предотвращением сексуальных преступлений, употребления наркотиков, и самоубийств, а также службу безопасности кампуса, работники которой провожают или отвозят студентов в общежитие в темное время суток. Существуют также специализированные группы и организации для инвалидов, национальных меньшинств или лиц другой сексуальной ориентации.

11.4.7. Учебный процесс.

В процессе заполнения анкет и форм на финансовую помощь, написания эссе и взволнованного ожидания результатов, легко забыть настоящую причину поступления в колледж: получение знаний. В этом разделе мы поговорим о том, как работает американская система высшего образования и чего ожидать в учебной аудитории, лаборатории или на экзамене. Многие иммигранты и иностранные студенты поступают в американские колледжи с совершенно определённым мнением о том, каким высшее образование "должно" быть, и когда реальность не совпадает с их ожиданиями, они могут чувствовать себя раздраженными, смущёнными или неподготовленными, или думать, что американское образование "плохое" или "несправедливое". Необходимо помнить, что культурные различия простираются за пределы питания, одежды или праздников, и каждая система образования имеет свои достоинства и недостатки. Знание чего можно ожидать и желание понять помогут вам избежать ненужных разочарований и получить максимальную отдачу от вашей учёбы.

11.4.7.1. Вы не одиноки: консультанты и консультации.

При записи на курсы первого семестра, вам будет назначен консультант – профессор, который будет руководить академической стороной вашей жизни в колледже, помогая выбрать нужные курсы и профилирующий предмет, а также подтверждая, что вы выполняете необходимые требования для получения диплома. Очень важно познакомиться с вашим консультантом как можно скорее. Преподаватель, знающий вас лично, а также имеющий понятие о вашей успеваемости, сильных и слабых сторонах, может оказаться незаменимым в достижении успеха в учёбе, особенно в больших университетах, где немногие профессора имеют возможность быть в тесном контакте со студентами. Они

dents see their advisors only once a semester, when they need their course registration forms signed, and then complain that no one was there for them when they were struggling with a course or wondering whether to change their major. So as soon as you know who your advisor is, make an appointment to meet him or her and talk about your interests and goals. Whenever you are having trouble with anything related to academics, talk to your advisor. You don't need to struggle alone; help is there if you know where to look for it.

11.4.7.2. What Do You Want to Study?

Majors, minors, and concentrations.

When two American college or university students first meet each other, one of the first questions they ask their new acquaintance is "What's your major?" If you have friends or siblings already in college, you may have heard them say that so-and-so is "majoring" in biology, Spanish, public policy, etc. So, what exactly is a major, and how do you choose one?

Simply put, a major is a field of study you decide to concentrate on during your college career. It can be directly related to your future profession, or it can be just something you have always wanted to learn more about (neither of these choices is necessarily better than the other, and we will soon see why). Usually, students choose their majors from what is available at their school, but sometimes it is possible to design your own major by combining course offerings from two or more departments (more on this later). Some students have two and in rare cases even three majors at the same time.

When you commit to a certain field of study for the remainder of your college career, it is said that you "declare" your major. Different schools have different policies about when and how students do this. Many smaller liberal arts colleges, including Bates, the school I went to, do not require students to declare a major until the end of their sophomore year. If you choose a school like this, your first two years will be devoted to taking introductory level courses in many subjects and exploring your interests and preferences. My advice to you is, take advantage of this opportunity! You will have a clearer picture of your interests, strengths, and weaknesses, and when you do choose a major, it will be a truly informed and well thought-out decision. I, for example, was certain that I wanted to major in biology when I first arrived at Bates, but I ended up graduating as a double major in psychology and French!

готовы помочь вам, но только если вы попросите об этом. Очень многие студенты встречаются со своими консультантами только один раз в семестр, когда необходимо подписать заявление на выбранные курсы, а потом жалуются, что никого не было рядом, когда им было трудно в учёбе или они думали о смене профилирующего предмета. Поэтому, как только вы узнаете, кто является вашим консультантом, договоритесь о встрече и поговорите о ваших интересах и целях. Какие бы затруднения вы не испытывали с учёбой – обращайтесь к вашему консультанту. Вам не нужно страдать в одиночку: помощь рядом, если вы знаете, где её искать.

11.4.7.2. Что вы хотите изучать?

Majors, minors, and concentrations.

Когда два американских студента встречаются впервые, одним из первыых вопросов к новому знакомому является "Какой твой профилирующий предмет?" Если у вас есть друзья или братья и сестры, которые уже учатся в колледже, вы возможно уже слышали, что такой-то специализируется в биологии, испанском языке, политике и так далее. Итак, что же такое профилирующий предмет и как вам его выбрать?

Попросту говоря, профилирующий предмет - это область знаний, на которой вы решили сосредоточиться во время учёбы в колледже. Он может быть непосредственно связан с вашей будущей профессией, а может быть чем-то, о чём вы всегда хотели узнать больше (любой из этих выборов не обязательно является лучшим или худшим по сравнению с другим, и мы вскоре увидим, почему). Обычно студенты выбирают профилирующий предмет из того, что предлагается в их учебном заведении, однако, иногда возможно разработать индивидуальный профилирующий предмет, совмещая курсы с двух или более кафедр (подробнее об этом позже). Некоторые студенты имеют два, а в редких случаях – даже три профилирующих предмета.

Когда вы решаете посвятить себя определённой области знаний до окончания колледжа, говорится, что вы "объявили" свой профилирующий предмет (*major*). В разных учебных заведениях это делается по-разному. Многие небольшие колледжи гуманитарных наук, включая *Bates College,* в котором я училась, не требуют объявления профилирующего предмета до конца второго года обучения. Если вы выбрали подобное учебное заведение, то первые два года могут быть посвящены изучению вводных курсов по многим дисциплинам и определению ваших интересов и предпочтений. Мой вам совет: воспользуйтесь такой возможностью! Вы будете иметь ясную картину того, что вас интересует, а также ваших сильных и слабых сторон, и когда вы будете выбирать профилирующий предмет, это будет продуманное решение. Я, например, была уверена, что хочу изучать биологию, когда поступила в *Bates,* но закончила его с двойным профилирующим предметом: психологией и французским языком!

When you finally declare a major, you will also have to choose a new advisor. When you first enter school, your advisor is assigned to you randomly, which means that your academic interests and your advisor's expertise may be in two totally different fields. Someone who wants to study art may end up with a chemistry professor as his or her advisor, a future chemist may be assigned a psychologist, and someone who has no idea what he or she wants to do may end up with a professor of physics. This is not a problem because it is assumed that you will be taking general courses in many fields, and your advisor's job is simply to help you stay on track. When you declare a major, however, you will need to choose someone in the appropriate department, someone who can not only help you choose your courses but also direct your research and discuss possible career opportunities. It is better if your advisor is someone you know and like. Sometimes you are asked to specify three potential advisors and rank them in the order of preference. Usually, departments work hard to match all students with the professors they prefer, but if a certain faculty member has too many advisees, you may be given your second or even third choice.

So far, we've been talking about small liberal-arts colleges, but what about large universities? Well, here the situation is a little different. Because there are so many first-year students entering each year, in an effort to break them up into manageable groups and streamline the advising process, large universities often require applicants to specify a major on their application forms. You are then admitted into a particular program, so that you are considered a biology, nursing, or some other major from the very beginning. Your advisor will be a professor in the appropriate department. Of course, you can still change your major during the first two years if you discover that you want to do something else. If you have no idea what you would like to study when you apply, you can enter as an "Undeclared Liberal Arts" major and decide later.

To declare a major, you will have to fill out a special form, get it approved by your academic advisor and often the chair of your department, and file it with your school's Registrar's office. There is usually a deadline for doing this, so make sure you ask your advisor about what the appropriate procedure is at your school well in advance of the time when you have to declare. You can usually change your major even after it has been officially declared, but this is not the ideal situation because you may not have enough time to fulfill all the necessary requirements for your new major, which means that you may have to stay in school longer than you originally planned.

Когда вы, наконец, выбрали профилирующий предмет, вы должны будете также выбрать нового консультанта. При поступлении консультанты назначаются в случайном порядке, так что ваши академические интересы и специализация вашего консультанта могут быть в совершенно различных областях. Студент, изучающий искусство, может иметь консультантом профессора химии, будущий химик может быть прикреплён к психологу, а тот который понятия не имеет, чем он хочет заниматься может получить в консультанты профессора физики. В этом нет ничего страшного, поскольку предполагается, что вы будете брать общеобразовательные курсы во многих областях, и задача вашего консультанта - просто помогать вам в общем. Однако, когда вы объявите профилирующий предмет, вам необходимо будет выбрать кого-то с соответствующей кафедры, кого-то, кто не только может помочь вам выбрать необходимые курсы, но также направлять ваши исследования и обсуждать возможные варианты вашей карьеры. Предпочтительно, чтобы вашим консультантом был человек, которого вы знаете и который вам нравится. Иногда вам предлагают указать три потенциальных консультанта и расположить их в порядке предпочтения. Обычно кафедры всячески стараются удовлетворить эти запросы, однако некоторые профессора имеют слишком много подопечных, и вам может быть предложен консультант, стоящий вторым или третьим в списке.

Выше мы говорили о небольших колледжах гуманитарных наук, а как насчёт больших университетов? В этом случае ситуация несколько отличается. Поскольку слишком много первокурсников поступает каждый год, большие университеты требуют указания профилирующего предмета в анкетах абитуриентов, чтобы разбить их на группы и как-то упорядочить консультационный процесс. При этом вы принимаетесь на какой-то определённый факультет и рассматриваетесь как специализирующийся в биологии, медицинском уходе или чём-то ещё с самого начала. Вашим консультантом будет профессор с соответствующей кафедры. Разумеется, что вы можете изменить профилирующий предмет в первые два года обучения, если вы обнаружите, что хотите посвятить себя чему-то другому. Если же вы в момент поступления понятия не имеете, что вы хотите изучать, вы можете поступить с необъявленным профилирующим предметом и принять решение позже.

Чтобы объявить профилирующий предмет, вам необходимо заполнить специальную форму, подписать её у вашего консультанта и заведующего кафедрой и зарегистрировать её в канцелярии. Это обычно должно быть сделано к определённому сроку, поэтому потрудитесь заранее расспросить вашего консультанта о том, какие требования существуют в вашем заведении и когда вам необходимо "объявлять" профилирующий предмет. Обычно вы можете изменить свой профилирующий предмет даже после того, как он официально объявлен, однако это не лучший вариант, поскольку у вас может не оказаться достаточно времени, чтобы удовлетворить всем требованиям, и поэтому вам придется продолжать учёбу дольше, чем вы планировали.

Speaking of requirements, once you declare a major, you will be required to take a certain number of courses in your field before you are allowed to graduate. The typical number of courses required is ten, and some of the courses offered by your department may not count toward fulfilling your major requirements; check with your advisor which courses are acceptable. If your major is something you have been interested in since you started your freshman year, you may already be well on your way to completing your required courses by the time you declare, but if you have decided to pursue a new interest, you will probably have to spend most of your time during the next two years working to fulfill your requirements. Many majors also require you to complete a senior project or internship in addition to the course requirements. If you are a biology major, this may be an independent research project, and an education major may be required to help an elementary-school teacher in the classroom for several weeks, a semester, or more.

If you truly cannot decide between two unrelated fields of study, you can always become a double major. Your decision will need to be approved by your advisor and the chairs of both departments. Before you jump in, remember that anyone with a double major has to complete twice the course requirements, which means fewer opportunities to take "for fun" elective courses, and you may even end up with two final projects at the end of your senior year. However, if you are committed to learning about both disciplines and can handle the extra work, this can be a wonderful and enriching experience. Very occasionally, I hear about students graduating with a triple major, but some schools may not allow it, and in any case, I would not recommend this to anyone. Unless you are extraordinarily passionate about your studies and extremely hardworking (or a genius), a triple major will probably be more than you would want to take on.

What if you have a well-defined research or career interest that does not fit into any majors offered at your school? In this case, you may be able to design a major using courses offered by multiple departments. For example, if you are interested in exploring the way educational institutions reflect the fundamental beliefs of a society and its dominant sociological trends, you may design a major called "Education and Society" that includes courses in education, philosophy, and sociology. A self-designed major needs to be approved by your advisor, the chairs of all involved departments, and often by the dean. You will need to submit a proposal that outlines the reasons why you should be allowed to create your own major and suggests courses that you will need to take. Not all such proposals are approved, so you will have to make sure your decision is well thought out. As a compromise between "ready-made" majors and those that are self-designed, many schools offer students a limited number of so-called interdisciplinary majors that combine course offerings from sev-

Что касается требований, то после объявления профилирующего предмета вам необходимо будет прослушать определённое количество курсов в этой области прежде чем вы получите диплом. Обычно требуемое число курсов равно 10, причём некоторые курсы, предлагаемые вашей кафедрой, не идут в зачёт; поинтересуйтесь у вашего консультанта, какие из них приемлемы. Если ваш профилирующий предмет лежит в области, которой вы интересуетесь с первого курса, то вы, вполне возможно, далеко продвинулись в выполнении установленных требований к моменту его объявления. Однако если вы решили изменить ваш профиль, то последующие два года будут потрачены на то, чтобы наверстать упущенное. Многие специализации также требуют выполнения дипломной работы или прохождения интернатуры в дополнение к прослушанным курсам. Если вы специализируетесь в биологии, то это может быть самостоятельное исследование, а если в педагогике, то вам, возможно, придётся помогать учителю начальной школы в проведении занятий в течение нескольких недель, семестра или дольше.

Если вы не можете сделать выбор между двумя несвязанными предметами, вы всегда можете выбрать двойной профилирующий предмет *(double major)*. Ваше решение должно быть одобрено вашим консультантом и заведующими обеими кафедрами. Прежде чем решаться на это, помните, что *double major* требует в два раза больше обязательных курсов, что в свою очередь означает меньше возможностей в выборе интересных, но не связанных с вашей специализацией курсов. Может также понадобиться выполнять две дипломные работы в конце выпускного года. Однако, если вы решили изучать обе дисциплины и способны на дополнительные усилия, это может оказаться прекрасным обогащающим опытом. Очень редко я слышала о студентах, заканчивающих с тройным профилирующим предметом *(triple major),* но не все учебные заведения могут позволять это, и я бы не рекомендовала это никому. Разве что вы страстно любите учиться и исключительно трудолюбивы (или гениальны), *triple major* будет, пожалуй, перебором.

А что, если вы имеете хорошо сформулированный исследовательский интерес или будущую специальность, которые не вписываются в профилирующие дисциплины, предлагаемые вашим учебным заведением? В этом случае вы можете разработать индивидуальный план, используя курсы, предлагаемые разными кафедрами. Например, если вас интересует исследование того, как школы и высшие учебные заведения отражают фундаментальные убеждения общества и его доминирующие социологические тенденции, вы можете разработать *major* "Образование и общество", который включает курсы по педагогике, философии и социологии. Индивидуальный *major* должен быть одобрен вашим консультантом, заведующими всеми задействованными кафедрами и, часто, деканом. Вам необходимо представить запрос, который отражает причины, по которым вам должны позволить разработать индивидуальный *major* и предлагает список необходимых курсов. Не все такие запросы удовлетворяются, поэтому вы должны убедиться, что ваше решение хорошо продумано. Как компромисс между стандартными профилирующими предметами и индивидуально разработанными, многие учебные заведения предлагают студентам ограниченное число так называемых "междисциплинарных" профилирующих

eral departments but do not need to be approved on an individual basis. These may include environmental studies, gender studies, African-American studies, biochemistry, and neuroscience, among others.

If you are interested in more than one field of study, but one interest is much stronger than the other or you do not want to become a double major, you may have the option of having a "minor" or a "concentration" (what it is called depends on the school) in addition to your major. Minors and concentrations typically require about five courses in the chosen field and are a good way to formalize an academic interest that is different from the field you have chosen to study in depth.

11.4.7.3. General Education or Core Requirements

You can't choose everything.

Although you decide what you major will be and you choose what courses to take each semester, there are certain things that each college expects all of its graduates to learn. The idea is that every college-educated person must have some basic knowledge of natural and social sciences, humanities, and maybe even a foreign language. To ensure that you do not leave their doors without that knowledge, most colleges and universities have what is known as "general education" or "core" requirements. For example, you may be required to take one year of lab science, one "quantitative" course (this may be fulfilled by taking a math, statistics, or any other course that deals with numbers and calculations), one semester of social science, and two semesters of a foreign language before you are allowed to receive your diploma. Most large universities also require all first-year students to take a basic writing or composition course. Although the requirements differ widely from school to school, they are almost always there, and you cannot do anything to get out of them. What's more, in some cases you are not allowed to use courses in your major to fulfill general requirements. For example, Bates requires its students to take one semester of social science, and they can choose from psychology, sociology, and anthropology. I was a psychology major, so I thought that I was automatically "covered" for this requirement. Not so. My school wanted me to take a "different" social science, one I would not be exposed to otherwise. I ended up taking an introductory course in anthropology and loved it. Even if you do not have such a good experience, you will still learn something new, and besides, there is nothing you can do about the requirements, so you may as well make the best of them. Try to choose courses that interest you and keep in mind that just because you think that you will have "no use" for the subject later, it is not

предметов, которые включают курсы из нескольких дисциплин, однако не требуют индивидуального утверждения. Они могут включать среди других такие предметы как изучение окружающей среды, изучение ролей мужчин и женщин в обществе, афро-американские исследования, биохимию и неврологию.

Если вы интересуетесь более чем одной областью знаний и интерес к одной из них более ярко выражен или вы не хотите брать двойной профилирующий предмет, вы можете воспользоваться возможностью выбрать *"minor"* или *"concentration"* (название зависит от учебного заведения) в дополнение к вашему основному профилирующему предмету. Они обычно требуют около пяти курсов в избранной области и являются хорошим способом формализовать ваши побочные академические интересы, отличающиеся от той области, которую вы изучаете глубоко.

11.4.7.3. Общее образование или основные требования.

Вы не можете выбрать всё.

Несмотря на то, что вы выбираете профилирующий предмет и перечень курсов, существуют определённые вещи, которые должны изучать все выпускники того или иного колледжа. Предполагается, что каждый человек с высшим образованием обязан знать основы естественных, общественных и гуманитарных наук, и может быть даже иностранный язык. Чтобы гарантировать, что вы не покинете их стен без этих знаний, большинство колледжей и университетов имеют общеобразовательные требования. Например, вы можете быть обязаны прослушать годовой курс лабораторных работ, один "количественный" курс (это может быть математика, статистика или любой другой курс, который имеет дело с числами и вычислениями), один семестр общественных наук, и два семестра иностранного языка прежде чем вам позволят получить ваш диплом. Большинство крупных университетов также требуют, чтобы все студенты первокурсники записывались на курсы английского языка, ориентированные на написание сочинений. Хотя требования широко варьируются от университета к университету, они почти всегда существуют, и вы не можете ничего сделать, чтобы их избежать. К тому же, в некоторых случаях вам не позволят использовать курсы, относящиеся к вашему профилирующему предмету, чтобы выполнить общие требования. Например, *Bates* требует, чтобы его студенты брали один семестр общественных наук, и они могут выбирать из психологии, социологии, и антропологии. Мой профилирующий предмет был психология, поэтому я думала, что этот пункт требований был автоматически выполнен. Но не тут-то было. Мой колледж требовал, чтобы я слушала "другую" общественную науку, с которой я в противном случае бы не познакомилась. В конце концов, я выбрала вводный курс антропологии, и мне он очень понравился. Даже если ваш опыт не будет так удачен, вы узнаете что-то новое, и, кроме того, если вы ничего не можете поделать с требованиями, постарайтесь извлечь из них максимальную пользу. Попытайтесь выбирать курсы, которые вас интересуют и имейте в виду что только потому, что вы думаете, что вам

necessarily a waste of time. Remember, the purpose of a liberal arts education is learning how to learn, and *what* you are learning is much less important than *how* you are learning it.

Freshman English: A window into the American college classroom. Although most students grudgingly accept the majority of their school's core requirements, there is one particular course they tend to resent, and that is a basic writing course that may be called College Writing, Freshman Composition, or something similar. This course presents particular challenges for students whose first language is not English, so we will look at it in some detail.

First of all, let me tell you how I know all this, considering that Bates College does not require its first-year students to take such a course, and therefore, I never did. I have taught College Writing, Developmental Writing, and College Writing for ESL Students for several years at three different universities, and therefore, I am all too familiar with many students' misgivings about and difficulties with the course. I have also seen the dramatic difference the course can make in how prepared students are for their future academic work.

The first thing about this introductory English course that may be intimidating or unpleasant is the fact that in many schools, you have to take a placement exam that determines whether you will be allowed to enroll in a "regular" college writing class or required to take a preparatory course such as Basic Writing or Developmental Writing first. The exam may include grammar questions and a short written essay. If it is obvious from your writing that English is not your first language, you may be placed in the section of College Writing that is reserved for ESL students. In some schools, taking the "ESL" section of the course fulfills the college writing requirement; others may require students to take a "regular" section afterward.

If you are a confident and proficient writer, you may not see the placement exam as a big deal, but if you are still struggling with your English or writing has never been your strong subject, you may feel anxious or be afraid that you won't perform well enough. If you are indeed placed into a preparatory or ESL-specific course, you may feel that other students or professors see you as stupid or think that you cannot speak English or are a bad writer. Relax. Many native English speakers are placed into developmental writing courses, and the results of the placement exam in no way reflect your intelligence or predict your future success in college. Look at it as an opportunity to develop your writing skills in an environment with less pressure. You will feel much more confident in your writing abilities after that first semester.

это никогда в будущем не пригодится, это не обязательно пустая трата времени. Помните, цель гуманитарного образования - научиться учиться, и то, *что* вы учите, гораздо менее важно чем то, *как* вы учите это.

Английский язык для первокурсников: окно в американскую университетскую аудиторию. Хотя большинство студентов хоть и неохотно, но соглашается с большинством общеобразовательных требований их колледжа, есть один специфический курс, против которого они имеют тенденцию возмущаться - это курс письма, который может называться *College Writing, Freshman Composition* или тому подобное. Этот курс представляет особые трудности для студентов, чей родной язык - не английский, поэтому мы рассмотрим этот вопрос подробнее.

Прежде всего, позвольте мне сообщить вам, откуда я знаю все это, принимая во внимание тот факт, что Bates не требует, чтобы его студенты первокурсники брали такой курс, чего я никогда и не делала. Я преподавала College Writing, Developmental Writing, и College Writing for ESL Students в течение нескольких лет в трех различных университетах и поэтому более чем знакома с опасениями многих студентов и с трудностями, которые они испытывают с курсом. Я также видела огромные перемены, которые курс может произвести в том, насколько подготовленными оказываются студенты к их будущим академическим занятиям.

Первая особенность, связанная с этим вводным курсом английского, которая может быть отпугивающей или неприятной, это тот факт, что во многих учебных заведениях, вы должны пройти тест, который определяет, позволят ли вам зарегистрироваться на "обычный" курс или заставят начинать с подготовительного курса типа *Basic Writing* или *Developmental Writing*. Тест может включать вопросы по грамматике и короткое письменное эссе. Если из вашей работы очевидно, что английский язык - не ваш родной язык, вы можете быть помещены в группу с курсом, ориентированным на *ESL* студентов. В некоторых школах, *"ESL"* вариант курса идёт в зачёт, тогда как другие могут требовать, чтобы студенты позже слушали "обычный" курс.

Если вы - уверенный и опытный автор, тест не составит для вас большого труда, но если у вас всё ещё проблемы с английским языком или письмо никогда не было вашей сильной стороной, вы можете чувствовать беспокойство или бояться, что вы не достаточно хорошо справитесь с ним. Если вы действительно помещены в предварительный или ESL курс, вы можете чувствовать, что другие студенты или профессора видят вас как неспособного, или думают, что вы не можете говорить по-английски или плохо пишете. Расслабьтесь. Многие англо-говорящие студенты помещаются в подготовительные курсы письма, и результаты теста никоим образом не отражают ваш интеллект или ставят под сомнение ваш будущий успех в колледже. Смотрите на это как возможность развить ваши навыки письма в менее напряжённой обстановке. Вы будете чувствовать себя гораздо более уверенными в своих способностях писать после этого первого семестра.

But what if you know that you are a better-than-average writer, and you suspect that the only reason you were placed into a developmental or "ESL" section is the fact that English is not your first language? Unfortunately, this does happen occasionally. Some college instructors and officials believe that unless you learned English at a very young age, you will need a lot of extra help before you can write at the same level as native-speaking students. This, of course, is not true, so if you honestly believe that the results of your placement exam do not reflect your actual writing skills, talk to your advisor. Most schools will allow you to take additional tests, speak to the director of College Writing about your concerns, or even enroll in a "regular" writing course "at your own risk." Never be afraid to speak up for yourself because if you do not protect your own interests, no one else will.

You have finally taken your placement exam, made peace with the results, and it's now time for your first writing class. What should you expect? Well, one thing that most students complain about is the amount of work. You may be asked to write four or more 5-page papers over the course of the semester, and you will be assigned long, dense, and often difficult to understand readings on a regular basis. Because during your first semester, your other classes are likely to be large lectures where all you have to do is take notes, read the book, and take two or three multiple-choice exams, your English homework may seem like more than you can handle. Just remember that your professor is assigning all this not to torture you, but to prepare you for your future courses, where you will have to write and read a lot on a regular basis. And if you are having trouble with any aspect of the course, by all means, ask for help before it's too late! Some immigrant students feel that asking their professor to explain something more clearly will make them seem disrespectful or stupid, but that's not the case at all. Professors actually *like* it when students ask them questions because it shows that they are interested in the material and trying to learn as much as possible. You may not feel comfortable asking questions in front of the entire class, but you can always do it right before or after class or during your professor's office hours (more on that later). Many students also ask their questions over e-mail, which may be easier for you if you are shy or do not have time to make an appointment with your instructor.

Another aspect of many first-year writing classes that you may find unusual is the importance placed on something instructors refer to as "participation." You may be thinking, This is a writing class, so as long as I turn in my papers on time, I can just sit in class and never say a word. However, you will be wrong. Many times over the course of the semester, you will be required to discuss assigned readings with your classmates in small groups or as a whole class, get together with a partner to read and comment on each other's papers,

Но что, если вы знаете, что ваш уровень выше среднего, и вы подозреваете, что единственная причина, по которой вы были помещены в "ESL" секцию - это тот факт, что английский - не ваш родной язык? К сожалению, это иногда случается. Некоторые преподаватели и должностные лица колледжей полагают, что, если вы не освоили английский язык в раннем возрасте, вы будете долго нуждаться в дополнительной помощи прежде, чем вы сможете писать на том же уровне как англо-говорящие студенты. Это, разумеется, неправда, так что если вы честно полагаете, что результаты теста не отражают ваши фактические навыки письма, поговорите с вашим консультантом. Большинство учебных заведений позволит вам пройти дополнительный тест, поговорить с заведующим кафедрой о ваших беспокойствах или даже зарегистрироваться на "обычный" курс "под вашу ответственность". Никогда не бойтесь постоять за себя, потому что если вы не защитите ваши собственные интересы, никто другой не сделает это за вас.

И вот вы наконец сдали тест, примирились с его результатами, и теперь время для вашего первого урока письма. Чего вам следует ожидать? Ну, прежде всего того, на что жалуется большинство студентов - объема работы. Вас могут попросить написать четыре или более работы объёмом в 5 страниц в течение семестра, и вам будут регулярно задавать читать длинные, насыщенные, и часто трудные для понимания тексты. Поскольку в течение вашего первого семестра, ваши другие занятия, вероятно, будут большими лекциями, где все, что вам нужно – это делать конспекты, читать учебник, и сдать два или три теста типа *multiple-choice,* ваши домашние задания по английскому могу показаться невыносимыми. Только помните, что ваш профессор делает всё это не для того, чтобы помучить вас, а чтобы подготовить вас к вашим будущим курсам, где вы будете должны регулярно много писать и читать. И если вы испытываете затруднения с любым аспектом курса, во что бы то ни стало, просите о помощи пока не слишком поздно! Некоторые студенты иммигранты считают, что если попросить профессора объяснить что-то более доступно, то это выглядит непочтительно или глупо, но это далеко не так. Профессора на самом деле любят, когда студенты задают им вопросы, потому что это показывает, что они заинтересованы материалом и стараются понять его как можно глубже. Вы можете стесняться задавать вопросы перед всем классом, но вы можете всегда сделать это непосредственно до или после занятия или во время индивидуальных встреч с вашим профессором (подробнее об этом позже). Многие студенты также задают вопросы по электронной почте, что может быть легче для вас, если вы застенчивы или не имеете времени на индивидуальные встречи с вашим преподавателем.

Другой аспект многих курсов письма для первокурсников, который вы можете посчитать необычным - важность, придаваемая тому, что преподаватели называют участие (*participation*). Вы можете думать, что поскольку это класс письма, то коль скоро я сдаю мои работы вовремя, я могу только сидеть в классе не говоря ни слова. Однако, вы ошибаетесь. Много раз в течение семестра, вы будете обязаны

do oral presentations, and engage in other activities that seem to have very little to do with writing. Moreover, if you refuse to participate in such activities
or stay silent most of the time, you course grade may be lowered.

Many students who have not grown up in the US (and some who have)
find activities that require their active participation uncomfortable. You may be
concerned about speaking in front of others if you have a foreign accent. You
may be terrified of public speaking in general. You may be afraid to say something that your fellow students or professor will think is wrong or unintelligent.
As far as reading other students' papers and having them read yours, you may
think that others in the class do not know any more about writing than you do,
so how can their feedback be useful to you? Especially if you come from a culture where writing instructors simply lecture the class on the appropriate ways
to write a paper and then assign a composition, you may wonder whether you
are actually learning anything in the class or whether the instructor really
knows what he or she is doing.

All these misgivings and fears are understandable. However, remember
that simply because the way classes are conducted in America may be unfamiliar to you, it is not necessarily wrong or inferior. With some understanding of
how the American education system works and a willingness to keep an open
mind, you will have a much easier time adjusting to your first-year writing
class (and other participation-heavy classes), and you may even find that you
actually prefer "the American way" of learning.

First of all, you need to know that in the US colleges and universities (as
well as in some high schools), the role of the instructor is much different than it
is in many other countries. The instructor's task is *to help you learn* rather than
to simply *teach you*. Therefore, he or she will give you feedback on your performance, explain important concepts and material, and be available for help
when you need it. However, he or she *will not* simply tell you whether you are
right or wrong or feed you a bunch of facts and expect you to memorize them.
You are expected to take an active role in your own learning, and it is assumed
that different people learn in different ways, and therefore, a classroom exercise or activity that works for one person may not necessarily work for another.
This is why your teacher may ask you to tell him or her what you like and don't
like about the class, what you find useful and what seems useless, and how he
or she can make the class better. In my experience, when an instructor asks students for feedback, some immigrant or international students interpret it to
mean that he or she "does not know how to teach," is inexperienced, or is having trouble with the class. In reality, however, your instructor's interest in your
opinion simply means that he or she respects you and wants you to get as much
as possible out of the class.

обсуждать заданные для чтения тексты с вашими одноклассниками в маленьких группах или целым классом, кооперироваться с партнером, чтобы читать и комментировать работы друг друга, делать устные доклады, и участвовать в других действиях, которые, на первый взгляд, имеют очень мало общего с письмом. Кроме того, если вы отказываетесь участвовать в такого вида активности или стараетесь по большей части отмалчиваться, ваша оценка может быть снижена.

Многие студенты, которые выросли не в США (и некоторые, выросшие здесь) находят ситуации, которые требуют их активного участия, трудными. Вы можете чувствовать себя неуютно, выступая перед другими, если вы говорите с иностранным акцентом. Вы можете вообще бояться говорить на публике. Вы можете бояться сказать что-то, что ваши товарищи студенты или профессор могут посчитать неправильным или неумным. Что касается чтения работ других студентов и позволения им читать ваши, вы можете думать, что если другие в классе знают о письме не больше чем вы, тогда каким же образом их отзывы могут быть полезны для вас? Особенно если вы приехали из культуры, где преподаватель просто читает лекции классу, как надо писать работы и затем задаёт сочинение, вы можете задаваться вопросом, научитесь ли вы чему-нибудь в классе и действительно ли преподаватель знает, что он делает.

Все эти сомнения и опасения понятны. Однако, помните, что просто потому что то, как занятия проводятся в Америке, может быть незнакомо вам, это не обязательно неправильно или хуже. С некоторым пониманием того, как работает американская система образования и желанием быть непредвзятым, вам будете намного легче приспособиться к вашему курсу письма (и другим занятиям требующим вашего активного участия), и вы можете даже обнаружить, что вы предпочитаете "американский способ" обучения.

Прежде всего, вы должны знать, что в колледжах и университетах США (также как в некоторых средних школах), роль преподавателя существенно отличается от таковой во многих других странах. Задача преподавателя состоит в том, чтобы *помочь вам учиться* вместо того, чтобы просто *учить вас*. Поэтому, он выскажет своё мнение о ваших работах, объяснит трудный материал, и будет доступен для помощи, когда вы нуждаетесь в ней. Однако, он *не будет просто* говорить вам, правы ли вы или пичкать вас набором фактов и ожидать, что вы их запомните. Ожидается, что вы будете принимать активное участие в вашем собственном обучении, и предполагается, что различные люди учатся по-разному, и поэтому, классные занятия или упражнения, которые помогают одному человеку не обязательно окажутся полезными для другого. Вот почему ваш преподаватель может спросить вас, что вам нравится или не нравится в классе, что вы находите полезным, что кажется бесполезным, и как он может улучшить занятия. По своему опыту я знаю, что когда преподаватель спрашивает их мнения, некоторые иммигранты или международные студенты думают что это значит что он "не знает, как преподавать", является неопытным или имеет проблемы с классом. В действительности, однако, желание преподавателя узнать ваше мнение просто означает, что он или она уважают вас и хотят, чтобы вы извлекли из курса максимум пользы.

Another aspect of your writing class and many other smaller classes that you may find unusual is working in small groups. Very often, your instructor will divide the class into groups of three to five students and ask each group to complete a specific task during the next ten to twenty minutes. This could be answering questions about the assigned reading, analyzing a passage from a student paper, solving a problem, or making a list. At the end of the session, groups get together and share their results. Although each group may have come up with something entirely different, the teacher will not necessarily label the answers as right or wrong. Instead, sharing the answers may lead to more discussion about the issue.

Now, you may be uncomfortable with this on several different levels. First of all, you may feel that because the teacher is not "doing anything" while the groups are working, he or she is being lazy and trying to teach the class the "easy way." However, coming up with group activities that actually help students develop new skills and discover new ways of thinking about the issue at hand is far from easy. A good teacher assigns group activities that challenge and stimulate students, and he or she is always available to help, answer questions, or subtly push the group in the right direction.

Okay, you might say, but am I really learning anything by talking to other students? What is the point of group activities if none of us know the right answer? However, you must remember that the answer is not always the point. American society values teamwork--the ability to work with many different people to find solutions to problems. In almost any workplace, you will be expected to collaborate with your coworkers on projects. Group activities are a great way to learn the skills necessary for being a successful team member. Remember also that the liberal arts education emphasizes the process of learning over the information that is being learned. Keeping in mind the values that American education emphasizes will help you make sense of many things that may seem strange or unnecessary at first.

Finally, even if you understand why you're required to work in groups, you may still be uncomfortable about speaking up in front of other students. However, the only way to overcome this problem is to practice. Challenge yourself to say at least one thing every class. And remember that it does not need to be "right" or perfect or incredibly intelligent--as long as you are stretching yourself and contributing something to the discussion, you are learning. Besides, many other students are just as nervous about speaking in front of their classmates as you are, and they will be too busy thinking about their own discomfort to focus on you.

Ещё один аспект курсов письма и многих других семинарских занятий, который вы можете посчитать необычным, это работа в маленьких группах. Очень часто, ваш преподаватель будет делить класс на группы по три-пять студентов, и будет просить, чтобы каждая группа выполнила определенную задачу в течение последующих десяти-двадцати минут. Это могут быть ответы на вопросы о заданном тексте, анализ выдержки из студенческой работы, решение задачи или создание перечня. В конце сессии, группы собираются и делятся результатами. Хотя каждая группа, возможно, придумала что-то совершенно отличное от других, преподаватель не обязательно оценивает ответы как правильные или неправильные. Вместо этого, обобщение ответов может привести к более детальному обсуждению проблемы.

Вам это может показаться странным по нескольким причинам. Прежде всего, вы можете чувствовать, что, поскольку, преподаватель "не делает ничего" в то время как группы работают, он ленив и преподаёт "спустя рукава". Однако, организовывать действия групп, которые действительно помогают студентам развить новые навыки и способствуют новому взгляду на существующую проблему совсем нелегко. Хороший преподаватель ставит перед группами задачи, которые бросают вызов и стимулируют студентов, и он всегда рядом, чтобы помочь, ответить на вопросы или незаметно подтолкнуть группу в правильном направлении.

Хорошо, можете сказать вы, но действительно ли я узнаю что-нибудь, говоря с другими студентами? Каков смысл действий группы, если ни один из нас не знает правильного ответа? Однако вы должны помнить, что смысл не всегда в ответе. Американское общество высоко ценит взаимодействие - способность работать с многими различными людьми, чтобы найти решения проблем. Почти на любом рабочем месте, от вас будет ожидаться сотрудничество с вашими коллегами при работе над проектами. Групповая активность - хороший способ получить навыки, необходимые для того, чтобы быть успешным членом команды. Помните также, что гуманитарное образование придаёт значение процессу изучения информации, а не на самой информации. Понимание ценностей, которым американское образование придаёт большое значение, поможет вам понять смысл многих вещей, которые поначалу могут казаться странными или ненужными.

Наконец, даже если вы понимаете, почему требуется, чтобы вы работали в группах, вы все еще можете чувствовать себя неудобно, выступая перед другими студентами. Однако, единственным способом преодолеть эту проблему является практика. Бросьте вызов себе, и старайтесь сказать что-нибудь, по крайней мере, на каждом занятии. И помните, что не требуется, чтобы это было "правильно" или "совершенно" или невероятно умно; коль скоро вы превозмогаете себя и вносите вклад в дискуссию, вы учитесь. Кроме того, многие другие студенты столь же озабочены выступлениями перед своими одноклассниками, как и вы, и они будут слишком заняты размышлениями об их собственном дискомфорте чтобы сосредоточиться на вас.

Other things you need to know about your school's core requirements.
In addition to academic courses, some schools include physical education as
part of their core requirements. However, if you're not the athletic type, don't
worry. You can usually meet your requirements by doing activities such as
ballroom dancing, yoga, aerobics, or even attending lectures about nutrition,
fitness, and substance abuse, and there are no grades or performance standards
involved; you simply need to do the activity for a certain amount of time.

You may be tempted to put off your core requirements until later, but my
advice to you is, get them out of the way as soon as possible. You don't want to
be worrying about introductory-level sociology when you're trying to finish
your major requirements senior year. The first two years, before you have to
declare your major, are the perfect time to fulfill your cores.

11.4.7.4. Credit Hours and Credits

Almost all American colleges and universities use the credit system to
keep track of each individual student's progress toward graduation, but different
schools interpret the term "credit" differently. Many schools, especially large
universities, assign credit values to each course. A typical course is worth three
"credits" or "credit hours." Courses with a laboratory component or other additional requirements may be worth four credits, whereas once-a-week courses or
short internships may carry only one or two credits. Some preparatory courses
for students who need extra work to bring their skills up to college level, such as
basic or developmental writing, may be considered non-credit courses.

The main purpose of the credit system, like we already mentioned, is to
track students' progress toward graduation. A student has to accumulate a certain number of credits, for example 96 or 120, before he or she can receive a
diploma. Of these, a certain number may have to be in the major. Therefore, by
knowing how many credits each class is worth, a student can estimate how
many courses he or she needs to take each semester to graduate with the rest of
his or her class, and what these courses should be.

Large universities may also use the credit system to determine whether a
student is enrolled full-time or part-time, which affects tuition and eligibility
for housing, financial aid, meal plans, and health insurance. For example, you
may need to take at least 12 credits each semester to be considered full-time.

Although the credit system we have been discussing is by far the most
prevalent, some schools may use different ways to keep track of credits. At
Bates, for example, each course was worth one credit. To graduate, you needed
32 credits, which amounted to taking four courses every semester for four

Что ещё нужно знать об общеобразовательных требованиях вашего колледжа. В дополнение к академическим курсам, некоторые учебные заведения включают физкультуру как часть своих общеобразовательных требований. Однако, если вы не спортсмен, не волнуйтесь. Вы обычно можете выполнить эти требования, занимаясь чем-нибудь типа бальных танцев, йоги, аэробики или даже посещая лекции о питании, физической активности или вреде алкоголя и курения, и вам не ставят никаких оценок; вы просто должны заниматься этим в течение определённого времени.

Может быть соблазнительно отложить ваши общеобразовательные курсы на "потом", но мой вам совет: освободитесь от них как можно скорее. Вы не захотите волноваться о вводном курсе социологии в выпускном году, когда вам необходимо окончить курсы по профилирующему предмету. Первые два года, прежде чем вы объявили ваш профилирующий предмет - идеальное время, чтобы выполнить общеобразовательные требования.

11.4.7.4. Кредиты и кредит-часы

Почти все американские колледжи и университеты используют систему кредитов, чтобы следить за прогрессом каждого студента к диплому, но различные учебные заведения используют понятие "кредит" по-разному. Многие заведения, особенно большие университеты, присваивают каждому курсу значение в кредитах. Типичный курс стоит три "кредита" или "кредит-часа". Курсы с лабораторным компонентом или другими дополнительными требованиями могут стоить четыре кредита, в то время как курсы с занятиями один раз в неделю или короткие интернатуры могут стоить только один или два кредита. Некоторые подготовительные курсы для студентов, нуждающиеся в дополнительных занятиях, чтобы подтянуть их знания до уровня колледжа, типа *developmental writing*, могут рассматриваться как курсы без кредита.

Главная цель системы кредитов, как уже было сказано, это наблюдение за продвижением студентов к окончанию. Студент должен набрать определённое число кредитов, прежде чем он может получить диплом, например 96 или 120. Определённое число из них должно приходиться на профилирующий предмет. Поэтому зная, сколько кредитов стоит каждый курс, студент может оценивать, сколько курсов он или она должны брать каждый семестр, чтобы закончить одновременно со своими сокурсниками, и каковы эти курсы должны быть.

Большие университеты могут также использовать систему кредитов, чтобы определить, является ли студент зачисленным на полную *(full-time)* или неполную *(part-time)* программу, что влияет на предоставление финансовой помощи, питания и медицинской страховки. Например, вы должны набрать, по крайней мере, 12 кредитов каждый семестр, чтобы рассматриваться как *full-time*.

Хотя система кредитов, которую мы обсудили, наиболее распространена, некоторые учебные заведения могут использовать другие способы учёта. Например, в Бэйтсе, каждый курс оценивался одним кредитом. Чтобы получить

years. You could, however, take three or five courses during any given semester, as long as you had your 32 by the time you were scheduled to graduate. Because most students at Bates were enrolled full-time and housing was guaranteed for four years, the credit system was not as important for determining student status as it is at some large universities. If you have any questions about your school's credit system, ask the registrar or your advisor.

11.4.7.5. Grades and GPA

Most colleges and universities in the US, as well as elementary and secondary schools, use the letter grade system to evaluate students. In this system, A means excellent, B is good, C is average, D is poor, and F means failure. Each grade except F can have a plus or minus sign to indicate "in-between" performance. For example, B+ means very good, but not quite excellent. Most schools also assign numerical values to each letter grade. Typically, these values are as follows:

A+ = 4.0	B+ = 3.33	C+ = 2.33	D+ = 1.33	F = 0
A = 4.0	B = 3.0	C = 2.0	D = 1.0	
A- = 3.67	B- = 2.67	C- = 1.67	D- = 0.67	

Notice that a grade of A+ carries the same number of points as an A. Some schools do not consider A+ to be a valid grade at all. Other schools may not assign any D- grades.

These numerical values, or points, are used to calculate each student's Grade Point Average, or GPA. Every semester, the points you earned in each of your courses are added together and divided by the number of courses you took. The resulting number is your GPA for the semester. GPA may also be calculated at the end of each year and is always calculated at the end of your college career. Some schools may also calculate students' GPA in the major separately from their total GPA.

What purpose does GPA serve? First of all, it is used to determine each student's academic standing. A school may require students to maintain a GPA of at least 2.0 or 1.67 to remain in good standing. If your GPA falls below that number, you may be placed on academic probation, which means that university officials may closely monitor your school performance over the next semester, and you may be required to attend special tutoring sessions or take certain courses. If your GPA does not show sufficient improvement the following semester, you may be required to remain on probation or even dismissed from the school.

диплом, необходимо было набрать 32 кредита, что можно было сделать, беря четыре курса каждый семестр в течение четырех лет. Вы могли, однако, брать три или пять курсов в течение любого из семестров, коль скоро вы имели 32 к моменту выпуска. Поскольку большинство студентов в Бэйтсе были приняты на полную программу и жилье гарантировалось в течение четырех лет, система кредитов не была столь уж важна для определения студенческого статуса, как это бывает в некоторых больших университетах. Если у вас есть какие-либо вопросы о системе кредитов, спросите в канцелярии или у вашего консультанта.

11.4.7.5. Оценки и средний балл *(GPA)*

Большинство колледжей и университетов в США, также как начальные и средние школы, используют буквенную систему для оценки успеваемости. В этой системе, A означает "отлично", B – "хорошо", C – "удовлетворительно", D – "плохо" и F - означает "провал". Каждая оценка, кроме F, может быть с плюсом или минусом, означающими "промежуточный" уровень. Например, B+ - это очень хорошо, но не отлично. Большинство школ также присваивают числовые соответствия каждой отметке. Как правило, эти соответствия следующие:

A+ = 4.0	B+ = 3.33	C+ = 2.33	D+ = 1.33	F = 0
A = 4.0	B = 3.0	C = 2.0	D = 1.0	
A- = 3.67	B- = 2.67	C- = 1.67	D- = 0.67	

Обратите внимание, что оценка A+ численно равна оценке A. Некоторые школы не признают A+ вообще. Другие школы могут не использовать оценки D.

Эти числовые значения или *points* используются, для вычисления среднего балла (*Grade Point Average)* студентов, или *GPA*. Каждый семестр, оценки, которые вы получаете за каждый из ваших курсов, складываются вместе и делятся на количество курсов, которые вы брали. Полученный результат – это ваш средний балл (*GPA)* в течение семестра. Средний балл может также быть рассчитан в конце каждого года и всегда вычисляется при окончании колледжа. Некоторые колледжи могут также вычислять средний балл студентов по профилирующему предмету отдельно от их общего *GPA*.

Для чего нужен средний балл*?* Прежде всего, он используется, чтобы определить академическую успеваемость каждого студента. Учебное заведение может требовать, чтобы студенты имели средний балл, по крайней мере, 2.0 или 1.67, чтобы считаться успевающими. Если ваш *GPA* падает ниже этого уровня, вам может быть дан испытательный срок, что означает, что университетская администрация будет контролировать вашу успеваемость в течение следующего семестра, и вы можете быть обязаны посещать специальные занятия или брать определённые курсы. Если ваш *GPA* не улучшается к следующему семестру, вы можете остаться на испытании или даже быть отчислены.

At the end of the four years, your total GPA may be used to determine whether you are eligible for graduating with honors. At Bates, for example, students who graduated with a total GPA between 3.4 and 3.6 graduated *cum laude* (Latin for "with honors"). Students with a total GPA between 3.6 and 3.8 graduated *magna cum laude* (high honors), and those with a total GPA of 3.8 and higher were awarded *summa cum laude* (highest honors). Most schools use this system, although GPA requirements for each level of honors may differ. GPA is also used to determine eligibility for membership in academic honor societies and some scholarships. Graduate schools look at applicants' under-graduate GPA when deciding whether to admit them.

11.4.7.6. Homework and Exams

In high school, your teachers may have written the assignment for the next day on the board at the end of each class. In college, you are ultimately responsible for keeping track of assignments and test dates. During the first week of classes, each of your instructors will distribute what is called a sylla-bus. A typical syllabus is two to four pages long and includes the instructor's name, contact information, and office hours, any books and materials you will need to purchase, an outline of the course's objectives, the instructor's policies on lateness, attendance, make-up work, and the like, and often a detailed schedule that outlines assignments for each day of class as well as due dates for major projects and test dates. The syllabus contains almost everything you need to know about the course, so read it. Many students never bother reading the syllabus and then ask the instructor questions like "When is the first paper due?" or claim that they did not realize that being absent more than twice over the course of the semester would lower their grade. You can save yourself a lot of confusion and embarrassment by taking a few minutes to read the syllabus after the first class session and marking any important dates on your calendar. Also, make sure that you check the syllabus before and after every class. Although your instructor may remind you about upcoming assignments, he or she expects you to know what is due on any given day. "I didn't know" is not a valid excuse for not having your work done.

What about courses where most of your assignments are limited to read-ing a chapter or more from your textbook? You will soon notice that the instructor does not quiz you every day to make sure you have read the text, and it is very tempting to skip reading when you are pressed for time or would rather do something else. However, resist the temptation. Whether or not you read the book really does affect your understanding of the material, and even if not doing the reading buys you a few extra hours in the short run, come exam

В конце четырех лет ваш общий средний балл может использоваться, чтобы определить, имеете ли вы право на получение диплома с отличием. В Бэйтсе, например, студенты, имеющие *GPA* между 3.4 и 3.6 получали диплом "с отличием" *(cum laude* - по латыни "с почестями"). Студенты с *GPA* между 3.6 и 3.8, получали диплом "с высоким отличием" *(magna cum laude* - с высокими почестями), а те, которые имели *GPA* 3.8 и выше, получали "диплом с наивысшим отличием" *(summa cum laude* - с самые высокими почестями). Большинство школ использует эту систему, хотя *GPA* требования для каждого уровня могут отличаться. Средний балл также используется, чтобы определить право на членство в почётных академических обществах и на некоторые сколаршипы. Аспирантуры смотрят на средний балл поступающих при принятии решения о приёме.

11.4.7.6. Домашние работы и экзамены

В средней школе, ваши преподаватели, возможно, давали задания на следующий день в конце каждого урока. В колледже, вы, в конечном счете, ответственны за своевременное выполнение необходимых работ. В течение первой недели занятий, каждый из ваших преподавателей выдаст вам учебный план *(syllabus)*. Типичный учебный план занимает от двух до четырех страниц и включает имя преподавателя, информацию о том, как с ним можно связаться, расписание часов, которые преподаватель проводит в офисе, список необходимой литературы и материалов, которые вы должны купить, программу курса, правила, установленные преподавателем в отношении нарушения сроков, посещаемости, восполнения пропущенного и т.п., а также, нередко, подробный график, который в деталях определяет задачи каждого занятия и сроки сдачи курсовых проектов и экзаменов. Учебный план содержит почти все, что вы должны знать о курсе, поэтому читайте его внимательно. Многие студенты не утруждают себя чтением плана и затем задают вопросы преподавателю типа "Когда необходимо сдавать первую работу?" или говорят, что они не знали, что пропуск более чем двух занятий в течение семестра понизит их оценку. Вы можете избавить себя от многих недоразумений и затруднительных положений, потратив несколько минут на чтение учебного плана после первого занятия, помечая все важные даты на вашем календаре. Также просматривайте учебный план до и после каждого класса. Хотя ваш преподаватель может напомнить вам о приближающихся сроках сдачи, он ожидает, что вы знаете то, что должно быть подготовлено к каждому занятию. "Я не знал" - не удовлетворительное оправдание за невыполненную работу.

Ну а как насчёт курсов, где большинство ваших обязанностей ограничено чтением главы или больше из вашего учебника? Вы скоро заметите, что преподаватель не спрашивает вас каждый день, чтобы удостовериться, что вы читали текст, и это очень соблазняет пропустить чтение, когда у вас нет времени или вы предпочли бы делать что-то еще. Однако, не уступайте искушению. Чтение учебника существенно влияет на ваше понимание материала, и даже если, не читая его, вы экономите несколько дополнительных часов сегодня, настанет

time, you will find yourself trying to read a semester's worth of material in one or two nights--not a situation you want to be in.

Speaking of exams, many college courses administer tests twice a semester--in the middle of the semester and at the end. These exams are called "midterms" and "finals," respectively. Some courses may have more than two tests over the course of the semester, or none at all. The format of these exams varies depending on the course. Large introductory courses often have multiple-choice exams (remember the SAT?). Smaller and more advanced courses may have exams that involve writing short essays or solving problems. Sometimes you will have what is known as a "take-home exam," where the professor distributes exam questions in class, but you answer them at home on your own time. Your professors will let you know whether you may use textbooks or other materials or talk with your classmates while working on the exam. Believe it or not, some exams are "open-book," meaning that you can use your textbook or notes to answer questions. However, questions on such exams are usually more difficult and require a deep understanding of the material rather than mere memorizing.

Exams raise an issue that may present a particular challenge for some immigrant and international students--cheating and plagiarism. Some cultures value community and collaboration over individual achievement, and it is considered acceptable for students to help each other during exams. Even if giving and receiving such help is officially prohibited, it may be part of the informal student culture. You may think that refusing to answer questions, pass notes, or show your answers to someone else during a test means that you are "siding with the teacher" or being a bad friend. You may also expect other students to help you in the same situation and be offended when they refuse. Unless you know how such things are regarded in American educational institutions, you can get yourself in serious trouble.

Many Americans value the interests of the individual above those of the whole community. In academics, individual achievement determines one's success, and exams are designed to measure this achievement. Because of this, giving and receiving help is considered cheating and severely punished. By copying someone else's answers, you are misrepresenting your mastery of the subject and "stealing" someone else's hard work. By giving help, you are allowing someone else to do the same. If you are caught doing either, most colleges and universities will impose sanctions ranging from a warning all the way to expulsion, depending on the severity of the offense and whether it is your first one. What's more, most students also look down on those who cheat and will usually refuse if someone asks them for help during a test. Remember, both giving and receiving assistance during tests puts both your *and* the other person's academic career in jeopardy, so don't do it.

время экзамена, когда вам необходимо будете прочитать материал всего семестра за одну или две ночи – это не та ситуация, в которой вы хотите оказаться.

Кстати, об экзаменах: многие курсы в колледже устраивают экзамены дважды в семестр - в середине семестра и в конце. Эти экзамены называются *"midterms"* и *"finals",* соответственно. Некоторые курсы могут иметь больше чем два экзамена в течение семестра или вообще ни одного. Формат этих экзаменов изменяется в зависимости от курса. Большие вводные курсы часто имеют стандартизированные экзамены (помните *SAT?*) . Меньшие и более углублённые курсы могут иметь экзамены, которые включают написание коротких эссе или решение задач. Иногда вам придётся сдавать так называемый "домашний экзамен" *(take-home exam),* когда профессор раздаёт вопросы в классе, но вы отвечаете на них дома во внеурочное время. Ваши профессора скажут вам, можете ли вы использовать учебники или другие материалы или советоваться с вашими одноклассниками при работе над экзаменом. Верьте или нет, но некоторые экзамены позволяют использовать учебник или конспекты, чтобы ответить на вопросы. Однако вопросы на таких экзаменах обычно более трудны и требуют глубокого понимания материала, а не простого запоминания.

Экзамены поднимают проблему, которая может представлять определённую трудность для некоторых иммигрантов и международных студентов - обман и плагиат. Некоторые культуры ценят сообщество и сотрудничество выше индивидуальных достижений, и считается приемлемым для студентов помогать друг другу во время экзаменов. Даже если предоставление и получение такой помощи официально запрещены, это может быть частью неофициальной студенческой культуры. Вы можете думать, что отказ отвечать на вопросы, передавать шпаргалки или показывать ваши ответы кому-то еще во время экзамена означает, что вы – "заодно с преподавателем" или являетесь плохим другом. Вы можете также ожидать, что другие студенты помогут вам в той же самой ситуации и обидеться, когда они отказываются. Если вы не знаете, как такие вещи расцениваются в американских образовательных учреждениях, вы можете попасть в серьезные неприятности.

Большинство американцев оценивают интересы индивидуума выше интересов сообщества. В академических кругах, индивидуальные достижения определяют успех, и экзамены предназначены для измерения этих достижений. Учитывая это, оказание и получение помощи рассматривается как обман и строго наказывается. Копируя чьи-то ответы, вы искажаете оценку ваших знаний предмета и "крадете" чей-то прилежный труд. Оказывая помощь, вы позволяете другим делать это. Если вы пойманы на том или другом, большинство колледжей и университетов наложат строгие санкции: от предупреждения до исключения, в зависимости от серьезности нарушения и от того, является ли это вашим первым проступком. К тому же, большинство студентов также смотрит свысока на тех, кто обманывает, и почти все будут отказываться, если кто-то просит у них помощи во время экзамена. Помните, и предоставление, и получение помощи во время экзамена ставит под удар вашу академическую карьеру и карьеру другого человека, так что не делайте этого.

Plagiarism is using other people's words and ideas as your own, and while some of it is intentional, like putting your name on a paper your room-mate wrote and turning it in, much of it is due to simple ignorance. Whenever you use information that you got from a book or any other source (pretty much anywhere other than your head), you need to give credit to the author to make it clear that the words or ideas are not your own. Your instructors and advisor are excellent sources of information on how to avoid plagiarism. For now, just be aware of it.

I want to emphasize that everything we mentioned about cheating does not apply to non-exam situations. American students often help each other with homework, study in pairs or groups, and ask each other about material they do not understand. Helping other students and asking them to help you is fine as long as you do not do it when your knowledge of the subject is being evaluated. In fact, most instructors encourage collaboration in and out of class and may even assign graded projects that require students to work together. Just make sure that you are clear about what your instructor expects, and when in doubt, ask.

11.4.7.7. Senior Thesis

If your school requires students to complete a senior thesis project in order to graduate, it will probably be the highlight of your college career--the most challenging and rewarding academic experience in your four years there. Simply put, a typical senior thesis is the longest research paper you have written so far (and the longest one you'll ever write unless you decide to go on to graduate school). Usually, you select a topic related to your field of study that you are interested in and draft a proposal explaining the purpose of your project and how you will approach it. You also select your thesis advisor--a faculty member in your department who is an expert on your topic and will guide you through the research process. This person can be your academic advisor, or it can be some-one else. If your proposal is approved by the department, you meet with your the-sis advisor and set up a regular meeting schedule as well as an outline of your paper and deadlines for completing each part of it. Typically, you will have a semester to complete the paper, and most theses are 50-100 pages in length.

The kind of research involved in writing your senior thesis depends on your field of study. Humanities majors will probably spend most of their time in the library, reading scholarly articles and books on their topic. Natural sci-ences majors might design and conduct an experiment, with its results being

Плагиат - это выдача слов и идей других людей за свои собственные, и если иногда это делается умышленно, как, например, помещение вашего имени на работе, которую написал ваш сосед по комнате и сдача её, зачастую это происходит из-за простого невежества. Всякий раз, когда вы используете информацию, которую вы взяли из книги или любого другого источника (откуда угодно, за исключением вашей головы), вы должны сослаться на автора, чтобы прояснить, что слова или идеи - не ваш собственные. Ваши преподаватели и консультант - превосходные источники информации относительно того, как избежать плагиата. Пока, просто помните об этом.

Я хочу подчеркнуть, что все, о чем мы говорили здесь в отношении обмана не относится к ситуациям вне экзаменов. Американские студенты часто помогают друг другу с домашними работами, занимаются в парах или группах, и спрашивают друг друга о материале, который они не понимают. Помощь другим студентам и обращение к ним за помощью – это нормально, коль скоро вы не делаете этого, когда ваше знание предмета оценивается. Более того, большинство преподавателей поощряет сотрудничество в классе и вне его, и может даже задавать оцениваемые работы, которые требуют, чтобы студенты работали вместе. Только удостоверитесь, что вам ясно, чего ожидает ваш преподаватель, и если сомневаетесь, спросите.

11.4.7.7. Дипломная работа *(Senior thesis)*

Если ваше учебное заведение требует, чтобы студенты представили дипломный проект по его окончании, это будет вероятно основной момент вашей студенческой карьеры - наиболее стимулирующий и полезный академический опыт из всех ваших четырех лет. Проще говоря, типичный дипломный проект - самая длинная исследовательская работа, которую вы написали до этого времени (и самая длинная, которую вы когда-либо будете писать, если вы не решите поступать в аспирантуру). Обычно, вы выбираете тему, которая вас интересует, связанную с вашей специальностью, и представляете предложение, объясняющее цель вашего проекта и ваш подход к его выполнению. Вы также выбираете научного руководителя – члена вашей кафедры, который является экспертом по вашей теме и будет направлять ваши исследования. Этим человеком может быть ваш консультант или кто-то еще. Если ваше предложение одобрено кафедрой, вы встречаетесь с вашим научным руководителем и составляете график встреч, а также план вашей работы и сроков завершения каждого из её разделов. Как правило, вам даётся семестр, чтобы закончить работу, и большинство дипломных проектов содержит 50-100 страниц.

Вид исследования, необходимого для написания дипломной работы во многом зависит от вашего профилирующего предмета. Специализирующиеся в гуманитарных науках, вероятно, проведут большую часть времени в библиотеке, читая академические статьи и книги по их теме. Специализирующиеся в естественных науках могут

the focal point of the paper. You may also have to interview people, work in a setting such as an elementary school or a hospital, or study museum specimens or historical documents. However, no matter what your major, writing a senior thesis is your chance to do some original thinking and explore an issue you are truly interested in. It is much more than a simple research report--instead of simply summarizing what is already known about your topic, you are required to use the existing research to develop your own ideas and insights about the subject. Although this may sound overwhelming, intimidating, or even impossible right now, your thesis has the potential to become one of the most intellectually exciting things you do in college and even affect your career choice.

Your school may have an honors thesis option, which is a more challenging version of the senior thesis project. Usually, departments offer all seniors with a certain GPA in their major (for example, 3.5 or higher) the option of writing an honors thesis. If your GPA is not quite as high, but you would still like to participate, you can talk to your advisor or the department chair. If you do decide to do an honors project, you will typically have more time (up to two semesters) to complete your paper, but it will have to be longer and more rigorous than a regular thesis. Then, after you are done, you will have to "defend" your thesis, which means that you will meet with a panel of professors who have read your paper and answer their questions. The panel usually includes faculty from your department and may also have one person from a different department and sometimes even someone from a different school. If your defense is judged successful, you will graduate with honors in your major. This experience is similar to a doctoral dissertation defense and is good practice for those who plan to go on to graduate school.

11.5. Graduate/First-professional education

Although the vast majority of jobs in America do not require anything beyond a college degree, if you want to practice fields such as medicine, dentistry, veterinary medicine, law, and psychotherapy or become a university or college professor, you will need to complete a graduate degree program. Many jobs in nursing, social work, business, education, and the arts also require advanced degrees. Even in fields where most people have bachelor's degrees, an advanced degree can allow you to work in positions with more responsibility and earn more money. This section will briefly describe different types of graduate degrees and institutions that grant them, as well as provide some general information about the applications process, financial aid, and student life.

придумать и провести эксперимент, результаты которого станут центром работы. Вам также может понадобиться брать интервью у людей, работать в учреждениях типа начальной школы или больницы, или изучать экспонаты музея или исторические документы. Однако, независимо от того, что является вашим профилирующим предметом, дипломная работа даёт вам возможность сформулировать свои собственные идеи и исследовать проблему, которая вас действительно интересует. Это - гораздо больше, чем простой реферат. Вместо простого обобщения того, что уже известно о вашей теме, от вас требуется использовать существующую информацию, чтобы развить ваши собственные идеи и понимание предмета. Хотя сейчас это может казаться слишком трудным или совершенно невозможным, ваш дипломный проект может стать самой интересной частью ваших занятий в колледже и повлиять на ваш выбор карьеры.

Ваше учебное заведение может предоставлять возможность выбора почётной дипломной работы *(honors thesis),* которая является более трудной версией дипломного проекта. Обычно кафедры предлагают всем выпускникам с определённым средним баллом (например, 3.5 и выше) возможность написания *an honors thesis.* Если ваш средний балл не настолько высок, но вы хотели бы участвовать, вы можете поговорить с вашим консультантом или заведующим кафедрой. Если вы решите делать *honors thesis*, вам обычно предоставляется больше времени (до двух семестров), чтобы закончить работу, но она должна быть большего объёма и более трудной, чем обычная дипломная работа. После её окончания, вам нужно будет "защитить" ваш проект, что означает, что вы встретитесь с группой профессоров, которые читали вашу работу и ответите на их вопросы. Группа обычно включает профессоров с вашей кафедры и может также включать одного человека с другой и иногда даже из другого учебного заведения. Если ваша защита прошла успешно, вы получите диплом с отличием по вашему профилирующему предмету. Этот опыт подобен защите докторской диссертации и хорошая практика для тех, кто планируют продолжать учёбу в аспирантуре.

11.5. Специальное высшее образование

Хотя огромное большинство рабочих мест в Америке не требует степени выше бакалавра, если вы хотите работать в таких областях, как медицина, стоматология, ветеринария, юриспруденция и психотерапия или стать профессором университета или колледжа, вы должны закончить аспирантуру. Многие рабочие места в области медицинского ухода, социальной работы, бизнеса, образования и искусств также требуют научных степеней. Даже в областях, где большинство людей имеют степени бакалавра, научная степень может позволить вам занять более ответственные должности и получать более высокую зарплату. В этом разделе кратко описаны различные типы научных степеней и учреждений, которые их присваивают, а также приведена некоторая общая информация о процессе поступления в аспирантуру, финансовой помощи, и студенческой жизни.

11.5.1. Types of Graduate Degrees

Any formal degree attained after the bachelor's degree is considered an advanced degree. Advanced degrees include master's degrees, doctoral degrees, and first-professional degrees.

According to "The Condition of Education 2001" published by the U.S. Department of Education, National Center for Education Statistics (NCES), there were 2.8 million students enrolled in graduate and first-professional programs during the 1995–96 academic year. Just over half of them (56 percent) were enrolled in master's degree programs. Another 12 percent each were enrolled in doctoral and first-professional degree programs, and the remaining 20 percent in post-baccalaureate certificate or non-degree programs. The National Center for Education Statistics has the following definitions for advanced degrees:

"**Master's degree:** A degree awarded for successful completion of a program generally requiring 1 or 2 years of full-time college-level study beyond the bachelor's degree.

- One type of master's degree, including the Master of Arts degree, or M.A., and the Master of Science degree, or M.S., is awarded in the liberal arts and sciences for advanced scholarship in a subject field or discipline and demonstrated ability to perform scholarly research.

- A second type of master's degree is awarded for the completion of a professionally oriented program, for example, an M.Ed. in education, an M.B.A. in business administration, an M.F.A. in fine arts, an M.M. in music, an M.S.W. in social work, and an M.P.A. in public administration.

- A third type of master's degree is awarded in professional fields for study beyond the first-professional degree, for example, the Master of Laws (LL.M.) and Master of Science in various medical specializations."

"**Doctor's degree:** An earned degree carrying the title of Doctor.

The Doctor of Philosophy degree (Ph.D.) is the highest academic degree and requires mastery within a field of knowledge and demonstrated ability to perform scholarly research.

Other doctorates are awarded for fulfilling specialized requirements in professional fields, such as education (Ed.D.), musical arts (D.M.A.), business administration (D.B.A.), and engineering (D.Eng. or D.E.S.).

Many doctor's degrees in both academic and professional fields require an earned master's degree as a prerequisite."

"**First-professional degree:** A degree that signifies both completion of the academic requirements for beginning practice in a given profession and a level of

11.5.1. Виды учёных степеней

Любая степень выше бакалавра является учёной степенью. Учёные степени включают в себя степень магистра, доктора и профессиональные степени.

Согласно публикации "Состояние образования в 2001 году" Национального центра статистики в образовании (NCES) Министерства образования США, в 1995-96 академическом году 2.8 миллиона человек было вовлечено в программы получения учёных степеней. Около половины из них (56%) добивались степени магистра, следующие две группы по 12% каждая – докторской и профессиональных степеней, а оставшиеся 20% учились по программам не предполагающим получения степени. Национальный центр статистики в образовании даёт следующие определения для учёных степеней:

"**Степень магистра:** учёная степень, присваиваемая за успешное окончание программы, обычно требующей 1-2-х лет очного обучения после получения степени бакалавра.

- Один вид степени магистра, включающий степень *Master of Arts* (магистра искусств) или *M.A.*, а также *Master of Science* (магистра наук) или *M.S.,* присуждается в гуманитарных науках за глубокое изучение соответствующей дисциплины и демонстрацию способности выполнять научные исследования.

- Другой вид степени магистра присуждается за окончание специальных профессиональных программ, например M.Ed. - в образовании, M.B.A. - в бизнесе, M.F.A. - в изящных искусствах, M.M. - в музыке, M.S.W. - в социальной сфере и - M.P.A. в общественной администрации.

- Третий вид степени магистра присуждается в областях, где присваиваются профессиональные степени, например *Master of Laws* (магистр права) или *LL.M.* и *Master of Science* (магистр наук) в различных медицинских специальностях".

"**Докторская степень:** учёная степень, имеющая титул "доктор" в своём названии.

Степень *Doctor of Philosophy* (доктора философии) или *Ph.D.* является высшей учёной степенью и требует совершенного владения предметом, а также демонстрации способности вести научные исследования.

Другие докторские степени присваиваются за удовлетворение определённым требованиям специальностей, например в образовании - *Ed.D.,* музыке - *D.M.A.,* управлении бизнесом - *D.B.A.,* инженерных науках - *D.Eng.* или *D.E.S.*.

Для получения многих докторских степеней, как в академических, так и профессиональных областях, требуется предварительное наличие степени магистра".

"**Профессиональные степени:** степени, которые подтверждают соответствие академическим требованиям для начала работы в определённой профессии и уровень

professional skill beyond that normally required for a bachelor's degree. This degree is usually based on a program requiring at least 2 academic years of work before entrance and a total of at least 6 academic years of work to complete the degree program, including both prior-required college work and the professional program itself.

By the NCES definition, first-professional degrees are awarded in the fields of dentistry (D.D.S or D.M.D.), medicine (M.D.), optometry (O.D.), osteopathic medicine (D.O.), pharmacy (D.Phar.), podiatric medicine (D.P.M.), veterinary medicine (D.V.M.), chiropractic (D.C. or D.C.M.), law (J.D.), and theological professions (M.Div. or M.H.L.)" (U.S. Department of Education).

11.5.2. Advanced Degree-Granting Institutions

All advanced degrees can be awarded only by universities and colleges that have appropriate programs. A nonprofit corporation *The Carnegie Foundation for the Advancement of Teaching* developed and maintains the Carnegie Classification: a systematic classification of institutions of higher education in the United States according to such variables as degrees awarded, field coverage, and specialization. You can find the complete classification on the Internet at http://www.carnegiefoundation.org/Classification/index.htm.

Below you can find definitions of advanced degree-granting institutions according to the Carnegie Classification.

"Doctorate-granting Institutions

- Doctoral/Research Universities—Extensive: These institutions typically offer a wide range of baccalaureate programs, and they are committed to graduate education through the doctorate. During the period studied, they awarded 50 or more doctoral degrees per year across at least 15 disciplines.

- Doctoral/Research Universities—Intensive: These institutions typically offer a wide range of baccalaureate programs, and they are committed to graduate education through the doctorate. During the period studied, they awarded at least ten doctoral degrees per year across three or more disciplines, or at least 20 doctoral degrees per year overall.

Master's Colleges and Universities

- Master's Colleges and Universities I: These institutions typically offer a wide range of baccalaureate programs, and they are committed to graduate education through the master's degree. During the period studied, they awarded 40 or more master's degrees per year across three or more disciplines.

знаний и профессиональных навыков, превышающий тот, который требуется для степени бакалавра. Чтобы поступить в учебное заведение для получения такой степени, обычно требуется иметь 2-х летний стаж учёбы. С учётом этого стажа, программа получения степени занимает не менее 6 академических лет.

Согласно определениям NCES, профессиональные степени присваиваются в областях стоматологии (D.D.S или D.M.D.), медицины (M.D)., офтальмологии (O.D)., остеопатической медицины (D.O)., фармацевтики (D.Phar)., ортопедии (D.P.M)., ветеринарии (D.V.M)., мануальной терапии (D.C. или D.C.M.), юриспруденции (J.D)., и теологии (M.Div. или M.H.L.)" (U.S. Department of Education).

11.5.2. Учебные заведения, присваивающие учёные степени

Все научные степени могут присваиваться только университетами и колледжами, которые имеют соответствующие программы. Некоммерческая организация *The Carnegie Foundation for the Advancement of Teaching (Фонд Карнеги для прогресса в педагогике)* разработал и поддерживает Классификацию Карнеги: систематическую классификацию высших учебных заведений Соединенных Штатов согласно таким показателям, как присваиваемые степени, области деятельности, и специализация. Вы можете найти полную классификацию на Интернете по адресу: http://www.carnegiefoundation.org/Classificati on/index.htm.

Ниже приведены определения учебных заведений, присваивающих научные степени, согласно Классификации Карнеги.

"Учреждения, предоставляющие степень доктора

- Университеты с научно-исследовательским сектором/докторантурой - крупные: эти учреждения обычно предлагают широкий диапазон программ степени бакалавра, и они также имеют программы вплоть до докторантуры. В течение отчётного периода, они присваивали 50 или более докторских степеней в год, по крайней мере в 15 дисциплинах.

- Университеты с научно-исследовательским сектором/докторантурой - углублённые: эти учреждения обычно предлагают широкий диапазон программ степени бакалавра, и они также имеют программы вплоть до докторантуры. В течение отчётного периода, они присваивали 20 или более докторских степеней в год в трёх или более дисциплинах.

Учреждения, предоставляющие степень магистра

- *Master's Colleges and Universities I:* Эти учреждения обычно предлагают широкий диапазон программ степени бакалавра, и они также имеют программы вплоть до степени магистра. В течение отчётного периода, они присваивали 40 или более степеней магистра в год, в трёх или более дисциплинах.

- Master's Colleges and Universities II: These institutions typically offer a wide range of baccalaureate programs, and they are committed to graduate education through the master's degree. During the period studied, they awarded 20 or more master's degrees per year."

"Specialized Institutions

These institutions offer degrees ranging from the bachelor's to the doctorate, and typically award a majority of degrees in a single field. The list includes only institutions that are listed as separate campuses in the 2000 Higher Education Directory. Specialized institutions include:

- Theological seminaries and other specialized faith-related institutions: These institutions primarily offer religious instruction or train members of the clergy.

- Medical schools and medical centers: These institutions award most of their professional degrees in medicine. In some instances, they include other health professions programs, such as dentistry, pharmacy, or nursing.

- Other separate health profession schools: These institutions award most of their degrees in such fields as chiropractic, nursing, pharmacy, or podiatry.

- Schools of engineering and technology: These institutions award most of their bachelor's or graduate degrees in technical fields of study.

- Schools of business and management: These institutions award most of their bachelor's or graduate degrees in business or business-related programs.

- Schools of art, music, and design: These institutions award most of their bachelor's or graduate degrees in art, music, design, architecture, or some combination of such fields.

- Schools of law: These institutions award most of their degrees in law.

- Teachers colleges: These institutions award most of their bachelor's or graduate degrees in education or education-related fields.

- Other specialized institutions: Institutions in this category include graduate centers, maritime academies, military institutes, and institutions that do not fit any other classification category" (Carnegie Foundation).

- Master's Colleges and Universities II: эти учреждения обычно предлагают широкий диапазон программ степени бакалавра, и они также имеют программы вплоть до степени магистра. В течение отчётного периода, они присваивали 20 или более степеней магистра в год".

"Специализированные учебные заведения

Эти учебные заведения присваивают степени от бакалавра до доктора и обычно присваивают большинство степеней в одной области деятельности. Список включает только учреждения, которые числятся как отдельные университетские городки в справочнике "Высшее образование 2000". Специализированные учебные заведения включают:

- Духовные семинарии и другие специализированные религиозные учебные заведения: Эти учреждения, в основном, предлагают религиозное образование или обучают членов духовенства.

- Медицинские школы и медицинские центры: Эти учреждения присваивают большинство степеней в медицине. В некоторых случаях, они включают другие программы профессий, относящиеся к здравоохранению, такие как стоматология, фармацевтика или медицинский уход.

- Другие отдельные школы медицинских профессий: Эти учреждения присваивают большинство степеней в таких областях как мануальная терапия, медицинский уход, фармацевтика или ортопедия.

- Инженерные и технологические школы: Эти учреждения присваивают большинство степеней в технических дисциплинах.

- Школы бизнеса и управления: Эти учреждения присваивают большинство степеней в бизнесе или связанных с бизнесом программах.

- Школы искусства, музыки, и дизайна: Эти учреждения присваивают большинство степеней в искусстве, музыке, дизайне, архитектуре или любой комбинации таких областей.

- Юридические школы: Эти учреждения присваивают большинство степеней в юридических науках.

- Педагогические колледжи: Эти учреждения присваивают большинство степеней бакалавра или научных степеней в образовании или связанных с образованием областях.

- Другие специализированные учреждения: Учреждения этой категории включают аспирантские центры, морские академии, военные институты и учреждения, которые не соответствуют никакой другой категории классификации" (Carnegie Foundation).

Table 11-2:   **Distribution of Higher Education Institutions by the 2000 Carnegie Classification**

Category	Frequency	Percent
Doctoral/Research Universities—Extensive	151	3.8
Doctoral/Research Universities—Intensive	110	2.8
Master's Colleges and Universities I	496	12.6
Master's Colleges and Universities II	115	2.9
Baccalaureate Colleges—Liberal Arts	228	5.8
Baccalaureate Colleges—General	321	8.1
Baccalaureate/Associate's Colleges	57	1.4
Associate's Colleges	1,669	42.3
Specialized Institutions	766	19.4
Tribal Colleges and Universities	28	0.7
Total:	3,941	100.0

Source: Carnegie Foundation.

11.5.3. The application process

In many respects, applying to graduate school is similar to applying to college. You will need to fill out an application form, write what is usually called a statement of purpose--an essay that demonstrates why you want to enroll into this particular program and why you are a strong candidate for it, obtain your college transcripts and several letters of recommendation, and take a standardized exam. If you are applying to graduate programs during your senior year of college, your academic advisor or career counseling office are a great resource to help you through every stage of the application process. However, many people in America decide to further their education after many years in the workforce, and some as late as when their children leave home or after retiring. Whether the motivation behind such a decision is career advancement, changing fields altogether, or simply fulfilling a life-long dream, older graduate students are very common in the U.S., and most schools have special support services to meet their unique needs. If you have been working for a number of years but decide that a graduate degree will help you reach your goals, do not think that you are "too old" to go back to school and do not hesitate to call the admission offices of the institutions you are considering for assistance with the application process.

Табл. 11-2: Распределение высших учебных заведений в США согласно Классификации Карнеги 2000.

Категория	Количество	%
Университеты с докторантурой - крупные	151	3.8
Университеты с докторантурой - углублённые	110	2.8
Master's Colleges and Universities I	496	12.6
Master's Colleges and Universities II	115	2.9
Колледжи (бакалавр) - гуманитарных наук	228	5.8
Колледжи (бакалавр) - общеобразовательные	321	8.1
Колледжи (четырёх/двухгодичные)	57	1.4
Колледжи (двухгодичные)	1,669	42.3
Специализированные заведения	766	19.4
Колледжи и университеты индейских племён	28	0.7
Всего:	3,941	100.0

Источник: Carnegie Foundation.

11.5.3. Процесс поступления

Во многих отношениях, поступление в аспирантуру подобно поступлению в колледж. Вы должны заполнить заявление-анкету, написать то, что обычно называется *statement of purpose* (формулировка цели) - эссе, которое демонстрирует, почему вы хотите зарегистрироваться конкретно на эту программу и почему вы являетесь подходящим кандидатом, получить документ с вашими оценками из колледжа и несколько рекомендаций и сдать стандартизированный экзамен. Если вы поступаете в аспирантуру в течение вашего выпускного года колледжа, ваш научный руководитель или консультант может оказать вам существенную помощь на каждом этапе процесса поступления. Однако, многие американцы решают продолжить своё образование после многих лет работы, а некоторые когда их дети вырастают или после ухода на пенсию. Является ли мотивом такого решения продвижение карьеры, изменение области деятельности или просто воплощение мечты всей жизни, аспиранты старшего возраста - явление обычное в США, и большинство учебных заведений имеет специальные службы поддержки, чтобы удоволетворить их особые нужды. Если вы работали в течение множества лет, но считаете, что научная степень поможет вам достигнуть ваших целей, не думайте, что вы "слишком стары", чтобы возвратиться к учёбе и не стесняйтесь позвонить в приёмную комиссию учебного заведения, которое вы выбрали, для помощи с процессом поступления.

The standardized exam required by most graduate schools is the advanced equivalent of the college SAT and is called the Graduate Record Exam or GRE. The GRE is a multiple-choice test that has three sections: verbal, math, and analytical writing. The analytical writing section tests the ability to advance a well thought out argument in written form. The GRE is administered on the computer, usually at one of the many Sylvan Learning Centers throughout the country. Sylvan Learning Centers also administer the TOEFL and a variety of other tests. There are many books and software programs available to help you prepare for the test. For more information, go to www.gre.org.

11.5.4. Financial Aid

To apply for financial aid, you will follow the process that is very similar to the one you went through while applying for college financial aid. The good news is, many graduate programs, especially in the humanities, may waive the cost of tuition for qualifying students and even pay them a stipend to help cover living expenses if these students assist faculty members in conducting research or teaching undergraduate courses. These forms of financial aid are called research or teaching assistantships and are a way to get valuable experience in the field, especially if you are planning to teach or do research after completing your degree.

While I was earning my two-year master's degree in linguistics at the University of New Hampshire, I taught first-year composition to undergraduate students. Not only did I not pay tuition, but I also received $10,400 a year from the university. The experience also helped me realize that I loved teaching, and after graduation, I returned to my home state and was hired to teach writing courses at a local university.

11.5.5. Student Life

Although most graduate students live off campus, on-campus housing options are usually also available. These can include graduate-student dormitories (with single rooms) and apartment complexes. Many universities also offer married-student housing, which is typically significantly less expensive than renting an apartment off campus (this option is often used by older undergraduates as well as graduate students). However, the number of available units is usually nowhere near the number of families in need of housing, so married housing is often difficult to get and may involve a lottery system or long waiting lists. Although it may be more practical for students with families to live

Стандартизированный экзамен, требуемый большинством аспирантур – более сложный эквивалент теста *SAT* и называется *Graduate Record Exam* или *GRE*. *GRE* - стандартизированный тест, содержащий три секции: языковую, математическую и письменную аналитическую. Аналитическая секция проверяет способность кандидатов чётко излагать свои мысли в письменном виде. *GRE* сдаётся на компьютере, обычно в одном из многих *Sylvan Learning Centers* (Силван учебных центров) по всей стране. Эти центры также проводят *TOEFL* и многие другие тесты. Существует много книг и программ для помощи в подготовке к тесту. Дополнительную информацию можно найти на Интернете по адресу *www.gre.org*.

11.5.4. Финансовая помощь

Процесс подачи заявления на финансовую помощь очень похож на тот, с которым вы столкнулись при поступлении в колледж. К счастью, многие аспирантуры, особенно в гуманитарных науках, могут не брать плату за обучение с квалифицированных студентов и даже платить им стипендию, чтобы помочь покрыть расходы на жизнь, если эти студенты помогают членам кафедры в проведении исследований или ведут вводные курсы. Эти формы финансовой помощи называются *research or teaching assistantships* (работа ассистентом) и являются хорошим способом получения ценного опыта по специальности, особенно если вы планируете преподавать или заниматься исследовательской работой после получения научной степени.

Учась в двухгодичной аспирантуре на степень магистра по лингвистике в университете Нью-Гэмпшира, я преподавала курс английского студентам первокурсникам. Мало того, что я не платила за обучение, но я также получала $10,400 в год от университета. Практический опыт также помог мне понять, что я люблю преподавать, и после окончания, возвратившись в свой штат, я была принята преподавателем курсов английского языка в местный университет.

11.5.5. Студенческая жизнь

Хотя большинство аспирантов живет за пределами университетского городка, возможность получения жилья на кампусе обычно также доступна. Это может быть общежитие для аспирантов (с одноместными комнатами) или квартирный комплекс. Многие университеты также предлагают жилье студентам, имеющим семьи, которое обычно является значительно менее дорогим, чем аренда квартиры вне университетского городка (этим часто пользуются старшие студенты колледжа, а также аспиранты). Однако спрос намного превышает предложение, поэтому жилье для семейных часто трудно получить, и для его распределения может использоваться система лотереи или требоваться долгое ожидание в очереди. Хотя, может, быть для семейных студентов более практично жить за пределами университетского городка, я рекомендую одиноким студентам подумать о

off campus, I encourage single students to explore on-campus housing options before making a decision. Graduate school does not offer the same ready-made social environment as college because students are older, and many have established social networks, jobs, and other interests. If you are in a new place where you do not know anyone, living on campus will make it easier to meet new people and make friends, and you may find having your own apartment isolating. All graduate students, regardless of their housing status, are eligible to purchase meal plans at the school's dining halls.

Although many graduate students work while going to school, you may find that your program limits the number of hours a week you are permitted to work. This is especially true if you have a research or teaching assistantship, which is roughly equal to a half-time job. Money is tight for many graduate students, and the same budgeting strategies you used in college may apply now. If you are paid by the school to teach or do research and you live on campus and eat at the dining hall, you may be able to have the cost of your room and board automatically deducted from each paycheck. This is a good option for those who do not have other sources of income because it makes budgeting much easier.

11.6. Continuing education

The accelerating technological progress has created a society where any acquired knowledge quickly becomes obsolete, and if you do not continue learning, you may find yourself far behind the times in a blink of an eye. This can be compared to a situation when you need to go up a floor on an escalator that is going down. To succeed, you must run faster than it is moving, and the moment you stop, you are back to where you started. This affects not only people with advanced degrees or specialized training, but almost everyone, because new equipment and technology have significantly changed many traditional occupations, and many of them have disappeared entirely.

Many Americans further their education while working full-time. Just take a look at your local university's parking lots at night. According to The Condition of Education 2001, participation in learning activities increased from 38 percent of those in the population age 18 and above in 1991 to 48 percent in 1999.

These learning activities included participation in credential programs, provided either by a postsecondary institution or some other kind of organization, such as an employer; work-related learning other than a credential program; basic skills training; learning English as a Second Language; apprenticeships; and learning for purposes of personal development.

возможности жизни на кампусе прежде, чем принимать решение. В аспирантуре нет таких возможностей общения как в колледже, потому что студенты старше, и у многих есть установившиеся социальные связи, работа и другие интересы. Если вы находитесь в месте, где вы не знаете никого, жизнь на кампусе облегчит возможность познакомиться с новыми людьми и завести друзей, и проживание в арендованной квартире может показаться вам одиноким. Все аспиранты, независимо от места проживания, имеют право на приобретение питания в студенческих столовых.

Хотя многие аспиранты работают при поступлении в аспирантуру, вы можете обнаружить, что ваша программа ограничивает количество часов в неделю, которое вам разрешают работать. Это особенно справедливо, если вы выполняете обязанности ассистента, которые приблизительно эквивалентны работе на полставки. Многие аспиранты испытывают трудности с деньгами, и те же самые способы экономии средств, которые вы использовали в колледже, могут быть применимы опять. Если вы получаете стипендию за преподавание или исследовательскую работу, живёте на кампусе и едите в студенческой столовой, то вы можете попросить, чтобы стоимость вашего проживания и питания автоматически вычиталась из каждого чека. Это удобно для тех, кто не имеет других источников дохода, потому что это намного облегчает составление бюджета.

11.6. Повышение квалификации

Ускорение технического прогресса привело к тому, что приобретённые знания устаревают очень быстро и если не продолжать учиться, то вы и глазом моргнуть не успеете, как окажетесь далеко позади. Это можно сравнить с ситуацией, когда вам необходимо подняться наверх по эскалатору, идущему вниз. Чтобы добиться успеха, вы должны бежать быстрее чем он движется, а как только вы останавливаетесь, то неизбежно откатываетесь назад. Это касается не только людей с высшим или средним специальным образованием, а практически всех, поскольку новое оборудование и технологии значительно изменили многие, считающиеся традиционными профессии, а некоторые из них просто исчезли.

Многие американцы учатся без отрыва от производства. Достаточно взглянуть на автомобильные парковки университетов и колледжей в вечернее время. Согласно публикации *The Condition of Education 2001* (Состояние образования в 2000 году) число учащихся в возрастной группе от 18 лет и выше увеличилось с 38% в 1991 году до 48% в 1999 году.

Эта учёба включает участие в программах, выдающих сертификат об окончании, предлагаемых высшими учебными заведениями или другими организациями, например работодателями; связанное с работой обучение, не ведущее к получению сертификата, обучение общим навыкам; изучение английского языка как второго языка; обучение техническим профессиям и ремёслам под руководством опытного мастера и обучение с целью личного развития.

Adults obtained their learning from different types of providers. In 1999, among those age 18 and above who participated in credential courses of all kinds, 74 percent took courses from a postsecondary institution, and the rest from a business or other kind of organization. At least half of those age 18 and above who participated in work-related courses took courses given by businesses or professional associations. Among adults who took courses for personal development, private organizations were the most likely providers (48 percent).

People of all ages are going back to school. And, if the percentage of students aged 18-24 have not changed significantly in the last 10 years, it has increased by 50% among the 25 to 34-year-olds and doubled among those 65 and older. Some educational institutions have grants available for providing financial aid to older students. Often, companies pay in part or in full for their employees to take various courses that are directly related to their jobs. People who do not have jobs may be eligible for scholarships or low-interest student loans through the various Social Security services.

There is also plenty of opportunities for self-education. There are countless textbooks and manuals of various levels of expertise on virtually anything. If some area of knowledge has a couple of experts, you are guaranteed to find several books on the subject. Computer search databases in bookstores allow you to quickly locate any edition that has ever been in print by using key words, the title, or the author's name. If you have Internet access, you can do this without leaving home on websites of large booksellers such as Amazon.com, Barnes and Noble, Borders Books and Music, and others.

Besides textbooks, there are great many so-called "How To" books that explain in minute detail how to perform a certain job, from any small repairs to building a house, as well as how to acquire the skills that are in demand on the job market. Treat these books with caution because almost all of them promise immediate results without much effort, which is, of course, unrealistic. You will not become a computer programmer in 12 lessons or learn a foreign language in 20. Nevertheless, many of these books are written by experts in the field and can be a great help in learning something new. Because Books are expensive in the US, and there may be tens of them on any given subject, look through several before you buy. To help you choose, you may want to look through reader reviews that are published on the Amazon.com website, where you can learn what the people who have already bought a certain book think about it, as well as how high is a demand for it.

Взрослые получали знания из различных источников. В 1999, среди людей старше 18 лет, участвующих в сертификационных программах всех видов, 74% брали курсы в высших учебных заведениях, а остальные в коммерческих или других организациях. По крайней мере, половина тех, кто учился на курсах, связанных с работой, делали это в коммерческих организациях или профессиональных ассоциациях. Взрослые, которые брали курсы для личного развития, делали это в основном через частные организации (48%).

Учатся люди всех возрастов. И, если процент учащихся в возрасте 18-24 лет практически не изменился за последние 10 лет, то среди 25-34- летних он увеличился почти в 1.5 раза, а среди людей в возрасте 65 лет и старше – удвоился. В некоторых учебных заведениях существуют специальные благотворительные фонды для финансовой помощи студентам пожилого возраста. Нередко компании оплачивают своим работникам частично или полностью стоимость обучения на различных курсах, непосредственно относящихся к выполняемой работе. Люди, не имеющие работы, могут получить субсидии или льготные займы на образование через организации социального обеспечения.

Возможности для самообразования также очень широки. Существует огромное число учебников разной степени сложности по любой специальности. Если в какой-то области есть пара специалистов, то вы обязательно найдёте несколько книг, посвящённых этому вопросу. Компьютерные поисковые системы в книжных магазинах позволяют быстро найти любое издание, когда-либо бывшее в продаже по ключевым словам, названию или имени авторов. Если вы имеете доступ к Интернету, то можете сделать это, не выходя из дома, на сайтах крупных книготорговцев, таких как *Amazon.com, Barnes & Noble* или *Borders Books and Music.*

Помимо учебников как таковых, существует огромное количество, так называемых *How To ....* (Как сделать ….) - книг, объясняющих в мельчайших подробностях, как выполнить ту или иную работу от мелкого ремонта чего угодно до строительства дома своими силами, а также как приобрести пользующиеся спросом на рынке труда навыки. Относиться к ним надо с осторожностью, поскольку почти все они обещают немедленные результаты без особых усилий, что, разумеется, нереально. Вы не станете программистом за 12 уроков и не выучите язык за 20. Тем не менее, многие из этих книг написаны специалистами своего дела и являются прекрасными помощниками в изучении нового. Поскольку книги в США достаточно дороги, а их количество, посвящённое одному и тому же предмету, может исчисляться десятками, следует посмотреть несколько из них, прежде чем покупать. Большую помощь в этом оказывает система читательских отзывов, практикуемая на сайте *Amazon.com,* где вы можете узнать, как оценивают книгу люди уже приобретшие её, а также насколько велик спрос на неё.

12. Social Security, Welfare, and Retirement Programs

In this chapter we will talk about what kinds of benefits and services are available in the U.S. to elderly and disabled citizens, and to families with minor children. Many elderly emigrants – who had worked long years in their countries and earned pensions – are concerned with the question of how they will live in a new country, where they have not worked a single day. This chapter should also be of interest to people of working age, to help them get a realistic picture of what to expect in old age and what measures they can take while they still have time.

In the U.S., for a long time the prevaling opinion was that only lazy people who don't want to work could be poor in this country. There were no government programs to protect people unable to work, and the poor could rely only on private charitable organizations that somehow provided support. Gradually, people started to realize that not everyone could achieve the same level of financial security, some groups of people required government protection, and retired people needed nationwide social security programs. The most powerful country in the world cannot afford to leave its citizens at the mercy of fate.

In the last few decades numerous programs were created that enabled survival for people who, for whatever reason, found themselves in difficult circumstances. Other programs provide a certain level of protection to retirees. But the pension system in the U.S. differs from many other countries' programs by providing a guaranteed minimum and using a stimulus program to encourage working-age people to save money to improve their situations at retirement. This approach enables maintaining lower tax rates than in many European countries while requiring personal initiative for securing the future. Various types of social programs can be divided into two groups: welfare programs and retirement benefits.

12. Социальное обеспечение

В этой главе мы поговорим о распространенных в США видах обеспечения и обслуживания престарелых и нетрудоспособных граждан, а также семей с несовершеннолетними детьми. Многие эмигранты пожилого возраста, проработавшие многие годы в своей стране и получавшие какую бы то ни было пенсию, обеспокоены вопросом, как и на что они будут жить в стране, где они не проработали ни одного дня. Эта глава также должна быть интересна людям трудоспособного возраста, поскольку они смогут реально оценить, на что следует рассчитывать в старости и какие меры можно предпринять, пока ещё есть время.

Длительное время в США господствовало мнение, что бедными в этой стране могут быть только ленивые люди, не желающие работать. В стране отсутствовали государственные механизмы защиты нетрудоспособных, и бедные могли рассчитывать только на частные благотворительные организации, которые как-то выполняли эту задачу. Постепенно пришло понимание, что далеко не все могут добиться одинакового благосостояния и существуют группы людей, нуждающихся в защите на государственном уровне, также как необходимы общегосударственные программы социального обеспечения людей пенсионного возраста. Самая могущественная страна мира не может позволить себе бросать на произвол судьбы своих граждан.

В течение последних десятилетий были созданы многочисленные программы, позволяющие существовать тем, кто по той или иной причине находится в трудном положении, а также обеспечивающие определённую защищённость людей пенсионного возраста. Однако, в отличие от многих других государств, пенсионная система в США, обеспечивая гарантированный минимум, с помощью льгот поощряет тех, кто, будучи в трудоспособном возрасте, делает сбережения в расчёте на более благополучное существование в пожилом возрасте. Такой подход позволяет налогам быть значительно ниже, чем во многих европейских странах, но в то же время, требует личной инициативы в обеспечении своего будущего. Всё многообразие программ социального обеспечения можно разделить на две группы: пособия и пенсии.

12.1. Aid for low income individuals

Welfare benefits are allocated based on need, not merit. The government uses various criteria to give out funds so certain groups of people can maintain a minimally acceptable standard of living. People applying for benefits fill out questionnaires where they indicate their incomes and other resources, such as savings, property, and so on. This information is periodically updated, to confirm the right to receive the given benefits. If the recipient's financial circumstances improve, he or she must disclose this information immediately so the conditions and amount of benefits can be reviewed. It is a crime to use false information to receive welfare benefits.

12.1.1. Supplemental Security Income (SSI)

Supplemental Security Income is a federal monetary assistance program for persons 65 years of age or older, as well as blind or disabled people without sufficient means for living expenses. The program provides a monthly allowance consisting of two parts. The larger portion comes from the federal budget and is equal for residents of all states. States provide the second portion from their own budgets, which can vary, meaning benefits may differ a bit from state to state. *SSI* is given as a check that arrives by mail on the first day of each month or is directly deposited into the recipient's bank account.

As noted above, criteria for receiving *SSI* include income, age, and the ability to work. A person has the right to receive this benefit if physical or mental health makes him or her unable to work for a minimum of one year. Disabled children can also be *SSI* recipients. People who receive *SSI* are usually also entitled to Medicaid medical insurance and food stamps.

Determining *SSI* eligibility entails examining not only income, but also the applicant's current assets, including real estate, savings in the bank, securities, and cash. The total sum should not exceed $2,000 for one person or $3,000 for a married couple. This calculation usually does not cover:

- The primary residence, including land;
- Personal belongings (clothes, furniture) and life insurance;
- A car;
- Cemetery lots for family members;
- Up to $1,500 for each spouse, set aside for funerals.

12.1. Пособия

Пособия выделяются не на основе заслуг, а на основе нуждаемости. Государство, на основании различных критериев, выделяет средства той или иной группе людей для поддержания их существования на минимально приемлемом уровне. Люди, претендующие на пособия, заполняют соответствующие анкеты, в которых указывают свой доход и другие, имеющиеся в их распоряжении ресурсы, как то: сбережения, собственность и так далее. Эта информация периодически обновляется для подтверждения права на получение данного пособия. Если финансовые обстоятельства получателя меняются в лучшую сторону, то он в кратчайший срок обязан сообщить об этом для пересмотра условий или величины пособия. Получение пособий на основе ложной информации является преступлением.

12.1.1. *Supplemental Security Income (SSI)*

Supplemental Security Income (эс-эс-ай или дополнительный доход) - это федеральная программа денежной помощи для лиц старше 65 лет, слепых и инвалидов, не имеющих средств, достаточных для существования. Она выражается в денежном пособии, которое выплачивается ежемесячно. Сумма этого пособия состоит из двух частей: одна из них, наибольшая, поступает из федерального бюджета и является одинаковой для жителей всех штатов; источником второй составляющей является бюджет штатов, который может быть различным, поэтому общая сумма может несколько варьироваться от штата к штату. *SSI* выдаётся в виде чека, приходящего по почте первого числа каждого месяца или зачисляется безналичным путём на банковский счёт получателя.

Критерием для получения *SSI* помимо дохода являются, как уже было сказано, возраст или способность работать. Человек имеет право на получение этого пособия, если он по состоянию физического или психического здоровья не в состоянии работать, как минимум, в течение года. Дети-инвалиды тоже могут быть получателями этого пособия. Лица, получающие *SSI,* также имеют право на медицинскую страховку Медикейд и фудстемпы.

При определении права на получение *SSI* рассматривается не только доход, но и текущее финансовое состояние просителя, которое включает в себя недвижимость, сбережения в банке, ценные бумаги, и наличные деньги. Общая сумма не должна превышать $2,000 для одного человека или $3,000 для супружеской пары. В этот расчёт обычно не принимаются:

- дом, в котором вы живёте, включая землю;

- личные вещи (одежда, мебель) и страховка жизни;

- машина;

- земельные участки на кладбище для членов семьи;

- до $1,500 на каждого из супругов, предназначенные для похорон.

- If a disabled person works, then part of his or her income is not included in the calculations, nor are any items used for the job or job-related expenses.

There is a misconception among immigrants receiving *SSI* that they will lose benefits if they have any money in their bank accounts. This is not so. If you have nothing beyond what's listed above, you may have up to $2,000 for one person or $3,000 per married couple in a bank account or in cash without losing the right to receive benefits. Moreover, your savings may not exceed this sum only at the end of the month, just before receiving the check. Immediately after receiving the money, the total of the bank savings and the benefits may be greater than the allowable limit. For example, if you receive a $500 SSI check, you can have $2,500 right after it is deposited into the account. But again, this sum should be no more $2,000 by the time you receive the next check. It is important not to exceed this sum at any time because in some cases you will be required to present copies of bank statements for the last three years as, for example, during admission to a nursing home.

"On August 22, 1996, several laws changed the way we pay Supplemental Security Income (SSI) benefits to noncitizens. The laws apply to people who are already receiving SSI benefits and to people who are applying for benefits. [..] Under these laws, only United States (U.S.) citizens and nationals and certain noncitizens can get SSI benefits.

Who May Get SSI On Or After August 22, 1996

- Citizens or nationals of the U.S.

- Certain noncitizens who were lawfully residing in the U.S. on August 22, 1996 and who are blind or disabled, or who were receiving SSI on August 22, 1996;

- Noncitizens who are lawfully admitted for permanent residence under the Immigration and Nationality Act (INA) and have a total of 40 qualifying quarters of work.
  - Work done by your spouse or parent also may count toward the 40 quarters of work for getting SSI only.
  - Quarters of work acquired after Dec. 31, 1996, cannot be counted if the noncitizen, spouse or parent received certain types of federally funded benefits based on limited income and resources during that period.

- Certain noncitizens who are active duty members, or who are honorably discharged veterans, of the U.S. armed forces, their spouses and unmarried dependent children. The unremarried spouse and unmarried dependent child of a deceased veteran also may qualify.

- American Indians born outside the U.S. who are under section 289 of the INA, or who are members of federally recognized Indian tribes under section 4(e) of the Indian Self-determination and Education Assistance Act.

- если инвалид работает, то часть его дохода не учитывается при расчётах, также как и все вещи, которые используются для работы и затраты, связанные с ней.

Среди иммигрантов, получающих *SSI,* существует ложное мнение, что они его лишатся, если будут иметь какие бы то ни было деньги на счету в банке. Это не так. Если вы не имеете ничего помимо перечисленного выше, то вы можете иметь $2,000 на одного человека или $3,000 на супружескую пару в виде денег на счету или на руках без потери права на получение пособия. Более того, ваши сбережения не должны превышать эту сумму на конец месяца непосредственно перед получением пособия, а сразу после его получения она может быть больше ровно на его величину. Например, если вы получаете $500 пособие, то сразу после его зачисления на счёт вы можете иметь $2,500, но эта сумма опять должна быть не более $2,000 на момент следующего его получения. Не следует никогда превышать эту сумму, поскольку в некоторых случаях вы будете вынуждены представлять копии банковских отчётов за три последние года, как, например, при помещении в *nursing home.*

"22 августа 1996 года были изменены законы, устанавливающие правила предоставления пособия *SSI* лицам, не являющимся гражданами США. Эти законы применяются к тем, кто уже получает пособие *SSI* или обращается за ним. [...] Согласно новому закону на пособие имеют право граждане США и некоторые категории неграждан.

Вот кто может получать пособие *SSI* после 22 августа 1996 года:

- граждане США;

- некоторые категории не граждан, которые законно проживали на территории США на 22 августа 1996 года и которые являются слепыми или инвалидами или уже получали *SSI* на 22 августа 1996 года;

- не граждане, которые имеют статус постоянного жителя *(permanent resident)* согласно *Immigration and Nationality Act (INA)* и отработали 40 кварталов;
  - при этом время, отработанное супругом или родителями может в некоторых случаях быть засчитано тоже для получения *SSI;*
  - кварталы, отработанные после 31 декабря 1996 года не могут быть засчитаны, если негражданин, его супруг или родители получали в это время определённые федеральные пособия, выделяемые на основе нуждаемости;

- некоторые категории неграждан, которые служили в армии, их супруги и не состоящие в браке дети-иждивенцы. Не вышедшие вновь замуж вдовы ветеранов и не состоящие в браке дети иждивенцы также могут иметь право на пособие *SSI;*

- Американские индейцы, рождённые вне США, которые подпадают под дествие секции 289 *INA* или которые принадлежат к федерально признаваемым племенам согласно секции 4(e) закона под названием *The Indian Self-determination and Education Assistance Act.*

- Certain noncitizens admitted as Amerasian immigrants under section 584 of the Foreign Operations, Export Financing, and Related Programs Appropriations Act, 1988. SSI eligibility is limited to the first seven years after being admitted.

- Cuban or Haitian entrants as defined in section 501(e) of the Refugee Education Assistance Act of 1980 may be eligible for seven years from the date their status was granted.

- Some noncitizens granted conditional entry under Section 203 of the INA as in effect before April 1, 1980;

- Some noncitizens paroled into the U.S. under section 212 of the INA for a period of at least one year;

- Some noncitizens and their children if subjected to battery or extreme cruelty;

- Certain other noncitizens may be eligible for seven years after:
  - the date of admission as a refugee under Section 207 of the INA;
  - the date granted asylum under Section 208 of the INA; or
  - the date deportation is withheld under Section 243(h) of the INA (as in effect prior to April 1, 1997), or the date removal has been withheld under section 241(b)(3) of the INA."

Source: Social Security Administration.

The amount of SSI benefits depends on how many SSI recipients are in the family. SSI in 2000 (not including state contributions) was $512 for one person and $769 for a married couple. This benefit increases annually depending on the inflation rate. If an SSI recipient is admitted to a nursing home or other establishment where Medicaid insurance covers his stay, he or she receives only a small amount, for example, $40.

12.1.2. Welfare

Welfare is a program that provides monetary assistance to people with no income or very low income. People who are unable to work (for any reason other than disability) or who have exhausted the terms of payment of unemployment benefits may use this program. It is supervised by state governments and local municipalities, and the program's eligibility criteria and benefit amounts differ significantly from region to region.

Many people who receive welfare simultaneously receive Medicaid medical insurance free-of-charge, plus subsidized housing. This creates situations where it makes better financial sense for people not to work at all than to

- Некоторые неграждане, принятые как "американо-азиатские" иммигранты согласно секции 584 закона *The Foreign Operations, Export Financing, and Related Programs Appropriations Act, 1988*. Право на получение пособия ограничено первыми семью годами.

- Кубинцы или гаитяне принятые согласно секции 501(e) закона *The Refugee Education Assistance Act of 1980* могут иметь право на пособие в течение семи лет с момента получения статуса.

- Некоторые неграждане, получившие условное право на въезд согласно секции 203 *INA*, бывшего в силе до 1 апреля 1980 года;

- Некоторые неграждане, принятые по паролю согласно секции 212 *INA* на период не менее одного года;

- Некоторые неграждане и их дети, подверженные истязаниям или черезмерно жестокому обращению;

- Определённые категории неграждан имеют право на *SSI* в течение 7 лет после:
  - въезда в страну со статусом беженцев согласно секции 207 *INA*;
  - предоставления убежища согласно секции 208 *INA;*
  - приостановления решения о депортации согласно секции 243(h) INA (бывшим в силе до 1 апреля 1997 года) или, если дата депортации приостановлена на основании секции 241(b)(3) *INA*".

Источник: Social Security Administration.

Величина пособия *SSI* зависит от того, сколько получателей этого пособия в составе семьи. Пособие *SSI* в 2000 году без учета добавки из бюджета штата равнялось $512 на одного человека и $769 для супружеской пары. Это пособие увеличивается ежегодно в зависимости от уровня инфляции. Если получатель пособия *SSI* попадает в дом престарелых или другое учреждение, где его пребывание оплачивается за счёт страховки Медикейд, то он получает только небольшую его долю, например $40.

12.1.2. *Welfare*

Welfare (вэлфер) - это программа денежной помощи для лиц, не имеющих дохода или с очень низким доходом. Люди, которые не в состоянии работать по каким-либо причинам, не связанным с инвалидностью, или которые исчерпали срок выплаты пособия по безработице, могут воспользоваться этой программой. Она контролируется правительствами штатов и местной администрацией и существенно различается от региона к региону критериями, по которым определяется право на помощь по этой программе, а также размером выплачиваемых пособий.

Лица, получающие пособия по этой программе, зачастую одновременно имеют бесплатную медицинскую страховку Медикейд и субсидированное жильё. Это порождает ситуации, когда людям выгоднее не работать совсем, чем

work in low-wage jobs where they would lose Medicaid. There are families that have been on welfare for several generations. This is why recent years have seen attempts to change the system by limiting the length of payment terms.

12.1.3. Food Stamps

Food Stamps is a program designed to help people with low income eat decent food. Criteria for receiving food stamps are very similar to the requirements for *SSI,* except age and disability. Able-bodied people between 18 and 60 years of age must register with an employment bureau or participate in retraining programs to assist them in finding work.

Booklets of food stamps in various denominations – from $1 to $20 – are distributed monthly and total a sum that depends on income and the size of the family. Food stamp recipients must report their incomes periodically (usually quarterly) to keep the right to benefits and they must also provide information about financial changes within 10 days.

Food stamps are intended only for purchasing food and cannot be used for other purposes, so if you buy something that is not food – tobacco products, alcohol, or household goods – you must pay for that with real money. Transfer, sale, or exchange of food stamps for money is strictly prohibited.

Food stamps are accepted as payment in nearly all supermarkets and in many food stores, even small ones. Stores frequently ask purchasers to show food stamp booklet covers to confirm that they are truly entitled to them.

12.1.4. Temporary Assistance for Needy Families

The *Temporary Assistance for Needy Families* (TANF) program was formerly called *Aid for Dependent Children*. This program serves to:

- Provide help to needy families so children can be taken care of in their own families or in families of their relatives;

- Stimulate independence among recipients of social welfare benefits by encouraging people to obtain work skills, undertake job searches, and enter into marriage;

- Prevent and reduce the number of out-of-wedlock pregnancies;

- Encourage the creation and preservation of families with two parents.

работать на низкооплачиваемой работе, так как при этом они теряют Медикейд. Существуют семьи, которые находятся на вэлфере в течение нескольких поколений. Именно поэтому в последние годы предпринимаются попытки эту систему изменить, ограничивая срок выплаты такой помощи.

12.1.3. Food Stamps

Food Stamps (фудстемпы или талоны на питание) - эта программа предназначена для помощи людям с низким доходом, чтобы они могли полноценно питаться. Критерии получения и требования к статусу получателей этого вида пособия очень схожи с требованиями получения пособия *SSI,* за исключением возраста и наличия инвалидности. Трудоспособные лица в возрасте от 18 до 60 лет обязаны быть зарегистрированы в бюро по трудоустройству или участвовать в программах переквалификации с целью трудоустройства.

Книжечки талонов различного достоинства от \$1 до \$20 выдаются ежемесячно в сумме, зависящей от размера семьи и дохода. Получатели фудстемпов обязаны периодически (обычно ежеквартально) отчитываться о своих доходах, чтобы сохранить право на их получение, а также сообщить в десятидневный срок, если в их финансовом положении произошли какие-то изменения.

Фудстемпы предназначены только для покупки продовольственных товаров и не могут использоваться для других целей поэтому, если в составе вашей покупки есть что-то кроме продуктов (табачные изделия, алкоголь, бытовые товары), то вы обязаны оплатить это настоящими деньгами. Передача, продажа или обмен фудстемпов на деньги категорически запрещены.

Фудстемпы принимаются в качестве оплаты практически во всех супермаркетах и многих, даже небольших, продовольственных магазинах. Зачастую, в магазине просят показать обложку от книжечки талонов, чтобы удостовериться, что вы действительно имеете на них право.

12.1.4. Temporary Assistance for Needy Families

Temporary Assistance for Needy Families или *TANF* (временная помощь нуждающимся семьям) была ранее известна под названием *Aid for Dependent Children* или *AFDC* (помощь для несовершеннолетних детей). Целью программы являются:

- предоставление помощи нуждающимся семьям, чтобы детям был обеспечен уход в их собственных семьях или семьях их родственников;

- стимулирование самостоятельности получающих пособия с помощью поощрения приобретения трудовых навыков, поисков работы и вступления в брак;

- предотвращение и понижение количества случаев внебрачных беременностей;

- поощрение создания и сохранения семей с двумя родителями.

Funds from this program are used to help families make transitions from welfare to employment and then become independent. This may include providing necessary transportation or covering transportation expenses related to a job.

To be entitled to program benefits, a family should have at least one minor child living with a parent, guardian, or relative, or a pregnant woman. In addition, families must be pursuing the goals outlined above.

12.1.5. *Low Income Home Energy Assistance Program*

The *Low Income Home Energy Assistance Program* is a federal program administered by states or municipalities to help people with low incomes in paying for energy – including diesel fuel, gas, or electricity – to heat their homes during a cold season or cool them during a hot season.

This program mostly covers the elderly and disabled as well as families with small children. Families with incomes not higher than 150% of the poverty level and not higher than 60% of the median income in the given state are eligible. People receiving *SSI* or food stamps are automatically entitled to assistance under this program.

One oddity of this program is that available funds are often not sufficient to meet needs, so benefits are given on a "first come, first served" basis and may already be exhausted by the middle of winter.

12.2. Pensions, retirement funds and accounts

Pensions and pension programs allow working and taxpaying citizens to have security after retirement or in the event of disability. As mentioned earlier, the government provides a guaranteed pension - Social Security benefits - through Social Security taxes. Unlike the benefits mentioned above, Social Security benefits are an earned pension that is directly related to the amount of income received for many years before retirement. In addition to this, there are various pension plans and accounts that enable people to make untaxed contributions before retirement to special funds that they can access after reaching retirement.

Средства этой программы используются для помощи семьям в переходе с вэлфера на работу и приобретении независимости. Это достигается также обеспечением необходимого транспорта или покрытием транспортных расходов, связанных с работой.

На пособие по этой программе имеют право семьи, в которых есть как минимум один несовершеннолетний ребёнок, живущий с родителем, опекуном или родственником, а также беременные женщины. Кроме того, должны преследоваться цели, указанные выше.

12.1.5. *Low Income Households Energy Assistance Program*

Low Income Households Energy Assistance Program или *LIHEAP* (помощь в оплате энергии семьям с низким доходом) - это федеральная программа, реализуемая через посредство штатов или муниципалитетов, для помощи людям с низкими доходами в оплате энергетических ресурсов (будь то дизельное топливо, газ или электроэнергия) в холодное время года для обогрева или в жаркое – для охлаждения.

Эта программа в первую очередь охватывает престарелых людей и инвалидов, а также семьи с маленькими детьми. Право на такую помощь имеют семьи с доходом не выше 150% от уровня бедности и не выше чем 60% от медианного дохода в данном штате. Лица, получающие *SSI* или фудстемпы, автоматически имеют право на помощь по этой программе.

Особенностью этой программы является то, что величина фондов, выделяемых по ней во многих случаях не достаточна для удовлетворения всех нуждающихся, поэтому выделение этого пособия производится по принципу "первый пришел, первый получил", и к середине зимы весь фонд может быть уже исчерпан.

12.2. Пенсии, пенсионные фонды и счета

Пенсии и пенсионные программы позволяют работающим и платящим налоги гражданам обеспечить своё существование в старости или при потере трудоспособности. Как уже отмечалось ранее, за счёт налога социального обеспечения *(Social Security Tax)* государство обеспечивает гарантированное минимально необходимое пособие по возрасту, называемое *Social Security benefits*. В отличие от всех пособий, упоминавшихся выше, *Social Security benefits* является заработанной пенсией, которая напрямую связана с величиной дохода, получаемого в течение ряда лет, предшествующих пенсии. В дополнение к этому, существуют различные пенсионные планы и счета, позволяющие в течение всего трудоспособного возраста делать не облагаемые налогами взносы в специальные фонды, которые могут быть беспрепятственно востребованы после наступления пенсионного возраста.

12.2.1. *Social Security Benefits*

The money withheld from every employed person's income as Social Security tax is divided into two unequal parts. The greater portion makes up 85% of tax receipts and is set aside to pay Social Security benefits to retirees. The other 15% goes into the fund that pays Social Security benefits to the disabled.

To be eligible for Social Security benefits, you must earn a certain number of so-called *credits*. You must accrue 40 credits to receive a pension based on age. The number of credits to receive a disability pension depends on the age at which the disability occurred. The Social Security Administration collects data on length of service and earnings for everyone who works. A person's Social Security number (not his or her name) is the key to these data, so every employee is required to provide that number to an employer when hired for work. Working for cash where taxes aren't paid is not only illegal, but it adds nothing to your opportunity to receive retirement benefits in the future.

To earn one credit, you must earn no less than a certain amount of money each year. (The amount increases each year; in 2002 it was $870.) The maximum number of credits received in a year cannot exceed four. Thus, you must work for about 10 years to be eligible for Social Security benefits. Years can be incomplete, but they count as long as you earn the equivalent of four credits. For example, a person who earned $3,480 (which equals $870 x 4) in the calendar year 2002 will receive four credits even if he or she worked for only one month. This is the same as credits earned by someone who made more money or worked longer for the same earnings. Taking this into account, it is not difficult to calculate that even with a high income, the minimum time necessary to receive 40 credits will be more than eight calendar years. This could happen if the person began working at the end of a year and had time to earn 4 credits, then worked 8 full years (32 credits) and the beginning of a ninth year (4 credits).

Despite the fact that the number of credits over 40 does not play a role, if a person works longer or has higher earnings, the amount of Social Security benefits will be larger. Average earnings over an extended period are used to calculate Social Security benefits. Here are some of the conditions:

- The 35 years with the highest income are selected from the employment history;

- Adjustments are made for inflation;

- The average monthly income for the entire period is calculated;

- Using a special formula, Social Security benefits are calculated to be approximately equal to 42% of the income. The real percentage may be less for those with higher income or more for people with lower income.

12.2.1. *Social Security Benefits*

Средства, взимаемые с каждого работающего в виде налога социального обеспечения *(Social Security Tax)* делятся на две неравные части. Наибольшая из них составляет 85% налоговых поступлений и предназначена для выплат пенсии социального обеспечения по старости, а остальные 15% поступают в фонд, выплачивающий пенсии при потере трудоспособности.

Для того чтобы иметь право на получение пенсии социального обеспечения, нужно заработать определённое количество так называемых *credits* (кредитов). Для получения пенсии по возрасту, необходимо иметь 40 кредитов, а число кредитов для получения пенсии по утрате трудоспособности зависит от возраста, в котором наступила инвалидность. Все данные о трудовом стаже и заработке каждого работающего накапливаются в службе социального обеспечения. Ключом к этим данным является не имя и фамилия, а номер социального обеспечения *(Social Security Number),* который работник обязан сообщать работодателю при устройстве на работу. Работа за наличные, при которой не платятся налоги, не только незаконна, но также ничего не добавляет к вашей возможности получать в будущем пенсию.

Для получения одного кредита необходимо заработать не менее определённой суммы, увеличивающейся из года в год (в 2002 году эта сумма составляла $870), но максимальное количество кредитов, получаемое за год, не может превышать четырёх. Таким образом, для получения права на пенсию по старости необходимо отработать около 10 лет. Годы могут быть неполными, но коль скоро сумма эквивалентная четырём кредитам заработана, они идут в зачёт. Например, человек, заработавший $870 x 4 = $3,480 в 2002 календарном году, получит четыре кредита, даже если он проработал только один месяц, также как и тот, кто заработал значительно больше или проработал дольше при том же заработке. Учитывая это, не трудно посчитать, что даже при высоком доходе, минимально необходимое время для получения 40 кредитов будет более 8-и календарных лет. Такая ситуация может сложиться, если человек начал работать в конце года, успев заработать 4 кредита, потом отработал 8 полных лет (32 кредита) и начало девятого года (4 кредита).

Несмотря на то, что количество заработанных кредитов выше 40 не играет роли, величина пенсии социального обеспечения тем больше, чем больше лет и больший заработок имел человек. Для назначения пенсии рассчитывается средний заработок на протяжении длительного времени. Делается это так:

- из отработанного стажа выбирается 35 лет с наибольшим доходом;

- делается поправка на инфляцию;

- рассчитывается средний месячный доход за весь этот период;

- по специальной формуле рассчитывается пенсия приблизительно равная 42 % дохода (реальный процент может быть меньше для лиц с высоким доходом и больше – для мало оплачиваемых).

It is obvious that a person who arrived in the country in middle age and worked only 10 of the 35 years used to calculate average income will have a very low monthly average income because his or her income will be considered zero for 25 years. If the amount calculated is too small, the person may be eligible for *SSI* as described above, and he or she will have full rights to Medicare medical insurance, regardless of the size of Social Security benefits.

In addition to the above criteria, the size of the pension is also affected by the age when the person begins to receive it. For those born before 1938, the full retirement age is 65 years. It increases gradually, to age 67, for younger people, as shown in the table below.

It's not necessary to wait for full retirement age to receive Social Security benefits – they can begin at 62 – but benefit size is reduced by approximately 7% for each year less than the full pension age. For example, if someone for whom full pension age is 65 years retires at 62 years, that person will receive 21% less than if he or she had retired at 65. On the other hand, those who apply for Social Security benefits after full pension age can receive an additional 6-8% for each year over the age specified in Table 12-1. Each person can decide his or her own retirement age based on health and financial situation.

Table 12-1:   Retirement Age Based on Year of Birth

Year of birth	Retirement age
1937 or earlier	65
1938	65 and 2 months
1939	65 and 4 months
1940	65 and 6 months
1941	65 and 8 months
1942	65 and 10 months
1943 - 1954	66
1955	66 and 2 months
1956	66 and 4 months
1957	66 and 6 months
1958	66 and 8 months
1959	66 and 10 months
1960 and later	67

Source: Social Security Administration.

Совершенно очевидно, что человек, приехавший в страну немолодым и отработавший только 10 лет из 35-и, берущихся в расчёт, будет иметь очень низкий среднемесячный доход, поскольку в оставшихся 25 годах, доход будет считаться нулевым. Если рассчитанная таким образом величина слишком мала, то такой человек может рассчитывать на пособие *SSI*, описанное выше, однако он будет иметь полное право на медицинскую страховку Медикейр, независимо от величины его пенсии.

Помимо всего вышесказанного, на величину пенсии влияет возраст, в котором человек начинает её получать. Для лиц родившихся до 1938 года, полный возраст ухода на пенсию составляет 65 лет, а для более молодых он плавно увеличивается до 67 лет согласно приведённой ниже таблице.

Для получения пенсии не обязательно ждать полного пенсионного возраста, можно начать её получать с 62 лет, но при этом величина пенсии будет снижена приблизительно на 7% за каждый год, недостающий для полного пенсионного возраста. Например, человек, полный пенсионный возраст которого составляет 65 лет, ушедший на пенсию в 62 года, будет получать на 21% меньше, чем если бы он пошёл на пенсию как положено. В свою очередь те, кто обращается за получением пенсии после наступления полного пенсионного возраста, могут иметь дополнительные 6-8% за каждый год выше возраста, указанного в табл. 12-1. Каждый человек, с учётом состояния своего здоровья и материального положения, может решить, в каком возрасте ему уходить на пенсию.

Табл. 12-1:   **Возраст ухода на пенсию в зависимости от года рождения**

Год рождения	Полный возраст ухода на пенсию
1937 или ранее	65 лет
1938	65 лет и 2 месяца
1939	65 лет и 4 месяца
1940	65 лет и 6 месяцев
1941	65 лет и 8 месяцев
1942	65 лет и 10 месяцев
1943 - 1954	66 лет
1955	66 лет и 2 месяца
1956	66 лет и 4 месяца
1957	66 лет и 6 месяцев
1958	66 лет и 8 месяцев
1959	66 лет и 10 месяцев
1960 и позже	67 лет

Источник: Social Security Administration.

Every year the Social Security Administration sends each future Social Security benefit recipient a Social Security Statement, a personal document that outlines wages and paid taxes for all years, plus the amount of possible future benefits, calculated based on the assumption that income will not change before retirement age. The amount of disability benefits is also calculated, based on loss of the ability to work in the accounting year. This document is sent approximately three months prior to birthdays. Carefully verify that all data are correct. If there are discrepancies, contact SSA to correct them.

The average amounts of Social Security benefits that were paid in 2000 to various categories of recipients are listed below.

- Single retiree: $804
- Married couple: $1,348
- Disabled person: $754
- Disabled person with a spouse and child: $1,255
- A widow/er: $749
- A young widow/er with two children: $1,611

Social Security pension recipients may work without reducing benefit amount as long as their incomes do not exceed a certain amount. In 2000 the following restrictions applied:

- Persons who had not reached full retirement age could earn up to $10,080 per year without benefit reduction. For each $2 earned over this amount, the benefits decreased by $1;

- In the year you reach full retirement age, you can earn up to $17,000 without a benefit reduction, but for each $3 earned above that amount, the benefits would diminish by $1. Only income received before reaching full retirement age is counted.

- Starting with the month you reach full retirement age, you can receive your full benefits with no limit on your earnings.

Social Security benefits are not just paid to people who earned them. They may also be paid to some members of their families, for example, to spouses of retirement age, minor children, or spouses of work age who are caring for minor children. In some cases they are even paid to former spouses. The total amount of benefits paid to a family usually does not exceed 150-180% of the benefits of the primary recipient.

Служба социального обеспечения *(Social Security Administration)* ежегодно рассылает каждому будущему получателю пенсии социального обеспечения личный документ под названием *Social Security Statement,* в котором, помимо заработной платы за все годы и уплаченных налогов, приводится величина возможной будущей пенсии, рассчитанной исходя из предположения, что имеющийся на сегодняшний день доход сохранится вплоть до ухода на пенсию без изменения. В нём также приводится величина пособия, полагающегося в случае потери трудоспособности в отчётном году. Это документ присылается приблизительно за три месяца до дня рождения. Необходимо внимательно проверить, все ли приведённые данные соответствуют действительности и в случае обнаружения неточностей, принять меры к их устранению.

Средняя величина пенсий социального обеспечения, которые выплачивались в 2000 году различным категориям получателей, приводится ниже.

- Одинокий пенсионер: $804
- Супружеская пара: $1,348
- Инвалид: $754
- Инвалид с женой и ребёнком: $1,255
- Вдова(ец): $749
- Молодая(ой) вдова (ец) с двумя детьми: $1,611

Получатели пенсий социального обеспечения имеют возможность работать без уменьшения величины пенсии, если их доход не превышает определённую сумму. В 2000 году действовали следующие ограничения:

- лица, не достигшие полного пенсионного возраста, могут зарабатывать до $10,080 в год без уменьшения пенсии, а на каждые $2 полученные сверх этой суммы, их пенсия уменьшалась на $1;

- в год достижения полного пенсионного возраста они могут зарабатывать до $17,000 в год без уменьшения пенсии, а на каждые $3 полученные сверх этой суммы, их пенсия уменьшалась на $1 (учитывается только доход, полученный до даты достижения полного пенсионного возраста);

- после достижения полного пенсионного возраста нет никаких ограничений в заработке.

Пенсии социального обеспечения выплачиваются не только тем людям, которые их заработали, но и некоторым членам их семей, как, например, супругам пенсионного возраста, несовершеннолетним детям или супругам трудоспособного возраста, ухаживающим за несовершеннолетними детьми, а в некоторых случаях даже и бывшим супругам. Суммарная величина пенсии, выплачиваемая на семью, обычно не превышает 150-180% от суммы пенсии основного её получателя.

12.2.2. 401(k) and Keogh Retirement Plans

In the U.S. there are other types of pension and retirement savings plans *(Retirement Savings Programs, Pension Plans)* that are established by employers to go beyond the government-provided Social Security pensions that we discussed in the previous section. For some plans an employing company would annually place a set sum into a special pension fund for each worker and invest all the money in stocks and securities. That would bring in an annual income to pay pensions to former workers who have already reached retirement age. Payment size depends on the length of the worker's service in the given company and on the wages he or she received. In many cases, a certain minimal length of service is required. After that, the worker receives the right to a full or partial pension fund. Requirements can vary from 3-10 years. Someone who leaves the company before that period may lose rights to the pension fund. The size of the pension may be determined by the number of years worked, the average earnings during the years of service, or the average income during the last several years.

As retirement age approaches, a person usually has the opportunity to choose the conditions of pension payment. Some choices may be receiving all the funds at once, referred to as a *lump sum*, or taking monthly payments during a certain term under an *annuity*. If choosing an *annuity*, the retiree then chooses among possible payment plans that differ in the amount of monthly payments and the terms over which they are paid.

- *Ten-year term certain annuity* – the greatest monthly payments, but only for 10 years.

- *Life annuity* – a smaller lifetime pension that cannot be passed on to a surviving spouse.

- *Life annuity with ten-year term certain* – smaller payments for the rest of one's life, but if the addressee dies before 10 years have passed, the spouse can receive payments until the end of that term. If the addressee dies more than 10 years after payments begin, the spouse receives nothing.

- *Joint and survivor annuity* - the smallest monthly payments for the rest of the retiree's life; no less than 50% of that sum would be paid to the surviving spouse until his or her death.

Similar pension plans – as well as their variations, where employers make all contributions to pension funds – were widespread in the past, mainly at large companies.

12.2.2. Пенсионные планы

Помимо пенсий социального обеспечения, обеспечиваемых государством, о которых мы говорили в предыдущем разделе, в США существуют различного рода пенсии и пенсионные сберегательные программы, часто называемые пенсионными планами *(Retirement Savings Programs, Pension Plans),* которые учреждаются и поддерживаются работодателями. При этом компания отчисляет ежегодно определённую сумму на каждого работника в специальный пенсионный фонд и вкладывает средства из этого фонда в акции и ценные бумаги, приносящие ежегодный доход, который идёт на выплаты пенсий бывшим работникам, достигшим пенсионного возраста. Величина выплат зависит от стажа работника в данной компании и от заработной платы, которую он получал. Во многих случаях, необходим определённый минимальный стаж, после которого работник получает право на причитающийся ему пенсионный фонд или его часть. Этот стаж может варьироваться в пределах от 3 до 10 лет. Лица, отработавшие меньший срок, право на пенсионные фонды теряют. Величина пенсии может определяться по количеству отработанных лет, по среднему доходу в течение рабочего стажа или по среднему доходу в течение нескольких последних лет.

При наступлении пенсионного возраста, человек обычно имеет право выбрать условия выплаты пенсии между получением всей суммы сразу, что называется *lump sum* или ежемесячными платежами в течение определённого срока, что называется *annuity.* При выборе *annuity* пенсионер в свою очередь имеет несколько возможных вариантов, которые отличаются суммой ежемесячных выплат и сроком, в течение которого они выплачиваются.

- *Ten-year term certain annuity* – наибольшие месячные выплаты, но только в течение 10 лет.

- *Life annuity* – пожизненная пенсия меньшего размера, не переходящая к оставшемуся в живых супругу.

- *Life annuity with ten-year term certain* – меньшие выплаты в течение всей жизни, но если получатель умирает не прожив на пенсии 10 лет, то его супруг может получать эти платежи в оставшиеся до 10 лет годы. Если же получатель умирает позже, чем через десять лет, то супруг не получает ничего.

- *Joint and survivor annuity* - наименьшие месячные выплаты в течение всей жизни пенсионера и не менее 50% от этой суммы до конца жизни пережившего супруга.

Подобные пенсионные планы, а также некоторые другие их разновидности, когда все отчисления в пенсионные фонды производились работодателями, были широко распространены в прошлом и преимущественно на больших предприятиях.

401(k) Plans. Retirement plans known as *401(k)* are currently enjoying widespread popularity. This plan received its name from *section 401(k) of the Internal Revenue Code*, which permits, in certain cases, deductions of a portion of pre-tax wages to be placed in certain funds. The goal is for the money to be used when contributors reach retirement age. Unlike pension funds, which are established and fully controlled by the employer, *401(k)* is a plan that requires workers' active participation. It may also be called a *Salary Reduction Arrangement.*

Under the conditions of this plan, if a company offers a 401(k) program the worker must notify the company in writing of his or her desire to participate in the plan, specify (as a percentage of salary or wages) how much he or her wants deducted, and sign a *Salary Reduction Agreement.* The amount may be any sum that doesn't exceed an annual limit; the limit increases each year and was $11,000 in 2002. The employer may also contribute to the worker's account, in proportion to his or her payments (so called *company match*), but total employee and employer contributions may not exceed an established limit. That limit in 2002 was $40,000 or 25% of pay, whichever was less.

Many employers, for example, contribute $0.50-1.00 for each dollar that the worker contributes, with a limit of 4-6% of the worker's pay. For example, if someone earns $400 per week and deducts 10% ($40) as 401(k) contributions, and the employer contributes 50 cents for each dollar on up to 5% of the worker's pay, that makes a company match contribution of $400 x 0.05 x 0.5 = $10. Thus, $50 would go into that worker's account each week. The more generous the company, the more it contributes to the plan, but only if the worker makes payroll deductions.

Another feature of *401(k)* plans is that the employer usually finds a financial establishment that holds the 401(k) money in its accounts. The worker himself or herself supervises the investment of these funds, following guidelines established by the company. Investments might include bonds, stocks of various investment funds, so-called *Mutual Funds*, and so on. All these investments carry a certain degree of risk, depending on interest rates or expected rates of return on the investment.

The entireportion of the account that the worker contributes belongs to him or her, and if he or she leaves the company for any reason he or she can transfer this money to another account or plan. Although the employer's contributions collect in the worker's account, they do not belong to him or her until certain requirements are met. Once those conditions are met, the money either belongs 100% to the employee, under one-step *cliff vesting,* or is turned over gradually, within 3-5 years, under *graded vesting.* Conditions for transferring this portion of the account to the worker are referred to as a *vesting schedule.* Examples of the most frequently used *vesting schedules* are shown in Table 12-3 on page 634.

In the situation discussed above, both the employer and the employee contribute money to a retirement account every pay period. However, there are other ways to handle these accounts; for example, at the end of the year the

401(k) Plan. В настоящее время всё большую популярность получает пенсионный план, известный под названием *401(k)*. Этот план получил своё название от номера раздела налогового кодекса *(section 401(k) of the Internal Revenue Code),* в котором разрешается в определённых случаях отчислять часть заработной платы до обложения её налогом в определённые фонды с целью использовать эти средства после наступления пенсионного возраста. В отличие от пенсионных фондов полностью формируемых и управляемых работодателем, *401(k)* план предполагает активное участие самих работников и по-другому называется *Salary Reduction Arrangement.*

Согласно условиям этого плана, работник в письменном виде уведомляет администрацию о своём желании участвовать в нём и указывает, какой процент заработной платы он хочет отчислять, подписывая *Salary Reduction Agreement.* Это может быть любая сумма, не превышающая годового лимита, который в 2002 году равнялся $11,000 и повышается из года в год. Работодатель может также вносить суммы на имя работника пропорциональные его взносам *(company match),* но не больше установленного предела, который в 2002 году составлял $40,000 или 25% заработной платы, в зависимости от того, что меньше.

Например, широко распространённым вариантом является такой, когда работодатель вносит $0.50 - $1.00 на каждый доллар, внесённый работником, с ограничением в 4-6% от зарплаты работника. Например, если работник получает $400 в неделю и отчисляет в пенсионный фонд 10%, т. е. $40, а работодатель отчисляет 50 центов на каждый доллар вплоть до 5%, что составляет $400 x 0.05 x 0.5 = $10, в фонд на имя данного работника будет отчислено $50 в неделю. Чем более щедро предприятие, тем больше будет отчисляться в пенсионный фонд, но только при условии, что сам работник отчисляет тоже.

Следующей особенностью *401(k)* плана является то, что работодатель обычно находит финансовое учреждение, которое накапливает на своих счетах пенсионный фонд, а работник сам контролирует вложение этих средств в пределах возможностей, предлагаемых данным учреждением. Это могут быть государственные облигации, акции различных инвестиционных фондов, так называемые *Mutual Funds* и так далее. Все эти вложения связаны с большим или меньшим риском в зависимости от ожидаемого процента возврата.

Та часть фонда, которая создается из перечислений работника, полностью принадлежит ему, и если он по какой-то причине увольняется, то может перевести эти деньги на другой счёт или пенсионный план. Деньги же, перечисляемые предприятием, хотя и накапливаются на счету работника, не принадлежат ему полностью до выработки определённого стажа. После этого они либо полностью становятся его в один приём "обрывом" *(cliff),* либо постепенно *(graded)* в течение 3-5 лет. Условия перехода этой части фонда в собственность работника называются *vesting schedule.* Наиболее часто встречающиеся примеры *vesting schedule* приводятся в табл. 12-3 на стр. 635.

Выше мы говорили об отчислении денег работником и работодателем в каждый платёжный период, однако существуют и другие варианты, как,

employer may deposit its share as a lump sum into the accounts of all employees who had worked for the company for the full year. In this case, the employee may become vested immediately.

Now let's look at why it's most advantageous to participate in these programs as soon as possible and why they're much better than simply putting money into a savings account.

Let's assume that the worker who earns $400 per week works at a company that contributes 50 cents for each dollar for up to 5% of the worker's wages. Table 12-2 compares two situations – where the worker contributes $40 per week to a *401(k)* plan or to a savings account:

Table 12-2:   Savings Account and 401(k) Plan Comparison

	Savings Account	401(k) Plan
Weekly Pay	$400.00	$400.00
Pre Tax Transfer	$0.00	$40.00
Employer Contribution	$0.00	$10.00
Taxable Income	$400.00	$360.00
Tax:	$110.60	$99.54
Federal 15%		
Social Security 7.65%		
State 5%		
After Tax Transfer	$40.00	$0.00
Cash on Hands	$249.40	$260.46
Account Value	$40.00	$50.00
Weekly Savings		$21.06
Annual Savings		$1095.12

As the example shows, the gain is more than 50% of the deductions. If you also consider that 401(k) contributions accumulate compound interest, it becomes clear that *401(k)* plan savings grow much faster. Even with modest contributions, people who begin participating in these plans at a young age can accumulate significant amounts of money by retirement age, assuming contributions are made regularly and for at least as much as the employer matches.

Many people with low to moderate income, when they start working at a company that uses graded vesting schedule, think that there is no incentive to contribute to a retirement plan because they are not sure if they will stay at

например, перечисление работодателем своей доли полностью за один раз в конце года на счета работников, отработавших полный год. При этом средства могут немедленно перейти в распоряжение работника.

Давайте посмотрим, почему оказывается очень выгодным участвовать в таком виде программ как можно раньше и насколько это лучше, чем просто откладывать деньги на сберегательный счёт.

Предположим, что работник, получающий $400 в неделю, работает на предприятии, которое перечисляет 50 центов на каждый доллар вплоть до 5% заработной платы работника. В табл. 12-2, приводится сравнение вариантов, когда работник перечисляет $40 в неделю в *401(k)* план или просто на сберегательный счёт.

Табл. 12-2:   Сравнение 401(k) пенсионного плана и сберегательного счёта

	Сберегательный счёт	401(k) план
Недельная зарплата	$400.00	$400.00
Отчисления (до налога)	$0.00	$40.00
Отчисления предприятия	$0.00	$10.00
Облагаемая налогом сумма	$400.00	$360.00
Налог:	$110.60	$99.54
Федеральный 15%		
Соц. обеспеч. 7.65%		
Штата 5%		
Отчисления (после налога)	$40.00	$0.00
Сумма на руках	$249.40	$260.46
Сумма на счету	$40.00	$50.00
Недельная экономия		$21.06
Годовая экономия		$1095.12

Как видно из данного примера, выгода составляет более чем 50% от перечисляемой суммы. Если при этом учесть, что по этим вкладам накапливаются сложные проценты, то становится ясно, что в случае *401(k)* плана сбережения растут гораздо быстрее. Люди, начавшие участвовать в таких фондах с молодости, могут иметь к пенсионному возрасту значительные суммы, даже при скромных отчислениях, при условии, что они делаются регулярно и, как минимум, в пределах, до которых работодатель отчисляет свою долю.

Многие люди с невысоким доходом, устроившись на предприятие, где применяется *graded vesting schedule* считают, что нет никакого стимула делать отчисления, поскольку неизвестно, проработают ли они там достаточно долго,

their job long enough to own a more or less significant portion of their employer's contributions.

First of all, remember that retirement plan terms change, and vesting schedules are not necessarily permanent. These changes usually shorten the time it takes for employees to become vested. The company where I work has changed owners twice, and every time the terms of our retirement plan, including vesting schedule, changed as well. We started with a 7-year graded plan, moved to a 3-year cliff, and currently have the lump-sum contribution described above.

Besides, even if the employer's contributions don't become your own money, you save on taxes as long as you do not use the funds before reaching retirement age.

Table 12-3:   Examples of Vesting Schedule

Years of service	Vesting Schedule	
	3 years (*Cliff*)	6 years (*Graded*)
0	0	0
1	0	0
2	0	20%
3	100%	40%
4	100%	60%
5	100%	80%
6	100%	100%

Government tax breaks mean that there are certain restrictions on using 401(k) account money. The money can be used only in certain cases, such as:

- Dismissal or transition to another job;
- Disability;
- Death;
- Significant financial difficulties;
- Reaching 59.5 years of age.

If 401(k) account money is used before age 59.5, the holder must pay usual income tax plus a penalty equal to 10% of the distributed sum. Thus, the distributed sum is added to other income, and the total amount is taxed. Since tax rates in the U.S. are progressive (the higher the income, the higher the taxes) taking money out would not be advantageous at a decent income level. Beyond that, the worker loses his right to any unvested part of the account con-

чтобы получить более или менее существенную часть фонда, перечисляемого предприятием.

Прежде всего нужно помнить, что условия пенсионных планов меняются, и *vesting schedule* не является чем-то незыблемым. Обычно изменения происходят в сторону сокращения сроков. Компания, в которой я работаю, дважды меняла владельца, и каждый раз изменялись условия пенсионного плана, включая перечисления. Начав с 7-летнего варианта *graded*, мы прошли через 3-летний *cliff* и в настоящее время перешли на однократное перечисление, описанное выше.

Кроме того, даже если отчисления работодателя не становятся вашими, вы экономите на налогах, при условии, что вы не используете эти деньги досрочно.

Табл. 12-3:   Примеры Vesting Schedule

Стаж работы	Vesting Schedule	
	3 года (*Cliff*)	6 лет (*Graded*)
0	0	0
1	0	0
2	0	20%
3	100%	40%
4	100%	60%
5	100%	80%
6	100%	100%

Льготы, предоставляемые государством в отношении налогов, накладывают определённые ограничения на использование таких фондов. Их можно трогать только в определённых случаях, таких как:

- увольнение или переход на другую работу;

- потеря трудоспособности;

- смерть;

- большие финансовые затруднения;

- достижение возраста 59.5 лет.

Если деньги из этого фонда берутся до достижения возраста 59.5 лет, то платится штраф в размере 10% от взятой суммы плюс обычный подоходный налог. При этом, данная сумма приплюсовывается к остальному доходу и налог берётся с общей суммы, а поскольку шкала налога в США прогрессивная (чем выше доход, тем выше налог), то при наличии приличного дохода такие операции невыгодны. Кроме того, работник теряет право на ту часть фонда, перечисленного работодателем, которая ещё не перешла в его распоряжение. Однако если работник отработал время, необходимое для получения права на 100% фонда,

tributed by the employer. However, if the worker has fulfilled the requirements necessary for receiving the entire account balance, including the employer's contributions, even with the penalty and increased taxes it may be more favorable than putting savings in the bank. If the person begins using his account after reaching retirement age, he or she pays only usual income taxes, and if that is his or her only income, the taxes will be much less.

However, there is one other way to use this money – by taking out a loan. In some cases, you can borrow this money and pay it back with interest. But unlike with regular loans, credit history is irrelevant and credit insurance is not necessary because, as it happens, you are borrowing from yourself. The downside of these loans is that if for any reason you leave the company or get laid off before you pay it off, you must repay this loan completely in a short amount of time, otherwise that sum will be counted as an early distribution, so penalties and taxes will have to be paid.

If you are dismissed from your job or move to another one, your account can be transferred to a similar account in your new place of work or "rolled over" into the special type of saving account discussed below. In these cases, penalties are not imposed and taxes are not paid.

Usually workers are given the opportunity to participate in 401(k) programs within 6-12 months after being hired as permanent employees, but in reality they may only enroll at the beginning of the following quarter or half-year. There may also be age restrictions. For example, the worker might need to be at least 21 years of age.

Keogh Retirement plans received their name in honor of Congressman *Eugene J. Keogh*, who actively advocated for them. This pension plan is intended for individual businesspeople who work for themselves *(self-employed)* instead of for companies and thus have no opportunity to participate in the pension plans described above. The maximum allowable tax-exempt contribution to these accounts is 20% of income, with an annual maximum of $30,000.

12.2.3. IRA and Roth IRA Retirement Accounts

Individual Retirement Accounts are personal savings plans that are intended for use after retirement. Contributions to these accounts are tax-exempt, but contributions in 2002 were limited to $3,000 a year per person for a single person with an annual taxable income of $34,000 or for a married couple with an income of $54,000 if they were not covered by a retirement plan at work. For each additional $5 of income, the allowable sum decreases by $1, therefore, if a single person's income is $49,000, or a married couple earns $69,000, they may not make untaxed contributions (Internal Revenue Service).

перечисленного работодателем, то даже с учётом штрафа и повышенного налога это может быть более выгодно, чем делать сбережения в банке. Если человек начинает использовать эти фонды после наступления пенсионного возраста, то он платит только обычный подоходный налог, а поскольку к этому моменту он может не иметь другого дохода, то и налог будет значительно меньше.

Однако существует еще одна возможность использовать эти деньги – взять ссуду. В некоторых случаях, вы можете взять эти деньги в долг, выплачивая постепенно с процентами, но в отличие от обычной ссуды, вам не нужна будет кредитная история, страховка кредита и тому подобное, поскольку вы, по сути дела, занимаете у себя. Недостатком такого займа является то, что если вы по какой-то причине увольняетесь или попадаете под сокращение до того, как вы его выплатите, то вы обязаны полностью погасить этот заем в короткое время, в противном случае эта сумма будет расценена как преждевременно взятая со всеми вытекающими из этого штрафами и налогами.

При увольнении или переходе на другую работу этот фонд можно перевести на аналогичный счёт по новому месту работы или на специального типа сберегательные счета, которые рассматриваются ниже. При этом штрафные санкции не накладываются и налоги не берутся.

Обычно работники получают право на участие в такой программе через 6-12 месяцев после зачисления на постоянную работу, но в действительности могут начать только с начала следующего за этим квартала или полугодия. Существуют также возрастные ограничения, как, например, работник должен быть в возрасте 21года или старше.

Keogh Retirement plan получил своё название в честь конгрессмена по имени Юджин Киг *(Eugene J. Keogh),* который активно его продвигал. Этот пенсионный план предназначен для индивидуальных предпринимателей, которые работают на себя *(self-employed),* а не на какую-то компанию и поэтому не имеют возможности участвовать в пенсионных планах, описанных выше. Максимально допустимый процент исключаемых из налога отчислений в этот фонд составляет 20% от дохода, а максимальная годовая сумма - $30,000.

12.2.3. Пенсионные счета *IRA* и *Roth IRA*

Individual Retirement Account (личный пенсионный счёт) – сберегательный банковский счёт, средства которого предназначены для использования после наступления пенсионного возраста. Вклады на такой счёт исключаются из налогов, но величина взносов в 2002 году была ограничена в пределах $3,000 на человека в год для одиноких людей с годовым налогооблагаемым доходом в $34,000 или супружеской пары с доходом в $54,000. При увеличении дохода на $5, максимально допустимая сумма уменьшается на $1, поэтому при доходе одинокого человека в $49,000 или супружеской пары - в $69,000, не облагаемые налогом взносы равны нулю (Internal Revenue Service).

The main advantage of these accounts is that contributions are not only tax-exempt, but the accumulated interest is also tax-exempt until you begin withdrawing money from the account. This enables much faster growth. By contrast, interest that you accrue each year on usual savings contributions is added to your income and taxed annually.

Restrictions on using IRA money are similar to those for other retirement plans: if money from the account is withdrawn before reaching age 59.5, a penalty of 10% of the distributed sum, plus the usual income tax must be paid. Beyond that, once he or she reaches the age of 71.5, the account holder is required to withdraw a certain amount annually from the account.

Roth IRA is a type of personal retirement account that received its name in honor of *William Roth*, a senator from the state of Delaware. Contributions to these accounts are not tax-exempt, but their accumulated interest is not subject to taxation if funds are withdrawn after the account holder reaches the age of 59.5, dies, becomes disabled, or (in some cases) buys a first home.

Contributions to these accounts in 2002 were also limited to $3,000 per person per year for single people with annual taxable income of up to $95,000 or a married couple with income up to $150,000. As income increases, the maximum allowable contribution decreases, and if a single person reaches the income of $110,000 or a married couple reaches $160,000, they may not contribute.

Because contributions to these accounts are made after taxes, distributions are not subject to a 10% penalty, nor are they taxed like IRA or 401(k) accounts, as long as the money you take out before retirement is not investment earnings, which are considered income.

Основным достоинством таких счетов является то, что не только вклады на них исключаются из налогов, но и набежавшие за все годы проценты также, до тех пор, пока вы не начинаете снимать деньги со счёта, что обеспечивает гораздо более быстрый их рост. В отличие от *IRA*, проценты, наросшие за год на обычные сберегательные вклады, прибавляются к вашему доходу и облагаются налогом ежегодно.

Использование средств с этого счёта имеет ограничение аналогичное пенсионным планам: если деньги из этого фонда берутся до достижения возраста 59.5 лет, то платится штраф 10% от взятой суммы плюс обычный подоходный налог. Кроме того, после наступления возраста 71.5 лет, владелец обязан снимать ежегодно определенную сумму со счёта.

Roth IRA – вид личного пенсионного счёта, получивший своё название в честь сенатора от штата Делавэр по имени Вильям Рос *(William Roth)*. Отчисления на такой счёт не освобождаются от налогов, но проценты, на них начисленные, не подлежат налогообложению в том случае, если средства с него снимаются после достижения владельцем возраста 59.5 лет, в случае смерти, потери трудоспособности или для покупки первого дома (в определённых случаях).

Отчисления на счета такого типа также были ограничены в 2002 году величиной в $3,000 на человека в год для одиноких людей с годовым налогооблагаемым доходом в $95,000 или супружеской пары с доходом в $150,000. При увеличении дохода, максимально допустимая сумма уменьшается, и при доходе одинокого человека в $110,000 или супружеской пары в $160,000 - равняется нулю.

Поскольку взносы на такой счёт делаются после уплаты налогов, то снятие средств с него не наказывается штрафом в 10% и не облагаются налогом, как в случае с *IRA* или *401(k)*, если только это не преждевременно снимаемые наросшие проценты, которые расцениваются как доход.

13. Insurance

The purpose of insurance is to distribute the expenses of compensation for significant damages from events that are not very likely to happen. Dividing these expenses among the greatest possible number of people whom the event could theoretically happen to reduces the cost of insurance to an affordable level. Therefore, everybody who buys insurance pays a relatively small sum regardless of whether this event actually happens to him or her. But if the insured event occurs, the purchaser receives the stipulated compensation. Examples include fire insurance for homeowners, insuring property against theft, accidental life insurance, car insurance to protect against accident or theft, and so forth. These examples probably exhaust the limited knowledge and experience we had with the insurance field before arriving in the U.S.

The insurance business is one of the largest in the U.S., with annual revenues of hundreds of billions of dollars. Various types of insurance cover the entire population and all businesses, beginning with the largest corporations and ending with a house painter working alone as a contractor. The wide spread of insurance services facilitates involving larger and larger capital resources, and fierce competition between insurance companies forces them to create more and more new services.

13.1. Insurance types, terminology, and basic concepts

Theoretically, you can insure anything you want. Singers are insured against losing their voices. Supermodels are insured against losing their appearance, athletes against injuries, museums against theft, and so on. Although these policies exist, they're far removed from basic needs of most people. In this chapter we will touch on only the most common types of insurance among Americans, insurance that nearly everybody needs to deal with. You should know about insurance for two reasons:

13. Страхование

Суть страхования заключается в распределении затрат на возмещение значительного ущерба от события, риск которого не очень велик, среди возможно большего числа людей с которыми это событие теоретически может случиться, снижая тем самым затраты каждого конкретного страхующегося до допустимого уровня. При этом каждый, покупающий страховку, платит сравнительно небольшую сумму независимо от того, случается с ним это событие или нет, получая в случае наступления страхового события оговоренную компенсацию. Примеры включают страхование дома от пожара, имущества от кражи, страхование жизни от несчастного случая, страхование машины от аварии или угона и так далее. Вышеперечисленные примеры, пожалуй, исчерпывают небольшие знания и опыт, который мы имели в области страхования до прибытия в США.

Страховой бизнес в США является одним из самых крупных и имеет годовой оборот в сотни миллиардов долларов. Различного вида страховками в той или иной мере охвачено всё население и все бизнесы, начиная от крупнейших корпораций и кончая маляром, работающим в одиночку по контракту. Широкое распространение страховых услуг позволяет привлекать всё большие и большие капиталы, а острая конкуренция между страховыми компаниями заставляет искать всё новые и новые виды услуг.

13.1. Виды страхования, основные термины и понятия

Застраховать, теоретически, можно всё, что угодно. Певцы страхуются от потери голоса, супермодели – от изменения внешности, спортсмены – от травм, музеи – от краж и так далее. Это всё существует, но достаточно далеко от насущных нужд основного населения. В этой главе мы затронем только самые распространенные виды страховок, с которыми сталкивается практически каждый житель США. Знания в области страхования необходимы по двум причинам:

- To protect yourself in advance against a possible financial catastrophe in which you may lose everything you own;

- To avoid spending money on insurance that is not necessary or that could be obtained for less.

The most common types of insurance are:

- Car Insurance

- Life Insurance

- Homeowner's Insurance

- Health Insurance

- Dental Insurance

- Disability Insurance

Most businesses have insurance that covers them in case of liability or for damages that occur on their property. This insurance is called *Liability Insurance*. Practicing doctors buy *Malpractice Insurance* (insurance against incompetence) that covers damages that result from medical errors.

Below are some of the terms and concepts frequently encountered in the insurance business:

- *Insurance Policy* – the insurance contract

- *Insurer* – a company that provides insurance policies

- *Insured* – an individual or company that purchases insurance

- *Insurance agent* – the intermediary between the insurance company and the insured. Agents usually receive a commission from policies they sell. Many agents are independent and represent more than one insurance company.

- *Premium* – the regular payment for keeping the insurance contract in effect. The payment schedule depends on the type of insurance. For example, payments may be weekly salary deductions for medical insurance or semi-annual payments for automobile insurance.

- *Coverage* – The amount of compensation provided by the insurance company, expressed either as money or goods or services. In other words, what, exactly, is insured and for how much.

- *Claim* – the application for damage compensation after an insured event occurs.

- *Deductible* – the insurance company compensates damage above this amount. If the cost of damage is lower than this amount, the owner covers expenses, not the insurance company.

- чтобы заблаговременно обезопасить себя от возможной финансовой катастрофы, при которой можно потерять всё, что вы имеете;

- чтобы исключить затраты на страховку, которую не обязательно приобретать или которую можно приобрести дешевле.

Наиболее распространёнными среди населения видами страхования являются:

- страхование автомобилей *(Car Insurance)*;

- страхование жизни *(Life Insurance)*;

- страхование собственности *(Homeowner's Insurance)*;

- медицинское страхование *(Health Insurance)*;

- зубоврачебное страхование *(Dental Insurance)*;

- страхование от потери трудоспособности *(Disability Insurance)*.

Практически все бизнесы имеют страховку на тот случай, если по их вине или на их территории будет нанесён ущерб. Такая страховка называется *Liability Insurance* (страхование ответственности). Практикующие врачи приобретают страховку, возмещающую ущерб, нанесённый в результате врачебной ошибки, которая называется *Malpractice Insurance* (страховка от некомпетентности).

Ниже приводятся наиболее часто встречающиеся в страховом бизнесе термины и понятия.

- ***Insurance Policy*** – договор страхования (страховой полис).

- ***Insurer*** – страхователь, страховая компания.

- ***Insured*** – страхующийся.

- ***Insurance agent*** – посредник между страховой компанией и страхующимся, обычно получающий комиссионные от проданных полисов. Многие агенты являются независимыми и представляют более чем одну страховую компанию.

- ***Premium*** – регулярная плата за поддержание страхового договора в силе. Периодичность оплаты зависит от типа страховки, это могут быть еженедельные вычеты из зарплаты для медицинской страховки или полугодовые платежи для автомобильной.

- ***Coverage*** – страховое покрытие в денежном или натуральном выражении. Иначе говоря, что конкретно застраховано и на сколько.

- ***Claim*** – заявление на возмещение ущерба при наступлении страхового события.

- ***Deductible*** – сумма ущерба, выше которой вступает в силу страховка. Если сумма ущерба ниже этой величины, то он покрывается владельцем, а не страховой компанией.

The whole insurance business is based on statistics and the probability theory. Payments collected from the insured must enable insurance companies to provide payment for claims when insured events take place, cover administrative costs to run the company, and make profit for the owners (shareholders) who invested money in the business. Insurance costs are higher for insured events with high probability or high damage costs. Insurance costs are less when there is greater competition: when more companies offer services, companies agree to less profit and offer lower-priced policies.

Some kinds of insurance – for a car or for a house bought on credit – are mandatory for all, but other insurance is voluntary. The key rule when purchasing insurance is to estimate the degree of risk you could afford to take without buying the insurance. You should insure everything that surpasses your allowable limit. Excessive insurance is a waste of money.

Every state administration has an Insurance Department that oversees insurance companies doing business in the state. There can be local laws and regulations that govern this type of business. Insurance Departments usually publish Consumer Guides for different types of insurance (for example "Consumer Guide to Auto Insurance") explaining how to avoid unnecessary expenses. You can find these documents on the official Internet site of your state.

13.2. Auto insurance

As we already mentioned in the appropriate chapter, automobile insurance is one of the most common services offered by insurance companies. Because car insurance is mandatory, and almost every adult has a car, it is possible to protect yourself from huge expenses in case of accidentfor a reasonable fee.

Laws governing car insurance differ significantly from state to state. The main difference is in the definition of how – and for what – parties involved in car accidents pay.

- **Fault States** are states in which the insurance company of the guilty party covers expenses for treatment of injuries received as a result of an automobile accident. Investigations may drag on for years because it can sometimes be very difficult to determine who is at fault.

- **No-fault States** are states in which the insurance company of the injured driver pays for his or her treatment or treatment of his or her passengers, regardless which driver was at fault in the accident. As a rule, in *no-fault* states there are restrictions on lawsuits against the guilty party in an accident.

Весь страховой бизнес построен на статистике и теории вероятностей. Собирая платежи со страхователей, страховые компании должны обеспечить выплаты тем, с которыми страховые случаи произошли, покрыть свои расходы на функционирование компании и обеспечить прибыль владельцам (акционерам), вложившим в этот бизнес деньги. Чем больше вероятность наступления страхового события и выше возможный ущерб, тем выше стоимость такой страховки. Чем больше компаний предлагают тот или иной вид услуг, т.е. чем выше конкуренция, тем на меньшую прибыль они согласны и тем меньше будет стоимость страховки.

Некоторые виды страховок, как, например, страховка автомашины или дома, купленного в кредит, являются обязательными, и все обязаны их покупать, другие – дело добровольное. Основным правилом при покупке страховок является оценка степени риска, который вы можете себе позволить, не покупая страховки. Всё, что превосходит допустимый предел, должно быть застраховано. Излишняя страховка – это пустая трата денег.

В администрации каждого штата существует отдел, контролирующий деятельность страховых компаний, и в каждом штате могут быть свои законодательно установленные правила, регулирующие этот вид деятельности. Страховые отделы штатов обычно публикуют справочники потребителя по различным видам страховых услуг, объясняющие особенности различных видов страховки и дающие советы, как избежать ненужных затрат. Вы можете найти эти документы на Интернете на правительственном сайте вашего штата.

13.2. Страхование автомашины

Одной из наиболее распространённых услуг является страхование автомобилей, о чём мы уже упоминали в соответствующей главе. Поскольку страхование машин является обязательным, а практически каждый взрослый имеет машину, то это позволяет за умеренную плату обезопасить себя от непомерных расходов в случае аварии.

Законы разных штатов в отношении автомобильной страховки существенно отличаются. Главное различие состоит в том, страховка какого из участников дорожно-транспортного происшествия платит и за что.

- *Fault States* – штаты, в которых страховая компания виноватой стороны оплачивает расходы по лечению травм, полученных в результате автомобильной аварии. Иногда очень трудно определить, кто виноват в происшествии, и разбирательство может затянуться на годы.

- *No-fault States* – штаты, в которых страховая компания пострадавшего водителя платит за его лечение или лечение его пассажиров не зависимо от того, кто явился виновником аварии. В *no-fault* штатах, как правило, есть ограничения на судебные иски к виновнику аварии.

According to the Foundation for Taxpayers & Consumer Rights (FTCR) "the mandatory no-fault states are: Colorado, Florida, Hawaii, Kansas, Massachusetts, Michigan, Minnesota, New York, North Dakota, and Utah.

Twelve jurisdictions have hybrid no-fault systems: Arkansas, Delaware, District of Columbia, Kentucky, Maryland, New Jersey, Oregon, Pennsylvania, South Carolina, South Dakota, Texas, and Virginia" (FTCR).

As was already mentioned, automobile insurance consists of several independent components. The amount of insurance coverage and the premium are calculated separately for each of them. Some components are not only obligatory in most states, but there are legal coverage minimums which you cannot go below. Here is a list of the most common components of car insurance, with explanations:

Bodily Injury Liability – This component is mandatory in fault states and can be optional in no-fault states. If you or someone you allowed to drive your car were at fault in a car accident in which someone was injured or killed, this part of the insurance would cover treatment expenses, compensation for lost income, court expenses and so on. Two numbers separated by slash usually indicate the amount of coverage. For example 50/100 means that the insurance will pay up to $50,000 for each victim, but no more than $100,000 total for the accident. Many states establish a minimum level of coverage that you must have. It varies between 10/20 and 50/100.

You should remember that if the cost of damage resulting from an accident is higher than your insurance coverage, you are responsible for the rest especially in the *fault states* where lawsuits are not regulated. Medical expenses for severe injuries can be enormous, therefore, if you have a stable income and property or other assets, do not try to save money on this part of your insurance.

Property Damage Liability – This component is mandatory in almost all states. This part of the insurance covers the cost of property damage that results from an accident, be it a smashed car or a house that you drove into. If you consider that accidents sometimes involve more than two cars, and the price of many cars is far above $20,000, you can draw your own conclusions. State laws frequently establish minimum coverage levels for this component of the insurance.

Sometimes the two above-mentioned components may be combined under one name *Liability* and represented by three numbers separated by slashes. For example, 50/100/25 means $50,000/$100,000 of *Bodily Injury Liability* and $25,000 of *Property Damage Liability*.

Согласно организации *Foundation for Taxpayers & Consumer Rights* или *FTCR* "законодательно установленными *No-fault* штатами являются Колорадо, Флорида, Гавайские острова, Канзас, Массачусетс, Мичиган, Миннесота, Нью-Йорк, Северная Дакота и Юта.

Двенадцать других имеют комбинированную *No-fault* систему: Арканзас, Делавэр, Округ Колумбия, Кентукки, Мэриленд, Нью-Джерси, Орегон, Пенсильвания, Южная Каролина, Северная Дакота, Техас и Виржиния" *(FTCR)*.

Как уже отмечалось, автомобильная страховка состоит из нескольких независимых составляющих. Величина страхового покрытия и плата за него рассчитывается отдельно по каждой из них. Некоторые из этих составляющих не только являются обязательными в большинстве штатов, но также имеют законодательно установленный минимум покрытия, ниже которого вы не имеете права опускаться. Ниже приводится перечень наиболее распространённых составляющих автомобильной страховки с пояснениями:

Bodily Injury Liability (Ответственность за телесные повреждения). Эта составляющая страховки является обязательной в **Fault** штатах и может быть дополнительной в **No-fault** штатах. Если в дорожно-транспортном происшествии, произошедшем по вашей вине или по вине того, кому вы позволили вести вашу машину, кто-то пострадал или погиб, эта часть страховки будет покрывать затраты на лечение, возмещать недополученную за время болезни зарплату, покрывать судебные издержки и так далее. Сумма возмещения обычно указывается двумя числами через дробь. Например, 50/100 означает, что страховка заплатит до $50,000 за каждого пострадавшего, но не более $100,000 в общем за аварию. Многие штаты устанавливают минимальный лимит покрытия, который варьируется от штата к штату в пределах от 10/20 до 50/100.

Следует помнить, что если ущерб, нанесённый аварией больше, чем покрывает страховка, то вы ответственны за оставшуюся часть, особенно в *fault* штатах, где судебные иски к виновникам аварии не ограничены. При серьёзной аварии, медицинские расходы могут быть огромными, поэтому, если вы имеете постоянный доход и какую-то собственность, то не экономьте на этой части страховки.

Property Damage Liability (Ответственность за повреждения собственности). Эта часть страховки является обязательной практически во всех штатах и покрывает стоимость собственности, повреждённой в результате аварии, будь то разбитая машина или повреждённый дом, в который вы въехали. Если учесть, что иногда в аварию вовлечено больше, чем две машины, и цена многих из них далеко за 20,000 долларов, то делайте выводы сами. Сумма возмещения по этой части страховки также зачастую имеет установленный законами штатов минимум.

Иногда обе вышеуказанные составляющие объединяются под общим названием **Liability** и обозначаются тремя числами через дробь. Например, 50/100/25 означает $50,000/$100,000 *Bodily Injury Liability* и $25,000 *Property Damage Liability*.

The following two components may not be mandatory in every state from a legal point of view, and you may have the right to not purchase them, but they are perhaps the least expensive, so there's no sense saving money on them.

Medical Payments – This part of the insurance covers medical expenses for you and your passengers who were injured in the accident, no matter who caused it. The coverage is specified per passenger and cannot exceed a certain limit. It's good to have this insurance even if your medical insurance covers all medical expenses – your passengers may not have insurance. In addition, unlike medical insurance, this coverage pays funeral expenses.

Uninsured/Underinsured Motorists Bodily Injury – This part of the insurance covers medical expenses for you and your passengers injured in an accident where the driver at fault has no insurance or insufficient insurance to cover all expenses. It also covers lost income and punitive damages. This component is inexpensive because the probability of a collision with an uninsured driver is not very high.

Collision - This part of the insurance is one of the most expensive. It covers expenses for repairing your car if it was damaged in an accident with another car (or with an object), even if you are at fault for the accident. Falling objects do not count under the definition of incidents covered by this type of insurance. According to the rules, insurance pays the cost of repairing the car and returning it to the condition it was in before the accident, but not to more than the market value of the car at the time of the accident. Since car repair is expensive, this component is also not cheap. You can lower it through the *deductible*, the amount of damage that insurance does not cover.

If, for example, you have a *deductible* of $500, and repairing the damage costs less – perhaps for scratched paint or a broken headlight – you pay for it out of your own pocket. If the repair is more expensive, the insurance pays for all but $500. The *deductible* is subtracted from each insurance claim, even if more than one is made during the year.

As discussed above, insurance covers repairs that cost no more than the market value *(Book Value)* of the car. If the cost of repairs exceeds the cost of the car, (the car is considered totaled), the insurance company pays the market value and takes the car away. This is rarely the best outcome for the owner because it can be difficult to find an equivalent replacement at this price, especially if the car was old or had high mileage but was in good condition. This is why it is sometimes better not to purchase this type of insurance or to increase the *deductible* considerably, thus reducing insurance payments so you can spend the money you save on possible repairs.

Следующие две составляющие могут не являться обязательными во всех штатах с точки зрения закона, и вы вправе не оплачивать их, но они, пожалуй, являются самыми недорогими, поэтому не стоит на них экономить.

Medical Payments (Оплата медицинских расходов). Эта часть страховки покрывает расходы на лечение вас и ваших пассажиров, пострадавших в аварии вне зависимости от того, кто был причиной аварии. Покрытие указывается в расчёте на каждого пассажира и не может превышать определённую сумму. Следует иметь эту страховку, даже если ваша медицинская страховка покрывает все затраты на лечение, так как у ваших пассажиров её может не быть. Кроме того, эта страховка покрывает расходы на похороны, в отличие от медицинской.

Uninsured/Underinsured Motorists Bodily Injury (Незастрахованный или недостаточно застрахованный водитель). Эта часть страховки покрывает расходы на лечение вас и ваших пассажиров, пострадавших в аварии, произошедшей по вине водителя, который не имел страховки или если её было недостаточно для оплаты всех расходов. Она также покрывает недополученную за время болезни зарплату и моральный ущерб. Эта составляющая стоит недорого потому, что вероятность столкновения с водителем без страховки не так велика.

Collision (Столкновение). Эта часть страховки - одна из самых дорогих и предназначена для покрытия расходов на восстановление вашей машины, повреждённой при столкновении с другой машиной или объектом, даже если авария произошла по вашей вине. Падающие объекты не подпадают под определение страхового случая для этой страховки. Согласно правилам, страховка оплачивает расходы на ремонт по приведению машины в состояние, в котором она была до аварии, но не более чем рыночная стоимость машины на момент аварии. Поскольку ремонт машины – вещь дорогостоящая, эта составляющая также не дешева. Понизить её позволяет введение так называемого *Deductible*. *Deductible* – это сумма ущерба, которая страховкой не покрывается.

Если, предположим, вы имеете *Deductible* в размере 500 долларов, а ремонт повреждения стоит меньше (поцарапали или разбили фару), то вы оплачиваете его из своего кармана. Если же ремонт стоит дороже, то вам его оплачивают за вычетом 500 долларов. *Deductible* вычитается при каждом страховом случае, даже если их было несколько в течение года.

Как уже говорилось выше, страховка покрывает ремонт в размере не выше рыночной стоимости машины *(Book Value)*. Если стоимость ремонта превышает стоимость машины (что называется *the car is totaled*), то страховая компания выплачивает её рыночную стоимость и забирает машину. Чаще всего это не очень выгодно, потому что трудно приобрести равноценную замену за эту сумму, особенно когда машина имеет солидный возраст или большой пробег, но находится в хорошем состоянии. Именно поэтому иногда выгоднее отказаться от этой части страховки или значительно увеличить *Deductible,* чтобы уменьшить плату за страховку, а сэкономленные деньги отложить на возможный ремонт.

Comprehensive – This part of the insurance "pays for damage to your car from almost all other causes (other than collision) including fire, severe weather, vandalism, floods, and theft. Comprehensive coverage also covers broken glass, such as windshield damage. However, remember that comprehensive is not required by law" (The Maine Bureau of Insurance).

Personal Injury Protection (PIP) – This type of insurance is obligatory in *no-fault* states and is intended to cover medical expenses, regardless of who was at fault in the accident.

A car bought on credit in most cases is required to have *Collision* and *Comprehensive* insurance until the loan is completely paid off. The insurance company sends a copy of the insurance policy to the establishment that financed the purchase and is, therefore, the co-owner.

Insurance costs vary widely from several hundred dollars per year up to several thousand, depending on many factors such as:

- Age of the driver – the most expensive is insurance for young drivers, younger than 22-25 years old. Despite the fact they account for only 7% of the total number of drivers, they are responsible for 25% of accidents. People age 50 or older can expect an additional discount compared with younger people, all other things being equal;

- Driver's experience – the less experienced the driver, the higher the cost of insurance, because fewer insurance companies are willing to insure unexperienced drivers clients;

- Smoking – according to statistics, nonsmoking drivers get into fewer accidents, therefore their insurance costs may be a little lower;

- Traffic violations – your insurance costs grow with each traffic violation recorded in your *Driving Record*. Speeding tickets are particularly costly: they affect your insurance rates for three years from the time of the incident;

- The driver's past accidents and insurance payments – although insurance companies compete fiercely with each other, there is a central database where all insurance companies enter data on insurance payments related to accidents. They all have access to this information, so careless drivers cannot hide their past sins, even when changing insurance companies;

- Model and price of the car – Insurance is generally more expensive for cars with a high value or a low safety rating. In addition, certain types of cars, such as sports cars, are insured under higher rates;

Comprehensive (исчерпывающая). Эта часть страховки "предназначена для покрытия расходов на восстановление вашей машины в случае, не подпадающем под предыдущую часть, включая пожар, ураган, вандализм, наводнение, кражу, столкновение с животным и так далее. Она также покрывает разбитые стёкла. Однако помните, что эта составляющая не обязательна по закону" *(The Maine Bureau of Insurance)*.

Personal Injury Protection (PIP). Эта часть страховки является обязательной в *No-fault* штатах и предназначена для покрытия медицинских расходов вне зависимости от того, по чьей вине произошла авария.

Машины, купленные в кредит, чаще всего обязаны иметь как *Collision,* так и *Comprehensive* составляющие страховки до тех пор, пока ссуда не выплачена полностью. Копия страхового полиса отправляется страховой компанией учреждению, которое финансировало покупку и поэтому является её совладельцем.

Стоимость страховки широко варьируется от нескольких сотен долларов в год до нескольких тысяч в зависимости от многих факторов, таких как:

- возраст водителя – наиболее дорогая страховка для молодых водителей до 22-25 лет. Несмотря на то, что их доля в общем количестве водителей составляет 7%, на них приходится около 25% аварий. Люди старше 50 могут рассчитывать на дополнительную скидку при прочих равных условиях;

- водительский опыт – чем меньше стаж водителя, тем дороже страховка и тем меньше страховых компаний, желающих иметь такого клиента;

- курение – некурящие водители, согласно статистике, реже попадают в аварии, поэтому стоимость страховки для них может быть немного ниже;

- количество нарушений, сделанных водителем – с каждым нарушением правил дорожного движения, которые отражены в вашем *Driving Record,* растёт стоимость страховки. Особенно это касается превышения скорости. Такие нарушения влияют на стоимость страховки в течение трёх лет с момента происшествия;

- наличие аварий, совершённых водителем в прошлом и связанных с ними страховых выплат – несмотря на то, что страховые компании жестоко конкурируют друг с другом, существует общая база данных, в которую все страховые компании заносят данные о страховых выплатах, связанных с авариями, и все имеют доступ к этой информации, потому нерадивые водители не могут скрыть прошлые прегрешения, сменив страховую компанию;

- модель и стоимость машины – чем выше стоимость машины и хуже её рейтинг безопасности, тем дороже в общем случае страховка. Кроме того, определённые типы машин облагаются по повышенной ставке, например, спортивные машины;

- Safety devices in the car – if a car has automatic seat belts, air bags, or brakes such as *Antilock Brakes,* that may be a factor in discounted insurance payments;

- State and city of residence – there are sometimes completely inexplicable differences in the price of insurance in various states. Within one state, insurance in areas with high population density or heavy traffic would undoubtedly be higher than in a small city or in the country.

Although different insurance companies use the same principles to determine their rates, you may be able to save a lot of money by checking with several of them and choosing the best offer. In doing this, it's very important to request identical insurance coverage so you can make a valid comparison. As they say in America, you have to compare "apples to apples."

Another way to receive a discount is to use the same company for insurance on more than one car, life insurance, or homeowner's insurance.

13.3. Life insurance

Life is full of unexpected events, some of them pleasant. Other events are not so pleasant, and some are tragic, if they involve the death of our relatives and loved ones. Although any death is a huge psychological shock for the family, there is another aspect that you should think of and take care of in advance – the financial one.

It is obvious that consequences for the family will differ significantly in the event of the death of an elderly person with grown children versus the sole breadwinner in a family with several young children. In the first case, the spouse would live in a house that is most likely completely paid off and receive a pension that her husband earned even if she did not work. As a last resort, she could expect help from her adult children. In the second case, there would be a real catastrophe. The family would not only lose income, but it may lose its residence and end up in incredibly difficult circumstances for many years.

Before proceeding to a review of life insurance possibilities, we will talk about who needs life insurance and how much. As has been made clear above, the primary purpose of life insurance is to maintain a certain standard of living for those who survive the death of a family member; therefore, the person in most need of insurance is the one who provides the majority of the family income. If both spouses work and both incomes are vital, each requires some

- оснащение машины устройствами безопасности – наличие автоматических ремней безопасности, воздушных мешков и тормозов типа *Antilock Brakes* также является одним из факторов для скидок в стоимости страховых взносов;

- штат и место жительства внутри штата – иногда бывает совершенно необъяснимая разница в стоимости страховки между различными штатами. Внутри одного штата страховка в районах с высокой плотностью населения и перегруженным дорожным движением без сомнения будет выше, чем в маленьких городах или сельской местности.

Однако, несмотря на общие принципы подхода к определению стоимости автомобильной страховки различными страховыми компаниями, вы можете сэкономить значительную сумму, обратившись в несколько из них и выбрав лучшее предложение. Очень важно в каждом случае запрашивать совершенно одинаковое страховое покрытие, чтобы сравнение было справедливым. Как говорят в Америке нужно сравнивать "яблоко с яблоком" *(apples to apples)*.

Дополнительным фактором для получения скидки является оформление страховки более чем на одну машину, а также страхование жизни или имущества в той же компании.

13.3. Страхование жизни

Жизнь полна всяких неожиданностей, одни из них приятные, другие не очень, а третьи – трагические, связанные со смертью наших родных и близких. Несмотря на то, что любая смерть – большое горе и психологическое потрясение для близких, существует другой аспект, о котором необходимо помнить и, лучше всего, позаботиться заблаговременно - финансовый.

Совершенно очевидно, что в случаях смерти немолодого человека, имеющего взрослых детей или единственного кормильца в семье с несколькими несовершеннолетними детьми, последствия для семей будут существенно отличаться. В первом случае, супруга умершего будет жить в доме, который, скорее всего, полностью оплачен, получать пенсию, заработанную мужем, даже если она сама не работала и, в крайнем случае, может рассчитывать на помощь взрослых детей. Во втором случае, будет полная катастрофа. Семья не только лишится текущего дохода, но может потерять жильё и на долгие годы оказаться в невероятно трудных условиях.

Прежде чем перейти к обзору возможных вариантов страхования жизни, поговорим о том, кто нуждается в нем и насколько. Как уже понятно из вышесказанного, основной смысл страхования жизни заключается в обеспечении определённого уровня жизни оставшимся в живых после смерти того или иного члена семьи, поэтому наиболее нуждающимся в такой страховке является тот, кто обеспечивает основной доход семьи. Если это семья с двумя работающими, и доход обоих жизненно важен, то оба нуждаются в страховке в

insurance. The younger the family and the more dependents it includes, the greater the need for insurance and the higher the needed coverage. Insuring unemployed family members or minor children is hardly a priority. The elderly, as a rule, do not need much insurance coverage if they need it at all.

Mark Green's *Consumer Bible* suggests seven annual incomes as a desirable level of life insurance coverage. Obviously, this amount would differ in each particular case, depending on how easily lost income could be replaced and how much the family could afford to spend on insurance.

Statistical data on death rates – broken down by age, cause of death, and other factors – are extremely accurate and are collected over long time periods, so insurance companies are certain of what they will face in the future because they develop models of short-term and long-term trends in the country's population. Armed with accurate information, they develop various insurance policies designed for different age and social groups, and offering different terms and many additional conditions.

There are so many possibilities within just one insurance company that people feel inclined to choose the best one when the insurance agent lays them out. But don't forget that it's very important to choose your insurance company first.

Life insurance policies are usually sold for long terms, such as 10, 20, 30, 40, or more years. The younger and healthier the insured, the more favorable conditions he or she will receive. If after 5, 10, or 15 years of making payments, the insurance company goes bankrupt, you will need to buy a new policy under less favorable conditions since you will be older and, most likely, not as healthy. Taking this into consideration, you should choose the optimum combination of insurance cost and reliability. If you find out soon after signing the contract that it is not the best option, you can always terminate the contract, but it's better to do some research beforehand.

There are two ways to research companies. The first is to look through publications such as *A.M. Best, Standard & Poor's, Moody's Investors Service* and others that describe insurance companies and publish their ratings. You can then choose a company with a good reputation and contact its representative. The second method is to find a good independent agent representing several companies and have him or her show you the ropes, describing all the different options. Neither way is simple, even for Americans, but it's more difficult for immigrants who have problems with the language.

Remember, too, that though the majority of insurance companies offer many kinds of insurance, the company that insures your car may not be the best choice for life insurance, especially since respectable companies frequently

той или иной степени. Чем моложе семья и больше количество иждивенцев в её составе, тем больше необходимость в страховке и тем больше нужна страховая сумма. Страхование неработающих или несовершеннолетних членов семьи вряд ли является первоочередной задачей. Пожилые люди, как правило, не нуждаются в больших суммах страховки, если нуждаются в ней вообще.

В "Настольной книге потребителя" *(Consumer Bible)* Марка Грина указывается желательная сумма страховки в размере семи годовых доходов страхуемого. Разумеется, что в каждом конкретном случае эта сумма может быть различной в зависимости от того, насколько легко потерянный доход может быть возмещён или сколько семья может позволить себе потратить на страховку.

Поскольку статистические данные о смертности, с указанием возрастов, причин смерти и других подробностей, являются предельно точными и ведутся на протяжении многих лет, то страховые компании наверняка знают, с чем они столкнутся в будущем с помощью моделирования краткосрочных и долгосрочных тенденций в народонаселении страны. Вооружённые точными знаниями, они разрабатывают варианты страховых полисов, рассчитанные на разные возрастные и социальные группы, заключаемые на самые разные сроки и с самыми различными дополнительными условиями.

Этих вариантов настолько много в пределах одной страховой компании, что когда страховой агент, представляющий её, выкладывает их перед вами, вы склонны выбрать наилучший из них, забывая о том, что, возможно, нужно выбирать сначала между страховыми компаниями. Но это действительно так.

Договора о страховании жизни обычно заключаются на продолжительные сроки, такие как 10, 20, 30, 40 и более лет. Чем более молодой возраст и более крепкое здоровье имеет страхующийся, тем более выгодные условия он получает. Если после прошествия 5, 10 или 15 лет, в течение которых вы платили взносы, страховая компания обанкротится, то вы будете вынуждены заключать новый договор на гораздо менее выгодных условиях, поскольку вы будете старше и, вполне возможно, не так здоровы. Учитывая это, необходимо выбирать оптимальное сочетание стоимости страховки с её надёжностью. Если вскоре после заключения договора вы обнаружили, что это далеко не лучший вариант, вы всегда можете расторгнуть договор, но лучше провести предварительную подготовку до того.

Сделать это можно двумя путями: первый - порыться в публикациях, как, например, *A.M. Best, Standard & Poor's, Moody's Investors Service,* которые характеризуют страховые компании и приводят их рейтинги, выбрать компанию с хорошей репутацией и обратиться к её представителю; второй – найти хорошего независимого агента, представляющего несколько компаний и позволить ему ввести вас в курс дела, предлагая различные варианты. И тот, и другой способ не является простым даже для американцев, не говоря уж об имеющих проблемы с языком иммигрантов.

Помните, что хотя большинство страховых компаний предлагают многие виды страховок одновременно, та компания, в которой вы страхуете машину, может

avoid inexperienced drivers. Ask your friends – maybe someone knows a good agent or had a positive experience doing business with a certain company. Even when you have a good agent, from time to time you should compare his offers to others. All agents receive commissions, and it is in their best interest to sell more expensive policies. The difference between good and bad agents is that the good ones are interested in long-term clients and can sacrifice short-term profit in order establish these relationship. Better agents also know the industry better.

I bought my first life insurance policy from a company whose agent knocked on our door two weeks after the funeral of an acquaintance, a fellow countryman who died as the result of a household accident. This was two years after our arrival in the U.S. A few months later, thanks to a recommendation, I met with an insurance agent who continues to meet all our insurance needs to this day. I terminated the previous contract and signed a new one with the other company.

There are different kinds of life insurance policies, the basics of which are reviewed below:

Term Life Insurance – sets a time frame for the insurance, the amount of compensation in the event of the insured's death, and the amount of monthly payments. The contract remains in effect until the end of the stipulated term as long as the payments continue to be made. If they stop, the contract is automatically terminated. Premiums, as a rule, increase gradually along with the insured's age.

The advantage of this kind of insurance is its low cost and availability at a young age, when the likeihood of death is very low. The downside is that if the insured event does not happen – that is, you remain alive, which isn't so bad in and of itself – you lose all the money you have paid. In addition, the cost of this insurance increases significantly after the age of 40 or 50.

- **Decreasing Term Insurance** – a type of term insurance, where the payment amount is constant through the term of the insurance contract, and the coverage decreases with the decreasing mortgage balance. It is designed to secure a mortgage. See *Credit Life Insurance.*

- **Level Term Insurance** – a type of term insurance where premium amount is constant for a number of years (5, 10, 15 or even 20) and then increases sharply.

- **Increasing Term Insurance** – a type of term insurance where the coverage increases in the amount and at intervals specified by the policy. Premiums usually also increase with the coverage.

оказаться далеко не самым лучшим выбором для страхования жизни, тем более что водителей с небольшим опытом респектабельные компании часто избегают. Поспрашивайте ваших знакомых, возможно, кто-то знает хорошего агента или имеет положительный опыт ведения дел с той или иной компанией. Даже имея хорошего агента, нужно время от времени сравнивать его предложения с другими, поскольку любой агент получает комиссионные и кровно заинтересован в продаже более дорогих страховок. Разница между хорошим и плохим агентами состоит в том, что хороший страховщик заинтересован в долгосрочных клиентах и может пожертвовать сиюминутной выгодой, кроме того, он лучше знает свой товар.

Свой первый договор страхования жизни я заключил с компанией, агент которой постучался в нашу дверь через две недели после похорон знакомого соотечественника, погибшего в результате бытового несчастного случая. Это было через два года после нашего приезда в США. Через несколько месяцев после этого, я по рекомендации познакомился со страховым агентом, который меня полностью устраивает до настоящего времени. Я расторг предыдущий договор и заключил его с другой компанией.

Договора страхования жизни бывают различных видов, основные из которых приводятся ниже:

Term Life Insurance (срочный договор страхования) - оговаривает срок на который он заключён, сумму выплат в случае смерти страхуемого и величину месячных платежей. Договор остаётся в силе до конца оговоренного срока только в том случае, если платежи не прекращаются, в противном случае он автоматически аннулируется. Платежи, как правило, постепенно увеличиваются с увеличением возраста страхуемого.

Достоинством такого вида страховки является её дешевизна и доступность в молодом возрасте, когда вероятность смерти страхующегося крайне мала. Недостатком является то, что если страховое событие не случается (то есть вы остаётесь живы, что само по себе не так уж плохо), то все уплаченные деньги пропадают. Кроме того, стоимость такой страховки существенно возрастает при достижении страхующимся возраста 40-50 лет.

- **Decreasing Term Insurance** – разновидность срочного договора страхования, разработанная для подстраховки ссуды на дом. При этом величина платежей остаётся постоянной на протяжении всего срока страхового договора, а сумма выплаты в случае наступления страхового события – снижается в соответствии с невыплаченным балансом ссуды на покупку дома. См. *Credit Life Insurance*.

- **Level Term Insurance** – разновидность срочного договора страхования, в котором величина платежей остаётся неизменной в течение ряда лет (5, 10, 15 или даже 20), после которых увеличивается скачком.

- **Increasing Term Insurance** - разновидность срочного договора страхования, в котором величина страхового покрытия увеличивается через оговоренные интервалы времени на оговоренную в договоре величину. Месячные платежи обычно также увеличиваются.

Cash-Value Life Insurance is a kind of life insurance combined with a capital investment. Besides making the stipulated insurance payout in case of death, a portion of the money paid by the insured is invested.

- *Traditional Whole Life Insurance* differs from *Term Life Insurance* in that premiums remain constant for the entire duration of the contract, which can be termless as long as premiums are paid. "Some variations of these policies permit the premiums to be paid for a shorter period, such as 10 years, 20 years or until age 65" (North Carolina Department of Insurance, 1999). These payments are smaller if the contract is signed at a younger age; nevertheless, they are much higher at young ages than in case of term insurance. A part of these payments covers the insurance company's actual insurance and administrative expenses, and another portion is invested in shares and securities that bring in profit. Since this profit is reinvested, compound interest collects, as with a savings account in a bank. Unlike bank accounts, though, the profit is not taxed annually. Upon cancellation of the contract you receive the sum that collected in your account and pay taxes only on the part that exceeds the sum of the payments you made while the contract was in effect. If the insured dies while the contract is active, his or her beneficiary receives the stipulated insurance sum.

- *Universal Life Insurance* is a much more flexible kind of contract than the previous type. The insured can reduce, increase, or even skip premium payments as long as he maintains a certain minimum. The amount of insurance coverage can also be changed in either direction. The return on the invested money is linked to short-term interest rates and thus varies from year to year.

- *Variable Life Insurance* – unlike the previous two types of insurance contracts, which put money in less risky securities, this type of insurance allows a policy owner to invest money from the account into stocks and various types of funds. Rates of return can thus be much higher, but there is an increased possibility of losses.

- *Endowment Insurance* - "pays a sum or income to you - the policy-holder - if you live to a certain age. If you were to die before then, the death benefit would be paid to your beneficiary. Premiums and cash values for endowment insurance are higher than for the same amount of whole life insurance. Thus endowment insurance gives you the least amount of death protection for your premium dollar" (North Carolina Department of Insurance, 1999).

Cash-Value Life Insurance – вид страхования жизни в комбинации с вложением капитала, когда помимо выплаты оговоренной страховой суммы в случае смерти, часть уплачиваемых страхующимся денег вкладывается в различного вида инвестиции.

- *Traditional Whole Life Insurance* - в отличии от *Term Life Insurance* платежи остаются постоянными на всём протяжении действия договора, который может быть бессрочным коль скоро месячные платежи вносятся. "Некоторые разновидности таких страховок допускают сокращенные сроки платежей, как ,например, 10, 20 лет или до достижения возраста 65 лет" (North Carolina Department of Insurance, 1999). Эти платежи являются тем меньшими, чем в более молодом возрасте заключён договор, тем не менее, они гораздо более высоки для молодого возраста, чем в предыдущих случаях. Часть этих платежей идёт на собственно страховку и покрытие административных расходов страховой компании, а остальные средства вкладываются в акции и ценные бумаги, приносящие прибыль. Поскольку эта прибыль снова вкладывается, то, как и при хранении на срочном вкладе в банке, накапливаются сложные проценты, но в отличие от вклада в банке, эта прибыль не облагается ежегодно налогом. При расторжении договора вы получаете сумму, накопленную на вашем счету и платите налог только на ту часть, которая превышает сумму ваших платежей сделанных на протяжении действия договора. В случае смерти страхующегося во время действия договора, его наследники получают оговоренную страховую.

- *Universal Life Insurance* – этот вид страхового договора является гораздо более гибким по сравнению с предыдущим. Страхующийся может уменьшать или увеличивать сумму своих взносов или даже пропускать их, коль скоро определённый минимум достигнут. Величина страхового покрытия также может быть изменена в любую сторону. Процент возврата на вложенные деньги привязан к краткосрочному ссудному проценту и варьируется вместе с ним из года в год.

- *Variable Life Insurance* – в отличии от предыдущих двух типов страховых договоров, в которых средства вкладываются в менее рискованные ценные бумаги, этот тип страховки позволяет страхующемуся вкладывать деньги со своего счёта в акции и различного рода фонды. Процент возврата при этом может быть существенно выше, но и риск возможных потерь также увеличивается.

- *Endowment Insurance* (страхование-вклад) - "выплачивает оговоренную сумму однократно или в виде месячных выплат владельцу полиса, если он доживает до определённого возраста. Если же он умирает, выплата производится наследникам. Месячные платежи и инвестированная сумма в этом случае больше, чем в whole life insurance. Тем не менее такой вид страховки обеспечивает меньшую сумму выплат после смерти страхуемого в пересчёте на доллар платежей" (North Carolina Department of Insurance, 1999).

Credit Life Insurance is always offered when you take out a significant loan, such as purchasing a house or a car. Equal insurance payments are included in monthly loan payments for the life of the loan. If the person who took out the loan dies, this insurance covers the outstanding balance. This kind of insurance is, for several reasons, one of the most expensive of all. One reason is the fact that loans are very often made to both spouses, and the probability of both dying simultaneously is too small. The second reason is that this insurance is attached not to the purchase but to the loan. If, for example, you bought a house and signed a loan with this insurance, then five or more years later found a loan with better conditions and refinanced the first loan, you would be compelled to buy the new insurance on worse terms since you would be older. Never buy this insurance since you can find Decreasing Term Insurance with much better (or the same) conditions for significantly less money.

In many cases, signing a life insurance contract requires consideration of not only the age of the insured, but also his past and current health, as well as hereditary factors. You should answer honestly all questions about illnesses or surgeries in your own past and among your relatives. If you have high blood pressure or your aunt died of cancer, that doesn't mean that you won't be able to buy insurance, but you will pay a little bit more.

The purpose of insurance is for the family of the insured to receive a stipulated sum if the insured dies. But if false information was submitted to the insurance company when the contract was signed, this gives the insurance company a basis to challenge the contract. Insurance companies employ special investigators who, when claims are made, check the validity of information included in contracts. It would be silly to pay tens or hundreds of thousands of dollars without spending a small piece of the funds to be sure that the claim is legal. It is clear that if an insured dies prematurely after claiming perfect health in his contract, but his medical record mentions that he was suffering from a chronic illness before signing the contract or his body is scarred from past surgeries, his family has little chance of receiving the insurance money.

13.4. Homeowner's insurance

I became convinced of the value of property insurance while still living in my native country – our apartment was broken into and robbed in the 1980s. Despite the fact that not much was taken, it would have been expensive to replace, so it was a blessing that we had insurance that almost completely compensated the loss.

Credit Life Insurance – всегда предлагается при оформлении значительной ссуды, как, например, на покупку дома или машины. Страховые платежи равной величины включаются в месячные платежи по кредиту на всё время его существования. В случае смерти человека, взявшего ссуду, эта страховка покрывает неоплаченный баланс. Этот вид страховки является одним из самых невыгодных из всех возможных по нескольким причинам. Одной из них является тот факт, что очень часто ссуды оформляются на обоих супругов, и вероятность одновременной смерти обоих слишком мала. Второй причиной является то, что эта страховка привязана не к покупке, а к ссуде. Если вы, к примеру, купили дом и оформили ссуду с такой страховкой, а через пять или более лет нашли ссуду на более выгодных условиях и погасили предыдущую, то вы будете вынуждены покупать новую страховку на худших условиях, поскольку вы будете старше. Никогда не покупайте такую страховку, поскольку вы можете за те же деньги найти *Decreasing Term Insurance* с гораздо лучшими условиями или с теми же условиями, но значительно дешевле.

Во многих случаях, при заключении договоров страхования жизни, помимо возраста страхующегося берётся во внимание его прошлое и текущее состояние здоровья, а также наследственные факторы. Следует честно отвечать на все вопросы, касающиеся ваших прошлых болезней или операций, а также наличия таковых у ваших родственников. Если у вас высокое давление или ваша тётя умерла от рака, это не значит, что вам не продадут страховку, а значит только то, что вы будете платить несколько больше.

Смысл страхования состоит в том, чтобы в случае смерти страхуемого, его родственники получили оговоренную сумму, но если при заключении договора был допущен обман, то это даёт основание страховой компании оспорить договор. Страховые компании имеют специальных людей, которые в случае наступления страхового события проверяют информацию, включённую в договор, на соответствие действительности. Было бы глупо выплачивать суммы в десятки и сотни тысяч долларов, не потратив малую долю этих средств на то, чтобы убедиться в законности претензии. Совершенно очевидно, что если преждевременно почивший страхующийся указал в договоре, что совершенно здоров, а в его медицинской карточке говорится, что он страдал какой-то хронической болезнью до заключения договора или на его теле остались шрамы от прошлых операций, то его родственники имеют мало шансов на получение страховой суммы.

13.4. Страхование собственности

В полезности страхования собственности мне довелось убедиться ещё при жизни на родине, когда в 80-х годах наша квартира была взломана и обокрадена. Несмотря на то, что взято было немного, покупать всё это заново было бы накладно; благо мы имели в то время страховку, которая возместила потерю практически полностью.

Though property insurance in the former Soviet Union was mostly limited to insuring the contents of an apartment against fire and theft, in the U.S. the prime target of insurance is the house itself. Like a car, a house bought on credit must be insured for an amount not less than what it would cost to restore it fully if necessary.

Like other types of insurance, the insurance referred to as *Homeowner's Insurance (HO)* exists in many variations, each of which includes its own set of potential dangers the damage from which the contract compensates. There are six basic types of homeowner's insurance policies:

HO-1 covers damage from the most common perils, such as fire, lightning, hurricanes, hail, theft, vandalism, and damage from automobiles and planes.

HO-2 includes all of the above plus damages from falling objects, as well as a frozen heating system or damage from a water or steam pipe that suddenly burst, etc.

HO-3 is the most extensive contract, covering damage from all perils, with a few specifically mentioned exceptions, such as flood, earthquakes, war, or an accident at a nuclear facility.

HO-4 is a contract for renters that covers damage of personal property from the same perils as *HO-2,* but without including the cost of the building, since that is the building owner's concern.

HO-6 is a contract for condominium owners that covers damages to the property caused by the same dangers as *HO-2.*

HO-8 is used to insure old and unique houses when cost of restoration can be significantly higher than their market value.

HO-15 is *Comprehensive Endorsement Form* which in combination with HO-3 provides the broadest coverage.

Table 13-1 on page 664 shows which policies cover damage to either your home or the contents of your home as caused by specific perils.

Beyond compensating damages to the insured property, all insurance policies also include *Liability Coverage*. This insures the responsibility for damage that occurs on the insured property or is the fault of members of the owner's family. For example, this part of the insurance would cover medical expenses if someone slipped on your doorstep and broke a leg or if your dog bit a neighbor. *Liability Coverage* also covers legal expenses in the event that a conflict can't be resolved without going to court.

И если в бывшем Советском Союзе страхование имущества сводилось, в основном, к страхованию содержимого квартиры от пожара и кражи, то в США первоочередной заботой является страхование дома как такового. Также как и машина, дом, купленный в кредит, обязан быть застрахован на сумму не меньшую, чем та, которая необходима для его полного восстановления в случае необходимости.

Договор страхования собственности называется *Homeowner's Insurance* (*HO* или страховка домовладельца) и, как и все прочие виды страховок, имеет множество разновидностей, каждая из которых включает различный набор потенциальных опасностей, ущерб от которых этот договор возмещает. Наиболее распространены шесть основных типов приведённых ниже.

HO-1 покрывает ущерб от наиболее распространённых опасностей, таких как пожар, удар молнии, ураган, град, кража, вандализм, повреждение от автомобилей и самолётов.

HO-2 включает в себя всё вышесказанное плюс повреждения, нанесённые падающими объектами, перемерзание отопительной системы или ущерб от внезапно лопнувшей трубы с водой, паром и т. д.

HO-3 является наиболее исчерпывающим договором, покрывающим ущерб от всех опасностей, за исключением специально оговоренных, к которым обычно относятся наводнения, землетрясения, война или авария на ядерном объекте.

HO-4 договор для квартиросъемщиков, который покрывает ущерб, нанесённый собственности теми же опасностями, что и *HO-2,* без включения стоимости здания, поскольку это забота домовладельца.

HO-6 договор для владельцев квартир в многоквартирном доме, который покрывает ущерб, нанесённый собственности теми же опасностями, что и *HO-2.*

HO-8 используется для страхования старинных уникальных домов.

HO-15 называется *Comprehensive Endorsement Form* и в комбинации с *HO-3* обеспечивает наиболее полное покрытие.

В табл. 13-1 на стр. 665 показано, какие типы страховых договоров возмещают ущерб, нанесённый различными причинами.

Все договора страхования, помимо возмещения ущерба собственности страхующегося, включают также *Liability Coverage* - страхование ответственности за ущерб, случившийся в пределах собственности страхующегося или по вине членов его семьи. Например, если кто-то поскользнулся на вашей лестнице и сломал ногу или ваша собака укусила соседа, то эта часть страховки покроет медицинские расходы. *Liability Coverage* также покрывает судебные издержки в том случае, если дело решалось не мирным путём, а через суд.

Table 13-1:   Property Damage Coverage Caused by Specific Perils

HO-1 Basic	HO-2 Broad	HO-3 Special	HO-3/ HO-15 Comp.	Losses Covered	
				Dwelling X	Contents Y
XY	XY	XY	XY	Fire or Lightning	
XY	XY	XY	XY	Loss of property removed from premises endangered by fire or other perils	
XY	XY	XY	XY	Windstorm or hail	
XY	XY	XY	XY	Explosion	
XY	XY	XY	XY	Riot or civil commotion	
XY	XY	XY	XY	Aircraft	
XY	XY	XY	XY	Vehicles	
XY	XY	XY	XY	Smoke	
XY	XY	XY	XY	Vandalism and malicious mischief	
XY	XY	XY	XY	Theft	
XY	XY	XY	XY	Breakage of glass constituting a part of the building	
	XY	XY	XY	Falling objects	
	XY	XY	XY	Weight of ice, snow, sleet	
	XY	XY	XY	Collapse of building(s) or any part	
	XY	XY	XY	Sudden & accidental tearing apart, cracking, burning, or bulging of a steam or hot water heating system or of appliances for heating water	
	XY	XY	XY	Accidental discharge, leakage or overflow of water or steam from within a plumbing, heating or air-conditioning system or domestic appliance	
	XY	XY	XY	Freezing of plumbing, heating and air-conditioning systems and domestic appliances	
	XY	XY	XY	Sudden and accidental damage from artificially generated currents to electrical appliances, devices, fixtures and wiring (TV & radio tubes not included)	
		X	XY	All perils except flood, earthquake, war, nuclear accident and others specified in your policy. Check your policy for a complete listing of perils not covered.	

Source: The Maine Bureau of Insurance.

Табл. 13-1: **Покрытие ущерба собственности от различных причин**

НО-1 Минимум	НО-2 Широкий	НО-3 Полный	НО-3/ НО-15 Исчерп.	Покрываемый ущерб	
				Строение X	Содержимое Y
XY	XY	XY	XY	Пожар или молния	
XY	XY	XY	XY	Потеря собственности при перемещении её от угрозы пожара или других опасностей	
XY	XY	XY	XY	Ураган или град	
XY	XY	XY	XY	Взрыв	
XY	XY	XY	XY	Восстание или беспорядки	
XY	XY	XY	XY	Самолёт	
XY	XY	XY	XY	Автомобиль	
XY	XY	XY	XY	Дым	
XY	XY	XY	XY	Вандализм или умышленный вред	
XY	XY	XY	XY	Кража	
XY	XY	XY	XY	Разбитое стекло, являющееся частью строения	
	XY	XY	XY	Падающий объект	
	XY	XY	XY	Вес льда или снега	
	XY	XY	XY	Обрушение строения или его части	
	XY	XY	XY	Неожиданное и внезапное разрушение, растрескивание, возгорание или вздутие паровой или водяной отопительной системы.	
	XY	XY	XY	Внезапный выброс, утечка или переполнение воды или пара из отопительной системы или бытовых приборов.	
	XY	XY	XY	Перемерзание отопительной, кондиционирующей системы или бытовых приборов	
	XY	XY	XY	Неожиданный и внезапный ущерб бытовым приборам, устройствам, арматуре и проводке от тока искусственного происхождения (кроме телевизоров и радиоприёмников)	
		X	XY	Все причины за исключением наводнения, землетрясения, войны, аварий на ядерных объектах и других причин оговоренных в вашем договоре	

Источник: The Maine Bureau of Insurance.

Insurance companies give small discounts on the cost of insurance based on certain home features or characteristics of the houme owners, as, for example, listed below:

- A new house;
- Presence of smoke detectors;
- Presence of a security system;
- Presence of a fire alarm system;
- A house built from inflammable materials (stone, brick);
- Elderly tenants;
- Non-smoking tenants.

When estimating the cost of your property for insurance purposes, it is recommended to consider not the present value of items or your expenses in purchasing them, but rather the amount that you would need to spend to replace things in case of loss. So, for example, the furniture you bought for $1,000 ten years ago might bring nothing if you tried to sell it, but you would need to pay $3-4,000 to buy new furniture. And your house might have cost $100,000 when you purchased it, but at the time the insurance is taken, it might cost $200-300,000 to rebuild the house. Take this into consideration and reassess the conditions of your insurance contract from time to time, reflecting on your actual situation in light of recent changes. All standard homeowner's insurance contracts limit the amount of compensation in case of loss of jewelry, works of art, or collectables. These items are insured separately.

As is the case with any other insurance, you should compare the costs of property insurance at several companies. It can vary over a wide range, and you could save up to 50% by spending some time on your search.

13.5. Health insurance

Health insurance is not mandatory, but it is necessary and, undoubtedly, the most expensive of all types of insurance. In addition, for people who have never had to deal with this type of insurance, it is very difficult to grasp all its features, and this can result in unnecessary additional expenses or in underutilizing the benefits that this insurance can offer.

Advances in medicine have meant that complex surgeries have become a routine occurrence and new, stronger and more effective medications regularly appear on the market. This has resulted in reduced mortality and increased life

Страховые компании делают небольшие скидки со стоимости страховки, принимая во внимание особенности устройства дома или некоторые качества домовладельцев, как, например, перечисленные ниже:

- новый дом;

- наличие датчиков дыма;

- наличие охранной сигнализации, связанной со службой охраны;

- наличие пожарной сигнализации, связанной со службой охраны;

- дом из негорящих материалов (каменный, кирпичный);

- пожилые жильцы;

- некурящие жильцы.

При оценке стоимости вашего имущества в целях страхования, рекомендуется считать не стоимость вещей на данный момент или ваши затраты на их покупку, а сумму, которую вам необходимо затратить, чтобы эти вещи заменить в случае их утраты. Так, например, ваша мебель, купленная за тысячу долларов 10 лет тому назад, может ничего не стоить, если вы попытаетесь её продать, но вам придётся заплатить 3-4 тысячи, чтобы купить новую. Также как и дом, стоивший 100 тысяч на момент покупки, может потребовать 200-300 тысяч на восстановление на момент страхования. Учитывая это, следует время от времени пересматривать условия страхового договора, отражая в нем реальное положение вещей с учётом последних изменений.

Все стандартные договора страхования имущества имеют ограничения на величину возмещения в случае утраты ювелирных изделий, произведений искусства и предметов коллекционирования. Такие вещи страхуются отдельно.

Как и в случае любой другой страховки, следует сравнивать стоимость страхования собственности в той или иной компании. Она может варьироваться в широких пределах, и вы можете сэкономить до 50%, потратив некоторое время на поиски.

13.5. Медицинская страховка

Медицинская страховка *(Health Insurance)* не является обязательной, но является необходимой и, без сомнения, самой дорогой из всех видов страховок. Кроме того, людям никогда прежде не имевшим дела с таким видом страховки очень трудно разобраться во всех её особенностях, что приводит либо к ненужным дополнительным затратам, либо к недоиспользованию тех преимуществ, которые такая страховка предоставляет.

Развитие медицины, когда всё более сложные операции становятся повседневным явлением, а новые более эффективные и сильнодействующие лекарства регулярно появляются на рынке, привело к снижению смертности и

expectancy, but at the same time it has dramatically increased the total cost of medical services. According to 1999 data, the average annual cost of medical care for one resident of our state was $4,000. That means that a family of four would have had to spend $16,000 on insurance, even if the entire population was covered. But because roughly 20-25% of the population has no insurance, this amount would come close to $20,000. If you consider that the average income in the country is just over $30,000, it becomes obvious that very few of us could pay these expenses without outside help. This help comes from two sources: employers and the government.

The overwhelming majority of medical insurance policies for people of working age and their families is arranged through their workplaces, with the employer paying a part – or sometimes 100% – of the expenses. This kind of insurance is called group coverage. The larger the group, the better it conforms to the laws of statistics and the more favorable the terms for the insurance. There are also individual medical insurances that can be purchased without connection to an employer, but they are, as a rule, not only much more expensive than group insurance, but their cost depends a great deal on age and the state of the insured's health. Medical insurance for the elderly *(Medicare)* and some categories of people with low income *(Medicaid)* is provided by the government and paid for with taxpayer money.

One feature of medical insurance provided through a workplace is that it's impossible to buy it or change its conditions at any time other than certain enrollment periods. This is intended to prevent situations where a person who doesn't currently require health care declines to buy insurance until he has large expenses. A worker can usually enroll in insurance within 1-3 months of taking a permanent job. If he or she doesn't take advantage of the opportunity then, there will be another chance at the beginning of the next year, but the insurance company may refuse to pay for treatment of illnesses whose symptoms were present 6-12 months before purchasing the insurance. This is called a *Pre-Existing Condition Exclusion*.

Health insurance through a workplace allows covering members of the insured's family. For this, "family members" does not include everyone who might live with the employee, but only his working or unemployed spouse and children up to 21 years old who live with the family. Children can be included on the insurance until age 25 if they are full-time college or university students. Documentary proof is required before the beginning of each semester. Parents cannot be included in the insurance of a son or daughter except in cases when a court decision has recognized the parents as their dependents. If both spouses

повышению продолжительности жизни, но в тоже время невероятно увеличило общую стоимость медицинских услуг. По данным на 1999 год, средние годовые затраты на лечение одного жителя штата, в котором мы живём, составляли $4,000. Это означает, что семья из четырёх человек должна была бы потратить $16,000 на страховку даже в том случае, если бы ей было охвачено всё население. Поскольку около 20-25% страховки не имеет, то эта сумма приблизится к $20,000. Если учесть, что средний по стране годовой доход работающего составляет немногим более $30,000, то становится совершенно очевидно, что мало кто мог бы позволить такие расходы без помощи со стороны. Такая помощь имеет два источника: работодателей и государство.

Подавляющее большинство медицинских страховок для людей работоспособного возраста и их семей оформляются по месту работы, при этом работодатель берёт на себя часть, а иногда все 100% расходов. Эти виды страховок называются групповыми, поскольку охватывают ту или иную совокупность людей. Чем больше группа, тем больше она поддаётся статистическим законам и тем на более выгодных условиях может получить страховку. Существуют также индивидуальные медицинские страховки, которые можно приобрести вне связи с местом работы, но они, как правило, не только значительно дороже, чем групповые, но их стоимость существенно зависит от возраста и состояния здоровья страхующегося. Медицинская страховка для пожилых *(Medicare)* и некоторых категорий людей с низким доходом *(Medicaid)* оплачивается государством за счёт налогоплательщиков.

Одной из особенностей медицинских страховок, оформляемых по месту работы, является то, что их нельзя купить или изменить их условия в любое время по желанию, а только в определённые периоды *(Enrollment period)*. Это делается, чтобы предотвратить ситуации, когда человек, не нуждающийся в настоящее время в медицинских услугах, не покупает страхоаку до тех пор, пока не возникнет необходимость больших расходов. Обычно, работник получает право на покупку страховки через 1-3 месяца после трудоустройства на постоянную работу. Если он не воспользовался этой возможностью, то он сможет сделать это только с начала следующего года, но при этом, страховая компания может отказаться оплачивать лечение болезней, симптомы которых были видны за 6-12 месяцев до покупки страховки, что называется *Pre-existing Condition Exclusion* (исключение предшествующего состояния).

Медицинская страховка по месту работы позволяет включить в неё членов семьи страхующегося. При этом в состав семьи входят не все, кто, возможно, проживает совместно с ним, а только его работающий(ая) или неработающий(ая) супруг(а) и дети до 21 года, проживающие вместе. Возраст детей, включаемых в страховку, может быть увеличен до 25 лет, если они являются студентами дневных отделений колледжей или университетов. При этом требуется документальное подтверждение перед началом каждого семестра. Родители не могут быть включены в страховку сына или дочери за исключением случаев, когда решением суда родители признаны их

work, it sometimes makes the most financial sense for them to have separate insurance plans and include the children in one of them.

Insurance terms may be changed only in certain situations, with family changes such as marriage, divorce, birth of a child, death of a family member, exceeding the allowable age, new employment of an unemployed spouse, or leaving a job.

If for any reason the employee leaves hisor her job at the company where heor she had the insurance, under the *Consolidated Omnibus Budget Reconciliation Act* -- which was adopted in 1985 and is widely known by its abbreviated name, *COBRA* -- he or she can keep the insurance for 18 months. But he or she is required to pay his or her share of the cost plus the share that the employer used to pay for him or her. Although this is much more expensive than making regular payments, it could be less expensive than purchasing individual insurance. This law does not cover situations where the company goes out of business or has less than 20 workers.

There are several types of health insurance, for example:

- Fee-for-Service Plans;

- Health Maintenance Organizations (HMO);

- Preferred Provider Organizations (PPO).

Fee-for-service plans (or *Indemnity Health Insurance)* allow the insured to go to any doctor or hospital he or she wishes when necessary. The insured patient is responsible for paying the bill and for presenting it to the insurance company for reimbursement. In many cases, medical establishments take care of the necessary paperwork and submit bills to the insurance company. All *fee-for-service* insurance pays only a part of expenses and begins covering payments in stages.

In the first stage, expenses are paid in full by the patient, up to a certain amount known as the *deductible,* which is usually somewhere between $100-500 per person or $300-1,500 for a family. This means that if only one person in the family receives medical treatment during the year, the *deductible* would be $100-500, but if two needed care it would rise to $200-1,000, and the amount would be $300-1,500 for three or more needing treatment. This amount includes only expenses for services normally covered by the insurance. Even though you pay all expenses below the *deductible,* you should provide the insurance company with information about the expenses so the insurance company can keep track of them.

The second stage begins when your expenses have exceeded the amount of the *deductible.* Then the insurance company begins to compensate, for example, 80% of your expenses, leaving 20% as your share, as so-called *coinsurance*, until total annual expenses reach a certain limit, an *annual cap,* which is usually about $1,000-5,000, not including your monthly or weekly payments (premiums) for the insurance.

иждивенцами. Если оба супруга работают, то иногда выгодней каждому иметь свою страховку, а детей включать в одну из них.

Изменения в условиях страховки допускается делать только при изменениях в семье типа женитьбы, развода, рождения ребёнка, смерти члена семьи, превышении допустимого возраста, трудоустройстве неработающего супруга или увольнении работающего.

Если работник по какой-то причине оставляет работу в компании, где он имел страховку, то согласно закону *Consolidated Omnibus Budget Reconciliation Act,* принятому в 1985 году и широко известном в сокращенном названии *COBRA,* он может сохранять свою страховку в течение 18 месяцев, но при этом он обязан платить не только свою долю, но и долю, которую раньше платил за него работодатель. Несмотря на то, что это существенно дороже по сравнению с обычной платой, такой способ может быть более выгодным по сравнению с индивидуальной страховкой. Этот закон не действует в случае, если компания выходит из бизнеса или имеет менее чем 20 работников.

Медицинские страховки существуют нескольких типов, например:

- Fee-for-service plan;
- Health Maintenance Organization (HMO);
- Preferred Provider Organization (PPO).

Fee-for-service plan (плата за услуги) или *Indemnity* (возмещение) *Health Insurance* позволяет в случае необходимости обращаться к любому доктору или в любую больницу по желанию. При этом обладатель страховки отвечает за оплату счёта с дальнейшим предъявлением его для возмещения в страховую компанию. Во многих случаях медицинские учреждения сами оформляют все необходимые бумаги и предъявляют их страховой компании. Все страховки типа *Fee-for-service* покрывают расходы только частично и включаются в оплату поэтапно.

На первом этапе расходы полностью оплачиваются пациентом, до достижения определённой суммы, называемой *deductible* (дидактабл), которая обычно лежит в пределах $100-500 на человека или $300-1500 на семью. Это означает, что если в семье в течение года за медицинской помощью обращался только один человек, то *deductible* будет равен $100-500, если два – $200-1000, а если три или более, то $300-1500. В эту сумму включаются только расходы на услуги, в принципе покрываемые страховкой. Несмотря на то, что вы полностью покрываете расходы в пределах *deductible,* необходимо предоставлять информацию о них в страховую компанию, поскольку она ведёт необходимый учёт.

Второй этап начинается с момента, когда ваши расходы превысили величину *deductible*. При этом страховая компания начинает компенсировать, к примеру, 80% расходов, оставляя на вашу долю 20%, так называемый *coinsurance* до тех пор, пока суммарные годовые расходы не достигнут определённого лимита *Annual Cap,* который обычно составляет около $1,000-5,000 без учёта ваших ежемесячных или еженедельных взносов за страховку.

Once this sum is reached, the third stage begins, where the insurance company covers 100% of expenses. The cycle begins all over again on January 1 of the next year.

All *fee-for-service* insurance plans have two components, each of which has a limit and is intended for covering a certain kind of medical services. *Basic coverage* usually pays for doctor visits, prescription medicines, in-home care, and so on, up to $20,000-25,000. *Major medical insurance* or *catastrophic coverage* is intended to pay for hospital services during complex surgeries and procedures and is limited to $250,000-1,000,000.

Health Maintenance Organizations (HMOs) differ from the insurance plans above by having no *deductible* or *coinsurance*. Beyond monthly payments, there are only small payments required – a $5-25 *co-pay* – for each visit to the doctor or emergency room. As a result, this kind of insurance is the least expensive. But the negative side is that a subscriber to this type of insurance is not free to choose specialists for consultations. A subscriber is also compelled to follow instructions from his or her *Primary Care Physician,* whom he or her chooses from a list of doctors under contract with the given insurance company. A *Primary Care Physician* usually has family doctor qualifications that combine internal medicine and pediatrics, and he or her makes all medical decisions within his or her own competence. As needed, he or her refers patients to specialists, diagnostic centers, or hospitals.

Since the HMO receives payment whether or not the patient is sick, it is very interested in preventive care and, in most cases, pays for regular physical exams, x-rays and other tests that diagnose illnesses at an early stage, thus lowering possible treatment expenses. At the same time, the company can demand additional confirmation – a so-called *second opinion* –that the patient requires an expensive surgery or procedure before giving permission for it.

Preferred Provider Organizations (PPOs) are a combination of the previous two types of insurance. A holder of this medical insurance also has a primary care doctor who facilitates preventive measures and coordinates visits to specialists. But it is different from the *HMO* because this doctor may not have a contract with the insurance company. All payments are handled automatically (as they would be under an *HMO*) if the doctor has a contract with the insurance company. If the doctor does not belong to the company's list, he may receive payment anyway, but the patient will need to fill out necessary forms. In addition, people insured by PPOs may go to doctors who are not included on the list provided by the insurance company, but the patient would be responsible for a portion of the payment. Monthly payments for this type of insurance are also a bit higher than for an *HMO*.

После достижения этой суммы начинается третий этап, когда страховая компания оплачивает 100% расходов, а с 1 января следующего года всё начинается сначала.

Все страховки типа *fee-for-service* имеют две составляющие, каждая из которых предназначена для оплаты определённого вида медицинских услуг и имеет свой лимит. *Basic coverage* обычно покрывает расходы на визиты к врачам, прописанные лекарства, уход на дому и так далее до суммы в $20,000-25,000. *Major medical insurance* или *catastrophic coverage* предназначен для оплаты услуг больниц при проведении сложных операций и процедур с лимитом до $250,000-1,000,000.

Health Maintenance Organizations (HMOs) в отличии от вышеуказанного типа, не имеют *deductible* и *coinsurance,* а в дополнение к ежемесячным взносам требуют только небольшую плату в $5-25 *(co-pay)* при каждом посещении врача или отделения скорой помощи, что в итоге делает этот вид страховки самым недорогим. Однако отрицательной стороной является то, что владелец такой страховки не волен выбирать специалиста, к которому он обращается, а вынужден следовать указаниям своего лечащего врача *(Primary Care Physician),* которого он может выбрать из списка докторов, имеющих контракт с данной страховой компанией. *Primary Care Physician,* обычно имеющий квалификацию семейного доктора (комбинация терапевта и педиатра), принимает все решения, которые находятся в его компетенции, а в случае необходимости направляет пациентов к узким специалистам, в диагностические центры или в больницу.

Поскольку *HMO* получает свою плату вне зависимости от того, болеет пациент или нет, то оно кровно заинтересовано в профилактике и в большинстве случаев оплачивает регулярные профилактические осмотры, рентгеновские снимки и анализы, цель которых распознать болезнь на более ранней стадии и тем самым снизить возможные затраты на её лечение. В то же время, компания может потребовать дополнительного подтверждения *(second opinion)* того, что пациент нуждается в дорогостоящей операции или процедуре прежде, чем дать на неё разрешение.

Preferred Provider Organizations (PPOs) является комбинацией двух первых видов. Владелец такой медицинской страховки также имеет своего лечащего врача, который обеспечивает все профилактические мероприятия и координирует привлечение других специалистов, но в отличие от *HMO,* этот доктор может не иметь контракта со страховой компанией. Если доктор имеет контракт со страховой компанией, то вся оплата осуществляется автоматически, как и в случае с *HMO.* Если же доктор не принадлежит к указанному компанией списку, то он, тем не менее, может получать свою плату, но пациент будет вынужден заполнять необходимые формы. Кроме того, владелец такой страховки может обращаться к другим врачам, не входящим в оговоренный круг специалистов, но при этом ему придётся часть платы брать на себя. Ежемесячные платежи по этому виду страховки также несколько выше, чем в случае *HMO.*

Medicaid insurance is intended to cover medical expenses of the least protected groups of the population, people who meet certain criteria. It was established by a document called *Title XIX of the Social Security Act,* under a joint initiative of the federal government and all state governments. It took effect in 1965. Since some states have more money than others, there are variations in Medicaid eligibility and types of medical services covered by different states. Still, in all cases the criteria meet recommendations established at a federal level. The primary groups of Medicaid recipients are:

- Low-income families with minor children that are eligible for the *AFDC* program;

- *SSI (Supplemental Security Income)* recipients and the disabled, including the blind;

- Newborn children born to mothers receiving Medicaid;

- Children under age 6 and preghant women whose family income is at or below 133 percent of the Federal poverty level (FPL) (in some states this threshold may be higher, and/or the age of children can reach 19 years);

- Recipients of adoption or foster care assistance;

- Some recipients of *Medicare* insurance.

As was already mentioned, individual states can establish broader guidelines for granting the insurance, depending on amount of money they have available, but they cannot narrow the federal government's set criteria, which also establish a mandatory list of medical services covered by Medicaid. If states do not follow these criteria, they lose the right to federal funds earmarked for the program. A partial list of services covered by Medicaid is given below:

- Inpatient hospital services;

- Outpatient hospital services;

- Prenatal care;

- Vaccines for children;

- Family planning services and supplies;

- Home health care for persons eligible for skilled-nursing services;

- Laboratory and x-ray services;

- Diagnostic services;

- Prescription drugs and prosthetic devices;

- Transportation services;

- Rehabilitation and physical therapy services (DHHS, 2000).

Medicaid – страховка Медикейд предназначена для покрытия медицинских расходов наименее защищённых групп населения, отвечающих определённым критериям. Она была установлена документом под названием *Title XIX of the Social Security Act* по совместной инициативе федерального правительства и правительств всех штатов без исключения и начала своё действие в 1965 году. Поскольку финансовые возможности штатов отличаются, то от штата к штату несколько отличается набор оплачиваемых медицинских услуг и круг лиц, имеющих право на эту страховку, но тем не менее, во всех случаях эти условия соответствуют рекомендациям, установленным на федеральном уровне. Основными получателями страховки Медикейд являются:

- семьи с низким доходом, имеющие несовершеннолетних детей и подпадающие под действие программы *AFDC;*

- получатели пособий *SSI (Supplemental Security Income),* а также инвалиды, включая слепых;

- новорожденные дети, рождённые у матерей, получающих эту страховку;

- дети до 6 лет и беременные женщины в семьях, доход которых не превышает 133% от федерального уровня черты бедности (в некоторых штатах этот порог может быть установлен выше, также как и возраст детей может достигать 19 лет);

- получатели пособий по усыновлению;

- некоторые получатели страховки *Medicare.*

Как уже говорилось, штаты могут устанавливать более широкие критерии предоставления страховки в зависимости от их финансовых возможностей, но они не могут сужать критерии, установленные федеральным правительством, которое также устанавливает обязательный перечень медицинских услуг, оплачиваемый по Медикейду. Если штаты не следуют этим критериям, то они теряют право на федеральные фонды, предназначенные для этой цели. Ниже приводится далеко не полный перечень оплачиваемых Медикейдом услуг:

- стационарное лечение;

- амбулаторное лечение;

- беременность и роды;

- детские прививки;

- средства предотвращения беременности;

- уход за больными на дому

- лабораторные анализы и рентгеновские снимки;

- диагностические услуги;

- лекарства и протезы;

- транспортное обслуживание;

- физическая и восстановительная терапия (DHHS, 2000).

Because expenses for Medicaid-provided services are eventually covered by taxpayer money, states establish restrictions on the amount and duration of some services, as well as their cost. For example, there may be limits on home nurse visits or the number of days allowed for hospital stays. Since payment for doctors' services also falls under these restrictions, not all doctors accept Medicaid patients, so before making an appointment with a specialist, be sure to check in advance whether he will see you.

Until 1996 the majority of legal immigrants received Medicaid insurance for at least a limited time after their arrival in the country. Under a new law, *The Personal Responsibility and Work Opportunity Reconciliation Act of 1996,* also known as the "welfare reform act," only persons with refugee status are eligible for the first five years after arrival. All others may receive Medicaid only upon becoming citizens. After depriving most new immigrants of Medicaid insurance at the national level, the federal government granted individual states the right to offer the insurance, as long as it was financed by the state budget. Only about a dozen states have used this opportunity, which means that access to health services for many immigrants depends significantly on where they end up.

Medicare is insurance intended to cover medical expenses for people of retirement age (65 years and older) who are eligible for *Social Security benefits.* As a rule, these are people who worked for at least 10 years and paid Social Security taxes. The majority of immigrants who arrived as older people are not eligible for this insurance. This insurance took effect in July 1966 and covered about 19 million people at the time. By 2000 this figure increased to 40 million.

For a long time Medicare consisted of two parts – A and B – to which part C was added in 1997.

Part A, *Hospital Insurance (HI),* is given free-of-charge to anyone who has reached 65 years of age and is eligible for *Social Security benefits,* whether or not the person continues to work. Those who are not eligible can buy this insurance by making monthly payments. This portion of the insurance covers the following expenses:

- Inpatient hospital treatment in a semi-private room, including operating and recovery rooms, meals, medications, laboratory tests, x-rays, etc., once a deductible has been met. Covers days 61-90 of hospitalization expenses with a required co-payment.

- Skilled nursing facility (SNF) care if it follows within 30 days of a hospitalization of 3 days or more and is certified as medically necessary. The first 20 days are paid in full, with a co-payment required for days 21-100.

- Home health agency (HHA) care, including care provided by a home health aide. Home health care under HI has no duration limitations, no co-payment, and no deductible. Certain medical supplies and

Поскольку расходы на оплату услуг предоставляемых по Медикейду в конечном счёте ложатся на плечи налогоплательщиков, то штаты устанавливают ограничения на объём и продолжительность некоторых услуг, а также на их стоимость. Например, может быть ограничено количество дней нахождения в больнице или количество визитов медсестры на дом. Поскольку оплата услуг врачей также попадает под эти ограничения, то не все врачи принимают пациентов, имеющих Медикейд, и прежде чем записываться на приём к тому или другому специалисту, необходимо заранее убедиться, что он вас примет.

До 1996 года большинство легальных иммигрантов получало страховку Медикейд хотя бы на ограниченный период, непосредственно после прибытия в страну. С принятием законов, направленных на реформу системы вэлфера, правом на эту страховку в первые 5 лет после приезда обладают только лица, имеющие статус беженцев. Все остальные могут её получить, только став гражданами. Лишив большинство вновь прибывших Медикейда на общегосударственном уровне, федеральное правительство оставило штатам право предоставлять такую страховку за счёт своих средств. Только немногим более десятка штатов воспользовалось этим. Таким образом, доступ к медицинскому обслуживанию для многих иммигрантов существенно зависит от того места, в которое они попали.

Medicare - страховка Медикейр предназначена для покрытия медицинских расходов людей пенсионного возраста (старше 65 лет), которые имею право на получение *Social Security benefits.* Как правило, это люди, проработавшие не менее 10 лет и платившие налоги социального обеспечения. Большинство иммигрантов, приехавшие в пожилом возрасте под действие этой страховки не подпадают. Этот вид страховки начал своё действие в июле 1966 года, охватив в то время около 19 миллионов человек. В 2000 году эта цифра увеличилась до 40 миллионов.

Страховка Медикейр длительное время состояла из двух частей A и B, к которым в 1997 году была добавлена часть C:

Part A или *Hospital Insurance (HI)* предоставляется бесплатно всем лицам, достигшим возраста 65 лет и имеющим право на *Social Security benefits,* вне зависимости от того, продолжают они работать или нет. Лица, не имеющие такого права, могут купить такой вид страховки, платя ежемесячные взносы. Эта часть страховки покрывает следующие расходы:

- стационарное лечение с 1-го по 60-й день в двухместной палате, включая операционные и реанимационные отделения, питание, лекарства, анализы, рентгеновские снимки и тому подобное после уплаты *deductible.* Расходы по госпитализации с 61-го по 90-й день после уплаты *co-payments;*

- уход в реабилитационном отделении, который следует в течение 30 дней после госпитализации как минимум на 3 дня. Первые 20 дней оплачиваются полностью, а с 21-го по 100-й дни после уплаты *co-payments;*

durable medical equipment (DME) may also be provided. For DME, beneficiaries must pay a 20-percent coinsurance.

- Hospice care provided to terminally ill persons with life expectancies of 6 months or less (DHHS, 2000).

Part B, *Supplementary Medical Insurance (SMI)*, is offered, for a monthly fee, to people eligible for *Part A*. In 2000, monthly payments for this insurance were $45.50. The overwhelming majority of people with Medicare insurance have both parts described above. This portion of the insurance covers the following expenses:

- Visits to internists, podiatrists, dentists, optometrists, and others, covered at 80% once the *deductible* is met;
- Emergency and outpatient services;
- Laboratory tests, x-rays, and other diagnostic radiology services, as well as certain preventive care screening tests;
- Home health care not covered under HI;
- Most physical and occupational therapy;
- Radiation therapy, renal (kidney) dialysis and transplants, and heart and liver transplants under certain limited conditions;
- Blood transfusions.

Under parts A and B, Medicare does not cover long-term patient care, eyeglasses, prosthetic dentistry, hearing aids, and the majority of medicines not taken in a hospital.

Part C, the *Medicare+Choice program*, offers, for an additional fee, coverage of some medical expenses not included in parts A and B. In 2000, about 6.4 million people took advantage of this part of the insurance.

Expenses for Medicaid and Medicare medical insurances totaled $387 billion in 1998, approximately one-third of all expenditures for medical services in the country. At the same time, this sum totals about three quarters of the government's expenses for medical services (DHHS, 2000).

13.6. Dental insurance

Most medical insurance does not covrer dental services other than removal of teeth causing severe pain. Some plans do cover limited services for

- уход на дому со 100% оплатой визитов медсестры без ограничения по времени и 80% оплатой необходимого медицинского оборудования;

- уход в отделении для безнадёжно больных с ожидаемой продолжительностью жизни шесть месяцев или менее (DHHS, 2000).

Part B или *Supplementary Medical Insurance (SMI)* предоставляется по желанию за ежемесячную плату всем тем, кто имеет право на *Part A*. В 2000 году месячные взносы за эту часть страховки составляли $45.50. Подавляющее большинство лиц, имеющих страховку Медикейр, имеют обе вышеуказанные части. Эта часть страховки покрывает следующие расходы:

- визиты к терапевтам, ортопедам, стоматологам, окулистам и так далее в размере 80% после уплаты *deductible;*

- амбулаторное лечение и услуги скорой помощи;

- лабораторные анализы, рентгеновские и другие диагностические тесты;

- уход на дому, не покрываемый частью А, в размере 100% плюс 80% стоимости медицинского оборудования после уплаты *deductible;*

- физиотерапию и восстановительную терапию;

- радиационную терапию и пересадку органов в некоторых случаях;

- вливание донорской крови.

Медикейр в частях А и В не покрывает долгосрочный уход за больными, очки, зубопротезирование, слуховые аппараты и большинство лекарств, принимаемых не в стационаре.

Part C или *Medicare + Choice program* позволяет за дополнительную плату покрывать некоторые виды медицинских расходов не входящих в части А и В. В 2000 году около 6.4 миллиона человек были участниками этой части страховки.

Расходы на медицинские страховки Медикейд и Медикейр в 1998 году составили $387 миллиардов или приблизительно одну треть всех расходов на медицинские услуги по стране. В то же время, эта сумма составляет около трёх четвертей от государственных расходов на эти цели (DHHS, 2000).

13.6. Стоматологическая страховка

Подавляющее большинство медицинских страховок не покрывает расходы на стоматологические услуги за исключением удаления зубов, связанного с острой болью. Некоторые, правда, покрывают ограниченные виды таких услуг для несовершеннолетних детей. Во всех остальных случаях пациенты ответственны за оплату или должны покупать стоматологическую страховку *(Dental Insurance)* отдельно.

minor children. In all other cases patients are responsible for payment or have to buy separate dental insurance.

Dental insurance is not as common as medical insurance, making it considerably more expensive and less effective. Unlike medical insurance, dental insurance has a very limited annual cap of covered expenses for each person. If, for example, medical insurance for a family of three costs $60 per week, that totals $3,120 annually and pays hundreds of thousands of dollars of expenses for each person if necessary. But dental insurance that costs $25 per week (or $1,300 annually) covers expenses of no more than $1,000 per year per person. One of the reasons for the high price of dental insurance is that employers don't always take on these expenses, as is standard with medical insurance. But even taking that into account, dental insurance can be useful in the beginning, considering the poor dental health of many immigrants.

Dental insurance usually covers:

- 100% of expenses for preventive procedures performed at regular time intervals (for example, dental cleanings and check-ups every six month);

- 80% of treatment expenses once the deductible is met and a certain time, a *waiting period* of, perhaps, six months, has passed;

- 50% of prosthetic expenses, after a longer waiting period, for example, 12 months.

But, as already noted, these payments may not exceed the established annual limit. Unlike medical insurance, a dental insurance *deductible* is paid only once, at the beginning, rather than annually.

There is a set periodicity for all types of dental procedures covered by insurance. If you exceed the specified number of procedures or don't wait long enough, you will be forced to pay for them out of pocket. If, for example, the insurance covers two preventive dental cleanings per year, the time between them should be close to six months (for example, not less than 154 days). Or if the insurance covers a panoramic x-ray of the mouth once every three years, before taking another one, confirm that the proper amount of time has elapsed since your last x-ray. An error of a few days can cost you a couple hundred dollars. If you do not take advantage of covered preventive procedures, they simply expire.

Another important thing that you should be aware of is that when insurance companies cover procedures, they pay only as much as they consider reasonable. If you are treated by a doctor whose fees are higher than this limit, you are responsible for paying the difference.

Стоматологические страховки не так широко распространены, как медицинские и, следовательно, значительно более дороги и менее эффективны. Они, в отличие от медицинских страховок, имеют очень ограниченный годовой максимум покрываемых расходов в расчёте на каждого человека. Если, к примеру, медицинская страховка на семью из трёх человек, стоящая $60 в неделю, что составляет $3,120 в год, покрывает расходы в сотни тысяч долларов на каждого человека в случае необходимости, то стоматологическая страховка, стоящая $25 в неделю или $1,300 в год, покроет расходы не более чем $1,000 в год на человека. Одной из причин высокой цены стоматологических страховок является то, что работодатели далеко не всегда берут на себя часть расходов, как это принято с медицинскими страховками. Но даже с учётом этого, они могут быть выгодны на первых порах, учитывая плохое состояние зубов большинства иммигрантов.

Стоматологические страховки обычно покрывают:

- 100% затрат на профилактические процедуры с определённой периодичностью с момента их приобретения (например, профилактические чистки и осмотры каждые 6 месяцев);

- 80% затрат на лечение, после уплаты *deductible* и определённого периода ожидания *waiting period,* например 6 месяцев;

- 50% расходов на протезирование, после более долгого периода ожидания, например 12 месяцев.

Но, как уже было сказано, эти выплаты не превышают установленного годового лимита. В отличие от медицинской страховки, *deductible* в стоматологической страховке выплачивается только один раз в самом начале, а не ежегодно.

Все виды стоматологических процедур, покрываемые страховкой, имеют определённую периодичность. Если вы превысите указанное число процедур или не выдержите необходимый интервал, то вынуждены будете оплачивать их из своего кармана. Если, например, страховка покрывает две профилактические чистки зубов в год, то интервал между ними должен быть близким к 6 месяцам (к примеру, не менее 154 дней). Если, предположим, она оплачивает панорамный рентгеновский снимок рта один раз в три года, то убедитесь, что необходимый срок с момента последнего такого снимка истёк, прежде чем делать другой. Ошибка в несколько дней может стоить вам пару сотен долларов. Если же вы не используете оплачиваемые профилактические процедуры, то они просто пропадают.

Другой важной особенностью, которую необходимо знать, является то, что страховые компании оплачивают процедуры по стоимости, которую они считают обоснованной. Если вы лечитесь у доктора, гонорары которого выше этого лимита, то оплата разницы лежит на вашей ответственности.

14. Medical Care

Health care in the US is highly advanced and, by many standards, among the best in the world. Many kinds of surgeries and other procedures that are rare in the rest of the world are performed frequently in America. New, more effective drugs constantly appear on the market, enabling treatment of illnesses once considered incurable. Even rural hospitals have expensive diagnostic equipment. The American health care system undoubtedly differs significantly from what you are familiar with from previous experience.

High standards for health care are supported by large financial expenditures. American medical care is most likely the most expensive in the world. The country spends about 15% of its gross domestic product on health care.

Since the majority of immigrants come from countries with substandard health care, many have chronic conditions or serious health problems and require treatment almost as soon as they arrive in the country. This is why it's important to have some general knowledge of the US health care system.

14.1. Health care at the national level

Although the overwhelming majority of elements making up the health care system belong to the private sector, the government plays a very important role in enabling the system to function. This role consists of three basic components: legislation, control, and financing.

National and state legislatures establish laws that all health care system participants – doctors, hospitals, additional service providers, insurance companies, and others – must follow.

14. Медицинская помощь

Медицина в США высоко развита и по многим показателям находится на первом или одном из первых мест в мире. Многие виды операций и процедур, являющиеся редкостью в большей части мира, производятся в массовом количестве в Америке. Новые, всё более эффективные лекарства постоянно появляются на рынке, позволяя лечить болезни, ранее считавшиеся неизлечимыми. Дорогостоящее диагностическое оборудование есть даже в провинциальных больницах. Вне всякого сомнения, организация медицинской помощи в США существенно отличается от того, с чем вы знакомы по своему предыдущему опыту.

Высокий уровень медицины не приходит сам по себе, а обеспечивается путём больших финансовых затрат. Вероятнее всего, американская медицина является самой дорогой в мире. Страна тратит около 15% национального дохода на здравоохранение.

Поскольку большинство иммигрантов приезжает из стран с низким уровнем медицинского обслуживания, то многие из них имеют хронические заболевания или серьёзные проблемы со здоровьем и нуждаются в лечении чуть ли не с первых дней после прибытия в страну. Именно поэтому, важно иметь представление о системе здравоохранения США хотя бы в общих чертах.

14.1. Здравоохранение на уровне государства

Несмотря на то, что подавляющее большинство элементов, составляющих систему здравоохранения, находятся в частном секторе, роль государства в её функционировании очень велика. Эта роль складывается из трёх основных составляющих: законодательного обеспечения, контроля и финансирования.

Законодательные органы страны и отдельных штатов устанавливают законы, которым обязаны следовать все участники системы медицинской помощи, как, например, врачи, больницы, вспомогательные службы, компании, обеспечивающие медицинские страховки и так далее.

The Food and Drug Administration, or *FDA,* supervises the release of new medications onto the market and monitors the performance of existing ones. This agency makes the final decision about whether a certain medication meets requirements and whether it has undergone sufficient testing to be approved for public use.

The government also finances the two largest medical insurance programs – *Medicaid* and *Medicare* – which cover the least protected members of the population: low-income families, the disabled, and senior citizens. The government also provides medical insurance to government employees. These expenses total about half of the country's overall health care costs. The other half falls to the private sector.

14.2. Hospitals and clinics

The foundation of the health care system is formed by numerous hospitals, where patients undergo inpatient treatments, surgeries, and various types of diagnostic procedures that require sophisticated medical equipment, such as X-ray, ultrasound, MRI, and the like. Hospitals differ significantly in size, staff credentials, treatment outcome for various conditions, and quality of service they provide.

Hospitals must pass periodic accreditation and certification checks that control the quality of the medical services they provide. Accreditation, which recognizes that the hospital meets certain standards, is conducted by private organizations that are recognized at the national level. These organizations include the *Joint Commission on Accreditation of Healthcare Organizations* or *JCAHO*, and the *American Osteopathic Association* or *AOA*. They evaluate how well the hospital treats patients and verify the presence and condition of all necessary equipment, the competence of hospital personnel, and the way the hospital keeps records. Each hospital is awarded an accreditation category based on results of evaluation. The Joint Commission uses six categories for hospitals. They are listed below, from highest to lowest.

1. **"Accreditation with Full Standards Compliance** (formerly Accreditation without Type I Recommendations) is awarded to a health care organization that demonstrates satisfactory compliance with applicable JCAHO standards in all performance areas.

Министерство пищевой и фармацевтической промышленности *(Food and Drug Administration)* или *FDA* контролирует выпуск на рынок новых лекарственных препаратов, а также результаты использования существующих. Эта служба делает окончательное заключение о том, соответствует ли лекарственный препарат требованиям, и прошёл ли он достаточные испытания, прежде чем разрешать его массовое применение.

Государство финансирует две крупнейшие программы медицинского страхования *Medicaid* и *Medicare,* охватывающие наименее защищённые слои населения (семьи с низким доходом, инвалидов и людей пенсионного возраста), помимо этого оно обеспечивает программу медицинского страхования государственных служащих. В сумме эти расходы составляют около половины всех расходов страны на медицину. Вторая половина расходов приходится на частный сектор.

14.2. Больницы и клиники

Основу системы медицинской помощи составляют многочисленные больницы, в которых производится стационарное лечение больных, хирургические операции, а также различного рода диагностические процедуры, требующие сложного медицинского оборудования, как, например, рентген, ультразвук, магниторезонансное сканирование и так далее. Больницы могут быть самых различных размеров, иметь кадры различной квалификации, а также существенно отличаться друг от друга по результатам лечения тех или иных болезней и качеству оказываемых услуг.

Для контроля за качеством медицинских услуг, оказываемых больницами, они должны проходить периодические проверки, называемые аккредитацией или сертификацией. Аккредитацию (признание больницы соответствующей определенным нормам) проводят частные организации, признанные на национальном уровне. Такими организациями являются *Joint Commission on Accreditation of Healthcare Organizations* (Объединённая комиссия по аккредитации организаций здравоохранения) или *JCAHO*, а также *American Osteopathic Association* (Американская Остеопатическая Ассоциация) или *AOA*. Они проверяют, насколько хорошо больница лечит пациентов, а также наличие и состояние необходимого оборудования, уровень знаний персонала и состояние ведения документации. По результатам проверки больнице присваивается та или иная акредитационная категория. Существует шесть категорий, присваиваемых Объединённой комиссией больницам по результатам аккредитации. Они приводятся ниже в порядке от высшей к низшей.

1. *"Accreditation with Full Standards Compliance* (аккредитация с полным соответствием стандартам), ранее нзывавшаяся *Accreditation without type I recommendations,* присваивается больницам, демонстрирующим удовлетворительное соответствие всем требованиям стандартов *JCAHO*.

2. **Accreditation with Requirements for Improvement** (formerly Accreditation with Type I Recommendations) is awarded to a health care organization that demonstrates satisfactory compliance with applicable JCAHO standards in most performance areas, but has deficiencies in one or more performance areas or in meeting accreditation policy requirements which require resolution within a specified time period.

3. **Provisional Accreditation** is awarded to a previously unaccredited health care organization that demonstrates satisfactory compliance with a subset of standards during a preliminary on-site evaluation. This decision remains in effect until one of the other official accreditation decision categories is assigned, based on a complete survey against all applicable standards approximately six months later.

4. **Conditional Accreditation** is awarded to a health care organization that:
   - fails to demonstrate compliance with applicable JCAHO standards in multiple performance areas, but is believed to be capable of achieving acceptable compliance within a stipulated time period; or
   - is persistently unable or unwilling to demonstrate satisfactory compliance with one or more JCAHO standard(s); or,
   - fails to comply with one or more specified accreditation policy requirements.

5. **Preliminary Denial of Accreditation** results when it is determined that there is justification to deny accreditation to a health care organization because the organization has failed to demonstrate satisfactory compliance with applicable JCAHO standards in multiple performance areas, or with accreditation policy requirements, or for other reasons. This accreditation decision is subject to subsequent review.

6. **Accreditation Denied** results when a health care organization has been denied accreditation. This accreditation decision becomes effective only when all available appeal procedures have been exhausted" (JCAHO).

Accreditation takes place at least once every three years, and most hospitals take part in these programs. To find out the accreditation level of a particular hospital, call *JCAHO* at 1-630-792-5800 or AOA at 1-312-202-8258. Visit *JCAHO* on the Internet at *http://www.jcaho.org* or *AOA* at *http://www.aoa-net.org*. In addition to being accredited, hospitals are also certified by government agency. Certification and accreditation are not same.

Hospital standards and conditions for hospital patients may differ significantly from what you have been used to in your country:

- Rooms for two people *(semiprivate rooms)* with a shower and a toilet, plus a TV and an individual phone for each patient are the norm in the majority of hospitals.

2. *Accreditation with Requirements for Improvement* (аккредитация с рекомендациями по улучшению), *ранее нзывавшаяся Accreditation with type I recommendations,* присваивается больницам, демонстрирующим удовлетворительное соответствие большинству требований стандартов *JCAHO*, но имеющим недочёты в одной или более областей деятельности, которые должны быть устранены в указанный период времени.

3. *Provisional accreditation* (временная аккредитация) присваивается ранее не аккредитованным больницам, демонстрирующим удовлетворительное соответствие сокращённому количеству требований стандартов *JCAHO,* проверяемых во время предварительного обследования и сохраняется до окончания полной проверки, проводимой обычно шесть месяцев спустя.

4. *Conditional accreditation* (условная аккредитация) присваивается больницам, демонстрирующим одно из ниже перечисленных:
   • неудовлетворительное соответствие многим требованиям стандартов *JCAHO,* однако, есть основания полагать, что они способны исправить положение в предполагаемый период времени;
   • продолжительную неспособность или нежелание удовлетворить требованиям одного или нескольких стандартов *JCAHO;*
   • не соответствие одному или более специфическим требованиям аккредитационных правил.

5. *Preliminary denial of accreditation* (предварительный отказ в аккредитации) присваивается больницам, когда есть основания для отказа в аккредитации, поскольку они показали неудовлетворительное соответствие требованиям многих стандартов *JCAHO* или аккредитационных правил. Эта категория автоматически приводит к повторной проверке.

6. *Accreditation denied* (отказ в аккредитации) вступает в силу только когда все возможные способы опротестования этого решения исчерпаны" (JCAHO).

Аккредитация производится не реже, чем раз в три года. Большинство больниц принимают участие в такого рода программах. Узнать уровень аккредитации той или иной больницы можно, позвонив в *JCAHO* по телефону 1-630-792-5800 или в *AOA* по телефону 1-312-202-8258, а также на Интернете по адресам *http://www.jcaho.org* или *http://www.aoa-net.org*. Сертификацию больниц производит правительственное агентство. Сертификация и аккредитация – не одно и то же.

Условия содержания больных в американских больницах, а также порядки, установленные в них могут существенно отличаться от того, к чему вы привыкли в своей стране.

• Палаты на двух человек *(semiprivate rooms)* с душем и туалетом, оснащенные телевизором и индивидуальными телефонами у каждого больного являются нормой в большинстве больниц.

- Hospital beds are usually equipped with remote-controlled motors that allow one to change the angle of the top of the bed and the angle and height of the bottom part.

- Almost all materials and instruments are disposable and only used once.

- Patients are provided with basic toiletries, such as toothbrushes, toothpaste, and body lotion.

- Bed linens and clothes are changed at least once a day.

- The patient orders food from a menu that offers several possible choices. Food is brought directly to the room.

When you factor in a significant number of personnel and expensive equipment, it becomes abundantly clear that the cost of hospital treatment must be high. And that's exactly the case. A one-day stay in a hospital can cost more than $1,000, even without adding in fees for expensive procedures or surgery. For this reason, patients stay in the hospital for only the minimally necessary time, usually just a few days, even for serious surgical procedures. For less serious problems or childbirth, hospitalization may be only one day.

Relatives and friends of patients have much greater freedom to visit the hospital than is customary in other countries. If the patient is in a regular room rather than intensive care, there are virtually no restrictions on the number of visitors or visiting times. To my surprise, nowhere have I seen any clothing requirements for visitors. There are no special robes, and it is not necessary to remove coats or jackets before entering the room. There is no need to bring food for patients unless they want something special. Most visitors bring flowers, toys, cards, and balloons with traditional wishes for a fast recovery: *Get well soon.*

Hospitals usually have souvenir and gift shops where you can buy something if you didn't have the time or didn't remember to do so beforehand. You can also call the store to purchase something by credit card and have it delivered directly to the room. Most of these stores are open only in the morning and afternoon. Besides visiting, you can always check on the patient's condition by calling him or her directly or phoning the hospital information center.

Hospitals also serve as bases for training future medical personnel and providing emergency care. Besides providing inpatient treatment for patients referred by various doctors, most hospitals have outpatient clinics and emergency rooms.

- Больничные кровати обычно оборудованы электрическими приводами, позволяющими с помощью пульта менять наклон верхней части, а также изгиб и высоту нижней части кровати.

- Почти все материалы и инструменты рассчитаны на одноразовое применение.

- Больные обеспечиваются гигиеническими предметами первой необходимости (зубная щётка, паста, крем для кожи и так далее).

- Постельное бельё и одежда меняются не реже одного раза в день.

- Пища заказывается больным из меню, предлагающего несколько вариантов каждого блюда, и приносится непосредственно в палату.

Если ко всему этому добавить значительное количество персонала и дорогостоящего оборудования, то становится совершенно очевидно, что стоимость лечения в больнице должна быть высокой. Так оно и есть на самом деле. Один день пребывания в стационаре может стоить значительно более тысячи долларов даже без учёта стоимости дорогостоящих процедур или хирургических операций. Именно поэтому, больные содержатся в больнице только минимально необходимое время и нередко, даже при проведении серьёзных хирургических операций, это время исчисляется всего несколькими днями, а при менее сложных случаях или, к примеру, при рождении ребёнка, это могут быть только одни сутки.

Родственники и друзья пациентов, при посещении их в больнице, пользуются значительно большей свободой, чем это принято в других странах. Если больной находится в обычной палате, а не в палате реанимации, то практически нет никаких ограничений в количестве посетителей и времени посещения. К моему удивлению, я нигде не видел никаких требований к посетителям в отношении одежды. Нет не только никаких специальных халатов, но даже не требуется снимать верхнюю одежду, чтобы пройти прямо в палату. Нет никакой необходимости приносить больным пищу, за исключением случаев, когда они захотят чего-либо из ряда вон выходящего. Большинство посетителей приносят цветы, игрушки, открытки и воздушные шары с традиционным напутствием быстрого выздоровления *Get well soon.*

Больницы обычно имеют магазины сувениров и подарков, где вы можете купить что-то, если вы не позаботились об этом заранее или у вас не было времени. Вы также можете позвонить туда по телефону и заказать доставку непосредственно в палату, оплатив покупку кредитной картой. Большинство таких магазинов, правда, работают только в дневное время. Помимо посещения, вы всегда можете позвонить непосредственно больному или в информационный центр, чтобы узнать о его состоянии.

На базе больниц производится обучение будущего медицинского персонала, а также оказание срочной медицинской помощи. Помимо стационарного лечения больных, направляемых самыми различными врачами, больницы обычно имеют клиники, в которых принимают приходящих больных, а также отделения скорой помощи.

14.1. Doctors in private practice

Many American doctors maintain their own private practices rather than work in hospitals and clinics. Some work alone and others work with partners, but their income is determined by their knowledge, credentials, and the ability to organize their practice efficiently.

The first level of the medical hierarchy – in terms of closeness to patients, not importance – is composed of so-called *Primary Care Providers* or *Primary Care Physicians*. They are the same as internists and pediatricians most of us are familiar with, and they are who we visit first with various health concerns. These doctors may have one of three types of credentials:

- *Pediatricians* – treat only children;
- *Internists or Internal Medicine Doctors* – treat only adults;
- *Family Practice Doctors* – treat both children and adults.

Doctors with *Family Practice* credentials are trained in a special program that includes a broad set of disciplines that cover many situations. Procedures that can be done at a *Family Practice* doctor's office may include taking blood or other laboratory samples, giving vaccinations, measuring blood pressure, taking a cardiogram, conducting simple surgery, prescribing a necessary treatment, or performing a physical exam. Doctors have support personnel – nurses, nurses' aids, and administrative assistants – to help them provide services.

Although *Primary Care Providers* work independently, they are usually affiliated with one or several nearby hospitals. If their patients are admitted to these hospitals, the doctors can visit them and participate in their treatment.

In many cases, this doctor refers patients to experts in specific fields, called *specialists,* as needed. A *referral* must be obtained in advance, in writing, or insurance companies will not cover the cost of appointments or treatment. Primary care doctors also refer patients to hospitals for complex diagnostic or medical procedures that they cannot perform themselves.

14.2. Emergency medical care

Almost all hospitals have *Emergency Rooms,* where patients can be treated at any time of day or night; patients arrive on their own or are brought in by ambulances. The telephone number 911 is dedicated throughout the US

14.1. Частнопрактикующие врачи

Большое количество врачей в США не работают в больницах и клиниках, а ведут частную практику. Одни работают в одиночку, другие - с партнёрами, но так или иначе их доходы определяются только их знаниями, квалификацией и умением эффективно организовать свою работу.

Первый уровень в медицинской иерархии (не по значимости, а по близости к пациентам) составляют так называемые *Primary Care Providers* или *Primary Care Physicians,* что эквивалентно знакомым нам участковым терапевтам или педиатрам. Это врачи, к которым вы обращаетесь в первую очередь со всеми вашими проблемами, относящимися к здоровью. Такие врачи могут иметь один из трёх видов квалификации:

- *Pediatric* (педиатр) – лечит только детей;

- *Internal Medicine* (врач по внутренним болезням) – лечит только взрослых;

- *Family Practice* (семейный доктор) – лечит и тех и других.

Врачи с квалификацией *Family Practice* обучаются по специальной программе, включающей достаточно широкий набор дисциплин на все случаи жизни. В офисе такого врача у вас могут взять анализы, сделать прививки, измерить давление или снять кардиограмму, сделать несложную операцию, назначить необходимое лечение, сделать профилактический осмотр и так далее. Для того чтобы справиться со всем этим, доктора имеют вспомогательный персонал – медсестер, санитаров, администраторов.

Primary Care Providers хотя и работают независимо, но обычно связаны с одной или несколькими близлежащими больницам, и если их пациент попадает в такую больницу на стационарное лечение, то они могут навещать его и участвовать в лечении.

Во многих случаях, именно этот доктор направляет пациентов к узким специалистам (которые так и называются *specialists*) в случае необходимости и страховая компания не оплатит стоимость посещения или лечения, если такое направление *(referral)* не было заранее оформлено в письменном виде. Он также направляет своих пациентов в госпитали для проведения сложных диагностических или лечебных процедур, которые он не может выполнить сам.

14.2. Неотложная медицинская помощь

Почти все больницы имеют отделения неотложной помощи *Emergency Room,* в которые пациенты могут обратиться в случае необходимости в любое время суток или привозятся машинами скорой помощи при вызове на дом. На

to emergency and rescue services, including fire departments, police, and ambulances. Often, all three services arrive simultaneously, especially in cases when the caller cannot explain the problem, or simply dials the number without saying anything. In these cases, emergency workers determine the address using the caller's phone number.

Emergency visits are not made free-of-charge. If you're close to the hospital and within city limits, an ambulance might cost $150-200, but a suburban pickup might run $700-1,000, so it's not a good idea to use the service without a good reason. At the same time, this shouldn't stop you if there's serious danger. Medical insurance usually covers almost the entire cost, and those who cannot afford to pay are treated with compassion.

Prompt service and attention are given to emergency room patients in direct proportion to the seriousness of their conditions. In case of false alarms, or after first aid treatment has been administered, when it becomes clear that the patient is in no immediate danger, personnel move on to other patients. You may need to spend another two or three hours waiting for paperwork to be completed before you are allowed to leave.

Emergency rooms are also places where uninsured patients usually seek treatment. By law, nobody can be denied medical help on the grounds that he or she is not able to pay. Help must be provided, and means for payment are found later. In the end, this treatment is covered by increases in payment from people who have insurance since many hospitals are commercial enterprises and cannot afford to leave expenses uncompensated.

Besides emergency rooms, many hospitals have free programs that serve certain categories of uninsured patients. Income is usually a main criterion in meeting their requirements, but age, presence of minor children, and other factors may also determine eligibility.

14.3. Dentistry

It would be difficult to find another country where teeth receive as much attention as they get in America. There is definitely some truth to the belief that healthy and beautiful teeth are indispensable to feeling good and that they improve self-esteem and in the end help one to succeed. Most Americans learn the importance of good oral hygiene at an early age, and they visit the dentist regularly (every six months) for routine checkups and cleanings. The result of these efforts is that more than half of school-age children have no fillings in

всей территории США телефонный номер 911 предназначен для вызова аварийно-спасательных служб, как-то: пожарных, полиции или скорой медицинской помощи. Нередко, все три вышеуказанные службы приезжают одновременно; особенно это касается случаев, когда звонящий не может объяснить, в чём проблема или вообще не произнёс ни слова, а просто набрал номер. Адрес в этом случае определяется по номеру телефона.

Вызов аварийно-спасательных служб не бесплатный. Если в городской черте на небольшом расстоянии от больницы он может стоить $150-200, то в пригороде он может обойтись в $700–1000, поэтому не следует им злоупотреблять без больших на то оснований, но в то же время, это не должно останавливать в случае серьезной опасности. Медицинские страховки обычно покрывают такие расходы почти полностью, а с тех, кому платить нечем, спрос невелик.

Скорость обслуживания и доля внимания, оказываемые в отделении скорой помощи, как и положено, находятся в прямой связи с тяжестью состояния пациента. В случае ложной тревоги или после оказания первой помощи, как только выясняется, что серьёзной угрозы нет или не было, персонал переключается на других пациентов, и вы можете провести дополнительных 2-3 часа прежде чем все документы будут оформлены и вам позволят уйти.

Отделения скорой помощи являются местом, куда обращаются те, у кого нет страховки. Согласно законам, никому не могут отказать в помощи на том основании, что ему нечем платить. Помощь обязана быть оказана, а уж потом должны искаться пути её оплаты. В конечном итоге такая помощь покрывается за счёт повышения оплаты людям, имеющим страховки, поскольку больница является коммерческим предприятием и не может себе позволить не компенсировать какие-то затраты.

Помимо отделений скорой помощи, многие госпитали имеют программы бесплатного обслуживания для некоторых категорий людей, не имеющих страховок. Основным критерием соответствия требованиям этих программ обычно является уровень дохода, но могут быть также дополнительные требования, как, например, наличие малолетних детей, возраст и так далее.

14.3. Стоматология

Вероятно трудно найти в мире другую страну, где бы столько внимания уделялось зубам, как в Америке. Не без основания считается, что здоровые и красивые зубы являются одним из непременных условий хорошего самочувствия, повышают самооценку и, в конечном счете, способствуют успеху. Подавляющее большинство американцев с ранних лет приучаются следить за состоянием зубов и регулярно (каждые 6 месяцев) ходят к дантистам для профилактических осмотров и гигиенических чисток. Результатом этих усилий

their teeth, and it's not unusual that people of middle age or even older have never experienced a toothache.

However, if Americans have healthy teeth thanks to preventive care, hygienists, and general dentistry, beautiful teeth come through the efforts of numerous specialists. Let's take a brief look at the most common dental specialties.

- *Orthodontics* – correction of the bite and the spacing between teeth using *braces*. Straightening and moving teeth is the most common procedure. Putting on braces involves attaching a metal band to each tooth, then installing a wire with springs to connect the teeth. Pressure from the wire gradually moves the teeth into their proper positions. This contraption must be worn for a minimum of several months, and sometimes more than a year. Despite the fact that few people enjoy having a mouth full of metal for so long, more than 50% of school-age children undergo this procedure at one time or another, as do some adults, who for some reason did not have a chance to get braces at an earlier age. The results are usually worth the months of discomfort. It should be noted that this procedure is quite expensive. The cost can range from $3,000 to 10,000 or more, depending on the complexity of the work and the region where it is performed.

- *Endodontics* – removal of tooth nerves and sealing off root canals. If the tooth is so damaged that a dental nerve must be removed, the patient goes to an endontist, who performs this procedure as well as cleans and seals up root canals. The procedure usually takes about two hours and can cost $600-1,800 for molars, depending on where you live. Once that's done, you return to the general dentist, who fills or puts a crown on the tooth.

- *Prosthodontics* – manufacture or repair of full and partial dentures, as well as crowns and bridges. Depending on materials used and the region of the country, the price of a single crown can vary from $600 to $2,000 and higher. A full denture may cost $900-2,800.

- *Periodontics* – treatment of gum disease. Since most dental problems begin with or are accompanied by gum disease, timely treatment of gum disease is the best way to keep teeth healthy and save on treatment.

- *Extractions and Oral Surgery* – simple oral surgery and removal of teeth.

- *Cosmetic Dentistry* is the fastest developing branch of dentistry. Cosmetic dentistry aims for aesthetic improvement of the teeth and mouth.

является то, что больше половины школьников не имеют ни единой пломбы в зубах и нередко можно встретить людей средних лет или даже старшего возраста, которые не знают, что такое зубная боль.

Однако если здоровыми зубами американцы обязаны профилактике, гигиенистам и стоматологам общего направления *(general dentistry),* то красивыми зубами – усилиям многочисленных специалистов. Рассмотрим вкратце основные специальности дантистов:

- **Orthodontics** – исправление прикуса и изменение взаимного расположения зубов с помощью пружинистых вставок *(braces).* Выправление зубов и их сдвигание – наиболее распространенная процедура, при которой на каждый зуб прикрепляется металлическая пластинка, и все они соединяются пружинящей проволокой, под воздействием которой зубы постепенно подвигаются на нужное место. Это приспособление необходимо носить, как минимум, несколько месяцев, а нередко - более года. Несмотря на то, что мало кто испытывает удовольствие, сверкая металлической улыбкой в течение такого длительного срока, этой процедуре подвергаются не только более 50 % детей школьного возраста в то или иное время, но нередко можно видеть и взрослых людей, которые по какой-то причине не сделали этого раньше и теперь навёрстывают упущенное. Результаты обычно стоят тех долгих мучений, на которые добровольно себя обрекают пациенты. Надо сказать, что процедура эта достаточно дорогостоящая. Цена может быть от $3,000 до $10,000 и более в зависимости от сложности работы и региона, в котором она производится.

- **Endodontics** – удаление нервов и пломбирование корневых каналов *(Root Canals).* Если зуб повреждён настолько, что необходимо удалить зубной нерв, пациент направляется к эндодонтисту, который выполняет эту процедуру, а также чистит и пломбирует корневые каналы. Такая процедура занимает обычно около двух часов и для коренных зубов может стоить от $600 до $1,800 в зависимости от региона. Только после этого вы возвращаетесь к дантисту общего профиля, который ставит пломбу или надевает коронку на этот зуб.

- **Prosthodontics** – изготовление или ремонт зубных протезов, как полных, так и частичных (коронок, мостов). В зависимости от используемого материала и региона страны цена одиночной коронки может колебаться от $600 до $2,000 и выше, а полного протеза от $900 до $2,800.

- **Periodontics** – лечение заболеваний полости рта. Поскольку большинство заболеваний зубов начинается с болезней дёсен или сопровождается ими, то своевременное лечение таких заболеваний является лучшим способом сохранить зубы и сэкономить на их лечении.

- **Extractions and Oral Surgery** – удаление зубов и несложные операции в полости рта.

- **Cosmetic Dentistry** – косметическая стоматология. Это наиболее быстро развивающееся направление стоматологии, занимающееся эстетическим

Common procedures include bleaching teeth, changing the shape or color of teeth, altering gum shape, bridges and crowns, implants, and the like. Prices for these procedures are determined by the complexity of the work and vary significantly depending on region.

You can find a great deal of information on all aspects of dentistry on the Internet at the following addresses:

http: // www.ada.org - American Dental Association;

http://www.aacd.com - American Academy of Cosmetic Dentistry®;

http://www.bracesinfo.com/dentalcosts/

14.4. Choosing a doctor and making an appointment

There are many factors to consider when choosing a doctor, and they may differ depending on age, gender, family status, overall health, and the like. For some people, the most important consideration is whether that the doctor is a good expert in a certain area, for others it's more important that his or her office be nearby. Some patients prefer a doctor of their own gender. It is very important to have a doctor whose level of competence you trust and with whom you feel completely comfortable. However, your choice of a doctor depends significantly on your medical insurance, so your choices are very limited at the beginning.

Primary Care Providers accept patients regardless of where they live, so, in theory, you can search for a doctor anywhere you like, and as far away as you're willing and able to travel for an appointment. However, not all doctors accept patients with certain types of insurance, and not all insurance programs allow going to any doctor. Besides, some doctors have such heavy patient loads that they don't accept new patients.

If you have government insurance such as *Medicaid* or *Medicare*, you'll first need to find out whether the doctor accepts patients with this coverage. As it happens, doctors are paid less under these insurance programs than by commercial insurance, so doctors whose patient clientele is largely covered by commercial insurance can afford not to accept patients with government insurance.

If you have commercial insurance through your employer, such as an *HMO,* you will be given a list of doctors who have a contract with the insurance company. You choose a doctor only from this list unless you want to pay extra from your own pocket. Only if you have a *Fee-for-service* type of insurance can you go to any doctor.

A recommendation from other doctors or patients is the best way to choose a doctor. Talk to friends, relatives, colleagues, or members of your reli-

улучшением элементов полости рта. Широко распространёнными процедурами являются отбеливание зубов, изменение формы или цвета зубов, изменение формы дёсен, мосты и коронки, имплантанты и так далее. Цена на такие процедуры определяется сложностью работы и может существенно варьироваться в зависимости от региона.

Вы можете найти большое количество информации по всем аспектам стоматологии на Интернете по следующим адресам:

http://www.ada.org - *American Dental Association;*

http://www.aacd.com - *American Academy of Cosmetic Dentistry®;*

http://www.bracesinfo.com/dentalcosts/

14.4. Выбор доктора и запись на приём

При выборе доктора обычно принимается во внимание множество факторов, которые могут быть различными для людей различного возраста, пола, семейного положения, состояния здоровья и так далее. Для одних важно, чтобы доктор был хорошим специалистом в определённой области, для других - чтобы его офис находился неподалеку, для третьих - чтобы доктор был одного с ними пола. Очень важно иметь врача, который вас устраивает как специалист, и с которым вы чувствуете себя удобно во всех отношениях. Однако выбор доктора существенно зависит от вида медицинской страховки, которую вы имеете, и будет на первых порах сильно ограничен.

Врачи, относящиеся к *Primary Care Providers,* принимают пациентов не по территориальному признаку, поэтому теоретически вы можете искать себе доктора в окрестности настолько большой, насколько далеко вы имеете желание и возможность добираться, чтобы попасть на приём. Однако не все врачи принимают больных с любыми страховками и не все медицинские страховки позволяют обращаться к любому врачу. Некоторые врачи, кроме того, настолько загружены, что не берут новых пациентов.

Если вы имеете государственную страховку типа *Medicaid* (Медикейд) или *Medicare* (Медикейр), то, прежде всего, надо узнать, принимает ли врач пациентов с такой страховкой. Дело в том, что выплаты врачам по этим страховкам существенно ниже, чем по коммерческим, поэтому доктора, имеющие достаточную клиентуру среди пациентов с коммерческими страховками, могут позволить себе отказывать в приёме обладателям государственных.

Если через вашего работодателя вы имеете коммерческую страховку типа *HMO,* то вам выдают список врачей, которые сотрудничают с данной страховой компанией, и вы можете выбирать только из этого списка, если не хотите платить дополнительно из своего кармана. И только если вы имеете страховку типа *Fee-for-service,* вы можете обращаться к любому доктору.

Наилучшим способом выбора доктора является рекомендация других врачей или его пациентов. Поговорите с друзьями, родственниками,

gious community. Any information is much better than simply choosing at random from the telephone book or the list given to you by the insurance company.

If you have insurance, you need to choose a doctor and have one appointment with him or her even if you're in good health. This is necessary for two reasons:

- The doctor needs to get to know you, learn your health history, and start your file. After that you can make routine or emergency visits when necessary. If you need urgent medical care and haven't done this, you may not be able to be seen by this doctor.

- Almost all health insurance pays for periodic routine exams (annually or every two years) because usually the earlier a disease is discovered, the lower the cost of treatment. It would be unwise not to use this opportunity, especially because you have essentially paid for these visits when you bought the insurance.

Doctor appointments are usually made well in advance, either in person or by phone, sometimes several months or even one year ahead. Appointments are very easy to forget, so it's very important to have a calendar where you enter the exact dates and time of appointments. Many doctors' secretaries call to remind patients about appointments a day or two before, but not all doctors' offices do this.

If for some reason you cannot be at your appointment at the set time, you should contact the doctor's office as soon as possible, to either cancel or reschedule the appointment for a more convenient time. This is normal, and you do not have to explain the reason why you cannot come in.

If you didn't cancel the appointment and didn't show up, you may be charged because the doctor could not see another patient in the time allotted for your visit. Most likely you will not be charged, but if this happens again, the doctor may not be very happy to have you as a patient.

Patients often need to fill out paperwork, so you should arrive 10-15 minutes before your appointment time. This doesn't mean that you will necessarily be seen right on time. The doctor doesn't know in advance how much time each patient will need, and it is quite possible that you will need to wait longer than you expected.

For newcomers, difficulty communicating is certainly the greatest barrier when first becoming acquainted with the American medical system. This is especially true for people who have serious health problems that weren't resolved in their native countries: symptoms must be described precisely and in detail, and discrepancies in translation can result in a wrong diagnosis.

сослуживцами или прихожанами вашей церкви. Любая информация будет намного лучше, чем просто наугад выбирать из телефонной книги или списка, данного вам страховой компанией.

Если вы имеете страховку, то даже если у вас прекрасное здоровье, нужно выбрать себе врача заранее и хотя бы однажды сходить к нему на приём. Это необходимо по двум причинам:

- Врачу необходимо познакомиться с вами, узнать историю ваших болезней, если они были, и завести на вас карточку. После этого вы можете записываться на приём в плановом или срочном порядке, если в этом есть необходимость. Если же вы этого не сделали, а вам срочно понадобилась помощь, вы можете не попасть к данному врачу.

- Практически все медицинские страховки оплачивают периодические профилактические осмотры (ежегодно или каждые два года), поскольку, чем раньше болезнь обнаружена, тем меньше обычно затраты на её лечение. Было бы неразумно не пользоваться этим, тем более что "деньги уплачены".

Запись на приём к врачу обычно производится заблаговременно лично или по телефону, иногда за несколько месяцев или даже за год вперёд. Очень важно иметь календарь, в котором отмечены точные даты и время визитов, поскольку очень легко можно забыть об этом. Секретари многих врачей обзванивают пациентов за день или два до приёма, напоминая о времени, но так делают не все.

Если по какой-то причине вы не можете быть на приёме в назначенное время, то необходимо как можно раньше сообщить об этом в офис врача и отменить приём или перенести его на другое, более удобное для вас время. Это нормально, и вы даже не обязаны объяснять причину, по которой вы это делаете.

Если же вы не отменили назначенный приём и не пришли на него, то с вас может быть взята определённая плата, поскольку во время, отведённое для вас, врач не мог принимать никого другого. Скорее всего, с вас ничего не возьмут, но если такое повторится, то вряд ли этот доктор будет рад видеть вас среди своих пациентов.

На приём необходимо приходить за 10-15 минут до назначенного времени, поскольку очень часто требуется заполнять те или иные бумаги. Это не означает, что вы будете обязательно приняты точно вовремя, поскольку врач не знает заранее, сколько времени потребуется на того или иного пациента, и вполне возможно, что вам придётся ждать дольше, чем вы рассчитывали.

Наибольшей трудностью на первоначальном этапе знакомства с американской медициной для новых жителей, разумеется, является трудность общения. Особенно это касается людей, имеющих серьёзные проблемы со здоровьем, не решённые в своей стране, когда необходимо очень точно и подробно изложить испытываемые симптомы, поскольку неточности в переводе могут привести к ошибочному диагнозу.

Ideally, an English-speaking friend or relative should accompany the patient. If you do not speak English and have no friends or relatives who can accompany you, be sure to inform the doctor's office in advance. Many hospitals and clinics have interpreters whom they hire as needed. This is usually someone from the local immigrant community who speaks English fluently and might (or might not) have a medical education. Although by law, interpreters are required to keep confidential all information that they have access to during their work, not everyone feels comfortable talking about highly personal issues in the presence of a third party. The best option is for the close family member who speaks English the best to accompany the patient, together with the interpreter, starting at the very first visits and then gradually take over the interpreting.

You should also remember that American doctors are unfamiliar with many medications used in other countries. People who successfully maintained their health status with certain medicines in their native countries might not find the same drugs in the US. It's best to have not only the name of the medicine but also the chemical composition or the formula so the doctor can choose a medicine with similar effects.

14.5. Paying for medical services

The patient usually provides information about his or her medical insurance before seeing the doctor. It is assumed that the patient will pay his share *(deductible* or *co-pay)* after the appointment, and the rest of the bill is submitted to the insurance company. Sometimes the bill will be submitted to the insurance company first, and then the patient is responsible for any unpaid portion.

Since many doctors and hospitals use special companies to bill and collect money from clients, a significant period of time - a month or two - may pass between the time a service was provided and receiving a bill for it. Is not unusual for a patient to be mistakenly charged the entire amount when the insurance company should pay most of it. This happens especially often when the doctor's office performs lab tests and sends them to laboratories without forwarding insurance information. If you receive a bill that you believe is wrong, do everything you can to correct the mistake. The overwhelming majority of these misunderstandings can be resolved by calling a telephone number on the bill. If you simply ignore these bills, you will have serious problems with your credit history.

Обычно, кто-то из знакомых или родственников, говорящих по-английски должен сопровождать пациента. Если вы не говорите по-английски и у вас нет знакомого или родственника, который может сопровождать вас, то необходимо заранее поставить об этом в известность регистратора. Многие больницы и клиники имеют переводчиков, которые работают по вызовам и к которым они обращаются в случае необходимости. Обычно это кто-то из местной национальной общины, бегло говорящий по-английски и возможно, но не обязательно, имеющий медицинское образование. Хотя согласно законам, переводчик обязан хранить в тайне любую информацию, доступ к которой он имеет во время исполнения обязанностей, далеко не все чувствуют себя удобно в присутствии третьего лица, когда приходится говорить об интимных подробностях. Наилучшим вариантом является, когда один из близких членов семьи, лучше всех осваивающий язык, будет сопровождать пациента в дополнение к переводчику с самых первых визитов и постепенно возьмёт эту роль на себя.

Следует также помнить, что многие медикаменты, применяемые в других странах, не знакомы американским врачам. Те люди, которые успешно поддерживали своё состояние, принимая какие-то лекарства в стране, откуда они прибыли, могут не найти их в аптеках США. Лучше всего, если помимо названия лекарств вы будете иметь химический состав или формулу такого лекарства, что позволит врачу подобрать аналогичный по действию препарат.

14.5. Оплата медицинских услуг

Информация о медицинской страховке пациента обычно выясняется до его приема доктором. Предполагается, что после окончания приёма, пациент оплатит свою долю *(deductible* или *co-pay),* а оставшаяся часть счёта будет предъявлена страховой компании. Иногда счёт вначале предъявляется страховой компании, а затем неоплаченная часть предъявляется пациенту.

Поскольку многие врачи и больницы пользуются услугами специальных компаний для выписки счетов и сбора денег с клиентов, то может пройти значительное время (месяц или два) с момента оказания услуги до момента получения счёта за неё. Не является редкостью, когда по ошибке пациент получает счёт на всю сумму, в то время как большая её часть должна была быть оплачена страховой компанией. Особенно часто это бывает, когда в офисе доктора берут те или иные анализы и отправляют их на исследование в лабораторию, не передавая туда данные о медицинской страховке. Если вы получили счёт, который, по вашему мнению, не верен, сделайте всё необходимое, чтобы исправить ошибку. Подавляющее большинство таких недоразумений можно разрешить с помощью телефонного звонка по номеру, указанному на счёте. Если вы будете просто игнорировать такие счета, то у вас будут серьёзные проблемы с кредитной историей.

14.6. Medications and pharmacies

In the US, only certain medications are sold without a prescription. These are usually various drugs for cold symptom or pain relief, laxatives, anti-diarrheals, sleeping pills, and some others. All these medicines are produced by different manufacturers and sold in various package sizes with several variations in form (tablets, caplets, soft gels) that make them slightly different from each other. All this creates the impression of a large variety, but that's not quite the case.

Antibiotics, drugs for managing blood pressure, and other medications offered over-the-counter in other countries are sold in the US only with a doctor's prescription. Moreover, some drugs that are used in other countries only during acute illnesses or when the patient is experiencing symptoms are prescribed and taken in the US for many years, as maintenance drugs. For example, people prone to hypertension take medicines to lower their blood pressure continuously, not just when their blood pressure is actually higher than normal.

Doctors usually write out prescriptions that are valid for a long time, but you can't buy a supply of medicine for a period longer than a month because the prescription indicates how many doses you will receive and how many times you can buy refills with that prescription. One reason for this is that many health insurance policies cover the costs of prescription drugs partially or completely and at the same time monitor the correctness and timeliness of their sales. If your medical insurance covers the cost of prescription drugs, you should bring your insurance card when you go to the drugstore with a prescription.

Even if you don't see a line in the drugstore, it usually takes at least 15-30 minutes to get your medicine. That's because pharmacists take orders by phone, Internet, and other methods, processing them on a "first come, first served" basis. If you need to refill a prescription that the pharmacist already has on file, you can call in advance and give the prescription number on the medicine's label (Rx # XXXXXXXX). Many drugstores, like banks and fast food restaurants, have drive-through windows where you can place your order and have it filled without leaving your car.

14.6. Лекарства и аптеки

В США, только ограниченный набор лекарств находится в свободной продаже. Обычно это различные средства для лечения простудных заболеваний, болеутоляющие, слабительные, закрепляющие, снотворные и некоторые другие. Все эти лекарства выпускаются разными производителями, в различного размера упаковках и в нескольких модификациях, незначительно отличающихся одна от другой. Всё это создаёт впечатление большого разнообразия, но это не совсем так.

Вы не найдёте в свободной продаже никаких антибиотиков, средств, регулирующих давление или других препаратов, свободно продающихся в других странах. Все эти лекарства продаются только по рецептам врача. Более того, если в других странах, некоторые лекарства принимаются только в периоды обострения болезни или ухудшения самочувствия, то в США они прописываются и принимаются на постоянной основе в течение многих лет. Например, люди склонные к гипертонии принимают лекарства для понижения давления постоянно, а не только в то время, когда давление действительно повышено.

Врач обычно выписывает рецепт, действительный длительное время, но, тем не менее, вы не можете купить лекарства более чем на месяц, поскольку в рецепте указывается, сколько доз вам должны отпустить, и какое количество раз вы можете выкупать лекарство по этому рецепту *(refills)*. Одной из причин является то, что многие медицинские страховки покрывают частично или полностью стоимость лекарств, но в то же время, контролируют правильность и своевременность их продажи. При обращении в аптеку с рецептом, необходимо иметь карточку медицинской страховки, если она покрывает стоимость лекарств.

Несмотря на отсутствие посетителей в рецептурном отделе аптеки, обычно требуется не менее 15-30 минут прежде чем вы можете получить ваше лекарство, поскольку фармацевты принимают заказы по телефону, Интернету и так далее и обслуживают их в порядке очереди. Если вам необходимо повторно выкупить лекарство, рецепт на которое уже находится у фармацевта, то вы можете заранее позвонить по телефону и продиктовать номер рецепта, который указан на наклейке имеющегося у вас лекарства (Rx# XXXXXXXX). Многие аптеки, также как банки и рестораны быстрого обслуживания, имеют пункты, где вы можете сделать заказ и получить его, не выходя из машины.

15. Services for the Elderly and Disabled

The general attitude toward the elderly and the disabled is one of the most telling indicators of how civilized a country is. One can consider their level of legal protection, access to various activities that they wish to participate in, and availability of appropriate care to those who need it.

The US has established legislation to protect the disabled from civil rights infringements. The *Americans with Disabilities Act*, signed on July 26, 1990, guarantees that disabled people receive equal opportunities for work as well as access to public buildings, transportation, and federal and local government services. All government and public buildings, plus public transportation, must, without exception, be equipped to enable access for the disabled. Municipalities and libraries, theaters and stadiums, stores and multi-story apartment buildings must meet requirements that enable wheelchair access. This includes ramps around staircases, appropriate elevators, large bathroom stalls, and eliminating thresholds or sharp differences in floor levels. These modifications, plus motorized wheelchairs and specially equipped automobiles, enable many people who under different circumstances would be doomed to isolation to lead active lives and be largely independent. The most convenient parking spaces everywhere are reserved for the disabled, and all supermarkets, large stores and shopping centers have electric carriages for the convenience of disabled customers.

When we first arrived in the US, we had the impression that there are many more disabled people here than in the country we arrived from. Only gradually did we begin to understand that the reverse is probably true, it's just that in less developed countries, the disabled people's existence is barely acknowledged, except by the close relatives who must care for them. In the US you see people in wheelchairs in stores and libraries, restaurants and hotels, airports and train stations. You see them as both participants and spectators at

15. Помощь пожилым и инвалидам

Одним из наиболее показательных признаков цивилизованности той или иной нации является отношение к пожилым и инвалидам, их защищённость и возможность доступа ко всем видам активности, которыми они хотели бы и могли заниматься, а также обеспечение соответствующего ухода за теми, кто в нём нуждается.

В США установлена законодательная ответственность за дискриминацию инвалидов и нарушение их прав. Закон под названием *Americans with Disabilities Act* был подписан 26 июля 1990 года. Он гарантирует инвалидам равные со всеми условия при устройстве на работу, доступ в общественные здания, на транспорт, а также к услугам федеральных и местных правительственных служб. Все без исключения государственные и общественные здания, а также общественный транспорт оборудованы таким образом, чтобы была возможность доступа в них инвалидов. Муниципалитеты и библиотеки, театры и стадионы, магазины и многоэтажные жилые дома обязаны соответствовать требованиям, накладываемым необходимостью передвигаться в инвалидной коляске. Это включает в себя эстакады в обход ступенек, соответствующие лифты, отсутствие порогов или резких перепадов уровней пола, большого размера туалетные кабины и так далее. Всё это, а также наличие инвалидных колясок с электрическим приводом и соответственно оборудованные автомобили, позволяет многим людям, которые в других условиях были бы обречены на изоляцию, вести активный образ жизни и быть в большой степени независимыми. Наиболее удобные места на автомобильных стоянках повсюду предназначены для инвалидов, и все супермаркеты, крупные магазины и торговые центры имеют электрические коляски для удобства этой категории покупателей.

Первое время после приезда в США, у нас создавалось впечатление, что количество инвалидов в этой стране значительно выше, чем в той, откуда мы приехали. И только постепенно приходит понимание, что, скорее всего, всё наоборот, но только в менее развитых странах инвалиды как бы не существуют ни для кого, кроме близких родственников, вынужденных за ними ухаживать. В США вы увидите людей в инвалидных колясках в магазинах и библиотеках, ресторанах и

high school, college, and university graduation ceremonies as well as at concerts and sporting events. Educational institutions have programs to ensure that special needs students have all they require for successful study.

With increases in life expectancy and, thus, the number of elderly people in the US population, it has become even more important to encourage senior citizens to remain active. Some universities have special funds to assist retirees in receiving education. In 2000, an 84-year-old woman received a bachelor's degree from the University of Southern Maine. Still, no matter how active the senior age group is, it has its own problems and needs that are very different from those of younger generations.

Sooner or later, there comes a time when a person requires assistance because he or she is no longer able to live independently. Of course the required help can vary significantly, depending on age and health. Some people need only minimal assistance, such as grocery deliveries and rides to the store or to doctors' appointments. Others need help with laundry, food preparation, or housecleaning. Some require more or less permanent care. Still others need care plus daily medical procedures. In most countries that immigrants come from, care for the elderly falls to their close relatives, and those who have no relatives are forced to find solutions to these problems on their own.

Many immigrant families that included several generations living together before coming to the US are surprised to find that their elderly parents are perceived here as a separate household, which implies certain consequences. Very often, people who have reached retirement age by American standards can receive housing on favorable terms in special apartment complexes for the elderly.

15.1. Housing for the elderly

The majority of people in the US live in single-family homes, and many, even as they get older, prefer to remain as independent as possible and to live on their own. However, many elderly people can no longer maintain their own houses, so a variety of housing options for the elderly has been established, for example:

- *Subsidized Senior Housing* - subsidized housing for the elderly. Federal and state programs assist elderly low-income people with housing. As a rule, participants of these programs live independently in

гостиницах, аэропортах и вокзалах. Вы увидите их на концертах и спортивных соревнованиях, на выпускных церемониях школ, колледжей и университетов не только среди зрителей, но и среди непосредственных участников. В учебных заведениях существуют службы, координирующие мероприятия, необходимые для успешного обеспечения учёбы студентов со специальными нуждами.

По мере увеличения продолжительности жизни и увеличения количества пожилых людей в составе населения страны, всё более важно вовлечение людей пенсионного возраста в активную деятельность. Некоторые университеты имеют специальные фонды, помогающие в получении образования людям пожилого возраста. В 2000 году степень бакалавра в Университете Южного Мэйна получила женщина, которой исполнилось 84 года. Но как бы активна не была старшая возрастная группа, у неё существуют свои проблемы и потребности, существенно отличающиеся от потребностей более молодых.

Рано или поздно наступает момент, когда человек становится не в состоянии выполнять все необходимые для нормальной жизни обязанности и нуждается в чьей-то помощи. Однако потребность в помощи может существенно варьироваться в зависимости от возраста и состояния здоровья. Одним необходима минимальная помощь, например по доставке продуктов, поездке в магазин или на приём к врачу, другим требуется помощь по уборке квартиры, стирке белья и приготовлении пищи, третьи нуждаются в более или менее постоянном уходе, а четвертым, помимо ухода, необходимы ежедневные медицинские процедуры. В большинстве стран, откуда приезжают иммигранты, уход за пожилыми лежит на их близких родственниках, а те, кто родственников не имеет, вынуждены находить выход из положения самостоятельно.

Многие семьи иммигрантов, которые имели в своём составе несколько разных поколений и до приезда нередко жили вместе, с удивлением обнаружили, что пожилые родители воспринимаются здесь как отдельная семья со всеми вытекающими последствиями. Очень часто люди, достигшие по американским меркам пенсионного возраста, получают на льготных условиях жильё в специальных комплексах, предназначенных для пожилых.

15.1. Жилые комплексы для пожилых

В США большинство людей живёт в индивидуальных домах, и многие, даже в пожилом возрасте, предпочитают быть как можно меньше зависимыми от кого бы то ни было и жить отдельно. Однако многие в этом возрасте уже не в состоянии поддерживать собственный дом, поэтому в стране постепенно сложились разнообразные варианты устройства пожилых людей с жильём, как например:

- *Subsidized Senior Housing* - субсидированное жильё для пожилых.
  Существуют государственные и местные программы, помогающие с жильём людям пожилого возраста, имеющим низкий доход. Как правило, участники

apartment complexes designed for the elderly. Some of these complexes help with everyday needs, such as laundry or shopping.

- *Assisted Living* – housing that provides assistance to elderly and disabled people. These are apartment complexes where tenants are independent but can use services such as food preparation, laundry, cleaning, and the like. In these complexes tenants pay for the services provided as well as rent.

- *Board and Care Homes* – homes that care for people who cannot live independently. The majority of these facilities offer a broad range of services for daily life, including feeding, bathing, and other personal care. In some cases, costs of these services are covered by commercial long-term care insurance, though rarely by Medicaid and Medicare.

- *Continuing Care Retirement Communities* - housing complexes that include various levels of ongoing care. Depending on their health, tenants may be transferred from one type of housing to another, from regular apartments to homes with qualified medical personnel. These complexes are usually designed for affluent clients.

The options listed above are targeted at people who need help but not permanent professional care. At a certain stage, many senior citizens and people with serious physical or mental disabilities require round-the-clock supervision and medical care in addition to routine daily assistance. You can find more detailed information about long-term care in the booklet "Guide to Choosing a Nursing Home" (U.S. Department of Health and Human Services), which is also available in Spanish, Braille, and on audiotape. To get a free copy, call 1-800-MEDICARE (1-800-633-4227). It can also be found on the Internet at the address listed in the bibliography at the end of this book.

15.2. Nursing homes

In the US there are many homes that provide housing, meals, treatment, occupational therapy, and supervision to people who require professional care and cannot live independently. These places are called *nursing homes*. Unlike most of the housing programs listed above, living in a *nursing home* is frequently covered by long-term care insurance, as well as by Medicaid, and in some cases by Medicare.

этих программ живут независимо в комплексах квартир, предназначенных исключительно для пожилых. Некоторые из этих комплексов оказывают помощь с теми или иными нуждами, как, например, стирка или покупки.

• *Assisted Living* - жильё для пожилых или инвалидов, охваченное вспомогательными службами. Это комплексы квартир, в которых жильцы независимы, но могут пользоваться помощью служб по приготовлению пищи, стирке, уборке квартир и так далее. В таких комплексах жильцы помимо квартплаты, платят и за оказываемые услуги.

• *Board and Care Homes* – дома с уходом для людей, которые не могут жить самостоятельно. Большинство таких домов предлагают широкий круг услуг в повседневной жизни, включая принятие пищи и санитарно-гигиенические процедуры. В некоторых случаях расходы такого вида покрываются коммерческими страховками по долгосрочному уходу, но редко страховками Медикейд и Медикейр.

• *Continuing Care Retirement Communities* - жилые комплексы, включающие различные уровни ухода. В зависимости от состояния здоровья, жильцы могут переводиться из одного вида жилья в другой, начиная от обычных квартир и кончая домами с квалифицированным медицинским персоналом. Такие комплексы обычно рассчитаны на состоятельных клиентов.

Вышеперечисленные варианты ориентированы на людей, нуждающихся в помощи, а не в постоянном квалифицированном уходе. Однако на определённом этапе, многие пожилые люди, как и инвалиды с серьёзными физическими или умственными отклонениями, требуют круглосуточного наблюдения и медицинской помощи в дополнение к обычным повседневным нуждам. Более подробно варианты долгосрочного ухода описаны в буклете *"Guide to Choosing a Nursing Home"* (U.S. Department of Health and Human Services), который также издаётся на испанском языке, в системе Брайля и на аудиокассетах. Бесплатную копию буклета можно заказать по телефону 1-800-MEDICARE (1-800-633-4227). Его также можно найти на Интернете по адресу, указанному в библиографии к этой книге.

15.2. Дома для нуждающихся в уходе

В США существует большое число домов, обеспечивающих жильё, питание, лечение, восстановительную терапию, а также присмотр людям, которые не только не могут жить независимо, но и нуждаются в квалифицированном уходе. Такие дома называются *nursing home* и хотя по сути дела это "дома престарелых", мне не хотелось бы их так называть, помня, что они собой представляли в бывшем СССР. В отличие от вышеуказанных жилищных программ, проживание в *nursing home* часто оплачивается страховками по долгосрочному уходу, а также страховкой Медикейд и в ограниченных случаях страховкой Медикейр.

I think that in the native countries of many immigrants, the situation for the elderly is similar to what we saw in the former Soviet Union: care of the ill and elderly falls to close relatives, and only lonely people in desperate circumstances are forced into government or charitable institutions with bad reputations. But those who have cared for very ill people for long months or years know how exhausting this work is, both physically and mentally. The family's everyday life grinds to a halt, and, quite often, the family keeps going only because there is no other choice. And still, despite all these efforts, in many cases it is impossible to provide adequate care at home and feel the moral satisfaction that should accompany a job well done and make the sacrifices seem worth it.

Much of that is different in the US. Although relatives still care for people who need assistance, the expression of their care differs significantly from what we might be accustomed to. A whole industry has formed to satisfy demand for care services. As with anything else, there are shortcomings, but overall, the system performs its tasks relatively well.

In 1999 there were more than 16,000 government-certified nursing homes in the US, and about 1.5 million people lived in them. Nursing homes differ in size, personnel credentials, types of care provided, and other factors. You can find detailed information about nursing home facilities in a database posted on the Internet at *www.medicare.gov*. You can compare the nursing homes you selected on various parameters in the section *Nursing Home Compare*. In addition, you can find the locations of all institutions in your area and find informationsuch as the number of beds and occupancy, Medicaid and Medicare participation, resident demographics, certification results, the owner's name, and so on.

Since most *nursing homes* are businesses that are periodically monitored, many of them provide a good level of care even by American standards. Nursing home residents or their relatives (if they are the decision makers) have freedom of choice, sufficient legal rights, and, in the end, can change their mind if the need arises.

Nursing home residents have the right:

- to make their own schedules, including when to go to bed, get up in the morning, and eat their meals.

- to leave the facility with relatives or friends after notifying the staff;

- to manage their own money or to pick a trusted person to handle it;

- to have their personal items kept safe;

- to have mail unopened by the home unless they allow it;

- to spend private time with visitors at any reasonable hour and not to see visitors whom they don't wish to see;

Я думаю, что во многих странах, откуда приехали иммигранты, также как и в бывшем Советском Союзе, уход за больными и престарелыми лежит на их ближайших родственниках, и только одинокие люди, находящиеся в безвыходном положении, определяются в государственные или благотворительные заведения, имеющие не очень хорошую славу. Однако те, кому приходилось ухаживать за тяжело больными людьми в течение продолжительного времени (месяцы и годы) знают, какая это изнурительно тяжелая работа, как физически, так и морально. Нормальная жизнь всей семьи практически парализована, и нередко выдержать удаётся только потому, что другого выхода просто нет. И тем не менее, несмотря на все усилия, во многих случаях в домашних условиях невозможно обеспечить приемлемый уход и чувствовать сопутствующее ему моральное удовлетворение от выполненного долга, компенсирующее приносимые жертвы.

В США многое обстоит по иному. Несмотря на то, что родственники также заботятся о нуждающихся в уходе, конкретные проявления этой заботы существенно отличаются от того, к чему мы привыкли. Поскольку есть спрос на услуги по уходу, сложилась целая индустрия, удовлетворяющая этот спрос. Как и во всякой отрасли человеческой деятельности, в ней есть недостатки, но в целом она сравнительно успешно справляется со своей задачей.

В 1999 году в США было более 16,000 прошедших государственную сертификацию домов, и в них проживало около 1.5 миллиона человек. *Nursing homes* отличаются друг от друга количеством мест, квалификацией персонала, видом ухода и многим другим. Вы можете найти довольно подробную информацию обо всех подобных заведениях в базе данных на Интернете по адресу *www.medicare.gov* в разделе *Nursing Home Compare,* позволяющей сравнивать выбранные вами дома по различным параметрам. Там можно узнать не только местонахождение всех заведений, расположенных в вашей местности, но и получить такие сведения, как число мест и их занятость, участие в страховках Медикейд и Медикейр, состав пациентов, результаты последней аттестации, наименование владельца и так далее.

Поскольку большинство *nursing homes* работают на коммерческой основе и к тому же периодически контролируются, многие из них имеют хороший уровень ухода даже по американским меркам. Пациенты таких заведений или их родственники (если решение принимают они) имеют свободу выбора, достаточно законодательно защищённых прав и, в конце концов, в любое время могут изменить своё решение, если такая нужда возникает.

Пациенты имеют право:

- планировать день по своему усмотрению, включая утренний подъём, принятие пищи и отход ко сну;

- покидать заведение с друзьями и родственниками, предупредив администрацию;

- управлять своими деньгами или поручить делать это кому-то другому;

- иметь свои личные вещи в сохранности;

- получать почту на своё имя (никто не имеет права её вскрывать);

- to be informed about their medical conditions and medications, and to participate in developing a Plan of Care;

- to move to another place by giving proper notice that they wish to leave. Living in a nursing home is voluntary.

Relatives and friends have the right:

- to privacy when visiting the nursing home when the resident asks;

- to participate in the development of the care plan with the resident's permission;

- If relatives have legal guardianship of nursing home residents, they have the right to examine all medical records concerning their loved one and the right to make important decisions on his or her behalf.

- to ensure the resident receives good care;

- to visit often, know the nursing home's staff and procedures, and express concerns to the right staff member or the facility's family council, composed of relatives of residents.

The nursing home staff is required to:

- treat residents with respect;

- work out a care plan for each resident;

- provide safe keeping for residents' personal items and money if they entrust them to the facility;

- provide residents with access to social and legal services as needed.

Nursing homes cannot:

- use physical restraints or medications to limit a resident's movement, except when necessary for treating medical symptoms. (In other words, residents may not be strapped in or bound.) Restraints may not be used for discipline or for the convenience of the nursing home staff.

- discharge or transfer a resident, for situations other than those listed below.

- Nursing homes cannot discharge a resident unless:
  - It is necessary for the welfare, health, or safety of the resident or others;
  - The resident's health has declined to the point that the nursing home cannot meet his or her care needs;
  - The resident's health has improved to the point that nursing home care is no longer necessary;
  - The resident hasn't paid for services rendered;
  - The nursing home is closing (U.S. Department of Health and Human Services).

- принимать посетителей, которых они хотят видеть, в любое время и не принимать тех, кого они не хотят видеть;

- быть информированными о состоянии своего здоровья и участвовать в выработке плана ухода;

- покинуть *nursing home* или перевестись в другой, предварительно предупредив администрацию.

Друзья и родственники проживающих в *nursing home* имеют право:

- на уединение во время визитов, если проживающий запрашивает это;

- на участие в разработке плана ухода за проживающим, с его разрешения;

- опекуны проживающего имеют право доступа ко всем медицинским документам проживающего и право принимать необходимые решения от его имени;

- убеждаться в том, что проживающему обеспечен хороший уход;

- обращаться при необходимости решения каких-либо вопросов к администрации *nursing home* и "совету семей" данного заведения, состоящему из родственников проживающих;

Администрация *nursing home* обязана:

- относиться к пациентам с уважением;

- разработать план ухода для каждого их своих пациентов;

- обеспечивать сохранность личных вещей и денежных средств пациентов, если они поручены её ведению;

- обеспечивать пациентам доступ к услугам социальных и юридических служб, если это необходимо.

Администрация *nursing home* не имеет права:

- применять физические или медикаментозные средства, ограничивающие свободу действий пациентов (иными словами, не могут связывать, привязывать или давать соответствующие медикаменты) в целях дисциплинирования пациентов или для удобства персонала;

- выселить или перевести пациента за исключением ниже перечисленных случаев
    - если это необходимо для обеспечения благополучия, здоровья или безопасности самого пациента или его окружающих;
    - ухудшения состояния здоровья, когда соответствующий уход не может быть обеспечен в данном *nursing home;*
    - улучшения состояния здоровья, когда в уходе нет больше необходимости;
    - расходы по уходу не оплачиваются;
    - *nursing home* закрывается (U.S. Department of Health and Human Services).

If your family needs care for an ill or aged relative and your region has satisfactory facilities, your biggest concern will be financial. Medicaid is the sole form of payment for most immigrants since it's rare that anyone can afford full payment for care without insurance, and those who arrived recently certainly don't have commercial insurance.

Medicaid covers almost all expenses for *nursing home* residents; however, as is the case with doctors, not all facilities accept residents with Medicaid insurance. Those that do accept Medicaid may have restrictions on the number of beds for these clients.

If a person requiring care cannot make a decision independently, a close relative has legal guardianship, called *Power of Attorney.* A lawyer may be necessary for this. Social services agencies can help you obtain power of attorney, and *nursing home* staff may also be able to give you some direction.

The decision to place someone in a nursing home is often made under circumstances where there is almost no other choice and when there hasn't been time to do any preliminary research. Ask a doctor, nurse, or social worker to make specific nursing home recommendations. With a telephone book or the Internet database mentioned earlier, you can make a list of nearby facilities. Location is always important to encourage relatives and friends to visit as often as possible, but it's much more important for people from other countries.

After you have chosen two or three institutions in acceptable locations, call them to ask if they have available beds. If they have spots, make an appointment to visit, talk, and see the facility yourself. A staff member usually offers short tours of the facility during these visits.

Be sure to notice the temperature in the building (make sure it is not too cold or too hot), presence of smells, and cleanliness of rooms, as well as to look at furniture and common areas. Note, too, how neatly the patients are dressed and groomed and pay attention to their interactions with the staff. You can also ask permission to come and look at another time, without a staff member present.

One of the most serious difficulties is the language barrier. In most cases people who need care and only recently arrived in the US do not speak English, which makes their care considerably more difficult. If someone on the *nursing home* staff speaks your language, that could help determine your choice, but it is not necessarily the most important factor.

Nursing home residents who receive SSI receive only a small portion of it (about $40) for personal needs since the majority of expenses are covered by Medicaid insurance. These people have the right to have money in a bank account and as cash, but if the total exceeds $2,000, the resident will not be eligible for Medicaid.

Если в вашей семье возникла необходимость в услугах по уходу за больным или престарелым родственником, то существенным ограничением, помимо наличия в вашем регионе удовлетворяющего вас заведения, является финансовая сторона. В случае иммигрантов имеет смысл говорить только о тех людях, которые имеют страховку Медикейд, поскольку вряд ли кто из них может осилить полную оплату по уходу без страховки, а коммерческих страховок у недавно приехавших, разумеется, нет.

Медикейд покрывает практически все затраты по содержанию пациента в *nursing home,* однако как и в случае с врачами, не все заведения принимают пациентов с этой страховкой. Те из них, которые принимают, могут иметь ограничения на количество мест для таких клиентов.

Если лицо, нуждающееся в уходе, не может принимать решение самостоятельно, то кто-то из близких людей должен иметь юридически оформленное опекунство, которое называется *Power of Attorney* и для оформления которого может понадобиться адвокат. Помощь в оформлении опекунства можно получить в социальных службах. Администрация *nursing home* может также подсказать, как это сделать.

Решение о помещении в *nursing home* нередко приходится принимать в условиях, когда другого выбора практически нет, как нет и времени для того, чтобы провести какую-либо подготовительную работу. Поговорите с лечащим врачом, медсестрой или социальным работником, если они могут порекомендовать какой-либо определённый *nursing home*. Пользуясь базой данных на Интернете, о которой упоминалось ранее, или телефонной книгой, вы можете составить список заведений, которые находятся поблизости, поскольку возможность родственников и друзей навещать как можно чаще является очень важным фактором в любом случае, а в случае человека, приехавшего из другой страны – важнее во много раз.

После того, как вы выбрали 2-3 заведения, удовлетворяющие вас с точки зрения местоположения, позвоните туда и спросите есть ли у них свободные места, и назначьте время, когда вы сможете прийти, поговорить и посмотреть всё своими глазами. Обычно при таких посещениях вам предложат небольшую экскурсию в сопровождении представителя администрации.

Обратите внимание на температуру в помещениях, наличие запахов, чистоту комнат, мебель и места общего пользования, а также насколько опрятно одеты и причёсаны пациенты и каковы их взаимоотношения с персоналом. Вы также можете попросить разрешения прийти в другое время и посмотреть ещё, на этот раз без сопровождающего.

Одной из самых серьёзных трудностей является языковой барьер. В большинстве случаев лица, нуждающиеся в уходе и приехавшие в страну сравнительно недавно, не говорят по-английски, что значительно усложняет уход за ними. Наличие среди персонала *nursing home* людей, говорящих на вашем языке, может быть одним из решающих факторов при выборе, но не обязательно самым главным.

Лица, получающие *SSI,* которые помещены в *nursing home* будут получать только небольшую его часть (около $40) на мелкие расходы, поскольку большинство расходов покрывается за счёт страховки Медикейд. Такие люди имеют право иметь деньги на банковском счету и наличными, но их общая сумма не должна превышать $2,000; в противном случае они теряют право на страховку Медикейд.

16. Charity

Charity is an integral part of American life. Low-income populations aren't the only recipients of charity: many clearly valuable organizations and programs cannot support themselves. These nonprofit organizations include public radio and television, symphony orchestras, museums, parks, etc.

The basis of charity in the U.S. is a widely held understanding that each individual's personal contribution will, in the end, improve the quality of life for everybody. Individuals' participation in charity can take various forms, including:

- The direct donation of money to a local church, charitable fund, or community organization;

- The donation of clothes, food, and other basic items (even including automobiles) for distribution among the needy;

- Volunteering time after school or work for cleanups, taking care of sick, elderly, or disabled people, fund raising, and other projects;

- Providing professional services free-of-charge under *pro bono* programs that might provide dental treatment, legal assistance, various types of training, help filing tax returns, or other services.

According to statistics, Americans contribute, on average, about 2.5% of their incomes to charitable causes. When I was still in Russia, I often heard that in the U.S charitable donations allow people to reduce their tax bills considerably. This was always presented as if the person, after donating a certain amount, would gain even more on his or her taxes than he or she had donated. That isn't quite true. In fact, it's not true at all.

16. Благотворительность

Благотворительность является неотъемлемой частью жизни американцев. Объектами благотворительности являются не только малообеспеченные слои населения, но также и множество организаций или программ, необходимость и полезность которых очевидна, но которые не могут существовать за счет коммерческой деятельности, как, например, общественное радио и телевидение, оркестры классической музыки, музеи и заповедники и так далее.

В основе благотворительности лежит широко распространённое среди всех слоёв населения понимание того, что личный вклад каждого позволяет в конечном итоге улучшить жизнь всех. Участие в благотворительности на индивидуальном уровне находит выражение в самых разнообразных формах. Это может быть:

- прямое пожертвование денег на нужды местной религиозной общины, благотворительного фонда или общественной организации;

- пожертвование одежды, продуктов питания и других предметов первой необходимости (вплоть до автомобилей) для передачи нуждающимся;

- добровольная бесплатная работа в свободное время по уборке территорий, уходу за больными, пожилыми и инвалидами, сбору средств и так далее;

- оказание бесплатных услуг, непосредственно связанных с профессиональной деятельностью, как, например, стоматологическая помощь, юридическая помощь, разного рода обучение, помощь в заполнении налоговых деклараций и тому подобное.

Согласно статистике, американцы в среднем жертвуют около 2.5% своего дохода на благотворительные цели. Ещё будучи в России, я многократно слышал о том, что в США пожертвования на благотворительные цели позволяют значительно уменьшить налоги. Причём это всегда преподносилось так, как будто человек, пожертвовав определённую сумму, выгадывает на налогах едва ли не больше, чем он пожертвовал. Это не совсем так, а вернее совсем не так.

Let's assume that someone donated $1,000 to charity. When filling out his tax return, he would simply subtract this amount from his income before calculating his tax bill. If he kept this money for himself and fell into the tax bracket with a rate of 28%, he would pay $280 in tax on the money, keeping $720. But because he donated this money, he does not have to pay tax on the $1,000. Still, the donation of $1,000 cost him $720. This primarily benefits the charitable organization, which receives the full donation amount, including the unpaid tax.

Not everybody can take advantage of the tax deductions mentioned above. Only those who take *itemized deductions,* which we discussed in the chapter on taxes, can use them, and taxpayers may only deduct up to 2% of their annual income as charitable donations.

In addition to individual donations, corporations also give to charitable organizations, and sponsoring various community, cultural, and sports events is widely popular.

Monetary donations are important, but they are not the only kind of charity. More than half the population over the age of 12 volunteers in various types of jobs for an average of about 3.5 hours a week.

16.1. Charitable Organizations

In the US, there are tens of thousands of various charitable organizations and funds. Their purpose may be helping the poor or caring for the environment, promoting world peace or saving endangered species of animals, financing medical research or preserving historical monuments, and many other things. Most immigrants' first encounter with American charity happens soon after their arrival in the country, because much of the work is done by volunteers and financed through charitable donations.

I would like to mention two organizations that maintain retail store chains throughout the country where one can buy second-hand items inexpensively. These organizations have been in existence for a long time, have established themselves as reputable, and many Americans, even those who are far from being poor, shop at their stores.

The Salvation Army is a Christian organization founded in England in the 1850s. Its purpose is to disseminate the teachings of Jesus Christ and meet the basic needs of the poor without any form of discrimination. The Salvation Army is the oldest and largest international organization that devotes a significant portion of its activity to charity. The Salvation Army finances medical clinics and rehabilitation centers, summer camps and day care for children,

Предположим, кто-то пожертвовал $1,000 на благотворительные цели. Тогда при заполнении налоговой декларации он просто вычитает эту сумму из своего дохода, прежде чем рассчитывать сумму налога. Если бы он оставил эти деньги себе и, например, его налоговая ставка составляла 28%, то он заплатил бы $280 долларов налога, и у него бы осталось $720, а поскольку он отдал эти деньги, то не платит с них налог и, по сути дела, пожертвование в $1,000 обошлось ему в $720. Выигрывает в первую очередь благотворительная организация, которая получает всю сумму, включая неоплаченный налог.

Указанной выше льготой при заполнении налоговой декларации могут воспользоваться далеко не все, а только те, кто используют так называемые *Itemized deductions,* о которых мы говорили в главе о налогах; кроме того, величина пожертвований, на которую эта льгота распространяется, ограничена на уровне 2% годового дохода налогоплательщика.

Помимо индивидуальной благотворительности, широко распространены корпоративные пожертвования на благотворительные нужды, а также спонсорство различных общественных, культурных и спортивных мероприятий.

Денежные пожертвования являются важным, но не единственным видом благотворительности. Более половины населения в возрасте от 12 лет и выше безвозмездно отрабатывает в среднем около 3.5 часов в неделю, выполняя самые различные обязанности.

16.1. Благотворительные организации

Благотворительные организации и различного рода благотворительные фонды в США исчисляются десятками тысяч. Их целями могут быть помощь бедным или охрана окружающей среды, борьба за мир или спасение вымирающих видов животных, финансирование научных исследований в области медицины или сохранение памятников культуры, и многое другое. Большинство иммигрантов сталкиваются с деятельностью американских благотворительных организаций ещё до того, как они прибыли в страну, поскольку значительная доля работы по приёму новых жителей выполняется добровольцами и финансируется за счёт благотворительности.

Следует особо упомянуть две организации, которые содержат сети магазинов по всей стране, и где можно недорого купить подержанные вещи. Эти организации существуют долгое время, имеют установившуюся репутацию, и многие американцы, даже далеко не бедные, пользуются их магазинами.

Армия Спасения – христианская организация, основанная в 50-е годы прошлого века в Англии, целью которой является распространение учения Иисуса Христа и удовлетворение насущных потребностей нуждающихся без какой-либо дискриминации. Она является старейшей и крупнейшей международной организацией, существенную часть деятельности которой составляет благотворительность. Армия Спасения финансирует медицинские

nursing homes, soup kitchens, and shelters for the homeless.

Long before Christmas you may see Salvation Army volunteers at store entrances and other public places. They stand with a traditional kettle on a tripod and ring bells, inviting passers-by to donate to charitable causes.

The Salvation Army has more than 1,500 stores throughout the U.S. They sell inexpensive clothing and other basic items that are donated by the public.

The organization **Goodwill Industries**, widely known as "Goodwill," was founded in Boston in 1902 by the Methodist minister Edgar Helms. He collected used items in prosperous areas and then hired and trained poor people and immigrants to repair them and put them in working order. Then these items were either sold or given to those who repaired them.

Today Goodwill is an international organization with annual revenues of $1.85 billion, that administers work training and job placement programs for the disabled. Goodwill operates more than 1,700 secondhand stores throughout North America. Goodwill's donation containers and attended donation centers can be seen everywhere. For addresses of stores in your area, check the Internet at www.goodwill.org or use your telephone book.

All charitable organizations solicit donations from the public by sending out huge number of letters addressed to specific people (direct mail). In many cases these letters, written by professional writers, explain what your money will be spent on. Very often these letters contain small gifts to thank you for your donations, such as greeting cards, calendars, and other items. The most common enclosure is a set of personalized labels with the name and mailing address of a potential donor. Do not be surprised that someone knows your name and address, because in America, there is a whole industry collects and sells people's personal information to various organizations that may be interested in having these people as their clients. You will start receiving these letters as soon as your name ends up in one of many databases.

Although you have no obligation to send money in response to these letters, if you do decide to donate, you should first make sure that your donation will be actually spent on the cause you are giving to. This is because along with many reputable organizations that are truly devoted to their causes, there are others that spend most of the money they receive on administrative cost and ... soliciting new donations, not to mention those that are run by swindlers.

Information about many large charitable organizations and how effectively they use the money they raise can be found on the Internet at www.give.org, the website of the BBB Wise Giving Alliance. This organization is affiliated with the Better Business Bureau (BBB) that protects the interests of consumers.

пункты и реабилитационные центры, летние лагеря для детей и детские садики, дома престарелых, кухни для бедных и убежища для бездомных.

Задолго до рождественских праздников вы можете встретить добровольцев Армии Спасения с традиционным котелком на треноге у входов в магазины и в других общественных местах, звоном колокольчиков призывающих прохожих пожертвовать на благотворительные цели.

На территории США Армия Спасения содержит более 1,500 магазинов, в которых продаётся дешёвая одежда и другие предметы первой необходимости, пожертвованные населением.

Организация **"Goodwill Industries"**, широко известная как Goodwill (добрая воля), была основана в 1902 году в Бостоне методистским священником Эдгаром Хелмсом. Он собирал подержанные вещи в зажиточных районах, а затем нанимал и обучал бедных людей и иммигрантов ремонтировать и приводить их в порядок. Затем эти вещи продавались или отдавались тем, кто их ремонтировал.

В настоящее время это международная организация с годовым оборотом в 1.85 миллиарда долларов, занимающаяся трудовым обучением и трудоустройством инвалидов, которая также содержит более 1,700 магазинов подержанных вещей на территории Северной Америки. Приёмные пункты и контейнеры для пожертвованных вещей можно встретить повсеместно. Адреса магазинов, находящихся в вашей местности можно найти на Интернете по адресу www.goodwill.org или в телефонной книге.

Все благотворительные организации занимаются сбором средств, рассылая огромное количество писем, адресованных конкретным людям *(direct mail)*. Во многих случаях эти письма, написанные профессионалами своего дела, объясняют, на какого рода деятельность тратятся собранные средства. Очень часто эти письма содержат небольшие сувениры, как, например, поздравительные открытки, календари и многое другое. Наиболее распространённым вложением являются персональные наклейки с именем и почтовым адресом потенциального донора. Не удивляйтесь, что кто-то знает ваши имя и адрес, поскольку в Америке существует целая индустрия, основным товаром которой являются личные данные потенциальных клиентов. Вы начнёте получать такие письма, как только ваше имя попадёт в одну из многочисленных баз данных.

Эти письма вас ни к чему не обязывают, однако если вы решили пожертвовать деньги, то следует хотя бы убедиться, что они будут использованы по назначению. Дело в том, что наряду с огромным числом хорошо зарекомендовавших себя и самоотверженно служащих поставленным целям организаций существуют такие, которые тратят большую часть собранных средств на административную деятельность и … сбор средств, не говоря уже о том, что некоторые из них организованы мошенниками.

Информацию о многих крупных благотворительных организациях и о том, насколько эффективно они используют собранные средства можно найти на Интернете по адресу www.give.org принадлежащему организации *BBB Wise Giving Alliance*. Эта организация связана с системой *Better Business Bureau (BBB)*, защищающей интересы потребителей.

17. Information

It is difficult to overestimate the role of information in our lives, although when we are living in the country where we were born, we usually do not pay attention to how and when we receive new information. We acquire information naturally, through multiple channels that we adjust, often subconsciously, to fit our needs. We read newspapers, if something interests us, we watch TV, we listen to the radio, and we know about everything that is happening around us even if we do not particularly want to know.

If you move to another country without knowing the language, you lose most of your usual ways of acquiring new information. Sight is an exception. In the beginning, the abundance of newness surrounding us that can be perceived through sight compensates for, or rather masks this loss. But as time passes, the hunger for new information manifests itself more and more in various ways. It is easy to notice during meetings with friends and acquaintances that conversation is always reduced to the same topics, which are discussed repeatedly. And though we may be sick and tired of them, we cannot replace them. This means that anything that happens in our ethnic community, no matter how minor, is discussed many times over while important events happening in the country receive no attention.

A partial solution is to subscribe to a newspaper in your native language and install a satellite dish to enable you to view TV programs from your native country. This helps somewhat, but does not do anything to improve your understanding of the country where you live now, creating a strange mix of the old reality and new circumstances.

If you want to become a full-fledged citizen of your new country -- where you will most likely live for the rest of your life -- you should begin as soon as possible to acquaint yourself with local sources of information and become interested in the events that are happening in the country, state, city, and neighborhood where you live, rather than only in the country where you

17. Информация

Роль информации в нашей жизни переоценить трудно, и в то же время, живя в стране, в которой мы родились, мы часто не придаём значения тому, как и когда мы получаем новую информацию. Это происходит естественным путем по множеству каналов одновременно, которые мы, часто сами не отдавая себе отчёта, регулируем, приводя в соответствие со своими нуждами. Мы читаем газеты, если нас что-то интересует, смотрим телевизор, слушаем радио и знаем всё, что происходит вокруг нас, даже если мы этого не очень хотим.

Оказавшись в другой стране без знания языка, человек теряет большую часть привычных каналов получения информации за исключением зрения. На первых порах обилие нового, которое окружает нас на каждом шагу и может по большей части быть воспринято через зрение, компенсирует эту потерю или, правильнее сказать, маскирует её. Однако со временем, всё больше и больше проявляется информационный голод, выражающийся в различных формах. Легко заметить, что при встречах с друзьями и знакомыми, разговоры непременно сводятся к одним и тем же темам, которые многократно обсуждались и уже навязли в зубах, но замены которым нет. Малейшие происшествия в кругу соотечественников обсуждаются помногу раз, тогда как важные события, происходящие в стране, не удостаиваются внимания.

Отчасти, выход из положения находится с помощью подписки на газету, издающуюся на родном языке, и установкой спутниковой антенны для приёма программ своей бывшей страны. Это в какой-то мере снимает остроту проблемы, но ни на йоту не улучшает понимание страны, в которой вы находитесь, создавая причудливую смесь старой действительности с новыми условиями.

Если вы хотите стать полноправным гражданином страны, в которую вы приехали и в которой, по всей вероятности, вы будете жить до конца своих дней, необходимо как можно раньше начинать осваиваться с существующими здесь источниками информации. Нужно интересоваться событиями, которые происходят в этой стране, этом штате, городе и квартале, а не только в стране, из которой вы приехали и во всём остальном мире. Незнание языка должно не останавливать вас, а заставлять прилагать больше усилий и затрачивать больше

came from and the rest of the world. Not knowing the language should not stop you. Instead, it should force you to apply more effort and spend more time following the news than you would have spent on it in your native country.

Undoubtedly, the amount of information available to US residents surpasses many times over available resources in any other country. You can find anything you want, and all you need are some skills and the desire to learn.

17.1. Advertising

Advertising is an information source that we encounter everywhere, whether we want to or not. Signs with company names and billboards advertising goods and services become larger and larger so people can notice them from afar. Commercials regularly interrupt radio and TV shows, often on every station or channel at once, so that we can't get away from them. If you attempt to quickly thumb through magazines, they only open to the advertising pages because they are printed on thicker paper. And the mailbox that was usually empty in the old country is suddenly full of stuff every day, starting with a leaflet from a candidate for the local school board and ending with a mail-order catalogue. It's not unusual to find in your mailbox samples of real potato chips, rubber gloves, or feminine hygiene pads, not to mention numerous coupons offering discounts on anything you want.

Advertising in America is a huge business. In 1998 advertising expenses exceeded 200 billion dollars and continue to grow at a rate higher than the rate of inflation or the growth rate of the economy as a whole. This amount with eleven zeroes -- \$200,000,000,000 -- exceeds the gross domestic product of such countries as Turkey, Poland, Finland, Taiwan, Norway, Portugal, and others. This sum is four times the gross domestic product of Ukraine, and it is more than half of Russia's gross domestic product.

There are different kinds of advertising – from refined, clever and graceful to coarse and foolish. Either way, the goal of advertising is to attract attention, at any cost, to promoted goods. There is an expression that "there is no bad advertising, only ineffective advertising." When new goods and services are constantly trying to make their way to a saturated market, heavy advertising that can entice the consumer to at least try something new is a necessary condition of success even for products of the highest quality.

Advertising is very expensive, and it is designed by professionals who are well educated in consumer psychology and able to play to the very foundations of human nature. Often the success of a product is determined not so much by its quality as by its advertising budget and the talent of the people conducting its advertising campaign.

времени, чем вы бы потратили на это в своей бывшей стране.

Можно без всякого сомнения сказать, что объём информации доступной жителю США во много раз превосходит таковой в любой другой стране. Вы можете найти всё, что вы хотите, надо только иметь некоторые навыки и желание.

17.1. Реклама

Реклама – это источник информации, с которым мы встречаемся на каждом шагу вне зависимости от того, хотим мы этого или нет. Вывески с названиями компаний и щиты с рекламой товаров и услуг становятся всё больше и больше, чтобы их было заметно "за версту" и гораздо дальше. Передачи радио и телевидения регулярно прерываются рекламой, причём очень часто одновременно на всех каналах, чтобы не было возможности её избежать. Журналы, при попытке их быстро пролистать, открываются исключительно на рекламных страницах, поскольку они напечатаны на более толстых листах. Почтовый ящик, по большей части пустовавший, когда мы жили в своей стране, вдруг неожиданно оказывается ежедневно наполненным всякой всячиной, начиная от листовки кандидата в попечительский совет местной школы и кончая многостраничным каталогом фирмы, торгующей по почте. Не редкость – найти в нём настоящие образцы картофельных чипсов, резиновых перчаток или женских гигиенических подкладок. Я уже не говорю о многочисленных купонах, предлагающих скидку на всё что угодно.

Реклама в Америке – это огромный бизнес. В 1998 году объём затрат на рекламу превысил 200 миллиардов долларов и продолжает расти темпами, намного превышающими темпы инфляции или роста экономики в целом. Эта сумма с одиннадцатью нулями ($200,000,000,000) превышает годовой валовой национальный продукт таких стран, как Турция, Польша, Финляндия, Тайвань, Норвегия, Португалия и многих других. Эта сумма была больше, чем годовой национальный продукт Украины в 4 раза и составляла более половины годового валового национального продукта России.

Реклама бывает разной – от утончённой, умной и изящной до грубой и дурацкой. Её цель – обратить внимание на рекламируемый товар любой ценой. Есть выражение, что "плохой рекламы не бывает, а бывает неэффективная". В условиях, когда всё новые и новые товары и услуги постоянно пытаются пробиться на рынок, и без того пересыщенный, необходимым условием успеха даже для самых высококачественных из них является усиленная реклама, способная пробудить интерес потребителей и заставить их хотя бы попробовать новинку.

Реклама стоит дорого, и делают её профессионалы, хорошо знающие психологию потребителя и играющие на самых глубинных основах человеческой натуры, и нередко, успех товара определяется не столько его достоинствами, сколько бюджетом, отведённым на его рекламу и квалификацией людей, ведущих рекламную кампанию.

Though there are laws forbidding unfair advertising, one should remember that the laws are generally applied only in cases where customers have obviously been deceived and only after the damage has already been done. The requirements to inform consumers of the product's possible negative effects are fulfilled by using various tricks. You will frequently see catchy names and slogans printed in large fonts that praise products such as cold medicine. But the medication's side effects are printed in such a tiny font that you need a microscope to read them.

In many cases, advertising inflates very minor product improvements to fantastic proportions, enabling a product to be sold at higher prices than competing items of similar quality, which may not enjoy the same popularity because their manufacturers cannot afford expensive advertising.

People react to advertising differently. Those who take it at face value and think "if they advertise it, then it must be good" often end up wasting their money. Those who can evaluate the product – objectively taking advertising into account without depending on it – always end up ahead.

Profits from advertising make up a significant portion of the budgets of most mass media outlets. Many technical and other professional journals are distributed free-of-charge among professionals because these people play crucial role in decisions to purchase the goods and services they promote.

17.2. Newspapers

Newspapers enjoy tremendous popularity in the US. And there are many of them, too: in 1998, 10,508 different papers were published in the US, of which 1,489 were daily papers and 898 were Sunday papers. More than 60% of daily and Sunday editions are read in cities with a population of 25,000 or less, and the average American spends about 30 minutes a day reading the paper. At the beginning of the book I mentioned the benefits and necessity of reading newspapers. Regular reading will gradually but steadily improve not only your knowledge of the English language, but also your understanding of the society around you.

Even in small towns American newspapers are published in thick multipage editions. Besides printing national news items, they publish detailed information about local events. State newspapers that are distributed in various counties, may contain a section devoted to the given county. Listed below are the typical contents of the Sunday newspaper:

Необходимо помнить, что хотя и существуют законы, запрещающие недобросовестную рекламу, они, как правило, применяются в случаях явного обмана потребителей, да и то задним числом, когда ущерб уже нанесён. Требования указывать возможное негативное воздействие товара выполняется с применением всяческих трюков. Вы часто можете увидеть броские названия и эпитеты в превосходной степени, расхваливающие, например, лекарство от простуды, напечатанные крупным шрифтом, где только можно, а его противопоказания или побочные эффекты, напечатанные таким мелким шрифтом, что требуется микроскоп для их чтения.

Во многих случаях, совершенно незначительное улучшение по сравнению с аналогичным товаром с помощью рекламы раздувается до небывалых размеров, что позволяет продавать этот товар по повышенной цене. В то же время, ничем не уступающий ему по качеству может не пользоваться большим спросом только потому, что его производитель не может себе позволить дорогостоящую рекламу.

Люди реагируют на рекламу по-разному. Те, кто принимают её за чистую монету: "если рекламируют, то наверно это действительно хорошее", часто оказываются в проигрыше. Те, кто могут объективно оценивать товары, принимая во внимание рекламу, но не завися от неё, всегда выигрывают.

Доходы от рекламы составляют существенный процент в бюджете большинства средств массовой информации. Многие технические и другие профессиональные журналы распространяются бесплатно среди специалистов потому, что они играют решающую роль в принятии решений о приобретении товаров и услуг, в этих журналах рекламируемых.

17.2. Газеты

Газеты пользуются в США неизменной популярностью. Их количество огромно. В 1998 году в стране издавалось 10,508 различных газет, из них 1,489 ежедневных и 898 воскресных. Более 60% ежедневных и воскресных изданий приходится на города с населением в 25,000 жителей и менее. Средний американец тратит ежедневно около 30 минут на чтение газет. Я уже упоминал о пользе и необходимости чтения газет в начале книги. Регулярное их чтение постепенно, но неуклонно приведёт к улучшению не только знаний английского языка, но и пониманию окружающего вас общества.

Американские газеты даже в небольших городах являются увесистыми многостраничными изданиями. Они, помимо основных центральных новостей, печатают подробную информацию о местных событиях. Центральные газеты штатов, распространяемые в различных графствах, могут содержать раздел, посвящённый данному графству. Ниже приводится типичное содержание воскресной газеты.

- *News* – the first section of a newspaper, as a rule, has no title and includes the main news of national or global importance. In most cases, the first page contain headings, photos, and the beginnings of articles, which are continued either inside the section or on its last page. The information is presented neutrally, with an emphasis on the facts.

- *Insight* – contains detailed articles devoted to various events that offer an analysis of a given situation and reflect the author's personal position.

- *Sports* is completely devoted to sports news, including game scores, sports digests, and so on. In most cases, the first few pages are devoted to American sports events.

- *Local and State* – contains information about the most significant events in the life of the given state, as well as local obituaries.

- *Business* – is devoted to news about the economy and also contains stock quotes, interest rates, and the state of the stock market indexes.

- *Lifestyles* – includes articles and items devoted to personal life, question and answer columns, crossword puzzles, horoscopes, and the local engagement and wedding announcements like.

- *Travel and Arts* – contains articles devoted to tourism and cultural events.

- *Classified* – lists thematically grouped advertisements and announcements, such as employment ("help wanted"), items for sale, services, and lost and found.

- *Real Estate* – information about the real estate market, including ads listing apartments for rent, or houses and land for sale.

- *Cars* is all about automobiles, and includes advertisements for dealers selling new and used cars, plus ads from private owners selling their cars.

Section titles and their contents may vary a little from newspaper to newspaper, or from state to state, but not much. Once you understand the contents of your local newspaper, you shouldn't have any difficulties in the future. Sections are usually "numbered" by letters in alphabetical order (A, B, C, D, etc.), and each section's pages are numbered individually.

Daily newspapers are organized by the same principle, but they are usually much smaller, and different sections may be included in them on different

- **News** (Новости) – первый раздел газеты, как правило, названия не имеет и включает в себя основные новости дня государственного или мирового значения. В большинстве случаев, на первую страницу вынесены заголовки, фотографии и начала статей, основная часть которых может быть размещена внутри раздела или на его последней странице. Информация излагается в нейтральной форме с основным упором на факты.

- **Insight** (По существу) – содержит развёрнутые статьи, посвящённые различным событиям, анализирующие ту или иную ситуацию и отражающие личную позицию автора.

- **Sports** (Спорт) – полностью посвящен спортивным и около-спортивным новостям, включая результаты соревнований, спортивные обозрения и так далее. В большинстве случаев, первые страницы посвящаются американским спортивным событиям.

- **Local & State** (События в штате) – содержит информацию о наиболее значительных событиях в жизни данного штата и местные объявления о смерти.

- **Business** (Деловая жизнь) – посвящен новостям из сферы экономики, а также содержит котировки биржевых акций, ставки ссудного процента и состояние основных биржевых индексов.

- **Lifestyles** (Частная жизнь) – включает статьи и заметки, посвящённые личной жизни, рубрики вопросов и ответов, кроссворды, гороскопы, местные объявления о помолвках и свадьбах, и т. д.

- **Travel & Arts** (Путешествия и искусство) – Статьи, посвящённые туризму и культурным событиям.

- **Classifieds** (Объявления) – объявления, сгруппированные по темам, как, например трудоустройство, купля-продажа, предложение услуг, потери и находки.

- **Real Estate** (Недвижимость) – информация о рынке недвижимости, включая объявления о сдаче квартир, а также продаже домов и земельных участков.

- **Cars** (Автомобили) – всё о машинах, включая рекламу дилеров, торгующих новыми и подержанными автомобилями, а также объявления частных владельцев о продаже.

Названия разделов и их содержание может несколько варьироваться от газеты к газете или от штата к штату, но не очень сильно. Разобравшись один раз в содержании вашей местной газеты, вы не будете испытывать затруднений в дальнейшем. Разделы обычно нумеруются буквами в алфавитном порядке (A, B, C, D и так далее) и имеют индивидуальную нумерацию страниц.

Ежедневные газеты строятся по такому же принципу, только их объём значительно меньше, и разные разделы могут быть включены в них в разные

days of the week. For example, the most extensive sections devoted to cars and real estate are published on Fridays because people shop for houses and cars primarily on weekends.

You can buy local newspapers from vending machines on the street, in supermarkets, at gas stations, and in other locations. Newspapers from other regions can be found in bookstores. Newspaper subscriptions may be purchased quarterly, with the subscription price a little bit lower than retail, though not by much. Newspapers are usually delivered early, before 6 o'clock in the morning. They may be put in a special newspaper box, dropped under the door, or tossed into your yard; papers are put in plastic bags in wet weather. Newspaper delivery is not connected in any way to the US postal service, and students often deliver papers to earn pocket money or save for college. It is customary to tip the newspaper delivery person before Christmas.

17.3. Magazines

A great number of magazines is also published in the US. They number in the thousands and include all conceivable – and inconceivable – areas of human activity. Besides well-known magazines printed in mass quantities and targeted to a wide audience, there are generally several magazines covering any more or less popular hobby, sport, trade, region, or pastime.

The most popular magazines, such as *Time, People, TV Guide, Glamour,* or *Vogue,* plus tabloids (the "yellow press") can be found in supermarket checkout aisles. A larger assortment of magazines is available in the periodicals section of the same supermarket. Bookstores sell an even greater selection, but the most specialized magazines and journals are available only by subscription.

The subscription price for magazines very often differs significantly from retail. Subscriptions may cost fifty to eighty percent less than buying individual magazine issues, so if you like a magazine enough to buy it occasionally, it is probably worth subscribing. All magazines contain subscription cards that indicate subscription terms, including cost and number of issues. All you need to do is fill in your name and address and drop the card in a mailbox. Most, perhaps all, of these cards don't even require a stamp since the addressee pays postage. Usually you put a check mark on the card indicating your preferred form of payment, such as:

- *Bill Me*
- *Bill me in full*
- *Bill me in 4 monthly installments*

дни недели. Например, наиболее обширные разделы, посвящённые автомобилям и недвижимости, печатаются в пятницу, поскольку люди прицениваются к домам и машинам преимущественно в выходные дни.

Местные газеты можно купить в автоматах на улице, супермаркетах, на автозаправочных станциях и так далее. Газеты из других регионов можно найти в книжных магазинах. Подписка на газеты может быть оформлена поквартально. Подписная цена несколько ниже розничной, но не намного. Газеты доставляются обычно рано, до 6 часов утра. Их могут положить в ящик, специально для этого предназначенный, бросить под дверь или на участок. В сырую погоду газеты вкладываются в полиэтиленовые пакеты. Доставка газет никак не связана с доставкой почты, этим нередко занимаются школьники, зарабатывая на карманные расходы или на учёбу. Довольно распространённой является дача чаевых разносчикам газет перед Рождеством.

17.3. Журналы

Количество журналов, издаваемых в США также велико. Оно исчисляется тысячами и включает все мыслимые и немыслимые области человеческой деятельности. Помимо общеизвестных журналов, выпускаемых массовыми тиражами и рассчитанных на большую аудиторию, существуют по несколько журналов посвящённых любому более или менее популярному хобби, виду спорта, профессии, тому или иному региону и так далее.

Наиболее популярные журналы, такие как *Time, People, TV Guide, Glamour, Vogue,* а также "таблоиды" (издания жёлтой прессы), можно найти на ближайших подходах к кассам в супермаркетах. Достаточно больший ассортимент располагается в разделе периодики тех же супермаркетов. Ещё больший выбор вы можете найти в книжных магазинах, а более специализированные можно получить только по подписке.

Подписная цена на журналы очень часто существенно отличается от розничной. Она может быть меньше в 2-5 раз, поэтому если журнал вам нравится настолько, что вы время от времени его покупаете, то возможно выгоднее будет на него подписаться. Все журналы имеют вложенные в них карточки для оформления подписки с указанием количества выпусков и стоимости. Всё, что вам нужно сделать – это заполнить свои данные и бросить в почтовый ящик. Многие из них, если не все, не требуют даже почтовой марки, поскольку оплачиваются получателем. Обычно в карточке нужно поставить галочку напротив формы оплаты, которую вы предпочитаете, например:

- *Bill Me* – пришлите счёт;

- *Bill me in full* – пришлите счёт полностью;

- *Bill me in 4 monthly installments* – присылайте счёт ежемесячно в 4 приёма.

Magazines very often send offers of free trial issues with the right to cancel the subscription if you don't like the magazine or change your mind. A bill with a due date may arrive together with the free magazine, though these bills sometimes arrive after or even before the magazine. If you want to subscribe, you should pay the bill on time. If you have decided not to subscribe, you should write the word *Cancel* on the bill and send it back without payment.

Don't think that an unpaid subscription is cancelled automatically. If you request trial issues of a magazine, you enter into a certain agreement with the publisher, so it's fair to comply with the publisher's conditions. If you simply ignore the bill, you will receive a second bill, a third, and so on for increased amounts.

Professional magazines publish up-to-date information for their fields, such as development and acceptance of new standards, mergers and acquisitions, advertising for new products and software, best practices, information about trade shows and conferences, and so on. Most specialized magazines publish employment ads and annual salary reviews – often called *Salary Survey* or *Salary and Opinion Survey* – for the given profession. Surveys contain detailed statistical data about salary and benefits, broken up by region, age group, company size, level of education, qualifications, and so forth.

In today's, constantly changing world, you must stay current in your field or the field you want to work in. As mentioned above, technical and specialized magazines are very often distributed free-of-charge among professionals, though annual subscriptions may cost tens or even hundreds of dollars. Beginners' attempts to receive free subscriptions by filling out the appropriate applications printed in the magazines often fail.

Most specialized magazines include so-called *Reader Service Cards* that list a set of numbers indexed to articles and advertisements in the given issue. Each item in the magazine is assigned an index number that is shown at the end of the article, notice, or ad. If the reader found the piece interesting, he or she can request additional information, a catalogue, or other items by filling out the card. Since these magazines earn most of their revenue from advertising, readers' requests for additional information are the best evidence of the effectiveness of ads printed in them. If your colleagues receive magazines that interest you, ask to borrow the next issue and fill in a *Reader Service Card* requesting information that interests you. If you do this two or three times, your name will be included in the magazine's a mailing list and you will start to receive subscription offers.

Очень часто журналы присылают предложения прислать пробные бесплатные выпуски с правом отказаться от подписки, если журнал не понравился или вы передумали. Счёт на оплату, с указанием срока, может прийти одновременно с бесплатными выпусками, несколько позже или даже раньше. Если вы решили оформить подписку, вам необходимо оплатить счёт вовремя, а если вы решили не подписываться, то вы должны написать на предъявленном счёте слово *Cancel,* что означает "аннулировать" и отправить его обратно.

Не следует думать, что неоплаченная подписка автоматически отменяется. Затребовав пробные выпуски журнала, вы вступаете в определённое соглашение с издателем, и будет справедливо полностью выполнить его условия. Если вы просто проигнорируете предъявленный счёт, то получите второй, третий и так далее с увеличивающимися суммами.

Профессиональные журналы печатают самую современную информацию, относящую к той или иной области деятельности, такую как разработка и принятие новых стандартов, слияние или разделение компаний, реклама новых комплектующих изделий и программного обеспечения, передовой опыт, сведения о специализированных выставках и конференциях и так далее. Большинство специальных журналов печатают объявления о трудоустройстве и годовые обзоры состояния оплаты труда в данной профессии, которые называются *Salary Survey* или *Salary & Opinion Survey* и содержат подробные статистические данные о зарплате и бенефитах с разбивкой по регионам, возрастным группам, размерам компаний, уровню образования, квалификации и тому подобному.

Быть в курсе нового в той области, где вы работаете или хотите работать - совершенно необходимое условие успешной карьеры в современном, постоянно меняющемся мире. Как уже упоминалось выше, технические и специальные журналы очень часто распространяются бесплатно среди специалистов, в то время как годовая стоимость подписки может составлять десятки или даже сотни долларов. Попытки новичка получить бесплатную подписку, заполнив соответствующую анкету, напечатанную в этом журнале, часто оканчиваются неудачей.

Большинство специальных журналов содержат так называемые *Reader Service Cards* (Карточки обслуживания читателей), содержащие набор числел-индексов напечатанных в данном выпуске материалов. Каждой заметке, статье или рекламе, помещённой в журнале, присвоен определённый индекс, указанный в её конце. Если читателя эта информация заинтересовала, то он может, заполнив такую карточку, запросить дополнительные сведения, каталог и т.д. Поскольку большая часть расходов таких журналов покрывается за счёт рекламы, то запрос читателем дополнительной информации является лучшим подтверждением действенности напечатанной в нём рекламы. Если ваши коллеги получают журналы, которые вас интересуют, то попросите одолжить очередной выпуск и заполните запрос на интересующую вас информацию. Если вы это сделаете 2-3 раза, то ваша фамилия будет заложена в список активных клиентов, и вы начнёте получать предложения о подписке.

A recommendation from a colleague who already receives the publication is another way to accelerate the subscription process. Most subscription renewal forms include the question "Do you have any colleagues who would benefit from a subscription?" Your colleague can answer with your name.

Magazine subscriptions can start at any time, so you need not wait until the beginning of a year or quarter. After receiving a free magazine for a certain period of time, you will usually receive an issue with a special jacket or insert containing a subscription renewal form that you should fill out and send by mail or fax. Most magazines now offer subscriptions over the Internet, and many also publish electronic versions that you can read on a computer.

Unlike newspapers, magazines are delivered by mail and are put in mailboxes. Many magazines are packed in plastic to protect them from damage.

17.4. Radio

In the US people listen to the radio mostly in their cars, but since almost everybody spends significant time behind the wheel, a variety of radio stations target different tastes. Most stations broadcast music of one certain genre, mixing in short news updates and commercials, but there are also radio stations dedicated primarily to news. Other stations broadcast mostly talk shows, with a minimum amount of music.

Undoubtedly, in the initial stages of life in a new country the choice of radio stations is based exclusively on musical preferences. The many choices range from classical music performed by symphony orchestras and chamber ensembles, jazz, rock-n-roll, disco, and the like to modern music of all types, plus religious music of various genres. Nevertheless, with the exception of classical music, almost all songs broadcast on the air are American, English or, at the least, sung in English by performers from other countries.

It is very difficult to understand news or commercials in the beginning. Weather forecasts are perhaps the first type of information that gradually becomes clear since the same words are repeated over and over in various combinations.

Broadcasts on *Public Radio International*, or *PRI*, are some of the most informative, covering a broad spectrum of national and international events in an objective manner.

Ещё одним способом ускорения подписки является рекомендация коллеги, уже получающего журнал, при заполнении анкеты для обновления подписки. Обычно такие анкеты содержат вопрос: "кто из ваших коллег, по вашему мнению, ещё нуждается в подписке?"

Подписка на журналы оформляется в любое время, для этого не надо ждать начала года или квартала. По прошествии определённого периода (для бесплатных журналов) обычно приходит выпуск с суперобложкой или вкладышем, содержащим анкету для продления подписки, которую необходимо заполнить и отослать или отправить по факсу. В настоящее время большинство журналов предлагают оформление подписки по Интернету. Многие из них также имеют электронные версии, которые можно читать на компьютере.

Журналы, в отличие от газет, доставляются почтой и кладутся в почтовый ящик. Многие из них упаковываются в полиэтиленовые пакеты, предохраняющие от повреждения.

17.4. Радио

Радио в США слушают по большей части в машинах, но поскольку почти все без исключения проводят за рулём значительное время, существуют радиостанции самого разного направления, рассчитанные на разные вкусы. Большинство из них транслирует музыку того или иного жанра, вперемешку с короткими выпусками новостей и рекламой, хотя существуют радиостанции, передающие по большей части новости и другие разговорные передачи с минимальным количеством музыки.

Без сомнения можно сказать, что на первоначальном этапе жизни в новой стране выбор радиостанций основывается исключительно на музыкальных предпочтениях. Выбор очень велик, от классической музыки в исполнении симфонических оркестров и камерных ансамблей, джаза, рок-н-ролла, диско и так далее до современной музыки всех оттенков, а также религиозной музыки самых различных жанров. Правда, почти все передаваемые в эфире песни, за исключением классической музыки, являются американскими, английскими или, на худой конец, исполняются певцами из других стран на английском языке.

Понимать на слух новости или рекламу в первое время очень трудно. Прогноз погоды является, пожалуй, первой информацией, которая постепенно становится понятной, поскольку один и тот же набор слов повторяется многократно в различных вариантах.

Одними из наиболее информативных являются передачи *Public Radio International* (Общественное радио), объективно освещающие широкий круг тем и событий как национального, так и международного характера.

17.5. TV

TV is one of the main sources of information and the most popular leisure activity. The average American watches more than four hours of TV per day. More than 98 percent of American families have TVs, with the average number of sets per family exceeding two. The number of various channels can exceed 100.

This abundance is somewhat stunning at first, and it takes time to get used to it, then choose what interests you most and try to understand it. In the absence of language skills, this requires a lot of efforts, and the brain soon simply stops paying attention to speech, perceiving only the visual information. In feature films it may be possible to understand something through the unfolding of the plot, but the situation with news broadcasts is much worse because anchors speak very quickly. I recall a conversation with a friend during my first visit to the US. He had been living in the country for over two years and was successfully working in his field, but he still understood nothing from news broadcasts.

With modern technology it is not difficult to have one or more channels with broadcasts in your native language, but be careful. For older people this convenience may be a necessary source of new information, but for the younger generation it can be a trap, slowing down the learning of English because it eliminates the necessity of making the effort required to see progress.

As mentioned in the beginning of the book, it's best to improve language skills by watching thematic shows that provide detailed coverage of the same topic or shows that teach how to do something and provide detailed demonstrations and explanations of each step. Many people also find watching animated films useful.

You'll need to read the TV programming schedule to navigate the TV channels. The program contains many symbols that are not explained anywhere. We'll discuss film classifications and ratings first. Some examples of how films are presented in a TV program are shown below.

Stars indicate the quality of movies. The absence of stars doesn't always mean a bad movie. Check the year of release; new films may not be rated yet.

★	*poor*
★★	*fair*
★★★	*good*
★★★★	*outstanding*

17.5. Телевидение

Телевидение является одним из главных источников информации и способов проведения досуга. Средний американец смотрит телевизор более 4-х часов в день. Более 98% американских семей имеют телевизоры, причём среднее их количество в семье превышает два, а количество различных каналов может превышать 100.

На первых порах такое обилие несколько ошеломляет и требуется некоторое время, прежде чем удаётся освоиться и выбрать то, что вас интересует больше и попытаться это понимать, но при отсутствии языка, довольно скоро наступает насыщение и мозг просто отключается от звукового сопровождения, воспринимая только визуальную информацию. Если в художественных фильмах можно что-то понять по ходу действия, то с передачами новостей дело обстоит гораздо хуже, поскольку дикторы говорят очень быстро. Я вспоминаю свой разговор со знакомым во время моего первого приезда в США. Он к тому времени прожил в стране более двух лет, успешно работал по специальности, но всё ещё ничего не понимал из передач новостей.

При современной технологии не составляет большого труда иметь один или более каналов с передачами на родном языке, но к этому надо относиться осторожно. Если людям пожилого возраста такое удобство просто необходимо для утоления потребности в новой информации, то для более молодых это может оказаться ловушкой, тормозящей освоение английского языка, поскольку снимает необходимость прилагать усилия, без которых трудно ожидать прогресса.

Как уже упоминалось в начале книги, для освоения языка лучше всего смотреть тематические передачи, в которых продолжительное время говорится приблизительно об одном и том же, а также передачи, обучающие как делать то или иное, с подробным показом и объяснением всех операций. Многие также находят полезным смотреть мультипликационные фильмы.

Для того чтобы ориентироваться в телевизионных передачах, необходимо научиться читать телевизионную программу. Она содержит достаточно много условных обозначений, объяснение которых нигде не приводится. Прежде всего, поговорим о классификации и рейтингах фильмов. Ниже приводится несколько примеров того, как фильмы представлены в программе.

Звёздочками обозначается качество фильма. Отсутствие звёздочек не всегда означает плохой фильм. Обратите внимание на год выпуска, это может быть новый фильм, ещё не получивший рейтинга.

★	*poor*	- плохой
★★	*fair*	- неплохой
★★★	*good*	- хороший
★★★★	*outstanding*	- выдающийся

★★ "Family Plot" (1976, Suspense) Bruce Dern, Karen Black. 'PG' (Adult situations, violence.) (CC) 9876543	Fair movie made in 1976. Starring Bruce Dern, Karen Black. Some material may not be suitable for children. Contains adult situations and violence. Closed Captions.
★★★ "Mickey One" (1965, Crime drama) Warren Beaty. (Adult situation, language, nudity, violence) 4756987	Good movie in the Crime Drama genre made in 1965. Starring Warren Beaty. Contains adult situation, inappropriate language, nudity, violence.
★★★ "Analyze This" (1999) Robert De Niro. (TV-17) (CC)	Good movie with Robert De Niro in a leading role made in 1999. Inappropriate for anyone under 17.
★★★★ "Kramer vs. Kramer" (1979, Drama) Dustin Hoffman, Meryl Streep, Justin Henry (CC) 1234567	Outstanding drama made in 1979. Starring Dustin Hoffman, Meryl Streep, Justin Henry.

All feature and television movies belong to certain genres, usually indicated in the program with the year the film was released, i.e. (1964, *War*). Classification of films by genres is shown below.

Action	
Biography	
Comedy	
Crime drama	
Drama	
Fantasy	
Historical drama	
Horror	
Miniseries	
Musical	
Musical comedy	
Romance	
Romance comedy	
Science fiction	
Suspense	
War	
Western	

★★ "Family Plot" (1976, Suspense) Bruce Dern, Karen Black. 'PG' (Adult situations, violence.)(CC) 9876543	Неплохой остросюжетный фильм "Семейный заговор", 1976 г. с Брюсом Дереном и Карен Блэк в главных ролях, содержит взрослые сцены и насилие. Не всё приемлимо для детей.
★★★ "Mickey One" (1965, Crime drama) Warren Beaty. (Adult situation, language, nudity, violence) 4756987	Хороший детектив "Микки I", 1965г. с Уореном Битти в главной роли, содержит взрослые сцены, нелитературный язык, обнаженные сцены и насилие.
★★★ "Analyze This" (1999) Robert DeNiro. (TV-17) (CC)	Хороший фильм "Проанализируй это", 1999 г. с Робертом де Ниро в главной роли. Только для взрослых.
★★★★ "Kramer vs. Kramer" (1979, Drama) Dustin Hoffman, Meryl Streep, Justin Henry (CC) 1234567	Превосходный фильм "Крамер против Крамера", 1979 г. с Дастином Хофманом, Мерил Стрип и Джастином Генри в главных ролях.

Все художественные и телевизионные фильмы отнесены к тому или иному жанру, который обычно указывается в программе вместе с годом выпуска фильма, как, например (1964, *War*). Ниже приводится классификация фильмов по жанрам.

Action	Боевик
Biography	Биография
Comedy	Комедия
Crime drama	Детектив
Drama	Драма
Fantasy	Фантазия / сказка
Historical drama	Историческая драма
Horror	Фильм ужасов
Miniseries	Короткий сериал
Musical	Музыкальный фильм, мюзикл
Musical comedy	Музыкальная комедия
Romance	Любовная история
Romance comedy	Романтическая комедия
Science fiction	Научная фантастика
Suspense	Остросюжетный фильм
War	Фильм о войне
Western	Фильм про ковбоев

Movies and other television shows receive ratings indicating what age group their content is intended for. Until recently there was a system of ratings that were assigned by the makers of the movie on a voluntary basis. It is shown below.

Table 17-1:   Movie Ratings

Movie Ratings		Limitations
G	General audiences	All ages admitted.
PG	Parental guidance suggested	Some material may not be suitable for children.
PG-13	Parents strongly cautioned	Some material may be inappropriate for children under 13.
R	Restricted	Under 17 requires accompanying parent or adult guardian.
NC-17	No one 17 and under admitted	

Source: The Motion Picture Association of America.

Old or foreign movies that are not rated may have been indicated as NR. Quite often, in addition to a rating, there is a description of what exactly makes a film inappropriate for viewing by a general audience.

Violence
Adult situations
Nudity
Language

A new system for categorizing television broadcasts by audience age was recently developed. This system contains an age code, beginning with the letters TV and followed by an abbreviation that characterizes the content, represented by the letters V, S, L, D.

"A rating icon appears in the upper left hand corner at the start of the program. If the program is more than one hour, the icon will reappear at the beginning of the second hour" (TV Parental Guidelines Monitoring Board).

This universal rating system allows parents to block children's access to undesirable programs by using a special device built into modern TVs, which is called a V-Chip.

В зависимости от содержания, фильмы и другие телевизионные передачи получают рейтинг, указывающий, для какой возрастной аудитории они предназначены. До недавнего времени действовала система добровольного присвоения рейтинга кинопроизводителями, приводимая ниже.

Табл. 17-1: Система рейтинга фильмов по содержанию

Рейтинг фильма			Ограничения
G	General audiences	Общая аудитория	Для всех возрастов
PG	Parental guidance suggested	Присмотр родителей рекомендуется	Не всё приемлемо для детей
PG-13	Parents strongly cautioned	Присмотр родителей настоятельно рекомендуется	Не всё приемлемо для детей младше 13 лет
R	Restricted	Ограниченный показ	Дети до 17 лет только с родителями
NC-17	No one 17 and under admitted		Дети до 17 лет не допускаются

Источник: The Motion Picture Association of America.

Старые или иностранные фильмы, которые не имеют рейтинга, могут обозначаться сокращением *NR (Not Rated)*. Нередко, в дополнение к рейтингу словами указывается, что конкретно в этом фильме не позволяет его показ для общей аудитории.

Violence - насилие
Adult situations – сцены для взрослых
Nudity – обнажённые
Language – нецензурные выражения

В последние годы телевизионной индустрией была разработана новая система классификации телевизионных передач по возрастным категориям зрительской аудитории, которым они предназначены. Эта система содержит возрастной код, начинающийся с букв TV и сокращённую характеристику содержания, обозначенную буквами V,S,L,D.

"Графическое обозначение рейтинга появляется в левом верхнем углу экрана перед началом передачи. Если она длится больше одного часа, то это обозначение появляется также в начале второго часа" (TV Parental Guidelines Monitoring Board).

Унифицированная система рейтинга позволяет родителям блокировать доступ детей к нежелательным передачам с помощью специального устройства встроенного в современные телевизоры и называемого V-Chip.

The following categories apply to programs designed solely for children:

All Children.

This program is designed to be appropriate for all children. Whether animated or live-action, the themes and elements in this program are specifically designed for a very young audience, including children from ages 2 - 6. This program is not expected to frighten younger children.

Directed to Older Children.

This program is designed for children age 7 and above.It may be more appropriate for children who have acquired the developmental skills needed to distinguish between make-believe and reality. Themes and elements in this program may include mild fantasy violence or comedic violence, or may frighten children under the age of 7. Therefore, parents may wish to consider the suitability of this program for their very young children.

Directed to Older Children - Fantasy Violence

Programs where fantasy violence may be more intense or more combative than programs in previous category.

The following categories apply to programs designed for different audience:

General Audience.

Most parents would find this program suitable for all ages. Although this rating does not signify a program designed specifically for children, most parents may let younger children watch this program unattended. It contains little or no violence, no strong language and little or no sexual dialogue or situations.

Parental Guidance Suggested.

This program contains material that parents may find unsuitable for younger children. Many parents may want to watch it with their younger children. The theme itself may call for parental guidance and/or the program contains one or more of the following: moderate violence (V), some sexual situations (S), infrequent coarse language (L), or some suggestive dialogue (D).

Parents Strongly Cautioned.

This program contains some material that many parents would find unsuitable for children under 14 years of age. Parents are strongly urged to exercise greater care in monitoring this program and are cau-

Следующие категории программ созданы специально для детей:

Для всех возрастов.

Эти программы созданы с расчётом на детей всех возрастов. Будь то мультипликация или игровые передачи, их темы и элементы специально разрабатывались для очень юной аудитории, включая детей в возрасте 2-6 лет. Эти программы не должны испугать маленьких детей.

Для детей старше 7 лет.

Эти программы предназначены для детей в возрасте 7 лет и старше. Они больше подходят тем детям, которые могут отличать выдумки от реальности. Темы и элементы этих программ могут включать легкое сказочное или комическое насилие, а также могут испугать детей младше 7 лет, поэтому родители должны сами решить, насколько эта программа подходит их ребёнку.

Для детей старше 7 лет, содержащие сказочное насилие

Программы аналогичные вышеуказанным, в которых элементы насилия носят более выраженный характер.

Следующие категории программ предназначены для различных возрастов:

Для общей аудитории.

Большинство родителей посчитали бы эту программу подходящей для всех возрастов. Несмотря на то, что рейтинг не указывает на её принадлежность к детским программам, большинство родителей могут позволить смотреть её маленьким детям без присмотра. Она не содержит или содержит в очень незначительном количестве насилие, нелитературный язык и сексуальные сцены и диалоги.

Присмотр родителей рекомендуется.

Эта программа содержит материалы, которые родители могут посчитать неподходящими для маленьких детей. Многие родители могут решить смотреть её вместе с детьми. Тема сама по себе нуждается в объяснении со стороны родителей и(или) она содержит одно или более из ниже перечисленного: умеренное насилие (V), сцены сексуального характера (S), нечастые вульгарные выражения (L), диалоги взрослого содержания (D).

Родители строго предупреждаются.

Эта программа содержит материалы, которые многие родители могут посчитать неподходящими для детей до 14 лет. Родителем настоятельно рекомендуется быть внимательными и не позволять смотреть её детям до

tioned against letting children under the age of 14 watch unattended. This program contains one or more of the following: intense violence (V), intense sexual situations (S), strong coarse language (L), or intensely suggestive dialogue (D).

 **Mature Audience Only.**
This program is specifically designed to be viewed by adults and therefore may be unsuitable for children under 17. This program contains one or more of the following: graphic violence (V), explicit sexual activity (S), or crude indecent language (L).

Many modern TVs are equipped with devices called *Caption Decoders*. Most broadcasts and movies contain images and sounds accompanied by a latent signal that can convert the sound into text on the screen by using a special device. This service is for people with hearing difficulties, but it can also be useful for those who can read a language better than they understand it when it is spoken. Watching broadcasts with captions can become tiresome since captions sometimes lag a little behind action. Broadcasts with captions are indicated in the TV programming guide by the abbreviation (CC), meaning *Closed Captions*. The TV remote control can make the captions visible when necessary.

17.6. Telephone Book

Telephone books in the US are printed in large quantities, updated frequently, and delivered free-of-charge to all telephone company customers. Rather, their cost is included in your phone service charges. Beyond addresses and telephone numbers of residents and businesses, telephone books also serve as a necessary source of information on goods and services offered by businesses.

Phone books contain all necessary information on using a phone and all the services the phone company offers in the area. Beyond that, telephone books have two parts, called *White Pages* and *Yellow Pages*, which really are colored white and yellow. In large cities they may be divided into two separate books.

The *White Pages* are divided into two parts, the first containing personal home telephone numbers *(Residence Listings),* listed in alphabetical order. The second part lists phone numbers of companies and organizations *(Business Listings)*, also in alphabetical order.

The *Yellow Pages* contain addresses, phone numbers, and advertising of local businesses, grouped by topic, and listed in alphabetical order within their groups, which are also arranged alphabetically. For example, under *Automobile*

14 лет без присмотра взрослых. Эта программа содержит одно или более из ниже перечисленного: интенсивное насилие (V), откровенные сцены сексуального характера (S), нецензурные выражения (L) или диалоги откровенно взрослого содержания (D).

Только для взрослых.

Эта программа создана в расчёте только на взрослую аудиторию и не подходит для детей до 17 лет. Эта программа содержит одно или более из ниже перечисленного: ярко выраженное насилие (V), откровенные сексуальные сцены (S) или нецензурные выражения (L).

Многие современные телевизоры оснащены устройствами, которые называются *Caption Decoders* (дешифровщик титров). Большинство телевизионных передач и фильмов помимо изображения и звука сопровождаются скрытым сигналом, который можно с помощью этого устройства преобразовать в видимый на экране текст, повторяющий звуковое сопровождение. Это делается для людей, имеющих проблемы со слухом, но может быть полезно также в какой-то мере для тех, кто лучше читает, чем воспринимает язык на слух. Смотреть передачу с титрами довольно утомительно, поскольку они иногда несколько отстают от действия. Передачи с титрами обозначаются в программе знаком (CC), что означает *Closed Captions* (скрытые титры). Титры делаются видимыми, если это необходимо, с помощью пульта управления телевизором.

17.6. Телефонная книга

Телефонные книги в США печатаются в изобилии, обновляются часто и доставляются бесплатно всем владельцам телефонов, вернее их стоимость включена в абонентскую плату. Они, помимо сведений об адресах и номерах телефонов частных лиц и бизнесов, также включают информацию о товарах и услугах этими бизнесами предлагаемых.

Телефонные книги содержат всю необходимую информацию о правилах пользования телефоном, а также обо всех видах услуг, предоставляемых телефонной компанией в данной местности. Помимо этого, телефонная книга состоит из двух частей, которые называются *White Pages* (белые страницы) и *Yellow Pages* (жёлтые страницы). Они действительно белые и жёлтые по цвету. В крупных городах это могут быть две отдельные книги.

White Pages в свою очередь делятся на две части, первая из которых содержит домашние телефоны жителей данной местности *(Residence Listings),* расположенные в алфавитном порядке, а вторая – телефоны предприятий и организаций *(Business Listings),* также расположенные в алфавитном порядке.

Yellow Pages содержат адреса, телефоны и рекламу бизнесов, сгруппированные по тематическим признакам и расположенные в алфавитном порядке названий тематических групп. Например, под словом *Automobile* будет

you can find everything related to motor vehicles, including new and used car dealers, service and repair shops, auto parts stores, car rentals, and so on. In the "Restaurant" section, in addition to finding addresses and telephone numbers, you can often read menus with prices.

If you need a service, be sure to check the phone book for a discount coupon. If it contains a coupon, clip it and take it with you. You may save five to fifteen percent.

17.7. Libraries

Public libraries in the US are called "peoples' universities." There are about 9,000 public libraries in the country. They are free, treat everyone equally, and contain huge amounts of information. They also provide easy access to information for all people, without exception. You don't need to register to use a library unless you need to take books home. You don't need any document to work or study in a library, and nobody will ask you who you are.

All libraries are equipped with computer search systems allowing patrons to find necessary materials independently, but help is always available from librarians. If you want a book that the library doesn't own, you can order it from another library for a set period of time.

Most libraries house reference materials, books, and periodicals as well as collections of audio- and videotapes, including foreign language courses. They are also equipped with computers providing Internet access that any visitor can take advantage of on a first come, first served basis.

17.8. The Internet

If you consider all its resources, the Internet is the largest library, store, radio station, and post office in the world. With a personal computer and Internet access, it's possible to find practically any information from anywhere on the globe. You can also buy anything, pay bills, listen to nearly any radio station, communicate with relatives, friends, and colleagues any distance away, study any occupation, and do lots of other things at minimal expense and without leaving the house.

Special "browser" programs helped open up mass access to the Internet network in the 1990s. Since then, many aspects of life have changed so radically that it is difficult to imagine how we lived without the Internet. Information previously available to just a few has become available to everyone, and it's possible to receive what you used to wait weeks for in a few minutes. Labor

собрано всё, что касается автомашин, включая дилеров новых и подержанных машин, ремонтные службы, магазины запчастей, службы проката машин и так далее. В разделе "Рестораны" вы можете найти не только их адреса и телефоны, а нередко и меню с указанием цен.

Если у вас есть необходимость в тех или иных услугах, проверьте - нет ли в телефонной книге купона, предлагающего скидку на эту услугу. Если есть, смело вырезайте его и берите с собой. Вы можете сэкономить 5-15% от стоимости.

17.7. Библиотеки

Публичные библиотеки в США называют "народными университетами". Всего в стране насчитывается около 9,000 публичных библиотек. Они бесплатны, демократичны и не только содержат огромное количество информации, но и обеспечивают свободный доступ к ней всем без какого бы то ни было исключения. Для того чтобы воспользоваться библиотекой, в неё даже не надо записываться, за исключением случаев, когда вам необходимо взять книги на дом. Если же вы просто хотите поработать в читальных залах, то не требуется никакого документа, и никто не спросит вас, кто вы такой.

Все библиотеки оснащены компьютерными поисковыми системами, позволяющими самостоятельно искать необходимые материалы, но помощь библиотекарей всегда доступна. Книги, отсутствующие в фонде данной библиотеки, могут быть заказаны из другой на определенное время.

Большинство библиотек, помимо справочной литературы, книг и периодических изданий имеют также фонды звуковых и видео записей, включая курсы иностранных языков. Они также оснащены компьютерами, обеспечивающими доступ в Интернет, которыми любой посетитель может воспользоваться в порядке очереди.

17.8. Интернет

Интернет - это самые большие в мире библиотека, магазин, радиостанция, почта, и так далее, вместе взятые. Имея персональный компьютер и доступ в Интернет, можно найти практически любую информацию со всего земного шара, купить что угодно, оплатить счета, слушать почти любую радиостанцию, общаться с родственниками, друзьями и коллегами на любом расстоянии, учиться любой специальности и делать многое другое, не выходя из дома и с минимальными затратами.

Открытие массового доступа в сети Интернета в середине 90-х годов с помощью специальных программ "браузеров" за короткое время преобразило многие области деятельности до неузнаваемости. Теперь даже трудно представить, как мы жили без этого. Информация, доступная ранее единицам, стала доступна всем, а ту, которой приходилось ждать неделями, можно получить в течение минут.

productivity in some occupations is now dozens or hundreds of times higher than before. A patent search, for example, was a long and laborious task occupying weeks and months and requiring a trip to a special library to manually leaf through hundreds of volumes or microfilms. Now it can be done automatically in minutes with special search engines and without anyone's assistance.

In the late 1990s the incredible increase in demand for personal computers resulted in price drops that now make computers affordable to most families. In some cases you can get one practically for free if you subscribe to three years of Internet access. In 2002 about 150 million people over the age of 18 out of 203 million had Internet access (U.S. Census Bureau, 2002).

The creator of what is now called the *World Wide Web,* or *WWW,* is a graduate of Oxford University in England, Tim Berners-Lee. In 1990, while working at CERN, a European science center, he invented a computer program *(web browser),* that allows many users to have access to information stored on any computer connected to a network. He also came up with an initiative for organizing a global information network. Now he heads up a noncommercial organization based at the Massachusetts Institute of Technology. That organization, *World Wide Web Consortium,* is defining the further development of this network for the benefit of all humanity (Quittner, 1999).

Although all Internet communications and computers that store information for the Internet have specific owners, the Internet itself does not belong to anyone in particular. This network allows holders of information to grant access to all interested parties free-of-charge or under certain conditions.

The Internet is based on so-called pages or sites that store information that the owner wants to make accessible to many other people. The owner may be a government that owns hundreds of millions of pages of text, a huge corporation, a small company, or a young family posting photos of their first-born child for everyone to see.

The number of sites on the Internet is estimated at tens of millions, and each has an individual digital address that, for convenience, has an equivalent expressed in words, for example, *www.firstgov.gov* or *www.yahoo.com.* Until recently the following address system was used on the Internet:

All American sites were divided into several groups:

- Addresses of government sites ending in *.gov (government);*

- Addresses of nonprofit organizations ending in *.org (organization);*

- Addresses of commercial organizations ending in *.com (commercial)*

- Addresses of educational institutions ending in *.edu (education).*

Производительность труда в некоторых специальностях повысилась в десятки и даже в сотни раз. Например, проведение патентного поиска ранее было долгой и кропотливой работой, занимающей недели и месяцы, для чего надо было ехать в специальную библиотеку и вручную перебирать сотни томов или микрофильмов. Сейчас это может быть сделано автоматически с помощью специальных программ в считанные минуты без привлечения кого бы то ни было со стороны.

Невероятное увеличение спроса на персональные компьютеры в конце 90-х годов привело к снижению цен на них до уровня, доступного большинству семей. В некоторых случаях можно практически получить его бесплатно, подписавшись на три года на услуги по доступу к Интернету. Согласно статистике, в США в 2002 году около 150 миллионов человек старше 18 лет (из 203 миллионов) имели доступ в Интернет (U.S. Census Bureau, 2002).

Автором того, что называется сейчас *World Wide Web* (всемирная сеть) или *WWW,* является выпускник Оксфордского университета в Англии *Tim Berners-Lee (*Тим Бернерс-Ли*).* В 1990 году, работая в европейском научном центре ЦЕРН, он изобрёл компьютерную программу *(web browser),* позволяющую многим пользователям иметь доступ к информации, хранящейся на том или ином компьютере, подключённом к компьютерной сети, и вышел с инициативой организации всемирной информационной сети. В настоящее время он возглавляет некоммерческую организацию под названием *World Wide Web Consortium,* базирующуюся в Массачусетском Технологическом Институте, которая определяет дальнейшее развитие этой сети в интересах всего человечества (Quittner, 1999).

Сеть Интернет не принадлежит никому конкретно, несмотря на то, что все коммуникации в неё вовлечённые и компьютеры, хранящие информацию, имеют своих владельцев. Эта сеть позволяет владельцам информации открывать доступ к ней всем желающим бесплатно или на каких-то определённых условиях.

Основу Интернета составляют так называемые странички или сайты *(sites),* хранящие информацию, которую её владелец хочет сделать доступной для многих других людей, причём этим владельцем может быть государство, имеющее вероятно сотни миллионов страниц текста, огромная корпорация, маленькая компания или молодая семья, выставившая на обозрение фотографии своего первенца.

Количество сайтов в сети Интернет исчисляется десятками миллионов, и каждый из них имеет свой индивидуальный цифровой адрес, который для удобства имеет эквивалент, выраженный словами, как, например, *www.firstgov.gov,* что произносится "дабл ю дабл ю дабл ю дот фёрст гов дот гов" или *www.yahoo.com,* что произносится "дабл ю дабл ю дабл ю яху дот сом". До недавнего времени на Интернете применялась система адресов, описанная ниже.

Все американские сайты разбивались на несколько групп:

- адреса государственных сайтов оканчивались на *.gov (government);*

- адреса некоммерческих организаций оканчивались на *.org (organization);*

- адреса коммерческих организаций оканчивались на *.com (commercial).*

- адреса колледжей и университетов оканчивались на *.edu (education).*

Addresses of sites in other countries had special suffixes:

- .ru (Russia),

- .it (Italy),

- .ca (Canada),

- *.uk* (United Kingdom) and so on.

Because there are already problems adding new addresses, this system may be modified so new suffixes can be used.

The number of sites and the volume of information on them is constantly increasing. Special search programs, *search engines*, located on so-called "portal" sites can help navigate this sea of information. These programs enable the user to enter a combination of key words and very quickly receive a list of sites where the words are mentioned.

There is a fair number of these programs, and there are dozens of general-purpose search engines plus specialized ones. To use the Internet effectively, you should know not only the addresses of these portals, but also their features since they use different search methods, and search results can differ depending on the search engine you use.

There are two types of search engines. *Directories* are basically ordinary directories containing only those addresses that their publishers decided to include. *Crawlers* actually go through all existing addresses and make lists of words used on these sites. In most cases directories are created commercially. Clients pay a set fee to place information about their sites in a given directory for a certain amount of time. Information searches are usually free. Many search programs combine the two models described above.

Here are addresses and features of some of the most popular search engines:

- *www.aport.ru* is a Russian-language search engine.

- *www.altavista.com AltaVista* is one of the largest search engines, popular among researchers. It includes search results and lists from directories.

- *www.ask.com Ask Jeeves* allows you to ask questions in ordinary human language (in English, of course), for example, *Where is the city of Moscow?* If the program cannot find a direct answer, it gives the results of a regular search.

- *www.excite.com Excite* is one of the most popular search programs, and includes a big index plus search results.

Адреса сайтов других стран имели специфические окончания

- .ru (Russia),
- .it (Italy),
- .ca (Canada),
- *.uk* (United Kingdom) и так далее.

Поскольку уже возникают проблемы с добавлением новых адресов, эта система может быть доработана, и появятся новые окончания.

Количество сайтов и объём информации на них постоянно увеличиваются. Ориентироваться в этом море помогают специальные поисковые программы, называемые *search engines* и расположенные на сайтах, называемых порталами. Эти программы позволяют пользователю ввести комбинацию ключевых слов и за короткое время выдают список сайтов, где эти слова упоминаются.

Число таких программ достаточно велико. Поисковые программы общего пользования исчисляются десятками, не говоря уже о специальных. Для того, чтобы эффективно пользоваться Интернетом, необходимо знать не только адреса этих порталов, но также их особенности, поскольку все они производят поиски разными методами и результаты поиска могут отличаться, в зависимости от поисковой программы, которую вы используете.

Поисковые программы бывают двух типов: *directories* (директории), что по сути дела является обычным справочником, указывающим только те адреса, которые их издатели решили включить и *crawlers* (ползуны), которые в действительности обшаривают все адреса и составляют списки слов в них использующихся. Директории в большинстве случаев создаются на коммерческой основе, когда клиенты, желающие поместить информацию о своём сайте в данной директории, должны платить определённые суммы в течение всего времени, пока эта информация там содержится. Поиск информации производится бесплатно. Многие поисковые программы представляют собой комбинацию двух выше указанных. Ниже приводятся адреса нескольких наиболее известных поисковых программ, с указанием их особенностей.

- *www.aport.ru* "Апорт" - русскоязычная поисковая программа.
- *www.altavista.com AltaVista* – один из крупнейших поисковых механизмов, популярный среди исследователей. Включает результаты поиска и списки из директорий.
- *www.ask.com Ask Jeeves* – позволяет задавать вопрос на обычном человеческом языке (разумеется, английском), например, *Where is the city of Moscow?* (Где находится город Москва?). Если программа не может найти прямой ответ, то выдаёт результаты обычного поиска.
- *www.excite.com Excite* – одна из наиболее популярных поисковых программ, включающая большой индекс и результаты поиска.

- *www.alltheweb.com FAST Search* – contains one of the largest indexes on the Net and allows searches in different languages.

- *www.hotbot.com HotBot* – a popular search engine.

- *www.goto.com GoTo places* information in directories for a fee. Clients can pay more if they want their information located at the beginning of search results. Results include data from the site's directories plus search results.

- *www.google.com Google* is one of the most effective search engines, and operates based on an index of the popularity of sites, so the more other sites link to a site, the higher it will be in the search results.

- *www.northernlight.com Northern Light* groups search results by content in various folders. It has the greatest database of newspaper and magazine materials, including college and university newspapers. Searching and viewing information from popular sources is free, but accessing publications from the "Special Collection" costs $4.

- *www.yahoo.com Yahoo* – the oldest and most popular portal on the Internet has a huge index and offers search results from *Google* plus access to other search engines in addition to its own.

Since the content of sites constantly changes, there is no guarantee that the information you found once will always be there. It is also true in regard of search engines. You can find the most up to date information about them at *http://www.searchengines.com.*

Still, there are sites that you will need to visit again and again. One was mentioned above: *www.firstgov.gov,* a portal to all sites belonging to the US government. If you start at this address, you can find almost any official information, including legislation and statistics. You can save addresses for future visits in a Favorites file that you access directly from your browser.

When you use the Internet, you need to remember that you leave traces everywhere, despite the seeming anonymity of wandering through the network's labyrinths. All your actions – including the contents of sent and received e-mails, as well as addresses and the contents of the sites you visited – may be known to any number of people. Internet providers are required to keep their clients' navigation records for seven years. That doesn't mean you shouldn't use this source of information, but you should know that you sacrifice significant part of your privacy when you use it.

- *www.alltheweb.com FAST Search* – имеет один из крупнейших индексов в сети и позволяет вести поиск на разных языках.

- *www.hotbot.com HotBot* – популярный поисковый механизм.

- *www.goto.com GoTo* - этот портал помещает информацию в своих директориях за плату. Клиенты могут заплатить больше, чтобы их информация помещалась выше к началу списка, выдаваемого по результатам того или иного поиска. Помимо данных из своих директорий в результаты включаются данные поиска.

- *www.google.com Google* – один из наиболее эффективных поисковых механизмов, основывающийся на индексе популярности сайта, т.е. чем больше ссылок на данный сайт на других сайтах, тем выше он будет стоять в результатах поиска.

- *www.northernlight.com Northern Light* – группирует результаты поиска по смыслу в различные папки (фолдеры). Имеет наибольшую базу данных газетных и журнальных материалов, включая газеты университетов и колледжей. Поиск и просмотр информации из общедоступных источников производится бесплатно, а за просмотр публикаций из специального фонда необходимо платить $4.

- *www.yahoo.com Yahoo* – старейший и наиболее популярный портал на Интернете, имеющий огромный индекс, и в дополнение предлагающий результаты поисковой программы *Google,* а также доступ к другим поисковым программам, после проведения поиска средствами *Yahoo.*

Поскольку содержание сайтов постоянно меняется, нет никакой гарантии, что информация, которую вы нашли один раз, будет там всегда. Это касается и поисковых программ. Вы можете найти самую свежую информацию о них на сайте *http://www.searchengines.com.*

Тем не менее, существуют сайты, которые приходится посещать вновь и вновь. Одним из таких сайтов является упомянутый выше адрес *www.firstgov.gov,* который является порталом ко всем сайтам, принадлежащим правительству США, т.е. начав с него, можно найти практически любую информацию официального характера, включая законодательство и статистику. Адреса, которые вы будете использовать в будущем, можно сохранить в файле под названием *Favorites,* доступ к которому возможен непосредственно из программы "браузера".

Пользуясь Интернетом, необходимо помнить о том, что, несмотря на кажущуюся анонимность блуждания по лабиринтам сети, вы оставляете следы на каждом шагу. Все ваши действия, такие как содержание посланных и полученных *E-Mail,* адреса и содержание сайтов, которые вы посещали и так далее, могут быть известно неопределённому кругу лиц. Интернет провайдеры обязаны хранить сведения о навигации своих клиентов в течение семи лет. Это не означает, что вы не должны пользоваться этим источником информации, но вы должны знать, что, пользуясь им, вы жертвуете существенной частью своего "прайвеси".

18. Shopping

At first glance it seems that there's no problem buying anything in America – selling things appears to be the larger problem. But that's not quite how it is – buying things isn't so easy, either. The first problem is the problem of choice: what exactly do you buy first if everything's available and financial opportunities are limited? The second problem is also a problem of choice: if you have decided exactly what to buy, you need to choose from a huge number of similar products. To use limited resources most effectively, especially in the beginning, you should have some general knowledge of the US retail system so you can shop where you can save the most money.

18.1. The retail industry in the US

The American retail industry is constantly evolving, both to accomodate the changing demands from the population and to influence buyers. New sales methods and types of stores fight for their place in the sun, competing with traditional stores that dominated for many generations. A brief review of the basic types of retail establishments and sale methods is presented below.

18.1.1. Supermarkets

Supermarkets are the main place to purchase groceries in the US. They offer an incredibly wide range of products, and reasonable prices have enabled them to push most small stores out of the grocery business. Smaller stores are left to fill small niches, such as specialty shops (for example, stores selling ethnic products) or small communities where construction of a supermarket is not economically viable. In the 1970s, the definition of supermarket referred to

18. Покупки

На первый взгляд в Америке нет проблемы купить что-либо, гораздо большая проблема – продать. Это не совсем так, купить тоже подчас нелегко. Первой проблемой при покупке является проблема выбора: что именно покупать в первую очередь, поскольку есть всё, а финансовые возможности ограничены. Второй проблемой также является проблема выбора: если вы решили, что именно купить, то как выбрать это из огромного множества аналогичных изделий. Для того чтобы наиболее эффективно использовать свои небольшие, особенно на первых порах, средства, необходимо знать хотя бы в общих чертах систему торговли в США и покупать там, где это наиболее выгодно.

18.1. Торговля в США

Торговля в США непрерывно совершенствуется, подстраиваясь под изменяющиеся запросы населения и в то же время активно влияя на них. Новые способы торговли и виды магазинов завоёвывают своё место под солнцем, тесня традиционные, доминирующие в течение многих поколений. Ниже приводится краткий обзор основных видов торговых учреждений и способов торговли.

18.1.1. Супермаркеты (Supermarkets)

Супермаркеты являются основным местом приобретения продуктов в США. Невероятно большой выбор товаров, имеющийся в них, и умеренные цены позволили практически вытеснить основную массу мелких предпринимателей из продуктового бизнеса, оставив им только небольшие ниши там, где требуется определенная специализация или в мелких населённых пунктах, где строительство супермаркета экономически не обосновано. В семидесятые годы под определение супермаркета попадали продовольственные магазины с годовым товарооборотом не менее $1,000,000 и полным

self-service grocery stores with annual revenue of at least $1,000,000. Due to inflation and increased consumption, the annual revenue of modern supermarkets is now many times greater.

The average supermarket has an area of about 5,000 square meters and 30-40,000 products. You can find dozens of variations of the same products from different manufacturers, in different flavors or different packaging. Besides food, there are many other basic products, such as cosmetics, nonprescription drugs, cookware, detergents and householdcleaners, newspapers, magazines, stationery, and so on. You can develop film, rent a video, make a wire money transfer, or cash a check at the supermarket. Many supermarkets have a bank branch and a pharmacy.

18.1.2. Malls

Most densely populated areas in the US have shopping centers called *shopping malls*. Mall complexes are made up of stores in connected buildings, with extensive parking around the perimeter. The total number of stores in a mall can range from a dozen to 100 or more. Owners of mall buildings lease spaces to stores, so the combination of stores may change with time, depending on the success of each individual store's business.

As a rule, there are a few big stores – *Macy's, J.C.Penney, Filene's, Sears,* and the like – in each mall. There are also many small and average-sized stores belonging to different owners. A gallery connects all the mall stores, so shoppers can enter the mall through a large store (or directly into the gallery) and then get to another store without going outside. Many malls are so large and their layout so complex that first-time visitors become disoriented and cannot find where they entered or forget where they parked their cars. Finding a car among thousands is not an easy task.

To avoid these situations, always remember – or write down – the number of the parking lot where you left your car plus the name of the store through which you entered. It's also a good idea to remember what department is next to the door: large stores may have multiple exits facing in different directions. Believe me, this is not an unnecessary warning – many people find themselves in this situation. It takes some time to get used to the layout of even an average-sized mall.

Malls don't just have stores – there are usually cafes, restaurants, bathrooms, and hair salons, too. The entire mall provides access for people in wheelchairs and for children's strollers, which are available for a deposit from customer service.

самообслуживанием. С учётом инфляции и увеличения потребления, товарооборот современного супермаркета во много раз больше.

Средний супермаркет имеет площадь около 5,000 кв. м. и 30-40 тысяч наименований товаров. Вы можете найти там десятки вариантов одноимённых продуктов от разных изготовителей, с различными вкусовыми добавками или в различных упаковках. Помимо продовольственных, там также продаются многие непродовольственные товары первой необходимости, такие как косметика, лекарства, продаваемые без рецептов, кухонные принадлежности, стиральные порошки и чистящие средства, газеты, журналы, канцелярские принадлежности и так далее. В супермаркете вы можете проявить фотоплёнки, взять видео кассету на прокат, перевести деньги или получить наличные по чекам. Многие супермаркеты имеют внутри отделения банков и фармацевтические отделы.

18.1.2. *Торговые центры (Malls)*

Практически везде в густонаселённой местности в США существуют торговые центры, называемые "молами" *(malls),* которые представляют собой комплексы магазинов, расположенных в соединённых друг с другом зданиях и имеющие обширные автомобильные стоянки по всему периметру. Общее количество магазинов в моле может быть различным и варьируется от полутора десятков до полутора сотен и более. Владельцы зданий молов сдают помещения магазинам в аренду, поэтому состав магазинов может со временем меняться в зависимости от того, насколько успешно тот или иной магазин ведёт свои дела.

Как правило, в моле представлены несколько больших магазинов, например *Macy's, J.C.Penney, Filene's, Sears* и так далее, а также множество небольших и средних размеров магазинов, принадлежащих разным владельцам. Все магазины объединены пешеходной галереей и, войдя в мол через один из крупных магазинов или непосредственно в галерею, можно затем не выходя из здания попасть в любой другой магазин. Размеры многих молов настолько велики, а планировка сложна, что очень часто, люди, впервые в них попавшие, теряют ориентировку и не могут найти вход, через который они вошли, либо забывают, где поставили машину, а найти её среди тысяч других не такое простое дело.

Чтобы не оказаться в таком положении, всегда запоминайте, а лучше записывайте, номер стоянки, на которой вы оставили машину, а также название магазина, через который вы вошли. Не помешает также запомнить отдел, находящийся при входе, поскольку большие магазины могут иметь множество выходов в самые разные стороны. Поверьте, что это не пустое предупреждение, поскольку в такой ситуации оказывались очень многие. Требуется достаточно долгое время, чтобы освоиться с планировкой мола даже средних размеров.

Помимо магазинов, в молах обычно бывают кафе, ресторанчики, туалеты, парикмахерские и тому подобное. Все помещения обеспечивают возможность доступа посетителям на инвалидных колясках, которые так же как и детские коляски можно взять под залог в службе обслуживания клиентов.

18.1.3. Department Stores

Department stores are, by definition, stores that sell a wide assortment of various goods grouped in departments, such as clothes, footwear, cosmetics, jewelry, furniture, and so on. Although this definition should include stores such as *Wal-Mart* and others described in the next category, when people talk about department stores in the US, they usually mean relatively expensive stores – *Bloomingdale's, Macy's* and the like – for middle- or upper middle-class customers.

Department stores appeared at the end of the 19th century and were, for a long time, the foundation of retail in the US. But the appearance and wide spread of malls in the last few decades have resulted in some reduction of the market share of department stores.

Department Stores distinguish themselves with expensive and elaborate displays in their windows and on their sales floors. They also actively advertise in periodicals and on TV. Many salespeople in these stores work on commission, so their salary is directly related to sales volume, which is why they actively initiate contact with customers by offering help.

Although prices are usually relatively high in these stores, they very often hold sales where you can buy things – especially clothes and other seasonal goods – at quite reasonable prices. This is because, under their price structure, the actual cost of goods makes up a smaller share than in less expensive stores, but overhead is high, so when most of a certain product lot is sold, it is better to sell the rest for nothing than to take up valuable floor space.

18.1.4. Discount Chains

Inexpensive department store chains sell a huge range of consumer goods. Clothes and footwear, personal care and cosmetics, furniture and electronics, toys and hardware, tools and sporting goods – this is far from a full listing of what one store might offer. Undoubtedly, the leader in this category is *Wal-Mart,* which has outperformed all its competitors in recent years. This category also includes *K-Mart, Target,* and many others.

You won't encounter the annoying attention of sales personnel in these stores and you won't see magnificently designed window dislays, but the quality of many goods is quite decent, and the prices are much lower than in the previous category.

18.1.3. Универмаги (Department Stores)

Универсальными магазинами или универмагами, по определению, являются магазины, торгующие большим набором различных товаров сгруппированных в отделы, как, например одежда, обувь, косметика, ювелирные изделия, мебель и так далее. И хотя под такое определение попадают также магазины типа *Wal-Mart* и другие, указанные в следующей категории, в США, когда говорят *Department Stores,* то имеют в виду универмаги типа *Bloomingdale's, Macy's* и так далее, то есть достаточно дорогие магазины, рассчитанные на покупателей среднего и высшего среднего класса.

Универмаги появились в конце 19 века и долгое время были основой розничной торговли в США. Появление и широкое распространение молов в последние десятилетия привели к некоторому сокращению доли универмагов в общем товарообороте.

Department Stores выделяются дорогим оформлением витрин и торговых залов, а также активной рекламой в периодической печати и на телевидении. Многие продавцы в таких магазинах работают на условиях, когда их зарплата напрямую связана с объёмом продажи, поэтому они активно вступают в контакт с покупателями, предлагая свою помощь.

Несмотря на то, что общий уровень цен в таких магазинах довольно высок, они очень часто устраивают распродажи, на которых можно купить вещи по вполне доступным ценам, особенно это касается одежды и других сезонных товаров. Объясняется это тем, что в структуре цен, собственно себестоимость товара составляет меньшую долю, чем в менее дорогих магазинах, а накладные расходы высоки, поэтому когда основная часть партии товара распродана, то выгоднее продать остатки за бесценок, чем занимать дорогостоящую торговую площадь.

18.1.4. Сети дешёвых универмагов (Discount Chains)

Сети недорогих универмагов охватывают практически весь ассортимент товаров широкого потребления. Одежда и обувь, парфюмерия и косметика, мебель и электроника, игрушки и хозяйственные товары, инструменты и спортивные товары – далеко не полный перечень того, что может быть представлено в одном магазине. Безусловным лидером среди этой категории является *Wal-Mart,* потеснивший за последние годы всех своих конкурентов. К ней также относятся *K-Mart, Target* и многие другие.

В этих магазинах вы не столкнётесь с назойливым вниманием торгового персонала и не увидите роскошно оформленных витрин, но качество многих товаров вполне приличное, а цены существенно ниже по сравнению с предыдущей категорией.

18.1.5. Wholesale Clubs

Wholesale clubs, such as *Sam's Club, BJ's Wholesale Club,* and others, are basically hybrid combinations of warehouses and stores. As a rule, these clubs set up paid memberships for an annual fee of about $35. They sell food and other goods in large packages in very plain retail spaces. There is no advertising, no window displays, no service – there are only shelves with goods on them. Due to low overhead costs and high product turnover, these stores can reduce retail prices considerably saving the consumer money.

It makes sense for large families to use these clubs to buy a lot of the same goods at one time. But small families might not save enough to cover the membership fee if they buy there only occasionally, particularly if they have to throw away products that weren't consumed before their expiration dates.

To decide if this kind of establishment is right for you, you can request a free one-day pass or go with a friend who is a club member.

18.1.6. Factory Outlets

A *Factory Outlet* is a store owned by a certain manufacturer. Goods in these stores come directly from factory warehouses, bypassing traditional wholesale and retail channels, and enabling the store to sell products below regular retail prices. These stores also receive discontinued goods or items with small imperfections, such as an uneven seam. These goods may sell at discounts up to 90%.

Factory Outlets are usually located close to the company's manufacturing facilities or in special complexes that house a number of similar stores from different companies. These are called *Outlet Malls* and, in contrast with regular malls, each store in these groups of buildings has its own exit to the street. These malls are frequently located in places with lots of tourists and are quite popular. Many people know the small town of Freeport in the state of Maine because of its outlet stores. Freeport's stores include the company store of L.L. Bean, a mail order catalogue company. This was the only existing L.L. Bean store for many years. This store has no locks on its doors: it is open 24 hours a day and doesn't close for weekends or holidays.

18.1.5. Клубы оптовой торговли (Wholesale Clubs)

Клубы оптовой торговли типа *Sam's Club, BJ's Wholesale Club* и им подобных, по сути дела являются гибридами складов с магазинами. Такие клубы, как правило, устанавливают платное членство с годовым взносом около $35. Они торгуют продовольственными и промышленными товарами в больших упаковках в помещениях без каких бы то ни было излишеств. Там нет ни рекламы, ни оформленных витрин, ни сервиса - простые полки и товары на них. За счёт низких накладных расходов и большого товарооборота, они могут значительно снижать розничную цену, экономя тем самым деньги потребителю.

Наиболее целесообразно пользоваться такими клубами многодетным семьям, покупающим одновременно большое количество одноименных товаров. Для маленьких семей, покупающим там только время от времени, экономия может не покрыть расходов на членство, с учётом испортившихся продуктов, которые они вынуждены выбрасывать, поскольку не успевают их потребить до истечения срока годности.

Для того чтобы оценить, подходит ли вам такой вид торговли, можно запросить бесплатный однодневный пропуск *(free one-day pass)* или пройти с кем-либо из друзей, являющихся членом этого клуба.

18.1.6. Магазины-филиалы изготовителей (Factory Outlets)

Factory Outlet (фирменный магазин) – это магазин, принадлежащий фирме-производителю той или иной продукции. Товар в такие магазины поступает непосредственно со складов фабрики, минуя традиционные каналы оптовой и розничной торговли, что позволяет продавать его по ценам значительно ниже той, которая устанавливается в обычной розничной торговле. Кроме того, в такие магазины поступают товары, снятые с производства или имеющие некоторые незначительные отклонения от стандартов, как, например, неровный шов. Такие товары могут продаваться со скидкой до 90%.

Фирменные магазины обычно располагаются в непосредственной близости от производственных помещений компании либо в специальных комплексах, в которых сосредоточено множество подобных магазинов от разных фирм. Они называются *Outlet Malls* и, в отличие от обычных молов, представляют собой группу зданий с множеством магазинов, каждый из которых имеет выход на улицу. Такие молы часто расположены в местах с большим количеством туристов и пользуются большой популярностью. Небольшой городок *Freeport* в штате *Maine* известен многим потому, что там находится много фирменных магазинов, включая долгое время бывший единственным магазин компании *L.L.Bean,* которая торгует по каталогам. Двери этого магазина не имеет замков, он работает круглосуточно без выходных и праздничных дней.

18.1.7. Pharmacies

American pharmacies are very dufferent from the establishments we knew in Russia. In fact, the department that sells prescription drugs is a small part of a store filled with various goods. Traditionally, drugstores sell soft drinks and ice cream, perfume and cosmetics, books and magazines, greeting cards, sweets, and many other things. They often have departments where you can develop film within one hour. During the Christmas season, drugstores are filled with a festive assortment of goods such as decorative lights, Christmas-tree ornaments, gifts, and so on.

Many pharmacies have *Drive-through* windows where you can order medicine and receive it without leaving your car. Most pharmacies belong to large companies – *CVS, Rite Aid, and Walgreens*, for example – that operate many stores in networks similar to supermarket chains.

18.1.8. Convenience stores

Like cars, stores at gas stations are an integral part of American life. They are convenient because they are located in easily accessible places, so they are called *Convenience stores*. They sell groceries, sweets, ice cream, tobacco products, coffee, pizza and sandwiches, all kinds of car fluids, lottery tickets, and so on. Many Americans stop there in the morning for a cup of coffee and a sandwich on their the way to work.

Goods in these stores usually come in small packages and always cost more per item than in supermarkets or other stores. But a person in a hurry who needs a small item won't go out of his or her way to find a supermarket, especially if the purchase can be combined with pumping gas.

Many convenience stores are owned by companies that operate chains of stores under the same name. In places with heavy traffic these stores and gas stations are open 24 hours a day.

18.1.9. Bookstores

Beyond books, bookstores quite often sell periodicals, videocassettes and musical recordings, greeting cards, and souvenirs. Practically all bookstores have sections that contain audiotape versions of popular books. Some people might find this a useful way to study English.

18.1.7. Аптеки (Pharmacies)

Американские аптеки являются несколько большим, чем знакомые нам заведения в России. Собственно отдел, отпускающий лекарства по рецептам является небольшой частью магазина, заполненного самыми различными товарами. Традиционно, в аптеках продаются прохладительные напитки и мороженое, парфюмерия и косметика, книги и журналы, открытки, сладости и многое другое. Нередко в них имеются отделы, где вы можете проявить фотоплёнки в течение одного часа. В канун рождества, аптеки наполняются товарами праздничного ассортимента типа электрических гирлянд, ёлочных украшений, подарков и т.п.

Многие аптеки имеют так называемые *Drive-through* – пункты обслуживания клиентов, в которых можно сделать заказ на лекарство и получить его, не выходя из машины. Большая часть аптек принадлежит крупным компаниям, имеющим множество магазинов, аналогично сетям супермаркетов, например *CVS, Rite Aid* и *Walgreens.*

18.1.8. Авто-заправки (Convenience stores)

Магазины на автозаправках являются неотъемлемой частью американской жизни так же как и машины. Они удобны, поскольку находятся в легко доступных местах, поэтому так и называются *Convenience store* (удобный магазин). В них продаётся всякая всячина: продукты, сладости, мороженое, табачные изделия, кофе, пицца и бутерброды, всякого рода жидкости для машины, лотерейные билеты и так далее. Многие американцы заскакивают туда утром за кружкой кофе и бутербродом по дороге на работу.

Товары в таких магазинах чаще всего расфасованы в маленькие упаковки и в пересчёте на единицу всегда обходятся дороже, чем в супермаркетах или других магазинах, но торопящийся человек, которому необходима какая-то мелочь, не побежит в супермаркет, тем более что это можно совместить с заправкой машины.

Многие *Convenience store* принадлежат одному и тому же владельцу, образуя цепь *(chain)* и в этом случае носят одинаковое название. В местах с оживленным движением, такие магазины, как и заправки, работают круглосуточно.

18.1.9. Книжные магазины (Bookstores)

Книжные магазины нередко, помимо собственно книг, торгуют периодическими изданиями, видеокассетами и музыкальными записями, поздравительными открытками и сувенирами. Практически все книжные магазины имеют разделы, содержащие звуковые версии популярных книг. Кое-кто может найти это полезным при изучении английского языка.

18.1.10. Mail Order Catalogues

Mail order catalogues are very popular in the US. There are companies that combine retail sales in stores with catalogue sales. *J.C.Penney* is an example, but many companies specialize in selling by mail.

Because these companies don't have store-based expenses, and advertising expenses are reduced to printing and mailing catalogues, they can often sell a product for 25-40% less than it would sell for at retail. When comparing prices, you should be sure to add in the cost of shipping the merchandise.

Some catalogues – *Spiegel* is an example – are sold in bookstores and supermarkets and include a gift certificate for amount not less than the price of the catalogue. But most catalogues are sent free-of-charge on request. You can request catalogues by phone, fax, mail, or Internet, and if you order something, you will start receiving the catalogue regularly. The assortment of goods sold through catalogues is almost unlimited. Practically all large US museums have gift shops selling goods related to their collections, and they sell the same products through catalogues.

Below is a list of popular catalogues distributed free-of-charge; contact phones and addresses are included. Almost all of this companies work 24 hours a day 7 days a week and accept all major credit cards.

- *Domestications* - bedding and other accessories for bedrooms, bathrooms, and kitchens, including furniture, fixtures, and wallpaper.

Phone: 800-577-5755	Address:
Fax: 800-338-1635	P.O. Box 1568,
www.domestications.com	LaCrosse, WI 54602-1568

- *Lands' End* - men's and women's casual clothes. You can order products personalized with embroidered monograms.

Phone: 800-356-4444	Address:
Fax: 800-332-0103	1 Lands' End Lane,
www.landsend.com	Dodgeville, WI 53595

- *Metropolitan Museum of Art Store* – original high-quality gifts with designs and themes based on articles in the museum's collections.

Phone: 800-662-3397	Address:
Fax: 718-366-5375	66-26 Metropolitan Avenue,
www.metmuseum.org	Middle Village, NY 11381-0001

18.1.10. Торговля по каталогам (Mail Order Catalogs)

Торговля потребительскими товарами по каталогам является очень распространённой в США. Существуют компании, совмещающие розничную торговлю в магазинах с продажей по каталогам, как, например, *J.C.Penney,* но многие специализируются только на продаже по почте.

Поскольку такие фирмы не имеют затрат, связанных с торговлей в магазинах, а затраты на рекламу сводятся к печатанию и рассылке каталогов, то они очень часто могут продавать аналогичные товары на 25-40% ниже, чем в розничной торговле. Разумеется, что при сравнении цен необходимо учитывать расходы на пересылку, которые приплюсовываются к цене товара.

Некоторые каталоги, как, например, *Spiegel,* продаются в книжных магазинах и супермаркетах и содержат в себе сертификат, дающий скидку как минимум на величину стоимости каталога, но по большей части они присылаются бесплатно по запросам. Запросить каталог можно по телефону, факсу, почте или Интернету. Стоит вам заказать что-то из такого каталога, и вы будете получать его постоянно. Ассортимент товаров, которые можно купить по каталогам, практически бесконечен. Практически все крупные музеи США имеют подарочные магазины, торгующие товарами, связанными с их коллекциями, а также торгуют ими по каталогам.

Ниже приводится несколько популярных каталогов, которые распространяются бесплатно, с указанием контактных телефонов и адресов. Почти все они работают 24 часа в сутки, 7 дней в неделю и принимают в оплату все основные виды кредитных карточек.

- **Domestications** - постельные принадлежности и другие аксессуары для спален, ванных комнат и кухонь, включая мебель, светильники, обои.

Телефон: 800-577-5755	Почтовый адрес:
Факс: 800-338-1635	P.O. Box 1568,
www.domestications.com	LaCrosse, WI 54602-1568

- **Lands' End** - мужская и женская повседневная одежда. Можно заказать изделия с вышитой монограммой.

Телефон: 800-356-4444	Почтовый адрес:
Факс: 800-332-0103	1 Lands' End Lane,
Интернет: www.landsend.com	Dodgeville, WI 53595

- **Metropolitan Museum of Art Store** – своеобразные высококачественные подарки, выполненные на основе экспонатов музейной коллекции.

Телефон: 800-662-3397	Почтовый адрес:
Факс: 718-366-5375	66-26 Metropolitan Avenue,
www.metmuseum.org	Middle Village, NY 11381-0001

- **Lens Express** – contact lenses, solutions, prescription glasses, designer sunglasses.

Phone: 800-536-7397	Address:
Fax: 954-246-2197	350 SW 12th Avenue,
www.lensexpress.com	Deerfield Beach, FL 33442

- **Lane Bryant** – women's clothes in sizes 14 through 60.

Phone: 800-248-2000	Address:
Fax: 800-456-9838	P.O. Box 8301,
www.lanebryant.com	Indianapolis, IN 46283-8301

- **L.L.Bean** – mostly known for casual and outdoor clothes.

Phone: 800-441-5713	Address:
Fax: 207-552-308	L.L.Bean Inc.
www.llbean.com	Freeport, ME 04033-0001

- **Harry and David** – gift baskets of fruit, chocolate, marzipan, deli meat, fish and other delicacies from $15 to $400.

Phone: 800-547-3033	Address:
Fax: 800-648-6640	P.O. Box 712,
www.harryanddavid.com	Medford, OR 97501-0713

- **Victoria's Secret** – lingerie, swimsuits, cosmetics.

Phone: 800-970-1109	Address:
Fax: 614-337-5555	P.O. Box 16589,
www.victoriasecret.com	Columbus, Ohio 43216-6589

Additional data are easy to find on the Internet by searching *mail order catalog* or visiting such sites as *www.catalogsite.com* or *www.cataloglink.com*. You can also check the *Directory of Mail Order Catalogs* at the library.

When ordering from a catalogue, the client usually has a choice of delivery service and time. For goods that are in stock and ready to ship, delivery overnight or within a certain time frame is possible. The catalogue usually indicates the minimum cost for standard delivery.

- **Lens Express** – контактные линзы и растворы для них, очки по рецептам, дизайнерские солнцезащитные очки.

Телефон: 800-536-7397	Почтовый адрес:
Факс: 954-246-2197	350 SW 12th Avenue,
www.lensexpress.com	Deerfield Beach, FL 33442

- **Lane Bryant** – женская одежда размеров с 14 по 60.

Телефон: 800-248-2000	Почтовый адрес:
Факс: 800-456-9838	P.O. Box 8301,
www.lanebryant.com	Indianapolis, IN 46283-8301

- **L.L.Bean** – Наиболее славится удобной и практичной мужской и женской одеждой, в том числе для охотников и рыболовов.

Телефон: 800-441-5713	Почтовый адрес:
Факс: 207-552-3080	L.L.Bean Inc.
www.llbean.com	Freeport, ME 04033-0001

- **Harry and David** – подарочные наборы фруктов, шоколада, марципанов, мясных, рыбных и других деликатесов стоимостью от $15 до $400.

Телефон: 800-547-3033	Почтовый адрес:
Fax: 800-648-6640	P.O. Box 712,
www.harryanddavid.com	Medford, OR 97501-0713

- **Victoria's Secret** – женское бельё, купальники, парфюмерия.

Телефон: 800-970-1109	Почтовый адрес:
Fax: 614-337-5555	P.O. Box 16589,
www.victoriasecret.com	Columbus, Ohio 43216-6589

Дополнительные данные легко найти на Интернете, сделав поиск на *mail order catalog* или посетив такие сайты, как *www.catalogsite.com* или *www.cataloglink.com,* либо посмотрите в библиотеке справочник под названием *Directory of Mail Order Catalogs.*

При заказе товаров по каталогу, клиент обычно имеет выбор способа и времени доставки. Для товаров, имеющихся в наличии, возможна доставка в течение одних суток *(Overnight delivery)* или к определённому дню. Минимальная стоимость обычно указывается для доставки, которая считается стандартной для данного каталога.

If you return a product that you bought from a catalogue, you will most likely lose the money you paid for shipping. Read the return policy before you order, especially if you are not 100% sure that you would keep the product.

18.1.11. Consumer Clubs

There are companies that specialize in meeting demand for specific types of goods. Examples include books, musical recordings, and stamps. And though they are called clubs – book club or music club – they are just commercial enterprises that sell goods to earn a profit, not to organize activities for their members.

The attractive side of these clubs is that, with an extensive clientele interested in buying certain goods, they can purchase merchandise in large quantities with significant discounts, enabling them to sell the items below retail prices. For example, a book club can order special editions of a particular author's book that aren't available in stores. Or if a new edition of a book comes out, the club might buy unsold previous editions of the book from a publisher for nothing.

The majority of these clubs use identical methods to attract new clients and have similar membership rules. In their ads they indicate that if you become a club member you receive products free-of-charge or for a very low price. You choose the items from a small catalogue. Then you promise to buy, at the regular price and within one year, one (or some other specified quantity) of their products that you choose from catalogues that you receive periodically. Once you have fulfilled the obligation, you may discontinue the club membership at any moment. With additional purchases you also earn and accumulate points that you can redeem for free goods from a special catalogue.

Catalogues are sent approximately every two or three weeks. The mailings also include a special card that you need to send back, specifying your order or noting that you don't want anything at this time. One club condition is that if you do not return the card by the specified due date, you will automatically receive the designated *Featured Selection* product shown on the first page of each catalogue.

While working on this book, I decided to conduct an experiment and join a music club that promises eleven compact disks for the price of one, meaning that if you buy one disk at the regular price, you receive ten more free-of-charge. I had received this club's advertising in the mail dozens of times.

При возврате товаров, купленных по каталогу, покупатель в большинстве случаев теряет деньги, уплаченные за пересылку. Ознакомьтесь с правилами возврата товаров, прежде чем делать покупки, особенно если вы не уверены на сто процентов, что вы не будете их возвращать.

18.1.11. Специализированные клубы

Существуют компании, которые специализируются в удовлетворении спроса на товары какого-либо одного вида, например книги, музыкальные записи, почтовые марки и тому подобное. И хотя они называются клубами: *Book Club, Music Club,* но представляют из себя чисто коммерческие предприятия, занимающиеся сбытом товаров и извлечением прибыли, а не организацией досуга своих членов.

Привлекательной стороной таких клубов является то, что имея обширную клиентуру, интересующуюся каким-либо определённым товаром, они могут покупать эти товары в большом количестве со значительной скидкой, что позволяет продавать их по ценам ниже розничных. Например, книжный клуб может заказать специальный тираж книги того или иного автора, который в розничную продажу не поступает вообще или скупить у издателей за бесценок не распроданные остатки книг предыдущей редакции той или иной книги, когда в продажу выходит новая.

Большинство таких клубов используют одинаковые способы привлечения новых клиентов и имеют сходные правила, установленные для своих членов. В рекламе указывается, что если вы становитесь членом этого клуба, то вы бесплатно или за минимальную цену получаете несколько единиц товара, которые вы можете выбрать из небольшого каталога. При этом вы обязуетесь в течение года купить за полную цену одну единицу товара (или другое оговоренное количество), из каталогов, которые вам периодически будут присылать. После того, как вы выполнили своё обязательство, вы вправе прекратить своё членство в клубе в любой момент. За дополнительные покупки вам начисляются очки, которые в дальнейшем можно использовать для бесплатного получения товаров из специального каталога.

Каталоги присылаются приблизительно раз в 2-3 недели и сопровождаются специальной карточкой, которую вы должны отослать обратно, указав свой заказ или отметив, что вам ничего в этот раз не требуется. Одним из условий является то, что если вы не возвращаете карточку до указанного в ней срока, то вам автоматически присылают товар, обычно называемый *Featured Selection* (нашумевший выбор) и приводящийся в каждом присылаемом каталоге на первой странице.

Во время написания этой книги, я решил провести эксперимент и стать членом музыкального клуба, который обещает 11 компакт-дисков по цене 1, то есть вы покупаете 1 диск за полную цену и 10 получаете бесплатно. Реклама этого клуба приходила к нам по почте десятки раз.

To become a member, you must fill out a form and stick onto it ten stamp-shaped pictures of disks that you choose from a large sheet. Once you begin to choose, you realize that the assortment is rather limited and that if you had to buy from this list, you would buy no more than one or two disks. But it's "free," so who cares.

After a few weeks I received a package with seven disks (three double and one single) and a bill for $17.03, covering shipping and handling. They promised to send the remaining three disks as soon as I ordered one disk at the regular price. In the catalogues that came later, there was nothing that really interested me, so several times I sent back cards asking not to send me anything. Then I received a disk that I didn't order, plus a bill for about $20.00. I sent it back. After that I began to receive cards where there was no place for regular price orders, only reduced club prices that didn't meet membership conditions.

After skipping some catalogues, I entered a chosen number on a card and indicated that I would buy the disk at the regular price. But this disk was sent to me for $8.17, and, naturally, its purchase did not fulfill membership obligations. The only plus was that the next card contained a check box for a regular price order, so I immediately took advantage of it, wishing to stop my experiment as soon as possible. This disk cost me $20.65. Shipping and handling of the remaining 4 disks was $8.15.

The calculation below shows that I got 12 disks, for which I paid $58.30:

$17.03	the first 7 "free" disks
$8.07	discounted disk
$20.65	disk at full price
$8.15	the last 3 "free" disks
$4.40	postage stamps
$58.30	

The average price per disk was $4.86, which looks attractive. But if you consider that the majority were chosen from the limited list using the principle "who cares, it's free," then for the same money I would have rather bought four disks at regular price in a store (of course, after listening to them first), where the selection is considerably wider than in those catalogues.

Certainly, music fans who have money and buy disks in large numbers can save substantially as members of these clubs, but most teenagers take the bait of this tempting advertising and end up spending much more than they can afford because the final result is very different from what is advertised.

Для установления членства, необходимо заполнить бланк и наклеить на него 10 картинок с выбранными вами дисками, которые выполнены в виде марок и объединены в большой лист. Когда вы начинаете выбирать, то понимаете, что ассортимент довольно ограниченный, и если бы вам предложили покупать из этого перечня, то вы, может быть, купили бы 1-2, не больше, но поскольку это "бесплатно", то не всё ли равно.

Через некоторое время пришёл пакет с 7 дисками (3 двойных и одинарный) и счёт на $17.03 за пересылку. Остальные 3 диска обещали прислать, как только я приобрету 1 диск за полную цену. В каталогах, которые приходили, не было ничего для меня особенно интересного, поэтому я несколько раз отправил карточки с указанием, что мне ничего не нужно. Затем пришел диск, которого я не заказывал со счётом на сумму около $20.00 и который я отправил обратно. После этого стали приходить карточки, в которых не было места для заказа выбранного диска за полную стоимость, а только по сниженной клубной цене, которая в зачёт не идёт.

Пропустив несколько каталогов, я вписал в карточку выбранный номер и приписал, что беру его за полную цену, однако этот диск пришёл мне по цене $8.17 и, естественно, его покупка не могла считаться выполнением условий. Единственным плюсом было то, что следующая карточка содержала необходимую клеточку для заказа по полной цене (regular price), чем я немедленно воспользовался, желая побыстрее прекратить свой эксперимент. Этот диск мне обошёлся в $20.65. Пересылка оставшихся 4-х дисков была оценена в $8.15.

Подведя итоги, я имел 12 дисков, за которые заплатил $58.30, как видно из расчета, приведённого ниже:

$17.03	*первые 7 "бесплатных" дисков*
$8.07	*диск по сниженной цене*
$20.65	*диск по полной цене*
$8.15	*последние 3 "бесплатных" диска*
<u>$4.40</u>	*<u>почтовые марки</u>*
$58.30	

Средняя цена диска составила $4.86 и выглядит привлекательно, но если учесть, что большинство из них были выбраны из ограниченного списка по принципу: "хоть что-нибудь, всё равно бесплатно", то я бы предпочёл за эти деньги купить 4 диска по полной цене в магазине (разумеется, предварительно прослушав), где выбор значительно богаче, чем в присылаемых каталогах.

Безусловно, любители музыки, которые располагают средствами и покупают диски в больших количествах, могут существенно сэкономить, будучи членом такого клуба, но большинство подростков, привлечённые заманчивой рекламой, клюют на удочку и в результате тратят значительно больше, чем могут себе позволить, поскольку окончательный результат существенно отличается от рекламы.

18.1.12. The Internet

The Internet is playing a bigger and bigger role in selling all kinds of goods. For many traditional retailers Internet sales supplement existing services. In many cases it's incredibly convenient. An example is choosing a wedding gift from a gift registry (see the "wedding" section), particularly if there is no branch of that store in your area.

For mail order catalog companies the Internet is not just a convenient and efficient way to accept orders. It also enables direct communication with clients through E-mails with tempting offers.

Many companies that appeared at the end of the 1990s and sold products only over the Internet couldn't survive and subsequently folded. But two of them are probably the most successful result of the "dot-com" boom: *E-Bay.com*, a large auction company, and *Amazon.com*, which began as a bookstore, then added electronics, gardening items, apparel, and other merchandises. These two companies are examples of the huge opportunities and convenience that the Internet can offer to consumers by providing access to information.

It is not difficult to find sites offering particular goods on the Internet. They are all registered with the largest search engines and portals and included in their indexes. One of the major advantages of the Internet is the ability to search quickly and find the best price. Although buying from well-known companies over the Internet rarely causes problems, you should be cautious when you deal with unfamiliar retailers. It is not the best idea to use a debit card that's directly connected to your checking account. It is much safer to use a credit card with a small line of credit.

18.1.13. Distribution Networks

Some companies distribute products through a network of independent salespeople who are sometimes called "consultants" and work on commission. These networks may be multilevel: a salesperson with an established clientele finds people who wish to work on similar terms. The salesperson would also receive a percentage from their sales and those of all new salespeople whom they subsequently recruit.

This system is typically used to sell products that are sold in sets customized for different clients, or for products that require detailed explanations of how to use them. Cosmetics, dietary supplements, various weight loss products, and other items are frequently sold this way. The best-known examples are the cosmetic companies *Avon* and *Mary Kay*, which for many years sold

18.1.12. Интернет (The Internet)

Интернет играет всё большую и большую роль в продаже самых различных товаров. Для многих традиционных представителей торговли, продажа на Интернете является дополнительной услугой к уже существующему сервису. Во многих случаях это невероятно удобно, как, например, при выборе подарков на свадьбу из подарочного регистра (см. раздел, посвящённый свадьбам), особенно если в вашей местности нет филиала этого магазина.

Для компаний, продающих по каталогам, Интернет является не только способом оперативно принимать заказы, но и позволяет напрямую общаться с клиентами, рассылая *E-mail* с заманчивыми предложениями.

Многие компании, появившиеся в конце 90-х годов в большом количестве, которые торговали только на Интернете, не выдержали испытания и прекратили своё существование. Наиболее успешными являются, пожалуй, две: крупнейший аукцион *E-Bay.com* и поначалу только книжный магазин, а затем добавивший электронику и садово-огородный инвентарь, одежду и многое другое *Amazon.com*. На примере этих двух компаний можно видеть огромные возможности и удобства, которые Интернет может дать потребителю с точки зрения доступности к информации.

Найти сайты, предлагающие те или иные товары на Интернете не представляет никакой сложности, поскольку все они регистрируются в крупнейших поисковых программах и включены в их индексы. Одним из важнейших достоинств Интернета является то, что он позволяет быстро провести поиск и найти наиболее выгодный вариант покупки. Но если при покупке по Интернету у широко известных компаний проблем обычно не возникает, то следует быть осторожным, когда вы имеете дело с малознакомым партнёром. Не рекомендуется использовать дебитную карту, которая напрямую связана с вашим чековым счётом. Гораздо более безопасно использовать кредитную карту с небольшой кредитной линией.

18.1.13. Надомная торговля (Distribution Networks)

Некоторые компании, для распространения своих изделий, используют сеть независимых продавцов-консультантов, получающих определённый процент от стоимости проданного товара. Такая сеть может быть многоступенчатой, когда продавец с установившейся клиентурой находит людей, желающих работать на аналогичных условиях. В этом случае он будет также получать некоторый процент от объёма продаж этих людей и всех тех, кого они привлекут в дальнейшем.

Так обычно продаются товары, нуждающиеся в индивидуальном подборе необходимой комбинации различных составляющих для разных клиентов или в подробных разъяснениях того, как ими пользоваться. Наиболее часто таким способом продаются косметические товары, различные диетические добавки, средства для похудения и так далее. Самыми известными примерами таких компаний можно назвать косметические компании *Avon* и *Mary Kay,* которые в

their merchandise exclusively through individual salespeople numbering in the hundreds of thousands just in the US. Check the phone book for telephone numbers of local people selling these goods.

Like catalogue sales, this sales method requires only low overhead, which in turn enables price reductions, meaning that merchandise costs 40-50% less than comparable products sold at retail.

18.1.14. Second Hand stores

The overwhelming majority of stores selling used items belong to charitable organizations such as the Salvation Army or Goodwill Industries. These stores are called *Thrift Stores* or *Consignment Stores*. The difference is that a *Thrift Store* sells items donated to a charitable organization, and the proceeds from their sales fund the organization. *Consignment Stores* work on a system known to immigrants from the former Soviet Union through "commission stores," where the store pays the owner for the sold item and keeps a portion of the sale price. Many Americans do not mind purchasing second-hand clothes, furniture, and other things.

Prices in these stores are very low – 10-15% of the retail price – but you quite often can find high-quality things, especially in suburban stores. Check the *Thrift Shops* section of the telephone book for store addresses.

18.1.15. Classified Ads

Items such as furniture, sporting goods, appliances, electronics, fur, musical instruments, and other things costing $10 or more are often sold through advertisements in the *Classified* sections of local newspapers. In the ads, you often see a price specified with the addition of *or best offer,* meaning that if the seller doesn't get the requested price, he or she will sell for the highest pricethat is offered.

In most cases, goods sold this way go for much less than their real value. In addition, there is an opportunity to bargain and save even more unless the word *firm* appears in the newspaper ad, indicating that the price is final.

18.1.16. Flea Markets

Flea Markets also exist in America, just as they do in the rest of the world. You can find anything at flea markets, from junk nobody wants to local

течение многих лет продавали свои товары исключительно через торговых агентов, исчисляемых только на территории США сотнями тысяч. Телефоны местных продавцов этих товаров легко найти в справочнике.

Такой способ торговли, так же как и продажа по каталогам, позволяет поддерживать низкий уровень накладных расходов, что в свою очередь позволяет снижать цену товаров на 40-50% по сравнению с аналогичными, продающимися в розничной торговле.

18.1.14. Комиссионные магазины (Second Hand)

Подавляющее большинство магазинов, продающих подержанные вещи, принадлежат благотворительным организациям, как, например, *Salvation Army* (Армия Спасения) или *Goodwill Industries* (Индустрия Доброй Воли). Такие магазины могут носить название *Thrift Store* или *Consignment Store*. Разница состоит в том, что в *Thrift Store* продаются вещи, безвозмездно отданные благотворительной организации, и выручка от их продажи идёт на цели этой организации, а *Consignment Store* работает по знакомому нам принципу комиссионного магазина, в котором только часть от проданной суммы остаётся магазину после уплаты владельцу проданного товара. Большинство американцев не смущаются покупкой одежды, мебели и других вещей, бывших в употреблении.

Стоимость товаров в таких магазинах очень низкая (10-15% от их розничной цены), однако вы нередко можете найти там высококачественные вещи, особенно в тех, которые расположены в пригородах. Адреса магазинов вы можете найти в телефонной книги в разделе *Thrift Shops*.

18.1.15. Продажа по объявлениям (Classified)

Такие вещи, как мебель, спортивные тренажёры, бытовые приборы и электроника, меховые изделия, музыкальные инструменты и так далее, стоящие десятки долларов и выше, нередко продаются по объявлениям, печатаемым в разделах *Classified* местных газет. Довольно часто можно увидеть указанную цену с добавлением слов *or best offer,* означающих, что если продавец не получит запрашиваемую цену, то он согласен на лучшее из предложений.

В большинстве случаев, цены на продаваемые таким образом товары существенно ниже, чем их реальная стоимость. Кроме того, есть возможность поторговаться и купить ещё дешевле, за исключением тех случаев, когда в объявлении после цены стоит слово *firm* (твёрдый), означающее, что цена окончательная.

18.1.16. Барахолки (Flea Markets)

Flea Markets (Блошиные рынки) или, попросту говоря, барахолки в Америке существуют также, как и во всём остальном мире. На них вы можете

souvenirs in great demand. Many people who want to establish businesses begin at these markets, selling at retail what they bought wholesale. Craftsmen also show their wares, sometimes to probe the market before trying to sell to dealers.

Some flea markets are open air and only operate during warm seasons. Others, with permanent facilities, are open year-round, usually on weekends. For locations of permanent flea markets, check the *Flea Markets* section of the telephone book.

18.1.17. *Garage Sales*

Flea markets may be familiar to everybody, but we had no concept of garage sales before arriving in the US. I don't know whether this is an American invention – they also take place in Canada – and I don't know about European countries, but whoever thought up garage sales did a good deed.

Different names – *garage sale, tag sale, yard sale, porch sale, lawn sale, estate sale, moving sale* – basically mean the same thing: an inexpensive sale of things the owner no longer needs. Sales may take place on a lawn near a house, in a garage, or even in a house or apartment, if it's a *moving sale*. Money isn't the main goal of these sales because things are usually sold for 5-20% of their real value. These sales help get rid of items that have lost value for their owners but can be useful to somebody else. They are also a way to socialize with other people: very often, several families living near each other, or even whole neighborhoods, organize joint yard sales. Ads about upcoming garage sales are published in the *Classified* sections of local newspapers and posted on utility poles before the sales.

It is impossible to list what you might buy at garage sales. You can find practically anything: furniture and appliances, sporting goods and toys, clothes and bedding, utensils and jewelry, books and paintings, and many other things. Items might be absolutely new and in unopened packages, worn out, in perfect working condition, requiring repair, junk, or collectible.

On a popular TV program *Antiques Roadshow*, appraisers of antiques from leading firms and auction houses visit large cities. Anyone can bring an item for a free appraisal. It's not unusual to see cases where items bought for nothing at yard sales turn out to be treasures. That's what happened with an antique table whose owner bought it at a garage sale 15 or 20 years ago for $20, then sold it at an auction for $500,000.

Certainly not everybody is that lucky, but you can save a great deal of

найти всякую всячину, начиная от никому не нужного старья и кончая идущими нарасхват местными сувенирами. Многие люди, пробующие свои силы в торговле, начинают на таких рынках, продавая в розницу то, что купили по случаю оптом; различного рода умельцы выставляют свой товар, зондируя рынок, прежде чем попытаться сбыть его в торговлю и тому подобное.

Некоторые из таких рынков расположены под открытым небом и функционируют только в тёплое время года, другие – имеют постоянное помещение и открыты круглый год (обычно по выходным дням). Координаты постоянно действующих рынков можно найти в телефонной книге в разделе *Flea Markets*.

18.1.17. Гараж-сэйлы (Garage Sales)

Если базары и барахолки знакомы всем, то о гараж-сэйлах до приезда в США мы понятия не имели. Я не знаю, американское ли это изобретение, поскольку в Канаде они тоже практикуются, а про европейские страны мне ничего не известно, но кто бы их ни придумал, сделал доброе дело.

Многочисленные названия, такие как *garage sale, tag sale, yard sale, porch sale, lawn sale, estate sale, moving sale* в принципе означают одно и то же – распродажу по дешевке вещей, которые хозяину не нужны. Распродажа ведётся на лужайке около дома, в гараже или даже в самом доме или квартире в случае *moving sale* (распродажа по случаю переезда). Деньги не являются главной целью таких распродаж, поскольку вещи обычно продаются за 5-20% их реальной стоимости, но они помогают освободиться от того, что потеряло для их хозяев ценность, но может пригодиться кому-то ещё, и дают возможность провести время, общаясь с множеством людей. Очень часто, несколько семей, живущих рядом, или даже целый квартал устраивают совместный ярд-сэйл. Объявления о гараж-сэйлах публикуются в разделах *Classified* местных газет, а также вывешиваются на столбах в предшествии распродажи.

На вопрос, что можно купить на гараж-сэйлах, ответить не возможно. Вы можете встретить практически всё: мебель и электроприборы, спортивные тренажёры и игрушки, одежду и постельные принадлежности, посуду и ювелирные изделия, книги и картины и многое, многое другое. Это могут быть абсолютно новые вещи в упаковке или отслужившие свой век, прекрасно работающие или требующие ремонта, старая рухлядь или предметы коллекционирования.

В популярной телевизионной передаче *Antiques Roadshow* (Странствующее шоу антиквариата), где оценщики антиквариата из ведущих фирм и аукционных домов, приезжая в крупный город производят бесплатную оценку вещей, принесённых всеми желающими, не редки случаи, когда вещь, купленная за бесценок на ярд-сэйле, оказывается на самом деле сокровищем. Так было с антикварным столиком, владелица которого купила его на гараж-сэйле лет 15-20 назад за $20, а продан он был с аукциона за $500,000.

Разумеется, не всем выпадает такая удача, но вы можете сэкономить

money if you join the tens of millions of Americans who visit garage sales each year. For example, the matching upholstered sofa and armchair that I bought for $20 three weeks after arrival served us for two years and then went to two more families after us. The nearly new vacuum cleaner that I bought for $10 nine years ago is still working, too.

The great majority of garage sales fall on weekends, though some begin on Fridays or even Thursdays. Buy the daily newspaper on Friday, look at the ads, and use a city map to plan a route, including as many garage sales as you can. The earlier you get there, the higher your chances of buying something worthwhile. On the way you'll undoubtedly find many other signs on utility poles for sales not advertised in the newspaper. Do not pass them by. If you go looking for furniture you'll need to have appropriate transportation, though as a last resort you can pay for the purchase and return later to pick it up. Don't forget to measure your rooms and to take a tape measure with you.

It is quite acceptable to bargain at garage sales. You can offer a lower price even if the asking price doesn't seem high to you. It is customary to pay in cash, and since most prices are usually very low, it's best to have small bills and some change.

One piece of advice: do not buy anything you don't need just because it's cheap.

18.2. Where and how to shop

Most immigrants from developing countries are accustomed to a modest lifestyle. They were able to spend their money efficiently in their countries by knowing the supply and demand of commodities and services. Some purchases were considered better than others. Goods that were seldom available were in high demand, some items could be bought only on the black market, and so on. Arriving in an unfamiliar country with a stunning abundance of goods with as-yet unknown relative value, people in the beginning involuntarily use the familiar criteria for evaluating purchases, although those criteria most often don't fit the new situation.

The best rule would be this: if, for now, you can get by without something, do not buy it. Most likely you'll find the same thing for a lower price, something better for the same price, or your taste and needs will change and the need for the purchase will disappear. This is especially true for significant purchases such as electronics, furniture, china, and so on. Clothes are no exception.

Before spending a large sum of money shop around for similar goods in

значительные суммы, если вольётесь в ряды тех десятков миллионов американцев, которые ежегодно посещают гараж-сэйлы. Например, набор мягкой мебели, состоящий из дивана и кресла, который я купил за $20 через три недели после приезда, исправно прослужил нам два года и ещё двум семьям после нас, а почти новый пылесос, имеющий пустяковую неисправность и купленный за $10 девять лет тому назад, работает до сих пор.

Основная масса гараж-сэйлов приходится на выходные, хотя некоторые из них начинаются в пятницу или даже в четверг. Купите ежедневную газету в пятницу и, просмотрев объявления, наметьте по карте города маршрут, включающий наибольшее количество гараж-сэйлов, указанных в объявлениях. Чем раньше вы туда попадёте, те выше ваши шансы купить что-то стоящее. Без всякого сомнения, по пути вы встретите много других указателей на столбах, которые не были указаны в газете. Не проезжайте мимо. Если вы едете за мебелью, то необходимо иметь соответствующий транспорт, хотя в крайнем случае, вы можете, уплатив за покупку, вернуться за ней позже. Не забудьте измерить ваши помещения и взять с собой рулетку.

На гараж-сэйлах вполне уместно торговаться. Вы можете предлагать свою цену, даже если цена, запрашиваемая продавцом, не кажется вам высокой. Платить принято наличными, но поскольку все цены обычно очень низкие, то лучше всего иметь мелкие купюры и немного мелочи.

Единственный совет: не покупайте ничего только потому, что это дёшево, но вам в действительности не нужно.

18.2. Где и как покупать

Большинство иммигрантов, приехавших из экономически слаборазвитых стран, привыкли к скромной жизни. Зная спрос и предложение на рынке товаров и услуг в своей стране, они умели с максимальной эффективностью потратить свои деньги. Одни покупки считались более выгодными, другие – менее, какие-то товары, редко появляющиеся в продаже, пользовались повышенным спросом, что-то можно было купить только на чёрном рынке и так далее. Приехав в незнакомую страну, где обилие товаров ошеломляет, а их относительная ценность ещё не знакома, в первое время люди невольно пользуются привычными критериями для покупок, которые в большинстве случаев оказываются в новой ситуации не верными.

Наилучшим правилом было бы следующее: если вы можете без чего-то сейчас обойтись, не покупайте. Более чем вероятно, что вы встретите ту же вещь за меньшую цену, что-то лучшее за такую же цену или ваши вкусы и потребности изменятся, и необходимость в этой покупке вообще отпадёт. Особенно это касается значительных покупок типа электроники, мебели, посуды и тому подобного. Одежда не является исключением из этого списка.

Прежде чем решаться на значительные траты, не только ознакомьтесь с

different stores. Think, too, of alternative ways to purchase the item: mail order catalogues, classified ads, consignment stores, yard sales, and the like. This book will help orient you by pointing out various ways to save on many purchases.

18.2.1. Sales, Clearances

Sales with reduced prices are such a widespread phenomenon in the US that sometimes one has to wonder who buys things at full price. Having lived in America for more than seven years, and having become used to this, I was surprised when I heard on the radio that sales are conducted only twice a year in France. They occur simultaneously in all stores, and their terms and duration are strictly regulated by the state. In the US, sales are the most popular way of attracting customers and increasing revenue.

Almost all official and unofficial holidays are accompanied by big sales. Besides holiday sales, stores offer temporary discounts on certain goods, alternating them periodically. These discounts, which usually last for one week, running from Sunday to Saturday inclusive, are advertised in the Sunday newspaper and its inserts. Sometimes there are one-day sales or even sales that last only a few hours. For example, *early bird specials* run from early morning to noon.

If an item was advertised as being "on sale," but the store doesn't have it, in many cases you can ask for a so-called *rain check,* which gives you the right to buy the given item for the specified sale price when it arrives in the store. Some stores have a policy that if you bought something for the regular price just before the item goes on sale (and within time limits stated in the return policy), you can receive the difference in price by presenting your receipt.

There are many forms of price reduction. Discount amounts and other conditions are, as a rule, described on red posters near the merchandise. For example:

50% OFF – means a discount of 50% off the ticket price.

Take an Additional 20% OFF – means a discount of 20% in addition to all other discounts. This sign is posted for a short period of time along with a sign of the above-mentioned type. For example, the given goods are on sale all week at a 50% discount, and the additional 20% discount is offered for one day. You should remember that the discounts aren't added together, but applied one after the other. A 50% plus a 20% discount does not mean a 70% discount. A product worth $100 would be on sale for $50 after the first discount and then for $40 after the second discount because 20% is taken off the sale price, not the regular price.

аналогичными товарами в разных магазинах, но и подумайте о других возможных вариантах покупки: по каталогам, по объявлениям, в комиссионном магазине, на ярд-сэйле и так далее. Эта книга поможет вам лучше ориентироваться и укажет различные пути, позволяющие сэкономить на многих покупках.

18.2.1. *Распродажи (Sales, Clearances)*

Распродажи по сниженным ценам или сэйлы *(sales)* - явление в США широко распространенное и настолько частое, что иногда приходится удивляться - кто же покупает товары по полной цене? Прожив более семи лет в Америке и воспринимая это, как само собой разумеющееся явление, я с удивлением услышал по радио о том, что во Франции распродажи, которые бывают только два раза в год, проходят одновременно во всех магазинах и строго регулируются государством по условиям и длительности. В США, распродажи являются самым распространённым способом привлечения покупателей и повышения товарооборота.

Практически все официальные праздники и знаменательные дни сопровождаются широкими распродажами. Помимо распродаж, приуроченных к праздникам, магазины делают временные скидки на те или иные товары, чередуя их с определённой периодичностью. Такие скидки обычно продолжаются неделю: с воскресенья до субботы включительно и рекламируются в воскресной газете и её приложениях. Иногда объявляются однодневные сэйлы или даже продолжающиеся только несколько часов, как, например, с раннего утра до полудня, так называемые *early bird special* (специально для ранних пташек).

Если товар был объявлен "по-сэйлу", но в магазине его в наличии не оказалось, то во многих случаях вы можете попросить так называемый "рейн чек" *(rain check),* который даёт вам право купить данный товар по указанной цене, когда он поступит в магазин. В некоторых магазинах существует правило, что если вы купили что-то по полной цене незадолго до того, как на этот товар был объявлен сэйл (в пределах срока возврата товара), вы можете получить разницу в цене, предъявив товарный чек.

Варианты снижения цен могут быть самыми различными. Величина скидки или другие условия, как правило, указывается на красных плакатах, установленных рядом с изделиями. Например:

50% OFF – означает скидку в 50% от указанной в ценнике стоимости.

Take an Additional 20% OFF – означает скидку в 20% в дополнение ко всем остальным. Такой знак устанавливается на короткий период в дополнение к знаку вышеуказанного типа. Например, общая масса данного товара продаётся со скидкой 50% всю неделю, а в течение одного дня предлагается дополнительная скидка в 20%. Следует помнить, что проценты при этом не складываются, а рассчитываются поочерёдно. Скидка в 50% и 20% не означает скидку в 70%. Изделие, стоящее $100, будет продаваться за $50 после учёта первой скидки и за $40 – после второй, поскольку 20% берётся не от полной цены, а от оставшейся.

Buy Two Get One FREE – if you buy two items, you receive the third for free. This is equal to a 33% discount but forces you to buy more.

50% OFF Second Item – means that if you buy one product at the regular price, a second item, costing the same or less, can be purchased for half the price. This equals a 25% discount but also compels you to buy more. If you don't need two items, you can get together with friends and share the savings.

$10 OFF – means a $10 discount.

There are, however, many tricks that stores use to attract buyers to merchandise that's not actually on sale. They post signs very similar to discount notices, but these other signs have somewhat different wording. The percentage is written in huge print, but there is also fine print. Buyers who don't read the notice closely eagerly stock up on the goods, and after discovering their mistake at the cash register, don't always refuse the purchase.

50% OFF Original Price – means that the ticket price is 50% lower than the originally printed price. This price is final, and there is no additional discount.

30-50% OFF Department Store Price – means that the ticket price is 30-50% lower than the price for similar products in expensive department stores. This price is final, and there is no additional discount.

$10 and UP – means that merchandise the sign refers to costs $10 or more, as marked on price tags. There is no additional discount.

If you're paying for something and suddenly find that the price is higher than you expected, tell the cashier that you changed your mind. He or she will subtract the price from your total.

The word *Clearance* is often used in stores. It usually means significant price reductions on unsold merchandise to free up space for new arrivals. Price tags on clearance goods often have red stickers with the new price.

One type of sale is a final sale, when a particular store or a whole retail chain goes out of business. These occurrences are frequent and most noticeable in the retail business, where there is cutthroat competition. In the several years that we've been living in the US, we have witnessed the closings of dozens of stores of different sizes, types of merchandise, and chain affiliations. They range from a small family men's clothing store that existed for several decades to large discount chains including *Bradlees*, *Ames* and the *HQ* home improvement stores.

Buy Two Get One FREE – если вы покупаете два изделия, то третье даётся бесплатно. Это эквивалентно скидке в 33%, но вынуждает вас покупать больше.

50% OFF Second Item – означает, что если вы берёте одно изделие за полную цену, то второе, равное по стоимости или дешевле первого, можете взять за половину цены. Это эквивалентно скидке в 25%, но также вынуждает вас покупать больше. Если вам не нужны два изделия, то вы можете скооперироваться с друзьями и разделить скидку.

$10 OFF – означает скидку в 10 долларов.

Однако существует ряд трюков, которыми магазины привлекают внимание покупателей к товарам, на самом деле не продающимся "по сэйлу". Они вывешивают плакатики, очень похожие на те, в которых указана скидка, но имеющие несколько другое содержание. При этом проценты пишутся огромным шрифтом, а текст - мелким. Покупатели, невнимательно прочитавшие объявление, охотно берут товары, но, узнав о своей ошибке в процессе расчёта, далеко не всегда отказываются от покупки.

50% OFF Original Price – означает, что цена, указанная на ценнике, на 50% ниже от первоначально указанной в ценнике стоимости, но эта цена окончательная и никаких дополнительных скидок нет.

30-50% OFF Department Store Price – означает, что цена, указанная на ценнике, на 30-50% ниже, чем цена на аналогичные изделия в дорогих универмагах, но эта цена окончательная и никаких скидок нет.

$10 and UP – означает, что цена изделий, к которым этот знак относится - $10 и выше, как указано на ценниках, но никаких скидок нет.

Если при расчёте за товар вдруг обнаруживается, что его цена оказалась выше ожидаемой, то вы можете сказать кассиру, что передумали его покупать, и он вычтет его стоимость из общей суммы.

Слово *Clearance* (очистка) часто встречается в магазинах. Оно обычно означает значительное снижение цены на не распроданные остатки партий товаров для того, чтобы освободить место для новых поступлений. Ценники товаров, идущих "по-клиренсу" нередко имеют красные наклейки с новой ценой.

Одним из видов распродаж являются окончательные распродажи при закрытии того или иного магазина или при выходе целой торговой компании из бизнеса. При ожесточённой конкуренции, которая наиболее проявляется, пожалуй, в торговле, такие случаи очень распространены. За те несколько лет, что мы прожили в США, мы были свидетелями закрытия десятков магазинов, самых разных по размерам, видам продаваемых товаров и принадлежности к той или иной сети, от небольшого семейного магазина мужской одежды, существовавшего несколько десятилетий, до сетей универмагов *Bradlees, Ames* или магазинов *HQ* типа "Всё для дома".

In these cases, sales begin with a small 10-15% discount on all goods. Discounts on remaining merchandise increase in several stages, depending on how fast the supplies run out and how much time the store has left before it must close. An important feature of these sales is that goods may not be exchanged or returned.

18.2.2. Coupons

Coupons are a common and very popular way to attract buyers' attention to certain goods and services by giving the bearer a one time price reduction. There are two types of coupons: coupons issued by service providers or manufacturers of goods *(Manufacturer's coupons),* and coupons issued by stores.

Coupons issued by service providers or manufacturers usually indicate a specific product or type of service for which the coupon can be used. The coupon also indicates the monetary amount or percentage of the discount – for example, $1.00 OFF or 10% OFF – and a bar code for price scanning. These coupons can be used in any store where the given products are sold. Coupons are usually distributed in special supplements to Sunday newspapers, in magazines, by mail, on the Internet, and so on. They are frequently printed on or placed inside product packaging to offer discounts on future purchases of similar items. Coupons offering discounts on services can also be found in the telephone book.

All coupons issued by service providers or manufacturers of goods are valid for fairly extended periods, often for several weeks, and include the date when they become invalid *(Expiration Date).* They also warn that only one coupon can be used per purchase. In other words, you cannot collect several coupons and receive the product for free.

Coupons issued by stores very often coincide with sales and supplement discounts offered in the stores. These coupons are most often valid on a type of goods – such as jewelry or home goods – instead of a particular product. Products made by certain firms or designers are very frequently excluded from the list of goods the coupon is valid for. These conditions are usually indicated in fine print. Coupons issued by stores may be printed in daily or Sunday newspapers, or distributed by mail. These coupons are usually valid for very short periods, perhaps several hours or days. Some coupons can be used only in conjunction with credit cards issued by a given store.

Using coupons when buying groceries can save several dollars each week, totaling $150-200 each year. Using coupons to purchase more expensive goods and services can also save significant amount of money.

Распродажа в таких случаях начинается с небольшой скидки в 10-15% на все товары и по мере опустошения запасов и в зависимости от сроков ликвидации, проходит в несколько ступеней, каждая из которых характеризуется всё увеличивающейся скидкой на оставшиеся в наличии товары. Главной особенностью таких распродаж является то, что купленные товары не подлежат ни обмену, ни возврату.

18.2.2. Купоны (Coupons)

Купоны (Coupons) – широко распространённый и очень популярный способ привлечения внимания покупателей к тому или иному товару или услуге, дающий его предъявителю одноразовую скидку в цене. Они существуют двух типов: купоны, выпущенные производителями товаров (Manufacturer's coupons) или службами, предлагающими услуги, и купоны, выпускаемые магазинами.

Купоны, выпущенные производителями товаров или службами, предлагающими услуги, обычно указывают конкретный товар или вид услуги, к которым купон относится, конкретную сумму скидки в денежном или процентном выражении (например, $1.00 OFF или 10% OFF), а также штриховой код для автоматического считывания. Такие купоны могут использоваться в любом магазине, где продаются данные товары. Они обычно распространяются в специальных приложениях к воскресным газетам, в журналах, по почте, по Интернету и так далее. Они часто печатаются на упаковках аналогичных товаров или вкладываются внутрь. Купоны, предлагающие скидки на услуги, можно также найти в телефонной книге.

Все купоны, выпущенные производителями товаров или службами, предлагающими услуги, имеют более или менее продолжительный срок действия, исчисляемый неделями, и содержат дату, после которой они становятся недействительными (Expiration Date), а также предупреждение, что только один купон может быть использован для каждой покупки. Иными словами, вы не можете набрать несколько купонов и получить товар бесплатно.

Купоны, выпускаемые магазинами, очень часто бывают приурочены к распродажам и дают дополнительную скидку сверх той, которая указана в торговом зале. Такие купоны чаще всего относятся к группе товаров (ювелирные изделия, товары для дома и так далее), а не к конкретному их образцу. Очень часто, товары определённых фирм или дизайнеров исключаются из общего списка товаров, на которые распространяют своё действие купоны, что указывается мелким шрифтом. Купоны, выпускаемые магазинами, могут быть напечатаны в ежедневной или воскресной газете или рассылаться по почте. Такие купоны обычно имеют очень ограниченный срок действия, исчисляемый часами или днями. Некоторые купоны могут быть использованы только обладателями кредитных карточек данного магазина.

Использование купонов при покупке продуктов питания может сэкономить несколько долларов каждую неделю, что выливается в $150-200 в год. При покупке более дорогостоящих товаров и услуг с использованием купонов, можно также сэкономить существенные суммы.

18.2.3. Groceries

As we already mentioned, supermarkets are the primary place to purchase groceries. Americans usually buy food once a week, spending about an hour in the store. This time allows you to walk slowly through all the aisles, from one end of the store to the other, filling your cart with items on your shopping list. Writing a list before coming to the store is absolutely necessary – otherwise you will always forget something and have to go back. Once you're used to how the goods are arranged in the store, you can save time by writing your list according to where you find each item along your route.

Though items are grouped on shelves by type and, at first glance, appear to be placed in a logical order, there are many display tricks that draw the customer's attention to goods that bring the most profit to the store. Basic items and products in greatest demand – such as dairy, meat, and bakery items – are always located in the farthest ends of the store. To get to them, you must pass other goods that may draw your attention even if you weren't planning to buy them. The most profitable goods, such as small packages of candy or chewing gum, are located next to cash registers to tempt customers or their children as they wait to pay.

The overwhelming majority of supermarkets belong to large chains that cover significant territory with identically named stores. These chains may include from 50 to 1,000 or more stores. Companies with larger product turnover can buy goods under more favorable conditions and sell them for lower prices.

Most supermarkets sell the most common food and other items under their own brands. The quality of these goods differs little from that of similar brand name products in the manufacturer's packaging, but the store's brand costs much less. The difference can be up to 50%. Supermarkets order these goods in large quantities from the same manufacturers, and in many cases (especially with canned and frozen products), the only difference is cheaper packaging. I saw this with my own eyes many times in the two months I worked on a conveyor line. Buying supermarket brand products is one way to save significant amounts.

Any area has at least two competing supermarket chains. They may have different prices for various goods, but comparing them is often very difficult. That's because the retailer can order even brand name products and specify how much of the item is in the package. So, for example, the exact same corn flakes may have different weights in boxes of identical size or be packaged dif-

18.2.3. Продукты питания

Как мы уже говорили, супермаркеты являются основным местом приобретения продуктов. Американцы обычно покупают продукты один раз в неделю, проводя при этом в магазине около часа. Это время позволяет спокойным шагом пройти по всем рядам товаров от одного конца магазина до другого, заполняя тележку необходимыми вам товарами по заранее написанному списку. Писать такой список совершенно необходимо, поскольку без него вы непременно забудете что-то и будете вынуждены возвращаться. Привыкнув постепенно к расположению товаров в магазине, вы будете составлять список в том порядке, в котором товары встречаются на вашем пути, что также сэкономит вам время.

Хотя товары сгруппированы на стеллажах по видам и на первый взгляд находятся в логическом порядке, в их расположении скрыто много хитростей, позволяющих привлечь внимание покупателя к наиболее выгодным для торговли товарам. Товары первой необходимости и пользующиеся наибольшим спросом, такие как молочные, мясные и хлебные продукты, всегда помещаются в самых дальних концах магазина, и чтобы до них добраться, вы вынуждены пройти мимо многих других товаров, которые могут привлечь ваше внимание, даже если вы не собирались их покупать. Наиболее прибыльные товары, как, например, конфеты или жевательная резинка в маленьких упаковках, расположены непосредственно возле касс и рассчитаны на то, что скучающий несколько минут в ожидании расчёта покупатель или его дети не устоят от соблазна.

Подавляющее большинство супермаркетов являются представителями большой сети одноимённых магазинов, охватывающих значительную территорию. Такие сети могут насчитывать от 50 единиц до 1,000 и более. Чем больше товарооборот такого объединения, тем на более выгодных условиях оно закупает продукцию у товаропроизводителей и может продавать её по более низким ценам.

Большинство супермаркетов имеют в продаже наиболее распространённые продукты и другие товары в упаковках со своей маркой. Эти товары мало чем отличаются по качеству от аналогичных, предлагаемых в фирменных упаковках производителей, но стоят значительно дешевле. Разница может достигать 50%. Такие товары делаются теми же производителями по заказу супермаркетов в огромных количествах и во многих случаях (особенно это касается консервированных или замороженных продуктов) отличаются только менее дорогой упаковкой. Я видел это много раз своими собственными глазами за те два месяца, которые я работал на конвейере. Таким образом, покупая товары с маркой данного супермаркета, вы можете существенно сэкономить.

В каждой местности обычно существует как минимум две конкурирующие между собой сети универмагов. Они могут иметь различные цены на различные товары, но сравнить их зачастую очень трудно. Дело в том, что даже продукты с маркой их изготовителей закупаются расфасованными в количестве, какое заказывает тот или иной продавец. Так, например, кукурузные хлопья одного типа и в совершенно одинаковых по размеру коробках могут иметь разный вес,

ferently. It becomes even more difficult to compare similar goods from different manufacturers. Can you calculate in your head what is less expensive: 13.5 ounces for $2.55 or 18 ounces for $3.29? This isn't easy even with a calculator, but it's possible to compare without a calculator. Many states require stores to display, along with the price per package, the price per unit of the product. This could be per ounce *OZ*, per pound *Lb.*, or per gallon *GAL*. These prices are usually shown on price tags attached to the shelves on which goods are displayed. Using these figures, you can compare the real price of differently packaged products sold in the same store or compare prices at different stores. As a rule, large packages have lower per unit prices. If products that you buy frequently or in large quantities have different prices in different stores, it makes sense to buy them where they cost less.

Very often supermarkets temporarily reduce prices for certain goods *(on sale)*, and discounts can be significant. Advertisements listing current sale items can usually be found around the store entrance. If products you buy regularly are on sale today at a significant discount, you can buy a two-week supply and save twice as much. Of course, this wouldn't apply to perishable goods with close expiration dates.

In some cases product prices aren't specified for one unit, but for a pair or more, for example, *2 for $1* (two for a dollar) or *4/$1* (four for a dollar). If the price is specified this way, it doesn't mean that you must buy two or four to get the price. If you buy one, you will pay $0.50 or $0.25, respectively. If the price tag specifies, for example, *2 for $5.00, 1 for $3.00*, then the larger quantity truly does cost less per unit.

Do not neglect coupons. You can save several dollars each time. Some stores double the value of coupons, making them even more attractive. Still, do not buy a product just because you have a coupon, unless you want to try something new.

18.3. Returning and exchanging merchandise

In most cases there is no problem returning or exchanging merchandise in the US, though each store has its own terms and rules for returns. The reason for a return can be anything: wrong size, the color doesn't match something else, or you have simply changed your mind.

The general rule is to save the receipt given to you at the time of purchase, though in some cases it is possible to return or exchange goods without a receipt, for example, if there is no doubt that the product was bought in that store. Never throw out receipts. The best thing is to keep them in a box for up

либо будут в значительно отличающихся упаковках. Ещё сложнее с одноимёнными товарами от разных производителей. Можете ли вы в уме посчитать, что выгоднее: 13.5 унций за $2.55 или 18 унций за $3.29? Даже с калькулятором это не просто, однако это возможно и без калькулятора. Многие штаты обязывают продавцов указывать помимо цены за упаковку, ещё и цену за единицу продукта, например за унцию *(ounce, OZ)*, фунт *(pound, Lb)* или галлон *(gallon)*. Эти цены обычно указываются на ценниках, прикреплённых к стеллажам, на которых стоят товары. Пользуясь этими ценами, вы можете не только сравнивать реальную цену товара в разных упаковках в пределах одного магазина, но и между магазинами. Большие упаковки, как правило, более выгодны по цене в пересчёте на единицу. Если продукты, которые вы покупаете часто или в большом объёме, отличаются по цене в разных магазинах, то, может быть, имеет смысл делать эти покупки там, где это выгодно.

Очень часто в супермаркетах временно снижаются цены на те или иные товары *(sale)*, причём скидки бывают весьма значительными. Реклама со списками товаров, идущих в данный момент "по-сэйлу", обычно находится у входа в магазин. Если товары, которые вы покупаете из раза в раз, продаются сегодня со значительной скидкой, то вы можете купить запас на две недели, сэкономив, таким образом, в два раза больше, разумеется, если это не скоропортящиеся товары с истекающим сроком годности.

В некоторых случаях цена на товар указывается не за единицу, а за пару или более. Например, *2 for $1* (два за доллар) или *4/$1* (четыре за доллар). Если цена указана таким образом, то это не значит, что вы должны брать 2 или 4, чтобы получить такую цену. Если вы возьмете 1, то заплатите $0.5 или $0.25 соответственно. Если же ценник указывает, например, *2 for $5.0, 1 for $3.0,* то в этом случае действительно большее количество обходится дешевле в пересчёте на единицу.

Не пренебрегайте купонами. Вы можете каждый раз экономить несколько долларов. Некоторые магазины удваивают стоимость купонов, делая их ещё более выгодными. Однако не стоит покупать что-то только потому, что у вас есть купон, разве что - на пробу.

18.3. Возврат и обмен товаров

В подавляющем большинстве случаев вернуть или обменять товар в США никакой проблемы не составляет, но тем не менее, в каждом магазине могут быть свои особенности в отношении сроков и правил возврата. Причиной возврата может быть что угодно: не подошёл размер, не сочетается цвет с чем-то другим или вы просто передумали.

Общим правилом является необходимость при возврате иметь товарный чек, который даётся при покупке, хотя в некоторых случаях можно вернуть или обменять товар без чека (если нет сомнения, что товар был куплен в этом магазине). Никогда не выбрасывайте товарные чеки. Лучше всего завести

to a year. There are also cases when you need to exchange or return purchases even though you didn't plan to. You might, for example, discover a hidden defect or find exactly the same thing in another store for half the price.

The second requirement is that the goods may not have been used. Try to keep all tags and packages until you are sure you made the right purchase. If you bring an item for return with the price tag torn off but not damaged, it will be accepted, but you sometimes need to retain packaging for items like TVs.

Policies usually limit returns to within 30-45 days from the time of purchase, though during the Christmas season these terms are extended for gift items because they sit wrapped under the Christmas tree for a long time and are opened only at Christmas. Also, some expensive stores may have unlimited time for returns as long as merchandise is in its original condition.

In many stores it is possible to get a special *Gift Receipt* that doesn't show the price but has a bar code. That way the recipient can exchange or return the gift if necessary.

Some stores do not refund money for purchases but offer credit for the amount of the item's price; the credit can be used any time you wish. You may find these conditions in discount stores or stores with merchandise for which demand varies significantly with time. A calendar bought before the beginning of a year, for example, loses value with each day after January 1.

How you receive a refund largely depends on how you purchased the goods.

- If you paid in cash you will receive cash without any problems.

- If you paid for the purchase with a credit card, bring the same credit card when you make the return, and your card will be credited for the same amount that was charged. Since credit card companies charge different rates for purchases and cash advances, this policy is used to avoid opening a convenient loophole – buying an expensive item with a credit card, then returning it on the spot for cash.

- If you paid for your purchase by check, the store may delay the refund until the money has been transferred from your account to the store's account, which can take several days.

There may be other terms and restrictions not mentioned here, so pay attention. A store's return policy is usually displayed in a prominent place, such as Customer Service, where returns and exchanges are handled.

коробку, в которой их можно накапливать в течение всего года. Бывают случаи, когда приходится обменивать или возвращать покупку, даже если вы не планировали этого делать, например, если вы встретили точно такую же вещь в другом магазине за половину цены или товар имел скрытый дефект.

Вторым условием является требование, чтобы товар не был в пользовании. Постарайтесь сохранить этикетки и упаковку до тех пор, пока вы не убеждены в правильности своей покупки. Если вы принесёте возвращать вещь с оторванной, но не повреждённой этикеткой, у вас её возьмут, однако наличие упаковки для таких товаров, как телевизор, например, иногда является обязательным.

Допустимые сроки возврата товаров обычно бывают в пределах 30-45 дней с момента покупки, однако в рождественские праздники эти сроки удлиняются для товаров, купленных в качестве подарков, поскольку они долго лежат запакованными под ёлкой и открываются только после Рождества. Кроме того, дорогие магазины могут иметь неограниченный срок возврата, коль скоро вещь находится в первоначальном состоянии.

Во многих магазинах можно взять специальный *Gift Receipt* (подарочный товарный чек), на котором не указана цена, но есть штриховой код, и в случае необходимости, получатель подарка может его обменять или сдать.

Некоторые магазины не возвращают деньги за покупки, а предоставляют кредит на эту сумму, который вы можете использовать в любое время по вашему желанию. Такие условия могут быть в магазинах, торгующим по низким ценам или продающим товары, спрос на которые сильно меняется со временем, как, например, календарь, купленный до начала года, который теряет свою ценность с каждым днем после 1 января.

Способ возврата денег существенно зависит от способа оплаты за товар при его покупке.

- Если вы платили наличными, то и получите наличными безо всяких проблем.

- Если покупка была оплачена с помощью кредитной карты, то при её возврате необходимо иметь ту же кредитную карту, и вам просто зачислят обратно снятую с неё сумму. Поскольку кредитные организации облагают различными процентами покупки и снятые наличные деньги, то отсутствие такого требования открыло бы удобную лазейку – купить дорогостоящую вещь по кредитной карте и тут же сдать её за наличные.

- Если вы оплатили покупку чеком, то магазин может задержать возврат денег до тех пор, пока деньги не будут перечислены с вашего счёта на счёт магазина, что может занять несколько дней.

Возможны другие особенности и ограничения, не рассмотренные здесь, поэтому будьте внимательны. Правила возврата и обмена товаров *(Return Policy)* обычно вывешиваются на видном месте в отделе обслуживания клиентов *(Customer Service),* где осуществляется возврат.

19. Buying and Selling a Home

Most immigrants are forced to rent housing during their first years in the US – those arriving with large amounts of cash are the exception. Despite the fact that the overwhelming majority of homes in the US are bought on credit, not with cash, as previous chapters have already made clear, loan approval requires a credit history, something newcomers obviously don't have. Before you start looking into buying a home, you should have a steady income as well as a credit history.

According to Census 2000, 67.5% of Americans owned housing. Owning a piece of land with an single-family house and a manicured green front lawn is a part of "the American dream," so the number of immigrants who achieve this dream is a convincing indicator of the level of success of the US immigration policy.

Data from 1996 show that rates of home ownership are almost identical for US citizens born in America and US citizens born abroad. Rates were 67.4% and 66.9%, respectively. If you consider that acquiring citizenship takes six or seven years, it is possible to define the end of that period as a certain milestone at which immigrants achieve levels identical to US-born Americans on certain basic parameters. For non-US citizens, the percentage of homeowners was 33.1%. This can be explained by the fact that many of permanent residents (non-citizens) are people who come to the US for a limited period of time and don't wish to buy their own homes, or people who arrived at an older age and thus have fewer opportunities.

19. Приобретение и продажа жилья

Вне всякого сомнения, первые годы после приезда в страну, основная масса иммигрантов вынуждена снимать жильё, за исключением тех немногих, которые приехали, имея большие суммы наличных денег. Несмотря на то, что подавляющее большинство жилья покупается в кредит, а не за наличные, как уже понятно из предыдущих глав, для оформления ссуды необходима кредитная история, которой вновь прибывшие, естественно, не имеют. Прежде чем начинать активные действия по приобретению собственного жилья, помимо кредитной истории, необходимо иметь устойчивый доход.

Согласно переписи 2000 года, 67.5% американцев владели жильём. Владение участком земли с собственным домом и зелёным подстриженным газоном перед ним является частью "американской мечты", и поэтому, число иммигрантов, приобщившихся к этой мечте, является убедительным показателем успеха или неуспеха иммиграционной политики страны.

Статистические данные 1996 года показывают, что нет практически никакой разницы в количестве домовладельцев среди коренных американцев и граждан США, родившихся за границей. Их число было равно 67.4% и 66.9% соответственно. Если учесть, что на получение гражданства уходит 6-7 лет, то можно определить этот срок, как определённый рубеж, когда иммигранты выходят по основным показателям на одинаковый с коренными американцами уровень. Для лиц, не являющихся гражданами, процент домовладельцев составлял 33.1%. Это можно объяснить тем, что среди постоянных резидентов (неграждан) большую долю составляют люди, временно приехавшие в страну и не желающие покупать собственное жильё, либо люди, приехавшие в пожилом возрасте и не имеющие такой возможности.

19.1. Pros and cons of the American dream

Buying a home is a serious step, and it is also the most expensive purchase most people will ever make. Before deciding to buy a home, you should weigh all the pros and cons because mistakes can be extremely costly. To avoid errors, be sure to understand clearly the differences between rental costs and expenses for purchase and the subsequent maintenance of a home. Consider potential costs of selling a house, too, as well as factors that influence the market value of housing.

An obvious advantage of home ownership is that, by paying off a mortgage, you gradually become the real owner of the property, investing for yourself instead of making a profit for your landlord and making him the owner. In most cases, however, monthly expenses for owning a home will be much higher than for renting.

Homeownership gives a sense of freedom, allowing you to decorate and furnish your home to suit your own taste. At the same time, it imposes a responsibility to maintain it in good condition, which requires significant time and money. Negligence can result in significant loss of the property's market value.

As will become obvious later, legal formalities, the costs of obtaining a mortgage loan, and the loan payment schedule make it unprofitable to buy a house if the owner doesn't plan to live in it for more than five or six years. This is particularly true if real estate prices aren't rising in the area. A regional recession can cause mass layoffs, forcing home sales as people move to the more prosperous regions of the state or country. This can cause sharp drops in home prices or make a neighborhood undesirable, causing people to move to other places, thus combining a saturated real estate market with diminishing demand.

People arriving in middle age should be especially cautious. They should make realistic estimates of their ability to pay off a mortgage loan while they can still work. After retirement, people relying only on *SSI* or the small amounts provided by *Social Security Benefits* will at best have enough for food and property tax. The only alternative for them is subsidized housing because Social Security income is not enough to pay rent for a regular apartment.

19.1. Американская мечта: "за" и "против"

Покупка жилья - серьезный шаг, и для подавляющего большинства людей является самой дорогостоящей покупкой в течение всей жизни. Прежде чем на неё решаться, необходимо взвесить все "за" и "против", поскольку ошибки при этом могут обойтись чрезвычайно дорого. Для того, чтобы таких ошибок избежать, необходимо ясно представлять себе разницу в затратах на покупку и последующее поддержание жилья, а возможно и на его продажу, по сравнению с затратами на аренду, а также факторы, влияющие на рост или падение рыночной стоимости жилья.

Очевидным достоинством домовладения является то, что выплачивая ссуду, взятую на покупку, вы постепенно становитесь реальным владельцем купленной собственности, то есть делаете вложение капитала, вместо того, чтобы приносить прибыль хозяину, делая его этим самым реальным владельцем. Однако в большинстве случаев, ваши ежемесячные затраты на собственное жильё будут значительно выше, чем в случае аренды.

Собственное жильё даёт возможность чувствовать себя гораздо свободнее, позволяя обустроить его на свой собственный вкус, но в то же время накладывает ответственность за поддержание его в хорошем состоянии, что отнимает достаточно много сил и средств. Пренебрежение этим приводит к значительной потере рыночной стоимости собственности.

Как будет видно из дальнейшего, однократные затраты на получение ссуды и юридические формальности, а также особенности выплаты ссуды, делают невыгодной покупку дома, если владелец не собирается в нём жить долго (как минимум 5-6 лет), особенно если стоимость недвижимости в данном месте не растёт. Экономический спад в регионе может вызвать массовые увольнения, при этом многие продают жильё, перебираясь в более процветающие районы страны или штата, и цена домов может резко понизиться. Либо микрорайон становится неблагополучным, и люди перебираются в другие, тем самым пересыщая рынок жилья при уменьшении спроса.

Особенно следует быть осторожным людям, приехавшим немолодыми. Следует реально взвесить свои возможности выплатить ссуду, будучи в работоспособном возрасте, поскольку выйдя на пенсию, в большинстве случаев, они могут рассчитывать только на пособие *SSI* или небольшую сумму *Social Security Benefits,* которых в лучшем случае будет хватать на питание и оплату налога на собственность. Для них единственной альтернативой остаются субсидированные квартиры, поскольку для оплаты обычной квартиры этого дохода также недостаточно.

19.2. Basic terminology and concepts

The real estate market, like other spheres of human activity, has its own terminology, which you should know if you want to understand what is going on. We'll consider only the most basic and necessary terms and concepts that you'll need to get by. They are given in logical rather than alphabetical order.

- *Real Estate* –property, such as houses, land, condominiums, summer cottages, and the like.

- *Realty* – the agency providing services for sale of real estate. It advertises properties to be sold, shows them to potential buyers, and coordinates the closing process.

- *Real Estate Broker* – an employee of a real estate agency.

- *Sales Price* – selling price of the property that the buyer pays to the seller.

- *Broker's Commission* – the amount received by the broker (or his or her agency) after closing the sale. This amount is usually 4-8% of the selling price, except in rare cases when a fixed amount is negotiated. The seller pays the broker's commission.

- *Disclosure* – a detailed document describing characteristics of the property. The disclosure must contain enough information to meet certain legal requirements.

- *Appraisal* – an estimate of the market value of the property, made by a professional appraiser. The appraisal is a requirement for obtaining a mortgage loan. The buyer pays for the appraisal, which ensures the institution financing the purchase that the loan will have appropriate collateral. If the selling price of the property exceeds the appraiser's estimate, the bank may not approve the loan or it may demand that the buyer pay the difference in cash.

- *Mortgage* – a loan for purchasing real estate. Property ownership is transferred to the lender if the buyer fails to fulfill conditions stipulated in the agreement.

- *Interest Rate* – the loan interest applicable to a particular loan. For example, *7.5% interest rate* means that the borrower is required to pay 7.5% of the unpaid balance annually as interest, in addition to principle. In the first year of a $100,000 loan, the borrower would pay approximately $7,500 in loan interest. The real figure would be slightly less because repayment decreases loan size.

19.2. Основные термины и понятия

Как и всякая другая отрасль человеческой деятельности, рынок недвижимости имеет свою терминологию, с которой необходимо познакомиться, чтобы понимать, о чём идёт речь. Из всего множества понятий, мы рассмотрим самые основные, без которых действительно нельзя обойтись. Они приведены не в алфавитном, а в логическом порядке.

- *Real Estate* – недвижимая собственность, такая как участок земли, дом, квартира, дача и так далее.

- *Realty* – агентство, оказывающее посреднические услуги при продаже недвижимой собственности. Оно берёт на себя обязанности по рекламе продающейся собственности, показу её потенциальным покупателям и координации процесса купли-продажи.

- *Real Estate Broker* – работник посреднического агентства.

- *Sales Price* – продажная стоимость собственности, которую покупатель должен уплатить продавцу.

- *Broker's Commission* – сумма, получаемая брокером (или его агентством) после заключения сделки. Эта сумма чаще всего составляет 4-8 % от продажной стоимости за исключением редких случаев, когда оговаривается фиксированная сумма. Комиссионные брокеру платятся продавцом.

- *Disclosure* – документ, подробно описывающий характеристики собственности, минимальный набор информации которого может быть установлен в законодательном порядке.

- *Appraisal* – оценка рыночной стоимости собственности, сделанная профессиональным оценщиком (*appraiser*). Такая оценка является обязательным требованием при получении ссуды и оплачивается покупателем. Делается она для того, чтобы заимодатель был уверен в материальном обеспечении займа. Если продажная стоимость собственности превышает оценку, данную оценщиком, банк может отказать в ссуде или потребовать, чтобы покупатель оплатил разницу наличными.

- *Mortgage* – вид денежной ссуды на покупку недвижимости, когда права собственности на неё переходят к заимодателю в случае нарушения условий выплаты ссуды, оговоренных в договоре.

- *Interest Rate* – ссудный процент, под который выдаётся ссуда. Например, *7.5 % interest rate* означает, что заёмщик помимо выплаты самой ссуды, обязан выплачивать ежегодно 7.5 % от невыплаченной её части в погашение набегающих процентов. При величине ссуды в $100,000, в первый год заёмщик должен выплатить приблизительно $7,500 в счёт ссудного процента. Реальная цифра будет несколько меньше, поскольку величина ссуды уменьшается по мере её выплаты.

- **Lock-in** – can be translated as "freezing". Loan interest rates change, and the loan approval process is long, so banks often offer a set fee called a *locking fee* to fix for a set time (two or three months) the interest rate when the buyer applies for the loan. When the loan is actually made, the borrower receives that "frozen" rate even if interest rates have increased. If the interest rates decrease, the borrower will receive the lower rate, but the *locking fee* will not be returned. For a 30-year mortgage of $100,000, a 0.5% interest rate increase would cost the borrower more than $12,000. In unstable market conditions, when there is a danger that the interest rate will increase, it makes sense to pay several hundred dollars to save thousands. If loan interest rates are steadily declining, there is no reason to pay to fix a rate.

- **Loan Discount** – interest rate reduction, more often known as the payment of so-called *Points*. One point is equal to 1% of the loan. Frequently banks offer loans with lower interest rates if the borrower pays a certain amount when signing a loan contract. In most cases, payment of one point lowers the loan interest rate by 0.25%. Paying for the discounted interest rate makes sense only if the borrower is not planning to sell the property or refinance the loan in the near future.

- **Annual Percentage Rate (APR)** – a figure showing the real cost of the loan, including the actual interest rate, points paid to reduce it, and other fees. APR enables comparison of loan terms offered by various financial institutions.

- **Fixed-rate** – when loan interest remains constant for the life of the loan. Most common are 15- or 30-year fixed-rate loans. These loans are calculated so that each monthly payment is equal for the term of the loan. In the first years of payback, the majority of the payment covers interest and only a small portion goes toward principal. The share of payments paying off principal increases gradually.

- **Adjustable-rate** mortgage (ARM) – when the loan interest rate varies depending on the financial market, rather than being fixed. The rate at the beginning is usually a little lower than for the loans mentioned above, but its behavior is difficult to predict. Though an agreement usually includes provisions stating the minimum and maximum rate possible, there is a significant chance that it can increase to the point where this type of loan will be less favorable.

- ***Lock-in*** – можно перевести как "замораживание" или "фиксирование". Поскольку ссудный процент меняется во времени, а процесс получения ссуды достаточно долгий, то нередко банки предлагают за определённую плату, которая называется *locking fee,* зафиксировать на определённое время (2-3 месяца) тот процент, который существует на момент обращения за ссудой. Если на момент реального получения ссуды ссудный процент увеличится, заёмщик получает её под этот фиксированный процент, а если он уменьшится, то заёмщик может воспользоваться более низким процентом, но *locking fee* при этом не возвращается. Если ссуда в $100,000 берётся на 30 лет, то увеличение ссудного процента на 0.5 % обойдётся заёмщику в более чем $12,000. В условиях неустойчивого рынка, когда есть опасность, что ссудный процент возрастёт, есть смысл уплатить несколько сотен, чтобы сэкономить тысячи. Если же ссудный процент в этот момент устойчиво понижается, то нет смысла платить за его фиксирование.

- ***Loan Discount*** – снижение ссудного процента, которое чаще всего известно как уплата так называемых *Points* (пунктов). Один пункт *(1 Point)* равен 1% от величины ссуды. Часто банки предлагают ссуду под меньший процент, если при подписании договора заёмщик уплатит определённую сумму. В большинстве случаев уплата 1 пункта позволяет снизить ссудный процент на 0.25 %. Платить за пониженный процент имеет смысл только в том случае, если не предполагается продавать собственность или перефинансировать ссуду в скором времени.

- ***Annual Percentage Rate (APR)*** – величина, показывающая реальную стоимость ссуды с учётом собственно ссудного процента, пунктов, уплаченных за его понижение и других сборов, что позволяет сравнивать условия предоставления ссуд, предлагаемых различными финансовыми учреждениями.

- ***Fixed-rate*** – фиксированный ссудный процент, когда ссудный процент остаётся неизменным в течение всего времени выплаты ссуды. Наиболее часто встречаются ссуды с фиксированным процентом, выдаваемые на 15 или 30 лет. Месячные платежи по таким ссудам рассчитываются так, чтобы они были постоянными в течение срока займа. В первые годы выплат, большая часть платежа идёт на оплату процентов *(interest)* и только малая часть – на погашение самой ссуды *(principal)*. Постепенно, доля платежа, идущая на погашение ссуды, увеличивается.

- ***Adjustable-rate mortgage (ARM)*** – приспосабливающийся ссудный процент, когда ссудный процент не фиксируется, а меняется в соответствии с изменением ситуации на финансовом рынке. На начальном этапе он обычно несколько ниже, чем для займов, упомянутых выше, но его поведение трудно предсказуемо и, хотя в условиях договора обычно включаются предельные значения выше или ниже которых ссудный процент не может быть, существует значительная вероятность его повышения до уровня, когда этот заем будет менее выгодным.

- *Mortgage Insurance* – loan insurance that protects the lender if the borrower cannot pay off the loan. This insurance is required if the loan amount exceeds 80% of the property's market value. In most cases costs for this insurance are added to monthly payments. This insurance does not protect the borrower in any way, though he pays for it.

- *Down Payment* – the portion of the property price that the buyer pays at the moment of purchase. The loan doesn't cover the down payment.

- *Title* – a legal document confirming property ownership rights and indicating what exactly belongs to whom.

- *Title Search* – research of past legal documents to establish the legality of transferring property rights from previous owners down to the present owner. It also establishes that there are no bases for claims to the property by anybody other than the present owner.

- *Title Insurance* – insurance covering legal expenses in case something was missed during a *Title Search*.

- *Home Inspection* – a professional inspection of a house that looks for any possible latent defects that could affect the value or safety of the structure. Inspection also covers conformity to current building code requirements. An unskilled person, for example, might not notice wooden structural damage caused by termites, wiring that does not meet current electrical code, or the presence of toxic materials.

- *Property Tax* – tax imposed on a real estate owner; proportional to property value.

- *Escrow Account*. To compensate potential losses and legal fees, the lending bank wants the loan and the property to be insured, and for taxes to be paid regularly. To guarantee this, banks may require opening an account into which a part of the borrower's monthly payments is deposited and from which payments of the above-stated expenses are made as necessary. Taxes and insurances are paid only once or twice a year, so to cover initial expenses, the bank may demand a deposit of a certain amount to this account upon signing the contract.

- *Closing* – the final stage of the sales and purchase process. In the presence of a lawyer all the necessary agreements are signed and money changes hands. This procedure should be conducted in accordance with the federal law known as *The Real Estate Settlement Procedures Act* or *RESPA*.

- *Mortgage Insurance* – страховка ссуды, защищающая заимодателя в случае, если заёмщик не в состоянии выплачивать ссуду. Такая страховка необходима, если величина ссуды превышает 80 % от рыночной стоимости собственности. В большинстве случаев оплата за эту страховку добавляется к ежемесячным платежам. Эта страховка никак не защищает заёмщика, хотя им оплачивается.

- *Down Payment* – доля от стоимости покупаемой собственности, которую покупатель оплачивает непосредственно в момент покупки и которая не покрывается ссудой.

- *Title* – юридический документ, подтверждающий право собственности на тот или иной объект, указывающий что именно и кому принадлежит.

- *Title Search* – исследование юридических документов прошлых лет, с целью установления законности передачи прав на собственность от предыдущих её владельцев вплоть до нынешнего и отсутствия оснований для претензий на неё кем бы то ни было помимо её последнего владельца.

- *Title Insurance* – страховка, покрывающая юридические расходы и судебные издержки в случае, если что-то было упущено во время проведения *Title Search.*

- *Home Inspection* – профессиональное обследование дома с целью установления возможных скрытых дефектов, способных повлиять на стоимость или сохранность строения, а также на соответствие его современным законодательным требованиям. Например, подточенное термитами деревянное строение, несоответствующая технике безопасности электропроводка или наличие токсичных материалов могут легко остаться незамеченными при осмотре неквалифицированным человеком.

- *Property Tax* – налог на собственность.

- *Escrow Account* – счёт депонирования. Банк, дающий ссуду, заинтересован в том, чтобы ссуда, как и купленная собственность, была застрахована, а также положенные налоги платились исправно, дабы компенсировать возможные потери или судебные издержки. Для гарантии этого, банк может потребовать открыть счёт, на который депонируются часть ежемесячных платежей клиента и с которого производится оплата вышеуказанных расходов, когда это необходимо. Поскольку налоги и страховки платятся один или два раза в год, банк может потребовать внести определённую сумму на этот счёт при подписании договора для покрытия начальных расходов.

- *Closing* – заключение – финальная стадия процесса купли-продажи, во время которой в присутствии юриста происходит подписание договора и деньги переходят из рук в руки. Эта процедура должна производиться в соответствии с федеральным законом, называемым *The Real Estate Settlement Procedures Act* или *RESPA.*

- *Closing costs* – one-time expenses covering all necessary formalities related to a mortgage loan. May total 2-4% of the loan amount and should be paid in full when the sales agreement is signed.

19.3. What can you afford?

Before beginning a real search for a house or an apartment that suits your needs, you should determine the price range you can afford. As it happens, the possible real estate loan amount is directly related to the buyer's income. It also depends on other factors, including loan terms, interest rate, other debt or financial obligations, credit history, and so on. There are fairly accurate formulas for determining what amount you will be able to borrow.

Banks thoroughly research the financial situation of a potential borrower to avoid possible difficulties with loan repayment. It is considered acceptable if a family spends up to 24% of its income on mortgage payments, not including property tax and various insurances; the total with all these expenses would be 28%. Beyond mortgages, many people have other debts -- cars loans, consumer loans, etc. – and it is considered acceptable if the total amount of debt payments does not exceed 36% of income.

Table 19-1 on page 804 shows the amount of a possible 30-year mortgage based on family income and interest rates. Income is given, as always in the US, as *Gross Pay,* before deductions or taxes. Calculate your annual income by multiplying your weekly income by 52 weeks in a year.

Monthly payments are calculated as 24% of monthly income, where monthly income is one-twelfth of annual income. For example, at an annual income of $50,000, the monthly income is $50,000 : 12 = $4,167, so the acceptable monthly payment is $4,167 x 0.24 = $1,000. At a 6% interest rate, it is possible to expect a loan for $166,000, but at 11%, the loan would be only $105,000.

Real Estate sections of Sunday newspapers usually contain a diagram showing the variation of mortgage interest rates over the last year or more. They also have an *Income Estimator,* showing the income necessary to afford a $100,000 loan under the current interest rate, average property taxes, and other expenses for various types of loans. Thirty-year loans with fixed interest rates are the most common for real estate purchases.

- **Closing costs** – одноразовые затраты, необходимые для оплаты всех необходимых формальностей, связанных с оформлением ссуды, которые составляют 2-4% от её величины и полностью должны быть уплачены на момент подписания договора купли-продажи.

19.3. Оцените свои возможности

Прежде чем начинать реальный поиск дома или квартиры, устраивающих вас, необходимо определить диапазон цен, в который вам необходимо уложиться. Дело в том, что величина возможной ссуды, даваемой на покупку недвижимости, находится в прямой связи с доходом покупателя, а также существенно зависит от некоторых других факторов, таких как срок, на который берётся ссуда, ссудный процент, наличие других долгов или финансовых обязательств, кредитная история и так далее. Существуют формулы, позволяющие с достаточной точностью определить, на какую сумму вы можете рассчитывать.

Банки досконально обследуют финансовое состояние обращающихся за ссудой с целью избежать возможных осложнений с её выплатой. Считается допустимым, если семья тратит до 24% своего дохода на погашение ссуды, взятой для покупки жилья, без учёта налога на собственность и различных страховок и не более 28% с их учётом. Поскольку помимо моргича, многие люди имеют другие долги (взятые в кредит машины, мебель и так далее), то считается допустимым, чтобы общая сумма выплат с учётом всего остального не превышала 36% дохода.

В табл. 19-1 на стр. 805 показана величина возможной ссуды сроком на 30 лет в зависимости от дохода семьи и ссудного процента. Как и всегда в США, сумма дохода берётся до вычета каких-либо налогов - так называемый *Gross Pay*. Годовой доход можно посчитать, умножив величину недельного дохода на 52 недели в году.

Ежемесячные выплаты рассчитываются как 24% от ежемесячного дохода, который составляет одну двенадцатую часть годового. Например, при годовом доходе в 50 тысяч, месячный доход составляет 50,000 : 12 = 4,167 долларов, а допустимый месячный платёж 4,167 x 0.24 = 1,000 долларов. При ссудном проценте равном 6% можно рассчитывать на ссуду в 166 тысяч долларов, а при 11% - только в 105 тысяч.

В разделах воскресных газет, посвящённых *Real Estate,* обычно приводится график изменения ссудного процента за последний год или более и так называемый *Income Estimator* (Оценщик дохода) - график, показывающий какой доход необходимо иметь для получения ссуды в $100,000 при текущем ссудном проценте и усреднённых значениях налога на собственность и других затрат для различного типа займов. Для покупки жилья наиболее часто ссуды берутся сроком на 30 лет под фиксированный процент.

Table 19-1:   Income and Maximum Loan Amount

Annual Family Income	Month-ly Pay-ment	Maximum Loan Amount Based on Interest Rate					
		6.0%	7.0%	8.0%	9.0%	10.0%	11.0%
$25,000	$500	$83,333	$75,188	$68,120	$62,112	$56,948	$52,521
$30,000	$600	$100,000	$90,226	$81,744	$74,534	$68,337	$63,025
$35,000	$700	$116,667	$105,263	$95,368	$86,957	$79,727	$73,529
$40,000	$800	$133,333	$120,301	$108,992	$99,379	$91,116	$84,034
$45,000	$900	$150,000	$135,338	$122,616	$111,801	$102,506	$94,538
$50,000	$1,000	$166,667	$150,376	$136,240	$124,224	$113,895	$105,042
$55,000	$1,100	$183,333	$165,414	$149,864	$136,646	$125,285	$115,546
$60,000	$1,200	$200,000	$180,451	$163,488	$149,068	$136,674	$126,050
$65,000	$1,300	$216,667	$195,489	$177,112	$161,491	$148,064	$136,555
$70,000	$1,400	$233,333	$210,526	$190,736	$173,913	$159,453	$147,059
$75,000	$1,500	$250,000	$225,564	$204,360	$186,335	$170,843	$157,563
$80,000	$1,600	$266,667	$240,602	$217,984	$198,758	$182,232	$168,067
$85,000	$1,700	$283,333	$255,639	$231,608	$211,180	$193,622	$178,571
$90,000	$1,800	$300,000	$270,677	$245,232	$223,602	$205,011	$189,076
$95,000	$1,900	$316,667	$285,714	$258,856	$236,025	$216,401	$199,580
$100,000	$2,000	$333,333	$300,752	$272,480	$248,447	$227,790	$210,084

Real estate costs differ significantly throughout the country and even within states, depending on various factors that determine supply and demand. To give you a feel for real estate values in different states, Table 19-2 on page 806 shows median home values for 2001 in the largest cities of each state, plus the correlation of home values with family income.

These data were compiled by the government of the District of Columbia for comparison of the tax burden in different states and as was mentioned above, reflect estimated value of available housing instead of its current market price. Actual market prices of houses in the largest metropolitan areas are given in Table 19-3 on page 810.

Табл. 19-1: Доход и максимальная величина ссуды

Годовой доход семьи	Макс. месячный платёж	Максимальная величина ссуды в зависимости от ссудного процента					
		6.0%	7.0%	8.0%	9.0%	10.0%	11.0%
$25,000	$500	$83,333	$75,188	$68,120	$62,112	$56,948	$52,521
$30,000	$600	$100,000	$90,226	$81,744	$74,534	$68,337	$63,025
$35,000	$700	$116,667	$105,263	$95,368	$86,957	$79,727	$73,529
$40,000	$800	$133,333	$120,301	$108,992	$99,379	$91,116	$84,034
$45,000	$900	$150,000	$135,338	$122,616	$111,801	$102,506	$94,538
$50,000	$1,000	$166,667	$150,376	$136,240	$124,224	$113,895	$105,042
$55,000	$1,100	$183,333	$165,414	$149,864	$136,646	$125,285	$115,546
$60,000	$1,200	$200,000	$180,451	$163,488	$149,068	$136,674	$126,050
$65,000	$1,300	$216,667	$195,489	$177,112	$161,491	$148,064	$136,555
$70,000	$1,400	$233,333	$210,526	$190,736	$173,913	$159,453	$147,059
$75,000	$1,500	$250,000	$225,564	$204,360	$186,335	$170,843	$157,563
$80,000	$1,600	$266,667	$240,602	$217,984	$198,758	$182,232	$168,067
$85,000	$1,700	$283,333	$255,639	$231,608	$211,180	$193,622	$178,571
$90,000	$1,800	$300,000	$270,677	$245,232	$223,602	$205,011	$189,076
$95,000	$1,900	$316,667	$285,714	$258,856	$236,025	$216,401	$199,580
$100,000	$2,000	$333,333	$300,752	$272,480	$248,447	$227,790	$210,084

Стоимость жилья в различных регионах страны существенно отличается так же как отличается она в пределах одного штата в зависимости от различных факторов, определяющих спрос и предложение. Для того чтобы вы имели общее представление о ценности недвижимости в различных штатах, приводится табл. 19-2 на стр. 807, показывающая медианную оценочную стоимость жилья в 2001 году в крупнейших городах каждого штата и соотношение стоимости жилья с семейным доходом владельцев.

Эти данные были скомпилированы правительством округа Колумбия для сравнения налогового бремени в разных штатах и, как сказано выше, отражают оценочную стоимость жилого фонда, а не его рыночную цену на данный момент. Реальные рыночные цены домов в крупнейших промышленных центрах приведены в табл. 19-3 на стр. 811.

Table 19-2:   Housing Value Estimates 2001

City	State	Median Size Family Housing Value 1/	Median Family Income 2/	Housing to Income Ratio 3/
Honolulu	HI	$386,700	$56,311	6.87
Los Angeles	CA	221,600	39,942	5.55
New York City	York	211,900	41,887	5.06
Boston	MA	190,600	44,151	4.32
Seattle	WA	259,600	62,195	4.17
Newark	NJ	119,000	30,781	3.87
Atlanta	GA	130,600	37,231	3.51
Denver	CO	165,800	48,195	3.44
Washington	DC	157,200	46,283	3.40
Salt Lake City	UT	153,300	45,140	3.40
Providence	RI	101,500	32,058	3.17
Chicago	IL	132,400	42,724	3.10
Portland	OR	154,900	50,271	3.08
Bridgeport	CT	117,500	39,571	2.97
Burlington	VT	131,200	46,012	2.85
Albuquerque	NM	127,600	46,979	2.72
Las Vegas	NV	137,300	50,465	2.72
New Orleans	LA	87,300	32,338	2.70
Anchorage	AK	160,700	63,682	2.52
Portland	ME	121,200	48,763	2.49
Columbia	SC	98,500	39,589	2.49
Phoenix	AZ	112,600	46,467	2.42
Charlotte	NC	134,300	56,517	2.38
Minneapolis	MN	113,500	48,602	2.34
Boise City	ID	120,700	52,014	2.32
Virginia Beach	VA	123,200	53,242	2.31
Manchester	NH	114,300	50,039	2.28
Louisville	KY	82,300	36,696	2.24
Billings	MT	99,900	45,032	2.22
Wilmington	DE	89,100	40,241	2.21
Cheyenne	WY	102,400	46,771	2.19
Columbus	OH	101,400	47,391	2.14

Табл. 19-2: Оценочная стоимость жилья в 2001 г.

Город	Штат	Медианная стоимость жилья 1/	Медианный семейный доход 2/	Соотн. стоимости жилья и дохода
Honolulu	HI	$386,700	$56,311	6.87
Los Angeles	CA	221,600	39,942	5.55
NewYork City	York	211,900	41,887	5.06
Boston	MA	190,600	44,151	4.32
Seattle	WA	259,600	62,195	4.17
Newark	NJ	119,000	30,781	3.87
Atlanta	GA	130,600	37,231	3.51
Denver	CO	165,800	48,195	3.44
Washington	DC	157,200	46,283	3.40
Salt Lake City	UT	153,300	45,140	3.40
Providence	RI	101,500	32,058	3.17
Chicago	IL	132,400	42,724	3.10
Portland	OR	154,900	50,271	3.08
Bridgeport	CT	117,500	39,571	2.97
Burlington	VT	131,200	46,012	2.85
Albuquerque	NM	127,600	46,979	2.72
Las Vegas	NV	137,300	50,465	2.72
New Orleans	LA	87,300	32,338	2.70
Anchorage	AK	160,700	63,682	2.52
Portland	ME	121,200	48,763	2.49
Columbia	SC	98,500	39,589	2.49
Phoenix	AZ	112,600	46,467	2.42
Charlotte	NC	134,300	56,517	2.38
Minneapolis	MN	113,500	48,602	2.34
Boise City	ID	120,700	52,014	2.32
Virginia Beach	VA	123,200	53,242	2.31
Manchester	NH	114,300	50,039	2.28
Louisville	KY	82,300	36,696	2.24
Billings	MT	99,900	45,032	2.22
Wilmington	DE	89,100	40,241	2.21
Cheyenne	WY	102,400	46,771	2.19
Columbus	OH	101,400	47,391	2.14

Table 19-2:   Housing Value Estimates 2001

City	State	Median Size Family Housing Value 1/	Median Family Income 2/	Housing to Income Ratio 3/
Milwaukee	WI	80,400	37,879	2.12
Charleston	WV	101,400	47,975	2.11
Indianapolis	IN	98,500	48,979	2.01
Sioux Falls	SD	101,700	51,516	1.97
Houston	TX	79,300	40,443	1.96
Birmingham	AL	62,100	31,851	1.95
Baltimore	MD	69,100	35,438	1.95
Fargo	ND	98,700	50,486	1.95
Memphis	TN	72,800	37,767	1.93
Little Rock	AR	89,300	47,446	1.88
Detroit	MI	63,600	33,853	1.88
Oklahoma City	OK	80,300	42,689	1.88
Jacksonville	FL	87,800	47,243	1.86
Omaha	NE	94,200	50,821	1.85
Kansas City	MO	84,000	46,012	1.83
Jackson	MS	64,400	36,003	1.79
Des Moines	IA	81,100	46,590	1.74
Philadelphia	PA	59,700	37,036	1.61
Wichita	KS	78,900	49,247	1.60
AVERAGE		**$119,753**	**$44,840**	**2.65**
MEDIAN		**$101,700**	**$46,283**	**2.31**

1/ General Housing Characteristics, U.S. Summary, Bureau of the Census.

2/ U.S. Census Bureau, Census 2000, Table DP-3, Profile of Selected Economic Characteristics: 2000.

3/ Figures are rounded

Source: Government of District of Columbia, 2002.

Табл. 19-2: Оценочная стоимость жилья в 2001 г.

Город	Штат	Медианная стоимость жилья 1/	Медианный семейный доход 2/	Соотн. стоимости жилья и дохода
Milwaukee	WI	80,400	37,879	2.12
Charleston	WV	101,400	47,975	2.11
Indianapolis	IN	98,500	48,979	2.01
Sioux Falls	SD	101,700	51,516	1.97
Houston	TX	79,300	40,443	1.96
Birmingham	AL	62,100	31,851	1.95
Baltimore	MD	69,100	35,438	1.95
Fargo	ND	98,700	50,486	1.95
Memphis	TN	72,800	37,767	1.93
Little Rock	AR	89,300	47,446	1.88
Detroit	MI	63,600	33,853	1.88
Oklahoma City	OK	80,300	42,689	1.88
Jacksonville	FL	87,800	47,243	1.86
Omaha	NE	94,200	50,821	1.85
Kansas City	MO	84,000	46,012	1.83
Jackson	MS	64,400	36,003	1.79
Des Moines	IA	81,100	46,590	1.74
Philadelphia	PA	59,700	37,036	1.61
Wichita	KS	78,900	49,247	1.60
AVERAGE		**$119,753**	**$44,840**	**2.65**
MEDIAN		**$101,700**	**$46,283**	**2.31**

1/ Основные характеристики жилого фонда, Бюро переписи США.

2/ Бюро переписи США. Перепись 2000 года, таблица DP-3, выборочные экономические показатели: 2000.

3/ Данные округлены

Источник: Правительство округа Колумбия, 2002.

Table 19-3:   Median Sale Prices of Existing Single-Family Homes for Metropolitan Areas (in thousands of dollars)

	2000	2001		2000	2001
United States	**139.0**	**147.8**			
Northeast	139.4	146.5	South	128.3	137.4
Midwest	123.6	130.2	West	183.0	194.5
Metropolitan Area			**Metropolitan Area**		
Akron, OH	110.1	113.6			
Albany/Schenectady/Troy, NY	111.1	121.6	Madison, WI	153.6	162.5
Albuquerque, NM	130.4	133.3	Melbourne/Titusville/ Palm Bay, FL	96.9	98.4
Amarillo, TX	86.3	90.2	Memphis, TN/AR/MS	115.6	125.1
Orange Cnty. (Anaheim/Santa Ana MSA), CA	316.2	355.6	Miami/Hialeah, FL	144.6	162.7
Appleton/Oshkosh/Neenah, WI	100.5	105.1	Milwaukee, WI	140.7	149.4
Atlanta, GA	131.2	138.8	Minneapolis/St. Paul, MN/WI	151.4	167.4
Atlantic City, NJ	121.5	125.7	Mobile, AL	97.6	106.9
Aurora/Elgin, IL	163.0	178.2	Montgomery, AL	N/A	N/A
Austin/San Marcos, TX	142.8	152.0	Nashville, TN	N/A	130.0
Baltimore, MD	153.0	158.2	New Haven/Meriden, CT	151.6	168.0
Baton Rouge, LA	109.1	114.0	New Orleans, LA	112.0	117.4
Beaumont/Port Arthur, TX	80.8	84.0	New York/N. New Jersey/ Long Island,NY/NJ/CT	230.2	258.2
Biloxi/Gulfport, MS	N/A	105.7	Bergen/Passaic, NJ	261.2	288.8
Birmingham, AL	125.5	133.6	Middlesex/Somerset/ Hunterdon, NJ	219.7	244.3
Boise City, ID	126.0	130.0	Monmouth/Ocean, NJ	179.0	208.6
Boston, MA	314.2	356.6	Nassau/Suffolk, NY	214.0	248.4
Bradenton, FL	127.3	137.8	Newark, NJ	242.4	263.1
Buffalo/Niagara Falls, NY	79.8	84.1	Norfolk/Virginia Bch/ Newport News, VA	112.3	N/A
Canton, OH	N/A	107.8	Ocala, FL	70.9	N/A
Cedar Rapids, IA	112.9	115.7	Oklahoma City, OK	85.4	95.0
Champaign/Urbana/Rantoul, IL	98.8	100.4	Omaha, NE/IA	116.9	117.1
Charleston, SC	137.9	150.8	Orlando, FL	111.2	124.1
Charleston, WV	99.4	104.7	Pensacola, FL	101.1	105.0
Charlotte/Gastonia/ Rock Hill, NC/SC	140.3	145.3	Peoria, IL	87.2	88.6
Chattanooga, TN/GA	101.1	107.3	Philadelphia, PA/NJ	125.2	134.8

Табл. 19-3: Медианые цены на существующие дома в крупнейших населённых пунктах США (в тыс. дол.)

	2000	2001		2000	2001
United States	139.0	147.8			
Northeast	139.4	146.5	South	128.3	137.4
Midwest	123.6	130.2	West	183.0	194.5
Metropolitan Area			**Metropolitan Area**		
Akron, OH	110.1	113.6			
Albany/Schenectady/Troy, NY	111.1	121.6	Madison, WI	153.6	162.5
Albuquerque, NM	130.4	133.3	Melbourne/Titusville/ Palm Bay, FL	96.9	98.4
Amarillo, TX	86.3	90.2	Memphis, TN/AR/MS	115.6	125.1
Orange Cnty. (Anaheim/Santa Ana MSA), CA	316.2	355.6	Miami/Hialeah, FL	144.6	162.7
Appleton/Oshkosh/Neenah, WI	100.5	105.1	Milwaukee, WI	140.7	149.4
Atlanta, GA	131.2	138.8	Minneapolis/St. Paul, MN/WI	151.4	167.4
Atlantic City, NJ	121.5	125.7	Mobile, AL	97.6	106.9
Aurora/Elgin, IL	163.0	178.2	Montgomery, AL	N/A	N/A
Austin/San Marcos, TX	142.8	152.0	Nashville, TN	N/A	130.0
Baltimore, MD	153.0	158.2	New Haven/Meriden, CT	151.6	168.0
Baton Rouge, LA	109.1	114.0	New Orleans, LA	112.0	117.4
Beaumont/Port Arthur, TX	80.8	84.0	New York/N. New Jersey/ Long Island,NY/NJ/CT	230.2	258.2
Biloxi/Gulfport, MS	N/A	105.7	Bergen/Passaic, NJ	261.2	288.8
Birmingham, AL	125.5	133.6	Middlesex/Somerset/ Hunterdon, NJ	219.7	244.3
Boise City, ID	126.0	130.0	Monmouth/Ocean, NJ	179.0	208.6
Boston, MA	314.2	356.6	Nassau/Suffolk, NY	214.0	248.4
Bradenton, FL	127.3	137.8	Newark, NJ	242.4	263.1
Buffalo/Niagara Falls, NY	79.8	84.1	Norfolk/Virginia Bch/ Newport News, VA	112.3	N/A
Canton, OH	N/A	107.8	Ocala, FL	70.9	N/A
Cedar Rapids, IA	112.9	115.7	Oklahoma City, OK	85.4	95.0
Champaign/Urbana/Rantoul, IL	98.8	100.4	Omaha, NE/IA	116.9	117.1
Charleston, SC	137.9	150.8	Orlando, FL	111.2	124.1
Charleston, WV	99.4	104.7	Pensacola, FL	101.1	105.0
Charlotte/Gastonia/ Rock Hill, NC/SC	140.3	145.3	Peoria, IL	87.2	88.6
Chattanooga, TN/GA	101.1	107.3	Philadelphia, PA/NJ	125.2	134.8

Table 19-3:   Median Sale Prices of Existing Single-Family Homes for Metropolitan Areas (in thousands of dollars)

Chicago, IL	171.8	198.5	Phoenix, AZ	134.4	139.4
Cincinnati, OH/KY/IN	126.7	130.2	Pittsburgh, PA	93.6	97.8
Cleveland, OH	N/A	N/A	Portland, ME	142.0	158.0
Colorado Springs, CO	154.1	173.3	Portland, OR	170.1	172.3
Columbia, SC	112.8	115.8	Providence, RI	137.8	158.0
Columbus, OH	129.1	135.7	Raleigh/Durham, NC	158.4	168.2
Corpus Christi, TX	87.9	91.6	Reno, NV	157.3	165.1
Dallas, TX	122.5	131.1	Richland/Kennewick/Pasco, WA	119.6	N/A
Davenport/Moline/ Rock Island, IA/IL	86.3	89.6	Richmond/Petersburg, VA	129.8	133.3
Dayton/Springfield, OH	105.1	106.9	Riverside/San Bernardino, CA	138.6	157.2
Daytona Beach, FL	85.3	93.7	Rochester, NY	87.6	92.2
Denver, CO	196.8	218.3	Rockford, IL	95.9	101.5
Des Moines, IA	116.4	125.3	Sacramento, CA	145.2	174.2
Detroit, MI	N/A	N/A	Saginaw/Bay City/Midland, MI	80.2	84.7
El Paso, TX	80.2	85.8	Saint Louis, MO/IL	108.4	116.2
Eugene/Springfield, OR	132.8	134.6	Salt Lake City/Ogden, UT	141.5	147.6
Fargo/Moorhead, ND/MN	97.1	99.5	San Antonio, TX	96.0	103.8
Ft. Lauderdale/Hollywood/ Pompano Beach, FL	148.7	168.1	San Diego, CA	269.4	298.6
Ft. Myers/Cape Coral, FL	97.6	N/A	San Francisco Bay Area, CA	454.6	475.9
Ft. Wayne, IN	91.6	93.9	Sarasota, FL	132.0	N/A
Ft. Worth/Arlington, TX	N/A	N/A	Seattle, WA	230.1	245.4
Gainesville, FL	113.1	118.0	Shreveport, LA	83.8	88.0
Gary/Hammond, IN	107.0	114.1	Sioux Falls, SD	106.5	113.9
Grand Rapids, MI	114.9	121.1	South Bend/Mishawaka, IN	82.2	92.8
Green Bay, WI	118.1	123.8	Spokane, WA	104.2	108.0
Greensboro/Winston-Salem/ High Point, NC	129.3	132.7	Springfield, IL	85.0	87.3
Greenville/Spartanburg, SC	118.1	124.5	Springfield, MA	120.4	127.4
Hartford, CT	159.9	167.3	Springfield, MO	86.0	92.3
Honolulu, HI	295.0	299.9	Syracuse, NY	81.0	86.1
Houston, TX	116.1	122.4	Tacoma, WA	151.1	159.5
Indianapolis, IN	112.3	116.9	Tallahassee, FL	122.5	129.7
Jackson, MS	99.5	N/A	Tampa/St. Petersburg/Clearwater, FL	110.8	123.6
Jacksonville, FL	100.0	109.9	Toledo, OH	104.0	111.1

Табл. 19-3: **Медианые цены на существующие дома в крупнейших населённых пунктах США (в тыс. дол.)**

Chicago, IL	171.8	198.5	Phoenix, AZ	134.4	139.4
Cincinnati, OH/KY/IN	126.7	130.2	Pittsburgh, PA	93.6	97.8
Cleveland, OH	N/A	N/A	Portland, ME	142.0	158.0
Colorado Springs, CO	154.1	173.3	Portland, OR	170.1	172.3
Columbia, SC	112.8	115.8	Providence, RI	137.8	158.0
Columbus, OH	129.1	135.7	Raleigh/Durham, NC	158.4	168.2
Corpus Christi, TX	87.9	91.6	Reno, NV	157.3	165.1
Dallas, TX	122.5	131.1	Richland/Kennewick/Pasco, WA	119.6	N/A
Davenport/Moline/ Rock Island, IA/IL	86.3	89.6	Richmond/Petersburg, VA	129.8	133.3
Dayton/Springfield, OH	105.1	106.9	Riverside/San Bernardino, CA	138.6	157.2
Daytona Beach, FL	85.3	93.7	Rochester, NY	87.6	92.2
Denver, CO	196.8	218.3	Rockford, IL	95.9	101.5
Des Moines, IA	116.4	125.3	Sacramento, CA	145.2	174.2
Detroit, MI	N/A	N/A	Saginaw/Bay City/Midland, MI	80.2	84.7
El Paso, TX	80.2	85.8	Saint Louis, MO/IL	108.4	116.2
Eugene/Springfield, OR	132.8	134.6	Salt Lake City/Ogden, UT	141.5	147.6
Fargo/Moorhead, ND/MN	97.1	99.5	San Antonio, TX	96.0	103.8
Ft. Lauderdale/Hollywood/ Pompano Beach, FL	148.7	168.1	San Diego, CA	269.4	298.6
Ft. Myers/Cape Coral, FL	97.6	N/A	San Francisco Bay Area, CA	454.6	475.9
Ft. Wayne, IN	91.6	93.9	Sarasota, FL	132.0	N/A
Ft. Worth/Arlington, TX	N/A	N/A	Seattle, WA	230.1	245.4
Gainesville, FL	113.1	118.0	Shreveport, LA	83.8	88.0
Gary/Hammond, IN	107.0	114.1	Sioux Falls, SD	106.5	113.9
Grand Rapids, MI	114.9	121.1	South Bend/Mishawaka, IN	82.2	92.8
Green Bay, WI	118.1	123.8	Spokane, WA	104.2	108.0
Greensboro/Winston-Salem/ High Point, NC	129.3	132.7	Springfield, IL	85.0	87.3
Greenville/Spartanburg, SC	118.1	124.5	Springfield, MA	120.4	127.4
Hartford, CT	159.9	167.3	Springfield, MO	86.0	92.3
Honolulu, HI	295.0	299.9	Syracuse, NY	81.0	86.1
Houston, TX	116.1	122.4	Tacoma, WA	151.1	159.5
Indianapolis, IN	112.3	116.9	Tallahassee, FL	122.5	129.7
Jackson, MS	99.5	N/A	Tampa/St. Petersburg/ Clearwater, FL	110.8	123.6
Jacksonville, FL	100.0	109.9	Toledo, OH	104.0	111.1

Table 19-3:   **Median Sale Prices of Existing Single-Family Homes for Metropolitan Areas (in thousands of dollars)**

Kalamazoo, MI	109.9	112.3	Topeka, KS	80.6	88.7
Kansas City, MO/KS	127.4	135.7	Trenton, NJ	150.9	165.3
Knoxville, TN	110.8	117.2	Tucson, AZ	120.5	128.8
Lake County, IL	169.4	178.9	Tulsa, OK	100.0	110.0
Lansing/East Lansing, MI	111.2	119.5	Washington, DC/MD/VA	182.6	213.9
Las Vegas, NV	137.4	149.1	Waterloo/Cedar Falls, IA	80.2	84.5
Lexington/Fayette, KY	118.2	121.7	W. Palm Beach/Boca Raton/ Delray Beach, FL	138.4	149.5
Lincoln, NE	109.3	117.4	Wichita, KS	90.8	94.9
Little Rock-N. Little Rock, AR	87.8	95.1	Wilmington, DE/NJ/MD	127.6	136.5
Los Angeles Area, CA	215.9	241.4	Worcester, MA	131.8	152.6
Louisville, KY/IN	116.7	N/A	Youngstown/Warren, OH	74.1	N/A

Source: National Association of REALTORS.® Used with permission.

You can find current home prices on the National Association of REALTORS® web site at www.realtors.org.

It is helpful to receive preliminary loan approval from a bank before beginning a serious search for a home. This process is called *pre-approval* and is performed by banks and mortgage brokers free-of-charge in the hope that you will come to them for the loan when it's time. It doesn't, however, oblige you to anything, and you are free to choose whatever lender offers the best terms when you actually need the loan.

The most commonly used criteria for receiving a loan are:

- American citizenship or permanent resident status, meaning possession of a green card;
- Absence of negative information in the credit history;
- A steady income for at least one year;
- Money on hand for a down payment and closing costs;
- Absence of debts in excess of the limits used by banks in their calculations.

Let's consider these requirements in detail. Rules at most financial and insurance companies forbid granting or insuring a loan if the borrower has not at least attained permanent resident status. I personally know of a situation where a person had passed through all green card formalities but didn't have the card physically on hand because the Immigration and Naturalization Ser-

Табл. 19-3: **Медианые цены на существующие дома в крупнейших населённых пунктах США (в тыс. дол.)**

Kalamazoo, MI	109.9	112.3	Topeka, KS	80.6	88.7
Kansas City, MO/KS	127.4	135.7	Trenton, NJ	150.9	165.3
Knoxville, TN	110.8	117.2	Tucson, AZ	120.5	128.8
Lake County, IL	169.4	178.9	Tulsa, OK	100.0	110.0
Lansing/East Lansing, MI	111.2	119.5	Washington, DC/MD/VA	182.6	213.9
Las Vegas, NV	137.4	149.1	Waterloo/Cedar Falls, IA	80.2	84.5
Lexington/Fayette, KY	118.2	121.7	W. Palm Beach/Boca Raton/ Delray Beach, FL	138.4	149.5
Lincoln, NE	109.3	117.4	Wichita, KS	90.8	94.9
Little Rock-N. Little Rock, AR	87.8	95.1	Wilmington, DE/NJ/MD	127.6	136.5
Los Angeles Area, CA	215.9	241.4	Worcester, MA	131.8	152.6
Louisville, KY/IN	116.7	N/A	Youngstown/Warren, OH	74.1	N/A

Источник: Использовано с разрешения Национальной ассоциации торговцев недвижимостью.

Текущую информпцию о ценах вы можете найти на сайте Национальной ассоциации торговцев недвижимостью (National Association of REALTORS®) по адресу www.realtors.org.

Прежде, чем приступать к серьезному поиску объекта покупки, полезно получить предварительное "добро" на ссуду от какого-либо банка. Такой процесс называется *pre-approval* и делается банками или моргич брокерами бесплатно в надежде, что вы придёте к ним за ссудой, когда наступит время. На самом деле, это вас ни к чему не обязывает, и вы свободны выбирать того, кто предложит наилучшие условия в момент, когда вам действительно понадобится ссуда.

Наиболее распространёнными условиями для получения ссуды являются:

- наличие американского гражданства или статуса "постоянного жителя", то есть наличие "гринкарты" на руках;

- отсутствие порочащих фактов в кредитной истории;

- наличие устойчивого дохода в течение, как минимум, одного года;

- наличие денег на первоначальный взнос *(down payment)* и расходы по оформлению ссуды *(closing costs);*

- отсутствие долгов, превышающих пределы, используемые банками в расчётах.

Рассмотрим эти требования несколько подробнее. Правила большинства финансовых и страховых компаний запрещают давать ссуду либо страховать её, если получатель не имеет, как минимум, статуса постоянного жителя. Я лично встречался с ситуацией, когда человек, прошедший все формальности, связанные с получением "гринкарты", не имел её только потому, что в службе Иммиграции и Натурализации

vice, which was switching to a new format, couldn't keep up with demand. Not having the card almost caused him to lose the loan at the last minute.

In the first years of life in a new country, a credit history may not be extensive, but it should exist. In the appropriate chapter of this book, we talked about how to start one. It is quite possible that, up until the time you purchase a house, you have had no credit card or other credit. This isn't so important. What is important is that you've had a credit file for some time and it doesn't contain any damaging information like an unpaid phone bill, rent, medical bill, or the like. It's also best not to fill out too many applications for credit if it is obvious that you will not receive it. The applications will become part of your file and create the impression that you are desperate for money. And banks, as we all know, willingly lend to those who do not need money and demand it back when you need it the most.

Steady income is an obvious requirement, but the bank might also look at how long you've worked in your job and what your prospects are. If your company has filed for bankruptcy or is unprofitable and reducing production, your chances are lower unless you have an occupation in high demand. Educational level and experience, plus other qualifications, play an essential role because your credit file does not have other data from your past.

In most cases, a condition for a mortgage loan is the ability of the buyer to pay 5-20% of the purchase in cash and to pay closing costs without borrowing money. In the absence of a credit history, when the bank has no opportunity to estimate your ability to control your income and expenses, it may demand bank statements (dating back a year or more) from your checking or savings account. This is to convince the bank that you truly saved your money rather than depositing it a few days ago after borrowing from friends or relatives.

This money can be a gift from relatives, who should have the money in a bank account, not under a mattress or in a stocking. They will need to sign a paper stating that if you buy a house, they will give you this amount as a gift. Then it's your business whether or not to return the money later and, if so, on what terms. Many immigrants, especially those from the older generation, don't trust banks and keep large amounts of money at home, so it's good to take care of this in advance and avoid any unpleasant surprises.

Some people mistakenly think that they have better chances of receiving a loan if they don't have any debt. This isn't always the case. Most importantly, as was made clear above, you should have money in your account for a down payment and closing costs. In addition, you should reduce your debts – if you have them – to an acceptable level, so mandatory debt payments don't exceed 8% of your income.

If you meet the above requirements, there's a good chance that you will be pre-approved and can start making the "American dream" a reality.

не успевали физически справляться с их выпуском в связи с переходом на новый образец. Это едва не стоило ему потери ссуды в самый последний момент.

В первые годы жизни в новой стране, кредитная история не так велика, но она должна быть. Мы говорили о том, как её начать, в соответствующей главе. Вполне возможно, что к моменту покупки дома, вы так и не получили ни одной кредитной карты, либо какого либо другого кредита. Это не так важно. Важно, чтобы ваш файл существовал некоторое время, и там не было бы отмечено никаких порочащих вас фактов, вроде неоплаченного счёта за телефон, квартиру, медицинские услуги и так далее. Не стоит также заполнять слишком много запросов на кредит, если очевидно, что вам его не дадут, поскольку все они фиксируются в вашем файле. Это создаёт впечатление, что вы имеете большую потребность в деньгах, а банки, как известно, охотно дают в долг тем, кто в этом не нуждается, и требуют долг назад в самое неподходящее время.

Наличие дохода является само собой разумеющимся условием, но банк также может посмотреть, как долго вы работаете на вашем предприятии и каковы ваши перспективы. Если ваша компания находится на грани банкротства или терпит убытки и сокращает производство, то ваши шансы снижаются, если только вы не обладаете дефицитной специальностью, на которую есть спрос. Уровень образования и опыта, а также квалификация, играют существенную роль, поскольку в вашем кредитном файле отсутствуют другие данные из вашей прошлой жизни.

В большинстве случаев, условием получения ссуды является способность покупателя заплатить 5-20% от стоимости покупки наличными и оплатить *closing costs,* причём эти деньги не должны быть взяты в долг. При отсутствии кредитной истории, когда банк не имеет возможности оценить способность клиента контролировать свои доходы и расходы, он может потребовать банковские отчёты о вашем чековом или сберегательном счёте за год или более, чтобы убедиться, что эти деньги вы действительно накопили, а не положили туда несколько дней тому назад, заняв их у знакомых или родственников.

Эти деньги могут быть взяты у родственников, если они оформлены в виде подарка. Ваши родственники должны иметь эти деньги, но не под матрацем или в чулке, а на счёте в банке и должны будут подписать бумагу, что в случае покупки дома они вам эту сумму дарят, а уже ваше дело, возвращать её потом или нет и на каких условиях. Многие иммигранты, особенно это касается людей старшего поколения, хранят значительные суммы денег дома, не доверяя банкам, поэтому позаботьтесь обо всём заранее, чтобы не быть застигнутыми врасплох.

Некоторые ошибочно думают, что их шансы на ссуду будут больше, если они не будут иметь никаких долгов. Это не совсем так. Прежде всего, как уже понятно из вышесказанного, вы должны иметь деньги на счету для первоначального взноса и оформления ссуды, а в дополнение к этому, вы должны свести свои долги, если они у вас были, к допустимому минимуму, то есть обязательные взносы по ним не должны превышать 8% вашего дохода.

Если вы удовлетворяете вышеуказанным требованиям, то вы с большой степенью вероятности пройдёте *pre-approval* (предварительную аттестацию) и можете приступать к реализации "американской мечты".

19.4. Factors to consider when choosing a home

After determining the amount you can afford and confirming your estimate with professionals, you can start a targeted search. This process is, in
many respects, similar to an apartment search (described in the beginning of
the book), but it also has some important differences. The first difference is
that you are choosing a residence for a longer period and, besides location and
price, you should also be interested in how the price will change later. You are
making a significant investment and have an interest in its results. Therefore,
the condition of the structure – and the whole neighborhood where it's located
– play an essential role.

Searches also differ depending on where you want to live. In a suburb
you would most likely search for an individual house with some land. In a big
city it could be an apartment in a cooperative or a *townhouse* or *brownstone*.
These are houses located in a row of similar houses, sharing with them one or
two common walls. So, the first thing you need is to determine approximately
what area you want to live in, considering such factors as:

- your preferred lifestyle;

- time and transportation to commute to work;

- the possibility of finding another job within an acceptable distance if
  you lose the one you have;

- presence and quality of schools, if you have children of school age;

- distance to stores where you would regularly shop and to other places
  you would visit regularly, such as banks, doctor's offices, etc;

- road and traffic conditions at rush hour;

- demographics and the general atmosphere in the area;

- cost of living, including taxes and property maintenance costs to keep
  the property in good condition.

When purchasing a house, you can fulfill your dream of how you want to
live – in a rural area close to nature, in a small town, or in a large industrial and
cultural center – but this decision determines many other factors, or is limited
by other factors.

Many people in the US live a significant distance from their places of
work. It's not an exception for people to commute to work in another city or
even in another state, more than 100 miles away. It is considered acceptable
not to relocate if a one-way trip to work takes up to an hour and a half. If you

19.4. Факторы, влияющие на выбор жилья

Определив сумму, в которую вам необходимо уложиться, и подтвердив правильность своей оценки с помощью профессионалов, можно приступать к целенаправленному поиску. Этот процесс во многом похож на поиск квартиры, описанный в начале книги, но в то же время имеет существенные отличия. Первым отличием является то, что вы выбираете себе место жительства на более долгий срок и помимо местоположения и стоимости, вас должно интересовать то, как эта стоимость будет изменяться в дальнейшем. Вы делаете значительное капиталовложение и заинтересованы в его результатах, а следовательно, состояние строения и всего района, в котором оно расположено, играют существенную роль.

Поиск будет также существенно отличаться в зависимости от того, где вы хотите жить: в пригороде вы, скорее всего, будете искать отдельно стоящий дом с участком земли; в большом городе это может быть квартира в кооперативе или так называемый *townhouse* или *brownstone* - дом, стоящий в ряду ему подобных и имеющий одну или две общие с ними стены. Итак, первое, что необходимо, это определить приблизительно район, в котором вы хотите жить, принимая во внимание такие факторы, как:

- стиль жизни, который вы предпочитаете;

- время, требующееся, чтобы добраться до работы и вид транспорта, который вы будете использовать;

- возможность найти другую работу в пределах досягаемости, в случае, если вы потеряете ту, которую имеете;

- наличие и качество школы, если вы имеете детей школьного возраста;

- расстояние до магазинов, в которых вы будете регулярно делать покупки и других необходимых учреждений;

- состояние дорог и напряженность движения в часы пик;

- состав населения в данном районе и общую атмосферу;

- стоимость жизни (налоги, содержание собственности в хорошем состоянии);

При покупке дома, вы можете реализовать свою мечту о том, как бы вы хотели жить: в деревне на природе, в небольшом городке или крупном промышленном и культурном центре, но это решение определяет многие другие факторы, либо ограничивается другими факторами.

В США многие люди живут на значительных расстояниях от места работы. Не является исключением ситуация, когда на работу ездят не только в другой город, но и в другой штат за 100 или более миль. Считается приемлемым не менять место жительства, если время поездки в одну сторону занимает до полутора часов. Если вы выбираете место жительства на значительном

choose a home that's located a significant distance from your workplace only because house prices here are lower, think hard before making a decision. Additional car and gasoline expenses and – most importantly – time that could be used to generate supplemental income might cancel out savings on the purchase of a home.

Even if you are completely satisfied with your job, there is no guarantee that you will always have your present job or that you will remain there for a long time. As we already discussed, there are many reasons why we cannot control job loss: economic recession, increased competition in a given industry, change in the business owners' plans, and so on. Keep this in mind when choosing a home and settle where you could find a new job without having to relocate.

In public schools the quality of instruction and the general atmosphere differ significantly from area to area and from city to city. School budgets are covered in large part by local taxes, including property tax, so you should consider the whole district served by given school, not just the particular neighborhood where you plan to live. The more prosperous the district, the higher the probability that the school is OK, at least financially. The school's financial situation isn't the only factor that determines the quality of teaching, but it is one of the most essential.

If you've decided to live in a remote place you must accept long trips to stores, restaurants, or a gym. Deciding on a remote location may not be wise if you have health problems and need to make frequent visits to the doctor, hospital, or pharmacy.

In most cases, home searches take place, on weekends when the traffic situation differs significantly from what you would experience during the week. Definitely visit your chosen place on weekdays, and it is even better if you attempt to drive to work and back from this place during rush hour. This will protect you from the possible unpleasant surprise of the actual trip turning out to take two or three times longer than expected because of traffic jams.

Considering that the US is a multicultural country, it is easy to explain the fact that certain areas are populated primarily by people of one race or ethnicity. It is possible to see whole blocks, neighborhoods, or even towns populated by natives of China or Germany, Korea or Mexico, Cuba or Russia. It is natural for human being to settle close to similar people. This is also true for social status and occupation: there are neighborhoods inhabited by artists or lawyers, university professors or automobile factory workers.

In both of these cases, the most obvious divisions between neighborhoods are based on income level. Blocks or neighborhoods usually contain houses in the same price range. It is not common to see a mansion next to a shack. If a neighborhood is not very good, there is no sense in building an

расстоянии от места работы только потому, что стоимость домов в том месте ниже, то хорошо посчитайте, прежде чем принимать такое решение. Дополнительные расходы на машину и бензин, а самое главное - затраты времени, которое могло бы быть использовано для получения дополнительного дохода, могут свести на нет экономию, полученную на покупке дома.

Нет никакой гарантии, что та работа, которую вы имеете в настоящее время, будет у вас всегда или, по крайней мере, длительное время даже в том случае, если она вас полностью устраивает. Как мы уже говорили, существует много причин, мало от нас зависящих, по которым можно потерять работу: ухудшение состояния экономики, обострившаяся в данной отрасли конкуренция, изменение планов владельцев бизнеса и так далее. Выбирая место жительства, следует иметь это в виду и селиться там, где вполне реально найти новую работу без необходимости переезда.

В государственных школах качество обучения, как и общая атмосфера, существенно отличаются от района к району или от города к городу. Большая часть школьных бюджетов покрывается за счёт местных налогов, в том числе и налогов на собственность, поэтому необходимо обратить внимание не только на конкретный микрорайон, в котором вы планируете поселиться, но и на весь округ, который обслуживает данная школа. Чем более благополучный округ, тем большая вероятность, что школа, хотя бы финансово, в порядке. Финансовое состояние школы, хотя оно и не является единственным фактором, определяющим качество преподавания, является одним из самых существенных.

Если вы решили поселиться в удалённом месте, то вам придётся смириться с необходимостью продолжительных поездок в магазин, ресторан или спортивный зал. Если у вас проблемы со здоровьем и вам необходимо часто обращаться к доктору, в больницу или аптеку, то такое решение не будет самым мудрым.

В большинстве случаев, поиск жилья для покупки происходит в выходные дни, когда ситуация с дорожным движением существенно отличается от той, которая бывает в рабочие дни. Обязательно побывайте в облюбованном вами месте в обычные дни, а ещё лучше, проделайте путь от этого места до вашей работы и назад в часы пик. Это избавит вас от возможного неприятного сюрприза, когда реальное время оказывается в два или три раза дольше ожидаемого только потому, что на пути вы попадаете в транспортную пробку.

Учитывая, что США многонациональная страна, легко объяснить тот факт, что некоторые районы населены преимущественно людьми одной расы или национальности. Можно встретить целые кварталы, районы или даже города, населённые выходцами из Китая или Германии, Кореи или Мексики, Кубы или России. Человеку свойственно держаться поближе к ему подобным. Это также относится к социальному статусу или профессиональной принадлежности: кварталы, где живут художники или адвокаты, университетские профессора или рабочие автомобильного завода.

В том и другом случае, наиболее явное разделение районов происходит на основе уровня доходов. Кварталы или микрорайоны обычно состоят из домов,

expensive house there: its market value will be low. On the other hand, if an area is desirable, the price of land will be high, and less expensive houses will be gradually replaced by mansions. Take this into consideration. As a rule, heterogeneous areas are in the process of moving toward improvement or deterioration, and your ability to correctly recognize this trend will greatly affect the future market value of your home.

In addition to the purchase price, a homeowner must shoulder also expenses for upkeep, including insurance, property tax, and maintenance and repair expenses, plus lawn care if there is a lawn. There will also be running costs like electricity, water, and heating. There will be monthly cooperative or condo association dues for an apartment in a cooperative or a condo in a large complex. These expenses come in addition to mortgage payments (unless the insurance and property tax are included in your mortgage payments), so they should be considered prior to your final decision.

19.5. Searching for and viewing potential homes

The Classified section of local newspapers publishes advertisements for houses, apartments, and land for sale under the heading "Real Estate." You may also find lots of various booklets issued by local associations of real estate brokers and other organizations. These tend to be distributed free-of-charge in supermarkets, banks, gas stations, and other public places.

Real estate ads in newspapers usually contain a photo and a text that, like other newspaper ads, contains many abbreviations and special terms. Some are already familiar to you from the chapter on rental housing, but others are new. The most frequently used abbreviations are shown in Table 19-4 on page 824.

Most houses for sale have a special sign posted in the yard that indicates the name of the real estate agency handling the sale, plus the contact telephone number and sometimes the name of the broker. If the owner is selling the house without an agency, the sign would probably say "FOR SALE BY OWNER." Once you have defined the area where you would like to live, you can drive around looking for "For Sale" signs. Contact the seller if something interests you.

находящихся в одном диапазоне цен. Не часто можно увидеть роскошный дом, стоящий рядом с лачугой. Если квартал не очень хороший, то нет смысла строить в нём дорогой дом, поскольку его рыночная стоимость будет низкой, а если район престижный, то стоимость земли в нём высокая, и постепенно недорогие дома вытесняются и на их месте строятся роскошные особняки. Принимайте это во внимание. Неоднородные районы, как правило, находятся в процессе движения в сторону улучшения или ухудшения, и от вашей способности правильно распознать это направление будет существенно зависеть рыночная стоимость вашего жилья в будущем.

В дополнение к расходам на покупку жилья, владелец несёт также расходы на его содержание, что помимо чисто эксплуатационных расходов на электроэнергию, воду и отопление включает в себя страховку, налог на собственность, а также затраты на текущий ремонт и уход за земельным участком, если таковой имеется. В случае, когда речь идёт о квартире в многоквартирном кооперативе или кондоминиуме в большом комплексе - ежемесячные взносы, оговоренные уставом сообщества. Эти расходы будут в дополнение к выплатам ссуды, поэтому должны приниматься во внимание при принятии окончательного решения (за исключением тех случаев, когда страховка и налог на собственность включены в платежи).

19.5. Поиск и осмотр возможных вариантов

Объявления о продаже жилья или земельных участков помещаются в секции объявлений местных газет в разделе *Real Estate.* Помимо этого, существует большое количество различных буклетов, выпускаемых местными ассоциациями торговцев недвижимостью и другими организациями, большинство из которых распространяется бесплатно в супермаркетах, банках, на авто заправках и в других общественных местах.

Объявления о продаже жилья чаще всего содержат фотографию и текст, в котором, как и во всяких других объявлениях, содержится множество сокращений и терминов. Некоторые из них уже знакомы вам по главе, посвящённой поиску квартир, другие являются новыми. В табл. 19-4 на стр. 825 приводятся наиболее часто встречающиеся из них.

Все продающиеся дома обычно имеют специальный знак, установленный около него, указывающий название агентства, являющегося посредником, а также контактный телефон и иногда фамилию брокера. Если дом продаётся владельцем без посредников, то обычно имеет табличку с надписью "FOR SALE BY OWNER". Если вы определили район, в котором вы хотели бы жить, то можете, объезжая его на машине, смотреть наличие таких знаков и, если вас что-то заинтересовало, связываться с продавцом.

Table 19-4:   Abbreviations in the "Real Estate for Sale" Ads

acre, ac	acre	
a/c	air conditioner	
avail	available	
BA, bth	bathroom	
barn		
BR, br, bed	bedroom	
built-ins	built-in furniture	
cape	type of the house	
central AC/HT	central air conditioner/heater	
central vac	central vacuum	
colonial	type of the house (two story)	
cul-de-sac	a dead-end street	
cathedral ceiling	type of ceiling	
bay window	type of window	
bsmt	basement	
deck		
den		
dorm	dormer	
full dormered		
DR, Din	dining room	
duplex	two-family house	
DW	dishwasher	
fence, fenced		
flrs, fl	floors	
flr	floor	
fplc	fireplace	
gar	garage	
hdwd	hard wood	
H/W, H.W.	hot water	
incl	included	
kit	kitchen	
living space		

Табл. 19-4: **Сокращения в объявлениях о продаже недвижимости**

acre, ac	acre	акр, единица площади, около 0.4 гектара
a/c	air conditioner	кондиционер воздуха
avail	available	свободный
BA, bth	bathroom	ванная комната
barn		сарай
BR, br, bed	bedroom	спальня
built-ins	built-in furniture	встроенная мебель
cape	type of the house	тип дома
central AC/HT	central air conditioner/heater	центральный кондиционер воздуха и обогреватель
central vac	central vacuum	центральный пылесос
colonial	type of the house (two story)	тип дома (двухэтажный)
cul-de-sac	a dead-end street	тупик, непроезжий переулок
cathedral ceiling	type of ceiling	потолок, повторяющий очертания крыши
bay window	type of window	выдающееся окно, эркер
bsmt	basement	подвал
deck		открытая веранда
den		обособленная часть комнаты, используемая, как кабинет
dorm	dormer	мансардное окно
full dormered		имеющий мансарду (второй этаж в крыше)
DR, Din	dining room	столовая
duplex	two-family house	дом на два хозяина
DW	dishwasher	посудомоечная машина
fence, fenced		изгородь, огороженный
flrs, fl	floors	полы
flr	floor	этаж
fplc	fireplace	камин
gar	garage	гараж
hdwd	hard wood	твёрдые породы дерева (паркет)
H/W, H.W.	hot water	горячая вода
incl	included	включается
kit	kitchen	кухня
living space		общая жилая площадь

Table 19-4:   Abbreviations in the "Real Estate for Sale" Ads

lg	large	
lot		
LR, liv	living room	
master bedroom	a main bedroom with its own bathroom	
off-st, off st	off street	
oil heat		
open concept		
patio		
PH	penthouse	
pool		
porch		
prkg, pkg	parking	
ranch	type of the house (one story)	
saltbox	type of the house	
septic		
sf, SF, sq ft	square feet	
skylight		
siding		
split level, split foyer	type of the house	
tile		
twnhse, TH	town house	
updated		
utils	utilities	
waterfront		
W/D	washer/dryer	
w/d hk-up	washer/dryer hook-up	
yd	yard	

If a house appeals to you, you need to call the specified phone number and make an appointment for the broker to show it to you. We must note that if the house is being sold through a real estate agency, all contact is made through the broker. The owner of the house is usually out when the house is being shown.

Табл. 19-4:		**Сокращения в объявлениях о продаже недвижимости**

lg	large	большой, большая
lot		участок земли
LR, liv	living room	гостиная
master bedroom		спальня хозяев дома с отдельной ванной
off-st, off st	off street	не на проезжей части
oil heat		отопление горючим
open concept		планировка с большими соединёнными пространствами
patio		дворик, вымощенный плиткой
PH	penthouse	пентхауз (верхний этаж некоторых домов)
pool		бассейн
porch		крытая веранда
prkg, pkg	parking	место для стоянки машин
ranch		тип дома (одноэтажный)
saltbox		тип дома
septic		индивидуальная канализационная система
sf, SF, sq ft	square feet	квадратный фут, (10 кв. футов ~ 0.93 кв. м)
skylight		окно в потолке
siding		обшивка дома
split level, split foyer		тип дома с полуподвальным этажом
tile		керамическая плитка
twnhse, TH	town house	дом в городе, имеющий одну или две общие стены с другими домами
updated		обновлённый
utils	utilities	коммунальные услуги (отопление, вода, электричество)
waterfront		на берегу водоёма
W/D	washer/dryer	стиральная машина и сушилка
w/d hk-up	washer/dryer hook-up	место для подключения ст. машины и сушилки
yd	yard	приусадебный участок

Если дом вас интересует, необходимо позвонить по указанному телефону и назначить время, когда брокер может вам его показать. Следует отметить, что если дом продаётся через агентство по продаже недвижимости, то все контакты происходят только с брокером. Во время показа дома клиентам, хозяева обычно отсутствуют.

It's usually most convenient to see a home during an *Open House.* These events are announced in advance, and the broker will be at the house. Any interested person can come and look. These showings are usually arranged for two to four hours on weekends, and temporary "Open House" signs near the property direct viewers. If you see these signs, feel free to go in and look at the house after signing your name on the guest list. After visiting several houses this way, you will have a better idea of what you want. According to some data, buyers look at dozens of houses before making a final choice. It would be a mistake to be limited to a small number and choose something you don't particularly like.

When looking at a house, if you are truly interested in it, be sure to check the condition of elements, such as:

- Siding, doors, exterior of windows, stoop or front steps, porch, driveway, backyard, etc.;
- Walls, ceilings, floors, kitchen cabinets, interior of windows;
- Age of the heating system, plumbing, wiring;
- Presence of cracks or traces of water in the basement.

Brokers usually have plenty of copies of a sheet with detailed information about the property *(Data Sheet).* They willingly give these to potential clients, and also, in our state, for example, they have to have another document, a *Disclosure Statement,* in which the property owner must state certain data and information required by law. This could include the type of water supply or septic system, the presence of hazardous building materials or fuel storage tanks, and the like. Ask for a copy of this document before signing any contract and putting money down. Although this might be just a formality for recently constructed houses, it is an absolute necessity for old houses.

In the past, building practices in the US (as in other countries) used many materials that were later found to pose significant health risks. Some of the most frequently used were asbestos insulation or roofing materials and lead-based paints. Asbestos causes cancer, and lead accumulates in the body and may cause serious dysfunctions, especially in small children.

If you're buying an old house, you should hire an inspector with appropriate qualifications for detecting the presence of these materials. Attempts to save money here may cost you: safe removal and disposal of these materials requires specially trained people. I've heard from friends about compatriots who bought an old house because of its relatively low price but found out later that it is stuffed with asbestos from top to bottom.

Самым удобным временем для осмотра дома обычно является так называемый *Open House* – объявленное заранее мероприятие, когда брокер находится в продаваемом доме и любой желающий может зайти и посмотреть. Такие показы обычно устраиваются в выходные дни в течение 2-4 часов. На подъездах к дому устанавливаются временные знаки с вышеупомянутой надписью и указанием направления. Если вы видите такие знаки, то смело можете заходить и осматривать дом, предварительно записавшись в гостевой лист. Побыв, таким образом, в нескольких домах, вы будете иметь лучшее представление о том, что вам нужно. Согласно некоторым данным, покупатели смотрят десятки домов, прежде чем делают окончательный выбор. Было бы ошибкой ограничиться малым количеством и остановиться на том, что вам не очень нравится.

При осмотре дома, если он вас действительно интересует, необходимо обратить внимание на состояние всех элементов, как то:

- обшивки дома, дверей, окон с наружной стороны, крыльца, порча, драйвэя, приусадебного участка и так далее;

- стен, потолков, полов, кухонных шкафов, окон изнутри;

- возраст системы отопления, сантехники, электропроводки;

- наличие трещин или следов воды в подвале.

Брокеры обычно имеют размноженные в достаточном количестве экземпляров листы с подробным перечнем данных продаваемой собственности *(Data Sheet),* которые они охотно раздают потенциальным клиентам. Однако в нашем штате, например, помимо этого документа они обязаны иметь другой, называемый *Disclosure Statement,* в котором владелец собственности обязан изложить известные ему сведения, требуемые законодательством. К таким сведениям относятся тип системы водоснабжения и канализации, наличие опасных для здоровья строительных материалов, наличие баков для хранения горючего и так далее. Попросите копию этого документа, прежде чем подписывать какой-либо контракт и давать залог. Если для недавно построенных домов это чаще всего просто формальность, то для старых домов это абсолютно необходимое условие.

В строительной практике прошлых лет в США, как и в других странах, использовалось большое количество материалов, которые, как позже выяснилось, представляют большую угрозу для здоровья людей. Наиболее часто встречающиеся из них – асбестовая теплоизоляция или кровельные материалы, а также краски на основе свинцовых белил. Асбест вызывает раковые заболевания, а свинец, накапливаясь в организме, грозит серьезными его расстройствами, особенно у маленьких детей.

Если вы покупаете старый дом, обязательно наймите инспектора, имеющего соответствующую квалификацию для определения наличия подобных материалов. Попытка сэкономить на этом может дорого обойтись, поскольку безопасное удаление и захоронение таких материалов производится

19.6. Purchase and sale agreement

The contract called the *Purchase and Sale Agreement* is usually signed once the buyer is convinced of his intention to buy the property. The process of getting a mortgage and closing the deal is rather long, sometimes taking three or more months. The property is taken off the market for this period, and the buyer must put some money down to protect the seller from possible losses. This sum is applied toward the cost of the property if the deal is closed, but if the buyer cancels the contract without grounds, the seller retains the money.

The contract contains information on the participants of the sale and purchase, a description of the property, and conditions that must be fulfilled for the deal to go forward. Some of the most essential conditions for the buyer are those that allow him or her to back out without losing a down payment, as, for example, the following:

1. An indication of the types of inspections he or she intends to perform, and their due dates. Examples of possible inspections are:
   - General building inspection;
   - Water test;
   - Sewer system inspection;
   - Radon testing;
   - Asbestos inspection;
   - Lead-based paint inspection;
   - Pest inspection;
   - Soil test, and so on.

If the inspections produce results that were unknown before and don't satisfy the buyer, he or she may have the right to void the contract and get his or her money back.

2. Conditions of the mortgage loan for the purchase, indicating its amount, terms of the loan, and the maximum allowable loan interest. If the buyer, for reasons beyond his or her control, is unable to get any loan at all or a loan at the specified interest rate, then he or she has the right to break the agreement and get his or her down payment back.

We looked at one house that was six years old and liked it very much. After some thought, we made an offer, signed a contract, and put some money down. Only after that did the broker remember that he hadn't shown us the Dis-

специально обученными людьми. Я слышал от знакомых о соотечественниках, купивших старый дом из-за его относительной дешевизны, которые потом обнаружили, что он снизу доверху напичкан асбестом.

19.6. Контракт на покупку

Контракт на покупку, называемый *Purchase and Sale Agreement* оформляется после того, как покупатель утвердился в своём намерении приобрести именно эту собственность. Процесс получения ссуды и завершения сделки довольно продолжительный, занимающий иногда три и более месяцев. На всё это время, продаваемая собственность снимается с рынка. Для защиты продавца от возможных убытков, покупатель обязан внести залоговую сумму, которая в случае благополучного завершения сделки засчитывается в счёт оплаты, а в случае необоснованного расторжения контракта покупателем, переходит в собственность продавца.

Контракт содержит сведения об участниках купли-продажи, описание продаваемой собственности и условия, при выполнении которых сделка должна состояться. Одними из наиболее существенных для покупателя условий являются те, которые позволяют выйти из-под контракта, не потеряв внесённого залога. Например, перечисленные ниже.

1. Указание вида инспекций, которые он намеревается произвести и сроки их проведения. Примерами возможных инспекций являются:
   * общая инспекция здания;
   * анализ воды;
   * инспекция канализационной системы;
   * анализ на наличие радона;
   * инспекция на наличие асбеста;
   * инспекция на наличие краски на основе свинцовых белил;
   * инспекция на наличие заражения насекомыми;
   * анализ почвы и так далее.

Если в результате проведённых инспекций выясняются факты, не устраивающие покупателя, которые были не известны до этого, то он может иметь право выйти из договора и получить обратно уплаченный залог.

2. Условия получения ссуды на покупку с указанием её суммы, срока займа и максимально допустимого ссудного процента. Если по каким-то, не зависящим от покупателя причинам ему не удалось получить ссуду вообще либо получить её под указанный ссудный процент, то он также имеет право выйти из договора и вернуть залог.

Мы осмотрели один дом, построенный 6 лет назад, и он нам очень

closure Statement. As it happened, the water test from this house, which had an individual well drilled only a year or two before, revealed arsenic in quantities 19 times higher than the norm!!! We tested again, which showed levels three times the norm. Of course, we demanded cancellation of the contract and a refund; however, we could have lost the money if the broker had given us this document earlier and we hadn't read it carefully.

Study all clauses of a contract carefully before signing. Ask the broker to explain any unclear points to you, but remember that he or she works for the seller.

19.1. Applying for a mortgage loan

Loans for real estate purchases are available from various financial institutions, including commercial banks, savings banks, credit unions, mortgage companies, and so on. Their conditions may differ considerably by interest rate and fees, including *application fee, discount points,* and the like. You should spend some time familiarizing yourself with possible loan sources and the particularities of the approval process. This is important: lack of knowledge could cost you tens of thousands of dollars.

19.1.1. Traditional Mortgages

The *Real Estate* section of the Sunday newspaper usually publishes interest rates and other terms for loans offered by various financial institutions, for example:

Table 19-5:   Loan Terms

ONE MORTGAGE CO.				(123) 456-7890		
Loan	Rate	APR	Disc. Pts	App. fee	Down	Lock
15 yr Fix	7.375	7.89	2	350	5%	30 days
30 yr Fix	7.75	8.08	2	350	5%	30 days
30 yr Jumbo	8.00	8.25	0.5	350	10%	45 days
5/1 yr ARM	7.75	7.93	0.5	350	10%	45 days

The top row of the table shows that the 15-year fixed-rate loan has an interest rate of 7.375% with the condition that the borrower pays 2% of the loan amount at signing *(2 discount points).* Application fee is $350. With those

понравился. После некоторых размышлений, мы сделали предложение, подписали контракт и внесли залог. Только после этого брокер вспомнил, что он не показывал нам Disclosure Statement. Как оказалось, анализ воды из этого дома, имеющего индивидуально пробуренный колодец, сделанный год или два тому назад, выявил мышьяк в количестве, превышающем норму в 19 раз!!! Мы сделали повторный анализ, который показал превышение в 3 раза. Разумеется, мы потребовали расторжения контракта и возврата денег, однако мы могли бы их потерять, если бы брокер дал нам этот документ раньше, а мы не прочитали бы его внимательно.

Внимательно изучите все пункты контракта, прежде чем его подписывать. Попросите брокера объяснить вам все неясные места, но помните, что он работает в интересах продавца.

19.1. Оформление ссуды

Ссуды на покупку недвижимости выдаются самыми различными финансовыми учреждениями, как то: коммерческими банками, сберегательными банками, кредитными союзами, моргич компаниями и так далее. Их условия могут значительно отличаться как ссудным процентом, так и величиной различных сборов, как, например, *application fee, discount points* и так далее. Необходимо потратить некоторое время, чтобы ознакомиться с возможными источниками ссуды и научиться разбираться в особенностях их предоставления. Это важно сделать потому, что недостаток таких знаний может стоить вам десятки тысяч долларов.

19.1.1. Традиционные ссуды

В разделах воскресных газет, посвящённых *Real Estate,* обычно приводится величина ссудного процента и другие условия получения ссуды, предлагаемые различными финансовыми учреждениями, как например:

Табл. 19-5: **Условия предоставления ссуды**

ONE MORTGAGE CO.				(123) 456-7890		
Loan	Rate	APR	Disc. Pts	App. fee	Down	Lock
15 yr Fix	7.375	7.89	2	350	5%	30 days
30 yr Fix	7.75	8.08	2	350	5%	30 days
30 yr Jumbo	8.00	8.25	0.5	350	10%	45 days
5/1 yr ARM	7.75	7.93	0.5	350	10%	45 days

Верхняя строчка таблицы указывает, что ссуда с фиксированным

fees plus loan insurance, it will cost the client as much as a loan without additional expenses, but with an interest rate of 7.89% *(APR)*. The loan can cover 95% of the purchase, and 5% should be paid by the buyer at the time of purchase *(5% down payment)*. The specified interest rate can be "frozen" for 30 days.

The second and third rows concern 30-year fixed-rate loans. The only difference is that *Jumbo* designates a loan for a much larger amount – $250,000 and higher. The fourth line concerns a loan with variable interest *(adjustable rate)*.

Fifteen-year loans with fixed interest rates usually have slightly lower interest rates than 30-year loans, but their monthly payments are higher. The table below shows the difference in monthly payments and the total sum paid for 15- or 30-year loans for $100,000.

As mentioned above, monthly payments for loans with fixed interest rates are calculated to remain constant for the life of the loan. In the first years, most of each payment pays off interest and only a small portion goes toward principal. The amount which goes toward the principal increases gradually as the mortgage balance decreases.

Table 19-6:   Monthly Payment and Total Amount Paid for 15- & 30-Year Loans

Interest Rate	30 Years $100,000 Loan		15 Years $100,000 Loan		Savings
	Monthly Payment	Total Amount Paid	Monthly Payment	Total Amount Paid	
6.0%	$600	$216,000	$844	$151,920	$64,080
6.5%	$632	$227,520	$871	$156,780	$70,740
7.0%	$665	$239,400	$899	$161,820	$77,580
7.5%	$700	$252,000	$927	$166,860	$85,140
8.0%	$734	$264,240	$956	$172,080	$92,160
8.5%	$769	$276,840	$985	$177,300	$99,540
9.0%	$805	$289,800	$1,014	$182,520	$107,280
9.5%	$841	$302,760	$1,044	$187,920	$114,840
10.0%	$878	$316,080	$1,075	$193,500	$122,580
10.5%	$915	$329,400	$1,105	$198,900	$130,500
11.0%	$952	$342,720	$1,137	$204,660	$138,060
11.5%	$990	$356,400	$1,168	$210,240	$146,160
12.0%	$1,029	$370,440	$1,200	$216,000	$154,440

процентом, взятая на 15 лет, даётся под 7.375% при условии, что 2% от величины ссуды будет уплачено заимодателю *(2 discount points)*. Стоимость обращения за ссудой $350 *(Application fee)*. С учётом этих расходов и страховки ссуды, она обойдётся клиенту во столько же, как ссуда без дополнительных расходов, но взятая под 7.89% *(APR)*. Ссуда может покрыть 95% покупки, а 5% от стоимости должны быть оплачены покупателем в момент покупки *(5% down payment)*. Указанный процент может быть "заморожен" на 30 дней.

Вторая и третья строки относятся к ссуде на 30 лет с фиксированным процентом. Разница состоит в том, что *Jumbo* означает ссуду значительно большей величины ($250,000 и выше). Четвёртая строка относится к ссуде с переменным ссудным процентом *(adjustable rate)*.

Ссуды с фиксированным процентом на 15 лет обычно даются под несколько меньший процент, чем ссуды на 30 лет, но месячные платежи по ним выше. Таблица, приведённая ниже, показывает разницу в величине месячных платежей и общей суммы выплат для ссуды в $100,000, взятой на 15 или 30 лет.

Как уже упоминалось выше, платежи по ссудам с фиксированным процентом рассчитываются так, что они остаются постоянными в течение всего срока выплаты. В первые годы, основная часть платежей идёт на выплату процентов, тогда как на погашение самой ссуды идёт лишь малая доля, которая постепенно увеличивается с уменьшением остатка ссуды.

Табл. 19-6:   Величина месячных платежей и общей суммы выплат по ссуде

Ссудный процент	Ссуда в $100,000 на 30 лет		Ссуда в $100,000 на 15 лет		Экономия
	Месячный платёж	Общая сумма	Месячный платёж	Общая сумма	
6.0%	$600	$216,000	$844	$151,920	$64,080
6.5%	$632	$227,520	$871	$156,780	$70,740
7.0%	$665	$239,400	$899	$161,820	$77,580
7.5%	$700	$252,000	$927	$166,860	$85,140
8.0%	$734	$264,240	$956	$172,080	$92,160
8.5%	$769	$276,840	$985	$177,300	$99,540
9.0%	$805	$289,800	$1,014	$182,520	$107,280
9.5%	$841	$302,760	$1,044	$187,920	$114,840
10.0%	$878	$316,080	$1,075	$193,500	$122,580
10.5%	$915	$329,400	$1,105	$198,900	$130,500
11.0%	$952	$342,720	$1,137	$204,660	$138,060
11.5%	$990	$356,400	$1,168	$210,240	$146,160
12.0%	$1,029	$370,440	$1,200	$216,000	$154,440

Below is an example of payment on a 30-year mortgage for $100,000 with a 7.5% interest rate. Monthly payments are $699.21. In the first year of payment, funds are allocated as follows.

Table 19-7:   First-Year Mortgage Calculation

Month	Principal	Interest	Balance
1	$74.21	$625.00	$99,925.79
2	$74.68	$624.54	$99,851.11
3	$75.15	$624.07	$99,775.96
4	$75.61	$623.60	$99,700.35
5	$76.09	$623.13	$99,624.26
6	$76.56	$622.65	$99,547.70
7	$77.04	$622.17	$99,470.66
8	$77.52	$621.69	$99,393.13
9	$78.01	$621.21	$99,315.13
10	$78.49	$620.72	$99,236.63
11	$78.99	$620.23	$99,157.64
12	$79.48	$619.74	$99,078.17
Total:	$921.83	$7,468.74	$99,078.17

Table 19-8 on page 838 gives a breakdown of annual payments and the loan balance for the end of each year.

The difference between the market value of a house and the unpaid balance of a loan is called *Home Equity*, which is the share of the house's value that belongs to the owner rather than the bank. If the market value of the property hasn't changed since the time of purchase, then *Home Equity* is equal to the paid portion of the loan. But if the property value is dropping, *Home Equity* will be less than the paid portion of the loan, and under certain conditions it may turn out that the owner owes more for the property than it costs. This happened to many people who bought houses in the late '80s when a sharp speculative rise in real estate prices was followed by a crash in the real estate market and prices dropped considerably. As the table above shows, loan payments increase *Home Equity* very slowly during the first years of the loan. For this reason there is no sense in buying real estate for a short time because, considering commissions paid for the sale, these ventures are unprofitable in most cases.

Ниже приводится пример выплаты ссуды в $100,000, взятой под 7.5% на срок в 30 лет. Месячные платежи составляют $699.21 и в первый год выплаты распределяются следующим образом.

Табл. 19-7: Расчёт платежей в первый год погашения ссуды

Месяц	Погашение ссуды	Погашение процентов	Остаток ссуды
1	$ 74.21	$ 625.00	$ 99,925.79
2	$ 74.68	$ 624.54	$ 99,851.11
3	$ 75.15	$ 624.07	$ 99,775.96
4	$ 75.61	$ 623.60	$ 99,700.35
5	$ 76.09	$ 623.13	$ 99,624.26
6	$ 76.56	$ 622.65	$ 99,547.70
7	$ 77.04	$ 622.17	$ 99,470.66
8	$ 77.52	$ 621.69	$ 99,393.13
9	$ 78.01	$ 621.21	$ 99,315.13
10	$ 78.49	$ 620.72	$ 99,236.63
11	$ 78.99	$ 620.23	$ 99,157.64
12	$ 79.48	$ 619.74	$ 99,078.17
Итого:	$921.83	$ 7,468.74	$ 99,078.17

В табл. 19-8 на стр. 839 приводится разбивка годовых платежей и невыплаченная часть ссуды на конец каждого года.

Разница между рыночной стоимостью дома и невыплаченным остатком ссуды является так называемой *Home Equity* или долей стоимости дома, принадлежащей владельцу, а не банку. Эта доля состоит из алгебраической суммы выплаченной части ссуды и изменения рыночной стоимости собственности с момента её покупки. Если рыночная стоимость её с момента покупки не изменилась, то *Home Equity* равна выплаченной части ссуды; если рыночная стоимость увеличивается, то *Home Equity* будет больше, а если стоимость падает, то *Home Equity* будет меньше, чем выплаченная часть ссуды, и при некоторых условиях может оказаться, что владелец должен за дом больше, чем он стоит. Так случилось со многими людьми, покупавшими дома в конце 80-х годов в период резкого спекулятивного роста цен, после которого наступил крах рынка недвижимости, и цены значительно упали. Как видно из таблицы, приведённой выше, увеличение *Home Equity* за счёт выплаты ссуды в первые годы идёт очень медленно. Именно поэтому нет смысла покупать жильё на короткое время, поскольку с учётом комиссионных, которые необходимо платить при продаже, мероприятие оказывается в большинстве случаев убыточным.

Table 19-8:   Outstanding Balance at the End of Every Year for a 30-Year Loan

Year	Principal	Interest	Balance
1	$921.83	$7,468.69	$99,078.17
2	$993.40	$7,397.12	$98,084.77
3	$1,070.52	$7,320.00	$97,014.25
4	$1,153.63	$7,236.89	$95,860.62
5	$1,243.18	$7,147.34	$94,617.44
6	$1,339.70	$7,050.82	$93,277.74
7	$1,443.70	$6,946.82	$91,834.04
8	$1,555.78	$6,834.74	$90,278.26
9	$1,676.56	$6,713.96	$88,601.70
10	$1,806.71	$6,583.81	$86,794.99
11	$1,946.98	$6,443.54	$84,848.01
12	$2,098.12	$6,292.40	$82,749.89
13	$2,261.00	$6,129.52	$80,488.89
14	$2,436.54	$5,953.98	$78,052.35
15	$2,625.68	$5,764.84	$75,426.67
16	$2,829.53	$5,560.99	$72,597.14
17	$3,049.19	$5,341.33	$69,547.95
18	$3,285.91	$5,104.61	$66,262.04
19	$3,541.00	$4,849.52	$62,721.04
20	$3,815.89	$4,574.63	$58,905.15
21	$4,112.14	$4,278.38	$54,793.01
22	$4,431.37	$3,959.15	$50,361.64
23	$4,775.39	$3,615.13	$45,586.25
24	$5,146.11	$3,244.41	$40,440.14
25	$5,545.62	$2,844.90	$34,894.52
26	$5,976.15	$2,414.37	$28,918.37
27	$6,440.08	$1,950.44	$22,478.29
28	$6,940.05	$1,450.47	$15,538.24
29	$7,478.82	$911.70	$8,059.42
30	$8,059.42	$331.10	$0.00
Total:	$100,000.00	$151,715.60	

Quick loan repayment enables you to considerably reduce the total amount paid by reducing the time over which interest collects on unpaid prin-

Табл. 19-8: Остаток ссуды на конец каждого из 30 лет займа

Год	Погашение ссуды	Погашение процентов	Остаток ссуды
1	$921.83	$7,468.69	$ 99,078.17
2	$993.40	$7,397.12	$ 98,084.77
3	$1,070.52	$7,320.00	$ 97,014.25
4	$1,153.63	$7,236.89	$ 95,860.62
5	$1,243.18	$7,147.34	$ 94,617.44
6	$1,339.70	$7,050.82	$ 93,277.74
7	$1,443.70	$6,946.82	$ 91,834.04
8	$1,555.78	$6,834.74	$ 90,278.26
9	$1,676.56	$6,713.96	$ 88,601.70
10	$1,806.71	$6,583.81	$ 86,794.99
11	$1,946.98	$6,443.54	$ 84,848.01
12	$2,098.12	$6,292.40	$ 82,749.89
13	$2,261.00	$6,129.52	$ 80,488.89
14	$2,436.54	$5,953.98	$ 78,052.35
15	$2,625.68	$5,764.84	$ 75,426.67
16	$2,829.53	$5,560.99	$ 72,597.14
17	$3,049.19	$5,341.33	$ 69,547.95
18	$3,285.91	$5,104.61	$ 66,262.04
19	$3,541.00	$4,849.52	$ 62,721.04
20	$3,815.89	$4,574.63	$ 58,905.15
21	$4,112.14	$4,278.38	$ 54,793.01
22	$4,431.37	$3,959.15	$ 50,361.64
23	$4,775.39	$3,615.13	$ 45,586.25
24	$5,146.11	$3,244.41	$ 40,440.14
25	$5,545.62	$2,844.90	$ 34,894.52
26	$5,976.15	$2,414.37	$ 28,918.37
27	$6,440.08	$1,950.44	$ 22,478.29
28	$6,940.05	$1,450.47	$ 15,538.24
29	$7,478.82	$911.70	$ 8,059.42
30	$8,059.42	$331.10	$ 0.00
Итого:	$100,000.00	$151,715.60	

Быстрое погашение ссуды позволяет значительно снизить общую сумму выплат по ней за счёт сокращения времени, когда на невыплаченную часть

cipal. People with relatively low incomes are compelled to take out long-term loans because such loans reduce the amount of monthly payments to levels that meet bank requirements. But the higher the interest rate on your loan, the faster it makes sense to pay it off, even if doing so requires extra effort.

There are several ways to do this. Some banks allow making payments every two weeks; each payment is equal to 50% of the monthly amount. Under this plan, 26 half-sized payments per year equal 13 usual monthly payments. This enables you to reduce the payment period of a 30-year loan by five and a half years if the interest rate is 6%, and by significantly more if the interest rate is higher. The table below shows the difference in loan payoff with biweekly payments.

This table shows that the higher the loan interest, the faster the loan pay-off and the greater the savings. Some lenders allow this type of loan payment; payments would also need to be transferred directly from your checking account. You thus need to make sure that you have the required amount in your account at the time of the transfer.

If a bank does not allow this type of payment, then you can achieve almost the same result by simply increasing monthly payments by 10% or making one additional payment every year.

Table 19-9: Biweekly Payments Advantage

Interest rate	30 Years $100,000 Loan Monthly Payments		30 Years $100,000 Loan Biweekly Payments			Savings
	Payment	Total	Payment	Pay off time (years)	Total	
6.0%	$600	$216,000	$300	24.4	$190,200	$25,800
6.5%	$632	$227,520	$316	24.0	$197,500	$30,020
7.0%	$665	$239,400	$333	23.5	$203,490	$35,910
7.5%	$700	$252,000	$350	23.1	$210,350	$41,650
8.0%	$734	$264,240	$367	22.7	$216,530	$47,710
8.5%	$769	$276,840	$385	22.2	$221,472	$55,368
9.0%	$805	$289,800	$403	21.7	$227,010	$62,790
9.5%	$841	$302,760	$421	21.2	$232,116	$70,644
10.0%	$878	$316,080	$439	20.8	$237,499	$78,581
10.5%	$915	$329,400	$458	20.2	$240,645	$88,755
11.0%	$952	$342,720	$476	19.9	$246,092	$96,628
11.5%	$990	$356,400	$495	19.4	$249,480	$106,920
12.0%	$1,029	$370,440	$515	18.8	$251,076	$119,364

начисляются проценты. Люди с невысокими доходами вынуждены брать ссуду на большие сроки, поскольку это позволяет снизить величину месячных платежей до требуемого банками уровня, однако есть смысл приложить усилия и выплатить её тем быстрее, чем выше ссудный процент, под который она взята.

Существует несколько способов это сделать. Некоторые банки позволяют делать каждые две недели платежи, равные 50% от месячной суммы. При этом в год делается 26 половинных платежей, что эквивалентно 13 обычным месячным платежам. Такой способ позволяет сократить срок выплаты 30-летней суды на 5.5 лет при ссудном проценте 6% и на значительно большие сроки при более высоком проценте. Ниже приведена таблица, демонстрирующая разницу в сроках выплаты займа при оплате каждые две недели *(biweekly)*.

Как видно из этой таблицы, чем выше ссудный процент, тем быстрее идёт погашение ссуды и тем существеннее общая экономия. Оформление такого способа погашения ссуды обычно возможно в том случае, если банк, дающий ссуду, позволяет это, а также, если возможен автоматический перевод денег с вашего чекового счёта. При этом необходимо следить, чтобы на момент перечисления у вас всегда была на счету требуемая сумма.

Если банк не позволяет такой способ оплаты, то можно просто увеличить месячные платежи на 10%, либо вносить один дополнительный взнос ежегодно, добиваясь почти такого же результата.

Табл. 19-9:   **Сокращение срока выплаты ссуды при оплате каждые две недели**

Ссудный процент	Ссуда в $100,000 на 30 лет с оплатой помесячно		Ссуда в $100,000 на 30 лет с оплатой каждые две недели			Экономия
	Платёж	Выпла-ченная сумма	Платёж	Срок выплаты (лет)	Выпла-ченная сумма	
6.0%	$600	$216,000	$300	24.4	$190,200	$25,800
6.5%	$632	$227,520	$316	24.0	$197,500	$30,020
7.0%	$665	$239,400	$333	23.5	$203,490	$35,910
7.5%	$700	$252,000	$350	23.1	$210,350	$41,650
8.0%	$734	$264,240	$367	22.7	$216,530	$47,710
8.5%	$769	$276,840	$385	22.2	$221,472	$55,368
9.0%	$805	$289,800	$403	21.7	$227,010	$62,790
9.5%	$841	$302,760	$421	21.2	$232,116	$70,644
10.0%	$878	$316,080	$439	20.8	$237,499	$78,581
10.5%	$915	$329,400	$458	20.2	$240,645	$88,755
11.0%	$952	$342,720	$476	19.9	$246,092	$96,628
11.5%	$990	$356,400	$495	19.4	$249,480	$106,920
12.0%	$1,029	$370,440	$515	18.8	$251,076	$119,364

19.1.2. *Government-Assisted Loans and special programs*

Several federal programs assist families with moderate and low incomes who want to purchase homes. One of them is a program of the Rural Development section of the United States Department of Agriculture. The Rural Housing Service (RHS), formerly known as Farmer's Home Administration (FmHA), implements the program through many regional offices.

This program allows families who lack sufficient income for a regular mortgage to receive favorable loan terms to purchase, build, or renovate a house. The detailed information about this program can be obtained from your local office of the Rural Housing Service or its web site at www.rurdev.usda.gov. The following is a listing of RHS programs described at http://www.rurdev.usda.gov/rhs/Individual/ind_splash.htm.

- **"Direct Loan Program (Section 502)** Under the Direct Loan program, individuals or families receive direct financial assistance directly from the Rural Housing Service in the form of a home loan at an affordable interest rate. Most of the loans made under the Direct Loan Program are to families with income below 80% of the median income level in the communities where they live. Direct loans may be made for the purchase of an existing home or for new home construction" (RHS).

The loan amount can be up to 100% of the house market price, which eliminates the need for the down payment and minimizes closing costs. These loans are available to people who will not qualify for a conventional loan but can afford monthly payments and have acceptable credit history. The terms of the loans can be up to 33 or even 38 years for people with very low income. Monthly payments are usually limited to 22-26% of the borrower's income, which is achieved through the government subsidizing the interest rate. There are some limitations on the size, location, and price of the houses these loans can be used for. They also must comply with current building codes.

- **"Loan Guarantee Program (Section 502)** Under the Guaranteed Loan program, the Rural Housing Service guarantees loans made by private sector lenders. (A loan guarantee through RHS means that, should the individual borrower default on the loan, RHS will pay the private financier for the loan.) The individual works with the private lender and makes his or her payments to that lender. Under the terms of the program, an individual or family may borrow up to 100% of the appraised value of the home, which eliminates the need for a down payment Since a common barrier to owning a home for many low-income people is the lack of funds to make a down payment, the availability of the loan guarantees from RHS makes the reality of owning a home available to a

19.1.2. *Льготные ссуды и программы*

Существует несколько государственных программ оказания помощи в приобретении домов семьям с умеренными или низкими доходами. Одной из них является программа, контролируемая отделом сельского развития министерства сельского хозяйства США *(United States Department of Agriculture, Rural Development).* Ответственной за её воплощение является служба, называющаяся *Rural Housing Service* или *RHS,* известная ранее под названием *Farmer's Home Administration (FmHA),* которая имеет множество региональных отделений.

Эта программа позволяет получить ссуду на покупку дома, его строительство или обновление на льготных условиях семьям, которые не имеют достаточного дохода, чтобы получить ссуду на общих основаниях. Подробную информацию об этой программе можно получить в местном офисе *RHS* или на Интернете по адресу http://www.rurdev.usda.gov. Ниже приводится перечень вариантов помощи по этой программе представленных на сайте по адресу: http://www.rurdev.usda.gov/rhs/Individual/ind_splash.htm.

- *"Direct Loan Program (Section 502)* – программа прямых ссуд, согласно которой, одинокий человек или семья получает финансовую помощь в виде ссуды под приемлемый процент непосредственно от *Rural Housing Service.* Большинство таких ссуд выдаётся лицам, доход которых ниже 80% от медианного дохода в местности, где они проживают. Ссуда может выдаваться на покупку существующего дома или строительство нового" *(RHS).*

Согласно этой программе, можно получить ссуду, равную 100% рыночной стоимости жилья, что освобождает от необходимости платить первоначальный взнос *(down payment),* а также расходы по оформлению ссуды *(closing costs)* сведены до минимума.Под эту программу подпадают люди, не имеющие возможности взять ссуду на общих основаниях, но которые в состоянии платить ежемесячные взносы и имеют приемлемую кредитную историю. Ссуды выдаются на 33 года или даже на 38 лет для лиц с очень низким доходом. Выплаты по ним обычно составляют 22-26% от дохода владельцев, что достигается путём субсидирования государством ссудного процента. Дома, купленные или построенные с использованием такой ссуды, имеют ряд ограничений по размерам, стоимости и местоположению, а также должны соответствовать современным строительным стандартам и санитарным нормам.

- *"Loan Guarantee Program (Section 502)* – программа гарантии займов, согласно которой *Rural Housing Service* является гарантом ссуды, взятой в частной финансовой организации (банке или моргич компании) и в случае неспособности заемщика выплачивать ссуду, компенсирует заимодателю возможные потери. Согласно этой программе, можно получить ссуду равную 100% рыночной стоимости жилья, что освобождает от необходимости платить первоначальный взнос *(down payment),* существенно расширяя тем самым круг людей, способных получить обычную ссуду, поскольку именно отсутствие средств на первоначальный

much larger percentage of population. Eligibility for this program is the same as for mentioned above. The only difference is that recipient's income should not exceed 115% of the median income level.

- **Mutual Self-Help Housing Program (Section 523)** The Mutual Self-Help Housing Program makes homes affordable by enabling future home-owners to work on homes themselves Each qualified applicant is required to complete 65% of the work to build his or her own home. Groups of enrollees in the Self-Help Program work under supervision of profession-als. Members of each group help work on each other's homes, moving in only when all the homes are completed. Once accepted into the Self-Help Housing Program, each individual enrollee generally applies for a Single-Family Housing Direct Loan (Section 502) but the loan amount will be significantly smaller in comparison with conventional construction.

- **Home Repair and Preservation (Section 504)** The Home Repair Loan and Grant Program offers loans and grants for renovation for very low income families who own homes in need of repair and also provides funds to make a home accessible to someone with disabilities. Money may be provided, for example, to repair a leaking roof; to replace a wood stove with central heat-ing; to construct a front-door ramp for someone using a wheelchair; or to replace an outhouse and pump with running water, a bathroom, and a waste disposal system. Homeowners 62 years and older are eligible for home improvement grants. Other low income families and individuals receive loans at a 1% interest rate directly from Rural Housing Service.

- **Rental Assistance Program (Section 521)** Rental Assistance Program ensures that low-income residents of multi-family housing complexes financed by Rural Housing Service are able to afford rent payments. With the help of the Rental Assistance Program, a qualified applicant pays no more than 30% of his or her income for housing" (RHS).

In large cities and industrial centers, *The U.S. Department of Housing and Urban Development* or *HUD* (the same organization that operates subsi-dized apartments described in an earlier chapter) helps low-income families buy housing.

This department was created in 1965, during the tenure of president Lyn-don B. Johnson, by combining various federal organizations. HUD is responsi-ble for national housing policy, as well as developing programs and building standards, and it also enforces those laws. It distributes federal funds for reviv-ing economic activity in poor neighborhoods, repairs old and builds new hous-ing for low income people, and so on.

взнос является распространённым барьером для получения ссуды людьми с невысокими доходами. Под эту программу подпадают категории людей, указанные в предыдущей программе, с той лишь разницей, что величина их дохода ограничивается на уровне 115% от медианного дохода в данной местности.

- **_Mutual Self-Help Housing Program (Section 523)_** – программа взаимопомощи, позволяющая будущим владельцам снизить цену, которую необходимо уплатить за жильё, непосредственно участвуя в строительстве. Участники такой программы должны выполнить 65% объёма работ. Несколько участников программы объединяются и строят друг другу дома под руководством штатных работников. После полного завершения строительства, оформляется ссуда по программе прямых ссуд, но её величина будет значительно ниже, чем если бы дом был построен обычным способом.

- **_Home Repair and Preservation (Section 504)_** – программа ремонта и сохранения, дающая средства в виде ссуды или дотации на ремонт дома лицам с низкими доходами или на его переоборудование лицам, имеющим инвалидность. На эти деньги можно починить протекающую крышу, заменить дровяную печь на центральную систему отопления, провести водопровод и канализацию и так далее. Лица старше 62 лет получают деньги безвозмездно, а более молодые - в виде ссуды под 1% непосредственно от _Rural Housing Service._

- **_Rental Assistance Program (Section 521)_** – программа содействия обитателям многоквартирных домов, находящихся в ведении _Rural Housing Service,_ в виде помощи с квартирной платой. Согласно этой программе, жильцы платят за квартиру не более 30% своего дохода" (RHS).

В крупных городах и промышленных центрах, помощь в приобретении жилья семьям с низким доходом оказывает та же организация, которая управляет субсидированными квартирами, описанными в соответствующей главе – министерство строительства жилья и развития городов _(The U.S. Department of Housing and Urban Development_ или _HUD)._

Это министерство было создано в 1965 году во время правления президента Линдона Джонсона, путём объединения различных федеральных организаций. _HUD_ является ответственным за национальную политику в области жилья, разработку программ и стандартов, относящихся к сфере жилищного строительства, а также следит за исполнением соответствующих законов. Оно распределяет федеральные средства, предназначенные для оживления экономической активности в бедных кварталах, реконструкции старого и строительства нового жилья для малообеспеченных слоёв населения и так далее.

"The primary programs administered by HUD include:

- Mortgage and loan insurance through the Federal Housing Administration (or so-called *FHA insured loans* that allow one to buy a house without a down payment, - author's note);

- *Community Development Block Grants (CDBG)* to help communities with economic development, job opportunities and housing rehabilitation;

- *HOME Investment Partnership Act block grants* to develop and support affordable housing for low-income residents;

- Rental assistance in the form of Section 8 certificates or vouchers for low income households;

- Public or subsidized housing for low-income individuals and families;

- Homeless assistance provided through local communities and faith-based and other nonprofit organizations;

- Fair housing public education and enforcement" (HUD).

Receiving a subsidized loan or reduction of loan payments during financially difficult times is indisputably a blessing for families with low income, but it also has a negative side. As you could see from the table above, the balance of the loan decreases very slowly in the first years of payments. In eight years, only about 10% of a 30-year loan is repaid, even with regular payments. But if the loan is for 38 years or payments are not made in full, this process moves even slower or the balance could even increase.

Some people mistakenly believe that they can live in a house bought with a subsidized loan while their income is low, and, when their finances improve, they can drop the house and buy another using a conventional loan. This trick does not work. If you only make partial payments, everything that remains unpaid is considered as your debt, so it can turn out that five to ten years later you will end up owing significantly more than when you took out the loan. If the property value has not increased by the unpaid amount, then you will be forced to cover the difference if you want to change your residence. This is virtually impossible for many people. It is especially sad in cases where the interest rate has decreased substantially over time, but you cannot refinance the loan because the loan amount exceeds the market value of the property.

With this information in hand, ask yourself a question before using a subsidized program: do you want to live in this place for the rest of your life?

"Основными программами, контролируемыми *HUD*, являются:

- страхование ссуд через *Federal Housing Administration* (или так называемые *FHA insured loans,* позволяющие делать покупку без предварительного взноса - прим. автора);

- *Community Development Block Grants (CDBG)* – помощь районам в экономическом развитии, создании рабочих мест и восстановлении запущенного жилья;

- *HOME Investment Partnership Act block grants* – дотации на разработку и содержание жилья для семей с низкими доходами;

- субсидии на аренду жилья в частном секторе для семей с низкими доходами (8-я программа);

- субсидированное государственное или частное жильё для семей с низкими доходами;

- помощь бездомным через местные муниципалитеты, религиозные и другие благотворительные организации;

- просвещение в области жилищного законодательства и контроль за его исполнением" (HUD).

Получение льготной ссуды или снижение выплат по ней во время финансовых затруднений – безусловное благо для семей с низким доходом, но в этом есть и отрицательная сторона. Как было видно из таблицы, приведённой выше, в первые годы выплат остаток ссуды убывает очень медленно. За восемь лет погашается только около 10% от займа, взятого на 30 лет, даже при внесении полноценных платежей, а если ссуда взята на 38 лет, либо платежи вносятся не полностью, то этот процесс идёт ещё медленнее либо остаток даже увеличивается.

Некоторые опрометчиво полагают, что могут жить в доме, купленном на льготных условиях, пока доход невысок, а при улучшении финансовых возможностей от него отказаться и купить другой на общих основаниях. Этот трюк не проходит. Всё, что вы не доплачиваете до положенных по первоначальному расчёту платежей, записывается за вами как долг и может оказаться так, что через 5-10 лет вы окажетесь должны значительно больше, чем в тот момент, когда вы взяли ссуду. Если стоимость собственности не выросла на ту сумму, которую вы не доплатили, то вы вынуждены будете покрыть разницу, если хотите сменить место жительства. Для многих, это практически нереально. Особенно обидно бывает в том случае, когда со временем ссудный процент существенно снизился, а пере финансировать ссуду невозможно, поскольку долг превышает рыночную стоимость собственности.

Зная это, прежде чем воспользоваться льготами, спросите себя: согласны ли вы жить в этом месте всю вашу жизнь?

19.1.3. Mortgage Refinancing

The economic situation in the country varies with time, and loan interest rates are a sensitive indicator of these changes. If you took out a loan when the interest rate was high, and it subsequently went down, you can take out a new loan with lower interest and pay off the old one, which saves you a lot of money by reducing your payments or allowing you to repay the loan quicker. Of course, make sure that your loan agreement does not contain penalties for repaying your loan early.

Because a new loan means new initial expenses, you need to know how soon these expenses will be paid off and whether it even makes sense to refinance. The lower these costs, the lower the difference between the old and the new mortgage interest rate may be for you to reap benefits. Usually, refinancing a loan is worth the hassle if mortgage interest rates drop a minimum of 1-2%, but certain other conditions must be met, such as:

- The market value of the property should exceed the amount of the required loan;
- You are not planning to sell the property in the near future.

Banks do not grant loans that exceed the market value of the purchase. Therefore, if you took out the initial loan at a high interest rate and made an unsuccessful capital investment (i.e. the cost of the property has fallen), you won't be able to refinance it until you have paid off enough of the loan that its balance is less than the property's market value.

Refinancing a loan at a lower interest rate allows reducing monthly payments, but since refinancing expenses can be significant, it will take time to make up for them. If you lowered your monthly payments by $100 and spent $1,800 on refinancing, you'll need to live in the house for a minimum of 18 months for the refinancing to pay for itself. If you have to sell the house before then, it would be more favorable to continue paying the old loan.

19.2. Homeownership

Living in your own house is certainly better than renting an apartment, but you must be ready for additional expenses and work – which were previously your landlord's duties – to keep the house and yard in good condition. Self-respecting Americans demonstrate enviable diligence and persistence in maintaining their homes and trying to "keep up with the Joneses;" therefore, most middle-class neighborhoods appear prosperous and well-groomed. Main-

19.1.3. Перефинансирование ссуды

Экономическая ситуация в стране меняется со временем, и ссудный процент является чутким индикатором этих изменений. Если вы взяли ссуду в момент, когда этот процент был высоким, а впоследствии он понизился, то вы можете взять новую ссуду под более низкий процент и погасить старую, сократив тем самым ваши выплаты или срок погашения ссуды, что в конечном итоге выливается в существенную экономию. Разумеется, что в вашем договоре должно быть оговорено отсутствие штрафных санкций за досрочное погашение ссуды.

Поскольку оформление новой ссуды сопряжено с затратами, необходимо представлять, как скоро эти затраты окупятся и стоит ли всё это затевать. Чем меньше эти затраты, тем при меньшей разнице в ссудном проценте можно получить выгоду. Обычно, чтобы рефинансирование имело смысл, ссудный процент должен понизиться как минимум на 1-2%, но кроме этого необходимо выполнение определённых условий, как например:

- рыночная стоимость жилья должна превышать величину требуемой ссуды;
- вы не собираетесь продавать собственность в ближайшее время.

Банки не дают ссуду, превышающую по величине рыночную стоимость покупки. Поэтому, в случае, когда вы взяли первоначальную ссуду под высокий процент и сделали неудачное вложение капитала (стоимость собственности упала), вам не удастся её пере финансировать до тех пор, пока вы не выплатите часть ссуды, и её оставшаяся часть должна быть меньше, чем рыночная стоимость собственности.

Перефинансирование ссуды под более низкий процент позволяет уменьшить месячные платежи, но поскольку затраты на переоформление ссуды могут быть значительными, то необходимо время, чтобы их компенсировать. Если вы понизили месячные платежи на $100, а затратили на переоформление ссуды $1,800, то необходимо прожить после этого в доме как минимум 18 месяцев, прежде, чем вы окупите эту операцию. Если вы вынуждены продавать его до истечения этого срока, то выгоднее было бы выплачивать старую ссуду.

19.2. Домовладение

Жить в собственном доме, безусловно, лучше, чем снимать квартиру, но необходимо быть готовым к дополнительным расходам и работам по поддержанию дома и участка в хорошем состоянии, которые лежали раньше на хозяине снимаемой вами квартиры. Уважающие себя американцы проявляют завидное трудолюбие и настойчивость в обустройстве своего дома и стараются сделать всё "не хуже, чем у Джонсов", поэтому большинство микрорайонов, в которых живёт средний класс, являются цветущими и хорошо ухоженными. Расходы на поддержание дома в порядке существенно зависят от его возраста,

tenance expenses primarily depend on the age of the house, the building materials used, and the size of the lot.

If the house was built recently, in the first years it won't require a lot of upkeep other than annual heating system maintenance, and most of your efforts and expenses will go towards landscaping the property. Each house, even if its lot is tiny, has a neatly trimmed lawn, and in the suburbs or rural areas, the lawn could be hundreds of square meters. To keep it in good condition, you'll need to mow it at least once a week, fertilize it several times during the summer, and water it during dry weather. Other yard work will include caring for flowers, bushes, and trees in the summer; raking leaves in the fall; and snow removal in the winter. Even without considering the accompanying expenses, this adds up to a significant amount of work that is a pleasure for some people and a burden to others.

Once a house is several years old, you'll need to do regular cosmetic repairs and paint every four to six years if the house has painted siding. Older houses can require replacing their heating system, electrical wiring, or other work.

Many houses in the US have individual septic systems consisting of a concrete septic tank that collects solid waste and a water drainage network *(leach field)* made up of perforated pipes laid underground and covering a significant area with good drainage. A septic tank requires pumping every several years, depending on its size and usage, which is determined by the number of residents. Pumping costs a couple hundred dollars. But if a septic tank overflows, and solid waste gets into pipes and blocks them, repair can cost $5,000-15,000.

The examples above are far from a comprehensive list of home ownership concerns. They are mentioned here only to direct the readers' attention to the "other side of the coin," particularly since the majority of immigrants from the Soviet Union lived their whole lives in apartments, and only those who had dachas can imagine what any of this is about.

19.3. Home equity loan or line of credit

If you own a house, the portion of the cost that has been repaid is called *Home Equity* and can serve as collateral for a loan. There are two types of loans that use real estate equity as collateral: a *Home Equity Loan* and a *Home Equity Line of Credit.* With both types of loans the financial institution making the loan gains rights to the property if the contract's conditions are not met.

A *Home Equity Loan* is a loan taken out for a certain period of time and paid off in equal monthly installments, similar to mortgage payments discussed above. For this reason *Home Equity Loans* are frequently called second mort-

использованных строительных материалов и размера земельного участка.

Если дом построен недавно, то в первые годы, помимо ежегодной профилактики отопительной системы, он сам по себе не доставляет много хлопот, и основная часть сил и расходов приходится на облагораживание приусадебного участка. Каждый дом, даже с самым маленьким клочком земли, имеет аккуратно подстриженный газон, а в пригородах и сельской местности размер этого газона может быть в несколько соток. Для поддержания в хорошем состоянии, необходимо подстригать его как минимум раз в неделю, удобрять несколько раз за лето и поливать в засушливую погоду. Если прибавить к этому уход за цветами, кустами и деревьями летом, уборку листьев осенью и чистку снега зимой, то набирается довольно значительный объём работ, который может быть удовольствием для одних и бременем для других, даже не принимая во внимание сопутствующие расходы.

После истечения первых нескольких лет после постройки дома, необходимо регулярно производить косметический ремонт, а также покраску каждые 4-6 лет (если дом имеет крашеную обшивку). Более старые дома могут нуждаться в замене отопительной системы или электропроводки и других работах.

Многие дома в США имеют индивидуальную канализацию, состоящую из бетонной сточной ямы *(septic tank)* для сбора твёрдых отходов и сети перфорированных труб, проложенных под землёй на значительной территории с хорошим дренажем *(leach field),* для отвода воды. Сточная яма нуждается в очистке каждые несколько лет в зависимости от её размеров и интенсивности использования (количества жильцов). Это стоит в пределах пары сотен долларов. Если же она переполняется, и твёрдые отходы попадают в трубы, забивая их, то ремонт может стоить $5,000-15,000.

Вышеуказанные примеры далеко не исчерпывают все заботы, связанные с домовладением, и приводятся здесь только для того, чтобы обратить внимание на обратную сторону медали ещё и потому, что большинство наших соотечественников прожили всю свою жизнь в квартирах и только те, кто имел дачи, представляют себе, о чём идёт речь.

19.3. Ссуды по залог дома

Если вы владеете домом, часть стоимости которого выплачена, то   эта часть, называемая *Home Equity,* может служить залогом при займе денег. Существует две разновидности ссуд, берущихся под залог недвижимости: *Home Equity Loan* и *Home Equity Line of Credit.* В обоих случаях финансовое учреждение, предоставляющее ссуду, получает права на собственность при нарушении условий контракта.

Home Equity Loan - это ссуда, взятая на определённый срок и выплачиваемая ежемесячно равными долями, аналогично обычной ссуде (моргичу), рассмотренной выше. Именно поэтому такие ссуды часто называют   вторым моргичем *(second*

gages. The interest on these loans is often fixed for the life of the loan and usually a bit higher than market rates for first mortgages made at the same time.

A *Home Equity Line of Credit* is similar to a credit card but, because the loan has collateral and the creditor's risk is not very high, interest on these loans is much lower than on a credit card. In most cases this interest is variable and tied to a financial index – for example, *prime rate +1.5%* – and thus fluctuates with the index.

The possessor of this type of credit can borrow any amount within the limit at any moment and can pay it off at any time. People usually access their credit lines with a special checkbook that differs from a standard checkbook in that there is a set minimum amount for each check, for example $200. Mandatory monthly payments may be minimal and cover only accumulating interest or a small portion of the principal.

Both types of equity loans are great financial tools, enabling you to use your capital investments, but you should be careful using them. It is best to borrow money this way to remodel a kitchen, build a garage, or take on another project to increase your property's value. Think hard before borrowing money for a vacation. Many people use these loans to pay off other debts, such as credit cards, car loans, and so on. But if they don't change the spending habits that put them in debt in the first place, they have a high chance of losing their homes.

One of the most important purposes of establishing a *Home Equity Line of Credit* is to have a cushion in case of unexpected expenses. It is recommended to have enough savings to cover four to six month of living expenses in case of job loss, but not everyone can afford that. On the other hand, it does not make much sense to keep several thousand dollars in a saving account with a 1-3% annual return while paying 7-9% on the unpaid portion of a mortgage. It is much better to use this money for loan repayment and to establish a home equity line of credit that can be used only when absolutely necessary, to help you survive difficult times if they arrive. However, you should think about this in advance because no bank will give you a credit line if you are unemployed. But as long as you comply with your contract, nobody will check you once the credit is established.

A large percentage of small businesses are financed at the beginning by these loans. In these cases it's vital to estimate realistically the degree of risk and, if necessary, be able to stop before it's too late.

Home equity loan terms, like car loans, vary from bank to bank so you should shop around to compare possibilities, as was described earlier. Keep in mind that banks consider only 75-90% of the property market value when they calculate the possible amount of a home equity loan.

mortgage). Ссудный процент в таких случаях, чаще всего, фиксирован на всё время выплаты ссуды и по величине несколько выше, чем тот, под который в данный момент дают ссуды на покупку дома (первый моргич).

Home Equity Line of Credit - это кредитная линия, действующая аналогично кредитной карте, но поскольку деньги занимаются под залог и риск кредитора сравнительно невелик, то ссудный процент по таким займам значительно ниже, чем по кредитной карте. В большинстве случаев этот процент является переменным, привязан к какому-то показателю (например, *prime rate +1.5%)* и меняется вместе с ним.

Обладатель такой кредитной линии может в любой момент занять любую сумму в пределах своего лимита и в любой момент погасить её. Обычно это делается с помощью специальной чековой книжки, с тем лишь отличием, что может быть установлена минимальная сумма чека, например $200. Обязательные ежемесячные платежи могут быть минимальными и покрывать только набегающие проценты или небольшую часть основной ссуды.

Оба вида займов под залог недвижимости являются прекрасным финансовым инструментом, позволяющим использовать ваши капиталовложения, однако пользоваться ими нужно с осторожностью. Если вы занимаете деньги на обновление кухни, пристройку гаража или другие работы, увеличивающие стоимость дома, то такой способ займа является наилучшим. Если же вы занимаете деньги для поездки в отпуск, то хорошо подумайте прежде чем делать это. Многие люди используют такие займы для оплаты других долгов, как, например, по кредитным картам, за купленные в кредит автомобили и так далее. Однако, если они не меняют своих привычек, которые привели их к долгам, то имеют большие шансы потерять дом.

Одной из наиболее важных целей оформления *Home Equity Line of Credit* является использование её в качестве подстраховки на случай непредвиденных расходов. Рекомендуется иметь сбережения в размере 4-6 месячных доходов на случай потери работы, однако далеко не все могут себе это позволить. С другой стороны, не очень разумно держать несколько тысяч долларов на сберегательном счете под 1-3% годовых и в тоже время платить 7-9% за неоплаченную часть моргича. Гораздо более выгодно внести эти деньги в погашение ссуды и оформить кредитную линию, которой можно не пользоваться без необходимости, но которая поможет вам пережить трудные времена. Однако об этом необходимо позаботиться заранее, поскольку ни один банк не откроет вам кредит, если вы безработный, но никто не будет вас проверять после оформления кредита, коль скоро вы выполняете условия договора.

Большой процент собственных бизнесов финансируется на первых порах за счет подобных займов. В таких случаях необходимо реально оценивать степень риска и уметь вовремя остановиться.

Условия предоставления ссуд под залог недвижимости, как и на покупку дома или машины, варьируются от банка к банку и необходимо провести точно такие же поиски и сравнение различных вариантов, как и в описанных выше случаях. Следует отметить, что при расчёте возможного размера ссуды под залог недвижимости, банки берут в расчёт только 75-90% от её рыночной стоимости.

19.4. Selling real estate

Although the question of real estate sales probably isn't very relevant during the first years in the country, you should have a general understanding of the process. As mentioned earlier, houses can be sold directly by their owners or through real estate agencies. Although brokers receive significant amounts of money – 4-8% of a sale price – most real estate is sold through brokers.

The property owner signs a contract with an agency, and the agency agrees to advertise and show the house (or apartment or piece of land) to potential buyers, negotiate on behalf of the owner, prepare necessary documents, and coordinate the sales process. Only when the property has been successfully sold does the agency receive the commission. When the housing market is saturated, this isn't as easy a job as it might seem. In many cases, when the owner needs to move somewhere else before he or she has had time to sell the house, services of an intermediary are the only solution. Even if a broker works hard, it sometimes takes months to sell. Since the owner must pay the mortgage during this time, the commission will not seem so high if the broker helps reduce the time it takes to sell the property.

As in any other business, some brokers are true professionals and others are utterly worthless. You should stipulate conditions under which the contract can be canceled, for example, after six or twelve months. However, a broker may claim a commission even after cancellation of the contract if the owner sells the house to a buyer that the broker originally brought in.

In some cases, when the owner has free time, is not limited by deadlines, and the property is in good condition and located in a desirable area, it's possible to sell it without involving a broker. At the very least, though, it's a good idea to first acquire some knowledge of the real estate business. There is a network of companies throughout the country that, for a reasonable fee, conduct classes for interested persons and supply forms of all necessary documents. They also publish advertising booklets with titles such as *Real Estate by Owner*, in which owners can place ads. To find the company nearest you, check the Internet site *www.fsbonetwork.com* or look for booklets at a local supermarket.

A property owner can ask for a lower price when selling without an intermediary because he or she won't need to pay commission, which can speed up the process significantly. Or he might ask and receive the full price if there's no reason to hurry. For a house priced in the range of $100,000-200,000, the difference could be up to $7,000-15,000.

19.4. Продажа жилья

Хотя вопрос о продаже жилья не очень актуален в первые годы жизни в стране, необходимо иметь общие представления об этом. Как уже говорилось, дом может продаваться непосредственно владельцем или через агентство по продаже недвижимости. Несмотря на то, что посредники получают значительные суммы (4-8% от продажной цены), большинство недвижимости продаётся с их участием.

Владелец собственности заключает договор с агентством, согласно которому оно обеспечивает публикацию рекламы и показ дома (квартиры или земельного участка) потенциальным покупателям, ведение переговоров от лица владельца, подготовку необходимых документов и координацию событий сопутствующих процессу продажи. Агентство получает комиссионные только в случае успешного заключения сделки. В условиях насыщенного рынка жилья, это не такая лёгкая работа, как кажется на первый взгляд. Во многих случаях, когда владелец вынужден переехать в другое место до того, как он успел продать дом, услуги посредника являются единственным выходом. Даже при активной работе брокера, на продажу иногда уходят месяцы. Если же учесть, что всё это время владелец вынужден выплачивать ссуду, то комиссионные уже не покажутся такими высокими, если они помогают сократить время продажи.

Как и в любом деле, существуют хорошие специалисты и никуда не годные. Необходимо оговаривать условия, при которых договор может быть прекращён, например, после 6 или 12 месяцев. Однако, если даже после расторжения договора, владелец продаст дом покупателю, которого первоначально привёл к нему брокер, то последний может претендовать на комиссионные.

В некоторых случаях, когда владелец имеет достаточно свободного времени, не связан сроками, а также, если собственность находится в хорошем состоянии и расположена в пользующемся спросом месте, можно продать её, не прибегая к услугам брокера, но для этого необходимо, как минимум, получить некоторые знания в этой области. Существует сеть компаний по всей стране, которые за небольшую плату проводят курсы для желающих и снабжают бланками и формами всех необходимых документов. Они также издают рекламные буклеты под названием *Real Estate by Owner* или созвучные с ним, в которых владельцы могут поместить рекламу. Местонахождение ближайшей к вам компании можно найти на Интернете по адресу *www.fsbonetwork.com* или найдя один из таких буклетов в местном супермаркете.

При продаже без посредника, владелец может запрашивать более низкую цену, поскольку ему не надо платить комиссионные, что может существенно ускорить процесс, либо получит полную сумму, если нет необходимости торопиться. При стоимости дома в $100,000 – 200,000, разница может составить $7,000 – 15,000.

20. Services

In this chapter we'll discuss a few of the most important types of services that nearly everybody needs to use from their very first days in the country. You'll learn about the rest on your own, as other needs arise.

20.1. US Postal service

On July 1, 1971, the Post Office Department was transformed into the United States Postal Service, a government organization that support itself with the revenue it generates. The organization is controlled by an 11-member Board of Governors. Nine members (the Governors) are appointed by the President, with the advice and consent of the Senate. The nine Governors appoint the Postmaster General, who is the chief executive officer of the Postal Service, and these 10 people select the Deputy Postmaster General. An independent Postal Rate Commission recommends postal rates for adoption by the Governors.

The United States Postal Service claims on its Internet site that it is the largest in the world. It has about 750,000 employees and delivers more than 200 billion pieces of mail a year, representing more than 40% of the world's card and letter mail volume. Most Americans rated their overall satisfaction with the Postal Service as excellent, very good or good (www.usps.com).

And this is definitely true. The Postal Service not only delivers mail, it also offers services not available in other countries. You can send practically anything by mail as long as it's not dangerous or harmful. And the speed of delivery in some cases is simply amazing: you can send a letter across the whole country with a guarantee for delivery by noon the next day. You can find complete information on what services are available at post offices or on the Internet at *www.usps.com*. We will review here only the most basic services. All prices are given as of the end of 2002.

20. Бытовые услуги

В этой главе мы поговорим только о нескольких наиболее важных видах услуг, которыми приходится пользоваться с первых дней жизни в стране практически всем без исключения. Всё остальное вы освоите самостоятельно, по мере необходимости.

20.1. Почта

1 июля 1971 года министерство почты было преобразовано в Почтовую службу США, которая является государственной хозрасчётной организацией, существующей за счёт доходов за оказываемые услуги. Руководство службой осуществляет попечительский совет, состоящий из 11 человек, 9 из которых назначаются президентом с согласия Сената. Эти люди назначают Главного Почтмейстера (*Postmaster General*) и с учётом его мнения назначают ему заместителя. Отдельная независимая комиссия рекомендует почтовые тарифы для принятия попечительским советом.

На своём Интернет сайте почтовая служба США утверждает, что она является крупнейшей в мире. В ней занято около 750,000 человек, доставляющих более 200,000,000,000 отправлений в год. Это составляет более 40% мировой доставки писем и открыток. Большинство американцев оценивает работу почтовой службы как хорошую или очень хорошую (www.usps.com).

И это действительно так. Она не только доставляет почтовые отправления, но и оказывает множество услуг, недоступных в других странах. По почте можно отправить практически всё, что угодно, за исключением того, что может представлять опасность для окружающих. Скорость доставки в некоторых случаях просто поражает. Вы можете отправить письмо через всю страну с гарантией доставки до полудня следующего дня. Полную информацию о почтовых услугах вы можете найти в почтовых отделениях или на сайте почтовой службы *www.usps.com*, а здесь мы рассмотрим только самые основные из них. Все цены приведены по состоянию на конец 2002 года.

The three most popular kinds of delivery differ significantly by cost and speed of delivery:

Express Mail is the fastest service. It offers guaranteed delivery no later than on the second day 365 days a year, including weekends and holidays. In most cases it will be delivered by noon the next day. Mailing should weight no more than 70 pounds or 31.75 kg. and have combined length and girth of no more than 108 inches or 274 cm.

Table 20-1:   Express Mail Rates for Post Office to Addressee Service

Weight	Pounds	1/2	2	3	4	5	6	7	8	9	10
	grams	227	907	1360	1814	2267	2721	3175	3628	4082	4535
Rate $		13.65	17.85	21.05	24.20	27.30	30.40	33.45	34.75	36.20	37.50

Source: U.S.Postal Service

The Postal Service supplies mailing containers (envelopes, boxes, and tubes) and the necessary mailing labels at no charge. Merchandise is automatically insured up to $500 against loss or damage, and, for an extra fee, additional insurance can be purchased up to $5,000. Every package has a unique tracking number. You can locate your mailing at any time on the USPS web site or by calling Customer Service at 1-800-222-1811.

Do not confuse the *Express Mail* service of the US Postal Service with the *FedEx Express* service of the commercial company *FedEx Corporation,* that provides fast package delivery in the US and in many other countries. Also, an abbreviation *UPS* belongs to another commercial delivery company *United Parcel Service of America, Inc.,* and the postal service's abbreviation is *USPS.*

Priority Mail guarantees second day delivery in most cases. The package weight and size limits are the same as for the Express Mail, but the price is significantly lower. Priority Mail rates up to 5 pounds are shown in Table 20-2. There is a special table for calculating the rate for packages heavier than 1 pound based on a weight and distance.

Table 20-2:   Priority Mail Rates for Post Office to Addressee Service

Weight	Pounds	1	2	3	4	5
	grams	453	907	1360	1814	2267
Rate $		3.85	3.95-5.75	4.75-8.55	5.30-10.55	5.85-12.55

Source: U.S.Postal Service

Наиболее распространены три вида доставки, существенно отличающиеся сроками доставки и стоимостью:

Express Mail – наиболее быстрый сервис, гарантирующий доставку не позже, чем на второй день, включая выходные и праздничные дни. Возможна доставка на следующий день до 12:00 или до 15:00. Отправления должны весить не больше 70 фунтов или 31.75 кг и иметь размеры (длина + обхват) не более 108" или 274 см.

Табл. 20-1: **Тарифы экспресс почты при отправлении из почтового отделения**

Вес	фунтов	1/2	2	3	4	5	6	7	8	9	10
	грамм	227	907	1360	1814	2267	2721	3175	3628	4082	4535
Стоимость $		13.65	17.85	21.05	24.20	27.30	30.40	33.45	34.75	36.20	37.50

Источник: U.S. Postal Service

Почтовая служба не взимает дополнительной платы за коробки, конверты или тубусы, необходимые для отправления. Покупки, отправленные таким образом, автоматически страхуются на сумму до $500 против утери или повреждения и за дополнительную плату могут быть застрахованы на сумму до $5000. Каждое отправление имеет свой уникальный номер, по которому можно проследить его путь на сайте почтовой службы или позвонив по номеру 1-800-222-1811 в службу обслуживания клиентов *(Customer Service)*.

Не путайте способ доставки *Express Mail* почтовой службы США со способом доставки *FedEx Express* коммерческой компании *FedEx Corporation,* обеспечивающей быструю доставку грузов на территории США и во многих других странах. Точно также аббревиатура *UPS* принадлежит другой коммерческой компании *United Parcel Service of America, Inc.,* занимающейся доставкой, а почтовая служба сокращённо называется *USPS.*

Priority Mail – обеспечивает доставку в течение 2-х дней в большинство мест назначения. Ограничения по весу и размерам для этого вида отправлений такие же, как и для экспресс почты, но цена значительно ниже. В табл. 20-2 приводится стоимость отправлений весом до 5 фунтов. При весе отправления больше, чем 1 фунт, стоимость определяется по таблицам, учитывающим вес и расстояние.

Табл. 20-2: **Тарифы срочной почты при отправлении из почтового отделения**

Вес	фунтов	1	2	3	4	5
	грамм	453	907	1360	1814	2267
Стоимость $		3.85	3.95-5.75	4.75-8.55	5.30-10.55	5.85-12.55

Источник: U.S. Postal Service

Express Mail, as well as Priority Mail, has a Flat-Rate Envelope. Anyamount of material that fits into the envelope may be mailed at the regular 1-pound rate regardless of the weight of the material in the envelope.

First-Class Mail is mostly used for cards, letters, and packages. All mailings must weigh less than 13 ounces or 368 grams, and have dimensions within the following limits: not less than 5"x 3.5"x 0.007" or 127 mm x 89 mm x 0.18 mm and not more than 108" or 274 cm in length + girth (distance around the thickest part of the package).

Card rate is $0.23 if the card size meets the following standards:

- Minimum: 5"x 3.5"x 0.007" or 127 mm x 89 mm x 0.18 mm

- Maximum: 6" x 4.25" x 0.016" or 152 mm x 108 mm x 0.4 mm

Letter rate is $0.37 for the first ounce (28g) and $0.23 for each additional ounce if the letter meets the following standards:

- Minimum: 5"x 3.5"x 0.007" or 127 mm x 89 mm x 0.18 mm

- Maximum: 11.5" x 6.125" x 0.25" or 292 mm x 155 mm x 6.3 mm

Table 20-3:   First-Class Mail Rates for Post Office to Addressee Service

Weight	Ounce	1	2	3	4	5	6	7	8	9	10	11	12	13
	gram	28	56	85	113	141	170	198	226	255	283	311	340	368
Rate $		0.37	0.60	0.83	1.06	1.29	1.52	1.75	1.98	2.21	2.44	2.67	2.90	3.13

Source: U.S.Postal Service

The proportion of length to width for letters and postcards should be in the range of 1.3 to 2.5. If an item doesn't fit these guidelines, it must be sorted by hand, so the sender pays a small additional fee.

The postal Service provides other services as well. Some of them are listed below:

- *Certificate of Mailing* is a receipt showing evidence of mailing. The certificate does not provide proof of delivery.

- *Certified Mail* provides proof of mailing and delivery, and a record of delivery is maintained by the Postal Service.

- *Collect on Delivery (COD)* service is used when the sender wants to collect payment for merchandise and/or postage when the merchandise ordered by the addressee is delivered. The amount should be under $1,000.

Как *Express Mail,* так и *Priority Mail* имеют специальные конверты, которые называются *Flat-Rate Envelope.* При использовании этих конвертов, вне зависимости от веса вложения, стоимость отправления будет равна стоимости посылки весом 1 фунт.

First-Class Mail – используется в основном для отправки пакетов, писем и открыток. Все отправления должны иметь вес не более 13 унций или 368 грамм, кроме того, ограничиваются минимальные и максимальные размеры таких отправлений. Размеры отправления должны быть не меньше 5"х 3.5"х 0.007" или 127 мм х 89 мм х 0.18 мм и не более 108" или 274 см (длина + обхват).

Стоимость пересылки открытки - $0.21 в том случае, если её размеры соответствуют требованиям, указанным ниже.

- Минимум: 5"х 3.5"х 0.007" или 127 мм х 89 мм х 0.18 мм

- Максимум: 6" х 4.25" х 0.016" или 152 мм х 108 мм х 0.4 мм

Стоимость пересылки писем весом до 1 унции (28 г) составляет $0.34 плюс $0.23 за каждую последующую унцию. Эти тарифы используются, если размеры конверта соответствуют требованиям, указанным ниже.

- Минимум: 5"х 3.5"х 0.007" или 127 мм х 89 мм х 0.18 мм

- Максимум: 11.5" х 6.125 " х 0.25" или 292 мм х 155 мм х 6.3 мм

Табл. 20-3:   Тарифы почты первого класса для писем

Вес	унций	1	2	3	4	5	6	7	8	9	10	11	12	13
	грамм	28	56	85	113	141	170	198	226	255	283	311	340	368
Стоимость $		0.37	0.60	0.83	1.06	1.29	1.52	1.75	1.98	2.21	2.44	2.67	2.90	3.13

Источник: U.S. Postal Service

Соотношение длины к ширине для писем и открыток должно находиться в пределах от 1.3 до 2.5. Если оно выходит за эти пределы, то берётся небольшая дополнительная плата, поскольку такие отправления сортируются вручную.

Почтовая служба оказывает различные дополнительные услуги. Некоторые из них перечислены ниже:

- ***Certificate of Mailing*** – подтверждение отправки, которое удостоверяет, что отправление было сделано, но не подтверждает доставку

- ***Certified Mail*** – сертифицированное отправление, при котором почтовая служба регистрирует информацию о доставке.

- ***Collect on Delivery (COD)*** – оплата при доставке, позволяет отправителю получить деньги за отправление, заказанное получателем. Сумма ограничивается в пределах $1,000. Почтовая служба регистрирует информацию о доставке.

- *Insured Mail* provides coverage against loss or damage. You can purchase insurance coverage up to $5,000 but not more than the value the item being mailed.

- *Money Order* You can buy domestic and international money orders at all post offices in amounts up to $700.

- *Registered Mail* is the most secure service option offered for valuable and important mail. The sender gets a receipt and the Postal Service logs the information about mailing and delivery.

- *Restricted Delivery* means that the sender's mail is delivered only to a specific addressee or to someone authorized in writing to receive mail for the addressee.

- *Return Receipt* is the sender's proof of delivery. The return receipt shows who signed for the item and the date that it was delivered. Unless prohibited by law, the return receipt also provides the delivery address if the address on the mail piece is no longer correct.

- *Special Handling* - for fragile and other sensitive items.

To ensure that your mail is delivered as quickly as possible, you should properly indicate the recipient's address. Here is the standard format for writing addresses in the U.S.:

**Recipient's name (and/or company name, if applicable).
Recipient's street address, post office box number, rural route number and box number, or highway contract route number and box number.
Recipient's city, state, and ZIP Code or ZIP+4, if known.**

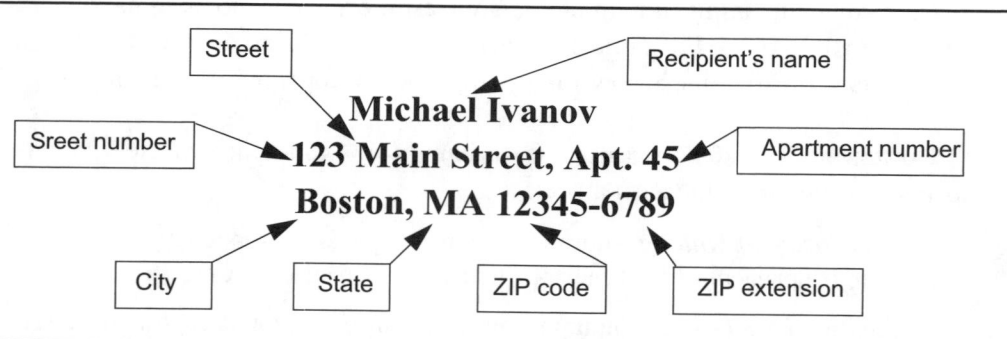

The recipient's address is usually written in the center of the envelope, but can also be written at the bottom right or bottom left. The sender's address is written in the upper left-hand corner or sometimes on the other side of the envelope, on the flap.

- **Insured Mail** – застрахованное отправление, обеспечивает компенсацию в случае утери или повреждения содержимого отправления. Сумма ограничивается в пределах $5,000 и не может быть больше реальной стоимости оправляемых изделий.

- **Money Order** – обеспечивает перевод денег в сумме до $700 внутри страны и за границу.

- **Registered Mail** – заказное отправление обеспечивает максимальную защиту для ценных отправлений. Отправитель получает квитанцию, и почтовая служба регистрирует информацию об отправлении и доставке.

- **Restricted Delivery** – гарантирует доставку лично адресату или его законному представителю.

- **Return Receipt** – уведомление о вручении обеспечивает подтверждение вручения, время, когда оно было выполнено и адрес получателя, если он оказался отличающимся от указанного в отправлении.

- **Special Handling** – особое обращение, требуемое для некоторых отправлений.

Для того чтобы ваше отправление было доставлено в минимальные сроки, необходимо правильно указывать адрес получателя. В США принята следующая форма написания адресов:

Имя получателя

Организация (если письмо не личное)

Номер дома, улица, номер квартиры; номер почтового ящика;

номер сельской дороги и номер ящика или номер контракта.

Город, штат, индекс - расширение индекса (если знаете)

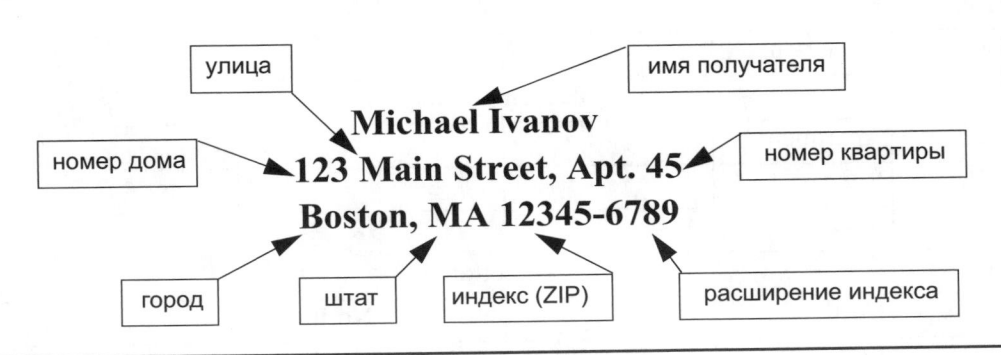

Адрес получателя обычно расположен в центральной части конверта, но может быть помещён также в правой или левой нижних частях. Адрес отправителя помещается в левом верхнем углу, а иногда на обратной стороне конверта (на клапане).

It's very important to indicate the full and exact street name and type when writing the recipient's address. This is because in the U.S., there are very often streets, lanes, roads, and avenues with identical names that can be differentiated only by indicating, for example, that the recipient lives on Ocean Street, not Ocean Avenue. Table 20-4 gives a list of the most frequently encountered abbreviations used in addresses.

The entire United States is divided into zones that are assigned five-digit postal indexes called *ZIP Codes*. These codes correspond to post office branches and are used to sort the mail by machines. Despite the fact that you write ZIP Codes by hand and place the address into an arbitrary place on the envelope, scanning equipment can recognize them.

Table 20-4:   Abbreviations Used in Addressing

Street Type					
AVE	Avenue		PKWY	Parkway	
BLVD	Boulevard		PL	Place	
CTR	Center		PLZ	Plaza	
CIR	Circle		RDG	Ridge	
CT	Court		RD	Road	
DR	Drive		SQ	Square	
EXPY	Expressway		ST	Street	
HTS	Heights		STA	Station	
HWY	Highway		TER	Terrace	
IS	Island		TRL	Trail	
JCT	Junction		TPKE	Turnpike	
LK	Lake		VLY	Valley	
LN	Lane		WAY	Way	
MTN	Mountain				
Housing Type					
APT	Apartment				
RM	Room				
STE	Suite				
Direction					
N	North		NE	Northeast	
E	East		NW	Northwest	
S	South		SE	Southeast	
W	West		SW	Southwest	

Source: U.S. Postal Service.

Очень важно правильно указывать тип улицы, на которой живёт получатель. Дело в том, что в США очень часто можно встретить улицу, переулок, проезд или авеню, носящие одинаковые названия, и отличить их можно только указав, какой именно тип имеется в виду. В табл. 20-4 на стр. 865 приводятся наиболее часто встречающиеся сокращения, используемые в адресах.

Вся территория США разбита на участки, которым присвоены пятизначные почтовые индексы, называемые *ZIP code* (зип коуд). Эти индексы являются номерами почтовых отделений и используются для автоматической сортировки почты. Несмотря на то, что вы пишите их вручную, помещая адрес в произвольном месте на конверте, считывающие устройства в состоянии их распознать.

Табл. 20-4: Сокращения, используемые в адресах

Тип улицы					
AVE	Avenue	авеню	PKWY	Parkway	скоростн. дорога
BLVD	Boulevard	бульвар	PL	Place	место
CTR	Center	центр	PLZ	Plaza	торг./деловой центр
CIR	Circle	круг	RDG	Ridge	хребет (горный)
CT	Court	двор	RD	Road	дорога
DR	Drive	проезд	SQ	Square	площадь
EXPY	Expressway	скоростн. дор.	ST	Street	улица
HTS	Heights	высоты	STA	Station	станция
HWY	Highway	скоростн. дор.	TER	Terrace	террасса
IS	Island	остров	TRL	Trail	тропа
JCT	Junction	соединение	TPKE	Turnpike	платная дорога
LK	Lake	озеро	VLY	Valley	долина
LN	Lane	переулок	WAY	Way	путь
MTN	Mountain	гора			
Вид жилья					
APT	Apartment	квартира			
RM	Room	комната			
STE	Suite	номер			
Направление					
N	North	северный	NE	Northeast	северо-восточный
E	East	восточный	NW	Northwest	северо-западный
S	South	южный	SE	Southeast	юго-восточный
W	West	западный	SW	Southwest	юго-западный

Источник: U.S. Postal Service.

The names of all U.S. states and territories have two-letter abbreviations, listed in the table below, that should be written just before the ZIP Code.

Table 20-5:   State Abbreviations

AK	Alaska	NE	Nebraska
AS	American Samoa	NV	Nevada
AZ	Arizona	NH	New Hampshire
AR	Arkansas	NJ	New Jersey
CA	California	NM	New Mexico
CO	Colorado	NY	New York
CT	Connecticut	NC	North Carolina
DE	Delaware	ND	North Dakota
DC	District of Columbia	MP	Northern Mariana Islands
FM	Federated States of Micronesia	OH	Ohio
FL	Florida	OK	Oklahoma
GA	Georgia	OR	Oregon
GU	Guam	PW	Palau
HI	Hawaii	PA	Pennsylvania
ID	Idaho	PR	Puerto Rico
IL	Illinois	RI	Rhode Island
IN	Indiana	SC	South Carolina
IA	Iowa	SD	South Dakota
KS	Kansas	TN	Tennessee
KY	Kentucky	TX	Texas
LA	Louisiana	UT	Utah
ME	Maine	VT	Vermont
MH	Marshall Islands	VA	Virginia
MD	Maryland	VI	Virgin Islands, US
MA	Massachusetts	WA	Washington
MI	Michigan	WV	West Virginia
MN	Minnesota	WI	Wisconsin
MS	Mississippi	WY	Wyoming
MO	Missouri	AA	Armed Forces the Americas
MT	Montana	AE	Armed Forces Europe
		AP	Armed Forces Pacific

Source: U.S. Postal Service.

Все названия штатов и территорий США имеют двухбуквенные сокращения, приведенные ниже в таблице, которые указываются непосредственно перед почтовым индексом.

Табл. 20-5:   Аббревиатуры названий штатов и территорий США

AK	Alaska	NE	Nebraska
AS	American Samoa	NV	Nevada
AZ	Arizona	NH	New Hampshire
AR	Arkansas	NJ	New Jersey
CA	California	NM	New Mexico
CO	Colorado	NY	New York
CT	Connecticut	NC	North Carolina
DE	Delaware	ND	North Dakota
DC	District of Columbia	MP	Northern Mariana Islands
FM	Federated States of Micronesia	OH	Ohio
FL	Florida	OK	Oklahoma
GA	Georgia	OR	Oregon
GU	Guam	PW	Palau
HI	Hawaii	PA	Pennsylvania
ID	Idaho	PR	Puerto Rico
IL	Illinois	RI	Rhode Island
IN	Indiana	SC	South Carolina
IA	Iowa	SD	South Dakota
KS	Kansas	TN	Tennessee
KY	Kentucky	TX	Texas
LA	Louisiana	UT	Utah
ME	Maine	VT	Vermont
MH	Marshall Islands	VA	Virginia
MD	Maryland	VI	Virgin Islands, US
MA	Massachusetts	WA	Washington
MI	Michigan	WV	West Virginia
MN	Minnesota	WI	Wisconsin
MS	Mississippi	WY	Wyoming
MO	Missouri	AA	Armed Forces the Americas
MT	Montana	AE	Armed Forces Europe
		AP	Armed Forces Pacific

Источник: U.S. Postal Service.

Because many post office branches are located in densely populated places and process huge quantities of mail, an additional set of codes was created that enables mail to be sorted right down to the street, exact building, or even the organization in the building. This is done with the help of a hyphen and four additional digits that are written after the *ZIP Code*. It's not mandatory to use the extra numbers, but it helps speed delivery.

According to www.usps.com, about 17% of the population moves from one place to another each year. When clients request it, the postal service will forward their mail to their new addresses for a certain amount of time, up to one year. To do this, you should get the *Mover's Guide* booklet, which contains the necessary forms, from your mail carrier or post office. It's best to take care of this in advance of moving.

20.2. Laundry and dry cleaning

Laundering clothes and linens is completely automated and no longer a heavy burden in the U.S., but it is also not exclusively women's work. The work is reduced to loading laundry into a washing machine that does everything from washing to rinsing and squeezing out excess water. The wet laundry is loaded into a dryer and then completely ready in approximately one hour. If it is taken out of the dryer hot and immediately folded or hung up on a coat hanger, laundry, for the most part, does not require ironing. Even men are up to these tasks – many men take equal part in weekly laundry chores.

As a rule, people living in their own homes have washing and drying machines installed in their basements or in special *laundry rooms*. People who rent usually use the landlord's facilities, located in the same building, or go to self-service laundries (also called laundromats or coin-operated laundries). There are huge numbers of these scattered throughout the country, quite often located near supermarkets or shopping centers, so clients can load their laundry into the washing machine or dryer and then go shopping, thus saving time. The other advantage of laundromats is that – unlike a landlord's laundry with only a few small washers – you can simultaneously load as many washers or dryers as you need and save more time. The cost of services in these laundries is very moderate and affordable for everybody. Washing and drying for a family of four is about $10-15 if you bring your own detergent instead of buying it from vending machines located at the laundromat.

Americans are so used to the availability of coin laundries that they have a hard time understanding that things can be different in other places. I

Поскольку многие почтовые отделения расположены в густонаселённых местностях и обрабатывают огромное количество почтовых отправлений, была введена дополнительная индексация, позволяющая сортировать почту вплоть до улицы, конкретного здания или даже организации в этом здании. Это делается с помощью дополнительного четырёхзначного расширения индекса, которое пишется через чёрточку после почтового индекса *(ZIP code)*. Указание этого расширения не обязательно, но позволяет ускорить доставку.

Согласно *www.usps.com,* около 17% населения переезжает с места на место ежегодно. По запросу клиентов, почтовая служба пересылает адресованные им отправления на новый адрес в течение определённого времени (вплоть до года). Для этого необходимо взять у почтальона или в почтовом отделении специальный буклет, называемый *Mover's Guide* (памятка переезжающего), в котором есть все необходимые для заполнения бланки. Желательно сделать это заблаговременно.

20.2. Прачечные и химчистки

Стирка белья в США полностью автоматизирована и не только не является тяжёлым бременем, но и не является также исключительно женским занятием. Вся работа сводится к загрузке белья в стиральную машину, которая производит все операции по стирке, полосканию и предварительной отжимке. Еще сырое бельё перегружается в сушилку и приблизительно через час полностью готово. Если оно вынимается из сушилки горячим и немедленно аккуратно складывается или вешается на плечики, то большая его часть не нуждается в утюжке. Такие операции по плечу даже мужчинам, которые не редко на равных принимают участие в еженедельных стирках.

Люди, живущие в своих домах, как правило имеют комплекты стиральной и сушильной машин установленные в подвале или специально отведённой для этого "стиральной" комнате *(laundry room)*. Те, кто арендует жильё, обычно пользуются машинами, принадлежащими квартировладельцу и расположенными в одном с ними здании или прачечными самообслуживания, огромное количество которых разбросано по всей стране. Такие прачечные нередко располагаются в торговых центрах неподалеку от супермаркетов и так далее, поэтому клиенты, загрузив бельё в машину или сушилку, могут отправиться за покупками, сэкономив тем самым время. Другим их достоинством является то, что в отличие от прачечной домовладельца с 1-3 небольшими машинами, вы имеете возможность одновременно загрузить столько машин или сушилок, сколько вам нужно и тем самым также сэкономить время. Стоимость услуг в таких прачечных очень умеренная и доступна всем. Стирка и сушка на семью из четырёх человек обходится в $12-15, если вы приносите свои стиральные порошки, а не покупаете их из автоматов.

Американцы настолько привыкли к доступности прачечных самообслуживания, что им и в голову не может прийти, что далеко не везде

remember when several employees from a company next door went to Ger-
many for a long business trip. As always, they brought enough clothes to be
able to change clothes daily for a week. On Saturday they went around the
small town they were staying in looking for a self-service laundry but found out
that there was not one. They were directed to a full-service laundry that took
several days to process orders. They dropped off everything that they wanted
washed. After stretching their remaining clothes for another several days, they
came to pick up their things and received them perfectly washed, ironed, and
packaged. But their good mood was quickly spoiled when they had to pay $70-
80 each. Of course, the company reimbursed the expenses later, but it wasn't a
pleasant surprise.

Dry cleaning outlets are quite often combined with self-service laundries, so you can drop off items that cannot be washed at the same time. Many people also prefer using professional laundromats for men's dress shirts, which need to be ironed. The price of these services may be about $1-2 per shirt.

20.3. Restaurants

First of all, it should be noted that in the U.S. almost all public dining establishments are called restaurants. They exist in huge number and for any taste and are quite often located in close proximity to each other, forming clusters. According to statistical data from 1999, there was a total of about 433,000 places in the U.S. where it was possible to eat a meal (U.S. Census Bureau, 2002). This figure is 1.5 times greater than in 1990, and the number continues to grow. Many restaurants belong to chains numbering several dozen, hundreds, or even thousands of units scattered about one or several states or throughout the country, so you may see familiar names in any corner of the country that you might travel to.

One has to wonder how all these restaurants manage to survive among such strong competition. The first reason is that Americans more and more frequently prefer eating outside the home. The average American eats out 18 times a month. In 2000, $378 billion was spent on meals outside the home, totaling about $1 billion a day. Around $569 billion was spent on food for the home (U.S. Census Bureau, 2002). Family trips to restaurants on Friday evenings or weekends are an established tradition.

Each American restaurant has its own menu that does not change frequently. Each restaurant, whether it is a small private establishment or one of

это делается таким же образом. Мне вспоминается случай, когда несколько сотрудников соседнего предприятия поехали в длительную командировку в Германию. Как всегда, они взяли с собой достаточно одежды, чтобы иметь возможность ежедневно её менять в течение недели. В субботу они отправились на поиски прачечной самообслуживания и, обыскав весь городок, где они жили, выяснили, что таковой не имеется. Им показали обычную прачечную, в которой заказы выполнялись несколько дней, куда они и сдали всё, что хотели. Протянув эти несколько дней в том, что у них оставалось, они пришли забирать свои вещи и получили их прекрасно выстиранными, отутюженными и упакованными. Их хорошее настроение быстро испортилось, когда они вынуждены были заплатить по $70-80 каждый. Разумеется, компания оплатила эти расходы позднее, но сюрприз был не из приятных.

Приёмные пункты химчистки нередко совмещены с прачечными самообслуживания, и вы можете одновременно со стиркой сдать в чистку те вещи, которые нельзя стирать. Многие также сдают в профессиональную стирку мужские сорочки, одеваемые с костюмом и галстуком и которые требуется гладить. Стоимость их стирки может быть в пределах $1-2.

20.3. Общественное питание, рестораны

Прежде всего, нужно сказать, что в США практически все заведения общественного питания, за редким исключением, называются ресторанами. Количество и разнообразие их огромно, и расположены они нередко в непосредственной близости один от другого, образуя целые кварталы. Согласно статистическим данным, в 1999 году в США насчитывалось около 433 тысячи мест, где можно поесть (U.S. Census Bureau, 2002), что в 1.5 раз больше, чем в 1990 году, и их число продолжает расти. Многие из них принадлежат к широко разветвлённым сетям, насчитывающим от нескольких десятков до сотен и даже тысяч филиалов, разбросанных на территории одного или нескольких штатов либо по всей стране, поэтому вы можете увидеть знакомые названия в любой точке страны, куда бы вы ни приехали.

Невольно напрашивается вопрос о том, как они умудряются выжить в условиях такой сильной конкуренции. Происходит это прежде всего потому, что американцы всё чаще и чаще предпочитают есть вне дома. Средний американец делает это 18 раз в месяц. В 2000 году на питание вне дома было потрачено около 378 миллиардов долларов, то есть около 1 миллиарда в день, а на питание дома – 569 миллиард (U.S. Census Bureau, 2002). Семейные походы в ресторан в пятницу вечером или в выходные дни являются установившейся традицией.

Основной особенностью американских ресторанов является постоянство меню. Каждый ресторан, будь то небольшое частное заведение или один из многочисленных

the numerous outlets belonging to a large international chain, chooses a limited set of dishes and perfects their preparation so much that they are distinctly different from similar dishes in other places. This allows restaurants to minimize their expenses and become more competitive. Nevertheless, any menu usually includes dishes of various types – beef, chicken, fish, or vegetarian – to cater to different tastes and not scare off a family whose members do not share the same preferences.

All restaurants can be divided into categories based on prices for main entrees. At the lowest end there are coffee and sandwich shops and fast food restaurants that, according to the criteria of most immigrant from the Soviet Union, are not restaurants. They include *McDonald's, Burger King, Wendy's, KFC (Kentucky Fried Chicken),* and others that offer fast service and inexpensive food. Practically all of them have *drive-throughs,* where customers may place orders and get their food "on the go," without leaving their cars. The price of a standard meal that includes a sandwich, French fries, and a soft drink is usually about $5. Another category includes establishments called *Buffets,* in which you pay $6-10 and can eat as much as you want from the available assortment of main dishes, appetizers, and desserts.

Restaurants with waiter service can be categorized by the price of entrees roughly as follows:

- $6-8   inexpensive
- $8-12   moderate
- $12-20   expensive
- More than $20   very expensive

Patrons in almost all restaurants are seated by a host/hostess. If all seats are full and there is a line, you need to put your name on a waiting list and indicate how many people are in your party. Clients are then called as tables of appropriate size free up. In restaurants where smoking is allowed, there are usually dining rooms for non-smokers, or at least some separation from the smoking area. For popular restaurants, it is recommended to make a reservation in advance by telephone.

Once you've been seated, you will be given a menu and, usually, asked what you would like to drink. Almost all restaurants have a standard set of carbonated drinks, various juices, coffee, and tea. Many restaurants have special children's menus, and some also have menus for senior citizens and give them discounts.

The portions served in American restaurants are usually very large – it should be enough to say that steaks may weigh 9-26 ounces, or 255-765 grams. Meals usually include side dishes and vegetables, therefore many people order only the entree and a drink (or simply a glass of water). When ordering the

филиалов, принадлежащий к огромной международной сети, выбирает ограниченный набор блюд и доводит их приготовление до такой степени совершенства, чтобы они не только отличались от аналогичных блюд в других местах, но и позволяли свести затраты к минимуму, повышая тем самым конкурентоспособность. Тем не менее, любое меню обычно содержит блюда разнообразных типов, например из говядины, птицы, рыбы или вегетарианские, чтобы угодить разным вкусам и не отпугнуть семьи, члены которых не единодушны в своих пристрастиях.

Все рестораны можно разделить на категории в соответствии с ценами на основные блюда. На низшей ступени находятся закусочные *(coffee and sandwich shops)* и рестораны быстрого обслуживания *(fast food restaurants),* которые в нашем понимании ресторанами не являются. К ним относятся такие, как *McDonald's, Burger King, Wendy's, KFC (Kentucky Fried Chicken)* и другие, предлагающие быстрое обслуживание и дешёвую пищу. Практически все они предлагают возможность сделать заказ и получить его "на вынос" не выходя из машины, что называется *Drive Through* (проезжая). Стоимость стандартного набора, состоящего из сандвича, жареной картошки и какого-либо напитка обычно составляет около $5. Другой категорией являются заведения, называемые *Buffets,* в которых вы платите сумму в $6-10 и можете есть сколько угодно из имеющегося ассортимента блюд, закусок и десертов.

Рестораны с обслуживанием официантами по стоимости блюд условно можно подразделить так:

- $6-8   недорогие

- $8-12   умеренные

- $12-20   дорогие

- выше $20 очень дорогие

Почти во всех ресторанах посетителей рассаживает метрдотель, а если все места заняты и стоит очередь, то необходимо записаться у него с указанием количества человек в вашей группе. Вызывают клиентов по мере освобождения столиков соответствующего размера. В тех заведениях, где курение не запрещено, обычно существуют залы для некурящих, хотя бы формально отделённые от мест, где курят. В ресторанах, пользующихся популярностью, рекомендуется резервировать места заранее по телефону.

После того, как вас усадят за столик, вам дадут меню и обычно спросят, что вам принести из напитков. Практически все рестораны имеют стандартный набор газированных напитков, разнообразные соки, кофе, и чай. Во многих ресторанах существуют специальные детские меню. Некоторые рестораны также имеют специальные меню для пожилых, а также предоставляют им скидки.

Порции, подаваемые в американских ресторанах, обычно очень большие (достаточно сказать, что бифштексы могут варьироваться по весу от 9 до 26 унций, что составляет 255 - 765 грамм). Они обычно включают в себя гарнир и овощи, поэтому многие заказывают только основное блюдо и напиток (вы можете заказать просто стакан воды). При заказе основного блюда, обычно

main dish, there usually is a choice of two to four side orders and vegetables. Not everybody orders salads, appetizers, and desserts.

Bread and individual packets of butter are usually brought right at the beginning. It is assumed that you will eat it while you wait for your meal, which is usually eaten without bread unless you ordered a sandwich or a dish that includes toast. All drinks except hot tea and coffee are served either with ice or very cold, and many restaurants do not serve alcohol.

After the meal you will be given a bill. The majority of restaurants accept cash or credit cards. In some restaurants, customers pay a cashier at the exit, but in others the servers accept payment. If you pay in cash at the exit, you should leave a tip on the table for the waiter equal to 15-20% of the amount of your bill. If you pay the server, leave the tip after he or she has brought you change from the paid bill. If you have no cash and pay by credit card, you can enter the amount of the tip on the slip of paper that you sign. After the amount of your bill, you'll find a line with the word *Tip* or *Gratuity,* where you enter the tip amount. Then you should calculate the *Total* on the next line. To help with tip calculations, some bills list, below the signature line, the amount of 15%, 20%, or 25% of your bill. If you order only a main dish and a drink, your expenses, including tip and taxes, will be approximately 150% of the price of the main dish.

If you didn't finish a significant part of your food, your server may ask (or you can ask for it yourself) if you'd like to have the leftovers packed up to take with you. This is often called a *doggie bag*, and nobody will be shocked or surprised, even if you ask to have leftover bones packed up for your dog.

20.4. Hair care

In the U.S. there are hair care establishments – *Barber Shops* – that serve only men. There are also many hairdressing salons, called *Hair Salons* that serve both men and women. For immigrants from the former Soviet Union, the biggest difference from what we were used to is that men and women are served in the same room by the same stylists. You can often see a man having his hair cut in a chair next to a woman who's undergoing complex procedures, such as coloring, a permanent wave, or hairstyling.

You won't see people waiting in lines in most hair salons, but that doesn't mean that you can simply walk in and receive instant service. People make appointments in advance, and if you find a hairdresser you like, immediately after a cut you can make an appointment for your next one in six or eight weeks.

имеется возможность выбора гарниров и овощей из 2-4 предлагаемых вариантов. Салаты, закуски и десерты заказываются далеко не всегда.

Хлеб с индивидуальными упаковками сливочного масла обычно приносят в самом начале. Предполагается, что вы его съедите в ожидании основного блюда, которое обычно едят без хлеба, за исключением случаев, когда в него входят тосты или сандвич. Все напитки, кроме горячего чая и кофе, подаются со льдом либо сильно охлаждёнными. Далеко не все рестораны торгуют спиртными напитками.

После окончания еды вам принесут счёт. Большинство ресторанов помимо наличных принимают оплату кредитными картами. В некоторых ресторанах оплата производится на кассе при выходе, а в других – её принимает официант. Если вы платите наличными при выходе, то необходимо оставить чаевые официанту на столе в размере 15-20% от суммы вашего счёта. Если вы платите официанту, то оставляете чаевые после того, как он принесёт вам сдачу за оплаченный счёт. Если же у вас нет наличных и вы расплачиваетесь кредитной картой, то вы имеете возможность вписать сумму чаевых в чек, который вам дадут на подпись. После суммы, которая была в вашем чеке, будет строка со словом *Tip* или *Gratuity*, в которую вы вписываете чаевые, а в следующей строке *Total* нужно указать общую сумму. Нередко для облегчения расчётов, в нижней части строки для подписи указывается, какую величину составляют 15%, 20% или 25% от вашего счёта. Если вы заказываете только основное блюдо и напиток, то ваши затраты с учётом чаевых и налогов будут приблизительно равны 150% стоимости основного блюда.

Если вы не доели значительную часть вашего блюда, то вам могут предложить или вы сами можете попросить упаковать остатки, чтобы забрать их с собой. Это часто называют *doggie bag (собачий мешок)*. Никто не будет шокирован или удивлён, даже если вы попросите упаковать для вашей собаки косточки, оставшиеся от обеда.

20.4. Парикмахерские

В США существуют парикмахерские, обслуживающие только мужчин и называемые *Barber Shop*. Помимо этого существует большое количество парикмахерских, называющихся *Hair Salons* которые обслуживают как мужчин, так и женщин. Отличие от того к чему мы привыкли состоит в том, что обслуживание производится одними и теми же людьми, в одних и тех же залах. Нередко на соседних креслах можно видеть стригущегося мужчину и женщину, проходящую все стадии сложных процедур, включающих покраску, стрижку, завивку и так далее.

В большинстве парикмахерских вы не увидите очередей, но это не значит, что если вы туда зайдёте, то будете немедленно обслужены, поскольку люди заранее записываются на определённое время. Если вы нашли мастера, который вас удовлетворяет, то после очередной стрижки вы сразу можете назначить время следующей за 6-8 недель вперёд.

Hair salons that are not very busy may post signs reading *walk-ins wel-come,* meaning that unscheduled visitors are welcome. Keep in mind, though, that in this case, you may be served by an inexperienced or not very skilled hairstylist. It is customary to tip 15-20%, especially if you are a regular client of one hairdresser or barber.

All hair salons sell hair care products from various manufacturers, many of which may not be sold in stores.

20.5. Rental

In America you can rent anything. Whether you need tables, utensils, and linens for a party; a tractor or an excavator for building a house; an inex-pensive tuxedo; diamond jewelry worth incredible amounts of money; a mov-ing truck, a limousine, or a jet plane, you can rent anything if you have the money. As with any free market, the rental market is structured so that the most frequently used items are quite affordable since they are rented out frequently and even a low price is profitable, while other items of the same value will cost more because they're used only rarely.

Many of us are familiar with the problems that people encounter when moving to another house or town. Just the thought of arranging transportation or a container for moving things can depress those of us who had to deal with this in our countries. In the U.S. this problem is solved so simply and conve-niently that it would be difficult to come up with anything better. Companies like *Ryder Truck* and *U-Haul* have thousands of outlets all over the country where you can rent a moving truck of any size. Then you can load your belong-ings and move to another house, neighborhood, city, or even state. When you're finished, you bring the truck to the company outlet nearest your destina-tion. If you're moving alone and need to take your personal car, you can rent a special towing device that hooks to the moving truck. If you don't have many belongings and even the smallest truck is too large for you, you can rent a small trailer that hooks to your car; you can then return the trailer at your desti-nation.

Passenger car rental companies are usually concentrated near airports, since many people need transportation when they arrive in other cities. Rental prices vary substantially depending on how long you'd like to use the car. There are daily, weekly, and monthly rates, and quite often it is less expensive to rent a car for a week than for a few days. A car may also be returned at any branch of the given company, even thousands of miles from where you rented it. One of the requirements for car rentals is possession of a general-purpose

В тех парикмахерских, где загрузка недостаточная, можно увидеть надпись *walk-ins welcome,* означающую, что случайные посетители приветствуются, однако помните, что вероятнее всего вы попадёте к начинающему или не очень квалифицированному мастеру. Также принято помимо оплаты давать чаевые в размере 15-20 %, особенно если вы ходите к одному и тому же парикмахеру.

Все парикмахерские торгуют средствами по уходу за волосами различных фирм, многие из которых не всегда можно встретить в магазинах.

20.5. Пункты проката

В Америке можно взять напрокат всё что угодно. От столов, посуды, скатертей и салфеток для устройства вечеринки до трактора или экскаватора для строительства дома, от дешевого фрака или смокинга до бриллиантовых украшений, стоящих баснословные деньги, от грузовика для перевозки личных вещей до десятиместного лимузина или реактивного самолёта, были бы деньги. Как и всякий свободный рынок, рынок проката устроен так, что наиболее часто используемые вещи вполне доступны, поскольку многократно оборачиваются и даже при невысоких ценах приносят владельцам доход, в то время как такие же по цене вещи, но используемые в редких случаях, будут стоить значительно дороже.

Многим знакомы проблемы, с которыми сталкиваются люди при переезде с квартиры на квартиру или из одного города в другой. Одна мысль о заказе машины или контейнера для перевозки вещей может привести в уныние тех, кто с этим сталкивался в своей стране. В США эта проблема решена настолько просто и удобно, что трудно придумать что-то лучшее. По всей стране разбросаны тысячи филиалов фирм *Ryder Truck* и *U-Haul,* в которых вы можете взять напрокат грузовик-фургон любого размера, сложить свои вещи и переехать в другой дом, район, город или даже штат, сдав после этого машину в ближайший к вашему месту назначения пункт той же фирмы. Если вы переезжаете один и вам ко всему прочему необходимо перегнать туда же свою машину, то вы можете взять специальное буксировочное устройство и прицепить её к фургону. Если же ваш скарб не богат и даже самый маленький грузовик слишком велик для вас, то вы можете взять небольшой прицеп, который прицепляется к вашей машине и который вы также сдаёте в месте назначения.

Пункты проката пассажирских автомобилей обычно сосредоточены около аэропортов, поскольку многие люди, прилетев в другой город, нуждаются в транспорте. Стоимость проката существенно зависит от срока, на который вы берёте машину. Существует дневной, недельный и месячный тарифы. Нередко выгоднее взять машину на неделю, чем на 4-5 дней. Вы также можете вернуть её в любом филиале данной фирмы, даже за тысячи километров от того места, где вы её взяли. Одним из непременных требований при аренде машины является наличие кредитной карты общего назначения. Если вы не имеете достаточной

credit card. If you don't have insurance to cover damage to your own car in case of accident, you can buy it for the rental car at an additional fee. If you have a "gold" or "platinum" credit card and use it to pay for the rental car, it will usually cover the insurance so you don't have to buy it, but you should check with your credit card company in advance. Remember, too, that credit cards usually cover only passenger cars with up to eight seats. If, for example, you rent a truck or 11-seat van to pick your relatives arriving from abroad, the credit card would not cover insurance.

In the U.S. there is a great variety of tools for every possible need, but they are rather costly. If you can do something yourself rather than paying for expensive services, you can rent tools if you don't have already own them. Most hardware stores rent the same types of tools they sell, and there are also independent rental companies that are easy to find in the telephone book.

страховки на вашу собственную машину, которая в данном случае будет покрывать ущерб в случае дорожно-транспортного происшествия, то вы можете купить её за дополнительную плату. Если вы имеете "золотую" или "платиновую" кредитную карту и используете её для оплаты проката машины, то она обычно покрывает страховку, и вам нет необходимости её покупать. Однако убедитесь в этом заранее. Кроме того, кредитные карты обычно покрывают только пассажирские машины с числом мест до 8. Если же вы, например, берёте грузовик или 11 местный автобус чтобы встретить ваших родственников, то кредитная карта их страховку не обеспечивает.

Инструменты в США существуют в огромном количестве на все случае жизни, но стоят достаточно дорого. Если вы можете что-то сделать своими руками, вместо того, чтобы оплачивать дорогостоящие услуги, но не имеете нужных инструментов, то вы можете взять их напрокат. Пункты проката инструментов существуют в большинстве хозяйственных магазинов, где подобные товары продаются, а также как самостоятельные компании, координаты которых легко найти в телефонной книге.

21. American Holidays and Special Occasions

As any multicultural country, the U.S. is home to many traditions brought by immigrants who left their native countries. Some of these traditions have changed with time and outgrown their original ethnic boundaries to become popular throughout the country. Others are still celebrated only in certain ethnic or religious communities. Holidays in the U.S. reflect these varied traditions and the history of the formation of the new country.

American holidays are not necessarily a day off for all. As described in detail in the employment chapter, the number of paid holidays varies widely depending on the workplace. The number of holidays on the calendar can even vary by state because each state government is free to enact its own laws. Holidays established by the federal government are official only for residents of the District of Columbia and federal employees working on any U.S. territory. They become official in other places only when approved by the government of an individual state. The majority of federal holidays that have to do with U.S. history are celebrated nationally.

Another peculiarity is that many holidays and days of remembrance correspond not to a specific date but to a certain day of the week, thus ensuring that these holidays don't fall on Saturdays or Sundays.

Holidays greatly affect the retail industry. Many holidays are associated with their own symbols and specific color schemes, so shop windows and store interiors change appearance several times a year, reflecting the color palette of the upcoming holiday and filling with huge quantities of thematic gifts.

21. Американские праздники и особые даты

Как и во всякой многонациональной стране, в США существует множество традиций, принесённых переселенцами на новую землю из стран, которые они покинули. Некоторые из этих традиций со временем трансформировались и переросли национальные рамки, став общегосударственными, другие до сих пор поддерживаются в основном в национальных или религиозных общинах. Праздничные дни являются отражением этих традиций и истории становления нового государства.

Праздничные дни в США это не обязательно день отдыха для всех. Как было описано подробно в главе, посвящённой работе, количество оплачиваемых праздников варьируется в широких пределах в зависимости от места работы, но помимо этого, количество и перечень праздничных дней может быть различным в различных штатах, поскольку каждый штат имеет своё правительство и волен сам устанавливать законы в пределах своей компетенции. Праздники, установленные федеральным правительством официально распространяются только на жителей федерального округа Колумбия и работников федеральных учреждений по всей территории США до тех пор, пока они не одобрены правительством каждого конкретного штата. Большинство федеральных праздников связанных с историей страны являются общенациональными.

Следующей особенностью является то, что многие праздники и памятные дни приурочены не к конкретному числу, а к определённому дню недели, что исключает возможность выпадения этого праздника на субботу и воскресенье.

Праздничные даты оказывают существенное влияние на розничную торговлю. Многие праздники имеют свои символы и определённую цветовую гамму, ассоциируемую с ними. Витрины и салоны магазинов меняют облик несколько раз в году, отражая цветовую палитру наступающего праздника, и заполняются огромным количеством тематических подарков.

21.1. Holidays

New Year's Day, January 1, is an official holiday celebrated by the whole country. As opposed to Christmas, which is celebrated with the family, people often greet the New Year in clubs and restaurants or at public celebration in the streets and squares. One long-standing tradition is dropping a lighted crystal ball from a flagpole atop a high-rise building in New York's *Times Square*. The event attracts hundreds of thousands of spectators and is broadcast on TV throughout the country. Americans are surprisingly good at organizing events for large numbers of participants, and there is always enough food, drink, toilets, and parking for everybody.

The Rose Parade, held in Pasadena, California, is a New Year's Day tradition. Numerous floats, completely covered with petals of various colors and dedicated to different themes, compete for prizes.

Martin Luther King, Jr. Day, January 15 (or the first Monday after January 15), is a national holiday in honor of a prominent leader of the civil rights movement. Martin Luther King, Jr., was born on January 15, 1929, in Atlanta, Georgia. In the 1950s and 1960s he headed a mass movement against segregation and all types of racial discrimination. He was assassinated on April 4, 1968, in Memphis, Tennessee, by James Earl Ray.

Lincoln's Birthday, February 12, is an official holiday in many states.

Valentine's Day, February 14, is a celebration of love.

"Although there were several Christian martyrs named Valentine, the day probably took its name from a priest who was martyred about 270 AD by the emperor Claudius II Gothicus. According to legend, the priest signed a letter to his jailor's daughter, whom he had befriended and with whom he had fallen in love, "from your Valentine." The holiday also had origins in the Roman festival of Lupercalia, held in mid February. The festival, which celebrated the coming of spring, included fertility rites and the pairing off of women with men by lottery. At the end of the 5th century, Pope Gelasius I replaced Lupercalia with St. Valentine's Day. It came to be celebrated as a day of romance from about the 14th century" (Encyclopedia Britannica, 2003).

On Valentine's Day people show their affection to their loved ones and give them candy, flowers, and other gifts. Soon after New Year's Day, stores fill with red heart-shaped boxes of candies and other gifts symbolizing love.

21.1. Праздники

New Year's Day **(Новый год), 1 января** – официальный праздник, отмечаемый по всей стране. В отличие от праздника Рождества, который встречается в семейном кругу, Новый Год люди зачастую встречают в клубах и ресторанах или на улицах и площадях, где устраиваются массовые гулянья. Многолетней традицией является опускание светящегося шара со шпиля, установленного на высотном здании на площади *Times Square* в Нью-Йорке, собирающее сотни тысяч зрителей и транслируемое по телевидению на всю страну. Американцы удивительно хорошо организуют мероприятия с огромным количеством участников. При этом всем хватает еды и питья, туалетов и мест для парковки машин.

Традиционно, 1 января проводится парад цветов в калифорнийском городе Пасадена. Многочисленные красочные сооружения на колёсах, посвящённые самой различной тематике, поверхность которых полностью покрыта лепестками различных цветов, соревнуются за присуждаемые призы.

Martin Luther King, Jr. Day **(День Мартина Лютера Кинга), 15 января или первый понедельник после 15 января.** Национальный праздник в честь выдающегося лидера движения за гражданские права. Он родился 15 января 1929 года в Атланте, штат Джорджия, и в 50-е и 60-е годы возглавлял массовое движение, направленное против сегрегации и всякого рода расовой дискриминации. Был убит 4 апреля 1968 года в г. Мемфис,е штат Теннеси, человеком по имени Джеймс Рей.

Lincoln's Birthday **(День рождения Линкольна), 12 февраля** – официальный праздник во многих штатах.

Valentine's Day **(День Св. Валентина), 14 февраля** – праздник влюблённых.
"Хотя существовало несколько христианских мучеников с таким именем, праздник, скорее всего, назван в честь священника по имени Валентин, который был казнён около 270 года императором Клавдием II. Согласно легенде, священник подписал письмо дочери своего тюремщика, в которую он был влюблён, словами "От твоего Валентина". Праздник также ведет своё начало от римского торжества *Lupercus,* отмечаемого в середине февраля. Он праздновал приближение весны и включал обряды плодородия и комлектование пар по лотерее. В конце V века папа Gelasius I заменил празднование *Lupercus* на День Св. Валентина. Он почитается как праздник любви приблизительно с XIV века" (Encyclopedia Britannica, 2003).

В этот день люди оказывают любимым разные знаки внимания, дарят сладости, цветы и т.д. Вскоре после Нового Года, магазины наполняются ярко-красными коробками конфет, выполненными в виде сердца, а также другими подарками, символизирующими любовь.

Presidents' Day/Washington's Birthday, the third Monday of February, is a holiday honoring the founder and first president of the United States. It is an official holiday celebrated in most states.

St. Patrick's Day, March 17, is a holiday in memory of the death of St. Patrick, the patron saint of Ireland. "Born in Roman Britain in the late 4th century, he was kidnapped at the age of 16 and taken to Ireland as a slave. He escaped but returned about 432 to convert the Irish to Christianity. By the time of his death on March 17, 461, he had established monasteries, churches, and schools" (Encyclopedia Britannica, 2003). On this holiday people with Irish roots usually wear something in traditional green, drink a lot of beer, listen to Irish music, and dance.

April Fool's Day. On April 1 it is customary to play practical jokes on unsuspecting people.

Palm Sunday is the last Sunday before Easter.

Good Friday is the Friday before Easter. It is a Christian holiday in memory of the death of Jesus Christ; church services are held.

Easter is celebrated on a Sunday between March 22 and April 25. The holiday commemorates Christ's resurrection and is widely celebrated throughout the Christian world. Easter is preceded by 40 days of Lent. Besides religious services in churches, holiday parades celebrate the beginning of spring. Easter traditions for children include Easter baskets with chocolate eggs, jellybeans, and chocolate rabbits (rabbits are an important element of Easter: the Easter Bunny delivers baskets of candy to children during the night before Easter). Pastel tones of yellow, blue, pink, lilac, and green characterize this holiday, and coloring Easter eggs is a popular tradition.

Passover (Hebrew: Pesach) is celebrated at the end of March and the beginning of April. This Jewish holiday is known as the "holiday of freedom" and was established to honor the exodus of Jews from Egypt and their liberation from slavery. The holiday lasts for one week, and during this time only unleavened bread, *matzo,* and other kosher food may be eaten. It's prohibited to perform any work on the first or last day of Passover.

Personal income tax returns due: The last day to submit an income tax return is April 15. This isn't a holiday, but it's a significant day. The postmark on the envelope containing the tax return determines the date of submission, so

Presidents' Day/ Washington's Birthday (**Президентский день/День рождения Вашингтона) – третий понедельник февраля.** Праздник в честь основателя и первого президента Соединенных Штатов. Это официальный праздник, отмечаемый почти во всех штатах.

St. Patrick's Day (**День Св. Патрика), 17 марта** – в память о смерти Святого Патрика, покровителя Ирландии. "Он родился в Римской Британии в конце IV века, был украден в 16-летнем возрасте и отдан в рабство в Ирландию. Ему удалось сбежать, но он вернулся в 432 году обращать ирландцев в христианство. Ко времени своей смерти 17 марта 461 он был основателем монастырей, церквей и школ" (Encyclopedia Britannica, 2003). В этот день люди, имеющие ирландские корни, обычно надевают что-либо из одежды традиционного зелёного цвета, пьют много пива, слушают ирландскую музыку и танцуют.

April Fool's Day (**День дурака), 1 апреля** – в этот день принято разыгрывать доверчивых людей.

Palm Sunday (**Вербное Воскресенье)** – последнее воскресенье перед пасхальным воскресеньем.

Good Friday (Страстная Пятница) – пятница накануне Пасхи. Христианский праздник в память о смерти Иисуса Христа. Проходят служения в церквях.

Easter (**Пасха) – одно из воскресений в период с 22 марта по 25 апреля.** День празднования воскрешения Христа, широко отмечаемый во всём христианском мире. Пасхе предшествуют 40 дней поста. Помимо религиозных служб проходящих во всех церквях, организуются праздничные парады в честь наступления весны. Традиционными являются пасхальные корзинки для детей с шоколадными яйцами, желейными конфетами и шоколадными зайцами (заяц является непременным атрибутом Пасхи: Заяц или *Easter Bunny* приносит детям корзинки с конфетами в ночь перед Пасхой). Цветовая палитра этого праздника представлена комбинацией пастельных тонов - желтого, голубого, розового, сиреневого, зелёного. Традиция красить яйца также широко распространена.

Passover (**Пассовер, Пейсах), конец марта - начало апреля.** Еврейский праздник, известный как Праздник Свободы. Он установлен в честь исхода еврейского народа из Египта и освобождения его от рабства. Праздник продолжается в течение недели. В это время в пищу употребляется только пресный хлеб *matzo* и другая кошерная пища. В первый и последний дни праздника не положено выполнять какую-либо работу.

Personal income tax returns due (**Последний день подачи налоговой декларации) – 15 апреля.** Это не праздник, но весьма знаменательный день.

long lines of last-minute tax filers form on April 15, often just before midnight, at post offices. If April 15 falls on Saturday or Sunday, the due date automatically moves to Monday.

Daughters to Work Day is the fourth Thursday of April. On this day parents are encouraged to bring their daughters and/or sons to work, giving them an opportunity to get a sense of adult life.

Mother's Day is celebrated on the second Sunday of May. This holiday devoted to mothers has a long history and is celebrated in many countries at various times. In the U.S. it was established as a national holiday by president Woodrow Wilson in 1914. It is perhaps the only day of the year when flower prices are higher than usual, but stores still sometimes run out of them (International Women's Day, March 8, is not celebrated in the U.S.).

Memorial Day is celebrated on the last Monday in May. This is a holiday in memory of Americans who died in all wars. Memorial Day celebrations began during the Civil War, but were once called *Decoration Day*. On Memorial Day people decorate graves with flowers and flags. There are also parades and ceremonies in memory of those who died. Fairs and fireworks are also held. This holiday is associated with the coming of summer, which officially begins on June 21.

Flag Day, June 14, is celebrated as a holiday in some states, in commemoration of the Continental Congress creating the stars and stripes national flag for the U.S. in 1777.

Father's Day is celebrated on the third Sunday of June. The idea of celebrating Father's Day was offered for the first time in 1909 by the daughter of Civil War veteran William Smart, who raised six children alone after his wife died while giving birth to their last child. Father's Day has been celebrated throughout the U.S. since 1910, and in 1924 president Calvin Coolidge supported the observance. Only in 1966 president Lyndon B. Johnson officially proclaimed it a national holiday. Observance on the third Sunday of June was decreed by law in 1972 (Encyclopedia Britannica, 2003).

On this holiday all men who serve as guardians or mentors may be honored, whether or not they are fathers. Uncles, older brothers, grandfathers, and older friends may be honored.

Independence Day, July 4, celebrates the day in 1776 when the Declaration of Independence, freeing the North American colonies from the British rule, was signed. The first Independence Day was celebrated on July 8, 1776,

Поскольку дата подачи декларации определяется по штемпелю на конверте, то в этот день, а нередко - перед полуночью, в почтовых отделениях выстраиваются большие очереди тех, кто тянет до последней минуты. Если это число выпадает на субботу или воскресенье, то срок автоматически передвигается на понедельник.

Daughters to Work Day – **четвёртый четверг апреля.** В этот день поощряется привод родителями дочерей и/или сыновей на работу, давая им возможность получить какое-то представление о взрослой жизни.

Mother's Day (**День Матери**) – **второе воскресение мая.** История этого праздника, посвящённого матерям, уходит в далёкие времена. Он празднуется во многих странах в разное время. В США он был установлен как национальный праздник президентом Вудро Вильсоном в 1914 году. Это, пожалуй, единственный день в году, когда цветы стоят дороже, чем обычно, и ко всему прочему их может не хватить на всех (День 8 марта не отмечается).

Memorial Day (**День памяти**) – **последний понедельник мая.** Праздник в память американцев, павших во всех войнах. Отмечать День памяти начали во время Гражданской войны, но ранее он назывался *Decoration Day.* В этот день могилы украшаются цветами и флагами, проходят парады и церемонии в память погибших, ярмарки и фейерверки. Праздник также ассоциируется с приближением лета (по официальному календарю началом лета считается 21 июня).

Flag Day (**День Флага**), **14 июня** – государственный праздник, отмечаемый в некоторых штатах, в память об установлении государственного флага США (звезды и полосы) Континентальным Конгрессом в 1777 году.

Father's Day (**День Отца**) – **третье воскресенье июня.** Впервые идея празднования Дня Отца была предложена в 1909 году дочерью ветерана гражданской войны Вильяма Смарта, который один вырастил шестерых детей после смерти своей жены при рождении последнего ребёнка. С 1910 года День Отца праздновался в различных городах США. В 1924 году президент Кальвин Кулидж поддержал идею установления праздника, но только в 1966 году Линдон Джонсон официально объявил его национальным праздником. Официально его празднование в третье воскресенье июня было установлено законом 1972 года (Encyclopedia Britannica, 2003).

В этот день чествуются все мужчины, играющие роль опекунов и наставников независимо от того, являются ли они отцами. Это могут быть дядя или старший брат, дедушка или взрослый друг.

Independence Day (**День независимости**) – **4 июля.** В этот день в 1776 году была подписана декларация независимости североамериканских колоний от Британского королевства. Первый День Независимости праздновался 8 июля

in Philadelphia, where the Continental Congress, which adopted the declaration, gathered. Many American cities celebrate the holiday each year with fireworks and parades. If the day falls on a weekend, then Friday or Monday will be a day off. Many Americans take vacations at this time, combining vacation days with holidays.

Labor Day, the first Monday of September, is an official holiday celebrated in all states. It began in 1882 under the initiative of the Central Labor Union of New York that organized a parade of 10,000 workers in New York City on September 5. In 1894, in the aftermath of the Pullman strike in Illinois, the U.S. Congress passed a bill making Labor Day a national public holiday. The holiday gradually lost its association with the trade union movement and turned into a holiday to say goodbye to summer and return to school. Many schools and colleges begin classes after Labor Day rather than on September 1. In years when there are national elections, the campaign enters its most active phase after the holiday (Encyclopedia Britannica, 2003).

Columbus Day, the second Monday of October, is celebrated in honor of Christopher Columbus, who discovered America in 1492. It is an official holiday in many states. Native American oppose this holiday because the mass genocide of the indigenous population began after Columbus's visit.

Halloween, the evening of October 31, is a holiday that has it's origin in ancient pagan beliefs that the spirits of the dead come back to earth. This is a holiday of witches, sorcerers, and other evil spirits. Long before Halloween, stores decorate their interiors with black and orange colors, stock candies in large packages, and sell costumes of the most horrifying characters. Many houses are decorated with skeletons, ghosts, and other figures associated with evil spirits. In the beginning of autumn many people place orange pumpkins on the doorsteps of their houses to symbolize prosperity. Just before Halloween, these pumpkins are made into Jack-o'-lanterns by gutting the pumpkins, carving eyes and teeth, and placing bulbs or candles inside for light. During the last two weeks of October, many TV channels show horror movies.

At twilight on Halloween evening, children (and some adults) dress in costumes, walk from house to house, knock on doors, and ask for candy by saying *Trick or Treat*. If they don't receive treats, they may play a prank. In some places trick or treating continues for several hours. People who don't like Halloween for religious reasons try to leave the house that evening.

1776 года в Филадельфии, где собирался Континентальный Конгресс, принявший декларацию. Ежегодно во многих городах США в этот день устраиваются фейерверки, салюты или парады. Если этот день выпадает на выходной, то пятница или понедельник объявляется нерабочим днём. Многие американцы берут отпуска в это время, присоединяя их к праздничным дням.

Labor Day **(День труда) – первый понедельник сентября.** Официальный праздник, отмечаемый во всех штатах. Он зародился в 1882 году по инициативе Центрального профсоюза штата Нью-Йорк, организовавшего 5 сентября десятитысячный парад парад в Нью-Йорке. В 1894 году после забастовки на заводах Пульмана в Иллинойсе Конгресс США принял закон, устанавливающий День Труда национальным праздником. Постепенно потеряв связь с профсоюзным движением, он превратился в праздник прощания с летом и возвращения в школу. Во многих школах и колледжах занятия начинаются не 1 сентября, а после Дня труда. В те годы, когда происходят выборы в федеральные законодательные органы, выборная кампания вступает в наиболее активную фазу именно после этого праздника (Encyclopedia Britannica, 2003).

Columbus Day **(День Колумба)** – второй понедельник октября. Празднуется в честь открытия Америки Колумбом в 1492 году. Официальный праздник во многих штатах. Американские индейцы являются противниками этого праздника, поскольку при этом началось массовое уничтожение коренного населения.

Halloween **(Хелувин), вечер 31 октября** – праздник, уходящий корнями в древние языческие традиции веры в то, что духи умерших приходят на землю – праздник ведьм, колдунов и всякой нечисти. Задолго до этого дня, магазины расцвечиваются чёрно-оранжевыми цветами, заполняются конфетами в больших упаковках и маскарадными костюмами самых ужасающих персонажей. Многие дома декорируются скелетами, привидениями и другими атрибутами, ассоциируемыми с нечистой силой. В начале осени ступеньки многих домов украшаются ярко оранжевыми тыквами, символизирующими благополучие. Перед Хелувином эти тыквы, выпотрошенные изнутри, с вырезанными глазницами и оскаленными ртами, подсвеченные лампочками или свечами, становятся частью зловещего декора. Последние две недели октября по многим каналам телевидения демонстрируются фильмы ужасов.

Вечером этого дня, с наступлением сумерек, дети и некоторые взрослые, наряжаясь в соответствующие маскарадные костюмы, обходят дома, стучат в двери и просят гостинцы с фразой *Trick or Treat,* что означает "Шутка или угощение". Если при этом они не получают угощения, то могут позволить себе какую-нибудь шалость. В некоторых местах такие процессии ходят в течение нескольких часов. Люди, не одобряющие этот праздник по религиозным причинам, стараются уходить в этот вечер из дома.

Veterans' Day, November 11, celebrates American military veterans who fought in all wars. It is an official holiday in most states. Banks, government offices, and schools are usually closed, and many people fly American flags at their houses.

Thanksgiving Day is usually the fourth Thursday of November. This major holiday expresses Americans' gratitude for the generosity of the earth. It is the first tradition created by English immigrants on the new continent.

When the Pilgrims arrived by ship in 1621 at Plymouth Rock, they needed food and shelter. Local Indians not only shared what they had with the Pilgrims, but they also taught them the basics of agriculture and provided seeds. After harvesting the first crop, the immigrants invited Indians to a joint dinner in honor of their friendship and in gratitude for their help. Their table offered vegetables as well as wild turkey, which is abundant in New England. This event was called *The First Thanksgiving* and continues to be celebrated each year.

Thanksgiving dinner is a family gathering. The menu in almost all homes includes a stuffed turkey, roasted whole in the oven, corn, sweet potatoes, pumpkin pie, and always cranberry sauce. On this day each person reflects about what he is grateful for and to whom. It is not a coincidence that American artist Norman Rockwell included a family's Thanksgiving dinner in his well-known series "Four Freedoms" to illustrate the theme "Freedom from hunger."

Before Thanksgiving many small companies give each worker a frozen turkey. Larger companies may give their employees gift certificates for $15-50 to buy food for the holiday at a nearby supermarket. Preparing a turkey is not simple, but you can find all the information you need on the Internet at *www.eatturkey.com*.

Thanksgiving Day is celebrated on a Thursday, but often the following Friday is also a day off. Friday has its own tradition – everyone goes shopping, to begin buying Christmas gifts. According to statistics, this day gives merchants their largest revenues of all 365 days of the year. Stores may be open starting at six o'clock in the morning, offering significant discounts – Early Bird Specials – to early visitors who form a line waiting for the store to open.

Hanukkah, Chanukah (Hebrew: "Dedication") is a Jewish holiday in honor of the victory over Syria and commemorating the rededication (164 BC) of the Second Temple of Jerusalem after a three-year war in the second century B.C., during the rein of King Antiochus. According to the Talmud story, when the temple was reconsecrated, not enough oil could be found to maintain an eternal flame. The existing oil should have lasted for only one day, but it lasted

Veterans' Day **(День ветерана), 11 ноября** – день, когда чествуют ветеранов вооруженных сил США, участвовавших в каких-либо войнах. Официальный праздник почти во всех штатах. Банки, государственные учреждения и школы обычно закрыты в этот день. Многие американцы вывешивают государственные флаги на домах.

Thanksgiving Day **(День благодарения) – обычно четвертый четверг ноября.** Большой праздник, выражающий благодарность американцев за щедрость земли и являющийся первой традицией, выработанной переселенцами из Англии на новом континенте.

Прибыв в 1621 году на своих кораблях в *Plymouth Rock,* пилигримы нуждались пище и крове. Местные индейцы не только поделились с ними тем, что имели, но также научили основам сельского хозяйства и оказали помощь семенами. После уборки своего первого урожая, переселенцы пригласили индейцев на совместный обед в честь их дружбы и в благодарность за помощь. На столе помимо растительной пищи было мясо дикого индюка, которые в изобилии водятся в Новой Англии. Это событие было названо *The First Thanks- giving* – "Первое Благодарение" и ежегодно празднуется до сих пор.

Обед в День Благодарения – это мероприятие, на которое собирается вся семья. Меню в подавляющем большинстве случаев включает в себя индюка с начинкой, запечённого в духовке целиком, кукурузу, сладкий картофель, тыквенный пирог и обязательно клюквенный соус. В этот день каждый человек задумывается о том, за что и кому он должен быть благодарен. И не случайно американский художник Норман Роквелл в своей знаменитой серии "Четыре Свободы" использовал семейный обед в День Благодарения в качестве сюжета к картине "Свобода от голода".

Очень часто накануне Дня Благодарения, работникам небольших компаний работодатели дарят тушки индюков, а работники более крупных предприятий получают подарочные сертификаты в близлежащий супермаркет на сумму $15-50 для покупок к праздничному столу. Приготовление индюка – дело не совсем простое. Вы можете найти все тонкости этого процесса на Интернете по адресу *www.eatturkey.com.*

День Благодарения празднуется в четверг, но пятница также часто является нерабочим днём, который имеет свою традицию – все устремляются в магазины, начиная покупать подарки к Рождеству. Согласно статистике, в этот день торговля имеет наибольшую выручку из всех 365 дней года. Магазины могут работать с 6 часов утра, предлагая ранним посетителям, выстроившимся в очередь в ожидании открытия, значительные скидки *(Early Bird Special).*

Hanukkah, Chanukah **(Ханука),** (хибру "освящение") – еврейский праздник в честь победы над Сирией и переосвящения Иерусалимского храма после трёхлетней войны во втором веке до нашей эры во времена царя Антиоха. Согласно Талмуду, при освящении храма смогли найти только очень малое количество масла необходимого для поддержания вечного огня. Его должно было

for eight days thanks to a miracle. Hanukkah is celebrated in December. It lasts for eight days and is often called the *Feast of Lights*. It is celebrated at home. People decorate their houses, exchange gifts, and eat special food. The most widespread symbol of Hanukkah is the *menorah*, a candle-holder with nine candles. The central candle is called *shamash* and serves to light the others. One candle – on the far right – is lit on the first day of the holiday, and one more is added each evening, so all nine candles are lit on the last day (Encyclopedia Britannica, 2003).

Ramadan comes at the end of November and the beginning of December. It is the ninth month in the Muslim lunar calendar. Ramadan lasts all month, during which Muslims fast and spend time in prayer and contemplation.

Christmas, December 25, is a legal and religious holiday celebrated in all states. It commemorates the birth of Christ.

Christmas is undoubtedly the most celebrated of all holidays and has the greatest number of colorful family, church, and public traditions. Children impatiently wait for Christmas, hoping that Santa Claus will bring them the gifts they dream of. Adults – who are also those numerous Santas – receive gifts, too.

Decorating the Christmas tree is the most important Christmas tradition, and the tree is not related to New Year's celebrations. The Soviet government, which practically destroyed the church after the revolution, "borrowed" this tradition and renamed Santa to Father Frost. The tradition of decorating a Christmas tree began in the beginning of the 17th century in France, then spread through Germany to northern Europe and later to England, from which emigrants brought the tradition to the New World.

The Christmas tree is put up long before the holiday, and family members place beautifully wrapped gifts for each other under the tree, where they lie unopened until the holiday. They are opened on the morning of December 25 or after midnight when the 24th becomes the 25th. Friends and acquaintances may also bring gifts and put them under the tree. Children have colorful stockings in which sweets and little toys are placed on Christmas night. According to tradition, Santa does this, arriving on the roof in a sleigh pulled by reindeer, then entering the house through the chimney and fireplace. Many people take down the Christmas tree the day after Christmas.

Another tradition involves decorating houses and trees with garlands of lights and putting numerous Christmas-related figures, with lights inside, into the yards. At night many houses look like fairy tale palaces. A new practice has

хватить на один день, но случилось чудо и масла хватило на восемь дней. Ханука празднуется в декабре. Она часто называется праздником светильников и продолжается восемь дней. Праздник проходит в домашней обстановке. Люди украшают дома, обмениваются подарками, едят определённую пищу. Наиболее распространённым символом Хануки является подсвечник с девятью свечами *Menorah* (Менора), центральная из которых называется *Shamash* и служит для зажигания остальных. В первый день праздника зажигается одна свеча – крайняя справа, и каждый вечер добавляется по одной. Таким образом, в последний день праздника горят все девять свечей (Encyclopedia Britannica, 2003).

Ramadan (**Рамадан, Рамазан**) – наступает в конце ноября-начале декабря. Это девятый месяц по мусульманскому лунному календарю. Продолжается весь месяц, в течение которого мусульмане должны соблюдать пост и проводить время в молитвах и размышлениях.

Christmas (**Рождество), 25 декабря** – это одновременно официальный и религиозный праздник, отмечаемый во всех штатах. Он празднует рождение Иисуса Христа.

Рождество без сомнения самый почитаемый из всех праздников и имеющий наибольшее количество красочных семейных, церковных и общественных традиций. Дети с нетерпением ждут этого дня в надежде на то, что Санта-Клаус принесёт им в подарок то, о чём они мечтают. Взрослые, будучи теми самыми многочисленными Санта-Клаусами, тоже получают подарки.

Главным атрибутом Рождества является украшенная ёлка *Christmas tree* (Рождественское дерево), которая никакого отношения не имеет к празднованию Нового года. Советское правительство, практически уничтожив церковь после революции, "позаимствовало" традицию, переименовав Санта-Клауса в Деда Мороза. Традиция украшения ёлки в Рождество зародилась в начале 17 века во Франции, распространившись через Германию в северную Европу и позже в Англию, перекочевав с эмигрантами в Новый Свет.

Рождественская ёлка устанавливается задолго до праздника, и все члены семьи складывают под неё красиво упакованные подарки друг другу, которые лежат нераспакованными на протяжении всего времени до праздника. Открывают их либо утром 25 декабря, либо после полуночи с 24 на 25. Друзья и знакомые, находящиеся в хороших отношениях, также приносят свои подарки и кладут под ёлку. Детям, помимо этого, ещё вешают красочные чулки, в которые в рождественскую ночь кладут сладости и мелкие сувениры. Согласно традиции, это делает Санта-Клаус, прилетающий в санях, запряженных оленями, и входящий в дом через трубу камина. Ёлку нередко убирают на следующий день после Рождества, не дожидаясь Нового Года.

Другой традицией является украшение домов и деревьев гирляндами огней, а также установка многочисленных, подсвечиваемых изнутри, фигурок персонажей, связанных с празднованием Рождества. В темноте многие дома выглядят как сказочные дворцы. В последнее время возникла и стала распространяться традиция

also become popular recently: placing burning candles in paper bags filled with sand (about 1.5-2 meters apart) along roads on Christmas night. The candles burn almost until morning. This looks truly unforgettable when it is done in a neighborhood with dozens of houses. People slowly drive around these neighborhoods in their cars with their lights off, enjoying the spectacle.

After Thanksgiving, radio stations and TV channels begin to play Christmas music. It is customary to send greeting cards with wishes of Merry Christmas, of which there is a great variety: friends and relatives send cards to each other, businesses send to vendors and customers, colleges send to students' parents, insurance agents send to clients, and so on. People often tape the cards they receive to doorways, refrigerators, and other places in their homes. Cards for people who don't practice a Christian religion may send good wishes for the New Year or include inscriptions such as *Season's Greetings* or *Happy Holidays*.

Charity is also an integral part of Christmas celebrations. The Salvation Army and other volunteer organizations collect money, food, toys, and other gifts for needy families and people living alone.

21.2. Weddings

The wedding is one of the most significant events in a person's life, and it is perhaps the one most surrounded by various rituals and traditions, both public and religious, meaning that weddings vary significantly among cultures and countries. In the U.S.there are rules and traditions that may not be mandatory, but that are, nevertheless, widely accepted. The comedy "The Father of the Bride," starring Steve Martin, shows many of them vividly.

Some U.S. weddings go to extremes: on one end there are celebrity weddings with multimillion-dollar budgets and hundreds of guests. On the other end, there are simple marriage registrations with no ceremony at all. But the majority of weddings represent small deviations from the average in either direction. We will discuss this "average" wedding here.

Traditionally, an engagement precedes a wedding. A couple becomes engaged when the groom proposes marriage to the bride, the bride accepts, and the groom gives her an engagement ring. Traditionally, this ring is a diamond whose size depends on the groom's financial situation. Most often the price of the ring is approximately equal to two weeks' pay. The ring is worn on the ring finger of the left hand.

Engagement is usually announced among friends and by placing an announcement in a special section of the local newspaper; announcements mention wedding dates if they've been determined. Because planning a wed-

устанавливать в рождественскую ночь вдоль дорог горящие свечи в бумажных мешочках с песком (на расстоянии полтора-два метра друг от друга), которые горят почти до утра. Когда это сделано в районе с десятками домов, то зрелище получается поистине незабываемым. Люди в машинах с погашенными фарами медленно объезжают такие кварталы, любуясь зрелищем.

Рождественская музыка начинает звучать на всех каналах радио и телевидения после Дня Благодарения. К Рождеству принято посылать друг другу поздравительные открытки с пожеланиями весёлого Рождества (*Merry Christmas*). Их существует неисчислимое множество. Посылают друзья и родственники друг другу, предприятия - своим смежникам, колледжи - родителям своих учеников, страховые агенты своим клиентам и так далее. Полученные открытки приклеивают липкой лентой вокруг дверных проёмов, на дверцы холодильников и так далее. При поздравлении людей исповедующих религию отличную от христианства, используют открытки с надписями типа *Season's Greetings, Happy Holidays* или посвященные Новому году.

Благотворительность также является неотъемлемой частью празднования Рождества. *Salvation Army* (Армия Спасения) и другие организации с многочисленной армией добровольцев организуют сбор денег, продуктов, игрушек и других подарков для нуждающихся семей и одиноких людей.

21.2. Свадьбы

Свадьба является одним из самых значительных событий в жизни человека и, пожалуй, наиболее окружённым различными ритуалами и традициями, как общественными, так и религиозными, существенно различающимися у разных народов и в разных странах. В США существуют свои правила и традиции, которые хоть и не являются обязательными, но тем не менее, широко распространены. В кинокомедии "Отец невесты" *(The Father of the Bride)* со Стивом Мартином в главной роли очень наглядно показаны многие из них.

В общей массе существуют такие крайности, как свадьбы знаменитостей с миллионными бюджетами и сотнями гостей на одном полюсе и простая регистрация брака, без какого бы то ни было массового мероприятия – на другом, но большинство свадеб являются небольшим отклонением от среднего уровня в ту или иную сторону. Именно об этом среднем уровне мы и поговорим.

Согласно традиции, свадьбе предшествует обручение или помолвка *(engagement),* когда жених делает предложение и если оно принято, дарит невесте обручальное кольцо *(engagement ring).* Традиционно, это кольцо с бриллиантом того или иного размера в зависимости от материальных возможностей жениха. Чаще всего, стоимость кольца составляет сумму приблизительно равную его двухнедельной зарплате. Кольцо одевается на безымянный палец левой руки.

Помолвка обычно оглашается среди друзей и знакомых, а также помещением объявления в специальном разделе местной газеты с указанием

ding is a long process (as will become clear later), the wedding usually takes place six to fifteen months after the engagement. If the groom breaks the engagement during this time, the bride has the right to keep the ring, but if the bride changes her mind, she returns the ring.

In the past, wedding preparations and expenses were always the responsibility of the bride's parents. This is probably because most married women didn't work in the past. The groom's parents usually paid for a honeymoon. Nowadays, more and more couples share the rather heavy burden of expenses.

According to the Association for Wedding Professionals International, based in Sacramento, California, about $46 billion (not including honeymoons!) is spent on 2.4 million weddings in the U.S. each year. That means the cost of the average American wedding exceeds $19,000, though in large cities the figure is at least twice as high. In America, there is a widespread desire to amaze, surprise, and surpass. Many people go deep into debt arranging their wedding to be "no worse than others'." But if you take into account that half of all marriages break up, it's not unusual for couples to divorce even before paying off their wedding debts.

There is a multibillion-dollar wedding industry that covers everything you can imagine, including, for example, butterflies that are specially packed and delivered by mail for release at a certain moment of the ceremony. And there is no shortage of work for a large number of professional wedding planners. Bookstores have whole racks filled with books devoted to wedding planning for any taste and wallet size.

This estimate is presented in the book *Bridal Bargains* as an average wedding budget for 200 guests. Modest, isn't it?

Table 21-1: The Average Cost of a U.S. Wedding

Apparel	$1,185	8%
Flowers	$800	5%
Cake	$500	3%
Reception/Catering	$8,400	55%
Photography	$1,500	10%
Videography	$1,000	6%
Invitations	$200	1%
Music	$1,000	7%
Miscellaneous	$1,000	7%
Total:	$15,585	

Source: Fields & Fields, 1999.

даты свадьбы, если она к этому времени определена. Поскольку подготовка к свадьбе, по причинам, которые будут ясны в дальнейшем, процесс достаточно долгий, то день свадьбы обычно отстоит от дня помолвки на 6-15 месяцев. Если в течение этого срока жених расторгает помолвку, то невеста вправе оставить кольцо себе, а если невеста меняет своё решение, то она возвращает кольцо.

Подготовка и расходы по проведению свадьбы в прошлом всегда были заботой родителей невесты. Вероятно, это было связано с тем, что замужние женщины в большинстве случаев не работали. Свадебное путешествие обычно оплачивали родители жениха. В настоящее время всё больше пар делят в той или иной мере бремя расходов, которое является довольно тяжелым.

Согласно данным организации *Wedding Professionals International,* расположенной в г. Сакраменто, в США в год на проведение 2.4 миллиона свадеб расходуется 46 миллиардов долларов (без учёта расходов на свадебные путешествия). Это означает, что средняя свадьба в США обходится в более чем $19,000, причём в крупных городах эта цифра, как минимум, в два раза больше. В Америке довольно широко распространено стремление поразить, удивить, превзойти и так далее. Многие залазят в большие долги, устраивая свадьбу "не хуже чем у других", а если учесть, что половина браков распадается, то нередко случается ситуация, когда пары разводятся, не успев выплатить долги за свадьбу.

Существует многомиллиардная свадебная индустрия, включающая всё, что только может прийти в голову, как, например, рассылаемые по почте усыплённые бабочки, которые выпускаются в определенный момент церемонии. Множество профессиональных организаторов свадеб не сидят без дела. В книжном магазине вы можете найти целый стеллаж книг, посвящённых планированию свадеб на любой вкус и размер кошелька.

В книге *Bridal Bargains,* что вольно можно перевести как "Свадьба по дешёвке", приводится такая смета средней свадьбы на 200 человек. Скромно, не правда ли?

Табл. 21-1:   Статьи расходов на проведение свадьбы

Одежда невесты	$1,185	8 %
Цветы	$800	5 %
Свадебный торт	$500	3 %
Приём/банкет	$8,400	55 %
Фотографии	$1,500	10 %
Видеография	$1,000	6 %
Приглашения	$200	1 %
Музыка	$1,000	7 %
Разное	$1,000	7 %
Итого:	$15,585	

Источник: Fields & Fields, 1999.

We will consider here only a brief summary of each wedding component, to give a sense of how weddings are conducted in America.

First of all, you should know that in the U.S. a civil official or member of clergy can register a marriage in any place you choose. There is no reason to go anywhere, unless you want to. Approximately 75% of weddings are performed in churches by priests and ministers, with the other 25% performed by civil officials. Costs for these services are listed in the "miscellaneous" section of the table.

Special clothes are required for the bride and groom and for groomsmen and bridesmaids, of whom there are usually equal numbers, from one to eight. Traditionally a little boy and girl carry rings and flowers, and the bride's father walks her down the isle to the altar. Despite so many participants, the budget includes only clothing expenses for the bride because others pay for their own. Although tuxedos for the groom and his friends are usually rented for approximately $100 per person, the bridesmaids' dresses are bought or tailored to order from the same fabric, so the bride gives them gifts to somehow compensate for their expenses. The bride usually chooses her own dress and gives her bridesmaids instructions on what dress to buy or where to order it.

Wedding flowers include a bouquet for the bride; bouquets or corsages for the bridesmaids and mothers; boutonnieres for the groom, his friends, and the father of the bride; and flowers for the ceremony and reception sites. Traditionally, the groom pays for the bride's bouquet, the groomsmen's boutonnieres, and flowers for his mother and the mother of the bride.

The wedding cake is an intricate multi-layer creation, the top of which is often removed and saved in the freezer for the first wedding anniversary. We can only guess what the cake that was kept in the freezer for a whole year tastes like, but this tradition exists.

The wedding reception after the ceremony can be held anywhere: picnic tables set up on the lawn at the parents' house, a local school gym, in a public park, in a special hotel banquet hall, at a restaurant, and so forth. The form of the reception can also vary a lot – from a buffet with a few choices of food and drinks and no assigned seats to a sit-down multiple-course dinner.

Photos of the wedding are the most important mementos of the event for years to come. Despite the excellent quality of color photos, many prefer to have black and white, too, to better reflect the solemnity of the event. Videos have also become an almost mandatory attribute of weddings.

"Miscellaneous" may also include expenses for the ceremony, renting a limousine, and so on.

Because a wedding is a type of show, rehearsal is key to its success. A rehearsal of the ceremony, including the groomsmen, bridesmaids, and the couples' families, usually takes place the day before the wedding. A *rehearsal*

Мы рассмотрим только вкратце каждую из составляющих, чтобы дать представление о том, как это делается в Америке.

Прежде всего, следует сказать о том, что в США регистрация брака может быть произведена гражданским чиновником или религиозным деятелем в любом месте по вашему выбору. Нет необходимости куда-то ехать или идти, если только вы сами этого не желаете. Приблизительно 75% бракосочетаний производится священниками в церквях, а оставшиеся 25% - гражданскими чиновниками. Стоимость услуг помещена в раздел "разное".

На свадьбе, помимо жениха и невесты, специальная одежда требуется для друзей жениха и подруг невесты, равное количество которых обычно варьируется от 1-2 до 5-8. Кроме того, среди главных действующих лиц традиционно присутствуют маленькие мальчик и девочка, несущие кольца и цветы и отец невесты, выводящий её к месту церемонии. Несмотря на такое количество действующих лиц, в смете заложены затраты только на одежду невесты, потому что остальные участники обычно сами оплачивают свою. И если фраки или смокинги жениха и его друзей в подавляющем большинстве берутся на прокат, что обходится приблизительно по $100 на брата, то платья подруг невесты покупаются или шьются на заказ из одинаковой ткани, поэтому невеста должна дарить им подарки, чтобы как-то компенсировать их затраты. Невеста обычно выбирает своё платье и указывает, что покупать или где заказывать платья своим подружкам.

Цветы включают в себя букет невесты, букеты её подружек, бутоньерки для жениха, его друзей, отца невесты и матерей, букеты для украшения места церемонии и места, где происходит банкет или приём. Традиционно, жених оплачивает букет невесты, бутоньерки своих друзей, а также цветы для своей матери и матери невесты.

Свадебный торт представляет собой замысловатое многоэтажное сооружение, верхушка которого часто снимается и сохраняется до первой годовщины свадьбы в морозилке. О вкусовых качествах торта, пролежавшего в морозильнике целый год, приходится только догадываться, но такая традиция существует.

Банкет или приём после свадебной церемонии может проходить где угодно, начиная от столов, установленных на лужайке у дома родителей, спортивном зале местной школы или в общественном парке и кончая специально предназначенными для этого залами в отелях, ресторанах и так далее. Форма приёма также может варьироваться в широких пределах - от буфета без посадочных мест с минимальным ассортиментом еды и напитков до сидячего обеда из многих блюд.

Фотографии – это то, что действительно остаётся на память о свадьбе на долгие годы. Несмотря на великолепное качество цветных фотографий, многие предпочитают иметь также чёрно-белые, лучше отражающие торжественность события. Видеосъёмки также стали почти непременным атрибутом свадеб.

В "Разное" могут входить расходы на церемонию, оплата лимузина и так далее.

Поскольку свадьба является своего рода спектаклем, то для его успеха необходима репетиция, которая обычно производится накануне и после которой

dinner follows the rehearsal. The groom usually pays for this event.

It's also worth discussing the way wedding gifts are given. Many people have faced the situation when they had to choose gifts but weren't confident about exactly what the recipients needed or already had. Americans solved this problem in a simple and practical way. An engaged couple creates a list of what they would like to receive as gifts, registering the list in one or several stores that sell the items. This is called a *Gift Registry*. Guests wishing to give gifts ask where they have registered, then go to the store and choose whatever they want to give from items remaining on the list. This not only makes the question of choice easier and guarantees that the recipients will like the gift, but it also prevents a familiar situation when several people give identical gifts. Since many store chains provide Internet access to gift registries, you can send a wedding gift without leaving the house or visiting a single store.

Once gifts are chosen and paid for, they are usually sent by mail to the brides' home address before the wedding. They can also be brought directly to the wedding, where they are placed on a gift table, but don't expect that the gifts will be unwrapped and looked at during the reception. The newly married couple usually sends thank you notes to everybody who sent gifts. If you sent a gift, but have not received a note within a month, it would be a good idea to ask whether or not the gift was delivered. Although delivery services in the U.S. work very well, sometimes things get lost.

It should also be noted that the average age for entering first marriages in the U.S. is much higher than in many countries. This is especially true among people with higher education and advanced degrees. Many prefer not to tie themselves down with a family until they have established themselves. Living together before marriage is common, sometimes up to a period of several years and including the birth of children.

21.3. Funerals

Like weddings, funerals are surrounded by various ceremonies and rituals that differ significantly from culture to culture. These differences reflect not only various religious traditions, but also the different historical, ethnic, and economic conditions in which many generations of our ancestors lived. Much of what we are familiar with through previous experiences with the inevitable necessity of parting with friends and loved ones, is done a little bit differently in the U.S.

устраивается ужин *Rehearsal dinner.* Расходы по проведению этого мероприятия лежат на женихе.

Следующей особенностью, о которой необходимо упомянуть, является способ делать подарки на свадьбу. Многие сталкивались в своей жизни с необходимостью что-то подарить, без ясной уверенности, что именно и нужно ли это получателю подарка или может у него уже это есть. Американцы подошли к этому просто и практично. Молодожёны сами составляют список того, что они хотели бы получить в качестве подарков, регистрируя его в одном или нескольких магазинах, товары которых в этот список включены. Называется это *Gift Registry.* Все желающие сделать подарок спрашивают, где они зарегистрировали свой список и, обращаясь в этот магазин, сами выбирают из того, что ещё в нём осталось. Это не только облегчает проблему выбора и гарантирует, что все подарки понравятся их получателям, но также предотвращает знакомую ситуацию, когда несколько человек дарят одинаковые подарки. Учитывая то, что многие сети магазинов организуют регистрацию и доступ к спискам подарков через Интернет, можно сделать свадебный подарок, не выходя из дома и не посетив ни единого магазина.

Выбранные и оплаченные подарки обычно отправляются по почте на домашний адрес невесты до свадьбы. Можно также принести их непосредственно на свадьбу, где они складываются на предназначенный для этого стол, но не ожидайте, что на свадьбе будут разворачивать и смотреть подарки. Молодожёны обычно рассылают благодарственные открытки всем приславшим подарки. Если вы послали подарок, но не получили ответа в течение месяца – не помешает справиться о том, был ли он доставлен. Несмотря на то, что службы доставки в США работают прекрасно, кое-где бывают пропажи.

Надо отметить, что в США средний возраст вступающих в первый брак значительно выше, чем во многих странах. Особенно это заметно среди людей, имеющих высшее и специальное высшее образование. Многие предпочитают не связывать себя семьёй, откладывая это до тех пор, пока не устроятся в жизни. Широко распространено совместное проживание до свадьбы, иногда вплоть до нескольких лет, включая рождение детей.

21.3. Похороны

Похороны, также как и свадьбы, окружены различными обрядами и ритуалами, существенно отличающимися у разных народов. Эти отличия отражают не только различные религиозные традиции, но также и различные исторические, национальные и экономические условия, в которых проживали многие поколения наших предков. Многое из того, с чем мы знакомы по предыдущим столкновениям с неизбежной необходимостью расставания с нашими родными и близкими, в США делается несколько по-другому.

All aspects of funerals in the U.S. are organized and carried out by *Funeral Homes*. They exist everywhere, and you can find locations in the telephone book in the *Funeral Directors* section. It is probably obvious to most people that clients of these establishments (relatives of the deceased) are not always able to make sound financial decisions because of their emotional shock, and some funeral service employees take advantage of this, trying to sell them unnecessary expensive services.

For a long time, the funeral business operated with only limited competition and very few regulations. In 1982 the law *Part 453-Funeral Industry Practices* was approved. It went into effect in 1984 and requires companies to provide a general price list describing the cost of each good and service available, plus an explanation of possible service variations to clients. It also forbids the use of unfair practices in signing contracts. Nevertheless, an investigation carried out in 1996-97 by the Connecticut Attorney General revealed substantial improprieties in the majority of funeral homes surveyed. The prices in Table 21-2 on page 904 are based on the results of this investigation and were included in the document *A Consumer Guide to the Prices, Practices, and Regulations of the Funeral Industry,* published in March 1997. The full text can be found on the Internet at *www.cslib.org/attygenl/consumer/funrpt.htm.*

The average cost of a funeral in the state of Connecticut was $6,000. There is no doubt that the situation is about the same in other states, considering that the average cost of a funeral in the U.S. exceeds $5,000. Cremating costs a little less. My personal experience – and the experience of my friends who have used funeral services – only confirms the opinion that it is cheaper to live in the U.S. than to die.

Many people make arrangements beforehand, buying cemetery lots and insurance to cover funeral costs, and signing contracts with funeral homes by making an advance payment. This avoids placing relatives and loved ones in a difficult financial position. Quite often after the death of one spouse, two cemetery lots are purchased. A memorial or gravestone for both is installed, including both spouses' names and an empty place for the date of the death of the second person. This not only allows spouses to be buried together, but also costs a little less.

I think that, besides the cost, it is difficult find anything else to complain about since funeral homes offer a wide choice of funeral goods and services that attempt to respect as much as possible their clients' ethnic and religious differences.

Все аспекты, связанные с похоронами, в США организуются и проводятся похоронными службами *Funeral Homes,* которые существуют повсюду и координаты которых можно найти в телефонной книге в разделе *Funeral Directors.* Нет необходимости говорить о том, что родственники умерших, являющиеся клиентами, находятся в невыгодном положении, позволяющем работникам похоронных служб зачастую злоупотреблять своим положением и продавать не только необходимые услуги, а также не самые дешёвые.

Учитывая специфику похоронного бизнеса, который долгое время не только ограничивал конкуренцию, но и не имел нормативных актов, регулирующих его деятельность, в 1982 году был принят закон *Part 453-Funeral Industry Practices,* полностью вошедший в силу в 1984 году. Он требует предоставления прейскурантов цен, разъяснения клиентам возможных вариантов услуг и запрещает использование недобросовестных приёмов при заключении договоров. Тем не менее, расследование, проведённое в 1996-97 годах службой генерального прокурора штата Коннектикут, выявило существенные нарушения в большинстве обследуемых похоронных служб. В табл. 21-2 на стр. 905 приводится таблица цен, составленная по итогам этого расследования и помещённая в документе под названием *A Consumer Guide to the Prices, Practices, and Regulations of the Funeral Industry,* опубликованном в марте 1997 года, полный текст которого можно найти на Интернете по адресу *www.cslib.org/attygenl/consumer/funrpt.htm.*

Средняя стоимость похорон в этом штате составляет $6,000. Нет никакого сомнения, что в других штатах дело обстоит приблизительно также, учитывая, что средняя стоимость похорон в США превышает $5,000. Кремация обходится несколько дешевле. Мой личный опыт и опыт моих знакомых, имевших необходимость прибегать к услугам похоронных служб, только подтверждает мнение, что в США дешевле жить, чем умирать.

Многие люди заранее заботятся о том, чтобы после их смерти родные и близкие не оказались в трудном финансовом положении, загодя приобретая место на кладбище и покупая страховку на оплату похорон, или заключают договор с похоронным агентством на предварительную их оплату. Нередко после смерти одного из супругов, приобретается два места на кладбище и ставится общий памятник или надгробная плита с именем обоих супругов и пустым местом для даты смерти другого. Это не только позволяет супругам быть похороненными вместе, но и обходится несколько дешевле.

Я думаю, что помимо дороговизны трудно пожаловаться на что-то ещё, поскольку похоронные службы предоставляют все виды похоронных услуг и необходимые аксессуары в большом ассортименте, стараясь учитывать насколько возможно национальные и религиозные различия обращающихся к ним людей.

Table 21-2:　Funeral Homes Price List in Connecticut

Good or Service	Price in 1997		
	Lowest	Highest	Average
Immediate Burial	$725	$2,635	$1,393
Direct Cremation	$725	$2,255	$1,556
Receiving Remains from Another Funeral Home	$440	$2,040	$1,556
Forwarding Remains to Another Funeral Home	$780	$2,520	$1,637
Basic Services of Funeral Director and Staff	$700	$1,775	$1,205
Embalming	$100	$525	$373
Visitation (On Site for at least 2 hours)	$100	$520	$295
Visitation (off site for at least two hours)	$275	$550	$418
Funeral Ceremony (On Site)	$100	$850	$370
Funeral Ceremony (Off Site)	$200	$660	$397
Memorial Service (On Site)	$100	$670	$357
Memorial Service (Off Site)	$100	$520	$336
Graveside Ceremony	$50	$415	$262
Removal	$125	$300	$192
Funeral Coach	$135	$250	$179
Limousines	$125	$250	$172
Utility Vehicle	$30	$125	$80
Caskets (Low End)	$90	$860	$543
Caskets (High End)	$2,995	$65,000	$12,574
Vaults (Low End)	$450	$1,050	$653
Vaults (High End)	$1,800	$9,890	$5,593
Cremation Urns (Low End)	$25	$25	$130
Cremation Urns (High End)	$335	$3,650	$1,661

Source: Connecticut Office of the State Attorney General, 1997.

Once the death is confirmed – by a doctor in a hospital or a police officer at home, depending on the situation – if there is no suspicion of death from unnatural causes, the relatives of the deceased contact the funeral home of their choice. Funeral home workers come and take the body. The representative of the funeral home contacts the family and sets up an appointment to plan the funeral and discuss all the necessary details.

Funerals can be planned for any day. In cold climates, funerals of those who died in winter are often postponed until the ground thaws. Relatives provide infor-

Табл. 21-2:   Цены на услуги похоронных служб в штате Коннектикут

Товары или услуги	Цена в 1997 г.		
	Низшая	Высшая	Средняя
Безотлагательные похороны	$725	$2,635	$1,393
Прямая кремация	$725	$2,255	$1,556
Получение останков из другого похоронного дома	$440	$2,040	$1,556
Передача останков в другой похоронный дом	$780	$2,520	$1,637
Минимальный набор услуг по погребению	$700	$1,775	$1,205
Бальзамирование	$100	$525	$373
Прощание (в похоронном доме, как мин. 2 часа)	$100	$520	$295
Прощание (вне похоронного дома, как мин. 2 часа)	$275	$550	$418
Funeral Ceremony (в похоронном доме)	$100	$850	$370
Funeral Ceremony (в похоронном доме)	$200	$660	$397
Памятная служба (в похоронном доме)	$100	$670	$357
Памятная служба (вне похоронного дома)	$100	$520	$336
Церемония на кладбище	$50	$415	$262
Приём тела	$125	$300	$192
Катафалк	$135	$250	$179
Лимузины	$125	$250	$172
Вспомогательные машины	$30	$125	$80
Гроб (недорогой)	$90	$860	$543
Гроб (дорогой)	$2,995	$65,000	$12,574
Защитная крышка для гроба (недорогая)	$450	$1,050	$653
Защитная крышка для гроба (дорогая)	$1,800	$9,890	$5,593
Урна для праха (недорогая)	$25	$25	$130
Урна для праха (дорогая)	$335	$3,650	$1,661

Источник: Connecticut Office of the State Attorney General, 1997.

После засвидетельствования смерти врачом в больнице или полицейским на дому и при отсутствии подозрений в неестественной смерти, родственники умершего связываются с похоронным домом по их выбору. Работники похоронной службы приезжают и забирают тело. Представитель этого похоронного дома связывается с родственниками и оговаривает время встречи для планирования похорон и уточнения всех необходимых деталей.

Похороны могут быть запланированы на любой день. В местностях с холодным климатам, похороны умерших в зимнее время нередко откладываются до тех пор, пока не оттает земля. Родственники должны сообщить место

mation about the place of burial, indicating the cemetery and the grave number. The funeral home contacts the cemetery, arranging for the grave to be prepared before the appointed time. If the place of burial has not been determined, relatives should take care of that. It is possible to be buried at practically any functioning cemetery where there are plots for sale. It is possible to buy a cemetery plot for the future on credit, but if it is not paid off completely by the time of the funeral, the outstanding balance must be paid before burial can take place. One cemetery plot can cost $300-700. Funeral home representatives can provide information about local cemeteries, including the cost of plots, as well as digging and closing graves.

Cemeteries may have various requirements and restrictions concerning monuments, flowers, and plants. As a rule, cemeteries look more or less homogeneous, without sharp contrasts in the sizes and shapes of monuments. Some cemeteries do not allow any monuments other than a bronze plate at ground level. This allows maintaining a nice lawn throughout the cemetery, and the plates have built-in vases for flowers.

When choosing a cemetery, it's worth thinking about how convenient it is for future visits and about the cost of installing a memorial later. It should be noted that the average funeral cost mentioned above did not include the cost of a gravestone. The minimal cost of a monument is about $1,000.

You will need to decide what kind of funeral you want and can afford. The Federal Trade Commission has published *"Funerals: A Consumer Guide."* where it describes three basic types of funerals.

- **"Full-service funeral.** This type of funeral, often referred to by funeral providers as a "traditional" funeral, usually includes a viewing or visitation and formal funeral service, use of a hearse to transport the body to the funeral site and cemetery, and burial, entombment or cremation of the remains. It is generally the most expensive type of funeral. In addition to the funeral home's basic services fee, costs often include embalming and dressing the body; rental of the funeral home for the viewing or service; and use of vehicles to transport the family if they don't use their own. The costs of a casket, cemetery plot or crypt and other funeral goods and services also must be factored in.

- **Direct burial.** The body is buried shortly after death, usually in a simple container. No viewing or visitation is involved, so no embalming is necessary. A memorial service may be held at the graveside or later. Direct burial usually costs less than the "traditional," full-service funeral. Costs include the funeral home's basic services fee, as well as transportation and care of the body, the purchase of a casket or burial container and a cemetery plot or crypt. If the family chooses to be at the cemetery for the burial, the funeral home often charges an additional fee for a graveside service.

захоронения с указанием кладбища и номера могилы. Похоронная служба сама связывается с кладбищем, организуя подготовку могилы к назначенному времени. Если место захоронения не определено, то родственники должны побеспокоиться об этом. Похоронить можно практически на любом действующем кладбище, где есть свободные места на продажу. Покупка места захоронения на будущее может быть оформлена в кредит, но если стоимость не была выплачена полностью к моменту похорон, то перед захоронением недостающая сумма должна быть внесена. Стоимость одного места колеблется в пределах $300-700. Представитель похоронного дома может дать сведения об окрестных кладбищах, включая цены на землю, рытьё и закрытие могилы.

Кладбища могут иметь различные требования и ограничения в отношении памятников, а также цветов и растений. Как правило, кладбища выглядят более или менее однородно, без резких контрастов в размерах и формах памятников. Некоторые кладбища не допускают никаких памятников, за исключением бронзовой плиты, установленной в изголовье на уровне поверхности земли. Это позволяет без помех поддерживать ровно подстриженный газон по всей территории кладбища. Плиты имеют встроенную вазу для живых цветов.

При выборе кладбища стоит подумать об удобстве посещения его в будущем и о стоимости надгробия, которое может быть установлено позже. Нужно сказать, что средняя стоимость похорон, указанная выше, не включала затрат на памятник. Минимальная стоимость надгробной плиты составляет около $1000.

Вам придётся решать, какие похороны вы хотите и можете себе позволить. Федеральная Торговая Комиссия издала *"Похороны: Руководство потребителя"* где описывается три основных типа похорон.

- **"Полные Похороны.** Этот тип похорон, часто называемый работниками похоронных домов "традиционными" похоронами, обычно включает прощание с покойным и формальную похоронную службу, использование катафалка, чтобы перевезти тело на кладбище, погребение или кремацию. Это наиболее дорогой тип похорон. В дополнение к оплате услуг похоронного дома, затраты часто включают бальзамирование и одевание, аренду похоронного дома для прощания или службы, и использование транспорта для перевозки членов семьи, если они не используют свой собственный. Стоимость гроба, участка на кладбище или склепа и других товаров и услуг также должна быть принята в расчёт.

- **Прямые похороны.** Тело хоронится вскоре после смерти, обычно в простом контейнере. Никакого прощания не производится, так что никакого бальзамирования не нужно. Мемориальная служба может быть проведена на кладбище или позже в другом месте. Прямые похороны обычно стоят меньше чем "традиционные" похороны. Затраты включают оплату услуг похоронного дома, а также перевоз и хранение тела, покупку гроба или похоронного контейнера и участка на кладбище или склепа. Если семья хочет присутствовать на кладбище во время похорон, похоронные дома часто взимают дополнительную плату за службу.

- **Direct cremation.** The body is cremated shortly after death, without embalming. The cremated remains are placed in an urn or other container. No viewing or visitation is involved, although a memorial service may be held, with or without the cremated remains present. The remains can be kept in the home, buried or placed in a crypt or niche in a cemetery, or buried or scattered in a favorite spot. Direct cremation usually costs less than the "traditional," full-service funeral. Costs include the funeral home's basic services fee, as well as transportation and care of the body. A crematory fee may be included or, if the funeral home does not own the crematory, the fee may be added on. There also will be a charge for an urn or other container. The cost of a cemetery plot or crypt is included only if the remains are buried or entombed. Funeral providers who offer direct cremations also must offer to provide an alternative container that can be used in place of a casket" (Federal Trade Commission, 2000).

During funeral planning, relatives will be told when to bring clothes for the deceased. In the U.S. it is customary to put makeup on the body when the viewing includes more than just family members. The funeral home provides facilities where, during a stipulated time, called "visiting hours," acquaintances and loved ones may say their farewells to the deceased. This could be right before the funeral or at any other time. If the relatives wish, a religious service can be held in the funeral home, church, or at the cemetery. After coordinating all the details, a contract with the total cost of services is signed. A certain portion of this amount should be paid immediately, and the remaining balance should be paid within several weeks after the funeral.

When the funeral procession arrives at the cemetery the grave has already been dug and prepared. The grave is draped with a green plastic cover, and a special device stands ready to lower the coffin. The earth that was dug from the grave is taken away by car. After the final farewell, the coffin is lowered to the bottom of the grave, ending the burial for the relatives and friends. Cemetery workers fill up the grave after everyone is gone, decorating it with flowers that were brought or ordered by friends and relatives.

Funeral homes can also provide as many copies of the death certificate as necessary. This completely frees the family from the logistics of the funeral. In some cities, people with low incomes can apply to the municipality for financial assistance in covering funeral expenses. Funeral home representatives usually know whether such programs are available in the given area. You must apply for help before signing the contract because assistance covers only the minimum of necessary services, thus guaranteeing minimal expenses.

- **Прямая кремация.** Тело кремируется вскоре после смерти, без бальзамирования. Прах помещается в урну или другой контейнер. Никакого прощания или посещения не производится, хотя мемориальная служба может быть проведена с присутствием праха или без. Прах может храниться в доме, а также быть ахоронен или помещен в склеп или нишу на кладбище или захоронен или рассеян в любимом месте. Прямая кремация обычно обходится дешевле, чем "традиционные" похороны. Затраты включают оплату услуг похоронного дома, а также перевоз и сохранение тела. Оплата услуг крематория может быть включена в договор или, если похоронный дом не имеет своего крематория, может быть прибавлена к общей сумме. То же самое относится к стоимости урны или другого контейнера. Стоимость участка на кладбище или склепа включена, только если останки погребаются. Похоронные дома, предлагающие прямую кремацию, также,должны предложить альтернативный контейнер, который может использоваться вместо гроба" (Federal Trade Commission, 2000).

Во время планирования похорон, родственникам говорят, когда принести одежду для покойного. В США принято гримировать умерших в тех случаях, когда в прощании участвуют не только члены семьи. Похоронная служба предоставляет помещения, где в оговоренное время может происходить прощание знакомых и близких с умершим. Это может быть непосредственно перед похоронами или в любое другое время. Религиозное служение по желанию родственников может происходить в похоронном доме, церкви или непосредственно на кладбище. После согласования всех деталей подписывается договор с указанием общей стоимости услуг. Определённый процент этой суммы должен быть заплачен немедленно, а остальная сумма в течение нескольких недель после похорон.

На момент прибытия процессии, на кладбище готова вырытая могила с краями, задрапированными зелёным пластиковым покрытием и установленным устройством для опускания гроба. Земля, вынутая из могилы, увозится в машине. После заключительного прощания гроб опускается на дно могилы и на этом всё заканчивается. Работники кладбища засыпают могилу после того, как все расходятся и оформляют её цветами, которые были принесены или заказаны участниками похорон.

Свидетельство о смерти с необходимым количеством копий также может быть получено через похоронную службу. Таким образом, родственники полностью освобождены от чисто деловых забот, связанных с похоронами. В некоторых городах, люди с низким доходом могут обратиться в муниципалитет за финансовой помощью для покрытия расходов на похороны. Представители похоронных служб обычно знают, если это практикуется в данной местности. Обращаться за помощью необходимо в самом начале до подписания договора, поскольку при оказании такой помощи оплачиваются только минимально необходимые услуги, гарантирующие минимальные затраты.

21.4. Birth & birthdays

In this section we will talk less about birthdays than about birth itself and American traditions that accompany it and, most likely, differ from what happens in other countries.

Family planning in the U.S. is at a very advanced level, meaning that in the many families, pregnancy is the result of purposeful efforts. Pregnancy is anticipated with joy and very often announced to others the earliest stages. Men and women share in this equally: the happy father-to-be might send an E-mail to all employees of his company the day after learning about the pregnancy. Or he might hang a picture of the baby's first ultrasound test on the wall in his office. The pregnancy might also be announced on Sunday in the future parents' church. Americans do not have a superstitious desire to hide everything related to pregnancy because of fears that something could happen. Nor is discussion of pregnancy limited to whispers in female circles until it's impossible to hide.

During the last months of pregnancy, the mother-to-be's female friends arrange a party for her. During this *Baby Shower* they give gifts for the future baby. In most cases the child's gender is already known, unless the parents want a surprise and ask not to know beforehand. Pink and blue distinguish gifts for girls and boys. This party is usually organized by the best friend of the mother-to-be or by the woman in the circle of friends who was the last to give birth. The shower takes place in somebody's house, and everybody brings food and drinks. Only women attend these parties.

As the due date approaches, the whole family is on high alert, arranging support in advance if there are other children in the family who would need a baby sitter. The father-to-be accompanies his wife to the hospital and remains with her all the time until he becomes a real father, accepting his still unwashed newborn child from the doctor's hands. These scenes are often shown in American movies, including the comedy "The Father of the Bride II," where a mother and daughter give birth simultaneously and, in the absence of the son-in-law, who is rushing home from a business trip, the father is torn between the two laboring women. The tradition of the father's presence during delivery is so strong that men make every possible effort to attend, trying in advance to foresee any potential events that could interfere. During the 2000 Olympics in Sydney, a U.S. basketball player flew home between two games to be present at the birth of his child. He travelled over 50,000 miles and was on the road for more than two days without a break. He arrived home after his wife had been taken to the hospital, and she gave birth two or three hours after his arrival.

21.4. Дни рождения

В этом разделе мы поговорим не столько о днях рождения, сколько о рождении как таковом, вернее об американских традициях, которые ему сопутствуют и, по всей видимости, отличаются от существующих в других странах.

Планирование семьи в США стоит на достаточно высоком уровне, поэтому в большинстве семей беременность является результатом целенаправленных усилий, ожидается с радостью и нередко объявляется всем окружающим на самой ранней стадии. При этом нет никакого различия между мужчинами и женщинами. Счастливый будущий отец может послать Е-мэйл всем сотрудникам своей компании на следующий день после того, как он сам узнал об этом или повесить на стене своего офиса картинку первого ультразвукового обследования своего чада. С таким же успехом это может быть объявлено в ближайшее воскресенье в церкви, которую посещают будущие родители. У американцев начисто отсутствует то суеверное желание скрывать всё, связанное с беременностью, из опасения, как бы чего ни случилось или обсуждать это шёпотом только в женском кругу до тех пор, пока уже и скрывать нечего.

На последних месяцах беременности подруги будущей матери устраивают для неё вечеринку, называемую "Бэби шауэр" *(Baby Shower),* что буквально переводится как "осыпание младенца" и во время которой все делают подарки будущему ребёнку. Пол ребёнка к этому времени в большинстве случаев известен, за исключением тех случаев, когда родители хотят получить сюрприз и не желают заранее его знать. Розовый и голубой цвета различают подарки для девочек и мальчиков. Организуется эта вечеринка лучшей подругой беременной или женщиной, для которой его устраивали последний раз в тех группах, где это событие достаточно часто. Устраивают её в чьём-либо доме, принося с собой приготовленную дома еду и напитки. Участвуют в такой вечеринке исключительно женщины.

При приближении заветного срока вся семья находится в боевой готовности, заранее организуя поддержку, если в семье есть ещё дети, нуждающиеся в присмотре. Будущий отец сопровождает роженицу в больницу и неотлучно находится при ней всё время до тех пор, пока он не становится отцом настоящим, принимая из рук доктора своего только что родившегося, ещё не обмытого ребёнка. Такие сцены можно часто видеть в американских фильмах, включая комедию "Отец невесты-2" *(The Father of the Bride 2),* где мать и дочь рожают одновременно и в отсутствии зятя, спешащего домой из командировки, отец разрывается между двумя роженицами. Традиция присутствия отцов при родах настолько сильна, что люди прилагают все усилия, планируя заранее все возможные варианты, которые могут им помешать. Во время Олимпийских игр 2000 года в Сиднее, игрок сборной США по баскетболу слетал между двумя играми домой, чтобы присутствовать при рождении своего ребёнка, проделав путь более чем в 50,000 километров и находясь в дороге более двух суток без перерыва. Он прибыл домой, когда жену уже увезли в больницу, и она родила через 2-3 часа после его прибытия.

This may seem strange to some readers, who may be used to fathers-to-be being kept a gun shot distance away from births – supposedly for reasons of hygiene – and who saw their children for the first time only after several days and then only through a second- or third-floor window. But in the U.S., mothers come home a few days after birth and there are no restrictions on visits during the time they are in the hospital. You can often see *It's a Boy* or *It's a Girl* signs near houses where a baby was born, announcing the happy event to the whole world.

Birthdays are celebrated with friends and relatives, as they are everywhere. Children's birthday parties almost always include colored helium balloons tied to a mailbox near the house. If restaurant guests order birthday cake, it will be brought - with burning birthday candles - by a procession of waiters, cooks, and other restaurant employees wishing Happy Birthday.

Как это ни покажется странным большинству читателей, привыкших к тому, что отец не только не допускается к месту рождения на пушечный выстрел, якобы по причинам требований санитарии, но и видит своего ребёнка первый раз только через несколько дней в окне второго или третьего этажа, американские матери не только возвращаются домой на второй или третий день после родов, но и доступ к ним и ребёнку не прекращается в течение того времени, что они находятся в больницу. Около домов, где появился на свет новорождённый, нередко можно увидеть табличку *It's a Boy* или *It's a Girl,* объявляющую всем окружающим о счастливом событии.

Собственно дни рождения отмечаются также как и везде в кругу близких и друзей. Непременным атрибутом детских дней рождения являются разноцветные воздушные шарики, привязанные к почтовому ящику около дома. Если посетители ресторана заказывают торт в честь дня рождения, то он будет принесён с горящими свечами целой процессией, состоящей из официантов, поваров и других работников заведения, поздравляющих именинника.

22. Miscellaneous

This chapter includes information about various important everyday situations that weren't covered in previous chapters.

22.1. If you get lost

Unless you've experienced it yourself, it's impossible to fully appreciate what it means to get lost in a place where nobody speaks your language. You end up in a situation where simple things – like asking for directions – are practically impossible, and you are forced to desperately look for a way out.

Do not expect that you will be as lucky as we were once, when we went to a concert in Boston. I drove past the highway exit we needed and had to find the shortest way back because we had very little time left before the concert. The first person we asked for directions was a taxi driver. When he heard my accent, he directed me right away to the person standing next to him, who happened to be from the Ukraine. He generously had us follow him to the concert hall. I had a similar experience in Chicago, when the first woman I asked for directions to the nearest subway station happened to be Russian.

This doesn't mean that natives of the former Soviet Union have already become the majority of the U.S. population and that you don't have to learn English, though in some places there are many people from the former U.S.S.R. These coincidences usually happen when there is no great need for them.

If you do not speak English, you should, at the very least, follow these simple rules to avoid difficulties:

- Always have with you, in writing, your name and home address. If you have a plastic card from the local hospital with this information, carry it with you;

22. Коротко о разном

В этой главе собраны сведения о различных жизненно важных мелочах, не вошедших ни в одну их предыдущих глав.

22.1. Если вы заблудились

Оценить, что значит заблудиться в месте, где никто не говорит на вашем языке, можно только испытав это на себе. Вы попадаете в ситуацию, когда такая простая вещь, как спросить дорогу, оказывается практически невыполнимой и вынуждены судорожно искать выход из этого положения.

Не рассчитывайте на то, что вам повезёт так, как это было с нами, когда, отправившись на концерт в Бостон, я проскочил нужный выход с хайвэя, и нам необходимо было выяснить кратчайшую дорогу назад, поскольку времени до начала концерта оставалось немного. Первым, к кому мы обратились, был водитель такси. Услышав мой акцент, он тут же направил меня к человеку, стоящему рядом и оказавшемуся выходцем с Украины. Он великодушно проводил нас до концертного зала. Второй аналогичный случай был со мной в Чикаго, когда первая женщина, к которой я обратился с вопросом о местонахождении ближайшей станции метро, оказалась русской.

Это не означает, что выходцы из бывшего Советского Союза уже составляют большинство населения США, и вам нет необходимости учить язык, хотя в некоторых местах их достаточно много. Такие совпадения бывают тогда, когда в них нет большой необходимости.

Если вы не говорите по-английски, то для того, чтобы избежать затруднений, необходимо соблюдать, как минимум, несколько из ниже приведённых простых правил:

- всегда имейте при себе в письменном виде ваше имя и фамилию с указанием домашнего адреса (если у вас есть пластиковая карточка из местной больницы с указанием всех этих данных, носите её при себе);

- Have with you, in writing, the name and address of the person or organization you're going to visit;

- If you have an English-speaking relative or friend, always carry his phone number;

- Learn several simple phrases in English, such as "I need help" or "I do not speak English, I speak Russian;"

- Carry with you a city map marked with the location of your home.

If you need help, you can ask passers-by or go to the nearest store, restaurant, or other business. It is even better to ask a police officer if one is nearby or to ask somebody else to call the police. One of the common ways police officers resolve these situations is to call the telephone company and ask an international operator to serve as an interpreter.

22.2. Public restrooms

In the U.S. you can typically find stand-alone public toilets only in areas with heavy tourists traffic. But there are also plenty of businesses where you can use a bathroom if need be. These include gas stations, supermarkets, department stores, fast food restaurants, governmental or municipal office buildings, and public libraries. At gas stations and some other places, the entrance to the bathroom may be outside and locked, so you would need to ask an attendant for the key. At restaurants with waiters, you can usually only get to a bathroom from the dining room.

On highways there are special places called *rest areas* with either "real" bathrooms or temporary portable toilets. Road signs alert drivers in advance.

22.3. Gambling and lotteries

In the U.S. gambling is strictly regulated by laws and forbidden in most parts of the country. Gambling means not only roulette in a casino, but also the widespread practice of betting on the expected results of sports events or pools organized among employees at some companies. The best known places where gambling is legal are Las Vegas and Atlantic City, but the gambling business is strictly regulated even there. All kinds of winnings are considered taxable income.

- имейте при себе в письменном виде имя, фамилию и домашний адрес человека, либо название и адрес организации, куда вы направляетесь;

- если у вас есть знакомый или родственник, говорящий по-английски, то имейте при себе его номер телефона;

- заучите несколько простейших фраз на английском, как, например, "мне нужна помощь", "я не говорю по-английски, я говорю по-русски";

- имейте при себе карту города с указанием вашего места жительства.

Если вам нужна помощь, то вы можете обратиться к прохожим, зайти в ближайший магазин, ресторан или любой другой бизнес, а ещё лучше, обратиться к полицейскому, если он находится поблизости, либо попросить кого-либо вызвать полицию. Одним из распространённых способов, применяемых полицейскими в таких ситуациях, является звонок в телефонную компанию, обеспечивающую международные разговоры и использование телефонисток в качестве переводчиков.

22.2. Общественные туалеты

Отдельно стоящие общественные туалеты в США обычно бывают только в местах с большим наплывом туристов, однако, помимо этого, существует большое количество бизнесов, в которых вы можете воспользоваться туалетом в случае необходимости. К ним относятся автозаправочные станции, супермаркеты, универсальные магазины, рестораны быстрого обслуживания, правительственные или муниципальные административные здания, общественные библиотеки и так далее. На автозаправках и в некоторых других местах, вход в туалет может находиться снаружи и быть закрыт на замок; в этом случае за ключом необходимо обратиться к сотруднику. В ресторанах с обслуживанием, попасть в туалет обычно можно только из обеденного зала.

На хайвэях существуют специальные места для отдыха *(rest area)* с капитальными туалетными комнатами или временно поставленными портативными кабинами. Соответствующие указатели заранее предупреждают об их приближении.

22.3. Азартные игры и лотереи

В США азартные игры строго регулируются законом и запрещены на большей части территории страны. Под азартными играми подразумевается не только игра в рулетку в казино, но и широко распространённая практика делать ставки на ожидаемые результаты спортивных соревнований, либо денежные лотереи, проводимые среди сотрудников той или иной компании. Наиболее известными центрами, где этого запрета нет, являются Лас-Вегас и Атлантик-Сити, но даже там игровой бизнес строго регулируется. Все виды выигрышей считаются доходом и облагаются налогом.

Lotteries are widely popular everywhere in the country and are under the jurisdiction of states or municipalities. Proceeds from lotteries cover local budgetary expenses, and lottery prizes vary widely in size: some tickets win $1 or a free ticket, but other winnings may be 100 million dollars or even more. Large jackpots are a magnet that draws many people to buy lottery tickets regularly and in large quantities, though the probability of winning is minuscule. Research of the *National Gambling Impact Study Commission* has shown that people with incomes of $10,000 or less spend about $597 on lottery tickets annually (National Gambling Impact Study Commission, 1999).

The desire to get rich quickly becomes an obsession for some people, destroying their lives and the lives of their loved ones. There is an organization that helps these people:

Gamblers Anonymous
International Service Office
P.O. Box 17173, Los Angeles, CA 90017
(213) 386-8789 - Fax (213) 386-0030

22.4. Personal hygiene

Personal hygiene was already discussed in the chapter devoted to employment, but it's useful to review the basics one more time because this is truly of very great importance in the U.S.

- A daily bath or shower is the norm, and some people bathe both in morning and in the evening.

- The majority of people also wash their hair daily.

- The smell of sweat from the body or clothes is not acceptable. To prevent it, everyone uses the deodorants sold in great variety in stores.

- Clothes, including underwear, are changed daily.

- Dental care includes brushing the teeth at least twice a day, flossing, and also rinsing with mouthwash. Quite often you can see people brushing their teeth in the office bathroom after lunch. Most Americans have dental cleanings at the dentist's office twice a year.

- Women remove hair from their faces, legs, and underarms either by shaving or waxing.

Денежные лотереи широко распространены по всей стране и находятся в ведении штатов или муниципалитов. Доходы от лотерей направляются на покрытие тех или иных статей расходов местных бюджетов. Размеры лотерейных выигрышей варьируются от $1 или бесплатного билета до сотни и более миллионов долларов. Крупные суммы выигрышей как магнит притягивают множество людей, регулярно и в больших количествах покупающих лотерейные билеты, несмотря на то, что вероятность выигрыша ничтожна. Исследования Национальной комиссии по изучению воздействия азартных игр *(National Gambling Impact Study Commission)* показывают, что люди с годовым доходом в $10,000 и мене тратят около $597 на лотерейные билеты (National Gambling Impact Study Commission, 1999).

Желание разбогатеть без особого труда становится у некоторых навязчивой идеей, превращая их в людей, разрушающих свою жизнь и жизнь окружающих. Для помощи таким людям существует организация, называющаяся "Обществом Анонимных Игроков".

Gamblers Anonymous
International Service Office
P.O. Box 17173, Los Angeles, CA 90017
(213) 386-8789 - Fax (213) 386-0030

22.4. Личная гигиена

О личной гигиене уже упоминалось в главе, посвящённой работе, однако не будет лишним повторить основные моменты ещё раз, поскольку в США этому действительно придаётся большое значение.

- Ежедневное принятие ванны или душа (нередко это делается утром и вечером) является нормой.

- Большинство людей также ежедневно моют голову.

- Запах пота от тела или одежды не допустим. Для его предотвращения все пользуются дезодорантами, которые в изобилии есть в продаже.

- Одежда, включая нижнее бельё, меняется ежедневно.

- Уход за зубами и полостью рта включает чистку как минимум два раза в день зубной щёткой и специальными нитками, а также полоскание дезинфицирующими и дезодорирующими растворами. Нередко на работе в туалете можно видеть сотрудников, чистящих зубы после обеда. Большинство американцев проходят гигиеническую чистку у дантиста дважды в год.

- Женщины удаляют волосы на лице, ногах и в подмышечных впадинах (бреют или снимают воском).

22.5. Be careful with children

In the U.S. there is a number of laws designed to protect the rights and well-being of children. Courts can punish adults (including parents) who put children in potentially dangerous situations, and parents can lose parental rights. This sounds more or less clear, but still there are very often cases when immigrants or people simply living in the U.S. temporarily get into very difficult situations. This happens because they are not familiar with the laws or law enforcement. The problem is that, by definition, potentially dangerous circumstances include many situations that occur frequently in real life and that, quite possibly, nobody pays attention to in many other cultures.

In many countries it is considered normal to leave a small child alone and locked in an apartment while the parents are out for a short time. That's what one couple temporarily living in the U.S. did when they were invited to a party. The child woke up alone and cried loudly enough to draw the attention of tenants in neighboring apartments, who called the police. A court summons awaited the returning parents, and they had to fight to get their child back. Another example concerns a woman who needed to drop off film to be developed but did not want to wake up her children, who were asleep in the car. She locked them in and went into the store for a few minutes. It took her several years and more than $15,000 in legal expenses to correct her mistake. Draw your own conclusions about what could happen if you spank your stubborn child in public.

On beaches of many countries you can see two- or even three-year-old kids romping about in their "birthday suits." Parents quite often photograph those scenes. But in the U.S., if you bring film like that in for processing, you could be accused of child pornography.

It is difficult to list all the possible situations you could face in your new life, but these examples are intended to draw your attention to the possible consequences of acts that you wouldn't have thought about in the past. They also serve as a reminder of the rule stating "Ignorance of the law is no excuse."

22.6. Tipping

The tradition of giving tips is accepted in many countries. But the list of services for which tips are usually given can differ substantially, as can the amount and the form in which they are offered. In many European countries, tips are included in the bill, and there is no need to pay anything more. In other cases, a tip is given only if you received special attention, so nothing terrible

22.5. Осторожнее с детьми

В США существует множество законов направленных на защиту прав детей. Взрослые (в том числе и родители), поставившие детей в потенциально опасную ситуацию, могут быть наказаны через суд, а если это родители, то они могут лишиться родительских прав. Это звучит более или менее понятно, но тем не менее, нередки случаи, когда не только иммигранты, но и люди, просто временно живущие на территории США, попадают в очень сложные ситуации. Происходит это от незнания законов и практики их исполнения. Всё дело в том, что под определение потенциально опасной ситуации подпадают многие случаи, которые часто встречаются в жизни и которым, вполне вероятно, не придаётся никакого значения во многих других культурах.

Во многих странах считается нормальным оставлять маленького ребёнка одного закрытым в квартире, когда родители уходят на не очень продолжительное время. Так поступила одна пара, временно живущая в США, когда она была приглашена на вечеринку к знакомым. Проснувшийся в одиночестве ребёнок, подняв громкий плач, привлек внимание жильцов соседних квартир, вызвавших полицию. Вернувшихся родителей ожидала повестка в суд и долгая борьба за возвращение ребёнка. Другим примером может служить случай, когда женщина, которой необходимо было сдать фотоплёнку в проявление, не захотела будить спящих в машине детей и, закрыв их, зашла в магазин на несколько минут. Ей потребовалось несколько лет и более $15,000 на адвокатов, чтобы исправить свою ошибку. Сделайте выводы самостоятельно, что может произойти, если вы на публике отшлёпаете вашего заупрямившегося малыша.

На пляжах многих стран вы можете увидеть малышей двух- и даже трехлетнего возраста, резвящихся в "чем мать родила". Нередко родители фотографируют их в таком виде. В США, отдав подобную пленку в обработку, можно навлечь на себя обвинение в детской порнографии.

Трудно перечислить все возможные случаи, которые могут встретиться в вашей новой жизни, но эти несколько примеров предназначены для того, чтобы обратить ваше внимание на возможные последствия поступков, которым вы в прошлом не придавали никакого значения. Они также служат напоминанием правила, гласящего что "незнание закона не освобождает от ответственности".

22.6. Чаевые

Традиция давать чаевые распространена во многих странах. Тем не менее, перечень услуг за которые обычно дают "на чай", а также величина и форма, в которой они даются, могут существенно отличаться. Во многих европейских странах чаевые включаются в предъявляемый счёт, и нет необходимости

will happen if you don't give a tip because you don't know it is the custom. However, there are situations when tipping is practically mandatory and not giving some sort of tip is almost as bad as not paying the bill.

In the U.S., there is even a verb *to tip;* however, TIP is actually an abbreviation of the phrase *to insure promptness.* It can also be called *gratuity.* The full list of services for which people give tips is fairly wide, as is the list of their recipients, but you will never have to deal with many of them, and others may not come up until long after your arrival. If you're interested, you can find detailed information about tipping on the Internet at *www.tipping.org.* Here we will only mention situations that everybody faces.

As already discussed above, waiters at restaurants very often have wages lower than officially established minimums, and tips are considered mandatory. For good or excellent service, the tip is usually calculated at 15-20% of the total bill. If you weren't served very well, you can give less than 15%, but don't give below 10%. In these cases, it's recommended to talk to the manager.

Taxi drivers usually receive 10-15% of the fare shown on the meter. Porters at airports and hotels receive $1-2 for each piece of luggage.

In hair salons, tips are usually 15% if one person does everything and 20% if more people are involved. In the second case, the cutter receives 10%, and 10% is shared by the others.

платить сверх этого. В других случаях, чаевые даются только, если вам оказывали особое внимание, и ничего страшного не произойдёт, если вы по незнанию не сделаете этого. Однако существуют ситуации, когда дача чаевых является практически обязательной, и не сделать это в некотором роде равносильно неоплаченному счёту.

В США чаевые обозначаются словом *tip,* и даже существует глагол *to tip* (давать на чай), однако, на самом деле TIP является сокращением фразы *to insure promptness,* что переводится как "обеспечить своевременность" и иначе называется *gratuity.* Полный список услуг, за которые дают чаевые, как и список их получателей довольно широк, но со многими из них вы никогда в жизни не столкнётесь, а с другими – не столкнётесь вскоре после приезда. Если вас это интересует, то вы можете найти подробную информацию на Интернете по адресу *www.tipping.org.* Мы здесь отметим только те случаи, с которыми сталкиваются практически все.

Как уже отмечалось выше, официанты в ресторанах очень часто получают зарплату ниже, чем официально установленный минимум, и чаевые считаются обязательными. Их величина обычно лежит в пределах 15-20% от суммы счёта при хорошем и отличном обслуживании. Если вас обслужили не очень хорошо, то вы можете дать меньше 15%, но не стоит опускаться ниже 10%. Рекомендуется в таких случаях обратиться к менеджеру.

Водители такси обычно получают 10-15% от суммы оплаты за поездку, указанной на счётчике. Носильщики в аэропортах и гостиницах - $1-2 за каждое место багажа.

Сумма чаевых в салонах-парикмахерских обычно составляет 15%, если все операции выполняет один человек и 20% - если вовлечено больше (10% тому, кто стрижёт, и 10% делится среди остальных).

23. About Numbers

Fortunately for all, humankind uses a uniform number system, so when moving to another country, there is no need to learn arithmetic again. However, not everything is as simple as we might like. Besides a number system, there is also a measurement system that defines what units are used to measure various physical parameters, such as length, area, speed, temperature, and the like.

It is unfortunate for immigrants who came from countries with the metric system that the U.S. is the only industrialized country without laws enforcing the use of the metric system as the uniform standard. The metric system is used only infrequently, together with the archaic English system. This complicates a situation that is already somewhat difficult for all beginners, even if they don't need to use measurements at work. Everything is based on the accepted measurement system: clothing and footwear sizes, recipes, weather forecasts, product packaging, and many other things.

In this chapter you can find conversions – from the metric system to the English system and vice versa – that are most frequently used in daily life.

23.1. Numericals

As mentioned in the beginning of the book and seen throughout this text, decimal fractions are separated from whole numbers by periods, and hundreds are separated from thousands by commas. If figures with decimal points are less than 1, quite often the preceding 0 is omitted, and the numeral begins with a period: for example, 0.56 can be written as .56 in texts or on technical drawings. When writing the digit 1 Americans write I, and they rarely use a horizontal hyphen when writing 7 (not 7̄).

23. Немного о числах

К великому счастью для всех, человечество использует единую систему счисления, и при переезде в другую страну нет необходимости учить заново арифметику, однако не всё так просто, как хотелось бы. Помимо системы счисления, существует система мер и весов, которая определяет, в каких единицах измеряются различные физические величины, как, например, длина, площадь, скорость, температура и тому подобное.

К несчастью для иммигрантов, приехавших из стран с метрической системой мер, США являются единственной индустриально развитой страной, в которой эта система не внедрена законодательно в качестве единого стандарта, а применяется не очень широко в параллель к архаичной английской системе. Это несколько осложняет и без того трудную ситуацию для всех новичков без исключения, даже если им и не надо по роду занятий производить какие-то ни было измерения, поскольку на принятой системе мер основано всё: размеры одежды и обуви, рецептура приготовления блюд, прогноз погоды, расфасовка продуктов и многое другое.

В этой главе приводится перевод наиболее часто встречающихся в повседневной жизни единиц из метрической системы в английскую и наоборот.

23.1. Написание чисел

Как уже говорилось в начале книги и использовалось в тексте, десятичные дроби в числах отделяются точкой, а сотни – запятой. Нередко можно встретить вариант написания дробных чисел меньше единицы, когда ноль также опускается и число начинается с точки, например, число 0.56 может быть написано как .56 в тексте или на чертежах. При написании цифры 1 американцы пишут I, а в цифре 7 почти никогда не используют горизонтальную чёрточку (7).

Table 23-1:   Numerals

Cardinals			Ordinals		
0	zero			zero	
1	one		1st	first	
2	two		2nd	second	
3	three		3rd	third	
4	four		4th	fourth	
5	five		5th	fifth	
6	six		6th	sixth	
7	seven		7th	seventh	
8	eight		8th	eighth	
9	nine		9th	ninth	
10	ten		10th	tenth	
11	eleven		11th	eleventh	
12	twelve		12th	twelfth	
13	thirteen		13th	thirteenth	
14	fourteen		14th	fourteenth	
15	fifteen		15th	fifteenth	
16	sixteen		16th	sixteenth	
17	seventeen		17th	seventeenth	
18	eighteen		18th	eighteenth	
19	nineteen		19th	nineteenth	
20	twenty		20th	twentieth	
21	twenty-one		21st	twenty-first	
22	twenty-two		22nd	twenty-second	
23	twenty-three		23rd	twenty-third	
30	thirty		30th	thirtieth	
40	forty		40th	fortieth	
50	fifty		50th	fiftieth	
60	sixty		60th	sixtieth	
70	seventy		70th	seventieth	
80	eighty		80th	eightieth	
90	ninety		90th	ninetieth	
100	hundred		100th	hundredth	
200	two hundred		200th	two hundredth	
300	three hundred		300th	three hundredth	
400	four hundred		400th	four hundredth	
500	five hundred		500th	five hundredth	

Табл. 23-1: Написание числительных

Количественные (Cardinals)			Порядковые (Ordinals)		
0	zero	ноль		zero	нулевой
1	one	один	1st	first	первый
2	two	два	2nd	second	второй
3	three	три	3rd	third	третий
4	four	четыре	4th	fourth	четвёртый
5	five	пять	5th	fifth	пятый
6	six	шесть	6th	sixth	шестой
7	seven	семь	7th	seventh	седьмой
8	eight	восемь	8th	eighth	восьмой
9	nine	девять	9th	ninth	девятый
10	ten	десять	10th	tenth	десятый
11	eleven	одиннадцать	11th	eleventh	одиннадцатый
12	twelve	двенадцать	12th	twelfth	двенадцатый
13	thirteen	тринадцать	13th	thirteenth	тринадцатый
14	fourteen	четырнадцать	14th	fourteenth	четырнадцатый
15	fifteen	пятнадцать	15th	fifteenth	пятнадцатый
16	sixteen	шестнадцать	16th	sixteenth	шестнадцатый
17	seventeen	семнадцать	17th	seventeenth	семнадцатый
18	eighteen	восемнадцать	18th	eighteenth	восемнадцатый
19	nineteen	девятнадцать	19th	nineteenth	девятнадцатый
20	twenty	двадцать	20th	twentieth	двадцатый
21	twenty-one	двадцать один	21st	twenty-first	двадцать первый
22	twenty-two	двадцать два	22nd	twenty-second	двадцать второй
23	twenty-three	двадцать три	23rd	twenty-third	двадцать третий
30	thirty	тридцать	30th	thirtieth	тридцатый
40	forty	сорок	40th	fortieth	сороковой
50	fifty	пятьдесят	50th	fiftieth	пятидесятый
60	sixty	шестьдесят	60th	sixtieth	шестидесятый
70	seventy	семьдесят	70th	seventieth	семидесятый
80	eighty	восемьдесят	80th	eightieth	восьмидесятый
90	ninety	девяносто	90th	ninetieth	девяностый
100	hundred	сто	100th	hundredth	сотый
200	two hundred	двести	200th	two hundredth	двухсотый
300	three hundred	триста	300th	three hundredth	трёхсотый
400	four hundred	четыреста	400th	four hundredth	четырёхсотый
500	five hundred	пятьсот	500th	five hundredth	пятисотый

Table 23-1:   **Numerals**

600	six hundred		600th	six hundredth	
700	seven hundred		700th	seven hundredth	
800	eight hundred		800th	eight hundredth	
900	nine hundred		900th	nine hundredth	
1000	one thousand		1000th	one thousandth	
1 000 000	million		1 000 000th	millionth	
1 000 000 000	billion		1 000 000 000th	billionth	

In texts, numbers less than twenty are often spelled out as words, rather than represented by numerals. In conversation, a four-digit number is presented as a two-digit number followed by "hundred," for example, the numeral 1,200 is pronounced as *twelve hundred,* instead of one thousand two hundred. The numeral 1,561 is pronounced as *fifteen hundred and sixty one.* The numeral 50,161 is pronounced as *fifty thousand one hundred and sixty one.*

23.2. Time

Time in the U.S. is, in most cases, indicated using a twelve-hour scale. The first half of the day, from midnight to noon, is designated by adding the letters a.m., an abbreviation of the Latin *ante meridiem*, meaning "until noon." The second half of the day, from noon to midnight, is designated by adding p.m., an abbreviation of the Latin *post meridiem*, "after noon."

Talking about the hours from 12:00 until 1:00 is the greatest difficulty for people unaccustomed to this system. The problem is that the system doesn't include a designation of "zero" time, i.e. 00:00. The day begins at midnight, where 11:59 p.m. is followed by 12:00 a.m., then 12:30 a.m., 12:59 a.m., 1:00 a.m., and so on until noon. Then, 11:59 a.m. is followed by 12:00 p.m., then 12:30 p.m., 12:59 p.m., 1:00 p.m., and so on.

Thus, if your plane departs at 11:59 p.m., that's before midnight, but if it's 12:01 p.m., that's right after noon. Simple, isn't it? This was very difficult for me personally, and even now I am afraid to make mistakes with times in these intervals.

The 24-hour scale that is traditional for many of us is used in the U.S. military and is known here as *military time*. When discussing time using this system, four-digit numerals are used, for example, 16:00 would be pronounced as *sixteen hundred hours,* and 02:40 is called *zero two hundred forty hours.*

The territory of the U.S., not including Alaska and Hawaii, occupies four time zones with the names *Eastern Time, Central Time, Mountain Time,* and *Pacific Time.* Time in the West coast's *Pacific Time* zone (California, Oregon, and Washington) is three hours behind the East coast's *Eastern Time* zone (from Maine to Florida).

Табл. 23-1: **Написание числительных**

600	six hundred	шестьсот	600th	six hundredth		шестисотый
700	seven hundred	семьсот	700th	seven hundredth		семисотый
800	eight hundred	восемьсот	800th	eight hundredth		восьмисотый
900	nine hundred	девятьсот	900th	nine hundredth		девятисотый
1000	one thousand	тысяча	1000th	one thousandth		тысячный
1 000 000	million	миллион	1 000 000th		millionth	миллионный
1 000 000 000	billion	миллиард	1 000 000 000th		billionth	миллиардный

В тексте, числа меньше двадцати чаще всего пишутся прописью, а не цифрами. Четырёхзначные числа при разговоре разбиваются на сотни и единицы, например, число 1,200 произносится как двенадцать сотен *(twelve hundred)*, а не тысяча двести, а число 1,561 произносится как пятнадцать сотен шестьдесят один *(fifteen hundred sixty one)*. Число 50,161 пишется или произносится как *fifty thousand one hundred and sixty one*.

23.2. Время

Время в США в большинстве случаев исчисляется по 12-часовой шкале. Первая половина суток с полуночи до полудня указывается с добавлением букв A.M., что является сокращением от латинского *ante meridiem* (до полудня), а вторая половина, с полудня до полуночи, указывается с добавлением букв P.M., что также является сокращением от латинского *post meridiem* (после полудня).

Наибольшая путаница для тех, кто не привык к такой системе, заключается в обозначении времени с 12:00 до 1:00. Дело в том, что "нулевого" времени, т.е. 00:00 при такой системе обозначения не существует. Сутки начинаются с полуночи, где после 11:59 PM следует 12:00 AM, затем 12:30 AM, 12:59 AM, 1:00 AM и так далее до полудня, когда после 11:59 AM следует 12:00 PM, затем 12:30 PM, 12:59 PM, 1:00 PM и так далее.

Таким образом, если ваш самолёт отбывает в 11:59 PM, то это перед полуночью, а если в 12:01 PM, то это сразу после полудня. Просто, не правда ли? Мне лично это далось с трудом, и я до сих пор боюсь ошибиться, когда дело касается этих интервалов.

Традиционная для нас 24-часовая шкала используется в армии США и известна здесь как *military time* (армейское время). При обозначении времени по такой шкале в разговоре используют четырехзначные числа, например, 16:00 будет произноситься как *sixteen hundred hours* (шестнадцать сотен часов), а 02:40 будет звучать как *zero two hundred forty hours* (ноль двести сорок часов).

Территория США без учёта Аляски и Гавайских островов занимает четыре часовых пояса, которые имеют свои названия: *Eastern Time, Central Time, Mountain Time, Pacific Time*. Время на западном побережье *Pacific Time* (Калифорния, Орегон, Вашингтон) отстаёт от времени на восточном побережье *Eastern Time* (от Мэйна до Флориды) на три часа.

The time of departure and arrival of planes is indicated on tickets and schedules in the local time of the place of arrival or departure, rather than using a standard time.

When writing dates in the U.S., it is standard to indicate the month, then the day, and then the year. For example, the date 06-12-01 means June 12, 2001, not December 6, 2001.

23.3. Money

The dollar is the monetary unit of the U.S. The dollar contains 100 cents. Face values of coin and bill denominations that are currently in circulation are listed below.

Coins:

- 1 cent   1¢ $0.01   penny
- 5 cents   5¢ $0.05   nickel
- 10 cents   10¢ $0.10   dime
- 25 cents   25¢ $0.25   quarter
- half dollar   50¢ $0.50   half dollar
- dollar   100¢ $1.00   dollar

Bills:

- 1 dollar $1.00
- 2 dollars $2.00
- 5 dollars $5.00
- 10 dollars $10.00
- 20 dollars $20.00
- 50 dollars $50.00
- 100 dollars $100.00

One-cent coins, also known as pennies, are made of a copper alloy, but all other coins are made of nickel. Only coins made of nickel are used in vending machines. Since the majority of prices in the U.S. end with .99, pennies are widely used and collect rather quickly in pockets and wallets. Many people save them in coin boxes; once they have a full box, they pack pennies into paper rolls that hold 100 coins each and bring them to the bank. You can buy coin rolls in the office supply departments of stores.

Время отлёта и прибытия самолётов в билетах и расписаниях указывается по местному времени места прибытия или отправления, а не с использованием единого времени.

При написании дат в США принято указывать сначала месяц, затем число, а потом год. Например, дата 06-12-01 означает 12 июня 2001 года, а не 6 декабря 2001 года.

23.3. Деньги

Доллар является денежной единицей США. В долларе содержится 100 центов. Ниже приводятся номиналы монет и купюр, находящихся в обращении.

Монеты:

- 1 цент   1¢ $0.01   *penny*   пенни
- 5 центов   5¢ $0.05   *nickel*   никел
- 10 центов   10¢ $0.10   *dime*   дайм
- 25 центов   25¢ $0.25   *quarter*   квотер
- полдоллара   50¢ $0.50   *half dollar* хаф доллар
- доллар   100¢ $1.00   *dollar*   доллар

Купюры:

- 1 доллар $1.00
- 2 доллара $2.00
- 5 долларов $5.00
- 10 долларов $10.00
- 20 долларов $20.00
- 50 долларов $50.00
- 100 долларов $100.00

Одноцентовые монеты или "пенни" изготовлены из медного сплава, а все остальные – из никелевого. В автоматах используются только никелевые монеты. Поскольку большинство цен в США оканчивается на .99, одноцентовые монеты широко распространены в обращении и довольно быстро накапливаются в карманах или кошельках. Многие люди заводят для них копилки и после их наполнения, упаковывают монеты в бумажные ролики по 100 штук и сдают в банк. Упаковки можно купить в любом канцелярском отделе магазинов.

In stores you will often see containers with pennies next to cash registers. The pennies were left by other buyers and do not belong to the store. If you are short by one or two cents, you can take them from the box. If you are handed some pennies as change, and you don't need them, you can drop them in.

It should also be mentioned that the five-cent coin, called a "nickel," is larger than the 10-cent coin, the "dime." But the nickel is smaller than the 25-cent coin, which is called a "quarter." Further, the half-dollar coin is larger than the dollar coin. Two-dollar bills are very seldom seen in circulation.

23.4. The measurement system

With all due respect to technological progress in the U.S., it should be noted that when it comes to the measurement system, the country is in the 19th century, not the 20th. Even now distances are measured in inches, feet, yards, and miles. Weight is measured in ounces and pounds, and volume is measured in quarts, gallons, cubic inches, or cubic feet, as it was in the old English system.

The homeland of this system, Great Britain, had enacted laws forbidding to use the old units when it integrated into the European Union. Punishments were established for violators, and I remember reading in a newspaper that a salesman became the first victim of the new law when he sold bananas to a customer in pounds instead of kilograms. The customer happened to be an undercover cop.

As for America, having working in the technical field for all these years, I have never come across any mention of future government plans for making a complete transition to the metric system. Because international integration demands it, the metric system is used together with the English system, adding to the confusion. Some technical drawings are made in metric units, others in inches. Some drawings include both. All electrical and electronic components are made in two versions, for example, with a 2.5 mm pitch and with a 0.1" (0.1 inches) pitch, which equals 2.54 mm. Designers must convert parameters from one system to another all the time, causing numerous mistakes. The best-known example of these mistakes occurred at *NASA*, where one part of a project was carried out with metric system calculations, while another part used the English system. A spacecraft was lost as a result of the inconsistencies. The spacecraft cost hundreds of millions of dollars and was supposed to land on the surface of Mars.

In 1975 the U.S. Congress enacted the *Metric Conversion Act of 1975* and founded a special council, the *U.S. Metric Board*, to develop a transition program and coordinate reform of the measurement system. The council's recommendations were nonbinding and not supported by legislation, so they were generally ignored. In 1982 the council was abolished.

Около кассовых аппаратов в магазинах нередко можно видеть коробочку с одноцентовыми монетами. Они не принадлежат продавцу, а оставлены другими покупателями. Если вам не хватает 1-2 цента, вы можете спокойно взять их из этой коробочки, а если вам сдали несколько пенни, которые вам не нужны, то вы можете положить их туда.

Необходимо отметить, что 5-ти центовая монета "никел" больше по размеру, чем 10-ти центовик "дайм", но меньше чем 25-ти центовик, а монета в половину доллара – больше по размеру, чем долларовая. Купюры в два доллара редко встречаются в обращении.

23.4. Система мер и весов

Отдавая должное техническому прогрессу в США, нужно отметить, что в отношении системы мер и весов страна находится даже не в XX веке, а в XIX. Расстояния до сих пор измеряются дюймами, футами, ярдами и милями; вес – унциями и фунтами, а объём – квартами, галлонами, кубическими дюймами или футами, как и положено в старой английской системе.

Родоначальница этой системы Великобритания, итегрировавшись в Европейское Экономическое Сообщество, законодательным порядком запретила использовать старые единицы, установив наказание за нарушение. В газетах писали, что первой жертвой нового закона стал продавец, отпустивший покупателю бананы в фунтах вместо килограммов. Покупателем оказался полицейский в штатском.

Что касается Америки, то работая в технической сфере все эти годы, я ни разу не встретил никакого упоминания о будущих планах полного перехода на метрическую систему на государственном уровне. Поскольку международная интеграция того требует, метрическая система используется в параллель с английской, что только добавляет неразберихи. Одни чертежи выполняются в метрических размерах, другие – в дюймовых, а третьи и в тех и других. Все электрические и электронные комплектующие изготавливаются в двух вариантах: например с шагом 2.5 мм и 0.1" (0.1 дюйма) = 2.54 мм. Разработчикам постоянно приходится переводить параметры из одной системы в другую, что порождает многочисленные ошибки. Наиболее известным примером таких ошибок является случай в *NASA*, когда одна часть проекта выполнялась с расчётами в метрической системе, а другая – в английской. В результате несогласованности был потерян космический корабль стоимостью в сотни миллионов долларов, который должен был приземлиться на поверхность Марса.

Попытка провести организованную реформу системы мер была предпринята в прошлом, когда в 1975 году, после изучения вопроса Конгресс США принял *Metric Conversion Act of 1975* (закон о переходе на метрическую систему) и был создан специальный совет *U.S. Metric Board,* разрабатывавший программу перехода и координирующий её внедрение. Рекомендации совета не были законодательно подкреплены и не носили обязательного характера, поэтому были по большей части проигнорированы. В 1982 году совет был упразднён.

One more attempt was made in 1988 to recover the process of introducing the metric system. Provisions included in the Omnibus Trade and Competitiveness Act of 1988 stated that the metric system is preferable for trade and commerce in the U.S. This legislation required federal agencies, with only rare exceptions, to use the metric system in their activity; however, the private sector was not subject to any legislative regulation. As it happens, the misunderstanding with the space flight to Mars occurred at the junction of the private industrial sector and the federal agency NASA.

To be fair, it should be noted that, taking the size of the American economy into account, it would cost a great deal for the whole country to switch to the metric system. There is no politician ready to risk his position and try to move this issue forward. The American measurement system has turned into a proverbial Russian suitcase without a handle, that is "too heavy to carry, too precious to drop." The only area benefiting from the presence of two measurement systems is the tool industry – practically everybody has to have two sets of tools.

Whether you want to or not, you will need to learn this intricate measurement system, something you quite probably never had to deal with before. The problem is that mostly English units are used in everyday life. Product weight is measured in pounds, building materials in feet, gasoline in gallons, and so on. Though metric equivalents are indicated on the majority of packages alongside English units, this is not always the case. In my opinion, the most simple and effective method for quick translation from system to system is to establish approximate ratios between the most frequently used units of the metric and English systems.

In daily life it is enough to remember that:

- 1" (inch)   1 inch is about 2.5 centimeters;
- 1' (foot)   1 foot – about 30 centimeters;
- 10 sq. ft.   10 square feet – about 1 square meter;
- 1 lb (pound)   1 pound – slightly less than 0.5 kilogram;
- 1 oz.   1 ounce – about 30 grams;
- 1 gal   1 gallon – slightly less than 4 liters;
- 1 mile   1 mile is about 1.5 kilometers;
- 1 meter   1 meter is about 3.3 feet;
- 1 kilogram   1 kilogram is slightly more than 2 pounds;
- 1 liter   1 liter is slightly more than 0.25 gallon;
- 1 kilometer   1 kilometer is about 0.62 mile.

В 1988 году была сделана ещё одна попытка оживить процесс внедрения метрической системы, когда в общий закон о торговле и конкурентоспособности были включены пункты о том, что в торговле и коммерции США метрическая система является предпочтительной. Федеральные агентства, за редким исключением, обязывались использовать её в своей деятельности, однако частные фирмы никакому законодательному регулированию не подлежали. Недоразумение с космическим полётом на Марс как раз и случилось на стыке между частным промышленным сектором и государственным агентством *NASA*.

Справедливости ради следует отметить, что полный переход страны на метрическую систему, учитывая размеры американской экономики, потребовал бы огромных затрат. Никто из политиков не готов рискнуть своим положением и попытаться сдвинуть этот вопрос с места. Американская система мер превратилась в пресловутый чемодан без ручки, который "и нести тяжело, и бросить жалко". Единственная сфера, которой, безусловно, выгодно наличие двух систем измерения — это инструментальная промышленность, поскольку практически все вынуждены иметь инструменты в двух вариантах.

Хотите вы этого или нет, вам придётся осваивать эту замысловатую систему мер, с которой вы, вполне вероятно, не сталкивались ни разу в жизни. Дело в том, что везде в повседневной жизни используются в основном английские единицы. Вес продуктов измеряется в фунтах, строительные материалы в футах, бензин — в галлонах и так далее. Хотя на большинстве упаковок наряду с английскими единицами в скобках указываются их метрические эквиваленты, это бывает не всегда. Наиболее простым и эффективным способом быстрого перевода из системы в систему, на мой взгляд, является установление приблизительных соотношений между наиболее часто встречающимися единицами метрической и английской систем.

В повседневной жизни вполне достаточно помнить, что:

- 1" (inch)   1 дюйм приблизительно равен 2.5 см;

- 1' (foot)   1 фут — около 30 см;

- 10 sq. ft   10 квадратных футов составляют около 1 кв. м.;

- 1 lb (pound)   1 фунт — немного меньше, чем 0.5 кг;

- 1 oz   1 унция - около 30 г;

- 1 gal   1 галлон — немного меньше, чем 4 литра;

- 1 mile   1 миля приблизительно равна 1.5 км;

- 1 meter   1 метр приблизительно равен 3.3 футам;

- 1 kilogram   1 килограмм - немного больше, чем 2 фунта;

- 1 iter   1 литр - немного больше, чем 0.25 галлона;

- 1 kilometer   1 километр - около 0.62 мили.

Converting temperature from the Fahrenheit scale to Celsius is a little bit more difficult, but in due course you will simply get used to perceiving it without conversion. For simplicity you should remember a few values:

- Very low temperature $\qquad -40\,^{\circ}C = -40\,^{\circ}F$
- $\qquad\qquad\qquad\qquad\qquad\qquad\qquad -18\,^{\circ}C = 0\,^{\circ}F$
- Water's freezing point $\qquad\quad 0\,^{\circ}C = 32\,^{\circ}F$
- Room temperature $\qquad\qquad 20\,^{\circ}C = 70\,^{\circ}F$
- Human body temperature $\qquad 36.6\,^{\circ}C = 98\,^{\circ}F$
- Water's boiling point $\qquad\quad 100\,^{\circ}C = 212\,^{\circ}F$

Those who need to make exact calculations for work or school will need to use conversion tables until they are sufficiently comfortable with the two systems. Shown below are the basic correlations between English and metric system units:

23.4.1. Length

- 1 inch = 2.54 cm.
- 1 foot = 12 inches = 30.48 cm.
- 1 yard = 3 feet = 91.44 cm.
- 1 mile = 1,760 yards = 1,609.344 meters = 1.609344 kilometers.

The inch is the basic measurement unit, and mechanical drawings, for example, are made in inches. However, portions of an inch may be represented either with decimals or simple fractions.

Decimal fractions are used in fields where high accuracy is required. In this case, a dimension is shown in inches with hundredths, thousandths, or even higher precision, for example, 2.365 inches. In many traditional industries, where accuracy is limited to a tenth of a millimeter, very often simple fractions with a denominator equal 2^x are used, for example, $2\,^1/_2$, $2\,^5/_{16}$, $2\,^{33}/_{64}$, and so on. It takes a lot of practice to read dimension fluently in this format. Try to tell (without thinking too much) which is larger: $2\,^5/_8$ or $2\,^{39}/_{64}$, and by how much. But this is still not the worst of it. In construction, dimensions are specified in feet, but fractions of feet are expressed in inches and fractions of inches. It looks like this:

С переводом температуры из шкалы Фаренгейта в шкалу Цельсия дело оказывается несколько сложнее, но со временем вы просто привыкнете воспринимать её без перевода. Для простоты необходимо запомнить несколько значений.

- Большой мороз $\quad\quad\quad -40\,°C = -40\,°F$

- $\quad\quad\quad\quad\quad\quad\quad\quad\quad\quad -18\,°C = 0\,°F$

- Температура замерзания воды $\quad 0\,°C = 32\,°F$

- Комнатная температура $\quad 20\,°C = 70\,°F$

- Температура тела $\quad\quad 36.6\,°C = 98\,°F$

- Температура кипения воды $\quad 100\,°C = 212\,°F$

Те, кому необходимо по роду занятий или во время учёбы производить точные расчёты, будут вынуждены пользоваться переводными таблицами до тех пор, пока не освоятся в достаточной степени. Ниже приводятся основные соотношения между единицами английской системы, а также их эквиваленты в метрической.

23.4.1. Меры длины

- 1 дюйм = 2.54 см

- 1 фут = 12 дюймам = 30.48 см

- 1 ярд = 3 футам = 91.44 см

- 1 миля = 1,760 ярдам = 1,609.344 м = 1.609344 км

Дюйм является основной единицей измерения, и машиностроительные чертежи, например, выполняются в дюймах. Однако существует два способа представления дробных долей дюйма: десятичными и простыми дробями.

Представление десятичными дробями используется в отраслях, где требуется высокая точность изготовления. В этом случае размер указывается в дюймах с сотыми, тысячными или более мелкими долями (например, *2.365 inches*). Во многих традиционных отраслях, где точность ограничивается в пределах десятых долей миллиметра, очень часто используют простые дроби со знаменателем равным 2^x (например, $2\,^1/_2$, $2\,^5/_{16}$, $2\,^{33}/_{64}$ и так далее). Для беглого чтения размеров в таком представлении требуется очень большая практика. Попробуйте, не раздумывая, сказать, что больше: $2\,^5/_8$ или $2\,^{39}/_{64}$ и на сколько. Но это ещё не самое худшее. В строительстве размеры указываются в футах, дробные доли футов – в дюймах, а дробные доли дюймов – в двоичных дробях. Выглядит это так:

5' 2 $^1/_2$" (5 feet и 2.5 inches) = (5 * 12 + 2.5) * 2.54 = 158.75 cm

or

7' 8 $^1/_4$" (7 feet и 8.25 inches) = (7 * 12 + 8.25) * 2.54 = 234.315 cm.

To people born and raised in countries with the metric system, this may initially look like nonsense that's impossible to understand. Look at this as a trip into the past.

One example when you will have to use the English system for measuring length is your height. Hair color, eye color, height and weight are shown in a driver's license, where height is specified in feet and inches, and weight in pounds. In this case fractions of an inch are not used. Correlations of height in English and metric systems are shown in Table 23-2.

Table 23-2:   **Human Height in English and Metric systems**

Height	Cm	Height	Cm	Height	Cm	Height	Cm
3'	91	4'	122	5'	152	6'	183
3'1"	94	4'1"	124	5'1"	155	6'1"	185
3'2"	97	4'2"	127	5'2"	157	6'2"	188
3'3"	99	4'3"	130	5'3"	160	6'3"	191
3'4"	102	4'4"	132	5'4"	163	6'4"	193
3'5"	104	4'5"	135	5'5"	165	6'5"	196
3'6"	107	4'6"	137	5'6"	168	6'6"	198
3'7"	109	4'7"	140	5'7"	170	6'7"	201
3'8"	112	4'8"	142	5'8"	173	6'8"	203
3'9"	114	4'9"	145	5'9"	175	6'9"	206
3'10"	117	4'10"	147	5'10"	178	6'10"	208
3'11"	119	4'11"	150	5'11"	180	6'11"	211

23.4.2. Area

- 1 square inch   1 sq. inch = 6.4516 sq. cm.
- 1 square foot   1 sq. foot = 144 sq. inches = 929.0304 sq. cm.
- 1 square yard   1 sq. yard = 9 sq. feet = 8361.2736 sq. cm.
- 1 acre   1 acre = 43,561 sq. feet = 4,047 sq. m. = 0.4 hectares.
- 1 square mile   1 sq. mile = 640 acres = 2.590 sq. meters

5' 2 $^1/_2$" (5 футов и 2.5 дюйма) = (5 * 12 + 2.5) * 2.54 = 158.75 см

или

7' 8 $^1/_4$" (7 футов и 8.25 дюйма) = (7 * 12 + 8.25) * 2.54 = 234.315 см.

Людям, родившимся и выросшим в странах с метрической системой, в первое время это кажется полной абракадаброй, в которой разобраться невозможно. Воспринимайте это как путешествие в прошлое.

Одним из примеров, когда вам придётся встретится с английской системой измерения длины, является ваш рост. В водительских правах указывается цвет волос, цвет глаз, рост и вес владельца, причём рост указан в футах и дюймах, а вес в фунтах. В этом случае дробные доли дюйма не используются. В табл. 23-2 приводится соответствие между обозначениями роста в английской системе и в сантиметрах.

Табл. 23-2: **Рост человека в английской и метрической системах**

Рост	см	Рост	см	Рост	см	Рост	см
3'	91	4'	122	5'	152	6'	183
3'1"	94	4'1"	124	5'1"	155	6'1"	185
3'2"	97	4'2"	127	5'2"	157	6'2"	188
3'3"	99	4'3"	130	5'3"	160	6'3"	191
3'4"	102	4'4"	132	5'4"	163	6'4"	193
3'5"	104	4'5"	135	5'5"	165	6'5"	196
3'6"	107	4'6"	137	5'6"	168	6'6"	198
3'7"	109	4'7"	140	5'7"	170	6'7"	201
3'8"	112	4'8"	142	5'8"	173	6'8"	203
3'9"	114	4'9"	145	5'9"	175	6'9"	206
3'10"	117	4'10"	147	5'10"	178	6'10"	208
3'11"	119	4'11"	150	5'11"	180	6'11"	211

23.4.2. Меры площади

- 1 square inch   1 кв. дюйм = 6.4516 кв. см
- 1 square foot   1 кв. фут = 144 кв. дюймам = 929.0304 кв. см
- 1 square yard   1 кв. ярд = 9 кв. футам = 8361.2736 кв. см
- 1 acre   1 акр = 43,561 кв. футов = 4,047 кв.м = 0.4 га.
- 1 square mile   1 кв. миля = 640 акров = 2.590 кв. км

Square feet are used most often in daily life. The living space of houses and apartments, as well as building materials, is measured in square feet. As we already mentioned, 10 sq. ft. is approximately equal to a square meter (it's 0.929 sq. m. to be exact), so it's easy enough to convert in this case. Land is usually measured in acres. If you remember that one acre is about 0.4 hectare, it is not difficult to convert quickly to the metric system.

23.4.3. Volume

- 1 fluid ounce (fl.oz)   1 fluid ounce = 29.57 cu. cm.
- 1 cup   1 cup = 8 ounces = 0.236 liters.
- 1 pint   1 pint = 0.4732 liters.
- 1 quart   (qt.)   1 quart = 2 pints = 0.9464 liters.
- 1 gallon (gal.)   1 gallon = 4 quarts = 8 pints = 3.785 liters.
- 1 cubic inch (cu.inch)   1 cubic inch = 16.39 cu. cm.
- 1 cubic foot (cu.ft.)   1 cubic foot = 1728 cubic inches = 28.32 liters.
- 1 cubic yard (cu.yd.)   1 cubic yard = 27 cubic feet = 0.7646 cu. meters.

The majority of liquid food products are distributed in packages of 1 gallon, 0.5 gallons, 1 quart, and so on. Practically all perfumes and cosmetics are distributed in bottles with the volume indicated in liquid ounces.

23.4.4. Weight

Because many goods are made by large companies that sell worldwide, including in countries using the metric system, it is not uncommon to see product weights expressed in ounces and pounds as well as in grams and kilograms. However, all prices for goods that are sold by weight are shown per pound.

- 1 ounce (oz.)   1 ounce = 28.349 grams
- 1 pound (#, lb) 1 pound = 453.59 grams = 0.454 kilograms.
- 1 ton   1 ton = 2240 pounds = 1016 kilograms = 1.016 ton
                                                         (metric)

As we already mentioned above, body weight is usually expressed in pounds, therefore you can use Table 23-3 on page 942 for conversion. You will need it when you get your driver's license.

Наиболее часто в повседневной жизни используются квадратные футы. В них измеряется жилая площадь домов и квартир, а также строительные материалы. Как мы уже говорили, 10 кв. футов приблизительно равны квадратному метру (а точнее - 0.929 кв. м), поэтому достаточно легко ориентироваться в этом случае. Земельные участки обычно указываются в акрах. Если вы помните, что 1 акр составляет около 40 соток, то тоже не составляет большого труда быстро перевести это в метрическую систему.

23.4.3. Меры объёма

- 1 fluid ounce (fl.oz)   1 жидкостная унция = 29.57 куб. см
- 1 cup   1 чашка = 8 унций = 0.236 л
- 1 pint   1 пинта = 0.4732 л
- 1 quart(qt.)   1 кварта = 2 пинтам = 0.9464 л.
- 1 gallon (gal.)   1 галлон = 4 квартам = 8 пинтам = 3.785 л
- 1 cubic inch (cu.inch)   1 куб. дюйм = 16.39 куб. см
- 1 cubic foot (cu.ft.)   1 куб. фут = 1728 куб. дюймов = 28.32 л
- 1 cubic yard (cu.yd.)   1 куб. ярд = 27 куб. футов = 0.7646 куб.м

Большинство жидких продуктов разливается в упаковки объёмом в 1 галлон, 0.5 галлона, 1 кварту и так далее. Практически все парфюмерно-косметические товары выпускаются в упаковках с указанием объёма в жидкостных унциях.

23.4.4. Меры веса

Поскольку многие товары производятся крупными компаниями, имеющими сбыт по всему миру, включая страны с метрической системой, на упаковках чаще всего можно встретить указание веса как в унциях и фунтах, так в граммах и килограммах, однако все цены на весовые товары приводятся в расчёте на фунт.

- 1 ounce (oz)   1 унция = 28.349 г
- 1 pound (#, lb) 1 фунт = 453.59 г = 0.454 кг
- 1 ton   1 тонна = 2240 фунтов = 1016 кг = 1.016 т (метрич.)

Как мы уже говорили выше, вес человека указывается в фунтах, поэтому вам придётся воспользоваться табл. 23-3 на стр. 943 для перевода. Вам понадобятся эти данные при получении водительских прав.

Table 23-3:   **Pounds and Kilograms Equivalencies**

Lb	Kg	Lb	Kg	Lb	Kg	Lb	Kg	Lb	Kg	Lb	Kg
40	18.1	70	31.8	100	45.4	130	59.0	160	72.6	190	86.2
41	18.6	71	32.2	101	45.8	131	59.4	161	73.0	191	86.6
42	19.1	72	32.7	102	46.3	132	59.9	162	73.5	192	87.1
43	19.5	73	33.1	103	46.7	133	60.3	163	73.9	193	87.5
44	20.0	74	33.6	104	47.2	134	60.8	164	74.4	194	88.0
45	20.4	75	34.0	105	47.6	135	61.2	165	74.8	195	88.5
46	20.9	76	34.5	106	48.1	136	61.7	166	75.3	196	88.9
47	21.3	77	34.9	107	48.5	137	62.1	167	75.7	197	89.4
48	21.8	78	35.4	108	49.0	138	62.6	168	76.2	198	89.8
49	22.2	79	35.8	109	49.4	139	63.0	169	76.7	199	90.3
50	22.7	80	36.3	110	49.9	140	63.5	170	77.1	200	90.7
51	23.1	81	36.7	111	50.3	141	64.0	171	77.6	201	91.2
52	23.6	82	37.2	112	50.8	142	64.4	172	78.0	202	91.6
53	24.0	83	37.6	113	51.3	143	64.9	173	78.5	203	92.1
54	24.5	84	38.1	114	51.7	144	65.3	174	78.9	204	92.5
55	24.9	85	38.6	115	52.2	145	65.8	175	79.4	205	93.0
56	25.4	86	39.0	116	52.6	146	66.2	176	79.8	206	93.4
57	25.9	87	39.5	117	53.1	147	66.7	177	80.3	207	93.9
58	26.3	88	39.9	118	53.5	148	67.1	178	80.7	208	94.3
59	26.8	89	40.4	119	54.0	149	67.6	179	81.2	209	94.8
60	27.2	90	40.8	120	54.4	150	68.0	180	81.6	210	95.3
61	27.7	91	41.3	121	54.9	151	68.5	181	82.1	211	95.7
62	28.1	92	41.7	122	55.3	152	68.9	182	82.6	212	96.2
63	28.6	93	42.2	123	55.8	153	69.4	183	83.0	213	96.6
64	29.0	94	42.6	124	56.2	154	69.9	184	83.5	214	97.1
65	29.5	95	43.1	125	56.7	155	70.3	185	83.9	215	97.5
66	29.9	96	43.5	126	57.2	156	70.8	186	84.4	216	98.0
67	30.4	97	44.0	127	57.6	157	71.2	187	84.8	217	98.4
68	30.8	98	44.5	128	58.1	158	71.7	188	85.3	218	98.9
69	31.3	99	44.9	129	58.5	159	72.1	189	85.7	219	99.3

Табл. 23-3: **Таблица перевода фунтов в килограммы**

фт.	кг	фт.	кг	фт.	кг	фт.	кг	фт.	кг	фт.	кг
40	18.1	70	31.8	100	45.4	130	59.0	160	72.6	190	86.2
41	18.6	71	32.2	101	45.8	131	59.4	161	73.0	191	86.6
42	19.1	72	32.7	102	46.3	132	59.9	162	73.5	192	87.1
43	19.5	73	33.1	103	46.7	133	60.3	163	73.9	193	87.5
44	20.0	74	33.6	104	47.2	134	60.8	164	74.4	194	88.0
45	20.4	75	34.0	105	47.6	135	61.2	165	74.8	195	88.5
46	20.9	76	34.5	106	48.1	136	61.7	166	75.3	196	88.9
47	21.3	77	34.9	107	48.5	137	62.1	167	75.7	197	89.4
48	21.8	78	35.4	108	49.0	138	62.6	168	76.2	198	89.8
49	22.2	79	35.8	109	49.4	139	63.0	169	76.7	199	90.3
50	22.7	80	36.3	110	49.9	140	63.5	170	77.1	200	90.7
51	23.1	81	36.7	111	50.3	141	64.0	171	77.6	201	91.2
52	23.6	82	37.2	112	50.8	142	64.4	172	78.0	202	91.6
53	24.0	83	37.6	113	51.3	143	64.9	173	78.5	203	92.1
54	24.5	84	38.1	114	51.7	144	65.3	174	78.9	204	92.5
55	24.9	85	38.6	115	52.2	145	65.8	175	79.4	205	93.0
56	25.4	86	39.0	116	52.6	146	66.2	176	79.8	206	93.4
57	25.9	87	39.5	117	53.1	147	66.7	177	80.3	207	93.9
58	26.3	88	39.9	118	53.5	148	67.1	178	80.7	208	94.3
59	26.8	89	40.4	119	54.0	149	67.6	179	81.2	209	94.8
60	27.2	90	40.8	120	54.4	150	68.0	180	81.6	210	95.3
61	27.7	91	41.3	121	54.9	151	68.5	181	82.1	211	95.7
62	28.1	92	41.7	122	55.3	152	68.9	182	82.6	212	96.2
63	28.6	93	42.2	123	55.8	153	69.4	183	83.0	213	96.6
64	29.0	94	42.6	124	56.2	154	69.9	184	83.5	214	97.1
65	29.5	95	43.1	125	56.7	155	70.3	185	83.9	215	97.5
66	29.9	96	43.5	126	57.2	156	70.8	186	84.4	216	98.0
67	30.4	97	44.0	127	57.6	157	71.2	187	84.8	217	98.4
68	30.8	98	44.5	128	58.1	158	71.7	188	85.3	218	98.9
69	31.3	99	44.9	129	58.5	159	72.1	189	85.7	219	99.3

23.4.5. Temperature

In most everyday situations Americans use the Fahrenheit scale to measure temperature. Besides weather forecasts where the temperature is indicated in Fahrenheit only, you will find that all thermostats in houses and apartments, as well as thermometers in kitchen ovens, are calibrated the same way. If you brought a cookbook with you and want to bake your favorite cake, you should convert the temperature in the recipe so it's in sync with the thermometer in your oven; otherwise you risk ruining your cake.

Table 23-4:   Oven Temperature Equivalencies

Description	Farenheit	Celsius
Cool	200°F	90°C
Very Slow	250°F	120°C
Slow	300-325°F	150-160°C
Moderately Slow	325-350°F	160-180°C
Moderate	350-375°F	180-190°C
Moderately Hot	375-400°F	190-200°C
Hot	400-450°F	200-230°C
Very Hot	450-500°F	230-260°C
Extremely Hot	more than 500°F	more than 260°C

Source: National Institute of Standards and Technology

You can make an exact conversion of temperature values from Fahrenheit to Celsius (and back) by using the formulas given below or Table 48.

Temperature in degrees Celsius: $°C = (°F - 32) * 5/9$

Temperature in degrees Farenheit: $°F = (°C * 9/5) + 32$

Table 23-5:   Celsius and Farenheit Temperature Equivalencies

Degrees		Degrees		Degrees		Degrees		Degrees		Degrees	
°C	°F	°C	°F	°C	°F	°C	°F	°C	°F	°C	°F
-40	-40.0	0	32.0	40	104.0	80	176.0	120	248.0	160	320.0
-39	-38.2	1	33.8	41	105.8	81	177.8	121	249.8	161	321.8
-38	-36.4	2	35.6	42	107.6	82	179.6	122	251.6	162	323.6
-37	-34.6	3	37.4	43	109.4	83	181.4	123	253.4	163	325.4
-36	-32.8	4	39.2	44	111.2	84	183.2	124	255.2	164	327.2
-35	-31.0	5	41.0	45	113.0	85	185.0	125	257.0	165	329.0

23.4.5. *Температура*

При измерении температур в большинстве случаев в повседневной практике американцы используют шкалу Фаренгейта. Помимо прогнозов погоды, в которых температура указывается только в градусах Фаренгейта, вы обнаружите, что все термостаты в домах и квартирах, также как и термометры в кухонных плитах проградуированы таким же образом. Если вы привезли с собой поваренную книгу, то прежде чем испечь ваш любимый пирог, вам необходимо будет найти соответствие между тем, что написано в указаниях по его приготовлению и термометром в вашей печи, иначе вы рискуете его испортить.

Табл. 23-4:   **Таблица перевода температуры печи в шкалу Цельсия**

Указания	Градусы Фаренгейта	Градусы Цельсия
Прохладная печь	200°F	90°C
Очень медленный огонь	250°F	120°C
Медленный огонь	300-325°F	150-160°C
Умеренно медленный огонь	325-350°F	160-180°C
Умеренный огонь	350-375°F	180-190°C
Умеренно горячая печь	375-400°F	190-200°C
Горячая печь	400-450°F	200-230°C
Очень горячая печь	450-500°F	230-260°C
Крайне горячая печь	более 500°F	более 260°C

Source: National Institute of Standards and Technology

Точный перевод значений температур из шкалы Фаренгейта в шкалу Цельсия и обратно возможен с использованием формул или таблицы, приведённых ниже.

Температура в градусах Цельсия $°C = (°F - 32) * 5/9$

Температура в градусах Фаренгейта $°F = (°C * 9/5) + 32$

Табл. 23-5:   **Таблица соответствия шкал Цельсия и Фаренгейта**

Градусы		Градусы		Градусы		Градусы		Градусы		Градусы	
°C	°F	°C	°F	°C	°F	°C	°F	°C	°F	°C	°F
-40	-40.0	0	32.0	40	104.0	80	176.0	120	248.0	160	320.0
-39	-38.2	1	33.8	41	105.8	81	177.8	121	249.8	161	321.8
-38	-36.4	2	35.6	42	107.6	82	179.6	122	251.6	162	323.6
-37	-34.6	3	37.4	43	109.4	83	181.4	123	253.4	163	325.4
-36	-32.8	4	39.2	44	111.2	84	183.2	124	255.2	164	327.2
-35	-31.0	5	41.0	45	113.0	85	185.0	125	257.0	165	329.0

Table 23-5:   **Celsius and Farenheit Temperature Equivalencies**

°C	°F	°C	°F	°C	°F	°C	°F	°C	°F	°C	°F
-34	-29.2	6	42.8	46	114.8	86	186.8	126	258.8	166	330.8
-33	-27.4	7	44.6	47	116.6	87	188.6	127	260.6	167	332.6
-32	-25.6	8	46.4	48	118.4	88	190.4	128	262.4	168	334.4
-31	-23.8	9	48.2	49	120.2	89	192.2	129	264.2	169	336.2
-30	-22.0	10	50.0	50	122.0	90	194.0	130	266.0	170	338.0
-29	-20.2	11	51.8	51	123.8	91	195.8	131	267.8	171	339.8
-28	-18.4	12	53.6	52	125.6	92	197.6	132	269.6	172	341.6
-27	-16.6	13	55.4	53	127.4	93	199.4	133	271.4	173	343.4
-26	-14.8	14	57.2	54	129.2	94	201.2	134	273.2	174	345.2
-25	-13.0	15	59.0	55	131.0	95	203.0	135	275.0	175	347.0
-24	-11.2	16	60.8	56	132.8	96	204.8	136	276.8	176	348.8
-23	-9.4	17	62.6	57	134.6	97	206.6	137	278.6	177	350.6
-22	-7.6	18	64.4	58	136.4	98	208.4	138	280.4	178	352.4
-21	-5.8	19	66.2	59	138.2	99	210.2	139	282.2	179	354.2
-20	-4.0	20	68.0	60	140.0	100	212.0	140	284.0	180	356.0
-19	-2.2	21	69.8	61	141.8	101	213.8	141	285.8	181	357.8
-18	-0.4	22	71.6	62	143.6	102	215.6	142	287.6	182	359.6
-17	1.4	23	73.4	63	145.4	103	217.4	143	289.4	183	361.4
-16	3.2	24	75.2	64	147.2	104	219.2	144	291.2	184	363.2
-15	5.0	25	77.0	65	149.0	105	221.0	145	293.0	185	365.0
-14	6.8	26	78.8	66	150.8	106	222.8	146	294.8	186	366.8
-13	8.6	27	80.6	67	152.6	107	224.6	147	296.6	187	368.6
-12	10.4	28	82.4	68	154.4	108	226.4	148	298.4	188	370.4
-11	12.2	29	84.2	69	156.2	109	228.2	149	300.2	189	372.2
-10	14.0	30	86.0	70	158.0	110	230.0	150	302.0	190	374.0
-9	15.8	31	87.8	71	159.8	111	231.8	151	303.8	191	375.8
-8	17.6	32	89.6	72	161.6	112	233.6	152	305.6	192	377.6
-7	19.4	33	91.4	73	163.4	113	235.4	153	307.4	193	379.4
-6	21.2	34	93.2	74	165.2	114	237.2	154	309.2	194	381.2
-5	23.0	35	95.0	75	167.0	115	239.0	155	311.0	195	383.0
-4	24.8	36	96.8	76	168.8	116	240.8	156	312.8	196	384.8
-3	26.6	37	98.6	77	170.6	117	242.6	157	314.6	197	386.6
-2	28.4	38	100.4	78	172.4	118	244.4	158	316.4	198	388.4
-1	30.2	39	102.2	79	174.2	119	246.2	159	318.2	199	390.2

Табл. 23-5:   **Таблица соответствия шкал Цельсия и Фаренгейта**

°C	°F	°C	°F	°C	°F	°C	°F	°C	°F	°C	°F
-34	-29.2	6	42.8	46	114.8	86	186.8	126	258.8	166	330.8
-33	-27.4	7	44.6	47	116.6	87	188.6	127	260.6	167	332.6
-32	-25.6	8	46.4	48	118.4	88	190.4	128	262.4	168	334.4
-31	-23.8	9	48.2	49	120.2	89	192.2	129	264.2	169	336.2
-30	-22.0	10	50.0	50	122.0	90	194.0	130	266.0	170	338.0
-29	-20.2	11	51.8	51	123.8	91	195.8	131	267.8	171	339.8
-28	-18.4	12	53.6	52	125.6	92	197.6	132	269.6	172	341.6
-27	-16.6	13	55.4	53	127.4	93	199.4	133	271.4	173	343.4
-26	-14.8	14	57.2	54	129.2	94	201.2	134	273.2	174	345.2
-25	-13.0	15	59.0	55	131.0	95	203.0	135	275.0	175	347.0
-24	-11.2	16	60.8	56	132.8	96	204.8	136	276.8	176	348.8
-23	-9.4	17	62.6	57	134.6	97	206.6	137	278.6	177	350.6
-22	-7.6	18	64.4	58	136.4	98	208.4	138	280.4	178	352.4
-21	-5.8	19	66.2	59	138.2	99	210.2	139	282.2	179	354.2
-20	-4.0	20	68.0	60	140.0	100	212.0	140	284.0	180	356.0
-19	-2.2	21	69.8	61	141.8	101	213.8	141	285.8	181	357.8
-18	-0.4	22	71.6	62	143.6	102	215.6	142	287.6	182	359.6
-17	1.4	23	73.4	63	145.4	103	217.4	143	289.4	183	361.4
-16	3.2	24	75.2	64	147.2	104	219.2	144	291.2	184	363.2
-15	5.0	25	77.0	65	149.0	105	221.0	145	293.0	185	365.0
-14	6.8	26	78.8	66	150.8	106	222.8	146	294.8	186	366.8
-13	8.6	27	80.6	67	152.6	107	224.6	147	296.6	187	368.6
-12	10.4	28	82.4	68	154.4	108	226.4	148	298.4	188	370.4
-11	12.2	29	84.2	69	156.2	109	228.2	149	300.2	189	372.2
-10	14.0	30	86.0	70	158.0	110	230.0	150	302.0	190	374.0
-9	15.8	31	87.8	71	159.8	111	231.8	151	303.8	191	375.8
-8	17.6	32	89.6	72	161.6	112	233.6	152	305.6	192	377.6
-7	19.4	33	91.4	73	163.4	113	235.4	153	307.4	193	379.4
-6	21.2	34	93.2	74	165.2	114	237.2	154	309.2	194	381.2
-5	23.0	35	95.0	75	167.0	115	239.0	155	311.0	195	383.0
-4	24.8	36	96.8	76	168.8	116	240.8	156	312.8	196	384.8
-3	26.6	37	98.6	77	170.6	117	242.6	157	314.6	197	386.6
-2	28.4	38	100.4	78	172.4	118	244.4	158	316.4	198	388.4
-1	30.2	39	102.2	79	174.2	119	246.2	159	318.2	199	390.2

23.5.   Clothing and shoe sizes

The system of sizes for clothing and footwear in the U.S. differs in many respects from the standards accepted in other countries. Not only are most measurements made in inches, but there is also no correlation between men's and women's sizes, let alone children's sizes. First few visits to stores can be rather tiring because you will need to use trial and error to determine your own size, though you have known it for a long time. This is even harder for those who come to the U.S. for short first visits with purchase orders from loved ones and friends.

In this chapter you will find size conversion tables for the most common clothing items for men, women and children. I should note that variations in sizing from manufacturer to manufacturer - as well as differences in measurement units - make it practically impossible to make an exact conversion of sizes. Different sources give different tables, many of which are very far from reality. The tables presented below are a compilation of data from numerous sources and do not claim to be absolutely accurate.

23.5.1. Men's clothing

The sizes of men's clothes are relatively easy to convert because in most cases they are based on the physical dimensions of the body, even though they are expressed in inches.

The majority of modern casual clothes are made in several sizes. Approximate sizes, designated by letters of the Roman alphabet, combine several exact sizes into one. These items include t-shirts, casual shirts, casual pants, and underwear. The correspondence of these approximate sizes to physical body dimensions is shown below.

Table 23-6:   Men's Clothing Sizes

Size		Small	Medium	Large	Extra Large	Extra Extra Large
		S	M	L	XL	XXL, 2XL
Chest	inches	35-37	38-40	41-43	44-46	47-49
	cm	89-94	97-102	104-109	112-117	120-125
Waist	inches	28-30	31-33	34-36	37-39	40-42
	cm	71-76	79-84	86-91	94-99	102-107

23.5. Размеры одежды и обуви

Система размеров одежды и обуви в США во многом отличается от стандартов, принятых в других странах. Мало того, что практически все измерения делаются в дюймах, так ещё и нет никакой связи между мужскими и женскими размерами, а уже про детские и говорить не приходится. Первые визиты в магазины могут оказаться довольно утомительными, поскольку приходится методом проб и ошибок устанавливать свои собственные, давно известные размеры. Ещё хуже дело обстоит с теми, кто приезжает в первый раз на короткое время и имеет заказы от родных и знакомых на заочные покупки.

В этой главе приводятся таблицы перевода размеров наиболее распространённых товаров для мужчин, женщин и детей. Необходимо отметить, что вариации размеров от изготовителя к изготовителю, а также различие единиц измерения привели к тому, что практически невозможно указать точное соответствие тех или иных размеров. Разные источники приводят различные таблицы, многие из которых очень далеки от истины. Приведённые ниже таблицы являются обобщением данных из многочисленных источников и не претендуют на абсолютную точность.

23.5.1. Мужская одежда

Размеры мужской одежды переводить наиболее легко, поскольку они в большинстве своём базируются на физических размерах тела, хотя и выраженных в дюймах.

Большая часть современных предметов одежды свободного покроя изготавливается в нескольких вариантах с приблизительными размерами, объединяющими несколько точных размеров в один и обозначенными буквами латинского алфавита. К таким товарам относятся майки, рубашки и брюки спортивного покроя, нижнее бельё и так далее. Ниже приводится соответствие этих приблизительных размеров физическим размерам тела.

Табл. 23-6:   **Таблица размеров мужской одежды**

Размер		Small	Medium	Large	Extra Large	Extra Extra Large
		S	M	L	XL	XXL, 2XL
Обхват груди	дюймы	35-37	38-40	41-43	44-46	47-49
	см.	89-94	97-102	104-109	112-117	120-125
Обхват талии	дюймы	28-30	31-33	34-36	37-39	40-42
	см.	71-76	79-84	86-91	94-99	102-107

23.5.1.1. Suits, overcoats, sweaters

In the U.S., the sizes of men's suits and coats are determined by a chest measurement, taken in inches, under the arms and around the body. By contrast, clothing size in Russia is indicated as half of that same measurement, expressed in centimeters.

Table 23-7:   **Men's Suit and Overcoat Sizes**

USA	34	36	38	40	42	44	46	48	50	52	54
Russia	44	46	48	50	52-54	54-56	58	60	62	64	
Japan	S	--	M	L	--	LL					

23.5.1.2. Shirts

Men's dress shirt sizes in the U.S., as in other countries, are determined by collar size. The only difference is that the measurement is made in inches, rather than in centimeters. If you know your metric size, you can easily calculate it in inches, by dividing it by 2.54. However, since one American size is equal to 0.5 inches (or 1.27 cm as opposed to 1 cm, as in Russia and Europe), you will need to round the size up or down.

Shirt sizes also include *sleeve length*, expressed in inches and varying from 32 to 36 inches. A 32-inch sleeve is the shortest; 36 inches is the longest. To measure sleeve length, the palm of the hand should be placed on the hip; the measurement extends from the middle of the back of the neck, across the shoulder to the elbow and down to the wrist.

Table 23-8:   **Men's Shirt Sizes**

USA UK	14	$14\frac{1}{2}$	15	$15\frac{1}{2}$	16	$16\frac{1}{2}$	17	$17\frac{1}{2}$	18	$18\frac{1}{2}$
Russia, Europe, Japan	36	37	38	39/40	41	42	43	44	45	46

23.5.1.3. Pants, Jeans

Sizes for men's pants and jeans are indicated by two numbers, for example, 32 x 32 or 32 x 30. The first number indicates the waist size *(waist)*, expressed in inches, without fractions. The second number is the length from the crotch seam to

23.5.1.1. Костюмы, пальто, свитера

Размеры мужских костюмов и пальто в США определяются по окружности груди, измеренной под мышками и выраженной в дюймах, тогда как в России размер указывается как половина того же измерения, выраженного в сантиметрах.

Табл. 23-7: **Таблица размеров мужских пальто**

США	34	36	38	40	42	44	46	48	50	52	54
Россия	44	46	48	50	52-54	54-56	58	60	62	64	
Япония	S	--	M	L	--	LL					

23.5.1.2. Сорочки

Размеры мужских сорочек, которые носятся с галстуком *(Dress Shirts)*, в США, также как и в других странах, определяются по окружности воротника. Разница состоит только в том, что измерение производится в дюймах, а не в сантиметрах. Зная свой метрический размер, вы легко можете посчитать дюймовый, разделив его на 2.54. Однако, поскольку один американский размер равен 0.5 дюйма или 1.27 см в отличие от 1 см, принятого в России и Европе, то приходится округлять в ту или иную сторону.

Рост сорочек указывается, как длина рукава *(sleeve length)* в дюймах и варьируется в пределах от 32 до 36 дюймов. Измеряется при ладони, лежащей на бедре, по средней линии от позвоночника до начала кисти. Рукав длиной 32 дюйма будет соответствовать 1-му росту, а 36 дюймов – 4-му росту.

Табл. 23-8: **Таблица размеров мужских сорочек**

США, Великобр.	14	$14\frac{1}{2}$	15	$15\frac{1}{2}$	16	$16\frac{1}{2}$	17	$17\frac{1}{2}$	18	$18\frac{1}{2}$
Россия, Европа, Япония	36	37	38	39/40	41	42	43	44	45	46

23.5.1.3. Брюки, джинсы

Размеры мужских брюк и джинсов определяются двумя числами, как, например, 32 x 32 или 32 x 30. Первое число отражает размер окружности пояса *(waist)*, а второе - длину от промежности до нижней кромки брюк *(inseam)*, выраженные в дюймах (целое число без дробных долей). Для каждого размера пояса существуют несколько различных размеров, определяющих длину.

the bottom hem of the pants *(inseam)*, also in inches. For each waist size there are several lengths. Since these are real dimensions based on body measurements, they vary little from manufacturer to manufacturer, so if you've determined your size once, it's not difficult to buy pants without trying them on. Trousers sold as part of a suit are usually sold unhemmed, so they include only a waist size measurement.

Table 23-9:   **Men's Pant Sizes**

USA	30	32	34	36	38	40	42	44	46	48	50
Russia	48	50	52	52-54	54-56	58	60	62	64		
(cm)	76	81	86	91	96	102	107	112	117	122	127

23.5.1.4. Hats

The sizes of men's hats in the U.S. are determined by their diameters, expressed in inches with fractions, as if the hat formed an ideal circle. The size can be calculated by measuring the circumference of your head and dividing that figure by π, which equals 3.14.

In Russia and Europe, a man's hat size is determined by the circumference of the head expressed in centimeters.

Table 23-10:   **Men's Hat Sizes**

USA	$6\frac{5}{8}$	$6\frac{3}{4}$	$6\frac{7}{8}$	7	$7\frac{1}{8}$	$7\frac{1}{4}$	$7\frac{3}{8}$	$7\frac{1}{2}$	$7\frac{5}{8}$
Europe, Russia	53	54	55	56	57	58	59	60	61

23.5.2. *Women's clothing*

The sizes of women's clothing are much more difficult to understand and remember. There are several groups of sizes, depending on height and body type. The clothes sizes for women under 5'4" are marked as *Petite sizes,* average women as *Misses sizes,* and full-figured women as *Women's sizes.*

Women's casual clothes, like men's, are made in several sizes, so approximate sizes combine several exact sizes into one and are designated by Latin alphabet letters.

Поскольку это реальные размеры, основанные на измерении частей тела, то они достаточно мало меняются от изготовителя к изготовителю и, определив размер однажды, нетрудно в дальнейшем покупать брюки или джинсы даже заочно. Брюки, являющиеся частью костюма, обычно продаются не подшитыми внизу, поэтому обозначаются только по размеру пояса.

Табл. 23-9:   Таблица размеров мужских брюк

США	30	32	34	36	38	40	42	44	46	48	50
Россия	48	50	52	52-54	54-56	58	60	62	64		
(см)	76	81	86	91	96	102	107	112	117	122	127

23.5.1.4. Головные уборы

Размеры мужских головных уборов в США определяются как их диаметр, выраженный в дюймах с дробными долями, как если бы головной убор образовывал идеальную окружность. Его можно получить, измерив окружность головы и разделив результат измерения на $\pi = 3.14$.

В России и Европе размер мужских головных уборов определяют по окружности головы, выраженной в сантиметрах.

Табл. 23-10:   Таблица размеров мужских головных уборов

США	$6\,^5/_8$	$6\,^3/_4$	$6\,^7/_8$	7	$7\,^1/_8$	$7\,^1/_4$	$7\,^3/_8$	$7\,^1/_2$	$7\,^5/_8$
Европа, Россия	53	54	55	56	57	58	59	60	61

23.5.2. Женская одежда

Размеры женской одежды гораздо более трудны для понимания и запоминания. Существует несколько групп размеров в зависимости от роста и типа фигуры. Размеры одежды для невысоких женщин называются *Petite sizes,* женщин среднего телосложения *Misses sizes,* а для крупных женщин *Women's sizes.*

Женская одежда свободного покроя, также как и мужская, изготавливается в нескольких вариантах с приблизительными размерами, объединяющими несколько точных размеров в один и обозначенными буквами латинского алфавита.

- **Petite sizes** – Petite sizes are made for women with heights 142 – 163 cm (4'8"-5'4").

Table 23-11:   Petite Clothing Sizes

USA		Small		Medium		Large		Extra Large
		S		M		L		XL
		2	4	6	8	10	12	14
Bust	inch	$31\,^1/_2$	$32\,^1/_2$	$33\,^1/_2$	$34\,^1/_2$	$35\,^1/_2$	37	$38\,^1/_2$
Waist	inch	23	24	25	26	27	$28\,^1/_2$	30
Hips	inch	$33\,^1/_2$	$34\,^1/_2$	$35\,^1/_2$	$36\,^1/_2$	$37\,^1/_2$	39	$40\,^1/_2$
Bust	cm	80	83	85	88	90	94	98
Waist	cm	58	61	64	66	69	72	76
Hips	cm	85	88	90	93	95	99	103
Russia		40	42	42	44	44-46	46-48	48 -50

- **Misses sizes** - Misses sizes are made for women with heights 163 – 170 cm (5'4"-5'7") and slight to average build.

Table 23-12:   Misses Clothing Sizes

USA		Extra Small	Small		Medium		Large		Extra Large
		XS	S		M		L		XL
		2	4	6	8	10	12	14	16
Bust	inch	$32\,^1/_2$	$33\,^1/_2$	$34\,^1/_2$	$35\,^1/_2$	$36\,^1/_2$	38	$39\,^1/_2$	41
Waist	inch	24	25	26	27	28	$29\,^1/_2$	31	$32\,^1/_2$
Hips	inch	$34\,^1/_2$	$35\,^1/_2$	$36\,^1/_2$	$37\,^1/_2$	$38\,^1/_2$	40	$41\,^1/_2$	43
Bust	cm	83	85	88	90	93	97	100	104
Waist	cm	61	64	66	69	71	75	79	83
Hips	cm	88	90	93	95	98	102	105	109
Russia		40	42	44	44-46	46	48	50	52
Europe			34	36	38	40	42	44	46
UK			6	8	10	12	14	16	18
Japan			3	5	7	9	11	13	15

- *Petite size* – рассчитан на невысоких женщин с пропорциональной фигурой и ростом 142 – 163 см (4'8"-5'4").

Табл. 23-11: **Таблица размеров женской одежды (Petite size)**

США		Small		Medium		Large		Extra Large
		S		M		L		XL
		2	4	6	8	10	12	14
Обхват груди	дм	31 $^1/_2$	32 $^1/_2$	33 $^1/_2$	34 $^1/_2$	35 $^1/_2$	37	38 $^1/_2$
Обхват талии	дм	23	24	25	26	27	28 $^1/_2$	30
Обхват бедер	дм	33 $^1/_2$	34 $^1/_2$	35 $^1/_2$	36 $^1/_2$	37 $^1/_2$	39	40 $^1/_2$
Обхват груди	см	80	83	85	88	90	94	98
Обхват талии	см	58	61	64	66	69	72	76
Обхват бедер	см	85	88	90	93	95	99	103
Россия		40	42	42	44	44-46	46-48	48 -50

- *Misses size* - соответствует пропорциональной фигуре с ростом 163 – 170 см (5'4"-5'7").

Табл. 23-12: **Таблица размеров женской одежды (Misses size)**

США		Extra Small	Small		Medium		Large		Extra Large
		XS	S		M		L		XL
		2	4	6	8	10	12	14	16
Обхват груди	дм	32 $^1/_2$	33 $^1/_2$	34 $^1/_2$	35 $^1/_2$	36 $^1/_2$	38	39 $^1/_2$	41
Обхват талии	дм	24	25	26	27	28	29 $^1/_2$	31	32 $^1/_2$
Обхват бедер	дм	34 $^1/_2$	35 $^1/_2$	36 $^1/_2$	37 $^1/_2$	38 $^1/_2$	40	41 $^1/_2$	43
Обхват груди	см	83	85	88	90	93	97	100	104
Обхват талии	см	61	64	66	69	71	75	79	83
Обхват бедер	см	88	90	93	95	98	102	105	109
Россия		40	42	44	44-46	46	48	50	52
Europe			34	36	38	40	42	44	46
UK			6	8	10	12	14	16	18
Japan			3	5	7	9	11	13	15

- **Women's sizes** are made for full-figured women with heights 165 – 172 cm (5'5"-5'8"); sometimes called **Plus sizes**.

Table 23-13:   Women's Clothing Sizes

USA		1X		2X		3X	
		14	16	18	20	22	24
Bust	inch	41	43	45	47	49	51
Waist	inch	32 $^1/_2$	34 $^1/_2$	36 $^1/_2$	38 $^1/_2$	41	43 $^1/_2$
Hips	inch	43	45	47	49	51 $^1/_2$	54
Bust	cm	104	109	114	119	124	130
Waist	cm	83	88	93	98	104	110
Hips	cm	109	114	119	124	131	137
Russia		50-52	52-54	54	56		

23.5.2.1. Overcoats, Dresses, Suits

Table 23-14:   Women's Suit and Dress Sizes

USA	S				L		XL
	6	8	10	12	14	16	18
Russia	44	44-46	46	48	50	52	54
UK		10	12	13	16	18	
France		38	40	42	44	46	48

Many manufacturers of designer clothing intentionally label their clothes with smaller sizes to flatter customers who go to great efforts to lose weight.

23.5.2.2. Pants, Jeans

Sizes for women's pants and jeans are usually the same as sizes for dresses and suits. Unlike men's pants, a letter or word indicates the length of women's pants:

R - Regular   *P - Petite*
S - Short   *PS - Petite Short*
L - Long   *PL - Petite Long*

Each manufacturer or designer makes jeans for one particular body type, with very few variations. You may need to try on different brands to find the jeans that fit you best.

- **Women's size** - соответствует полной фигуре с ростом 165 – 172 см (5'5"-5'8"); иногда называется **Plus size**.

Табл. 23-13: **Таблица размеров женской одежды (Women's size)**

		1X		2X		3X	
США		14	16	18	20	22	24
Обхват груди	дм	41	43	45	47	49	51
Обхват талии	дм	32 $^1/_2$	34 $^1/_2$	36 $^1/_2$	38 $^1/_2$	41	43 $^1/_2$
Обхват бедер	дм	43	45	47	49	51 $^1/_2$	54
Обхват груди	см	104	109	114	119	124	130
Обхват талии	см	83	88	93	98	104	110
Обхват бедер	см	109	114	119	124	131	137
Россия		50-52	52-54	54	56		

23.5.2.1. Пальто, платья, костюмы

Табл. 23-14: **Таблица размеров женских платьев и костюмов**

	S		M		L		XL
США	6	8	10	12	14	16	18
Россия	44	44-46	46	48	50	52	54
Великобритания		10	12	13	16	18	
Франция		38	40	42	44	46	48

Многие изготовители дорогой одежды намеренно занижают размеры, чтобы польстить самолюбию покупательниц, прилагающих большие усилия, чтобы похудеть.

23.5.2.2. Брюки, джинсы

Размеры женских брюк и джинсов обычно совпадают с размерами платьев и костюмов. Их длина (рост), в отличие от мужских, обозначается буквой или словом:

R (Regular) - обычный   P (Petite) - петит
S (Short) - короткий   PS (Petite Short) – петит короткий
L (Long) - длинный   PL (Petite Long) – петит длинный

Каждая фирма или дизайнер шьёт джинсы на один определённый тип фигуры с небольшими вариациями, и чтобы определить, который из них подходит вам больше всего, необходимо примерить изделия самых разных изготовителей.

23.5.2.3. Lingerie

Bra size is indicated by a chest measurement *(band size)* designated with a number, and a *cup size,* designated with a letter. The chest is measured in inches directly under the breasts, then 5 is added to this measurement and the figure is rounded to the nearest even number. This is the *band size.*

To determine the cup size, first measure the bust at the fullest point, in inches. Then subtract the band size (as described above) from the bust measurement. If the difference is:

1 inch - size A	4 inches - size D
2 inches - size B	5 inches - size DD
3 inches - size C	6 inches - size DDD

Table 23-15:   **Bra Sizes**

USA	32 A,B,C,D	34 A,B,C,D	36 A,B,C,D	38 A,B,C,D	40 A,B,C,D
Russia	70 А,Б,В,Г	75 А,Б,В,Г	80 А,Б,В,Г	85 А,Б,В,Г	90 А,Б,В,Г

Swimsuits in Misses sizes correspond to the sizes of other types of clothing mentioned above:

Table 23-16:   **Swimsuit Sizes**

USA	4	6	8	10	12	14	16	18
Russia	42	44	44 - 46	46	48	50	52	54

23.5.2.4. Hats

Women's hat sizes are determined by the circumference of the head in inches.

23.5.3. Children's clothing

There are several systems of sizes for children up to five or six years old. The most widespread is a system where the child's real age is indicated on the label in months or years. Americans don't swaddle their children, so they begin dressing newborn babies in regular clothes from their first days of life. The size of these clothes is indicated in months: 3 months, 6 months, 9 months, 18 months, and so on. Obviously this reflects the average child, and parents

23.5.2.3. Бюстгальтеры, бельё

Размер бюстгальтеров определяется обхватом груди (band size), обозначенной числом, и размером чашечек (cup size), обозначенным буквой. Окружность грудной клетки измеряется в дюймах непосредственно под грудью, к нему добавляется 5 и округляется до ближайшего чётного целого числа. Это и будет (band size).

Размер чашечек определяется измерением окружности груди в дюймах в самой широкой точке и вычитанием из результата измерения *band size*, рассчитанного выше. Если разница составляет:

1 дюйм - размер A	4 дюйма - размер D
2 дюйма - размер B	5 дюймов - размер DD
3 дюйма - размер C	6 дюймов - размер DDD

Табл. 23-15:   Таблица размеров бюстгальтеров

США	32 A,B,C,D	34 A,B,C,D	36 A,B,C,D	38 A,B,C,D	40 A,B,C,D
Россия	70 А,Б,В,Г	75 А,Б,В,Г	80 А,Б,В,Г	85 А,Б,В,Г	90 А,Б,В,Г

Купальники *Misses size* соответствуют по размерам остальным видам одежды, указанным выше:

Табл. 23-16:   Таблица размеров купальников

США	4	6	8	10	12	14	16	18
Россия	42	44	44 - 46	46	48	50	52	54

23.5.2.4. Головные уборы

Размер женских головных уборов определяется по окружности головы, измеренной в дюймах.

23.5.3. Детская одежда

Существует несколько систем размеров для детей в возрасте до 5-6 лет. Наиболее распространённой является возрастная система, когда на этикетке указывается реальный возраст ребёнка в годах или месяцах. Американцы не пользуются пелёнками и начинают одевать новорожденных младенцев в нормальную одежду с первых дней жизни. Такая одежда будет иметь размер, указанный в месяцах: *3 months, 6 months, 9 months, 18 months* и так далее. Разумеется, что речь идёт о среднестатистическом ребёнке, и родители сами

should make adjustments if their children grow faster or slower. For practicality, it is recommended to double a child's age when buying clothes, so the items have "growing room."

Table 23-17:   Children's Clothing Sizes (up to 2 years)

Age	USA		Europe	
	Height (inches)	Weight (pounds)	Height (cm)	Weight (kg)
Newborn	19-22	6-9	48.3-55.9	2.7-4.1
3 months	22-24	9-13	55.9-61.0	4.1-5.9
6 months	24-27	13-18	61.0-68.6	5.9-8.2
12 months	27-29	18-22	68.6-73.7	8.2-10.0
18 months	29-31	22-25	73.7-78.7	10.0-11.3
24 months	31-33	25-29	78.7-83.8	11.3-13.2

Table 23-18:   Girls' Clothing Sizes from One to Ten Years

Age	USA (inches)				Europe (cm)			
	Height	Chest	Waist	Hips	Height	Chest	Waist	Hips
1	29	19	18	19	73.7	48.3	45.7	48.3
2	33	21	20	22	83.8	53.3	50.8	55.9
3	36	22	21	23	91.4	55.9	53.3	58.4
4	39	23	21	23	99.1	58.4	53.3	58.4
5	42	23	22	23	106.7	58.4	55.9	58.5
6	45	24	22	25	114.3	61	55.9	63.5
7	49	26	22	27	124.5	66	55.9	68.6
8	52	27	23	28	132.1	68.6	58.4	71.1
10	55	28	24	30	139.7	71.1	61	76.2

Table 23-19:   Boys' Clothing Sizes from Four to Ten Years

Age	USA (inches)				Europe (cm)			
	Height	Chest	Waist	Hips	Height	Chest	Waist	Hips
4	39	23	21	23	91.4	58.4	53.3	58.4
6	45	24	22	25	114.3	61	55.9	66
8	52	27	23	27	132.1	68.6	58.4	68.6
10	55	28	24	28	139.7	71.1	61	71.1

должны делать поправку, если их ребёнок опережает или отстаёт в развитии. В практических целях следует удваивать возраст ребёнка, чтобы купленные вещи были "на вырост".

Табл. 23-17:   Таблица детских размеров (до 2-х лет)

Возраст	США		Европа	
	Рост (дюймы)	Вес (фунты)	Рост (см)	Вес (кг)
Новорожденный	19-22	6-9	48.3-55.9	2.7-4.1
3 месяца	22-24	9-13	55.9-61.0	4.1-5.9
6 месяцев	24-27	13-18	61.0-68.6	5.9-8.2
12 месяцев	27-29	18-22	68.6-73.7	8.2-10.0
18 месяцев	29-31	22-25	73.7-78.7	10.0-11.3
24 месяца	31-33	25-29	78.7-83.8	11.3-13.2

Табл. 23-18:   Таблица размеров одежды для девочек от 1 года до 10 лет

Возраст	США (дм)				Европа (см)			
	Рост	Обхват груди	Обхват талии	Обхват бёдер	Рост	Обхват груди	Обхват талии	Обхват бёдер
1	29	19	18	19	73.7	48.3	45.7	48.3
2	33	21	20	22	83.8	53.3	50.8	55.9
3	36	22	21	23	91.4	55.9	53.3	58.4
4	39	23	21	23	99.1	58.4	53.3	58.4
5	42	23	22	23	106.7	58.4	55.9	58.5
6	45	24	22	25	114.3	61	55.9	63.5
7	49	26	22	27	124.5	66	55.9	68.6
8	52	27	23	28	132.1	68.6	58.4	71.1
10	55	28	24	30	139.7	71.1	61	76.2

Табл. 23-19:   Таблица размеров одежды для мальчиков от 4 до 10 лет

Возраст	США (дм)				Европа (см)			
	Рост	Обхват груди	Обхват талии	Обхват бёдер	Рост	Обхват груди	Обхват талии	Обхват бёдер
4	39	23	21	23	91.4	58.4	53.3	58.4
6	45	24	22	25	114.3	61	55.9	66
8	52	27	23	27	132.1	68.6	58.4	68.6
10	55	28	24	28	139.7	71.1	61	71.1

Table 23-20:   **Teen-agers' Clothing Sizes**

Age		6	7	8	9	10	11	12	13
Height	inches	47	49	51	53	55	57	59	61
	cm	120	125	130	135	140	145	150	155
Size	USA	3	4	5	6	6X	7	8	10
	Russia	32	32	34	36	38	38	40	42

23.5.4. Shoes

Footwear sizes in the U.S. are also based on the English measurement system, though they do not coincide with the system used in Great Britain. In the U.S., a shoe size is equal to 1/3 inch (approximately 8.5 mm) whereas a European size is 2/3 cm (approximately 6.6 mm). Thus, there is no exact conversion of sizes, and all conversion tables are rounded off to the half-size.

Table 23-21:   **Men's Shoe Sizes**

USA	6	7	8	9	10	11	12	13
UK	5.5	6.5	7.5	8.5	9.5	10.5	11.5	12.5
Europe	38	39	40	41	42	43	44	45
Japan	25	26	27	28	29	30	31	32
Russia	39	40	41	42	43	44	45.5	46

Men's and women's shoes of the same length have identical sizes in Europe, but in the U.S., women's footwear of the same length as men's will carry a different size, usually one to one and a half sizes larger. There are devices for shoe size measurement in every store, but they are different for men and women.

Table 23-22:   **Women's Shoe Sizes**

USA	4.5	5.5	6.0	6.5	7.0	7.5	8.0	8.5	9.0	9.5	10.5	11.5
UK	3	4	4.5	5	5.5	6	6.5	7	7.5	8	9	10
Europe	35.5	37	37.5	38	39	39.5	40	40.5	41	42	43	44
Russia	34	35		36	36.5	37.5	38	38.5	39	40	41	
Japan		22.5	23	23	24		25		26		27	

Табл. 23-20:   Таблица размеров одежды для детей и подростков

Возраст		6	7	8	9	10	11	12	13
Рост	дм	47	49	51	53	55	57	59	61
	см	120	125	130	135	140	145	150	155
Размер	США	3	4	5	6	6X	7	8	10
	Россия	32	32	34	36	38	38	40	42

23.5.4. Обувь

Система размеров обуви в США также основана на английской системе мер (хотя и не совпадает с принятой в Великобритании). Один размер обуви равен 1/3 дюйма или приблизительно 8.5 мм, тогда как европейский размер равен 2/3 см или приблизительно 6.6 мм. Таким образом, не существует точного соответствия размеров, и все переводные таблицы даются с округлением в полразмера.

Табл. 23-21:   Таблица размеров мужской обуви

США	6	7	8	9	10	11	12	13
Великобритания	5.5	6.5	7.5	8.5	9.5	10.5	11.5	12.5
Европа	38	39	40	41	42	43	44	45
Япония	25	26	27	28	29	30	31	32
Россия	39	40	41	42	43	44	45.5	46

Если мужская и женская европейская обувь одинаковой длины имеет одинаковые размеры, то в США женская обувь той же длины, что и мужская, отличается от неё на один – полтора размера в большую сторону. В каждом обувном магазине есть приспособления для определения размеров обуви, отличающиеся для мужчин и женщин.

Табл. 23-22:   Таблица размеров женской обуви

США	4.5	5.5	6.0	6.5	7.0	7.5	8.0	8.5	9.0	9.5	10.5	11.5
Великоб.	3	4	4.5	5	5.5	6	6.5	7	7.5	8	9	10
Европа	35.5	37	37.5	38	39	39.5	40	40.5	41	42	43	44
Россия	34	35		36	36.5	37.5	38	38.5	39	40	41	
Япония		22.5	23	24		25		26	26		27	

Table 23-23:   Children's Shoe Sizes

Heel to Toe Length		Size				
in inches	in cm	USA	UK	Europe	Japan	Russia
3 $\frac{9}{16}$	9.0	1	0.5	16	8.5	5
3 $\frac{14}{16}$	9.8	2	1.5	17.5	9.5	6
4 $\frac{4}{16}$	10.8	3	2.5	19	10.5	7.5
4 $\frac{9}{16}$	11.6	4	3.5	20	11.5	8.5
4 $\frac{14}{16}$	12.4	5	4.5	21	12.5	10
5 $\frac{1}{16}$	12.9	5.5	5	22	13	10.5
5 $\frac{4}{16}$	13.3	6	5.5	22.5	13	11
5 $\frac{6}{16}$	13.7	6.5	6	23	13.5	11.5
5 $\frac{9}{16}$	14.1	7	6.5	23.5	14	12.5
5 $\frac{12}{16}$	14.6	7.5	7	24	14.5	13
5 $\frac{14}{16}$	14.9	8	7.5	25	15	13.5
6 $\frac{1}{16}$	15.4	8.5	8	25.5	15.5	14
6 $\frac{4}{16}$	15.9	9	8.5	26	16	14.5
6 $\frac{6}{16}$	16.2	9.5	9	27	16.5	15
6 $\frac{9}{16}$	16.7	10	9.5	27.5	16.5	15.5
6 $\frac{12}{16}$	17.1	10.5	10	28	17	16
6 $\frac{14}{16}$	17.5	11	10.5	29	17.5	16.5
7 $\frac{1}{16}$	17.9	11.5	11	29.5	18	17
7 $\frac{4}{16}$	18.4	12	11.5	30	18.5	18
7 $\frac{6}{16}$	18.7	12.5	12	30.5	18.5	19
7 $\frac{9}{16}$	19.2	13	12.5	31	19	19.5
7 $\frac{12}{16}$	19.7	13.5	13	32	19.5	20
7 $\frac{15}{16}$	20.2	1	13.5	32.5	20	31.5
8 $\frac{1}{16}$	20.5	1.5	1	33	20.5	32
8 $\frac{4}{16}$	21.0	2	1.5	34	21	32.5
8 $\frac{6}{16}$	21.3	2.5	2	34.5	21.5	33
8 $\frac{9}{16}$	21.7	3	2.5	35	22	34
8 $\frac{12}{16}$	22.2	3.5	3	35.5	22.5	34.5
8 $\frac{15}{16}$	22.7	4	3.5	36	23	35

Табл. 23-23: **Таблица размеров детской обуви**

Длина ступни		Размер				
дюймы	см	США	Велокобр.	Европа	Япония	Россия
3 $^9/_{16}$	9.0	1	0.5	16	8.5	5
3 $^{14}/_{16}$	9.8	2	1.5	17.5	9.5	6
4 $^4/_{16}$	10.8	3	2.5	19	10.5	7.5
4 $^9/_{16}$	11.6	4	3.5	20	11.5	8.5
4 $^{14}/_{16}$	12.4	5	4.5	21	12.5	10
5 $^1/_{16}$	12.9	5.5	5	22	13	10.5
5 $^4/_{16}$	13.3	6	5.5	22.5	13	11
5 $^6/_{16}$	13.7	6.5	6	23	13.5	11.5
5 $^9/_{16}$	14.1	7	6.5	23.5	14	12.5
5 $^{12}/_{16}$	14.6	7.5	7	24	14.5	13
5 $^{14}/_{16}$	14.9	8	7.5	25	15	13.5
6 $^1/_{16}$	15.4	8.5	8	25.5	15.5	14
6 $^4/_{16}$	15.9	9	8.5	26	16	14.5
6 $^6/_{16}$	16.2	9.5	9	27	16.5	15
6 $^9/_{16}$	16.7	10	9.5	27.5	16.5	15.5
6 $^{12}/_{16}$	17.1	10.5	10	28	17	16
6 $^{14}/_{16}$	17.5	11	10.5	29	17.5	16.5
7 $^1/_{16}$	17.9	11.5	11	29.5	18	17
7 $^4/_{16}$	18.4	12	11.5	30	18.5	18
7 $^6/_{16}$	18.7	12.5	12	30.5	18.5	19
7 $^9/_{16}$	19.2	13	12.5	31	19	19.5
7 $^{12}/_{16}$	19.7	13.5	13	32	19.5	20
7 $^{15}/_{16}$	20.2	1	13.5	32.5	20	31.5
8 $^1/_{16}$	20.5	1.5	1	33	20.5	32
8 $^4/_{16}$	21.0	2	1.5	34	21	32.5
8 $^6/_{16}$	21.3	2.5	2	34.5	21.5	33
8 $^9/_{16}$	21.7	3	2.5	35	22	34
8 $^{12}/_{16}$	22.2	3.5	3	35.5	22.5	34.5
8 $^{15}/_{16}$	22.7	4	3.5	36	23	35

Afterword

Dear readers!

Even if this book was three times as thick, it would not be able to answer all the questions that people who move to a new country may have. We have discussed only the most basic topics that are relevant to the overwhelming majority of newcomers and have tried to provide the information that we needed when we first arrived in the US and that, more often than not, we could not find anywhere.

It is possible that we have not included certain aspects of life that are of interest to many immigrants. It is also possible that our experience with any aspects we did discuss differs from that of others and does not apply in other states or to those who immigrated later. We would like to hear your opinion about how we could improve the contents of the book and which of your questions were left unanswered.

We are unable to respond to everyone personally because we are working on this book in addition to full-time employment and studies, but we will carefully consider all comments and suggestions and take them into account in the future editions of the book.

You can write to: ViOLa Publishing, LLC
                           P.O. Box 297
                           Saco, ME 04072, USA
E-mail: violapublishing@sacoriver.net

Thank you in advance.

Authors.

Послесловие

Дорогие читатели!

Даже если бы эта книга была в три раза толще, она не смогла бы ответить на все вопросы, возникающие у людей, приехавших в незнакомую страну. Мы затронули только самые основные темы, с которыми сталкивается подавляющее большинство новых жителей, и попытались дать информацию о том, что в своё время интересовало нас самих, и о чём, чаще всего, не у кого было спросить.

Возможно, мы не осветили какие-то стороны жизни, представляющие интерес для большого числа иммигрантов. Возможно, наш опыт в каких-то вопросах отличается от опыта других и неприменим в других штатах или в другое время. Мы хотели бы услышать ваше мнение о том, как и в чём можно улучшить содержание книги и какие из ваших вопросов остались без ответа.

Мы не можем ответить каждому лично, поскольку работаем над книгой в свободное от основных занятий время, но мы, вне всякого сомнения, внимательно рассмотрим все замечания и предложения и учтём их в последующих редакциях книги.

Вы можете написать нам по адресу:

ViOLa Publishing, LLC
P.O. Box 297
Saco, ME 04072, USA

E-mail: violapublishing@sacoriver.net

Заранее благодарим.

Авторы.

2001 National Occupational Employment and Wage Estimates

These estimates are calculated with data collected from employers in all industry divisions in metropolitan and non-metropolitan areas in every State and the District of Columbia. Estimates do not include self-employed workers.

SOC Code Number	Occupation Title	Employment (1)	Median Hourly	Mean Hourly	Mean Annual (2)	Mean RSE (3)
00-0000	**All Occupations**	**127,980,410**	**$13.01**	**$16.35**	**$34,020**	**0.2 %**
11-0000	**Management Occupations**	**7,212,360**	**$30.88**	**$34.04**	**$70,800**	**0.2 %**
11-1011	Chief Executives	455,930	$57.91	$51.77	$107,670	0.4 %
11-1021	General and Operations Managers	2,064,220	$31.25	$35.37	$73,570	0.2 %
11-1031	Legislators	67,400	$7.05	$13.54	$28,170	1.8 %
11-2011	Advertising and Promotions Managers	85,850	$26.90	$31.23	$64,960	1.1 %
11-2021	Marketing Managers	189,140	$35.75	$37.70	$78,410	0.4 %
11-2022	Sales Managers	317,410	$34.43	$37.02	$77,000	0.3 %
11-2031	Public Relations Managers	64,920	$27.50	$30.90	$64,280	1.1 %
11-3011	Administrative Services Managers	311,600	$23.95	$26.67	$55,460	0.4 %
11-3021	Computer and Information Systems Managers	267,310	$39.65	$40.33	$83,890	0.4 %
11-3031	Financial Managers	570,110	$33.75	$36.26	$75,430	0.6 %
11-3040	Human Resources Managers	194,470	$29.75	$31.89	$66,330	0.4 %
11-3051	Industrial Production Managers	183,050	$31.01	$32.84	$68,310	0.3 %
11-3061	Purchasing Managers	107,130	$27.24	$29.44	$61,250	0.4 %
11-3071	Transportation, Storage, and Distribution Managers	108,590	$27.52	$29.48	$61,330	0.5 %
11-9011	Farm, Ranch, and Other Agricultural Managers	5,720	$20.27	$22.41	$46,610	1.3 %
11-9021	Construction Managers	213,960	$29.35	$31.82	$66,190	0.5 %
11-9031	Education Administrators, Preschool and Child Care Center/Program	52,640	$15.32	$17.78	$36,980	1.2 %
11-9032	Education Administrators, Elementary and Secondary School	200,440	(4)	(4)	$71,130	2.1 %
11-9033	Education Administrators, Postsecondary	94,120	$29.66	$32.09	$66,760	0.8 %
11-9041	Engineering Managers	214,760	$42.06	$42.74	$88,900	0.4 %
11-9051	Food Service Managers	260,880	$16.17	$18.41	$38,290	5.5 %
11-9061	Funeral Directors	25,300	$20.20	$23.27	$48,400	2.2 %
11-9071	Gaming Managers	3,470	$25.70	$28.38	$59,020	1.4 %
11-9081	Lodging Managers	31,040	$15.80	$17.71	$36,830	1.0 %
11-9111	Medical and Health Services Managers	227,410	$28.47	$31.03	$64,550	0.4 %
11-9121	Natural Sciences Managers	42,650	$38.66	$39.88	$82,940	1.5 %
11-9131	Postmasters and Mail Superintendents	26,640	$21.39	$22.50	$46,810	0.1 %
11-9141	Property, Real Estate, and Community Association Managers	156,180	$17.45	$21.19	$44,080	1.4 %

11-9151	Social and Community Service Managers	100,810	$19.84	$21.41	$44,540	1.0 %
13-0000	**Business and Financial Operations Occupations**	**4,676,680**	**$21.98**	**$24.32**	**$50,580**	**0.2 %**
13-1011	Agents and Business Managers of Artists, Performers, and Athletes	10,270	$26.71	$30.04	$62,480	4.2 %
13-1021	Purchasing Agents and Buyers, Farm Products	17,640	$18.60	$21.70	$45,130	1.6 %
13-1022	Wholesale and Retail Buyers, Except Farm Products	131,670	$18.55	$21.25	$44,200	0.8 %
13-1023	Purchasing Agents, Except Wholesale, Retail, and Farm Products	228,360	$20.79	$22.16	$46,090	0.3 %
13-1031	Claims Adjusters, Examiners, and Investigators	200,510	$20.40	$21.80	$45,350	0.6 %
13-1032	Insurance Appraisers, Auto Damage	12,110	$20.10	$20.37	$42,360	1.4 %
13-1041	Compliance Officers, Except Agriculture, Construction, Health and Safety, and Transportation	136,580	$20.50	$22.23	$46,250	0.4 %
13-1051	Cost Estimators	188,840	$22.58	$24.25	$50,450	0.3 %
13-1061	Emergency Management Specialists	10,720	$20.08	$21.76	$45,260	0.9 %
13-1071	Employment, Recruitment, and Placement Specialists	173,940	$18.27	$21.31	$44,320	1.0 %
13-1072	Compensation, Benefits, and Job Analysis Specialists	81,450	$20.83	$22.09	$45,950	0.5 %
13-1073	Training and Development Specialists	186,780	$20.09	$21.54	$44,800	0.5 %
13-1111	Management Analysts	363,890	$27.87	$31.00	$64,470	0.9 %
13-1121	Meeting and Convention Planners	29,560	$17.57	$19.08	$39,680	0.8 %
13-2011	Accountants and Auditors	881,390	$21.82	$24.37	$50,690	0.4 %
13-2021	Appraisers and Assessors of Real Estate	59,630	$18.72	$20.39	$42,420	1.6 %
13-2031	Budget Analysts	60,620	$24.29	$25.50	$53,040	0.5 %
13-2041	Credit Analysts	66,710	$20.02	$22.68	$47,170	1.3 %
13-2051	Financial Analysts	157,770	$26.50	$30.02	$62,440	1.2 %
13-2052	Personal Financial Advisors	83,820	$27.75	$33.32	$69,310	1.8 %
13-2053	Insurance Underwriters	92,780	$21.19	$23.45	$48,770	0.9 %
13-2061	Financial Examiners	24,570	$26.46	$28.78	$59,860	1.4 %
13-2071	Loan Counselors	29,710	$15.13	$17.19	$35,760	1.6 %
13-2072	Loan Officers	213,450	$20.78	$24.07	$50,070	0.7 %
13-2081	Tax Examiners, Collectors, and Revenue Agents	68,780	$20.61	$21.72	$45,180	0.4 %
13-2082	Tax Preparers	59,520	$13.31	$15.73	$32,710	2.1 %
15-0000	**Computer and Mathematical Occupations**	**2,825,870**	**$27.72**	**$29.02**	**$60,350**	**0.3 %**
15-1011	Computer and Information Scientists, Research	25,620	$36.12	$37.01	$76,970	1.2 %
15-1021	Computer Programmers	501,550	$28.90	$30.23	$62,890	0.7 %
15-1031	Computer Software Engineers, Applications	361,690	$33.76	$34.79	$72,370	0.6 %
15-1032	Computer Software Engineers, Systems Software	261,520	$35.23	$35.81	$74,490	0.7 %
15-1041	Computer Support Specialists	493,240	$18.54	$20.16	$41,920	0.7 %
15-1051	Computer Systems Analysts	448,270	$29.80	$30.63	$63,710	0.7 %

15-1061	Database Administrators	104,250	$26.37	$28.08	$58,420	0.6 %
15-1071	Network and Computer Systems Administrators	227,840	$25.85	$27.14	$56,440	0.5 %
15-1081	Network Systems and Data Communications Analysts	126,060	$27.63	$28.99	$60,300	0.8 %
15-2011	Actuaries	13,210	$32.75	$35.92	$74,720	1.1 %
15-2021	Mathematicians	3,080	$35.96	$35.21	$73,230	2.4 %
15-2031	Operations Research Analysts	57,520	$26.67	$28.49	$59,270	1.0 %
15-2041	Statisticians	17,040	$25.98	$27.44	$57,080	2.1 %
15-2091	Mathematical Technicians	1,720	$17.58	$21.35	$44,410	3.4 %
17-0000	**Architecture and Engineering Occupations**	**2,489,070**	**$25.78**	**$27.08**	**$56,330**	**0.3 %**
17-1011	Architects, Except Landscape and Naval	84,980	$26.67	$28.65	$59,590	1.3 %
17-1012	Landscape Architects	17,980	$22.46	$24.83	$51,640	2.8 %
17-1021	Cartographers and Photogrammetrists	7,810	$19.95	$20.84	$43,350	1.3 %
17-1022	Surveyors	54,650	$18.87	$19.96	$41,510	1.2 %
17-2011	Aerospace Engineers	74,380	$33.83	$34.32	$71,380	0.8 %
17-2021	Agricultural Engineers	2,550	$23.59	$26.11	$54,300	4.2 %
17-2031	Biomedical Engineers	6,960	$28.75	$30.45	$63,330	1.5 %
17-2041	Chemical Engineers	31,710	$33.74	$34.99	$72,780	1.7 %
17-2051	Civil Engineers	205,370	$28.09	$29.33	$61,000	0.4 %
17-2061	Computer Hardware Engineers	67,590	$34.40	$35.72	$74,310	0.8 %
17-2071	Electrical Engineers	151,300	$32.16	$32.99	$68,630	0.5 %
17-2072	Electronics Engineers, Except Computer	123,210	$32.86	$33.52	$69,710	0.5 %
17-2081	Environmental Engineers	48,700	$29.45	$30.11	$62,640	0.7 %
17-2111	Health and Safety Engineers, Except Mining Safety Engineers and Inspectors	36,420	$27.68	$28.41	$59,090	0.9 %
17-2112	Industrial Engineers	161,540	$29.22	$29.78	$61,940	0.4 %
17-2121	Marine Engineers and Naval Architects	4,860	$32.12	$32.18	$66,940	1.9 %
17-2131	Materials Engineers	22,920	$29.45	$30.21	$62,840	0.6 %
17-2141	Mechanical Engineers	204,310	$29.54	$30.54	$63,530	0.7 %
17-2151	Mining and Geological Engineers, Including Mining Safety Engineers	6,090	$29.89	$31.43	$65,370	2.4 %
17-2161	Nuclear Engineers	14,180	$38.50	$38.56	$80,200	1.6 %
17-2171	Petroleum Engineers	11,420	$39.14	$39.33	$81,800	1.4 %
17-3011	Architectural and Civil Drafters	99,160	$17.79	$18.55	$38,580	0.7 %
17-3012	Electrical and Electronics Drafters	39,300	$19.27	$20.77	$43,200	1.0 %
17-3013	Mechanical Drafters	69,150	$19.05	$20.07	$41,750	0.8 %
17-3021	Aerospace Engineering and Operations Technicians	15,570	$24.27	$24.75	$51,470	1.1 %
17-3022	Civil Engineering Technicians	85,920	$17.98	$18.54	$38,550	0.7 %
17-3023	Electrical and Electronic Engineering Technicians	220,800	$20.26	$20.78	$43,220	0.7 %
17-3024	Electro-Mechanical Technicians	42,130	$18.34	$19.18	$39,890	1.3 %
17-3025	Environmental Engineering Technicians	17,970	$17.59	$18.82	$39,140	1.6 %
17-3026	Industrial Engineering Technicians	59,500	$19.70	$21.15	$43,980	1.0 %
17-3027	Mechanical Engineering Technicians	54,430	$19.67	$20.51	$42,650	0.9 %
17-3031	Surveying and Mapping Technicians	56,430	$13.56	$14.81	$30,810	0.8 %

19-0000	Life, Physical, and Social Science Occupations	1,067,730	$21.53	$23.90	$49,710	0.5 %
19-1010	Agricultural and Food Scientists	13,470	$23.28	$25.15	$52,310	1.2 %
19-1021	Biochemists and Biophysicists	16,130	$27.45	$29.66	$61,680	1.7 %
19-1022	Microbiologists	15,520	$23.98	$26.20	$54,500	1.7 %
19-1023	Zoologists and Wildlife Biologists	12,950	$22.22	$22.79	$47,400	1.5 %
19-1031	Conservation Scientists	12,750	$23.54	$23.78	$49,460	0.6 %
19-1032	Foresters	10,480	$22.16	$22.65	$47,110	0.8 %
19-1041	Epidemiologists	3,970	$25.34	$26.72	$55,590	1.8 %
19-1042	Medical Scientists, Except Epidemiologists	46,430	$26.90	$30.12	$62,650	2.8 %
19-2011	Astronomers	900	$37.29	$36.73	$76,390	1.9 %
19-2012	Physicists	10,880	$40.23	$40.26	$83,750	2.1 %
19-2021	Atmospheric and Space Scientists	6,770	$29.58	$29.55	$61,470	1.1 %
19-2031	Chemists	84,870	$24.93	$26.86	$55,880	1.1 %
19-2032	Materials Scientists	8,360	$30.17	$31.18	$64,850	1.9 %
19-2041	Environmental Scientists and Specialists, Including Health	57,430	$22.75	$24.38	$50,700	0.6 %
19-2042	Geoscientists, Except Hydrologists and Geographers	23,030	$28.01	$30.83	$64,120	1.1 %
19-2043	Hydrologists	7,340	$27.11	$28.16	$58,570	1.1 %
19-3011	Economists	13,390	$32.24	$34.78	$72,350	4.3 %
19-3021	Market Research Analysts	108,940	$25.70	$27.99	$58,230	1.1 %
19-3022	Survey Researchers	20,690	$11.17	$15.70	$32,660	2.8 %
19-3031	Clinical, Counseling, and School Psychologists	95,640	$24.24	$25.72	$53,500	1.5 %
19-3032	Industrial-Organizational Psychologists	1,380	$31.74	$33.63	$69,950	2.1 %
19-3041	Sociologists	1,820	$26.38	$27.19	$56,560	4.9 %
19-3051	Urban and Regional Planners	31,130	$23.33	$24.24	$50,430	0.9 %
19-3091	Anthropologists and Archeologists	4,190	$18.70	$20.10	$41,800	1.8 %
19-3092	Geographers	750	$23.28	$24.10	$50,130	1.2 %
19-3093	Historians	2,010	$20.64	$21.56	$44,850	1.1 %
19-3094	Political Scientists	4,220	$39.11	$37.94	$78,920	2.6 %
19-4011	Agricultural and Food Science Technicians	17,310	$13.24	$14.30	$29,750	1.4 %
19-4021	Biological Technicians	43,560	$15.52	$16.36	$34,030	0.6 %
19-4031	Chemical Technicians	71,000	$17.40	$18.20	$37,850	0.8 %
19-4041	Geological and Petroleum Technicians	11,930	$18.53	$19.85	$41,300	2.1 %
19-4051	Nuclear Technicians	5,230	$28.70	$29.56	$61,490	2.2 %
19-4091	Environmental Science and Protection Technicians, Including Health	25,750	$16.68	$17.62	$36,650	0.7 %
19-4092	Forensic Science Technicians	6,730	$18.45	$19.38	$40,300	0.8 %
19-4093	Forest and Conservation Technicians	16,430	$14.64	$15.44	$32,110	0.3 %
21-0000	Community and Social Services Occupations	1,523,890	$15.12	$16.44	$34,190	0.6 %
21-1011	Substance Abuse and Behavioral Disorder Counselors	61,580	$14.36	$15.09	$31,390	0.7 %
21-1012	Educational, Vocational, and School Counselors	201,500	$20.90	$21.90	$45,540	1.7 %
21-1013	Marriage and Family Therapists	20,380	$15.73	$16.94	$35,230	4.9 %

21-1014	Mental Health Counselors	72,590	$13.96	$15.37	$31,970	0.8 %
21-1015	Rehabilitation Counselors	105,450	$12.31	$13.74	$28,570	0.9 %
21-1021	Child, Family, and School Social Workers	257,080	$15.84	$16.91	$35,180	0.9 %
21-1022	Medical and Public Health Social Workers	103,490	$17.50	$18.29	$38,050	0.5 %
21-1023	Mental Health and Substance Abuse Social Workers	85,550	$15.42	$16.34	$33,980	0.6 %
21-1091	Health Educators	43,890	$16.94	$18.29	$38,040	0.9 %
21-1092	Probation Officers and Correctional Treatment Specialists	78,640	$18.64	$19.74	$41,070	0.9 %
21-1093	Social and Human Service Assistants	283,060	$11.09	$11.85	$24,660	0.6 %
21-2011	Clergy	32,940	$16.27	$17.46	$36,320	1.4 %
21-2021	Directors, Religious Activities and Education	12,120	$13.18	$15.09	$31,400	2.1 %
23-0000	**Legal Occupations**	**909,370**	**$27.03**	**$33.19**	**$69,030**	**1.2 %**
23-1011	Lawyers	490,000	$42.67	$44.19	$91,920	1.3 %
23-1021	Administrative Law Judges, Adjudicators, and Hearing Officers	30,520	$24.14	$27.30	$56,780	0.5 %
23-1022	Arbitrators, Mediators, and Conciliators	5,060	$22.43	$26.13	$54,340	4.4 %
23-1023	Judges, Magistrate Judges, and Magistrates	27,890	$41.95	$38.24	$79,540	1.5 %
23-2011	Paralegals and Legal Assistants	183,550	$17.63	$18.86	$39,220	1.4 %
23-2091	Court Reporters	15,300	$19.43	$20.45	$42,530	2.0 %
23-2092	Law Clerks	40,340	$14.51	$15.52	$32,280	1.6 %
23-2093	Title Examiners, Abstractors, and Searchers	42,720	$15.28	$17.12	$35,610	1.0 %
25-0000	**Education, Training, and Library Occupations**	**7,658,480**	**$17.41**	**$18.81**	**$39,130**	**1.1 %**
25-1011	Business Teachers, Postsecondary	65,050	(4)	(4)	$59,090	0.9 %
25-1021	Computer Science Teachers, Postsecondary	29,690	(4)	(4)	$53,790	1.0 %
25-1022	Mathematical Science Teachers, Postsecondary	38,480	(4)	(4)	$53,770	0.8 %
25-1031	Architecture Teachers, Postsecondary	4,960	(4)	(4)	$58,070	1.7 %
25-1032	Engineering Teachers, Postsecondary	28,360	(4)	(4)	$69,620	1.2 %
25-1041	Agricultural Sciences Teachers, Postsecondary	11,590	(4)	(4)	$65,080	1.4 %
25-1042	Biological Science Teachers, Postsecondary	38,580	(4)	(4)	$64,410	2.6 %
25-1043	Forestry and Conservation Science Teachers, Postsecondary	1,950	(4)	(4)	$65,170	1.7 %
25-1051	Atmospheric, Earth, Marine, and Space Sciences Teachers, Postsecondary	7,630	(4)	(4)	$64,210	1.4 %
25-1052	Chemistry Teachers, Postsecondary	16,610	(4)	(4)	$58,390	1.2 %
25-1053	Environmental Science Teachers, Postsecondary	3,630	(4)	(4)	$61,240	1.4 %
25-1054	Physics Teachers, Postsecondary	11,830	(4)	(4)	$65,050	0.9 %
25-1061	Anthropology and Archeology Teachers, Postsecondary	4,240	(4)	(4)	$61,230	1.1 %
25-1062	Area, Ethnic, and Cultural Studies Teachers, Postsecondary	5,070	(4)	(4)	$59,650	1.5 %
25-1063	Economics Teachers, Postsecondary	11,600	(4)	(4)	$65,620	1.2 %
25-1064	Geography Teachers, Postsecondary	3,600	(4)	(4)	$58,200	0.8 %

25-1065	Political Science Teachers, Postsecondary	11,230	(4)	(4)	$59,110	1.2 %
25-1066	Psychology Teachers, Postsecondary	24,850	(4)	(4)	$57,140	0.9 %
25-1067	Sociology Teachers, Postsecondary	12,890	(4)	(4)	$54,600	0.9 %
25-1071	Health Specialties Teachers, Postsecondary	85,220	(4)	(4)	$66,850	2.8 %
25-1072	Nursing Instructors and Teachers, Postsecondary	34,390	(4)	(4)	$51,290	0.6 %
25-1081	Education Teachers, Postsecondary	40,480	(4)	(4)	$50,680	1.2 %
25-1082	Library Science Teachers, Postsecondary	4,040	(4)	(4)	$53,520	1.4 %
25-1111	Criminal Justice and Law Enforcement Teachers, Postsecondary	8,060	(4)	(4)	$47,720	1.4 %
25-1112	Law Teachers, Postsecondary	9,660	(4)	(4)	$79,120	1.7 %
25-1113	Social Work Teachers, Postsecondary	6,250	(4)	(4)	$53,490	1.3 %
25-1121	Art, Drama, and Music Teachers, Postsecondary	55,540	(4)	(4)	$51,100	1.0 %
25-1122	Communications Teachers, Postsecondary	18,110	(4)	(4)	$50,460	0.9 %
25-1123	English Language and Literature Teachers, Postsecondary	51,370	(4)	(4)	$49,770	0.8 %
25-1124	Foreign Language and Literature Teachers, Postsecondary	18,590	(4)	(4)	$49,130	1.0 %
25-1125	History Teachers, Postsecondary	16,710	(4)	(4)	$54,010	0.7 %
25-1126	Philosophy and Religion Teachers, Post-secondary	14,000	(4)	(4)	$52,080	0.9 %
25-1191	Graduate Teaching Assistants	133,690	(4)	(4)	$24,360	2.4 %
25-1192	Home Economics Teachers, Postsecondary	4,350	(4)	(4)	$51,730	1.6 %
25-1193	Recreation and Fitness Studies Teachers, Postsecondary	14,700	(4)	(4)	$44,320	1.4 %
25-1194	Vocational Education Teachers, Postsecondary	116,890	$18.53	$20.05	$41,710	0.7 %
25-2011	Preschool Teachers, Except Special Education	377,540	$8.96	$10.07	$20,940	0.7 %
25-2012	Kindergarten Teachers, Except Special Education	161,610	(4)	(4)	$41,100	2.8 %
25-2021	Elementary School Teachers, Except Special Education	1,452,160	(4)	(4)	$43,320	1.7 %
25-2022	Middle School Teachers, Except Special and Vocational Education	571,100	(4)	(4)	$43,570	1.3 %
25-2023	Vocational Education Teachers, Middle School	18,530	(4)	(4)	$43,340	1.3 %
25-2031	Secondary School Teachers, Except Special and Vocational Education	980,730	(4)	(4)	$45,370	1.3 %
25-2032	Vocational Education Teachers, Secondary School	107,680	(4)	(4)	$45,050	0.7 %
25-2041	Special Education Teachers, Preschool, Kindergarten, and Elementary School	211,240	(4)	(4)	$44,900	3.4 %
25-2042	Special Education Teachers, Middle School	87,330	(4)	(4)	$43,040	2.4 %
25-2043	Special Education Teachers, Secondary School	123,570	(4)	(4)	$45,670	3.4 %

25-3011	Adult Literacy, Remedial Education, and Ged Teachers and Instructors	58,310	$16.93	$19.34	$40,230	5.2 %
25-3021	Self-Enrichment Education Teachers	130,440	$13.89	$15.47	$32,180	1.0 %
25-4010	Archivists, Curators, and Museum Technicians	19,970	$16.44	$18.35	$38,160	1.5 %
25-4021	Librarians	150,280	$20.52	$21.04	$43,750	0.6 %
25-4031	Library Technicians	108,580	$11.44	$12.05	$25,060	0.8 %
25-9011	Audio-Visual Collections Specialists	10,320	$14.35	$16.23	$33,750	3.8 %
25-9021	Farm and Home Management Advisors	12,540	$19.05	$19.74	$41,060	1.3 %
25-9031	Instructional Coordinators	88,340	$22.41	$23.39	$48,650	0.7 %
25-9041	Teacher Assistants	1,188,910	(4)	(4)	$19,430	1.6 %
27-0000	**Arts, Design, Entertainment, Sports, and Media Occupations**	**1,508,790**	**$16.19**	**$19.12**	**$39,770**	**0.7 %**
27-1011	Art Directors	20,880	$28.75	$31.52	$65,570	1.5 %
27-1013	Fine Artists, Including Painters, Sculptors, and Illustrators	9,710	$15.80	$18.43	$38,330	3.0 %
27-1014	Multi-Media Artists and Animators	30,530	$20.32	$22.45	$46,700	1.5 %
27-1021	Commercial and Industrial Designers	33,600	$23.95	$25.20	$52,410	1.3 %
27-1022	Fashion Designers	8,890	$23.81	$27.09	$56,340	2.4 %
27-1023	Floral Designers	69,660	$9.27	$9.85	$20,490	1.5 %
27-1024	Graphic Designers	136,470	$17.32	$19.07	$39,670	1.0 %
27-1025	Interior Designers	39,340	$19.03	$20.71	$43,080	2.0 %
27-1026	Merchandise Displayers and Window Trimmers	49,520	$10.52	$11.81	$24,570	1.2 %
27-1027	Set and Exhibit Designers	7,840	$16.08	$17.29	$35,960	3.1 %
27-2011	Actors	94,470	(4)	(4)	$36,790	5.6 %
27-2012	Producers and Directors	52,130	(4)	(4)	$57,160	6.7 %
27-2021	Athletes and Sports Competitors	10,520	(4)	(4)	$71,070	7.5 %
27-2022	Coaches and Scouts	68,670	(4)	(4)	$34,690	1.3 %
27-2023	Umpires, Referees, and Other Sports Officials	8,750	(4)	(4)	$26,600	6.0 %
27-2031	Dancers	17,010	$11.11	$13.83	$28,770	3.8 %
27-2032	Choreographers	12,660	$13.78	$15.75	$32,750	2.3 %
27-2041	Music Directors and Composers	7,020	(4)	(4)	$39,330	4.1 %
27-2042	Musicians and Singers	55,100	(4)	(4)	$46,690	2.8 %
27-3010	Announcers	50,420	$9.74	$13.27	$27,590	1.3 %
27-3020	News Analysts, Reporters and Correspondents	64,130	$14.45	$18.17	$37,800	1.3 %
27-3031	Public Relations Specialists	132,390	$19.72	$21.75	$45,240	0.9 %
27-3041	Editors	105,130	$19.21	$21.59	$44,910	0.8 %
27-3042	Technical Writers	45,900	$23.73	$24.83	$51,650	0.7 %
27-3043	Writers and Authors	40,980	$20.41	$23.13	$48,120	3.1 %
27-3091	Interpreters and Translators	18,900	$15.38	$16.68	$34,680	2.2 %
27-4011	Audio and Video Equipment Technicians	32,960	$14.50	$17.16	$35,690	1.4 %
27-4012	Broadcast Technicians	31,100	$13.34	$16.13	$33,550	2.1 %
27-4013	Radio Operators	3,260	$15.36	$16.84	$35,040	3.6 %
27-4014	Sound Engineering Technicians	9,350	$16.89	$20.34	$42,300	4.0 %
27-4021	Photographers	61,250	$11.08	$13.43	$27,940	1.3 %

27-4031	Camera Operators, Television, Video, and Motion Picture	22,040	$13.93	$16.43	$34,180	1.8 %
27-4032	Film and Video Editors	13,750	$17.74	$20.20	$42,010	1.8 %
29-0000	**Healthcare Practitioners and Technical Occupations**	**6,118,970**	**$20.56**	**$24.01**	**$49,930**	**0.4 %**
29-1011	Chiropractors	18,060	$32.89	$36.96	$76,870	4.6 %
29-1020	Dentists	87,810	$61.95	$53.27	$110,790	2.7 %
29-1031	Dietitians and Nutritionists	43,200	$19.43	$19.74	$41,070	0.7 %
29-1041	Optometrists	24,230	$41.14	$42.30	$87,980	3.3 %
29-1051	Pharmacists	223,630	$36.00	$35.02	$72,830	0.4 %
29-1061	Anesthesiologists	24,700	(5)	$63.31	$131,680	5.9 %
29-1062	Family and General Practitioners	135,290	$56.92	$52.89	$110,020	2.3 %
29-1063	Internists, General	53,310	(5)	$61.03	$126,930	3.4 %
29-1064	Obstetricians and Gynecologists	17,230	(5)	$64.15	$133,430	3.4 %
29-1065	Pediatricians, General	24,150	$60.79	$56.03	$116,550	2.8 %
29-1066	Psychiatrists	21,620	$60.80	$54.60	$113,570	2.2 %
29-1067	Surgeons	48,920	(5)	$65.89	$137,040	2.5 %
29-1071	Physician Assistants	56,200	$30.75	$30.00	$62,410	1.3 %
29-1081	Podiatrists	7,620	$45.86	$45.43	$94,500	5.1 %
29-1111	Registered Nurses	2,217,990	$22.44	$23.19	$48,240	0.2 %
29-1121	Audiologists	11,040	$22.55	$23.89	$49,700	2.0 %
29-1122	Occupational Therapists	77,080	$24.70	$25.10	$52,210	0.5 %
29-1123	Physical Therapists	126,450	$27.20	$28.43	$59,130	0.4 %
29-1124	Radiation Therapists	13,460	$23.57	$25.71	$53,480	4.3 %
29-1125	Recreational Therapists	26,830	$14.44	$14.92	$31,020	0.5 %
29-1126	Respiratory Therapists	82,930	$18.93	$19.17	$39,870	0.3 %
29-1127	Speech-Language Pathologists	83,110	$23.32	$24.20	$50,330	0.5 %
29-1131	Veterinarians	41,240	$29.81	$33.25	$69,150	1.5 %
29-2011	Medical and Clinical Laboratory Technologists	145,400	$20.31	$20.70	$43,060	0.4 %
29-2012	Medical and Clinical Laboratory Technicians	146,920	$13.85	$14.52	$30,200	0.4 %
29-2021	Dental Hygienists	149,880	$26.30	$27.30	$56,770	3.6 %
29-2031	Cardiovascular Technologists and Technicians	40,990	$16.83	$17.55	$36,510	0.7 %
29-2032	Diagnostic Medical Sonographers	32,990	$22.59	$23.08	$48,010	0.7 %
29-2033	Nuclear Medicine Technologists	17,360	$22.79	$24.65	$51,270	8.5 %
29-2034	Radiologic Technologists and Technicians	168,240	$18.12	$18.68	$38,860	0.5 %
29-2041	Emergency Medical Technicians and Paramedics	170,690	$11.14	$12.24	$25,450	0.7 %
29-2051	Dietetic Technicians	28,940	$10.48	$11.23	$23,360	1.1 %
29-2052	Pharmacy Technicians	207,140	$10.40	$10.82	$22,510	0.5 %
29-2053	Psychiatric Technicians	59,750	$12.17	$12.94	$26,920	1.1 %
29-2054	Respiratory Therapy Technicians	28,700	$16.27	$16.93	$35,220	1.9 %
29-2055	Surgical Technologists	67,460	$14.47	$14.77	$30,710	0.5 %
29-2056	Veterinary Technologists and Technicians	51,790	$10.78	$11.36	$23,620	0.6 %
29-2061	Licensed Practical and Licensed Vocational Nurses	683,790	$14.75	$15.14	$31,490	0.3 %
29-2071	Medical Records and Health Information Technicians	142,170	$11.31	$12.20	$25,370	0.3 %

29-2081	Opticians, Dispensing	63,120	$12.55	$13.49	$28,060	1.4 %
29-2091	Orthotists and Prosthetists	4,480	$22.65	$24.77	$51,510	3.6 %
29-9010	Occupational Health and Safety Specialists and Technicians	38,800	$21.56	$22.21	$46,190	0.7 %
29-9091	Athletic Trainers	12,580	(4)	(4)	$35,380	2.1 %
31-0000	**Healthcare Support Occupations**	**3,122,870**	**$9.85**	**$10.53**	**$21,900**	**0.3 %**
31-1011	Home Health Aides	560,190	$8.46	$8.90	$18,510	0.4 %
31-1012	Nursing Aides, Orderlies, and Attendants	1,307,600	$9.27	$9.54	$19,850	0.2 %
31-1013	Psychiatric Aides	59,640	$11.08	$11.42	$23,760	0.7 %
31-2011	Occupational Therapist Assistants	17,520	$17.23	$17.39	$36,170	0.6 %
31-2012	Occupational Therapist Aides	7,560	$10.37	$11.70	$24,340	1.6 %
31-2021	Physical Therapist Assistants	47,810	$16.96	$17.18	$35,740	0.6 %
31-2022	Physical Therapist Aides	35,250	$9.76	$10.45	$21,730	0.9 %
31-9011	Massage Therapists	26,440	$13.48	$15.93	$33,130	2.4 %
31-9091	Dental Assistants	267,840	$12.85	$13.29	$27,650	1.8 %
31-9092	Medical Assistants	345,930	$11.35	$11.71	$24,360	0.5 %
31-9093	Medical Equipment Preparers	33,540	$10.81	$11.29	$23,490	1.0 %
31-9094	Medical Transcriptionists	94,090	$12.72	$12.99	$27,020	0.5 %
31-9095	Pharmacy Aides	58,130	$8.66	$9.22	$19,170	0.6 %
31-9096	Veterinary Assistants and Laboratory Animal Caretakers	60,050	$8.40	$8.93	$18,570	0.9 %
33-0000	**Protective Service Occupations**	**2,957,990**	**$13.66**	**$15.64**	**$32,530**	**0.8 %**
33-1011	First-Line Supervisors/Managers of Correctional Officers	32,090	$21.46	$22.13	$46,040	0.8 %
33-1012	First-Line Supervisors/Managers of Police and Detectives	113,970	$28.51	$28.82	$59,940	0.7 %
33-1021	First-Line Supervisors/Managers of Fire Fighting and Prevention Workers	61,260	$25.68	$26.38	$54,880	0.9 %
33-2011	Fire Fighters	275,500	$16.67	$17.25	$35,880	1.0 %
33-2021	Fire Inspectors and Investigators	12,160	$20.61	$21.18	$44,050	1.2 %
33-2022	Forest Fire Inspectors and Prevention Specialists	1,030	$16.88	$17.19	$35,760	1.3 %
33-3011	Bailiffs	16,330	$15.09	$15.67	$32,590	1.0 %
33-3012	Correctional Officers and Jailers	401,250	$15.39	$16.24	$33,770	0.7 %
33-3021	Detectives and Criminal Investigators	87,030	$24.50	$25.07	$52,150	0.6 %
33-3031	Fish and Game Wardens	7,790	$19.82	$22.68	$47,180	0.3 %
33-3041	Parking Enforcement Workers	9,160	$12.89	$13.21	$27,480	1.3 %
33-3051	Police and Sheriff's Patrol Officers	599,550	$19.70	$20.17	$41,950	0.7 %
33-3052	Transit and Railroad Police	6,750	$20.72	$21.63	$44,990	4.2 %
33-9011	Animal Control Workers	9,360	$11.66	$12.34	$25,670	0.9 %
33-9021	Private Detectives and Investigators	31,330	$13.64	$15.61	$32,470	1.8 %
33-9031	Gaming Surveillance Officers and Gaming Investigators	9,470	$10.64	$11.27	$23,430	2.2 %
33-9032	Security Guards	995,510	$8.94	$9.84	$20,460	0.4 %
33-9091	Crossing Guards	69,990	$8.55	$9.63	$20,020	2.1 %
35-0000	**Food Preparation and Serving Related Occupations**	**9,917,660**	**$7.13**	**$8.04**	**$16,720**	**0.3 %**
35-1011	Chefs and Head Cooks	114,930	$12.88	$14.58	$30,330	1.4 %

35-1012	First-Line Supervisors/Managers of Food Preparation and Serving Workers	659,380	$11.35	$12.47	$25,930	0.7 %
35-2011	Cooks, Fast Food	601,570	$6.70	$6.99	$14,530	0.6 %
35-2012	Cooks, Institution and Cafeteria	418,180	$8.53	$9.02	$18,760	0.4 %
35-2014	Cooks, Restaurant	674,050	$8.88	$9.24	$19,230	0.5 %
35-2015	Cooks, Short Order	228,710	$7.57	$7.98	$16,590	0.9 %
35-2021	Food Preparation Workers	855,800	$7.65	$8.07	$16,780	0.5 %
35-3011	Bartenders	427,010	$7.03	$7.96	$16,550	0.9 %
35-3021	Combined Food Preparation and Serving Workers, Including Fast Food	2,054,250	$6.79	$7.13	$14,830	0.4 %
35-3022	Counter Attendants, Cafeteria, Food Concession, and Coffee Shop	428,780	$7.10	$7.50	$15,610	0.7 %
35-3031	Waiters and Waitresses	1,981,810	$6.60	$7.36	$15,310	0.6 %
35-3041	Food Servers, Nonrestaurant	191,030	$7.36	$8.06	$16,760	0.8 %
35-9011	Dining Room and Cafeteria Attendants and Bartender Helpers	389,580	$6.80	$7.21	$15,000	0.5 %
35-9021	Dishwashers	488,180	$6.98	$7.25	$15,080	0.4 %
35-9031	Hosts and Hostesses, Restaurant, Lounge, and Coffee Shop	286,750	$7.17	$7.57	$15,750	0.5 %
37-0000	**Building and Grounds Cleaning and Maintenance Occupations**	**4,275,340**	**$8.71**	**$9.80**	**$20,380**	**0.3 %**
37-1011	First-Line Supervisors/Managers of Housekeeping and Janitorial Workers	202,880	$13.08	$14.18	$29,500	0.5 %
37-1012	First-Line Supervisors/Managers of Landscaping, Lawn Service, and Ground-skeeping Workers	94,930	$15.43	$16.82	$34,990	0.7 %
37-2011	Janitors and Cleaners, Except Maids and Housekeeping Cleaners	2,071,920	$8.61	$9.52	$19,800	0.4 %
37-2012	Maids and Housekeeping Cleaners	917,930	$7.71	$8.12	$16,900	0.4 %
37-2021	Pest Control Workers	56,570	$11.13	$12.03	$25,020	2.1 %
37-3011	Landscaping and Groundskeeping Workers	772,800	$9.19	$10.04	$20,880	0.4 %
37-3012	Pesticide Handlers, Sprayers, and Applicators, Vegetation	22,120	$11.62	$12.19	$25,360	1.2 %
37-3013	Tree Trimmers and Pruners	44,850	$11.51	$12.43	$25,860	1.6 %
39-0000	**Personal Care and Service Occupations**	**2,802,050**	**$8.28**	**$10.10**	**$21,010**	**0.7 %**
39-1011	Gaming Supervisors	25,100	$18.87	$19.21	$39,960	2.1 %
39-1012	Slot Key Persons	12,580	$10.82	$11.66	$24,250	1.0 %
39-1021	First-Line Supervisors/Managers of Personal Service Workers	98,750	$13.48	$15.09	$31,380	0.7 %
39-2011	Animal Trainers	6,860	$11.19	$13.12	$27,280	4.4 %
39-2021	Nonfarm Animal Caretakers	86,230	$7.97	$8.79	$18,270	0.8 %
39-3011	Gaming Dealers	77,540	$6.58	$7.71	$16,040	2.1 %
39-3012	Gaming and Sports Book Writers and Runners	11,310	$8.77	$9.60	$19,970	1.3 %
39-3021	Motion Picture Projectionists	10,280	$7.84	$9.33	$19,410	5.0 %
39-3031	Ushers, Lobby Attendants, and Ticket Takers	101,680	$6.78	$7.71	$16,030	1.4 %
39-3091	Amusement and Recreation Attendants	211,950	$7.02	$7.68	$15,970	0.5 %
39-3092	Costume Attendants	3,540	$11.33	$12.45	$25,890	3.0 %

39-3093	Locker Room, Coatroom, and Dressing Room Attendants	19,860	$7.90	$8.28	$17,230	0.6 %
39-4011	Embalmers	7,980	$15.88	$16.70	$34,730	1.9 %
39-4021	Funeral Attendants	28,960	$8.48	$9.23	$19,200	1.3 %
39-5011	Barbers	12,290	$8.89	$10.19	$21,190	1.8 %
39-5012	Hairdressers, Hairstylists, and Cosmetologists	329,920	$8.78	$10.27	$21,360	1.0 %
39-5091	Makeup Artists, Theatrical and Performance	1,240	$14.54	$15.41	$32,050	4.0 %
39-5092	Manicurists and Pedicurists	30,420	$8.03	$8.64	$17,980	1.6 %
39-5093	Shampooers	15,230	$6.60	$6.98	$14,510	1.8 %
39-5094	Skin Care Specialists	14,470	$10.61	$12.17	$25,310	1.6 %
39-6011	Baggage Porters and Bellhops	58,020	$8.33	$10.59	$22,030	3.1 %
39-6012	Concierges	16,180	$10.12	$11.03	$22,940	2.1 %
39-6021	Tour Guides and Escorts	28,680	$8.83	$9.78	$20,340	1.2 %
39-6022	Travel Guides	5,480	$13.07	$15.00	$31,210	6.7 %
39-6031	Flight Attendants	115,750	(4)	(4)	$46,880	3.8 %
39-6032	Transportation Attendants, Except Flight Attendants and Baggage Porters	25,910	$8.69	$9.84	$20,480	2.0 %
39-9011	Child Care Workers	418,540	$7.71	$8.16	$16,980	0.8 %
39-9021	Personal and Home Care Aides	408,360	$7.76	$8.00	$16,640	0.6 %
39-9031	Fitness Trainers and Aerobics Instructors	160,490	$11.22	$14.08	$29,290	1.6 %
39-9032	Recreation Workers	263,460	$8.58	$9.75	$20,270	0.8 %
39-9041	Residential Advisors	53,870	$9.46	$10.20	$21,210	2.1 %
41-0000	**Sales and Related Occupations**	**13,418,240**	**$9.63**	**$13.91**	**$28,920**	**0.2 %**
41-1011	First-Line Supervisors/Managers of Retail Sales Workers	1,252,410	$13.74	$15.95	$33,170	0.2 %
41-1012	First-Line Supervisors/Managers of Non-Retail Sales Workers	309,460	$24.75	$28.53	$59,350	0.5 %
41-2011	Cashiers	3,387,580	$7.19	$7.81	$16,240	0.3 %
41-2012	Gaming Change Persons and Booth Cashiers	33,670	$9.13	$9.42	$19,580	0.8 %
41-2021	Counter and Rental Clerks	434,250	$8.05	$9.26	$19,250	0.4 %
41-2022	Parts Salespersons	244,410	$11.20	$12.47	$25,940	0.5 %
41-2031	Retail Salespersons	3,917,190	$8.24	$10.06	$20,920	0.2 %
41-3011	Advertising Sales Agents	144,830	$17.58	$21.97	$45,700	1.2 %
41-3021	Insurance Sales Agents	269,000	$18.70	$23.35	$48,570	1.2 %
41-3031	Securities, Commodities, and Financial Services Sales Agents	270,730	$28.70	$35.30	$73,430	1.3 %
41-3041	Travel Agents	111,310	$12.30	$13.09	$27,230	1.0 %
41-4011	Sales Representatives, Wholesale and Manufacturing, Technical and Scientific Products	370,330	$26.13	$29.10	$60,520	0.7 %
41-4012	Sales Representatives, Wholesale and Manufacturing, Except Technical and Scientific Products	1,352,800	$19.96	$23.19	$48,240	0.4 %
41-9011	Demonstrators and Product Promoters	96,670	$9.95	$12.45	$25,910	1.9 %
41-9012	Models	2,930	$9.14	$10.87	$22,600	4.9 %

41-9021	Real Estate Brokers	38,530	$24.70	$31.45	$65,410	4.1 %
41-9022	Real Estate Sales Agents	118,780	$13.73	$18.48	$38,430	2.3 %
41-9031	Sales Engineers	82,850	$28.71	$31.01	$64,490	0.9 %
41-9041	Telemarketers	437,510	$9.24	$10.50	$21,850	0.7 %
41-9091	Door-To-Door Sales Workers, News and Street Vendors, and Related Workers	28,090	$11.94	$14.30	$29,740	2.1 %
43-0000	**Office and Administrative Support Occupations**	**22,798,590**	**$12.04**	**$13.09**	**$27,230**	**0.1 %**
43-1011	First-Line Supervisors/Managers of Office and Administrative Support Workers	1,417,720	$18.26	$19.67	$40,920	0.3 %
43-2011	Switchboard Operators, Including Answering Service	227,660	$9.93	$10.29	$21,410	0.4 %
43-2021	Telephone Operators	57,500	$14.20	$14.15	$29,440	1.4 %
43-3011	Bill and Account Collectors	385,800	$12.48	$13.17	$27,390	0.4 %
43-3021	Billing and Posting Clerks and Machine Operators	480,610	$12.19	$12.66	$26,340	0.3 %
43-3031	Bookkeeping, Accounting, and Auditing Clerks	1,697,890	$12.76	$13.38	$27,820	0.2 %
43-3041	Gaming Cage Workers	17,140	$10.36	$10.72	$22,290	0.7 %
43-3051	Payroll and Timekeeping Clerks	188,570	$13.58	$14.09	$29,300	0.3 %
43-3061	Procurement Clerks	74,740	$13.84	$14.17	$29,480	0.3 %
43-3071	Tellers	532,740	$9.54	$9.69	$20,150	0.3 %
43-4011	Brokerage Clerks	82,730	$15.61	$16.78	$34,900	1.5 %
43-4021	Correspondence Clerks	34,190	$12.13	$12.66	$26,330	0.5 %
43-4031	Court, Municipal, and License Clerks	104,060	$13.02	$13.91	$28,930	0.9 %
43-4041	Credit Authorizers, Checkers, and Clerks	78,450	$12.44	$13.40	$27,870	0.7 %
43-4051	Customer Service Representatives	1,875,370	$12.23	$13.20	$27,450	0.3 %
43-4061	Eligibility Interviewers, Government Programs	97,240	$14.43	$15.16	$31,530	0.6 %
43-4071	File Clerks	249,970	$9.37	$9.90	$20,590	0.3 %
43-4081	Hotel, Motel, and Resort Desk Clerks	176,920	$8.13	$8.48	$17,640	0.4 %
43-4111	Interviewers, Except Eligibility and Loan	171,650	$10.52	$11.17	$23,240	0.7 %
43-4121	Library Assistants, Clerical	106,360	$8.93	$9.66	$20,090	0.6 %
43-4131	Loan Interviewers and Clerks	157,680	$13.01	$13.70	$28,500	0.6 %
43-4141	New Accounts Clerks	99,760	$11.86	$12.47	$25,940	0.9 %
43-4151	Order Clerks	338,430	$11.66	$12.39	$25,770	0.4 %
43-4161	Human Resources Assistants, Except Payroll and Timekeeping	164,680	$14.17	$14.70	$30,570	0.2 %
43-4171	Receptionists and Information Clerks	1,046,590	$9.93	$10.31	$21,450	0.3 %
43-4181	Reservation and Transportation Ticket Agents and Travel Clerks	183,280	$11.58	$13.26	$27,570	1.2 %
43-5011	Cargo and Freight Agents	60,530	$14.73	$15.53	$32,300	1.4 %
43-5021	Couriers and Messengers	121,670	$9.20	$9.89	$20,560	0.8 %
43-5031	Police, Fire, and Ambulance Dispatchers	88,550	$12.83	$13.30	$27,670	0.5 %
43-5032	Dispatchers, Except Police, Fire, and Ambulance	170,050	$14.46	$15.55	$32,340	0.6 %
43-5041	Meter Readers, Utilities	52,140	$13.64	$14.40	$29,950	0.7 %
43-5051	Postal Service Clerks	80,760	$18.78	$18.37	$38,210	0.3 %

43-5052	Postal Service Mail Carriers	355,120	$18.61	$18.20	$37,860	0.3 %
43-5053	Postal Service Mail Sorters, Processors, and Processing Machine Operators	201,150	$16.95	$15.48	$32,190	0.4 %
43-5061	Production, Planning, and Expediting Clerks	302,430	$15.59	$16.38	$34,070	0.4 %
43-5071	Shipping, Receiving, and Traffic Clerks	802,600	$10.92	$11.64	$24,220	0.3 %
43-5081	Stock Clerks and Order Fillers	1,680,640	$9.16	$10.32	$21,480	0.2 %
43-5111	Weighers, Measurers, Checkers, and Samplers, Recordkeeping	78,620	$11.87	$13.10	$27,240	1.3 %
43-6011	Executive Secretaries and Administrative Assistants	1,384,240	$15.57	$16.34	$33,980	0.2 %
43-6012	Legal Secretaries	263,590	$16.64	$17.29	$35,970	1.0 %
43-6013	Medical Secretaries	334,200	$11.86	$12.50	$26,000	1.2 %
43-6014	Secretaries, Except Legal, Medical, and Executive	1,800,950	$11.85	$12.36	$25,710	0.4 %
43-9011	Computer Operators	177,990	$13.88	$14.80	$30,780	0.8 %
43-9021	Data Entry Keyers	405,000	$10.56	$10.93	$22,740	0.4 %
43-9022	Word Processors and Typists	229,090	$12.50	$12.92	$26,870	0.7 %
43-9031	Desktop Publishers	34,860	$15.00	$16.05	$33,380	1.4 %
43-9041	Insurance Claims and Policy Processing Clerks	258,100	$13.69	$14.77	$30,730	0.6 %
43-9051	Mail Clerks and Mail Machine Operators, Except Postal Service	166,000	$9.91	$10.37	$21,560	0.4 %
43-9061	Office Clerks, General	2,791,420	$10.47	$11.06	$23,000	0.2 %
43-9071	Office Machine Operators, Except Computer	90,240	$10.45	$11.28	$23,470	0.5 %
43-9081	Proofreaders and Copy Markers	25,200	$11.47	$12.41	$25,810	1.2 %
43-9111	Statistical Assistants	25,850	$13.94	$14.60	$30,370	0.9 %
45-0000	**Farming, Fishing, and Forestry Occupations**	**453,050**	**$7.76**	**$9.44**	**$19,630**	**0.6 %**
45-1011	First-Line Supervisors/Managers of Farming, Fishing, and Forestry Workers	22,180	$16.02	$17.33	$36,040	0.8 %
45-1012	Farm Labor Contractors	6,450	$7.10	$9.53	$19,810	6.6 %
45-2011	Agricultural Inspectors	13,980	$13.17	$14.24	$29,630	1.6 %
45-2021	Animal Breeders	1,630	$10.89	$12.70	$26,420	4.0 %
45-2041	Graders and Sorters, Agricultural Products	54,110	$7.42	$8.26	$17,190	0.8 %
45-2091	Agricultural Equipment Operators	26,580	$8.00	$8.94	$18,600	1.8 %
45-2092	Farmworkers and Laborers, Crop, Nursery, and Greenhouse	211,020	$6.97	$7.56	$15,730	0.7 %
45-2093	Farmworkers, Farm and Ranch Animals	34,590	$7.93	$8.56	$17,810	0.8 %
45-4011	Forest and Conservation Workers	12,750	$9.13	$10.31	$21,440	1.1 %
45-4021	Fallers	9,790	$12.85	$15.66	$32,580	5.5 %
45-4022	Logging Equipment Operators	30,930	$12.57	$13.10	$27,240	1.6 %
45-4023	Log Graders and Scalers	4,950	$12.97	$13.75	$28,610	1.6 %
47-0000	**Construction and Extraction Occupations**	**6,239,430**	**$15.57**	**$17.05**	**$35,450**	**0.2 %**
47-1011	First-Line Supervisors/Managers of Construction Trades and Extraction Workers	514,750	$22.39	$23.77	$49,430	0.4 %

47-2011	Boilermakers	24,390	$19.06	$19.50	$40,570	1.4 %
47-2021	Brickmasons and Blockmasons	109,840	$20.00	$20.36	$42,340	0.8 %
47-2022	Stonemasons	11,880	$15.60	$16.26	$33,820	2.0 %
47-2031	Carpenters	851,610	$16.09	$17.36	$36,110	0.4 %
47-2041	Carpet Installers	36,340	$15.13	$16.48	$34,290	1.4 %
47-2042	Floor Layers, Except Carpet, Wood, and Hard Tiles	13,560	$15.14	$16.42	$34,160	2.2 %
47-2043	Floor Sanders and Finishers	8,230	$12.47	$13.75	$28,590	2.9 %
47-2044	Tile and Marble Setters	30,390	$17.02	$18.17	$37,790	1.6 %
47-2051	Cement Masons and Concrete Finishers	176,590	$14.25	$15.67	$32,590	1.4 %
47-2053	Terrazzo Workers and Finishers	5,800	$13.80	$15.02	$31,240	3.1 %
47-2061	Construction Laborers	825,390	$11.57	$13.36	$27,790	0.4 %
47-2071	Paving, Surfacing, and Tamping Equipment Operators	57,880	$13.60	$15.27	$31,760	1.5 %
47-2072	Pile-Driver Operators	4,950	$19.86	$20.59	$42,820	2.1 %
47-2073	Operating Engineers and Other Construction Equipment Operators	353,650	$16.42	$17.86	$37,160	0.4 %
47-2081	Drywall and Ceiling Tile Installers	121,450	$15.87	$17.07	$35,500	1.0 %
47-2082	Tapers	37,920	$18.20	$18.86	$39,220	1.2 %
47-2111	Electricians	625,560	$19.60	$20.75	$43,160	0.6 %
47-2121	Glaziers	46,960	$14.68	$16.11	$33,510	2.6 %
47-2130	Insulation Workers	54,270	$13.46	$15.04	$31,280	1.7 %
47-2141	Painters, Construction and Maintenance	256,220	$13.66	$14.83	$30,840	0.5 %
47-2142	Paperhangers	9,320	$15.07	$15.76	$32,780	2.4 %
47-2151	Pipelayers	56,190	$13.55	$14.94	$31,080	1.0 %
47-2152	Plumbers, Pipefitters, and Steamfitters	438,290	$18.61	$19.78	$41,140	0.6 %
47-2161	Plasterers and Stucco Masons	53,790	$15.79	$16.98	$35,310	1.4 %
47-2171	Reinforcing Iron and Rebar Workers	29,610	$16.70	$18.33	$38,130	2.5 %
47-2181	Roofers	118,160	$14.16	$15.55	$32,350	1.0 %
47-2211	Sheet Metal Workers	207,960	$15.97	$17.48	$36,350	0.8 %
47-2221	Structural Iron and Steel Workers	78,700	$18.72	$19.55	$40,660	1.2 %
47-3011	Helpers--Brickmasons, Blockmasons, Stonemasons, and Tile and Marble Setters	64,730	$11.35	$12.79	$26,590	1.3 %
47-3012	Helpers--Carpenters	99,490	$10.19	$10.69	$22,240	0.8 %
47-3013	Helpers--Electricians	108,070	$10.65	$11.38	$23,680	0.7 %
47-3014	Helpers--Painters, Paperhangers, Plasterers, and Stucco Masons	29,750	$9.36	$10.46	$21,770	3.1 %
47-3015	Helpers--Pipelayers, Plumbers, Pipefit-ters, and Steamfitters	79,980	$10.50	$11.10	$23,090	0.7 %
47-3016	Helpers--Roofers	24,200	$9.59	$10.09	$20,980	0.8 %
47-4011	Construction and Building Inspectors	72,200	$19.32	$19.81	$41,200	0.5 %
47-4021	Elevator Installers and Repairers	26,450	$24.82	$24.39	$50,730	1.6 %
47-4031	Fence Erectors	20,550	$10.50	$12.06	$25,090	3.5 %
47-4041	Hazardous Materials Removal Workers	36,660	$15.29	$16.59	$34,510	1.4 %
47-4051	Highway Maintenance Workers	148,390	$13.23	$13.70	$28,490	0.5 %
47-4061	Rail-Track Laying and Maintenance Equipment Operators	11,680	$16.30	$16.40	$34,110	1.8 %

47-4071	Septic Tank Servicers and Sewer Pipe Cleaners	16,200	$13.11	$13.75	$28,590	2.3 %
47-4091	Segmental Pavers	2,670	$12.58	$13.58	$28,240	3.4 %
47-5011	Derrick Operators, Oil and Gas	15,150	$13.70	$14.84	$30,870	2.0 %
47-5012	Rotary Drill Operators, Oil and Gas	15,560	$15.87	$17.14	$35,640	2.2 %
47-5013	Service Unit Operators, Oil, Gas, and Mining	13,320	$13.11	$14.47	$30,100	1.9 %
47-5021	Earth Drillers, Except Oil and Gas	19,630	$15.39	$16.29	$33,870	1.4 %
47-5031	Explosives Workers, Ordnance Handling Experts, and Blasters	4,790	$16.32	$16.79	$34,920	1.5 %
47-5041	Continuous Mining Machine Operators	9,560	$16.17	$16.50	$34,320	1.3 %
47-5042	Mine Cutting and Channeling Machine Operators	5,860	$16.99	$17.19	$35,760	1.8 %
47-5051	Rock Splitters, Quarry	2,710	$12.95	$13.92	$28,940	2.0 %
47-5061	Roof Bolters, Mining	3,990	$18.02	$17.83	$37,080	1.9 %
47-5071	Roustabouts, Oil and Gas	37,010	$10.16	$11.25	$23,400	2.6 %
47-5081	Helpers--Extraction Workers	30,910	$11.75	$12.46	$25,910	1.1 %
49-0000	**Installation, Maintenance, and Repair Occupations**	**5,323,070**	**$15.92**	**$16.81**	**$34,960**	**0.2 %**
49-1011	First-Line Supervisors/Managers of Mechanics, Installers, and Repairers	441,700	$22.27	$23.32	$48,510	0.3 %
49-2011	Computer, Automated Teller, and Office Machine Repairers	143,810	$15.81	$16.40	$34,120	0.6 %
49-2021	Radio Mechanics	6,550	$16.36	$17.36	$36,120	1.9 %
49-2022	Telecommunications Equipment Installers and Repairers, Except Line Installers	210,650	$22.30	$21.33	$44,360	0.5 %
49-2091	Avionics Technicians	16,340	$19.93	$20.06	$41,720	1.4 %
49-2092	Electric Motor, Power Tool, and Related Repairers	29,240	$14.91	$15.85	$32,970	1.1 %
49-2093	Electrical and Electronics Installers and Repairers, Transportation Equipment	16,650	$18.23	$18.20	$37,860	1.4 %
49-2094	Electrical and Electronics Repairers, Commercial and Industrial Equipment	77,780	$18.65	$18.80	$39,110	0.6 %
49-2095	Electrical and Electronics Repairers, Powerhouse, Substation, and Relay	19,680	$24.24	$23.30	$48,470	0.6 %
49-2096	Electronic Equipment Installers and Repairers, Motor Vehicles	13,210	$12.14	$12.85	$26,740	1.7 %
49-2097	Electronic Home Entertainment Equipment Installers and Repairers	29,770	$12.96	$13.81	$28,710	1.0 %
49-2098	Security and Fire Alarm Systems Installers	42,050	$14.66	$15.77	$32,790	3.3 %
49-3011	Aircraft Mechanics and Service Technicians	135,250	$20.19	$20.41	$42,460	1.0 %
49-3021	Automotive Body and Related Repairers	168,630	$15.62	$16.82	$34,980	0.8 %
49-3022	Automotive Glass Installers and Repairers	21,550	$13.06	$13.52	$28,120	1.8 %
49-3023	Automotive Service Technicians and Mechanics	701,150	$14.19	$15.32	$31,870	0.5 %
49-3031	Bus and Truck Mechanics and Diesel Engine Specialists	254,420	$16.14	$16.62	$34,570	0.4 %

49-3041	Farm Equipment Mechanics	35,420	$12.67	$13.08	$27,200	0.8 %
49-3042	Mobile Heavy Equipment Mechanics, Except Engines	116,260	$16.92	$17.26	$35,900	0.3 %
49-3043	Rail Car Repairers	11,860	$18.46	$17.90	$37,220	1.6 %
49-3051	Motorboat Mechanics	18,370	$13.55	$14.13	$29,390	0.8 %
49-3052	Motorcycle Mechanics	13,290	$12.69	$13.50	$28,090	0.9 %
49-3053	Outdoor Power Equipment and Other Small Engine Mechanics	27,250	$11.63	$12.15	$25,270	1.2 %
49-3091	Bicycle Repairers	7,730	$9.05	$9.46	$19,670	2.1 %
49-3092	Recreational Vehicle Service Technicians	11,830	$12.70	$13.36	$27,780	0.9 %
49-3093	Tire Repairers and Changers	86,200	$9.48	$10.16	$21,140	1.0 %
49-9011	Mechanical Door Repairers	10,510	$13.83	$15.18	$31,570	2.9 %
49-9012	Control and Valve Installers and Repairers, Except Mechanical Door	37,740	$20.65	$20.49	$42,610	0.8 %
49-9021	Heating, Air Conditioning, and Refrigeration Mechanics and Installers	201,850	$16.35	$17.07	$35,510	0.6 %
49-9031	Home Appliance Repairers	33,640	$14.22	$15.10	$31,420	1.2 %
49-9041	Industrial Machinery Mechanics	187,750	$18.08	$18.69	$38,880	0.4 %
49-9042	Maintenance and Repair Workers, General	1,232,280	$13.82	$14.54	$30,230	0.3 %
49-9043	Maintenance Workers, Machinery	98,280	$15.36	$15.88	$33,030	0.5 %
49-9044	Millwrights	69,800	$20.18	$20.34	$42,310	0.7 %
49-9045	Refractory Materials Repairers, Except Brickmasons	3,350	$16.89	$17.03	$35,420	1.6 %
49-9051	Electrical Power-Line Installers and Repairers	99,140	$22.70	$22.04	$45,840	0.8 %
49-9052	Telecommunications Line Installers and Repairers	168,260	$18.84	$18.76	$39,030	0.7 %
49-9061	Camera and Photographic Equipment Repairers	5,580	$14.45	$15.10	$31,420	3.0 %
49-9062	Medical Equipment Repairers	22,070	$17.09	$18.06	$37,570	1.9 %
49-9063	Musical Instrument Repairers and Tuners	4,520	$14.15	$15.73	$32,710	6.7 %
49-9064	Watch Repairers	3,680	$12.47	$13.58	$28,240	2.4 %
49-9091	Coin, Vending, and Amusement Machine Servicers and Repairers	33,100	$12.74	$13.19	$27,440	1.5 %
49-9092	Commercial Divers	3,050	$15.76	$19.54	$40,640	10.0 %
49-9093	Fabric Menders, Except Garment	2,090	$11.39	$13.13	$27,310	1.3 %
49-9094	Locksmiths and Safe Repairers	13,450	$13.94	$14.56	$30,290	1.3 %
49-9095	Manufactured Building and Mobile Home Installers	14,140	$11.03	$11.46	$23,850	2.1 %
49-9096	Riggers	15,340	$15.72	$16.42	$34,150	1.3 %
49-9097	Signal and Track Switch Repairers	8,550	$20.38	$20.61	$42,860	1.1 %
49-9098	Helpers--Installation, Maintenance, and Repair Workers	148,390	$10.20	$11.16	$23,220	0.5 %
51-0000	**Production Occupations**	**11,270,210**	**$11.81**	**$13.27**	**$27,600**	**0.2 %**
51-1011	First-Line Supervisors/Managers of Production and Operating Workers	733,410	$20.19	$21.51	$44,740	0.2 %

51-2011	Aircraft Structure, Surfaces, Rigging, and Systems Assemblers	33,620	$17.88	$17.53	$36,460	3.1 %
51-2021	Coil Winders, Tapers, and Finishers	43,900	$10.62	$11.41	$23,740	0.9 %
51-2022	Electrical and Electronic Equipment Assemblers	302,530	$10.71	$11.49	$23,900	0.6 %
51-2023	Electromechanical Equipment Assemblers	63,930	$11.87	$12.54	$26,080	1.1 %
51-2031	Engine and Other Machine Assemblers	55,820	$13.51	$14.24	$29,610	1.8 %
51-2041	Structural Metal Fabricators and Fitters	90,480	$13.46	$14.06	$29,240	0.7 %
51-2091	Fiberglass Laminators and Fabricators	41,520	$11.44	$12.14	$25,260	1.2 %
51-2092	Team Assemblers	1,189,840	$10.70	$11.66	$24,250	0.7 %
51-2093	Timing Device Assemblers, Adjusters, and Calibrators	8,550	$11.32	$12.33	$25,640	2.1 %
51-3011	Bakers	154,410	$9.83	$10.49	$21,830	0.5 %
51-3021	Butchers and Meat Cutters	135,630	$11.92	$12.74	$26,500	0.6 %
51-3022	Meat, Poultry, and Fish Cutters and Trimmers	156,670	$8.34	$8.80	$18,310	0.7 %
51-3023	Slaughterers and Meat Packers	117,490	$9.60	$9.62	$20,010	0.7 %
51-3091	Food and Tobacco Roasting, Baking, and Drying Machine Operators and Tenders	18,720	$11.16	$12.24	$25,450	2.8 %
51-3092	Food Batchmakers	70,540	$10.43	$11.10	$23,090	0.8 %
51-3093	Food Cooking Machine Operators and Tenders	34,910	$10.30	$10.93	$22,730	1.4 %
51-4011	Computer-Controlled Machine Tool Operators, Metal and Plastic	140,540	$13.65	$14.26	$29,670	0.5 %
51-4012	Numerical Tool and Process Control Programmers	20,800	$17.93	$18.67	$38,830	0.9 %
51-4021	Extruding and Drawing Machine Setters, Operators, and Tenders, Metal and Plastic	102,320	$12.10	$12.44	$25,870	0.6 %
51-4022	Forging Machine Setters, Operators, and Tenders, Metal and Plastic	49,760	$12.44	$13.57	$28,230	1.6 %
51-4023	Rolling Machine Setters, Operators, and Tenders, Metal and Plastic	45,090	$13.30	$13.86	$28,830	1.0 %
51-4031	Cutting, Punching, and Press Machine Setters, Operators, and Tenders, Metal and Plastic	296,070	$11.58	$12.17	$25,320	0.4 %
51-4032	Drilling and Boring Machine Tool Setters, Operators, and Tenders, Metal and Plastic	58,060	$12.82	$13.64	$28,360	0.9 %
51-4033	Grinding, Lapping, Polishing, and Buffing Machine Tool Setters, Operators, and Tenders, Metal and Plastic	107,300	$12.28	$13.03	$27,110	0.6 %
51-4034	Lathe and Turning Machine Tool Setters, Operators, and Tenders, Metal and Plastic	75,650	$14.24	$14.72	$30,630	0.7 %
51-4035	Milling and Planing Machine Setters, Operators, and Tenders, Metal and Plastic	32,680	$13.82	$14.44	$30,020	0.8 %
51-4041	Machinists	390,090	$15.43	$15.81	$32,880	0.3 %
51-4051	Metal-Refining Furnace Operators and Tenders	19,060	$14.37	$14.86	$30,910	0.8 %
51-4052	Pourers and Casters, Metal	14,580	$13.27	$14.01	$29,130	1.1 %

51-4061	Model Makers, Metal and Plastic	8,990	$17.68	$18.05	$37,540	2.8 %
51-4062	Patternmakers, Metal and Plastic	6,840	$15.74	$16.66	$34,640	2.0 %
51-4071	Foundry Mold and Coremakers	26,170	$12.29	$12.99	$27,020	1.5 %
51-4072	Molding, Coremaking, and Casting Machine Setters, Operators, and Tenders, Metal and Plastic	149,000	$10.74	$11.78	$24,500	0.9 %
51-4081	Multiple Machine Tool Setters, Operators, and Tenders, Metal and Plastic	101,500	$13.42	$14.58	$30,320	2.0 %
51-4111	Tool and Die Makers	112,960	$20.01	$20.40	$42,430	0.6 %
51-4121	Welders, Cutters, Solderers, and Brazers	382,400	$13.70	$14.55	$30,260	0.4 %
51-4122	Welding, Soldering, and Brazing Machine Setters, Operators, and Tenders	60,810	$13.57	$14.80	$30,780	1.7 %
51-4191	Heat Treating Equipment Setters, Operators, and Tenders, Metal and Plastic	32,490	$13.24	$13.87	$28,840	1.2 %
51-4192	Lay-Out Workers, Metal and Plastic	14,100	$14.70	$15.66	$32,570	1.4 %
51-4193	Plating and Coating Machine Setters, Operators, and Tenders, Metal and Plastic	45,940	$11.93	$12.50	$25,990	0.6 %
51-4194	Tool Grinders, Filers, and Sharpeners	25,410	$13.77	$14.52	$30,200	0.8 %
51-5011	Bindery Workers	93,240	$10.33	$11.37	$23,650	0.5 %
51-5012	Bookbinders	7,500	$11.86	$13.25	$27,550	2.0 %
51-5021	Job Printers	55,210	$14.05	$14.93	$31,050	1.5 %
51-5022	Prepress Technicians and Workers	96,580	$14.80	$15.54	$32,320	0.8 %
51-5023	Printing Machine Operators	198,710	$13.95	$14.81	$30,800	0.5 %
51-6011	Laundry and Dry-Cleaning Workers	214,520	$7.86	$8.29	$17,240	0.6 %
51-6021	Pressers, Textile, Garment, and Related Materials	92,730	$7.98	$8.33	$17,330	1.0 %
51-6031	Sewing Machine Operators	308,380	$8.08	$8.68	$18,050	0.5 %
51-6041	Shoe and Leather Workers and Repairers	9,970	$8.70	$9.45	$19,650	1.5 %
51-6042	Shoe Machine Operators and Tenders	6,440	$9.24	$9.55	$19,850	1.8 %
51-6051	Sewers, Hand	22,550	$8.43	$9.29	$19,320	3.1 %
51-6052	Tailors, Dressmakers, and Custom Sewers	31,580	$10.38	$11.38	$23,670	1.1 %
51-6061	Textile Bleaching and Dyeing Machine Operators and Tenders	31,650	$9.78	$9.88	$20,560	1.0 %
51-6062	Textile Cutting Machine Setters, Operators, and Tenders	37,250	$9.31	$9.92	$20,630	1.2 %
51-6063	Textile Knitting and Weaving Machine Setters, Operators, and Tenders	57,830	$10.81	$10.91	$22,690	0.6 %
51-6064	Textile Winding, Twisting, and Drawing Out Machine Setters, Operators, and Tenders	68,530	$10.25	$10.65	$22,150	0.9 %
51-6091	Extruding and Forming Machine Setters, Operators, and Tenders, Synthetic and Glass Fibers	30,370	$13.04	$13.15	$27,340	1.1 %
51-6092	Fabric and Apparel Patternmakers	12,580	$11.99	$14.63	$30,440	3.3 %
51-6093	Upholsterers	39,780	$11.80	$12.61	$26,240	1.0 %
51-7011	Cabinetmakers and Bench Carpenters	127,640	$11.30	$12.08	$25,120	0.5 %
51-7021	Furniture Finishers	32,140	$10.74	$11.40	$23,700	0.7 %
51-7031	Model Makers, Wood	4,320	$12.02	$13.59	$28,270	2.2 %

51-7032	Patternmakers, Wood	4,280	$13.79	$14.76	$30,690	2.7 %
51-7041	Sawing Machine Setters, Operators, and Tenders, Wood	52,740	$10.45	$10.97	$22,810	0.6 %
51-7042	Woodworking Machine Setters, Operators, and Tenders, Except Sawing	91,640	$10.38	$10.84	$22,540	0.4 %
51-8011	Nuclear Power Reactor Operators	3,310	$28.94	$29.13	$60,590	1.3 %
51-8012	Power Distributors and Dispatchers	12,840	$25.11	$25.33	$52,690	1.2 %
51-8013	Power Plant Operators	35,030	$23.34	$22.95	$47,740	0.6 %
51-8021	Stationary Engineers and Boiler Operators	54,330	$19.93	$20.43	$42,490	0.7 %
51-8031	Water and Liquid Waste Treatment Plant and System Operators	98,440	$15.66	$16.23	$33,760	0.6 %
51-8091	Chemical Plant and System Operators	60,340	$20.19	$20.09	$41,790	0.8 %
51-8092	Gas Plant Operators	12,600	$22.56	$22.63	$47,060	0.9 %
51-8093	Petroleum Pump System Operators, Refinery Operators, and Gaugers	34,540	$23.06	$22.41	$46,610	1.2 %
51-9011	Chemical Equipment Operators and Tenders	53,920	$17.70	$17.91	$37,250	0.8 %
51-9012	Separating, Filtering, Clarifying, Precipitating, and Still Machine Setters, Operators, and Tenders	35,380	$14.04	$14.52	$30,200	0.9 %
51-9021	Crushing, Grinding, and Polishing Machine Setters, Operators, and Tenders	46,470	$12.34	$13.02	$27,080	0.5 %
51-9022	Grinding and Polishing Workers, Hand	44,050	$10.84	$11.88	$24,700	0.8 %
51-9023	Mixing and Blending Machine Setters, Operators, and Tenders	111,610	$12.91	$13.36	$27,790	0.6 %
51-9031	Cutters and Trimmers, Hand	31,440	$10.46	$11.70	$24,340	1.5 %
51-9032	Cutting and Slicing Machine Setters, Operators, and Tenders	76,370	$11.99	$12.50	$26,010	0.5 %
51-9041	Extruding, Forming, Pressing, and Compacting Machine Setters, Operators, and Tenders	76,640	$12.40	$13.04	$27,120	0.9 %
51-9051	Furnace, Kiln, Oven, Drier, and Kettle Operators and Tenders	30,020	$13.46	$14.02	$29,170	0.8 %
51-9061	Inspectors, Testers, Sorters, Samplers, and Weighers	525,540	$12.83	$14.04	$29,210	0.4 %
51-9071	Jewelers and Precious Stone and Metal Workers	29,030	$13.08	$14.37	$29,900	3.5 %
51-9081	Dental Laboratory Technicians	39,750	$13.45	$14.69	$30,550	1.2 %
51-9082	Medical Appliance Technicians	12,410	$12.43	$13.95	$29,010	4.0 %
51-9083	Ophthalmic Laboratory Technicians	34,490	$10.26	$10.87	$22,610	1.2 %
51-9111	Packaging and Filling Machine Operators and Tenders	379,750	$9.98	$10.92	$22,710	0.6 %
51-9121	Coating, Painting, and Spraying Machine Setters, Operators, and Tenders	94,050	$11.88	$12.56	$26,120	0.7 %
51-9122	Painters, Transportation Equipment	44,090	$15.55	$16.65	$34,630	1.0 %
51-9123	Painting, Coating, and Decorating Workers	31,770	$9.88	$10.79	$22,440	0.9 %
51-9131	Photographic Process Workers	25,420	$9.44	$10.80	$22,460	1.0 %

51-9132	Photographic Processing Machine Operators	54,500	$8.80	$9.77	$20,320	1.4 %
51-9141	Semiconductor Processors	51,060	$12.73	$13.54	$28,170	1.3 %
51-9191	Cementing and Gluing Machine Operators and Tenders	29,190	$10.85	$11.48	$23,880	0.9 %
51-9192	Cleaning, Washing, and Metal Pickling Equipment Operators and Tenders	18,070	$10.77	$11.70	$24,340	1.2 %
51-9193	Cooling and Freezing Equipment Operators and Tenders	7,320	$10.15	$11.26	$23,420	1.7 %
51-9194	Etchers and Engravers	10,330	$10.63	$11.98	$24,910	1.8 %
51-9195	Molders, Shapers, and Casters, Except Metal and Plastic	39,450	$11.86	$12.55	$26,110	2.0 %
51-9196	Paper Goods Machine Setters, Operators, and Tenders	120,880	$13.35	$13.84	$28,780	0.9 %
51-9197	Tire Builders	13,410	$18.38	$17.23	$35,840	2.8 %
51-9198	Helpers--Production Workers	459,440	$9.13	$9.81	$20,410	0.4 %
53-0000	**Transportation and Material Moving Occupations**	**9,410,660**	**$10.96**	**$12.77**	**$26,560**	**0.4 %**
53-1011	Aircraft Cargo Handling Supervisors	9,070	$17.95	$19.58	$40,720	1.6 %
53-1021	First-Line Supervisors/Managers of Helpers, Laborers, and Material Movers, Hand	147,490	$17.35	$18.39	$38,250	0.4 %
53-1031	First-Line Supervisors/Managers of Transportation and Material-Moving Machine and Vehicle Operators	197,430	$19.78	$21.25	$44,200	0.5 %
53-2011	Airline Pilots, Copilots, and Flight Engineers	88,800	(4)	(4)	$99,400	5.5 %
53-2012	Commercial Pilots	18,380	(4)	(4)	$55,920	4.5 %
53-2021	Air Traffic Controllers	22,990	$42.27	$40.07	$83,350	0.5 %
53-2022	Airfield Operations Specialists	5,390	$16.93	$19.15	$39,830	2.4 %
53-3011	Ambulance Drivers and Attendants, Except Emergency Medical Technicians	17,620	$9.08	$10.05	$20,910	1.8 %
53-3021	Bus Drivers, Transit and Intercity	190,530	$13.49	$14.15	$29,430	1.9 %
53-3022	Bus Drivers, School	469,100	$10.57	$10.84	$22,540	0.8 %
53-3031	Driver/Sales Workers	378,220	$9.70	$11.22	$23,340	0.8 %
53-3032	Truck Drivers, Heavy and Tractor-Trailer	1,548,480	$15.66	$16.20	$33,690	0.3 %
53-3033	Truck Drivers, Light Or Delivery Services	996,000	$11.22	$12.32	$25,630	0.5 %
53-3041	Taxi Drivers and Chauffeurs	125,860	$8.62	$9.51	$19,780	0.7 %
53-4011	Locomotive Engineers	30,730	$22.38	$22.74	$47,300	1.6 %
53-4012	Locomotive Firers	730	$23.40	$21.22	$44,140	1.4 %
53-4013	Rail Yard Engineers, Dinkey Operators, and Hostlers	4,840	$18.32	$19.29	$40,130	1.9 %
53-4021	Railroad Brake, Signal, and Switch Operators	17,070	$21.60	$22.57	$46,940	1.4 %
53-4031	Railroad Conductors and Yardmasters	40,910	$20.59	$22.10	$45,970	1.7 %
53-5011	Sailors and Marine Oilers	28,650	$13.76	$14.55	$30,270	1.4 %
53-5021	Captains, Mates, and Pilots of Water Vessels	22,180	$23.40	$23.87	$49,660	1.3 %

53-5022	Motorboat Operators	3,410	$14.31	$15.12	$31,450	5.8 %
53-5031	Ship Engineers	7,470	$24.04	$24.56	$51,080	1.5 %
53-6011	Bridge and Lock Tenders	4,500	$16.05	$14.81	$30,800	2.0 %
53-6021	Parking Lot Attendants	109,930	$7.54	$7.99	$16,610	0.8 %
53-6031	Service Station Attendants	107,650	$7.75	$8.31	$17,280	0.9 %
53-6041	Traffic Technicians	5,090	$15.11	$16.41	$34,140	1.9 %
53-6051	Transportation Inspectors	27,670	$22.75	$22.37	$46,530	1.2 %
53-7011	Conveyor Operators and Tenders	61,590	$11.25	$11.97	$24,900	1.0 %
53-7021	Crane and Tower Operators	51,650	$16.64	$17.68	$36,770	1.3 %
53-7031	Dredge Operators	2,920	$13.27	$14.64	$30,450	4.1 %
53-7032	Excavating and Loading Machine and Dragline Operators	70,370	$15.38	$16.57	$34,470	1.0 %
53-7033	Loading Machine Operators, Underground Mining	3,370	$14.58	$14.73	$30,630	2.1 %
53-7041	Hoist and Winch Operators	9,960	$15.56	$17.37	$36,130	2.0 %
53-7051	Industrial Truck and Tractor Operators	591,790	$12.19	$13.00	$27,040	0.4 %
53-7061	Cleaners of Vehicles and Equipment	304,500	$7.93	$8.78	$18,260	0.6 %
53-7062	Laborers and Freight, Stock, and Material Movers, Hand	2,098,180	$9.35	$10.18	$21,170	0.3 %
53-7063	Machine Feeders and Offbearers	190,080	$10.17	$10.92	$22,720	0.8 %
53-7064	Packers and Packagers, Hand	951,960	$7.83	$8.52	$17,730	0.3 %
53-7071	Gas Compressor and Gas Pumping Station Operators	6,070	$20.84	$20.71	$43,090	2.0 %
53-7072	Pump Operators, Except Wellhead Pumpers	12,920	$17.33	$18.34	$38,140	2.4 %
53-7073	Wellhead Pumpers	9,560	$15.45	$15.86	$33,000	2.1 %
53-7081	Refuse and Recyclable Material Collectors	125,600	$11.47	$12.22	$25,430	2.3 %
53-7111	Shuttle Car Operators	3,020	$18.01	$17.46	$36,310	1.8 %
53-7121	Tank Car, Truck, and Ship Loaders	19,430	$15.00	$16.29	$33,880	2.0 %

Estimates for residual, "All Other", occupations are not available.

(1) Data for detailed occupations does not sum to the totals because the totals include data for occupations not shown separately.

(2) Annual wages have been calculated by multiplying the hourly mean wage by a "year-round, full-time" hours figure of 2,080 hours; for those occupations where there is not an hourly mean wage published, the annual wage has been directly calculated from the reported survey data.

(3) The relative standard error (RSE) is a measure of the reliability of a survey statistic. The smaller the relative standard error, the more precise the estimate.

(4) = Hourly wage rates for occupations where workers typically work fewer than 2,080 hours per year are not available.

Source: U.S. Bureau of Labor Statistics.

Sources

Abbreviation. The American Heritage College Dictionary. (3rd ed.). 1993.

Berry, Walter, The Associated Press. (2000, April 28). *How old is too old for senior drivers*. Retrieved January 10, 2003, from http://archive.nashua-telegraph.com/ Daily_Sections/News/Archives/2000/april/stories/ 0428w-drivers.htm

Bernstein, P., Ma, C. (Eds). (1997). *The Practical Guide to Practically Everything* (Second Edition). New York: Random House, Inc.

Callahan, Tom. (1998, April 5). *How to Avoid a Tax Audit*. Parade Magazine, pp.10-11.

Carnegie Foundation for the Advancement of Teaching. *Carnegie Classification*. Retrieved January 20, 2003, from http://www.carnegiefoundation.org/Classification/CIHE2000/defNotes/Definitions.htm, http:// www.carnegiefoundation.org/Classification/CIHE2000/Tables.htm

Centers for Medicare & Medicaid Services. *Medicaid Services*. Retrieved February 2, 2003, from http://www.cms.hhs.gov/medicaid/mservice.asp

Connecticut Office of the State Attorney General. (1997). *A Consumer Guide to the Prices, Practices, and Regulations of the Funeral Industry*. Retrieved January 25, 2003, from www.cslib.org/attygenl/consumer/ funrpt.htm

Emigrate. Longman Dictionary of American English. (Second ed.) 1997.

Father's Day. Encyclopædia Britannica. Retrieved June 16, 2003, from Encyclopædia Britannica Premium Service.http://www.britannica.com/eb/ article?eu=414410

Federal Trade Comission. Funerals: A Consumer Guide. 2000, Retrieved January 25, 2003, from http://www.ftc.gov/bcp/conline/pubs/services/ funeral.pdf

Federation of Tax Administrators. *Comparison of State and Local Retail Sales Taxes*. Retrieved January 17, 2003, from http://www.taxadmin.org/fta/ rate/sl_sales.html

Fields, D. & Fields, A. (1999). *Bridal Bargains.* Boulder: Windsor Peak Press.

Friedenberg, J.E., Bradly, C.H. (1992). *Finding a Job in the United States.* (Bilingual: English-Russian). Moscow: Piton.

The Foundation for Taxpayers & Consumer Rights. *History of the No-Fault Concept.* Retrieved May 3, 2003, from http://www.consumerwatch-dog.org/insurance/fs/fs000160.php3

Government of District of Columbia. Natwar M. Gandhi Chief Financial Officer. (2002). *Tax Rates and Tax Burdens in the District of Columbia: A Nationwide Comparison 2001.* Retrieved January 5, 2003, from http://www.cfo.dc.gov/services/studies/index.shtm

Green, M. (1995). *The Consumer Bible.* New York: Workman Publishing.

Immigrate. Longman Dictionary of American English. (Second ed.). 1997.

Joint Commission on Accreditation of Healthcare Organizations. Retrieved January 20, 2003, from http://www.jcaho.org/accredited+organizations/publicizing+your+accreditation/accreditation+decisions.htm

Labor Day. Encyclopædia Britannica. Retrieved June 16, 2003, from Encyclopædia Britannica Premium Service.http://www.britannica.com/eb/article?eu=2425

The Maine Bureau of Insurance. *A Consumer's Guide to Personal Auto Insurance.* Retrieved May 8, 2003, from http://www.state.me.us/pfr/ins/auto.htm

The Maine Bureau of Insurance. *A Consumer's Guide to Homeowner's Insurance.* Retrieved February 2, 2003, from http://www.state.me.us/pfr/ins/home1.htm

The Motion Picture Association of America (MPAA). *Voluntary Movie Rating System.* Retrieved November 23, 2001, from http://www.mpaa.org/movieratings/index.htm

National Association of REALTORS. *Existing Home Sales Data, Metropolitan Area Prices.* Retrieved January 4, 2003, from http://www.realtor.org/Research.nsf/files/REL02Q3T.xls/$FILE/REL02Q3T.xls

National Gambling Impact Study Commission. (1999). *National Gambling Impact Study Commission Final Report.* Retrieved June 9, 2003, from http://govinfo.library.unt.edu/ngisc/reports/7.pdf

The North Carolina Department of Insurance. (2001). *A Consumer's Guide to Life Insurance.* Retrieved May 8, 2003, from http://www.ncdoi.com/consumer/publications/life/a%20consumer's%20guide%20to%20life%20insurance.pdf

The North Carolina Department of Insurance. *Life Insurance Buyer's Guide.* Retrieved May 11, 2003, from http://www.ncdoi.com/consumer/publications/life/life%20insurance%20buyer's%20guide~.asp

Proctor, B. D., Dalaker J., U.S. Census Bureau. *Current Population Reports, P60-219, Poverty in the United States: 2001.* U.S. Government Printing Office, Washington, DC, 2002.

Quittner, Joshua.(1999, March 29). Network Designer Tim Berners-Lee. Time, pp.193-194.

Ross, J. R. (1992). *A Former Car Salesman Tells All: How to Buy a Car.* New York: St. Martin Press, (as cited in Green, 1995).

Social Security Administration, Retrieved January 17, 2003, from http://www.ssa.gov/OACT/COLA/taxRates.html, http://www.ssa.gov/OACT/COLA/CBB.html#Series

Social Security Administration. (2002). *SSA Publication No. 05-1105.* Retrieved January 18, 2003, from http://www.ssa.gov/pubs/11051.html

Social Security Administration. *Understanding the Benefits.* Publication Number 05-10024, January 2000, ICN 454930

Stanley, T. J., & Danko, W. D. (1998). *The Millionaire Next Door.* New-York: Pocket Books, .

State of Maine, Department of Secretary of State, Motor Vehicle Division. *Motorist Handbook and Study Guide.*

TV Parental Guidelines Monitoring Board. *Understanding the TV Ratings.* Retrieved January 23, 2003, from http://www.tvguidelines.org/ratings.asp

U.S. Bureau of Labor Statistics. *2001 National Occupational Employment and Wage Estimates.* Retrieved January 4, 2003, from http://www.bls.gov/oes/oes_dl.htm

U.S. Census Bureau. *Historical Income Tables - Households, Table H-3. Mean Income Received by Each Fifth and Top 5 Percent of Households (All Races): 1967 to 2001.* Retrieved January 14, 2003, from http://www.census.gov/hhes/income/histinc/h03.html

U.S. Census Bureau. *Statistical Abstract of the United States 2002.* Retrieved May 14, 2003, from http://www.census.gov/prod/www/statistical-abstract-02.html

U.S. Census Bureau. *Poverty in the United States: 2001, 2002.* Proctor B.D., Dalaker J., Retrieved June 11, 2003, from http://www.census.gov/prod/2002pubs/p60-219.pdf

U.S. Department of Agriculture, Rural Development, Rural Housing Service, Retrieved January 8, 2003, from http://www.rurdev.usda.gov/rhs/Individual/ind_splash.htm

U.S. Department of Commerce Technology Administration, National Institute of Standards and Technology. *Metric in the Kitchen.* Retrieved January 27, 2001, from http://www.pueblo.gsa.gov/cic_text/misc/usmetric/metric-equiv.htm

U.S. Department of Education, National Center for Education Statistics. (2001). *The Condition of Education 2001,* NCES 2001–072, Washington, DC: U.S. Government Printing Office.

U.S. Department of Education, National Center for Education Statistics. *Table 318.--Average undergraduate tuition and fees and room and board rates in degree-granting institutions, by percentile distribution of students, type and control of institution: 1999-2000 and 2000-01.* Retrieved June 11, 2003, from http://nces.ed.gov/pubs2002/digest2001/tables/XLS/Tab318.xls

U.S. Department of Health and Human Services, Administration for Children and Families, Office of Community Services, Retrieved January 15, 2003, from http://www.usc.edu/schools/sppd/research/casden/data_folder/ca_mefinc01.pdf

U.S. Department of Health and Human Services, Health Care Financing Administration. (Revised April 2002). *Guide to Choosing a Nursing Home.* Publication No. CMS - 02174. Retrieved January 22, 2003, from http://www.medicare.gov/Publications/Pubs/pdf/nhguide.pdf

U.S. Department of Health and Human Services, (2000). *Overview of the Health Care Financing Administration.* Retrieved February 2, 2003, from http://www.cms.hhs.gov/data/durg/hcfaover.pdf

U.S. Department of Homeland Security (DHS). Bureau of Citizenship and Immigration Services (BCIS). *2001 Statistical Yearbook of the Immigration and Naturalization Service.* Retrieved March 16, 2003, from http://www.immigration.gov/graphics/aboutus/statistics/IMM01yrbk/IMM2001list.htm

U.S. Department of Housing and Urban Development, Retrieved January 8, 2003, from http://www.hud.gov/about/qaintro.cfm

U.S. Department of Labor, Bureau of Labor Statistics. *Bureau of Labor Statistics Data.* Retrieved January 8, 2003, from http://data.bls.gov/servlet/SurveyOutputServlet

U.S. Department of Transportation, National Highway Traffic Safety Administration; Retrieved November 12, 2001, from www.nhtsa.dot.gov/cars/testing/NCAP/safecar2001new/page8.html

U.S. Department of Transportation, National Highway Traffic Safety Adminis-

tration. *Frequently Asked Questions.* Retrieved February 9, 2003, from http://www.nhtsa.dot.gov/cars/testing/ncap/Info.html#iq2

U.S. Department of Transportation, National Highway Traffic Safety Administration. *Strengthening the Citizen and Law Enforcement Partnership at the Traffic Stop.* Retrieved June 14, 2003, from http://www.nhtsa.dot.gov/people/injury/enforce/professionalism/index.html

U.S. Department of the Treasury, Internal Revenue Service. *2002 1040 Instructons.* Cat. No. 11325E.

U.S. Department of the Treasury, Internal Revenue Service, Publication 590, Cat. No. 15160x, Individual Retirement Arrangements (IRAs), For use in preparing 2002 Returns.

U.S. Department of the Treasury, Internal Revenue Service, *Table 10 -- Examination Coverage: Recommended and Average Recommended Additional Tax After Examination, by Type and Size of Return, Fiscal Year 2002.* Retrieved June 11, 2003, from http://www.irs.gov/pub/irs-soi/02db10ex.xls

U.S. Postal Service. (1998). *Consumer's Guide to Postal Services & Products.* Publication 201.

U.S. Postal Service web site www.usps.com, *Postal Facts,* Retrieved June 6, 2003, from http://www.usps.com/communications/organization/postalfacts_print.htm

U.S. Postal Service. *Notice 123, RATEFOLD.* Retrieved June 11, 2003, from http://pe.usps.gov/cpim/ftp/notices/Not123/Not123.pdf

Valentine's Day. Encyclopædia Britannica. Retrieved June 18, 2003, from Encyclopædia Britannica Premium Service.http://www.britannica.com/eb/article?eu=76648

Аббревиатура. Большой Энциклопедический Словарь, Москва, 1991.

Иммигранты. Большой Энциклопедический Словарь, Москва, 1991.

Эмигранты. Большой Энциклопедический Словарь, Москва, 1991.

INDEX

J

K

L

J

K

L

ViOLa

Publishing LLC

P.O. Box 297
Saco, ME 04072
USA

Please send me the book **Welcome to America:** *The Complete Guide for Immigrants.* I understand that I may return it in original condition for a full refund for any reason, no questions asked.

Name and address of person purchasing order:

Name: _____

Address: _____

City: _____ State: _____ Zip: _____

Telephone: (_____) _____ - _____

E-mail address: _____

Description	Price	Qty.	Total
Welcome to America	$69.95		
Sales tax: Please add 5.0% for books shipped to State of Maine addresses.			
US shipping: $6.00 for the first book and $4.00 for each additional book.			
Collect on Delivery payment option (COD): Please add $6.00 for the first book and $1.00 for each additional book.			
		Total:	

Ship to: (Use only if different from address above) ☐ Gift

Name: _____

Address: _____

City: _____ State: _____ Zip: _____

Telephone: (_____) _____ - _____

Gift Card Message: _____

Payment: ☐ Money Order ☐ Cheque ☐ COD